国家出版基金项目
NATIONAL PUBLICATION FOUNDATION

中華博物通考

總主編 張述錚

木果卷

上

本卷主編
吴秉鈞 余志敏

上海交通大學出版社

圖書在版編目（CIP）數據

中華博物通考. 木果卷 / 張述錚總主編 ; 吴秉鈞, 余志敏本卷主編.—上海 : 上海交通大學出版社, 2024.1

ISBN 978-7-313-24694-3

Ⅰ. ①中… Ⅱ. ①張… ②吴… ③余… Ⅲ. ①百科全書—中國—現代②果樹園藝—中國 Ⅳ. ①Z227②S66

中國國家版本館CIP數據核字(2023)第238258號

特約編審： 李偉國　胡名正

責任編輯： 朱　菁

裝幀設計： 姜　明

中華博物通考・木果卷

總 主 編：張述錚

本卷主編：吴秉鈞　余志敏

出版發行：上海交通大學出版社

地　　址：上海市番禺路951號

郵政編碼：200030

電　　話：021-64071208

印　　製：蘇州市越洋印刷有限公司

經　　銷：全國新華書店

開　　本：890mm×1240mm　1／16

印　　張：65.25

字　　數：1378千字

版　　次：2024年1月第1版

印　　次：2024年1月第1次印刷

書　　號：ISBN 978-7-313-24694-3

定　　價：798.00元（全兩册）

《中華博物通考》學術顧問

（按姓氏筆畫排序）

《中華博物通考》編輯出版委員會

《中華博物通考·木果卷》編纂委員會

主　　编: 吴秉鈞　　余志敏

副 主 编: 黄林豪　　齊　新　　吴　衛　　邢曉輝　　吴　巖　　王　歡

撰 稿 人: 孔憲鳳　　東　瑩　　張學峰　　湯天明　　陳俊强　　陳曉鳳　　馬洪翠

孟鳳芝　　田文俠　　劉和風　　姜建成　　張金芝

導　論

——縱論中華博物學的沉淪與重建

引　言

在中國當代，西方博物學影響至巨，自鴉片戰爭以來，屈指已歷百載。何謂“西方博物學”？“西方博物學”是以研究動植物、礦物等自然物爲主體的學科，但不包含社會領域的社會生活，至19世紀後期已完成學術使命，成爲一種保護大自然的公益活動，但國人却一直承襲至今。中華久有自家的博物學，已久被忘却，無人問津，這一狀況實是令人不安。前日偶見《故宫裏的博物學》問世，精裝三册，喜出望外，以爲我中華博物學終得重生，展卷之後始知，該書是依據清乾隆時期皇室的藏書《清宫獸譜》《清宫鳥譜》《清宫海錯圖》（“海錯”多指海中錯雜的魚鱉蝦蟹之類）繪製而成，其中一些并非實有，乃是神話傳説之物。其内容提要稱“是專爲孩子打造的中華文化通識讀本”，而對博物院内琳琅滿目的海量藏品則隻字未提。這就是説，博物院雖有海量藏品，却與故宫裏的博物學毫不相干，或曰并不屬於博物學的研究範圍。此書的編纂者是我國的著名專家，未料我國這些著名專家所認定的博物學仍是西方的博物學。此書得以《故宫裏的博物學》的名義出版，又證我國的出版界對於此一命題的認同，竟然不知我中華久有自家的博物學。此書如若改稱《故宫裏的皇室動物圖譜》，則名正言順，十分精彩，不失爲一部別具情趣的兒童讀物，但原書名却無意間形成一種誤導，孩子們可能會據此認定：唯有鳥獸蟲魚之類才是中華文化中的大學問，故而稱之爲“博物學”，最終會在其幼小心靈裏留下西方博物學的深深印記。

何以出現這般狀況？因爲許多國人對於傳統的中華博物及中華博物學，實在是太過陌生！那麽，何謂“博物”？本文指稱的“博物”，是指隸屬或關涉我中華文化的一切可見或可感知之物體物品。何謂“中華博物學”？“中華博物學”的研究主體是除却自然界諸物之外，更關涉了中國社會的各個方面各個領域，進而關涉了我中華民族的生息繁衍，關涉了作爲文明古國的盛衰起落，足可爲當代或後世提供必要的藉鑒，是我國獨有、無可替代的學術體系。故而重建中華博物學，具有歷史的、現實的多方面實用價值。我中華博物學起源久遠，至遲已有兩千年歷史，衹是初始没有“博物學”之名而已。時至明代，始見“博物之學”一詞。如明楊士奇《東里續集》卷一八評述宋陸佃《埤雅》曰：“此書於博物之學蓋有助焉。”此一“博物之學”，可視爲“中華博物學”的最早稱謂。又，《四庫全書總目提要》卷一三六評清陳元龍《格致鏡原》曰：“〔此書〕分三十類：曰乾象，曰坤輿，曰身體，曰冠服，曰宫室，曰飲食，曰布帛，曰舟車，曰朝制，曰珍寶，曰文具，曰武備，曰禮器，曰樂器，曰耕織器物，曰日用器物，曰居處器物，曰香奩器物，曰燕賞器物，曰玩戲器物，曰穀，曰蔬，曰木，曰草，曰花，曰果，曰鳥，曰獸，曰水族，曰昆蟲，皆博物之學。”此即古籍述及的“中華博物學”最爲明確、最爲全面的定義。重建的博物學於“身體”之外，另增《函籍》《珍奇》《科技》等，可以更全面地融匯古今。在擴展了傳統博物學天地之外，又致力於探索浩浩博物的淵源、流變，以及同物异名與同名异物的研究，致力於物、名之間的生衍關係的考辨。“博物學”本無須冠以“中華”或“中國”字樣，在當代爲區别於西方的“博物學”，遂定名爲“中華博物學”，或曰“中華古典博物學”。“中華博物學”，國人本當最爲熟悉，事實却是大出所料，近世此學已成了過眼雲烟，少有問津者，西方博物學反而風靡於中國。何以形成如此狀況？何以如此本末倒置？這就不能不從噩夢般的中國近代史談起。

一、喪權辱國尋自保，走投無路求西化

清王朝自鴉片戰争喪權辱國之後，面對列强的進逼，毫無氣節，連連退讓，其後又遭

甲午戰爭之慘敗，走投無路，於是由所謂“師夷之長技”，轉而向日本求取西化的捷徑，以便苟延殘喘。日本自19世紀始，城鄉不斷發生市民、農民暴動，國内一片混亂。1854年3月，又在美國鐵艦火炮脅迫之下，簽訂《神奈川條約》。四年後再度被迫與美國簽訂通商條約。繼此以往，荷、俄、英、法，相繼入侵，條約不斷，同百年前的中國一樣，徹底淪爲半封建半殖民地社會，當權的幕府聲威喪盡。1868年1月，天皇睦仁（即明治天皇）下達《王政復古大號令》，廢除幕府制度，但值得注意的是仍然堅守“大和精神”，并未全部廢除自家原有傳統。同年10月，改元明治，此後的一系列變革措施，即稱之爲“明治維新”。維新之後，否定了“近習華夏”，衝決了“東亞文化圈”，上自天皇，下至黎民，勠力同心，在“富國强兵、置産興業”的前提之下，遠法泰西，大力引入嶄新的科學技術，從而迅速崛起，廢除了與列强的一切不平等條約，成爲令人矚目的世界强國之一。可見“明治維新”之前，日本内憂外患的遭遇，與當時的中國非常相似。在此民族存亡的關鍵時刻，中國維新派代表人物不失時機，遠渡東洋，以日本爲鏡鑒，在引進其先進科技的同時，也引進了日本人按照英文natural history的語意翻譯成的漢語“博物學”，雖并不準確，但因出於頂禮膜拜，已無暇顧及。况且，自甲午戰爭至民國前期，日源語詞已成爲漢語外來語詞庫中的魁首，遠超英法俄諸語，且無任何外來語痕迹，最難識别。如“民主”“科學”“法律”“政府”“美感”“浪漫”“藝術界”“思想界”“無神論”“現代化”等，不勝枚舉。國人曾試圖自創新詞，但敗多勝少，衹能望洋興嘆。究其原因，并非民智的高下，也并非語種的優劣，實則是國力强弱的較量，國强則國威，國威則必擁有强勢文化，而强勢文化勢必涌入弱國，面對强勢文化，弱國豈有話語權？西方的“博物學”進入中國，遒勁而又自然。

那麽，西方博物學源於何時何地？又經歷了怎樣的發展變化？答曰：西方博物學發端於古希臘亞里士多德（公元前384—前322）《動物志》之類著述，又經古羅馬老普林尼（公元23—79）的《自然史》，輾轉傳至歐洲各國。其所謂博物除却動植物外，更有天文、地理、人體諸類。這是西方的文化背景與知識譜系，西人習以爲常，喜聞樂見。在歐洲文藝復興和美洲地理大發現之後，見到别樣的動物、植物以及礦物，博物學得到長足發展。至19世紀前半期，博物學形成了動物學、植物學和礦物學三大體系，達於鼎盛。至19世紀後期，動物學、植物學獨立出來，成爲生物學，礦物學則擴展爲地質學，博物學已被架空。至20世紀，博物學已不再屬於什麽科學研究，而完全變成一種生態與環境探索，以供民衆休閑安居的社會活動。其時，除却發端於亞里士多德的“博物學”之外，也有後起的“文化博物學”（Cultural Museology），這是一門非主流的綜合性學科，旨在研究人類一切文化遺産，試圖展示并解釋歷史的傳承與發展，但在題材視野、表達主旨等方面與中華傳統博物學仍甚有差异。面對此類非主流論説，當年的譯者或視而不見，或有意摒弃，其志在振興我中華。

在尋求救國的路途中，仁人志士們目睹了西方先進文化，身感心受，嚮往久之。“試航東西洋一游，見彼之物質文明，莊嚴燦爛，而回首宗邦，黯然無色，已足明興衰存亡之由，長此以往，何堪設想？”（吴冰心《博物學雜誌》發刊詞，1914年1月，第1～4頁），此時仁人志士們滿腔熱血，一心救國。但如何救國，却茫茫然，如墮五里霧中。這一救國之路從表象上觀察似乎一切皆以日本爲鏡鑒，實則迥别於“明治維新”之路，未能把握“富國强兵、置産興業”之首要方嚮，而當年的執政者却衹顧個人權勢的得失，亦無此遠大志嚮。仁人志士們雖振臂疾呼，含泪吶喊，衹飄摇於上層精英之間，因一度失去民族自信、文化自信，而不知所措，矛頭直指孔子及千載儒學，進而直指傳統文化。五四運動前夜，北京大學著名教授錢玄同即正告國人“欲驅除一般人之幼稚的野蠻的頑固的思想”，就必須要“廢孔學”，必須要“廢漢文”（錢玄同《中國今後的文字問題》，載1918年4月15日《新青年》第4卷第4號）。翌年，五四運動爆發，仁人志士們高舉“德謨克拉西”（民主）、“賽因斯”（科學）兩面大旗，掀起反帝反封建的狂濤巨瀾，成爲中國近現代史上的偉大里程碑，中國人民自此視野大開。這兩面大旗指明了國家强弱成敗的方嚮。但與此同時，仁人志士們又毫不猶豫，全力以赴，要堅决“打倒孔家店”。於是，孔子及其儒家學説成了國弱民窮的替罪羊！接踵而至的就是對於漢字及其代表的漢文化的徹底否定。偉大革命思想家魯迅也一直抨擊傳統觀念、傳統體制，1936年10月，在他逝世前夕《病中答救亡情報訪員》一文中，竟然斷言：“漢字不滅，中國必亡！”而新文化運動的主要人物之一胡適更是語出驚人：“我們必須承認我們自己百事不如人，不但物質機械上不如人，不但政治制度不如人，并且道德不如人，知識不如人，文學不如人，音樂不如人，藝術不如人，身體不如人。”中華民族是“又愚又懶的民族”，是“一分像人，九分像鬼的不長進民族”（胡適《介紹我自己的思想》，1930年12月亞東圖書館初版《胡適文選》自序）。這是五四運動前後一代精英們的實見實感，本意在於革故鼎新，但這些通盤否定傳統文化的主張，不啻是在緊要歷史關頭的一次群情失控，是中國文化史中的一次失智！在這樣的歷史背景、這樣的歷史氣勢之下，接受西方“博物學”就成了必然，有誰會顧及古老的傳統博物學？

在引進西方博物學之後，國人紛予效法，試圖建立所謂中華自家的博物學，於是圍繞植物學、動物學兩大方面遍搜古今，窮盡群書，着眼於有關動植物之類典籍的縱横搜求，但這并非我中華的博物全貌，也并非我中華博物學，况且在中華古典博物學中，也罕見西方礦物學之類著作，可見，試圖以西方的博物學體系，另建中華古典博物學，實在是削足適履、邯鄲學步。自 1902 年始，晚清推行學制改革，先後頒布了“壬寅學制”“癸卯學制”。1905 年，根據《奏定學堂章程》，已將西方博物學納入中學的課程設置。其課程分爲植物、動物、礦物、人體生理學四種，分四年講授。1912 年中華民國成立後，江浙等地出現過博物學會和期刊，稍後武昌高等師範學校設立了博物學系，出版過《博物學雜誌》，主要研究動物學、植物學及人體生理學，隨後又將博物學系改稱生物學系，《博物學雜誌》也相應改稱《生物學雜誌》，重走了西方的老路。北京高等師範學校也有類似經歷，甚爲盲目而混亂。至 30 年代，發現西方博物學自 20 世紀始，已轉型爲生態與環境探索，國人因再無興趣，對西方博物學的大規模推廣、學習在中國遂告停止，但因影响至深，其餘風猶存。

二、中華典籍浩如海，博物古學何處覓？

應當指出，中國古代典籍所載之草木、鳥獸、蟲魚之類，亦有别於西方，除却其自身屬性特徵外，又常常被人格化，或表親近，或加贊賞，體現了另一種精神情愫。如動物龜、鶴，寓意長壽（其後，龜又派生了貶義）；豺、狼、烏鴉、猫頭鷹，或表殘忍，或表不祥；其他如十二生肖，亦各有象徵，各有寓意。而那些無血肉、無情感的植物，同樣也被賦予人文色彩。如漢班固《白虎通・崩薨》載：“《春秋含文嘉》曰：天子墳高三仞，樹以松；諸侯半之，樹以柏；大夫八尺，樹以欒；士四尺，樹以槐；庶人無墳，樹以楊、柳。”足見在我國古老的典制禮俗中，松、柏、欒、槐、楊、柳，已被賦予了不同的屬性，被分爲五等，楊、柳最爲低賤；就連如何埋葬也分爲五等，嚴於區别，從墳高三仞到無墳，成爲天子到庶人的埋葬標志。實則墳墓分爲等級，早在公元前 3300 年至公元前 2300 年的良渚古城遺址已經發現。這些浩浩博物，廣泛涉及了古老民族和古老國度的典制與禮俗，我國學人也難盡知，西方的博物學又當如何表述？

可見西方博物學絶難取代中華古典博物學，中華古典博物學的研究範圍，遠超西方博物學，或可説中華古典博物學大可包容西方博物學。如今，這一命題漸引起國内一些有識之士、專家學者的關注。那麽，中華古典博物學究竟發端於何時何地？有無相對成型的體系？如何重建？答曰：若就人類辨物創器而言，上古即已有之，環宇盡同。若僅就我中華文獻記載而言，有的學者認爲當發端於《周易》，因爲“易道廣大，無所不包”（《四庫全書總目提要》卷九），或認爲發端於《書・禹貢》，因爲此書廣載九州山河、人民與物産。《周易》《禹貢》當然可以視爲中華博物學的源頭。而作爲中華博物學體系的領銜專著，則普遍認爲始於晋代張華《博物志》。而論者則認爲，中華博物學成爲一門相對獨立的學科體系，當始於秦漢間唐蒙的《博物記》，此書南北朝以來屢見引用，張華《博物志》不過是續作而已。對此，前人久有論述。如《四庫全書總目提要》卷一四二曰：“劉昭《續漢志》注《律曆志》引《博物記》一條，《輿服志》引《博物記》一条，《五行志》引《博物記》二條，《郡國志》引《博物記》二十九條……今觀裴松之《三國志》注（《魏志・太祖紀》《文帝紀》《吴志・孫賁傳》等）引《博物志》四條，又於《魏志・凉茂傳》中引《博物記》一條，灼然二書，更無疑義。”再如宋周密《齊東野語・野婆》曰：“《後漢・郡國志》引《博物記》曰：‘日南出野女，群行不見夫，其狀皛且白，裸袒無衣襦。’得非此乎？《博物記》當是秦漢間古書，張茂先（張華，字茂先）蓋取其名而爲《志》也。”再如明楊慎《丹鉛總録》卷一一：“漢有《博物記》，非張華《博物志》也，周公謹云不知誰著。考《後漢書》注，始知《博物記》爲唐蒙作。”如前所述，此書南北朝典籍中多有引用，如僅在南朝梁劉昭《續漢志》注中，《博物記》之名即先後出現了三十三次之多。據有關古籍記載，其内包括了律曆、五行、郡國、山川、人物、輿服、禮俗等，盡皆實有所指，無一虚幻。故在明代有關前代典籍分類中，已將唐蒙《博物記》與三國魏張揖《古今字詁》、晋吕静《韻集》、南朝梁阮孝緒《古今文詁》、唐顔元孫《干禄字書》、宋洪适《隸釋》等字書、韵書并列（見明顧起元《説略》卷一五），足見其學術地位之高，而張華《博物志》則未被録入。

至西晋已還，佛道二教廣泛流傳，神仙方士之説大興，於是張華又衍《博物記》爲《博物志》，其書内容劇增，自卷一至卷六，記載山川地理、歷史人物、草木蟲魚，這些當是紀要考訂之屬，合乎本文指稱的名副其實的博物學系統。此外，又力仿《山海經》的體例，旨在記載异物、妙境、奇人、靈怪，以及殊俗、瑣聞等，諸多素材語式，亦幾與《山海經》盡同，若“羽民國，民有翼，飛不遠……去九嶷四萬三千里”云云，并非“浩博實物”，已近於“志怪”小說。張華自序稱其書旨在“博物之士覽而鑒焉”，張序指稱的“博物之士”，義同前引《左傳》之“博物君子”，其“博物”是指“博通諸種事物”，虛虛實實，紛紛紜紜，無所不包。此類記述，正合世風，因而《博物志》大行其道，《博物記》則漸被冷落，南北朝之後已失傳，其殘章斷簡偶見於他書，可輯佚者甚微。後世輾轉相引，又常與《博物志》混同。《博物志》至宋代亦失傳，今本十卷爲采摭佚文、剽掇他書而成，真僞雜糅，亦非原作。其後又有唐人林登《續博物志》十卷，緊接《博物志》之後，更拓其虛幻内容，以記神异故事爲主，多是叙述性文字，其條目篇幅較長，宋代之後也已亡佚。再後宋人李石又有同名《續博物志》十卷，其自序稱："次第仿華書，一事續一事。”實則并不盡然，華書首設“地理”，李書改增爲“天象”，其他内容，間有與華書重複者，所續多是後世雜籍，宋世逸聞。此書雖有舛亂附會之弊，仍不失爲一部難得的繼補之作。李書之後，又有明人游潛《博物志補》三卷，仍係補張華之《志》，旨趣體例略如李石之《續志》，但頗散漫，時補時闕，猥雜冗濫。李、游一續一補，盡皆因仍張《志》，繼其孑遺。以上諸書之所謂“博物”，一脉相承，注重珍稀之物而外，多以臚列奇事异聞爲主旨，同“浩博實物”的考釋頗有差异。游潛稍後，明董斯張之《廣博物志》五十卷問世，始一改舊例，設有二十二類，下列子目一百六十七種，所載博物始於上古，達於隋末，不再因仍張《志》而爲之續補，已是擴而廣之，另闢山林，重在追溯事物起源，其中包括職官、人倫、高逸、方技、典制，等等。其後，清人陳逢衡著有《續博物志疏證》十卷、《續博物志補遺》一卷，對李石《續志》逐條研究探索，并又加入新增條目，成爲最系統、最深入的《續》説。其後，徐壽基又著有《續廣博物志》十六卷，繼董《志》餘緒，於隋代之後，逐一相繼，直至明清，頗似李石之續張華。但《廣志》《續廣志》之類，仍非以專考釋“浩博實物”爲主旨。我國第一部以“博物”命名而研究實物的專著，當爲明末谷應泰之《博物要覽》。該書十六卷，惜所涉亦不過碑版、書畫、銅器、窑器、瑪瑙、珊瑚、珠玉、奇石等玩賞之器物，皆係作者隨所見聞，摭録成帙；所列未廣，其中碑版書畫，尤爲簡陋，難稱浩博，其影響遠不及前述諸《志》，但所創之寫實體例，則非同尋常。而最具權威者，當是明末黄道周所著《博物典彙》，該書共二十卷，所涉博物，始自遠古，達於當朝，上自天文地理，下至草木蟲魚，盡予囊括，并以其所在時代最新的觀點、視野，對歷代博物著述進行了彙總研究。如卷一關於“天文”之考釋，下設“渾天”“七曜”，“七曜”下又設“日”“月”“五星”，再後又有“經星圖”“緯星圖”“二十八宿”。又如卷七關於“后妃”，下設“宫闈内外之分”“宫闈預政之誡”，緊隨其後的即教育“儲貳”之法，等等，甚爲周嚴。

以上諸書就是以“博物”命名的博物學專著。在晚清之前，代代相繼，發展有序，并時有新的建樹。

與這些博物學專著相并行，相匹配，另有以“事”或“事物”命名，旨在探索事物起源的博物學專著。初始之作爲北魏劉懋《物祖》十五卷，稍後有隋謝昊《物始》十卷，是對《物祖》的一次重大補正。《物始》之後，有唐劉孝孫等《事始》三卷，又有五代馮鑑《續事始》十卷，是對《事始》的全面擴展與開拓。《續事始》之後，另有宋高承《事物紀原》十卷，此書分五十五個類目，上自“天地生植”，中經“樂舞聲歌”“輿駕羽衛”“冠冕首飾”“酒醴飲食”，直至“草木花果”“蟲魚禽獸”，較《物祖》《物始》尤爲完備，遂成博物學的百代經典。接踵而來者有明王三聘《古今事物考》八卷，效法《紀原》之體，自古至今，上至天文地理，下至昆蟲草木，中有朝制禮儀、民生器用、宫室舟車，力求完備，較之他書尤得要領，類居目列，條理分明，重在古今考釋，一事一物，莫不求源溯始，考核精審。此書載録服飾資料尤爲豐富，如卷一有上古禮制之種種服式，非常全面，卷六所載後世之巾冠、衣、佩、帶、襪、履舄、僧衣、頭飾、妝飾、軍服等百餘種，考證多引原書原文，確然有據，甚爲難得。就全書而言，略顯單薄。明徐炬又有《古今事物原始》三十卷，此書仿高承《紀原》之體，又參《事物考》之章法，以考釋制度器物爲主，古今上下，盡考其淵源，更有所得，凡日月星辰、山川草木，亦必確究其淵源流變，但此與天地共生之浩浩博物，四百餘年前的一介書生，豈可臆測而妄斷？爲此而輾轉援引，頗顯紛亂。且鳥獸花草之起首，或加偶語一聯，或加律詩二句，而後逐一闡釋，實乃蛇足。其書雖有此瑕疵，却不掩大成。與王、徐同代的還有羅頎《物原》二卷（《四庫》本作一卷），羅氏以《紀原》不能黜妄崇真，故更訂爲十八門，列二百九十三條，條條錘實。如，刻漏、雨傘、鋦子（用於連合破裂器物的兩脚釘）、酒、豆腐之類的由來，多有創見。惜違《紀原》明記出典之體，又背《事物考》之道，凡有考釋，則溷集衆説爲一。如，烏孫公主作琵琶，張華作苔紙，皆茫然不知所本。不過章法雖有差失，未臻完美，但其功業甚巨，《物原》成爲一部研究記述我國先民發明創造的專著。時至清代，陳元龍又撰

《格致鏡原》一百卷。何謂“格致鏡原”？意即格物致知，以求其本原。此書的子目多達一千七百餘種，明代以前天地間萬事萬物盡予羅致，一事一物，必究其原委，詳其名號，廣博而精審，終成中華古典博物學的巔峰之作。

以上兩大系列專著，自秦漢以來，連續兩千載，一脉相承，這并非十三經、二十六史之類的敕編敕修，無人號令，無人支持，完全出自一種無形的力量，出自文化大國、中華文脉自惜自愛的傳承精神，從而構成浩大的博物學體系。在我國學術研究史中，在我國圖書編纂史中，乃至於世界文化史中，當屬大纛獨立，舉世無雙！本當如江河之奔，生生不息，終因清廷喪權辱國、全盤西化而戛然中斷。

三、博物古學歷磨難，科技起落何可悲！

回顧我國漫長的文化史可知，中華博物學是在傳統的“重道輕器”等陳腐觀念桎梏下，以强大的民族自覺精神、民族意志爲推動力，砥礪前行，千載相繼，方成獨立體系，因而愈加難得，愈加可貴。

“重道輕器”觀念是如何出現的？何謂“道器”？兩者究竟是何關係？《周易·繫辭上》曰：“形而上者謂之道，形而下者謂之器。”何謂“道”？所謂道乃“先天地生”，無形無象、無聲無色、無始無終、無可名狀，爲“萬物之所然也，萬理之所稽也”（見《韓非子·解老》），是指形成宇宙萬物之本原，是形成一切事理的依據與根由。何謂“器”？器即宇宙間實有的萬物，包括一切科技發明，至巨至大，至細至微，充斥天地間，而盡皆不虛，或有實物可見，或有形體可指。器即博物，博物即器。“道器關係”本是一種有形無形、可見與不可見的生衍關係，并無高下之分，但在傳統文化中却另有解釋。如《周禮·考工記序》曰：“坐而論道，謂之王公；作而行之，謂之士大夫；審曲面埶，以飭五材，以辨民器，謂之百工。”又曰：“智者創物，巧者述之，守之世，謂之百工。百工之事，皆聖人之作也。”此文突顯了“道”對於“器”的指導與規範地位。“坐而論道”，可以無所不論，民生、朝政、國運、天下事，當然亦在所論之中。“道”實則是指整體人世間的一種法則、一種定律，或説是我古老的中華民族所創造的另一種學説。所謂“論道者”，古代通常理解爲“王公”或“聖人”，實則是代指一代哲人。《考工記序》却將論道與製器兩者截然分開，明確地予以區別，貶低萬衆的創造力，旨在維護專制統治，從而確定人們的身份地位。坐而論道者貴爲王公，親身製器者屬末流之百工（“審曲面埶，以飭五材、以辨民器”，謂觀察金、木、皮、玉、土之曲直、性狀，據以製造民人所需之器物）。《考工記序》所記雖名爲“考工”，實則是周代禮制、官制之反映，對芸芸衆生而言，這種等級關係之誘惑力超乎尋常，絶難抵禦，先民樂於遵從，樂於接受，故而崇敬王公，崇敬聖人，百代不休。因而在中國古代，科學技術大受其創。

“重道輕器”的陳腐觀念，在中國古代影響廣遠，“器”必須在“道”的限定之下進行，不得隨意製作，不得超常發揮，“道”漸演化爲統治者實施專政的得力手段。“坐而論道”，似乎奥妙無盡。魏晋時期，藉儒入道，張揚“玄之又玄”，乃至於魏晋人不解魏晋文章，本朝人爲本朝人作注，史稱“玄學”。兩宋由論道轉而談理，一代理學宗師應運而生，闡理思辨，超乎想象，就連虚幻縹緲的天宫，亦可談得妙理聯翩，後世道家竟繪出著名的《天宫圖》來。事越千載，五四運動時期，那些新文化運動主將們聯手痛搗“孔家店”，却不攻玄理，“論道”“崇道”“樂道”“惜道”，滚滚而來，遂成千古“道”統，已經背離《易》《老》的本義。出於這樣的觀念，如何會看重“形而下”的博物與博物學？

那麽，古代先民又是如何看待與博物學密切相關的科學技術？《書·泰誓下》載，殷紂王曾作“奇技淫巧，以悦婦人”，爲百代不齒，萬世唾駡。何謂“奇技淫巧”？唐人孔穎達釋之曰：“奇技謂奇異技能，淫巧謂過度工巧……技據人身，巧指器物。”所謂“奇技淫巧”，今大底可釋爲超常的創造發明，或可直釋爲科學技術。論者認爲，“百代不齒，萬世唾駡”者并不在於“奇技淫巧”這一超常的創造發明，而在於紂王奢靡無度，用以取悦婦人的種種罪孽。至於紂王是否奢靡無度，“以悦婦人”，今學界另有考證。紂王當時之所以能稱雄天下，正是由於其科技的先進，軍事的强大，其失敗在於大拓疆土，窮兵黷武，導致内外哀怨，決戰之際又遭際叛亂。所謂“以悦婦人”之妲己，衹是戰敗國的一種“貢品”而已，對於年過半百的老人并無多大“媚力”。關於殷商及妲己的史料，最早見於戰國時期成書的《國語·晋語一》，前後僅有二十七字，并無“酒池肉林”“炮烙之刑”之類記載，後世史書所謂紂王對妲己的種種寵愛，實是一種演繹，意在宣揚“紅顔禍水”之説（此説最早亦源於前書。“紅顔禍水”，實當稱之爲“紅顔薄命”）。在中國古代推崇“紅顔禍水”論，進而排斥“奇技淫巧”，從而否定了科技的力量，否定了科技强弱與國家强弱的關係。時至周代，對於這種“奇技淫巧”，已有明確的法律限定：“作淫聲、異服、奇技、奇器以疑衆，殺！”（見《禮記·王制》）這也就是説，要杜絶一切新奇的創造發明，連同歌聲、服飾也不得超乎常規，否則即犯殺罪！此文自漢代始，多有注疏，今擇其一二，以見其要。“淫聲”者，如春秋戰國時鄭、衛常有男女私會，謳歌相引，被斥爲淫靡之聲；“奇技”者，如年輕的公輸班曾“請以機窆”，即以起重機落葬棺木，因違反當時人力牽挽的埋葬禮節，被視爲不恭。一言以蔽之，凡有違禮制的新奇科技、新奇藝術，皆被視爲疑惑民衆，必判以重罪。這就是所謂“維護禮制”，其要害就是維護統治者的統治地位，故而衣食住行所需器物的質材及數量，無不在尊卑貴賤的等級制約之中。如規定平民不得衣錦綉，不得鼎食，商人、藝人不得乘車馬，就連權貴們娱樂時選定舞蹈的行列亦不可違制，違制即意味着不軌，意味着僭越。杜絶“奇技淫巧”，始自商周，直至明清而未衰。我國著名的四大發明，千載流傳，未料却如同國寶大熊猫一樣，竟由後世西方科學家代爲發現，實在可悲！四大發明、大熊猫之類，或因史籍隱冷，疏於查閱，或因地處山野，難以發現，姑可不論，但其他很多非常具體的發明創造，雖有群書連續記載，也常被無視，或竟予扼殺。如漢代即有超常的“女布”，因出自未嫁少女之手而得名（見《後漢書·王符傳》），南北朝時已久負盛名，稱“女子布”（見南朝宋盛弘之《荆州記》）。宋代又稱“女兒布”，被贊爲“布帛之品……其尤細者也”（見宋羅濬《寶慶四明志·郡志四》）。其後歷代製作，不斷創新，及至明清終於出現空前的妙品“女兒葛”。“女兒葛”爲細葛布的一種，其物纖細如蟬翼紗，又如傳説中的“蛟女絹”，僅重三四兩，捲其一端，整匹女兒葛便可出入筆管之中，精美絶倫，明代弘治之後曾發現於四川鄰水縣，但却被斷然禁止。明皇甫録《下陴記談》卷上：“女兒葛，出鄰水縣，極纖細，必五越月而後成，不减所謂蟬紗、魚子纈之類，蓋十縑之力也。予以爲淫巧，下令禁止，無敢作者。”對此美妙的“女兒葛”，時任順慶府知府的皇甫録，并没給予必要的支持、鼓勵，反而謹遵古訓，以杜絶“奇技淫巧”爲己任，堅决下達禁令，并引以爲榮。皇甫録乃弘治九年（1496）進士，爲官清正，面對“奇技淫巧”也如此“果斷”！此後清代康熙年間，“女兒葛”再現於廣東增城縣一帶，其具體情狀，清屈大均《廣東新語·貨語·葛布》中有翔實描述，但其遭遇同樣可悲，今“女兒葛”終於銷聲匿迹。在中國古代，類似的遭遇，又何止“女兒葛”？杜絶“奇技淫巧”之風，一脉相承，何可悲也。

但縱觀我華夏全部歷史可知，一些所謂的“奇技淫巧”之類，雖屢遭統治者的禁弃，實則是禁而難止，况統治者自身對禁令也時或難以遵從，歷代帝王皇室之衣食住行，幾乎無一不恣意追求舒適美好，爲了貪圖享樂，就不得不重視科技，就不得不啓用科技。如

“被中香爐”（爐内置有炭火、香料，可隨意旋轉以取暖，香氣縷縷不絕。發明於漢代）、“長信宫燈”（燈内裝有虹管，可防空氣污染。亦發明於漢代）的誕生，即明證。歷代王朝所禁絶的多是認定可能危及社稷之類的“奇技淫巧”，并未禁止那些有利於民生的重大發明，也没有壓抑摧殘黎民百姓的靈智（歷史中偶有以愚民爲國策者，祇是偶或所見的特例而已）。帝王們爲維護其統治地位，以求長治久安，在“重道輕器”的同時，也極重天文、曆算、農桑、醫藥等領域的研究，凡善於治國的當權者，爲謀求其國勢得以强盛，則必定大力倡導科技，《後漢書・和熹鄧皇后紀》所載即爲顯例。和熹皇后鄧綏（公元81—121），深諳治國之道，兼通天文、算數。永元十四年（102），漢和帝死後，東漢面臨種種滅頂之灾，鄧綏先後擁立漢殤帝和漢安帝，以“女君”之名親政長達十六年，克服了有史以來最嚴重的十年天灾，剿滅海盗，平定西羌，收服嶺南三十六個民族，將九真郡外的蠻夷夜郎等納入版圖，恢復東漢對西域的羈縻，征服南匈奴、鮮卑、烏桓等，平息了内憂外患，使危機四伏的東漢王朝轉危爲安。正是在這期間，鄧綏大力發展科技，勉勵蔡倫改進造紙術，任用張衡研製渾天儀、地動儀等儀器，并製造了中尚方弩機，這一可以連續發射的弩機，其射程與命中率令時人驚嘆，成爲當時世界上最具殺傷力的先進武器（此外，鄧綏又破除男女授受不親的陳腐觀念，創辦了史上最早的男女同校學堂，并通過支持文字校正與字詞研究，推動了世界第一部字典《説文解字》問世）。這就爲傳統的博物研究提供了巨大的空間，因而先後出現了今人所謂的“四大發明”之類。實際上何止是“四大發明”？天文、曆算等領域的發明創造，可略而不論。鄧綏之前，魯班曾“請以機窆”的起重機，出現於春秋時期，早於西方七百餘年。徐州東洞山西漢墓出土的青銅透光鏡，歐洲和日本人稱其爲“魔鏡”，當一束光綫照射鏡面而投影在墻壁上時，墻上的光亮圈内就出現了銅鏡背面的美丽圖案和吉祥銘文。這一“透光鏡”比日本“魔鏡”早出現一千六百餘年，而歐洲的學者直到19世纪纔開始發現，大爲驚奇，經全力研究，得出自由曲面光學效應理論，將其廣泛運用於宇宙探索中。今日，國人已能够恢復這一失傳兩千餘載的原始工藝，千古瑰寶終得重放异彩！鄧綏之後，又創造了“噴水魚洗”，亦甚奇妙，令人大開眼界。東漢已有“雙魚洗”之名（見明梅鼎祚《東漢文紀》卷三二引《雙魚洗銘》），未知當時是否可以噴水。“噴水魚洗”形似現今的臉盆。盆内多刻雙魚或四魚，盆的上沿兩側有一對提耳，提耳的設置，不祇是爲了便於提動，同時又具有另外一個功用，即當手掌撫摩時，盆内還能噴射出兩尺高的水柱，水面形成一片浪花，同時會發出樂曲般的聲響，十分神奇。今可確知，“噴水魚洗”興起於唐宋之間（見宋王明清《揮麈前録》卷三、宋何薳《春渚紀聞》卷九），當是皇家或貴族所用盥洗用具。魚洗能够噴水，其道理何在？美國、日本的物理學家曾用各種現代科學儀器反復檢測查看，試圖找出其導熱、傳感及噴射發音的構造原理，雖經全力研究，但仍難得以完整的解釋，也難以再現其效果。面對中國古代科技創造的這一奇迹，現代科學遭遇了空前挑戰，衹能“望盆興嘆”。

中華民族，中華博物學，就是在這樣複雜多變的背景之下跌宕起伏，生存發展，在晚清之前，兩千餘年來，從未停止前進的步伐，這又成爲中華民族的民族性與中華博物學的一大特點。

四、西化流弊何時休，誰解古老博物學？

自晚清以還，中華博物學沉淪百年之久，本當早已復蘇，時至今日，幸逢盛世，正益修典，又何以總是步履維艱？豈料經由西學東漸之後，在我國國内一些學人認定科學决定一切，無與倫比，日積月纍，漸漸形成了一種偏激觀念——“唯科學主義”，即以所謂是否合於科學，來判定萬事萬物的是非曲直，科學擁有了絶對的話語權。“唯科學主義”通常表現爲三種態度：一、否認物質之外的非物質。凡難以認知的物質，則稱之爲“暗物質”。這一“暗”字用得非常巧妙，“暗”，難見也！於是“暗物質”取代了“非物質”；二、否認科學之外的其他發現。凡是遇到無從解釋的難題，面對别家探索的結論，一律斥爲“僞科學”。三、否認科學範圍以外的其他一切生産力，唯有科學可以帶動社會發展，萬事萬物必須以科學爲推手。

何謂“科學”？中國古代本有一種認識論的命題，稱之爲“格致”，意謂“格物致知”，指深究事物原理以求得知識，從而認識各種客觀現象，掌握其變化規律。這種哲學我國先秦諸子久已有之，雖已歷千載百代，但却未得應有的重視，終被西方科學所取代。自16世紀始，歐洲由於文藝復興，掙脱了天主教會的長期禁錮，轉向於對大自然的實用性的探索，其代表作即哥白尼的“日心説”與伽利略天文望遠鏡的發明，同時出現牛頓的力學，這是西方的第一次科技革命。這一時期已有“科學”其實，尚無後世“科學”之名，起始定名爲英語science一詞，源於拉丁文，本意謂人世間的各種學問，隸屬於古希臘的哲學思想，是一種對於宇宙間萬事萬物的生衍關係的一種想象、一種臆解，原本無甚稀奇，此時已反響於歐洲，得以廣泛流傳。至18世紀，新興的資産階級取得政權，爲推行資本主義，又大力發展科學，西方科學已處於世界領先地位。時至19世紀60年代後期及20世紀初，歐洲發生了以電力、化學及鋼鐵爲新興産業的第二次科技革命，英語science一詞迅速擴展於北美和亞洲。日本明治維新時期，赴歐留學的日本學者將science譯成“科學”，學界認爲是藉用了中國科舉制度中“分科之學”的“科學”一詞，如同將英文natural history的語意翻譯成漢語“博物學”一樣，也并不準確，中國的變法派訪日時，對之頂禮膜拜，欣然接受，自家固有的“格致”一詞，如同國學中的其他語詞一樣被弃而不用，“科學”一詞因得以廣泛流傳。“科學”當如何定義？今日之“科學”包括了自然科學、社會科學、思維科學以及交叉科學。除却嚴謹的形式邏輯系統之外，本是一種具體的以實踐爲手段的實證之學。實踐與實證的結果，日積月纍，就形成了人類關於自然、社會和思維的認知體系，成爲人類評斷事物是非真僞的依據。但科學不可能將浩渺無盡的宇宙及宇宙間的萬事萬物盡皆予以實踐、實證，能够實踐、實證者甚微，因而科學總是在不斷地探索，不斷地補正，不斷地自我完善之中，其所能研究的領域與功能實在有限。當代科學可以在指甲似的晶片上，一次性地裝載五百億電晶體，可以將重達六噸以上的太空船射向太空，并按照既定指令進行各種探索，但却不能造出一粒原始的細胞來，因爲這原始細胞結構的複雜神秘，所藴含的奇妙智慧，人類雖竭盡全力，却至今無法破解。細胞來自何處？是如何形成的？科學完全失去了話語權！造不出一粒原始的細胞，造一片樹葉尤無可能，造一棵大樹更是幻想，遑論萬千物種，足證“科學”并非萬能的唯一學問。況且，“暗物質”之外，至少在中國哲學體系中尚有“非物質”。何謂“非物質”？“非物質”是與“物質”相對而言，區别於“暗物質”的另一種存在，正如前文所述，它“無形無象、無聲無色、無始無終、無可名狀”，在中國古代稱之爲“道”。“道”可以不遵循因果關係，可以無中生有，爲“萬物之所然也，萬理之所稽也”，可以解釋萬物的由來，可以解釋宇宙的形成。今以天體學的的視野略加分析，亦可見“唯科學主義”的是非。人類賴以生存的地球，其直徑約爲12 742公里，是太陽系中的第三顆小行星。太陽系的直徑約爲2光年，太陽是銀河系中數千億恒星之一，銀河系的直徑約爲10萬光年，包括1千億至4千億顆恒星，而宇宙中有一千至兩千億銀河系，宇宙有930億光年。一光年約等於9.46萬億公里。地球在宇宙中衹是一粒微塵，如此渺小的地球人能創造出破解一切的偉大科學，那是癡人説夢！中華先賢面對諸多奧妙，面對諸多不可思議的現象，提出這一“無可名狀”之“道”，當然并非憑空想象，自有其觀測與推理的依據，這顯然不同於源自西方的科學，或曰是西方科學所包容不了的。先賢提出的“無可名狀”的“道”，已超越物質的範圍，或曰“道”絶非“暗物質”所能替代的。這一“無可名狀”的“道”，在當今的别樣的時空維度中已得到初步驗證（在這非物質的維度中滿富玄機）。論者提出這一古老學説，旨在證明“唯科學主義”排斥其他一切學説，過分張揚，不足稱道，絶無否定或輕忽科學之意。百年前西學東漸，尤其是西方科學的傳入，乃是我中華民族思維與實踐領域的空前創獲，是實踐與思維領域的一座嶄新的燈塔，如今已是家喻户曉，人人稱贊，任誰也不會否認科學的偉大，但却不能與偏激的“唯科學主義”混同。後世“科學”一詞，又常常與“技術”連稱爲“科學技術”，簡稱“科技”。何謂“技術”？“技術”一詞來源於希臘文“techs”，通常指個人的技能或技藝，是人類利用現有實物形成新事物，或改變原有事物屬性、功能的方法，或可簡言之曰發明創造。科學技術不同於科學，也不同於技術，也不是科學與技術的簡單相加。科學技術是科學與技術的有機結合體系，既是人類認識世界和改造世界的成果或産物，又是人類認識世界和改造世界最有力的工具或手段，兩者實難分割。某些技術本身可能衹是一種技法，而高深技術的背後則必定是科學。

出於上述“唯科學主義”偏激觀念，重建中華博物學就遭致了質疑或否定，如有學者認爲，中國古代衹有技術而没有科學，哪有什麽中華博物學？中華博物學被看作“前科學時代的粗糙的知識和技能的雜燴”，是一種“非科學性思考”，没有什麽科學價值，當然也就没有重建的必要，因爲西方博物學久已存在，無可替代。中國古代當真“衹有技術而没有科學”麽？前文已論及“科學”與“技術”很難分割，在中國古代不衹有“技術”，同樣也有“科學”。回眸世界之歷史長河，僅就中西方的興替發展脉絡略作比較，就可以看到以下史實：當我中華處於夏禹已劃定九州、建有天下之際，西方社會多處於尚未開化的蠻荒歲月；當我中華已處於春秋戰國鋼鐵文化興起之際，整個西方尚處於引進古羅馬文明的青銅器時代；當我宋代以百萬册的印數印刷書籍之際，中世紀的西方仍然憑藉修士們成年纍月在羊皮卷上抄寫複製；著名的火藥、指南針等其他重大發明姑且不論，單就中國歷朝歷代任何一件發明創造而言，之於西方社會也毫不遜色，直至清代中葉，中國的科技一直處於世界領先地位。英國科學家李約瑟主編的七卷巨著《中國科學技術史》，即認爲西方古代科學技術 85% 以上皆源於中國。這是西方人自發的没有任何背景、没有任何色彩的論斷，甚爲客觀，迄今未見异議。此外又有學者指出，中華傳統博物學不衹擁有科技，又超越了科技的範疇，它是“關於物象（外部事物）以及人與物的關係的整體認知、研究範式與心智體驗的集合”，“這種傳統根本無法用科學去理解和統攝”，中華古典博物學“給我們提供的‘非科學性思考’，恰恰是它的價值所在”（余欣《中國博物學傳統的重建》，載《中國圖書評論》，2013年第10期，第45～53頁）。這無疑是對“唯科學主義”最有力的批駁！是的，本書極重“科技”研究，又不拘泥於“科技”，同樣重視“非科學性思考”。

中華古典博物學的研究主體是“博物”，是“博物史”，通過對“博物”“博物史”的探索，而展現的是人，是人的生存、生活的具體狀況，是人的直觀發展史。中華傳統博物學構成了物我同類、天人合一的博大的獨立知識體系，是理解和詮釋世界的另一視野，這種視野中的諸多“非科學性思考”的博物，科學無法全面解讀，但却是真真切切的客觀存在。所謂傳統博物學是“前科學時代的粗糙的知識和技能的雜燴”，是“非科學性思考”的評價，甚是武斷，衹不過是一種不自覺的“唯科學主義”觀念而已。另將“科學”與“技術”分割開來，强調什麽“科學”與否，這一提法本身就不太“科學”。對此，本書前文已論及，無須複述。我國作爲一個古老國度，在其漫長的生衍過程中，理所當然地包容了“粗糙的知識和技能”。這一狀况世界所有古國盡有經歷，并非中國獨有。“粗糙的知識”的表述似乎也并不恰當，“知識”可有高下深淺之分，未聞有粗糙細緻之别。這所謂“粗糙”，大約是指“成熟”與否，實際上中華傳統博物學所涉之“知識和技能”，并非那麽“粗糙”，常常是合於“科學”的，有些則是非常的“科學”。英國科學家李約瑟等認定古代中國涌現了諸多“黑科技”。何謂“黑科技”？這是當前國際間盛行的術語，即意想不到的超越科技之科技，可見學界也是將“科學”與“技術”連體而稱，而并非稱“黑科學”。認定中國古代“衹有技術而没有科學”，傳統博物學是“前科學時代的粗糙的知識和技能的雜燴”之説，頗有些“粗糙”，準確地説頗有些膚淺！這位學者將傳統博物學統稱爲“前科學時代”的産物，亦是一種妄斷，也頗有些隨心所欲！何謂“前科學時代”？“前科學時代”是指形成科學之前人們僅憑五官而形成的一種感知，這種感知在原始社會時有所見，但也并非全部如此，如鑽木取火、天氣預測、曆法的訂立、灸砭的運用等，皆超越了一般的感知，已經形成了各自相對獨立的科學。看來這位學者并不怎麽瞭解中國古代科技史，并不太瞭解自家的傳統文化，實屬自誤而誤人。

中華博物學的形成及發展歷程，與西方顯然不同。西方博物學萌生於上古哲人的學説，其後則以自然科學爲研究主體，遍及整個歐洲，全面進入國民的生活領域。在這樣的文化背景之下，西方日益强大，直接影響和推動了社會的發展，因而步入世界前列。我中華悠悠數千載，所涉博物，形形色色，浩浩蕩蕩，逐漸形成了中華獨有的博物學體系，但面臨的背景却非常複雜，與西方比較是另一番天地，那就是貫穿數千載的“重道輕器”觀念與排斥“奇技淫巧”之國風，這一觀念、這一國風，其表現形式就是重文輕理，且愈演愈烈。如中國久遠的科舉制度，應試士子們本可“上談禮樂祖姬孔，下議制度輕齷玄”（見明高啓《送貢士會試京師》詩），縱論古今國事，是非得失，而朝廷則可藉此擇取英才，因而國家得以强盛。時至明代後期，舉國推行的科舉制度竟然定型爲千篇一律的八股文，泯滅了朝廷取才之道，一代宗師顧炎武稱八股之禍勝似“焚書坑儒”（見《日知録・擬題》）。清代後期爲維護其獨裁統治，手段尤爲專横强硬，又向以“天朝”自居，哪裏會重視什麼西方的“科學技術”？“科學技術”的落伍最終導致文明古國一敗塗地，這也就是“李約瑟難題”的答案！“科學”之所以成爲“科學”，是因爲其出自實踐、實證，實踐、實證是科學的生命。實踐、實證又必須以物質爲基礎，這正與我中華博物學以浩浩博物爲研究主體相合！但中華博物學，或曰博物研究，始終被置於正統的國學之外，這一觀念與國風，極大地制約了中華博物學的發展。制約的結果如何？可以毫不誇張地説，直接阻礙了中國古代社會的歷史進程。

五、中華博物知多少，皓首難解千古謎

中華博物如繁星麗天，難以勝計，其中有諸多别様博物，可稱之爲“黑科技”者，令人百思不得其解。如八十餘年前四川廣漢西北發現的三星堆古蜀文化遺址，距今約四千八百年至三千年左右，所在範圍非常遼闊，遠超典籍記載的成都平原一帶，此後不斷探索，不斷有新的發現，成爲20世紀人類最偉大的考古發現之一。該遺址内三種不同面貌而又連續發展的三期考古學文化，以規模壯闊的商代古城和高度發達的青銅文明爲代表的二期文化最具特點。二期文化中青銅器具占據主導地位，極爲神奇。衆多的青銅人頭象、青銅面具，千姿百態。還有舉世罕見的青銅神樹，該樹有八棵，最高者近4米，共分三層，樹枝上栖息有九隻神鳥，應是我國古籍所載“九日居下枝”的體現；斷裂的頂部，當有“一日居上枝”的另一神鳥，寓意九隻之外，另一隻正在高空當班。青銅樹三層

九鳥，與《山海經·海外東經》中所載“扶桑”“若木”“九日居下枝，一日居上枝”正同。上古時代，先民認爲天上的太陽是由飛鳥所背負，可知九隻神鳥即代表了九個太陽。其《南經》又曰：“有木，其狀如牛，引之有皮，若纓、黄蛇。其葉如羅，其實如欒，其木若蓲，其名曰建木。”何謂“建木”？先民認爲“建木”具有通天本能，傳説中伏羲、黄帝等盡皆憑藉“建木”來往神界與人間。由《山海經》的記載可知，這神奇物又來源於傳統文化，大量青銅文化明顯地受到夏商文明、長江中游文明及陝南文明的影響。那些金器、玉器等禮器更鮮明地展現出華夏中土固有的民族色彩。如此浩大盛壯，如此神奇，這一古蜀國究竟是怎樣形成的？又是怎樣突然消失的？詩人李白在《蜀道難》中曾有絶代一問：“蠶叢及魚鳧，開國何茫然？”意謂蠶叢與魚鳧兩位先帝，是在什麽時代開創了古蜀國？何以如此茫茫然令人難解？今論者續其問曰：“開國何茫然，失國又何年？開失兩難知，千古一謎團。”三星堆的發掘并非全貌，僅占遺址總面積的千分之一左右，只是古蜀文化的小小一角而已，更有浩瀚的未知數，國人面臨的將是另一個陌生的驚人世界。中華民族襟懷如海，廣納百川，中外文化相容并包，故而博大精深。這些百思不得其解的神奇之物，向無答案，確屬於所謂“非科學性思考”，當代專家學者亦爲之拍案。“唯科學主義”面臨這些“黑科技”的挑戰，當然也絶難詮釋。以下再就已見出土，或久已傳世之實物爲例。上世紀 80 年代，臨潼始皇陵西側出土了兩乘銅車馬，其物距今已有兩千二百餘年，造型之豪華精美，被譽爲世界“青銅之冠”，姑且不論。兩輛車的車傘，厚度僅 0.1 ～ 0.4 厘米，一號車古稱“立車”或“戎車”，傘面爲 1.12 平方米，二號車傘面爲 2.23 平方米，而且皆用渾鑄法一次性鑄出，整體呈穹隆形，均匀而輕薄，這一鑄法迄今亦是絶技，無法超越。而更絶的是一號立車的大傘，看似遮風擋雨所用，實則充滿玄機，此傘的傘座和手柄皆爲自鎖式封閉結構，既可以鎖死，又可以打開，同時可以靈活旋轉 180 度，隨太陽的方位變化而變化，亦可取下插入野外，遮烈日，擋風雨，賞心隨意。令人尤爲稱奇的是，打開傘柄處的雙環插銷，傘柄與傘蓋可各獨立，傘柄就成了一把尖鋭的矛，傘蓋就成了盾，可攻可守。這一 0.1 ～ 0.4 厘米厚的盾，其抗擊力又遠勝今人的製造技術，令今人望塵莫及，故國際友人贊之爲罕見的“黑科技”。此外分存於西安與鎮江東西兩方的北宋石刻《禹迹圖》，尤爲奇异。此圖參閲了唐賈耽《海内華夷圖》，并非單純地反映宋代行政區劃及華夷之間的關係，而是上溯至《禹貢》中的山川、河流、州郡分布，下至北宋當世，已將經典與現實融爲一體。此圖長方約 1 平方米，宋朝行政區劃即達三百八十個之多，五個大湖，七十座山峰，更有蜿蜒數千里的長江、黄河等江川八十餘條；不衹是中原的地域，尚有與之接壤的大理、吐蕃、西夏、遼等區域，這些區域的山野江河亦有精準的繪製。作爲北宋時代的製圖人，即使能够遍踏域内、域外，也絶難僅憑一己的目力俯瞰全景。此圖由五千一百一十個小方格組成，每一小方格皆爲一百平方公里，所有城市、山野江河的大小距離，盡包容在這些格子裏，全部可以明確無誤地測算出來，其比例尺與今世幾無差异。如此細密精準，必須具有衛星定位之類的高科技纔能繪製出來，九百年前的宋人是憑藉什麼儀器完成的？此一《禹迹圖》較之秦陵銅車馬，更超乎想象，詭异神奇，故而英國學者李約瑟評之爲“世界上最神秘、最杰出的地圖”，美國國家圖書館將一幅19世紀據西安圖打製的拓本作爲館藏珍品。中國古代“黑科技”，又何止臨潼銅車馬與《禹迹圖》？

除却上述文獻記載與出土及傳世之物外，另一些則是實見於中華大地的奇特自然景觀，這些百思不得其解的神奇之物，散處天南海北，自古迄今，向無答案，亦屬於所謂“非科學性思考”，當代專家學者亦爲之拍案。“唯科學主義”面臨這些“黑科技”的挑戰，當然也絶難詮釋。我中華大地這些神奇之物，在當世尤應引起重視，國人必須迎接“超科技時代”的到來。如“應潮井”，地處南京市東紫金山南麓定林寺前。此井雖遠在深山之間，却與五公里外的長江江潮相應，江水漲則井水升，江水退則井水降，同處其他諸井皆無此現象。唐宋以來，已有典籍記載，如《江南通志・輿地志・江寧府》引唐段成式《酉陽雜俎》：“蔣山有應潮井，在半山之間，俗傳云與江潮相應，嘗有破船朽板自井中出。”《景定建康志・山川志三・井泉》：“應潮井在蔣山頭陁寺山頂第一峰佛殿後。《蔣山塔記》云：‘梁大同元年，後閣舍人石興造山峰佛殿，殿後有一井，其泉與江潮盈縮增減相應。’”何以如此，自發現以來，已歷千載，迄今無解。以上的奇特之物，多有記載，名揚天下，而另一些奇物，却久遭冷落，默默無聞。如“靈通石”，亦稱“神石”“報警石”，俗稱“猪叫石”。該石位於太行大峽谷林縣境内高家臺輝伏巖村。石體方正，紫紅色，裸露於地面約4立方米，高寬各3米，厚2米，象是一頭體積龐大的卧豬，且能發聲如猪叫。傳聞每逢大事（包括自然灾害、重大變革等）來臨之前，常常“鳴叫”不止，大事大叫數十天，小事則小叫數日，聲音忽高忽低，一次可叫百餘聲，百米之内清晰可聞。但其叫聲衹能現場聆聽，不可録音。何以如此怪异？同樣不得而知！中華博物浩浩洋洋，漫漫無涯，可謂無奇不有，作爲博物之學，亦必全力探究，这也正是中華博物學承担的使命。

六、中華博物學的研究範圍與狀况，新建學科的指嚮與體式如何？

中國當代尚未建立博物學會，也没有相應的報刊，人們熟知的則是博物院館，而博物院館的職責在於收藏、研究并展出傳世的博物，面對日月星辰、萬物繁衍以及先民生息起居等數千年的古籍記載（包括失傳之物），豈能勝任？中華博物全方位研究的歷史使命衹能由新興的博物學承擔。古老中華，悠悠五千載，博物浩茫，疑難連篇，實難解讀，而新興的博物學却不容迴避，必須做出回答。

本書指稱的博物，包括那些自然物，但并不限於對其形體、屬性的研究，體現了博物古學固有的格致觀念，且常常懷有濃厚的人文情結，可謂奥妙無窮，這又迥别於西方博物學。

如“天宇”，當做何解釋？在中國傳統文化中是與“宇宙”并存的稱謂，重在强調可見的天體和所有星際空間。前已述及，天體直徑可達930億光年以上，實際上可能遠超想象。這就出現了絶世難題：究竟何謂天體？天體何來？戰國詩人屈原在其《天問》篇中，曾連連問天：“上下未形，何由考之？”“馮翼惟象，何以識之？”“明明闇闇，惟時何爲？”千古之問，何人何時可以作答？天宇研究在古代即甚冷僻，被稱爲“絶學”。中國是天宇觀測探索最爲細密的文明古國之一，天象觀測歷史也最爲悠遠，殷墟甲骨、《書》《易》諸經，盡有記載，而歷代正史又設有天文、曆律之類專志，皇家設有司天監之類專職機構，憑此“觀天象、測天意”，以决國策。於是，天文之學遂成諸學之首。天宇研究的主體是天空中的各種現象，這些現象又以各種星體的位置、明暗、形狀等的變化爲主，稱之爲星象。星象極其繁複，難以辨識。於是，在天空位置相對穩定的恒星就成爲必要的定位標志。在人們目力所及的範圍内，恒星數以千計，簡單命名仍不便查找和定位，我華夏先民又將天空劃分爲若干層級的區域，將漫天看似雜亂無章的恒星位置相近者予以組合并命名，這些組合的星群稱之爲星宿。古人視天上諸星如人間職官，有大小、尊卑之分，故又稱星官，因而就有了三垣二十八宿，成爲古天宇學最重要理論依據，這一理論西方天文學絶難取代。

再如古代類書中指稱的“蟲豸”，當代辭書亦少有確解。何謂“蟲豸”？舉凡當今動物學中的昆蟲綱、蛛形綱、多足綱，以及爬行動物中的綫形動物、扁形動物、環節動物、軟體動物中形體微小者，皆爲蟲豸之屬。蟲豸形雖微小，然其生存之久、種類之繁、分布之廣、形態之多、數量之巨，從生物、生態、應用、文化等角度，其意義和價值都大异於其他各類動物，或説是其他各類動物所不能比擬的。蟲豸之屬，既能飛於空，亦能游於水，既能潜於土，亦能藏於山，形態萬千，且各具靈性，情趣互异，故古代典籍遍見記叙，不僅常載於詩文，且多見筆記、小説中。先民又常憑藉其築穴或搬遷之類活動，以預測氣象變化或靈异别端，同樣展現了一幅具體生動的蟲文化畫卷，既有學術價值，又充滿趣味性。自《詩》始，就出現了咏蟲詩，其後歷代從蝶舞蟬鳴、蟻行蛇爬中得到靈感者代不乏人，或以蟲言志，或以蟲抒懷，或以蟲爲比，或以蟲爲興，甚至直以蟲名入於詞牌、曲牌，如僅蝴蝶就有“蝴蝶兒”“玉蝴蝶”“粉蝶兒”“蝶戀花”“撲蝴蝶”“撲粉蝶”等名類。唐歐陽詢《藝文類聚》收集有關蟬、蠅、蚊、蝶、螢、叩頭蟲、蛾、蜂、蟋蟀、尺蠖、螳、蝗等蟲類的詩、賦、贊等數量浩繁，後世仿其體例者甚多，如《事物紀原》《五雜俎》《淵鑑類函》《古今圖書集成·禽蟲典》等，洋洋大觀。不僅詩詞歌賦，在成語、俗語中，言及蟲豸者，亦不可勝數，如莊周夢蝶、螓首蛾眉、金蟬脱殼、螳螂捕蟬、螳臂當車、蚍蜉撼樹、作繭自縛、飛蛾撲火（詞牌名爲“撲燈蛾”）等；不僅見諸歷代詩文，今世辭章以蟲爲喻者，仍沿襲不衰，如以蝸喻居、以蝶喻舞、以蟬翼喻輕薄、以蛇蠍喻狠毒等，比比皆是，不勝枚舉。

本博物學所指稱博物又包括了人類社會生活的各方面、領域，自史前達於清末民初，有的則可直達近現代，至巨至微，錯綜複雜。而對於某一具體實物，必須從其初始形態、初始用途的探討入手，而後追逐其發展演變過程，這樣纔能有縱橫全面的認定，從而作出相應的結論，這正是新興博物學的使命之一。今僅就我中華民族時有關涉者予以考釋。今日，國人對於古代社會生活實在太過陌生，現當代權威工具書所收録的諸多重要的常見詞目，常常不知其由來，遭致誤導。如“祭壇”一詞，《漢語大詞典·示部》釋文曰：

> 祭壇：供祭禮或宗教祈禱用的臺。劉大傑《中國文學發展史》第一章三：“無論藝術哲學都得屈服於宗教意識之下，在祭壇下面得着其發展生命了。”艾青《吹號者》詩：“今日的原野呵，已用展向無限去的暗緑的苗草，給我們布置成莊嚴的祭壇了。”亦指上壇祭祀。侯寶林《改行》：“趕上皇上齋戒忌辰，或是皇上出來祭壇，你都得歇工（下略）。”

以上引用的三個書證全部是現代漢語，檢索此條的讀者可能會認定“祭壇”乃無淵源的新興詞，與古漢語無關。豈不知《晋書·禮志下》《舊唐書·禮儀志三》《明史·崔亮傳》

諸書皆有“祭壇”一詞，又皆爲正史，并不冷僻。《漢語大詞典》爲證實“祭壇”一詞的存在，廣予網羅，頗費思索，連同侯寶林的相聲也用作重要書證。侯氏雖被贊爲現代語言大師，但此處的“祭壇”，并非“供祭禮或宗教祈禱用的臺”，“祭”與“壇”爲動賓語結構，并非名詞，不足爲據。還應指出，“祭壇”作爲人們祭祀或祈禱所用實體的臺，早在史前即已出現，初始之時不過是壘土爲臺罷了。

此外，直接關涉華夏文化傳播形式的諸多博物更是大异於西方。如“文具”初稱“書具”，其稱漢代大儒鄭玄在《禮記・曲禮上》注中已見行用。千載之後，宋人陶穀《清異録・文用》中始用“文具”一詞。文具泛指用於書寫繪畫的案頭用具及與之相應的輔助用具。國人憑藉這些文具，創造了最具特色的筆墨文化、筆墨藝術，憑藉這些文具得以描述華夏五千載的燦爛歷史。中華傳統文具究有多少？國人最爲熟悉的莫過於“文房四寶”，實際又何止“文房四寶”？另有十八種文房用具，定名爲“十八學士”，宋代林洪曾仿唐韩愈《毛穎傳》作《文房職方圖贊》（簡稱《文房圖贊》，即逐一作圖爲之贊）。實際上遠超十八種，如筆筒、筆插、筆掭、筆洗、墨水匣、墨床、水注、水承、水牌、硯滴、硯屏、印盒、帖架、鎮紙、裁刀、鉛槧、算袋、照袋、書床、筆擱、高閣，等等，已達三十種之多。

“文房四寶”“十八學士”之類中華獨具的傳統文化，今國人熟知者已不甚多，西方博物又何從涉及？何可包容？

七、新興博物學的表述特點，其古今考辨的啓迪價值

當代新興博物學所展現的是中華博物本身的生衍變化以及其同物异名、同名异物等，其主旨之一在於探尋我古老的中華民族的真實歷史面貌，温故知新，從而更加熱爱我们偉大的中華文明。

偉大的中華民族，在歷史上産生过許多杰出的思想觀念，比如，我中華民族風行百代的正統觀念是“君爲輕，民爲本，社稷次之”（見《孟子・盡心下》），這就是强调人民高於君王，高於社稷（猶“國家”），人民高於一切！古老的中華正統對人民如此愛護，如此尊崇，在當今世界也堪稱難得。縱觀朝代更迭的全部歷史可知，每朝每代總有其興起及消亡的過程，有盛必有衰。在這部《通考》中，常有實例可證，如有關商代都城“商邑”的

記載，就頗具代表性。試看，《詩・商頌・殷武》：“商邑翼翼，四方之極。”鄭玄箋：“極，中也。商邑之禮俗翼翼然……乃四方之中正也。”孔穎達疏：“言商王之都邑翼翼然，皆能禮讓恭敬，誠可法則，乃爲四方之中正也。”《詩》文謂商都富饒繁華，禮俗興盛，足可爲全國各地的學習楷模。“禮俗”在上古的地位如何？《周禮・天官・大宰》曰：“以八則治都鄙：一曰祭祀，以馭其神……六曰禮俗，以馭其民。”這是説周代統治者以禮俗馭其民，如同以祭祀馭鬼神一樣，未敢輕忽怠慢，禮俗之地位絶不可等閑視之。古訓曰：“倉廪實而知禮節，衣食足而知榮辱。”（見《史記・管晏列傳》）此處的“禮節”是禮俗的核心内容，可見禮俗源於“倉廪實”。“倉廪實”展現的是國富民强，而國富民强，必重禮俗，禮俗展現了國家的面貌。早在三千年前的商代，已如此重視禮俗。“商邑翼翼”所反映的是上古時期商都全盛時期的繁華昌明，其後歷代亦多有可以稱道的興盛時期，如“漢武盛世”“文景盛世”、唐“貞觀盛世”“開元盛世”、宋“嘉祐盛世”、明“永宣盛世”、清“康乾盛世”等，其中更有“夜不閉户，路不拾遺”的佳話。盛世總是多於亂世，或曰温飽時代總是多於飢寒歲月。唐代興盛時期，君臣上下已萌生了甚爲隨和的禮儀狀態，不喜三拜九叩之制，宋元還出現了“衣食父母”之類敬詞（見宋祝穆《古今事物類聚别集》卷二〇、元關漢卿《竇娥冤》第二折），這正體現了“王者以民爲天，民以食爲天”（見《漢書・酈食其傳》）的傳統觀念。中國歷史上的黎民百姓并非一直生活在水深火熱之中，在漫長的歲月中也常有温飽寧静的生活，因而涌現了諸多忠心報國的詩詞。如“但使龍城飛將在，不教胡馬度陰山”（唐王昌齡《出塞二首》之一）；“忘身辭鳳闕，報國取龍庭”（王維《送趙都督赴代州得青字》）；“僵卧孤村不自哀，尚思爲國戍輪臺”（宋陸游《十一月四日風雨大作》）；“奇謀報國，可憐無用，塵昏白羽”（宋朱敦儒《水龍吟・放船千里淩波去》）。

久已沉淪的傳統博物學今得重建，可藉以知曉我中華兒女擁有的是何樣偉大而可愛的祖國！偉大而可愛的祖國，江山壯麗，蘭心大智，光前裕後，甡甡學子尤當珍惜，尤當自豪！回眸古典博物學的沉淪又可確知，鴉片戰争給中華民族帶來的是空前的傷害，不衹是漢唐氣度蕩然無存，國勢極度衰微，最爲可怕的是傷害了民族自信，爲害甚烈。傷害了民族自信，則必會輕視或否定傳統文化，百代信守的忠義觀念、仁義之道，必消失殆盡，代之而來的則是少廉寡耻，爾虞我詐，以崇洋媚外爲榮，這一狀况久有持續，對青少年的影響尤甚，怎不令人痛心！時至當代，正全力弘揚中華優秀傳統文化，全力推行科技創新，踔厲奮發，重振國風，這又怎不令人慶幸！

新興博物學在展現中華博物本身的生衍變化進而展現古代真切的社會生活之外，又展現了一種獨具中華風采的文化體系。如常見語詞“揚州瘦馬”，其來歷如何？衹因元馬致遠《天净沙・秋思》中有“西風古道瘦馬”之句。自2008年山西吕梁市興縣康寧鎮紅峪村發現元代壁畫墓以來，其中的一首《西江月》小令：“瘦藤高樹昏鴉，小橋流水人家，古道西風瘦馬，夕陽西下，已獨不在天涯。”在學界引發了關於《天净沙・秋思》的争論熱議。由《西江月》小令聯想元代的另一版本：“瘦藤老樹昏鴉，遠山流水人家，古道西風瘦馬，夕陽西下，斷腸人去天涯。”於是有學人又認爲此一“瘦馬”當指“揚州藝妓”，意謂形單影隻的青樓女子思念遠赴天涯的情郎——“斷腸人”，但這小令中的“瘦馬”之前，何以要冠以“古道西風”四字？則不得而知。通行本狀寫天涯游子的冷落凄凉情景，堪稱千古絶唱，無可置疑。那麽何以稱藝妓爲“瘦馬”？“瘦馬”一詞，初見於唐白居易《有感》詩三首之二：“莫養瘦馬駒，莫教小妓女。後事在目前，不信君看取。馬肥快行走，妓長能歌舞。三年五年間，已聞换一主。”金董解元《西厢記諸宫調》中的《仙吕・賞花時》又載：“落日平林噪晚鴉，風袖翩翩吹瘦馬。”此處的“瘦馬”無疑確指藝妓。稱妓女爲人人可騎的馬，後世又稱之爲“馬子”，是一種侮辱性的比擬。何以稱“瘦”？在中國古代常以“瘦”爲美，“瘦”本指腰肢纖細，故漢民歌曰：“楚王好細腰，宫中多餓死。”“細腰”强調的是苗條美麗。“好細腰”之舉，在南方尤甚，揚州的西湖所以稱之爲“瘦西湖”，不衹是因其狹長緊連京杭大運河，實則是因湖邊楊柳依依，芳草萋萋，又有荷花池、釣魚臺、五亭、二十四橋，美不勝收，較之杭州西湖有一種别樣的美麗。國人何以推崇揚州？《禹貢》劃定九州之中就有揚州，今之揚州已有兩千五百餘年的歷史。其主城區位於長江下游北岸，可追溯至公元前486年。春秋時期，吴王夫差在此開鑿了世界最早的運河——邗溝，建立邗城，孕育了唯一與邗溝同齡的運河城；因水網密布，氣候温潤，公元前319年，楚懷王熊槐在此建立廣陵城（今揚州仍沿稱“廣陵”），遂成爲中華歷史名城之一。此後歷經魏晋等朝代多次重修，至隋文帝開皇九年（589），廣陵改稱揚州。揚州除却政治地位顯赫之外，又是美女輩出之地，歷史上曾有漢趙飛燕、唐上官婉兒及南唐風流帝王李煜先後兩任皇后周薔、周薇，號稱“四大美女”。隋煬帝楊廣又在此開鑿大運河，貫通至京都洛陽旁連涿郡，藉此運河三下揚州，尋歡作樂。時至唐代，揚州更是江河交匯，四海通達，成爲全國性的交通要衝，故有“故人西辭黄鶴樓，煙花三月下揚州。孤帆遠影碧空盡，唯見長江天際流”的著名詩篇（唐李白《黃鶴樓送孟浩然之廣陵》，今之揚州已遠離長江）。揚州在唐代是除却長安之外的最爲繁華的大都會，商旅雲聚，青樓大興，成爲文壇才士、豪門公子醉生夢死之地。唐王建《夜看揚州市》詩贊曰：“夜市千燈照碧雲，高樓紅袖客紛紛。”詩人杜牧《遣懷》更有名作：“落魄江湖載酒行，楚腰纖細掌中輕。十年一覺揚州夢，贏得青樓薄幸名。”此“楚腰纖細掌中輕”之用典，即直涉楚靈王好細腰與趙飛燕的所謂“掌中舞”兩事。杜牧憑藉豪放而婉約的詩作，贏得百世贊頌，此詩實是一種自嘲、以書懷才不遇之作，却曾遭致史家“放浪薄情”的詬病。大唐之揚州，確是令人嚮往，令人心醉，故而詩人張祜有“人生只合揚州死”（見其所作《縱游淮南》）之感嘆。元代再度大修的京杭大運河弃洛陽直達北京，揚州之地位愈加顯赫。總之，世界這一最古最長的大運河歷代修建，始終離不開揚州。時至明清，揚州經濟依然十分繁盛，仍是達官貴人喜於擇居之地，兩淮鹽商亦集聚於此，富甲一方，由此振興了園林業、餐飲業，娛樂中的色情業也應運而生，養“瘦馬”就是其中的一種，一些投機者低價買進窮苦人家的美麗苗條幼女，令其學習言行禮儀、歌舞繪畫及其他媚人技能技巧，而後以高價賣至青樓或權貴豪門，大發其財。除却“揚州瘦馬”之外，又催生了著名的“揚州八怪”，文化藝術色彩愈加分明。

“揚州瘦馬”本是一種當被摒弃的陋習，不足爲訓，但這一陋習所反映出的却是關聯揚州的一種別樣的文化，反映了揚州古今社會的經濟發展與變化，這當然也是西方博物學替代不了的。

結　語

綜上所述可知，中華博物學是學術研究中的另一方天地，無可替代，必須重建，且勢在必行。如何重建？如何展現我中華博物獨有的神貌？答曰：中華博物絶非僅指博物館的收藏物，必須是全方位的，無論是宫廷裏，無論是山野間，無論是人工物，無論是天然品，無論是社會中，無論是自然界裏，皆應廣予收録考釋。考釋的主旨，乃探索我中華浩浩博物的淵源、流變。此一博物學甚重“物”的形體、屬性及其淵源流變，同時又關注其得名由來，重視兩者間的生衍關係。通常而言（非通常情況當作別論），在人類社會中有其物必當有其名，有其名亦必有其物。此外，更有同物异名，或同名异物之別。探究“物”本體的淵源流變并釐清名物關係，這就是中國古典博物學的使命，這也正是最爲嚴密的格物致知，也正是最爲嚴肅的科學體系。但中國古典博物學，又必須體現《博物記》以還的國學傳統，必須體現博大的天人視野及民胞物與情懷，有助於我中華的再度振起，乃至於世界的安寧和諧。而那些神怪虛無之物，則不得納入新的博物學中，衹能作爲附録以備考。如何具體裁定，如何通盤布局，并非易事，遠超想象。因我中華民族是喜愛并嚮往神話的古老民族，又常常憑藉豐富的想象對某種博物作出判斷與解讀，判斷與解讀的結果，除却導致無稽的荒誕之外，又時或引發别樣的思考，常出乎人們的所料，具有别樣的價值。如水族中的“比目魚”，亦稱“王餘魚”“兩魪”“拖沙魚”“鞋底魚”“板魚”“箬葉”，俗稱“偏口魚”，爲鰈形目魚類之古稱。成魚身體扁平而闊，兩眼移於頭的另一端，習慣於側卧，朝上的一面有顔色鮮明的眼睛，朝下一面似無眼睛，先民誤以爲衹有一眼，必須相互比并而行。此一判斷與解讀，始自漢代《爾雅・釋地》：“東方有比目魚焉，不比不行。”郭璞注：“狀似牛脾……一眼，兩片相合乃得行。今水中所在有之，江東又稱爲王餘魚。”事過千載，直至明代李時珍《本草綱目》問世，盡皆認定比目魚僅有一隻眼，出行必須各藉他魚另一眼（見《本草綱目・鱗四・比目魚》）。傳統詩文中用比目魚以比喻形影不離的情侶或好友，先民争相傳頌，百代不休，直至1917年徐珂的《清稗類鈔》問世，始知比目魚兩眼皆可用，不必兩兩并游（《清稗類鈔・動物篇》）。古人憑藉想象，又認爲尚有與比目魚相對應的“比翼鳥”，見於《爾雅・釋地》：“南方有比翼鳥焉，不比不飛。”這一“比翼鳥”，僅一目一翼，須雌雄并翼飛行，如同比目魚一樣，亦用以比喻形影不離的情侶或好友。“比目魚”“比翼鳥”之類虛幻者外，後世又派生了所謂“連理枝”，著名詩作有唐白居易《長恨歌》曰：“在天願爲比翼鳥，在地願爲連理枝。”何謂“連理枝”？“連理枝”是指自然界中罕見的偶然形成的枝和幹連爲一體的樹木。“連理枝”之外，又出現了“并蒂蓮”之類。“并蒂蓮”亦稱“并頭蓮”“合歡蓮”等，是指一莖生兩花，花各有蒂，蒂在花莖上連在一起的蓮花。這種“連理枝”“并蒂蓮”，難以納入下述的世界通行的階元系統，也難依照林奈創立的雙名命名法命名，但却又是一種不可忽視的實物，是大自然所形成的另一種奇妙的實物。此一“并蒂蓮”如同“比目魚”“連理枝”一樣，亦用以喻情侶或好友，同樣廣見於傳統詩文。歲月悠悠，始於遠古，達於近世，先民對於我中華博物的無限想象以及與之并行的細密觀察探索，令人嘆爲觀止，凡天地生靈、衮衮萬物，無所不及，超乎想象，從而構成了一幅文明古國的壯闊燦爛畫卷。

這當是歷經百年沉淪、今得復蘇的我國傳統的博物學，這當是重建的嶄新的全方位的中華博物學。

中華博物學除却遵循發揚傳統的名物學、訓詁學、考據學及近世的考古學之外，也廣泛汲取了當代天文、地理、生物、礦物、農學、醫學、藥學諸學的既有成就，其中動植物的本名依照世界通行的階元系統，分爲界、門、綱、目、科、屬、種七類。又依照瑞典卡爾・馮・林奈（瑞文Carl von Linné）創立的雙名命名法命名。“連理枝”“并蒂蓮”“比目魚”“比翼鳥”之屬旁及龍、鳳、麒麟、貔貅等傳説之物，則作爲附録，劃歸相應的動物或植物卷中。這樣的研究章法，這樣的分類與標注，避免了傳統分類及形狀描述的訛誤或不確定性，即可與國際接軌。綜合古今中外，論者認爲《中華博物通考》的研究主體，可劃歸三十六大類，依次排列如下：

《天宇》《氣象》《地輿》《木果》《穀蔬》《花卉》《獸畜》《禽鳥》《水族》《蟲豸》《國法》《朝制》《武備》《教育》《禮俗》《宗教》《農耕》《漁獵》《紡織》《醫藥》《科技》《冠服》《香奩》《飲食》《居處》《城關》《交通》《日用》《資産》《珍奇》《貨幣》《巧藝》《雕繪》《樂舞》《文具》《函籍》。

存史啓智，以文育人，乃我中華千載國風。新時代習近平總書記甚重民族自信、文化自信，極力倡導“舊邦新命”，明確指出要“盛世修文”，怎不令人振奮，令人鼓舞！今日，我輩老少三代前後聯手、辛苦三十餘載、三千餘萬言的皇皇巨著——《中华博物通考》欣幸面世，并得到國家出版基金资助。這就昭示了沉淪百載的中華傳統博物學終得復蘇，這就是重建的全新中華博物學。“舊邦新命”“盛世修文”，重建博物學，旨在賡續中華文脉，發揚優秀傳統文化，汲取生生不息的精神力量，再現偉大民族的深邃智慧，展我生平志，圓我强國夢！

張述錚

乙丑夾仲首書於山東師範大學映月亭

甲辰南吕增補於歷下龍泉山莊東籬齋

總　說

——漫議重建中華博物學的歷史意義與現實價值

緣　起

《中華博物通考》（下稱《通考》）是一部通代史論性的華夏物態文化專著，係“九五”“十五”“十四五”國家重點出版物專項規劃項目，并得到2020年度國家出版基金資助。全書共三十六卷，另有附録一卷，其中有許多卷又分上下或上中下，計有五十餘册，逾三千萬字。《通考》的編纂，擬稿於1990年夏，展開於1992年春，迄今已歷三十餘載，初始定名爲《中華博物源流大典》，原分三十二門類（即三十二卷）。此後，歷經斟酌修補，終成今日規模。三十餘載矣，清苦繁難，步履維艱，而大江南北，海峽兩岸，衆多學人，三代相繼，千里聯手，任勞任怨，無一退縮，何也？因本書關涉了古老國度學術發展的重大命題，足可爲當今社會所藉鑒，作者們深知自家承擔的是何樣的重任，未敢輕忽，未敢怠慢。

何謂中華物態文化？中華物態文化的研究主體就是中華浩博實物。其歷史若何？就文字記載而言，中華物態文化史應上溯於傳說中的三皇五帝時期，隸屬於原始社會。“三皇五帝”究竟爲何人，我國史家多有不同見解，大抵有三說：一曰“人間君主説”，“三皇”分别指天皇、地皇、人皇，“五帝”分别指炎帝烈山氏、黄帝有熊氏、顓頊高陽氏、帝堯陶唐氏和帝舜有虞氏；二曰“開創天下説”，三皇分别指有巢氏、燧人氏、伏羲氏，“五帝”分别指炎帝烈山氏、黄帝有熊氏、顓頊高陽氏、帝堯陶唐氏和帝舜有虞氏；三曰“道治德化説”，認爲“三皇以道治，五帝以德治”，“三皇”是遠古三位有道的君主，分别指太昊伏羲氏、炎帝神農氏及黄帝軒轅氏，五帝則是少昊金天氏、顓頊高陽氏、帝嚳高辛氏、帝堯陶唐氏和帝舜有虞氏。有關三皇五帝的組合方式，典籍記載亦不盡相同，大抵有四種，在此不予臚列。“三皇五帝”所處時間如何劃定，學界通常認爲有巢、燧人、伏羲屬於舊石器時代，有巢、燧人爲早期，伏羲爲晚期，其餘皆屬新石器時代，炎帝、黄帝、少昊、顓頊等大致同時，屬仰韶文化後期和龍山文化早期。“三皇五帝”後期，已萌生并逐步邁進文明史時代。

中華文明史，國際上通常認定爲三千七百年（主要以文字的誕生與城邑的出現等爲標志），國人則認定爲逾五千年，今又有九千年乃至萬年之説。後者可以上溯至新石器時代，如隸屬裴李崗文化的河南省舞陽縣賈湖村出土了上千粒碳化稻米，約有九千年歷史，是世界最早的栽培粳稻種子。經鑒定其中百分之八十以上不同於野生稻，近似現代栽培稻種，可證其時已孕育了農耕文化。其中發現的含有稻米、山楂、葡萄、蜂蜜的古啤酒也有九千年以上的歷史，可證其時已掌握了釀造術。賈湖又先後出土了幾十支骨笛，也有七千八百年至九千年的歷史，其中保存最爲完整者，可奏出六聲音階的樂曲，反映了九千年前，中華民族已具有相當高度的生産力與創造力、具有相當高度的文化藝術水準與審美情趣。有美酒品嘗，有音樂欣賞，彼時已知今人所稱道的“享受生活”，當非原始人所能爲。賈湖遺址的發現并非偶然，近來上山文化晚期浙江義烏橋頭遺址，除却出土了古啤酒之外，又發現諸多彩陶，彩陶上還繪有伏羲氏族所創立的八卦圖紋飾，故而國人認爲這一時期中華文明已開始形成，至少連續了九千載。中華文明的久遠，當爲世界四大文明古國之首，徹底否定了中華文明西來之説。九千載之説雖非定論，却已引起舉世關注。此外，江西省上饒市萬年縣大源鄉仙人洞遺址發現的古陶器則産生於一萬九千至兩萬年前，又遠超前述的出土物的製作時間。雖有部分學界人士認爲仙人洞遺址隸屬於舊石器遺址，并未進入文明時代，但其也足可證中華博物史的久遠。

一、何謂“博物”與《中華博物通考》？《通考》的要義與章法何在?

何謂“博物”？“博物”一詞，首見於《左傳·昭公元年》：“晋侯聞子産之言，曰：‘博物君子也。’”其他典籍也時有記載，如《漢書·楚元王傳贊》：“自孔子後，綴文之士衆也，唯孟軻、孫況、董仲舒、司馬遷、劉向、揚雄此數公者，皆博物洽聞，通達古今。”《周書·蘇綽傳》：“太祖與公卿往昆明池觀魚，行至城西漢故倉地，顧問左右莫有知者。或曰：‘蘇綽博物多通，請問之。’”以上“博物”指博通諸種事物，一般釋爲“知識淵博”。此外，《三國志·魏書·國淵傳》：“《二京賦》博物之書也，世人忽略，少有其師可求。”唐釋玄奘《大唐西域記·摩臘婆國》：“昔此邑中有婆邏門，生知博物，學冠時彦，内外典籍，究極幽微，曆數玄文，若視諸掌。”明王禕《司馬相如解客難》：“借曰多識博物，賦頌所託，勸百而風一。”這些典籍所載之“博物”，即可釋爲今義之“浩博實物”。這一浩博實物，任一博物館盡皆無法全部收藏。本《通考》指稱的“博物”既可以是天然的，也可以是人工的；既可以是静態的，也可以是動態的；既可以是斷代的，也可以是歷時的，是古今并存，巨細俱備，時空縱横，浩浩蕩蕩，但必須是我中華獨有，或是中土化的。研究這浩蕩博物的淵源流變以及同物异名或同名异物之著述即《博物通考》，而爲與西方博物學相區别，故稱之爲《中華博物通考》。

在中國古代久有《皇覽》《北堂書鈔》等類書、《儒學警語》《四庫全書》等叢書以及《爾雅》《説文》等辭書，所涉甚廣，却皆非傳統博物典籍。本書草創之際，唯有《中國學術百科全書》《中華百科全書》《中國大百科全書》之類風行於世，這類百科全書亦皆非博物學專著。專題博物學著作甚爲罕見，僅有今人印嘉祥《物源百科辭書》，俞松年、毛大倫《生活名物史話》，抒鳴、鋭鏵《世界萬物之由來》等幾種，多者收詞約三千條，少者僅一百八十餘款，或洋洋灑灑，或鳳毛麟角，各有千秋，難能可貴。《物源百科辭書》譽稱“我國第一部物源工具書”（見該書序），此書中外兼蓄，虛實并存，堪稱廣博，惜略顯雜蕪。本《通考》則另闢蹊徑，别有建樹，可稱之爲當代第一部“中華古典博物學”。

《通考》甚重對先賢靈智的追踪與考釋。中華民族是滿富慧心的偉大民族，極善觀察探索，即使一些不足挂齒的微末之物也未忽視，且載於典籍，十分翔實生動。如對常見的鳥類飛行方式即有以下描述：鳥學飛曰翎，頻頻試飛曰習，振翅高飛曰翥，向上直飛曰翀，張翼扶摇上飛曰羿，鳥舒緩而飛、不高不疾曰翐、曰翂，快速飛行曰翜，水上飛行曰猴，高飛曰翰，輕飛曰翾，振羽飛行曰翻，等等，不一而足。如此細密的觀察探隱，堪稱世界之最，令人嘆服！而關於禽鳥分類學，在中國古代也有獨到見解。明代李時珍所著《本草綱目》已建立了階梯生態分類系統，將禽鳥劃分爲水禽、原禽、林禽、山禽等生態類別，具有劃時代意義。這一生態分類法較瑞典生物學家林奈的《自然系統》（第十版）中的分類要早一百六十餘年，充分展示了我國古代鳥類分類學的輝煌成就，駁正了中國傳統生物學一貫陳腐落後的舊有觀念。此外，那些目力難及、浩瀚的天體，也盡在先民的觀察探索之中，如關於南天極附近的星象，遠在漢代即有記載。漢武帝元鼎六年（公元前 111），滅南越國，置日南九郡事，《漢書》及顔注、酈道元《水經注》有關"日南"的定名中皆有詳述，而西方於 15 世紀始有發現，晚中國一千四百餘年。再如，關於太陽黑子，在我國漢代亦有記載，《漢書・五行志》載："日黑居仄，大如彈丸。"其後《晋書・天文志中》亦載："日中有黑子、黑氣、黑雲。"而西方於 17 世紀始有發現，晚於中國一千六百餘年。惜自清朝入關之後，對於中原民族，對於漢民族長期排斥壓抑，致使靈智難展，尤其是中後期以來的專制國策，遭致國弱民窮，導致久有的科技一蹶不振，於是在列强的視野下，中華民族變成了一個愚昧的"劣等"民族。受此影響，一些居留國外或留學國外的學人，亦曾自卑自弃，本書《導論》曾引胡適的評語：中華民族是"又愚又懶的民族"，是"一分像人，九分像鬼的不長進民族"（見胡適《介紹我自己的思想》，1930 年 12 月亞東圖書館初版《胡適文選》自序》）。本《通考》有關民族靈智的追踪考索，巨細無遺，成爲另一大特點。

《通考》遵從以下學術體系：宗法樸學，不尚空論，既重典籍記載，亦重實物（包括傳世與出土文物）考察，除却既有博物類專著自身外，今將博物研究所涉文獻歸納爲十大系統：一曰史志系統，即史書中與紀傳體并列，所設相對獨立的諸志。如《禮樂志》《刑法志》《藝文志》《輿服志》等，頗便檢用。二曰政書類書系統。重在掌握典制的沿革，廣求佚書异文。三曰考證系統。如《古今注》《中華古今注》《敬齋古今黈》等，其書數量無多，見重實物，頗重考辨。四曰博古系統。如《刀劍録》《過眼雲煙録》《水雲録》《墨林快事》等，這些可視爲博物研究散在的子書，各有側重，雖常具玩賞性，却足資藉鑒。五曰本草系統。其書草木蟲魚、水土金石，羅致廣博，雖爲藥用，已似百科全書。六曰注疏系統。爲古代典籍的詮釋與發揮。如《易》王弼注、《詩》毛亨傳、《史記》裴駰集解、《老子》魏源本義、《楚辭》王夫之通釋、《三國志》裴松之注、《水經》酈道元注、《世說新語》

劉孝標注等。七曰雅學系統、許學系統，或直稱之爲訓詁系統，其主體就是名物研究，後世稱爲“名物學”。八曰异名辨析系統。已成爲名物學的獨立體系。如《事物异名》《事物异名録》等，旨在同物异名辨析。九曰説部系統。包括了古代筆記、小説、話本、雜劇之類被正統學者輕視的讀物，這是正統文化之外，隱逸文化、民間文化的淵藪，一些世俗的衣、食、住、行之類日常器物，多藉此得見生動描述。十曰文物考古系統，這是博物研究中至爲重要的最具震撼力的另一方天地，因爲這是以歷代實物遺存爲依據的，足可印證文獻的真僞、糾正其失誤，多有創獲。

二、《通考》内容究如何，今世當作何解讀?

《通考》内容極爲豐富，所涉範圍極廣，古今上下，時空縱横，實難詳盡論説，今略予概括，主要可分兩大方面，一爲自然諸物，二爲社科諸物，兹逐一分述如下：

（一）自然諸物：包括了天地生殖及人力之外的一切實體、實物，浩博無涯，可謂應有盡有。

如“太陽”“月亮”，在我中華凡是太空中的發光體（包括反射光體）皆被稱爲“星”，因此漢語在吸納現代天文學時，承襲了這一習慣，將“太陽”這類自身發光的等離子物體命名爲恒星。《天宇卷》研究的主體就是天空中的各種星象。星象就是指各種星體的位置、明暗、形狀等的變化。星象極其繁複，難以辨識。於是，在天空中位置相對穩定的恒星就成爲必要的定位標志。在人們目力所及的範圍内，恒星數以千計，先民將漫天看似雜亂無章的恒星位置相近者予以組合并命名，這些組合的星群稱之爲星宿，因而就有了三垣二十八宿之説。在远古難以對宇宙進行深入探索的時代，先民未能建立起完整的天體概念，也不知彼此的運動關係，僅憑藉直感認知，將所見的最强發光體——“太陽”本能地給予更多的關注，作出不同於西方的别樣解釋。視太陽爲天神，太陽的出没也被演繹成天神駕車巡游，而夸父追日、后羿射日等典故，則承載了諸多遠古信息。先民依據太陽的陰陽屬性、形體形象、光熱情况、時序變化、神話傳説及俗稱俗語等特點，賦予了諸多别名和异稱，其數量達一百九十餘種，如“陽精”“丙火”“赤輪”“扶桑”“東君”“摩泥珠”等，可見先民對太陽是何等的尊崇。對人們習見的“月亮”，《天宇卷》同樣考釋了其异名别稱及其得名由來。今知月亮异名别稱竟達二百二十餘種，較之“太陽”所收尤爲宏富。如

“太陰”“玉鏡”“嬋娟”“姮娥”“顧兔”“桂影”“玉蟾蜍”“清凉宫”，等等。而關於“月亮”的所見所想，所涉傳聞佳話，連綿不絶，超乎所料。掩卷沉思，無盡感慨！中華民族是一個明潔温婉、追求自由、嚮往和平、極具夢想的偉大民族。愛月、咏月、賞月、拜月，深情綿綿，與月亮别有一番不解之缘！饒有趣味者，爲東君太陽神驅使六龍馭車的羲和，如同爲太陰元君駕車的望舒一樣，竟也是一位女子，可見先民對於女性的信賴與尊崇。何以如此？是母系社會的遺風流韵麽？不得而知！足證《通考》探討“博物”的意義并不衹在“博物”自身，而是關乎“博物”所承載的傳統文化。

再如古代出現的“雪”“雹”之類，國人多認定與今世無多大差异，實則不然。《氣象卷》收有“天山雪”“陰山雪”“燕山雪”“嵩山雪”“塞北雪”“南秦雪”“秦淮雪”“廬山雪”“嶺南雪”“犬吠雪”（偏遠的南方之雪。因犬見而驚吠，故稱），等等，這些雪域不衹在長城内外，又達於大江南北，可謂遍及全國各地，令人眼界大開。這些雪域的出現，又并非遠古間事，所見文字記載盡在南北朝之後，而“嶺南雪”竟見於明清時期，致使今人難以置信。若就人們對雪的愛惡而言，有“瑞雪”“喜雪”“灾雪”“惡雪”；若就雪的屬性而言，有“乾雪”“濕雪”“霧雪”“雷雪”；若就降雪時間長短而言，有“連旬雪”“連二旬雪”“連三旬雪”“連四旬雪”；若就雪的危害而言，有“致人凍死雪”“致人相食雪”等，不一而足。此外，雪另有色彩之别，本卷收有“紅雪”“緑雪”“褐雪”“黑雪”諸文，何以出現紅、緑、褐、黑等顏色？這是由於大地上各類各色耐寒的藻類植物被捲入高空，與雪片相遇，從而形成不同色彩。對此，先民已有細微觀察，生動描述，但未究其成因。1892年冬，意大利曾有漫天黑雪飄落，經國際氣象學家研究測定，此一現象乃是高空中億萬針尖樣小蟲，在飛翔時與雪片粘連所致。這與藻類植物被捲入高空，導致顏色的變幻同理。或問，今世何以不見彩色之雪？因往昔大地之藻類及針尖樣小蟲，由於生態環境的破壞而消失殆盡。就氣象學而言，古代出現彩雪，是正常中的不正常，現代衹有白雪，則是不正常中的正常。本卷中有關雹的考釋，同樣頗具情趣，十分精彩。依雹的顏色有“白色雹”“赤色雹”“黑色雹”“赤黑色雹”，依形狀有“杵狀雹”“馬頭狀雹”“車輪狀雹”“有柄多角雹”，依長度有“長徑尺雹”“長尺八雹”，依重量有“重四五斤雹”“重十餘斤雹”，依危害則有“傷禾折木雹”“擊殺鳥雀雹”“擊殺獐鹿雹”“擊死牛馬雹”“壞屋殺人雹”等，這些記載并非出自戲曲小説，而是全部源於史書或方志，時間地點十分明確，毋庸置疑。古今氣象何以如此不同？何以如此反常？衹嘆中國古代的科研體系多注重對現象的觀察，而不求其成因，衹是將以上現象置於史志之中，予以記載而已。本《通考》對中華“博物”的考辨，不衹是展現了大自然的原貌、大自然的古今變幻，而且也提供了社會的更迭興替和民生的禍福起落等諸多耐人尋味的思考。

另如，《水族卷》中收有棘皮動物“海參”，其物在當代國人心目中，是難得的美味佳餚和滋補珍品。《水族卷》還原其本真面貌，明確指出海參爲海洋動物中的棘皮動物門，海參綱之統稱，而後依據古代典籍，考證其物及得名由來：三國吴沈瑩《臨海水土異物志》：“土肉，正黑，如小兒臂大，中有腹，無口目……炙食。”其時貶稱“土肉”，衹是“炙食”而已。既貶稱爲“土”，又止用於燒烤而食，此即其初始的“身份”“地位”，實是無足稱道。直至明代謝肇淛《五雜俎·物部一》中，始見較高評價，并稱其爲“海參”：“海參，遼東海濱有之，一名海男子。其狀如男子勢然，淡菜之對也。其性温補，足敵人參，故名海參。”“男子勢”，舊注曰“男根”，因海參形如男性生殖器，俗名“海男子”，正與形如女性生殖器的淡菜（又稱“海牝”“東海夫人”，即厚殻貽貝）相對應。此一形似“男根”之物，何以又被重視起來？國人對食療養生素有“以形補形”的觀念，如“芹菜象筋骼，吃了骨頭硬；核桃象大腦，吃了思維靈”之類，而因海參似男根，故認定其有補腎壯陽的功能，這就是“足敵人參”的主要根據之一。謝氏在贊其“足敵人參”的同時，又特别標示了其不雅的綽號“海男子”，則又從另一側面反映了明代對於海參仍非那麽珍視，故而在其當代權威的醫典《本草綱目》中未予記載。“海參”在清朝的國宴“滿漢全席”中始露頭角，漸得青睞。本卷作者在還其本真面貌的過程中，又十分自然地釐清了海參自三國之後的异名别稱。如，“土肉”“海男子”之後，又有“蚛”“沙噀”“戚車”“龜魚”“刺參”“光參”“海鼠”“海瓜”“海瓜皮”“白參”“牛腎”“水參”“春皮”“伏皮”諸稱，“蚛”字之外，其他十三個异名别稱，古今辭書無一收録，唯一收録的“蚛”字，又含混不清。而“海參”喻稱“海瓜”，則爲英文sea cucumber的中文義譯，較中文之喻稱“海男子”似有异曲同工之妙，又可證西人對海參也并不那麽重視。

全書三十六卷，卷卷不同。本書設有《珍奇卷》，别具研究價值。如“孕子石”，發現於江蘇省溧陽市蘇溧地區。此石呈灰黄色，質地堅硬，其外表平凡無奇，但當人們把石頭敲開時，裏面會滚出許多圓形石彈子，直徑21厘米左右，和母石相較，顔色稍淺，但成分一致。因石中另包小石，好似母石生下的子石，故稱“孕子石”。這種“石頭孕子”史志無載，首次發現，地質學家們同樣百思而不得其解，衹能“望石興嘆”。再如“預報天旱井”，位於廣西全州縣内，每年大旱來臨前二十天，水井會流出渾水，長達兩天之久，附近村民見狀，便知大旱將臨，便提前做好抗旱準備。此外，該井每二十四小時漲潮六次，每次約漲五十分鐘，水量約增加兩倍。此井如同“孕子石”一樣，史志無載，首次發現，對此井的奇特現象有關專家同樣百思不得其解，也祇能“望井興嘆”。

（二）社科諸物：自然物外，中華博物中的社科諸物漫布於社會生活之中，其形成發展、古今變化，尤爲多彩，展現了一種别樣的國情特徵和民族靈智。

如《國法卷》，何謂“國法”？國法係指國家之法紀、法規。國法其詞作爲漢語語詞起源甚爲久遠，先秦典籍《周禮・秋官・朝士》中即已出現，“國法”之“法”字作“灋”，其文曰：“凡民同貨財者，令以國灋行之，犯令者刑罰之。”同書《地官・泉府》中又有另詞“國服”，其文曰：“凡民之貸者，與其有司辨而授之，以國服爲之息。”此“國服”言民間貿易必須服從國法，故稱“國服”。作爲語詞，“國法”“國服”互爲匹配。國法爲人而設，國服隨法而施，有其法必有其服，有法無服，則法罔立，有服無法，舉世罔聞。今“國法”一詞存而未改，“國服”則罕見使用。就世界範圍而言，中國的國法自成體系，具有國體特色與民族精神，故西方學者稱之爲“中華法系”或“東方法系”。本《國法卷》即以“中華法系”爲中心論題，全面考釋，以現其固有特色與精神。中華法系如同世界諸文明古國法系一樣，源於宗教，興於禮俗，而最終成爲法律，遂具有指令性、强制性。中華法系一經形成，即迥异於西方，因其從不以“永恒不變的人人平等的行爲準則”自詡，也没有立法依據的總體理論闡釋，而是明確標示法律應維護帝王及權貴的利益。在中國古代，從没出現過如古希臘或古羅馬的所謂絶對公正的“自然法”，毋須在“自然法”指導下制定“實在法”。中國古代的全部法律皆爲正在施行的“實在法”，但却有不可撼動的權威理論——“君權天授”説支撑。“天”，在先民心目中是無可比擬的最神秘、最巨大的力量。“天”，莊重而仁慈，嚴厲而公正，無所不察，無所不能。上自聖賢哲人，下至黎民百姓，少有不“敬天意”、不“畏天命”者，帝王既稱“天子”，且設有皇皇國法，條文森然，何人敢於反叛？天下黔首，非處垂死之地，絶不揭竿而起，妄與“天”鬥！故而在中國古代，帝王擁有最高立法權與司法權，享有無盡的威嚴與尊貴。今知西周時又强化了宗族關係，即血緣關係。血緣關係又分爲近親、遠親、异姓之親等。血緣關係成爲一切社會關係的核心，由血緣關係擴而廣之，又有師生、朋友及當體恤的其他人等關係。由血緣關係又進而强化了尊卑關係，即君臣關係、臣民關係，這些關係較之血緣關係更爲細密，爲此而設有“八辟”之法，規定帝王之親朋、故舊、近臣等八種人，可以享有减免刑罰之特權。漢代改稱“八議”，三國魏正式載入法典。其後，歷代常有沿襲。這一血緣關係在我國可謂根深蒂固，直至今世而未衰。爲維護這尊卑關係，西周之法典又設有《九刑》，以“不忠”爲首罪。另有《八刑》以“不孝”爲首罪。“忠”，指忠君，“孝”指孝敬父母，兩者難以分割。《九刑》《八刑》雖爲時過境遷之古法，但其倡導的“忠孝”，已成爲中華民族的一種處世觀念，一種道德規範。作爲個人若輕忽“忠孝”，則必極端自私，害及民衆；作爲執政者若輕忽“忠孝”，則必妄行無忌，危及國家。今世早已摒弃愚忠愚孝之舉，但仍然繼承并發揚了“忠孝”的傳統。“忠”不再是“忠君”，而是忠於祖國，忠於人民，或是忠於信守的理想；“孝”謂善事父母，直承百代，迄今不衰。“忠孝”是人們發自心底的感恩之情，唯知感恩，始有報恩，人間纔有真情往還，纔有心靈交融。佛家箴言警語曰“上報四重恩，下濟三途苦”（見《大乘本生心地觀經》），“四重恩”指父母恩、師長恩、國土恩、衆生恩（衆生包括動植物等一切生靈）。我國傳統忠孝文化中又融入了佛家的這一經典旨意，可謂相得益彰。“忠孝”乃我文明古國屹立不敗的根基，絶不可視之爲“封建觀念”。縱觀我中華信史可知，舉凡國家昌盛時代，必是忠孝振興歲月，古今如一，堪稱鐵律。國家可敬又可愛，所激起的正是人們的家國情懷！“忠孝”這一處世觀念，這一道德規範，直涉人際關係，直涉國家命運，成爲我中華獨有、舉世無雙的文化傳統。

中國之國法，并非僅靠威懾之力，更有“禮治”之宣導，而關乎禮治的宣導今人常常忽略。前已述及中華法系如同世界諸文明古國法系一樣，源於宗教，興於禮俗，由禮俗演進爲禮治，禮治早於刑法之前已經萌生。自商周始，《湯刑》《吕刑》（按，《湯刑》《吕刑》之“刑”當釋爲“法”）相繼問世，尤重“禮治”，何謂“禮治”？“禮治”指遵守禮儀道德與社會規範，破除“禮不下庶人”的舊制，將仁義禮智信作爲基本的行爲規範，《孟子·公孫丑上》曰：“辭讓之心，禮之端也。”“辭讓”指謙和之道，尊重他人，由“禮讓”而漸發展爲“禮制”。至西周時，“禮治”已成定制。這一立法思想備受推崇。夏商以來，三千餘載，王朝更替，如同百戲，雖脚色各异，却多高揚禮制之大旗，以期社會和諧，民生安樂。不瞭解中國之禮治，也就難以瞭解中華法制史，就難以瞭解中國文化史。此後“禮治”配以“刑治”，相輔相成，久行不衰。“禮刑相輔”何以行使？答曰：升平之世，統治者無不强調禮制之作用，藉此以示仁政；若逢亂世，則用重典，施酷刑（下將述及），軟硬兩手交替使用。這就組成了一張巨大的不可錯亂、不可逾越的法律之網，這就是中華民族百代信守的國家法制的核心，這就是中華民族有史以來建國治國之道。這一“禮刑相輔”的治國之道，迥别與西方，爲我中華所獨有，在漫長而多樣的世界法制史中居於前沿地位。

在我古老國度中，國家既已形成，於是又具有了不同尋常的歷史意義與價值觀。自先秦以來，“國家”一詞意味着莊嚴與信賴。在國人心目中，“國”與“家”難以分割，直與身家性命連爲一體，故“報效國家”爲中華民族的最高志節，而“國破家亡”則爲全民族的最大不幸。三十年前本人曾是《漢語大詞典》主要執筆者之一，撰寫“國家”條文時，已注意了先民曾把皇帝直稱爲“國家”。如《東觀漢紀・祭遵傳》：“國家知將軍不易，亦不遺力。”《晋書・陶侃傳》：“國家年小，不出胸懷。”稱皇帝爲“國家”，以皇帝爲國家的代表或國家的象徵，較之稱皇帝爲天子，更具親切感，更具號召力。中國歷史上的一些明君仁主也多以維護國家法制爲最高宗旨，秦皇、漢武皆曾憑藉堅定地立法與執法而國勢强盛，得以稱雄天下，這對始於西周的“八辟”之法，無疑是一大突破。本書《國法卷》第一章概論論及隋唐五代立法思想時，有以下論述：據《隋書・王誼傳》及文帝相關諸子傳載，文帝楊堅少時同王誼爲摯友，長而將第五女嫁王誼之子，相處極歡，後王誼被控“大逆不道，罪當死”，文帝遂下詔“禁暴除惡”，“賜死於家”。《隋書・文四子傳》又載，文帝三子秦王楊俊，少而英武，曾總管四十四州軍事，頗有令名，文帝甚爲愛惜，獎勵有加。後楊俊漸奢侈，違制度，出錢求息，窮治宫室，文帝免其官。左武衛將軍劉升、重臣楊素，先後力諫曰：“秦王非有他過，但費官物、營廨舍而已。”文帝答曰：“法不可違！”劉、楊又先後諫曰：“秦王之過，不應至此，願陛下詳之。”文帝答曰：“我是五兒之父，若如公意，何不别制天子兒律？”文帝四子、五子皆因違法，被廢爲庶民，文帝處置毫不猶豫，毫不留情。隋文帝身爲人君，以萬乘之尊，率先力行，實踐了“王子犯法，與民同罪”的古訓。在位期間，創建“開皇之治”，人丁大增，百業昌盛，國人視文帝爲真龍天子，少數民族則尊稱其爲聖人可汗。《國法卷》主編對歷史上身爲人君的這種舉措，有“忍割親朋私情，立法爲公”的簡要評論。這一評論對於中國這種以宗族故交爲關係網的大國而論，正是切中要害。此後，唐太宗李世民、玄宗李隆基、憲宗李純等君王皆有類似之舉，終成輝煌盛世。時至明代，面對一片混亂腐敗的吏治，明太祖朱元璋更設有“炮烙”“剥皮”之類酷刑嚴法，懲治的貪官污吏達十五萬之衆，即便自家的親朋故舊，也毫不留情。如進士出身的駙馬，朱元璋的愛婿歐陽倫只因販茶違法，就直接判以死刑，儘管安慶公主及儲君朱允炆苦苦哀求，也絶不饒恕。據《明史·循吏傳序》載："〔官吏〕一時受令畏法，潔己愛民，以當上指……民人安樂、吏治澄清者百餘年。"其時，士子們甘願謀求他職，而不敢輕率爲官，而諸多官員却學會了種田或捕魚，呈現了古今難得一見的别樣的政治生態。明太祖的這類嚴酷法令雖是過當，却勝於放縱，故而明朝一度成爲世界經濟大國、經濟强國。中國歷史上的諸多建國之名君仁主，執法雖未若隋文帝之果決，未若明太祖之嚴酷，但無一不重視國家安危。這些建國名君仁主"上以社稷爲重，下以蒼生在念"（見《舊唐書·桓彦範傳》），故而贏得臣民的擁戴。今之世人多以爲帝王之所以成爲帝王，盡皆爲皇室一己之私利，衹貪圖自家的享榮華富貴而已，實則并非盡皆如此。歷代君王既已建國，亦必全力保國，并垂範後世，以求長治久安。品讀本書《國法卷》，可藉以瞭解我國固有的國情狀況，瞭解我國歷史中的明君仁主如何治理國家，其方策何在，今世仍有藉鑒價值。縱觀我國漫長的歷史進程，有的連續數代，稱爲盛世；有的衰而復起，稱爲中興；有的則二世而亡，如曇花一現。一切取決於先主與後主是否一脉相繼，一切取決於執法是否穩定。要而言之：嚴守國法，則國家興盛，嚴守國法，則社會祥和，此乃舉世不二之又一鐵律。

《國法卷》雖以國法爲研究主體，却力求超越法律研究自身，力求探索法律背後的正反驅動力量，其旨義更加廣遠。因而本卷又區别於常見的法律專著。

另如《巧藝卷》，在《通考》全書中未占多大分量，但在日常社會生活中却有無可替代的獨特地位，藉此大可飽覽先民的生活境遇和精神世界。何謂"巧藝"？古代文獻中無此定義。所謂"巧藝"，專指巧智與技藝性的娱樂及各種健身活動，同時展現了與之相應的家國關係。中華民族的"巧藝"别具特色，所涉内容十分廣泛，除却一般游戲活動外，又包涵了棋類、牌類、養生、武術、四季休閑、宴飲娱樂、動物馴化等等。細閱本卷所載，常爲古人之智巧所折服。如西漢東方朔"射覆"之奇妙，今已成千古佳話。據《漢書·東方朔傳》載，漢武帝嘗覆守宫（即壁虎）於杯盂之下，令衆方士百般揣度，各顯其能，并無一言中的者，而東方朔却可輕易解密，有如神算，令滿座驚呼。何謂"射覆"？"射覆"爲古代猜測覆物的游戲。射，揣度；覆，覆蓋。"射覆"之戲，至明清始衰，其間頗多高手。這些高手似乎出於特异功能，是古人勝於今人麽？當作何解釋？學界認爲這些高手多善《易》學，故而超乎常人，但今世精於《易》學者并非罕見，却未見有如東方朔者，何也？難以作答，且可不論，但古代對動物的馴化，又何以特别精彩，令今人嘆服？

著名的唐代象舞、馬舞，久負盛名，這些大動物似通人性，故可不論，而那些似乎笨拙的小動物，如“烏龜疊塔”“蛤蟆説法”之類的馴養，也常常勝過今人，足可展現先民的巧智，“‘疊塔’‘説法’，固教習之功，但其質性蠢蠢，非他禽鳥可比，誠難矣哉！”（見明陶宗儀《輟耕録・禽戲》）古人終將蠢蠢之蟲馴化得如此聰明可愛，藉此可見古人之扎實沉着，心智之專一，少有後世浮躁之風。目前，國人甚喜馴養，寵物遍地，却未見馴出如同上述的“疊塔”之烏龜與“説法”之蛤蟆，今之馬戲或雜技團體，爲現代專業機構，也未見絶技面世。

《巧藝卷》的條目詮釋，大有建樹，絶不因襲他人成説，明確關聯了具體事物形成的歷史淵源與社會背景。如“踏青”，《漢語大詞典》引用了唐代的書證，并稱其爲“清明節前後，郊野游覽的習俗”。本卷則明確指出，“踏青”是由遠古的“春戲”演變而來。西周時曾爲禮制。漢代已有“人日郊外踏青”之俗，同時指出“踏青”還有“游春 ”的别稱。《漢語大詞典》與本卷的釋文内容差异如此之大，實出常人之所料。何謂“春戲”？所有辭書皆未收録。本卷有翔實考證，兹録如下：

> 春戲：古代民間春季娱樂活動。以繁衍後代和期盼農作物豐收爲目的的男女歡會活動。始於原始社會末期，西周時仍很流行。《周禮・地官・司徒》：“中春之月，令會男女。於是時也，奔者不禁。若無故而不用令者，罰之。司男女之無夫家者而會之。”《墨子・明鬼篇》：“燕之有祖，當齊之社稷。宋之有桑林，楚之雲夢也，此男女之所屬而觀也。”《詩・鄭風・溱洧》：“溱與洧，瀏其清矣。士與女，殷其盈矣。女曰：‘觀乎？’士曰：‘既且。’‘且往觀乎！洧之外，洵訏且樂。’維士與女，伊其將謔，贈之以芍藥。”《楚辭・九歌・少司命》：“秋蘭兮麋蕪，羅生兮堂下。緑葉兮素枝，芳菲菲兮襲予。夫人兮自有美子，蓀何以兮愁苦？”戰國以後逐漸演變爲單純的春游活動“踏青”。

《巧藝卷》精心地援引了以上經典，可證在中國上古時期男女歡會非常自然，而且是具有相當規模的群體性活動。此舉在中國遠古時代已有所見，青海大通縣上孫家寨出土的舞蹈紋彩陶盆，已展現了男女携手共舞的親密生動場景，那是馬家窑文化的代表，距今已有五千年歷史，但必須明確，這并非蒙昧時期的亂性之舉。這是一種男女交往的公開宣示。前述《周禮・地官・司徒》曰：“中春之月，令會男女……司男女無夫之家者而會之。”其要點是“男女無夫之家者”。這是明確的法律規定，故而作者的篇首語曰：“以繁衍後代和期盼農作物豐收爲目的。”這就撥正了後世對於中國古代奴隸社會或封建社會有關男女關係的一些偏頗見解，可證本卷之“巧藝”非同一般的娛樂，所展現的是中華先民多方位的生活狀態。

三、博物研究遭質疑，古老科技又誰知?

《通考》所涉博物盡有所據，無一虛指，如繁星麗天，構成了浩大的博物學體系，千載一脉，本當生生不息，如瀑布之直下，但却似大河之九曲，時有峽谷，時有險灘，終因清廷喪權辱國、全盤西化而戛然中斷，故而迥异於西方。由於西方科技的巨大影響，致使一些學人缺少文化自信，多認爲中國古老的博物學，無甚價值。豈知我中華民族從不乏才俊、精英，從不乏偉大的發明，很多衹是不知其名而已。如《淮南子・泰族訓》:“欲知遠近而不能，教之以金目則快射。”漢代高誘注曰:“金目，深目。所以望遠近射準也。”何謂“金目”? 據高注可知，就是深目。“深目”之“深”，謂深遠也（又説稱“金目”爲黄金之目，用以喻其貴重，恐非是）。“金目”當是現代望遠鏡或眼鏡之類的始祖。“金目”其物，在古代萬千典籍中僅見於《淮南子》一書，别無他載。因屬古代統治者杜絶的“奇技淫巧”，又甚難製作，故此物宫廷不傳，民間絶踪，遂成奇品。上世紀80年代，揚州邗江縣東漢廣陵王劉荆墓中出土一枚凸透鏡，此鏡之鏡片直徑1.3厘米，鑲嵌在用黄金精製而成的小圓環内，視物可放大四五倍，此鏡至遲亦有兩千餘年的歷史。廣陵墓之外，安徽亳州曹操宗族墓等處，亦有出土。是否就是“金目”已難考證。作爲眼鏡其物，發展到宋代，始有明確的文字記載，其時稱之爲“靉靆”（見明方以智《通雅・器用・雜用諸器》引宋趙希鵠《洞天清録》)。今日學者皆將眼鏡視爲西方舶來品，一説來自阿拉伯，又説來自英國，如猜謎語，不一而足；西方的眼鏡實則是由中國傳入的，如若説是西方自家發明，也晚於中國千年之久。

“金目”其物的出現絶非偶然，《墨子》中的《經下》《經説下》已有關於光的直綫傳播、反射、折射、小孔成象、凹凸透鏡成象等連續的科學論述，這一原理的提出，必當有各式透體器物，如鏡片之類爲實驗依據，這類器物的名稱曰何今已不得而知，但製造出金目一類望遠物，是情理之中的必然結果。據上述《經下》《經説下》記載可知，早在戰國時期，先賢已有光學研究的成就，與後世西方光學原理盡同。在中國漫長的古代日常生活中，隨時可見新奇的創造發明，這類創造發明所展現的正是中國獨有的科學。《導論》中所述“被中香爐”“長信宮燈”之外，更有“博山爐”（一種形似傳説中神山“博山”的香爐，當香料在爐内點燃時，烟霧通過鏤空的山體宛然飄出，形成群山蒙蒙、衆獸浮動的奇妙景象，約發明於漢代）、“走馬燈”（一種竹木扎成的傳統佳節所用風車狀燈具，外貼人馬等圖案，藉燈内點燃蠟燭的熱力引發空氣對流，輪軸上的人馬圖案隨之旋轉，投身於燈屏上，形成人馬不斷追逐、物换景移的壯觀情景，約發明於隋唐時期）之類。古老中華何止是“四大發明”？此外，約七千年前，在天灾人禍、形勢多變的時代背景之下，先民爲預測未來，指導行爲方嚮，始創有易學，形成於商周之際，今列爲十三經之首，稱爲《周易》，這是今世的科學不能完全解釋的另一門“科學”，其功用不斷地爲當世諸多領域所驗證，在我華夏、乃至歐美，研究者甚衆，本《通考》對此雖有涉及，而未立專論。

那麼，在近現代，國人又是如何對待古代的“奇技奇器”的呢？著名的古代“四大發明”，今已家喻户曉，婦幼皆知，但却如同可愛的國寶大熊猫一樣，乃是西方學者代爲發現。我仁人志士，爲唤醒“東方睡獅”，藉此“四大發明”，竭力張揚，以振奮民族精神。這“四大發明”影響非凡，但在中國傳統文化中亦無重要地位，其中“火藥”見載於唐孫思邈《丹經》，“指南針”“印刷術”同見載於宋沈括《夢溪筆談》，皆非要籍鴻篇，唯造紙術見於正史，全文亦僅七十一字，緊要文字衹有可憐的四十三字（見《後漢書・宦者傳・蔡倫》）。而這“四大發明”中有兩大發明，不知爲何人所爲。

在古老中國的歷史長河中，更有另一種科學技術，當今學界稱之爲“黑科技”（意謂超越當今之科技，出於人類的想象之外。按，稱之爲“超科技”，似更易理解，更準確），那就是現代科學技術望塵莫及、無法破解的那些千古之謎。如徐州市龜山西漢楚襄王墓北壁的西邊墻上，非常清晰地顯示一真人大小的影子，酷似一位老者，身着漢服，峨冠博帶，面東而立，作揖手迎客之狀。人們稱其爲“楚王迎賓圖”。最初考古人員發掘清理棺室時，并無壁影。自從設立了旅游區正式開放後，壁影纔逐漸地顯現出來，仿佛是楚王的魂魄顯靈，親自出來歡迎來此參觀的游人一樣。楚襄王名劉注，是西漢第六代楚王，死後葬於此。劉注墓還有五謎，今擇其三：一、工程精度之謎。龜山漢墓南甬道長 55.665 米，北甬道長爲 55.784 米，沿中綫開鑿，最大偏差僅爲 5 毫米，精度達 1/10000；兩甬道相距 19 米，夾角 20 秒，誤差爲 1/16000，其平行度誤差之小，大約需要從徐州一直延伸到西安纔能使兩甬道相交。按當時的技術水準，這樣的墓道是何人如何修建的？二、崖洞墓開鑿之謎。龜山漢墓爲典型的崖洞墓，其墓室和墓道總面積達到700多平方米，容積達2600多立方米，幾乎掏空了整個山體。勘察發現，劉注墓原棺室的室頂正對着龜山的最高處，劉注府庫中的擎天石柱也正位於南北甬道的中軸綫上。龜山漢墓的工程人員是利用什麽樣的勘探技術掌握龜山的山體石質和結構？三、防盜塞石之謎。南甬道由26塊塞石堵塞，分上下兩層，每塊重達六至七噸，兩層塞石接縫非常嚴密，一枚硬幣也難以塞入。漢墓的甬道處於龜山的半山腰，當時生産力低下，人們是用什麽方法把這些龐大的塞石運來并嵌進甬道的？今皆不得而知。

斷言“中國古代衹有技術而没有科學”者，對中國歷史的瞭解實在是太過膚淺，并不瞭解在中國古代不衹有科技，而且竟然有超越科學技術的“黑科技”。

四、當世災難甚可懼，人間正道何處覓？

在《通考》的編纂過程中，常遇到的重要命題，那就是以上論及的“科技”。今之“科技”，在中國上古曾被混稱爲“奇技奇器”，直至清廷覆亡，迄未得到應有的重視，導致國勢衰微，外寇侵略，民不聊生。這正是西方視之爲愚昧落後，敢於長驅直入，爲所欲爲的原因。因而一個國家、一個民族，要立於不敗之地，必須擁有自家的科技！世人當如何評定“科技”？如何面對“科技”？本書《導論》已有“道器論”，今《總説》以此“道器論”爲據，就現代人類面臨的種種危機，論釋如下：

何謂“道器”？所謂“道”是指形成宇宙萬物之原本，是形成一切事理的依據與根由。何謂“器”？“器”即宇宙間實有的萬物，包括一切科技，一切發明，至巨至大，至細至微，充斥天地間，而盡皆不虚。科技衍生於器，驗證於器，多以器爲載體，是推進或毁壞人類社會的一種無窮力量，故而又必須在人間正道的制約之下。此即本書道器并重之緣由，或可視爲天下之通理也。英國自18世紀第一次工業革命以來，其科學技術得以高速而全方位地發展，引起西方乃至全世界的密切關注與重視，影響廣遠。這一時期，英帝國統治者睥睨全球，居高臨下，自我膨脹，發表了“生存競争，勝者執政”等一系列宏論；托馬斯·馬爾薩斯的《人口論》亦應時而起，其核心理論是：“貧富强弱，難以避免。承認現實，存在即合理。”甚而提出“必須控制人口的大量增長，而戰争、饑荒、瘟疫是最後抑制人口增長的必要手段”（這一理論在以儒學爲主體的傳統文化中被視爲離經叛道，滅絶人性，而在清廷走投無路全面西化之後，國人亦有崇信者，直至20年代初猶見其餘緒）。在這樣的時代背景下，查爾斯・達爾文所著《物種起源》得以衝破基督教的束縛，順利出版，暢行無阻。該書除却大量引用我國典籍《齊民要術》《天工開物》與《本草綱目》之外，還鄭重表明受到馬爾薩斯《人口論》的啓示和影響。《物種起源》的問世，形成了著名的進化理論："物競天擇、優勝劣汰，弱肉强食，適者生存。"（近世對其學説已有諸多評論，此略）進化學説在人們的社會生活中留下了深刻的印迹，在世界範圍内引起巨大反響，當時英國及其他列强利用了自然界"生存法則"的進化理論，將其推行於對外擴張的殖民戰争中，打破了世界原有生態格局，在巨大的聲威之下，暢行無阻，遍及天下。縱觀人類的發展史，尤其是近世以來的發展史可知，科技的高下决定了國家的强弱，以强凌弱，已成定勢，在高科技强國的聲威之下，無盡的搜羅，無盡的采伐，無盡的探測實驗（包括核試驗），自然資源和自然環境漸遭破壞，各種弊端漸次顯露。時至20世紀中後期，以原子能、電子電腦、信息技術、空間技術等發明和應用爲標志、第三次科技革命的到來，學界稱之爲"科技革命的紅燈時刻"，其勢如風馳電掣，所向披靡，人類社會發生了翻天覆地的變化，時至21世紀，又凸顯了另一災難，即瘟疫肆虐，病毒猖獗，危及整個人類。這一系列禍患緣何而生？天灾之外，罪魁爲人。何也？世間萬種生靈，習性歸一，盡皆順從於大自然，但求自身生息而已，别無他求，而作爲"萬物之靈"的人類，在茹毛飲血，跨越耕獵時代之後，却欲壑難填，毫無節制！爲追求享樂、滿足一己之貪婪，塗炭萬種生靈，任你山中野外，任你江面海底，任你晝藏夜出，任你天飛地走，皆得作我盤中佳餚。閑暇之日，又喜魚竿獵槍，目睹异類掙扎慘死，以爲暢快，以爲樂趣，若爲一己之喜慶，更可"磨刀霍霍向猪羊"，視之爲正常！"萬物之靈"的人類，永無休止，地表搜刮之外，還有地下的搜索挖掘，如世界著名的南非姆波尼格金礦，雖其開采僅起始於百年前，憑藉當代最先進的科技，挖掘深度已超4000米（我國的招遠金礦，北宋真宗年間已進行開采，至今深度不過2000米左右），現有370千米軌道，用以運送巨大的設備與成噸重的礦石，而每次開采都必須用兩千多公斤的炸藥爆破，可謂地動山摇！金礦之外，又有銀礦、鐵礦、銅礦、煤礦、水晶礦（如墨西哥的奈咯水晶洞，俗稱"神仙水晶礦"，其中一根重達50噸，挖出者一夜暴富），種種礦藏數以萬計。此外尚有對石油、純净水，乃至無形的天然氣等的無盡索取，山林破壞，大地沙化，水污染、大氣污染、核污染，地球已是百孔千瘡，而挖掘索取，仍未甘休，愈演愈烈，故今之地球信息科學已經發現地球性能的變异以及由此帶來可怕的全球性灾難。今日世界，各國執政者憑仗高科技，多是從一國、一族或一己之私利出發，或結邦，或聯盟，争强鬥勝，互不相顧，國際關係日趨惡化，人類時刻面臨可怕的威脅，面臨毁滅性的核戰争。凡此種種，怎不令人憂慮，令人悲痛？故而有學者宣稱："科技確實偉大，也確實可怕。一旦失控，後患無窮。"又稱："人類擁有了科技，必警惕成爲科技的奴隸。"此語并非危言聳聽，應是當世的警鐘，因爲人類面對强大的科技，常常難以自控，這是科技發展必然的結果。而作爲"萬物之靈"的人類，具有高智慧，能够擁有高科技，確乎超越了萬物，居於萬物主宰的地位，而執政者一旦擁有失控的權力，肆意孤行，其最終結局必將是自戕自毁，必將與萬物同歸於盡。一言以蔽之，毁滅世界的罪魁禍首是人類自己，而并非他類。

面對這多變的現實與可怕的未來，面對這全球性的灾難，中外科學家作了不懈努力，而收效甚微。1988年1月，七十五位諾貝爾獲獎者及世界著名學者齊聚巴黎，探討了21世紀科學的發展與人類面臨的種種難題，提出了應對方略。在隆重的新聞發布會上，瑞典物理學家漢内斯·阿爾文發表了鄭重的演説："如果人類要在21世紀生存下去，必須回頭到兩千五百年前去汲取孔子的智慧。"（見1988年1月24日澳大利亞《堪培拉時報》原文——《諾貝爾獎獲得者説要汲取孔子的智慧》）這是何等驚人的預見，又是何等嚴正的警示！這七十五位諾貝爾獲獎者没有一位是我華夏同胞，他們對孔子的認知與崇敬，非常客觀，非常深刻，超乎我們的想象。這種高屋建瓴式的睿智呼籲，振聾發聵，可惜并没有警醒世人，也没有引起足够多的各國領導人的重視。

人類爲了自救，不能不從人類自身發展史中尋求答案。在人類發展史中，不乏偉大的聖人，孔子是少有的没有被神化、起於底層的聖人（今有稱其爲"草根聖人"者），他生於春秋末期，幼年失父，家境貧寒，又正值天下分裂，戰亂不斷，在這樣的不幸世道裏，孔子及其弟子大力宣導"克己復禮"，這是人類歷史上最切實際的空前壯舉。何謂"禮"？《説文·示部》曰："禮，履也。所以事神致福也。"禮本來是上古祭祀鬼神和先祖的儀式。史稱文、武、成王、周公據禮"以設制度"，此即"周禮"。"周禮"的内容極爲廣泛，舉凡國家的政治、經濟、軍事、行政、法律、宗教、教育、倫理、習俗、行爲規範，以及吉、凶、軍、賓、嘉五類禮儀制度，均被納入禮的範疇。周禮在當時社會中的地位與指導作用，《禮記·曲禮》中有明確記載："分争辯訟，非禮不决；君臣上下、父子兄弟，非禮不定；宦學事師，非禮不親；班朝治軍、涖官行法，非禮威嚴不行。"當然也維護了“君臣朝廷尊卑貴賤之序，下及黎庶車輿衣服宫室飲食嫁娶喪祭之分”（見《史記·禮書》），這符合於那個時代的階級統治背景。孔子提出“克己復禮”，期望世人克服一己之私欲，以應有的禮儀禮節規範自己的言行，建立一個理想的中庸和諧社會，這已跨越了歷史局限。孔子的核心思想是“敬天愛人”，何謂“敬天”？孔子强調“巍巍乎唯天爲大”（見《論語·泰伯》），又曰：“天何言哉？四時行焉，百物生焉，天何言哉！”（見《論語·陽貨》）孔子所言之“天”，并非指主宰人類命運的上蒼或上帝，并非是孔子的迷信，因“子不語怪力亂神”（見《論語·述而》）。孔子認爲四季變化、百物生長，皆有自己的運行規律，人類應謹慎遵從，應當敬畏，不得違背。孔子指稱的“天”，實則指他所認知的宇宙。此即孔子的天人觀、宇宙觀。“巍巍乎唯天爲大”，在此昊天之下，人是何樣的微弱，面臨小小的細菌、病毒，即可凄凄然成片倒下。何謂“愛人”？孔子推行“仁義之道”，何謂“仁”？子曰：“仁者，愛人！”（《論語·顔淵》）即人人相親、相愛。又曰：“己所不欲，勿施於人。”意即重正義，絶不損人利己。何謂“義”？“義”指公正的道理、正直的行爲。子曰：“不義而富且貴，於我如浮雲。”（見《論語·述而》）這就是孔子的道德觀與道德規範，當作爲今世處理人與自然、人與社會的規範與行動指南。其弟子又提出“親親而仁民，仁民而愛物”（見《孟子·盡心上》），漢代大儒又有“天人之際，合而爲一”的主張（董仲舒在《春秋繁露·深察名號》中，爲維護皇權的需要而建立了皇權天授的觀念），這種主張已遠遠超越了維護皇權的需要，成爲了一種可貴的哲理。時至宋代，大儒張載再度發揚孟子“親親而仁民，仁民而愛物”的襟怀，又有“民吾同胞，物吾與也”（見其所著《西銘》）之名言箴语，即將天下所有的人皆當作同胞，世間萬物盡視爲同類，最終形成了著名的另一宏大的儒學系統，其主旨則是“天人合一”論。何謂“天人合一”？“天人合一”有兩層意義：一曰天人一致，天是一大宇宙，人則如同一小宇宙，也就是説人類同天體各有獨立而相似之處；二是天人相應，這是説人與天體在本質上是相通的，是相互相連的。因此，一切人事應順乎自然規律，從而達到人與自然的和諧。達到人與自然的和諧統一，當作爲今世處理人與自然、人與社會的明確規範與行動指南。這是真正的“人間正道”，唯有遵循這一“人間正道”，人際關係纔能融洽，社會纔能和諧，天下纔能太平。

古老中國在形成“孔子智慧”之前，早已重視人與自然的關係。約在七千年前，我中華先祖已能够通過對於蟲鳥之類的物候觀察，熟練地確定天氣、季節的變幻，相當完美地適應了生産、生活、繁衍發展的需求，這一遠古的測算應變之舉，處於世界領先地位。約四千年前，夏禹之時，已建有令今人嚮往的廣袤的緑野濕地。如《書・禹貢》即記載了“雷夏”“大野”“彭蠡”“震澤”“菏澤”“孟豬”“豬野”“雲夢”諸澤的形成及其利用情況，如其中指出：“淮海惟揚州，彭蠡既豬（瀦），陽鳥攸居；三江既入，震澤底定。篠簜既敷，厥草惟夭，厥木惟喬……厥貢惟金三品，瑶琨篠簜，齒革羽毛，惟木。”這是説揚州有彭蠡、震澤兩方緑野濕地，適合於鴻雁類禽鳥居住，適合於篠竹（箭竹）、簜竹（大竹）生長，青草繁茂，樹木高大，向君主進貢物品有金銀銅等三品，又有瑶琨美玉、箭竹、大竹以及象齒皮革與孔雀、翡翠等禽鳥羽毛。所謂“大禹治水”，并非衹是被動的抗災自救，實則是大治山川，廣理田野，調整人與大自然的關係，使之相得益彰。《逸周書・大聚解》又載，夏禹之時“且以并農力，執成男女之功，夫然則有生不失其宜，萬物不失其性，人不失其事，天不失其時……放此爲人，此謂正德”，此即所謂夏禹“劃定九州”之功業所在。其中“放此爲人，此謂正德”的論定，已藴含了後世儒家初始的“天人合一”的觀念。西周初期，已設定掌管國土資源的官職“虞衡”，掌山澤者謂“虞”，掌川林者稱“衡”（見《周禮・天官・太宰》及賈疏）。後世民衆，繼往開來，對於保護生態環境，保護大自然，采取了各種措施，又設有專司觀察氣象、觀察環境的機構，并有方士之類的“巫祝史與望氣者”，多管道、多方位進行探測研究，從而防患於未然。《墨子・號令篇》（一説此篇非墨子所作，乃是研究墨學者取以益其書）曰：“巫祝史與望氣者，必以善言告民，以請（讀爲‘情’）上報守（一説即太守），上守獨知其請（情）。無［巫］與望氣，妄爲不善言，驚恐民，斷弗赦。”這裏明確地指出，由“巫祝史與望氣者”負責預告各種災情，但不得驚恐民衆，否則即處以重刑，絶不饒恕。愛惜生態，保護自然，這是何樣的遠見卓識，這又是何樣的撫民情懷！

是的，自夏禹以來，先民對於大自然、對於與蒼生，有一種别樣的愛惜、保護之舉措，防範措施非常細密，非常全面而嚴厲。《逸周書・大聚解》有以下記載：夏禹時期設定禁令，大力保護山林、川澤，春季不准帶斧頭上山砍伐初生的林木；夏季不准用漁網撈取幼小的魚鱉，此即世界最早的環境保護法。《韓非子・内儲説上》又載：殷商時期，在街道上揚弃垃圾，必斬斷其手。西周時又有更爲具體規定：如，何時可以狩獵，何時禁止狩獵，何樣的動物可以獵殺，何樣的動物禁止獵殺；何時可以捕魚，何時禁止捕魚，何樣的魚可以捕取，何樣的魚禁止捕取，皆有明文規定，甚而連網眼的大小也依季節不同而嚴予區别。并特别强調：不准搗毁鳥巢，不准殺死剛學飛的幼鳥和剛出生的幼獸。春耕季節不准大興土木。《禮記・月令》又載："毋變天之道，毋絶地之理，毋亂人之紀。"這一"毋變""毋絶""毋亂"之結語，更是展現了後世儒家宣導并嚮往的"天人合一"説。至春秋戰國之際，法律法規的範圍更加全面，特别嚴厲。這一時期已經注意到有關礦山的開發利用，若發現了藏有金銀銅鐵的礦山，立即封禁，"有動封山者，罪死而不赦。有犯令者，左足入，左足斷，右足入，右足斷"(見《管子・地數》)。古人認爲輕罪重罰，最易執行，也最見成效，勝過重罪重罰。這些古老的嚴厲法令，雖是殘酷，實際却是一聲斷喝，讓人止步於犯罪之前，因而犯罪者甚微。這就最大限度地保護了大自然，同時也最大限度地保護了人類自己。而早在西周建立前夕，又曾頒布了令人欽敬的《伐崇令》："文王欲伐崇，先宣言曰……令毋殺人，毋壞室，毋填井，毋伐樹木，毋動六畜，有不如令者，死無赦！崇人聞之，因請降。"(見漢劉向《説苑・指武》)這是指在殘酷的血火較量中，對於敵方人民、財産及生靈的愛惜與保護。我中華上古時期這一《伐崇令》，是世界戰争史中的奇迹，是人類應永恒遵守的法則！當今世界日趨文明，闊步前進，而戰争却日趨野蠻，屠殺對方不擇手段，實是可怖可悲！我華夏先祖所展現的這些大智慧、大慈悲，爲後世留下了賴以繁衍生息的楚山漢水，留下了令人神往的華夏聖地，我國遂成爲幸存至今、世界唯一的文明古國。

五、筆墨革命難預料？卅載成書又何易？

《通考》選題因國内罕見，無所藉鑒，期望成爲經典性的學術專著，難度之大，出乎想象，初創伊始，即邀前輩學者南京大學老校長匡亞明先生主其事。這期間微信尚未興起，寧濟千里，諸多不便，盛岱仁、康戰燕伉儷滿腔熱情，聯絡於匡老與筆者之間，得到先生的熱情鼓勵與全力支持，每逢疑難，必親予答復，但表示難做具體工作，在經濟方面也難以爲力。因爲先生於擔任國家古籍整理領導小組組長之外，又全面主持南京大學中國思想家研究中心的工作，正在編纂《中國思想家評傳》，百卷書稿須親自逐一審定，難堪重任。筆者初赴南大之日，老人家親自接待，就餐時當場現金付款，没有讓服務員公款記賬，筆者深受感動，終生難以忘懷。此後在匡老激勵之下，筆者全力以赴，進而邀得數百作者并肩携手，全面合作，并納入國家"九五"重點出版規劃中。1996年12月，匡老驟然病逝，筆者悲痛不已，孤身隻影，砥礪前行，本書再度確定爲國家"十五"重點出版規劃項目，并將初名更爲今名。那時，作者們盡皆恪守傳統著述方式，憑藏書以考釋，藉筆墨以達志。盛暑寒冬，孜孜矻矻，無敢逸豫。爲尋一詞，急切切，一目十行，翻盡千頁而難得；爲求善本，又常千里奔波，因限定手抄，不得複印，曩日難歸！諸君任勞任怨，潛心典籍，閱書，運筆，晝夜伏案，恂恂然若千年古儒。至上世紀末，一些年輕作者已擁有個人電腦，各種信息，數以億計，中文要籍，一覽無餘，天下藏書，“千頃齋”“萬卷樓”之屬，皆可盡納其中，無須跋涉遠求。搜集檢索，衹需“指點”，瞬息可得；形成文章，亦衹需“指點”，頃刻可就。在這世紀之交，面临書写載體的轉换，老一輩學人步入了一個陌生的电脑世界，遭遇了空前的挑戰。當代作家余秋雨在其名篇《筆墨祭》中有如下陳述：“五四新文化運動就遇到過一場載體的轉换，即以白話文代替文言文；這場轉换還有一種更本源性的物質基礎，即以‘鋼筆文化’代替‘毛筆文化’。”由“毛筆文化”向“鋼筆文化”的轉换，經歷了漫長的數千載，而今日再由“鋼筆文化”向“電腦文化”轉换，却僅僅是二十年左右，其所彰顯的是科學技術的力量、“奇技奇器”的力量。作家所謂的“筆墨”，係指毛筆與烟膠之墨，《筆墨祭》衹在祭五四運動之前的“毛筆文化”。今日當將毛筆文化與鋼筆文化并祭，乃最徹底的“筆墨祭”。面對這世紀性的“筆耕文化”向“電腦文化”的轉换，面對這徹底的“筆墨祭”，老一輩學人没有觀望，没有退縮，同青年作者一道，毅然决然，全力以赴，終於跟上了時代的步伐！筆者爲我老一輩學人驕傲！回眸曩日，步履維艱，隨同筆墨轉型，書稿也隨之經歷了大修改、大增補，其繁雜艱辛，實難言喻。天地逆旅，百代過客，如夢如幻，三十餘年來，那些老一輩學人全部白了頭，却無暇“含飴弄孫”，又在指導後代參與其事。那些“知天命”之年的碩博生導師們皆已年過花甲，却偏喜“舞文弄墨”，又在尋覓指導下一代弟子同步前進。如此前啓後追，無怨無悔，這是何樣的襟懷？憶昔乾嘉學派，人才輩出，時有“高郵王父子，棲霞郝夫婦”投入之佳話，今《通考》團隊，於父子合作、夫婦合作之外，更有舉家投入者，四方學人，全力以赴。但蒼天無情，繼匡老之後，另有幾位同仁亦撒手人寰。上海那位《天宇卷》主編年富力强，却在貧病交加、孩子的驚呼聲中，英年早逝。筆者的另一位老友爲追求舊稿的完美，於深夜手握鼠標闃然永訣，此前他的夫人曾勸其好好休息，答説“我没有那麽多時間”！可謂鞠躬盡瘁，死而後已，這又是何樣的壯志，思之怎能不令人心酸！這就是我的同仁，令我驕傲的同仁！

自2012年之後，因面臨多種意外的形勢變化，筆者連同本書回歸原所在單位山東師範大學，于是增加了第一位副總主編——文學院副院長、古籍整理研究所所長韓品玉，解決了編務與財力方面的諸多困難，改變了多年來的孤苦狀況。時至2017年春，爲盡快出版、選定新的出版社，又增加了天津人民出版社總編輯、南開大學客座教授陳益民，中國職工教育研究院常務副院長、全國職工教育首席專家俞陽，臺北大學人文學院東西哲學與詮釋學研究中心主任賴賢宗教授三位爲副總主編，於是形成了現今的編纂委員會。

在全書編纂過程中，編纂委員會和學術顧問，以及分卷正副主編、主要作者所在單位計有：中國國家博物館、中國國家圖書館、中央文史研究館、中國佛教圖書文物館、全國總工會、中聯口述歷史研究中心、河北省文物與古建築保護研究院、河北省文物考古研究院、河北閱讀傳媒有限責任公司、北京大學、浙江大學、南京大學、南京師範大學、東北師範大學、鄭州大學、河北大學、河北師範大學、河北醫科大學、厦門大學、佛山大學、山東大學、中國海洋大學、山東師範大學、曲阜師範大學、山東中醫藥大學、濟南大學、山東財經大學、山東體育學院、山東藝術學院、山東工藝美術學院、山東省社會科學院、山東博物館、山東省圖書館、山東省自然資源廳、山東省林業保護和發展服務中心、濟南市園林和林業緑化局、濟南市神通寺、聊城市護國隆興寺、臺北大學、臺灣成功大學、臺灣大同大學、臺北中國文化大學、臺灣中華倫理教育學會，以及澳大利亞國立伊迪斯科文大學等，在此表示由衷的謝忱！

本書出版方——上海交通大學領導以及上海交通大學出版社領導，高瞻遠矚，認定《通考》的編纂出版，不衹是可推動古籍整理、考古研究的成果轉化，在傳承歷史智慧，弘揚中華文明，增强民族凝聚力和認同感，彰顯民族文化自信等各個方面具有重要意義。出版方在組織京滬兩地專家學者審校文字的同時，又付出時間精力，投入了相當的資金，增補了不少插圖，這些插圖多來自古籍，如《考工記解》《考工記圖解》《考工記圖説》《考古圖》《續考古圖》《西清古鑑》《西清續鑑》《毛詩名物圖説》《河工器具圖説》等等，藉此亦可見出版方打造《通考》這一精品工程的决心。而山東師範大學各級領導同樣十分重視，社科處高景海處長一再告知筆者：“需要辦什麼事情，儘管吩咐。”諸多問題常迎刃而解，可謂足智善斷。筆者所屬文學院孫書文院長更親行親爲，給予了全面支持，多方關懷，令筆者備感親切，深受鼓舞，壯心未老，必酬千里之志。此前，著名出版家和龔先生早已對本書作出權威鑒定，并建議由三十二卷改爲三十六卷。本書在學術界漂游了三十餘載終得面世，并引起學界的關注。今有國人贊之曰：《通考》是中華優秀傳統文化創造性轉化、創新性發展的優异成果，是一部具有極高人文價值的通代史論性的華夏物態文化專著，凝聚了中華民族的深層記憶，積澱了民族精神和傳統文化的精髓。又有國際友人贊之曰：《通考》如同古老中國一樣，是世界唯一一部記述連續數千載生機盎然的人類生活史。國内外的評論衹是就本書的總體面貌而言，但細予探究，缺憾甚爲明顯，因本書起步於三十餘年前，三十餘年以來，學術界有諸多新的研究成果未得汲取，田野考古又多有新的發現，國内外的各類典藏空前豐富，且檢索方式空前便捷，而本書作者年齡與身體狀况又各自不同，多已是古稀之年，或已作古，或已難執筆，交稿又有先後之别，故而三十六卷未能統一步伐與時俱進，所涉名物，其語源、釋文難能確切，一些舊有地名或相關數據，亦未及修改，而有些同物异名又未及增補。這就不能不有所抱憾，實難稱完美！以上，就是本書編纂團隊的基本面貌，也是本書學術成就的得失狀况。

筆者無盡感慨，卅載一瞬渾似夢，襟懷未展，鬢髮盡斑，萬端心緒何曾了？長卷浩浩，古奥繁難，有幾多知音翻閲？何處求慰藉？人道是紅袖衹揾英雄泪！歲月無情，韶光易逝，幾位分卷主編未見班師，已倏而永别，何人知曉老夫悲苦心情？今藉本書的面世，聊以告慰匡老前輩暨謝世的同仁在天之靈！

張述錚

丙子中吕初稿於山東師範大學映月亭

甲辰南吕增補於歷下龍泉山莊東籬齋

凡　例

一、本書係通代史性的中華物態文化學術專著，旨在對構成中華博物的名物進行考釋。全書三十六卷，另有附録一卷。各卷之基本體例：第一章爲概論，其後據内容設章，章下分節，爲研究考釋文字，其下分列考釋詞目。

二、本書所涉博物，分兩種類型：一曰“同物异名”，二曰“同名异物”。前者如“女墻”，隨從而來者有“女垣”“女堞”“女陴”“城堞”“城雉”“陴堞”等，盡皆爲“女墻”的同物异名；後者如“衽”，其右上分别角標有阿拉伯數字，分别作“衽[1]”（指衣襟）、“衽[2]”（指衣服胸前交領部分）、“衽[3]”（指衣服两旁掩裳際處）、“衽[4]”（指衣袖）、“衽[5]”（指下裳）等，皆爲“衽”的同名异物。

三、各卷詞目分主條、次條、附條三種。次條、附條的詞頭字型較主條小，并用【　】括起。主條對其得名由來、産生年代、形制體貌、歷史演進做全面考釋，然後列舉古代文獻或實物爲證，并對疑難加以考辨，或列舉諸家之説；次條往往僅用作簡要交代，補主條不足，申説相佐；附條一般衹用作説明，格式如即“××”、同“××”、通“××”、“××”之單稱、“××”之省稱，等等。

四、各卷名物，或見諸文獻記載，或見諸傳世實物，循名責實，依物稽名，於其本稱、别稱、單稱、省稱，務求詳備，代稱、雅稱、謔稱、俗稱、譯稱，旁搜博采。因中華博物的形成、演化有自身規律，實難做人爲的斷代分割。如“朝制”之類名物，隨同帝王的興起而興起，隨同帝王的消亡而消亡，因而其下限達於辛亥革命；“禮俗”之類名物起源於上古，其流緒直達今世；而“冠服”之類名物，有的則起源甚晚，如“中山裝”之類。故各卷收詞時限一般上起史前，下迄清末民初，有的則可達現當代。

五、各卷考釋條目中的文獻書證一般以時代先後爲序；關乎名物之最早的書證，或揭示其淵源成因之書證，尤爲本書所重，必多方鈎索羅致；二十五史除却《史記》《漢書》外，其他諸史皆非同朝人編纂，其書證行用時間則以書名所標時代爲準；引書以古籍爲主，探其語源，逐其流變，間或有近現代書證爲後起之語源者，亦予扼要采用。所引典籍文獻名按學術界的傳統標法。如《詩》不作《詩經》，《書》不作《尚書》，《説文》不作《説文解字》等；若作者自家行文爲了强調或區别於他書，亦可稱《詩經》《尚書》《説文解字》等。文獻卷次用中文小寫數字：不用“千”“百”“十”，如卷三三一，不作卷三百三十一；“十”作〇，如卷四〇，不作卷四十。

六、本書使用繁體字。根據1992年7月7日新聞出版署、國家語言文字工作委員會發布的《出版物漢字使用規定》第七條第三款、2001年1月1日施行的《中華人民共和國通用語言文字法》第二章第十七條第五款之規定，本書作爲大量引徵古籍文獻的考釋性學術專著，既重視博物的源流演變，又重視對同物异名、同名异物的考辨，故所有考釋條目之詞頭及文獻引文，保留典籍原有用字，包括异體字，除明顯錯别字（必要時括注正字訂誤）之外，一仍其舊。其中作者自家釋文，則用正體，不用异體，但關涉次條、附條等异體字詞頭等，仍予保留。繁體字、异體字的確定，以《規範字與繁體字、异體字對照表》（國發〔2013〕23號附件一）及《通用規範漢字字典》爲依據。

七、行文叙述中的數字一律采用漢字小寫，但標示公元紀年及現代度量衡單位時，用阿拉伯數字。如“三十六計”，不作“36計”；“36米”，不作“三十六米”。

八、各卷對所收考釋詞條設音序索引，附於卷末，以便檢索。

目 録

序　言

《中華博物通考》（下稱《通考》）是一部通代史論性的華夏物態文化專著，係“十四五”國家重點出版物出版專項規劃項目，并得到2020年度國家出版基金資助。全書三十六卷，另有附録一卷，達三千餘萬字，《木果卷》即其中的一卷。

何謂“木果”？木果者，樹木及其果實也。果實源自於樹木，故本卷之考釋重在樹木而非果實。“木”“果”聯稱，旨在强調樹木初始的顯見的經濟價值，以貼近於中華博物的傳統分類。木果與人類之生息最爲密切，伴隨人類走過漫長的歷史過程。故將本卷列爲全書草木蟲魚七大類别之首。

樹木是組成森林的主體。廣闊的森林曾覆蓋我國大地，其中包括豐富多樣的喬木、灌木、藤木、竹木。森林之外，尚另有草類、各種動物以及其他低等生物。森林是人類取之不盡、用之不竭的資源寶庫，爲先民提供了難以計數的木材、薪炭、果實（或種子）、栲膠、樹脂、纖維、各種藥材，以及幾乎所有衣、食、住、行必需的物品與材料。森林樹木是中華民族賴以生存的資源，其在先祖尚未學會稼穡之前，即伴隨中華民族走過了漫長的歷史過程，可以説是森林樹木養育了中華民族。

森林樹木較人類的歷史更爲悠久。地球在漫長的歲月中，經歷了無數次地質與氣候變遷，地球上的生物逐漸由低等生物向高等生物發展。至新生代早期（距今約六千萬年），生物進化步入關鍵時期，中新世（距今約一千八百萬年），古生物開始向現代生物演變，逐漸形成現代生物類群，人們今天所見的多數生物種類此時多已出現。到第四紀（距今約二百萬年），地球上溫度普遍下降，屢遭冰川侵襲，極度的嚴寒使衆多生物種類慘遭滅絶之災。冰川消退後，劫後餘生的各種植物再度繁衍昌盛，自然植被的分布與各地樹木種類，形成與今日相似的格局與形態。此後，距今大約六七千年至近萬年内，地球再未遭受類似的灾害，那時形成的格局與形態，一直延續至今。值得慶幸的是，我國冰川灾害遠非歐美等地那樣嚴重，多數地區及大多數植物種類得以幸存。我國植被分布形態從東到西依次爲森林、草原、荒漠：而東南半壁由北向南依次爲寒温帶、温帶、暖温帶、亞熱帶和熱帶五個森林植物帶。各區域内分布着源自第四紀冰川劫後餘生的各種樹木（參閱吴徵鎰等《中國植被》）。這些植被與林木，在人類登上歷史舞臺前，生存主要受自然因素的影響，而在人類出現後，便在自然因素與人爲干預的雙重影響下延續、發展：一方面，自然植被與天然木果資源先是在人類有限的利用中發展，進而在無節制的開發中迅速遭到破壞直至消失；另一方面，與人類生産、生活密切相關的種類，則在人們的悉心培育下迅猛發展。因此，天然植物資源日趨減少，人工栽培木果資源不斷增多。本書所考論者，即伴隨着中華民族成長的木果資源，側重時間點在人類登上歷史舞臺之後。

先民對森林樹木的認識，經歷了漫長的歷史過程。舊石器時代，人類尚處在原始階段，混沌初始，蒙昧未辟，大地洪荒，天然、蓊鬱的森林成爲人類生息繁衍之摇籃。先民栖息林内，或巢處，或穴居，采獵而生，并賴以禦敵、繁衍發展。在漫長的采獵生活中，人類積纍豐富的動植物學知識。先民最初認識的植物種類，是那些最常見的、可以食用或助人防寒、禦敵的林木和果樹。在殷墟中出土的甲骨文中有“木”“杞（即枸杞）”“果”“林”“柳”“桑”“栗”“森”“楚（即荆）”等木果象形文字及代表竹編製品的“箕”“簋”等文字，記述了與先民生活密切相關的諸多樹木名稱。這是中國博物學中，以文字記載木果類之濫觴。

新石器時代晚期，始有耕稼與畜養活動，萌生了原始種植業與畜牧業，先民認識的樹木也不斷增加。至夏商周三代，出現了栽樹種果的活動。如，《夏小正》中已有“囿有見杏”的記載，甲文出現了“封”字，爲象形、會意字，象堆土植樹之形，爲“堆土植樹爲界”之意。再如《周禮・地官・大司徒》：“制其畿疆而溝封之。”鄭玄注：“封，起土界也。”賈公彦疏：“而溝封之者，謂於疆界之上設溝，溝爲封樹以爲阻固。”《國語・周語》中又有“列樹以表道”的描寫。夏商周三代當已經普遍人工植樹。

中國素以植物種類繁多著稱於世，現已查明種子植物約三萬餘種，其中木本植物八千餘種，收録最有實用或研究價值者，計九百九十餘種。爲編纂之需要，作者將我國原産，又見諸於古籍記載的木果類博物列之爲“習見木竹”“習見果木”，意謂習於聞見之各種木果。清末以前的典籍中記載的木果彙爲兩章，外域引進樹種列入“引種木果説”另加考論。人類進入文明社會後，隨着生産發展，人口增加，城市擴大，對森林樹木的利用愈加廣泛而多樣，由有限利用森林資源，走向無節制開發，以致自覺或不自覺地對森林樹木實施砍伐，焚林而田、刀耕火種等落後生産方式曾被廣泛采用。其後大興土木、亂采濫牧、畋獵兵燹，歷經重重磨難，致使森林資源遭受嚴重破壞。中華民族自上古以來，先祖就非常重視自然環境的保護和利用，對於林木、鳥獸，有一種别樣的愛惜。为此，颁布一系列法令措施，非常具體有力。如《逸周書・大聚解》記載夏禹時期，大力保護山林、川澤，春季不准帶斧頭上山砍伐初生的林木，夏季不准用漁網撈取幼小的魚鱉。《韓非子・内儲説上》載殷商時期，在街道上揚弃垃圾，必斬斷其手。《禮記・月令》又載西周時，法律法規更加細密，規定不准搗毁鳥巢，不准殺死剛學飛的幼鳥和剛出生的幼獸，春耕季節也不准大興土木，更不准興兵殺伐。但上古三代之後，中華民族或多或少亦有過前述面臨的遭遇，尤其是晚清之後，隨同西方列强的入侵與劫掠，外患内戰，斷續百年之久。今日存世之木果多屬我國特有，極其珍貴，另一些樹種數量極少，瀕臨滅絶。爲改變這一狀況，我國政府采取了一系列補救措施，本卷積極予以響應，爲這些樹種特列“珍稀瀕危木果説”章。《引種木果説》分《古代引種木果考》及《近現代引種木果考》。《珍稀瀕危木果説》分《珍稀木果考》《瀕危木果考》。重點爲《習見木竹説》《習見果木説》。《習見木竹説》内復分《習見林木考》《習見花木考》《習見竹木考》,《習見果木説》中列《習見核果考》《習見仁果考》《習見漿果考》《習見堅果考》《習見柑果考》及《習見雜果考》等六考。各考之中均先釋其名類，界其範圍，然後述其發展及收録條目（樹種）。各考之後均以木果通用名稱爲主條立目，各條之釋義内容包括樹木之類屬（習見、引種、珍稀瀕危等類），植物分類學歸屬（科、屬名稱及通用名稱、拉丁學名），樹木形態特徵，分布與産地，主要用途，得名由來及與之相關之書證物證等。凡屬栽培樹木多附其栽培簡史與現狀，尚未栽培利用者，有些略述其開發利用前景。

樹木名稱之演變是本卷考釋重點之一，亦是難點所在。誠如古人云：“夫鳥獸草木之類，特爲難窮，其形之相似者，雖山澤之人，朝夕從事，有不能别。其名之相亂者，雖博物君子，習於風雅，有不能周。”（宋羅願《爾雅翼》）樹木生存大多極其久遠，我國又係世界開發樹木最早之文明古國。一樹之名，歷數千載，世代相傳，或筆録，或口傳，誤傳訛説，已不鮮見；更兼我國樹木分布地域遼闊，各地稱呼自古不同，加之語音、方言、俚俗千差萬别，一樹之名，已自繁夥，而木果形態，又因産地、環境、栽培措施等常有變异，其名稱愈加複雜。加之現代植物分類學傳入我國較晚，各種植物從無統一定名。而古籍中木果之記載本就過簡，有些典籍，或散或佚，雖後經輯録，然脱漏訛亂，時有發生，一木之名，謬稱頻見，而同名异物，同物异名，尤多混亂。作者竭盡心力，窮盡經史，博采群籍，廣涉古今評定，復參以西學，詳予考辨，去訛存真，務求名物相符，還其本貌。

木果之名稱，以常見通用者爲主條目，异稱别名，則力求完備。凡在一定時期或地域行用者，勿論古今，均予收録。間有訛誤，或衆説不一，或難以確指者，則辨訛匡正，或諸説俱附，以爲詳考之參證。前人已有之考訂，釋文中常見有“據××書（人）考釋以爲即本種”字樣，以示認定前人之成績，亦表不敢掠美之意。其編排以主條目（樹種名稱）首字筆劃爲序，依次排列。

我國木果類樹木在歷史上常以花或果名樹，如茶花、棗樹等；或以藥名樹，如枳殼（枸橘）、地骨皮（枸杞根皮）等；有些則以産地、人名、官職等相稱，如秦椒、川楝、文林郎（林檎别名）、漢帝杏等。故一樹多名，或一名多用，俯拾皆是。凡屬此類，因其既指花、果、藥，又爲該植物代稱，故均於該木、果條目下將其列爲附條，不另説明指花、指果或藥名。

考辨古籍，難度頗大，作出科學的詮釋，不僅需要通達古今的知識積累，而且需要有植物學、生態學諸方面的學養。本卷主編正是如此的通才。傳統古籍注疏中的一些誤傳或疑雲，在主編筆下常常迎刃而解。如核桃亦稱胡桃，古時歷來以爲其來自羌胡，又傳係張騫從西域引入，似乎我國并非核桃之原産地。而作者考證，“西域”一名始於西漢，其義有二：一指葱嶺以西、亞洲西部及歐洲等地，另又指玉門關以西，葱嶺以東一帶。張騫出使西域最遠不過新疆，出使西域顯爲後者，即在玉門關至葱嶺間。況“張騫使西域乃得胡桃種”事，《史記》《漢書》均無記載。加之今人考古、化石、孢粉研究，及新疆普通核桃野生林之發現，均可證明我國當爲胡桃原産地之一，澄清了歷史上長期以來以爲核桃引自外域的誤解。又如香椿（*Toona sinensis*）亦名紅椿，北方人多有采食椿芽之習慣，少有中毒症狀。而明謝肇淛《五雜俎》載“紅椿”云“南人有食而吐者”，以往以爲香椿芽無毒而可食，謝説似誤。其實不然，因南方另有紅椿（*Toona ciliata*）與北方之香椿雖同有紅椿之名，但爲同屬之异種，後者有毒不可食，本卷將兩者均予收録，并説明二者之區别，解除了久有之困惑，且証謝説之無誤。又，昔有“黄楊厄閏年”之説。如宋代蘇軾《監洞霄宫俞康直郎中所居四咏退圃》：“園中草木春無數，只有黄楊厄閏年。”自注：“俗説黄楊一歲長一寸，遇閏退三寸。”本卷指出黄楊生長極慢，此其生長習性使然，雖受生境影響，然與閏年與否并無關聯，所謂“黄楊厄閏年”，無非是文人墨客借“厄閏”以喻境遇艱難，釋義言簡意明。另，“紫薇”别稱“怕癢樹”“怕癢花”“猴刺脱”，“人以手爪其膚，徹頂動摇，故名怕癢”（清刊《格致鏡原》引明王象晋《群芳譜》）多不可解。更有甚者，以爲“禽獸草木盡是有知之物……紫薇樹之怕癢。知癢則知痛，知痛癢則知榮辱利害”（清李漁《閑情偶寄·種植·紫薇》）。本卷指出“紫薇搔之顫摇，並非如人與禽獸般真個有知，搔之怕癢而動。蓋因其樹幹較細，樹冠龐大，下無支撑，重心高而不穩，故稍觸即動”，道破了國人不解之謎。再如，“皂莢”是我國的常見樹，其壽命極長，可分爲幼年期、初果期、盛果期、衰果期、枯老期。各時期結果數量并不一致，影響結果率的因素很多，古籍中記有先民的多種奇异舉動，或於樹幹打孔納入生鐵，或以泥土封竅，何以如此？打孔納入生鐵，是爲補鐵元素之不足，可令結實；用泥土封竅，可降低其營養供給，抑制生長過旺，延長其壽命。作者作此解釋，讀者再讀原著，既知其法又明其理，豁然開朗。又如，明陶宗儀《輟耕録·鎖鎖》載：“回紇野馬川有木曰鎖鎖，燒之，其火經年不滅，且不作灰。彼處婦女取根製帽，入火不焚，如火鼠布云。”明張萱《疑耀》卷三亦曰：“今回紇之野馬川有木曰鎖鎖，燒之不燼，亦不作灰，婦人取根爲帽，入火不焚，豈亦炎山木之類耶。”此前常人多不知此“鎖鎖”究係何物，作者對照其産地、用途，經反覆考證，以爲“鎖鎖”者乃今藜科之梭梭屬（*Haloxylon ammodendron*）植物，又名梭梭柴、梭梭樹。雖是灌木或小小喬木，却是我國西北、内蒙古乾旱荒漠地區固沙造林的優良樹種。此樹抗旱、耐寒、耐鹽鹼，根系發達，固沙能力極强。材質堅硬，且非常耐燒，一旦點燃，經久難滅，是沙區農牧民十分喜歡的薪炭用材，據傳舊時婦女常以其根鬚編織爲帽，冬暖夏凉，經久無損，可證古籍所載并非虚構。同時發現，這一“鎖鎖”又是一種名貴的中藥材，具有殺菌、降血壓、清肺化痰等功效。本卷對引種樹木之考釋亦頗精到。再如“刺槐”，現爲我國華北、中原一帶，特别是黄河中下游地區栽培極廣的樹種。此樹原産北美洲，廣布於阿巴拉契亞山脉。原爲天然林樹種，後經人工馴化，成爲美國、加拿大東半部廣爲栽培的樹種之一。1600 年法國宫廷園藝師魯賓（Jean Robin）引入法國，1636 年定植於宫苑，即今之巴黎植物園。1640 年英皇查理一世之宫廷技師約翰垂德遜又將刺槐引入英國。7 世紀，意大利、德國、匈牙利及非洲大陸諸國相繼引種，不久刺槐栽植已遍及歐洲及非洲各地。日本明治七年（1868）開始引種。我國引種刺槐始於清光緒三至四年間（1877—1878），清廷駐日副使張斯桂携明石屋刺槐種子回國，首先於南京，以爲庭園觀賞。大量引種則是清光緒二十三年德人强占山東膠州灣，迫使清廷簽訂《中德膠澳租界條約》後設立青島山林場，始於青島市區及膠濟鐵路沿綫大量栽植。據此，作者釋其得名由來：刺槐，屬名“*Robinia*（魯賓尼亞）”，係瑞典生物學家林奈爲紀念魯賓逝世百周年而以其名命名。引入我國後，初以日文音譯“明石屋樹”相稱，德人引入青島後，以其拉丁學名（*R. pseudoacacia*）字尾（-cacia）冠以“洋”字稱“洋卡期”。其枝葉似槐，故又稱“洋槐”，以别於中國之槐樹。又因刺槐多由德人引進，且幼枝生刺，故亦稱“德國槐”“棘子槐”“德國棘子槐”。青島原亦稱琴島，而我國大量引種始於青島，故刺槐亦稱“琴樹”，亦作“栞樹”，今魯北一些地區仍以“栞樹”相稱。20 世紀 60 年代後，爲避崇洋之嫌，弃去“洋槐”之名，通稱“刺槐”，謂其似槐，然有刺耳。本卷先後引用《膠澳志》《山東各縣鄉土調查録・歷城縣》《臨淄縣志》以及左宗棠《美樹軒記》等資料，闡述詳盡而全面，還對近年來刺槐栽培情况做了詳細介紹。古代引進樹種多有以其外語之音譯名相稱者，本卷主編竭盡所能，追根溯源，探尋語源，作出考釋。又如“油橄欖”，亦名“齊墩樹”，乃古波斯語或閃米特語“zeitun”之意譯；波羅蜜又名曩伽結、係馬來語“nangca”“nangka”之音譯，另名“婆那娑”，乃古梵語“paasa”之音譯；“阿月渾子”之名當是古伊蘭語“angwīz”“angwōz”“agōz”之音譯；葡萄古又名“孛桃”，係古希臘“botrus”之音譯；石榴又名“安石榴”，源於古伊蘭語“arsak”或粟特語“anar-aka”；扁桃又名“巴旦”，乃古波斯語“Bādām”之音譯，其“巴欖”諸名即古叙利亞語“bādām”或“palsm”“param”“faram”“fram”“spram”之音譯，皆指扁桃……如此者尚有多處。尤爲難得的是其木果之考論明顯地超越現代植物學、生態學的研究視野與取向，其研究旨趣更加廣遠，充分展示中華文明古國的國體特色與民族觀念。松柏、楊柳等類樹種，生動體現中華古代獨具的人文色彩，或表尊貴，或表卑微，與等級森嚴的古代社會相交融。如書中援引了漢代班固《白虎通・崩薨》：“《春秋含文嘉》曰：天子墳高三仞，樹以松；諸侯半之，樹以柏；……士四尺，樹以槐；庶人無墳，樹以楊柳”，可見本卷主編對中國古代傳統典制禮儀之諳達稔熟，故而筆下的木果，不僅是形態、習性描述，而且能细究其深遠的文化含義。

本卷第一主編吴君早年就讀於北京林學院，畢業後就職於山東省林業科學研究所與林業廳，從事水土保持、森林生態、林木栽培研究與科技管理工作。三十年前，序者爲編纂《中國古代名物大典》，首次拜訪，一見如故，頗有相見恨晚之嘆。序者出任本書總主編時，吴君已是業内資深學者了。本卷第二主編乃吴君之夫人，是其當年北林之同班同學，後又同吴君就職於同單位，編纂此書時，又成爲得力之主筆，須臾難離。伉儷間偶感到力難從心時，遠離膝下的兩子兩媳亦予援手，闔家辛勞，無怨無悔。憶昔乾嘉時代，考據之學大興，同道者若群星麗空，以至有父子、夫婦聯手研究之佳話，而今本卷主編爲本卷亦不遺餘力，舉家投入其中，其繁難辛勞之狀，難以言喻，委實令人敬重。暑往寒來，歷三十餘載之默然耕耘，本卷主編終將浩瀚古籍中的木果類博物進行了梳理、彙集與考證，使古典博物學與現代植物學對接，使古代文化與現代科學緊密融合。中華木果的淵源與流變，木果與社會變革、文化交流、科技發展間的關繫，得以全面揭示與論析。序者認爲，此書不僅可供文博學者參考，亦有助於生物、醫藥等專業人士有關文化遺産之開發借鑒。序者與本卷主編爲文交摯友，多有過從，其齋中古籍，四壁環立。如是之藏弆，足見其心力志趣之所在。當年，筆者奉命爲此書作序，曾請吴君提供些許“亮點”，未料得到的却是一篇嚴整的論文。今序言中，有關本卷的内容舉證，借鑒宏文者良多，今特記於此，并致謝忱。

權作此序，意猶未盡！

張述錚

太歲重光單閼桂月下浣於山東師範大學映月亭初稿

太歲重光赤奋若陬中浣於歷下龍泉山莊東籬齋定稿

第一章　概　論

本卷考論之“木果”，即通常所説的樹木，包括林木與果樹。這些植物莖内木質部發達，植株莖幹堅硬挺拔，壽命較長，可連續生長，通稱爲木本植物。凡具有木質化莖之喬木、灌木、竹木、藤木均屬此類。

木果之屬，大都具明顯的根、莖、葉、花、果實（或種子）。根、莖、葉爲其營養器官，花、果實（或種子）爲生殖器官。木果與人類生活息息相關。其樹幹可爲用材，枝椏供薪炭，果實（或種子）可供食用，皮可提取栲膠、樹脂、纖維，全株或其局部可爲藥材或其他加工材料等。此外它們可構成森林，對維持大自然的生態平衡具有重要作用：保持水土，涵養水源，防風固沙，調節氣候，減免自然灾害，保障工農業生産與人類的生活、生命安全以及經濟社會的可持續發展。其絶大多數俱與中華民族之生息繁衍相關涉，均爲華夏五千年璀璨文化之瑰寶。

第一節　木果名義訓

“木”，乃木本植物之總稱。此稱先秦時已行用，并沿稱至今。如《周易·離》：“百穀草木麗乎土。”《詩·小雅·伐木》：“伐木丁丁，鳥鳴嚶嚶。”《莊子·山木》：“莊子行於山中，見大木枝繁葉茂。”《管子・權修》：“十年之計，莫如樹木。”然木字古無定形：甲骨文作“甲三五一〇”或“後上一三八”，金文作“《散氏盤》”，俱與《説文》之小篆木（）字略同，爲象形文字。其上出者，中爲幹，旁爲枝；下達者，中爲柢，旁爲根。正如《説文・木部》所云：“木，冒也，冒地而生。東方之行。从‘屮’，下象其根。”段玉裁注：“謂也，屮象上出，象下垂。”王筠釋例：“木固全體象形字也。丨象幹，上揚者枝葉，下注者根株。”引申之，“木，衆樹之總名”（《莊子・山林》陸德明釋文引《字林》），故木蓋指所有的木本植物。

木亦稱“樹”，甲骨文作“前二・七”“徵 一〇・三九”，石鼓文作“石鼓”。依《説文・木部》：“樹，木生植之總名也。从木、尌聲。”段玉裁注曰：“植，立也。假借爲尌、豎字……尌……籀文从豆，不从壴者，豆柄直，亦有直立之義，豆與壴同在四部，爲鮨聲，寸則謂手植之也。”可見“樹”之原意爲樹木生殖或樹立之意。凡五穀植之使生使長皆曰樹。因樹藝多以木爲主，故從木，樹植必使之立，故從尌聲，後引申特指木。此稱亦始用於先秦時，沿稱至今，爲木本植物之通稱。如《左傳・昭公二年》：“既享，宴于季氏，有嘉樹焉，宣子譽之。”《古詩十九首》之九：“庭中有奇樹，緑葉發華滋。”唐劉禹錫《酬樂天揚州初逢席上有贈》：“沉舟側畔千帆過，病樹前頭萬木春。”上述之“樹”盡皆指木。今日所謂“植樹”“伐樹”之“樹”均係其沿稱。

樹、木，原意有别，後統指木本植物，亦常複合使用，將木本植物通稱“樹木”。此稱至少在秦漢時已行用，沿稱至今，爲木本植物之俗稱。如《禮記・月令》：“〔季夏之月〕樹木方盛，乃命虞人，入山行木，毋有斬伐。”三國魏曹操《苦寒行》：“樹木何蕭瑟，北風聲正悲。”今之《中國樹木志》《樹木分類學》等“樹木”，均爲此稱之沿用。

木藂生成林。如《説文・林部》：“林，平土有叢木曰林。从二木，凡林之屬，皆从林。”故木又常稱作“林木”，意即林中之樹木或構成森林之樹木。此稱秦漢時已見行用，并沿稱至今。《詩・小雅・車舝》：“依彼平林，有集維鷮。”毛傳：“平林，林木之在平地者也。”宋文天祥《翠玉樓晚雨》詩：“林木蔽虧烟斷續，江流曲折雨横斜。”今日通用之術語“林木引種”“林木病蟲害防治”等等，皆此稱之沿用。

草，本爲草本植物之總名，木則爲木本植物之通稱。草木合用，泛指各種植物。“草”“草木”亦常代指“樹木”，如宋沈作喆《寓簡》卷一〇：“草木之最香者如沉水、旃檀、龍腦、蘇合、薰陸、郁金、薝蔔、薔薇、素馨、茉莉、鷄舌之屬，皆産於嶺表、海南。”上述植物多爲樹木，故“草木”指木，顯而易見。再如清朱駿聲《説文通訓定聲·需部》：“五行不言草，草亦木也。”以木指草此亦其證也。有時草木亦可互相借稱。如明馮夢龍《古今譚概·塞語部·牝牡雄雌》：“五行有木而無草，則草亦可爲之木。《尚書·洪範》言‘庶草蕃蕪’而不及木，則木亦可謂之草。”此類情況，本草類中尤爲常見。如“全草入藥”，係指植物之全部（根、莖、葉、花、果實）皆可爲藥。此“全草”既指草本植物之全部，亦指木本植物之全部。

果，亦稱“木實”。原指木本植物所結之果實。果字甲骨文作“前七·二六”，金文作“古鉨”，俱爲象形文字。其上爲所結之果實，下爲榦與柢，旁爲其根。恰如《説文·木部》云：“果，木實也。从木，象果形，在木之上。”此稱先秦時已行用。《周易·説卦》：“艮爲山，爲徑路……爲果蓏。”孔穎達疏：“木實爲果，草實曰蓏。”《管子·四時》：“時雨乃降，五穀百果乃登。”足見“果”本指樹木所結之果實。“菓”爲其後出字，約始見於秦漢時，曾沿稱於後世。如《漢書·叔孫通傳》：“古者有春嘗菓，方今櫻桃熟，可獻，愿陛下出，因取櫻桃獻宗廟。”《南齊書·劉善明傳》：“郡境邊海無樹木，善明課民種榆、檟、雜菓，遂獲其利。”北周庾信《咏畫屏風》之二十一：“春杯猶雜泛，細菓尚連枝。”宋孟元老《東京夢華録》有《飲食果子》篇。

果又稱“實”，泛指植物之種實，其可食者，亦當指果。先秦時亦行用此稱。如《詩·周頌·載芟》：“播厥百穀，實函斯活。”鄭玄注：“實，種子也。”《史記·大宛列傳》：“俗嗜酒，馬嗜苜蓿，漢史取其實來。”果又稱作“果實”。《吕氏春秋·貴信》：“風不信，其華不盛；華不盛，則果實不生。”宋蘇軾《格物粗談·樹木》：“銀杏雌雄合種則結果實。”“果”後又引申爲“結果可食之木”。如晉左思《吴都賦》：“其果則丹橘餘甘，荔枝之林。檳榔無柯，椰葉無陰。龍眼橄欖，棎榴禦霜。”此處之“果”，顯然是指結果可食之樹木。凡此結果可食之木亦稱“果木”，此稱亦始行用於先秦時。《管子·地員》：“蓄植果木，不若三土。”南朝宋謝靈運《還舊園作見顔范二中書詩》：“果木有舊行，壤石無遠延。”今時通用的“果樹”之稱，則始見於漢代。《後漢書·淳于恭傳》：“淳于恭，字孟孫，北海淳于人也，善説《老子》，清静不慕榮名，家有山田果樹。”此稱沿用至今，如《中國果樹分類學》《果樹種類論》《果樹栽培學》等即是其例。

竹，古代多被視爲草類，如《爾雅·釋草》即有竹。《説文·竹部》亦云：“竹，冬生艸也。象形。下者，箁箬也。”段玉裁注：“云‘冬生’者，謂竹胎生於冬，且枝葉不凋也。”至晋代戴凱之《竹譜》始云其“非草非木”。然栽竹多用其材，遂諸多著述中稱爲“竹木”，如前所引《漢書・地理志下》“山林、竹木、疏食、果食之饒”，晋潘岳《閑居賦》“竹木蓊藹，靈果參差”，即是其例。今亦將其列入林木之屬。

竹爲禾本科多年生常緑植物，幹長莖堅，中空有節。“竹”字古作“《好盜壺》”“《說文・竹部》”“《睡虎地簡》四九・八四”，亦俱爲象形文字，猶兩竹對立垂葉之形。此稱先秦時已見行用，亦沿稱至今。《書・顧命》：“兑之戈，和之弓，垂之竹矢，在東房。”《漢書・地理志下》：“巴、蜀、廣、漢……有江水、沃野、山林、竹木、疏食、果實之饒。”

竹，亦作“竺”。竺本義作“厚”解（見《説文・竹部》），亦即不薄之意。凡物，一則薄，積薄倍一則厚，故從二。又竹中空外實，剖而分之則薄，合而積之則厚，竺恰取全竹不分爲厚之意，故从竹聲，後用以代稱竹。此稱最遲於漢魏時已見行用，如《廣雅・釋草》：“竺，竹也。”王念孫疏證：“《説文》：‘竺，从竹聲。’《玉篇》：‘丁沃切，又音竹，則竺、竹同聲字，方言有重輕，故爲謂竹爲竺也。’”

竹又别稱“筤”，特指其幼者或叢生之竹。此稱亦始見於先秦時。《周易・説卦》：“震爲蒼筤竹。”孔穎達疏：“竹初生之時色蒼筤，取其春生之義也。”明徐光啓《農政全書》卷三九《種植・雜種》：“竹之叢曰筤。”“簜”特指大竹，亦竹之别名。此稱先秦時亦始行用。《書・禹貢》：“篠簜既敷。”孔傳：“篠，竹箭；簜，大竹。”《爾雅・釋草》：“簜，竹。”郭璞注：“竹别名。《儀禮》曰：‘簜在建鼓之間，簫管之屬。’”邢昺疏：“釋曰，簜則竹之别名。”竹又稱“筠”。筠原指竹之青皮，亦代稱竹。魏晋時已行用此稱。晋王嘉《拾遺記・周靈王》：“惟有黄髮老叟五人……手握青筠之杖。”南朝齊謝朓《紀功曹中園》詩：“丹櫻猶照樹，緑筠方解籜。”南朝梁江淹《知己賦》：“我筠心而松性，君金采而玉相。”唐韋應物《將往滁城意斯竹》詩：“停車欲去繞叢竹，偏愛新筠十數竿。”“篁”又竹之一泛稱。本義爲竹田，亦謂竹，如修篁、疏篁、筠篁。唐李商隱《離思》詩：“朔雁傳書絶，湘篁染淚多。”宋陸游《古園》詩：“庾篁穿石竅，古蔓絡松身。”

竹又名“苞木”。以其初生包被笋殼，長成後質堅似木而得名。此稱兩漢及魏晋時已始行用。如《晋書・伏滔傳》：“金石皮革之具萃焉，苞木箭竹之族生焉。”此稱亦沿稱於後世。清趙其光《本草求原》便有“苞木部”，内記“竹葉”“淡竹茹”“淡竹瀝”“鮮竹”“竹笋”“天竹黄”“蛀竹屑”等藥名。顯然，此處之“苞木”便是竹。這是以苞木謂竹的確證之一。

木與果統言皆木，而爲用不同。樹木常爲用材（木材、薪炭材等），植果多取果食用。故本卷雖皆言木，然又分“木竹”“果木”兩説。木竹説中又分習見林木、習見花木、竹木三考。果在生産中屬園藝業，有核果、仁果、漿果、堅果、柑果、雜果之分，故又立“核果考”“仁果考”“漿果考”“堅果考”“柑果考”“雜果考”等六考。木果之中有些引自外域，有些今已瀕危，故再立“引種木果説”“珍稀瀕危木果説”二説，下分四考。故全卷有四説十三考。

第二節　木果栽培史

地球上生物發展已歷三十多億年。在漫長的歲月中，生物經歷了無數次地史與氣候變遷，逐漸由低等生物向高等生物發展。至新生代早期（距今約六千萬年），生物進化步入關鍵時期，中新世（距今約一千八百萬年），古生物開始向現代生物演變，逐漸形成現代生物類群，我們今天所見到的多數生物種類此時多已出現。到第四紀（距今約二百萬年），地球上温度普遍下降，并屢遭冰川侵襲，極度的嚴寒使衆多生物種類慘遭滅絶之灾。冰川過後，劫後餘生的各種植物再度繁衍昌盛，自然植被的分布與各地樹木種類，奠定了與今日基本相似的面貌。此後，距今大約六七千年乃至近萬年内，自然植被再未遭受類似的灾害，那時形成的植被分布與植物種群特徵，一直延續至今。值得慶幸的是，我國冰川灾害遠非歐美等地那樣嚴重，多數地區大多數植物得以正常生長延續。我國疆域從東到西依次分爲森林、草原、荒漠三個植被分布區域，由北向南依次劃分爲寒温帶、温帶、暖温帶、亞熱帶和熱帶五個森林植物帶。各區域内仍然分布着源自第四紀冰川劫後餘生的各種樹木（見吴徵鎰等《中國植被》)。這些植被與林木，在人類登上歷史舞臺前，主要受自然因素的影響，而在人類出現後，便在自然因素與人爲因素的雙重影響下延續發展：一方面，自然植被與天然木果資源先是在人類有限的利用中發展，進而在無節制的開發中迅速破壞、消失；另一方面，與人類生産、生活密切相關，受到人們普遍重視的種類，則在人們的悉心培育下迅猛發展。因此，天然植物資源日趨減少，人工栽培木果不斷發展，成爲人類有史以來植物發展的主要特徵。本節着重考證石器時代迄於當今，伴隨着人類社會、經濟的變遷，木果資源變化與栽培、利用的發展歷史。

一、石器時期——木果采集利用與保護管理期

石器時代爲人類之最初階段，即從人類出現至銅器時代爲止，歷時約二三百萬年。經舊石器時代、中石器時代與新石器時代。

舊石器時代，人類尚在原始階段。混沌之初，草昧未闢，大地洪荒，蓊鬱的森林成爲人類生息繁衍之摇籃。先民栖息林内，穴地而居，采獵而生，賴以生存、禦敵、生息發展。正所謂“同與禽獸居，族與萬物並”（《莊子・馬蹄》），“食草木之實，鳥獸之肉，飲其血，茹其毛”（《禮記・禮運》）。我國已發現的舊石器時代人類化石重要者有元謀猿人（距今約一百七十萬年）、藍田猿人（距今約八十萬年）、北京猿人（距今約四十到五十萬年）及馬壩人、長陽人、丁村人、柳江人、山頂洞人等，其遺址考證都證實這一點。特别是1929年至1932年，中國猿人化石首先發現於北京周口店地區，1948年世界地質會議決議認爲，中國猿人化石當爲第四紀中新世中期，距今約五六十萬年。其洞穴中尚存有厚達6米的灰燼堆積層，燃燒過的朴樹籽與紫荆樹木灰燼清晰可見。原中國歷史博物館還陳列有當時先民采食銀杏的復原形象，表明采獵乃是人類最初之勞動形式和生存手段，也是人類對森林樹木倚重之確證之一。森林樹木成爲先民生存取之不盡、用之不竭的資源寶庫。當時人類的采集不僅没有毁壞森林樹木，反而對其選優復壯、傳播發展起了促進作用。

我們的祖先經歷了若干萬年的采集利用野生植物與漁獵生活後，至七千多年前的新石器時代，始有耕稼與畜養活動，即出現了原始的種植業與畜牧業萌芽。中華民族之發祥地黄河流域，曾多處發掘新石器時代早期文化遺址。河南新鄭裴李崗遺址、新密莪溝遺址、河北武安磁山遺址、陝西西安半坡遺址等，都出土許多用於農作之石製或骨製斧、鏟、鐮及加工糧食之石磨盤、石磨棒等。半坡遺址還發現有已碳化的橡子、棗核之類的野果。這是先民較早采集木果的又一例證。在長江流域，浙江餘姚河姆渡遺址除出土有農具、稻穀等外，亦發現野生橡子、菱角、酸棗、麻櫟果等植物果殼與果核。這表明早在六千至七千多年前，栽培植物已占有一定比重，但仍然需采集野生木果以補稼穡之不足。遺址中還發掘出用漆塗飾的木碗，表明先民對林木開發已達到一定的水平。距今約四千至五千年的新

石器時代晚期，仰韶文化與龍山文化遺址中，除發掘出栽培作物外，還見有榛、栗、松、櫟等野生可食樹木之果殼等，表明采集依舊是先民的重要生產活動和生活補充。

民生之本莫過於衣、食、住、行，遠古時代尤其如此。我先民生存之本亦與森林樹木緊密相關。我國古代傳説中之“三皇”“五帝”，歷史學家認爲皆爲我國原始社會末期部落或部落聯盟首領，其生存時代大致相當於新石器時代晚期。有關他們的傳説中，關涉木果者俯拾皆是。如有巢氏教民構木爲巢，解决了先民之居處；燧人氏鑽木取火，使先民從生食改爲熟食；伏羲氏教民繁滋草木以維護環境；神農氏辨百草之性以療民疾，又斫木爲耜，煣木爲耒，教民樹藝五穀（見《淮南子・修務訓》）；黄帝軒轅氏，披山通道，作宫室、製弓矢、造舟車，廣闢林木用途。於是，先民之衣、食、住、行得以全面改善（見《資治通鑑前編》）。唐虞之時，堯禪天下，虞舜受之，命益爲虞，以掌草木之事（見《書・舜典》《史記・五帝本紀》），堯舜之時，草木暢茂，禽獸相逼，五穀不登，需伐木火林，驅獸保民。（見《孟子・滕文公上》）這些不僅反映了先民生活生存與森林樹木之密切關係，而且開人類開發利用森林樹木之先河。從此而後，林木之生長繁衍與演替發展，除受自然環境影響外，還在人類生活與生産活動的直接干預下，按着人們的期望發展、演化：有些森林樹木在“火林”中遭到破壞，一些有益人類之木果引起先民的注意，除采集外，或已開始加以保護管理，甚而有栽培之嘗試，使之源源不斷供人們采食、利用。《史記・五帝本紀》載：“〔黄帝〕時播五穀草木。”張守節正義：“言順四時之所宜，而布種百穀草木也。”

二、夏商時期——木果栽培之發端期

夏商兩代（公元前21世紀—公元前11世紀），歷時千餘年。此間，我國已由原始公社制社會（氏族公社）進入奴隸制社會，生産力較前已有很大發展。先民除仍沿襲以往采獵生活外，原始農業有了較大進步。不少野生木果也得到保護與管理，林木的開發利用已見於各地。説到木果栽培的起源，人們或許不會想到與“封”字有關。“封”字甲骨文作“甲二九〇二”，爲象形、會意字。象堆土植樹之形，會意“堆土植樹爲界”之意。如《周禮・地官・大司徒》：“制其畿疆而溝封之。”鄭玄注：“封，起土界也。”賈公彦疏：“溝封之者，謂於疆界之上設溝，溝爲封樹以爲阻固。”又《封人》：“掌設王社壝，爲畿封而樹之。”賈公彦疏：“謂王之國外四面五百里，各置畿限，畿上皆爲溝塹，其土在外而爲封，又樹木則爲阻固。”《説文・土部》：“封，爵諸侯之土也。从之土，从寸。寸守其制度也。公、侯百里，伯七十里，子、男五十里。”意思是君王依公、侯、伯、子、男五等爵位授予土地，再封疆立國，植樹爲界，這已形成制度。顯然“封”就是當時王侯在所轄領地（畿、畿疆）的邊界處挖溝培土，再栽以適宜的樹木以成險要而又堅固的防禦工事，這頗類以歐洲古代的“境界林”，這雖然衹是一種安全措施或封疆標志。但也可以看作植樹活動。此舉源於何時，今人不得而知，但肯定比甲骨文出現早得多。所以夏商或其以前已有人工種植木果是顯而易見的。當時，青銅器冶煉與鑄造技術有較大發展，而冶煉青銅的燃料多取自森林，森林作爲能源已被廣泛利用。特别是禹平洪水，區分九州，各地相地土所宜開發木果，一時林産漸豐。《書・禹貢》載有夏代九州向中央王朝之貢物，其中兖州、豫州貢漆，青州貢松，徐州貢桐，揚州貢篠、簜（俱竹名）及橘、柚，荆州貢杶（即香椿）、榦（即柘）、栝（即檜）、柏及箘簵（竹名）等。一些具有較高價值之木果已開始進行人工栽培。傳爲夏代曆書的《禮記・夏小正》就載有夏時自然、天氣變化及近三十種植物之生長狀况，其中包括楊、柳、梅、杏、杝桃（山桃）、桑、桐、棗、栗等多種木果之物候及采收經驗。足見夏代勞動人民對木果已頗爲關注，并在生産實踐中獲得十分豐富的知識，其中一些樹木之物候記述，與今時非常相近。值得一提的是書中有“〔四月〕囿有見杏”的記述，反映當時果樹栽培似已發端。“囿”，甲骨文作“京都三一四六”“前四・一二・三”，石鼓文作“石鼓”，籀文作“《説文解字》”。俱爲象形文字，似苑中植有草木，尤其籀文，更像田中植木。《説文・囗部》：“囿，苑有垣也，从囗、有聲。一曰所以養禽獸曰囿。”段玉裁注：“高注《淮南》曰：有墻曰苑，無墻曰囿。與許互異，蓋有無互訛耳。《魏都賦》曰：‘繚垣開囿’，‘繚垣’，《西京賦》作‘繚亘’，繚亘綿聯，即《西都賦》之繚以周墻也。《周禮》注曰：‘囿，今之苑。’按古今異名。許析言之，鄭渾言之也。引申之，凡淵奥處曰囿。《夏小正》：‘正月囿有見韭’，囿也者，園之燕者也；‘四月囿有見杏’，囿也者，山之燕者也。”“燕”，指對環境感到安適滿足。由此可知，漢時稱囿爲苑，係指古代有墻之園林，用以飼養禽獸以供觀賞者；同時，亦泛指四周有欄擋之菜園與果園。《夏小正》稱正月“梅、杏、杝桃則華”而四月“囿有見杏”，正是正月囿中所栽杏樹開花，四月杏成，杏之栽培由此可證。誠然《夏小正》在長期流傳中，後人不免有所增苴補纂，但仍反映了夏代農業發展水平，保存了豐富的木果科學知識，不失爲有重要價值的文獻資料。除此之外，其他木果之栽培如墓地植樹，庭院、行道植樹亦有所見。

商承夏後，幾度遷都，最後定都於殷（今河南安陽），故商又稱殷。商代由於青銅工具的應用，使生產效率大大提高，農業生產已發展到相當高的水平，成爲社會生產决定性的部門。經濟發展促進了文化進步，商代文字已達成熟階段，諸多關涉生產、生活的文字已經形成。在殷墟中出土之甲骨文中有“（木）”“後下三七·五，乙八八九五（杞，枸杞）”“（果）”“京津五五五六，粹七六二（林）”“簠游一〇九，前一·六·一（柳）”“（桑）”“前二·一九·三，後下一六·三一（栗）”“後下三·三，金四七二（森）”“粹一五四七，粹七三（楚，即荆）”等木果象形文字，及以竹編製而成的“鐵二一八·二，乙八六八五反，母辛卣（箕）”等，説明木、果、竹、桑等與先民生活密切相關，已爲時人所熟知，并創成文字。當時圃、囿、果樹、杏、栗等字，時見於卜辭中，亦説明木果生產頗受重視，成爲原始農業生產的重要部分。當時國家還鼓勵百姓栽培木果，并設六府，職掌山林，將其納入國家管理之中。據《禮記·曲禮下》載，商設六大、五官、六府、六工。其六府者有“司土、司木、司水、司草、司器、司貨”。鄭玄注曰：“司土，土均也；司木，山虞也；司水，川衡也；司草，稻人也；司器，角人也；司貨，丱人也。”山林出產及税賦管理由司土、司木負責。木果之采集、栽培當盛於前代。

三、西周及春秋戰國時期——木果栽培起步期

西周及春秋戰國（公元前11世紀—公元前221年），歷時八百餘年。周發迹於黄土高原，游耕於陝西涇、渭之間。世代俱重農業。其祖先弃（后稷），擅種五穀，“弃爲兒時……其游戲，好種樹麻、菽，麻、菽美。及爲成人，遂好耕農。相地之宜，宜穀者稼穡焉”（《史記·周本紀》）。弃被帝堯舉爲農師，號“后稷”，他教民耕種之法，“民皆法則之”，“天下得其利”（同上）。故周地農業比較發達。弃之後人公劉遷居於豳（今陝西栒邑），親臨山川查訪，組織人民耕稼，遂致物阜民豐。太王徙岐，據渭濱肥腴之地發展灌溉農業，農桑耕稼俱有長足發展。木果之生產相應也得到提高。武王滅紂，天下歸周。自此一派升平，人民安居，農耕與木果業得以穩定發展。

周代設地官大司徒職掌建邦土地事宜，理山、林、川、澤諸事，其下“山虞”掌山林政令，“林衡”巡視林麓，“封人”主管邊境植樹，“載師”及“閭師”管理林木貢賦，“場

人”管理皇家場圃，“囿人”管理皇家苑囿；設春官主山林川澤祭祀及陵墓植樹；設夏官主兵馬諸事，其下“掌固”負責城郭溝池植樹，“司險”專司道路植樹，“山師”管理山林資源，“職方氏”“土方氏”掌地方山林；設秋官大司寇掌國之禁令，其下“司烜氏”主管春季防火事宜；設冬官主百工事宜，如樹木采伐、運輸、加工及木器製造等。（見《周禮・天官》及《地官》《春官》《夏官》《秋官》《冬官》）林政管理已臻完備，不僅促進了當時木果之生産，也爲後世提供了足資借鑒的章法。譬如，墓地植樹當時已有規定，《周禮・春官・冢人》：“以爵等爲封丘之度，與其樹數。”賈公彦疏：“案《春秋緯》云：天子墳高三仞，樹以松；諸侯半之，樹以柏；……庶人無墳，樹以楊柳。”此外，道路植樹不僅作爲制度要求施行，而且規定了看護道路樹木的具體方法，同時還將有違此制、不守成規視爲降灾亡國的標志之一，如《國語・周語》：“周制有之曰：‘列樹以表道。立鄙食以守路……’今陳國道路不可知，田在草間，功成而不收，民罷於逸樂，是棄先王之法制也。”這些規章一直爲後世所效法。

西周歷二百五十年修明環境，各諸侯在分散、獨立之封地内進行草萊開發、邑里建設，起初勢力相衡，各無侵擾。隨着經濟發展，政治與軍事力量增强，諸侯間實力漸有差别，加之周幽王後，王權不振，諸侯間交争兼并四起，演化爲我國歷史上之春秋戰國時期。在列國交争形勢下，時人皆以爲耕戰乃强國之要略，各諸侯國俱以多法鼓勵農耕，獎進桑麻木果生産。當時黄河流域林木多爲戰亂破壞，一些有遠見的政治家、思想家，爲富國强兵以利争戰計，積極提倡保護山林，發展木果生産。如管仲相齊時曾指出，“山林雖廣，草木雖美，禁發必有時”（《管子・八觀》），主張立“三衡”，以管理山林，選拔善經營者主管山林及木果生産；還提倡人工造林，對“民之能樹藝者”給予“黄金一斤，直食百石”以資鼓勵。而對濫伐樹木、大興土木、破壞森林者，則嚴刑峻法，加以懲戒。（見《管子・五輔》等）《荀子・勸學》也指出，“草木疇生，禽獸群焉”，“林木茂而斧斤至焉……故言有召禍也”。濫伐、火林必須禁止。與此同時，對於造林營林技術亦有所關注。《孟子・梁惠王上》曰：“斧斤以時入山林，材木不可勝用也。”指明適時采伐對林木更新極爲有益。《管子・地員》對造林樹種的土宜問題具有頗深見解，并有詳盡描述，將九州土地依其特性劃爲三等九十種，以爲“蓄殖果木，不若三土”，“三土”者，指“五粟”“五沃”“五位”三類土地。此處之“五”即土。依當時盛行的“五行説”（五行是指金、木、水、火、土），土列第五位，故以“五”代土。“五粟”“五沃”“五位”這三類土，實際就是“粟土”“沃土”“位土”。其意即凡濕而不黏、乾而不硬且肥沃的“五粟之土”（即粟土），不論在山地、丘陵、水邊或平地，皆宜栽植桐、柞、榆、柳、檿、桑、柘、櫟、槐、楊等樹木；低濕之地則宜種竹類、楢、檀、薜荔等樹。潤澤而肥沃的“五沃之土”（即沃土），在崗、嶺、山角之陽坡宜栽桐、柞、枎、櫄（椿）、白梓、梅、杏、桃、李、棘、棠、槐、楊、榆、桑、杞、枋諸樹種，而陰坡則宜楂、藜；鬆軟相黏的上等土，若在山地則宜竹類、楢、檀，淺山之地宜桑、松、杞及榆、桃、楝等樹。而鬆軟相黏的上等“五位之土”（即位土），不論在山、丘、平地，宜栽竹類及楢檀，尤其淺山部位，樹木生長良好，最適宜桑、松、杞等樹木栽植。這與今時造林學所謂“適地適樹”原則頗相吻合。异地引種可能導致果木品質變异，當時似已有所認識，如《周禮・考工記序》：“橘逾淮而北爲枳。”即反映此種見解。楊柳扦插繁殖等技術，已經頗爲熟悉，如《韓非子・説林上》：“陳軫貴於魏王，惠子曰：‘……夫楊，横樹之即生，倒樹之即生，折而樹之又生。’”這些技術之推廣應用，無疑會促進木果之栽培。至於不同樹木之多種用途亦有所發現。如孔子有“乘桴”之説（見《論語・公冶長》），此處之“桴”，邢昺稱：“桴，竹木所編小木伐也”，頗類今日之竹排，可以浮水運物。韓非子有用漆器之説；長沙春秋楚墓出土的漆棺、漆木車、塗漆皮甲、帶漆銅劍鞘等物品，足證割漆、用漆技術已有更大的突破。由於木果栽培發展，也促進了手工業發展，於是“百工居肆，以成其事”（《論語・子張》），城鎮中市肆所陳商品便有長松、文梓、楩枬、豫章等用材樹（見《墨子・公輸》）及棗、栗等果品（見《戰國策・燕策》）。商品交換反過來又促進了木果生産之發展，先民積纍的木果栽培經驗漸豐，識别的木果類樹木亦有增加。

《詩》是反映當時社會經濟、世俗民風之詩歌總集，包括周初至春秋中葉流傳於今陝、晋、豫、魯、鄂等地之詩歌，計三百餘篇，詩中記載各種植物一百三十二種，其中木果之類多達六十餘種。果木之中有《周南・桃夭》之桃，《周南・樛木》之葛藟，《召南・甘棠》之甘棠（棠梨），《召南・摽有梅》之梅，《召南・何彼襛矣》之唐棣，《邶風・凱風》之棘（棗、酸棗），《鄘風・定之方中》之榛、栗，《衛風・氓》之桑椹，《衛風・木瓜》之木瓜、木桃、木李，《王風・丘中有麻》之李，《鄭風・東門之墠》之栗，《唐風・椒聊》之椒（山椒），《唐風・杕杜》之杜（赤棠），《秦風・終南》之棠，《陳風・墓門》之梅（酸梅），《檜風・隰有萇楚》之萇楚（羊桃、獼猴桃），《豳風・七月》之郁（李）、薁、棗，《小雅・常棣》之常棣（棠棣）等。林木中有《詩・周南・葛覃》之葛，《周南・漢廣》之楚（牡荆），《邶風・柏舟》之柏，《邶風・旄丘》之葛（葛藤），《鄘風・定之方中》之椅、桐、梓、漆、桑，《鄭風・將仲子》之杞、檀，《鄭風・有女同車》之舜（木槿），《鄭風・山有扶蘇》之松，《鄭風・楊之水》之楚（荆條），《齊風・東方未明》之柳，《魏風・山有樞》之樞（刺榆、榆）、栲（樗、臭椿）、杻（梓屬），《魏風・鴇羽》之栩（柞、麻櫟），《秦風・東鄰》之楊，《秦風・終南》之條（山楸）、梅（紅梅）、杞，《秦風・晨風》之櫟、六駁、苞棣、樾，《陳風・東門之枌》之枌（白榆），《小雅・鶴鳴》之穀（構、楮），《小雅・斯干》之竹，《小雅・頍弁》之女蘿（桑寄生），《小雅・苕之華》之苕（凌霄），《大雅・棫樸》之棫、樸，《大雅・旱麓》之楛，《大雅・皇矣》之檉、椐、檿、柘等。

《詩》不僅記述了許多木果名稱，而且也描述了多種樹木的形態特徵、生物學特性、産地分布及其用途。從木果栽培角度看，當時之園藝栽培肯定已有一定規模。如《魏風・園有桃》："園有桃，其實之殽。"其中之桃，自是栽培園中，表明黄河以北桃已栽培，而且成園，其果專供食用。《周南・桃夭》："桃之夭夭，有蕡其實。""蕡"乃大之意，意謂園中之桃，其實甚大，遠非野生可比，亦説明黄河以南亦有桃之栽培。《豳風》有"八月剥棗""十月穫稻"，二者并舉，稻早爲栽培作物，所以如期收穫，棗需定期采收，也應是人工栽培。《魏風・園有桃》又有"園有棘，其實之食"，棘園與桃園并列，魏之棘已爲園栽亦在情理之中。《小雅・鶴鳴》："樂彼之園，爰有樹檀。"古時凡栽植皆稱"樹"，如"樹藝五穀"。此園中之檀，亦爲人工所樹之。《鄭風・將仲子》中"無折我樹杞"，"無折我樹桑"，"無折我樹檀"，俱説明當時先民喜好栽杞、桑、檀，并倍加愛惜，勿使折損。《史記・蘇秦列傳》載蘇秦説燕文侯事，蘇秦曰："君誠能聽臣，燕必致旃裘狗馬之地，齊必致魚鹽之海，楚必致橘柚之園，韓、魏、中山皆使致湯沐之奉。"戰國時期我國南方橘柚業已栽培成園，此其確證之一。此外，《書》《左傳》以及據稱爲反映周代故實之"三禮"（即《周禮》《禮記》《儀禮》）等著作中，亦有不少木果之記述。

四、秦漢時期——木果栽培初興期

秦漢時期（前221—220），歷時四百餘載。秦併六國，統一天下。開國之初，"内興功作，外攘夷狄"（《漢書・食貨志上》），北征匈奴，南開五嶺，治理郡縣，擴大疆域，實施急農政策，農業生産本應有所發展。然秦初興作繁多，不量民力，加之淫侈逾制，濫用苛刑，激起民變，至二世而秦亡。秦雖歷時僅十五載，倒也重視木果生産。其設九卿，由少府兼管山林政令、木材采伐種植與山澤賦税。下設將作少府掌治宫室；地方郡縣以下設鄉亭，由工師、監工等管理百工，司林業及木業生産。當時，秦始皇納李斯之言“焚書坑儒”，樹藝之書免於焚毁，且鼓勵民衆於庭院、街衢植樹，頗受時人之贊揚，亦爲後世道路緑化樹立榜樣。據《漢書・賈山傳》載：“〔秦〕爲馳道於天下，東窮燕齊，南極吴楚，江湖之上，瀕海之觀畢至。道廣五十步，三丈而樹，厚築其外，隱以金椎，樹以青松。”其舉蔚爲壯觀，此習延及後世。當然，秦代林業雖有所舉措，然終因國運短暫，除行道樹外，於其他木果生産發展無大建樹。

漢興之後，在政治上加强中央集權，經濟上采取予民休息與重農政策。管理上承秦制而稍有變化，景帝改將作少府爲“將作大匠”，武帝設水衡都尉掌上林苑，由大司農管理農林生産，掌穀貨、供給養，并設東園主章主管材木。將春秋戰國五百餘年農業生産成就及經驗、知識，如耕作制度、耕作技術、墾殖方法等，除在已開發之中心地區加以鞏固發展，另推廣至新開發地區及被征服之地域。國家加强對土地、生産資料與勞動力的控制。諸帝多次下詔，馳山澤之禁，勸民農桑，責成地方官吏認真督導，將農桑生産列爲己任。如元帝建昭五年（前34）詔：“方春，農桑興，百姓勠力自盡之時也，故是月，勞農勸民，無使後時。今不良之吏，覆案小罪，徵召證案，興不急之事，以妨百姓，使失一時之作，亡終歲之功，公卿其明察申敕之。”（《漢書・元帝紀》）此前，文帝十二年（前168）詔：“道民之路，在於務本。朕親率天下農，十年於今，而野不加辟，歲一不登，民有飢色，是從事焉尚寡，而吏未加務也。吾詔書數下，歲勸民種樹，而功未興，是吏奉吾詔不勤，而勸民不明也。”（《漢書・文帝紀》）於勸民稼耕時，亦力倡種樹，除桑之外，尚有竹、漆、桐、梓、松、柏及雜木之類。“其令郡國務勸農桑，益種樹，可得衣食物”，而不聽詔令，“吏發民若取庸采黄金珠玉者，坐臧爲盜”（《漢書・景帝紀》）。上倡而下效，地方官吏亦有積極回應者，如龔遂爲渤海太守，“乃躬率以儉約，勸民務農桑，令口種一樹榆，百本䪥，五十本葱……郡中皆有畜積，吏民皆富實”（《漢書・循吏傳・龔遂》）。此時，林業生産雖仍以采伐天然林爲主，但人工造林已頗盛行，其最突出者，莫過於皇家園林。國家曾設“司竹長丞”管理竹林，設“水衡都尉”（《後漢書》曰“上林苑令丞”）掌苑囿之職。而國家園林首推上林苑。上林苑乃秦代舊苑，後毁，漢武帝建元三年（前138）

重修。司馬相如曾作《上林賦》述其盛况，賦曰："於是乎盧橘夏熟，黄柑橙楱。枇杷橪柿，楟奈厚朴。梬棗楊梅，櫻桃蒲陶。隱夫薁棣，荅遝離支。羅乎後宫，列乎北園。貤丘陵，下平原。揚翠葉，扤紫莖。發紅華，垂朱榮。煌煌扈扈，照曜鉅野。沙棠櫟櫧，華楓枰櫨。留落胥邪，仁頻並閭。欃檀木蘭，豫章女貞。長千仞，大連抱。夸條直暢，實葉葰楙。"而《西京雜記》卷一臚列其名果异樹，可謂至夥："初修上林苑，群臣遠方，各獻名果異樹，亦有製爲美名，以標奇麗者。梨十：紫梨、青梨（實大）、芳梨（實小）、大谷梨、細葉梨、縹葉梨、金葉梨（出琅邪王野家，太守王唐所獻）、瀚海梨（出瀚海北，耐寒不枯）、東王梨（出海中）、紫條梨。棗七：弱枝棗、玉門棗、棠棗、青華棗、梬棗、赤心棗、西王母棗（出昆侖山）。栗四：侯栗、榛栗、瑰栗、嶧陽栗（嶧陽都尉曹龍所獻，大如拳）。桃十：秦桃、榹桃、緗核桃、金城桃、綺葉桃、紫文桃、霜桃（霜下可食）、胡桃（出西域）、櫻桃、含桃。李十五：紫李、緑李、朱李、黄李、青綺李、青房李、同心李、車下李、含枝李、金枝李、顔淵李（出魯）、羌李、燕李、蠻李、侯李。柰三：白柰、紫柰（花紫色）、緑柰（花緑色）。查三：蠻查、羌查、猴查。椑三：青椑、赤葉椑、烏椑。棠四：赤棠、白棠、青棠、沙棠。梅七：朱梅、紫葉梅、紫花梅、同心梅、麗枝梅、燕梅、猴梅。杏二：文杏（材有文采）、蓬萊杏（東郡都尉干吉所獻。一株花雜五色，六出，云是仙人所食）。桐三：椅桐、梧桐、荆桐。林檎十株、枇杷十株、橙十株、安石榴十株、楟十株……"另馬融《廣成頌》、張衡《西京賦》《東京賦》對京都林苑亦有描述，可見皇家園林木果極爲繁盛。漢代陵廟植樹亦成大觀，并設專官職掌。《後漢書・百官志四》："本注曰：承秦曰將作少府，景帝改爲將作大匠，掌修作宗廟、路寢、宫室、陵園木土之功，並樹桐梓之類，列於道側。"至於民間種果植樹面積最大者，莫過於地主豪强的莊園。如劉秀母舅樊宏在湖陽經營有三個莊園，其中之一東西十里，南北五里，開墾種地三百餘頃，莊園内"廣起盧舍，高樓連額，陂地灌注，竹木成林，六畜放牧，魚蠃梨果，檀漆桑麻，閉門成市"（《水經注・比水》）。如此者，不勝枚舉，各地均有其例。如"安邑千樹棗，燕秦千樹栗，蜀漢江陵千樹橘，淮北常山已南河濟之間千樹萩，陳夏千畝漆，齊魯千畝桑麻，渭川千畝竹……此其人皆與千户侯等"（《史記・貨殖列傳》），就是最突出的實例。由此可知秦漢之時，木果栽培已具相當規模。

秦漢兩代，木果栽培技術亦有較大發展。首先，反映在對木果類樹種的認識上，比以往較有進步。此時成書之《爾雅》，習以爲訓經之作，對先秦典籍中的木果有諸多詮釋，如《釋木》篇中記述木果八十六種，植物學術語二十六個，《釋艸》篇中亦記有木本植物數種。然而由於所録木果多擷自經書，又加去古較遠，作者僅能作簡要的注釋。如“榣，山榎”“楮，山樗”“柏，椈”等，僅注其名，意即“榣”又稱“山榎”，“楮”即是“山樗”，“柏”可稱爲“椈”等。有些樹木雖有形態描述，然文字過簡，如“樅，松葉柏身”“檜，柏葉松身”等，故《爾雅》雖臚列多種植物，實不過是先秦以迄秦漢時期之典籍中“習見植物名録”，雖經歷代學家詮釋，然名實難辨者，或衆説不一者，均不在少數，一些木果的名義至今仍在考釋中。

《山海經》爲我國最早之地學專著，諸多學者（如辛樹幟等）以爲戰國末期楚人所撰。其内容亦十分豐富，記述草木近百種。《山海經》四庫提要云：“耳目所見，百不一真。”然觀其中木果，此論似過武斷。其中以果而言，《中山經》“荆山多橘柚”，“綸山多柤、栗、橘、柚”，“騩山，其上有美棗”，“靈山其木多桃、李、梅、杏”，“泰室之山，其上有木焉，葉狀如梨而赤理，其名曰栯木”，栯即今之“郁李”。“豐山其木多桑、多羊桃而方莖。”《西山經》“昆侖之丘……有木焉……名曰沙棠”“號山，其木多漆”等等，其中之橘、柚、柤、栗、棗、桃、李、梅、杏、栯木、桑、羊桃、漆等，不僅古有，今亦存世，如此者尚有多種，故絶非“百不一真”。

與《爾雅》《山海經》幾乎同時成書之《神農本草經》，爲我國最早之中藥學專著，共三卷，分上、中、下三品，收録玉、石、草、木、人、獸、禽、蟲、魚、果、米、穀、菜及未詳諸類，凡三百六十五品。其中草、木、果類植物計二百五十二種。木本植物八十餘種。記述内容亦很豐富，遠非一般“名録”模式。除對藥物性味、功用、主治介紹外，亦附産地及异名。該書因係前代醫人經驗之總結，故較《爾雅》實用，其藥物品名極爲準確，并相沿於後世，多種藥名與今時完全一致。較之《爾雅》與《山海經》更勝一籌。如上品中有“枸杞”，書曰：“枸杞，味苦，寒。主五内邪氣，熱中消渴，周痹。久服，堅筋骨，輕身不老。一名杞根，一名地骨，一名枸忌，一名地輔。生平澤。”此類記述較《爾雅·釋木》之“枸”、《山海經》之“荆杞”遠爲詳盡，其异名、産地、性味、功能亦與今説一致。上品中還有牡桂、菌桂、松、槐、柏、榆、酸棗、蘗木、漆木、五加、蔓荆、辛夷、桑上寄生、杜仲、女貞、木蘭、蕤核、橘柚、木香、巴戟天、絡石、營實、五味子、雲實等。中品中有“合歡”，書曰：“合歡，味甘，平。主安五臟，利心志，令人歡樂無憂。久服輕身明目得所欲。生山谷。”則爲前書所未記述。中品中尚有桑、竹、吴茱萸、巵子、蕪荑、枳、厚朴、秦（梣）、秦茮、山茱萸、紫葳、白棘、龍眼、衛矛、葛、牡丹等。下品中有巴豆、蜀茮、皂莢、柳、楝、郁李、莽草、雷丸、桐、梓、石南、黄環、溲疏、鼠李、藥實、欒木、蔓椒、旋複花、鉤吻、大戟、羊桃、連翹、芫華等。故《神農本草經》不僅是一部難得的古代藥學專書，亦是介紹木果栽培、開發利用之專著。此後漢張仲景《金匱要略》《傷寒論》以及近年出土的長沙馬王堆漢墓帛書《五十二病方》等，亦記述許多木果之藥用價值，對研究秦漢時期的木果栽培與開發具有一定價值。

漢許慎著《説文》，其木部收橘、橙、柚、樝、梨、梬、柿、枏、梅、杏、李、柰、桃、楙（木瓜）、亲（榛）、楷、梫（桂）、棠、杜、樿、棆、楈（柳）、柍（梅）、梤、椆、樕（朴）、茮、梣、棪、椋、樗、楀、藁、榑、栟（棕）、梼（梓）、櫝、楸、槽、柀、梡、杶（櫄）、桵（棫）、椐（靈壽木）、樻、栩（柔）、杙、枇、桔、柞（杼）、樣、椴、櫅、梆、橨、樲（棘）、樸（棗）、橪（君遷）、柅、梣、梭、樺、棟、枸（枳椇）、樜、橿（枋）、樟（樺）、梤、椴、槭、楊、檉、柳、欒、栘、棣、枳、楓、權、櫃、穀（楮）、檵（杞）、枒、檀、櫟、欄（楝）、橜、柘、梛、梧、榮（桐）、榆、棆、梗（刺榆）、松、樠、檜、樅、柏、機、枯、楰、栟、榙、欙、某、橭、朴、楨幹、楚、桑、漆，計一百多種；《艸部》載萇楚、山莓、覆盆、蘡薁、葛藟、桑上寄生、菻、藺靡、茎藸、芫（芫華）、蒟（蒟醬）、茱萸（吴茱萸）、蕧（即干梅）、荼（茶）等十餘種。該書雖僅從字書角度對各種木果作异稱及特性簡要説明，却反映出時人對木果認識之深及開發利用所涉範圍之廣。漢史游撰《急就篇》，爲當時重要字書及蒙學典籍，其中記有"梨柿柰桃待露霜，棗杏瓜棣饊飴餳""桐梓樅窯榆椿樗，槐檀荆棘葉枝扶"等，木果知識已作爲幼學啓蒙教育内容納入教材之中，足見當時對木果栽培利用之重視程度。

木果之栽培技術進步，更體現於此時出現的農學專著中，其中最優秀的農書當屬《氾勝之書》。該書對木果造林季節、栽植方法以及修枝撫育等進行總結，提出"種樹無時，雨過便栽，多留宿土，記取南枝，是乃種樹要法。凡栽一切樹木，須記陰陽，勿令轉易"，還提出以木果之物候期定農時及農作物豐稔之法，如"杏始華榮，輒耕輕土弱土。望杏花落，復耕"，"蟲食桃者粟貴"。該書中桑樹浸種、育苗之論述，爲我國桑栽培之最早記録。其後，崔寔著《四民月令》，記述桃、杏、棗、椒、樅、柏、漆、桐、梓、桑、柘等近二十種樹木，采集、加工利用及栽植、整形、繁殖等方法，均達到一定水平。如"〔正月〕自朔暨晦，可移諸樹：竹、漆、桐、梓、松、柏、褋木；唯有果實者及望而止"（繆啓愉輯釋本)。這是説樹萌動前當及時植樹。“是月,盡二月,剝樹枝。”指出農曆正月恰值樹木休眠期,應適時修枝,此項技術今日仍具實用價值。此外《淮南子》等亦有此類論述。

木果栽培技術之進步,也表現於樹木引種馴化工作中。秦始皇開發五嶺時,注意内外交流,巴蜀商人已將枸醬等由夜郎涉牂柯江轉入南越,蜀産邛竹杖亦由滇西運往身毒(古印度)。自漢武帝使張騫通西域始(前138—前126),“張騫爲武帝開西域五十三國……令帝無求不得”(晋常璩《華陽國志》),至漢末,歷時凡三百餘年,中土與西域通道開闢,“商胡販客,日款塞下”(《後漢書·西域傳》)。隨着商旅往來,物資流通空前活躍,一些木果亦隨之由外域引至中土。“漢使采蒲陶、目宿種歸”(《漢書·西域傳》),蒲陶即今日葡萄(爲歐洲栽培種)。晋張華《博物志》卷六:“張騫使西域還,乃得胡桃種。”又,“漢張騫出使西域,得塗林安石國榴種以歸,故名安石榴”。除却中西交流外,我國南北木果互引馴化亦有一定發展。如上所述,漢武帝重修上林苑,從南方引種諸多亞熱帶果樹於其中(約三千餘種,見於日人岡大路《中國宫苑園林史考》,學林出版社2008年版),司馬相如爲之作《上林賦》述其盛况。該賦雖不免有文字附會之嫌,但南木北移確是事實,其種類之多,令人嘆爲觀止。其中雖多數因氣候、土壤等生態因素而告失敗,然於兩千多年前作此嘗試已頗值稱道。苑中再起扶荔宫,亦引種不少南方果木(見《西京雜記》),雖亦“南北異宜,歲時多枯瘁”,但這一嘗試,爲後世提供了諸多寶貴經驗。

五、三國兩晋南北朝時期——木果栽培之緩進期

三國至南北朝(220—581),約三百六十餘年。東漢末年,黄巾起義動摇了漢王朝,義軍雖敗,却重創漢室,自此漢王朝一蹶不振,後爲三國鼎立所代替,直至形成諸國獨立分散的南北朝。此間中國戰亂頻仍,刀兵不斷,森林多遭兵燹之害,諸多林木化爲焦土。木荒之狀已露端倪。木果栽培在戰亂中緩慢推進。

魏時森林荒廢,其形愈顯,爲民牧者,多着力提倡植樹種果。鄭渾爲魏郡太守,“以郡下百姓苦乏材木,乃課樹榆爲籬,並益樹五果,榆皆成藩,五果豐實。入魏郡界,村落齊整如一,民得財足用饒”(《三國志·魏書·鄭渾傳》)。王昶爲洛陽典農,提倡植樹,“都畿樹木成林”(《三國志·魏書·王昶傳》)。

晋滅蜀、吴，實現一統，各帝均欲重振經濟，改由度支部職掌山林税賦，朝野均重植樹。杜預曾上書晋帝，陳明林木破壞，致使水利失修，土壤侵蝕，危及農業生産，貽患社會安定。（見《晋書・食貨志》）於是，諸帝數次詔馳山澤之禁，發展木果生産。

南北朝時，雖然地方割據，但各國俱有管理林業生産之機構，衹是名稱、職能有所不同而已。如南朝梁稱大匠卿，北齊稱大匠，北周名匠師中大夫，并設司木中大夫等。各國對木果生産亦頗重視。如梁武帝下詔開山林藪澤之禁，教民種植桑果（見《梁書・武帝本紀》）；永泰元年，建德令沈瑀鼓勵民丁植樹："民一丁種十五株桑，四株柿及梨栗；女丁半之，人咸歡悦，頃之成林。"（《梁書・沈瑀傳》）北魏孝文帝，罷山澤之禁，并均田於天下民等，課種桑、榆、棗樹。（見《魏書・孝文帝本紀》）北齊天保九年（588）春，詔限仲冬一月燎原，不得他時行火，損昆蟲草木。（見《北齊書・文宣帝本紀》）除農村課民種植木果外，都邑緑化、莊園及寺院森林更爲此時木果栽培之大觀。

《三都賦》是晋人左思追述三國時魏蜀吴三都盛景之作，可反映當時國土及都邑緑化概況。據稱左思著《三都賦》，構思十稔，數易其稿，終成巨帙，三都美景盡在文中，珍稀木果各有特色，其中不少爲天成，但也不乏人工引種栽培者。

蜀都爲劉備據益州而稱帝之都城，即今成都。蜀時統今川、滇大部及黔之全部與陝、甘之一部。《蜀都賦》述其盛况曰："於是乎邛竹緣嶺，菌桂臨崖。旁挺龍目，側生荔枝。布緑葉之萋萋，結朱實之離離。""其樹則有木蘭梫桂，杞櫹椅桐，棕枒楔樅。楩柟幽藹於谷底，松柏蓊鬱於山峰。""於東則左綿巴中，百濮所充。外負銅梁於宕渠，内函要害於膏腴。其中則有巴菽巴戟，靈壽桃枝。""於西則右挾岷山，涌瀆發川。陪以白狼，夷歌成章。坰野草昧，林麓黝儵。交讓所植，蹲鴟所伏。百藥灌叢，寒卉冬馥。異類衆夥，於何不育？其中則有青珠黄環，碧砮芒消。或豐緑荑，或蕃丹椒……紅葩紫飾，柯葉漸苞。敷蕊葳蕤，落英飄飄。""爾乃邑居隱賑，夾江傍山。棟宇相望，桑梓接連。家有鹽泉之井，户有橘柚之園。其園則有林檎枇杷，橙柿梬楟。榹桃函列，梅李羅生。百果甲宅，異色同榮。朱櫻春熟，素柰夏成……紫梨津潤，樼栗罅發。蒲陶亂潰，若榴競裂。甘至自零，芬芬酷烈。"

吴都者，孫吴都城建業，即今南京。其風物、貨殖、木果栽培，如《吴都賦》所述："島嶼綿邈，洲渚馮隆……洪桃屈盤，丹桂灌叢。瓊枝抗莖而敷蕊，珊瑚幽茂而玲瓏。""爾乃地勢坱圠，卉木䖀蔓。遭藪爲圃，值林爲苑。異荂蓲蘛，夏曄冬蒨。方志所辨，中州所羡。草則藿蒳豆蔻，薑彙非一。江蘺之屬，海苔之類。綸組紫絳，食葛香茅。石帆水松，東風扶留……木則楓柙櫲樟，栟櫚枸桹。綿杬杶櫨，文欀楨橿。平仲桾櫏，松梓古度。楠榴之木，相思之樹。宗生高岡，族茂幽阜。擢本千尋，垂蔭萬畝。攢柯拏莖，重葩殗葉。”又述吴都之竹木及果類特色：“其竹則篔簹箖箊，桂箭射筒。柚梧有篁，篻簩有叢。苞筍抽節，往往縈結。緑葉翠莖，冒霜停雪。檚矗森萃，蓊茸蕭瑟。”“其果則丹橘餘甘，荔枝之林。檳榔無柯，椰葉無陰。龍眼橄欖，探榴禦霜。結根比景之陰，列挺衡山之陽。素華斐，丹秀芳。臨青壁，系紫房。”

曹操都鄴，古稱相州，號魏都，位於今之河北臨漳，曹丕遷都洛陽。與蜀、吴顯有不同，禁中雖亦有“珍樹猗猗，奇卉萋萋”，然不及吴蜀琳琅豐富。其以玄武苑爲最佳，“苑以玄武，陪以幽林。繚垣開囿，觀宇相臨。碩果灌叢，圍木竦尋。篁篠懷風，蒲陶結陰”。郭野之間則“黝黝桑柘，油油麻紵……薑芋充茂，桃李蔭翳。”木果之類雖不及吴蜀，然物産之魁殊，或以名奇而稱，或因實异而可見書：真定之梨，故安之栗，淇洹之笋，信都之棗……若此之屬，亦繁富夥够，不可勝數。

南北朝土地所有制形態依然沿襲秦漢舊制，“門閥專政”，大族土地私人佔有相當比重，莊園經濟應運而生，大莊園不僅經營農作物，亦多有植樹種果者。南朝宋謝靈運便有夾渠二田，北山二園，南山三苑等大片莊園，除農産外，尚種蒔杏、柰、橘、栗、桃、李、棗、梨、枇杷、林檎、椹、梅、椑、柿等果樹（見《宋書・謝靈運傳》），其所作《山居賦》曾記述莊園盛况。擁有類似莊園的還有東晋刁逵、陶侃，南朝宋謝琰、謝混家族與沈慶之、孔靈符諸人，南朝陳後主叔寶等。

自漢以來，佛教在我國廣爲傳播，魏時僧尼達二百餘萬，較大寺院不下三萬。（見陳嶸《中國森林史料》，中國林業出版社 1983 年版），南北朝時，寺院更有發展。在南方，梁武帝時，“都下佛寺五百餘所，窮極宏麗，僧尼十餘萬，資産豐沃，所在郡縣，不可勝言”（《南史・郭祖深傳》）。北方寺院亦極繁夥，據北魏楊衒之《洛陽伽藍記》稱，京師洛陽有寺“一千三百六十七所”，名寺或“花林芳草，遍滿堦墀”，或“栝柏松椿，扶疏拂檐”。漢明帝所立之白馬寺，乃佛教傳入中土後最早之寺院，其浮圖前“柰林葡萄，異於餘處。枝葉繁衍，子實甚大，柰林實重七斤，蒲萄實偉於棗，味並殊美，冠於中京……京師語曰：白馬甜榴，一實值牛”（《洛陽伽藍記》之《秦太上君寺》《永寧寺》《白馬寺》等）。至於各地深山幽谷，更是寺院林立。寺院廣闢“禪林”，且頗具規模，亦從不斧斤。

除搜集本産珍奇樹木外，還引進大量林木、果樹，如著名的菩提樹，傳爲南朝梁天監元年（502），僧人智樂三藏自天竺國（古印度）經海泊來，植於廣州光孝寺戒壇前，千餘年後，茂盛不改。（見《廣東通志・物産志・木》）寺院禪林生有大量樹木，客觀上成爲我國最早的木果資源彙集保護區。直至今日，我國多數珍稀古木仍存於名山古刹中。

兩晋及南北朝時，木果生産技術已達較高水平，林木果樹種類記述相當豐富。

三國魏張揖撰《廣雅》三卷，體例編目從《爾雅》，列《釋木》《釋草》二篇，收木本植物計四十四種，對《爾雅》之《釋木》《釋草》二篇有所補苴。《隋書・經籍志》載三國魏吴普著《本草》六卷，該書已佚，就後人所輯佚文看，較《神農本草經》之木果异名及形態、功用、産地、采集、炮製等均有所增廣。如“芫華”，《神農本草經》僅“去水”一异名，吴普《本草》增“敗華”“兒草根”“黄大戟”數名，并云：“神農、黄帝：有毒；扁鵲、岐伯：苦；李氏：大寒。二月生，葉青，加厚則黑；華有紫、赤、白者。三月實落盡，葉乃生。三月五月采華。芫華根一名赤芫根。神農、雷公：苦，有毒，生邯鄲。九月八月采，陰乾，久服令人洩，可用毒魚。”由此可見一斑。《魏王花木志》見於北魏賈思勰《齊民要術》之“君遷”文，已佚，或是我國最早之花木專著，其書名及輯文後世引者絡繹不絶。

三國吴陸璣《毛詩草木鳥獸蟲魚疏》，其輯本似由《毛詩正義》録出，陸釋草木多種，對木果之釋義遠較毛傳、鄭箋更詳盡。如《詩・鄘風・定之方中》：“樹之榛栗，椅桐梓漆，爰伐琴瑟。”毛傳：“椅，梓屬。”鄭箋：“爰，曰也。樹此六木於宫者，曰其長大可伐以爲琴瑟，言預備也。”而陸璣《毛詩草木鳥獸蟲魚疏》卷上僅對“榛栗”就作如下釋義：“〔樹之榛栗〕榛，栗屬。有兩種，其一種之皮葉皆如栗，其子形小似杼，子味亦如栗，所謂‘樹之榛栗’者也。其一種枝葉如木蓼，生高丈餘，作胡桃味，遼東、上黨皆饒。‘山有榛’之榛，枝葉似栗樹，子似橡子，味似栗，枝莖可以爲燭，五方皆有。栗，周、秦、吴、揚特饒。吴越被城表裏［裏］皆栗，唯漁陽、范陽栗甜美長味，他方者悉不及也。倭韓國諸島上栗大如鷄子，亦短味不美。桂陽有莘栗，藂生，大如杼，子中仁皮、子形色與栗無異也，但差小耳。又有奥栗，皆與栗同，子圓而細，或云即莘也。今此惟江湖有之。又有茅栗、佳栗，其實更小，而木與栗不殊，但春生夏花秋實冬枯爲異耳。”不僅介紹了榛、栗的形態特徵、産地分布，而且還介紹了盛産於各地的優良品種和相似種。尤其是栗，還將本土之栗與倭、韓諸國之栗作了比較，以爲倭、韓栗大，而“短味不美”。又如《詩・小雅・鶴鳴》:“樂彼之園，爰有樹檀，其下維穀。”毛傳:“穀，惡木也。”陸璣疏云:“幽州人謂之穀桑，荆揚交廣謂之穀，中州人謂之楮，殷中宗時桑穀共生是也。今江南人績其皮以爲布，又擣以爲帋，謂之穀皮帋，潔白光澤，其理甚好。其葉初生可以爲茹。”不僅指出穀在各地的异稱别名，而且還糾正了毛傳中對穀的定性（惡木），介紹了穀之幼葉可爲菜茹，皮可以織布，木可以造紙等，如無詳察實驗，極難作此注釋，由此可知，陸璣之《毛詩草木鳥獸蟲魚疏》遠遠超出了對《詩》的訓釋，實爲先秦以迄三國西晋時期木果考察研究之總結。

三國時，吴王孫權命衛温、諸葛直率甲士萬人赴臺灣（時稱夷洲）考察，沈瑩可能隨隊前往，後撰《臨海異物志》(已佚，今人張崇根輯本名《臨海水土異物志輯校》，農業出版社 1981 年版。本編引者皆據此本)。首次記述我國寶島臺灣之民俗物産，其中有竹、木、果、藤近三十種，如般腸竹、百葉竹、篁竹、狗竹、菡竹及楊桃、梅桃子、楊槄子、猴闥子、關桃子、枸槽子（枸杞子）、鷄橘子（金橘）、猴總子（油柿）、多南子、王壇子、楊梅、餘甘子、杬、楮、桄榔木、鐘藤等。此類臺灣物産爲時人所首次聞見。

晋郭璞注《爾雅》，釋文雖簡，但“多可依據，後人雖迭爲補正，然宏綱大旨，終不出其範圍”(《四庫提要・經部・小學類》)。嵇含著《南方草木狀》三卷，記述草、木、果、竹四類計八十種，爲我國最早記述嶺南植物之專著。崔豹著《古今注》三卷，卷下録草木二十餘種，文字簡要，但亦有些形態描述及别名記録。如“木蜜，生南方。合體皆甜，嫩枝及葉皆可生啖，味如蜜，解悶止渴，其老枝及根幹堅不可食。細破煮之，煎以爲蜜，味倍甜濃”。又，“枳椇子，一名樹蜜，一名木餳，實形拳曲，核在實外，味甜美如餳蜜，一名白石，一名白實，一名木石，一名木實，一名枳椇”。五代馬縞撰《中華古今注》序曰:“昔崔豹《古今注》博識雖廣，迨有闕文，洎乎廣初，莫之聞見，今添其注以釋其義，目之爲《中華古今注》。”然《四庫提要・子部・雜家類二》以爲二者除個别有些許增補，“其餘所載並皆相同，不過次序稍有後先，字句偶有加減，縞所謂增注釋義，絶無其事”。對崔豹《古今注》頗爲肯定。此外尚有周處《風土記》、郭義恭《廣志》、顧微《廣州記》、劉欣期《交州記》、張勃《吴録》《吴地理志》等，都對嶺表草木頗多記述。其中戴凱之《竹譜》，爲我國最早之竹木專著，不僅描述了竹之特性（形態特徵、生物學特性、生長特點、産地分布等），還介紹了約三十個竹種（詳本説《竹木考》)，對當代及後世竹木栽培起了推動作用。

南北朝時，木果栽培技術已有較大發展，北魏賈思勰撰《齊民要術》，爲我國現存完整古農書中最早的一部。齊民者，平民也。齊民要術乃平民治生所必需掌握的實用技術與生活經驗。書分十卷，記述了黄河中下游各地農業生產及農事活動，書中涉及木果多種，内有桑、柘、榆、白楊、棠、穀楮、槐、柳、楸、梓、梧、柞及竹等林木，并有棗、楆棗、桃、櫻桃、葡萄、李、梅、杏、梨、栗、榛、柰、林檎、柿、安石榴、木瓜等果木及其上百個栽培品種，并詳細介紹了它們的繁殖方法、移栽與定植、撫育管理及果品加工、貯藏、蟲害防治等技術措施，特别是對嫁接技術記載尤詳。如梨："〔砧木選擇〕插（即嫁接）法：用棠、杜。杜如臂以上，皆任插。杜樹大者，插五枝；小者，或三或二（指劈接）"；"〔嫁接時間〕梨葉微動爲上時，將欲開莩爲下時"；"〔嫁接方法〕以鋸截杜，令去地五六寸，斜攕竹爲籤，刺皮木之際，令深一寸許。折取其美梨枝陽中者，長五六寸，亦斜攕之，令過心，大小長短與籤等……百不失一"。另對嫁接後之管理亦有詳述。此類經驗符合現代科學原理，至今對木果生產都有指導意義。另外還在《五穀果蓏菜茹非中國物產者》中，介紹了產於我國南方各地（非中原所產）的木果達數十種。如橙、橘、甘（柑）、柚、椵、枇杷、椑、棪、劉、鬱、薁、楊梅、沙棠、椰、檳榔、枸櫞、橄欖、龍眼、荔枝、廉薑、鬼目、豆蔻、榠、餘甘、蒟子、芭蕉、扶留、茶、木蜜、枳椇、扶栘、杌、藷（音諸）、木威（烏欖）、詔、古度、繫彌、夫編、石南、烏臼等。對樹木异地交流、推動我國木果栽培事業的發展，具有重要意義。

南北朝時，"本草學"有較大發展。木果之藥用價值有諸多新發現。南朝梁陶弘景著《名醫别録》《本草經集注》二書所收藥物比《神農本草經》拓展一倍，達七百三十種。除彙輯前代名醫記述資料外，尚增有本人親見目驗材料，所記木果异名及其形態，較前人所述多有補益。因此，常爲後代醫家所參證。

六、隋唐五代時期——木果栽培之興盛期

隋至五代末期（581—960），歷時約三百八十年。南北朝紛争之後，隋統一中國，再次結束分裂割據的政治局面，農業生產逐漸恢復。隋代政府設三臺、五省、五監、九寺管理國家事務。五省之中尚書省轄六曹，即吏部、禮部、兵部、刑部、民部、工部。其中民部掌山林賦税，工部統百工、屯田諸事，主林木開發及山林政令。九寺之中，司農寺勸民

農桑，下設上林署管理皇家苑囿。五監中將作監掌百工及森林采伐，少府監掌製作（見《隋書・百官志》）。諸王以下皆給“永業田”，課種桑、榆、棗樹。與此同時，宮苑園林木果栽培頗爲盛行，而皇家園苑更具規模。長安城宮苑林立，大興苑、芙蓉園尤其突出，“青林重複，緣城彌漫”，頗爲華美。至煬帝時，除都長安外，尚以洛陽爲東都，建顯仁宮，開鑿西苑，莊麗至極。西苑位於洛陽宮城西面，圍二百里，内建十六院，庭院裏各種名花异卉及楊柳修竹，繁茂旺盛，美不勝收。據《海山記》載：大業六年，後苑中草木禽獸繁息茂盛，桃蹊李徑，翠陰交合，金猿青鹿動輒成群。自大内開爲御道，直通西苑，夾道種長松高柳。《大業雜記》稱：“名花美草，隱映軒陛。”大業中，隋煬帝還於京都汴渠兩堤栽植垂柳，并詔民間有柳一株賞一縑，百姓競植之。汴渠兩岸，護堤楊柳蔚爲壯觀。（見唐佚名《開河記》）此乃煬帝爲民興利少有之舉。民間木果生産雖稍恢復，然隋朝歷世過短，僅三十八年，故木果發展總的説實無大進。隋時諸葛穎撰《種植法》，此書已佚，然對當時木果生産亦有促進。

唐代，“高祖發迹太原，官名稱位皆以隋舊。及登極之初，未遑改作，隨時署置，務從省便”（《舊唐書・職官志一》）。至太宗時，設工部掌天下百工、屯田及山澤之政令。其下設之虞部掌京都衢巷、苑囿、山澤草木及百官蕃客時蔬、薪炭、供頓、畋獵之事。每歲春，以户小兒、户婢仗，内蒔重灌溉，冬則謹其蒙覆。凡郊祠神壇、五岳名山，樵采、芻牧皆有禁，春夏不伐木。（見《新唐書・百官志一》）又有：司苑，掌園苑蒔植蔬果；典苑，掌苑分察之，待果熟以進御。其分工之細，職責之明，堪爲後世楷模。（見《新唐書・百官志二》）《新唐書・食貨志一》詳載“永業田”制度：“唐制：度田以步，其闊一步，其長二百四十步爲畝，百畝爲頃。凡民始生爲黄，四歲爲小，十六爲中，二十一爲丁，六十爲老。授田之制，丁及男年十八以上者，人一頃，其八十畝爲口分，二十畝爲永業；老及篤疾廢疾者，人四十畝，寡妻妾三十畝，當户者增二十畝，皆以二十畝爲永業，其餘爲口分。永業之田，樹以榆、棗、桑及所宜之木皆有數。”此外，《新唐書・范希朝傳》《新唐書・吴湊傳》均載有廷官、疆吏率先植樹之舉。上倡下效，各地植樹種果，蔚成風氣。盛唐經濟、社會發展不僅爲當時，而且爲後世之文化、農業發展奠定了良好的基礎。

唐代木果栽培發展，除疆吏與庶民於各地植樹外，最突出者仍是莊園園藝。皇家苑囿當爲其首，最具代表性者爲南内苑、西内苑、東内苑及禁苑。禁苑中設苑總監，東西二院分設二監，分別掌苑中花草樹木種植及園圃修繕。據清顧炎武《歷代帝王宅京記》稱，“禽獸蔬果莫不毓焉”，祭祀、享賓多由此采集。此外尚有許多官莊（爲國家所有）、私莊（爲貴族、大地主所有）及寺院莊園（大多爲寺院所有）。在當時名噪一時的私人莊園就有元載莊園，膏腴別墅，連疆接畛，凡數十所（見《舊唐書・元載傳》）；太平公主莊園，遍於近甸膏腴。賜死後，籍其家，財貨山積，珍奇寶物侔於御府，馬牧、羊牧、田園、質庫、數年徵斂不盡（見《舊唐書・武承嗣傳》）；金仙長公主之莊園土地中有農田、果園、蔬園及荒山、柴草地等（見《金石萃編》卷八六）；大詩人王維莊園，位於今陝西藍田西南二十里，莊裏除廣袤水田、荷田、瓜田、池沼、房舍外，尚有大片果園及林木。元和初年，劍南東川節度使與地方官吏崔廷、陶鍠、崔實成、柳蒙等非法擅自收管之莊園達一百二十餘處。（見唐元稹《元氏長慶集》卷三七）這些莊園之中多有奇花异草，珍果名木，無不極盡奢華。唐時佛道更盛，寺院園林發展不亞於前代。

中唐以後，中國經濟領域重心逐漸南移，江南經濟日益興旺。當時，北民南徙，其居室所需建材，生産、生活應用之農具、傢具、舟車、薪炭、造紙用材等需量猛增。木竹等自然資源消耗漸多，加之隋室築造大興城（長安城）以及隋唐修宫室、寺觀、公廨、驛站，造舟車、兵器等，均以木材爲基本材料，致使581至756年的近二百年間，秦嶺、巴山、終南、太行諸地之林木幾伐殆盡，“木荒”已危及民生。唯以人工植樹方解木材及其他林産品之匱乏，故中唐以後植樹已成風氣。反映南方木果業之著作層出不窮。如段公路《北户録》，載嶺南地區至越南北部風物頗爲詳備，而於物産尤盡繁富，其徵引亦極賅洽。内中涉及木果者計九十餘種。其中有：榕、榆、蚃母木、柳、莎樹、穰木、酒樹、棕、柟、梔、鷄舌香、紅梅、豆蔻、朱槿、棧香、柜柳、岩椒、旃香、郁金、龍腦、枹木、檜、櫾（水松）、蜻蜓樹、指甲花、茉莉、相思子、合歡；甘橘樹、榼子、烏梅、古度、櫻桃、桃、橄欖、荔枝、烏榫、桄榔、波斯棗、椰子、檳榔、林檎、木瓜、栗子、梨、椒、甘蔗、羊桃、都念子、軟棗、那核婆、波斯牟果、頻那婆果、棗、龍眼（荔枝奴）、變柑、枳、櫨橘、山橘子、鷄橘子、李、壺橘、枸櫞、山胡桃、胡桃、楊梅、偏核桃、梅、石榴、波羅蜜；古散（竹）、斑皮竹、簹竹、含墮竹、棘竹、簩竹、石林竹、筋竹、由梧（竹）、長節竹（鐘竹）、笷竹、疏節竹、越王竹及五色藤、細白藤等。

徐堅撰《初學記》，收録木果十二種。其後，段成式著《酉陽雜俎》，除記述我國原産之木果外，亦涉及隋唐二代引種之木果。其木篇臚列木類四十三種，果類十五種，遠較《初學記》爲多。特別是甘子、石榴、柿、漢帝杏、脂衣柰、仙人棗、蒲桃、侯騷、蠡薺、白柰、婆那娑樹、婆斯棗、偏桃、齊暾樹、底稱實、王母桃、胡榛子、阿月渾子等，可補《初學記》之不足。與段成式同期之劉恂著《嶺表録異》三卷，傳爲唐昭宗時劉恂居南海所著，“其中記載博贍而文章古雅，於蟲魚草木所録尤繁，訓詁名義，率多精核”（《四庫提要·史部·地理類三》）。該書記述木果竹類約五十種，其中木近二十種，果約二十五種，竹類四種，多爲嶺表所特産，亦不乏北地南移之木及异域引入之果。如“波斯棗，廣州郭内見其樹，樹身無閑枝，直聳三四十尺。及樹頂，四向共生十餘枝，葉如海椶，廣州所種者或三五年一番結子，亦似北中青棗但小耳。自青及黄葉已盡，朵朵著子，每朵約三二十顆。劉恂曾於番酋家食本國將來者，色類沙糖，皮肉軟爛。餌之，乃火爍水蒸之味也。其核與北中棗殊異，兩頭不尖，雙卷而圓，如小塊紫礦。恂亦收而種之，久無萌芽（是蒸熟也）。”此爲我國引種波斯棗（即俗稱之伊拉克棗）并目睹其狀之較早記録，亦描述最詳盡者，故常爲後人所徵引。所記倒撚子較《齊民要術》之多南子爲詳；荔枝、龍眼、橄欖、枸櫞、椰子等亞熱帶果樹較《齊民要術》亦有進步。是一部極有價值之著作。

隋唐時飲茶之風，從南方傳至北方。中唐後，復從中土傳往塞外，亦漸爲回紇、吐蕃、黨項諸族所好，成爲華夏各族人民生活之必需。因此野生之茶已不敷需用，南方茶區擴至蘇、浙、皖、贛、鄂、湘、蜀、滇、粤、閩、陝、豫十二省，栽植方法亦有改進。唐代陸羽《茶經》介紹了植茶之選地、掘穴、栽植、間苗、除草、中耕、灌水、施肥、修剪、整形等，形成一系列配套技術。采茶亦頗規範，“茶之芽者，發於叢薄之上，有三枝、四枝、五枝者，選其中枝穎拔者采焉”。當時茶的名品輩出，見於記載者，在川、滇有“蒙頂”“石花”“小方”或“散芽”；在川東有“神泉”“小團”“昌明”“獸目”；在夔州有“香山”；鄂北峽州有“碧澗”“明月”“芳蕊”“茱萸寮”；在江陵有“南木”；蘄山有“蘄門團黄”；湖南岳州湖有“含膏”；衡陽有“衡山”；江西洪州有“白露”；福建福州有“露芽”；浙江湖州顧山有“紫笋”；江蘇常州艾興有“黄芽”。（見唐封演《封氏聞見記》）

此外，木果栽培技術亦有所發展，唐韓鄂撰《四時纂要》，爲月令體農家雜書。集《氾勝之書》《四民月令》《山居要術》（唐王旻撰）與部分藥書成果及自身經驗，記述農業生産、木果栽培、農副産品加工、製造、貯藏、衛生醫藥、器物修造及商品、文具諸多内容。其中涉及木果者有桑、梓、竹、柳、松、柏、榆、楊、栗、葡萄、石榴、杏、桃、梅杏、楮之栽培方法與嫁接技術；於青桐（梧桐）、櫟、花椒、枸杞之采種、播種方法及楸樹的分蘖繁殖等俱有簡要介紹。還有應用刺榆、五茄、忍冬、枸橘爲園籬，及以枸杞、合歡、槐芽爲乾菜脯，用訶黎勒（訶子）、毗黎勒（訶子同屬）、菴摩勒（餘甘子）造“三勒”漿，用以消食、下氣，并用杞子造酒；冬季伐木砍竹、貯薪，十二月嫁樹，取構、桑皮造紙等内容。

隋唐時，我國花卉栽培尤爲興盛，木本花卉栽培最爲突出。據《大業雜記》載，隋煬帝“詔天下進花卉，易州進二十箱牡丹”（《海記》見於《廣群芳譜・花譜十一・牡丹》），牡丹花始揚天下，宫廷、郡邑多有栽植者。至唐代，花卉栽培更盛，文人墨客多有題咏，由此而形成唐代“花卉詩文化”，其中不少亦涉及木果者。如《全唐詩》收白居易詩三十九卷，僅詩題有木果者多達一百二十首以上，詩中有木果者則俯拾皆是，其中不乏名詩佳句。如《有木》詩之七：“有木名凌霄，擢秀非孤標。偶依一株樹，遂抽百尺條。託根附樹身，開花寄樹梢。”以木爲題，借木寫理，涵藴豐富，諷咏有致，常爲後來者傳咏。又王維《榴花》詩：“五月榴花照眼明，枝間時見子初成。可憐此地無車馬，顛倒青苔落絳英。”膾炙人口，爲後人所吟唱。此外岑參《太白東溪張老舍即事》詩：“中庭井闌上，一架獼猴桃。”可能是歌咏獼猴桃并證其已有栽培的最早之佳作。

隋唐五代時期，本草學名著有唐官修《新修本草》，爲我國第一部國家藥典。比歐洲之《佛羅倫斯藥典》早八百多年。全書五十四卷，載八百四十四種藥物。不僅是藥學專著，亦可視爲植物學著作。此外還有孟詵《食療本草》三卷、陳藏器《本草拾遺》十卷、《唐本草》五十三卷、李珣《海藥本草》六卷、蕭炳《四聲本草》五卷、楊損之《删繁本草》五卷、李含光《本草音義》二卷、陳士良《食性本草》十卷、韓保升《蜀本草》等。其中《食療本草》因《周禮》食醫之義而成書，張鼎補八十九種，歸爲二百二十七條，頗有增益。内中記述木果可供食療者五十品。《本草拾遺》“其所著述，博及群書，精核物類，訂繩謬誤，搜羅幽隱，自《本草》以來，一人而已”（明李時珍《本草綱目・歷代諸家本草》），臚列木果極爲豐富，於异名、性味、功能及諸方面考辨，均有獨到之處。其餘諸書亦各有特色，俱顯示出唐代木果之藥用開發已達新高度，客觀上反映出當時木果栽培與開發利用的情況。

七、宋元時期——木果栽培穩定發展期

宋起迄元末（960—1368），歷四百餘年。隋唐之後，五代紛争，農業生産受到極大破壞，尤以華北爲甚。至於東南各地，割據勢力兵争之害，雖不如北方激劇，但其瘡痍亦歷歷在目。至宋代，經二十年努力始得統一，隨後步入升平時期。其時仍設工部、虞部管理山澤苑囿場治諸事。（《宋史・職官志三》）太祖重申周制，分詣諸道均田，課民種樹，“農田之制……建隆以來，命官分詣諸道均田，苛暴失實者輒譴黜，申明周顯德三年之令，課民種樹。定民籍爲五等：第一等種雜樹百，每等减二十爲差，梨棗半之”。“又詔所在長吏諭民，有能廣植桑棗，懇闢荒田者，止輸舊租”而“民伐桑棗爲薪者罪之”（《宋史・食貨志一》），用以鼓勵植樹種果之積極性，木果生産在前代基礎上穩定發展。

北宋王朝建立後，不斷遭契丹、女真騷擾，其政治、軍事重心雖在北方，但經濟重心則漸向南移。至南宋時期，其政治、軍事、經濟重心則全部移至南方，江南農業發展水平便代表了宋代農業生産水平。當時之林業生産，國家大面積造林尚未開展，但民間植樹已成風氣。林木之中栽植最多、利用最廣者有松、杉、柏、檜、漆、皂莢、楝、椿、桐、楸、楊、柳等。地主莊園中則以經濟價值較高，應用較廣者如杉、桐栽植較多。果類之中則以棗、栗、柿、橙、橘、荔枝、龍眼等爲主。初步形成了以喬林作業爲主的用材林，以萌芽更新頭木作業（矮林作業）的薪炭林，以油茶、油桐、桑、茶和各種果類爲主的經濟林，以及林、糧兼顧并收的混農作業四個林種。栽培技術較以前亦有所發展。

就栽培樹種而言，北方木果栽培及其利用，在宋孟元老所撰的《東京夢華録》中可見一斑。《東京夢華録》凡十卷，記述都城坊市風俗及當時禮典儀衛。雖“所記與《宋志》頗有異同”（《四庫提要・史部・地理類三》），却反映了當時江北民俗與物産。如其《東都外城》載：“東都外城方圓四十餘里，城濠曰護龍河，闊十餘丈，濠之内外皆植楊柳……城裏牙道各植榆柳成陰。”《御街》載：“坊巷御街……有磚石甃砌御溝水兩道，宣和間盡植蓮荷，近岸植桃、李、梨、杏，雜花相間，春夏之間，望之如綉。”《飲食果子》篇記有：“旋炒銀杏、栗子、河北鵝梨、梨條、梨乾、梨肉、膠棗、棗圈、梨圈、桃圈、核桃肉、牙棗、海紅、嘉慶子、林檎旋、烏李、李子旋、櫻桃煎、西京雨梨、尖梨、甘棠梨、鳳栖梨、鎮府濁梨、河陰石榴、河陽查子、查條、沙苑榅桲、回馬孛萄、西川乳糖、獅子糖、霜峰兒橄欖、温柑、綿棖、金橘、龍眼、荔枝、召白藕、甘蔗、漉梨、林檎乾、枝頭乾、

芭蕉乾、人面子、巴覽子、榛子、榧子。”可見當時諸般果品不僅廣有栽培，亦形成商品售於市肆。京華各地栽培樹木還有菩提、垂楊、雪柳、石榴、櫻桃、林檎、木瓜、榅桲、栗、素馨、茉莉、山丹、瑞香、含笑、月季、牡丹、金桂等。南方之木果，如宋祁《益部方物略記》、范成大《桂海虞衡志》及周去非《嶺外代答》記述頗多。《益部方物略記》記我國南方出産木果約三十種。每種有一贊、一注。如“竹柏”，贊曰：“葉與竹類，緻理如柏，以狀得名，亭亭修直。”注云：“竹柏，生峨眉山中，葉繁長而籜似竹，然其幹大抵類柏而亭直。”此《略記》含海棕、楠、榿、竹柏、海芋、紅豆、紫竹、慈竹、椶竹、方竹、柑、緑葡萄、天師栗、天仙果、限枝、錦被堆、錦帶花、重葉海棠、月季花、添色拒霜花、黄茶、艾子、瑞聖花、七寶花、旌節花、娑羅花、木蓮花、蒟、餘甘子。由此可見西南各地木果栽培之概況。《桂海虞衡志》共十三篇，《志花》篇收録途中所見之花卉有上元紅、南山茶、紅豆蔻、泡花（柚花）、紅蕉花、枸那花、史君子花、水西花、裹梅花（即木槿）、玉修花、象蹄花、素馨花、茉莉花、石榴花、添色芙蓉花、側金錢花等。《志果》篇則録五十七種果樹，即荔枝、龍眼、饅頭柑、金橘、綿李、石栗、龍枝殼、木竹子、冬桃、羅望子、人面子、烏欖、方欖、椰子、蕉子、鷄蕉子、芽蕉、紅鹽草果（草荳蔻）、八角茴香、餘甘子、五棱子、黎檬子、波羅蜜、甘子、柚子、櫓罟子、槎擦子、地蠶子、赤柚子、火炭子、山韶子、山龍眼、部蹄子、木賴子、粘子、羅晃子、千里（里，一作歲）子、赤棗子、藤韶子、古米子、殼子、藤核子、木連子、羅蒙子、毛栗、特乃子、不納子、羊矢子、日豆子、秋風子、黄皮子、朱圓子、匾桃、粉骨子、塔骨子、布柚子、黄肚子。《志草木》篇收珍稀木竹二十三品，即桂、榕、沙木、桄榔木、椶櫚、思檑木、燕脂木、鷄桐、龍骨木、風膏藥、南漆、簜竹、灑竹、人面竹、釣絲竹、斑竹、猫頭竹、筋竹、桃枝竹、竻竹、箣竹，以及花藤、胡蔓藤。周去非所撰《嶺外代答》，“自序謂本范成大《桂海虞衡志》而益以耳目所見聞。録存二百九十四條……其書條分縷晰，視嵇含、劉恂、段公路諸書叙述爲詳”（《四庫提要・史部・地理類三》）。書分十門，《花木門》記有除《桂海虞衡志》所含桂、榕、沙木等已録者外，又增檳榔、椰子木、荔枝、圓眼、八角茴香、餘甘子、石栗、杓栗、蕉子、烏欖、柚子、羅晃子、木竹子、人面子、五棱子、黎檬子、櫓罟子、槎擦子、火炭子、山韶子、部蹄子、木賴子、黏子、千歲子、赤棗子、藤韶子、古米子、殼子、藤核子、木蓮子、蘿蒙子、特乃子、榧子、不納子、羊矢子、日頭子、秋風子、黄皮子、朱圓子、粉骨子、塔骨子、布納子、黄肚子、蒲柰子、水泡子、水翁子、巾斗子、沐浣子、牛粘子（即牛妳子）、天威子、石胡桃、頻婆果、木饅頭；花木類有南山茶、素馨花、茉莉花、石榴花、史君子花、添色芙蓉花、豆蔻花、泡花、曼陀羅花、拘那花、裹梅花、玉修花、胡蔓草等；竹有斑、㵐、篣、竻、人面、釣絲、箭等類。不僅種類有補苴，内容亦有增廣，反映出當時南方各地樹木之繁茂、蒔種之普遍。另外，尚有諸多木果種類及栽培方法散見於各種典籍中。如張邦基《墨莊漫録》載六十餘種，孫奕《示兒編》近四十種，張世南《游宦紀聞》記三十多種，并記述櫻桃、木樨、徘徊、黄薔薇、桃、梅、李、杏、半丈紅、臘梅、梨、棗、栗、柿、楊、柳、紫薇、紫笑、錦橙、匾橘、金林檎、川海棠、黄海棠、寒球、轉身紅、祝家棠梨、葉海棠、南海棠等二十餘種木果花卉的最佳嫁接時期及提高嫁接成活率的措施。

陳翥著《桐譜》，爲我國最早之林木專著之一，集先賢著述及平生經驗，記述了作者家鄉桐之淵源、類屬、種植、所宜（適生條件）、所出（産地及生長）、采斫、器用、雜説、記志、詩賦諸多内容，其中不少技術仍爲今人所借鑒。由此可知唐宋時期桐之栽培技術經驗已相當豐富，并成爲重要用材樹種。

宋蔡襄撰《荔枝譜》，爲我國最早之果樹專著，該書分七篇，介紹了當時荔枝栽培歷史、分布、特性、作者家鄉福建所産陳紫（荔枝品種，今尚存）之特點、銷售情況（遠銷日本及阿拉伯等地），以及荔枝結果習性、加工方法，記述了當時盛産於八閩諸地之陳紫、江緑、萬家紅、游家紫、小陳紫、宋公荔等品種。嗣後，各代爲荔枝作譜者，層見迭出，指不勝屈。如明代徐𤊹《荔枝譜》、屠本畯《閩中荔枝譜》、鄧慶采《閩中荔枝通譜》，清代陳鼎《荔枝譜》、吴應逵《嶺南荔枝譜》等，記述品種多達百餘種，反映南方荔枝栽培長盛不衰。

除荔枝之外，南方柑橘栽培更廣，宋代韓彦直撰《橘録》，爲我國及世界最早之柑橘專著，今國外已有譯本。書中記述柑橘各種栽培品種性狀及栽培、嫁接、移植、管理、采收、貯藏、加工方法等。所述内容科學宏富，具有頗高學術價值。

《種藝必用》爲宋末種植技術之小型農書，已佚，後胡道静先生從《永樂大典》殘本中發現，整理成一百七十條，《種藝必用補遺》七十二條。其中著録果樹有梅、桃、李、柑、橘、橙、梨、棗、荔枝、銀杏、橄欖、石榴、林檎、楊梅、柿、栗、葡萄、枇杷等，包括其繁殖方法，栽培管理，蟲害防治及采收方法等。在總結前人經驗基礎上，又補充有新内容。如果樹嫁接不僅增加新的組合，還指出“果實凡經數次嫁接者，核小，但其核不可種”“栗采即時，要得扯殘其枝，明年茂”。這些發現反映出當時果樹栽培技術已達到相當高的水平。

宋代花卉栽培亦有發展，突出表現爲栽花已成時尚。上自皇家園苑，下至仕宦莊園以及市井庶民，皆重養花。宋代張淏《艮嶽記》、吴自牧《夢粱録》、周密《武林舊事》與《齊東野語》等多有記述皇家園林、都城緑化以及民間栽花、賞花、賣花盛況。適應花卉種植發展，當時出現了一批記述花卉品種與故實之專著。其中記述花木類者有范成大撰《梅譜》，載江梅、早梅、官城梅、消梅、古梅、重葉梅、緑萼梅、百葉緗梅、紅梅、鴛鴦梅、杏梅及蠟梅共十二品。陳思撰《海棠譜》三卷，除“叙事”外，附咏海棠詩八十二首。除此之外還有各種《牡丹記》之類，著名者如歐陽修、周師厚各著《洛陽牡丹記》一卷，張邦基撰《陳州牡丹記》一卷，及陸游《天彭牡丹譜》等，雖俱言牡丹，然各有特色，如歐陽修記花品二十四，另釋花名，并記風俗及栽培方法；周師厚則着重花品，共記四十四品；陸游則着重介紹川蜀天彭之牡丹六十五品，亦附釋名與風俗。此外，周必大撰《玉蕊辨證》，對玉蕊花之諸多故實均有所考辨，可謂玉蕊花之專書。（詳本卷《木竹説・花木考》）周師厚《洛陽花木記》記述了自家親躬目識之花木五百餘種。特别值得一提的是陳景沂所撰《全芳備祖》，該書國内早佚，據日藏宋版《全芳備祖》影印本序稱：“是書專輯植物（特别是栽培植物）資料，故稱‘芳’。”據其自序：“獨於花、果、草、木，尤全且備。‘所集凡四百餘門’，故稱‘全芳’；涉及有關每一植物的‘事實、賦咏、樂府、必稽其始’，故稱‘備祖’；此已概括其内容輪廓和命名大意。書分前後兩集：前集爲花部，著録植物一百二十種左右；後集爲果、卉、草、木、農桑、蔬、藥凡七部，著録植物一百五十餘。”經核該書記述可供栽培觀玩之木、果、花卉達一百三十餘種。其中林木三十餘種，花木類近六十種，此書於描述自然，廣識草木，探求生殖原理諸方面多有見識，是一部極有價值的植物彙編。對後世之《群芳譜》《廣群芳譜》等皆有很大影響。可推爲上述二書及其他以植物爲對象之類書的濫觴，受到後人的廣泛關注。

此時“本草學”又有較大進步，宋代出現諸多“本草學”專著，如劉翰等《開寶本草》，掌禹錫等《嘉祐補注神農本草》《本草圖經》，唐慎微《證類本草》，寇宗奭《本草衍義》；金人張元素《潔古珍珠囊》；元代李杲《用藥法象》，王好古《湯液本草》，吴瑞《日用本草》，胡仕可《本草歌括》，朱震亨《本草衍義補遺》等。其中《嘉祐補注神農本草》爲宋仁宗詔掌禹錫等人撰寫，其序略云：“《神農本草經》三卷，藥止三百六十五種，至陶隱居又進《名醫别録》，亦三百六十五種，因而注釋，分爲七卷。唐蘇恭等又增一百一十四種，廣爲十二卷，謂之《唐本草》。國朝開寶中，兩詔醫工劉翰、道士馬志等修增一百三十三種，爲《開寶本草》……嘉祐二年八月，詔臣禹錫、臣〔林〕億等再加校正。”因此名爲“補注”，共二十卷，新補藥物八十二種，新定十七種，通計一千零八十二條。不僅數量有增益，叙述内容亦有加廣。《本草圖經》記述植物藥約三百種，對各種植物分布、形態、功用等都有新的認識和描述。加之其他諸書，至宋元時藥用木果類開發又有新的進展。

特别提出的是宋羅願撰《爾雅翼》，凡三十二卷，該書以《爾雅》爲資，略其訓詁、山川、星辰等，而僅收動植物類。如其自序：“此書之成，爲《雅》羽翰”，實爲《爾雅》添翼。内中《釋木》四卷，連同雜於《釋草》之中之“陵苕”“木堇”“辟荔”等木本植物計六十種。《爾雅翼》四庫提要稱：“其書考據精博，而體例謹嚴，在陸佃《埤雅》之上。”其對研究宋代及以前之木果無疑大有裨益。

五代後期，我國北方遼國逐漸興起。北宋時，遼、西夏、金多次進犯中原，至1279年宋滅，元朝建立。由於連年戰火，民不聊生，北方經濟大多凋敝。元人入主中原後，爲鞏固其統治，安定社會，發展經濟，多有罷山澤之禁，聽民樵采、捕獵，鼓勵植樹種果之舉。中統二年（1261）曾設“勸農司”，分派許多勸農使至各地整頓農桑。至元七年（1270）又設“司農司”，同年改爲“大司農司”。（見《元史・世祖本紀》）由大司農司掌理農桑、水利、學校、饑荒諸事，并頒布農桑制，設司竹監管理竹園事務，以圖恢復生産，安定民生。至元二十三年，詔大司農司編纂《農桑輯要》（《元史・世祖本紀》），爲我國現存最早之官修農書。除吸納《齊民要術》等農書之精髓外，兼收并蓄當時農業經驗，全書分典訓、耕墾、播種、栽桑、養蠶、瓜菜、果實、竹木、藥草、孳畜、禽魚、歲用雜事諸門。其果實門包括種梨（附插梨）、藏梨法、桃（附櫻桃、葡萄）、李、梅、杏、柰、林檎、棗（附梬棗）、栗（附榛）、柿、安石榴、木瓜、銀杏、橙、橘、樝子、接諸果等十八篇約二十種果樹，從繁殖到栽培管理，均有涉及，内容豐富詳盡。“諸果”篇中，引有《博聞録》中關於植樹之要訣，十分精闢。“接諸果”中引《四時類要》中有關嫁接之總結，還介紹了銀杏帶土移栽的方法：“掘取時，連土封，用草或麻繩纏束，則不致碎破土封。”此皆寶貴之經驗總結。元代傑出農學家王禎撰《農書》，含“農桑通訣”“百穀譜”及“農器圖譜”三部分共三十七卷。其中百穀譜集六至八爲果屬，記述果木有梨、桃、李、梅、杏林檎、棗、栗、胡桃、榛、桑椹、柿、荔枝、龍眼、橄欖、餘甘、石榴、木瓜、銀杏、橘、柑、橙、樝子等二十三種，并附諸多品種；百穀譜集九至十爲木篇，涉及木竹有竹、松、杉、柏、檜、楡、刺楡、柳、柞、楝、穀（楮、構）、皂莢、漆、茶、枸杞等種。其中某些樹種之栽培技術介紹尤詳，以致今時仍有其實用價值，如椿之栽植及促進皂莢結實等技術至今仍可參考。關於嫁接六法：身接、根接、皮接、枝接、靨接、搭接等，至今仍在沿用。繼王禎之後，維吾爾族人魯明善撰《農桑衣食撮要》，初刻於元延祐元年（1314），爲月令體農書，亦我國歷史上保存最完整而較早農家月令書。是書頗具特色，“分十二月令，件系條別，簡明易曉，使種藝斂藏之節開卷瞭然”（《四庫全書總目提要・子部・農家類》）。又如原書張序中所說，該書“繁簡得中”“黄童白叟，日用不知，一覽瞭然”。因此具有較高的實用價值。書僅萬餘字，關涉木果種類寥寥，然對木果繁殖、栽植、管理、果品收藏等技術，均有記述，許多内容如石榴“空中壓條”、木瓜“分株繁殖”以及果實貯藏等至今仍不乏參考價值。此前柳貫撰《打棗譜》，記述棗栽培品種七十三個，并略記其性狀、産地，是難得之棗樹專書。

八、明清時期——木果商品生産萌動期

明初至清末（1368—1911），歷五百四十年。元末，農民戰争迭起，兵火連年，人民流離，土地荒廢。明王朝初建，深感“今荒亂之後，中原草莽，人民稀少。所謂田野闢、户口增，此中原之急務”，使“官不缺租，民有恒産”（《明實録・太祖實録》）實爲當務之急。故自太祖始，便以農桑爲立國之本。設司農鄉管理農業生産，采取准民遇荒就墾及移民墾荒，軍衛屯田，興修水利，蠲免賦役，獎勵桑、麻、棉生産諸項措施。同時還頒行條章，鼓勵植樹，嚴刑峻法，以保護山林，發展木果生産。敕令百姓栽桑種果，違者以《明户律》計贓準盗竊論，而對栽桑種果有成者則免徵賦税，并無償提供耕牛、種苗。同時還將植樹種果、管理山林之優劣作爲考核官吏政績之指標以論獎懲。於是明代林業生産保持了相對穩定的發展趨勢。

值得提出的是，從公元 14 世紀中葉後到 15 世紀，隨社會分工發展，城市工商業繁榮，農作物及手工業商品生産有所發展。桑、茶、竹、笋、橘、荔枝、龍眼、橄欖、香蕉、花紅、蒲葵、桐、漆等木果及珠蘭、茉莉、玫瑰、木犀、蘭、桂、牡丹、素馨類花卉

等商品交易逐漸興旺，至明末已達相當規模，大大推動了已商業化農區經濟發展及可商品化木果生産之進步。如當時北方之棗、栗、胡桃僅爲商品生産，而南方之柑橘、龍眼、荔枝等生産已進入商業性經營。由此促進木果生産内容更趨豐富。各地重點栽培之木果，温帶有棗、栗、胡桃、桃、李、杏、梅、梨、柿、蘋果、櫻桃、枇杷、石榴、葡萄等，亞熱帶有柑橘、橄欖、荔枝、龍眼、枇杷、香蕉等。花木類主要有桂、牡丹、薔薇、月季、金銀花、藤花、珠蘭、茉莉。木材類則主要有松、柏、檜、杉等用材樹種。同時竹木、桐油、漆、樟（樟腦）等經濟林木及雜木薪炭材與具藥用價值的樹種和桑、茶等亦得以發展。京、津、滬、廣等地已建設花木中心，武漢成爲全國最大的木材市場，重慶爲茶之主要集散地。由於商品生産的發展，需要更新、更好、更多的商品應市，所以客觀上也推動了農業生産全面發展及林業生産技術的進步。木果生産已由過去宫廷苑囿、地主莊園、寺廟院觀，擴展到城市、農村，有些已形成歷史上著名木果栽培中心，如河北滄州地區與山東樂陵金絲小棗、曹州牡丹，山東嶧城、安徽懷遠、陝西臨潼、新疆葉城的石榴等。

此時有關木果著述亦頗豐富，且异彩紛呈。如明初俞貞木（一説元代俞宗本）撰《種樹書》，因俞捲入朱允炆與朱棣皇位之争而被誅，該書遂托名“唐郭橐駝”撰而刊行於世。其内容多采擷《齊民要術》《四時纂要》《種藝必用》《農桑輯要》《農書》及《農桑衣食撮要》等歷代農書精髓，分十二月叙述種植事宜。木、花、果雖引自他書，但材料選擇得當，闡述亦有獨到之處。如八月移橙、橘、枇杷等常緑果樹，以及防治果木蠹蟲等，均可信而實用。明末傑出的科學家徐光啓爲我國近代科學先驅，長於天文、數學、曆法，而於農學、水利尤專。他利用上海、天津、北京的私人試驗園，從事農業選種、施肥、嫁接、栽種等試驗，傾畢生精力撰《農政全書》六十卷，分農本、田制、農事、水利、農器、樹藝（穀物、蔬菜、果樹）、蠶桑、蠶桑廣（木棉、苧麻）、種植（樹木、經濟植物）、牧養、製造、荒政等十二目。除吸收前人經驗外，尚增有自己試驗園所獲試驗資料，并吸收諸多西方先進科學技術經驗，豐富其農學創作，較以往農書在諸多方面均有拓廣增加。就果樹栽培而言，不僅介紹棗、桃、李、梅、杏、梨、柰、林檎、柿、君遷子、安石榴、荔枝、龍眼、龍荔、橄欖、櫻桃、楊梅、葡萄、銀杏、枇杷、橘、柑、柚、佛手柑、金橘、金豆、橙、桑葚、木瓜、山楂、榅桲等果樹及其優良品種，且在果園緑籬栽植、果木移植、繁殖（如分株、壓條、扦插、嫁接等）、病蟲害防治（包括霜凍、凍害等）、施肥灌水，以致於采收、貯藏加工及良種選育等多方面都有詳細闡述。尤於嫁接原理、方法，修剪理論，授粉樹配置等，更有許多增補。如嫁接方法總結有六種，一曰身接，二曰根接，三曰皮接，四曰枝接，五曰靨接，六曰搭接。各種方法俱有詳述，而且總結出提高嫁接成活率“有三訣：第一，襯青；第二，就節；第三，對縫。以此三法，萬不一失”。此類經驗至今仍有實用意義。用材樹栽培中記述了榆、楸、樟、榎、松、柏、杉、檜、椿、梧桐、椒、穀、槐、楊、柳、白楊、女貞、烏臼、漆、皂莢、棕櫚、柞、楝、梔子、楂（油茶）等樹種，不僅介紹别名、特性，尤重其栽培方法及開發利用，如“椿（香椿）宜於春分前後栽之”“其葉自發芽及嫩時，皆香甘，生熟鹽醃皆可茹”。其他經濟林木如油茶開發、白蠟蟲放養等均屬始載，爲特種經濟林木開發開闢了新途徑。表明隨着商品農業發展，木果栽培技術及其開發利用正呈現出蓬勃發展之趨勢。此間有關木果之著述還有鄺璠《便民圖纂》、戴羲《養餘月令》等。

在農業商品生産中，花卉生産爲一重要内容，記述花木之著作以王象晋撰《群芳譜》爲最佳。該書三十卷，内有藥譜、木譜、花譜各三卷，卉譜二卷，果譜四卷，桑、茶、竹各一卷。除記述多種木果外，又於《果譜》之“首簡”（相當於果樹栽培總論）内列衛果（防霜、霧、寒、蟲害等）、種果（播種、移栽、鋤地、盆栽）、栽果（栽植及撫育管理）、扦果（扦插方法）、接果（果樹嫁接）、過貼（靠接方法）、壓枝（壓條繁殖）、順性（適地適法栽植）、息果（隔年結果或大小年現象）、澆果（施肥、灌溉方法）、嫁果（多爲迷信之説）、脱果（類似今時之“空中壓條”繁殖）、騙果（截根）、摘果（采收）、收果（果品貯藏）、製果（果品加工）、課果（勸種）等經驗，并在《果名》中將果樹分類爲核果（含棗、杏等）、膚果（含梨、李等、即今之仁果類）、殼果（含栗、胡桃、榛等）、檜果（含松、柏種子等）以及澤果等。還記載了果异（爲外地之奇花异木）、果徵（以果實徵候推測來年）、果害（不正常果實帶來灾害，多不可信）等内容。《木譜》之“首簡”，中亦有樹木特性、繁殖方法、移栽、修剪、保護、灌溉等内容，均具有較高的參考價值。（以上皆本《二如亭群芳譜》）明張丑《瓶花譜》記述插花諸事，如品瓶、品花、折枝、插貯、滋養、事宜、花忌、護瓶等。夏旦《藥圃同春》，依十二月分述各月花木。袁宏道《瓶史》亦頗有特色，是書所載插花藝術不僅對我國瓶花發展産生重要影響，且在日本形成插花獨立流派，被譽爲“宏道流”。可見明代花木栽培已達較高水平。除此之外，王世懋《學圃雜疏》、夏旦《藥圃同春》、高濂《遵生八箋》、戴羲《養餘月令》、徐應秋《玉芝堂談薈》、陶宗儀《説郛》、顧起元《説略》、楊慎《丹鉛餘録》、陳耀文《天中記》、董斯張《廣博物志》、文震亨《長物志》、宋應星《天工開物》、陸容《菽園雜記》等，從不同方面記述、闡釋了當時木果開發利用的經驗和成績。

《本草綱目》是一部劃時代醫學巨著，被譽爲“東方醫學巨典”。李時珍廣覽前代醫著，遍訪南北名山大川，積二十七年成此龐然巨帙。“是編取《神農》以下諸家本草。薈稡成書。複者芟之，闕者補之，譌者糾之……舊有者一千五百一十八種，時珍所補者又三百七十四種。搜羅群籍，貫穿百氏。自謂歲歷三十，書采八百餘家，稿凡三易然後告成，非虛語也。”(《四庫提要・子部・醫家類二》) 該書實收藥物一千八百九十二種，含植物藥一千零九十四種，其中木本植物二百六十五種，述於木部者一百三十七種，果部九十二種，散於草部、穀部、菜部者三十六種。其木分五部，各含數種：如香木類有柏、松、杉、桂、木蘭、辛夷、檀香、楠、丁香、安息香等三十五種；喬木類有蘗木、厚朴、杜仲、椿、樗、楸、桐、皂莢、合歡、榆、楝等五十二種；灌木類有柘、枳、女貞、卮子、溲疏、蔓荆、紫荆等五十一種；寓木類（寄生類）有桑上寄生、柳寄生、桃寄生等；另有竹及雜木類多種。果凡六部，其中五果類有李、杏、巴旦杏、梅、桃、栗、棗；山果類有梨、棠梨、木瓜、榅桲、山楂、菴羅果（餘甘）、柰、林檎、柿、君遷子、安石榴、橘、柑、橙、柚、金橘、枇杷、楊梅、櫻桃、山櫻桃、胡桃、榛、阿月渾子；夷果類有荔枝、龍眼、橄欖、五斂子（楊桃）、榧、海松子、檳榔、無漏子（海棗）、波羅蜜、無花果、齊暾果、枳椇；蓏果類有葡萄、蘡薁、獼猴桃；其他二類中有花椒等調味品類。果部之附録中有甘劍子（山胡桃）、黄皮果、金罌子、覆盆子。木部之中有枳殼、酸棗、胡頹子、郁李等果木。草部之中亦有木果，如懸鉤子、使君子、月季、營實（薔薇）、紫葳、五味子等多種。《本草綱目》於各類名下有“釋名”一項，專講得名由來及异名考訂，木果名下亦然，釋名之後又設“集解”，多用於記述樹種特性、品種、分布、繁殖方法、栽培管理以及采收、貯藏、加工等。全書凡屬李時珍增補者俱注以“時珍曰”三字。較之以往諸家論述顯更詳盡、準確。該書雖屬藥書，但所記木果種類遠勝一般農書，名稱之考訂尤爲周詳，栽培方法等内容之記述亦十分豐富，且諸多内容爲作者調查中親見，或采集時親嘗，醫病時所用，故更真實可靠，具有極大參考價值。此外，王綸《本草集要》、寧原《食鑑本草》、汪機《本草會編》、蘭茂《滇南本草》、陳嘉謨《本草蒙荃》、吴中雲《本草原始》、倪朱謨《本草彙言》、劉文泰《本草品彙精要》等，都載有多種藥用木果類植物，由此也可看出明代木果綜合開發利用（尤其藥用）生産技術已達較高水平。此外，朱橚

《救荒本草》、周履靖《茹草編》、鮑山《野菜博録》、王磐《野菜譜》等，其中不少關涉木果食以當蔬、啖以救饑之記載，反映出木果栽培利用的另一用途。

明代方以智《通雅・植物》廣羅各種木果，《物理小識》“醫藥類”“器用類”“草木類”亦收多種。還記有多種樹木的采種、繁殖、栽植、灌水、施肥、蟲害防治、采伐、果品收藏等技術。其中關於種子結構與無性繁殖、成活機理論述尚有新意：“木之種在仁，仁破殼而化爲根之腦，腦與根爲本，而外生枝内生柢焉。脉貫於皮，而中行氣焉。故中空而不死，皮連則生。接樹者，斜其枝倚而合之即生；栽樹者，倒插、順插之皆有生者，結其皮即成根。”（《物理小識・天類・種仁皮心之理》）另外，“接木法”之腰接、匕頭接、紐接等嫁接方法都有參考價值。“胡桃條接於柳木易活”（此柳應爲漗柳，即楓楊），“冬青樹上接梅則開灑墨梅，桑上接楊梅則不酸”等遠緣嫁接嘗試亦對今人有所啓發。

朱明王朝爲李自成農民軍滅後，不久清軍進關，入主中原。清王朝爲達長久統治中原目的，多方設法發展經濟。清廷曾設上林苑監掌全國林業生産。雍正帝詔令各道荒山造林，乾隆帝還命廷臣編纂《授時通考》，以教民農學。鴉片戰争後，不少志士仁人提倡維新，光緒帝順乎潮流，倡行新政，設官興學。在中央設農工商部，職掌全國實業，由農務司主管森林，各省設勸業道，奬進實業經營。爲推動實務，興辦農科大學、高等農業學堂、中等農業學堂、初等農業學堂等，試圖挽救勢將傾頽之封建王朝。然終因世勢敗傾，未得實施而告終。

商業性農業至清代發展更快，由此而引起農業之精細分工。如森林采伐與加工、礦産冶鑄、井鹽開采、棉絲紡織以及製烟、製茶、製糖、釀酒等手工業相繼出現。以製茶而論，便有栽茶製茶以及專爲窨茶而興起的珠蘭、茉莉栽培業等。無形中促進了木果栽培商品化之發展。屈大均撰《廣東新語》，其“木語”“草語”“香語”不僅介紹了嶺南上百種木果，其中還於“素馨”條中記述了珠江沿岸素馨花商品生産概況：“珠江南岸，有村曰莊頭。周里許，悉種素馨，亦曰花田。婦女率以昧爽往摘，以天未明，見花而不見葉，其稍白者，則是其日當開者也，既摘，覆以溼布，毋使見日；其已開者則置之。花客涉江買以歸，列於九門。一時穿燈者、作串與瓔珞者數百人。城内外買者萬家，富者以斗斛，貧者以升，其量花若量珠然。”花木生産經營規模之大，由此而可見。19世紀，商業資本滲入農業經營，商業性農業在各地涌現。如閩粤諸地出現雇用大批農業工人種植龍眼、荔枝、蒲葵等林木，以及經營茶園、果園的現象。此外尚有種香、茶、杉、松、桐、漆、竹、麻者。(見李之勤《論鴉片戰争以前清代商業性農業的發展》)如光緒年間，廣東嘉應(今梅州市)楊亮之集股成立“自西公司”，種植橘、橙、松、杉、竹木等。江蘇丹徒黄鼎、袁仁茂創辦“利民樹藝公司”，栽植各種樹木。華僑何麟書在海南島樂會縣(今瓊海市)，設“瓊安公司”引種橡膠。這些説明近代民族資本經營林業已經開始。

商業性農業要求木果之生産必須改進耕作制度，增加單位面積産量，提高經濟産品的品質與效益，因此帶動了木果生産技術之改進、發展，比如桑樹栽培中特别注意條桑栽培(矮林作業)，樹形養成，病蟲防治。木果品種之培育，僅《廣群芳譜》《花鏡》兩書中便記述牡丹三百六十四品、荔枝一百二十八品、李五十四品、芍藥八十八品。爲實現周年供應商品，還推廣温室栽培。此外，嫁接育苗、直播或扦插造林、萌芽更新、林糧間作、撫育管理等均較以往有所進步。特别是晚清時期，由於門户開放，西方先進技術不斷引進，林業生産出現了新的面貌。值得提出的是，一些具有較高經濟價值的林木得到開發：利用白蠟、女貞等樹木飼養白蠟蟲以收白蠟，烏桕榨油或取蠟用以造燭，樟腦提取，肉桂油的蒸餾，松類采脂，桐油榨取等均有創造發明。林産利用發達，刺激林農利用荒山荒地植樹造林的積極性。但是明清兩代，恰值我國封建社會解體時期，新社會體制正在孕育中，舊生産關係嚴重阻礙生産力發展，加之外强入侵與殘酷擄掠，木果栽培終不能有較大發展，有些甚至出現了衰退停滯現象。

當時出現了我國農史上幾部輝煌的著作。汪灝等奉敕撰修《廣群芳譜》，在王象晋《群芳譜》三十卷基礎上，加廣至百卷，分天時、穀、桑麻、蔬、茶、花、果、木、竹、卉、藥等十一部，“删其支冗，補其闕遺”(康熙帝序)，較原書嚴謹充實，實爲華夏植物百科彙編。其中木果搜羅之廣，徵引之詳，爲歷史所罕見。陳淏子撰《花鏡》共六卷，除於“花木類考”“花果類考”“藤蔓類考”“花草類考”中記述百種林木，數十種果木及許多花木外，還於“花曆新裁”中介紹了各月花曆；“課花十八法”中介紹了栽花的各種方法，包括：辨花性、種花、接花、扦插、澆灌、治蟲、盆栽、瓶插、催花等技術，其中許多内容今日仍具實用價值。乾隆帝敕撰《授時通考》，集古農書之大成，分八門七十九卷，約九十餘萬言，《農餘門》載多種木、果、竹類，不僅記述生産中常用樹木名稱、异稱，且描述其形態、産地及用途。此外還引有歷代有關著述，於考釋木果頗有裨益。道光年間，吴其濬宦迹中國八省，於查核典籍之餘，親訪目驗各地風情物産，尤重植物特徵，撰《植物名實圖考》三十八卷。一改歷代木果著述之傳統，摒弃説經之家專立訓詁之習，對歷代木果著述之弊端：如所釋名物，僅限經籍，種類多有不備，醫藥之書，徒詳性味，與此無關者，多闕而略之，治農之事，注重種植，種類有限（所記種類多限可栽培者），等等，大有改進。雖王象晋《群芳譜》、汪灝等撰《廣群芳譜》等不拘一格，廣爲博采，然大部戢舂舊記，甄采异聞，考古有餘，知今不足。唯此《植物名實圖考》所陳種類，多就目見，所作圖説，悉憑實察，誠我國古代唯一純正植物學專著。該書記述植物一千七百一十四種，較《本草綱目》多五百一十九種，其中群芳類五卷一百三十八種、果類二卷一百零二種、木類六卷二百七十二種，此中多數爲木本植物。另於山草、隰草、蔓草、芳草、毒草類中亦散有數種木本植物。其描繪之詳實，考辨之精確，非前代同類書籍可比。1870年，德國植物學家布累特什夸德爾（Emil Bretschneider）在其所著《中國植物學文獻評論》一書中，充分肯定了《植物名實圖考》的非凡成就與學術價值，給予極高評價。尤其認爲書中附圖刻繪極爲精審，其中最精確的，往往可賴以鑒定科或目。本卷各種樹木之插圖亦多擷自此書，以供讀者瞭解該書作者對古代植物學研究的貢獻。

此外，高士奇《北墅抱甕録》、吴震方《嶺南雜記》、李調元《南越筆記》、周亮工《閩小記》、巢鳴盛《老圃良言》等，俱有多種木果之記述。《北墅抱甕録》記述高氏莊園中各種植物一百二十一種，其中木三十二種，果三十種，花木四十餘種，叙述簡煉精審，頗有特色。

清代"本草學"雖無《本草綱目》那樣的恢宏巨帙，但百花齊放、百家争鳴，使"本草藥學"更趨豐富完備。其較有代表性者有趙學敏《本草綱目拾遺》、劉善述《草木便方》、葉小峰《本草再新》、趙其光《本草求原》、羅浮生《生草藥性》、何克諫《生草藥性備要》、趙璐《本經逢原》、顔暁塘《本草從真》、黄元御《玉楸藥解》、劉若金《本草述》、汪昂《本草備要》、吴儀洛《本草從新》、朱春柳《本草别名》、屠道和《木草彙纂》、高硯五《本草簡明圖説》、唐宗海《本草問答》、李震甲《本草須知》、黄宫綉《本草求真》等，上述醫家、學者把本草學推向全面發展的新階段，木果藥物記述從藥物産地到種類、藥性、應用等方面亦遠遠超出以往時代。如《本草綱目拾遺》十卷，載藥物九百餘種，金鷄納、秘魯香膠等對《本草綱目》均有拾遺與補正。《草木便方》主要記述川東各地草藥，於寄生類植物所載頗多，且以詩文記述，易學易記，應用方便，使本草學研究出現了新的特點。何克諫《生草藥性備要》、趙其光《本草求原》將嶺南地區中草藥物做了概括性總結，使人們對嶺南珍稀藥物有了更新的瞭解。所有這些反映出我國木果資源應用更加全面廣泛，我國古代木本植物的開發利用步入新階段。但是封建制度的束縛與外國列强的瘋狂侵略，使本草學的發展也受到極大的影響。

九、民國時期——木果栽培之進廢兩極期

隨着清王朝覆滅，結束了統治中國數千年的封建制度。1912 年，孫中山先生建立中華民國。中山先生宣揚“三民主義”，提出《建國方略》《建國大綱》。在林業生産方面多次闡發保護、發展森林之重要，號召國民“要造森林，要造全國大規模的森林”(《民生主義》第三講)，特别提出“於中國北部及中部建造森林”(《建國方略·實業計劃》)。此時期内，全國林業建設先後由實業部農務司與山林司（1912 年）及農商部農林司（1913—1928 年）、農礦部農務司及林政司（1928—1930 年）、實業部林墾署（1930—1940 年）、農林部林政司（1940—1949 年）等部門管理。各省則由建設廳、實業廳林務局或造林場主管；南京、北京、上海、青島四直轄市由社會局農業事務所主管。當時之北洋政府及以後的國民政府及農商部、農業部先後頒布了《森林法》《狩獵法》(1914 年、1932 年）及其實施細則（1915 年、1921 年)，并陸續發布了《國有林區管理規則》(1941 年)、《東三省國有林發放規則》(1912 年、1914 年、1920 年)、《造林獎勵條例》(1915 年)、《林業公會規則》(1916 年)、《各省植樹暫行條例》《造林運動實施方案》(1929 年)、《管理國有林公有林暫行細則》(1931 年)、《國有林區伐木查驗規則》(1943 年）等一系列政令、法規。1915 年，北洋政府還規定每年之“清明”節爲全國植樹節。1928 年，國民政府改 3 月 12 日爲植樹節，用以推動全國造林工作的開展。此時期内還對 3000 萬畝天然林進行了勘察，相繼設置秦嶺、洮河、岷山、大渡河、青衣江、雅礱江、金沙江、祁連山、小隴山等國有林區管理處及黄河、長江、珠江、灨韓兩江四個水源林管理處，并於甘肅天水、廣西惠水（後遷柳州）及廣東龍川設立天水、西江、東江水土保持試驗區。爲開展國營造林，農林部、農商部分别於 1912 年、1913 年、1920 年在北京天壇外壇、西郊大招山及山東長清、湖北武昌洪山設立國立三處林業試驗場。爲開展林業科學技術研究工作，國民政府還於 1929 年在南京中山陵園建設植物園，江西省農業院（1934 年)、北平静生生物調查所（1934 年）在廬山設立森林植物園。1941 年，農林部於重慶歌樂山成立中央林業實驗所。抗戰勝利後，在接收原日僞林場、苗圃基礎上，分别於北平西山，南京郊區與海南島海口成立華北、華中、華

南林業試驗場。上述各項措施爲此前歷代所未有，對發展林業理應起到一定推動作用，但終因管理機構多變，日寇入侵，戰亂不斷，致使大多數措施未能認真貫徹，從而使整個民國時期林業建設極少建樹。

但就在此時期，隨着國門漸開，一些現代植物學、林學、園藝學先驅者如梁希、錢崇澍、陳嶸、沈鵬飛、戴芳瀾、胡先驌、劉慎諤、秦仁昌、葉培中、陳植、郝景盛、鄭萬鈞、馬大浦、牛春山、汪振儒、殷宏章、徐永春、王戰、徐燕千、侯學煜、吴中倫、楊衔晋、熊文岳、陽含熙等，積極地學習和引入西方先進科學技術，并率先在我國開展植物普查、分類研究及林木引種工作。如前所述，1941 年至 1944 年曾對主要林區之三千三百多萬畝天然林進行勘察，初步摸清了我國樹木資源狀況。我國水杉等一大批世界僅存的孑遺植物多在此時發現，成爲轟動植物界的大事。他們還撰寫了大批植物學、林學、園藝學專著，開展了國外有關植物學著作之編譯工作，爲我國現代植物學、林學、園藝學發展奠定了良好基礎。如 1933 年陳嶸撰《造林學概論》，1937 年出版《中國樹木分類學》（1953 年遞有增補），全書收各種樹木二千五百餘種。可謂我國第一部樹木分類學專著。1936 年周漢藩撰《河北樹木習見圖説》，劉慎諤、郝景盛著《中國北部植物圖志》，鄒秉文、錢崇澍著《高等植物學》，金陵大學森林系《全國樹木漢名調查》等，亦爲此時之代表作。由以上情況不難看出，民國期間，學術上空前活躍，科學知識廣泛普及，與木果生產的緩進和資源的萎縮破壞形成强烈對比，呈現出進廢兩極現象。

我國之寶島臺灣，林業資源豐富，而於木果之類則更顯殊异豐夥。據《重修臺灣府志・藝文》引沈光文《平臺灣序》稱："楩楠可以支厦，柒棠足以成舟。薪蒸滿谷，松藤在林；榕陰蔽日，芷馥盈汀；梓栗之樹更多，橘柚之園甚廣……樣鞾異味，椰瀝奇漿。龍眼較庾嶺尤佳，荔枝比清漳不足。桄榔孤樹，華茇叢株。檳榔木直幹參天，簹篖竹到根生刺，夭桃四時皆灼，芳梅五臘咸香。沼浮荷而經年艷艷，菊繞徑而纍月芬芬。茉莉編籬，芙蓉插障。"又引季麒光《客問》："重山之中，產有異材。工師操斧，匠氏持柯。楠榕杉樟，桑柏槐柳，莫不枝覆層岡，幹依連麓。舒目而望之，青茅白葦，紫槁蒼蘆，郁若深林。叢如列嶂，代瓦以覆，易墻以圍。至如樣柚之茂葉翳日，檳榔之修幹參雲；蕉擅緑天，荔垂朱實。山則不童，地鮮不毛，土之良也。"僅載於《臺灣府志》之林木便有松、柏、樟、楠、桐、厚栗、百日青（土杉）、柳、赤鱗、烏栽、象齒、埔柿、山荔、烏柏、埔荆、槺榔、樸仔樹、鹿仔草樹（即楮也）、棕、破故子、番豆、榕、楓、椿、楝、白樹、銕樹、水松、苦苓樹柏、黄目樹、茄藤樹、林投、桑、藜、水漆、九芎、加冬、緑珊瑚、桄榔、蕭明、土沉香、娑羅樹、交標、饅頭果、咬人狗等；果有檨（杧果）、龍眼、波羅蜜、鳳梨、椰子、檳榔、桃、李、梅、石榴、番石榴（芭樂）、柑子蜜、番柿、柚、柑、橘、葡萄、蕉子、香橼、桄榔子、菩提果、佛頭果、佛水柑、釋迦果、木瓜、番荔枝、番木瓜、番姜、楊梅、番柑、公孫橘、金橘、枸杞等；花木有梅、桂、海棠、紫荆、芙蓉、刺桐、樹蘭、指甲花、夾竹桃、唐棣、長春、麗春、佛桑、鷄爪蘭、桃、茉莉、金絲蝴蝶、玉樓春、赬桐、紫薇、金錢花、番瑞香、曇花、素馨、綉球、斑枝花、刺球、鐵樹花、貝多羅、含笑、金銀花、七里香、月桃（梔子）等；竹木有簕竹、長枝竹、鳳尾竹、麻竹、空涵竹、棕竹、筀竹、石竹、金絲竹、珠籬竹、七絲竹、人面竹等。臺灣這些資源雖罹荷蘭殖民者多年擄掠，但依然博富繁盛。甲午戰争後，臺灣被割讓給日本。日本人在島上肆意掠奪，林木破壞日趨嚴重。二戰期間，島上林業建設幾處停滯狀態。即便如此，臺島木果仍然令人刮目。據調查，1942 年臺灣全省森林面積達一百七十八萬餘公頃，森林蓄積量約二億立方米，林副産品頗負盛名，尤以樟腦著稱於世，其産量列世界之首。據廖日京《臺灣木本植物目録》載，臺島木本植物約一百七十二科、七百七十一屬、二千一百一十五種（含引進九百四十一種），其中許多爲我國僅有，其種類之多，數量之豐饒，爲他地所無法比擬，這些植物均屬中華博物之瑰寶。

十、中華人民共和國成立後——木果栽培之振興騰飛期

1949 年 10 月 1 日，中華人民共和國宣告成立。此前中國共産黨領導的革命根據地和解放區内，十分重視林業生産，中華蘇維埃人民委員會第十次常委會通過了《人民委員會對植樹運動的决議案》（1932 年），晋察冀邊區制定并頒布了《保護公私林木辦法》《禁山辦法》（1939 年）、《森林保護條例》《荒山荒地荒灘墾殖暫行辦法》與《獎勵植樹造林辦法》（1946 年），促進了邊區林業發展。此期各地人民積極發展以杉、竹爲主的用材林和以棗、栗、柿、核桃、梨、油茶、油桐爲主的經濟林。爲防止風沙危害，人民群衆還自發營造各種防護林，如冀西、冀北、豫東、豫北、晋北、永定河下游、内蒙古通遼、吉林扶餘、遼寧昌圖與康平等地的護田林，以及陝西榆林、内蒙古伊克昭盟等地之防沙林，新疆、甘肅、寧夏等地的防護林等。爲改善生態環境，發展農業生産起到積極作用。

中華人民共和國成立伊始，百廢待興，恢復生産，發展經濟，已成當務之急。然而我國森林資源較少，林業基礎薄弱，亟待加快造林管林步伐，方能滿足工農業生産及人民生活之需要。於1949年頒布的《中國人民政治協商會議共同綱領》規定了這一時期林業發展指導方針與基本政策："保護森林，并有計劃地發展林業。"中央人民政府設林墾部主管林業建設。東北、西北、華東、中南、西南各行政區分別設農業部，各省設農林廳掌管本地區林業建設。1950年的第一次全國林業會議確定"普遍護林，重點造林，合理采伐和合理利用"的林業建設方針。1951年，中央人民政府將林墾部改林業部，以加强對全國林業建設的領導，而將墾務工作交農業部管理。在此期間，各地普遍開展封山育林和有計劃的植樹造林，木果生産有大幅度提高。僅1953年全國造林面積就達一千六百五十萬畝，相當於國民政府二十二年間造林總面積的兩倍。1956年，毛澤東主席發出"緑化祖國"的號召，此後又提出"實行大地園林化"的要求（1958年），中共八大二次會議通過了《關於1956年到1967年全國農業發展綱要的决議》（1958年5月），包含林業發展的相關内容，中共中央、國務院發布《關於在全國大規模造林的指示》（1958年4月），林業建設進入發展新時期，木果生産呈現出前所未有的好形勢。

然而，林業建設的道路并非一帆風順。正當林業建設蓬勃發展之時，从1958年開始，全國林業生産受到"大躍進""共産風"的嚴重影響，許多天然林、人工林、防護林、經濟林，以致保存數百年之久的風景林和"四旁"樹木，都在大煉鋼鐵、大辦食堂、大興水利、大搞工具改革中遭到破壞，一些珍稀樹種亦未能幸免。"大躍進"後，中央雖采取有力措施，調整林業建設方針，確定"以營林爲基礎，采育結合，造管并舉，綜合利用，多種經營"的方針并頒布一系列保護森林樹木的政策法規，以圖恢復林業生産。但數年後開始的"文化大革命"使林業生産遭到了更大的破壞，不少木果資源蒙受洗劫。1976年，粉碎"四人幫"後，經國務院批准成立國家造林總局，於1979年2月16日重新成立林業部，各省逐步恢復林業廳。"文化大革命"中被撤并下放的林業生産、教學、科研、宣傳、出版等企事業單位逐步整頓恢復。1979年第五届全國人大常委會第四次會議規定每年3月12日爲全國植樹節。在鄧小平倡議下，根據國務院提議，第五届全國人民代表大會第四次會議通過了《關於開展全民義務植樹運動的决議》（1981年），接着全國各地陸續建立起各級緑化機構。1984年9月，第六届人民代表大會常務委員會第七次會議通過了《中華人民共和國森林法》。從此，林業建設逐步走上法制化軌道。1988年後林業部先後實施了《科技興林方案》《關於進一步加强林業科技推廣工作的决定》等推動科技進步的措施。林業生產逐步走上依靠科技進步和提高勞動者素質的軌道，呈現出生機勃勃的大好形勢。隨着商品經濟發展，木果之生產正走在迅速騰飛之路上。

中華人民共和國成立後，在許多植物學前輩帶領下，先後出版了許多植物學或樹木學專著，如中國科學院的《中國植物志》《高等植物圖鑒》，鄭萬鈞等《中國樹木志》，曲澤州、孫雲蔚《果樹種類論》，俞德浚《中國果樹分類學》，陳植《觀賞樹木學》，林業部還主持編寫《中國主要樹種造林技術》，陳俊愉等《中國花經》等。林業圖書已基本形成學科門類比較齊全、結構比較合理、層次比較分明的格局，初步滿足了林業行業和社會上不同層次讀者的需要。爲林業發展、木果栽培利用起了巨大推動作用，進一步加速了木果生產發展的步伐。

人類進入文明社會後，隨着生產發展，人口增加，城市擴大，對森林樹木的利用愈加廣泛而多樣，促使人們由有限利用走向無節制開發，以致自覺或不自覺地對森林樹木實施掠奪與破壞。早在農牧業興起之際，爲驅獸保民，拓展農田，先民曾大舉火林；由於生產力較低，“焚林而田”“刀耕火種”等落後生產方式曾被廣泛采用，甚至沿襲至近代，無疑使大面積森林與珍貴木果蒙受灾難。明徐弘祖《徐霞客游記·滇游日記二》：“既飯，從塢上南行，隔塢見西峰高柯叢蔓，蒙密無纖隙。南二里，塢將盡，聞伐木聲，則掄材取薪者，從其南漸北焉。又南一里，下至塢中，則塢乃度脊，雖不甚中高，而北面反下。脊南峽，南下甚逼，中滿田禾。透峽而出，遂盤一壑，豐禾成塍，有小水自東北峽下注。”又，“塢中田塍鱗次，黄雲被隴；西瞻步雄，只隔一嶺……有數家倚北崗上”。去其雜叙，清晰可見，由“高柯叢蔓”之森林，“聞伐木聲”“掄材取薪”至“中滿田禾”“豐禾成塍”再到“有數家倚北崗上”，此一瞥之見，可爲華夏由林至田開發之寫照；一隅之變，真數千年歷史縮影。

民居建造，生產、生活需用，以及城市發展需要木材，已使森林不勝負載，更兼統治階級窮奢極欲，大興土木，修宫殿，建陵寢，造廟宇，設祠壇，更使林木遭灾。唐人杜牧《阿房宫賦》曾描繪出阿房宫建築之恢宏精妙：“覆壓三百餘里，隔離天日……五步一樓，十步一閣，廊腰縵迴，檐牙高啄，各抱地勢，鈎心鬥角。”同時指出：“六王畢，四海一；蜀山兀，阿房出。”此一建築係以極其珍貴之川蜀山林慘遭洗劫爲代價建成，而不久又在項羽攻入咸陽時被付之一炬，致使七十餘萬人數年之勞動及難以計數之珍奇樹木蕩然湮滅。這雖是發生在川陝地區一個極其典型的個例，但追求奢華的浩大工程所引起的森林毀滅，由此可見一斑。其實，此類情况遠不衹如此。《詩・魯頌・閟宫》："徂徠之松，新甫之柏，是斷是度，是尋是尺，松桷有舄。路寢孔碩，新廟奕奕。"意思是説將徂徠山（今山東泰安境内）的松樹和新甫（又名梁甫，今山東新泰境内）的柏樹伐倒鋸斷，砍削整齊，用以建造高大宏偉的"路寢"和無比盛美的"新廟"。徂徠之松，新甫之柏就這樣被砍伐毁掉了。更有甚者，西漢景帝時期，恭王劉餘曾在曲阜造魯靈光殿，其故址在曲阜魯僖公路寢舊址。東漢著名文學家王逸之子王延壽曾游歷魯地并親見此殿，後作《魯靈光殿賦》描述其盛况，其序曰："魯靈光殿者，蓋景帝程姬之子恭王餘之所立也。初，恭王始都下國，好治宫室，遂因魯僖基兆而營焉。"依王延壽所記魯靈光殿，其規模或可與阿房宫相媲美。"瞻彼靈光之爲狀也，則嵯峨嵬嵬，峞巍嵳嵲。吁！可畏乎其駭人也。迢嶢倜儻，豐麗博敞。洞轇轕乎其無垠也。邈希世而特出，羌瓌譎而鴻紛。"建築之高峻雄偉，奇异超俗，令人瞠目。"於是祥察其棟宇，觀其結構，規矩應天，上憲觜陬，倔佹雲起，嶔崟離摟。三間四表，八維九隅。萬楹叢倚，磊砢相扶。浮柱岹嵽以星懸，漂嶢峴而枝柱。飛梁偃蹇以虹指，揭蘧蘧而騰凑。層櫨磥垝以岌峩，曲枅要紹而環句。"其建築之精美，無與倫比。"圖畫天地，品類群生，雜物奇怪，山神海靈。寫載其狀，託之丹青。千變萬化，事各繆形。隨色象類，曲得其情。"裝飾之豪華，實出意料，富麗堂皇，無以復加。"於是乎連閣承宫，馳道周環。陽榭外望，高樓飛觀。長途升降，軒檻蔓延……千門相似，萬户如一。岩突洞出，逶迤詰屈。周行數里，仰不見日。"其規模之大，超乎想象，繽紛華麗，世所罕見。建造如此精妙絶倫的宫殿，所耗木材、磚石、物料之多是不難想象的，但砍伐山林之數目却難以記數。

自古以來，各地今尚存世的宫室寢廟、亭臺樓閣就已不計其數，而没有傳世留名，早已在戰火、灾變中湮滅無存的建築又有多少？這些建築都需要伐木取材，所以大面積毁林是在所難免的。因此，古代聖賢曾告誡人們"山林雖近，草木雖美，宫室必有度"。(《管子・八觀》) 孟子就曾疾呼："是其日夜之所息，雨露之所潤，非無萌櫱之生焉。牛羊又從而牧之，是以若彼濯濯也。"經歷代反復摧殘，再多再美的山林也會濯濯若洗然。有人估計，五千年前原始社會時期山東森林覆蓋率約爲百分之六十（一説百分之四十六），漢代减至百分之十三，到北宋時期天然林幾乎破壞殆盡，以至沈括在《夢溪筆談・雜志》中驚呼："今齊魯間松林盡矣！"再到後來"山童野赤，四望濯濯，財匱民窮"（清宣統六年山東撫部院諮議局《呈清推廣種樹辨法》）將是無法避免的結果，全國各地若此者比比皆是。

縱觀歷史，數千年來，戰亂頻仍，刀兵不斷。兵燹毁林，屢見不鮮，成爲另一滅絶性灾害。春秋時期，孫武總結了古代戰争的經驗，著兵法十三篇，名曰《孫子兵法》（或曰《孫子》）。書中將火攻列爲戰争的重要的手段，并詳細地闡述了“火攻”的目標、時間、方法，爲後世火攻征戰提供了經驗。遺憾的是，火攻也給戰争毁林找到了“合理”的藉口，使無數的森林樹木、木果資源毁滅於歷次熊熊戰火中。據記載，歷史上很多重要戰役，都要伐木、毁林，以利征戰。仍以山東爲例，據《史記》記載，公元前7世紀末至公元前5世紀的一百五十年間，僅齊魯兩國交争多達十九次，其他諸侯國交戰涉及齊魯兩國境内者也不在少數。因此山東境内的原始森林早已破壞殆盡，多數山巒已光秃童赤。發生在全國各地的大小戰争更是難以計數，戰争毁林之巨可想而知。此處僅舉數例以見一般。《吕氏春秋·孟秋》：“未有蚩尤之時，民固剥林木以戰矣。”另據《左傳·僖公二十八年》載：城濮之戰，晋侯伐有莘之木，以益其兵。淆之役，先軫刊木，以阻秦師。又如東漢馬援云：“除其竹木，譬如嬰兒頭多蟣虱，而剃之蕩蕩，蟣虱無所復依。”（《東觀漢記·馬援傳》）足見每遇戰争必先毁林伐樹。戰争毁林之害，正如清人曾國藩指出：“兵燹所至，無樹不伐。”至於現代戰争，由於武器先進，殺傷力大，對山林之破壞則更加慘烈。

畋獵是歷代統治者行樂及炫耀武威之常舉，爲行圍方便，多行火林以驅獸供獵，此謂之“火獵”，發端於先秦，《詩·鄭風·大叔于田》已有記述，《列子·黄帝》述之更詳：“趙襄子率徒十萬，狩於中山，藉芿燔林，扇赫百里。”火獵之害，波及之廣，由此可見。

外國列强擄掠亦是森林資源破壞損失之重要原因。清末英法聯軍攻陷北京，火燒圓明園，無數奇花异木慘遭塗炭；1857年與1860年，沙俄脅迫清廷簽訂《瑷琿條約》《北京條約》，將中國黑龍江以北、烏蘇里江以東百萬平方公里土地强行掠奪，其中僅原始森林即達五千四百萬公頃。加之此後日本軍國主義之掠奪，使我東北之廣大原始森林遭破壞所剩無幾。

此外，放牧毁林、盲目開采，天然林火，管理者决策不當以及工作失誤，都給林業生産造成損失，使木果資源遭到破壞。

歷經重重磨難，二十世紀之神州，矗矗挺拔之林木已不多見，洋洋無涯之森林所存無幾。森林樹木之破壞，導致木果資源危機，木材、薪炭、木本油料、乾鮮果品、食用菌類、藥用植物盡見貧乏，而有賴森林生存之各種野生動物、低等生物瀕臨滅絶。隨着森林被破壞，生態環境惡化，水旱灾害頻繁發生，土地沙化，水土流失，土壤、大氣、水源污染日益影響着人們的生存與社會發展。因此，植樹緑化，發展木果生産已成爲刻不容緩的艱巨任務。

我國素以植物種類繁多著稱於世。現已查明之種子植物約三萬餘種，其中木本植物八千餘種。本卷收録計九百九十餘種，分習見木竹、習見果木、引種木果及珍稀瀕危木果四説。習見木竹説内又分習見林木考、習見花木考、竹木考；習見果木説中有習見核果考、習見仁果考、習見漿果考、習見堅果考、習見柑果考及習見雜果考；木果引種説分古代引種考及近現代引種考；珍稀瀕危木果説分珍稀木果考、瀕危木果考。習見林木、花木諸考内樹種（詞目）又分喬木、灌木、藤木等類。同類中再以樹木名稱首字筆畫爲序排列。各考之中均先釋其名義，界其範圍，然後述其發展及收録條目。各考之後均以木果通用名稱爲主條立目，各條之釋義内容包括樹木之類屬（木、果、竹）、科、屬名稱及通用名稱，拉丁學名，樹木形態特徵，分布與産地，主要用途，得名由來及與之相關之書證物證等。凡屬栽培樹木多附其栽培簡史與現狀，尚未栽培利用者，有些略附其開發利用前景。各考之内條目編排俱以主條目首字筆劃爲序。

樹木名稱之演變是本卷考釋重點之一，亦其難點。誠如古人云："夫鳥獸草木之類，特爲難窮，其形之相似者，雖山澤之人，朝夕從事，有不能别。其名之相亂者，雖博物君子，習於風雅，有不能周。"（宋羅願《爾雅翼》）况乎樹木生存大多極其久遠，我國又係世界林木開發最早之文明古國，一樹之名，歷數千載，世代更迭，時或筆録，時或口傳，异字訛説，已不鮮見；更兼我國樹木分布地域遼闊，各地稱呼自古不同，加之語音、方言、俚俗千差萬别。一樹之名，已自繁夥，而木果形態，又因産地、環境、栽培措施等常有變异，其名稱愈加複雜。加之現代植物分類學傳入我國較晚，古籍中木果之記載本就過簡，有些典籍，或散或佚，雖後經輯録，然脱漏訛亂，時有發生，一木之名謬稱訛傳，時有所見。故同名异物，同物异名，尤多混亂。本卷木果之名稱，以常見通用者爲主條目，异稱别名，則力求完備。凡在一定時期或地域内行用者，勿論古今，均予收録。間有訛誤，或衆説不一，或難以確指者，則辨訛匡正，或諸説俱附，以爲詳考之參證。古今名稱之考訂，前人已做大量工作，本編釋文中常見有"據××書（人）考釋以爲即本種"字樣，以示認定前人之成績，亦表不敢掠美之意。

我國木果類樹木在歷史上常以花果名樹，如茶花、棗樹等，或以藥名樹，如枳殼（枸橘)、地骨皮(枸杞根皮)等;有些則以産地、人名、官職等相稱,如秦椒、川楝、文林郎(林檎别名)、紫薇花、漢帝杏、著作林(官名,指桑)等,故一樹多名,或一名多用,俯拾皆是。凡屬此類,因其既指花、果、藥,又爲該植物代稱,故本卷均於該木、果條目下將其列爲附條,不另説明指花、指果或藥名。

木、果、竹等本屬自然資源,先民在采集利用中,將有價值者予以栽培,待經驗成熟後加以總結記載,故多數是先用(或種),而後記載。而且已載者少,未録者多,因此各名稱之確切行用時期,除少數樹木外(如山礬,係黄庭堅命名,始稱於宋代),餘者多難以確指。本卷儘量廣羅博覽,力據古代典籍、出土文物之記載與今時之形態、習性、産地、用途等予以考證,并儘量吸收前輩研究成果,確定其行用時期。有些木果則因資料所限,其名稱之行用時期,衹能約略概指,常標注"××時已見行用"等,以示尚無法確定確切始用時期。

古籍中常見有"楊""柳""松""柏"等樹木之泛稱。如"松"係指松科、松屬之多種樹木(*Pinus* ssp.),因無確指,故本卷不予收録。而如"檀"等,雖亦屬泛稱,然公認其爲"青檀""黄檀""紫檀"之代稱者,本卷則酌予收録。除各有關條目(如青檀、黄檀、紫檀)注明"古與青檀(黄檀或紫檀)同稱'檀'"字樣外,另將"檀"分别作爲青檀、黄檀、紫檀之泛稱,列爲附條,以爲研究者考證之需。

木果之中有些種類,特别是經濟價值較高、栽培歷史悠久者,其栽培品種愈益龐雜,如蘋果品種多達八千餘種,生産中常用者亦不下百餘種。限於篇幅不能盡收,若擇而録之,又恐挂一漏萬,故多於各考及有關條目釋文中簡略説明其品種數目,或擇其有代表性者列舉一二,餘均不收爲主條。如此類者尚有楊、柳、桉、梨、棗、橘、荔枝等。

這裏要特别指出的是歷代"本草學"在木果識别方面的重要意義。木果多可藥用,而藥草的鑒别應用在中醫中藥學中極其廣泛。在古代,此項工作往往都靠醫家父子秘傳,或師徒親授。醫家顧全信譽,又考慮患者生命安全,特别强調"道地藥材"這一概念。此一做法相沿數千載,一以貫之,始終不渝。所以歷代醫家本草學著作中,藥用植物記述往往名實一致,少有舛誤。即便因産地、形態變异、語音、俚俗等原因,可能會出現一物多名,或同名异物的現象,也往往被歷代醫家考訂、厘正,謬誤、訛亂雖不能完全杜絶,但也極爲鮮見。特别是近年來,國家爲了弘揚中醫中藥這一文化遺産,曾多次組織各方面專家對本草學古籍資料進行整理考訂,取得了輝煌成績,還編輯出版了一系列權威性著作,以指導今日的中醫中藥的發展。其中《新華本草綱要》《中藥大辭典》及《中華本草精華》等，便是其中之佼佼者。這些爲我們鑒識藥用植物，考證木果應用之源流，提供了極大的方便。

還要説明的是，一些現代植物學先驅，如陳嶸、鄭萬鈞、陳植、賈祖璋、賈祖珊等前輩學者，他們大都有深厚的古漢語語言文字功底，又最先接觸了現代植物分類學知識，再經多年的親身實踐，對古籍中的木果類樹種做了大量考訂、鑒别工作，也爲後輩學者繼續他們的研究提供了借鑒。本卷考論中汲取了以上諸方面的經驗，對木果資源考釋做了一些工作。如有點滴進步，當是前人蔭庇的結果，後輩學生對此感戴不已。

本卷所收木果計九百九十種，每種均列出該木果之拉丁學名，供博物研究家及專業技術人員研究時參考。樹木之科屬名稱，隨植物分類學發展而有所變化。如灰木科今改山礬科，榛科自殼斗科分出，櫻桃、杏、桃、梅復歸李屬等，本卷俱以較新之變化改定。

第二章　習見木竹説

第一節　習見林木考

林木，本義爲生長於森林中的樹木。此稱先秦時已行用，沿用於今日。如《荀子·勸學》:“林木茂而斧斤至焉，樹成蔭而衆鳥息焉。”三國魏曹植《上疏陳審舉之義》:“蚌蛤浮翔於淮泗，鼲鼬讙譁於林木。”宋文天祥《翠玉樓晚雨》詩:“林木蔽虧烟斷續，江流曲折雨横斜。”依現代森林學而論，“林木”是森林中所有喬木的總稱，是構成森林的主體，它决定森林的外貌與内部特徵及森林的經濟意義和對環境影響的程度，是森林經營管理的主要對象。本節所考之林木，與上述兩者之意略有不同，蓋指所有的木本植物，不僅包括生長於森林中的樹木，或是構成森林主體的喬木，還包括其他環境中生長的樹木，以及森林中的灌木與藤木。

所謂“習見”，是“經常見到”的意思，本章特指那些可能經常見到，而又在古代典籍中有過記録的樹種。其中包括先民在各種典籍記述過的林木、花木、竹木等木本植物。因此本章分三節加以叙述，即習見林木考、習見花木考、習見竹木考。在此要説明的是，我國樹種資源極其豐富，其中多數樹木原産於我國，都是華夏大地極其珍貴物種資源。但是，也有一些珍貴樹種引自外域，豐富了我國樹種資源。原産的與引進的樹種共同構成了我國樹種資源寶庫，都是我國浩繁博物中的瑰麗珍寶。還有一些樹種資源，其中不少是極其珍貴的樹種，由於種種原因其數量日漸稀少，不少樹種正處於瀕危狀態，亟待我們采取有力措施加以保護。這裏面雖有不少樹種亦屬習見樹木，但爲考釋方便起見，我們將果木、引進樹木、珍稀瀕危樹木分別另立章節予以考論。至於上述各章均未收録的樹木，它們也是我國珍貴的物種資源，讀者可參閲其他有關資料進一步瞭解。

林木在我國的形成和演替、栽培與發展等在總論中俱已詳明，此不贅述。本節所考者主要有各種最爲常見而又見録於相關古籍中的喬木、灌木、藤木。

喬木（省稱“喬”），是指多年生木本植物中具有高大而明顯的主幹，并有多次分枝，組成龐大樹冠的那些樹木，通常高度在3米以上。喬木中因其高度不同分爲大喬木、中喬木及小喬木。喬木是組成森林的主體，亦是木材的主要生産者。此外，還能生産薪材、木纖維、樹膠、樹脂與其他副産品。喬木覆蓋的地面較廣，占據的空間較大，通過樹體與環境不斷地進行物質交换與能量流動，對周圍環境的影響既廣泛又深刻，因此在保護和改善生態環境中，具有極其重要的意義。

“喬木”一名先秦時已見行用。如《詩・周南・漢廣》：“南有喬木，不可休息。”《爾雅・釋木》：“小枝上繚爲喬。”郭璞注：“謂細枝皆翹繚上句者名爲喬木。”此稱一直沿用至今。我們常見的松、柏、杉、檜、楊、柳、榆、槐等，皆屬此類。

灌木（省稱“灌”），是指多年生木本植物中不具主幹，或雖有主幹但高度不足3米者。這些樹木多從近地處分枝，成叢生狀態。如檉、杞柳、枸杞、紫穗槐等即屬此類。灌木之名亦始見於先秦典籍，《詩・大雅・皇矣》：“修之平之，其灌其栵。”又《周南・葛覃》：“黄鳥于飛，集于灌木。”毛箋：“灌木，藂木也。”《爾雅・釋木》：“灌木，叢木。”又曰：“木族生爲灌。”顯然先民將凡屬成叢而生之木，皆稱爲灌木，而今人將其形態描述得更加形象逼真。此類樹木雖不高大，對環境的影響亦不如喬木樹種那麽顯著，但多數灌木却是生産薪炭、中藥材、動物飼料、緑肥、編織材料等的優良樹種。尤其是多數灌木對生活環境要求不如喬木那麽嚴苛，故可以在不宜栽植喬木的地段，如風沙地、土層較薄的荒廢山溪等地栽植，不僅可以起到緑化國土，防風固沙，保持水土的作用，還可以獲得燒柴、藥材、飼料、編織用材等生活與生産資料。因此灌木也是發展林業生産不可缺少的樹種。灌木之中，有些樹幹基部多年生且已木質化，而地上部分則常於冬季枯死，這種灌木稱之爲“亞灌木”或“半灌木”，如兩面針、牛皮消等即屬此類。這些樹種雖非造林的主要樹種，或今多呈野生狀態，然而對於維持自然界生態平衡或在經濟建設中均具有一定作用，本節中也選擇數種收録於内。另外，還有些灌木叢生而不直立，或伏地而生，稱之爲“匍匐灌木”。如蔓荆、地菍、扶芳藤等；有些則需攀援他物而生，稱爲“攀援灌木”，如白簕、石楠藤等。

藤木，是指多年生木本植物中，莖幹柔軟，不能直立而須依附他物纔能延伸生長的樹木。藤木常省稱爲“藤”。此稱至少晋代已行用，并沿稱於後世。《爾雅·釋木》：“諸慮，山櫐。”晋郭璞注：“今江東呼櫐爲藤。”《玉篇·艸部》：“藤，藟也，今總呼草蔓莚如藟者。”南朝齊謝朓《敬亭山》詩：“交藤荒且蔓，樛枝叢復低。”唐孟浩然《萬山潭作》詩：“魚行潭樹下，猿挂島藤間。”宋黄庭堅《寄賀方回》詩：“少游醉卧古藤下，誰與愁眉唱一盃。”元馬致遠《天净沙·思秋》詞：“枯藤老樹昏鴉，小橋流水人家，古道西風瘦馬。”藤類之中有些以其主枝纏繞他物而生稱爲“纏繞藤本”，如紫藤、葛藤屬此類。有些藤類靠捲鬚、不定根、吸盤等攀附器官攀援他物而生，稱之爲“攀援藤本”，如爬山虎、葡萄等。藤類莖蔓柔韌，雖不能生産木材，但許多都是上好的中藥材，如雷公藤、蔓椒、木通、五味子、防己、金銀花等。有些則是優良的纖維用材，如葛藤等。它們的大多數在自然界中生於極特殊的環境中，加之以特殊的纏繞或攀援方式生長，所以對特殊地段，如懸崖絶壁、大塊裸岩的緑化，都具有其他植物所無法比擬的作用，就是在人工緑化環境中（公園、居民區），也具有無可替代的作用。

林木之中有些樹木，其葉片每至冬季自然凋落，如楊、柳、榆、槐、水杉、落葉松等。這類樹木稱爲“落葉樹種”；有些樹木一年四季都不落葉，如側柏、紅松、油杉、樟、茶等，稱爲“常緑樹種”。另有一些樹木生於温暖的南方，其葉冬季并不凋落，而植於北方，因冬季寒冷，葉常凋落，有時將其稱爲“半常緑樹種”或標以“常緑或落葉”等簽識。

下面我們將各習見樹木以喬木、灌木、藤木爲序分别叙述。喬、灌、藤各類中的樹種，再以筆畫爲序排列。各詞目（樹種）之釋義，主要包括樹木的通用名稱、名稱的漢語拼音、博物分類、植物學分類、樹木形態特徵、産地分布、主要用途、記述源頭、得名由來與相關書證。此外，有些需要加以考辨以及其他需要説明的問題，則列於文後簡要説明。别名异稱則隨主條目後逐一列出。

本節之中收録林木三百七十九種，分别以喬、灌、藤爲序編排，各類之中不再依常緑、落葉排列，而以筆畫爲序列出。

喬木類

三角楓

習見林木名。無患子科，槭屬，三角槭（*Acer buergerianum* Miq.）。落葉小喬木。葉三裂，裂片三角狀，或不分裂。傘房狀圓錐花序，花小。翅果，二翅張開成鋭角或近直立，小堅果兩面突起。我國主要分布於蘇、魯、皖、浙、贛、湘、鄂等省。供觀賞。木材頗佳，可製傢具。

三角楓
（清吴其濬《植物名實圖考》）

其葉三裂，裂片又爲三角形，因此得名。此稱明清時已行用。清吴其濬《植物名實圖考・木類・三角楓（二）》："三角楓，江西山坡多有之。樹高七八尺，葉似楓，三角而窄，面清背淡。秋時結子作排，如椿樹角長，而子在角下。"今通稱"三角槭"。浙江稱"楓檀""鷄楓樹"，山東稱"丫楓"。三角楓具有較高觀賞價值，今各地都有栽培。

另，三角楓又有臺灣三角槭（var. *formosanum*）、平翅三角槭（var. *horizontale*）、界山三角槭（Var. *kaiscianense*）、寧波三角槭和雁蕩三角槭等變種，均爲重要觀賞樹木。又《植物名實圖考・木類・三角楓（一）》所云：三角楓乃錦葵科之"梵天花"，與此殊异，宜辨之。參見本卷《習見木竹説・習見花木考》"梵天花"文。

【三角槭】

即三角楓。今之通稱。見該文。

【楓檀】

即三角楓。今浙江各地多行用此稱。見該文。

【鷄楓樹】[1]

即三角楓。今浙江天目山等地區多行用此稱。見該文。

【丫楓】

即三角楓。今山東部分地區行用此稱。見該文。

三小葉山豆根

習見林木名。蝶形花科，山豆根屬，三小葉山豆根（*Euchresta japonica* Hook. f. ex Regel）。常緑小喬木。高可達5米。三小葉，倒卵形或倒卵狀橢圓形，葉背生白色柔毛。總狀花序，花序軸與花梗被褐色柔毛，花冠白色。果實核果狀，腫脹，肥厚。我國主要分布於江西、廣東、廣西、四川等省、自治區。根可入藥。

山豆根
（清吴其濬《植物名實圖考》）

我國用以醫病已有較長歷史，清代稱“山豆根”，行用於川東諸地。清劉善述《草木便方·草部·山豆根》：“山豆根苦寒解毒，諸瘡五痔腸風除，喉牙風熱腫痛消，藥毒蛇蟲犬傷服。”《草木便方》整理組以爲，此處之山豆根當即此種。亦稱“胡豆蓮”。據趙素雲等稱：山豆根係一混亂品種，四川各地草醫使用的山豆根涉及豆科、紫金牛科、防己科、葡萄科等多種植物，有待進一步研究。此論甚是。各地以山豆根爲名入藥者頗多，尚待進一步澄清。今附供考。本種於1984年被列爲國家三級保護植物。

【山豆根】[1]

“三小葉山豆根”之省稱。此稱清代已行用。見該文。

【胡豆蓮】

即三小葉山豆根。今四川等地多行用此稱。見該文。

土沉香[1]

習見林木名。瑞香科，沉香屬，土沉香〔*Aquilaria sinensis*（Lour.）Spreng.〕。常緑喬木。幼枝被疏毛。單葉互生，近橢圓形，革質，具光澤。傘形花序頂生或腋生，花黄緑色，芳香。蒴果木質，倒卵形。我國主要分布於兩廣及閩、臺諸地。其木質部分泌“土沉香”，可入藥。樹皮纖維可造紙。種子可榨油。此木因藥得名。

我國開發利用土沉香有近千年歷史，宋代已行用此稱。亦稱“沈水香”“崖香”。“沉”或作“沈”，字通。宋范成大《桂海虞衡志·志香》：“沈水香，上品，出海南黎洞，亦名土沈香。”宋周去非《嶺外代答》卷七：“海南黎母山峒中亦名土沉香，少大塊。”侯寬昭等《廣州植物志·瑞香科》：“范成大云：黎峒出者名‘土沉香’或曰‘崖香’，這些諒皆爲本種。非南洋所産之沉香也。”此説甚是。今亦稱“白木香”“牙香樹”“女兒香”“莞香”。

本種爲我國特有珍貴藥用植物，因連年采脂（土沉香），樹木大多致傷，資源瀕臨滅絶。1984年，被列爲國家三級保護植物，1992年，被林業部列爲國家二級保護樹種。

【沉水香】

即土沉香[1]。此稱宋代已行用。見該文。

【崖香】

即土沉香[1]。此稱宋代已行用。見該文。

【白木香】[1]

即土沉香[1]。今廣東廣州多行用此稱。見該文。

【牙香樹】

即土沉香[1]。今廣東各地多行用此稱。見該文。

【女兒香】

即土沉香[1]。今廣東各地多行用此稱。見該文。

【莞香】

即土沉香[1]。今廣東東莞多行用此稱。見該文。

大風子

習見林木名。大風子科，大風子屬，大風子〔*Hydnocarpus hainanensis*（Merr.）Sleum.〕。常緑喬木。單葉互生，革質，綫狀披針形，全緣。花雜性或單性，一至數朵簇生於葉腋，花瓣五片，紅或粉紅色。漿果球形，果皮堅硬，内生軟肉。種子三十至四十粒，略呈多角體。我國主要分布於雲南，廣西、臺灣亦有栽培。

大風子
（清吴其濬《植物名實圖考》）

李時珍以爲元周達觀《真臘風土記》始著録。實則宋人或已用以爲藥，此後本草及藥典中頻頻使用大風子。宋楊士瀛撰、明朱崇正附遺《仁齋直指》卷二四："一方治疥瘡神效：大楓子肉、獐腦各一兩，水銀、皂礬各一錢，油核桃肉、柏燭油。先將大風子搗爛，次加獐腦、水銀、皂礬、核桃，碾和爲末，再將柏油熬化入藥和勻，抓破瘡搽之，效。"《真臘風土記》記述了真臘國大風子及大風子油出産情况。元周達觀《真臘風土記・出産》："真臘國或稱占臘，其國自稱曰甘孛智……山多異木，無木處乃犀象屯聚。養育之地珍禽奇獸不計其數。細色有翠毛、象牙、犀角、黄臘。粗色有降真、荳蔻、畫黄、紫梗、大風子油、翡翠……大風子油乃大樹之子，狀如椰子而圓，中有子數十枚。"元汪大淵《島夷志略・暹》："自新門臺入港，外山崎嶇，内嶺深邃，土瘠不宜耕種穀米……地産蘇木、花錫、大風子、象牙、翠羽。貿易之貨用硝、珠、水銀、青布、銅、鐵之屬。"明李時珍《本草綱目・木二・大風子》："［釋名］時珍曰：能治大風疾，故名。［集解］時珍曰：大風子，今海南諸國皆有之。按周達觀《真臘記》云：大風子乃大樹之子，狀如椰子而圓。其中有核數十枚，大如雷丸子。中有仁白色，久則黄而油，不堪入藥。"明張燮《東西洋考》卷二："大風子，《本草》'釋名'曰：能治大風疾，故名。"其卷三曰："大風子，《風土記》曰：大樹之子，如椰子而圓，中有數十枚。"《急救仙方》卷一："瘡愈後除痕方：蔓菁子、大風子、續隨子、蔓荆子，右各等分爲細末，飯上蒸九遍，童便浸一宿後，炒乾爲度，以花葉紙包在絹内揩之，可以除痕。"明繆希雍《神農本草經疏・玉石部中品・水銀》："同大風子、蛇床子、樟腦、輕粉、枯礬、雄黄、胡桃油，治疥癬蟲瘡。"該書還介紹了大風子性味、功能、用途。其卷三〇曰："大風子，禀火金之氣以生，故其味辛、苦，氣熱，有毒。辛能散風，苦能殺蟲，燥濕温熱能通行經絡，世人用以治大風癘疾及風癬疥癩諸瘡，悉此意耳。然性熱而燥，傷血損陰，不宜多服。用之外治，其功不可備述也。"《廣群芳譜・藥譜八・大風子》："大風子出海南諸番國……氣味辛熱有毒。取油治瘡，有殺蟲之功。"清吴其濬《植物名實圖考・木類・大風子》："大風子，《本草補遺》始著録。治大風病，性熱，傷血、功毒、殺蟲，外塗良，海南有之。"亦稱"大楓子"。

【大楓子】

即大風子。今稱。參閲明劉文泰等《本草

品彙精要》。見該文。

大果榆

習見林木名。榆科，榆屬，大果榆（*Ulmus macrocarpa* Hance）。落葉喬木或成灌木狀。枝常具木栓翅；小枝淡黄褐色或淺紅褐色。葉近倒卵形，先端常突尖，邊緣具鈍單鋸齒或重鋸齒，兩面被短硬毛，粗糙。花簇生於去年枝之葉腋或苞腋。翅果倒卵形，兩面及邊緣被毛。種子位於翅果中央。我國主要分布於東北、華北及陝西、山東、安徽等地區。木材可製車輛、農具。皮部纖維可製繩索。果可食。種子可入藥。

先秦典籍已有記載，時稱“牡”。秦漢時期稱“枯榆”“山榆”“無姑”。晋代稱“姑榆”“無夷”。《周禮·秋官·壺涿氏》：“若欲殺其神，則以牡橭午貫象齒而沈之，則其神死淵爲陵。”漢鄭玄注引杜子春曰：“橭讀爲枯；枯榆，木名……案如杜義，則音枯，山榆也。”《爾雅·釋木》：“無姑，其實夷。”晋郭璞注：“無姑，姑榆也。生山中，葉圓而厚，剥取皮合漬之，其味辛香，所謂無夷。”北魏賈思勰《齊民要術·種榆白楊》引晋郭義恭《廣志》曰：“有姑榆，有郎榆。”清吴其濬《植物名實圖考·穀類·附蜀黍即稷辯》：“段氏《説文注》榆字云：《齊民要術》分姑榆、山榆、刺榆爲三種。”繆啓愉校釋：“‘姑榆’即《爾雅·釋木》的‘無姑’，是現在的大果榆（*Ulmus macrocarpa* Hance），也叫黄榆。”本種今亦稱“迸榆”“扁榆”“毛榆”“柳榆”。

【牡】

即大果榆。此稱先秦時期已行用。見該文。

【枯榆】

即大果榆。此稱漢代已行用。見該文。

【山榆】

即大果榆。此稱漢代已行用，今江蘇徐州等地仍沿用此稱。見該文。

【姑榆】

即大果榆。此稱晋代已行用。見該文。

【無夷】

即大果榆。此稱晋代已行用，沿稱於後世。見該文。

【迸榆】

即大果榆。今河北各地多行用此稱。見該文。

【扁榆】

即大果榆。今河南各地多行用此稱。見該文。

【毛榆】

即大果榆。其果被毛，故名。今河南各地多行用此稱。見該文。

【柳榆】

即大果榆。今河南各地多行用此稱。見該文。

【蕪荑】

即大果榆果實加工品，亦代稱大果榆。此稱多行用於秦漢時，沿稱於後世。漢董仲舒《春秋繁露·郊語》：“蕪荑生於燕，橘枳死於荆。”亦稱“無姑”“蔱蘠”“梗”“山枌榆”“母估”“殿蘠”。《神農本草經·中品·蕪荑》：“蕪荑，味辛。主五内邪氣……一名無姑，一名蔱蘠，生川谷。”孫星衍等注引《名醫别録》：“一名殿蘠，生晋山，三月采實，陰乾。”又，“案《説文》云：梗，山枌榆，有朿莢，可爲蕪荑者。《廣雅》云：“山榆，母估也”。

按，《爾雅・釋草》有“莁荑”“蔱蘠”。《本草綱目・木二・蕪荑》亦有“莁荑”。所指爲草本植物，非此木本“蕪荑”，此附供考。參閱繆啓愉《齊民要術校釋》“種榆白楊”注三。見“大果榆”文。

蕪　荑

（《證類備急本草畫圖》）

【無姑】

即蕪荑。此稱漢代已行用。見該文。

【蔱蘠】

即蕪荑。此稱秦漢時期已行用。見該文。

【梗】

即蕪荑。此稱漢代已行用。見該文。

【山枌榆】

即蕪荑。此稱漢代已行用。見該文。

【母估】

即蕪荑。此稱三國時期已行用。見該文。

【殿蘠】

同“蔱蘠”。即蕪荑。此體魏晉時期已行用。見“蕪荑”文。

【黄榆】

即大果榆。此稱唐代已行用，亦沿稱至今。唐張籍《凉州詞》之三：“鳳林關裏水東流，白草黄榆六十秋。邊將皆承主恩澤，無人解道取凉州。”後世亦以黄榆指邊塞，參閱明夏完淳《夜亭渡雁賦》。見“大果榆”文。

山胡椒

習見林木名。樟科，山胡椒屬，山胡椒〔*Lindera glauca*（Sieb. et Zucc.）BL.〕。落葉小喬木。樹皮灰或灰白色，平滑。小枝灰白色，幼時被毛。單葉互生或近對生，堅紙質，寬卵形、橢圓形或倒卵形，先端尖，基部楔形，葉背粉緑色，被灰白色柔毛。傘形花序，腋生，有毛，花被黄色。核果球形，黑褐色，具香氣。我國主要分布於山東、河南、陜西、甘肅、江蘇、安徽、浙江、江西、福建、湖南、湖北、四川、貴州、廣西、廣東、臺灣等地。多見於山坡灌叢、林緣或疏林中。木材可供細木工、小型農具用材。葉、果含芳香油，可提製香精。種子油可製肥皂或供作潤滑劑。葉、根、果均可入藥。

山胡椒

（清吴其濬《植物名實圖考》）

唐宋時已將其入藥療疾。并行用此稱。亦稱“野胡椒”“見風消”。宋唐慎微《證類本草・草部上品・山胡椒》：“山胡椒，味辛，大熱，無毒。主心腹痛，中冷，破滯。所在有之。似胡椒，顆粒大如黑豆，其色黑，俗用有效。”明朱橚《普濟方》卷三〇八：“治蜈蚣咬傷，宜山胡椒加鹽擦。”明李時珍《本草綱目・果四・畢澄茄》引蘇恭曰：“所在有之，似胡椒，色黑，顆粒大如黑豆，味辛，大熱，無毒。主心腹冷痛，破滯氣，俗用有效。”清吴其濬《植物名實圖考・木類・野胡椒》：“野胡椒，湖南長沙山阜間有之。樹高丈餘，褐幹密葉，幹上發小短莖，大小葉排生如簇，葉微似橘葉，面緑背青灰色，皆有細毛，捫之滑軟。附莖春開白花，結長柄小圓實如椒，攢簇葉間，青時氣已香馥。土人研以治氣痛，酒冲服……按《唐本草》：山胡椒所在有之，似胡椒色黑，顆粒大如黑豆，味辛，大熱無毒。主心腹冷痛，破滯氣，俗用有效。《廣西通志》：山胡椒，夏月全州人以代茗飲，大能清暑益氣。”清趙學敏《本草綱目拾遺・木部・山胡椒》：“《百草鏡》：雲南木邦土司，出一種山胡椒，色黑顆大。主止痛破瘀。”清劉善述《草木便方・木部・見風消》：“見風消，葉苦性寒，搜風敗毒清腫痊，風濕麻木筋骨疼，腰膝止痛生肌全。”

按，《草木便方》原書及附圖俱名見風消，今人趙素雲等據以確認爲本種，并更名曰“牛筋條”。今川東各地山坡、溪邊、荒山常可采到。又名“油金楠”“雷公子”“假死柴”“黄葉樹”。

【野胡椒】

即山胡椒。此稱清代已行用。見該文。

【見風消】

即山胡椒。此稱清代已行用。見該文。

【牛筋條】

即山胡椒。亦稱“牛筋樹”。今河南等地多行用此稱。見該文。

【油金楠】

即山胡椒。今江南各地多行用此稱。見該文。

【雷公子】

即山胡椒。今四川各地多行用此稱。見該文。

【假死柴】

即山胡椒。今江浙等地多行用此稱。見該文。

【黄葉樹】

即山胡椒。今安徽各地多行用此稱。見該文。

山桐子

習見林木名。楊柳科，山桐子屬，山桐子（*Idesia polycarpa* Maxim.）。落葉喬木。樹皮平滑，灰白色。葉寬卵形至卵狀心形，葉緣疏生鋸齒。圓錐花序，下垂，花黄緑色。漿果球形，紅色。種子多數。我國主要分布於臺灣、湖南、湖北、四川、雲南、陜西及甘肅南部。種子可榨油。亦供觀賞。

先秦典籍已有記載，時始稱“椅”。後稱“椅桐”“椅桐樹”“椅樹”。《詩・小雅・湛露》：“其桐其椅，其實離離。”毛亨注：“桐，梧桐。椅，椅樹，即山桐子。”晋司馬彪《贈山濤》詩：“苕苕椅桐樹，寄生於南岳。”《太平御覽》卷一七〇引《十道志》曰：“桐廬縣，吴黄武四年，分富春置，以桐溪側有大椅樹，垂條偃蓋傍蔭數畝，遠望似廬，因謂之桐廬。”明毛晋《陸氏詩疏廣要・釋木》：“［梓椅梧桐］梓者，楸之疏理白色而生子者爲梓，梓實桐皮曰椅，今人云梧桐也……日華子云：椅樹皮有數般，惟楸梓佳。”明鄭善夫《少谷集》卷一下：“《甘泉子》：‘挂瓢椅樹枝，振舄天風門。’”近代曾稱“椅樹”。今亦稱“水冬瓜”“水冬果”。參閱賈祖璋等《中國植物圖鑒》及《中國經濟植物志》“山桐子”文。

【椅】

即山桐子。此稱先秦時期已行用。見該文。

【椅桐】[1]

即山桐子。此稱晉代已行用。見該文。

【椅樹】

即山桐子。此稱漢代已行用。後改"山桐子"。參閱陳嶸《中國樹木分類學・山桐子》。見該文。

【椅桐樹】

即山桐子。此稱晉代已行用。見該文。

【水冬瓜】[1]

即山桐子。今稱。見該文。

【水冬果】[1]

即山桐子。今稱。見該文。

山龍眼

習見林木名。山龍眼科，山龍眼屬，山龍眼（*Helicia formosana* Hemsl.）。小喬木。小枝被銹色短絨毛。單葉互生，近革質，倒卵狀矩圓形或倒披針形。總狀花序腋生，花黄白色，基部略紫色。堅果球形，成熟後紫黑色。我國主要分布於兩廣及臺灣諸地。爲臺灣島最普通之闊葉樹種。木材淡紅褐色，宜爲器具用材。

此稱宋代已行用。宋范成大《桂海虞衡志・志果》："山龍眼，色青，肉如龍眼。"明徐光啓《農政全書》卷三〇："山龍眼，出廣中。夏月熟，可啖。此亦龍眼之野生者。"明顧起元《説略》卷二七："范成大《桂海虞衡志》載南果五十五種，其常見者不載，它如曰綿李，曰石栗，曰龍荔……曰山龍眼，曰部諦子，曰木賴子。"昔傳山龍眼似鳳尾蕉，亦云龍眼之野生者。如《格致鏡原・果類二・龍眼》引《閩部記》："山果中有枝葉略似鳳尾焦者，曰山龍眼。結實纍纍，似龍眼，小而味酸。山僧取以供佛。"清汪森《粵西叢載》卷二〇："山龍眼出廣中。夏月熟。色青，肉如龍眼。亦龍眼之野生者也。"《廣西通志・物産・太平府》："山龍眼，各土司出。案《虞衡志》云：夏月熟，色青，肉如龍眼，亦龍眼之野生者。"《廣群芳譜・果譜十・山龍眼》："山龍眼出廣中，夏月熟，色青，肉如龍眼，亦龍眼之野生者也。見《桂海虞衡志》。"又，"《閩部疏》山果中有枝葉略似鳳尾蕉者曰山龍眼，結實纍纍，視龍眼小而味酸，山僧取以供佛。"陳嶸《中國樹木分類學・山龍眼》以爲《桂海虞衡志》之山龍眼即本種。然本種并非龍眼之野生者，且科、屬均不相同，宜辨之。今亦稱"山枇杷"。

【山枇杷】

即山龍眼。今臺灣各地多行用此稱。見該文。

小葉朴

習見林木名。榆科，朴屬，小葉朴（*Celtis bungeana* Bl.）。落葉喬木。單葉互生，葉斜卵形至橢圓形，上部葉緣有鋸齒。核果單生葉腋，紫黑色。我國主要分布於遼寧以南至長江流域各地。樹皮可造紙、製人造棉。木材供建築，亦供藥用。種子歉年可度荒。

木桃兒樹
（明朱橚《救荒本草》）

明代典籍已有記載，時稱"木桃兒樹"。省稱"木桃"。明朱橚《救荒本草》卷六《木部》："木桃兒樹，生中牟土山間。樹高五尺餘。枝條上氣脉積聚爲疙瘩，狀類小桃兒，極堅實，故名木桃。其葉似楮葉而狹小，無花叉，却有細鋸齒；又似青檀葉。梢間另又開淡紫花。結子似梧桐子而大，熟則淡銀褐色，味甜，可食。救飢：采取其子熟者食之。"明鮑山《野菜博録》卷四："木桃兒樹，生中牟土山間。樹高五尺餘，枝條上聚爲疙瘩，狀類小桃兒，極堅。葉似青檀葉，梢間開淡紫花。結子似梧桐子，熟則淡銀褐色，味甜。"參閲清吴其濬《植物名實圖考·果類·木桃兒樹》。

按，石聲漢《農政全書校注》以爲《救荒本草》之木桃兒樹即小葉朴。今亦名"黑彈""朴樹""棒棒樹""白麻樹"。目前仍多野生，民間常采爲藥材。

【木桃兒樹】

即小葉朴。此稱明代已行用。見該文。

【木桃】[1]

即小葉朴。此稱明代已行用。見該文。

【黑彈】

即小葉朴。今稱。見該文。

【棒棒樹】

即小葉朴。今河北各地多行用此稱。見該文。

【白麻樹】

即小葉朴。今河南各地多行用此稱。見該文。

小葉青岡

習見林木名。殼斗科，青岡屬，小葉青岡〔*Cyclobalanopsis myrsinifolia*（Blume）Oerst.〕。常緑喬木。葉披針形或矩圓狀披針形，基部或中部以上葉緣有鋸齒，葉背面白色。殼斗半球形，質薄脆，堅果卵形，頂端有微柔毛。我國主要分布於長江流域及其以南各地。木材堅韌，可供建築、車輛、器械、農具、傢具用材。種子含澱粉，可食，亦供藥用。

晋代典籍已有記載，始稱"甜櫧"。明清時稱"麵櫧"。亦作"麪櫧"。《佩文韻府·上櫧》："甜櫧，陸璣《草木疏》：甜櫧子小，木文細白；苦櫧子大，木文粗赤。麵櫧，《草木疏》：甜櫧，俗名麵櫧。"明李時珍《本草綱目·果二·櫧子》："［集解］〔汪〕穎曰：櫧子有苦、甜二種，治作粉食、糕食，褐色甚佳。時珍曰……甜櫧子粒小，木文細白，俗名麵櫧。"清刊《授時通考·農餘門·甜櫧》："甜櫧子粒小，木文細白，俗名麵櫧。"清吴其濬《植物名實圖考·果類·麪櫧》："麪櫧與櫧苦同，葉長而狹，實尖。"

按，本種原稱"青棡"，原歸櫟屬（*Quercus* Linn.）。今納入"青岡屬"。俗稱"青栲""青鈎""小葉櫧""鐵櫧樹""紅棡"。參閲賈祖璋等《中國植物圖鑒》。

【甜櫧】[1]

即小葉青岡。此稱晋代已行用。見該文。

【麵櫧】

即小葉青岡。此稱清代已行用。見該文。

【麪櫧】

同"麵櫧"。即小葉青岡。此體清代已行用。見"小葉青岡"文。

【青棡】

即小葉青岡。今之俗稱。見該文。

【青栲】[1]

即小葉青岡。今浙江等地多俗用此稱。見該文。

【青鈎】

即小葉青岡。今江西等地多俗用此稱。見該文。

【小葉櫧】

即小葉青岡。今福建等地多俗用此稱。見該文。

【鐵櫧樹】

即小葉青岡。今之俗稱。見該文。

【紅椆】

即小葉青岡。今湖北等地多俗用此稱。見該文。

川楝

習見林木名。楝科，楝屬，川楝（*Melia azedarach* L.）。落葉喬木。樹皮灰褐色，幼嫩部密被星狀鱗片。二回奇數羽狀複葉，羽片四至五對，小葉卵形或窄卵形，全緣或少有疏齒。圓錐花序腋生，花冠淡紫色。核果，橢圓形或近球形，黄色或栗棕色，内果皮木質，有棱。種子橢圓形，扁平。我國主要分布於甘肅、河南、湖北、湖南、貴州、四川及雲南等地。木材可供傢具及農具用材。根、葉、果可入藥。

先秦典籍已有記載，時稱“欄”。《周禮・考工記・𢸫氏》：“湅帛以欄爲灰，渥淳其帛。”鄭玄注：“以欄木之灰，漸釋其帛也。”孫詒讓正義：“欄即楝字。”《集韻・去霰》：“楝，欄。《説文》：木也。或作欄。”因多生四川，且藥用最佳，故名“川楝”。此稱宋代已行用。亦稱“川楝子”“石茱萸”。宋陳言《三因極一病證方論》卷一三：“黑錫丹，硫黄二兩，先溶黑鉛成汁，入硫黄在内，勿令焰起，候硫黄化，傾出於九重紙上，著地急以碗蓋，令出火毒；黑鉛二兩，不夾錫者；川楝、陽起石、木香、沉香、青皮各五錢……每服三五十至百丸，濃人參茯苓薑棗湯下。”金劉完素《宣明方論》卷一一：“大延胡索散，治婦人經病，并産後腹痛，或腹滿喘悶，或癥瘕癖塊及一切心腹暴痛：延胡索、當歸、赤芍藥、京三稜、川楝子、蓬莪茂、官桂、厚朴、木香、川芎……右爲末每服三錢。”舊題金李杲《珍珠囊補遺藥性賦》卷四：“川楝子號金鈴，冷氣膀胱能作主。”書注：“川楝子，味苦，寒，有小毒。處處有之，蜀中者良。”元危亦林《世醫得效方》卷一一：“瘹氣用釣藤、川楝子或加白茅根、竹葉。”明宋詡《竹嶼山房雜部・尊生部一・湯部》：“木香苦湯：片子薑黄四兩，縮砂仁半兩……川楝子炒半兩，白扁豆去皮蒸熟焙乾秤二兩。右爲細末，每服一二錢，空心沸湯點服。”明楊慎《升菴經説・蛟龍畏欄》：“《𢸫氏》以欄爲灰，欄即今川楝子也，一名金鈴子，一名石茱萸，獬豸食之，蛟龍畏之。”清代亦稱“欄木”。清刊《授時通考・農餘門・餘甘子附》：“餘甘子，泉州山中亦有，狀如川楝子，形圓，味類橄欖，亦可蜜漬鹽藏。其木可製器物。”清段玉裁《説文解字注・木部》：“欄，欄木也。各本篆作楝，下文云‘柬聲’，今改正。按:《考工記》‘以欄爲灰’，字作欄，許於‘欒’下云：‘木似欄’，然則此當同《考工記》可知矣。《廣韻》廿五寒‘欄’下云：木名，從古字古音也。欄俗作楝，乃用欄爲闌，欗俗字。欄實曰金鈴子，可用浣衣。”《通雅・植物》：“欄，楝子也。《𢸫氏》以欄爲灰，欄即今之川練子也。一名金鈴子，一名石茱萸。獬豸食之，蛟龍畏之。智按古連蘭相通，連石音爛石。《説文》瀾或作漣可證。”

本種今多生於土壤濕潤肥沃地段。近年亦有人工栽培，多用播種育苗。人工造林，以矮林作業及萌芽更新。

【欗】

即川楝。此稱先秦時期已行用。見該文。

【川楝子】

即川楝。亦特指其實。此稱金代已行用，沿用至今。見該文。

【石茱萸】

即川楝。亦特指其實。此稱明代已行用。

【欗木】

即川楝。此稱清代已行用。見該文。

【川練子】

同“川楝子”。即川楝。此體明代已行用。見“川楝”文。

【金鈴子】[1]

即川楝。亦特指其實。此稱晉代已行用。并沿稱至今。晉葛洪《肘後備急方》卷五：“〔經驗方〕治丈夫本藏氣傷膀胱連小腸等氣：金鈴子一百個，温湯浸過去皮，巴豆二百個槌微破，麩二升同於銅鍋内炒。金鈴子赤熟爲度，放冷取出去核爲末，每服三錢。”宋蘇軾、沈括《蘇沈良方》卷四：“治一切積滯，化氣消食，補益真氣，産後逐敗血，補虚損至善……金鈴子三兩洗過，切破四面，無灰，酒浸一宿候軟，以刀刮下瓤，去皮核不用。”宋許叔微《類證普濟本事方》卷二：“〔金鈴圓〕金鈴子肉五兩，小茴香炒，兔絲子、馬藺花炒，海蛤、破故紙、海帶各三兩，木香、丁香各一兩。右細末糊丸如梧子大，每服二三十丸，温酒鹽湯下，空心食前服。”宋張世南《游宦紀聞》卷一：“《圖經本草》人家最不可缺。醫者處方則便可知藥性，飲食果菜則便可知避忌。然其間有常用之藥而載以異名，卒難尋究。鄱郡官書有本草異名一篇，盡取諸藥它名登載，似覺繁冗，今摘常用者書於此，以備博知：荊芥曰假蘇香，附子曰莎草根，金鈴子曰練實。”

天竺桂

習見林木名。樟科，樟屬，天竺桂（*Cinnamomum japonicum* Siebold）。常緑喬木。樹皮灰褐色。單葉互生，橢圓形，全緣，革質，具光澤，有芳香。聚傘花序，生於葉腋，花淡黄色，六月開。我國主要分布於廣東、海南諸地。木理緻密，可製器具。種子可榨油，亦可製蠟或肥皂。

我國人民早已熟知此樹。天竺桂一名始見於五代李珣《海藥本草》。宋明多有記載。省稱“天竺”。亦稱“山桂”“月桂”。宋唐慎微《證類本草·木部中品·天竺桂》：“天竺桂，味辛，温，無毒。主腹内諸冷血氣脹。功用似桂皮，薄不過烈。生西胡國。”明李時珍《本草綱目·木一·天竺桂》：“〔集解〕〔李〕珣曰：‘天竺桂，生南海山谷。功用侣桂，其皮薄不甚辛烈。’〔寇〕宗奭曰：‘皮與牡桂相同，但薄耳。’時珍曰：‘此即今閩粤浙中山桂也。’”明陳耀文《天中記》卷五一：“天竺，天竺桂。生西胡國。功用似桂，不過之（《圖經》）。”《續通志·木類》：“天竺桂，生閩粤兩浙，而台州天竺最多，故名。大樹繁花，結實如蓮子狀。天竺僧人稱爲月桂。其花時常不絶，故道經謂之不花，不以供獻。”

按，天竺桂一名始見五代李珣《海藥本草》，《本草綱目》《續通志》諸書亦以爲産閩粤兩浙等地，賈祖璋等《中國植物圖鑒·樟科》：

"天竺桂（《本草綱目》）［生態］常緑喬木。產於廣東海南島。"江蘇新醫學院（現南京醫科大學）《中藥大辭典・桂皮》以爲天竺桂乃桂皮之原植物之一。然現代諸《樹木志》及《高等植物圖鑒》均無此樹之記載。其拉丁學名亦作 *Cinnamomum japonicum* Sieb.。今核牧野《日本植物圖鑒・樟科》"やぶにくけい（*Cinnamomum japonicum* Sieb.）"名下有"漢名天竺桂（誤用）"字樣，未詳誤在何處，今附供考。

【天竺】

"天竺桂"之省稱。此稱明代已行用。見該文。

【山桂】

即天竺桂。此稱明代已行用。見該文。

【月桂】[1]

即天竺桂。此稱清代已行用。見該文。

木荷

習見林木名。山茶科，木荷屬，木荷（*Schima superba* Gardn. et Champ.）。常緑喬木。樹幹端直，樹冠廣圓形。單葉互生，革質，卵狀橢圓形至矩圓形，深緑，光澤，葉緣具鈍齒。花冠五瓣，白色，單生或頂生呈短總狀花序，具芳香。蒴果木質，扁球形。花期4至7月，9至10月果熟。我國主要分布於皖、浙、閩、贛、湘、粵、臺、黔、川等省。供觀賞。亦可營造用材林及防護林。木材堅硬，可供建築、紡錠用材。葉、根可入藥。樹皮粉可毒魚。

何　樹
（清吴其濬《植物名實圖考》）

清代始有記載，時稱"何樹"。清吴其濬《植物名實圖考・木類・何樹》："何樹，江西多有之。材中棟梁……雩婁農曰：何樹，巨木也，宫室器具之用，益於民大矣。"按，鄭萬鈞等《中國樹木志・山茶科・木荷》以爲《圖考》之何樹即木荷。木荷葉厚、木硬、不易燃燒，今南方山地造林常用於營造防火林帶。亦多用於城市緑化，頗受歡迎。今亦稱"木和""荷樹""柯樹""苖樹""偉柑樹"。又，清吴其濬以爲古志書之"柯""木何""和"諸樹名即此，今附俟考。

【何樹】

即木荷。此稱清代已行用。見該文。

【木和】

即木荷。今浙江麗水地區多行用此稱。見該文。

【荷樹】

即木荷。今廣東地區多行用此稱。見該文。

【柯樹】[1]

即木荷。今福建地區多行用此稱。見該文。

【苖樹】

即木荷。今浙江温州地區多行用此稱。見該文。

【偉柑樹】

即木荷。今稱。見該文。

木棉樹

習見林木名。錦葵科，木棉屬，木棉樹（*Bombax ceiba* L.）。落葉大喬木。幹挺拔，枝輪生，水平伸展，具短粗圓錐形棘刺。掌狀複葉，互生，小葉五至七枚，長橢圓形至長橢圓狀披針形，全緣，光滑無毛。春季先葉開花，紅色，杯形，簇生於枝端。蒴果，卵狀，五裂。種子倒卵形，多數，隱於絹絲狀纖維中。爲熱帶樹種，我國主要分布於兩廣、滇、川及海南、臺灣等省區，福建等地亦有栽培。木材可製傢具。花供觀賞，亦可食用。根、根皮、樹皮、花均可入藥。

魏晋以前木棉樹常與棉花（草棉）混稱。晋代稱“木緜樹”。省稱“緜”。《文選·左思〈吴都賦〉》：“緜杬杶櫨，文欀楨橿。”唐李善注引晋劉逵曰：“木緜樹高大，其實如酒杯，皮薄，中有如絲綿者。”唐宋時稱“木綿”，并始行用此稱，亦稱“斑枝花”，梵語音譯爲“古貝”。唐章碣《送謝進士歸閩》詩：“却擁木綿吟麗句，便攀龍眼醉香醪。”注：“《閩嶺志》：南方多木綿，土人競植之，采其花爲布。”《廣韻·平仙》：“棉，木棉。樹名。《吴録》云：‘其實如酒杯，中有緜如蠶緜，可作布。’又名曰緤。”宋樂史《太平寰宇記·嶺南道·元領縣》：“雷公廟在州西南七里，咸通十二年置竈山，山上有炭坑，又有木棉樹，一實得綿數兩。”明李時珍《本草綱目·木三·木棉》：“木棉有二種：似木者名古貝，似草者名古終。或作吉貝者，乃古貝之訛也。”明徐弘祖《徐霞客游記·粵西游日記四》：“木棉樹甚高而巨，粵西隨處有之，而此中尤多；春時花大如木筆，而紅色爍然，如雲錦浮空。”《通雅·植物》：“《華陽國志》言，寧州有梧桐花，可績爲布，幅廣五尺，此即木棉樹開花。”明劉績《霏雪録》卷上：“唐李商隱詩：‘木棉花發鷓鴣飛。’又王叡詩：‘紙錢灰出木棉花。’南中木棉樹，大盈抱，花紅似山茶，黄蕊，花片極厚，非江南所藝者。”清彭孫遹《松桂堂全集》卷四二：“《春日游海幢寺呈無公》：春江亂野渡，一舸如杯輕。閑身曉投寺，遠見雙幢旌。寺門對江水，水静緑始生。風吹木棉樹，紛紛墜紅英。”《廣東通志·物産志·木》：“木棉樹，大可合抱，高者數丈，葉如香樟，瓣極厚，一條五六葉。正二月開大紅花，如山茶而蕊黄色，結子如酒盃，老則拆裂有絮，茸茸與蘆花相似。花開時無葉，花落後半月始有新緑，其絮土人取以作裀褥。”因其花大且紅，今亦稱“英雄樹”。柳亞子《追憶張秋石女士》詩：“一慟神州萬涕嘩，南天忍見木棉花。”自注：“木棉花，一名英雄樹，蓋廣州之市花。”

木棉（木棉樹）
（清吴其濬《植物名實圖考》）

【緜】

即木棉樹。爲棉之古字。因其果内壁有絹絲似棉，故名。此稱晋代已行用。見該文。

【木緜樹】

同“木棉樹”。此體晋代已行用。見該文。

【木綿】[1]

即木棉樹。此稱唐代已行用。見該文。

【斑枝花】

即木棉樹。此稱明代已行用。見該文。

【古貝】

即木棉樹。係梵語 karpāsa 或馬來語 kapas

之音譯。曾行用於宋明時。舊作“吉貝”，明李時珍以爲係古貝之訛。今多不用。見該文。

【英雄樹】

即木棉樹。今之譽稱。見該文。

【攀枝花】

即木棉樹。爲斑枝花之音訛。省稱“攀枝”。亦稱“斑枝花”“瓊枝”。福建等地明清時多行用此稱。明李時珍《本草綱目·木三·木棉》:“交廣木綿，樹大如抱。其枝似桐。其葉大，如胡桃葉。入秋開花，紅如山茶花，黄蕊，花片極厚，爲房甚繁，逼側相比。結實大如拳，實中有白綿，綿中有子。今人謂之斑枝花，訛爲攀枝花。”明徐光啓《農政全書》卷三五:“《南史》所謂林邑吉貝,《吴録》所謂永昌木棉，皆指草本之木棉，可爲布，意即娑羅木。然與斑枝花絶不類。”明徐弘祖《徐霞客游記·粤西游日記四》:“〔木棉樹〕春時花大如木筆，而色紅燦然，如雲錦浮空，有白鳥成群，四面翔繞之，想啄其叢也。結苞如鴨蛋，老裂而吐花，則攀枝花也。”明王世懋《閩部疏》:“木棉花者，高樹丹花若茶，吐實蓬蓬，吴中所謂攀枝花也。”明徐應秋《玉芝堂談薈》卷三六:“《廣州志》稱攀枝花，高四五丈，類山茶，殷紅如錦，一名木錦棉花。”明陸容《菽園雜記》卷一二:“木棉花，生南越。樹高四五丈，花紅似山茶，子如楮實，棉出子中，可貯茵褥。蘇州人稱攀枝花者是也。”《事物異名録·樹木·棉》:“《閩部疏》: 木棉花,《惠安志》名爲攀枝花，楊用修乃曰班枝花，與吴所稱攀枝，蓋三名實一物也……木棉，一名瓊枝。”清陳淏子《花鏡》卷三:“攀枝花一名木棉。産於南越，樹類梧桐，高四五丈。葉類桃而稍大，花似山茶，開時殷紅如錦。結實大如酒盃，絮吐於口，即攀枝花。”見“木棉樹”文。

【班枝花】

即攀枝花。此稱明代已行用。見該文。

【攀枝】

“攀枝花”之省稱。此稱清代已行用。見該文。

【瓊枝】

即攀枝花。此稱清代已行用。見該文。

【木錦棉花】

即木棉樹。因其花殷紅如錦，故名。此稱明代已行用。明徐應秋《玉芝堂談薈》卷三六:“《廣州志》稱: 攀枝花，高四五丈，類山茶，殷紅如錦，一名木錦棉花。”見“木棉樹”文。

木蝴蝶

習見林木名。紫葳科，木蝴蝶屬，木蝴蝶〔*Oroxylum indicum*（L.）Kurz〕。落葉大喬木。三至四回羽狀複葉，對生，小葉橢圓形至廣卵形。總狀花序頂生，花萼肉質，鐘狀；花冠橙紅色。蒴果木質，扁平。種子具翅。我國主要分布於雲南、貴州、四川、廣西、廣東、福建等地。木材可供傢具等用材。種子、樹皮可入藥。其種子薄如翼，形似蝴蝶，故名。

清代典籍已有記載，并已行用此稱。清趙學敏《本草綱目拾遺·木部·木蝴蝶》:“木蝴蝶，出廣中，乃樹實也，片片輕如蘆中衣膜，色白似蝴蝶形，故名（四邊薄而明，中心微厚，不甚透明，似有子壁錢白膜狀）。”

按，此樹種子供藥用，亦俗稱“朝簡”“老鴉船”，樹亦藥名。其花冠大，紫色，果長大，種子似白蝶，今常用作觀賞樹木。

【朝簡】

即木蝴蝶。今之俗稱。見該文。

【老鴉船】

即木蝴蝶。今之俗稱。見該文。

【千張紙】

即木蝴蝶。亦稱“兜鈴”“三百兩銀”。種子具翅，其薄如紙，故名。此稱多行用於明代。明蘭茂《滇南本草・千張紙》：“千張紙，此木實似扁豆而大，中實如積紙，薄似蟬翼，片片滿中，故有兜鈴、千張紙之名……民族地區呼爲三百兩銀藥者，蓋其治蠱得效也。”明周嘉胄《香乘》卷二〇：“爐灰鬆則養火久，實則退。今惟用千張紙灰最妙，爐中晝夜火不絶，灰每月一易佳，他無需也。”《清一統志・廣南府・土産》：“雲竹、千張紙（木實也，形如稨豆，其中片片如蟬翼，焚爲灰，可治心氣痛）、草果。”《雲南通志・物産・廣南府》：“千張紙，木實也。形似稨豆，其中片片如蟬翼，焚爲灰，可治心氣痛。”清吴其濬《植物名實圖考・木類・千張紙》：“千張紙生廣西，雲南、景東、廣南皆有之。大樹，對葉如枇杷葉，亦有毛，面緑背微紫……子薄如榆莢而大，色白。”俗稱“故紙”。見“木蝴蝶”文。

千張紙
（清吴其濬《植物名實圖考》）

【兜鈴】

即千張紙。此稱明代已行用。見該文。

【三百兩銀】

即千張紙。此稱明代已行用。見該文。

【故紙】

即千張紙。此稱清代已行用。見該文。

五月茶

習見林木名。大戟科，五月茶屬，五月茶〔*Antidesma bunius*（L.）Spreng.〕。常緑喬木，高達 10 米。樹皮灰褐，幼枝具明顯皮孔。單葉互生，革質，有光澤，倒卵狀長圓形。花單性，雌雄异株；雄花爲頂生或側生穗狀花序；雌花總狀花序，生於分枝頂部；花萼緑色，淺杯狀。核果球形，紅色，乾後略扁，具皺紋。廣布於亞洲東南部熱帶地區。我國主要分布於廣東、海南、廣西、雲南、貴州、湖南、福建、江西等地。木材結構細緻，材質重，可供車輛、箱板用材。根、葉、果可入藥。亦可供山地緑化造林。清代稱“五味葉”“五味菜”。清何克諫《生草藥性備要》上卷：“五味葉，味酸，性平。止咳、止渴，洗瘡亦可。”清末蕭步丹《嶺南采藥録・五味藥》：“五味菜，性平。止咳止渴。洗創亦可。”參閱江蘇新醫學院《中藥大辭典・五月茶》。

【五味葉】

即五月茶。此稱清代已行用。見該文。

【五味菜】

即五月茶。此稱清代已行用。見該文。

水松[1]

習見林木名。柏科，水松屬，水松〔*Glyptostrobus pensilis*（Staunt. ex. D Don）K. Koch〕。落葉喬木。樹幹具扭紋，生於濕地環境者，幹基膨大具圓棱及藤狀吸收根。葉二型：有冬芽之枝葉鱗形，冬季宿存；側生小枝具條形鑽形葉，兩側扁，常排列呈羽狀，冬季脱落。雌雄同株，球花單生枝頂；雌球花卵狀橢圓形。球果直立，倒卵圓形，種鱗木質，大小不等。種子橢圓形，微扁，基部具一向下之長翅。我國主要分布於廣東珠江三角洲、福建閩江下游，廣西合浦、雲南東南部亦有少量分布。主要用於固堤、護岸及防風造林。亦用於暖濕地園林緑化。木材供建築、傢具等用。樹根鬆軟，可爲救生圈、瓶塞原料。球果、樹皮可製栲膠。葉、果可入藥。

水 松
（清吴其濬《植物名實圖考》）

秦漢時已有記載，始稱“椶”。《山海經・西山經》：“厎陽之山，其木多椶、枏、豫章。”郭璞注：“椶，似松，有刺，細理。”漢張衡《南都賦》：“其木則欆松楔，槾柏杻橿。”“水松”之稱魏時已行用，沿稱至今。因生態變化，樹性有异，嶺北人猶重此木，多用以製香。晋嵇含《南方草木狀》卷中：“水松，葉如檜而細長。出南海。土産衆香，而此木不大香，故彼人無佩服者。嶺北人極愛之，然其香殊勝在南方時。”明清時多以此植水旁護堤、固岸又兼美化。清李調元《南越筆記・水松山松》：“水松者，椶也，喜生水旁……言其枝葉則曰水松也。”清吴其濬《植物名實圖考・果類・水松》：“水松産粤東下關，種植水邊，株多排種，水浸易長，葉碧花小，如柏葉狀。樹高數丈，葉清甜可食，子甚香美……水松，檜之屬也，故宜水。廣中凡平隄曲岸，皆列植以爲觀美。歲久蒼皮玉骨，礧砢而多瘿節，高者坒騈，低者蓋漫。其根漬水，輒生鬚鬛，嬝娜下垂。”

水松爲我國南方特有古老樹種，屬第四紀冰川孑遺植物，亦本屬唯一種。對研究杉科植物之系統發育、古植物學及第四紀冰川氣候等均具重要價值。1929年，胡先驌始於《中國植物圖譜》著録。1937年，陳嶸收入《中國樹木分類學》。今廣東韶關南華寺存七株古樹，均逾千年，依然生長旺盛。水松原種於1984年被列爲國家二級保護植物，於1992年被林業部列爲一級保護樹種。今除産地水鄉多有種植外，長江流域各大城市亦多栽培，爲美化生活環境頗多增益。又俗稱“水石松”“水棉”。

【椶】

即水松[1]。此稱秦漢時期已行用。見該文。

【水石松】

即水松[1]。今南方民間多俗用此稱。見該文。

【水棉】

即水松[1]。今南方民間多行用此稱。見該文。

【水杉】[1]

“水松[1]”之別名。此稱清代已行用。因其樹幹似杉，性喜水濕，故名。清屈大均《廣東新語・木語》：“水松者，椶也。喜生水旁。其幹也得杉十之六，其枝葉得松十之四，故一名水杉。言其幹則曰水杉，言其枝葉，則曰水松也……廣中凡平堤曲岸，皆列植以觀美，歲久蒼皮玉骨，礧砢而多瘿節，高者麈騈，低者蓋偃，其根浸漬水中，輒生鬚鬛，嬝娜下垂。葉清甜可食。子甚香。”參閲清吴其濬《植物名實圖考・果類・水松》。見“水松[1]”文。

【楔木】

即水松[1]。此稱清代已行用。清趙學敏《本草綱目拾遺·木部·木》："楔木，似檜，亦名水松。抱木生者性韌。皮同乘鮮，剥削造履，俗稱抱香履，潮州頗多。"見"水松[1]"文。

水馬桑

習見林木名。忍冬科，錦帶花屬，水馬桑〔*Weigela japonica* Thunb. var. *sinica*（Rehd.）Bailey〕。落葉小喬木。爲日本錦帶花（*Weigela japonica*）之變種。葉長卵形、橢圓形或倒卵形，上面疏被糙毛，脉上尤密。聚傘花序，小花一至三朵，白至淡紅色。蒴果具喙，外面疏被微毛或近無毛。種子小，具翅。我國主要分布於長江流域以南各省。供觀賞。

半邊月
（清吴其濬《植物名實圖考》）

唐代典籍已有記載，時稱"楊櫨"，亦稱"空疏"。後世沿用此稱。明李時珍《本草綱目·木三·楊櫨》引唐代藥學家蘇恭曰："楊櫨一名空疏，所在皆有，生籬垣間。其子爲莢。"《通雅·植物》："楊櫨，名空疏。生籬間，有莢。"《廣群芳譜·藥譜八·楊櫨》："《唐本草》：楊櫨一名空疏，所在皆有……葉氣味苦，寒，有毒。治疸瘺惡瘡，水煮汁，洗之立瘥。"清代亦稱"半邊月"。清吴其濬《植物名實圖考·群芳類·半邊月》："半邊月生廬山。小樹枝攢生梢頭，葉似綉球花葉而窄，粗紋極類。春開五瓣短筒子花，外白内紅，似杏花而尖，多蕊。"今亦稱"白馬桑""水綉球""麻布柴""鷄骨柴""大號黄山掌"。《廣群芳譜》引《藥録》以爲溲疏亦稱"楊櫨"，又名"空疏"，或以爲同名异物。俟考。參閲鄭萬鈞等《中國樹木學·忍冬科》。

【楊櫨】

即水馬桑。此稱唐代已行用。見該文。

【空疏】

即水馬桑。此稱唐代已行用。見該文。

【半邊月】

即水馬桑。此稱清代已行用。見該文。

【白馬桑】

即水馬桑。今四川、湖北等地多行用此稱。見該文。

【水綉球】

即水馬桑。今湖北宜昌等地多行用此稱。見該文。

【麻布柴】

即水馬桑。今江西各地多行用此稱。見該文。

【鷄骨柴】

即水馬桑。今浙江各地多行用此稱。見該文。

【大號黄山掌】

即水馬桑。今浙江各地多行用此稱。見該文。

水黄皮

習見林木名。豆科，水黄皮屬，水黄皮〔*Pongamia pinnata*（Linn.）Pierre〕。常緑喬木。嫩枝梢被毛。奇數羽狀複葉互生，小葉五至七枚，對生，卵形至長橢圓形，先端漸尖，基部寬楔形或圓形。總狀花序腋生，花冠白色或粉紅色。莢果木質，秃净，矩圓形，頂端具短喙。種子一枚，腎形。我國主要分布於廣東、海南、廣西及臺灣等地。因喜生水畔及潮汐所至之處，故可爲護堤、防風及觀賞樹種。木材可供箱板及傢具用材。枝葉可作綠肥或飼料。種子可榨油。全株可入藥。

清代已應用其種子醫病。時稱“水流豆”。清何克諫《生草藥性備要》上卷：“水流豆，性大寒，有微毒。最凉疥癩。乏血虚人勿用。燒灰亦可擦癬。”清末蕭步丹《嶺南采藥録・水流豆》：“水流豆，性大寒，有微毒。凉疥癩，但能敗血，虚人勿用……不宜入服劑。”今亦稱“野豆”“九重吹”“水羅豆”“水刀豆”。參閱《中藥大辭典・水黄皮》。

【水流豆】

即水黄皮。此稱清代已行用，沿稱至今。見該文。

【野豆】

即水黄皮。今廣東各地多行用此稱。見該文。

【九重吹】

即水黄皮。今臺灣島内多行用此稱。見該文。

【水羅豆】

即水黄皮。今廣東各地多行用此稱。見該文。

【水刀豆】

即水黄皮。今廣東各地多行用此稱。見該文。

毛泡桐

習見林木名。泡桐科，泡桐屬，毛泡桐〔*Paulownia tomentosa*（Thunb.）Steud.〕。落葉喬木。高可達15米，胸徑近1米。主幹低矮，分枝角度大。單葉對生，寬卵形或卵狀心形，紙質，密被長柔毛及黏質腺毛。聚傘花序，具長柄；花蕾近球形或倒卵形，密被黄或灰色分枝毛；花冠鐘形；花色自淺紫白色至藍紫色，表面銹色，花冠内密生白色毛。蒴果近卵形，先端細尖，果皮木質，質薄而脆。種子極多，并具薄翅。我國主要分布於華北、中原及華東各地。材質輕軟，適合於傢具等用材。根、花、葉等可入藥。

我國培育毛泡桐歷史悠久，古與泡桐、梧桐、油桐等混稱爲桐。宋代典籍已有記載，始稱“紫花桐”。宋陳翥《桐譜・類屬》：“桐之類非一也，今略志其所識者……一種文理細而體性緊，葉三角而圓，大於白花花葉，其色青如，上多毳而不光滑。葉甚硬，文微赤擎，葉柄毳而亦然。多生於向陽之地，其盛茂拔，但不如白花者之易長也。其花亦先葉而開，皆紫色，而作穗有類紫藤花也。其實亦穗，如乳而微尖，狀如訶子而黏。《莊子》所謂‘桐乳致巢’，正爲此紫花桐實。而中亦兩房，房中與白花實相似，但差小也，謂之紫花桐。”明代亦稱“岡桐”。明李時珍《本草綱目・木二・桐》：“其花紫色者名岡桐……紫花桐，文理細而體性堅，亦生朝陽之地，不如白桐易長。其葉三角而圓，大如白桐，色青多毛而不光，且硬，微赤。亦先花後葉，花紫色。”

按，本種是本屬中最耐寒的一種，但又不甚耐寒。20世紀50、60年代，北京僅在市内避風處見兩株毛泡桐，生長并不理想。由於生長較慢。樹幹較低，不宜農桐間作（或稱桐糧間作）。可在山區與較寒冷處零星種植。另，本種尚有光泡桐、白花毛泡桐、黄毛泡桐等變種。參閱《桐譜校譯》（彭述綱、貴州歷史研究會等）。

【紫花桐】

即毛泡桐。此稱宋代已行用，沿稱於後世。

見該文。

【岡桐】[1]

即毛泡桐。此稱明代已行用。見該文。

毛葉合歡

習見林木名。豆科，合歡屬，毛葉合歡〔*Albizia mollis*（Wall.）Boivin〕。落葉喬木。高可達 20 米。樹皮深灰色或灰褐色；小枝密被柔毛。二回羽狀複葉，羽片四至十對；小葉九至十九對，鐮狀長圓形，先端鈍，葉背被灰黄色長柔毛。頭狀花序簇生於葉腋或呈傘房狀，花序柄被柔毛，花白色。莢果帶狀，扁平，棕色。我國主要分布於雲南、西藏、貴州、四川等地。常散生於海拔 1800~2500 米山地或林中。本種耐乾旱瘠薄，適合荒山造林，亦可供城鎮緑化。木材堅硬，可製傢具、模型、器具。樹皮可提製栲膠。全樹可放養紫膠蟲，以收蟲膠。

大毛毛花
（清吴其濬《植物名實圖考》）

清代雲南各地常於節日插簪裝飾用。時稱“大毛毛花”“夜合樹”。清吴其濬《植物名實圖考·木類·大毛毛花》：“大毛毛花即夜合樹，有二種。一種葉大，花如馬纓，初開色白，漸黄。一種葉小，花如球，色淡緑，有微香近甜。滇俗四月八日，婦女無不插簪盈髩以花，似佛髻云。陳鼎《滇黔紀游》，夜合樹高廣數十畝，枝幹扶疏曲折，開花如小山覆錦被，絶非江浙馬纓之比。宜其攀折不盡，足供茶雲壓鬢顫釵矣。”以其描述，較其圖形，當即本種。又，本種頗似合歡（馬纓花），然花色不同爲异（合歡花淡紅色）。今亦稱“滇合歡”。

【大毛毛花】

即毛葉合歡。此稱清代已行用。見該文。

【夜合樹】

即毛葉合歡。此稱清代已行用。見該文。

【滇合歡】

即毛葉合歡。因産滇地，故名。今雲南各地多行用此稱。見該文。

化香樹

習見林木名。胡桃科，化香樹屬，化香樹（*Platycarya strobilacea* Sieb. et Zucc.）。落葉小喬木或灌木。奇數羽狀複葉，互生，小葉卵狀披針形或長橢圓狀披針形。葉緣具重鋸齒。花單性，雌雄同株，穗狀花序排列成傘房狀，中央一枝常爲兩性花序。果序球果狀，長橢圓形；小堅果扁平，圓形，具二狹翅。我國主要分布於華中、華南、西南、華東及甘、陝等地。木材可供傢具、箱板、農具及纖維工業原料。葉、果實可入藥。樹皮等可製栲膠。

化香樹
（清吴其濬《植物名實圖考》）

清代典籍始有記載，并已行用此稱。清吴其濬《植物名實圖考·木類·化香樹》：“化香樹，湖南處處有之。高丈餘，葉微似椿，有圓齒，如橡葉而薄柔。結實如松球刺，扁亦薄。子在刺中，似蜀葵子。破其球，香氣芬烈，土人取其實以染黑色。”

化香樹屬有二種，除本種外，另一種爲圓果化香樹（*P. longipes*）。本種今俗稱“放香樹”“花果兒樹”“栲香”“花籠樹”“花香木”。按，舊時有將化香木與本種混稱者，宜辨之。參閲賈祖璋等《中國植物圖鑒》。

【放香樹】

即化香樹。堅果破而放香，故名。今湖北等地多行用此稱。見該文。

【花果兒樹】

即化香樹。今江蘇南京等地多行用此稱。見該文。

【栲香】

即化香樹。今浙江寧波等地多行用此稱。見該文。

【花籠樹】

即化香樹。今江蘇溧陽等地多行用此稱。見該文。

【花香木】

即化香樹。今山東等地多行用此稱。見該文。

白皮松

習見林木名。松科，松屬，白皮松（*Pinus bungeana* Zucc. ex Endl.）。常緑喬木。樹皮灰緑或灰白色，平滑，長成後成不規則薄片狀脱落。針葉，三針一束，粗硬，葉背邊緣具細齒，球果卵圓形或圓錐狀卵形，成熟時黄褐色。種子近倒卵形，灰褐色，種翅較短，易脱落。我國主要分布於山西、河南、陝西、甘肅，川北、鄂西，遼寧、山東、江蘇、京津等地有栽培。樹姿優美，白幹巨冠，蒼翠挺拔，極適於庭院、公園、街衢緑化。材質優良，花紋美麗，可供建築、傢具、文具用材。球果可入藥。種子可食。

我國栽培利用白皮松歷史悠久。宋代始稱“栝松”。亦稱“栝子松”“剔牙松”“踢牙松”。宋周密《癸辛雜識前集・松五粒》：“凡松葉皆雙股，故世以爲松釵，獨栝松爲每穗三鬚。”白皮松樹姿優美，可植庭院，亦可做成盆景供觀玩，吴中多有玩賞者。元僧祖柏《朝命移栽栝子松於内苑》詩：“大夫去作棟梁材，無復清陰覆緑苔。今夜月明風露冷，誤他千里鶴飛來。”明王鏊《姑蘇志・土産・木之屬》：“栝子松，雖産他郡，而吴中爲多，故家有逾百年者。或盤結盆盎尤奇，亦可沈子而生。”其花蕊尚可爲蔬食。明鮑山《野菜博録》卷四：“松樹，樹有三種：一名栝子松，一名踢牙松，一名雲南五針松，其葉後凋，有三針五針之别……食法：采花煠熟去其苦味，和麵油鹽調食之。”《通雅・植物》：“栝，結子松也……許氏所謂鞠，今世有羅漢松、瓔珞松、剔牙松、金松、小松、瓔珞柏、扁柏、柳柏、血柏、圓柏，圓柏即刺柏，所謂檜也。定以結子曰栝子松。”《山堂肆考・樹木》：“《格物總論》：松樹欂柯多節，皮極粗厚，望之如龍鱗盤根，樛枝四時青青不改柯葉，春二三月抽蕤生花結子。然有數品，或二針，或三針，或五針。三針者謂栝子松，五針者謂崧子松。”白皮松可入藥，子可食用；老枝白衣可以爲香；虬枝盤根，尤宜盆玩。明李時珍《本草綱目・木一・松》：“松樹礧砢，修茸多節……三針者爲栝子松。”明陸深《春雨堂隨筆》：“栝松百年，即有白衣如粉，《本草》謂之艾納香。”明王世懋《學圃雜疏・果疏・栝子松》：“栝子松俗名剔牙松，歲久亦生實。雖小，亦甘香可食。南京徐氏西園一株，是元時物。秀色參天，目中第一。”清吴其濬《植物名實圖考・木類・松》：“園庭古寺有麈尾松，栝子松（即剔牙松）、金錢松、鵝毛松，皆盆几之玩，非棟梁之用，五大夫之庶孽耳。”清刊《授時通考・農餘門・松》：“松：竦幹虬枝，磥砢多節，歲久皮皴，望若龍鱗……三針者爲栝子松。”

按，松屬植物約八十餘種，我國分布二十二種及二變種。種鱗鱗臍背生，針葉三針一束且樹皮灰白或灰緑者，唯白皮松與西藏白皮松。甚是美觀，頗具觀賞價值。陳植《觀賞樹木學》（中國林業出版社1984年版）以爲栝松即今通稱之白皮松。亦稱“白松”“白骨松”“三針松”“白果松”“虎皮松”“蛇皮松”“蟠龍松”。陳植《觀賞樹木學・白皮松》：“白皮松（*Pinus bungeana* Zucc.ex Endl.）亦稱白松、白骨松、栝松（《癸辛雜識》）、三針松（河南）、白果松（北京）、虎皮松（山東）、蛇皮松（《江蘇植物名彙》）、蟠龍松（河北）。”

【栝松】

即白皮松。此稱宋代已行用。見該文。

【栝子松】

即白皮松。此稱元代已行用。見該文。

【剔牙松】

即白皮松。此稱明代已行用。見該文。

【踢牙松】

即白皮松。疑即“剔牙松”之音訛。此稱明代已行用。見該文。

【白松】

即白皮松。其樹皮灰白，故名。今稱。見該文。

【白骨松】

即白皮松。其内皮色白，故名。今河南等地多行用此稱。見該文。

【三針松】

即白皮松。其葉三針一束，故名。今河南等地多行用此稱。見該文。

【白果松】

即白皮松。其樹皮灰白、種子可食，故名。今北京等地多行用此稱。見該文。

【虎皮松】

即白皮松。其老樹皮斑駁脱落如獸皮，故名。今山東各地多行用此稱。見該文。

【蛇皮松】

即白皮松。其老樹皮斑駁脱落如蛇皮，故名。今江蘇各地多行用此稱。見該文。

【蟠龍松】

即白皮松。今河北等地多行用此稱。見該文。

冬青[1]

習見林木名。冬青科，冬青屬，冬青（*Ilex chinensis* Sims）。常緑喬木。單葉互生，葉薄革質，長橢圓形。花單性，雌雄异株；聚傘花序，腋生。核果橢圓形，深紅色。我國主要分布於長江流域以南諸地。木材爲細木工用材。樹皮可提取栲膠。種子、樹皮、葉可入藥。

我國栽培利用冬青已有近兩千年歷史。自秦代至明代均附“女貞”條下，故亦名“女貞”“女貞樹”。至唐代始用“冬青”稱，明代始從女貞中分出。亦稱“凍生”“凍青”“凍青樹”。《神農本草經・上品・女貞實》：“女貞實，味苦，平……生山谷。”孫星衍等注：“〔顔〕師古曰：女貞樹，冬夏常青，未嘗凋落，若有節操，故以名焉。”唐陳藏器《本草拾遺・木部・冬青》：“冬青，其葉堪染緋，子浸酒去風血，補益。木肌白有文，作象齒笏。冬月青翠，故名冬青。江東人呼爲凍生。”明李時珍《本草綱目・木三・冬青》：“［校正］原附女貞下，今分出。［釋名］凍青。［集解］時珍曰：凍青亦女貞別種也，山中時有之。但以葉微團而子赤者爲凍青，葉長而子黑者爲女貞。”明朱橚《救荒本草》卷五：“凍青樹，生密縣山谷間。樹高丈許，枝葉似枸骨子樹而極茂盛，凌冬不凋。又似樝子樹葉而小，亦似椑芽葉微窄，頭頗團而不尖。開白花，結子如豆粒大，青黑色。葉味苦。救飢：采芽葉煠熟，水浸去苦味，淘洗净，油鹽調食。”明鮑山《野菜博録》卷三：“凍青樹，枝葉似桂樹，極茂盛，凌冬不凋。開白花，結子如豆粒大，青黑色，葉味苦。”古人常將女貞、枸骨與冬青相混。明王象晋《群芳譜》分別較清。《格致鏡原・木類三・女貞》引《群芳譜》曰：“人因女貞冬茂，亦呼爲冬青，不知女貞葉長子黑，冬青葉圓子紅。枸骨與女貞亦相似。女貞即俗呼蠟樹者，冬青即俗呼凍青樹者，枸骨即俗呼貓兒刺者，蓋三樹也。”清黄宫綉《本草求真・冬青子》：“冬青即今俗呼凍青樹者，子紅色。”本種今亦稱“四季青”“大葉冬青”“油葉樹”“紅冬青”“水湯樹”“觀音樹”“洞凉龍門”。

冬　青

（清吴其濬《植物名實圖考》）

【女貞】[1]

即冬青[1]。係古名，與女貞之合稱。唐代改稱今名。見該文。

【女貞樹】

即冬青[1]。此稱唐代已行用。見該文。

【凍生】

即冬青[1]。此稱唐代已行用，多行用於江東諸地。見該文。

【凍青】

即冬青[1]。此稱明代已行用。見該文。

【凍青樹】[1]

即冬青。此稱明代已行用。見該文。

【四季青】

即冬青[1]。今冬青醫藥通用稱。參閲《新華本草綱要・冬青》。見該文。

【大葉冬青】

即冬青[1]。今浙、贛等地多行用此稱，語本《醫林纂要》。見該文。

【油葉樹】

即冬青[1]。今廣東、湖南等地多行用此稱。見該文。

【紅冬青】

即冬青[1]。今廣東、四川等地多行用此稱。見該文。

【水湯樹】

即冬青[1]。今廣西等地多行用此稱。見該文。

【觀音樹】

即冬青。今四川等地多行用此稱。見該文。

【洞凉龍門】

即冬青[1]。瑶語。今湖南藍山等地多行用此稱。見該文。

【萬年枝】[1]

即冬青[1]。此稱南北朝時已行用，并沿稱於後世。南朝齊謝朓《直中書省》詩："風動萬年枝，日華承露掌。"唐上官儀《咏雪應詔》："幸因千里映，還繞萬年枝。"宋吴曾《能改齋漫録·沿襲》："萬年枝，江左謂之冬青，惟禁中則否。"一説萬年枝即橿木。參見明楊慎《丹鉛總録·花木》。見"冬青[1]"文。

【青皮】[1]

即冬青[1]。清代川東各地多行用此稱。清劉善述《草木便方·木部·青皮》："青皮葉子皮苦甘，肌膚瘙癢洗風丹，補益風虚浸酒飲，煆擦瘴瘃滅痕瘢。"趙素雲等以爲青皮即冬青。見"冬青[1]"文。

百日青

習見林木名。羅漢松科，羅漢松屬，百日青（*Podocarpus neriifolius* D. Don）。常緑喬木。高可達 25 米，樹皮灰褐色，淺縱裂，枝開展。葉近對生，革質，披針形。雄球花穗狀，較長，單生或簇生於葉腋；雌球花單生葉腋。種子卵狀球形，先端鈍圓，成熟時假種皮紫紅色，肉質種托橙紅色。我國主要分布於亞熱帶及熱帶廣大地區。木材供傢具、雕刻、文化體育用品及細木工用材。種子可榨油。樹姿優美，可供觀賞。

此稱清代已行用。其枝葉枯後仍然色青，故名。因與羅漢松同屬，故臺灣各地亦稱之爲"土杉"。清蔣毓英《臺灣府志·物産·木之屬》："樟、楓、厚粟（栗）、黄心、百日青、桐、柳、朴。"清范咸《重修臺灣府志·物産·草木》："百日青，俗名土杉。雖枯而色尚青也。"今臺灣、江蘇等地仍沿用此稱。亦通稱"竹葉松"。

【土杉】[1]

即百日青。此稱清代臺灣各地已行用，沿稱至今。見該文。

【竹葉松】

即百日青。今之通稱。見該文。

肉桂

習見林木名。樟科，桂屬，肉桂（*Cinnamomum cassia* Presl）。常緑喬木。樹皮灰褐色，芳香。幼枝略呈四棱形，被灰黄色短絨毛。葉互生，長橢圓形至披針形，厚革質，背面疏生黄柔毛。圓錐花序，腋生或近頂生；花白色。漿果橢圓形或倒卵形，黑紫色。我國主要分布於廣西、廣東、海南、雲南、福建、江西、湖南及臺灣諸省、自治區，尤以廣西爲多。爲重經濟林樹種。木材可供傢具、板料用材。樹皮、枝、葉、花、果實均可入藥；亦可蒸製"桂油"，以供化妝、食品及醫藥工業原料。

我國栽培利用肉桂歷史悠久。秦漢時已入藥療疾，時稱"桂木""梫""木桂"。晉代稱"桂樹"。《山海經·南山經》："西南三百八十里曰皋塗之山……其上多桂木。"《爾雅·釋木》："梫，木桂。"晉郭璞注："今南人呼桂厚皮者爲木桂。桂樹葉似枇杷而大。白華，華而不著子。叢生岩嶺，枝葉冬夏常青。"漢代已行用"肉桂"之稱。多用以入藥或做調味品。漢張機（仲景）撰、清徐彬注《金匱要略論注》卷五："[崔氏八味丸］治脚氣上入少腹不仁。注曰：因論歷節推言之也，謂歷節之因，雖風濕兼有之，概多足腫脛冷，是病在下焦……若肉桂則專下入而補矣。今人習用肉桂，不知此理也。”晉葛洪《肘後備急方》卷一：“治寒疝來去每發絞痛方：吴茱萸三兩，生薑四兩，豉二合，酒四升，煮取二升分爲二服……又方：肉桂一斤，吴茱萸半升，水五升，煮取一升半分再服。”唐王燾《外臺秘要方》卷三七：“又五香丸療心腹鼓脹冷瀉鬼氣疰忤方（亦名沉香丸）：沉水香、青木香、丁香、硃砂（别研各一兩）……肉桂、芎藭、茯苓各三兩，巴豆三兩（去心皮，熬令變色，别研如脂）大黄二兩。右二十三味擣篩密和，更擣一千杵，封以油臘紙，無在有患時，温熱疰病，鬼瘧病，心腹鼓脹，疸黄，垂欲死者，可服四五丸，丸如梧子大，或至六七丸，但取三兩行快利爲度，利止即差。”宋黄震《黄氏日抄》卷六七：“《志草》：木桂南方奇木，上藥，出賓、宜州。花如海棠淡而葩小，實如小橡子。取花未放者乾之。五年可剥，以桂枝、肉桂、桂心爲三等，桂枝質薄而味輕，肉桂質厚而味重，桂心則剥厚桂，以利竹捲曲，取貼木多液處如經帶，味尤烈。”《爾雅翼・釋木》：“《本草》：‘桂有三種，菌桂生交趾……’今有筒桂。筒、箘字近，或傳寫之誤。或云，即肉桂也。”明李時珍《本草綱目・木一・桂》引蘇恭曰：“桂惟有二種……單名桂者，即是牡桂，乃《爾雅》所謂‘梫，木桂’也。葉長尺許，花、子皆與菌桂同。大小枝皮俱名牡桂。但大枝皮，肉理粗虚如木而肉少味薄，名曰木桂，亦云大桂；不及小嫩枝皮，肉多而半卷，中必皺起，其味辛美，一名肉桂，亦名桂枝，一名桂心，出融州，桂州、交州甚良。”明清時，肉桂栽培經驗已頗豐富。明方以智《物理小識・草木類》：“木插肉桂而枯，以甘草灌之復榮……蒲萄以甘草鍼鍼之即死，以肉桂屑布地草不生。”明清時肉桂入饌佐餐之道亦頗成熟。清屈大均《廣東新語・木語・桂》：“飲食中，古稱蜀薑越桂，越桂以高州肉薑爲珍，雜檳榔食之，口香竟日。秦時羅浮有桂父者，象林人也，嘗服肉桂及葵，以龜腦和之。”

桂
（清吴其濬《植物名實圖考》）

我國有植桂樹取皮入藥佐饌之習，今南方仍喜植肉桂，矮林作業，造林三五年後，每公頃可取桂皮六七百公斤，桂碎六七十公斤，還可采葉蒸桂油二十至二十五公斤；喬林作業，亦可生産桂皮及桂子（肉桂種子），收入頗豐，深受林農重視。今各地亦俗稱“桂皮”“玉桂”。

【桂木】[1]

即肉桂。此稱秦漢時期已行用。見該文。

【梫】

即肉桂。此稱秦漢時期已行用。見該文。

【木桂】

即肉桂。此稱晋代已行用。見該文。

【桂樹】[1]

即肉桂。此稱晋代已行用。見該文。

【桂皮】

即肉桂。因肉桂以樹皮爲藥及香料而聞名，故名。今廣東各地多俗用此稱。見該文。

【玉桂】

即肉桂。今廣西各地多俗用此稱。見該文。

【桂】[1]

“肉桂”之省稱。此稱秦漢時已行用，沿稱於後世。《山海經・南山經》：“南山經之首，曰䧿山，其首曰招摇之山，臨於西海之上，多桂。”北魏賈思勰《齊民要術・五穀果蓏菜茹非中國物産者》引《廣志》曰：“桂，出合浦。其生必高山之嶺，冬夏常青。其類自爲林，林間無雜樹。”繆啓愉校釋曰：“桂，即樟科的肉桂（*Cinnamomum cassia* Presl）。” 見“肉桂”文。

【牡桂】

即肉桂。亦稱“梫桂”。秦漢時已行用此稱。《神農本草經・上品・牡桂》：“牡桂，味辛，温，主上氣欬逆，結氣喉痹，吐吸，利關節，補中益氣，久服通神，輕身不老。生山谷。”孫星衍等注：“案《説文》云：桂，江南木。百藥之長，梫桂也。”晋左思《蜀都賦》：“其樹則有木蘭梫桂，杞櫹椅桐。”李善注引劉逵曰：“梫桂，木桂也。”見“肉桂”文。

【梫桂】

即牡桂。此稱漢代已行用，沿稱於後世。見該文。

竹柏

習見林木名。羅漢松科，竹柏屬，竹柏〔*Nageia nagi*（Thunb.）Kuntze〕。常緑喬木。樹皮紅褐色或暗紫色，成小塊薄片狀脱落。葉對生，革質，長卵形、卵狀披針形或披針狀橢圓形。雄球花圓球形單生葉腋，常呈分枝狀，雌球花單生葉腋，稀成對腋生。種子圓球形，成熟時假種皮暗紫色，被白粉。花期 3 至 4 月，種子 10 月成熟。我國主要分布於浙、閩、贛、湘、粵、桂、川等省、自治區。供觀賞。木材爲建築、造船、傢具及工藝用材。種仁可榨油供食用及工業用。

宋代典籍已見記載，并已行用此稱，沿稱至今。亦作“竹栢”。宋宋祁《益部方物略記・竹栢》：“葉與竹類，緻理如栢，以狀得名，亭亭修直。”附注：“竹栢，生峨眉山中，葉繁長而籜似竹，然其幹大抵類栢而亭直。”明李時珍《本草綱目・木一・柏》：“峨眉山中一種竹葉柏身者，謂之竹柏。”《格致鏡原・木類一・柏》引《花木考》：“竹柏生峨眉山中，葉繁長而籜似竹，然其幹大抵類柏而亭直。”因其葉形似羅漢松，故偶有相混者，然二者實非一物。詳見清吴其濬《植物名實圖考・木類・羅漢松》。參見本説《習見林木考》“羅漢松[1]”文。參閱《廣群芳譜・木譜四・竹柏》。

今我國竹柏在分布區内海拔 1600 米山地中亦能見到。長江流域各地城市緑化多有栽植，或植於緑地與其他樹種混交，或於建築物庇陰處列植，亦常植於盆中觀賞。今又稱“挪樹”“欏樹”“山杉”“羅漢柴”“糖雞子”“船家樹”“寶芳”“鐵甲樹”“猪肝樹”。頗爲人們所喜愛。

【竹栢】

同“竹柏”。此體宋代已行用。見該文。

【挪樹】

即竹柏。今浙江平陽等地多行用此稱。見該文。

【欏樹】

即竹柏。今臺灣各地多行用此稱。見該文。

【山杉】[1]

即竹柏。今臺灣各地多行用此稱。見該文。

【羅漢柴】

即竹柏。今福建南平等地多行用此稱。見該文。

【糖鷄子】

即竹柏。今江西各地多行用此稱。見該文。

【船家樹】

即竹柏。今廣東增城等地多行用此稱。見該文。

【寶芳】

即竹柏。今海南各地多行用此稱。見該文。

【鐵甲樹】

即竹柏。今海南各地多行用此稱。見該文。

【猪肝樹】

即竹柏。今廣西臨桂等地多行用此稱。見該文。

交讓木[1]

習見林木名。虎皮楠科，交讓木屬，交讓木（*Daphniphyllum macropodum* Miq.）。常綠喬木。單葉互生，簇於枝端，矩圓形，厚革質，全緣，葉面光澤，葉背藍白色，中脉帶紅色。雌雄异株，總狀花序，花小，淡緑色。核果長橢圓形，黑色，外果皮肉質。我國主要分布於長江流域以南諸地及臺灣省。葉與種子可入藥。亦常植於庭園供觀賞。

此樹常於春季新葉萌發時，老葉全部脱落，頗類二樹一枯一榮交讓而生，故名。此稱晋代已見行用。省稱“交讓”。晋左思《蜀都賦》：“坰野草昧，林麓黝儵。交讓所植，蹲鴟所伏。”李善注引劉逵曰：“交讓，木名也。兩樹對生，一樹枯則一樹生，如是歲更，終不俱生俱枯也，出岷山，在安都縣。”唐段成式《酉陽雜俎續集・支植下》：“交讓木，《武陵郡記》：白雉山，有木名交讓，衆木敷榮後方萌芽，亦更歲迭榮也。”《太平廣記》卷四〇七引《武陵郡記》：“白雉山，有木名交讓，衆木敷榮後方萌芽，亦更歲迭榮也。”宋陳造《題臧子儀扇》：“買鄰千萬許兒賒，老子詩成賴指瑕。門枕醴泉交讓木，行人不問識君家。”一説“楠木”亦名交讓木。如明顧起元《説略》卷二七：“黄金山有交讓木，楠也。一年東邊榮西邊枯，一年西邊榮東邊枯，年年如此。”又，清刊《淵鑑類函》卷四一三引《群芳譜》曰：“枏，生南方，故又作楠。黔蜀諸山尤多。其樹童童若幢蓋，枝葉森秀不相礙，若相避然，又名交讓。”清宫夢仁《讀書紀數略・物部・草木類》：“黄金山交讓木（《潯陽記》），在南康都昌縣山上。楠樹，張華所謂交讓木也。”此附供考。參閲《格致鏡原・木類三・諸木》。

【交讓】

“交讓木[1]”之省稱。此稱晋代已見行用。見該文。

羊蹄甲

習見林木名。豆科，羊蹄甲屬，羊蹄甲（*Bauhinia variegata* Linn.）。常緑小喬木。樹皮厚，近平滑。單葉互生，近圓形，先端二裂至三分之一到二分之一處，背面被柔毛。總狀花序側生或頂生，被絹毛；花大型，萼、筒被黄色絹毛，花瓣倒披針形，淡紅色。莢果帶狀，扁平，略呈彎鐮

玲甲花

（清吴其濬《植物名實圖考》）

形，成熟時開裂，木質果瓣扭曲可將種子彈出。種子近圓形，扁平，深褐色。我國主要分布於雲南、廣東、廣西、福建、臺灣等省、自治區。花大且美，爲著名亞熱帶觀賞花木，常用於庭園觀賞及行道樹。木材供細木工及農具用材。樹皮、嫩枝、花可入藥。葉可爲餌料。花可食。樹皮可提取鞣質。根皮含劇毒。

我國栽培羊蹄甲已有百餘年史，清代稱“玲甲花”。因本種亦産中南半島、馬來半島、印度、斯里蘭卡等地，時人云其爲番種，“夷人喜植之”。清吴其濬《植物名實圖考・群芳類・玲甲花》：“玲甲花，番種也，花如杜鵑，葉作兩歧，樹高丈餘，濃陰茂密，經冬不凋，夷人喜植之。”依其所述形態特徵及圖形可確定玲甲花即今之羊蹄甲。

按，羊蹄甲屬約六百種，遍布世界熱帶地區。我國約四十種，四亞種，十一變種，均産南方及西南各地。

【玲甲花】

即羊蹄甲。此稱清代已行用。見該文。

赤楊[1]

習見林木名。樺木科，榿木屬，赤楊〔*Alnus japonica*（Thunb.）Steud.〕。落葉喬木，高可達25米。小枝密生油腺點。單葉互生，橢圓形或橢圓狀卵形，葉緣疏生尖鋸齒。花單性，雌雄同株；雄花集成圓桶狀柔荑花序，下垂；雌花爲短柔荑花序。小堅果，具窄翅。我國主要分布於吉林、遼寧、河北、山東、江蘇等地。赤楊耐水濕，多見於低濕灘地及河湖、水田畦畔。赤楊爲用甚廣，是上好蜜源植物。木材可供建築、傢具等用材。堅果與樹皮均含鞣質，可提製栲膠。赤楊木炭可爲無烟火藥原料。

水　楊
（清吴其濬《植物名實圖考》）

我國栽培利用赤楊歷史頗久。晉代已行用此稱。以其枝葉秋後變赤，故名。此樹特喜水濕，亦稱“水松”“水楊”。晉崔豹《古今注・草木》：“又有赤楊，霜降則葉赤，材理亦赤也。”《通志・木類》：“又有一種名赤楊，又名水松。與此相似而植之水邊，其葉經秋盡紅，人多植於門巷。”清陳大章《詩傳名物集覽・木・其檉其椐》：“又有一種名赤楊，又名水楊，與此相似而植之水邊。其葉經秋盡紅，人多植於門巷。”清黄中松《詩疑辨證》卷四：“又有赤楊，霜降則葉赤，材理亦赤。”

按，赤楊亦檉柳之别名，明李時珍《本草綱目・木二・檉柳》：“〔釋名〕赤檉（《日華》）、赤楊（《古今注》）、河柳（《爾雅》）、雨師（《詩疏》）、垂絲柳（《綱目》）、人柳（《綱目》）、三眠柳（《衍義》）、觀音柳。”賈祖璋等《中國植物圖鑒・樺木科・赤楊》則以爲《古今注》所謂赤楊即本種。此俱附供考。今亦稱“水冬瓜”“水冬果”“水瓜樹”“冬瓜樹”。

【水松】[2]

即赤楊[1]。此稱宋代已行用。見該文。

【水楊】

即赤楊[1]。此稱清代已行用。見該文。

【水冬瓜】[2]

即赤楊[1]。今河南、貴州、吉林、黑龍江、雲南等地多行用此稱。見該文。

【水冬果】[2]

即赤楊[1]。今遼寧各地多行用此稱。見該文。

【水瓜樹】

即赤楊[1]。今河南各地多行用此稱。見該文。

【冬瓜樹】[1]

即赤楊[1]。今貴州各地多行用此稱。見該文。

杜仲

習見林木名。杜仲科，杜仲屬，杜仲（*Eucommia ulmoides* Oliver）。落葉喬木。樹皮灰色，折斷後有銀白色細絲相連。葉橢圓形或橢圓狀卵形，葉緣有鋸齒。花單性，雌雄异株；無花被，常先葉開放。翅果狹橢圓形。爲我國特產樹種，主要分布於長江中游及南部各省，河南、山東、陝西、甘肅等省有栽培。木材供建築、傢具等用材。樹皮入藥，亦可製硬橡膠。

杜　仲
（清吴其濬《植物名實圖考》）

我國栽培利用杜仲歷史已逾二千年。秦漢時已行用此稱。亦稱“思仙”。魏晉時稱“木䋺”“思仲”。《神農本草經・上品・杜仲》：“杜仲，味辛，平……久服輕身耐老。一名思仙，生山谷。”孫星衍等注引魏晉吴普《吴普本草》：“〔杜仲，〕一名木䋺，一名思仲。”南北朝時亦作“木綿”。南朝梁陶弘景《名醫别録・上品・杜仲》：“一名思仲，一名木綿。生上虞及上黨、漢中。”南朝梁沈約《奉和竟陵王藥名》詩：“垂景迫連桑，思仙慕雲埒。”明李時珍《本草綱目・木二・杜仲》：“［釋名］思仲、思仙、木䋺、檰。時珍曰：昔有杜仲服此得道，因以名之。思仲、思仙，皆由此義。其皮中有銀絲如綿，故曰木綿。”清趙其光《本草求原・喬木部・杜仲》：“杜仲，氣平，味辛，色黑……出漢中，厚潤者良。”

按，舊傳古人杜仲服此而得道成仙，故木以人名。“思仙”“思仲”皆由此意。然今人夏緯英《植物名釋劄記》以爲杜、土二字古常通用，意爲天然。依《説文・系部》：“終，綵絲也。”即合聚絲縷之意。仲乃終之傳訛，故有仲之名，實與“木綿”及秦嶺人俗稱“絲綿樹”相當，杜仲實杜終之轉訛。此附。

杜仲爲我國第三紀古生孑遺植物，其原生種今幾乎見不到，於1984年被列爲國家二級保護植物，於1992年被林業部列爲國家二級保護樹種。今亦稱“絲棉樹”“石思仙”“絲連皮”“扯絲皮”“絲棉皮”。

【思仙】

即杜仲。此稱秦漢時期已行用。見該文。

【木䋺】

即杜仲。因其皮、葉、果扯之皆可見銀絲如棉，故名。此稱三國時期已行用。見該文。

【思仲】

即杜仲 。此稱三國時期已行用。見該文。

【木綿】[2]

即杜仲。此稱南北朝時期已行用。見該文。

【絲棉樹】

即杜仲。今湖南、甘肅等地多行用此稱。見該文。

【石思仙】

即杜仲。今稱。參閲《本草衍義補遺》。見該文。

【絲連皮】

即杜仲。其枝、葉、皮斷而有絲連，故名。今稱。見該文。

【扯絲皮】

即杜仲。今稱。其樹皮折後可拉出銀絲，故名。今湖南等地多行用此稱。見該文。

【絲棉皮】

即杜仲。今江蘇等地多行用此稱。見該文。

【櫋】

即杜仲。南北朝時多行用此稱。南朝梁陳之際顧野王《玉篇·木部》："櫋，櫋木，有子似栗。"清代亦稱"櫋芽"。清曹寅《思仲軒詩》序："思仲，杜仲也。俗呼爲櫋芽，可食。"見"杜仲"文。

【櫋芽】

即櫋。此稱清代已行用。見該文。

【木棉】

即杜仲。清吴其濬《植物名實圖考·木類·杜仲》："杜仲，《本經》上品。一名木棉。樹皮中有白絲如膠，芽、葉可食，花實苦澀，亦入藥。"按，木棉科亦有"木棉"，别稱"斑枝花""英雄樹"，與此殊异，當辨之。參見本考"木棉樹"。見"杜仲"文。

杉

習見林木名。柏科，杉木屬，杉木〔*Cunninghamia lanceolata*（Lamb.）Hook.〕。常緑喬木。樹冠尖塔形，枝平展。葉綫狀披針形，堅硬，細鋸齒緣，在側枝上成二列狀。雌雄同株，雄球花簇生枝頂，雌球花單生或簇生枝頂。球果近球形或卵圓形。種子扁平，褐色，兩側具窄翅。我國主要分布於東南、中部及西北各省區。木材供建築、造紙及紡織原料。樹皮、根、葉可入藥。種子可榨油。

杉
（清吴其濬《植物名實圖考》）

我國杉木栽培歷史悠久。三國時稱"杉樹"。三國吴沈瑩《臨海水土異物志》："杉鷄，黄冠清綬，常在杉樹下。"晋代已行用"杉"稱。亦稱"披粘"。晋嵇含《南方草木狀》卷中："杉，一名披粘，合浦東二百里，有杉一樹。"南朝梁陶弘景《真誥》卷四："此山爲蓋竹山，山之東面兩隴西上，其中有石井橋，橋之北小道直入其間，有六叢杉樹。"唐李商隱《復至裴明府所居》詩："伊人卜築自幽深，桂巷杉籬不可尋。"宋元時植杉經驗已頗豐富，扦插繁殖技術亦較成熟。各地巨杉聳立，多爲棟梁之材。宋洪邁《夷堅志·南岳廟梁》："淳熙中，南岳廟火。詔潭州重修，命湘潭令薛大主督役。所用材木絶大，深山窮谷求取殆遍，而正殿缺一梁，當長五丈，而徑五六尺者乃中度。搜訪不可得，或言湘潭境内黄岡白馬大王廟前有巨杉，其高戛雲，他處所産皆莫及。"又《夷堅志·黄巢廟》曰："柳州宜章縣黄沙峒山勢嶮惡……山上有黄巢廟，不知何時何人所立，其前一杉木合抱。"元魯明善《農桑衣食撮要》卷下："種松杉檜柏等樹：自冬至後至春社前，皆可種之，則易得生活。”元王禎《農書》卷九：“插杉用驚蟄前後五日，斬新枝，斸阬入枝，下泥杵緊。相視天陰即插，遇雨，十分生，無雨即有分數。”杉木幼苗嫩葉尚可食以當蔬。明鮑山《野菜博録》卷三：“杉木，一名杉材，一名杉菌，生深谷中。樹頗高大勁直，葉附枝生若刺，葉似刺柏葉，又似榧樹葉，味苦，性温，無毒。食法：采嫩苗葉，煠熟水浸去苦味，油鹽調食。”清戴名世《種杉説序》：“婺源河翁精於種植之術，而樹木以杉爲貴，其穫利也多。”按，“杉”亦爲杉類樹木之統稱。我國杉類樹木頗多，此不詳述。本種今亦稱“沙木”“沙樹”“正杉”“正木”“刺杉”“廣東杉”“福建杉”。

【杉樹】

即杉。此稱三國時期已行用。見該文。

【披煔】

即杉。此稱晋代已行用。見該文。

【沙木】

即杉。今江南諸省多行用此稱。見該文。

【沙樹】

即杉。今江南諸省多行用此稱。見該文。

【正杉】

即杉。今浙江各地多行用此稱。見該文。

【正木】

即杉。今浙江各地多行用此稱。見該文。

【刺杉】[1]

即杉。今江西各地多行用此稱。見該文。

【廣東杉】

即杉。今臺灣各地多行用此稱。見該文。

【福建杉】

即杉。今臺灣各地多行用此稱。見該文。

【杉木】

即杉。亦稱“參木”。此稱多行用於明代，沿稱至今。明李時珍《本草綱目・木一・杉》：“杉木葉硬，微扁如刺，結實如楓實。”明王佐《新增格古要論・異木論・杉木》：“杉木，出四川、廣西、江西……俗呼曰三木，又曰木。”見“杉”文。

杉　木

（明鮑山《野菜博録》）

【三木】

即杉木。此稱明代已行用。見該文。

【杉材】

即杉。此稱多行用於宋代。明李時珍《本草綱目・木一・杉》［集解］引宋蘇頌曰：“杉材舊不著所出州土，今南中深山多有之。木類松而勁直，葉附枝生，若刺針。”亦指杉樹之木材。參閱南朝梁陶弘景《名醫别録》。見“杉”文。

【煔】

同“杉”。秦漢時多行用此體。亦稱“柀”。《爾雅・釋木》：“柀，煔。”郭璞注：“煔似松，生江南，可以爲船及棺材，作柱埋之不腐。”邢昺疏：“柀，一名煔，俗作杉。”漢代亦稱“煔樹”。《西京雜記》卷六：“太液池……池中有洲，洲上煔樹一株，六十餘圍，望之重重如蓋。”明謝肇淛《五雜俎・事部一》：“漳有富民，蓄油煔木甚佳。”《廣群芳譜・木譜五・杉》：“杉，一名煔……類松而幹端直，大者數圍，高十餘丈，文理條直。南方人造屋及船多用之。”見“杉”文。

【柀】 [1]

即煔。此稱秦漢時期已行用。一説柀即榧，參閲《爾雅翼·釋木》。見該文。

【煔樹】

即煔。此稱漢代已行用。見該文。

【椕】

同“杉”。此稱多行用於漢代。《説文·木部》：“椕，木也。”徐鍇繫傳：“即今書杉字。”宋周邦彦《汴都賦》：“其木則有椕檟栟櫚，楩楠栒樅，櫨槤檳榔，檿柘桑楊，梓杞豫章。”元揭傒斯《臨江路玉笥山萬壽承天宫碑》：“至順二年，居敬應仙建三清殿……木惟棟材得巨椕株於郡人鄧守一，餘皆取之謝景巽所手植之者。”明徐光啓《農政全書》卷三八：“《爾雅》曰：柏，椈；柀，椕；檜，柏葉松身……杉，一名椕。”參閲《淵鑑類函》卷四一三“椕”。見“杉”文。

【檠木】

“杉”之别稱。亦作“樧木”。省稱“樧”。此稱多行用於明代。明李時珍《本草綱目·木一·杉》：“煔，沙木、檠木。”明徐光啓《農政全書》卷三八：“杉，一名椕，一名沙，一名樧。”《廣群芳譜·木譜五·杉》：“杉，一名煔，一名沙，一名樧，類松而幹端直，大者數圍，高十餘丈。”見“杉”文。

【樧木】

同“檠木”。此體明代已行用。見該文。

【樧】

“樧木”之省稱。即檠木。此稱明代已行用。見“檠木”文。

皂莢

習見林木名。豆科，皂莢屬，皂莢（*Gleditsia sinensis* Lam.）。落葉喬木。棘刺粗壯，紅褐色，通常有分枝，圓柱形。偶數羽狀複葉簇生，小葉六至十四枚，長卵形至卵狀披針形，細鋸齒緣。花雜性，總狀花序，腋生，四瓣，白色。莢果條形，扁平，紫黑色，有光澤，被白色粉霜。種子多數，扁平，長橢圓形，紅褐色，有光澤。花期5月，10月果熟。我國主要分布於東北、華北、華東、華南及川、貴等地。木材供傢具、車輛用材。莢果煎汁可代皂。莢、種子及枝刺可入藥。

皂　莢
（清吴其濬《植物名實圖考》）

我國皂莢栽培歷史悠久。秦漢時已行用此稱，并沿稱至今。魏晋時稱“鷄栖子”。《神農本草經·下品·皂莢》：“皂莢，味辛、鹹，温。主風痹、死肌、邪氣、風頭、淚出，利九竅，殺精物。生川谷。”孫星衍等注引晋郭義恭《廣志》：“鷄栖子，皂莢也。皂即草省文。”漢張機撰、清徐彬注《金匱要略論注》卷六：“千金桂枝去芍藥加皂莢湯，治肺痿吐涎沫。注曰：此治肺痿中之有壅閉者，故加皂莢以行桂甘薑棗之勢。”晋葛洪《肘後備急方》卷四：“又方治卒外腎偏疼：皂莢和皮爲末，水調傅之良。”《南史·虞玩之傳》：“儉方盥，投皂莢於地曰：‘卿鄉俗惡，虞玩之至死煩人。’”唐孫思邈《備急千金要方》卷一："皂莢，柏子爲使，惡麥門冬，畏空青、人參、苦參。"宋元及其以後皂莢栽培經驗已頗豐富。元刊《農桑輯要》卷六："皂莢，《博聞録》：樹不結，鑿一大孔，入生鐵三五斤，以泥封之，便開花結子。既實，以篾束其本數匝，木楔之一夕，自落。"元王禎《農書》卷一〇："皂莢有二種，生雍州川谷及魯鄒縣，今處處有之……種者二三月種。不結角者，南北二面去地一尺鑽孔，用木釘釘之，泥封竅，即結。或云，樹不結，鑿一大孔，入生鐵三五斤，以泥封之，便開花結子。既實，以篾束其本數匝，木楔之，一夕自落。"明清時除藥用及洗滌外，其芽葉及種子亦常煤食救荒，以度歉年。清刊《授時通考・農餘門・木二》："皂莢，一名皂角，一名烏犀，一名懸刀。《廣志》謂之鷄栖子。生雍州川谷及魯之鄒縣，懷孟産者爲勝，今處處有之。其木極有高大者，葉似槐葉，瘦長而尖，枝間多刺。夏開花，秋後結實。"清吴其濬《植物名實圖考・木類・皂莢》："皂莢，《本經》下品。有肥皂莢、猪牙皂莢，爲癰疽要藥。《救荒本草》：嫩芽可煤食，子去皮糖漬之，亦可食。"

按，皂莢壽命極長，可分爲幼年期、初果期、盛果期、衰果期、枯老期。各時期結果數量并不一致，影響結果率的因素很多，先民依據不同情況分别處理：缺鐵癥者於樹幹處打孔納入生鐵以補鐵元素之不足，可令結實；生長過旺者用木釘釘之，以泥土封竅，可降低其營養生長，減少養分消耗，促進生殖生長，使其開花結實。這些寶貴經驗至今仍可藉鑒。今亦俗稱"臺樹""胰樹""皂莢藤""扁皂角"。

【鷄栖子】

即皂莢。此稱晋代已行用。見該文。

【臺樹】

即皂莢。今江蘇高淳等地多俗用此稱。見該文。

【胰樹】

即皂莢。因可代胰洗滌，故名。現已精製爲洗髮精等。今四川各地多俗用此稱。見該文。

【皂莢藤】

即皂莢。今四川各地多俗用此稱。見該文。

【扁皂角】

即皂莢。今河南各地多俗用此稱。見該文。

【皂角】

即皂莢。此稱多行用於唐宋時，沿稱至今。亦稱"皂角樹"。唐韓鄂《四時纂要・夏令・六月》："製油衣……每度乾後，以皂角水净洗。又再上。如此水試不漏，即止。"元虞集《出小東郭》詩："問訊成都宅，還過萬里橋。鄰墻皂角樹，官路緑楊條。"清陳淏子《花鏡》卷三："皂莢一名皂角，所在有之。樹最高大，葉如槐而尖細，枝多刺，夏開小黄花結實。"清蒲松齡《農桑經殘稿・三月・皂角》："皂角，二三月種。"清高士奇《編珠・補遺》："《神仙傳》曰：葛仙翁斬皂角樹爲杯用以盛酒，酒味益妙。"清刊《授時通考・農餘門・木二》："皂莢，一名皂角，一名烏犀，一名懸刀。《廣志》謂之鷄栖子。生雍州川谷及魯之鄒縣，懷、孟産者爲勝，今處處有之。其木極有高大者，葉似槐葉，瘦長而尖，枝間多刺。夏開花，秋後結實。"見"皂莢"文。

【皂角樹】

即皂角。此稱元代已行用。見該文。

【懸刀】

即皂莢。其莢如刀，故名。明代前已行用此稱。亦稱“烏犀”“皂樹”。明李時珍《本草綱目·木二·皂莢》：“[釋名]皂角、鷄栖子、烏犀、懸刀。時珍曰：莢之樹皂，故名。《廣志》謂之鷄栖子，《曾氏方》謂之烏犀，《外丹本草》謂之懸刀。”見“皂莢”文。

【烏犀】

即懸刀。此稱明代已行用。見該文。

【皂樹】

即懸刀。此稱明代已行用。見該文。

【皂莢樹】

即皂莢。此稱多行用於明代，沿稱至今。明徐光啓《農政全書》引朱橚《救荒本草》：“皂莢樹，生雍州川谷，及魯之鄒縣，懷、孟産者爲勝，今處處有之。其木極有高大者。葉似槐葉，瘦長而尖，枝間多刺……采嫩芽煠熟。换水浸洗淘净，油鹽調食。”見“皂莢”文。

【梍】

即皂莢。此稱南北朝時已行用。《類篇·木部下》卷一七：“梍，在早切，木名，莢實者。”《集韻·上晧》：“梍，木名。莢實者。”見“皂莢”文。

沉香

習見林木名。瑞香科，沉香屬，沉香〔*Aquilaria sinensis* (Lour.) Spreng.〕。常緑喬木。高達30米。幼枝被絹狀毛。單葉互生，微革質，披針形或倒披針形，全緣，葉背沿脉有時被亞絹狀毛。傘形花序，被絹狀毛，花白色，内生密毛。蒴果倒卵形，木質，扁壓狀。種子通常一枚，卵圓形。花期3至4月，果實5至6月成熟。我國主要分布於臺灣、廣東、廣西等地。木材供細木工及香料，亦入藥。

沉　香
（明王圻等《三才圖會》）

我國栽培利用沉香歷史悠久。此稱魏晋時已見行用。亦稱“蜜香”“密香樹”。晋嵇含《南方草木狀》卷中：“蜜香、沉香……案此八物同出於一樹也。交趾有蜜香樹。幹似柜柳，其花白而繁，其葉如橘。欲取香，伐之，經年，其根幹枝節，各有别色也。木心與節堅黑沉水者爲沉香。”宋寇宗奭《本草衍義·木部·沉香》：“沉香，嶺南諸郡悉有之，旁海諸州尤多。今南思、高、竇等州，惟産生結香。”亦稱“遠秀卿”“沉香木”。宋陶穀《清異録·藥》：“遠秀卿，沉香。”宋洪芻《香譜·香之事》：“沉香火山，《杜陽編》：隋煬帝每除夜，殿前設火山數十，皆沉香木根。每一山焚沉香數車，暗即以甲煎沃之，香聞數十里。”明李時珍《本草綱目·木一·沉香》引陳藏器曰：“沉香枝、葉並似椿。”清屈大均《廣東新語·香語·沉香》：“當夫高秋晴爽，視山木大小皆凋瘁，中必有香。乘月探尋，有香氣透林而起，以草記之。其地亦即有蟻封高二三尺，隨挖之，必得油速、伽倆之類，而沉香爲多……伽倆與沉香並生，沉香質堅，伽倆軟。”沉香本香名，因樹産香，樹以香名。故有諸稱。參閱江蘇新醫學院《中藥大辭典·沉香》。

【蜜香】

即沉香。此稱晋代已行用。見該文。

【蜜香樹】

即沉香。此稱晋代已行用。見該文。

【遠秀卿】

即沉香。此稱晋代已行用。見該文。

【沉香木】

即沉香。此稱宋代已行用。見該文。

【木蜜】[1]

即沉香。亦稱“香樹”。其木可製香料，故名。此稱多行用於漢代。魏晋時稱“木蜜樹”“千歲樹”。《太平御覽》卷九八二引漢楊孚《異物志》：“木蜜名曰香樹。生千歲，根本甚大，先伐僵之，四五歲乃往看，歲月久，樹材惡者腐敗，唯中節堅直芬香者獨在耳。”又引《魏王花木志》：“《廣志》曰木蜜樹，號千歲樹，根甚大，伐之，四五歲，乃取木腐者爲香。”今人繆啓愉《齊民要術校釋》以爲《廣志》所云木蜜即瑞香科沉香，或“白木香”。今附供考。見“沉香”文。

【香樹】

即木蜜。此稱漢代已行用。見該文。

【木蜜樹】

即木蜜。此稱晋代已行用。見該文。

【千歲樹】

即木蜜。此稱晋代已行用。見該文。

青楊

習見林木名。楊柳科，楊屬，青楊（*Populus cathayana* Rehd.）。落葉喬木。樹冠卵形；樹皮平滑，灰緑色，老時暗灰色，縱裂。單葉互生；短枝之葉卵形、橢圓狀卵形或窄卵形；長枝之葉卵狀長圓形。花單性，异株，雌雄花序均葇荑下垂。蒴果卵形。我國主要分布於華北、西北、東北南部及西南部海拔3000米以下山麓、溝谷等地。爲我國北方地區重要用材樹種，可供傢具、板料、箱櫃、建築及造紙用材。亦爲營造防護林重要樹種。

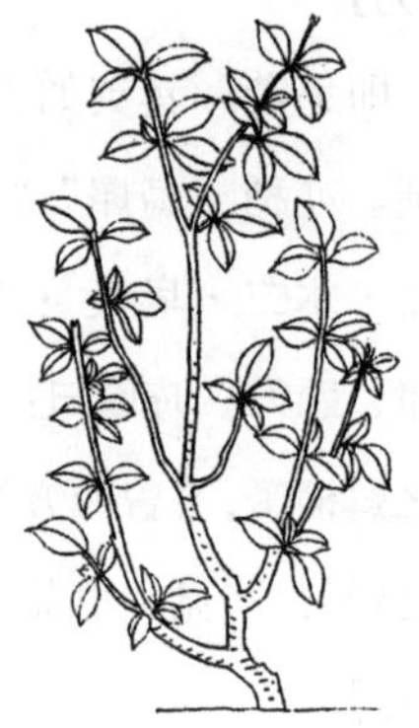

青楊樹
（明朱橚《救荒本草》）

此稱明代已行用，沿稱至今。亦稱“青楊樹”“小葉楊”。明徐光啓《農政全書》卷五四引《救荒本草》：“青楊樹，在處有之。今密縣山野間亦多有。其樹高大，葉似白楊樹葉而狹小，色青，皮亦頗青，故名青楊。”明鮑山《野菜博録》卷三：“青楊樹，生山野中。樹高大，葉似白楊樹葉，狹小，青色，皮亦青色。葉味微苦。食法：采葉煠熟，水浸作成黄色，淘净，油鹽調食。”清刊《授時通考・農餘門・木一》：“楊有二種：白楊、青楊。”清陳淏子《花鏡》卷三：“又青楊樹比白楊較小，葉似杏葉而稍長大，色青緑。”清吴其濬《植物名實圖考・木類・青楊》：“青楊，《救荒本草》：葉似白楊葉而狹小……今北地呼小葉楊。”

按，石聲漢《農政全書校注》（上海古籍出版社1979年版），伊欽恒《花鏡》（農業出版社1962年版）校注俱以爲古之“青楊”即小葉楊，而陳嶸《中國樹木分類學》（科學技術出版社1993年版）、鄭萬鈞等《中國樹木志・青楊》（中國林業出版社1985年版）則以爲即本種。今俱附供考。又本種今亦俗稱“大葉白楊”“家白楊”。

【青楊樹】

即青楊。此稱明代已行用。見該文。

【小葉楊】

即青楊。此稱清代已行用。見該文。

【大葉白楊】

即青楊。今青海各地多俗用此稱。見該文。

【家白楊】

即青楊。今青海各地多俗用此稱。見該文。

青檀

習見林木名。大麻科，青檀屬，青檀（*Pteroceltis tatarinowii* Maxim.）。落葉喬木。單葉互生，卵形或橢圓狀卵形，鋭鋸齒緣，花單性，雌雄同株。翅果近圓形，先端稍凹。我國青檀廣布於大江南北十九個省區。木材可供傢具、車輛、繪圖版及細木工用材。莖皮可造宣紙或作人造棉原料。

我國栽培利用青檀已有數千年史。先秦時與黄檀等同稱“檀”。漢代時已行“青檀”之稱，沿稱至今。《初學記》卷二二“清檀黑幹”引《遁甲開山圖》：“河東有獨頭山，多青檀，可以爲良弓。《周禮》曰：弓人爲弓，取六材必以其時。凡相幹，欲赤黑而陽聲。赤黑則向心，陽聲則遠根。”《山西通志·山川八·蒲州府》：“獨頭坡在縣南四十里，雷首一丘也。突兀當道，外臨大河，内穿峻阪，東入夷齊，祠南達潼關。河東有獨頭山，多青檀，

檀
（清吴其濬《植物名實圖考》）

可爲良弓。”《格致鏡原·木類二·檀》：“《廣雅》：青檀似奚榼。語曰齊人斫檀，奚榼先殫。”清刊《淵鑑類函》卷四六〇：“《遁甲開山圖》曰：河東有獨頭山，多青檀，可以爲良弓。”

按，青檀屬僅一種，爲我國特産。在植物學研究上有一定價值。1984年，被列爲國家三級保護植物。今亦稱“翼朴”“檀樹”“青藤”。

【檀】[1]

即青檀。亦指黄檀等檀類樹木。此稱先秦時期已行用。見該文。

【翼朴】

即青檀。今河北、廣西等地多行用此稱。見該文。

【檀樹】[1]

即青檀。今河北、湖南等地多行用此稱。見該文。

【青藤】[1]

即青檀。今陕西、甘肅等地多行用此稱。見該文。

刺杉[2]

習見林木名。柏科，杉木屬，刺杉〔*Cunninghamia lanceolata*（Lamb.）Hook.〕。常绿喬木。爲柳杉之變種一。樹似柳杉，針葉硬而直，在枝上排成二列，握之刺手。可栽爲籬落。

此稱明代已行用。明朱橚《普濟方》卷二七六：“用刺杉柱皮浸在厠中，年久撈起曬乾爲細末，摻上治臁瘡。”明徐光啓《農政全書》卷三七：“凡作園籬諸品：冬青……刺杉：取其幹可作骨，刺可却奸。”今人石聲漢校注以爲此刺杉即本種。《通雅·植物》：“有刺杉如鎞鋮木，

其理皆直，汁厚，凌冬。”明方以智《物理小識・草木類》：“杉葉細，刺杉葉粗。一種椏木，似杉而硬，宜芒種時遇雨斬肄插之。”清胡文學《甬上耆舊詩》卷二三引李賓父《訪汪參軍父子》詩：“早色初分嶺，人烟稍出林。刺杉千澗立，毛竹一溪深。”《浙江通志・物産七・温州府》：“杉，《萬曆温州府志》有刺杉、細杉、瑞杉。”今稱“刺杉”。

【刺葉柳杉】

即刺杉。今稱。見該文。

刺柏[1]

習見林木名。柏科，刺柏屬，刺柏（*Juniperus formosana* Hayata）。常緑喬木。樹皮褐色，枝斜展或近直立，小枝下垂。葉條形或條狀披針形，先端尖，上面微凹，中脉隆起，緑色，兩側各有一條白色、稀爲紫色或緑色氣孔帶。球果近球形或寬卵圓形，成熟時淡紅色或淡紅褐色，外被白粉。種子半月形。我國刺柏分布甚廣，華東、華中、西南、陝、甘俱有分布，主産於我國臺灣省。刺柏可供觀賞，適宜庭院、公園、道旁及墓地栽植。材質良，有香氣，可供建築、船舶、傢具及文化體育用材。根、果實可入藥。

我國栽培利用刺柏歷史悠久。唐代已行用此稱，亦作“刺栢”。唐段成式《酉陽雜俎續集・寺塔記上》：“《游目記》所説刺栢，太和中伐爲殿材。”清鄒一桂《小山畫譜》卷下：“畫柏，亦須畫古柏，疤節纍纍，或豁腹虬形，或禿頂鵰啄，或龜蛇紐結……至纓絡柏、刺柏、黄柏皆不入畫。”清吴寶芝《花木鳥獸集類・花・檜》：“《草木真詮》：檜，刺栢也。葉乾而不華，禦冬而滋翠，木中之仙品，人中之英傑也。”《江西通志・古迹・九江府》：“〔大林寶樹，〕《廬山志》：在上大林寺二株，葉如刺杉而細，如瓔珞柏而長。”明清時稱“瓔珞柏”。亦作“剌柏”。亦稱“刺松”。清陳淏子《花鏡》卷三：“柏一名蒼官，一名掬。與松齊壽。有扁柏、檜柏、黄柏、瓔珞柏之異……瓔珞柏，枝葉俱下垂，宜栽庭際。”伊欽恒校注：“瓔珞柏，學名*J. formosana* Hayata。”學名與刺柏同，今從其説。清吴其濬《植物名實圖考・木類・柏》：“剌柏，葉如針刺人。圃人多翦其葉、揉其幹爲盆玩，或亦曰刺松。”亦作“纓絡柏”。亦稱“垂柏”“墜柏”。陳植《觀賞樹木學・刺柏》：“刺柏爲常緑喬木……枝條斜展或向上開展，小枝下垂，樹冠塔形或圓柱形，形態幽美，故有‘垂柏’或‘墜柏’及‘纓絡柏’等名。”今亦稱“山刺柏”“臺檜”“山杉”“矮柏木”。按，今拉丁學名亦作*Juniperus taiwaniana*，此附供考。

檜（刺柏）
（清鄂爾泰、張廷玉等《授時通考》）

【刺栢】

同“刺柏[1]”。此體唐代已行用。見該文。

【瓔珞柏】

即刺柏[1]。此稱清代已行用。見該文。

【剌柏】[1]

同“刺柏[1]”。此體清代已行用，見該文。

【刺松】

即刺柏[1]。此稱多行用於明清時。今湖北等地仍沿用此稱。見該文。

【垂柏】

即剌柏[1]。其枝下垂，故名。今稱。見該文。

【墜柏】

即剌柏[1]。其小枝下墜，故名。今稱。見該文。

【纓絡柏】

同"瓔珞柏[1]"。即剌柏。今體。見"剌柏"文。

【山剌柏】

即剌柏[1]。今福建等地多行用此稱。見該文。

【臺檜】

即剌柏[1]。今福建等地多行用此稱。見該文。

【山杉】[2]

即剌柏[1]。今福建等地多行用此稱。見該文。

【矮柏木】

即剌柏[1]。今湖北興山等地多行用此稱。見該文。

剌榆

習見林木名。榆科，剌榆屬，剌榆〔*Hemiptelea davidii*（Hance）Planch.〕。落葉小喬木或呈灌木狀。樹皮暗灰色，深溝裂。小枝通常具堅實之枝刺，幼時被毛。單葉互生，橢圓形或橢圓狀長圓形，鋸齒緣。花雜性，同株；一至四朵簇生於小枝下部或葉腋，與葉同放。堅果扁形，上半部具偏斜果翅，先端二裂。我國主要分布於東北、華北、華東、華中及西北各省區。木材堅實可供農具、車輛用材。莖皮纖維可製繩索、織袋或爲人造棉原料。種子可榨油。根皮、樹皮及嫩葉可入藥。

我國栽培利用剌榆歷史頗久。先秦時始稱"樞"。《詩・唐風・山有樞》："山有樞，隰有榆。"秦漢時稱"藲""荎"。魏晋時已行用"剌榆"之稱。《爾雅・釋木》："藲、荎。"晋郭璞注："〔荎〕今之剌榆。樞音歐。荎大結反。"邢昺疏："藲、荎，釋曰別二名也，郭云今之剌榆。《詩・唐風》云：'山有樞。'陸璣疏：其針剌如柘，其葉如榆，爲茹美滑於白榆也。"北魏賈思勰《齊民要術・種榆白楊》："種榆……按今世有剌榆，木甚牢肕，可以爲犢車材。"宋李樗及黄櫄《毛詩集解》卷一二："'山有樞，隰有榆。'《爾雅》曰：'樞，荎也。'郭璞曰：'今之剌榆也。'"元時亦作"梜榆"。栽種已頗富經驗。元王禎《農書》卷一〇："白榆、梜榆、剌榆，凡榆三種色別，種之勿令和雜。梜榆莢葉味苦，凡榆莢味甘，甘者春時將煮賣，是以須別也。"明李時珍《本草綱目・木二・榆》："〔陳〕藏器曰：江東無大榆。有剌榆，秋實……〔蘇〕頌曰：剌榆有針剌如柘，其葉如榆，瀹爲蔬羹，滑於白榆，即《爾雅》所謂'樞，荎'，《詩經》所謂'山有樞'是也……時珍曰：邢昺《爾雅》疏云榆有數十種，今人不能盡別，惟知莢榆、白榆、剌榆、榔榆數者而已。"清陳淏子《花鏡》卷三："剌榆如柘，有剌，其葉如榆。嫩時瀹爲蔬羹，滑於白榆。"清刊《授時通考・農餘門・木一》："種榆法：其餘地畔種者致雀損穀，既非叢林，率多曲戾，不如割地一方種之。其田土薄地，不宜五穀者，唯宜榆及白楊，地須近市（賣柴莢葉省功也）。梜榆、剌

榆
（清吴其濬《植物名實圖考》）

榆，凡榆三種色别，種之勿令和雜。”

今刺榆大多爲野生，江蘇、浙江、江西、湖南以至河北、遼寧、吉林、黑龍江等省，山野、路旁、田邊、堤岸常有所見，因屢經斫刈，多爲灌叢狀。今亦稱“釘枝榆”“刺葉子”“騷夾柴”“刺榔”。參閲江蘇新醫學院《中藥大辭典・刺榆》。

【樞】

即刺榆。此稱先秦時期已行用。見該文。

【藲】

即刺榆。此稱秦漢時期已行用。見該文。

【莖】

即刺榆。此稱多行用於秦漢時。見該文。

【釘枝榆】

即刺榆。其枝具刺如釘，故名。今浙江湖州等地多行用此稱。見該文。

【刺葉子】

即刺榆。今遼寧等地多行用此稱。見該文。

【騷夾柴】

即刺榆。今稱。見該文。

【刺榔】

即刺榆。今浙江天目山地區多行用此稱。見該文。

【蓲】

同“樞”“藲”。即刺榆。此體秦漢時已行用。《山海經・海内南經》：“其木若蓲，其名曰建木。”郝懿行箋疏：“蓲，刺榆也。”《集韻・平侯》：“藲，樞、蓲，木名。《爾雅》：‘藲，莖。’今刺榆也。或作樞、蓲。”清吴任臣《山海經廣注・海内南經》：“有木其狀如牛，引之有皮若纓黄蛇，其葉如羅，其實如欒，其木若蓲。”書注：“郭曰：蓲亦木名，未詳。任臣案：《字彙》音謳。刺榆也。”見“刺榆”文。

【剌榆】

同“刺榆”。此體元時已行用。明任廣《尚書叙指南・山林川澤》：“榆曰樞。”清吴其濬《植物名實圖考・木類・榆》：“榆，《本經》上品。種甚多……其有剌者爲剌榆。”按，“剌”即“刺”，故剌榆即刺榆。見“刺榆”文。

【柘榆】

即刺榆。亦稱“梗榆”，亦作“梗榆”。此稱多行用於漢代前後。《廣雅・釋草》：“柘榆，梗榆也。”王念孫疏證：“《爾雅》云：‘藲，莖。’郭注云：詩曰‘山有蓲’，今之刺榆。疏引陸璣《詩疏》云：其針刺如柘，其葉如榆，瀹爲如（茹）美滑，針刺如柘，故有柘榆之稱矣。莖之爲言挃也，前釋詁云，挃，刺也，亦刺之義也，《方言》云：凡草木刺人者，自關而東，或謂之梗，郭注云，梗，今之梗榆也。”《正字通・木部》：“梗，本作梗。”見“刺榆”文。

【梗榆】

即柘榆。此稱漢代已行用。見該文。

【梗榆】

同“梗榆”。即柘榆。此體漢代已行用。見“柘榆”文。

刺楸樹

習見林木名。五加科，刺楸屬，刺楸樹〔*Kalopanax septemlobus*（Thunb.）Koidz.〕。落葉喬木。小枝具粗刺。長枝之葉互生，短枝葉多簇生；葉大，近圓形，掌狀五至七裂，裂片寬三角狀卵形或長橢圓狀卵形。傘形花序聚生爲頂生圓錐花序，花白色或淡黄緑色。果實近圓球形。種子藍黑色，扁平。分布遍及我國各地。木材可供建築、舟車、傢具及枕木等用材。樹皮、葉、根、枝皆可入藥。

刺楸樹
（清吴其濬《植物名實圖考》）

宋代典籍已有記載并行用此稱。其葉可食，歉年可煠食救荒。宋朱弁《曲洧舊聞》卷四："藥有五加皮，其樹身幹皆有刺，葉如楸，俗呼之爲刺楸，春采芽可食，味甜而微苦，或謂之苦中甜云，食之極益人。"明朱橚《救荒本草》卷五："刺楸樹，生密縣山谷中。其樹高大；皮色蒼白，上有黄白斑點。枝梗間多有大刺。葉似楸葉而薄，味甘。"明鮑山《野菜博録》卷三："刺楸樹，生山野中。樹高大，皮色蒼白，上有黄白斑。枝梗多有大刺，葉似楸葉薄，味甘。食法：采嫩葉煠熟，水浸淘净，油鹽調食。"《通雅·植物》："周憲王曰：有刺楸，梗間多大刺。楸秋垂條如綫，曰楸綫子。"《格致鏡原》卷六五引明王象晋《群芳譜》："楸，生山谷間，今處處有之。與梓樹本同末異。一種刺楸，樹高大，皮色蒼白，上有黄白斑點，枝間多大刺，葉薄。"

按，五加樹身幹皆有刺，葉亦如楸，俗呼之爲刺楸。故此稱亦泛指五加科其他某些樹種。參閲清吴其濬《植物名實圖考·木類·刺楸樹》。今亦稱"上山虎""釘皮樹""狼牙棒""百鳥不落""鴨脚板葉""刺椿""鼓丁豐""媽麻殊""簡沙高""冬羅蓮"。

【刺楸】[1]

即刺楸樹。此稱宋代已行用。見該文。

【上山虎】

即刺楸樹。今陝西等地多行用此稱。見該文。

【釘皮樹】

即刺楸樹。其樹多刺似釘，故名。今陝西各地多行用此稱。見該文。

【狼牙棒】

即刺楸樹。因枝枝多刺，故名。今西北各地多行用此稱。見該文。

【百鳥不落】

即刺楸樹。因枝枝多刺，故名。今廣西各地多行用此稱。見該文。

【鴨脚板葉】

即刺楸樹。其葉形似鴨脚，故名。今雲貴等地多行用此稱。見該文。

【刺椿】

即刺楸樹。今貴州各地多行用此稱。見該文。

【鼓丁豐】

即刺楸樹。今湖南各地多行用此稱。見該文。

【媽麻殊】

即刺楸樹。爲仫佬語稱。今廣西羅城等地多行用此稱。見該文。

【簡沙高】

即刺楸樹。爲壮語稱。今廣西桂平等地多用此稱。見該文。

【冬羅蓮】

即刺楸樹。爲謡語稱。今湖南藍山等地多行用此稱。見該文。

【刺桐】[1]

即刺楸樹。此稱多行用於宋代。安徽銅陵等地今仍沿稱，亦稱“刺楸”“茨楸”“棘楸”“鼓釘刺”“刺楓樹”。宋陳翥《桐譜・類屬・刺桐》：“一種紋理細緊而性喜裂，身體有巨刺，其形如欓樹，其葉如楓，多生於山谷中。謂之刺桐。”今人潘法連注：“指刺桐，今通稱刺楸，又名茨楸、棘楸、鼓釘刺、刺楓樹等。《桐譜》作者家鄉群衆今仍稱刺桐。五加科，刺楸屬，落葉喬木。”見“刺楸樹”文。

【茨楸】

即刺桐。今安徽銅陵等地多行用此稱。見該文。

【棘楸】

即刺桐。今安徽銅陵等地多行用此稱。見該文。

【鼓釘刺】

即刺桐。今安徽銅陵等地多行用此稱。見該文。

【刺楓樹】

即刺桐。今安徽銅陵等地多行用此稱。見該文。

花櫚木

習見林木名。豆科，紅豆屬，花櫚木（*Ormosia henryi* Prain）。常緑小喬木。小枝密被灰黄色絨毛。奇數羽狀複葉，小葉五至九枚，近長圓形。腋生或頂生圓錐花序，稀總狀花序；花冠黄白或淡緑色。莢果扁平，長圓形，厚革質，乾時紫黑色。種子橢圓形。花期6至7月，果期10至11月。我國主要分布於浙、贛、閩、皖、湘、鄂、川、滇、黔、粤、桂等省、自治區。木材堅重、細緻，久置後爲深栗褐色，花紋美觀，爲優良傢具用材。枝葉可入藥。亦可栽培觀賞。

我國應用花櫚木入藥療疾歷史悠久。唐宋時稱“櫚木”，沿稱於後世。宋代前已行用“花櫚木”之稱。人多用以做器物，并作貢品進獻宫廷。五代時吴越國便向唐王進獻花櫚木厨。宋王欽若等《册府元龜・帝王部・納貢獻》：“九月，兩浙錢鏐遣使錢詢貢方物：銀器、越綾、吴綾、越絹……花櫚木厨子、金排方盤、龍帶御衣、白龍瑙、紅地龍、鳳錦被、紅藤、龍鳳箱等。”明李時珍《本草綱目・木二・櫚木》：“〔陳〕藏器曰：‘出安南及南海。用作床几，似紫檀而色赤，性堅好。’時珍曰：‘木性堅，紫紅色。亦有花紋者，謂之花櫚木，可作器皿、扇骨諸物。’”《續通志・木類》：“櫚木，性堅，紫紅色，有花文者謂之花櫚木，俗作花梨木，可作器物。”《廣群芳譜・木譜十一・櫚木》：“櫚木性堅，紫赤色似紫檀，亦有花紋者謂之花櫚木，可作器皿床几扇骨諸物。”清吴其濬《植物名實圖考・木類・櫚木》：“櫚木，《木草拾遺》始著録。俗呼花梨木。《南城縣志》：東西鄉間有之，不宜爲枕，令人頭痛。”

花櫚木多野生於海拔600—1200米山谷、坡地、溪邊雜木林中，生長極其緩慢，資源亦極難尋覓。今浙江俗稱爲“臭木”“臭柴桐”“爛鍋柴”“硬皮黄櫱”。湘鄂稱作“青皮樹”“青豆風

櫚　木
（清吴其濬《植物名實圖考》）

柴”“青龍捆地”“相思樹”等。

【櫚木】

即花櫚木。此稱唐代已行用，語本唐陳藏器《本草拾遺》。見該文。

【臭木】

即花櫚木。今浙江山區多俗用此稱。見該文。

【臭柴桐】

即花櫚木。今浙江山區多俗用此稱。見該文。

【爛鍋柴】

即花櫚木。今浙江山區多俗用此稱。見該文。

【硬皮黄檗】

即花櫚木。今浙江、江西山區多俗用此稱。見該文。

【青皮樹】[1]

即花櫚木。今湘鄂等地多行用此稱。見該文。

【青豆風柴】

即花櫚木。今湘鄂等地多行用此稱。見該文。

【青龍捆地】

即花櫚木。今湘鄂等地多行用此稱。見該文。

【相思樹】[1]

即花櫚木。今湘鄂等地多行用此稱。見該文。

【花貍】

即花櫚木。其紋多，如貍斑，故名。海南各地明清時亦稱“花櫚”。明方以智《物理小識·器用類》：“惟花櫚不生蟲，然作硯匣不宜。”《廣東通志·物産志·木》：“花櫚，色紫紅，微香，其文有若鬼面，亦類貍斑，又名花貍。老者文拳曲，嫩者文直，其節花圓暈如錢，大小相錯者佳。”清屈大均《廣東新語·木語》：“海南文木，有曰花櫚者，色紫紅微香，其文有鬼面者可愛。以多如貍斑，又名花貍。老者文拳曲，嫩者文直，其節花圓暈如錢，大小相錯，堅理密緻，價尤重。”見“花櫚木”文。

【花櫚】

即花貍。此稱明代已行用。見該文。

【花梨木】

“花櫚木”之别名。此稱多行用於宋明時，今江浙地區仍沿用此稱。省稱“花梨”。亦稱“花梨樹”。宋晁補之《七述》：“木則花梨美樅，棁柏香檀，陽平陰秘，外澤中堅。”明曹昭《格古要論·異木論·花梨木》：“花梨木，出南蕃。紫紅色，與降真香相似，亦有香。其花有鬼面者可愛，花粗而色淡者低。”明徐應秋《玉芝堂談薈》卷二六：“占城貢象、象牙、犀角、孔雀、孔雀尾……花梨木、蕪蔓、番沙、紅印花布、油紅綿布、白綿布、烏綿布、圓壁花布、花紅邊縵、雜色縵、番花手巾、番花手帕、兜羅綿被、洗白布泥凡三十一種。”明章潢《圖書編·貢物總叙·瓊州府》：“婆羅蜜、椰子、檳榔、瓊枝、沈香、烏木、土蘇木、高良薑、花梨木……知風草、五色雀、鐵樹花、玳瑁車渠、紅豆木、黄楊木。”《儒林外史》第五回：“而今端了家裏花梨椅子，悄悄開了後門，換肉心包子吃。”《格致鏡原·木類三·花櫚》引《博物要覽》：“花梨樹葉如梨而無花實，肌理細膩，可作器具。亦有花紋成山水人物花鳥形者，名花梨影木。”見“花櫚木”文。

【花梨】[1]

“花梨木”之省稱。此稱宋代已行用。見該文。

【花梨樹】

即花梨木。此稱清代已行用。見該文。

肥皂莢

習見林木名。豆科，肥皂莢屬，肥皂莢（*Gymnocladus chinensis* Baill.）。落葉喬木。無刺。二回羽狀複葉，小葉二十至二十四枚，矩圓形至長橢圓形，兩面密被短柔毛。頂生總狀花序，雜性，花色白或紫。莢果長橢圓形，扁平或肥厚，褐色。種子二至四粒，球形，平滑，黑色。我國主要分布於江蘇、安徽、浙江、江西、福建、湖北、湖南、廣東、四川等省。種子可榨油。莢果可入藥，亦可用於洗滌。

唐代典籍已有記載并已行用此稱，且沿稱至今。當時多用以入藥。唐孫思邈撰、宋林億等校正《備急千金要方》卷五七：“又方：酒一升半，浸肥皂莢兩挺，經宿，煮取半升，分三服七日。忌如藥法。若吐，多以酢飯三四口止之。”唐王燾《外臺秘要方》卷一〇：“肥皂莢兩挺，好酥一兩。右二味於火上炙，去火高一尺許，以酥細細塗之，數翻覆令得所酥盡止，以刀輕刮去黑皮然後破之，去子皮筋脉，擣篩，蜜和爲丸，每日食後服一丸。”宋陳自明《婦人大全良方》卷六：“又方：半夏、天南星（各二兩）；肥皂莢（五挺，剉）；生薑三兩。上以水五升一同煮，令水盡，去皂莢生薑，只用半夏南星焙乾爲末，以酒煮麵糊丸如梧桐子大，生薑薄荷湯下七丸。”明李時珍《本草綱目・木二・肥皂莢》：“肥皂莢生高山中。其樹高碩，葉如檀及皂莢葉。五六月開白花，結莢長三四寸，狀如雲實之莢，而肥濃多肉。”清刊《淵鑑類函》卷四一五：“一種肥皂莢樹，葉如檀，莢如雲實之莢，肥厚多肉，內有黑子數顆，如漆而堅，中有白仁如栗，煨熟可食，作丸澡身去垢，勝於皂莢。”清吴其濬《植物名實圖考・木類・皂莢》：“皂莢，《本經》下品。有肥皂莢、猪牙皂莢，爲癰疽要藥。”今亦俗稱“肉皂角”“肥皂樹”“肥猪子”。

【肉皂角】

即肥皂莢。今湖北等地多俗用此稱。見該文。

【肥皂樹】

即肥皂莢。因其莢果富鹹性可洗滌，故名。今湖南各地多俗用此稱。見該文。

【肥猪子】

即肥皂莢。今之俗稱。見該文。

金絲楠

習見林木名。樟科，楠屬，紫楠〔*Phoebe sheareri*（Hemsley）Gamble〕之別名。常緑喬木。高約 16 米，胸徑可達 50 厘米。樹皮灰色，開裂；幼枝褐色，密生綫毛。單葉互生，革質，倒卵形或披針形，全緣，上面暗緑色，下面具鏽色細毛。圓錐花序，腋生於當年生新枝，密生黄棕色綫毛；花白色，花被六片，卵形，兩面有毛。漿果橢圓形或近圓形，成熟時褐色。我國主要分布於長江以南及西南各地。常見於海拔 1000 米以下陰濕山谷與雜木林中。木材優良，可製傢具等器物。根、枝、葉含芳香油，入藥有暖胃去濕作用。種子可榨油。

我國利用金絲楠歷史悠久，明清時已行用此稱。《續通志・木類》：“《博物要覽》曰：楠有三種，一曰香楠，一曰金絲楠，一曰水楠。”

《格致鏡原·木類一·附石楠》引《博物要覽》："楠木有三種，一曰香楠；一曰金絲楠，出川峒中。水紋有金絲，向明視之的皪可愛。"金絲楠今又通稱"紫楠"。參閱《中國森林植物志》。

【紫楠】

即金絲楠。今之通稱。見該文。

金銀忍冬

習見林木名。忍冬科，忍冬屬，金銀忍冬〔*Lonicera maackii*（Rupr.）Maxim.〕。落葉小喬木，常呈灌木狀。小枝中空，幼枝被柔毛。單葉對生，卵狀橢圓形或卵狀披針形。花白色。漿果球形，對生，暗紅色，半透明。我國各地皆有分布。木材可供紗錠、軲轆用材。莖皮纖維可代繩索或製麻袋等。全株可入藥。

驢駝布袋
（明朱橚《救荒本草》）

我國利用金銀忍冬已有數百年史。明代河南等地俗稱"驢駝布袋"。明鮑山《野菜博録》卷二："驢駝布袋，生山野中。苗高二三尺，葉似郁李子葉，頗大，光澤，對生。開白花。結子如菉豆大，兩兩莖生，熟紅味甜。食法：采嫩芽煠熟，淘去苦味，油鹽調食。"明徐光啓《農政全書》卷五五引《救荒本草》："驢駝布袋，生鄭州沙崗間。科條高四五尺。枝梗微帶赤黄色。葉似郁李子葉，頗大而光；又似省沽油葉而尖，頗齊，其葉對生。開花色白。結子如菉豆大，兩兩並生；熟則色紅，味甜。"今人石聲漢校注以爲驢駝布袋即此金銀忍冬。今亦稱"胯肥樹""金銀木""馬尿樹""鷄骨頭"。

【驢駝布袋】

即金銀忍冬。此稱明代已行用。見該文。

【胯肥樹】

即金銀忍冬。今江蘇各地多行用此稱。見該文。

【金銀木】

即金銀忍冬。今山東各地多行用此稱，亦今之通稱。見該文。

【馬尿樹】

即金銀忍冬。今遼東各地多行用此稱。見該文。

【鷄骨頭】

即金銀忍冬。今四川各地多行用此稱。見該文。

油松

習見林木名。松科，松屬，油松（*Pinus tabulaeformis* Carr.）。常緑喬木。葉二針一束，粗硬，具細齒。花單性，雌雄同株。球果卵圓形，成熟時淡橙褐色或灰褐色，常宿存枝上。種子卵圓形或長卵圓形。原産我國，主要分布於長江流域及其以北地區。爲華北、西北中海拔地帶荒山造林主要樹種之一。木材供建築、橋梁、礦柱、枕木及木纖維工業原料，樹幹可采松脂。樹皮可製栲膠。

我國油松栽培歷史悠久，華北地區曾爲天然油松與橡櫟混交林區，後經開發，天然混交林遭到破壞，漸爲人工在荒山造林。古代油松通以"松"名。明清時始行用"油松"之稱。明繆希雍《神農本草經疏·木部上品·松脂》："《集簡方》：治陰毒腹痛，油松木七塊，炒焦，衝酒二鍾熱服。"其木主要用作建材。小材小料亦可作民用屋椽。《大清會典則例》卷一三六：“歲徵木植多寡不齊無定額……油松椽，長五尺，闊厚二寸五分，每根銀八分；柏木地釘，長九尺，徑五寸，每根銀三錢。”《廣群芳譜・天時譜四・夏》：“《芸窗類記》：古人藏書多用芸香，即今之七里香也。匣櫃須用楸、梓、杉、杪之類，忌油松，内不用漆。”清吴其濬《植物名實圖考・木類・松》：“凡北地松難長，多節質堅，材任棟梁，通呼油松。”今亦稱“短葉松”“紅皮松”。

【短葉松】

即油松。其葉短而粗硬，故名。今稱。見該文。

【紅皮松】

即油松。其樹皮裂隙及上部樹皮紅褐色，故名。今稱。見該文。

油桐

習見林木名。大戟科，油桐屬，油桐〔*Vernicia fordii*（Hemsl.）Airy Shaw〕。落葉喬木。單葉互生，革質，卵狀圓形，全緣。花單性，雌雄同株；圓錐狀複聚傘花序，花冠白色帶紫色條紋。核果近球形，内具種子三至五粒，闊卵圓形。我國主要分布於中南、西南、華東及甘肅、陝西等地區。爲重要木本油料樹。種子可榨油。桐子殼可製活性炭或鉀肥。根、葉、花、果、種子均可入藥。葉亦可飼養蠟蟲。

罌子桐
（清吴其濬《植物名實圖考》）

我國栽培利用油洞歷史悠久。古與泡桐、梧桐等混稱爲桐。唐代稱“罌子桐”“虎子桐”。亦作“罌子桐”。宋代稱“荏桐”。明清時亦稱“剛桐”。因其種子可榨油因名“油桐”。《通志・木類》：“又有一種，實如罌子粟，可作油。陳藏器所謂罌子桐也。”宋唐慎微《證類本草・木部下品・罌子桐》：“罌子桐，子有大毒，壓爲油，毒鼠主死。摩疥癬蟲瘡毒腫。一名虎子桐，似梧桐。生山中。”明代已行用“油桐”之稱。明李時珍《本草綱目・木二・罌子桐》：“［釋名］虎子桐、荏桐、油桐。時珍曰：罌子，因實狀似罌也。虎子，以其毒也。荏者，言其油似荏油也。”明方以智《物理小識・草木類》：“剛桐，油桐也；櫬桐，青梧桐也。宋詡謂二者作琴，非也。琴用白桐，乃泡桐也。”清刊《授時通考・農餘門・木一》：“岡桐，一名油桐，一名荏桐，一名罌子桐，一名虎子桐。實大而圓，取子作桐油。”清吴其濬《植物名實圖考・木類・罌子桐》：“罌子桐，《本草拾遺》始著録。即油桐，一名荏桐。湖南、江西山中種之取油，其利甚饒。俗呼木油。”今亦稱“光桐”“五年桐”“桐子樹”。

【虎子桐】

即油桐。此稱唐代已行用。見該文。

【罌子桐】

即油桐。此稱唐代已行用。見該文。

【罌子桐】

同“罌子桐”。即油桐。此體唐代已行用。見“油桐”文。

【荏桐】

即油桐。此稱宋代已行用。見該文。

【剛桐】

即油桐。此稱明代已行用。見該文。

【光桐】

即油桐。今廣西各地多行用此稱。見該文。

【五年桐】

即油桐。今浙江各地多行用此稱。見該文。

【桐子樹】

即油桐。今安徽、河南、江西、浙江等地多行用此稱。見該文。

【岡桐】[2]

即油桐。因常生於高岡，故名。亦稱“素桐”“紫華桐”“膏桐”。“岡桐”之稱明代已行用。三國吴陸璣撰、明毛晋廣要《陸氏詩疏廣要·釋木·梓椅梧桐》：“又有一種，實如罌子粟，可作油，陳藏器所謂罌子桐也。賈思勰曰桐有三輩，青白之外復有岡桐，即油桐也。生於高岡，蓋梧性便濕不生於岡，故此桐有岡之號。”明季本《詩説解頤·字義》：“華穀嚴氏曰：桐有三種，青白之外復有岡桐，即油桐也。青桐即梧桐，一名梧，一名櫬。《詩》所謂‘梧桐生矣’是也。椅桐梓漆之桐，爲白桐。今按，青桐有實，是爲鳳凰食；油桐即素桐，此則但可爲桐油耳。”清陳啓源《毛詩稽古編·辨物·草木辨》：“又有岡梧，早春開淡紅華，實大而圜，南人用之作油。亦名油桐，名罌子桐，名荏桐，名虎子桐，名紫華桐。”清姚炳《詩識名解·木部·桐》：“《釋木》桐梧分列，梧桐，乃桐之一種，非即青桐。郭璞謂桐木即梧桐。邢昺以爲與上櫬梧爲一，並誤。其專有桐名者，則青、白、岡三者也。宋皇祐間，陳翥作《桐譜》又分六種，謂紫花者名紫桐。花如百合，白花者名白桐，類穀花而不實。一種油桐名膏桐，實可壓油。”見“油桐”文。

【素桐】

即岡桐[2]。此稱明代已行用。見該文。

【紫華桐】

即岡桐[2]。因其花帶淡紫色紋，故名。此稱清代已行用。見該文。

【膏桐】

即岡桐[2]。其實可榨油，故名。此稱清代已行用。見該文。

油茶

習見林木名。山茶科，山茶屬，油茶（*Camellia oleifera* Abel）。常緑小喬木或灌木。單葉互生，厚革質，橢圓形。花頂生，白色。蒴果圓形或心形，果瓣厚木質。種子背圓腹扁，黄褐色。我國主要分布於秦嶺、大别山以南諸地，長江流域及其以南各地廣爲栽培。種子油可食或用於工業原料。果殼可製栲膠、皂素、糠醛。木材可供傢具、農具用材。

我國應用油茶歷史悠久。唐宋後稱“樝”“樝木”，沿稱至明清時。干鐸等《中國林業技術史料初步研究》（中國農業出版社1964年版）第七章“油茶”引宋寇宗奭《本草圖經》曰：“樝可笮油燃燈。百越産者味甘可入蔬。荆楚産者味苦，可燃燈，潤髮不染衣。”明徐光啓《農政全書》卷三八：“樝木，出生閩、廣、江右山谷間……其樹易成材，亦堅韌。若修治令勁挺者，中爲杠實如橡斗，斗無刺爲異耳。斗中函子，或一或二或三四，甚似栗而殼甚薄。殼中仁皮色如榧，瓤肉亦如栗，味甚苦，而多膏油。江右閩廣人多用此油燃燈，甚明勝於諸油。”干鐸等《中國林業技術史料初步研究》又引《植物名實圖考長編》：“〔樝〕今山民栽種成林，樹枝壓油，名曰‘清油’。子榨油畢，其渣曰‘棤’，用以爲炊，烟盡焰息，撲而棄之。冬月圍爐，不息不烈，温暖適宜。又洗衣去垢，以代肥皂。研爲末，灑於菜畦、花盎，能殺蟲。四民食用，無時可乏。瘠土之民，莳以易穀。”近代始行用此稱。一説《山海經》之“員木”即油茶，見清張宗法《三農紀》引，干鐸等所説或以爲是，此附供考。

【楂】

即油茶。此稱宋代已行用。見該文。

【楂木】

即油茶。此稱明代已行用。見該文。

【員木】

即油茶。此稱多行用於秦漢時。干鐸等《中國林業技術史料初步研究》：“〔油茶〕《山海經》（見《三農紀》引）：‘員木，南方油實也。’”未詳確否。此附供考。見“油茶”文。

泡桐

習見林木名。玄參科，泡桐屬，泡桐〔*Paulownia fortunei*（Seem.）Hemsl.〕。落葉喬木。樹皮灰色，平滑。幼枝、葉柄、葉背、花萼及幼果密被黄色星狀柔毛。葉卵形或卵圓形，具長柄。圓錐花序，花筒狀，白色，内有紫斑。蒴果長圓形，外果皮硬革質。種子多數，極小，扁而具翅。我國主要分布於長江以南諸地區，黄淮地區及臺灣島廣有栽培。木材供傢具等用。根、木、葉、果實、花均入藥。

我國泡桐栽培歷史悠久。然其名稱古時與梧桐、油桐等多混稱爲桐，秦漢時稱“榮桐”，至三國時稱“白桐”。南北朝時又稱“椅桐”。宋代亦稱“黄桐”，并行用“泡桐”之稱。三國吴陸璣《毛詩草木鳥獸蟲魚疏・梓椅梧桐》：“桐有青桐、白桐、赤桐，白桐宜琴瑟。”魏晋時已用以入藥療疾。晋葛洪《肘後備急方》卷六：“療人鬚鬢禿落不生長方……又方，麻子仁三升，白桐葉一把，米泔，煮五六沸去滓以洗之，數之則長。”南北朝時已掌握分蘖取苗栽培方法。北魏賈思勰《齊民要術・種槐柳楸梓梧柞》：“白桐無子（冬結似子者，乃是明年之花房）。亦繞大樹掘坑取栽移之，成樹之後任爲樂器。”桐本桐類樹木之泛稱，即泛指各種桐木，泡桐即其之一。亦稱“華桐”。《通雅・植物》：“椅，桐榮；桐，白桐，即泡桐也。陸璣以椅爲梧桐，因陶隱居之説也。青桐即梧桐之無實者。岡桐，即油桐，又名荏桐。葉如楓而刺者曰刺桐。外國之種曰海桐。小而真紅花者曰赬桐。”泡桐爲用甚廣，可入草藥，可作器物、屋柱，亦可製琴瑟。明李時珍《本草綱目・木二・桐》：“〔釋名〕白桐、黄桐、泡桐、椅桐、榮桐。時珍曰：《本經》桐葉，即白桐也。桐華成筒，故謂之桐。其材輕虚，色白而有綺文，故俗謂之白桐、泡桐，古謂之椅桐也。先花後葉，故《爾雅》謂之榮桐。”清刊《授時通考・農餘門・木一》：“又有白桐，一名華桐，一名泡桐，華而不實。蔡邕《月令》曰‘桐始華’，桐木之後華者也。”《廣群芳譜・木譜六・桐》：“梧桐，一名青桐……白桐，一名華桐，一名泡桐。葉三杈，大徑尺，最易生長，皮色粗白，木輕清不生蟲蛀，作器物屋柱甚良。二月開花。”

按，一説白桐即梧桐，如《通志・木類》：“白桐、岡桐俱堪作琴瑟，據此説則白桐者梧桐也。其材可作琴瑟，諸桐惟此最大，可爲棺椁。”或曰白桐即榮梓（楸類，一名椅），如漢史游《急就篇》卷三："桐梓樅榆椿樗。"唐顔師古注："桐即今之白桐木也。一名榮梓，楸類也。一名椅。"今俱附，供考。

【榮桐】

即泡桐。此稱秦漢時期已行用。見該文。

【白桐】

即泡桐。此稱三國時期已行用。見該文。

【椅桐】[2]

即泡桐。此稱南北朝時期已行用。見該文。

【黄桐】

即泡桐。此稱宋代已行用。見該文。

【華桐】

即泡桐。此稱清代已行用。見該文。

【白花桐】

即泡桐。此稱宋代已行用。宋陳翥《桐譜·類屬》："桐之類，非一也，今略志其所識者。一種，文理粗而體性慢，葉圓大而尖長，光滑而毳稚者三角。因子而出者，一年可拔三四尺；由根而出者，可五七尺；已伐而出於巨樁者，或幾尺圍。始小成條之時，葉皆茸毳而嫩，皮體清白，喜生於朝陽之地。其花先葉而開，白色，心赤肉凝紅。其實先長而大，可圍三四寸，内爲兩房，房中有肉，肉上細白而黑點者，即其子也，謂之白花桐。"參閲明陶宗儀《説郛》《韻府拾遺》及清刊《廣群芳譜·木譜六·桐》。見"泡桐"文。

柯

習見林木名。殼斗科，柯屬，柯〔*Lithocarpus glaber*（Thunb.）Nakai〕，俗稱柯樹、石櫟。常緑喬木。嫩枝密被黄褐色柔毛。單葉互生，革質，全緣，披針形或卵狀披針形。花單性，雌雄同株，花序頂生。殼斗杯形，幾無柄，堅果卵形或倒卵形，外露，表面暗赤色，有光澤，略被白粉。我國主要分布於浙江、江西、湖南、江蘇、福建、廣東、廣西等省、自治區。木材可供農具、舟車等用材。果實可生食或炒食，亦可提製澱粉或油脂。殼斗可提製鞣質。樹皮可入藥。

我國柯栽培利用歷史極久。晉代已有記載，時稱"柯木"。亦稱"木奴""木孥"，并行用"柯樹"之稱。宋唐慎微《證類本草·木部下品·柯樹皮》："柯樹皮，味辛，平，有小毒。主大腹水病。取白皮作煎，令可丸如梧桐子大，平旦三丸，須臾又一丸。一名木奴。南人用作大船者。"明李時珍《本草綱目·木二·柯樹》："［釋名］木奴。［集解］〔李〕珣曰：按〔晋郭儀恭〕《廣志》云：'〔柯樹〕生廣南山谷，波斯家用木爲船舫者也。'"《續通志·木類》："柯樹，一名木奴，生廣南山谷。波斯家用爲船舫者也。"《格致鏡原·木類三·諸木》："《廣志》：柯木，生廣南山谷，可爲船舫，一名木孥。"

按，清吴其濬《植物名實圖考·木類·何樹》以爲何樹即柯，似誤。又，柯屬約有二百五十餘種，我國約九十種。"柯"亦可以爲該屬之泛稱。參閲江蘇新醫學院《中藥大辭典·柯樹皮》。今柯通稱"石櫟"。俗稱"青錫""柯""白楣樹""椆木""椆樹"。

【柯木】

即柯。此稱魏晋時期已行用。見該文。

【木奴】

即柯。此稱晋代已行用。見該文。

【木孥】

即柯。或即奴之音訛。此稱晋代已行用。見該文。

【石櫟】

即柯。今之通稱。見該文。

【青錫】

即柯。今浙江各地多俗用此稱。見該文。

【柯樹】

即柯。今之俗稱。見該文。

【白楣樹】

即柯。今之俗稱。見該文。

【椆木】[1]

即柯。今之俗稱。見該文。

【椆樹】[1]

即柯。今之俗稱。見該文。

柏木

習見林木名。柏科，柏木屬，柏木（*Cupressus funebris* Endl.）。常緑喬木。高可達35米，胸徑近2米。樹皮淡灰色；大枝開展，小枝細長而下垂，先端鱗葉小枝扁平，緑色，老枝圓柱形，暗紫褐色，略有光澤。葉鱗片狀，交互對生，緊貼枝上，呈卵狀三角形，生於幼樹或老枝上的葉綫形或錐形，三、四枚輪生，開展，先端稍尖。花小單性，雌雄同株，頂生。球果木質，球形，具短柄，褐色。種子卵形，稍有翅。我國分布幾遍全國各地。適生於温暖濕潤氣候條件，亦耐乾旱瘠薄，尤喜土層深厚的鈣質土。路旁、古墓、寺廟等多有栽植。

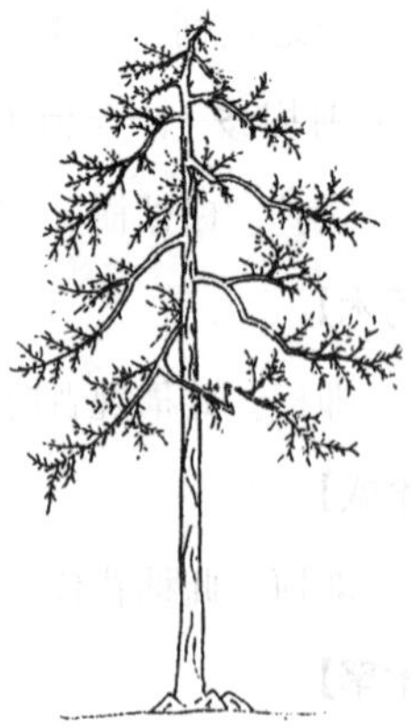

柏　樹
（明朱橚《救荒本草》）

古代與柏類統稱“柏樹”。亦稱“香栢”“香柏”。《三輔黄圖·臺榭》：“栢梁臺，武帝元鼎二年春起此臺，在長安城中北闕内。《三輔舊事》云，以香栢爲梁也。”南北朝時稱“栢樹”“栢木”。《太平御覽》卷九五四引《幽明録》曰：“王丞相見郭景純，請爲一卦。卦成，郭意甚惡，云：‘有震厄公，能命駕西出數里得一栢樹，截如公長，置常寢處，灾可消也。’王從之。數日果震，栢木粉碎。”隋巢元方《巢氏諸病源候總論》卷二：“青牛者乃柏木之精，駮牛者古之神。”宋楊侃《兩漢博聞》卷三：“柏梁臺，武帝紀元鼎二年〔顔〕師古曰：《三輔舊事》云，以香柏爲之，今書字皆從柏。”宋王應麟《玉海·祥瑞》：“元禧元年二月癸未，玉清昭應宫會靈觀，並言甘露降柏木，群臣表賀。”《通雅·官制》：“今稱御史爲烏臺，以朱博傳御史府中列栢木，常有野烏數千也。”明徐元太《喻林·人事門·重本》：“《抱朴子》曰：桑林鬱藹，無補栢木之凄冽；膏壤帶郭，無解黔敖之蒙袂。”柏木亦可用以爲藥。清佚名《分類草藥性·木部·柏木》：“柏樹葉，苦澀……和血，治腸風痔腫，痢疾，吐血。”

按，江蘇新醫學院《中藥大辭典·柏樹葉》以爲此柏樹即指柏木：“柏樹葉（《分類草藥性》）。基原爲柏科植物柏木的枝葉。原植物，柏木 *Cupressus funebris* Endl. 又名：香柏（《三輔舊事》），香扁柏，垂絲柏、掃帚柏、白木樹、密密松、扁柏、垂柏、柏青樹、宋柏。”此附。

【柏樹】

即柏木。古代“柏樹”統稱柏類，清代已行用之以專稱柏木。見該文。

【香栢】

即柏木。此稱漢代已行用。見該文。

【香柏】[1]

同“香栢”。即柏木。此體唐代已行用，名見唐袁郊《三輔舊事》。見“柏木”文。

【栢樹】

即柏木。此稱南北朝時期已行用。見該文。

【栢木】

同“柏木”。此體南北朝時期已行用。見該文。

枹櫟

習見林木名。殼斗科，櫟屬，枹櫟（*Quercus serrata* Thunb.）。落葉喬木。幼枝被柔毛。單葉互生，長橢圓狀倒卵形，葉緣具鋸齒。花單性，同株。殼斗杯形。堅果卵形至橢圓形。我國主要分布於遼寧、山東、河南、山西、陝西、甘肅、廣東、廣西、福建、四川、貴州、雲南及臺灣等省、自治區。木材宜車輛、建築、農具等用材。樹皮及殼斗可製栲膠。葉可飼蠶。種子可提取澱粉或釀酒。

青岡樹
（清吴其濬《植物名實圖考》）

我國栽培利用枹櫟歷史悠久。先秦時始稱“樸”，秦漢時省稱“枹”。亦稱“枹木”。《詩・大雅・棫樸》：“芃芃棫樸，薪之槱之。”毛傳：“樸，枹木也。”《爾雅・釋木》：“樸，枹者。”郭璞注：“樸屬，叢生者爲枹。”明李時珍《本草綱目・果二・槲實》：“槲有二種：一種叢生小者名枹（音孚），見《爾雅》。一種高者名大葉櫟。樹、葉俱以栗，長大粗厚，冬月凋落。”按，枹櫟分布與麻櫟略同，生長於長江下游一帶，多成灌叢。陳植《樹名訓詁・枹》以爲《爾雅・釋木》之“樸”“枹”即此種。又晋嵇含《南方草木狀》有“枹木”，唐劉恂《嶺表録異》亦有“枹木”。俱言“生於水松之旁”或“生江溪”，清李調元《南越筆記・粵中多尚履》：“枹木附水松而生。”木質柔韌，可製木履。似非此種，此附供考。枹櫟今又俗稱“枹樹”“孛落樹”“小橡樹”“青剛樹”。

【樸】

即枹櫟。此稱先秦時期已行用。見該文。

【枹】

即枹櫟。此稱秦漢時期已行用。見該文。

【枹木】

即枹櫟。此稱漢代已行用。見該文。

【枹樹】

即枹櫟，今之俗稱。見該文。

【孛落樹】

即枹櫟。今江蘇江陰等地多俗用此稱。見該文。

【青剛樹】

即枹櫟。今河南等地多俗用此稱。見該文。

【小橡樹】

即枹櫟。今陝西、湖北等地多俗用此稱。見該文。

【青岡樹】

即枹櫟。此稱多行用於明清時。舊時歉年常采其葉煠食救饑。明鮑山《野菜博録》卷四：“青岡樹，枝葉條幹皆類橡櫟，但葉色頗青，花叉，味苦，性平，無毒。食法：采嫩葉煠熟，以水浸漬，作成黄色，换水淘洗净，油鹽調食。”明徐光啓《農政全書》卷五四引《救荒本草》：“青岡樹，舊不載所出州土，今處處有之……救飢：采嫩葉煠熟，以水浸漬，作成黄色，换水淘洗净，油鹽調食。”石聲漢校注以爲《救荒本草》之“青岡樹”即今之“枹櫟”。此説或是。見“枹櫟”文。

柳杉

習見林木名。柏科，柳杉屬，柳杉（*Cryptomeria fortunei* Hooibrenk ex Otto et Dietr.）。常緑喬木。樹皮紅棕色。小枝細長下垂。葉錐形，長1~1.5厘米，先端微向内彎，螺旋狀排列。花單性，同株；雄球花長圓形，無梗，單生葉腋，雌球花近球形，單生枝頂。球果近球形，當年成熟，種鱗宿存，木質，盾形。我國主要分布於長江流域以南及西南各地。江蘇、安徽、山東、河南等地有栽培。浙江天目山、江西廬山、雲南昆明尚存有數百年生柳杉古樹。木材質優，可供建築、板料、器具、傢具等用材。樹姿優美，可用於園林緑化栽培。

我國栽培利用柳杉歷史悠久。宋時稱“温杉”，明時稱“寶樹”。今稱“長葉柳杉”“孔雀杉”“密條杉”“婆羅寶樹”“長葉孔雀松”。柳杉爲用甚廣，可爲楝梁、棺椁、器物，亦可供觀賞。宋戴侗《六書故・植物一》：“杉木直幹，似松……其一種葉細者，易大而疏理，温人謂之温杉。”明宋詡《竹嶼山房雜部・樹畜部一・種木果法》：“温杉葉細，刺杉葉粗，《爾雅》曰：‘柀，杉。’身皆竦直。一種樫木，似杉而破（柀，碑詭切），材理不腐，可爲居室，爲器用。芒種時遇雨，只斬其肄以插之。”亦稱“鳳尾松”。《通雅・植物》：“廬山大林寺前寶樹十餘圍，正鳳尾松。”明方以智《物理小識・草木類》：“杉黏不宜水壤種之，亦發然挺茂，不久焦枯也；温杉，葉細；刺杉葉粗；一種樫木，似杉而硬，宜芒種時過雨斬肄插之。廬山大林寶樹即杉松也。”清吴其濬《植物名實圖考・木類・寶樹》：“寶樹生廬山佛寺。亭亭直立，葉如松杉而歧枝。”陳植《觀賞樹木學・柳杉》：“柳杉*Crytomeria fortunei* Hooibrenk ex Otoo et Dietr.，亦稱長葉柳杉（《中國高等植物圖鑒》）、孔雀杉（湖北）、密條杉（四川）、寶樹（《植物名實圖考》）、婆羅寶樹（江西廬山）、温杉（《物理小識》），屬杉科。”今從其説。《物理小識》之“温杉”，《植物名實圖考》之“寶杉”當即柳杉。

寶　樹

（清吴其濬《植物名實圖考》）

【温杉】

即柳杉。此稱宋代已行用。見該文。

【鳳尾松】

即柳杉。此稱明代已行用。見該文。

【杉松】

即柳杉。皮可入藥，與樹同名。此稱明代已行用。見該文。

【寶樹】

即柳杉。此稱明代已行用。見該文。

【長葉柳杉】

即柳杉。今之通稱。見該文。

【孔雀杉】

即柳杉。今湖北各地多行用此稱。見該文。

【密條杉】

即柳杉。四川各地多行用此稱。見該文。

【婆羅寶樹】

即柳杉。今江西廬山等地多行用此稱。見該文。

【長葉孔雀杉】

即柳杉。名見《中國裸子植物志》。見該文。

厚朴

習見林木名。木蘭科，北美木蘭屬，厚朴〔*Houpoea officinalis*（Rehder et E.H. Wilson N.H. Xia et C.Y. Wu）〕。落葉喬木。樹皮厚，紫褐色，油潤而帶辛辣味；枝粗壯，開展，幼時被絹狀毛。單葉互生，革質，倒卵形或倒卵狀橢圓形，全緣或微呈波狀；葉面淡黃緑色，無毛；葉背幼時密生灰色毛，老則呈白粉狀。花白色，環狀，有芳香，單生幼枝頂端。聚合果，長橢圓狀卵形，心皮排列緊密，成熟時木質。種子三角狀倒卵形，外種皮紅色。我國主要分布於長江流域各省區及陝西、甘肅等地。樹皮及花果可入藥。幹皮可提取芳香油。種子亦可榨油。

我國栽培利用厚朴歷史悠久。樹皮古稱“朴”，本種皮厚，故名。“厚朴”之稱始行用於秦漢時，沿稱至今。魏晉時稱“厚皮”“赤朴”“重皮”。宋時稱“烈朴”。《神農本草經·中品·厚朴》：“厚朴，味苦，温。主中風、傷寒、頭痛、寒熱、驚悸氣，血痹死肌，去三蟲。”孫星衍等注引晋陶弘景《名醫别録》曰：“〔厚朴〕一名厚皮，一名赤朴。”《急就篇》卷四：“芎藭厚朴桂栝樓。”顏師古注：“厚朴，一名厚皮，一名赤朴。凡木皮皆謂之朴，此樹皮厚，故以厚朴爲名。”《文選·司馬相如〈上林賦〉》：“枇杷橪柹，楟奈厚朴。”李善注引張揖曰：“厚朴，藥名也。”其皮入藥，可治人畜多種疾病。晋葛洪《肘後備急方》卷一：“〔斗門方〕治男子女人久患氣脹心悶，飲食不得，因食不調，冷熱相擊致令心腹脹滿方：厚朴火上炙令乾，又蘸薑汁炙，直待焦黑爲度，擣篩如麵，以陳米飲調下。”唐王燾《外臺秘要方》卷一：“小承氣湯方：大黄四兩，厚朴二兩（炙），枳實大者三枚（炙）。右三味切，以水四升煮取一升二合，去滓，分温再服。”《通志·木類》：“厚朴，曰厚皮，曰赤朴，曰烈朴，曰重皮。其植曰榛，其子曰逐折。”元刊《農桑輯要》卷七：“《博聞録》馬傷脾方：川厚朴去粗皮爲末，同薑棗煎灌。應脾胃有傷不食水草，褰唇侶笑，鼻中氣短，宜速與此藥。”明李時珍《本草綱目·木二·厚朴》：“〔釋名〕烈朴、赤朴、厚皮、重皮。樹名榛，子名逐折。時珍曰：其木質朴而皮厚，味辛烈而色紫赤，故有厚朴、烈、赤諸名。〔蘇〕頌曰：《廣雅》謂之重皮，方書或作厚皮也。”清吴其濬《植物名實圖考·木類·厚朴》：“厚朴，《本經》中品。《唐書》龍州土貢厚朴。”《陝西通志·物産一·藥屬》：“厚朴，張揖曰：厚朴，藥名也（《上林賦》注）。陝西山谷中往往有之，葉如槲葉，四季不凋，紅花而青實，皮極鱗皺而厚，紫色，多潤者佳（《本草圖經》）。”本種於1984年被列爲

厚　朴
（清吴其濬《植物名實圖考》）

國家三級保護植物。

【厚皮】

即厚朴。此稱魏晋時期已行用。見該文。

【赤朴】

即厚朴。此稱晋代已行用。名見陶弘景《名醫别録》。見該文。

【重皮】

即厚朴。此稱三國時期已行用。見該文。

【烈朴】

即厚朴。此稱宋代已行用。見該文。

厚皮香

習見林木名。五列木科，厚皮香屬，厚皮香〔*Ternstroemia gymnanthera*（Wight & Arm.）Bedd.〕。常緑小喬木，高3~5米，小枝粗壯，圓柱形，無毛。單葉，互生，革質，倒卵形、倒卵狀橢圓形，先端鈍或短尖，基部楔形，全緣，光滑，中脉在葉下面下陷。花兩性，淡黄色，單生葉腋，具香氣。果爲乾燥漿果狀，萼片宿存。種子近卵形，紅色，極堅硬。我國主要分布於長江以南各地，多見於海拔1500米山地。葉、花、果可入藥。清代已行用此稱。清吴其濬《植物名實圖考・木類・厚皮香》："厚皮香生雲南山中。小樹滑葉，如山梔子。開五瓣白花，團團微缺，攢簇枝間，略有香氣。"參閲鄭萬鈞等《中國樹木志・山茶科・厚皮香》。今亦稱"秤杆木""猪血柴""白花果"。

厚皮香
（清吴其濬《植物名實圖考》）

【秤杆木】

即厚皮香。今四川各地多行用此稱。見該文。

【猪血柴】

即厚皮香。今浙江各地多行用此稱。見該文。

【白花果】

即厚皮香。今稱。名見《昆明民間常用草藥》。見該文。

胡楊[1]

習見林木名。楊柳科，楊屬，胡楊（*Populus euphratica* Oliv）。落葉喬木。小枝細圓，灰緑色，幼枝被細毛。單葉互生，葉形變异較大，幼樹與萌枝之葉多披針形或條狀披針形；大樹葉多呈卵形、扁圓形、腎形等。花單性，雌雄异株。蒴果長橢圓形。我國主要分布於新疆、青海、甘肅、寧夏、内蒙古等地。爲我國西部荒漠、半荒漠地帶沙荒及鹽碱土地河流兩岸重要造林樹種。木材可供傢具、建築、農具及造紙等用材。樹脂可入藥，名"胡桐淚"。樹以藥名，稱"胡桐"。

我國栽培利用胡楊歷史悠久，"胡桐"之稱至遲漢代已行用，并沿稱於後世。《漢書・西域傳上》："〔鄯善國〕國出玉，多葭葦、檉柳、胡桐、白草。"顏師古注："胡桐亦似桐，不類桑也。蟲食其樹而沫出下流者，俗名爲胡桐淚，言似眼淚也。"《晋書・凉武昭王傳》："又有敦煌父老令狐熾，夢白頭公衣帢而謂熾曰：'南風動，吹長木。胡桐椎，不中轂。'言訖忽然不見。士業小字桐椎。"唐劉恂《嶺表録異》卷下："胡桐淚，出波斯國，是胡桐樹脂也。名胡桐淚。”《新五代史・四夷・附録第三》：“元恭爲瓜州團練使，其所貢硇砂、羚羊角、波斯錦、安西白氈、金星礬、胡桐律［淚］。”《爾雅翼・釋木》：“又漢西域鄯善國有胡桐，亦似桐，蟲食其木則沫出。其下流者俗名爲胡桐淚，言如目中淚也。”明李時珍《本草綱目・木一・胡桐淚》：“《西域傳》云：車師國多胡桐。……［集解］〔韓〕保昇曰：凉州以西有之。初生似柳，大則似桑、桐。”《續通志・木類》：“胡桐，見《前漢書・西域傳》。顔師古曰：胡桐似桐，蟲食其樹而沫出下流者，俗名胡桐淚。可以汗金銀。”清厲鶚《遼史拾遺・屬國表・高昌國》：“又有胡桐樹，經雨即生胡桐律〔淚〕。”清吴其濬《植物名實圖考・木類・胡桐淚》：“胡桐淚見《漢書・西域傳》。《唐本草》始著録。爲口齒要藥。今阿克蘇之西，地名樹窩子，行數日程，尚在林内，皆胡桐也。葉微似桐，樹本流膏如膠。”

按，胡桐今通稱“胡楊”，亦稱“异葉楊”“异葉胡楊”“陶來楊”。新疆等地遠古之胡楊林已不復存在，僅塔里木河中游地區與内蒙古西部額齊納旗境内尚存部分胡楊天然林，另，新疆哈蜜伊吾比勒尚存一株七千五百年生胡楊古樹，其高15米；内蒙古巴彦淖爾河套平原有多處亦存有數百年生胡楊古樹。胡楊在學術研究上具有重要價值。於1984年被列爲國家三級保護植物。

【胡桐淚】

即胡楊[1]。此稱唐代已行用。見該文。

【胡桐】

即胡楊[1]。此稱漢代已行用。見該文。

【异葉楊】

即胡楊[1]。因其葉形多變异，故名。今新疆各地多行用此稱。見該文。

【异葉胡楊】

即胡楊[1]。今新疆各地多行用此稱。見該文。

【陶來楊】

即胡楊[1]。今陝、甘等地多行用此稱。見該文。

苦櫧

習見林木名。殻斗科，錐屬，苦櫧〔*Castanopsis sclerophylla*（Lindl.）Schottky〕。常緑喬木。小葉具稜。葉革質，長橢圓形，葉緣中部以上具鋭鋸齒，兩面無毛。殻斗扁球形，包圍堅果。堅果近球形，柱頭外露。我國主要分布於長江以南各地。木材可供機械、圖板及體育用材。種仁、樹皮、葉可入藥。種子可製粉食及糕食。

我國栽培利用苦櫧歷史很久。唐代稱“櫧子”。元代已行用“苦櫧”之稱。宋唐慎微《證類本草・果部・鉤栗》引唐陳藏器曰：“又有櫧子，小於橡子，味苦澀，止洩痢，破血，食之不饑，令健行。”宋舒岳祥《觀萬堂村飲戲成》詩：“芋魁豆角烏櫧子，不用山翁舉箸肥。聞道細鱗長九寸，夜來溪火急成圍。”元危亦林《世醫得效方》卷七：“〔子午圓〕治心腎俱虚，夢寐驚悸，體常自汗，煩悶短氣，悲憂不樂，消渴引飲，漩下赤白，停疑濁甚，四體無力，眼昏，形容瘦悴，耳鳴頭暈，惡風怯冷：榧子去殻二兩，蓮肉去心……苦櫧實去殻，白礬（枯），赤茯苓去皮，白茯苓去皮，文蛤、蓮花鬚（鹽蒸）、白牡蠣（煅）各一兩。右爲末，酒蒸肉蓯蓉（一斤二兩）爛，研爲圓梧桐子大，朱砂一兩半重細研爲圓，濃煎萆薢湯空心吞下，忌勞力房事，專心服餌，渴止濁清，自有奇效。”明代俗稱“血櫧”。明李時珍《本草綱目・果二・櫧子》：“〔集解〕〔陳〕藏器曰：櫧子生江南。皮、樹如栗，冬月不凋，子小於橡子。〔汪〕穎曰：櫧子有苦、甜二種，治作粉食、糕食，褐色甚佳。時珍曰：櫧子處處山谷有之。其木大者數抱，高二三丈。葉長大如栗，葉稍尖而厚堅光澤，鋸齒峭利，凌冬不凋，三四月開白花成穗，如栗花。結實大如槲子，外有小苞，霜後苞裂子墜。子圓褐而有尖，大如菩提子。内仁如杏仁，生食苦澀，煮、炒乃帶甘，亦可磨粉……苦櫧子粒大，木文粗赤，俗名血櫧。”明代亦有“櫧栗”之稱。明徐應秋《玉芝堂談薈》卷二九：“又無名異，出大食國山中。大者若彈丸，小者如櫧栗，顔色黑褐，嚼之餳甜。”清代又稱“苦櫧子”。清吳其濬《植物名實圖考・果類・苦櫧子》：“苦櫧子，《本草拾遺》始著録。苦者實圓、葉寬。雩婁農曰……余過章貢間，聞輿人之誦曰，苦櫧豆腐配鹽幽菽（豆豉也），皆俗所嗜尚者。得其腐而烹之，至舌而澀，至咽而饜，津津焉有味回於齒頰。”今亦稱“櫧栗”。參閲《新華本草綱要・苦櫧子》。

櫧　子
（明盧和《食物本草》）

【櫧子】

即苦櫧。亦特指其種子。此稱唐代已行用。見該文。

【血櫧】

即苦櫧。此稱明代已行用。見該文。

【苦櫧子】

即苦櫧。此稱清代已行用。見該文。

【櫧栗】

即苦櫧。此稱明代已行用，今湖北地區仍沿用此稱。見該文。

【鐵櫧】

即苦櫧。苦櫧子粒大色黑，因名鐵櫧。此稱明清時已行用。清刊《授時通考・農餘門・木二》：“櫧子處處山谷有之。其木大者數抱，高二三丈。葉長大如栗葉，稍尖而厚堅，光澤，鋸齒峭小，凌冬不凋……苦櫧子粒大，木粗，赤文，俗名血櫧。其色黑，因名鐵櫧。”見“苦櫧”文。

香椿

習見林木名。楝科，香椿屬，香椿〔*Toona sinensis*（Juss.）Roem.〕。落葉喬木。樹幹直長，樹皮赭褐色，片狀剥落。枝條上展，幼枝被柔毛。偶數羽狀複葉，有香氣。圓錐花序頂生，花瓣五片，白色，芳香。蒴果狹橢圓形或近卵形。種子橢圓形，一端具膜翅。中心産區花期5月，果期9至10月。我國主要分布於華北至東南和西南各地，而以黄淮流域爲主産區。材質優良，被譽爲“中國桃花心木”，是製造上等傢具、室内裝修、建築、舟車及樂器之良材。樹皮堅韌，可代繩索，亦供造紙。果實、樹皮可入藥。幼芽及嫩葉可食，爲民間蔬食佳品。

本屬樹木至少在新生代已生存於我國南北

各地。據山東臨朐山旺化石植物群落分析，可知一千二百萬年前已見該屬樹木廣布齊魯各地。香椿屬我國目前僅存三種，本種先秦時已植於庭園苑囿，以供琴瑟用材。初稱“杶”，亦作“櫄”。《書·禹貢》：“〔荆州〕厥貢羽毛齒革，惟金三品，杶、幹、栝、柏。”《左傳·襄公十八年》：“孟莊子斬雍門之櫄，以爲公琴。”戰國時始以“椿”稱，并寓意長壽。《莊子·消遥游》：“上古有大椿者，以八千歲爲春，八千歲爲秋。”先秦時稱“櫄”。《山海經·中山經》：“成侯之山，其上多櫄木。”郭璞注：“似樗樹，材中車轅。”因其芽、葉、花皆具香氣，後世喜於栽植，常用爲蔬食，遂名“香椿”，此稱至遲始見於宋明時，并沿稱至今。亦俗稱“猪椿”。明朱橚《普濟方》卷二一一：“治臟毒赤白痢（《出肘後方》）：用香椿净洗，别剥取樗白皮，日乾爲末，米飲下一錢立效。”《續通志·木類》：“杶（一作櫄，一作櫄，一作椿），見《禹貢》，今俗名香椿。長而有壽，南北皆有之。木身大而實，其幹端直，紋理細膩，肌色赤，皮有縱紋，易起。葉自發芽及嫩時皆香甘，生熟鹽醃皆可茹。”清刊《授時通考·農餘門·木一》：“椿，《集韻》作櫄，《禹貢》作杶，《左傳》作櫄，今俗名香椿。《本草》陳藏器云：俗呼爲猪椿。易長而有壽，南北皆有之，木身大而實，其幹端直，紋理細膩，肌色赤，皮有縱紋，易起。”《廣群芳譜·木譜八·椿》：“椿，《集韻》作櫄，《夏書》作杶，《左傳》作櫄，今俗名香椿。《本草》陳藏器云俗呼爲猪椿。易長而有壽，南北皆有之，木身大而實，其幹端直，紋理細膩，肌色赤，皮有縱紋，易起。葉自發芽及嫩時皆香甘，生熟鹽醃皆可茹，世皆尚之。”

椿
（清吴其濬《植物名實圖考》）

舊時香椿多於宅旁院内及園圃周圍零星種植，今山東等地多有成片造林或與穀蔬間作栽植。安徽、山東等地還選出“紅香椿”“褐香椿”“苔椿”等十餘個農家優良品種供推廣。北方凡食香椿習慣之地區，近年多有冬季以塑料薄膜日光温棚栽培者，專供冬春季采幼芽嫩葉，以烹食佐餐。按，古以椿、樗樹與葉形相似，常視爲一木二種，實誤。唐人陳藏器、蘇恭，宋人掌禹錫，明人李時珍等别二種，頗是。又，《普濟方》引《肘後方》稱，“治臟毒赤白痢，用香椿净洗，别剥取樗白皮，日乾爲末，米飲下一錢，立效。”“香椿”之名似晋代已行用。查晋葛洪《肘後備急方》無此記載，故香椿得名似晚於晋代。此附。參見本考“臭椿”文。今俗稱“春陽樹”“椿甜樹”“椿芽樹”。

【杶】

即香椿。此稱先秦時期已行用。見該文。

【櫄】

即香椿。此稱先秦時期已行用。見該文。

【椿】

即香椿。此稱先秦時期已行用。見該文。

【櫄】

即香椿。此稱多先秦時期已行用。見該文。

【猪椿】

即香椿。此稱唐代已行用。見該文。

【春陽樹】

即香椿。今四川寶興等地多行用此稱。見該文。

【椿甜樹】

即香椿。今湖北、四川等地多行用此稱。參閱陳嶸《中國樹木分類學・香椿》。見該文。

【椿芽樹】

即香椿。今山東等地多行用此稱。見該文。

【杶】

"櫄"之省文。即香椿。此稱先秦漢時已行用。《山海經・北山經》："綉山……其木多杶。"畢沅校注："《説文》云：'櫄，杶也。'此省文。"見"香椿"文。

【椿樹】

即香椿。亦稱"椿木"。此稱多行用於明清時。明徐光啓《農政全書》卷三七："移椿樹：易成，芽可食。"《廣群芳譜・木譜八・椿》："《宦游紀聞》：涿州有靈椿寺，寺中椿木一本，大不可量，枝幹繁盛，凡樹影皆隨日月升沉以爲邪正，而椿影早暮未常［嘗］少移。"見"香椿"文。

【椿木】

即椿樹。此稱清代已行用。見該文。

【紅椿】[1]

即香椿。此稱多行用於清代，今内蒙古等地仍沿用。清吴其濬《植物名實圖考・木類・椿》："椿，《唐本草》始著録，即香椿。葉甘可茹，木理紅實，俗名紅椿。"《陜西通志・物産二・木屬》："紅椿木，香葉，可爲菜（《咸陽縣志》）。"

按，南方另有"紅椿（*T. sureni*）"，與香椿同屬，樹、葉酷似，然葉有毒，不可食，宜辨之。《五雜俎》所云"南人有食而吐者"，或即此種。見"香椿"文。

垂柳

習見林木名。楊柳科，柳屬，垂柳（*Salix babylonica* L.）。落葉喬木。小枝細長而下垂，褐色或帶紫色。葉窄披針形或條狀披針形。花單性，雌雄异株，葇荑花序，先葉開放。蒴果，緑褐色。我國黄河流域及其以南各地都有分布，東北地區少有栽培。多植於水畔、池邊或道旁，供納凉、觀賞。木材可製器具或供礦柱、農具、箱板、膠合板及人造纖維用材。葉、莖皮等可入藥。

我國垂柳栽培歷史悠久。先秦時稱"楊柳"。《詩・小雅・采薇》："昔我往矣，楊柳依依。"南北朝時行用"垂柳"之稱，亦稱"弱柳"。南朝梁簡文帝《長安道》詩："落花依度幰，垂柳拂行輪（一作人）。"時栽培經驗已頗成熟。北魏賈思勰《齊民要術・種槐柳楸梓梧柞》："正月、二月中，取弱柳枝，大如臂，長一尺半，燒下頭二三寸，埋之令没，常足水以澆之。"繆啓愉校釋以爲此"弱柳"即今之垂柳。垂柳枝葉婆娑，姿態優美，人頗喜愛，常相咏唱。宋蘇軾《劉乙新作射堂》詩："蘭玉當年刺史家，雙鞬馳射笑穿花。而今白首閑驄馬，只有清樽照畫蛇。寂寂小軒蛛網遍，陰陰垂柳雁行斜。"元薩都剌《游西湖》詩之六："垂柳陰陰蘇小家，滿湖飛燕趁楊花。"明陶宗儀《輟耕録・緑窗遺稿》："窗前垂柳分春色，鏡裏幽蘭對曉妝。"垂柳枝柔如絲，又名"垂絲柳"。宋陳起《江湖後集》卷一三引宋王諶《舟行》詩："前面人家是畫圖，數間茅屋映菰蒲。濛籠雲裏群峰出，欸乃灘邊一棹孤。歲熟農人還自樂，天晴水鳥競相呼。絶憐兩岸垂絲柳，比却來時一半枯。”垂柳枝葉可爲藥用。明朱橚《普濟方》卷五〇：“治眉癢毛落方：用垂柳葉，陰乾搗羅爲末，以母生薑汁於生鐵器中調，夜間塗之，漸以手摩，令熱爲妙。”明王肯堂《證治準繩》卷三三：“垂柳枝煎治風赤眼：垂柳枝、桃枝、枸杞枝、桑枝各長二寸，各七莖；馬牙硝二錢半，細研；竹葉四十九片；黄連（去鬚）、决明子各半兩；龍腦（細研，半錢）。右除硝龍腦外，以漿水二大盞於銅器中煎至一半，去滓，以綿濾净，入硝及龍腦攪匀更煎令稠，每以銅斗箸頭取如小豆許，點眼目，日三五次。”其嫩芽葉煠熟後，可油鹽調食，用以救饑度荒。明鮑山《野菜博録》卷三：“垂柳有二種，枝葉上生爲楊，枝葉下垂爲柳，其樹高大，各處多有。性寒，味苦，無毒。食法：采嫩芽葉煠熟，淘去苦味，油鹽調食。”垂柳用於街衢水系緑化自古盛行，極受歡迎。明李濂《汴京遺迹志・宋京城》：“其濠曰護龍河，闊十餘丈，濠之内外皆植楊柳。”明張岱《夜航船・植物部》：“隋煬帝開河成，虞世基請於河上栽柳，一則樹根四出，鞠護河堤；一則牽舟之女獲其陰樾；三則牽舟之羊食其枝葉。上大喜，詔民間進柳一株，賜一縑；百姓競獻之。帝自種一株，群臣次第種之。栽畢，上御筆賜垂柳姓楊，曰‘楊柳’。”清刊《授時通考・農餘門・木一》：“柳，易生之木也。性柔脆，北土最多。枝條長軟，葉青而狹長，其長條數尺或丈餘，嫋嫋下垂者名垂柳。”今亦稱“水柳”“倒柳”“垂絲柳”“清明柳”。

垂　柳
（明鮑山《野菜博録》）

【楊柳】

即垂柳。此稱先秦時期已行用。見該文。

【弱柳】

即垂柳。此稱南北朝時期已行用。見該文。

【水柳】[1]

即垂柳。因此樹性喜水濕，故名。今浙江等地多行用此稱。見該文。

【倒柳】

即垂柳。因其枝倒垂，故名。今江蘇等地多行用此稱。見該文。

【垂絲柳】[1]

即垂柳。因其枝細弱垂流。故名。此稱宋代已行用，今四川等地亦多行用此稱。見該文。

【清明柳】

即垂柳。今雲南等地多行用此稱。見該文。

【吊柳】

即垂柳。其枝柔弱垂吊，故名。清代川東各地多行用此稱。清劉善述《草木便方・木部・吊柳》：“吊柳苦寒療熱痢，祛風除濕崩帶易，四肢拘攣筋骨疼，湯火牙痛根無異。”見“垂柳”文。

【垂楊】

“垂柳”之别名。此稱南北朝時已行用。南朝齊謝朓《隋王鼓吹曲・入朝曲》：“飛甍夾馳道，垂楊蔭御溝。”唐萬齊融《送陳七還廣陵》詩：“落花馥河道，垂楊拂水窗。”唐張彦遠《法書要録》卷六：“延安君則快速不滯，若懸流得勢。三原君則婉媚巧密，似垂楊應律。”

宋孟元老《東京夢華録・朱雀門外街巷》:“近東即迎祥池，夾岸垂楊、菰蒲、蓮荷，鳧雁游泳其間。”明代亦稱“垂楊柳”。明朱橚《普濟方》卷四九:“黑髮方：垂楊柳、柏苓皃、訶子皮、青胡桃皮、南烏枝各四兩，胡桃油一大杓。右爲末，用新汲水三大椀，用表裏白磁瓶一個，將藥連水裝封在内，閉半月，日臨卧早晨梳掠，至三十日黑。”《水滸傳》第七回：“花和尚倒拔垂楊柳，豹子頭誤入白虎堂。”《老殘游記》第二回：“到了濟南府，進得城來，家家泉水，户户垂楊，比那江南風景，覺得更爲有趣。”見“垂柳”文。

【垂楊柳】

即垂楊。此稱明代已行用。見該文。

重陽木

習見林木名。葉下珠科，秋楓屬，重陽木〔Bischofia polycarpa（H. Lévl.）Airy Shaw〕。常緑喬木。樹皮灰色，小枝無毛。三小葉複葉，小葉卵形至橢圓狀卵形。花單性，雌雄异株，圓錐花序，花小，無瓣。果實漿果狀，球形或略扁，不開裂，淡褐色。我國主要分布於滇、黔、川、桂、粵、湘、鄂、浙、閩、臺諸地。可植於庭院供觀賞。果可食。根、樹皮、枝葉可入藥。木材紅色，堅硬，可代紫檀，製造高級傢具等器物。

我國栽培利用重陽木至少已有千餘年史。宋代稱“秋風子”，并沿稱於後世。宋范成大《桂海虞衡志・志果》:“秋風子，色狀俱似楝子。”明顧起元《説略》卷二七：“南果之佳者，曰百韻勝，曰勝番糖，曰菩提果……曰秋風子，曰黄皮子，曰朱圓子，曰匾桃，曰粉骨子，曰塔骨子，曰布衲子，曰黄肚子。”清吴綺《嶺南風物記》:“秋風子，出廣州府。”清汪森《粤西叢載》卷二〇：“秋風子，色狀俱似楝子。”清吴其濬《植物名實圖考・果類・秋風子》:“《桂海虞衡志》:‘秋風子色狀俱似楝子。’今廣東多有之。其葉本青，經霜則紅。果似梨而小，先青後黄，味酸澀，熟乃可食。”清屈大均《廣東新語・木語・諸山果》:“曰秋風子，色褐如梨而小，味酸澀，熟乃可食。”亦作“秋楓子”。據清趙學敏《陸川本草・秋楓子》曰：“秋楓子，枝葉及皮：驅風，活血，消腫。治風濕骨痛。”

秋風子
（清吴其濬《植物名實圖考》）

按，侯寬昭等《廣州植物志・大戟科・重陽木》與辛樹幟《中國果樹史研究》俱以爲“秋風子”即今之重陽木，今從其説。本種今亦稱“茄冬”“秋楓”“胡楊”“紅桐”“茄冬樹”“赤木”“茄苳”“加冬”“水梁木”“三葉紅”。

【秋風子】

即重陽木。此稱宋代已行用。見該文。

【秋楓子】

即重陽木。此稱清代已行用，近代廣東等地亦多行用此稱。見該文。

【茄冬】

即重陽木。今湖南等地多行用此稱。見該文。

【秋楓】

即重陽木。今廣東等地多行用此稱。見該文。

【胡楊】[2]

即重陽木。今四川各地多行用此稱。見該文。

【紅桐】

即重陽木。今四川成都多行用此稱。見該文。

【茄冬樹】

即重陽木。今湖南各地行用此稱。見該文。

【赤木】[1]

即重陽木。因其木色赤，頗似紫檀，故名。今山東各地多行用此稱。見該文。

【茄苳】

即重陽木。今閩、臺等地多行用此稱。見該文。

【加冬】

即重陽木。今閩、臺等地多行用此稱。見該文。

【水梁木】

即重陽木。今廣西各地多行用此稱。見該文。

【三葉紅】

即重陽木。因其複葉有紅色三小葉，故名。今廣西各地多行用此稱。見該文。

【隨風子】

即重陽木。此稱宋代已行用。宋周去非《嶺外代答》卷八："秋風子，色狀俱似楝子，味酸澀。邕州有之，或名隨風子。增城自有隨風子入藥用，非此類。"宋陳師文等《太平惠民和劑局方》卷三："進美飲食：枇杷葉（去毛盡，塗薑汁，炙令香熟爲度），薏苡仁微炒……隨風子（如無，楝實、訶子亦得）。"一說訶梨勒未成之實風吹墜地，謂之隨風子。宋張杲《醫説》卷二："訶梨勒，初未成實，風吹之墜地，謂之隨風子。"宋張世南《游宦紀聞》卷一："訶梨勒花謝欲結子爲風吹墮者曰隨風子，嘉禾散所用者是也。今醫家只以緊實小訶子代之。"此亦一說，此附。見"重陽木"文。

食茱萸

習見林木名。芸香科，花椒屬，樗葉花椒（*Zanthoxylum ailanthoides* Siebold & Zucc.）之别名。落葉喬木。樹皮灰褐或黑褐色，幹上常生有鋭刺，鋭刺基部爲圓環狀凸起。奇數羽狀複葉，互生；小葉十一至二十七枚，卵狀長橢圓形或長橢圓形，紙質，對生。花單性，傘房狀圓錐花序，頂生，花小而多，淡青或白色。蓇葖果，果皮紅色，先端具短喙。種子棕黑色，具光澤。我國主要分布於東南部地區。果實可作調料。種子可榨油。莖、葉、根、樹皮、果實均可入藥。

我國栽培利用食茱萸已有二千餘年歷史。先秦時稱"榝"，漢代稱"藙"。《楚辭·離騷》："椒專佞以慢慆兮，榝又欲充夫佩幃。"王逸注："榝，茱萸也。"《爾雅·釋木》："椒，榝，醜莍。"郭璞注："榝似茱萸而小，赤色。"《禮記·内則》："膾，春用葱……三牲用藙。"鄭玄注："藙，煎茱萸也。漢律會稽獻焉。《爾雅》謂之榝。"南北朝時已行用"食茱萸"之稱，種植經驗已較豐富。北魏賈思勰《齊民要術·種茱萸》："食茱萸也，山茱萸則不任食。二月、三月栽之，宜故城、隄、塚高燥之處。凡於城上種蒔者，先宜隨長短掘壍，停之經年，然後於壍中種蒔，保澤沃壤，與平地無差。不爾者，土堅澤流，長物至遲，歷年倍多，樹木尚小。"食茱萸常爲藥用。唐孫思邈《備急千金要方》卷二："紫石門冬圓治全不産及斷緒方：紫石英、天門冬各三兩，當歸、芎藭、紫葳、卷柏、桂心、烏頭、乾地黄……食茱萸、牡丹、牛膝各三十銖，柏子仁一兩，薯蕷、烏賊骨、甘草各一兩半。右二十六味爲末，蜜和丸如梧桐子大，酒服十丸，日三，漸增至三十丸，以腹中熱爲度。"唐宋明亦稱"欓子""艾子""越椒""辣子"。《通志・木類》："欓子，曰食茱萸，曰越椒，《博雅》云：欓、越椒與吴茱萸俱有藙名。《内則》云：三牲用藙，是欓子也。《爾雅》云：椒，椴，醜菉。"明李時珍《本草綱目・果四・食茱萸》："［釋名］時珍曰：此（食茱萸）即欓子也。蜀人呼爲艾子，楚人呼爲辣子，古人謂之藙及椴子。因其辛辣，蜇口慘腹，使人有殺毅黨然之狀，故有諸名。蘇恭謂茱萸之開口者爲食茱萸。［集解］〔蘇〕頌曰：欓子出閩中、江東。其木高大似樗，莖間有刺。其子辛辣如椒，南人淹藏作果品，或以寄遠。……時珍曰：食茱萸、欓子、辣子，一物也。高木長葉，黄花緑子，叢簇枝上。"食茱萸分布甚廣，南北各地廣有出産，各種典籍多有記載。明曹學佺《蜀中廣記・方物記第六・食饌》："又有名食茱萸者，其本高大至百尺餘，枝莖青黄，上有小白點，葉類油麻，花黄，蜀人呼其實爲艾子，即藙音之訛也。《戎州志》：土人以艾子爲油，樹高數丈，子如茱萸。"《陝西通志・物産一・藥屬》："又有食茱萸，一名藙，一名椴，一名欓子。木高，葉長，黄花，緑子，叢簇枝上，止入食物中用（《廣群芳譜》）。"古之名茱萸者有三，先民以其産地、性狀等加以區别。清刊《授時通考・農餘門・木二》："茱萸有二種：吴茱萸處處有之，江淮蜀漢尤多，以吴地者爲好，所以有吴之名……食茱萸，一名藙，一名椴，一名艾子，一名辣子，一名越椒，一名欓子。李時珍曰蜀人呼爲艾子，楚人謂之辣〔子〕，古人謂之藙及椒。南北皆有之，其木甚高大，有長及百尺者，枝莖青黄，莖間有刺，上有小白點。葉類油麻葉，黄花緑子，叢簇枝上，味辛而苦，宜入食羹中，能發辛香。蘇恭謂開口者爲食茱萸，孟詵謂閉口者爲欓子，馬志謂粒大色黄黑者爲食茱萸，粒緊小色青緑者爲吴茱萸。山茱萸則不任食也。"今通稱"樗葉花椒"。亦省稱"茱萸"。參閲繆啓愉《齊民要術校釋》"種茱萸"文。

茱　萸
（明盧和《食物本草》）

【椴】

即食茱萸。此稱先秦時期已行用。見該文。

【藙】

即食茱萸。此稱漢代已行用。見該文。

【欓子】

即食茱萸。此稱唐代已行用，語本《本草拾遺》。見該文。

【艾子】[1]

即食茱萸。此稱宋代已行用，名見《本草圖經》。見該文。

【越椒】

即食茱萸。此稱三國時期已行用。見該文。

【辣子】[1]

即食茱萸。此稱明代已行用。見該文。

【樗葉花椒】

即食茱萸。今之通稱。見該文。

【茱萸】

“食茱萸”之省稱。今稱。見該文。

【欓樹】

即食茱萸。此稱多行用於南北朝時期。《南齊書・祥瑞志》：“始興郡本無欓樹，調味有闕。世祖在郡，堂屋後忽生一株。”《太平御覽》卷九五八“欓”引《宋春秋》曰：“義熙八年，太杜欓樹生於壇側。欓尚黑也，宋水德忽生此樹。”明朱橚《普濟方》卷三〇四：“治竹簽在脚腿或四肢皮膚内無緣可出（一名白欓酒出《百一選方》）：用白欓樹根，槌碎細研酒浸，平服，滓罨患處即出，神妙。”清刊《淵鑑類函》卷四一六：“《類篇》曰：欓，越椒也。”見“食茱萸”文。

【食茱】

即食茱萸。此稱明代已行用。明李時珍《本草綱目・果四・食茱萸》：“蘇恭謂茱萸之開口者爲食茱萸。孟詵謂茱萸之閉口者爲欓子。馬志謂粒大、色黄黑者爲食茱萸，粒緊小、色青緑者爲吴茱萸。陳藏器謂吴、食二茱萸是一物，入藥以吴地者爲良，不當重出此條，只可言漢與吴，不可言食與不食。時珍竊謂數説皆因茱萸二字相混致誤耳。不知吴茱、食茱乃一類二種。”

按，我國以茱萸名樹者尚有山茱萸、吴茱萸。雖俱名茱萸，但藥性、功用不同。類屬亦相差甚遠：山茱萸爲山茱萸科植物；吴茱萸雖與食茱萸同屬芸香科，但食茱萸爲花椒屬植物，而吴茱萸則列吴茱萸屬，宜慎辨之，今附供考。參見本卷本考各該條。見“食茱萸”文。

【食萸】

“食茱萸”之省稱。此稱清代已行用。清程林《聖濟總録纂要》卷一四：“［山茱萸丸］治厥疝上搶心腹冷痛：山萸、吴萸（炒）、食萸、楝實（麩炒）、馬藺花、蘹香子、青橘皮、橘紅（焙）、京三棱、乾薑（各三分）、附子（一枚，重半兩者去皮臍）。右十一味，擣羅爲末，醋煮麵糊，和丸如梧桐子大。每服二十丸，酒或鹽湯下，空心服。”見“食茱萸”文。

紅松

習見林木名。松科，松屬，紅松（*Pinus koraiensis* Siebold & Zucc.）。常緑喬木。樹冠圓錐形。一年生枝密被黄褐色或紅褐色絨毛。針葉較長，五針一束。球果大，圓錐狀卵形或卵狀長圓形。種子大，倒卵狀三角形，微扁，暗紫或褐色，無翅。我國主要分布於東北地區。爲東北小興安嶺、張廣才嶺、長白山區及瀋陽至丹東一帶主要造林樹種。木材爲建築、造船、車輛、傢具等優良用材。樹皮可提取栲膠。種子可食，亦供藥用。

我國東北多有紅松天然分布，然古代以爲自海外舶來，故南北朝時稱“海松”，沿稱於後世，唐代亦稱“新羅松”。種子充作果食或入藥醫病。宋唐慎微《證類本草・果部・海松子》：“《海藥》云：松子味甘美，大温，無毒。主諸風，温腸胃。久服輕身，延年不老。”元湯垕《畫鑑》：“東坡先生文章翰墨照耀千古……在秘監見拳石老檜、巨壑海松二幅，奇怪之甚。”明李時珍《本草綱目・木一・松》：“三針者爲栝子松，五針者爲松子松。其子大如柏子，惟遼海及雲南者，子大如巴豆可食，謂之海松子。”又《果三・海松子》：“〔釋名〕新羅松子。〔集解〕〔馬〕志曰：海松子，狀如小栗，三角。其中仁香美，東夷當果實之，亦代麻腐食之，與中國松子不同。〔蕭〕炳曰：五粒松一叢五葉如釵，道家服之絶粒，子如巴豆大，新羅往往進之……時珍曰：海松子出遼東及雲南，其樹與中國松樹同，惟五葉一叢者，球内結子，大如巴豆而有三棱，一頭尖爾，久收亦油。”明繆希雍《神農本草經疏・果部三品・海松子》：“海松子，味甘，小温，無毒。主骨……生新羅。”《通雅・植物》：“五粒當爲五鬣：蕭炳言五粒一叢，五葉如釵，即新羅海松子。如小栗三角，其仁香美。按粒是鬣誤。”清刊《授時通考・農餘門・果二》：“松子，《本草》云：松實，狀如猪心，叠成鱗砌，秋老則子長鱗裂，惟遼海及雲南者謂之海松子。”清張璐《本經逢原・果部・松子》：“海松子甘潤溢肺，乾咳之良藥。”清吴其濬《植物名實圖考・果類・海松子》：“海松子，《開寶本草》始著録。生關東及永平等府。樹碧實大，凌冬不凋。”參閱《廣群芳譜・果六・松子》。

按，紅松爲我國東北林區珍貴用材樹種。今仍有天然林分布，由於連年采伐，加之天然更新能力差，其分布面積逐漸減少。20世紀八九十年代以來，小興安嶺、張廣才嶺、長白山區及瀋陽至丹東一帶已開展人工造林，山東等地高海拔山地引種獲得初步成功。又，《中國植物志》及鄭萬鈞《中國樹木志》均以爲《本草綱目》之“海松”即本種。又有名松子樹者，出林邑，亦名海松。如《全芳備祖後集・果部・胡桃松子附》引《嵇氏録》：“〔松子樹〕與中國松樹同，但結實大如小栗，三角，肥甘香美。出林邑。名曰海松子。”但産地相差過遠，似非本種。另清刊《授時通考》有“惟遼海及雲南者謂之海松子”句，此“雲南者”顯非紅松，亦需辨之。今通稱“紅松”，亦稱“韓松”“朝鮮松”“果松”。

【海松】

即紅松。此稱南北朝時期已行用。見該文。

【新羅松】

即紅松。因舊傳此松産朝鮮半島古新羅國，故名。此稱唐代已行用。見該文。

【海松子】

即紅松。此稱宋代已行用。見該文。

【韓松】

即紅松。因傳自韓國泊來，故名。今稱。見該文。

【朝鮮松】

即紅松。因舊傳此樹産於朝鮮，故名。今稱。見該文。

【果松】

即紅松。因種子大而可食，故名。今稱。見該文。

紅豆樹

習見林木名。豆科，紅豆樹屬，紅豆樹（*Ormosia hosiei* Hemsl. & E. H. Wilson）。常緑喬木。奇數羽狀複葉，互生，近革質，全緣。圓錐花序頂生或腋生，花蝶形，黄白或淡紅色。莢果木質，扁平，圓形或橢圓形，先端喙狀。種子鮮紅色，近圓形，光亮。我國主要分布於蘇、浙、閩、贛、鄂、川、陜、甘、黔等地。紅豆樹可植於庭院供觀賞。木材可製傢具或供雕刻。相傳聞名遐邇之龍泉寶劍，其柄、鞘俱用此木芯材製成。種子可爲飾物，亦供藥用。

我國紅豆樹已有千餘年栽培史，唐代已行用此稱。省稱“紅豆”。唐王維《相思》詩：“紅豆生南國，春來發幾枝，願君多采擷，此物最相思。”遂以紅豆爲相思之信物，故又有“相思樹”“相思木”諸稱。唐權德輿《相思樹》詩：“家寄江東遠，身對江西春，空見相思樹，不見相思人。”明方以智《物理小識・草木類》：“相思木，即紅豆樹，大者鋸版有花文，其近皮數寸無文也。南京以作扇邊骨。”清陳淏子《花鏡》卷三：“紅豆樹出嶺南，枝葉似槐，而材可作琵琶槽。秋間發花，一穗千蕊，纍纍下垂；其色妍如桃、杏，結實似細皂角。來春三月，則莢枯子老，内生小豆，鮮紅堅實，永久不壞。”紅豆樹生長緩慢，但壽命長，今江蘇江陰顧山紅豆林有一株古樹，相傳約有一千五百餘年樹齡。

按，海紅豆及相思子亦結紅色種子，常混稱“紅豆”。見本考各該文。又，紅豆樹屬有多種，如光葉紅豆、軟葉紅豆、木莢紅豆、長臍紅豆等。皆生紅豆，光亮可愛，古之所謂紅豆，亦或該屬樹木之統稱。紅豆樹爲我國特有珍貴樹種，由於砍伐利用過度，致使成年樹漸少，目前僅在分布區内的寺廟和村落附近有少量植株。1984年，被列爲國家三級保護植物；1992年，被林業部列爲國家二級保護樹種。

【相思樹】 2

即紅豆樹。此稱唐代已行用。見該文。

【相思木】

即紅豆樹。此稱明代已行用。見該文。

紅花樹

習見林木名。芸香科，吴茱萸屬，楝葉吴茱萸（*Radermachera frondosa* Chun & F. C. How）之别名。喬木。樹高達20米，樹皮灰白，不裂。奇數羽狀複葉，小葉五至十一枚，具柄，紙質，卵形至長圓形。聚傘圓錐花序頂生，單性，异株。花極小，白色。蒴果，紫紅色。我國主要分布於臺灣、福建、廣東、海南、廣西、雲南及貴州等地。樹幹通直，生長迅速，可營造速生用材林。果實、根、葉可入藥。

清代已行用此稱。亦稱“樹腰子”。今通稱“楝葉吴茱萸”。清吴其濬《植物名實圖考・木類・樹腰子》：“樹腰子，一名紅花樹，長沙山阜多有之。樹高丈餘，黑幹緑枝，對葉排生，葉如橘葉而寬、亦柔。中紋一縷稍偏，夏開尖瓣銀褐花，攢密如穗。秋結紅實，如椒顆而小，三四顆共蒂，老則迸裂，子綴殼上，黑光亦如椒目。長而不圓，形微似猪腰子，故名。味辛温，土人以治心痛、滯氣。”亦稱“山漆”“山苦楝”。

樹腰子
（清吴其濬《植物名實圖考》）

【樹腰子】

即紅花樹。此稱清代已行用。見該文。

【楝葉吴茱萸】

即紅花樹。今之通稱。見該文。

【山漆】 1

即紅花樹。今臺灣各地多行用此稱。見該文。

【山苦楝】

即紅花樹。今廣東各地多行用此稱。見該文。

馬尾松

習見林木名。松科，松屬，馬尾松（*Pinus massoniana Lamb.*）。常緑喬木。樹皮紅褐色，下部灰褐色，裂成不規則鱗狀塊片。大枝斜展，幼冠圓錐形，老枝平展，樹冠爲廣圓形或傘形。葉二針一束，罕三針一束。球果卵圓形或圓錐狀卵形。種子卵圓形。我國主要分布於淮河流域及漢水流域以南，西可至川中、黔中、滇東南等地。爲長江流域以南廣大酸性土荒山造林先鋒樹種。木材可供建築、板料、傢具、包裝箱、膠合板、造紙及木纖維用材。樹幹可采松脂。種子可榨油。花粉等均可入藥。

我國栽培利用馬尾松歷史悠久。漢代始稱"青松"。後世稱"山松"，并沿稱至今。《漢書・賈山傳》："爲馳道於天下，東窮燕齊，南極吴楚，江湖之上，瀕海之觀畢至。道廣五十步，三丈而樹，厚築其外，隱以金椎，樹以青松，馳道之麗至於此。使其後世曾不得邪徑而託足焉。"明文震亨《長物志・花木・松》："松柏古雖並稱，然最高貴者必以松爲首。天目最上，然不易種……其下，山松宜植土岡之上，龍鱗既成，濤水相應，何減五株九里哉？"陳植《觀賞樹木學・馬尾松》："馬尾松*Pinus massoniana Lamb.*。亦稱叢樹（福建、湖南）、青松（《漢書》）。屬松科。葉二針一束……《史記》云：'秦爲馳道於天下，廣五十步，三丈而樹，厚築其外，隱以金椎，樹以青松。'則馬尾松之供公路行道樹用，已有悠久歷史矣……亦可大宗栽植，以期早日成林，而供人民游憩之用。《長物志》云：'山松宜植土岡之上，龍鱗既成，濤聲相應，何減五株九里哉？'蓋即指此而言。"今從陳説，亦附此供考。今亦稱"叢樹"。

【青松】

即馬尾松。此稱漢代已行用，今仍沿稱。見該文。

【山松】

即馬尾松。此稱明代行用。見該文。

【叢樹】

即馬尾松。今閩、湘等地多行用此稱。見該文。

桄榔

習見林木名。棕櫚科，桄榔屬，桄榔（*Arenga westerhoutii Griff.*）。常緑喬木。樹幹直立，殘存黑色纖維質葉鞘痕。複葉叢生幹端，小葉多數，每側百枚以上，背面白色，葉緣具小齒牙。肉穗花序腋生，花梗粗壯，分枝極多；花單性，雌雄同株。果實倒圓錐形、球形或扁球形，有種子二至三枚。喜生温濕地區石灰岩山林中，我國主要分布於廣東、廣西、雲南等地。莖幹髓部生有澱粉，名"桄榔麵"，可食，亦供藥用。果實可入藥。肉穗花序之汁液可製糖。苞毛浸海水後可爲索。

漢代始稱"桄榔木"，百姓取其莖内麵以爲食用。《後漢書・西南夷傳》："句町縣有桄榔木，可以爲麵，百姓資之。"李賢注："《廣志》曰：桄榔樹大四五圍，長五六丈，洪直，旁無枝條，其顛生葉不過數十，似棕葉。破其木，肌堅難傷，入數寸得麵，赤黄，密緻，可食也。"三國時稱"桄榔木"。三國吴沈瑩《臨海水

桄　榔
（《證類備急本草畫圖》）

土異物志》：“桄榔木，作鋥鋌，利如鐵，中石〔濕〕益利，唯中蕉根［則］致敗。物之相伏如此。皮中有如米粉，中作餅餌。”晋代始行用“桄榔”之稱，沿稱至今。晋左思《蜀都賦》：“布有橦華，麵有桄榔。”李善注引張揖曰：“桄榔，樹名也，木中有屑如麵，可食，出興古。”北魏賈思勰《齊民要術·五穀果蓏菜茹非中國物産者》：“《蜀志記》曰：莎樹出麵，一樹出一石，正白而味似桄榔，出興古。”唐宋之問《早發始興江口至虛氏村作》詩：“薜荔摇青氣，桄榔翳碧苔。”桄榔樹美，挺拔通直，庭院寺廟皆可栽植。宋周去非《嶺外代答》卷八：“桄榔木似棕櫚，有節如大竹，青緑聳直，高十餘丈，有葉無枝，蔭緑茂盛。佛廟神祠，亭亭列立如寶林然，結子葉間，數十穗下垂，長可丈餘，翠緑點綴有如纓絡，極堪觀玩。其根皆細鬚，堅實如鐵，鏇以爲器，悉成孔雀尾斑，世以爲珍。木身外堅内腐，南人剖去其腐，以爲盛溜，力省而功倍，溪峒取其堅以爲弩箭，沾血一滴，則百裂於皮，裏不可撤矣。不唯其木見血而然，雖木液一滴，著人肌膚即遍身如針刺，是殆木性將行於氣血也。”桄榔子亦可入藥。宋唐慎微《證類本草·木部下品·桄榔子》：“桄榔子，味苦，平，無毒。主宿血。其木似栟櫚，堅硬。研其内有麵，大者數斛，食之不饑。其皮堪作綆。生嶺南山谷。”元鄒鉉《壽親養老新書》卷四：“東坡云：予在白鶴新居，鄧道士忽扣門，時已三鼓，家人盡寢。月色如霜，其後有偉人，衣桄榔葉，手携斗酒，豐神英發如吕洞賓。”明清時亦稱“桄榔子”。人仍取其麵以爲食物。明王圻、王思義等《三才圖會·草木八·桄榔》：“桄榔子生嶺南山谷，二廣州郡皆有之。其木似栟櫚而堅硬，斫其間有麵，大者至數石，食之不饑。”清刊《授時通考·土宜門·辨方》：“又《南蠻列傳》：牂牁地多雨潦，句町縣有桄榔木，可以爲麵，百姓資之。”

【桄桹木】

即桄榔。此稱漢代已行用。見該文。

【桄榔木】

即桄榔。此稱三國時期已行用。見該文。

【桄榔子】

即桄榔。此稱明代已行用。見該文。

【姑榔木】

即桄榔。南人讀桄訛爲姑，故名。此稱多行用於三國時。省稱“姑榔”。明李時珍《本草綱目·果三·桄榔子》：“［釋名］時珍曰：其木似檳榔而光利，故名桄榔。姑榔其音訛也。”“［集解］……〔陳〕藏器曰：按《臨海異物志》云：姑榔木生牂牁山谷。外皮有毛如棕櫚而散生。其木剛利如鐵，可作釤鋤，中濕更利，惟中焦則易敗爾。物之相伏如此。皮中有白粉，似稻米粉及麥麵，可作餅餌食，名桄榔麵。彼土少穀，常以牛酪食之。”《廣群芳譜·木譜十二·桄榔》：“［增］《本草》：桄榔，一名姑榔木，一名麵木，一名董棕，一名鐵木。”《格致鏡原》卷六六：“《本草》桄榔，一名姑榔。”見“桄榔”文。

【姑榔】

“姑榔木”之省稱。此稱清代已行用。見該文。

【桄榔樹】

即桄榔。晋代已行用此稱。晋嵇含《南方草木狀》卷中：“桄榔樹似栟櫚實。其皮可作綆，得水則柔韌，胡人以此聯木爲舟。皮中有屑如麵，多者至數斛，食之與常麵無異。木性如竹，紫黑色，有文理，工人解之以製奕枰。出九真交趾。”北魏酈道元《水經注・葉榆河》：“葉榆水，自邪龍縣東南逕秦臧縣……盤水又東逕漢興縣，山溪之中多生邛竹、桄榔樹。樹出麵，而夷人資以自給，故《蜀都賦》曰：‘邛竹緣嶺’又曰：‘麵有桄榔。’”唐劉恂《嶺表録異》卷中：“桄榔樹，枝葉並蕃茂，與棗檳榔等小異，然葉下有鬚如粗馬尾，廣人采之以織巾子，其鬚尤宜鹹水浸漬，即粗脹而韌，故人以此縛舶不用釘綫。木性如竹，紫黑色，有文理而堅，工人解之以製博弈局。此樹皮中有屑如麵，可爲餅食之。”宋楊侃《兩漢博聞》卷一〇：“《廣志》曰：桄榔樹，大四五圍，長五六丈，洪直，旁無枝條，其顛生葉，不過數十，似棕葉。破其木，肌堅難傷，入數寸得麵，赤黄密緻，可食。”《太平廣記》卷四〇八引唐段成式《酉陽雜俎・支植下》：“古南海縣有桄榔樹，峰頭生葉，有麵，大者出麵乃至百斛，以牛乳啖之甚美。”明陳耀文《天中記》卷五一：“桄榔樹，大四五圍，長五六丈，洪植，旁無枝條……木理有文，堪爲握槊局。其心似藤心，爲炙滋腴極美，其鬚可爲帚，香潤絶勝棕柟（《北户録》）。”《格致鏡原・飲食類五・麵》引《述異記》：“西蜀有桄榔樹，皮裏出屑如麵，用作餅食，因謂之桄榔麵。”《廣東通志・物産志・穀》：“桄榔樹，皮中有屑如麵，多者至數斛，食之與常麵無異。”見“桄榔”文。

【麵木】

即桄榔。其莖髓含澱粉可爲麵，故名。此稱多行用於南北朝時。亦作“麪木”。亦稱“董棕”“鐵木”。北魏楊衒之《洛陽伽藍記・昭儀尼寺》：“堂前有酒樹、麵木。”唐段公路《北户録・桄榔炙》：“《洛陽伽藍記》云昭儀寺有酒樹麵木，得非桄榔子乎？木理有文，堪爲握槊局。”明李時珍《本草綱目・木三・桄榔子》：“［釋名］木名姑榔木、麵木、董棕、鐵木。時珍曰：其木似檳榔而光利，故名桄榔。姑榔，其音訛也。麵言其粉也，鐵言其堅也。”清吴其濬《植物名實圖考・果類・桄榔子》：“桄榔子，《開寶本草》始著録，一名麪木，廣中有之。木爲車輮不易折；以爲箭鏃，中人則血沸。”見“桄榔”文。

【麪木】

同“麵木”。此體清代已行用。見該文。

【董棕】

即麵木。此稱明代已行用。見該文。

【鐵木】

即麵木。此稱明代已行用。見該文。

栓皮櫟

習見林木名。殼斗科，櫟屬，栓皮櫟（*Quercus variabilis* Blume）。落葉喬木。高可達30米，胸徑近1米。樹皮栓皮層極發達，故名。單葉互生，卵狀披針形或長圓狀披針形。花單性，雌雄同株，雄花爲葇荑花序，簇生，下垂，雌花單生於總苞内。堅果近球形或廣卵形，着生於杯狀殼斗内。我國北起遼寧、河北，西至陝西及甘肅東南部，西南至雲南，大部分地區均有分布。木材花紋美觀，强度較大，宜爲舟車、枕木、地板、傢具及體育器械用材。栓皮可製絶緣器、冷藏庫、軟木磚、隔音板、救生器、瓶塞等。種仁可作飼料或用以釀酒。殼斗可製活性炭。枝椏尚可培育食用菌或燒木炭。

我國利用栓皮櫟歷史很久，明清時多用其實於荒年救饑。時稱“橡子樹”。明徐光啓《農政全書》卷五五引《救荒本草》：“橡子樹……所在山谷有之。木高二三丈。葉似栗葉而大。開黄花。其實橡也，有梂彙自裹，其殼，即橡斗也。橡實味苦澀，性微温，無毒。其殼斗，可染皂。”今人石聲漢校注云，橡子樹即此栓皮櫟。明鮑山《野菜博録》卷四：“橡子樹，《本草》橡實，櫪子也。生山野間。樹高大。葉似果葉大，開黄花，結實有梂裹其實，味苦澀，性微温，無毒。”清王夫之《詩經稗疏・大雅・柞棫》：“鄭箋曰：‘棫，白桵。柞，櫟也。’《集傳》因之。乃又曰‘柞，枝長葉盛，叢生有刺’，則誤矣。按《爾雅》：‘櫟，其實梂。’《廣雅》：‘櫟之實爲橡，則其爲橡子樹。’”今亦稱“軟木櫟”“大葉橡”“黄劃櫟”“老櫟”“粗皮青岡”“粗皮櫟”。

橡子樹
（明鮑山《野菜博録》）

【橡子樹】

即栓皮櫟。此稱明代已行用。見該文。

【軟木櫟】

即栓皮櫟。因其栓皮發達，可製軟木，故名。今山東各地多行用此稱。見該文。

【大葉橡】

即栓皮櫟。今浙西各地多行用此稱。見該文。

【黄劃橡】

即栓皮櫟。今湖北各地多行用此稱。見該文。

【老櫟】

即栓皮櫟。今河南各地多行用此稱。見該文。

【粗皮青岡】

即栓皮櫟。因其皮粗厚，故名。今四川各地多行用此稱。見該文。

【粗皮櫟】

即栓皮櫟。因其皮層粗厚，故名。今稱。見該文。

倒吊筆

習見林木名。夾竹桃科，倒吊筆屬，倒吊筆（*Wrightia pubescens* R.Br.）。喬木。樹高5~12米，具乳汁。單葉對生，卵形至矩圓狀卵形，兩面被柔毛。聚傘花序，萼五裂，内有腺體；花冠白色或粉紅而略帶白色。蓇葖果柱形。種子綫形，具白色種毛。我國主要分布於兩廣各地。常見於山野，亦有零星栽培。可供觀賞。其根或莖可入藥。

清代稱“倒吊蠟燭”。清何克諫《生草藥性備要》下卷：“倒吊蠟燭：根，煲酒，治跌打。花，治刀傷。子，不可食，形似羊解桃。”清趙其光《本草求原・山草部・倒吊蠟燭根》：“倒吊蠟燭根，淡，腥而平，無毒。治跌打。其子内花，似羊角紐花，亦止刀傷血，但不可與之混用。”清末蕭步丹《嶺南采藥録・倒吊蠟燭》：“形似羊角桃。子不可食。其根治跌打，酒煎服。其花治刀傷。”今亦稱“墨柱根”“章表”。皆以藥名樹。參閲江蘇新醫學院《中藥大辭典・倒吊蠟燭》。

【倒吊蠟燭】

即倒吊筆。此稱清代已行用。見該文。

【墨柱根】

即倒吊筆。今廣東各地多行用此稱。見該文。

【章表】

即倒吊筆。今廣東廣州多行用此稱。見該文。

烏木

習見林木名。柿科，柿屬，烏木（*Diospyros ebenum* Koen.）。常緑喬木。幼枝被細柔毛。單葉互生，薄革質，長橢圓形。花以四數合成。果實球形，赤黄色，萼宿存爲木杯狀。我國主要分布於廣東等地。木材色黑堅重，美麗光澤，爲著名工藝美術用材，木屑可入藥。果實可食，其生澀時亦可采取澀汁，供魚網及船具塗料。

我國栽培利用烏木歷史已逾一千五百年。魏晋時已行用此稱。亦稱“翳木”“毉木”。晋崔豹《古今注・草木》：“翳或作毉。翳木出交川。色黑而有文，亦稱烏木也。”唐代稱“烏文木”。唐蘇鶚《蘇氏演義》卷下：“烏文木出交州，色黑有文。”宋元時人多用製器物及文具。宋蘇軾《東坡志林》卷五：“昔吾先君夫人僦宅於眉之紗縠，行一日，二婢子熨帛，足陷於地，視之深數尺，有大甕覆以烏木板。”宋趙希鵠《洞天清録・古琴辨》：“古琴色：古琴漆色歷年，既久漆光退盡，惟黯黯如海舶所貨烏木，此最奇古。而或者以其無光，磨而再漆之，不惟頓失古意，且滯琴之聲，此大戒也。”又，“琴足：琴足宜用棗心、黄楊及烏木，蓋取其堅實，足之下須令平如鐵，切忌尖與凹”。《元史・輿服志》“二輅之中，金妝烏木雕龍椅一。”《通雅・植物》：“崔豹《古今注》：烏文木出波斯國。《南方草木狀》：文木樹高七八丈，色黑如牛角，梅氏誤作急木。”明豐坊《尚書訣》：“書滑紙用剛豪，峭紙用柔豪，作題署大字用墨池，烏木管長二尺。”明周嘉胄《香乘》卷二：“［鷄舌香木刀靶］張受益所藏篦刀，其靶黑如烏木，乃西域鷄舌香木也（《雲烟過眼録》）。”明清時又稱“烏構木”“文木”。明李時珍《本草綱目・木二・烏木》：“［釋名］烏構木、烏文木。時珍曰：木名文木，南人呼文如構故也。［集解］時珍曰：烏木出海南、雲南、南番。葉似棕櫚。其木漆黑，體重堅緻，可爲箸及器物。”《廣群芳譜・木譜十四・翳木》：“《格古要論》：烏木出海南、南番、雲南。性堅，老者純黑色且脆，間道者嫩。”《格致鏡原・木類三・諸木》：“《古今注》：毉木出交州，色黑有文，亦謂之烏文木。《博物要覽》：烏木出海南、南蕃、雲南。葉似棕櫚，性堅。老者純黑色且脆，間道者嫩。今僞者多是木染成作筯。”清代海南及廣東亦稱“角烏”，廣西稱“黑木”。清屈大均《廣東新語・木語・海南文木》：“有曰烏木，一名角烏。色純黑甚脆。”《廣西通志・物産・柳州府》：“黑木，即烏木。融縣出。”

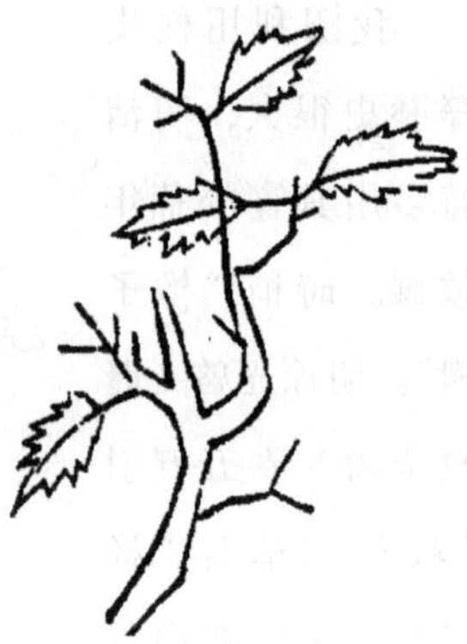

烏　木
（清吴其濬《植物名實圖考》）

【翳木】

即烏木。此稱晋代已行用。見該文。

【豎木】

即烏木。此稱晋代已行用。見該文。

【烏文木】

即烏木。此稱唐代已行用。見該文。

【烏樠木】

即烏木。此稱明代已行用。見該文。

【文木】[1]

即烏木。此稱明代已行用，沿稱於後世。見該文。

【角烏】

即烏木。此稱清代已行用。見該文。

【黑木】

即烏木。因其木色黑，故名。此稱清代已行用。見該文。

【闌木】

即烏木。此稱明代已行用，《通雅·植物》："闌木，今烏木也。"見該文。

烏桕

習見林木名。大戟科，烏桕屬，烏桕〔*Triadica sebifera*（L.）Small〕。落葉喬木。單葉互生，菱形至寬菱狀卵形，紙質，全緣。花單性，雌雄同株；穗狀花序頂生，花小，黄緑色。蒴果橢圓狀球形，成熟時褐色。種子近球形，黑色，外被白蠟層。我國主要分布於長江流域及其以南各地，山東、安徽等省亦有栽培。爲重要經濟林及觀賞樹種。種子可榨油，其蠟層可收蠟。葉可飼桕蠶，亦可染黑。根皮、葉、種子可入藥。

我國烏桕栽培利用已有二千餘年歷史。南北朝前已行用此稱。亦作"烏臼"。北魏賈思勰《齊民要術·五穀果蓏菜茹非中國物產者》引《玄中記》："荆、揚有烏臼，其實如鷄頭。迮之如胡麻子，其汁味如猪脂。"唐宋時亦稱"烏臼樹""烏桕木"。明代行用"烏桕"。宋辛弃疾《臨江仙·戲爲期思詹老壽》詞："手種門前烏桕樹，而今千尺蒼蒼。"先民多用以爲燭或入藥。宋羅願《新安志·叙物產·木果》："烏臼可爲燭，而歙之人不取。"元危亦林《世醫得效方》卷一〇："解鼠莽毒：用金綫蟲草根磨水服之即愈，或用烏桕根擂水亦好。"明朱橚《普濟方》卷三九："治大便不通：用烏桕木一寸許，擘破以水煎，取小半盞服之立通，甚效。"明人以爲烏鴉喜食其子，故而得名。明李時珍《本草綱目·木二·烏桕木》："［釋名］時珍曰：烏桕，烏喜食其子，因以名之。"明代以烏桕榨油頗盛，栽培者極多。明徐光啓《農政全書》卷三八："烏臼樹，收子取油，甚爲民利。他果實總佳，論濟人實用，無勝此者。江浙人種者極多。"烏桕葉深秋變紅，美艷迷人，常爲人歌咏。清朱彝尊《一半兒·長山瀧》曲："鸕鷀灘冷渚風清，謝豹花繁春雨晴，烏桕樹翻秋葉鳴。"烏桕分布極廣，各地多有出産。《陝西通志·物產二·木屬》："烏臼，生山南平澤。樹高數仞，葉似梨杏。五月開細花，黄白色，子黑色（《唐本草》）。漢中有之（《漢中府志》）。"《浙江通志·山川·寧波府六》："九峰山，《奉化縣志》：在縣東六十里，九峰突兀，産多。烏桕霜葉紅，爛若春花。"

我國烏桕久種不衰，今大江南北廣爲栽培。俗稱爲"桕子樹""木油樹""鑽子樹""木蠟樹""烏樹果""卷子""桊樹""血血木"。

【烏臼】

即烏桕。此稱南北朝時期已行用。見該文。

【烏臼樹】

即烏桕。此稱宋代已行用。見該文。

【烏桕木】

即烏桕。此稱唐代已行用，語本《唐本草》。見該文。

【桕子樹】

即烏桕。今川、陝、浙等地多行用此稱。見該文。

【木油樹】

即烏桕。今貴州、湖南等地多行用此稱。見該文。

【鑽子樹】

即烏桕。今貴州多行用此稱。見該文。

【木蠟樹】[1]

即烏桕。因其種皮蠟層可收蠟，故名。今湖南各地多行用此稱。見該文。

【烏樹果】

即烏桕。今江蘇南京等地多行用此稱。見該文。

【卷子】

即烏桕。今湖北各地多行用此稱。見該文。

【桱樹】

即烏桕。今江蘇各地多行用此稱。見該文。

【血血木】

即烏桕。今河南各地多行用此稱。見該文。

【桕】

"烏桕"之單稱。亦作"臼"。此稱宋代已見行用。《正字通・木部》："桕，俗字。《本草綱目》作臼。烏臼木，一名鵶臼。"宋楊士瀛《仁齋直指方》卷二四："一方治疥瘡神效：大楓子肉、獐腦各一兩，水銀、皂礬各一錢，油核桃肉，桕燭油。先將大楓子搗爛，次加獐腦、水銀、皂礬、核桃，碾和爲末，再將桕油熬化入藥和勻。抓破瘡搽之效。"元沙圖穆蘇《瑞竹堂經驗方》卷五："清油二兩，黄檗、花椒、巴豆數粒，葱三莖、厚朴、枳殼各少許。右同清油一處熬數沸，濾去渣，將妙功於熱油内更加桕燭一二枝，放冷調搽。"明徐光啓《農政全書》卷三八："又曰：臼不須種，野生者甚多。若收子即佳種種出者，亦不中用；必須接博乃可，未接者江浙人呼爲草臼。"清陳淏子《花鏡》卷三："桕，一名烏桕，一名柜柳。出浙東、江西。樹最高大，葉如杏而薄小，淡緑色，可以染皂。花黄白；子黑色，可以取蠟爲燭。"清蒲松齡《農桑經殘稿・十月》："桕：必接，否則不實。"

按，烏桕似非柜柳。李時珍《本草綱目・木二・烏桕木》："［釋名］鄭樵《通志》言：'烏桕即柜柳'者，非。"此説甚是。柜柳通常指楓楊，此附。見"烏桕"文。

【臼】

同"桕"。此體明代已行用。見該文。

【楷】

即烏桕。此稱漢代已行用。亦稱"楷木""楷樹"。《説文・木部》："楷，木也。"段玉裁注："《六書故》以烏臼當之。"《六書故・植物一》："楷，膏物也。葉如鳧蹼，遇霜則丹。其實外膏可爲燭，其覈中油可燃鐙，亦名烏臼，單作臼。"宋蘇軾《格物粗談》卷上："楷樹勿近魚塘，令魚黑，且傷魚。"見"烏桕"文。

【楷木】

即楷。此稱明清時期已行用。見該文。

【楷樹】

即楷。此稱宋代已行用。見該文。

【鵶舅】

即烏桕。亦作“鵶桕”“鵶臼”“鴉桕”“鴉舅”。唐代已行用此稱。唐陸龜蒙《偶掇野蔬寄襲美有作》詩：“行歇每依鵶舅影，挑頻時見鼠姑心。”此處鵶舅謂烏桕，鼠姑指牡丹。宋陳言《三因極一病證方論》卷一八：“［烏金散］治婦人血氣、血癥、血風，勞心煩燥，筋骨痠痛，四肢困倦：黑荳十兩，没藥、當歸各五錢，焙乾爲末。先將黑荳不犯水净拭，用砂瓶一隻入豆在内，以瓦片蓋鹽泥固，濟留嘴通氣，炭火二觔煆，烟盡存性，以鹽泥塞瓶嘴退火，次日取出豆如鵶桕，研細方入，後末研匀不以時温酒調下。”清弘曆《翠梅黄雀烏桕》詩：“側暎隨陽豈讓葵，鮮妍翠色冶姚姿。一雙黄雀栖鵶桕，誰賓誰名静可思。”清刊《月令輯要·秋令·民用》：“烏臼子，［增］《本草綱目》：烏臼木，名鵶臼。南方平澤甚多。今江西人種植，采子蒸煮取脂澆燭子。上皮脂勝於仁子。八九月熟，初青後黑，分爲三瓣。”清查慎行《臨别口占四首》詩之四：“風雨催人向婺州，輕裝半月算歸舟。富春江外無潮信，鴉舅霜紅在晚秋（時余將往金華）。”《廣群芳譜·木譜十二·烏臼》：“烏臼，一名鵶臼。烏喜食其子，因以名之，或云其木老則根下黑爛成臼，故得此名。”《格致鏡原·木類二·桕》：“桕，《群芳譜》：烏桕，一名鴉桕。樹高數仞，葉似小杏葉而微薄，淡緑色，五月開細花，色黄白，實如雞頭，初青熟黑。”清人對烏桕生態、形態之觀察已頗仔細。清高士奇《北墅抱甕録·桕》：“烏桕亦稱鴉舅，深秋葉赤，最可耽賞。至冬，葉落結子，作十字裂，色白，似梅花，纍纍不墜。”見“烏桕”文。

【鵶桕】

即鵶舅。此稱宋代已行用。見該文。

【鵶臼】

即鵶舅。此稱明代已行用。見該文。

【鴉桕】

即鵶舅。此稱清代已行用。見該文。

【鴉舅】

即鵶舅。此稱清代已行用。見該文。

【棬】

即烏桕。清代川東各地常行用此稱。清劉善述《草木便方·木部·棬根》：“棬根白皮味苦温，暴水積聚去結癥，通利二便去蚊毒，久齁頭風心痛清。”趙素雲等校注以爲此處之棬即指烏桕。亦稱“棬子樹”。見“烏桕”文。

【棬子樹】

即棬。今川東各地多行用此稱。見該文。

【木子樹】

即烏桕。此稱多行用於清代。清吴其濬《植物名實圖考·木類·烏臼木》：“烏臼木，《唐本草》始著録。俗呼木子樹，子榨油，利甚溥。根解水莽毒，效。”見“烏桕”文。

臭椿

習見林木名。苦木科，臭椿屬，臭椿〔*Ailanthus altissima*（Mill.）Swingle〕。落葉喬木。嫩枝赤褐色，被疏柔毛。奇數羽狀複葉，互生；小葉卵狀披針形，揉搓後具臭味，故名。圓錐花序頂生；花雜性，白色微緑。翅果，矩圓狀橢圓形，微帶紅褐色。我國大部地區均有分布。能耐乾旱瘠薄及輕度鹽碱，爲荒山、荒灘、輕鹽碱地造林樹種；亦常植爲行道樹。木材可製車輛、農具。樹皮可提取栲膠。葉可飼養樗蠶。種子可榨油。樹皮、根皮、果實可入藥。

樗　木
(《證類備急本草畫圖》)

我國臭椿栽培利用歷史悠久。先秦時常爲薪材。始稱“樗”，沿稱於後世。後人亦稱“惡木”，謂其木無大用，僅可爲薪材。《詩・豳風・七月》：“七月食瓜，八月斷壺，九月叔苴，采荼薪樗，食我農夫。”毛傳：“樗，惡木也。”孔穎達疏：“樗，唯堪爲薪，故云惡木。”袁梅譯注：“樗chú（音初），俗名臭椿樹。”《山海經・中山經》：“又西五十里曰橐山，其木多樗。”漢代亦稱“樗木”。元明後民間多稱“臭椿”。《説文・木部》：“樗，樗木也。”清段玉裁注：“《豳風》《小雅》毛傳皆曰：‘樗，惡木也’。惟其惡木，故豳人祗以爲薪……今之臭椿樹是也。”元危亦林《世醫得效方》卷一五：“[熏洗方]荆芥穗、藿香葉、臭椿樹皮，煎湯熏洗，即入三萸圓。”明朱橚《普濟方》卷三七：“[臭椿皮散]（《出聖惠方》）治積年腸風瀉血穀食不消肌體黄瘦：椿樹白皮二兩（炙、剉）、乾薑（炮、剉），甘草（炙，剉）各三分，鷄冠花、附子（炮，去皮臍）、槐蛾（炙）各二兩。右爲末，每服二錢，食前枳殼湯下。”《通雅・植物》：“諺曰：櫄樗栲漆，相似如一。樗，臭椿也。”《山堂肆考》卷二〇九：“椿，《格物論》：椿樹枝葉與樗相似，樗木疏而氣臭，椿木實而葉香。”清陳淏子《花鏡》卷三：“一種似椿而葉臭，有花而結莢者，俗呼爲臭椿，是樗，非椿也。”

按，古人常將椿樗合稱，其葉頗肖，以爲一木二種。實誤。又，樗爲“惡木”之説不妥，依夏緯英《植物名釋劄記・樗》云，不必以“美惡”之惡爲解。而疑爲葉有臭味之故。此言與李時珍《本草綱目・木二・椿樗》所釋相同。故《莊子・逍遥游》：“惠子謂莊子曰：吾有大樹，人謂之樗，其大本擁腫而不中繩墨，其小枝捲曲而不中規矩，立之涂，匠人不顧。”當屬“惡木”之演義。其實如上所述，臭椿用途頗廣，亦爲林農所喜愛，今北方乾旱山區，沙荒、輕度鹽鹹地多用以造林。華北、中原等地宅旁、院内、路邊、隙地廣爲種植。今亦稱“紅椿”“白椿”“木礱樹”。

【樗】

即臭椿。此稱先秦時期已行用。見該文。

【惡木】

即臭椿。此稱漢代已行用。見該文。

【樗木】

即臭椿。此稱漢代已行用。見該文。

【紅椿】[2]

即臭椿。今安徽各地多行用此稱。見該文。

【白椿】

即臭椿。今浙江各地多行用此稱。見該文。

【木礱樹】

即臭椿。今浙江各地多行用此稱。見該文。

【槫】[1]

即臭椿。此稱漢代已行用。漢王符《潛夫論・浮移》：“後世以楸梓槐柏杶槫各取方土所出。”汪繼培箋：“槫，《傳》作樗。”宋代稱“櫖”。《集韻・平魚》：“槫，《説文》：‘木也。’一曰惡木，或從雩從慮。”《正字通・木部》：“櫖，《〈古今韻會〉舉要》櫖同樗……舊注‘惡木’，即樗。”明李時珍《本草綱目·木二·椿樗》：“椿香而樗臭，故椿字又作櫄，其氣熏也。字從虖，其氣臭，人呵嘑之也。”見“臭椿”文。

【櫖】[1]

即臭椿。此稱宋代已行用。見該文。

【虎目樹】

即臭椿。省稱“虎目”。葉片脱落後，葉痕如虎目形，因名。此稱唐代已行用。亦稱“山椿”“虎眼”。皆沿稱於後世。明李時珍《本草綱目·木二·椿樗》引陳藏器曰：“俗呼椿爲猪椿，北人呼樗爲山椿，江東呼爲虎目樹，亦名虎眼。謂葉脱處有痕，如虎之眼目。”明周祈《名義考·物部·樗櫟》：“《韻會》：樗似椿，北人呼山椿，江東呼虎目。葉脱處有痕如摴蒱子，又如眼目，故名。材易大而不中器用，今臭椿是。”明朱橚《救荒本草》卷五：“椿樹芽，《本草》有椿木、樗木……樗木疏而氣臭，膳夫熬去其氣亦可啖。北人呼樗爲山椿，江東人呼爲虎目。葉脱處有痕如樗蒲子，又如眼目，故得此名。”清陳淏子《花鏡》卷三：“一種似椿而葉臭，有花而結莢者，俗呼爲臭椿，是樗，非椿也。江東人呼爲虎目。葉脱處有痕似柘也。”見“臭椿”文。

【虎目】

“虎目樹”之省稱。此稱唐代已行用。見該文。

【山椿】

即虎目樹。此稱唐代已行用。見該文。

【虎眼】

即虎目樹。此稱唐代已行用。見該文。

【大眼桐】

即臭椿。此稱明代已行用。明朱橚《普濟方》卷三八：“［虎目湯］（出仁存方）治便血及臟毒下血經年瘦者：用好樗根吹咀，每服三錢。水一盞煎七分去滓，酒半盞或作丸子服亦可。虛極人加人參等分極效。一方：爲末，空心温酒調下，或米飲下。樗根，即大眼桐，一名虎眼樹，一名山椿。”明李時珍《本草綱目·木二·椿樗》：“臭者名樗……虎目樹、大眼桐。”《格致鏡原·木類二·樗》：“《群芳譜》：樗亦椿類，氣臭，俗名臭椿，一名虎目樹，一名大眼桐。皮粗肌虛而白，其葉臭惡。”清陳大章《詩傳名物集覽·木·采荼薪樗》：“《木譜》：樗，俗呼臭椿，一名大眼桐。皮粗肌虛而白。”見“臭椿”文。

【婆娑羅樹】

“臭椿”之别稱。宋代前已行用此稱，亦沿稱於後世。宋曾慥《類説》卷六：“婆娑羅樹，洛城山北謂之邙山，上無木，惟北嶺上有古樗樹婆娑四五畝。楊素建都城以此樹爲南北標準，嫌樗木名惡，號婆娑羅樹。”《太平御覽》卷九五九：“《京洛記》曰：洛陽城北山謂之邙山，其上無大樹。大業都城之北嶺上有古樗樹，不知其來，早晚婆娑週圍四五畝，其樹在伊闕正南。時楊越公等將建都城之日，據此樹以爲南北定準。嫌樗木名惡，號曰婆娑羅樹。”省稱“婆娑羅”。明陳耀文《天中記》卷五一：“婆娑羅，洛陽北山謂之邙山，其上無大樹。大葉都城之北嶺上有古樗樹，不知其來，早晚婆娑周迴四五畞以來，在伊闕正南相當。越公等將建都城之日，據此樹以爲南北定準。嫌樗木名惡。號曰婆娑羅樹矣。”《格致鏡原·木類二·樗》

引《河洛記》:"洛陽北山謂之邙山，其上無大樹，都城之北嶺，上有古樗樹，不知其來，早晚婆娑，周迴四五畝。在伊闕正南，相當越公等將建都城之日，據此樹以爲南北定準，嫌樗木名惡，號曰婆娑羅樹。"見"臭椿"文。

【婆娑羅】

"婆娑羅樹"之省稱。此稱明代已行用。見該文。

臭檀

習見林木名。芸香科，吳茱萸屬，臭檀〔*Tetradium daniellii*（Benn.）Hemsl.〕。落葉喬木。小枝密被短毛。奇數羽狀複葉對生，小葉五至十一枚，卵形至矩圓狀卵形。聚傘狀圓錐花序，頂生；花白色。蓇葖果紫紅色，有腺點，頂端有喙。種子黑色有光澤。我國遼寧至湖北之間與甘肅以東的廣闊地帶及四川均有分布。木材可供農具、傢具用材。種子可榨油。果、葉、樹皮均可入藥。

我國早有應用臭檀醫病之習俗。清代四川等地稱"家吳萸"。清劉善述《草木便方・木部・家吳萸》:"家吳萸辛苦大熱，心腹胃冷氣痛滅，帶下冷痢暖腎胃，殺蟲燥濕葉皮烈。"按，本種原書圖名"艾子"。趙素雲等整理本《草木便方》改稱"山艾子"，亦稱"隨又子"。今各地山坡、疏林、溝畔常有所見。

【家吳萸】

即臭檀。此稱清代已行用。見該文。

【艾子】[2]

即臭檀。此稱清代已行用，名見《草木便方》。見該文。

【山艾子】

即臭檀。今四川各地多行用此稱。見該文。

【隨又子】

即臭檀。今四川各地多行用此稱。見該文。

海紅豆

習見林木名。含羞草科，海紅豆屬，海紅豆（*Adenanthera microsperma* Teijsm. & Binn.）。落葉喬木。二回羽狀複葉，羽片四至十二對，小葉八至十四枚，矩圓形或卵形，葉柄、葉軸、葉兩面均被柔毛。總狀花序排列爲頂生圓錐狀或單生葉腋；花小，白色或淡黃色，有香味。莢果條形，彎曲，革質。種子鮮紅色，具光澤。我國主要分布於粵、桂及滇、黔等地。該樹全株有毒。木材可製傢具、舟車；亦可染紅。種子可榨油，亦可入藥。

我國栽培利用海紅豆歷史悠久。唐代前已行用此稱。時川蜀已有人工栽培。亦稱"紅豆"。宋宋祁《益部方物略記・紅豆》:"葉圓以澤，素蘤春敷，子生莢間，纍纍綴珠。"附注:"紅豆，花白色，實若大紅豆，以似得名。葉如冬青。蜀人以爲果飣。"宋唐慎微《證類本草・本草上品・海紅豆》:"海紅豆，謹按徐表《南州記》云：生南海人家園圃中。大樹而生，葉圓有莢，微寒，有小毒，主人黑皮，花癬，頭面游風。宜入面藥及藻豆。近右蜀中種亦成也。"明李時珍《本草綱目・木二・海紅豆》:"〔李〕珣曰：按徐表《南州記》云:〔海紅豆，〕生南海人家園圃中。大樹而生，葉圓有莢。近時蜀中種之亦成。時珍

海紅豆
（清吳其濬《植物名實圖考》）

曰：樹高二三丈，葉似梨葉而圓。按宋祁《益部方物圖》云：紅豆葉如冬青而圓澤，春開花白色，結莢枝間。其子纍纍如綴珠，若大紅豆而扁，皮紅肉白，以似得名，蜀人用爲果飣。"《通雅·飲食》："宋祁《益部方物圖》云：海紅豆，蜀人用爲果飣。"《廣群芳譜·藥譜八·海紅豆》："《南州異物記》：海紅豆，生南海人家園圃中。大樹而生，葉圓有莢，近時蜀中種之亦成。"清吴其濬《植物名實圖考·木類·海紅豆》："海紅豆詳《益部方物記略》及《海藥本草》，爲面藥。"

按，海紅豆其種子鮮紅，光澤可愛，常與"紅豆樹"及"相思子"混稱"紅豆"。參見本考各該文。今亦稱"孔雀豆""相思格""雙栖樹""紅木"。

【紅豆】[1]

即海紅豆。此稱宋代已行用。見該文。

【孔雀豆】

即海紅豆。今廣東各地多行用此稱。見該文。

【相思格】

即海紅豆。今廣東各地多行用此稱。見該文。

【雙栖樹】

即海紅豆。今廣西各地多行用此稱。見該文。

【紅木】[1]

即海紅豆。因其木材可以染紅，故名。見該文。

【大紅扁豆】

即海紅豆。清代川東等地多行用此稱。清劉善述《草木便方·木部·大紅扁豆》："大紅扁豆辛微寒，頭面游丹瘑風痤，鼾黯花癬面黑塗，痘瘡解毒元氣捐。"見"海紅豆"文。

桑

習見林木名。桑科，桑屬，桑（*Morus alba* L.）。落葉喬木，常呈灌木狀。單葉互生，卵形至橢圓狀卵形，葉緣有粗鋸齒。花單性，雌雄异株，穗狀花序腋生。聚花果，腋生，肉質，有柄，橢圓形，黑紫色或白色。我國各地均有栽培，而以江浙一帶爲最多。木可製器具、農具或供雕刻。葉可飼蠶。樹皮可造紙。果實可生食，亦可加工。根皮、枝、葉、果均可入藥。

桑
（清吴其濬《植物名實圖考》）

我國桑樹栽培歷史悠久。先秦時已植桑養蠶，并行用此稱。《詩·衛風·氓》："桑之未落，其葉沃若。"春秋戰國時對桑樹栽培的適生條件已頗有研究。《管子·地員》："五位之土若在岡、在陵、在隫、在衍、在丘、在山，皆宜竹箭、求黽（求黽亦竹類也）、楢檀。其山之淺，有蘢與斥（蘢、斥並古草名），群木安逐，條長數大，其桑其松，其杞其茸。"南北朝時栽桑之經驗已頗豐富。北魏賈思勰《齊民要術·種桑柘》："桑椹熟時，收黑魯椹，即日以水淘取子，曬燥，仍畦種。常薅令净。明年正月，移而栽之。率五尺一根。……其下常斸掘種菉豆、小豆。栽後二年，慎勿采、沐（小采者長倍遲）。大如臂許，正月中移之。率十步一樹，行欲小掎角，不用正相當。”另對桑田耕作、剝桑、采桑葉、收椹等亦有較詳記述。唐宋時植桑技術又有發展，至明代已形成較完善之配套技術。從“桑樹品種選擇”到“栽桑”“修桑”“壓桑”“接桑”“斫桑”“摘桑”及養蠶的各種技術環節，都已有較成熟經驗。民間植桑養蠶經驗頗爲豐富。宋莊綽《鷄肋編》卷上：“河間老卒云：蠶子最耐寒熱，臘月八日或二十三日，以新水浴過，至三月間，雖熱而桑未可采，則以綿絮裹置深密處則不生。欲令生，則出置風日中，每擡間用生地黄四兩研汁灑桑葉飼之，則取絲多於其它。白樂天《地黄》詩云：‘與君啖老馬，可使照地光。’二者當俱可信也。”又，“衢州府江山縣，每春時昏翳如霧，土人謂之黄沙落。云有沙落於田苗果菜之中皆能傷敗。若沾桑葉尤損蠶，中人亦能生疾，是亦嵐瘴之類也。惟雨乃能解之”。人們將桑麻之業視爲治亂之道。宋葉紹翁《四朝聞見録》卷四：“治亂常視道之隆污，若飢者之食必以穀粟，寒者之衣必以桑麻，不可易也。”世多種桑，大地主莊園動輒數百十畝。宋周密《癸辛雜識前集・章參政嘉林園》：“外祖文莊公居城南，後依南城，有地數十畝。元有潛溪閣，昔沈晦巖清臣故園也。有嘉林堂懷蘇書院，相傳坡翁作守，多游於此城之外，别業可二頃桑林，果樹甚盛。”桑不僅養蠶，亦可治病，民間傳有不少驗方。元楊瑀《山居新話》卷三：“破傷風能死人，用桑條如箸長者十數莖，閣起中用火燒，接兩頭滴下樹汁，以熱酒和而飲之可愈。”明鄺璠《便民圖纂》卷四：“接桑：荆桑根固而心實，能久遠；魯桑根不固而心不實，不能久遠。荆桑以魯條接之，則久遠而茂盛。然接换之妙，惟在時之和融，手之審密，封繫之固，擁包之厚，使不至疏淺而寒凝也。”我國人民自古以農桑立本，各代沿襲，從無間斷，甚至列入國策。太平天国《天朝田畝制度》：“凡天下樹墻下以桑，凡婦蠶績縫衣裳。”

我國爲世界栽桑養蠶最早的國家，古有“嫘祖始蠶”之説。殷商時期已有栽桑養蠶的記載。蠶絲、大麻、苧麻及葛麻始終爲我國人民衣着原料。至漢代，西北、西南、華南始在少數地區利用棉纖維織布製衣。13世紀中葉，元朝提倡植棉，此後植棉、棉紡始得全面普及，絲、棉、麻織品便爲中土人民主要衣着原料。公元前2世紀，我國蠶絲及其紡織品由“絲綢之路”傳入西域，中國蠶絲及其製品成爲聯結中西友好之紐帶。

【桑樹】

即桑。晋代已行用此稱。《晋書・五行志中》：“孝懷帝永嘉二年冬，項縣桑樹有聲如解材，人謂之桑樹哭。案，劉向説桑者喪也，又爲哭聲，不祥之甚。”唐韓鄂《四時纂要・春令・正月》：“辟五果蟲法：正月旦鷄鳴時，把火遍照五果及桑樹上下，則無蟲。時年有桑果灾生蟲者，元日照者，必免也。”宋嚴粲《詩緝》卷一六：“桑樹之高大者，其枝條遠人而揚起，人手所不能及，故取斧斨以伐其條，然後就地采其葉而棄其條。”清吴其濬《植物名實圖考・木類・桑》：“今俗呼桑樹小而條長者爲女桑樹。”見“桑”文。

【桑椹樹】

即桑。桑實名“椹”，故得此名。此稱行用於明代。明朱橚《救荒本草》卷六：“桑椹樹，《本草》有桑根白皮，舊不載所出州土；今處處有之。其葉飼蠶。結實爲桑椹，有黑白二種。桑之精英，盡在於椹。”明鮑山《野菜博録》卷四：“桑椹樹，《本草》有桑根白皮，有黑白二種。桑之精英盡在其椹，味甘，性寒，無毒。桑椹味甘性暖。食法：采葉，嫩老皆可煠食；皮炒乾，磨麵可食。”見“桑”文。

桑椹樹
（明朱橚《救荒本草》）

【子明】

“桑”之别名。此稱三國時已行用。據《太平廣記》卷四六八《水族五》，三國吴永康縣有人入山，見一大龜，束之而歸。夜纜舟於大桑樹。忽聞樹呼曰：“勞乎元緒？”曰：“子明無多辭，禍將及爾。”遂呼桑爲“子明”。《格致鏡原・木類一・桑》：“《異苑》：老桑木字曰子明。”見“桑”文。參閲《異苑》卷三。

【著作林】

“桑”之别名。此稱行用於宋代。事見《宋史・范純仁傳》：“〔范〕仲淹没，〔范純仁〕始出仕以著作佐即知襄城縣……襄城民不蠶織，勸使植桑。有罪而情輕者，視所植多寡除其罰，民益賴慕，後呼爲著作林。”宋李幼武《宋名臣言行録後集・范純仁忠宣公》：“襄城民素不事蠶織，鮮有植桑者，公患之。因民有罪而情輕者，使植桑於家，多寡隨其罪之輕重，後按其所植榮茂與除罪。自此人得其利，公去，民懷不忘，至今號爲著作林。著作公宰縣時官也。”後世遂以著作林名桑。《格致鏡原・木類一・桑》引宋王偁《東都事略》云：“范純仁知襄城縣，有惠愛，課民種桑，民號其桑爲著作林。”見“桑”文。

梣

習見林木名。木樨科，梣屬，梣（*Fraxinus chinensis* Roxb.）。落葉喬木或灌木。奇數羽狀複葉，橢圓形或橢圓狀卵形，小葉鋸齒緣。圓錐花序，側生或頂生於當年枝上。翅果倒披針形。我國各地均有分布，尤以東北、黄河流域、長江流域及閩、粤等地較多。爲道路及堤岸緑化樹種。木材可製傢具、車輛、農具等。枝葉可放養白蠟蟲，用以取蠟。幼枝柔韌，可供編織用。樹皮可入藥。

我國采集利用梣樹歷史悠久。秦漢時已入藥醫病，時稱“秦皮”，樹亦因名。《神農本草經・中品・秦皮》：“秦皮味苦，微寒……生川谷。”漢代已行用此稱。亦稱“梣木”“苦歷”“青皮木”。其樹常用以療目疾。《淮南子・俶真訓》：“夫梣木色青翳，而蠃瘉蝸睆。此皆治目之藥也。”漢高誘注：“梣木，苦歷，木名也。生於山。剥取其皮，以水浸之，正青，用洗眼，瘉人目中膚翳。”《説文・木部》：“梣，青皮木。”南北朝時亦稱“樊鷄木”。其皮可用於合墨。北魏賈思勰《齊民要術・筆墨》：“合墨法：好醇烟，擣訖……墨麴一斤，以好膠五兩，浸梣皮汁中。梣，江南樊鷄木皮也；其皮入水緑色，解膠，又益墨色。”唐宋前後亦稱“梣皮”“棏木”“石檀木”“石檀”“樊槻”“盆桂”“苦樹”“苦櫪”。此時梣皮合墨技藝更加成熟。宋蘇易簡《文房四譜・墨譜》：“以細絹篵於缸中，篵去草芥，此物至輕不宜露篵，慮飛散也。烟一斤已上，好膠五兩浸梣皮汁中，梣皮即江南石檀木皮也。”《通志・木類》：“秦皮，曰石檀，曰盆桂。”元陸友《墨史》卷上：“《墨經》有唐王君德，擣用石臼，擣三二千杵，其藥用酢石榴皮、水牛角屑、膽礬三物。又法，用梣木皮、皂角、膽礬、馬鞭草四物。”梣皮入藥亦沿用於後世。明李時珍《本草綱目・木二・秦皮》：

秦 皮
（清吴其濬《植物名實圖考》）

“[釋名]梣皮、樳木、石檀、樊槻、盆桂、苦樹、苦櫪。時珍曰：秦皮，本作梣皮。其木小而岑高，故以爲名。人訛爲樳木，又訛爲秦木。或云本出秦地，故得秦名也……〔蘇〕恭曰：樹葉似檀，故名石檀。俗因味苦，呼爲苦樹。[集解]〔陶〕弘景曰：俗云是樊槻皮，而水漬以和墨書，色不脱，微青。”民間常用梣木加明礬供染衣物。明方以智《物理小識・衣服類》：“凡梣、楓、樺、烏桕、櫟、楊桐皆可染，染必加礬，不則入污泥而黑矣。”

按，夏緯英《植物名釋札記・秦皮》：“梣以‘岑’爲聲。‘岑’‘秦’又與‘青’音近。疑‘梣皮’意即‘青皮’，謂其皮青色。由‘青’一轉爲‘梣’，再轉爲‘秦’。‘秦皮’本爲藥名，而今又作植物名了。”夏説或以爲是。又，夏緯英以爲梣即今之苦欇（*Fraxinus bungeana* DC.），陳植《樹名訓詁》以爲即白臘（Fraxinus chinensis Roxb.）。諸説尚待詳考。今以“秦皮”入藥之樹木尚有苦欇白蠟、秦嶺白蠟、大葉白蠟、尾葉梣、柳葉梣及宿柱梣等，故古之所謂梣，或泛指可以“秦皮”之名入藥之梣屬白蠟類樹木（*Fraxinus* ssp.）。此俱附供考。

【秦皮】

即梣。此稱秦漢時期已行用。見該文。

【梣木】

即梣。此稱漢代已行用。見該文。

【苦歷】

即梣，此稱漢代已行用。見該文。

【青皮木】

即梣。此稱漢代已行用。見該文。

【樊鷄木】

即梣。此稱南北朝時期已行用。見該文。

【梣皮】

即梣。此稱宋代已行用。見該文。

【樳木】

即梣。此稱唐宋時期已行用。見該文。

【石檀木】

即梣。此稱宋代已行用。見該文。

【石檀】

即梣。此稱唐代已行用。見該文。

【樊槻】

即梣。此稱南北朝時期已行用。見該文。

【盆桂】

即梣。此稱宋代已行用。見該文。

【苦樹】

即梣。此稱唐代已行用。見該文。

【苦櫪】

即梣。此稱明代已行用。見該文。

【白樳木】

即梣。此稱宋元時已行用。元王好古《湯液本草・木部・秦皮》：“秦皮，氣寒，味苦，無毒……治風寒濕痺，目中青翳白膜，男子少精，婦人帶下，小兒驚癎。宜作湯洗目，俗呼爲白椁木。取皮漬水，浸出青藍色與紫草同用，以增光暈尤佳。"《通志·木類》："秦皮，曰石檀，曰盆桂，其用在皮，故曰秦皮，亦曰岑皮。其木似檀，俗呼爲白椁木。取其皮漬水，染筆而書之，作青色，故墨家用之。"明王肯堂《證治準繩》卷五三："秦皮、氣寒，味苦，無毒……俗呼爲白椁木。"見"梣"文。

梧桐

習見林木名。梧桐科，錦葵屬，梧桐〔*Firmiana simplex*（L.）Wight〕。落葉喬木。樹幹通直，樹皮青色而平滑。單葉互生，三至五掌狀深裂，葉背生短星狀毛。圓錐花序，頂生；花單性，細小，淡緑色。蓇葖果，成熟前開裂爲五片，紙質。種子球形。原産我國，北起河北，南至華南、西南等地均有分布。木材可製傢具、樂器。種子可榨油。根、皮、葉、花、種子均可入藥。

我國栽培利用梧桐歷史悠久。先秦時始行用此稱。亦省稱"梧"。《詩·大雅·卷阿》："鳳皇鳴矣，于彼高岡。梧桐生矣，于彼朝陽。"《禮記·雜記上》："暢，臼以椈，杵以梧。"孔穎達疏："杵以梧者，謂擣鬯所用也；椈，柏也；梧，桐也。"秦漢時亦稱"櫬"。《爾雅·釋木》："櫬，梧。"郭璞注："今梧桐"。《西京雜記》卷三："五柞宫有五柞樹，皆連抱，上枝蔭覆數十畝。其宫西有青梧觀，觀前有三梧桐樹。"唐李白《秋登宣城謝朓北樓》詩："人烟寒橘柚，秋色老梧桐。"五代王定保《唐摭言》卷一一："襄陽詩人孟浩然，開元中頗爲王右丞所知。句有'微雲淡河漢，疏雨滴梧桐'者。右丞吟咏之，常擊節不已。"宋錢易《南部新書》卷五："大中元年，魏扶知禮闈入貢院，題詩曰：'梧桐葉落滿庭陰，鏁閉朱門試院深。曾是昔年辛苦地，不將今日負前心。'及榜出，爲無名子削爲五言以譏之。"元刊《農桑輯要》卷六引《齊民要術》："桐葉花而不實者曰白桐，實而皮青者梧桐。按今人以其皮青號曰青桐也。"明徐光啓《農政全書》卷一一："梧桐花，初生時赤色主旱，白色主水。"清刊《授時通考·農餘門·木一》："梧桐，《爾雅》曰：'榮，桐木。'又曰：'櫬，梧。'郭璞注云：即梧桐也。今人以其皮青號曰青桐，又名櫬皮。"清吴其濬《植物名實圖考·木類·梧桐》："梧桐，《爾雅》：'櫬，梧。'春開細花，結實白橐。鄂以爲果。《本草綱目》始收入喬木。俗亦取其初落葉，煎飲催生；又煮葉薰治白帶。"今梧桐常植於庭院、公園及行道，以供觀賞。亦俗稱"耳桐""青皮樹"。

梧　桐
（清吴其濬《植物名實圖考》）

【梧】

即梧桐。此稱先秦時期已行用。見該文。

【櫬】[1]

即梧桐。櫬即棺，因其木可爲棺，故名。此稱秦漢時期已行用。見該文。

【耳桐】

即梧桐。今湖北各地多行用此稱。見該文。

【青皮樹】[2]

即梧桐。因其樹皮青，故名。今廣東各地

多行用此稱。見該文。

【櫬皮】

即梧桐。此稱清代已行用。見該文。

【青桐】

即梧桐。其樹皮青而光滑，故名。南北朝時已行用此稱。北魏賈思勰《齊民要術・種槐柳楸梓梧柞》:“青桐，九月收子。二三月中，作一步圓畦種之。治畦下水，一如葵法。五寸下一子，少與熟糞和土覆之。生後數澆令潤澤。當歲即高一丈。”唐李頎《題僧房雙桐》詩:“青桐雙拂日，傍帶凌霄花。”唐段成式《酉陽雜俎續集・寺塔記上》:“東廊之南素和尚院，庭有青桐四株，素之手植。元和中，卿相多游此院。”“亦稱“皮桐”。宋戴侗《六書故・植物》:“梧桐也……桐類不一，大略幹直心虚而葉大，梧桐庸青故又謂青桐。其皮可漚爲繩，故又謂皮桐。其實莢生類豌豆。”《太平廣記》卷四一五:“臨淄寺，僧智通常持法華經入禪，宴坐必求寒林净境，殆非人迹所至處……其寺背山，智通及明視蹶處得木皮一片。登山尋之數里，見大青桐樹梢已老矣。其下凹根若新缺，僧以木皮附之，合無綖隙。”明彭大翼《山堂肆考》卷一七一:“[買宅愛樹]唐王義方初拜御史，置一第，愛庭中青桐樹，復召主人曰：此佳樹得無欠償乎，又與之錢四千。”清陳淏子《花鏡》卷三:“梧桐，一名青桐，一名櫬。木無節而直生，理細而性緊。皮青如翠，葉缺如花，妍雅華净，新發時賞心悦目，人家軒齋多植之。”見“梧桐”文。

【皮桐】

即青桐。此稱宋代已行用。見該文。

【桐麻】

即梧桐。清代川東各地多行用此稱。清劉善述《草木便方・木部・桐麻根》:“桐麻根皮甘和血，祛風除濕通經脉，婦人吐血經水亂，崩帶腰膝痹痛捷。”《草木便方》整理組以爲桐麻即梧桐。亦稱“瓢羹樹”“美人膠”。見“梧桐”文。

【瓢羹樹】

即桐麻。此稱清代已行用。見該文。

【美人膠】

即桐麻。此稱清代已行用。見該文。

【義父】

“梧桐”之别稱。此稱宋代已行用。宋陶穀《清異録・木》:“同州郃陽縣劉靖家，兄弟不異居，宅旁榆樹生桑，西廓梧桐生穀枝，明年墳中白楊生檜，並鬱茂相若，鄉人號榆爲義祖，梧桐爲義父（一作‘桐爲小義’），白楊爲義孫，分先後也。縣令出官錢，爲修三義亭。”後世遂以“義父”名梧桐。見“梧桐”文。

【檸】

“梧桐”之别稱。此稱至遲宋代已行用。《集韻・上語》:“檸，木名。梧桐也。”《五音集韻・語韻》:“檸，木名。梧桐也。”見“梧桐”文。

梓樹

習見林木名。紫葳科，梓屬，梓樹（*Catalpa ovata* G. Don）。落葉喬木。樹皮灰褐色，縱裂。嫩枝常帶紫色，光滑或少被柔毛。單葉對生或三葉輪生，葉大，寬卵形或近圓形；葉面暗緑色，被短毛，背面沿葉脉疏生短毛。花多數，成圓錐花序，頂生；花冠淡黄色，内有黄色綫紋或紫色斑點。蒴果圓柱形，長

20~30厘米，成熟時深褐色。種子扁平，長橢圓形，兩端簇生白色長軟毛。我國主要分布於長江流域及其以北地區。多植於庭園供觀賞。木材可製傢具、琴底等。木材、葉、果實均可入藥。

梓

（清吴其濬《植物名實圖考》）

我國栽培利用梓樹歷史悠久。先秦時常用製琴瑟，省稱“梓”。《詩・鄘風・定之方中》：“樹之榛栗，椅桐梓漆，爰伐琴瑟。”孔穎達疏：“既爲宫室，乃樹之以榛、栗、椅、桐、梓、漆六木於其宫中，曰此木長大可伐之以爲琴瑟。”秦漢時梓已用於入藥或作飼料。《神農本草經・下品・梓白皮》：“梓白皮，味苦，寒。主熱，去三蟲，葉擣傅猪創，飼猪肥大三倍。生山谷。”魏晋南北朝時梓樹栽培經驗已漸豐富。北魏賈思勰《齊民要術・種槐柳楸梓梧柞》：“種梓法：秋，耕地令熟。秋末初冬，梓角熟時，摘取曝乾，打取子。耕地作壟，漫散即再勞（耮）之。明年春，生。有草拔令去，勿使荒没。後年正月間，斸移之，方兩步一樹。”唐韓鄂《四時纂要・春令・正月》：“種梓：以此月下子。明年以此月移之。同桑法也。”寺院道觀亦多植梓樹。唐釋道世《法苑珠林・怨苦・感應緣》：“秦始皇時，終南山有梓樹，大數百圍，蔭宫中。始皇惡之，興兵伐之，天輒大風雨，飛沙石，從皆疾走。”宋陳師道《後山談叢》卷四：“古者，諸侯取材於國，不取於諸侯。豈特國，民亦然也。維桑與梓。樹之榛栗，椅桐梓漆。梓漆以爲棺，榛栗以爲贄，椅桐以爲器。”《錦綉萬花谷後集》卷六：“梓潭，昔有梓樹巨圍，葉廣丈餘，垂柯數畝。吴王伐樹作船，使童男婦挽之，船自飛下水，男女皆溺死。至今潭中時有歌唱之音。”清陳元龍《格致鏡原・木類二・梓附楸》“楸”引《群芳譜》：“楸生山谷間，今處處有之，與梓樹本同末異。”

我國人民自古以爲木莫良於梓。《書》以“梓材”名篇，《周禮》以“梓人”名匠。民間宅旁院内多植桑與梓，以爲養生送終之具，又以“桑梓”名故鄉。唯古之所謂梓者，往往兼楸而言，或以爲即楸之一種。然二者實非一物，乃同科同屬之二木也。梓樹今亦稱“河楸”“花楸”“水桐”“臭梧桐”。

【梓】

“梓樹”之省稱。此稱先秦時期已行用。見該文。

【河楸】

即梓樹。今河南各地多行用此稱。見該文。

【花楸】[1]

即梓樹。今河南各地多行用此稱。見該文。

【水桐】

即梓樹。今湖南各地多行用此稱。見該文。

【臭梧桐】[1]

即梓樹。今稱。見該文。

【楸梓】

即梓樹。《説文・木部》：“楸，梓也。”桂馥義證：“梓也者，樂彦曰：‘楸梓也。’”宋趙希鵠《洞天清録集・古琴辯》：“有楸梓，鋸開，色微紫黑，用以爲琴底者也。”清姚之駰《元明事類鈔》卷三六：“李時珍本草，梓木有三種：木理白者爲梓，赤者爲楸梓，梓之美文者爲椅。”亦指楸、梓二木。見“梓樹”文。

【木王】

“梓樹”之譽稱。此稱多行用於宋代。《埤雅・釋木》：“今呼牡丹謂之華王，梓爲木王，蓋木莫良於梓。故《尚書》以‘梓材’名篇，《禮》以‘梓人’名匠也。”明代亦稱“杍”。明李時珍《本草綱目・木二・梓》：“［釋名］木王。時珍曰：梓或作杍。”明王象晋《群芳譜・木譜五・梓》：“梓或作杍，楸類，一名木王，植於林，諸木皆内拱。造屋有此木則群材皆不震。處處有之。”明毛晋《陸氏詩疏廣要・梓椅梧桐》：“梓者，楸之疏理白色而生子者爲梓……今呼牡丹爲花王，梓爲木王，蓋木莫良於梓，故《尚書》以梓材名篇，《禮》以梓人名匠也。”明梁寅《詩演義》卷三：“梓者楸也，又謂之檟。陸佃云人呼梓爲木王，木莫良於梓也。”一説此稱始用於晋代。《佩文韻府・平王》：“木王，《古今注》：梓爲木王。”清陳淏子《花鏡》卷三：“梓，一名木王。林中有梓樹，諸木皆内拱。葉似梧桐，差小而無歧。春開紫白花如帽，極其爛熳。生莢細如箸，長尺許。冬底葉落，莢猶在樹。”見“梓樹”文。

【杍】

即木王。此稱明代已行用。見該文。

【梓】

即梓樹。此稱多行用於漢代，沿稱於後世。《説文・木部》：“梓，楸也，從木，宰省聲，梓或不省。”見“梓樹”文。

【相思樹】[3]

“梓樹”之别稱。此稱晋代已行用，沿稱於後世。事見晋干寶《搜神記》。宋康王奪舍人韓憑妻何氏，憑怨，王囚之，憑死，其妻遂投臺而亡，王令里人埋之，冢與憑相望。其卷一一文曰：“宿昔之間便有大梓木生於二塚之端，旬日而大盈抱，屈體相就，根交於下，枝錯於上，又有鴛鴦雌雄各一恒栖樹上，晨夕不去，交頸悲鳴，音聲感人，宋人哀之，遂號其木曰‘相思樹’。相思之名起於此也。南人謂此禽即韓憑夫婦之精魂。”後世有稱憑爲朋，似音訛也。清陳元龍《格致鏡原・木類二・梓〔附楸〕》：“《搜神記》：宋康王以韓朋妻美而奪之，使朋築青陵臺，然後殺之，其妻請臨喪，遂投身而死，王令分埋臺左右，期年各生一梓樹，及大枝條相交，有二鳥哀鳴其上，因號之曰相思樹。”南朝梁蕭繹《鴛鴦賦》：“魂上相思之樹，文生新市之機。”見“梓樹”文。

黄檀

習見林木名。豆科，黄檀屬，黄檀（*Dalbergia hupeana* Hance）。落葉喬木。奇數羽狀複葉，小葉長圓形或寬橢圓形。圓錐花序頂生或生於小枝上部葉腋，花淡黄白色。莢果圓形或帶形。我國主要分布於江蘇雲臺山、山東蒙山以南，南至閩、粤、桂，西至川、貴等地。木材可供傢具、農具、車軸、裝飾及文體器具用材。樹可飼養紫膠蟲。

望水檀
（清吴其濬《植物名實圖考》）

我國栽培利用黄檀已有數千年歷史。先秦時與青檀等統稱“檀”，沿稱於後世。《詩·鄭風·將仲子》："無逾我園，無折我樹檀。"孔穎達疏："檀材可以爲車。"隋唐後稱"水檀"。唐貫休《經曠禪師院》："水檀香火遺影在，甘露松枝月中折。"明李時珍《本草綱目·木二·檀》引陳藏器曰："按蘇恭言：檀似秦皮。其葉堪爲飲。樹體細，堪作斧柯。至夏有不生者，忽然葉開，當有大水。農人候之以占水旱，號爲水檀。"宋代已行用"黄檀"之稱。宋羅燁《醉翁談録·判和尚相打》："造惡恒河沙數，犯罪無量無邊，各决黄檀十二，押出三千大千。"黄檀亦可製香。宋趙汝适《諸蕃志·志國·層拔國》："層拔國在胡茶辣國南海島中，西接大山……鄉村山林多障岫叠，地氣暖無寒，産象牙、生金、龍涎、黄檀香。"清代亦稱"望水檀"。清陳元龍《格致鏡原·木類二·檀》："《格古要論》：黄檀木最香，今人多以作帶。"《續通志·木類》："檀香，一名旃檀，一名真檀，葉庭珪《香譜》云：皮實而色黄者爲黄檀。"又，"又江南有一種木，春不生葉，夏月方萌，黄梅過方舒葉，葉既開則水定，農人憑之以占水候，號望水檀"。清陳大章《詩傳名物集覽·木·無折我樹檀》："《木譜》檀字從亶，有黄白二種，葉如槐，皮青而澤，肌細而膩，體堅重，狀如榆梓莢蒾。又江南有一種望水檀，至夏不生葉。忽然葉間當大有水，農人以之占旱澇。又一種，高五六尺，生高原。葉如檀，四月花開正紫。其根如葛，亦名檀。"

黄檀屬約一百二十種，我國約二十五種。多産於淮河以南，爲珍貴用材樹及紫膠蟲寄主。本種今亦稱"檀樹""硬檀柴"。參見本卷《習見木竹説·習見林木考》"檀[1]"文。

【檀】[2]

即黄檀。亦泛指青檀、紫檀、香檀等樹木。此稱先秦時期已行用。見該文。

【水檀】

即黄檀。此稱唐代已行用。見該文。

【望水檀】

即黄檀。因世傳此木可占水旱，故名。此稱清代已行用。今仍沿稱於浙江等地。見該文。

【檀樹】[2]

即黄檀。今江蘇各地多行用此稱。見該文。

【硬檀柴】

即黄檀。今福建各地多行用此稱。見該文。

黄櫱

習見林木名。芸香科，黄櫱屬，黄櫱（*Phellodendron amurense* Rupr.）。落葉喬木。樹皮淺灰或灰褐色，有深溝裂，木栓質發達，内皮鮮黄色。小枝棕褐色，無毛。奇數羽狀複葉對生；小葉五至十三枚，卵狀披針形至卵形，細鈍鋸齒緣。雌雄异株，頂生聚傘花序。漿果狀核果，黑色，有特殊香氣，味苦。我國主要分布於東北、華北各省。木材供建築、傢具、室内裝修、槍托等用材。樹皮可入藥。栓皮層可製瓶塞，内皮可作染料。

我國栽培利用黄櫱歷史頗久。秦漢時稱"櫱木"，單稱"櫱"。亦稱"檀桓""黄木"。漢《神農本草經·上品·櫱木》："櫱木，味苦，寒。主五藏，腸胃中結熱，黄疸，腸痔……一名檀桓。生山谷。"《説文·木部》："櫱，黄木也。"徐鍇繫傳："黄木，即今藥家用黄櫱也。"《文選·司馬相如〈子虚賦〉》："其北則有陰林，其樹楩豫章。桂椒木蘭，櫱離朱楊。"李善注引張揖曰："櫱，皮可染者。"唐宋多行用

"黄檗"之稱。常用以爲藥，或用以染黄。唐李吉甫《元和郡縣志・山南道・順政縣》："武與山在縣北百里，多漆及黄檗。"唐韓鄂《四時纂要・春令・三月》："常啖馬藥：郁金……黄檗。"黄檗各地多有出産，亦常入貢。《宋史・地理志・金州》："金州上安康郡，乾德五年改昭化軍節度。……貢麩金、麝香、枳殼實、杜仲、白膠香，黄檗。"宋樂史《太平寰宇記・山南西道三・興州》："武興山在縣北一百里，其山峻峭，峰巒秀出，竹柏參差，特爲蔚茂。出黄蘗及漆。"黄檗多可用於染色。宋曾慥《類説・雌黄》："古人寫書皆用黄紙，以檗染之，所以辟蠹，故曰黄卷。"清吴其濬《植物名實圖考・木類・檗木》："檗木，《本經》上品。即黄檗。根名檀桓。湖南辰、沅山中所産極多，染肆用之。"

按，黄檗今亦稱"黄波羅""黄伯栗"。東北地區多有栽培。爲保護樹種資源，於1984年，被列爲國家三級保護植物。

【檗木】

即黄檗。此稱秦漢時期已行用，沿稱於後世。見該文。

【檀桓】

即黄檗。一説指其根。此稱秦漢時期已行用。見該文。

【檗】

即黄檗。此稱漢代已行用，沿稱於後世。見該文。

【黄木】

即黄檗。因皮可染黄，故名。此稱漢代已行用。見該文。

【黄波羅】

即黄檗。亦作"黄柀羅"。今東北地區多行用此稱。見該文。

【黄柀羅】

即黄檗。今東北地區多行用此稱。見該文。

【黄伯栗】

即黄檗。今吉林各地多行用此稱。見該文。

【蘗】

同"檗"。即黄檗。南北朝時多行用此體。南朝宋鮑照《擬行路難》十九首之六："剉蘗染黄絲，黄絲歷亂不可治。"唐皮日休《七愛詩・元魯山》："一室冰蘗苦，四遠聲光飛。"清段玉裁《説文解字注》："檗，黄木也。《本草經》之檗木也。一名檀桓……俗加艸作蘗。"見"黄檗"文。

【蘗木】

同"檗木"。即黄檗。此體多行用於宋代。蘗木多作藥用，尤宜腸澼下痢、惡瘡痛癢。宋唐慎微《證類本草・序例下》："腸澼下痢：赤石脂（大温），龍骨（平）……蘗木（寒）。"宋陳言《三因極一病證方論》卷一五："〔百草膏〕治一切惡瘡，不問乾濕痛癢，日近年深，百藥不瘥：羊屎一味，不拘多少，上下以瓦盛蓋蘗木燒令烟盡，末之，麻油調敷，癢者入輕粉少許，痛者入麝香少許，神效。"明王圻、王思義等《三才圖會・草木・蘗木》："蘗木，黄蘗也。生漢中山谷及永昌，今處處有之。"見"黄檗"文。

【黄蘗】

同"黄檗"。此體漢魏時期已行用。《樂府詩集・清商曲辭一・子夜歌十》："黄蘗鬱成林，當奈苦心多。"晋葛洪《肘後備急方》卷二："天行毒病挾熱腹痛下痢：升麻、甘草、黄連、當歸、芍藥、桂心、黄蘗各半兩，以水三升煮取一升，服之當良。”唐孫思邈撰、宋林億等校正《備急千金要方》卷五：“龜甲湯治産後早起中風冷泄痢及帶下方：龜甲如手大，當歸、黄連、乾薑各二兩，黄蘗長一尺廣三寸。右五味㕮咀，以水分七升煮取三升，去滓，分三服，日三。”元代口語訛作“黄不老”。元劉時中《端正好・上高監司》套曲：“喫黄不老勝如熊掌，蕨根粉以代餱糧。”王季思等注：“‘不老’應是一個字，而且要平聲；故‘黄不老’是‘黄蘗’的音轉，這是一種落葉喬木。”元刊《農桑輯要・孳畜・馬》：“馬心熱方：甘草、芒硝、黄蘗、大黄、山梔子、瓜蔞爲末，水調灌。應心肺壅熱，口鼻流血，跳躑煩燥，宜急與此藥。”亦稱“黄柏”。明楊慎《古音駢字・平東》：“黄檗，黄柏。”《古今小説・閑雲閣阮三償冤債》：“口含黄柏味，有苦自家知。”清陳啓源《毛詩稽古編・辨物・總辨》：“沈括《筆談》辨之曰：以《注》所云乃黄蘗也，其味極苦。”《陝西通志・物産一・藥屬》：“黄蘗，蘗木。生漢中川谷。金州貢。樹高數丈，葉似吴茱萸亦如紫椿，經冬不凋，皮外白裏深黄，其根結塊如松下茯苓。出商州山谷中。皮緊厚二三分，鮮黄者上。”《京本通俗小説・錯斬崔寧》：“啞子謾嘗黄蘗味，難將苦口對人言。”見“黄檗”文。

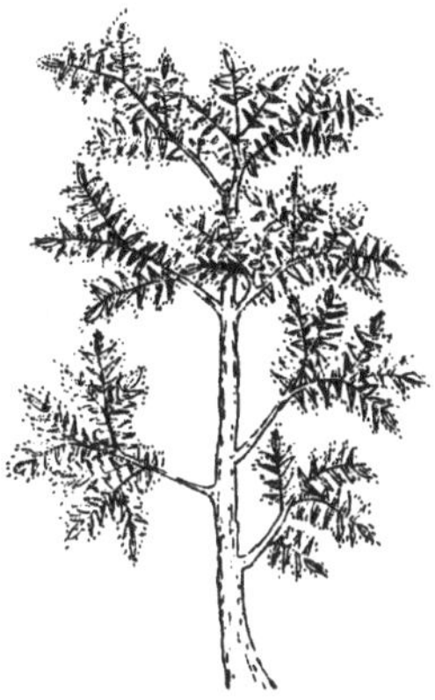

黄　蘗
（明鮑山《野菜博録》）

【黄柏】[1]

“黄蘗”之俗稱。此稱明代已行用。見該文。

【黄不老】

“黄蘗”之音訛。此稱元代已行用。見該文。

黄連木

習見林木名。漆樹科，黄連木屬，黄連木（*Pistacia chinensis* Bunge）。落葉喬木。樹皮褐色，條片狀翹裂。芽與嫩葉具香氣。偶數羽狀複葉互生，小葉十至十二枚，卵狀披針形，全緣。花單性，雌雄异株，雄花總狀花序，雌花圓錐花序，花形小，無瓣。核果球形，頂端尖，成熟時由紅變爲銅緑色。我國主要分布於山東、河北、河南、甘肅、陝西及長江流域、華南、西南諸地。木材可供傢具、細木工用材。種子可榨油。樹皮、葉可入藥。嫩葉可代茶飲。

我國栽培利用黄連木歷史悠久。據載山東曲阜孔林之孔子冢蓋有异木，傳爲子貢所植，即黄連木。漢代稱“楷”“楷木”。《説文・木部》：“楷，楷木也。孔子冢蓋樹之者。”段玉裁注：“《皇覽》云：冢塋中，樹以百數，皆異種。傳言弟子各持其方樹來種之。按楷亦方樹之一也。”唐段成式《酉陽雜俎續集・支植下》：“蜀中有木，類柞，衆木榮時枯枿，隆冬方萌芽布陰，蜀人呼爲楷木。”唐宋時已見行用“黄連木”稱。省稱“黄連”。唐王燾《外臺秘要方》卷三二：“肘後療年少氣盛面生皯皰方：（又方）黄連一斤，木蘭皮十兩，猪肚一具，治如食法。右三味㕮咀，二味内肚中，蒸於二斗米下，以

黄楝樹
（明徐光啓《農政全書》）

熟切暴乾，擣散。食前以水服方寸匕，日再。”《宋史・地理志五》：“清江郡，軍事。元豐户一萬九千八百四。貢黄連木、藥子。”宋范成大《桂海虞衡志・志香》：“江東人取黄連木及楓木脂以爲欖香，蓋其類出於橄欖，故獨有清烈出塵之意。”《廣西通志・物産・南寧府》：“黄連木，各州縣出，最能經久。即《嶠南瑣記》所謂勝鐵力者是。”清吴其濬《植物名實圖考・木類・黄連木》：“黄連木，江西、湖廣多有之。大合抱，高數丈，葉似椿而小。春時新芽微紅黄色，人競采取醃食，曝以爲飲，味苦回甘如橄欖，暑月可清熱生津。杭人以甘草、青梅同煮啖之，則五味備矣……《五雜俎》：曲阜孔林有楷木，相傳子貢手植者，其樹十餘圍，今已枯死……按所述芽味香苦，似即黄連木。”《格致鏡原・木類三・諸木》：“楷木生孔子塚上，其餘枝疏而不屈，以質得其直也。”

我國人民喜愛黄連木，各地廣有栽植，古木老樹各地均可見到。山東沂源，尚存六百餘年生古樹，高近 14 米，胸徑 1 米餘，長勢仍不見衰。又山東沂水、沂南、蓬萊、萊陽、諸城、五蓮、平度、汶上、寧陽、平陰、菏澤、即墨、福山均有四五百年生古黄連木樹。浙江天目山、北京房山農民仍有采其嫩葉以製茶之習慣，稱爲“黄鸝茶”“黄兒茶”。本種今亦稱“黄連茶”“黄華”“黄鸝頭”“石連”“黄膩芽樹”“凉茶樹”“鷄冠木”“洋楊”“爛心木”。

【楷】

即黄連木。此稱漢代已行用。見該文。

【楷木】

即黄連木。此稱漢代已行用。見該文。

【黄連】

“黄連木”之省稱。此稱唐代已行用。見該文。

【黄鸝茶】

即黄連木。因此木葉可製茶，故名。今北京房山地區多行用此稱。見該文。

【黄兒茶】

即黄連木。因其葉可以製茶，故名。今北京房山地區多行用此稱。見該文。

【黄連茶】

即黄連木。因其葉可製茶，故名。今江蘇、湖北、福建等地多行用此稱。見該文。

【黄華】

即黄連木。今浙江各地多行用此稱。見該文。

【黄鸝頭】

即黄連木。因楚地人讀連爲鸝，故名。今浙江天目山地區多行用此稱。見該文。

【石連】

即黄連木。今安徽各地多行用此稱。見該文。

【黄膩芽樹】

即黄連木。今湖北、四川等地多行用此稱。見該文。

【凉茶樹】

即黄連木。今福建各地多行用此稱。參閲《八閩通志》。見該文。

【鷄冠木】

即黄連木。今臺灣各地多行用此稱。見該文。

【洋楊】

即黄連木。今臺灣各地多行用此稱。見該文。

【爛心木】

即黄連木。今臺灣各地多行用此稱。見該文。

【黄楝頭】

即黄連木。本指黄連木之樹芽，亦代稱其樹。此稱多行用於明代。亦稱“回味”“黄蓮頭”“黄連頭”。明方以智《物理小識·草木類》:“黄楝頭，黄楝頭樹分葉如椿，大者合抱，春采其葉，味苦而甘，一名回味，可治痢，而治霍亂尤效，皮可合香，《本草綱目》遺此未收（俗訛呼黄連頭）。”又，《物理小識·飲食類》:“萬允康曰：武昌縣寒溪寺側，生金絲菜，似黄蓮頭而不苦澀，他處無有。”明徐弘祖《徐霞客游記·西南游日記八》:“是日，余草紀閣中，影修屢設茶候供，以鷄㙡菜、藟漿花、黄連頭，皆山蔬之有風味者也。”清代亦稱“黄連頭樹”。清劉獻廷《廣陽雜記》卷一：“楷木，即今之黄連頭樹。”見“黄連木”文。

【回味】

即黄楝頭。此稱明代已行用。見該文。

【黄蓮頭】

即黄楝頭。此稱明代已行用。見該文。

【黄連頭】

即黄楝頭。此稱明代已行用。見該文。

【黄連頭樹】

即黄楝頭。此稱清代已行用。見該文。

【黄連樹】

即黄連木。亦稱“黄楝樹”。此稱多行用於明代。《初刻拍案驚奇》卷二〇：“蘭孫得了這個消息，還算是‘黄連樹下彈琴——苦中取樂。’”明徐光啓《農政全書》卷五四引《救荒本草》:“黄楝樹，生鄭州南山野中。葉似初生椿樹葉而極小，又似楝葉，色微帶黄。開花紫赤色。結子如豌豆大，生青，熟亦紫赤色，葉味苦。”今人石聲漢校注以爲此黄楝樹即黄連木。見“黄連木”文。

【黄楝樹】

即黄連樹。此稱明代已行用。見該文。

黄葛樹

習見林木名。桑科，榕屬，黄葛樹（*Ficus virens* Aiton）。落葉喬木。單葉互生，卵形或長圓形，堅紙質，全緣。花序托單生或對生於葉腋，抑或三四枚叢生於老枝上，近球形，無梗，成熟時黄色或紅色。瘦果微有皺紋。我國主要分布於華南及西南各地。樹冠開張，可成濃蔭，常植於宅旁、村頭、路邊，以供觀賞納凉。木材可製器具及農具。枝可飼養紫膠蟲。莖皮可製纖維。根皮可入藥。

我國栽培黄葛樹歷史悠久。南北朝時已行用此稱，北魏酈道元《水經注·江水》載古巴蜀地區有黄葛峽，是以黄葛樹命名。亦稱“黄葛木”。省稱“黄葛”，并沿稱至今。别稱“嘉樹”。唐李白《黄葛篇》詩：“黄葛生洛溪，黄花自綿冪。”宋樂史《太平寰宇記·劍南西道·嘉州》:“嘉樹在縣東南三十里陽山江灘，兩樹對植，圍各三尺一寸，幹上引横枝，亘二丈，圍徑相援連理，陰庇百尺，其木名黄葛，號嘉樹。”宋祝穆《方輿勝覽》卷六一《夔州路·咸淳府·古迹》:“巴子臺、黄葛木、黄心木。”注云：“景德觀前有古木，大數十圍，枝柯盤鬱如蓋。山中人云：‘此黄葛木，千年物也。’”明曹學佺《蜀中廣記·方物記·木》:“黄葛樹，千年物也。《寰宇記》:羅目縣東南三十里陽山江溉，兩樹對植，圍三尺二寸，上引横枝亘二丈，相援連理，陰庇百夫，其名黄葛，即嘉樹也。”明何宇度《益部談資》卷下：“黄葛樹，葉似桂稍大團欒，蔭數畝，冬春不凋，幹則擁腫，根皆蟠露土上，至於石崖之側則全欲不藉土生者。夔之梁木最多，惜無材用。”清陳元龍《格致鏡原・木類三・諸木》：“《叙州府志》：黄葛木，其形如衆藤連理合而爲一，大者合抱，高數丈。葉如橡葉，喜緣崖壁生，壅腫屈曲不爲材用。《韻書》云：壽可千歲。《錦綉萬花谷》：忠州景德觀前有古木，大數十圍，枝柯盤鬱如蓋，山中人云此黄葛木，千年物也。”清趙學敏《本草綱目拾遺・木部・黄葛樹》：“《邊州見聞録》：蜀多黄葛樹，宜賓學宫前騎墻樹而生，根未至地，已合抱……《益部談資》：黄葛樹葉似桂稍大，團欒蔭數畝，冬春不凋，幹則擁腫，根皆蟠露土上，至於石崖之側，則全欲不藉土生者，夔之梁方最多，惜無材用。”

按，古人多以爲黄葛樹材不中器，常無大用。今人則重其莖皮纖維，常於6至9月割取側枝，趁鮮剥皮，浸水脱膠後，用於製繩、絮棉及紡織。今亦稱“大葉榕”“猪麻榕”“馬尾榕”“山榕”“小無花果”等。

【黄葛】

“黄葛樹”之省稱。此稱唐代已行用。見該文。

【嘉樹】

“黄葛樹”别稱。此稱宋代已行用。見該文。

【黄葛木】

即黄葛樹。此稱宋代已行用。見該文。

【大葉榕】

即黄葛樹。今兩廣等地多行用此稱。見該文。

【猪麻榕】

即黄葛樹。今海南各地多行用此稱。見該文。

【馬尾榕】

即黄葛樹。今海南各地多行用此稱。見該文。

【山榕】

即黄葛樹。今浙江各地多行用此稱。見該文。

【小無花果】

即黄葛樹。今貴州各地多行用此稱。見該文。

【大榕】

即黄葛樹。此稱多行用於明清時。亦稱“萬年陰”“婆羅樹”。清何克諫《生草藥性備要》下卷：“大榕……葉似柚葉。名萬年陰。佛山南泉廟前有一株，俗稱爲婆羅樹。”清趙其光《本草求原・喬木部・大葉榕》：“大榕葉，即萬年陰葉，大如柑葉。澀，平。續筋骨，止痛，消瘀，去骨内風、夾陰傷寒初起。”侯寬昭等《廣州植物志・桑科・黄葛樹》以爲《生草藥性備要》之大榕即黄葛樹。文曰：“黄葛樹（四川）。别名：萬年陰（《生草藥性備要》）；雀榕（《植物圖鑒》）；筆管樹（廣州）。”亦稱“黄桷”。清劉善述《草木便方・木部・黄桷》：“黄桷根苦酸温，治四肢頑痹麻不仁。”見“黄葛樹”文。

【萬年陰】

即大榕。因此樹長壽蔭廣，故名。此稱清代已行用。見該文。

【婆羅樹】

即大榕。此稱清代已行用。見該文。

【黄桷】

即大榕。此稱清代已行用。參閲《中藥大辭典・黄桷葉》。見該文。

野漆樹

習見林木名。漆樹科，鹽麩木屬，野漆樹〔*Toxicodendron succedaneum*（L.）Kuntze〕。落葉小喬木或灌木。小枝粗壯，秃凈。奇數羽狀複葉互生，多聚生於枝頂；小葉七至十三枚，卵形或卵狀長橢圓形，全緣。圓錐花序腋生，花小，雜性，黄緑色。核果扁平，斜菱狀圓形，淡黄色，乾時稍皺縮。我國主要分布於華南、華東、西南各省區。秋日葉深紅可愛，常用於觀賞。木材可供細木工用材。葉與莖皮可提取栲膠，樹幹可割漆。果皮可取蠟。種子可榨油。根、葉、果能入藥。

野漆樹
（清吴其濬《植物名實圖考》）

清代已行用此稱。亦稱“染山紅”。清吴其濬《植物名實圖考・木類・野漆樹》：“野漆樹，山中多有之。枝幹俱如漆，霜後葉紅如烏臼葉，俗亦謂之染山紅。結黑實，亦如漆子。”

按，侯寬昭等《廣州植物志・野漆樹》以爲《圖考》之“野漆樹”當即本種。廣州近郊山野間隨處可見。今亦稱“木蠟樹”“洋漆樹”。

【染山紅】

即野漆樹。因金秋其葉深紅，遠眺山林層染，故名。此稱清代已行用。見該文。

【木蠟樹】[2]

即野漆樹。因其子實可收取蠟，故名。今稱。見該文。

【洋漆樹】

即野漆樹。今稱。見該文。

野鴉椿

習見林木名。省沽油科，野鴉椿屬，野鴉椿〔*Euscaphis japonica*（Thunb.）Kanitz〕。落葉小喬木或灌木。奇數羽狀複葉，對生，小葉七至十一枚，卵形至卵狀披針形。枝葉揉碎後有惡臭氣。圓錐花序頂生，花黄白色。蓇葖果，紫紅色，果皮軟革質。種子近圓形，假種皮肉質，黑色。我國主要分布於蘇、浙、贛、湘、鄂、川、貴、閩等省。供觀賞。木材可製器具。花、果、種子、根可入藥。

野鴉椿
（清吴其濬《植物名實圖考》）

此稱清代已行用。清吴其濬《植物名實圖考・木類・野鴉椿》：“野鴉椿生長沙山阜。叢生，高可盈丈，緑條對節，節上發小枝，對葉密排，似椿而短、亦圓；似檀而有尖，細齒疏紋，赭根旁出，略有短鬚。俚醫以爲達表之藥。秋結紅實，殼似赭桐花而微硬，迸裂時，子著殼邊如梧桐子，遥望似花瓣上粘黑子。”今亦稱“夜夜椿”“鷄矢柴”“雨傘樹”“鷄眼椒”“紅糧”“野鴨椿”“鳥腱花”。

【夜夜椿】

即野鴉椿。今浙江天目山地區多行用此稱。

見該文。

【鷄矢柴】

即野鴉椿。今浙江各地多行用此稱。見該文。

【雨傘樹】

即野鴉椿。今浙江各地多行用此稱。見該文。

【鷄眼椒】

即野鴉椿。今四川各地多行用此稱。見該文。

【紅糧】

即野鴉椿。今四川、湖北等地多行用此稱。見該文。

【野鴨椿】

即野鴉椿。今江蘇南京地區多行用此稱。見該文。

【鳥腱花】

即野鴉椿。今臺灣各地多行用此稱。見該文。

野香櫞花

習見林木名。山柑科，山柑屬，野香櫞花（*Capparis bodinieri* H. Lév.）。喬木。幼枝密被星狀毛，後脱落。單葉，互生，全緣；托葉刺狀，外彎；葉卵形或卵狀披針形，先端漸尖，基部圓形或楔形。花腋生，常二至六（七）排成一列，花四瓣，白色，被絨毛。漿果，球形，成熟時黑色。我國主要分布於四川南部、貴州東部及雲南等地，多生於海拔 2500 米以下次生林内或灌叢中，尤以石灰岩山區習見。全株可入藥，具止血、消炎、收斂之功效。

清代典籍已有記載，并已行用此稱。亦稱“小毛毛花”。清吴其濬《植物名實圖考・木類・野香櫞花》：“野香櫞花，一名小毛毛花，生雲南五華山麓。樹高近尋，長葉如夾竹桃葉，緑潤柔膩，映日有光。春開四尖瓣白花，間以緑蒂，徑不逾半寸，長蕊茸茸，密似馬纓，上綴褐點，花瘦蕊繁，隨風紛靡，頗有姿度，亦具清香。”本種今亦稱“猫鬍子花”“青刺尖”“刺球”。

野香櫞花

（清吴其濬《植物名實圖考》）

【小毛毛花】

即野香櫞花。此稱清代已行用。見該文。

【猫鬍子花】

即野香櫞花。因其花蕊多且長，故名。今稱，名見《雲南中草藥》。見該文。

【青刺尖】[1]

即野香櫞花。今稱。見該文。

【刺球】[1]

即野香櫞花。今稱。見該文。

側柏

習見林木名。柏科，側柏屬，側柏〔*Platycladus orientalis*（L.）Franco〕。常緑喬木。小枝平展。葉鱗狀，交互對生。花單性，雌雄同株；雄球花黄褐色，卵圓形，雌球花球形，藍緑色，被白粉。球果長卵形或闊卵形，成熟前近肉質，藍緑色，被白粉，成熟後木質，紅褐色。種子卵圓形或近橢圓形。爲我國特産，除新疆、青海外，分布幾遍全國。古多用於園林緑化樹種，今多用於石灰岩山地造林。木材供建築、造船、橋梁、傢具及細木工用材。根、枝、葉、種子及樹皮可入藥。種子可榨油。苗木可作嫁接龍柏之砧木。

柏
（清吴其濬《植物名實圖考》）

我國栽培利用側柏歷史極其悠久，先秦時始稱“柏”。《書·禹貢》：“厥貢羽毛齒草，惟金三品，杶、幹、栝、柏。”此稱南北朝時始見行用。多見於醫藥典籍。南朝宋雷斅《雷公炮炙論》上卷：“側柏葉，雷公云：凡使，勿用花柏葉並叢柏葉。”《爾雅翼·釋木》：“檜，今人亦謂之圓柏，以别於側柏。”明李時珍《本草綱目·木一·柏》：“［釋名］椈、側柏。時珍曰：……陸佃《埤雅》云：……柏有數種，入藥惟取葉扁而側生者，故曰側柏。”明馮復京《六家詩名物疏·國風衛二·竹竿篇》：“《左傳》稱‘棺有翰檜（翰檜，棺之旁飾）’；而《淇水》‘檜楫松舟’也。今人亦謂之圓柏，以别於側柏。又有一種别名檜柏，不甚長，其枝葉乍檜乍柏，庭宇植之以爲玩。”亦稱“扁柏”“黄柏”。清陳淏子《花鏡》卷三：“柏……與松齊壽，有扁柏、檜柏、黄柏、瓔珞柏之異。惟扁柏爲貴，故園林多植之。因其葉側向而生，又名側柏。其味微澀而甘香，道人多采作服食，用點茶湯。”

按，古代本種與他柏統稱“柏”。後因其葉側扁异於他柏而得此名。并與其他柏類區分。清人析分各種柏樹頗有心得。清姚炳《詩識名解·木部·柏》：“柏有數種，葉扁而側生者爲側柏。此乃真柏也。若葉柏而身松者爲檜，身柏而葉松者爲樅。又峨嵋山一種竹葉柏身謂之竹柏，皆非柏種。”高士奇區分幾種柏更是簡而精闢。清高士奇《北墅抱甕録·柏》：“柏，有刺柏，有側柏，有瓔珞柏。三種枝葉各異，刺柏圓而上指，側柏扁而側出，瓔珞柏長而下垂。皆貫雪凌霜，不改柯葉。”

又，本種古樹存世者多見於宫庭、寺院、帝王陵寢諸地。山東嘉祥大山頭劉三口村存古側柏一株，樹齡達二千四百餘年。泰安岱廟南門内古側柏爲漢代所植，樹齡已逾二千一百餘年。曲阜孔林千年生古側柏胸徑 50 厘米以上者達五百餘株，近二千年生之古柏有十二株。北京各大公園、寺院所存古柏更比比皆是。全國各地所存古側柏亦極普遍。今亦稱“扁松”“香柏”。

【柏】

即側柏。此稱先秦時期已行用。亦柏科（Cupressaceae）植物之統稱。見該文。

【扁柏】

即側柏。此稱清代已行用，今浙江各地仍沿用。見該文。

【黄柏】[2]

即側柏。此稱清代已行用，今華北各地仍沿用。參閲陳嶸《中國樹木分類學·側柏》。見該文。

【扁松】

即側柏。今江蘇揚州等地多行用此稱。見該文。

【香柏】[2]

即側柏。今河北各地多行用此稱。見該文。

麻櫟

習見林木名。殼斗科，櫟屬，麻櫟

（*Quercus acutissima* Carruth.）。落葉喬木。單葉互生，長圓狀披針形或長卵形，葉緣具刺狀鋸齒，革質，幼時被黄色短毛。花單性，雌雄同株。堅果卵球形或長卵形，淡褐色，爲杯狀殼斗包圍達二分之一。我國主要分布於中部及南部各地，長江流域海拔300米以下各地處處有之。爲山地造林主要樹種。木材堅硬，可供車輛、枕木、機械、農具等用材。幼葉可飼柞蠶。種子可提澱粉。各部均含鞣質，可提取栲膠。果實、根、樹皮、殼斗皆可入藥。

我國栽培利用麻櫟歷史頗久，先秦時始稱“栩”“櫟”。《詩・唐風・鴇羽》：“肅肅鴇羽，集於苞栩。”今人袁梅譯注：“栩：xǔ（許）。柞樹。又名柞櫟，俗名枹櫟。”又《秦風・晨風》：“山有苞櫟，隰有六駮。”先秦時又稱“杼”。晉代稱“柞樹”“柞櫟”。《爾雅・釋木》：“栩，杼。”晉郭璞注：“〔栩，〕柞樹。”邢昺疏：“釋曰栩，一名杼，郭云柞樹。《詩・唐風》云：‘集於苞栩。’陸璣疏云：今柞櫟也。徐州人謂櫟爲杼，或謂之爲栩。其子爲皂，或言皂汁，其殼爲汁可以染皂，今京洛及河内言杼汁，謂櫟爲杼，五方通語也。”北魏賈思勰《齊民要術・五穀果蓏菜茹非中國物産者》引晉周處《風土記》云：“《史記》曰：‘舜耕於歷山。’而始寧，邳、郯二縣界上，舜所耕田，在於山下，多柞樹。吴越之間，名柞爲櫟。故曰‘歷山’。”古麻櫟多野生，唐代人工栽培已頗富經驗。唐韓鄂《四時纂要・春令・二月》：“種櫟，宜山阜地。三遍熟耕，漫撒橡子，再遍澇［耮］。生則耨治令净。十年，中爲椽。”明李時珍《本草綱目・果二・橡實》［釋名］引掌禹錫曰：“案《爾雅》云：栩，杼也。又曰：櫟，其實梂。孫炎注云：‘栩，一名杼也。櫟，似樗之木也。梂，盛實之房也。其實名橡，有梂彙自裹之。’《詩經・唐風》云：‘集於苞栩。’《秦風》云：‘山有苞櫟。’陸璣注云：‘即柞櫟也。’秦人謂之櫟，徐人謂之杼，或謂之栩……蓋五方通語，皆一物也。”

按，我國櫟類頗多，古之“栩”“杼”“櫟”，或即“櫟”類之通稱。繆啓愉選譯《四時纂要》及《新華本草綱要・麻櫟》俱以爲上述諸名當特指麻櫟。今從其説。本種亦稱“櫟樹”“橡樹”“柴櫟”“橡椀樹”“黄麻櫟”。

【栩】

即麻櫟。此稱先秦時期已行用。見該文。

【櫟】

即麻櫟。此稱先秦時期已行用。見該文。

【杼】

即麻櫟。此稱先秦時期已行用。見該文。

【柞樹】[1]

即麻櫟。此稱晉代已行用，今東北地區仍沿用。見該文。

【柞櫟】[1]

即麻櫟。此稱晉代已行用。見該文。

【櫟樹】

即麻櫟。今江蘇南京等地多行用此稱。見該文。

【橡樹】[1]

即麻櫟。今江浙各地多行用此稱。見該文。

【柴櫟】

即麻櫟。今江浙各地多行用此稱。見該文。

【橡椀樹】

即麻櫟。因其殼斗若椀，故名。今江浙各地多行用此稱。見該文。

【黄麻櫟】

即麻櫟。今東北地區多行用此稱。見該文。

【棌】

即麻櫟。漢代已行用此稱。《漢書・司馬遷傳》："墨者亦上堯舜，言其德行曰：堂高三尺，土階三等，茅茨不翦，棌椽不斫。"顔師古注："棌，柞木也。"《正字通・木部》："棌，柞木也。"見"麻櫟"文。

【櫪】

同"櫟"。即麻櫟。此體漢代已行用。《文選・張衡〈南都賦〉》："其木則檉松楔，㮶柏杻橿。楓柙櫨櫪，帝女之桑。"李善注："櫪與櫟同。"唐韓愈《山石》詩："山紅澗碧紛爛漫，時見松櫪皆十圍。"《廣群芳譜・木譜八・櫟》："《風土記》:《史記》曰：舜耕於歷山……舜所耕田在於山下，多柞樹。吴越之間名柞爲櫪，故曰歷山。"見"麻櫟"文。

粗榧

習見林木名。三尖杉科，三尖杉屬，中國粗榧〔*Cephalotaxus sinensis*（Rehd. et E. H. Wils.）H. L. Li〕。常緑小喬木。枝長而纖弱。葉條形，排成二列，螺旋狀着生於小枝上。花單性，雌雄同株；雄球花六至七朵聚生成頭狀花序，雌球花具長梗。種子卵圓形、近圓形或橢圓狀卵形，微扁。我國主要分布於長江以南各地，陝、甘、豫諸省南部亦有分布。木材可製器具。樹皮可提製栲膠。種子可榨油，亦可入藥。

我國利用粗榧歷史頗久，秦漢時始稱"彼子"。亦作"柀子"。亦稱"羆子"。明清時已行用"粗榧"之稱。《神農本草經・下品・彼子》："彼子，味甘，温。主腹中邪氣，去三蟲……生山谷。"孫星衍等注："案，陶弘景云：方家，從來無用此者。古今諸醫及藥家，了不復識。又，一名羆子，不知其形何類也。掌禹錫云：樹，似杉；子，如檳榔。"清刊《授時通考・農餘門・果二》："《本草會編》：一種粗榧，其木與榧相似，但理粗色赤。其子稍肥大，頂圓不尖。"《佩文韻府・上榧》："粗榧，《本草榧》：有一種粗榧，其木與榧相似，但理粗色赤耳。其子稍肥大，僅圓不尖，《神農本草（經）》：柀子即粗榧也。"

按，江蘇新醫學院《中藥大辭典・榧子》引明汪穎《食物本草》："榧，有一種粗榧，其木與榧相似，但理粗色赤耳，其子稍肥大，僅圓不尖，《神農本草》柀子即粗榧也。"賈祖璋等《中國植物圖鑒・紫杉科》以爲《本草會編》之粗榧學名爲 *Cephalotaxus fortunei* Hook.，查其學名當爲三尖杉，與今稱之粗榧（中國粗榧）并非一物，今附供考。本種今亦通稱"鄂西粗榧""中國粗榧"。

【彼子】[1]

即粗榧。此稱漢代已行用。見該文。

【柀子】[1]

即粗榧。此稱清代已行用。見該文。

【羆子】[1]

即粗榧。此稱南北朝時期已行用。見該文。

清香木

習見林木名。漆樹科，黄連木屬，清香木（*Pistacia weinmannifolia* J. Poiss. ex Franch.）。喬木或灌木。幼枝被黄微柔毛，偶數羽狀複葉，小葉四至九對，葉軸具狹翅。葉軸及葉柄被微柔毛，小葉革質，長圓形或倒卵狀長圓形，先端微凹，具芒刺狀尖頭。圓錐花序腋生，與葉同出，花序軸被黄棕色柔毛和紅色腺毛；花小，無柄，紫紅色。核果球形，成熟時紅色。我國主要分布於四川、雲南、貴州、廣西、西藏等地。葉可提取芳香油。葉、枝及樹皮可入藥。民間亦用葉粉製香。

昆明烏木
（清吴其濬《植物名實圖考》）

清代始稱“昆明烏木”。清吴其濬《植物名實圖考・木類・昆明烏木》：“烏木舊傳出海南。雲南葉似棕櫚，僞者多是木染成，《滇海虞衡志》謂恐是櫨木。今昆明土人所謂烏木，葉似槐而厚勁，大如指頂，極光潤，嫩條色紫，與舊説異。”依其所述形態并審其附圖，所謂昆明烏木者當即青木香。今亦稱“清香樹”“細葉楷木”“香葉樹”。

【昆明烏木】

即清香木。此稱清代已行用。見該文。

【清香樹】

即清香木。今雲南昆明等地多行用此稱。見該文。

【細葉楷木】

即清香木。因葉似楷木，故名。今四川各地多行用此稱。見該文。

【香葉樹】

即清香木。因其葉芳香，可提取芳香油，故名。今雲南各地多行用此稱。見該文。

喜樹

習見林木名。藍果樹科，喜樹屬，喜樹（*Camptotheca acuminata* Decne.）。落葉喬木。單葉互生，卵形至長橢圓形，紙質，全緣或呈微波狀。花單性，同株；緑白色，無梗，多排成總狀花序。瘦果，窄矩圓形，褐色，頂端宿存花柱，兩邊具窄翅。原産我國西南及中南部地區，今長江以南各地有栽培。木材可製傢具或用爲造紙原料。根、根皮、樹皮、枝、葉、果核均可入藥。

旱 蓮
（清吴其濬《植物名實圖考》）

我國南方多栽於宅旁、路邊。清代稱作“旱蓮”。清吴其濬《植物名實圖考・木類・旱蓮》：“旱蓮生南昌西山。赭幹緑枝，葉如楮葉之無花杈者。秋結實作齊頭筒子，百十攢聚如球，大如蓮實。”陳嶸《中國樹木分類學・旱蓮》《新華本草綱要・喜樹》俱以爲《圖考》之旱蓮應即本種。今通稱“喜樹”，亦稱“旱蓮木”“天梓樹”“水桐樹”“千張樹”“水栗子”“圓木”“土八角”。

【旱蓮】[1]

即喜樹。此稱清代已行用，今江西、四川等地仍沿用此稱。見該文。

【旱蓮木】

即喜樹。今稱。見該文。

【天梓樹】

即喜樹。今湖南各地多行用此稱。見該文。

【水桐樹】

即喜樹。今兩廣等地多行用此稱。見該文。

【千張樹】

即喜樹。今四川等地多行用此稱。見該文。

【水栗子】

即喜樹。今四川各地多行用此稱。見該文。

【圓木】

即喜樹。今貴州各地多行用此稱。見該文。

【土八角】

即喜樹。今貴州各地多行用此稱。見該文。

椆

習見林木名。殼斗科，櫟屬，椆（*Quercus glauca* Thunb.）。別名爲青剛櫟。常緑喬木。葉長橢圓形，葉緣中上部疏生鋸齒，幼時葉背生白色毛。花單性，雌雄同株，黄緑色。堅果球形，爲杯形殼斗包圍三分之一至二分之一。我國主要分布於長江流域及其以南諸地。木材堅韌，可供建築、車輛、器械、農具等用材。種子含澱粉。樹皮及殼斗可提取栲膠。

該樹常緑，遇寒而不凋，故名"椆"，謂其爲周年不凋之木。秦漢時已行用此稱。《山海經·中山經》："又東三十里曰虎首之山，多苴椆椐。"漢代稱"椆木"。《説文·木部》："椆，椆木也。"《集韻·平尤》："椆，木名，寒而不凋。"清代亦稱"梁山樹""檮"。清吴其濬《植物名實圖考·木類·椆》："椆，《新化縣志》，椆，《山經》虎首山多椆。《説文》木也。《類篇》寒而不凋。今俗名梁山樹……按江西之樟，湖南之椆，所爲什器，幾遍遐邇。然樟木江南多有，惟不逾嶺而南；椆木則湖南而外無聞焉。字或作檮。《新化縣志》據《山經》作椆，較爲碻晰。其木質重而堅，耐久不蛀。葉亦似樟稍小，亦似山茶。枝幹皮光而灰黑，木紋似栗而斜。""椆"之稱亦沿稱至今。秦牧《吊羅山翠色》："這裏的樹，椆、高根、花梨、紅松、槁樹、緑楠是特別普遍的幾種。"

椆
（清吴其濬《植物名實圖考》）

按，陳植《觀賞樹木學·青剛櫟》《樹名訓詁·椆》俱以爲椆即青剛櫟。今通稱"鐵椆""青剛櫟"。亦稱"青栲""細葉椆""椆樹""九欑""石櫸"。

【椆木】[2]

即椆。此稱漢代已行用。見該文。

【梁山樹】

即椆。此稱清代已行用。見該文。

【檮】

同"椆"。此體清代已行用。見該文。

【鐵椆】

即椆。今之通稱。見該文。

【青剛櫟】

即椆。今之通稱。見該文。

【青栲】[2]

即椆。今浙江各地多行用此稱。見該文。

【細葉椆】

即椆。今湖北興山等地多行用此稱。見該文。

【椆樹】[2]

即椆。今湖北等地多行用此稱。見該文。

【九欑】

即椆。今福建等地多行用此稱。見該文。

【石欅】

即椆。今湖南等地多行用此稱。見該文。

椋子木

習見林木名。山茱萸科，山茱萸屬，梾木（*Cornus macrophylla* Wall.）之别名。落葉喬木或灌木。一年生枝赤褐色，疏生柔毛，有棱。單葉交互對生，橢圓狀卵形至橢圓狀矩圓形。頂生二歧聚傘花序圓錐狀，小花白至黄色。核果橢圓形，熟時暗紫色。我國主要分布於山東、河南、江蘇、浙江、湖北、湖南、陝西、甘肅、貴州、四川、雲南等地。樹冠殊雅，可供觀賞。木材供建築、傢具。樹皮可染紫，亦可提取栲膠。種子可榨油。

我國采集利用椋子木歷史頗久，秦漢時單稱“椋”“來”。亦作“梾”，唐代始行用“椋子木”之稱。《爾雅・釋木》：“椋，即來。”郝懿行義疏：“《唐本草》注：‘葉似柿，兩葉相當，子細圓如牛李子，生青熟黑。其木堅重，煮汁赤色。’陳藏器云：‘即松楊，一名椋子木。’”《説文・木部》：“椋，即來也。”段玉裁注：“《釋木》曰：‘椋，即梾。’《釋文》曰：‘梾，《埤蒼》《字林》作來。’”宋唐慎微《證類本草・木部・椋子木》：“椋子木，味甘鹹，平，無毒。”明代仍沿用此稱，亦稱“椋子樹”。明朱橚《救荒本草》卷五：“椋子樹，《本草》有椋子木。舊不載所出州土。今密縣山野中亦有之。其樹有大者，木則堅重，材堪爲車輞。”今通稱“梾木”，亦稱“燈檯樹”“凉子”“落地金錢”。常用以觀賞緑化。

椋子木
（清吴其濬《植物名實圖考》）

【椋】

即椋子木。此稱秦漢時期已行用。見該文。

【來】

即椋子木。此稱秦漢時期已行用。見該文。

【梾】

同“來”。即椋子木。此體漢代已行用。見“椋子木”文。

【椋子樹】

即椋子木。此稱明代已行用。見該文。

【梾木】

即椋子木。名見《閩書》，今之通稱。見該文。

【燈檯樹】

即椋子木。因其樹形如燈檯，故名。今四川各地多行用此稱。見該文。

【凉子】[1]

即椋子木。今河南各地多行用此稱。見該文。

【落地金錢】

即椋子木。今湖北各地多行用此稱。見該文。

【凉木】

即椋子木。此稱行用於唐代。亦稱“椋木”“松楊”。《爾雅・釋木》：“椋，即來。”郝懿行義疏：“陳藏器云：‘即松楊，一名椋子木。’”宋唐慎微《證類本草・木部中品・松楊木》：“松楊，木皮味苦，平，無毒。主水痢。不問冷熱，取皮濃煎令黑，服一升。生江南林落間，大樹葉如梨，江西人呼爲凉木，松楊縣以此樹爲名也。”明李時珍《本草綱目·木二·松楊》:“[釋名] 椋子木。時珍曰:其材如松,其身如楊,故名松楊。《爾雅》云:椋即來也。其陰可蔭凉,故曰椋木。〔陳〕藏器曰:江西人呼爲凉木。”亦作“涼木”。清陳元龍《格致鏡原·木類二·楊柳》引明黃一正《事物紺珠》:“松楊高大,葉如梨,又名涼木。”見“椋子木”文。

【椋木】

即凉木[1]。此稱唐代已行用。見該文。

【松陽】

即凉木[1]。此稱唐代已行用。見該文。

【涼木】

同“凉木[1]”。此稱明代已行用。見該文。

【冬青果】

即椋子木。此稱清代多行用於江西等地。清吴其濬《植物名實圖考·木類·椋子木》:“椋子木,《爾雅》:‘椋,即來。’注:‘材中車輞。’……此即江西俗呼冬青果也。”見“椋子木”文。

雲南皂莢

習見林木名。豆科,皂莢屬,雲南皂莢〔*Gleditsia japonica* var. *delavayi* (Franch.) L. ChuLi〕。落葉喬木。羽狀複葉簇生,小葉斜卵形或長圓形。總狀花序,花白色。莢果帶形,棕黑色,有泡狀隆起。種子卵形。我國主要分布於雲南昆明、大理、維西、永勝、會澤等地。四川南部、貴州西部亦有少量分布。木材可供建築、傢具、農具用材。果莢可代皂。種仁可食,亦可入藥。本種主産雲南,故清代稱“滇南皂角樹”,亦沿稱至今。清吴其濬《植物名實圖考·木類·皂莢》:“滇南皂角樹至多,角長尺餘。秋時懸垂樹末,如結組綸。”參閲鄭萬鈞等《中國樹木志·雲南皂莢》。

【滇南皂角樹】

即雲南皂莢。此稱清代已行用。見該文。

紫礦

習見林木名。豆科,紫礦屬,紫礦〔*Butea monosperma* (Lam.) Taub.〕。常緑喬木。高約20米;樹皮灰黑色。小枝密被絨毛,或漸脱落。小葉异形,頂生葉寬倒卵形或近圓形,側生葉長卵形或長圓形。總狀或圓錐花序腋生或著生於無葉枝節上;花萼杯形,密被銹色柔毛;花冠橘紅色,密被絨毛。莢果長15~21厘米,被銹色絨毛。種子寬腎形或腎狀圓形,壓扁狀,褐紅色。我國主要分布於雲南的西雙版納、耿馬,廣東廣州及廣西寧明等地有栽培。多生於林中與路旁濕地處。紫礦是經濟價值極高的樹種,爲紫膠蟲主要寄主之一。花可做顔料。種子可殺蟲。木材可供建築用材。樹皮、根皮可製繩索、造紙或船舶填料。樹皮汁葉乾後成赤膠,可入藥。

紫礦本爲蟲膠,其狀如礦石,破開爲紫紅色,故得此稱。樹亦因名。亦作“紫鉚”。亦稱“紫樹”。晉代已見行用“紫礦”之稱,見晉郭義恭《廣志》。以藥名樹亦始於此時。晉顧微《廣州記》云:“紫鉚生南海山谷。其樹紫赤色。”此稱沿用於後世。《宋史·方技傳上》:“胡桐淚改從於木類;紫礦,亦木也。”明朱橚《普濟方》卷四二六:“紫鑛,樹名渴廪。”明李時珍《本草綱目·蟲一·紫鉚》:“[釋名] 時珍曰:鉚與礦同。此物色紫,狀如礦石,破開乃紅,故名。[集解]〔蘇〕頌曰:按段成式《酉陽雜俎》云:紫鉚樹出真臘國,彼人呼爲勒佉。

亦出波斯國。木高丈許，枝葉鬱茂，葉似橘柚，經冬不凋。三月開花，白色，不結子。天有霧露及雨沾濡，其枝條即出紫鉚。波斯使者所説如此。而真臘使者言：是蟻運土上於樹端作窠，蟻壤得雨露凝結而成紫鉚。"《續通典・邊防》："三佛齊與占城爲隣，居真臘闍婆之間，所管有十五州。氣候多熱少寒，土産紅藤、紫礦、沉香、檳榔、椰子之屬。"

按，紫礦實爲紫膠蟲寄生後而生成之紫膠，既非霧露雨沾濡所成，亦非蟻土及雨露凝結而成。此樹以膠得名，沿稱至今。鄭萬鈞等《中國樹木志》稱"紫鉚"似紫鉚之誤。參閲《中國植物志》卷四一。

【紫鉚】

同"紫礦"。此體晋代已行用。見該文。

【紫鉚樹】[1]

即紫礦。此稱晋代已行用。見該文。

【紫梗】

即紫礦。此稱唐代已行用。清刊《授時通考・農餘門・紅花》："一種以紫鉚染棉而成者，謂之胡臙脂。〔唐〕李珣《南海藥譜》載之。今南人多用紫鉚臙脂，俗呼紫梗是也。"馬宗申校注："紫鉚：豆科，紫鉚屬。鉚：古鑛字。"見"紫礦"文。

【渴廩】

即紫礦。此稱多行用於宋明時。明李時珍《本草綱目・蟲一・紫鉚》引蘇恭曰："紫鉚，紫色如膠……紫鉚樹名渴廩，騏驎竭樹名渴留，正如蜂造蜜也。研取用之。《吴録》所謂赤膠是也。"見"紫礦"文。

華桑

習見林木名。桑科，桑屬，華桑（*Morus cathayana* Hemsl.）。落葉喬木，高可達10米，偶成灌木狀；樹皮灰白色，平滑。枝密，舒展，小枝初被茸毛。單葉互生，紙質，卵形或闊卵形，常成不規則三裂，邊緣具粗鈍鋸齒，表面粗糙，疏生糙伏毛。花單性，雌雄同株，爲柔荑花序。椹果，長圓形，長2~3厘米，白色、帶紅色或黑色。我國主要分布於河北、河南、陝西、四川、湖北、湖南、江蘇、浙江、安徽等地。抗旱、耐鹽力較强，喜生於向陽山坡及平原溝渠邊。莖皮纖維可製蠟紙、絶緣紙與牛皮紙，亦可製人造棉。果實含糖，可製澱粉、糖類或釀酒。

我國利用此木歷史頗久，今通稱"華桑"，因其産中國而得名（其拉丁學名之種加名"*cathayana*"，義爲"中國的"）。宋代已稱"花桑"。宋陳旉《農書》卷下："種桑，自本及末分爲三段。若欲種椹子，則擇美桑種椹，每一枚剪去兩頭，兩頭者不用，爲其子差細，以種即成。鷄桑、花桑故去之，唯取中間一截，以其子堅栗特大以種，即其幹强實，其葉肥厚，故存之。"元王禎《農書》卷五："鷄桑、花桑中間一截其子堅栗，則枝幹堅强而葉肥厚，將種之時，先以柴灰淹揉，次日水淘去輕秕不實者，曬令水脉才乾，種乃易生。"清刊《授時通考・桑政・種類》："又《齊民要術》：載收葚之黑者，剪去兩頭，惟取中間一截。蓋兩頭者，其子差細，種則成鷄桑。花桑中間一截其子堅栗，則枝幹堅强而葉肥厚。"今亦稱"葫蘆桑""毛桑""大葉皮桑""板皮桑""花山桑"。

【葫蘆桑】

即華桑。今陝西、湖北等地多行用此稱。見該文。

【毛桑】

即華桑。因其枝、葉俱被糙伏毛，故名。今湖北各地多行用此稱。見該文。

【大葉皮桑】

即華桑。因其葉較大，故名。今湖北等地多行用此稱。見該文。

【板皮桑】

即華桑。今安徽各地多行用此稱。見該文。

【花山桑】

即華桑。今浙江各地多行用此稱。見該文。

華山松

習見林木名。松科，松屬，華山松（*Pinus armandii* Franch.）。常緑喬木。聳直高大。樹枝平展。針葉五枚一束。球果圓錐狀長卵形，成熟時黄色或黄褐色，種鱗開張，種子脱落。種子倒卵形，粒大，可食。原産我國，主要分布於陜西華山一帶，甘肅、青海、寧夏、山西、河南及鄂西、黔北及中部亦有分布。木材可供建築、傢具、箱板、膠合板等用材，亦爲造紙及人造纖維優良原料。樹皮可製栲膠。針葉可提取芳香油。種子可食，亦可榨油。

我國栽培利用華山松歷史悠久，宋代已行用此稱。宋周密《癸辛雜識前集·松五粒》："凡松葉皆雙股，故世以爲松釵，獨栝松每穗三鬚，而高麗所産，每穗乃五鬣焉，今所謂華山松是也。"亦稱"松子松"。《續通志·木類》："松五鬣者爲松子松，又謂之華山松。"

按，五針之松有數種，非獨華山松一種，而高麗所産者爲紅松，亦稱海松，其籽大可爲果食，與此殊异，宜辨之。參見本卷《習見木竹説·習見林木考》"紅松"文。

【松子松】

即華山松。此稱清代已行用。見該文。

【五粒松】

即華山松。華山松其葉五針一束，故名。亦稱"乳毛松"，此稱唐代已行用。唐鄭穀《雲臺編》卷下："《省中偶作》：乳毛松雪春來好，直夜清閑且學禪。"清刊《陜西通志·物産二·木屬》："華山之首曰錢來之山，其上多松。鄭遨聞華山有五粒松，因徙居華陰求之。唐時華州貢五粒松，一名乳毛松。十二月采，出蒲谷，今不貢。凡松葉皆雙股，故世以爲松釵，獨栝松每穗三鬚，而高麗所産每穗乃五鬣焉。今所謂華山松是也。"亦稱"五粧松"。宋樂史《太平寰宇記·關西道五·華州》："唐時貢五粧松，一名乳毛松。十二月探〔采〕，出蒲谷。"《廣群芳譜·木譜三·松》："鄭谷《乳毛松》：松格一何高，何人號乳毛。霜天寓直夜，愧爾伴閑曹。"見"華山松"文。

【乳毛松】

即五粒松。此稱唐代已行用。見該文。

【五粧松】

即五粒松。疑即五粒松之形訛。此稱宋代已行用。見該文。

無患子

習見林木名。無患子科，無患子屬，無患子（*Sapindus saponaria* L.）。落葉喬木。樹皮黄褐色。偶數羽狀複葉；小葉四至八對，互生或近對生，紙質，卵狀披針形至矩圓狀披針形。圓錐花序頂生，花小，淡緑色。核果肉質，球形，有棱，熟時黄色或橙黄色。種子球形，黑色堅硬。我國主要分布於湖北西部、長江以南諸省區及臺灣地區。木材可製器具。果皮、種子可入藥。種子常用做念珠。

先秦典籍已有記載，時稱“桓”。《山海經・中山經》：“又東北五十里，曰秩篃之山，其上多松、柏、机、桓。”晋郭璞注：“桓，葉似柳，皮黄，不措子如楝，著酒中飲之辟惡氣，浣衣去垢，核堅正黑，可以間香纓，一名括樓也。”畢沅校正：“〔桓〕舊書本作柏，今據《廣韻》改正。”唐宋時稱“木槵子”，昔傳木槵子可辟惡却邪，故亦稱“無患木”“禁婁”。唐劉恂《嶺表録異》卷中：“龍眼之樹如荔枝……核如木槵子而不堅。”唐段成式《酉陽雜俎續集・支植下》：“無患木，燒之極香，辟惡氣，一名噤婁，一名桓……世人競取此木爲器，用却鬼，因曰‘無患木’。”亦省稱“無患”。宋寇宗奭《本草衍義・無患》：“今釋子取以爲念珠。出佛經。惟取紫色，小者佳。今入藥絶少，西洛亦有之。”《通志・木類》：“無患子，曰噤婁，曰桓。其子匀圓如漆，今人貫爲數珠。”明代多行用“無患子”之稱。并沿稱至今。因其實肥圓如珠，故亦稱“肥珠子”“油珠子”。釋家取爲數珠，亦名“菩提子”“鬼見愁”“盧鬼木”。明李時珍《本草綱目・木二・無患子》：“〔釋名〕桓、木患子、噤婁、肥珠子、油珠子、菩提子、鬼見愁。〔陳〕藏器曰：桓、患字聲訛也。崔豹《古今注》云：昔有神巫曰瑶眊，能符劾百鬼，得鬼則以此木爲棒，棒殺之。世人相傳以此木爲器用，以厭鬼魅，故號曰無患。人又訛爲木患也。時珍曰：俗名爲鬼見愁。道家禳解方中用之，緣此義也。釋家取爲數珠，故謂之菩提子，與薏苡同名。纂文言其木名盧鬼木。山人呼爲肥珠子、油珠子，因其實如肥油而子圓如珠也。”

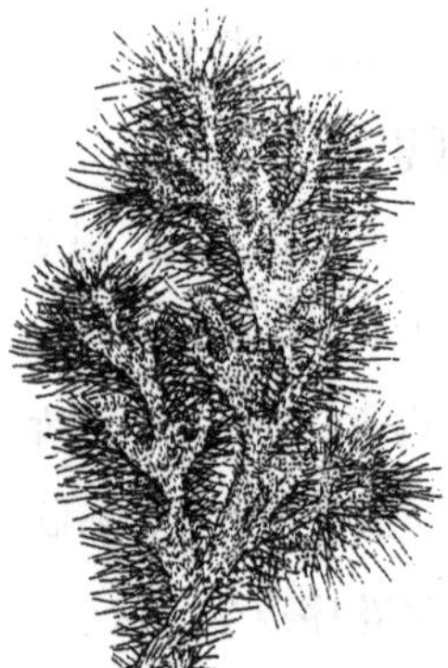

鬼見愁
（清吴其濬《植物名實圖考》）

舊時無患子多植於寺廟。今其種子常用於提取油脂，外果皮用作農藥。其稱隨産地而有多種，如“木挽子”“黄木樹”“黄目樹”“目浪樹”“苦枝子”“山柳樹”等。

【桓】

即無患子。此稱先秦時期已行用。見該文。

【括樓】

即無患子。此稱晋代已行用。見該文。

【木槵子】

即無患子。因木爲無之音訛，患從木爲槵，故名。此稱唐代已行用。見該文。

【無患木】

即無患子。因舊傳其木可厭鬼魅，辟灾患，故名。此稱唐代已行用。見該文。

【噤婁】

即無患子。因焚而生香，可辟惡氣，故名。此稱唐代已行用。見該文。

【無患】

“無患子”之省稱。此稱宋代已行用。見該文。

【肥珠子】

即無患子。此稱明代已行用。見該文。

【油珠子】

即無患子。亦指其實。此稱明代已行用。見該文。

【菩提子】

即無患子。此稱明代已行用。見該文。

【鬼見愁】

即無患子。因舊傳其木爲器可袪鬼，故名。此稱明代已行用。見該文。

【木挽子】

即無患子。今廣東各地多行用此稱。見該文。

【黄木樹】

即無患子。今四川各地多行用此稱。見該文。

【黄目樹】

即無患子。今臺灣各地多行用此稱。見該文。

【目浪樹】

即無患子。今臺灣各地多行用此稱。見該文。

【苦枝子】

即無患子。今廣西各地多行用此稱。見該文。

【山柳樹】

即無患子。今安徽各地多行用此稱。見該文。

【木槵】

即無患子。宋梁克家《淳熙三山志·土俗類四·物産》："木槵，葉如橄欖而小實。可以浣衣，子可貫爲數珠。"清金人瑞《贈許升年》詩："蓮花滴漏聲聲切，木槵爲珠粒粒疏。"《福建通志·物産·木之屬》："木槵，葉如橄欖而小實，可浣垢。今釋子多取其子爲手珠。《本草》謂之無患子。"《雲南通志·物産·姚安府》："木槵，一名菩提子。圓浄，可爲念珠。"見"無患子"文。

【槵子木】

即無患子。此稱行用於清代。《明一統志·姚安軍民府》："建置沿革本滇國地……土産金、麝香、莎羅布、鹽、木槵子。"清陳元龍《格致鏡原·木類三·諸木》引《博物要覽》曰："槵子木生山中，樹甚高大，枝葉皆如椿，其葉對生。五六月開白花，結實如彈丸，生青熟黄，老則文皺，黄時肥如油……實中一核堅黑如珠，其子可作素珠，碾碎可洗真珠。"見"無患子"文。

【鐵患木】

即無患子。清代川東各地常行用此稱。清劉善述《草木便方·木部·鐵患木》："鐵患木皮性平苦，研塗喉痹飛尺主。洗面鼾瘢並澣垢，子燒辟邪牙痛楚。"趙素雲等今改"油患子"。亦稱"木提子"。見"無患子"文。

【油患子】

即鐵患木。今稱。見該文。

【木提子】

即鐵患木。今稱。見該文。

普洱茶

習見林木名。山茶科，山茶屬，普洱茶〔*Camellia sinensis* var. *assamica*（J. W. Mast.）Kitam.〕。常緑喬木。單葉互生，橢圓形。花單生於葉腋，白色，圓球形，密被柔毛。蒴果扁圓形，黑褐色。種子近圓形。我國主要分布於雲南、海南、廣東、廣西、貴州、福建等地。其中雲南有號稱"茶樹王"之八百年生大樹。葉可製茶供飲用，亦可入藥。種子可榨油。

我國栽培利用普洱茶歷史悠久。明代稱"普雨茶"。明方以智《物理小識·飲食類》："普雨茶，蒸之成團，狗西番市之，最能化物，與六安同。"清代已行用"普洱茶"之稱，沿稱至今。清趙學敏《本草綱目拾遺·木部·普洱茶》："普洱茶，出雲南普洱府，成團，有大、中、小三等。《雲南志》：普洱山在車里軍民宣慰司北，其上産茶，性温味香，名普洱茶。《南詔備考》：普洱府出茶，産攸樂、革登、倚邦、莽枝、蠻專、慢撒六茶山，而以倚邦、蠻專者味較勝。"《江西通志・山川七・山》："龍歸山，在崇義縣西一百八十里，與廣東韶州仁化縣連界。深林叢箐，土人製茶與普洱茶相似。"清陳廷燦《續茶經・八茶之出》："普洱茶，出元江府普洱山。性温味香。兒茶出永昌府，俱作團。又感通茶，出大理府點蒼山感通寺。"

按，本種屬"茶（*Camellia sinensis*）"之變種，爲常緑喬木，葉寬且長，故亦稱"大葉茶"，俗稱"野茶樹"。其所製之普洱茶爲雲南馳名特産。普洱茶爲新生代古老植物，對茶樹之起源及進化有一定的研究價值。1984年列爲國家二級保護植物。

【普雨茶】

即普洱茶。此稱明代已行用。見該文。

【大葉茶】

即普洱茶。因其葉寬且長大，故名。此稱近代已行用。見該文。

【野茶樹】[1]

即普洱。今之俗稱。見該文。

椴[1]

習見林木名。錦葵科，椴屬，椴（*Tilia tuan* Szysz.）。落葉喬木。單葉互生，二列，葉緣疏生小刺狀齒，葉背面有星狀絨毛。聚傘花序；花黄或白色。堅果球形或梨形。我國主要分布於華南、西南各地。木材輕軟，可製器具，古時多製棺木。樹皮纖維可爲繩索，亦可製麻袋。花能提取芳香油，亦爲上好蜜源。

我國栽培利用椴樹歷史悠久，此稱先秦時已見行用。亦稱"柂"。晉代稱"白椴"。《爾雅・釋木》："椴，柂。"晉郭璞注："白椴也。樹似白楊。"郝懿行義疏："今椴木。皮白者爲白椴，葉大如白楊；皮赤者爲赤椴，葉如水楊。其皮柔韌，宜以束物。白者材輕耐溼，故宜爲棺也。"西漢時作"杝"。唐代稱"椴木"。并沿稱至今。《禮記・檀弓上》："天子之棺四重，水兕革棺被之，其厚三寸，杝棺一，梓棺二。"唐孔穎達疏："杝即椴木。"明代稱"椴樹"，歉歲常采嫩葉以充饑。明朱橚《救荒本草》卷五："椴樹，生輝縣太行山山谷間。樹甚高大，其木細膩，可爲桌器……救飢：采嫩葉煠熟，水浸去苦味，淘洗净，油鹽調食。"清查慎行《人海記・椴樹》："椴樹與烏桕樹相似，而大如團扇，有鉅齒。"清楊賓《柳邊紀略》卷四："椴類銀杏，鋸板可爲器，其皮可爲瓦，浸水久之可索綯。"《陝西通志・物産二・木屬》："［椴］椴木，葉最大，有類團扇。其皮可以當麻取爲魚網之綱，牢固殊常。出宜川。可刻鏤。皮作組羈鞋履。"

按，椴樹屬我國有三十二種，如糠椴、紫椴、蒙椴、南京椴、大葉椴等。均爲喬木，材質軟硬適宜，易於加工，爲主要用材樹種之一。今人陳植《樹名訓詁・椴》，以爲即田麻科之"椴"，并以爲其拉丁學名之*tuan*乃"椴"之逕稱。田麻科今爲椴科。又印嘉祐《〈爾雅・釋木〉訓詁》則以爲"椴杝"可能有兩種解釋，一種爲今之椴屬植物，一種即今之木槿。此附供考。

【柂】

即椴[1]。此稱先秦時期已行用。見該文。

【白椵】

即椵[1]。此稱晋代已行用。見該文。

【柂】

即椵[1]。參閲《集韻·平支》。此稱漢代已行用。見該文。

【椵木】

即椵[1]。亦指其木材。此稱唐代已行用，并沿稱至今。見該文。

【椵樹】

即椵[1]。此稱明代已行用，并沿稱至今。見該文。

榆

習見林木名。榆科，榆屬，榆（*Ulmus pumila* L.）。落葉喬木。樹皮暗灰褐色，粗糙，有縱溝裂。小枝柔弱，淡灰黄色，具毛。單葉互生，橢圓狀卵形或橢圓狀披針形，單鋸齒緣。花多數呈簇狀聚傘花序，生於去年枝之葉腋，先葉開放。翅果近圓形或寬倒卵形。種子位於翅果中部或近上部。我國大部地區均有分布。尤以北方平原農區栽培較多，爲該地區重要用材樹種。木材堅韌，爲建築、傢具、農具、舟車用材。樹皮、葉、花、果實均可入藥。種子可榨油。枝皮纖維可代繩索，亦爲造紙及人造棉原料。果、葉可食，常用作菜茹或作飼料，歉年亦用以救灾。

我國榆樹栽培歷史頗久。先秦時已行用此稱。《詩·唐風·山有樞》："山有樞，隰有榆。"榆之爲藥，早於秦漢。《神農本草經·上品·榆皮》："榆皮，味甘，平。主大小便不通，利水道，除邪氣。久服，輕身不飢。其實尤良。一名零榆，生川谷。"魏晋及南北朝時種榆之經驗已頗豐富。北魏賈思勰《齊民要術·種榆白楊》："榆性扇地，其陰下五穀不植。種者，宜於園地北畔，秋耕令熟，至春榆莢落時，收取，漫散，犁細畤，勞［耮］之，明年正月初，附地芟殺，以草覆土，放火燒之。一歲之中，長八九尺矣……於壍坑中種者，以陳屋草布壍中，散榆莢於草上，以土覆之，燒亦如法。"元虞集《贈藝監小吏》詩："廣術何迢迢，榆槐蔭蔽之。""榆"亦爲榆屬樹木之泛稱。清汪灝《廣群芳譜·木譜七·榆》："榆，一名零，一名蘊莖，有數十種，今人不能别，惟知莢榆、白榆、刺榆、榔榆數種而已。"

榆　樹
（明鮑山《野菜博録》）

按，今榆屬已知四十五種，我國有二十餘種，遍布各地。本種亦稱"鑽天榆""錢榆""榆樹""家榆""春榆"。其變種名"龍爪榆"。枝屈曲下垂，常用於觀賞。

【鑽天榆】

即榆。今江蘇揚州等地多行用此稱。見該文。

【錢榆】

即榆。今江蘇徐州等地多行用此稱。見該文。

【榆樹】

即榆。今北方各地多行用此稱。見該文。

【家榆】

即榆。今華東各地多行用此稱。見該文。

【春榆】

即榆。今稱。見該文。

【枌】

即榆。此稱多行用於先秦時，沿稱於後世。亦稱“白榆”。《詩・陳風・東門之枌》：“東門之枌，宛丘之栩。”漢鄭玄注：“枌，白榆也。”亦稱“白枌”“枌榆”。《爾雅・釋木》：“榆，白枌。”晋郭璞注：“枌榆，先生葉，却著莢，皮色白。”《説文・木部》：“枌，枌榆也。”段玉裁注：“各本少枌，淺人以爲複字而誤删之。枌榆者，榆之一種。”北魏酈道元《水經注・渭水三》：“高祖王關中，太上皇思東歸，故象舊里，制兹新邑，立城社，樹枌榆，令街庭若一。”清蔣士銓《題小李將軍樓閣卷》套曲：“奈銀漢紅路未通，白榆休種，望長門這般樓額在虚空。”清魏源《默觚下・治篇五》：“枌榆養老之珍，今荒饉始食其皮。”見“榆”文。

【白榆】

即枌。此稱漢代已行用，并沿稱至今。見該文。

【白枌】

即枌。此稱先秦時期已行用。見該文。

【枌榆】

即枌。此稱漢代已行用。見該文。

【零榆】

即榆。榆樹翅果熟時飄零自落，故名。此稱多行用於秦漢時，沿稱於後世。《神農本草經・上品・榆皮》：“榆皮，味甘、平……一名零榆，生山谷。”明李時珍《本草綱目・木二・榆》：“[釋名]零榆，白者名枌。時珍曰：按王安石《字説》云：榆瀋俞柔，故謂之榆，其枌則有分之之道，故謂之枌。其莢飄零，故曰零榆。”明馮復京《六家詩名物疏・國風唐風・山有樞篇》：“《本草》榆皮，味甘，平。一名零榆。生潁川山谷。”清陳啓源《毛詩稽古編・辨物・草木辨》：“零榆，入《本經》上品。其葉名榆錢，三月取其仁作糜羹。見《别録》。”《廣群芳譜・木譜七・榆》：“榆，一名零，一名蘊莖。有數十種，今人不能别。”見“榆”文。

【莢榆】

即榆。其種子有莢，因名。明清時已行用此稱。亦稱“大榆”。清姚炳《詩識名解・木部・榆》：“榆（《唐風・山有樞》篇），陸璣謂榆之類有十種，葉皆相似，皮及木理爲異。愚按榆有大榆、刺榆、白榆、姑榆、柘榆、朗榆、梜榆、椰榆、郎榆諸名。大榆出北方，木性堅韌，皮汁滑。二月生莢，亦稱莢榆。其莢飄零，又稱零榆，皆大榆别名也。”清陳啓源《毛詩稽古編・辨物・草木辨》：“《詩》《雅》俱載之，《唐風》‘隰有榆’，此莢榆也。”清陳大章《詩傳名物集覽・木・山有樞》：“陳藏器云：江南有刺榆無大榆，秦漢故塞其地皆大榆。戴侗云：榆木堅忍，皮汁滑，《禮》及《醫方》皆取其滑以爲用。或曰，大榆其莢飄零，一曰零榆，又曰莢榆。”見“榆”文。

【榆木】

即榆。此稱多行用於南北朝時，沿稱於後世。《宋書・符瑞志下》：“晋孝武帝太元十一年四月壬申，琅邪費有榆木，異根連理，相去四尺九寸。”《魏書・桓帝紀》：“帝曾中蠱，嘔吐之地乃生榆木。參合陂土無榆樹。故世人異之。”宋王欽若等《册府元龜・帝王部・符瑞》：“十一年四月，瑯琊費有榆木異根連理，相去四尺九寸。八月白烏集江州寺庭，群烏翔衛。”

明陳耀文《天中記・榆》：“按耆舊言，梁暉字始娥，漢大將軍梁冀後。冀誅入羌後，其祖父爲羌所推爲渠帥，而居此城。土荒民亂，暉將移居抱罕，出頓此山爲群羌圍迫無水，暉以所執榆鞭豎地，以青羊祈山神，泉涌出，榆木成林。”《廣群芳譜・木譜七・榆》：“《水經注》：‘〔梁〕暉以所執榆鞭豎地，以青羊祈山神，泉涌出，榆木成林。’”見“榆”文。

【榆錢樹】

即榆。其種子若古錢，因名。此稱多行用於明清時，今民間亦俗用此稱。明朱橚《救荒本草》卷六：“榆錢樹，《本草》有榆皮，一名零榆。生潁川山谷，秦州今處處有之。其木高大，春時未生葉，其枝條間先生榆莢，形狀似錢而薄小，色白，俗呼爲榆錢。後方生葉，似山茱萸葉而長，尖銷潤澤。”《畿輔通志・皇畿賦（郭棻）》：“天子之田獵，古藤蜿蜿而橫舒，雙檜亭亭而並列，儀曹之優鉢羅花似蓮，而佛孕金房員丘之拗。榆錢樹枯春而莢凌。”見“榆”。

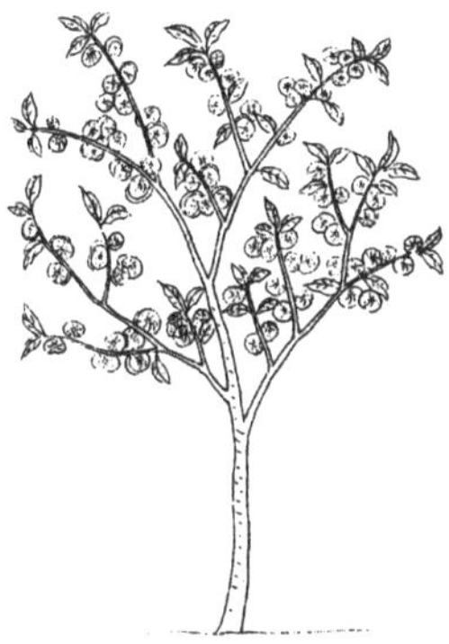

榆錢樹
（明朱橚《救荒本草》）

【義祖】

即榆。此稱宋代已行用。宋陶穀《清異録・木・三義亭》：“同州郃陽縣劉靖家，兄弟不異居，宅旁榆樹生桑，西廓梧桐生穀枝，明年墳中白楊生檜，並鬱茂相若，鄉人號榆爲義祖，梧桐爲義父（小義），白楊爲義孫，分先後也。縣令出官錢，爲修三義亭。”見“榆”文。

楠木

習見林木名。樟科，楠屬，楠木（*Phoebe zhennan* S. K. Lee & F. N. Wei）。常綠喬木。高可達30米。小枝細長，幼時被茸毛或細毛，後漸脱落。葉革質，寬披針形或倒卵形，葉背面被柔毛。圓錐花序腋生，花形小，黄緑色。漿果卵圓形，黑色，果梗具細毛。我國主要分布於黔、滇、川、桂及湖南諸地。材質優良，爲上好建築、傢具用材。木材、枝葉及樹皮可入藥。

我國栽培利用楠木歷史悠久。先秦時稱“梅”。亦稱“枏”“柟”。《詩・秦風・終南》：“終南何有？有條有梅。”漢毛公傳：“梅，柟也……沈雲孫炎稱荆州曰柟，揚州曰梅，重實，揚州人不聞名柟。”《莊子・山木》：“王獨不見夫騰猿乎，其得枏梓豫章也。”郭象注：“枏，音南，木名。”唐代已行用“楠木”之稱，省稱“楠”。《漢書・司馬相如傳》：“其北則有陰林巨樹，楩柟豫章。”唐顔師古注：“柟音南，今所謂楠木。”唐杜甫《枯楠》詩：“楩楠枯崢嶸，鄉黨皆莫記。”唐嚴武《題巴州光福寺楠木》詩：“楚江長流對楚寺，楠木幽生赤崖背。”宋陸游《烏夜啼》詞：“檐角楠陰轉日，樓前荔子吹花。”明王象晋《群芳譜・木譜五・柟》：“柟生南方，故又作楠。”清于成龍《于清端政書・羅城書・查採楠木詳》：“康熙七年十一月二十五日，奉巡撫四川都察院張憲牌案，照查楠一事，

梅
（清吴其濬《植物名實圖考》）

屢奉嚴旨隨即通行各屬遍查具報去後。事關欽工，本院不得不親往。志載産楠之馬湖永遵一帶，躬率彼地各官兵役直抵深山遠箐，確查大材楠木以資國用。”

【梅】[1]

即楠木。此稱多行用於先秦時。按，《詩經》有梅五處，《召南》《陳風》《曹風》之“梅”爲薔薇科有酸果之“梅”，而《秦風》《小雅》之“梅”當係本種“楠”。參閱辛樹幟《中國果樹史研究》。見“楠木”文。

【枏】

即楠木。此稱漢代已行用。見該文。

【柟】

即楠木。此稱漢代已行用。見該文。

【楠】

“楠木”之省稱。此稱唐代已行用。見該文。

【枏木】

同“楠木”。此體唐宋時已行用。宋劉克莊《後村詩話》卷一〇（此一卷專爲杜陵補遺）：“別篇云：‘二十一家同入蜀，惟殘一人出駱谷。’必是子美自謂枏木爲風雨所拔云。”見“楠木”文。

【交讓木】[2]

即楠木。亦稱“交讓樹”“楠樹”。此稱南北朝時已行用。南朝梁任昉《述異記》卷上：“黃金山有楠樹，一年東邊榮西邊枯，後年西邊榮東邊枯，年年如此。〔晋〕張華云交讓樹也。”明王象晋《群芳譜・木譜五・枏》：“枏生南方，故又作楠。黔蜀諸山尤多。其樹童童若幢蓋，枝葉森秀不相礙，若相避然，又名交讓木。”

按，交讓木科，交讓木屬，亦有交讓木，與此不同，詳“交讓木[1]”文。見“楠木”文。

【交讓樹】

即交讓木[2]。此稱晋代已行用。見該文。

【楠樹】

即交讓木[2]。此稱多明代已行用。見該文。

楓楊

習見林木名。胡桃科，楓楊屬，楓楊（*Pterocarya stenoptera* C. DC.）。落葉喬木。小枝灰色，具灰黄色皮孔。羽狀複葉，葉軸有翅；小葉長橢圓形至長橢圓狀披針形，無柄。花單性，雌雄同株；雄花葇荑花序，單生葉痕腋内；雌花葇荑花序頂生。堅果，成熟時兩側小苞增大長成圓形或稍窄之革質翅，果序下垂。我國主要分布於蘇、魯、皖、陝、甘及江南廣大地區。木材可製傢具、器具。樹皮、根、葉、果實可入藥。亦用作行道樹及防護林造林。

我國栽培利用楓楊歷史已有二千餘年。秦漢時稱“椵”“欅柳”。《爾雅・釋木》：“椵，欅柳。”郭璞注：“柳，當爲柳，欅柳似柳，皮可煮作飲。”唐代稱“欅柳”。明清時亦稱“鬼柳”“平楊柳”。清郝懿行《爾雅義疏・釋木》：“欅柳，即欅柳也……北方無作飲者，俗呼之平陽柳，或謂之鬼柳。”《廣群芳譜・木譜十一・欅柳》：“欅柳一名鬼柳，多生溪澗水側，木大者高四五丈，合二三人抱，葉似柳非柳，似槐非槐，材紅紫，作箱案之類甚佳。”

按，明李時珍《本草綱目・木二・欅》有欅柳、鬼柳，當即此種。而“欅”似指榆科欅屬之“欅樹”。參見本卷《習見木竹説・習見林木考》“欅樹”文。又，今楓楊亦常用於嫁接核桃之砧木。因其“似槐非槐”，“似柳非柳”，且古楊柳通用，故各地俗名、俚稱頗多。如“溪麻柳”“大葉柳”“水槐樹”“魁樹”“憑柳”“燕子樹”等。參閲江蘇新醫學院《中藥大辭典·楓柳皮》。

【楥】

即楓楊。此稱先秦時期已行用。見該文。

【欔柳】

即楓楊。此稱先秦時期已行用。見該文。

【櫸柳】[1]

即楓楊。此稱唐代已行用。見該文。

【鬼柳】[1]

即楓楊。此稱清代已行用。見該文。

【平楊柳】

即楓楊。此稱清代已行用。見該文。

【溪麻柳】

即楓楊。今四川各地多行用此稱。見該文。

【大葉柳】[1]

即楓楊。今湖南各地多行用此稱。見該文。

【水槐樹】

即楓楊。今江蘇南京等地多行用此稱。見該文。

【魁槐】

即楓楊。今江蘇揚州等地多行用此稱。見該文。

【憑柳】

即楓楊。今山東等地多行用此稱。北魏賈思勰《齊民要術》有“憑柳”，可以爲楯、車輞、雜材及枕。未知是否即今之楓楊。此附供考。見“楓楊”文。

【燕子樹】

即楓楊。因其果生翅兩片，形若燕子，故名。今山東各地多行用此稱。見該文。

【杞柳】[1]

即楓楊。亦稱“杞”。此稱多行用於先秦時。《孟子·告子上》：“性，猶杞柳也，義，猶桮棬也；以人性爲仁義，猶以杞柳爲桮棬。”漢趙歧注：“杞柳，欔柳也，一曰杞，木名也。”見“楓楊”文。

【杞】[1]

即杞柳。此稱漢代已行用。見該文。

【麻柳】

即楓楊。清代川東各地常行用此稱。清劉善述《草木便方·木部·麻柳》：“麻柳皮苦寒解毒，頭顱傷痛斷痢速，葉塗爛瘡湯火灼，花治風水黄膽服，止血除濕肢痹痛，子塗潰瘡逐膿出。”見“楓楊”文。

【柳】[4]

即楓楊。此稱多行用於宋代。宋張邦基《墨莊漫録》卷三：“以胡桃條接於柳本，易活而速實。”據干鐸等《中國林業技術史料初步研究·種子》云：“柳即櫸柳，或稱楓楊，湖北、江西等省稱楓楊爲柳樹。”此稱未詳今尚行用否，然以楓楊嫁接胡桃之法今各地仍在沿用。見“楓楊”文。

楓香樹

習見林木名。金縷梅科，楓香樹屬，楓香樹（*Liquidambar formosana* Hance）。落葉香木。樹皮幼時灰白，平滑，老則褐色，粗糙。小枝被柔毛。葉互生，心形，常三裂，幼時或萌發芽之葉常掌狀五裂，裂片卵狀三角形或卵形，葉緣有細鋸齒。花單性，雌雄同株，無花被；雄花淡黄緑色，成總狀花序，生銹色細長毛；雌花排列成頭狀花序，被毛。頭狀果序圓球形，下垂，表面生刺，蒴果多數，密集於複果内，成熟時頂孔開裂。種子多數，細小，扁平。我國主要分布於黄河以南諸地。金秋葉紅，可供觀賞。木材可供建築、傢具用材。根、樹皮、樹脂、葉等均可入藥。

我國栽培利用楓香樹歷史悠久。先秦時單稱“楓”。《楚辭・招魂》:“湛湛江水兮，上有楓。目極千里兮，傷春心。”此楓即指楓香樹。秦漢時稱“欇欇”。晋代始行用“楓香樹”之稱，省稱“楓香”。《爾雅・釋木》:“楓，欇欇。”晋郭璞注：“楓，樹似白楊，葉員（圓）而歧，有脂而香，今之楓香是。”晋嵇含《南方草木狀》卷中：“楓香樹似白楊，葉圓而歧分，有脂而香。”明周嘉胄《香乘》卷五引《南中異物志》:“楓香樹似白楊，葉圓而岐分，有脂而香，子大如鴨卵。二月華發乃著實，八九月熟。曝乾可燒。”又引《華夷草木考》:“楓香樹，有脂而香者謂之香楓，其脂名楓香。”明王圻、王思義《三才圖會・草木・楓》:“楓，所在大山皆有，南宫及關陝多有之，似白楊，甚高大，葉圓而作岐，有三角而香。”清代亦稱“欇”“丹楓”。清陳淏子《花鏡》卷三：“楓一名欇，香木也。其樹最高大，似白楊而堅，可作棟梁之材。葉小有三角，枝弱善摇。二月開白花，旋即著實，圓如龍眼，上有芒刺，不但不可食，且不中看，惟焚作香……一經霜後，葉盡皆赤，故名丹楓，秋色之最佳者。漢時殿前皆植楓，故人號帝居爲楓宸。”清刊《貴州通志・物産・南籠府》:“楓香樹，出安南。樹似白楊，葉三岐，經霜則丹，有脂而香，歲久則生癭，文理堅緻。土人或得之深山中，俗呼爲癭木。”

楓　香
（《證類備急本草畫圖》）

楓香屬約有四種。又，楓香樹今亦稱“大葉楓”“路路通”“鷄楓樹”“鷄爪楓”“楓仔樹”“味厚”“三角楓”。

按，“楓”，亦指槭樹科之槭類。雖同名楓，且葉形及入秋後變色亦相同，然實非一木。清吴其濬《植物名實圖考・木類・楓》云:“江南凡樹葉有叉歧者，多呼爲楓，不盡同類。”此説頗是。

【楓】

即楓香樹。此稱先秦時期已行用。見該文。

【欇欇】

即楓香樹。此稱秦漢時期已行用。見該文。

【楓香】

“楓香樹”之省稱。此稱晋代已行用。見該文。

【欇】[1]

即楓香樹。此稱清代已行用。見該文。

【丹楓】

即楓香樹。因其葉經霜變紅，甚美，故名。此稱清代已行用。見該文。

【癭木】

即楓香樹。此稱清代已行用。見該文。

【大葉楓】

即楓香樹。今湖南各地多行用此稱。見該文。

【路路通】

即楓香樹。亦指其果實。今江蘇、浙江、河南等地多行用此稱。見該文。

【鷄楓樹】[2]

即楓香樹。今浙江杭州等地多行用此稱。見該文。

【鷄爪楓】

即楓香樹。今浙江杭州等地多行用此稱。見該文。

【楓仔樹】

即楓香樹。今臺灣各地多行用此稱。見該文。

【味厚】

即楓香樹。今廣西各地多行用此稱。見該文。

【三角楓】[2]

即楓香樹。今廣東、四川等地多行用此稱。見該文。

【楓木】

即楓香樹。此稱先秦時期已行用，沿稱於後世。《山海經・大荒南經》："有宋山者……有木生山上，名曰楓木。楓木，蚩尤所棄其桎梏，是謂楓木。"郭璞注："即今楓香樹。"《宋史・五行志三》："政和三年七月，玉華殿萬年枝木連理，南雄州楓木連理。"明李時珍《本草綱目・木一・楓香脂》："〔蘇〕頌曰：《説文解字》云：楓木，厚葉弱枝善摇。漢宫殿中多植之，至霜後，葉丹可愛，故稱楓宸……時珍曰：楓木枝幹修聳，大者連數圍。"《續通志・木類》："《臨川記》云：嶺南楓木，歲久生瘤如人形，遇暴雷大雨則暗長三五尺，謂之楓人。"清陳元龍《格致鏡源・木類二・楓》："《一統志》：安福縣有楓木，狀如神人面目，歲旱以泥封之則雨。"見"楓香樹"文。

【楓樹】

即楓香樹。《南齊書・祥瑞志》："建元二年九月有司奏，上虞縣楓樹連理，兩根相去九尺，雙株均聳，去地九尺合成一幹。故鄣縣楓樹連理，兩株相去七尺，大八圍，去地一丈仍相合爲樹泯如一木。"清陳元龍《格致鏡原・木類二・楓》引《格物總論》曰："楓樹枝幹修聳，葉分三角，至秋杪，其葉皆赤，簇簇如錦，爛然可觀，在在有之。"見"楓香樹"文。

【香楓】

即楓香樹。因葉香故名。明代多行用此稱。梵語稱"薩闍羅婆香"。明李時珍《本草綱目・木一・楓香脂》："楓樹枝弱善摇，故字從風。俗呼香楓。"又引蘇頌曰："《爾雅》謂楓爲欇欇，言風至則欇欇而鳴也。梵書謂之薩闍羅婆香。"清厲鶚《宋詩紀事》卷二五引鄧忠臣《考校同文館戲贈子方兼呈文潜次無咎韻》詩："洞庭河漢遥相望，香楓葉老赤染霜。"《駢字類編・器物門・香》："香楓，《草木志》：楓似白楊，有脂而香，今之香楓是也。"見"楓香樹"文。

【薩闍羅婆香】

即香楓。或作"薩折羅婆香"。爲梵語"sarjarasa"音義合譯。此稱唐代已行用。見該文。

【靈楓】

即楓香樹。一説楓木之老者有人形，故名；一説楓樹之瘤癭人形因名。此稱多行用於明清時。亦稱"欇欇"。《爾雅翼・釋木》："楓似白楊，甚高大。厚葉弱枝而善摇，葉圓而歧，霜後丹色可愛，字從風。又《釋木》：'楓，欇欇。'説者曰天風則鳴，故曰欇欇；或云無風自動有風則止……南中謂之楓，人亦謂之靈楓。越人以計取爲神事之。"明陳耀文《天中記・楓》："靈楓，南中有楓子鬼，楓木之老者，人形，亦呼爲靈楓焉。"《續通志・木類》："臣等謹案任昉《述異記》云：南中有楓子鬼木之老者，爲人形，亦呼爲靈楓，蓋瘤癭也。荀伯子《臨川記》云：嶺南楓木歲久生瘤如人形，遇暴雷大雨則暗長三五尺，謂之楓人。二説皆以楓人爲瘤癭，與孫炎寄生之説異。附記於此。”《廣群芳譜・木譜八・楓》：“楓，一名香楓，一名靈楓，一名攝攝。”見“楓香樹”文。

【攝攝】

即靈楓。似“欇欇”之形訛。此稱清代已行用。見該文。

楝樹

習見林木名。楝科，楝屬，楝樹（*Melia azedarach* L.）落葉喬木。高約20米，樹皮縱裂。二至三回奇數羽狀複葉，互生；小葉卵形至橢圓形，鈍鋸齒緣，幼時被星狀毛。圓錐花序，腋生，花紫或淡紫色，花萼五裂，被短柔毛。核果短矩圓狀至近球形，淡黄色；四至五室，每室種子一枚。我國主要分布於河北、山西以南諸省，各地多有栽培。木材堅硬，有“楝老如槐”之譽，可供傢具、建築、舟車等用材。樹皮、葉、花、果俱能入藥。種子及花均可提取油脂。

我國栽培利用楝樹已逾二千餘年。秦代稱“楝”，其果實已爲藥用。漢《神農本草經・下品・楝實》：“楝實，味苦，寒。主温疾傷寒，大熱煩狂，殺三蟲、疥瘍，利小便水道。生山谷。”《淮南子・時則訓》：“七月官庫，其樹楝。”高誘注：“楝實秋熟，故其樹楝也。”晋代已行用“楝樹”之稱。晋葛洪《肘後備急方》卷五：“瘻瘡生肉膏：楝樹白、皮鼠肉、當歸各二兩，薤白三兩，生地黄五兩，臘月猪脂三升，煎膏成傅之孔上，令生肉。”江南民俗有端午節以楝葉投江中祭奠屈原之俗。南朝梁吴均《續齊諧記》：“屈原五月五日投汨羅水，楚人哀之，至此日以竹筒子貯米，投水以祭之。漢建武中，長沙區曲忽見一士人，自云三閭大夫，謂曲曰：‘聞君當見祭，甚善。常年爲蛟龍所竊。今若有惠，當以楝葉塞其上，以綵絲纏之，此二物蛟龍所憚。’曲依其言。今五月五日作粽，並帶楝葉、五花絲。遺風也。”元明時多種楝用以構建堂閣。元王禎《農書・百穀譜集九・楝》：“以楝子於平田耕熟作壟種之，其長甚疾，五年後可作大椽。北方人家欲構堂閣，先於三五年前種之，其堂閣欲成，則楝木可椽。”明清時，民間又有以楝樹子煎汁驅蠅之法。明徐光啓《農政全書》卷四二：“辟蠅：臘月内，取楝樹子濃汁煎，澄清，泥封藏之，用時取出些少，先將抹布洗净，浸入楝汁内，扭乾抹宴用什物，則蠅自去。”清陳淏子《花鏡》卷三：“楝樹有二種，青皮楝堅韌可爲器具，其皮肉俱青色；火楝性質輕脆，其皮肉皆紅。樹高一二丈，葉密如槐而尖，夏開紅花紫色，一蓓數朵，芳香滿庭。實如小鈴，生青熟黄，又名金鈴子，鳥雀專喜食之，故有鳳凰非楝實不食之語。”

楝

（清吴其濬《植物名實圖考》）

今中原及北方多用楝樹作“四旁”植樹。亦用於觀賞。今亦稱“翠樹”“紫花樹”“森樹”“楝棗樹”“火焓樹”“花心樹”“苦辣樹”“洋花森”。按，《花鏡》所云“故有鳳凰非楝實不食之語”，似指“竹實”，竹實亦稱“楝實”“練實”，而非此楝樹之實，此附。

【楝】

即楝樹。此稱漢代已行用。見該文。

【翠樹】

即楝樹。今江蘇高淳等地多行用此稱。見該文。

【紫花樹】

即楝樹。因其花紫色，故名。今上海等地多行用此稱。見該文。

【森樹】

即楝樹。今廣東各地多行用此稱。見該文。

【楝棗樹】

即楝樹。今稱。見該文。

【火焓樹】

即楝樹。今稱。見該文。

【花心樹】

即楝樹。今稱。見該文。

【苦辣樹】

即楝樹。今稱。見該文。

【洋花森】

即楝樹。今稱。見該文。

【苦楝】

即楝樹。宋元時始行用此稱，沿稱至今。宋陳元靚《歲時廣記·春·花信風》：“又古詩云：‘早禾秧雨初晴後，苦楝花風吹日長。’”元王禎《農書百穀譜集九·楝》：“楝（音練），《説文》云：苦楝木也。”元俞宗本（本作明俞貞木）《種樹書》卷下：“苦楝樹上接梅花，則花如墨梅。”明朱橚《普濟方》卷二三九：“治蟯蟲攻心……一方用苦楝樹白皮，水煎之去滓熬成膏，五更以温酒服半匙，用銀器内熬更爲妙。”明方以智《物理小識·鳥獸類》：“制蚊蝱諸蟲……或用羌活、槐花、天仙藤末或加桐花、木鱉、苦楝、菖蒲、海金沙燒之。”清吴其濬《植物名實圖考·木類·楝》：“《湘陰志》：苦楝掘溝埋之。可成楝城。植當風處，可辟白蟻。”《熱河志·物産三·花之屬》：“楝，《本草》曰：一名苦楝，開花紅紫色。”按，《説文·木部》楝本作欄，從木闌聲。無“苦楝”之名，王禎所云人以誤。故此稱始用於元代。見“楝樹”文。

【練】

即楝樹。此稱多行用於宋代，亦沿稱於後世。宋陸游《幽栖》詩之二：“雨便梧葉大，風度練花香。”《篇海類編·衣服類·糸部》：“練，木名，亦作楝。”見“楝樹”文。

【金鈴子】[2]

即楝樹。其實色黄如鈴，樹以果名，故名。唐宋時已行用此稱。《爾雅翼·釋木》：“楝木高丈餘，葉密如槐而尖。三四月開花紅紫色，芬香滿庭。其實如小鈴，至熟則黄，俗謂之苦楝子，亦曰金鈴子。可以練，故名楝。”《續通志·木類》：“楝，一名苦楝，實名金鈴子。《荆楚歲時記》言蛟龍畏楝，故端午以楝葉包米作角黍，投江中祭屈原也。”見“楝樹”文。

楸樹[1]

習見林木名。紫葳科，梓屬，楸樹（*Catalpa bungei* C. A. Mey.）。落葉喬木。樹幹聳直，枝條直上。單葉，對生，三角狀卵形至寬卵狀橢圓形，全緣，偶或基部邊緣具一至四對尖齒或裂片。總狀花序呈傘房狀，有花三至十二朵，花冠鐘狀，白色。蒴果細長，約25~50厘米。種子狹長橢圓形，兩端簇生一列長白柔毛。我國主要分布於長江流域及河南、山東、河北、山西、陝西等地區。木材可供建築、傢具等用材。花可提取芳香油。葉、樹皮及種子可入藥。

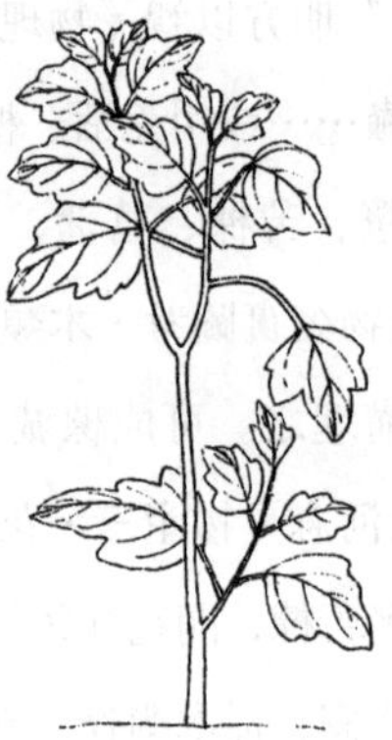

楸 樹
（明朱橚《救荒本草》）

我國楸樹栽培歷史頗久，先秦時單稱“楸”。《莊子・人間世》：“宋有荆氏者，宜楸、柏、桑。”陸德明釋文：“荆氏，司馬云地名也，一曰里名，宜楸、柏、桑。崔云：荆氏之地，宜此三木。”晉潘岳《懷舊賦》：“巖巖雙表，列列行楸。望彼楸矣，感於予思。”南北朝時楸樹栽培較爲普遍，其經濟效益十分顯著，栽植經驗已頗成熟。其方法至今仍有參考價值。北魏賈思勰《齊民要術・種槐柳楸梧柞》：“楸既無子，可於大樹四面掘坑取栽移之。亦方兩步一根，兩畝一行。一行百二十樹，五行合六百樹。十年後，一樹千錢，柴在外。車板、盤合、樂器，所在任用。以爲棺材，勝於柏松。”唐代已行用“楸樹”之稱。《漢書・貨殖傳》“山居千章之萩”唐顔師古注：“萩，即楸樹字也。”除用其木外，亦用於歉年救荒。明朱橚《救荒本草》卷六：“楸樹，所在有之。今密縣梁家衝山谷中多有。樹甚高大；其木可作琴瑟。葉類梧桐葉而薄小；葉梢作三角尖叉。開白花，味甘。救飢：采花煠熟，油鹽調食；及將花曬乾，或煠或炒，皆可食。”楸樹亦可用於墳墓或護堤防澇。清錢泳《履園叢話・水學・水害》：“既而築土爲墳，植以松楸，而享風水之利。”各地廣有栽植，百姓獲利多多。《盤山志・物産・果木》：“楸樹，似核桃。穀雨前，山下居民采軟皮售之，曰楸皮。”清《畿輔通志・土産・木屬》：“《畿輔舊志》：‘玉田楸子，山行五里許，楸樹紛披。’”又，“楸山，靈壽縣，西七十里，山多楸樹，故名”。

我國人民頗喜愛楸樹，宅旁院内，田邊地梗，多有種植，寺廟庵觀亦多栽植。如南京古林寺便有成行楸樹。山東青州范公（范仲淹）亭西側尚存千年以上古楸樹，樹高14米，胸徑2米餘。今亦稱“金絲楸”“梓桐”。

按，古代梓、楸常混稱。故楸亦名“木王”“梓楸”“梓”。參見本卷《習見木竹説・習見林木考》“梓”文。

【楸】

即楸樹[1]。此稱先秦時期已行用。見該文。

【金絲楸】

即楸樹[1]。今河南各地多行用此稱。見該文。

【梓桐】

即楸樹[1]。今河南各地多行用此稱。見該文。

【檟】[1]

即楸樹[1]。先秦時多行用此稱。《左傳・襄公二年》：“夏，齊姜薨。初，穆姜使擇美檟，以自爲櫬與頌琴。”杜預注：“檟，梓之屬。”孔穎達疏：“正義曰，《釋木》云：槐小葉曰檟。郭璞曰：槐當爲楸，楸細葉者爲檟。”《孟子・告子上》：“今有場師，舍其梧檟，養其樲棘，則爲賤場師焉。”《説文・木部》：“檟，楸也。從木，賈聲。《春秋傳》曰：樹六檟於蒲圃。”宋楊萬里《挽謝母安人胡氏》詩：“西峰半輪月，松檟正疏疏。”清郝懿行《爾雅義疏・釋木》："楸、檟同物異名，以自爲櫬與頌琴。"見"楸樹[1]"文。

【榎】

同"檟"。即楸樹。此體多行用於秦漢時。《爾雅・釋木》："槐小葉曰榎。"郭璞注："槐當爲楸，楸細葉者爲榎。"明李時珍《本草綱目・木二・楸》："〔釋名〕榎。時珍曰：楸葉大而早脱，故謂之楸；榎葉小而早秀，故謂之榎。"見"楸樹[1]"文。

【梌】

即楸樹[1]。亦作"榢"。宋代多行用此稱。《廣韻・平麻》："榢，楸木别名。"《篇海類編》："梌，楸也。"宋洪邁《容齋三筆・宫室土木》："所用有秦、隴、岐、同之松；嵐、石、汾、陰之柏；潭、衡、道、永、鼎、吉之梌、柟、櫧。"明方以智《物理小識・器用類・棺椑》："柏、梌等皆可用。"見"楸樹[1]"文。

【榢】

同"梌"。此體宋代已行用。見該文。

【萩】

同"楸"。即楸樹[1]。此體多行用於先秦時。《左傳・襄公十八年》："十二月，戊戌，及秦周伐雍門之萩。"阮元校勘記："萩者，楸之假借字。"《漢書・貨殖列傳》："水居千石魚波，山居千章之萩。"顔師古注："萩，即楸樹字也。"《史記・貨殖傳》："淮北常山已南，河濟之間，千樹萩……此其人皆與千户侯等。"《通雅・植物》："《説文》曰：梓一作梓，楸即萩。"見"楸樹[1]"文。

【橚】

同"楸"。亦作"蕭"。即楸樹[1]。此體多行用於先秦時。《晏子春秋・外篇上九》："景公登箐室而望，見人有斷雍門之橚者，公令吏拘之，顧謂晏子趣誅之，晏子默然不對。"吴則虞集解引王引之曰："此'橚'字非謂木貌，乃木名也。橚即楸字也。"《山海經・中山經》："又西九十里曰陽華之山……其草多藷藇，多苦辛，其狀如橚。"郭璞注："〔橚〕即楸字也。"《文選・左思〈蜀都賦〉》："其樹則有木蘭梫桂，杞蕭椅桐，椶枒楔樅。"李善注引劉逵曰："蕭，大木也。"見"楸樹[1]"文。

【蕭】

同"橚"。此體晋代已行用。見該文。

槐樹

習見林木名。豆科，槐屬，槐樹〔*Styphnolobium japonicum*（L.）Schott〕。落葉喬木。樹皮灰或深灰色，粗糙而縱裂。幼枝緑色，具毛，長成後褐色。奇數羽狀複葉，互生，葉柄基部膨大；小葉七至十五枚，卵狀長圓形，或卵狀披針形，全緣，緑色，微亮。圓錐花序頂生；花冠蝶形，乳白色。莢果，呈連球狀，有節，緑色，肉質，不開裂，種子間縊縮。種子數粒，深棕色，腎形。原産我國北部，今各地均有栽培。常栽植於路邊爲行道樹，亦植於庭院供觀賞。木材可供建築、舟車、傢具、農具用材。花爲蜜源。根、嫩皮、樹皮、葉、果實、樹脂均可入藥。花蕾稱"槐米"，可以染黄，亦可入藥。

我國栽培槐樹歷史悠久，先秦時始稱"槐"，已熟知栽培之土宜，如《管子・地員》："五粟之土，若在陵在山在隫在衍，其陰其陽，盡宜桐柞，莫不秀長，其榆其柳，其檿其桑，其柘其櫟，其槐其楊，群木蕃滋，數大條直以長。"此時已入庭院栽培。《國語・晋語五》："〔鉏麑〕觸庭之槐而死。"晋代已行用"槐樹"

之稱。《爾雅·釋木》："櫰，槐，大葉而黑。"晉郭璞注："槐樹葉大色黑者，名爲櫰。"槐實爲藥，秦漢時已有記載。《神農本草經·上品·槐實》："槐實，味苦，寒。主五内邪氣熱。止涎唾，補絶傷，五痔，火創，婦人乳瘕，子藏急痛。生平澤。"古代士之墓多種此樹。漢班固《白虎通義·崩薨》："《春秋含文嘉》曰：天子墳高三仞，樹以松。諸侯半之，樹以柏。大夫八尺，樹以欒。士四尺，樹以槐。庶人無墳，樹以楊柳。"南北朝時槐樹栽培已頗富經驗。北魏賈思勰《齊民要術·種槐柳楸梓梧柞》："槐子熟時，多收，擘取數曝，勿令蟲生。五月夏至前十餘日，以水浸之，六七日，當芽生。好雨種麻時，和麻子撒之。當年之中，即與麻齊。麻熟刈去，獨留槐。"又，"凡栽樹，正月爲上時，二月爲中時，三月爲下時。然棗，鷄口；槐，兔目；桑，蝦蟆眼；榆，負瘤散。自餘雜木——鼠耳、翅，各其時"。書注："此等名目，皆是葉生形容之所象似，以此時栽種者，葉皆即生。早栽者，葉晚出。雖然，寧大早爲佳，不可晚也。"此類經驗今尚沿用。我國人民喜愛槐樹，亦常作行道樹栽植。唐韓愈《和李司勛過連昌宫》詩："夾道疏槐出老根，高甍巨桷壓山原。"宋洪邁《萬首唐人絶句》引杜荀鶴《秋夕二首》之二："壞屋不眠風雨夜，故園無信水雲秋。病中枕上誰相問，一一蟬聲槐樹頭。"槐樹之芽、葉，煠後可食，歉年荒歲亦可用以救饑。故明代亦稱"槐樹芽"。明朱橚《救荒本草》卷六："槐樹芽……生河南平澤，今處處有之。其木有極高大者。《爾雅》云槐有數種：葉大而黑者名櫰槐；又有晝合夜開者，名守宫槐；葉細而青緑者，但謂之槐。其功用不言有别。開黄花。結實似豆角狀……救飢：采嫩芽煠熟，換水浸淘，洗去苦味，油鹽調食。或采槐花炒熟食之。"清方苞《望溪集·雜著·明禹州兵備道李公城守死事狀》："公礫於州城外西南隅，大路旁槐樹下，其樹至今存。"

槐

（清吴其濬《植物名實圖考》）

槐屬植物凡二十餘種，我國産十二種。槐樹今亦稱"豆槐""白槐""細葉槐""金藥樹""護房樹""國槐""中國槐"。本種有變種數個，較常見者有龍爪槐、紫花槐、五葉槐等。我國槐樹栽培較廣，各地存世古木較多。今山東泰山岱廟有唐槐一株，迄今已達一千三百年；原泰山林場泰前分場存五株，亦有一千三百餘年；山東濟寧南門有二千年生古槐樹，相傳唐時栽植，已有一千二百年，傳有"〔尉遲〕敬德勒馬看槐樹"之典故。

【槐】

即槐樹。此稱秦漢時期已行用。見該文。

【槐樹芽】

即槐樹。此稱明代已行用。見該文。

【豆槐】

即槐樹。今湖南各地多行用此稱。見該文。

【白槐】

即槐樹。今廣東各地多行用此稱。見該文。

【細葉槐】

即槐樹。今江西各地多行用此稱。見該文。

【金藥樹】

即槐樹。今福建各地多行用此稱。見該文。

【護房樹】

“槐樹”之別稱。華北地區舊時多植宅旁院内，民俗呼此稱。見該文。

【國槐】

即槐樹。因與“洋槐（刺槐）”相別，因名。今北方各地多行用此稱。見該文。

【中國槐】

即槐樹。因此樹中國所産，而别於“洋槐”，故名。今稱。見該文。

【櫰】[1]

即槐樹。此稱多行用於秦漢時，沿稱於後世。《玉篇・木部》：“櫰，槐别名。”漢史游《急就篇》卷三：“桐梓樅榕榆椿樗，槐檀荆棘葉枝扶。”顔師古注：“槐似櫰，而葉小又黄色。”《漢書・西域傳上》：“罽賓地平，温和，有目宿，雜草奇木，檀、櫰、梓、竹、漆。”顔師古注：“櫰音懷，即槐之類也，葉大而黑也。”宋歐陽修《内直晨出便赴奉慈齋宫馬上口占》：“霜後樓臺明曉日，天寒烟霧著空櫰。”清陳淏子《花鏡》卷三：“槐，一名櫰……樹高大而質陰脆。葉細如豆瓣，季春之初，五日如兔目，十日如鼠耳，更旬始規，二旬葉成，扶疏可觀。”今人陳嶸《中國樹木分類學》以爲此櫰即“槐”。伊欽恒校注《花鏡》亦如是説。見“槐樹”文。

【玉樹】[1]

“槐樹”之美稱。此稱多行用於漢代。《三輔黄圖・漢宫》：“甘泉谷北岸有槐樹，今謂玉樹。”《格致鏡原・木類二・槐》：“《國史纂異》：雲陽縣界多漢離宫故地，有樹似槐而葉細，土人謂人玉樹。”參閲唐劉餗《隋唐嘉話》卷下。見“槐樹”文。

【音聲樹】

“槐樹”之别稱。此稱唐代已行用。相傳都堂南門有古槐，夜深聞絲竹之音，省中即有入相者，故名。唐趙璘《因話録・徵部》：“都堂南門東道，有古槐，垂陰至廣。相傳夜深聞絲竹之音，省中即有入相者，俗謂之音聲樹。”宋錢易《南部新書》卷一：“都堂南門道東有古槐，垂陰至廣，或夜聞絲竹之音省中有入相者，俗謂之音聲樹。”見“槐樹”文。

【不平生】

“槐樹”之别稱。此稱宋代已行用。宋陶穀《清異録・木》：“崔鳳蹉跎失志，洛南天慶觀頗幽雅，常陪友生夏月招凉於古槐下，戲曰：予不登九品，此槐不得爲手版，想亦助不平也。是後朋從呼槐爲不平生。”見“槐樹”文。

榔榆

習見林木名。榆科，榆屬，榔榆（*Ulmus parvifolia* Jacq.）。落葉喬木。樹皮灰褐色，成不規則鱗片狀剥落。老枝灰色，小枝紅褐色，多柔毛。單葉互生，橢圓形、卵形或倒卵形，革質，單鋸齒緣。花簇生於葉腋，秋季開放。翅果卵狀橢圓形，頂端有凹陷。種子位於翅果之中央。我國主要分布於華北、華東、中南及四川、貴州、西藏等地。木材堅韌，可製傢具、農具及車輛。莖皮纖維可造紙或織袋。根皮、莖、葉可入藥。

我國栽培利用榔榆歷史悠久，先秦時始稱“樠木”。單稱“樠”。漢代稱“松心木”。唐代稱“朗榆”。《左傳・莊公四年》：“王遂行，卒於樠木之下。”晋杜預注：“樠木，木名。”唐孔穎達疏："木有似榆者，俗呼爲朗榆。"《説文・木部》："樠，松心木。"《太平御覽》卷九五六引《廣志》曰："有姑榆，有榔榆。榔榆無莢，材任車用至善。"亦稱"榔木"。省稱"榔"。《廣韻・平唐》："榔，木名。"明李時珍《本草綱目・木二・朗榆》引唐陳藏器曰："朗榆生山中。狀如榆，其皮有滑汁，秋生莢，如大榆。時珍曰：大榆二月生莢，朗榆八月生莢，可分別。"明宋應星《天工開物・舟車漕舫》："舵杆用榆木、榔木、櫧木。"明清時多行用"榔榆"之稱，沿稱至今。清陳啓源《毛詩稽古編・辨物・草木辨》："《本草》有榔榆，皮味甘，寒。《圖經》云：皮有滑汁，秋生莢。"《續通志・木類》："榔榆狀如榆，其皮有滑汁，八月生莢。"《格致鏡原・木類二・榆》引明王象晉《群芳譜》："榆，一名零，有數十種，今人不能別，惟知莢榆、白榆、刺榆、榔榆數種而已。"

按，古以爲《左傳・莊公四年》之"樠木"、《説文・木部》之"松心木"即榔榆，今《新華本草綱要・榔榆》等亦如是説。而清吴其濬《植物名實圖考・木類・杄》則有別説。《圖考》曰："《左傳正義》，木有榆者，俗呼榔榆，蓋爲樠也。以樠爲榔榆，未見所出。朗榆、姑榆，俗或作榔榆。段氏《説文注》謂認樠爲柄；未別其字，而强説其音也。"今附其説供考。我國秦嶺以南今仍多野生榔榆，而秦嶺以北則有人工栽培。亦俗稱"橋皮榆""大皮榆""枸絲榆""秋榆""掉皮榆""豺皮榆""脱皮榆""紅鷄油"。

【樠木】

即榔榆。此稱先秦時期已行用。參閱《新華本草綱要・榔榆》、《中藥大辭典・榔榆》。見該文。

【樠】

即榔榆。此稱漢代已行用。見該文。

【松心木】

即榔榆。此稱漢代已行用。見該文。

【朗榆】

即榔榆。此稱唐代已行用。見該文。

【榔木】

即榔榆。此稱明代已行用。見該文。

【榔】

"榔榆"之省稱。此稱宋代已行用。見該文。

【橋皮榆】

即榔榆。今江蘇揚州等地多俗用此稱。見該文。

【大皮榆】

即榔榆。今雲南各地多俗用此稱。見該文。

【枸絲榆】

即榔榆。今上海浦東地區多俗用此稱。見該文。

【秋榆】

即榔榆。因其莢秋熟，故名。今河南各地多俗用此稱。見該文。

【掉皮榆】

即榔榆。因其樹皮易剥落，故名。今河南各地多俗用此稱。見該文。

【豺皮榆】

即榔榆。今山東各地多俗用此稱。見該文。

【脱皮榆】

即榔榆。因其皮常成鱗片狀剥落，故名。今山東各地多俗用此稱。見該文。

【紅鷄油】

即榔榆。今臺灣各地多俗用此稱。見該文。

棕櫚

習見林木名。棕櫚科，棕櫚屬，棕櫚〔*Trachycarpus fortunei*（Hook.）H. Wendl.〕。常緑喬木。莖圓柱形，高聳，罕分枝。葉簇生於頂端，圓扇形，革質，有狹長皺褶，深裂至葉片中部以上，開張如掌狀；葉柄長達1米以上，質堅硬，上面平整，下面突起呈棱形，兩側緣具刺，柄基具抱莖之葉鞘，分裂成棕色纖維狀毛，葉稍脱落後，主幹有環狀痕。花單性，雌雄异株；肉穗狀花序，自葉叢中軸抽出，下部有多數大形鞘狀苞；花小，多數，淡黄色。種子扁球形或腎形，暗灰色或淡黑色。我國主要分布於秦嶺以南、長江中下游地區及華南沿海一帶，各地亦廣有栽培。主要供觀賞。棕皮可製繩索、地氈、床榻、毛刷、簑笠、雨具等。葉鞘纖維、柄、根、果均可入藥。

我國棕櫚分布極廣，先民很早就熟知此樹，先秦、秦漢時已有記載，時作“椶”“㯶”。《山海經·西山經》：“又西四十里，曰石脆之山，其木多椶柟。”漢張衡《西京賦》：“木則樅栝㯶柟，梓棫楩楓。”《文選·張衡〈南都賦〉》：“楈枒栟櫚。”李善注引張揖《上林賦》注曰：“栟櫚，椶也，皮可以爲索。”“棕櫚”之稱唐代已行用，或書作“椶櫚”。唐杜甫《枯》詩：“蜀門多椶櫚，高者十八九。其皮割剥甚，雖衆亦易朽。”其樹皮及籽時已入藥。唐陳藏器《本草拾遺·木部·椶櫚子》：“平，無毒……皮，平，無毒。”“棕”爲後出字。“棕櫚”約在宋代已見行用。宋周去非《嶺外代答》卷八：“凡木似棕櫚者有五：桄榔、檳榔、椰子、夔頭、桃竹是也。”清代民間亦稱“鬣葵”。清陳淏子《花鏡》卷三：“棕櫚一名鬣葵。木高數丈，直無旁枝，葉如車輪，叢生木杪。有棕皮包於木上，二旬一剥，轉複上生。”

按，棕櫚爲重要觀賞樹木，既可庭植，亦可盆栽。其皮亦爲重要出口商品，我國至20世紀末，年産棕片約4.6萬噸，江南各地多有栽培。又，棕櫚與蒲葵形態頗肖，俗常混爲一種。宋人孫奕《示兒編·人物異名》引《廣雅》曰：“椶櫚名蒲葵。”《玉篇》亦如是説。可證。然二者實非一種，清段玉裁《説文解字注·木部》云：“《玉篇》云：‘椶櫚一名蒲葵。’今按《南方草木狀》云，蒲葵如栟櫚而柔薄，可爲簦笠，出龍川。是蒲葵與椶樹各物也。謝安之蒲葵扇，今江蘇所謂芭蕉扇也。椶葉縷析，不似蒲葵葉成片可爲笠與扇。”此説甚是。參見本卷《習見木竹説·習見林木考》“蒲葵”文。

【椶】

同“棕”。“棕櫚”古之省稱。此稱先秦時期已行用。見該文。

【㯶】

同“棕”。“棕櫚”之省稱。此稱漢代已行用。見“棕櫚”文。

【棕櫚樹】

即棕櫚。此稱宋代已行用。見該文。

【鬣葵】

“棕櫚”之别名。此稱清代已行用。見該文。

【椶樹】

即棕櫚。此稱晋代已行用。《山海經·西山經》：“石脆之山，其木多椶柟。”晋郭璞注：

"椶樹高三丈許，無枝條，葉大而員，枝生梢頭，實皮相裹，上行一皮者爲一節。可以爲繩。"宋楊侃輯《兩漢博聞》卷一："《甘泉賦》云：'攢并閭與茇苦兮'……師古曰：如氏所説自是平慮耳，此并閭謂椶樹也。茇苦草名也。"明程本立《留洱西驛因過三塔寺》詩："野墻椶樹人家住，官路梅花驛使傳。"參閲清吴任臣《山海經廣注・西山經》。見"棕櫚"文。

【栟櫚】

即椶櫚。亦作"并閭"。此稱始行用於漢代，沿稱於後世，今多不用。《説文・木部》："椶，栟櫚也……可作萆。"段玉裁注："《艸部》曰：萆，雨衣，一名衰［蓑］衣……此樹有葉無枝，其皮曰椶，可爲衰。故不系栟下也。椶本皮名，因以爲樹名，故栟閭與椶得互訓也。"《文選・張衡〈南都賦〉》："楈枒栟櫚。"李善注引張揖注《上林賦》曰："栟櫚，椶也，皮可以爲索。"《史記・司馬相如列傳》："留落胥餘，仁頻并閭。"裴駰集解引郭璞曰："并閭，椶也，皮可作索。"張崇根輯三國吴沈瑩《臨海水土異物志》："桄榔木，外皮有毛，似栟櫚而散生。"唐陳藏器《本草拾遺・木部・栟櫚木皮》："味苦、澀、平、無毒……此木類嶺南有。虎散桄榔，冬葉蒲葵，椰子、檳榔、多羅等，皆相似，各有所用。栟櫚一名椶櫚，即今川中椶櫚。"《爾雅翼・釋木》："并閭，張揖解《上林賦》曰：并閭，椶也。木高一二丈，傍更無枝，葉大而圓，有如車輪，皆萃於木杪。"明王圻、王思義《三才圖會・草木》："椶櫚亦曰栟櫚，出嶺南及西川，江南亦有之。"見"棕櫚"文。

【并閭】

同"栟櫚"。此體漢代已行用。見該文。

【栟】

即棕櫚。亦稱"櫚"。此稱多行用於漢代，亦見於古之詩賦中。《説文・木部》："栟，栟櫚也。"唐韓愈、孟郊《城南聯句》："買養馴孔翠，遠苞樹蕉栟。"楊樹達《積微居小學金石論叢・形聲字聲中有義略證》："栟櫚謂之栟，又謂之櫚，又謂之椶。"見"棕櫚"文。

【櫚】

即栟。此稱近代已行用。見該文。

【比櫚】

即棕櫚。此稱明代已行用。《通雅・植物》："比櫚即椶櫚……《玉會篇》：白州比閭，蓋椶櫚也。"見"棕櫚"文。

【棕鬣】

即棕櫚。明清時多行用此稱。《廣群芳譜・木譜十二・棕櫚》："棕櫚，一名栟櫚，俗作棕鬣。皮中毛縷如馬鬃，故名。"《事物異名録・樹木・棕櫚》："棕櫚，俗作棕鬣。"見"棕櫚"文。

落葉松

習見林木名。松科，落葉松屬，落葉松〔*Larix gmelini*（Rupr.）Kuzen.〕。落葉喬木。小枝下垂。葉倒披針狀條形；長枝之葉多散生，短枝之葉常簇生。花單性，雌雄同株；雌、雄球花均單生短枝頂端。球果卵圓形，幼時紅紫色，後變緑，成熟時黄褐至紫褐色。我國主要分布於大興安嶺與小興安嶺等地。木材堅韌，可作建築、舟車、樁木等用材。樹皮可提取栲膠。樹幹含脂，可供取脂。種子可製油漆。

松類多常緑，針葉凌冬不凋，而落葉松則冬季落葉，故名。我國開發利用落葉松歷史頗久，清代前已行用此稱。《康熙幾暇格物編》：

“落葉松。五臺及口外興安高寒之地，有樹名落葉松，枝幹與杉無異，而針亦青葱如蓋，惟經霜雪後則葉盡脱。其木質甚堅，有微毒，斫伐時誤入肌膚驟難平復。根株歷久不朽，沉埋水土中則變爲石。可供磨礪之需，亦松杉之别種也。”清高宗《塞外落葉松歌》：“我聞松柏有本性，經春不榮冬不凋。此木亦被松之名，當秋葉落何刁刁。”《續通志・木類》：“落葉松，塞外興安嶺多有之，五臺亦有。其皮，蒙古無茶時可以當茶。木性最堅，其刺有毒，入肉即爛，入水即沉，所以木商不取。其幹直挺參天，枝葉蔚然，恍若九檐羽蓋。以塞北高寒，經秋葉脱，至春復生。松上寄生白脂，厚五六寸，光潔似玉，微軟而堅，有用之爲靴底者。”清汪灝《隨鑾紀恩》：“灝等從豹尾腐嶺北行……落葉松萬株成林，望之僅如一綫。”清吴其濬《植物名實圖考・木類・松》：“塞外五臺有落葉松，蒙古取其皮以代茶。”清代熱河之宫殿建築，多取此木爲材。《清朝野史大觀》卷二：“木蘭在熱河東北三百餘里，本蒙古地，康熙中近邊諸蒙古獻出，以供聖祖秋獮……其地最多鹿，故云。山多童，惟興安嶺稍有樹……熱河宫殿材，皆取給於此。有落葉松，蓋氣益寒則松葉亦落矣。”

落葉松爲我國東北林區主要森林樹種。大興安嶺、小興安嶺海拔 300~1200 米地帶廣有分布，常可組成大面積單純林，亦可見與白樺、黑樺、山楊、樟子松、紅皮雲杉等組成以落葉松爲主要樹種的混交林。又，落葉松屬約十八種，主要分布於北半球歐、亞及北美之温帶高山與寒温帶、寒帶地區；我國産十種，一變種，主要分布於東北地區及西北、西南各地。有些如四川落葉松、太白落葉松等因分布範圍小，資源數量極少，今已列爲國家重點保護植物。爲了豐富我國樹種資源，我國還從國外引進了日本落葉松等樹種。詳本卷《引種木果説・現代引種木果考》“日本落葉松”文。今本種亦稱“意氣松”“一齊松”“興安落葉松”。

【意氣松】

即落葉松[1]。今東北各地多行用此稱。見該文。

【一齊松】

即落葉松[1]。今東北各地多行用此稱。見該文。

【興安落葉松】

即落葉松[1]。因多産興安嶺，故名。今之通稱。見該文。

圓柏

習見林木名。柏科，圓柏屬，圓柏（*Juniperus chinensis* Roxb.）。常緑喬木。高達 20 米。葉二型：刺葉生於幼枝，鱗葉生於老樹；壯齡樹則兼有刺葉與鱗葉。花單性，雌雄异株，稀同株；雄球花黄色，橢圓形。球果近圓形，二年成熟，暗褐色，被白粉或脱落。種子卵圓形，頂端較鈍。我國各地廣有分布。常栽於庭院供觀賞。木材可製傢具、文具、工藝品，亦可供建築用材。樹根、幹、枝可提取柏木油及柏木腦。枝、葉可入藥。種子可榨油。

我國栽培利用圓柏歷史頗久，先秦時似有栽培，先民早已熟悉此木，時稱“檜”，沿稱於後世。《詩・衛風・竹竿》：“淇水滺滺，檜楫松舟。”《爾雅・釋木》：“檜，柏葉松身。”宋代已行用“圓柏”之稱。《爾雅翼・釋木》：“檜，今人亦謂之圓柏，以别於側柏。”《續通志・木類》:“檜，柏葉松身，見《爾雅》。皮光，葉尖硬如芒刺，一名栝，今人名圓柏。”清陳大章《詩傳名物集覽・木・檜楫松舟》:“朱傳：檜，木名。似柏……今人亦謂之圓柏，以別於側柏，又有一種別名檜。”《廣群芳譜・木譜四・檜》:“檜，柏葉松身。葉尖硬，亦謂之栝，今人名圓柏，以別側柏。”

按，由於栽培歷史悠久，加之我國地域遼闊，本種之變種、變型及栽培品種較多，較常見變種有“偃柏”，亦稱“偃檜”；變型有“垂枝圓柏”；栽培變種有“龍柏”“匐地龍柏”“珠柏”“金葉檜”“金珠檜”“塔柏”“鹿角檜”等。本種大多常用爲庭園觀賞樹。圓柏亦可在華北及長江中下游海拔500米以下，中上游海拔1000米以下排水良好山地營造用材林或防護林。今俗稱“紅心柏”“珍珠柏”。

【檜】

即圓柏。此稱先秦時期已行用，沿稱於後世。見該文。

【紅心柏】

即圓柏。今京津等地多俗用此稱。見該文。

【珍珠柏】

即圓柏。今雲南各地多俗用此稱。見該文。

【栝】

即圓柏。先秦時期已行用此稱。《書・禹貢》:“厥貢羽毛齒革，惟金三品，杶幹栝柏。”孔傳：“柏葉松身曰栝。”《廣雅・釋木》:“栝，柏也。”王念孫疏證：“栝，與檜同。”《西京雜記》卷一：“初修上林苑，群臣遠方，各獻名果異樹……栝十株。”南朝梁江淹《青苔賦》:“故其處石，則松栝交蔭，泉雨長注，絶磵俯視。”宋蘇軾《王仲至侍郎見惠稺栝種之禮曹北垣下今百餘日矣蔚然有生意喜而作》詩：“翠栝東南美，近生神岳陰。惜哉不可致，霜根絡雲岑。”《廣群芳譜・木譜四・檜》:“《水經注》：孔子舊廟西北二里有顔母廟，廟像猶嚴，有修栝五株。”見“圓柏”文。

【檜柏】

即圓柏。此稱宋代已行用。《爾雅翼・釋木》:“又有一種別名檜柏，不甚長，其枝葉乍檜乍柏，一枝之間屢變，人家庭宇，植之以爲玩。”亦稱“刺柏”“真珠柏”。清高士奇《北墅抱甕録・柏》:“〔柏，〕有刺柏，有側柏，有瓔珞柏。三種枝葉各異，刺柏圓而上指，側柏扁而側出，瓔珞長而下垂，皆貫雪凌霜，不改柯葉。”清陳淏子《花鏡》卷三：“柏一名蒼官，一名掬。與松齊壽，有扁柏、檜柏，黄柏、瓔珞柏之異。”今人伊恒校注：“檜柏即圓柏，或刺柏、真珠柏，學名*Juniperus chinensis* Linn.，變種有塔柏、龍柏、偃柏等，樹形均美觀。”按，圓柏之拉丁學名今改*Sabina chinensis*（Linn.）Ant.。伊氏校注頗是。見“圓柏”文。

【刺柏】[2]

即檜柏。因其初生幼枝之葉刺狀，故名。此稱清代已行用。見該文。

【真珠柏】

同“珍珠柏”。即檜柏。今之俗稱。見“檜柏”文。

鉤栗

習見林木名。殼斗科，錐屬，鉤錐（*Castanopsis tibetana* Hance）之別名。常緑喬木。單葉互生，橢圓形，葉緣中上部具疏齒，革質；幼葉背面被紅銹色鱗粃，老葉變爲銀灰色或帶黄棕色。花單性，雌雄同株。堅果扁圓形，密生黄褐色絨毛。我國主要分布於長江以南各地。木材供建築、船櫓、傢具用材。樹皮與殼斗可提製栲膠。果肉可生食，亦可磨粉入藥。

我國栽培利用鉤栗歷史頗久。唐代已行用此稱。亦稱“巢鉤子”“甜櫧子”“鉤櫟”。宋唐慎微《證類本草·果部·鉤栗》：“鉤栗，味甘，平。主不飢，厚腸胃，令人肥健。子似栗而圓小，生江南山谷。樹大數圍，冬月不凋，一名巢鉤子。”明李時珍《本草綱目·果二·鉤栗》：“[釋名]巢鉤子、甜櫧子。〔吴〕瑞曰：鉤栗即甜櫧子。時珍曰：鉤、櫧二字方音相近。其狀如櫟，當作鉤櫟。[集解]〔陳〕藏器曰：鉤栗生江南山谷。木大數圍，冬月不凋，其子似栗而圓小。”《駢字類編·器物門·鉤》：“鉤栗，《本草》：鉤栗，味甘，平，主不饑，厚腸胃，令人肥健。子似栗而圓小。生江南山谷。”清代亦稱“錐栗”。清吴其濬《植物名實圖考·果類·錐栗》：“錐栗，長沙山岡多有之……又一種栗，大如橡栗，味甘，爋食尤美，蓋即鉤栗。其小如茨實者，當即雀子，湖南通呼錐栗，一類有大小耳。”清刊《授時通考·農餘門·果二》：“《蜀本圖經》云：板栗，錐栗，芧栗。”今通稱“鉤栲”，亦稱“木栗”“厚栗”“猴板栗”“葫蘆樹”。

【巢鉤子】

即鉤栗。此稱宋代已行用。見該文。

【甜櫧子】

即鉤栗。此稱元代已行用，語本元吴瑞《日用本草》。見該文。

【鉤櫟】

即鉤栗。此稱明代已行用。見該文。

【錐栗】[1]

即鉤栗。此稱清代已行用，今湖南各地仍沿用此稱。見該文。

【鉤栲】

即鉤栗。今之通稱。見該文。

【木栗】

即鉤栗。今浙江各地多行用此稱。見該文。

【厚栗】

即鉤栗。今湖南各地多行用此稱。見該文。

【猴板栗】

即鉤栗。今湖北各地多行用此稱。見該文。

【葫蘆樹】

即鉤栗。今安徽各地多行用此稱。見該文。

構樹

習見林木名。桑科，構屬，構樹〔*Broussonetia papyrifera*（Linn.）L. Hér. ex Vent.〕。落葉喬木。莖、葉具乳汁。嫩枝被柔毛，後漸脱落。單葉互生，寬卵形，葉面暗緑色，生粗糙伏毛，背面灰緑色，密被柔毛。花單性，雌雄异株。聚花果肉質，球形，橙紅色。我國大部地區均有分布。莖皮纖維優良，可供造紙。種子可榨油。嫩根、根皮、樹皮、樹枝、葉、莖、皮部之白乳汁均可入藥。

我國栽培利用構樹歷史悠久。先秦時稱“穀”。《詩·小雅·鶴鳴》：“樂彼之園，爰有樹檀，其下維穀。”毛傳：“穀，惡木也。”先秦時亦稱“楮”，魏晋時始稱“構樹”，單稱“構”。《山海經·西山經》：“又西二百五十里，曰衆獸之山，其上多㻬琈之玉，其下多檀楮。”又《南山經》：“其首曰招摇之山……有木焉，其狀如穀而黑理。”晋郭璞注：“穀，楮也。皮作紙。璨曰，穀亦名構。”《説文·木部》：“楮，穀也……柠，楮或從宁。”袁珂譯注：“穀（gòu 够）……郝懿行云：陶宏景注《本草經》云：穀即今之構樹是也；穀，構聲。故穀亦名構。”南北朝時其栽植經驗已頗豐富。北魏賈思勰《齊民要術・種穀楮》：

楮
（清吴其濬《植物名實圖考》）

“楮宜澗谷間種之。地欲極良。秋上楮子熟時，多收，净淘，曝令燥。耕地令熟，二月耬耩之，和麻子漫散之，即勞［耢］。秋冬仍留麻勿刈，爲楮作暖。明年正月初，附地芟殺，放火燒之。一歲即没人，三年便中斫。斫法：十二月爲上，四月次之。每歲正月，常放火燒之。二月中，間斫去惡根。移栽者，二月蒔之。亦三年一斫。”又其《五穀果蓏菜茹非中國物産者》：“楮，《南方記》曰：楮樹子似桃實，二月花色連著實，七八月熟，鹽藏之，味辛。出交趾。”本種萌芽力强，撩荒地常見自生構樹。唐段成式《酉陽雜俎・木篇》：“穀田久廢必生構。”清蒲松齡《農桑經殘稿・四月》：“楮，實熟時，淘净曬乾，用麻子種熟地中，至冬，留麻取煖，明春燒之；待其長起，移栽地邊，三年可以斫皮。”清姚炳《詩識名解・木部・穀》：“穀（《小雅・鶴鳴》篇），《廣雅》訓穀爲楮，陸璣云幽州人謂之穀桑，或曰楮桑。”

【穀】

即構樹。此稱先秦時期已行用。今人夏緯瑛《植物名實札記・穀》稱，“穀”字，一體作“㯼”，或假借爲構字。穀之爲構，依李時珍所云，楚人呼乳爲穀，其木中有汁如乳，故以名之。夏説或是。此附。見“構樹”文。

【楮】

即構樹。此稱先秦時期已行用。見該文。

【構】

“構樹”之省稱。此稱魏晋時期已行用。見該文。

【楮桃樹】

即構樹。此稱多行用於明代。明朱橚《救荒本草》卷六：“楮桃樹……生少室山，今所在有之。樹有二種：一種，皮有斑花紋，謂之斑穀，人多用皮爲冠；一種皮無花紋，枝葉大相類。其葉似葡萄，作瓣叉，上多毛澀，而有子者爲佳。其桃（果實）如彈大，青緑色，後漸變深紅色，乃成熟。”明鮑山《野菜博録》卷四：“楮桃樹，一名楮實。所在有之。葉似葡萄葉作瓣叉，上多毛澀，而有子者佳。桃如彈大，青緑色，後變紅成熟。浸洗去穰取中子，實葉俱味甘，性寒凉，無毒。”參閲清吴其濬《植物名實圖考・木類・楮》。見“構樹”文。

楮桃樹
（明鮑山《野菜博録》）

【楮樹】

即構樹。亦稱“穀樹”。宋代已行用此稱，沿稱於後世。宋朱鑑《文公易説・繫辭下傳》：“又如草木之有雌雄，如銀杏、桐樹、楮樹。”宋蘇易簡《文房四譜・紙譜》：“永徽中，定州僧修德欲寫華嚴經，先以沉香積水種楮樹，俟其拱，取之造紙。”明宋應星《天工開物·紙料》：“凡紙質，用楮樹（一名穀樹）皮與桑穰，芙蓉膜等諸物者爲皮紙。”明徐光啓《農政全書》卷三七：“穀樹：取其幹可作骨，取其汁可作膠書金字，取其子中藥材，取其皮可造紙，取其木可種蕈。”清陳淏子《花鏡》卷三：“楮，一名穀樹。有二種：一雄，皮斑而葉無椏叉，三月開花，即成長穗，似柳花而無實。一雌，皮白，中有白汁如乳，葉有椏叉，似葡萄，開碎花，結實紅似楊梅，但無核而不堪食。”見“構樹”文。

【穀樹】

即楮樹。此稱明代已行用。見該文。

【稷穀樹】

即構樹。此稱漢代已行用。《格致鏡原·木類二·楮》引《漢書·郊祀志》“稷穀樹”，師古注：“穀樹，楮樹也。其子類穀，故曰稷種。”見“構樹”文。

【穀桑】

即構樹。北地之古語。此稱行用於三國時。亦稱“林桑”“楮桑”。三國吴陸璣《毛詩草木鳥獸蟲魚疏·其下維穀》：“穀，幽州人謂之穀桑。”《爾雅翼·釋木》：“穀，惡木也，易生之物。一説穀［穀］田久廢則生穀，此聲所以通於穀……陸璣以爲穀幽州謂之穀桑，或曰楮桑，然則蓋一物也。”明徐光啓《農政全書》卷三八：“陸璣《詩疏》云：構，幽州謂之穀桑，或曰林桑。荆、揚、交、廣謂之穀。”清刊《授時通考·農餘門·木一》：“楮，一名穀，一名穀桑。”又引陸璣《詩疏》：“構，幽州謂之穀桑，或曰楮桑，荆、揚、交、廣謂之穀，中州人謂之楮。食其嫩芽，可當菜茹。”清姚炳《詩識名解·木部·穀》：“穀（《小雅·鶴鳴》篇），《廣雅》訓穀爲楮，陸璣云幽州人謂之穀桑，或曰楮桑。”見“構樹”文。

【林桑】

即穀桑。此稱三國時期已行用。見該文。

【楮桑】

即穀桑。此稱三國時期已行用。見該文。

【柠】

即構樹。此稱漢代已行用。《説文·木部》：“柠，楮。或從宁。”《集韻·上語》：“柠，木名。”明李時珍《本草綱目·木三·楮》：“楮本作柠，其皮可績爲紵故也。”清刊《授時通考·農餘門·木一》：“《本草》李時珍曰：楮本作柠，其皮可績爲紵故也。”見“構樹”文。

榿木

習見林木名。樺木科，榿木屬，榿木（*Alnus cremastogyne* Burkill）。落葉喬木，高可達40米，樹皮平滑，灰色。小枝幼時具柔毛，後脱落，有皮孔。單葉互生，倒卵狀橢圓形或橢圓形上面緑色，下面淡緑色，邊緣有不規則鋸齒。花單性，雌雄同株；雌雄花均柔荑花序，各單生於葉腋間，雄花序伸長，雌花序球形。翅果，卵形，具膜翅。我國主要分布於四川、貴州、陝西等地。常見於山坡、溝邊或林中。木材可爲薪炭，亦可製各種傢具。嫩葉可代茶飲，還可入藥療疾。

我國利用榿木歷史悠久，唐代稱“榿樹”。宋代已行用“榿木”之稱。省稱“榿”。亦稱“蜀木”。宋宋祁《益部方物略記·榿》：“厥植易安，數歲輒林。民賴其用，實代其薪。不棟不梁，亦被斧斤。”書注：“右榿，亦得所宜，民家蒔之，不三年材可倍常，人多薪之，疾種亟取，里人以爲利。”《宋史・五行志》：“元符元年八月，施州李木連理。二年九月，眉山縣榿木二株，異根同幹，木枝相附。”明曹學佺《蜀中廣記・方物記・木》：“《山海經》：‘單狐之山多机木。’郭注：‘机似榆，可燒以糞稻田，出蜀中。’《丹鉛録》以爲即今之榿。《總志》云：‘榿，古稱蜀木，成都爲盛也。’”《續通志・木類》：“榿（音欹）木，一名蜀木，見《四川志》。《益部方物略》所云民家樹榿，不三年材可倍常，故杜甫詩云：飽聞榿樹三年大。”《四川通志・物産志・成都府》：“榿木，古稱蜀木。惟成都最多，江干林畔蓊蔚可愛。”今亦稱“水青岡”“羅拐木”。

【榿】

“榿木”之省稱。此稱宋代已行用。見該文。

【榿樹】

即榿木。此稱唐代已行用。見該文。

【蜀木】

即榿木。此稱明代已行用。見該文。

【水青岡】

即榿木。今稱。見該文。

【羅拐木】

即榿木。今稱。見該文。

【机木】

“榿木”之古稱。此稱先秦已行用。《山海經・北山經》：“北山經之首曰單狐之山，多机木。”晉郭璞注：“机木似榆，可燒以糞稻田。出蜀中。”漢揚雄《蜀都賦》：“春机楊柳，褭弱蟬抄。”宋章樵注：“机，音几。《玉篇》：‘机木，出蜀中。’”《通雅・植物》：“《山海經》：‘單狐之山，多机木。’郭云：‘机似榆，可燒以糞稻田，出蜀中。’升菴曰即榿。”清刊《淵鑑類函》卷四一六：“榿，《山海經》曰：‘單狐之山多机木。’郭注：‘似榆，可燒以糞田。’楊慎曰：‘即榿木。’”見“榿木”文。

榕樹

習見林木名。桑科，榕屬，榕樹（*Ficus microcarpa* L. f.）。常緑大喬木。枝擴展，冠龐大如傘狀；具白乳汁。枝幹可生氣根，著地而生，挺直如柱。單葉互生，革質，闊卵形或倒卵狀長圓形，全緣或呈淺波狀。隱頭花序，單生或雙生於葉腋内，倒卵球形，初乳白色，成熟時黄或淡紅色，五至六月開花，九至十月果熟。我國主要分布於兩廣、海南、閩、臺、黔、貴及浙南等地。因其長壽，蔭廣，常植於街道、村頭、寺院等地，以供觀賞、庇蔭。樹皮可提取栲膠，其纖維可製魚網及人造棉。氣根、樹皮、葉、果實、樹膠均可入藥。

我國栽培榕樹逾一千五百年歷史。晉代已行用此稱。以其冠闊、蔭廣、能容，故名，沿稱至今。晉嵇含《南方草木狀》卷中：“榕樹，南海、桂林多植之。葉如木麻，實如冬青，樹幹拳曲，是不可以爲器也；其木棱理而深，是不可以爲材也；燒之無焰，是不可以爲薪也。以其不材，故能久而無傷，其蔭十畝，故人以爲息焉。”唐劉恂《嶺表録異》卷中：“榕樹，桂廣容南府郭之内多栽此樹。葉如冬青，秋冬不凋。枝條既繁，葉又蒙細，而根鬚繚繞，枝幹屈盤上生，嫩條如藤垂下漸及地。藤梢入土，根節成一大榕樹。三五處有根者，又横枝著隣樹則連理，南人以爲常，不謂之瑞木。”亦單稱“榕”。唐柳宗元《柳州二月榕葉落盡偶題》：“山城過雨百花盡，榕葉滿庭鶯亂啼。”《全芳備祖後集》卷一八“榕”條：“榕葉如冬青，其葉不凋。榕樹一株可以庇蔭數畝，泉、福間多産此木。”明湯顯祖《送袁生謫南寧郡》詩：“白髮孤游銅柱西，瘴來江影似如霓。千山落月無人語，榕樹蕭蕭倒挂啼。”清陳元龍《格致鏡原·木類二·榕》引《閩部疏》：“榕，賤木也。至福州始多，故以名城，然至漳、泉間更多而鉅，扶疏旁出，根如流蘇下垂。”清吴其濬《植物名實圖考·木類·榕》：“榕樹，兩廣極多，不材之木。然其葉可蔭行人，可肥田畝；木歲久則成伽南香，根大如屋。江西南贛皆有之，稍北遇寒即枯，故有‘榕不過吉’之諺。”《福建通志·雜紀·漳州府》：“成化九年四月，有大鳥止郡庭榕樹上，身色青灰，翅黑，嘴足淡紅，高丈餘，展翼盈二丈，攫紫燕白鷺食之。知府張瓚射中其頸，飛去復來，爲弩人射死。”

榕
（清吴其濬《植物名實圖考》）

榕樹枝葉繁茂，樹冠極廣，用於庭院、公園、街衢緑化，頗受人們歡迎。廣東新會天馬村一株榕樹已生長三百八十餘年，覆蓋面積多達一萬多平方米，樹上栖鳥類成千上萬隻，鳥樹相依，人鳥共處，和諧奇特，實爲世間罕有之風景。1933年，文學家巴金乘船游覽後，寫下優美散文《鳥的天堂》，“小鳥天堂”從此得名，慕名觀賞者絡繹不絶。今榕樹主要仍用於城鎮緑化，閩粤諸地隨處可見，實爲環境美化優良樹種。今亦稱“正榕”“官榕木”“小葉榕”。

【榕】

“榕樹”之省稱。此稱唐代已行用。見該文。

【正榕】

即榕樹。今浙江平陽等地多行用此稱。見該文。

【官榕木】

即榕樹。今福建、廣東等地多行用此稱。見該文。

【小葉榕】

即榕樹。今兩廣等地多行用此稱。見該文。

【槦】

即榕樹。其木不材，故名。此體多行用於唐代。《太平廣記》卷四九九引唐尉遲樞《南楚新聞·郭使君》：“是夕宿于斯，結纜于大槦樹下。夜半，忽大風雨，波飜岸崩。樹卧枕舟，舟不勝而沉。”《古今圖書集成·博物彙編·草木典》引《閩書》：“榕蔭極廣，以其能容，故名曰榕。《海物異名記》云：或作槦，言材不中梓人也。”見“榕樹”文。

【松】

即榕樹。閩地方言。此稱多行用於明清時。《格致鏡原·木類二·榕》引明謝肇淛《五雜俎》：“榕木惟閩廣有之，而晋安城中最多，故謂之榕城，亦曰榕海，云其木最易長……閩人方言亦謂之松。按松字古作㮤，則亦與榕通用矣。”見“榕樹”文。

【㮤】

同“松”。此體多行用於閩地。明清時常沿稱。見該文。

【倒生木】

即榕樹。此稱唐代已行用。沿稱於後世。

亦稱“不死樹”。唐段成式《酉陽雜俎續集・支植下》:“倒生木，此木依山生根，在上有人觸則葉翕，人去則葉舒，出東海。”《通雅・植物》:“贊寧《志》所云：倒生木，不死樹，横枝生根，下地如柱，即榕無疑。”明徐應秋《玉芝堂談薈》卷三五：“東海有倒生木，根在上，有人觸之則葉翕，人去則舒。”清趙學敏《本草綱目拾遺・木部・榕鬚》:“贊寧《志》所云：倒生木，不死樹。横枝生根，下地如柱，即榕無疑。”見“榕樹”文。

【不死樹】

即倒生木。此稱宋代已行用。見該文。

【倒生樹】

即榕樹。據傳此樹可倒插生根，故名。此稱多行用於清代。清屈大均《廣東新語・木語・榕》:“榕，葉甚茂盛，柯條節節如藤垂……其樹可以倒插，以枝爲根，復以根爲枝，故一名倒生樹。”清趙學敏《本草綱目拾遺・木部・榕鬚》:“《粤志》：榕葉甚茂盛，柯條節節如藤垂……其樹可以倒插，以枝爲根，復以根爲枝，故一名倒生樹。”見“榕樹”文。

蒲葵

習見林木名。棕櫚科，蒲葵屬，蒲葵〔*Livistona chinensis*（Jacq.）R.Br. ex Mart.〕。常緑喬木。樹皮灰白，單幹直立，具密接環紋。葉似棕櫚，闊腎狀扇形，直徑達1米以上，裂片多數，先端二裂，裂深達葉中部以下；葉柄長，平凸狀，下部有逆刺二裂。圓錐花序腋生，長大，疏散而廣歧；佛焰苞棕色，筒狀，革質，二裂；花小，淡緑色，無柄。核果橢圓形或矩圓形，狀如橄欖，成熟時黑色。原産我國，主要分布於福建、廣東、海南及臺灣等地。多栽植供觀賞。葉可製扇（即蒲扇）。苞毛可代索。葉、種子及根可入藥。

此稱晋代已見行用，并沿稱至今。單稱“葵”。《晋書・謝安傳》:“安問其歸資，答曰：‘有蒲葵扇五萬。’安乃取其中者捉之，京師士庶競市，價增數倍。”晋嵇含《南方草木狀》卷上：“蒲葵如栟櫚，而柔薄可爲葵笠，出龍川。”唐王叡《祠漁山神女歌二首》詩之一：“蓪草頭花椰葉裙，蒲葵樹下舞蠻雲。”宋范成大《嘲蚊四十韻》詩：“驅以葵扇風，熏以艾烟濕。”《通志・木類》:“南方又有虎散、桄榔、冬葉、蒲葵、椰子、檳榔、多羅等與棕櫚同類。”《續通志・昆蟲草木略》:“蒲葵如栟櫚而柔薄，可爲葵笠。出龍川。”蒲葵，閩粤諸地出産尤多。《福建通志・物産・木之屬》:“蒲葵葉似棕，可爲扇，亦可爲笠。”《廣東通志・物産志・菜》:“棕櫚，葉如蒲葵，近頂節節生葉。”清屈大均《廣東新語・器語》:“蒲葵樹身幹似桄榔。花亦如之。一穗有數百千朵。下垂子如橄欖。肉雖薄可食。新會西沙頭、西誦、黎樂、新閩諸鄉多種之。”

按，蒲葵與棕櫚形態頗肖，俗常混爲一種。宋人孫奕《示兒編・人物異名》引《廣雅》曰“棕櫚名蒲葵”是證。然此二物爲同科异屬之异種樹木。參見本卷《習見木竹説・習見林木考》“棕櫚”文。

【葵】

“蒲葵”之省稱。此稱宋代已行用。見該文。

【老葵樹】

即蒲葵。特指其采種之母樹。此稱多行用於清代。干鐸等《中國林業技術史料初步研究・種子》引《農學叢書》:“〔蒲葵〕結子傳種之樹，名曰‘老葵樹’，不能割葉爲扇。樹經三十年後始開花結實。花時在清明節後十餘日。生嫩子，逾大，寒節乃落，取而種之。”見“蒲葵”文。

銅錢樹

習見林木名。鼠李科，馬甲子屬，銅錢樹（*Paliurus hemsleyanus* Rehd.）。落葉喬木。樹皮暗灰色，小枝細長，無毛，密被小皮孔。單葉互生，橢圓狀卵形至闊卵形。聚傘花序腋生或頂生；花小，黄緑色。核果，周圍有木栓質薄翅，近圓形，狀如銅錢，紫褐色。我國主要分布於湖北、四川、陝西、安徽、江蘇、廣西、雲南諸地。木材可製器具。樹皮可提製栲膠。根可入藥。

清代已行用此稱。亦稱“馬鞍樹”，省稱“馬鞍”。清吴其濬《植物名實圖考・山草類・馬甲子》:“按《遵義府志》:馬鞍樹開花結子，殼似五兩錢，子在錢内，熟時極紅。取子搾油，可作燭。又《思南府志》:銅錢樹一名馬鞍，秋開黄花，果三棱，淡紅色；子壓油，不中食。蓋即此。”按，本屬尚有馬甲子，種實與此相似，然爲落葉灌木，自是另種。《圖考》謂爲一種，實誤。參見本卷《習見木竹説・習見林木考》“馬甲子”文。本種今亦稱“鳥不宿”。

【馬鞍樹】[1]

即銅錢樹。此稱清代已行用。見該文。

【馬鞍】

即銅錢樹。此稱明清時期已行用。見該文。

【鳥不宿】[1]

即銅錢樹。今四川各地多行用此稱。見該文。

銀白楊

習見林木名。楊柳科，楊屬，銀白楊（*Populus alba* Linn.）。落葉喬木。樹冠開闊，樹皮白或灰白色。芽及幼枝密被白絨毛。單葉互生，卵圓形，幼葉兩面被白絨毛，後僅背面被白絨毛。蒴果圓錐形。我國主要分布於西北各地，多用於平原及沙荒造林。華北各地亦有栽培。木材可供建築、橋梁、傢具、造紙等用材。其樹幹、枝、芽、葉皆具白色絨毛，樹姿亦秀美，可供觀賞。

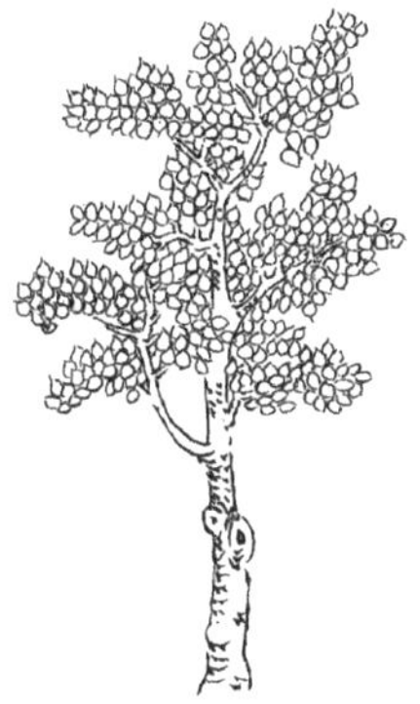

白　楊
（《證類備急本草畫圖》）

我國栽培利用銀白楊歷史頗久，明代常用於歉年救飢，時稱“白楊樹”。明徐光啓《農政全書》卷五四引《救荒本草》:“白楊樹，《本草》:白楊樹皮，舊不載所出州土，今處處有之。此木高大，皮白似楊，故名。葉圓如梨，肥大而尖；葉背甚白，葉邊鋸齒狀；葉蒂小，無風自動也。”今人石聲漢校注以爲白楊樹即銀白楊。清陳元龍《格致鏡原・木類二・楊柳》:“《群芳譜》:楊有二種，一種白楊，葉芽時有白毛裹之，及盡展，似梨葉而稍厚大，淡青色，背有白茸毛。”以此説白楊亦即銀白楊。今亦稱“白楊”“羅圈楊”。

【白楊樹】

即銀白楊。此稱明代已行用。見該文。

【白楊】

即銀白楊。今新疆各地多行用此稱。見該文。

【羅圈楊】

即銀白楊。今新疆各地多行用此稱。見該文。

漆樹

習見林木名。漆樹科，漆樹屬，漆樹〔*Toxicodendron vernicifluum*（Stokes）F.A. Barkley〕。落葉喬木。樹皮灰白色，粗糙，不規則縱裂。小枝粗壯，被棕色柔毛。奇數羽狀複葉，螺旋狀互生，小葉全緣，兩面沿葉脈生短柔毛。花雜性或雌雄异株，圓錐花序腋生，具短柔毛；花密而小，黄緑色。果序下垂，核果扁圓形，黄色。除新疆外，我國各地幾乎均有分布。樹幹可割生漆乳液。種子能榨油。果皮可取蠟。葉可提取栲膠。根、根皮、樹皮、芯材、樹脂、葉、種子均可入藥。

我國栽培利用漆樹歷史頗久。先秦時常用以製琴瑟及割漆。時已行用此稱。亦單稱“漆”。并沿稱於後世。《詩・鄘風・定之方中》：“樹之榛栗，椅桐梓漆，爰伐琴瑟。”《莊子・人間世》：“桂可食，故伐之；漆可用，故割之。”秦漢時常用乾漆入藥療疾。《神農本草經・上品・乾漆》：“乾漆，味辛，温，無毒……久服，輕身耐老，生川谷。”漢代漆樹栽培已積纍了較豐富之經驗。漢崔寔《四民月令・正月》：“自朔暨晦，可移諸樹：竹、漆、桐、梓、松、柏、雜木；唯有果實者及望而止。”元明時種漆、割漆、用漆經驗已很豐富。元王禎《農書》卷一〇：“漆樹皮白，葉似椿，花似槐子，今處處有之，而梁蜀者爲勝。春分前後移栽，後樹高，六七月，以剛斧斫其皮開，以竹管承之，汁滴則成漆。用漆在燥熱及霜冷時則難乾，得陰濕，雖寒月亦易乾，物之性也……凡驗〔漆〕惟稀者，以物蘸起，細而不斷，斷而急收起，及塗於乾竹上蔭之，速乾者，乃佳。”元許謙《詩集傳名物鈔》卷三：“栲，生山中，似樗因名山樗，亦類漆樹，俗語‘樗樗栲漆，相似如一。’”明馮復京《六家詩名物疏・山有樞篇・栲》：“《爾雅》云：栲，山樗……亦類漆樹。”清王夫之《詩經稗疏・唐風・栲》：“毛傳：山樗。郭璞曰：栲似樗，色小白，生山中，亦類漆樹。”

漆

（清吴其濬《植物名實圖考》）

漆樹爲我國重要經濟樹種，今各地廣行栽培，所收漆液大宗出品歐美各國。民間亦稱“山漆”“楂首”“大木漆”“小木漆”，俗稱“瞎妮子”。

【漆】

即漆樹。此稱先秦時期已行用。見該文。

【山漆】[2]

即漆樹。今福建、湖南等地多行用此稱。見該文。

【楂首】

即漆樹。今湖南各地多行用此稱。見該文。

【大木漆】

即漆樹。今湖北各地多行用此稱。見該文。

【小木漆】

即漆樹。今湖北各地多行用此稱。見該文。

【瞎妮子】

即漆樹。今山東各地俗用此稱。見該文。

【漆木】

即漆樹。此稱先秦時期已行用。《山海經·西山經》:"又東二百里曰京山，有美玉，多漆木、多竹。"宋王質《雪山集·承元居士傳》:"乾，天也，離火也，漆木之滋也。"《格致鏡原·日用器物類二·漆》引《群芳譜》:"漆木，高二三丈，皮白。六月中以剛斧斫皮開，以竹筒承之，液滴之則成漆，先取其液，液滿則樹菑翳。一云取於霜降後者更良。"見"漆樹"文。

【柒木】

即漆樹。此稱先秦時期已行用。"柒"亦作"七"。《山海經·西山經》:"又西百二十里曰剛山，多柒木。"畢沅校:"〔柒〕當爲桼。"《字彙·木部》:"柒與桼［漆］同。"《四庫全書考證》卷一九:"柒木，見《山海經》。"《说文·桼部》段玉裁注:"漢人多假桼爲七字。"見"漆樹"文。

【桼】

同"漆"。亦作"㯃""髤"。此體多行用於漢代，沿稱於後世，今已不用。《說文·桼部》:"桼，木汁，可以髤物。從木，象形，桼，如水滴而下也。"段玉裁注:"木汁名桼，因名其木曰桼。今字作'漆'，而'桼'廢矣。"亦稱"桼樹"。《漢書·貨殖傳》:"陳、夏千畝桼，齊、魯千畝桑麻……此其人皆與千户侯等。"唐顔師古注:"種桼樹而取其汁。"《玉篇·桼部》:"桼，木汁可以髤物，今爲漆。"唐杜甫《寄贊上人》詩:"近聞西枝西，有古杉桼稠。"《類篇·桼部》:"㯃，木汁，可以髤物。象形，㯃，如水滴而下，凡㯃之類皆從，古作髤。"清陳元龍《格致鏡原·木類三·諸木》:"《群芳譜》:漆，一名桼，似榎而大，樹高二三丈餘，身如柿，皮白，葉似椿，花似槐，子似牛李，木心黄。生漢中山谷。梁、益、陜、襄、歙州皆有。金州者最善，廣州性急易燥。"清龔自珍《農宗》:"大宗有十口，實食三十畝，桑、苧、木棉、竹、桼、果蓏十畝。"見"漆樹"文。

【㯃】

同"桼"。此體宋代已行用。見該文。

【髤】

同"桼"。此體宋代已行用。見該文。

【桼樹】

即桼。此稱唐代已行用。見該文。

【膝樹】

"漆樹"之訛稱。此稱晋代已行用。晋崔豹《古今注》卷下:"膝樹，以剛斧斫其皮開，以竹管承之，汁滴管中，即成膝也。"見"漆樹"文。

【榛】

即漆樹。此稱漢代已行用。《説文·桼部》:"木汁，可以髤物。從木，象形，桼如水滴而下也。"《全芳備祖後集》卷一九"榛"引崔迪《五言古詩》:"好閑早成性，果此諧宿諾。今日榛園游，還同莊叟樂。"清陳淏子《花鏡》卷三:"榛，一作漆。生蜀、漢、江、浙等處。木高二三丈，皮白。葉似椿，花似槐，子若牛李。木心黄，可作杖。夏至後，以剛斧斫其皮，將竹管承取其汁，用漆器具甚妙。"見"漆樹"文。

樺木

習見林木名。樺木科，樺木屬，樺木（*Betula platyphylla* Suk.）。落葉喬木。樹皮灰白，易剥落。嫩枝紅褐色，光滑無毛，生白色皮孔。葉卵狀三角形至三角狀卵形或卵狀菱形，緣有重鋸齒，具柄。花單性，雌雄花均集成柔荑花序。果序單生，圓柱狀。翅果莢橢圓形，膜質翅與果近等寬。我國主要分布於東北、西北及西南各地。木材供建築。樹皮可提取栲膠或用爲人造纖維原料。種子可榨油。木材及葉可染黃。樹皮及芽可入藥。

樺　木
（清吴其濬《植物名實圖考》）

我國栽培歷史悠久，至遲三國時期已行用此稱。單稱"樺"。南北朝時期多栽植以爲祭祀。《魏書・禮志一》："〔李〕敞等既祭，斬樺木立之……後所立樺木生長成林。"其皮輕軟易剥，常用以襯靴，包裹刀、弓，或用以代燭。《爾雅翼・釋木》："樺木，似山桃，《上林賦》：'華楓枰櫨。'華，即今之皮貼弓者。鉢室韋國用樺皮蓋屋。又，隋大業中，汾州起汾陽宫，宫南外平林率是大樺木，高百餘尺。"《續資治通鑑長編・神宗元豐五年》："（六月）丁巳，軍器監言相州都作院造防城箭三十三萬，河北無竹笴，乞依定州用樺木笴，從之。"宋陸游《夢行小益道中》詩："棧雲零亂馱鈴聲，驛樹輪囷樺燭明。"明李時珍《本草綱目・木二・樺木》："樺木生遼東及臨洮、河州、西北諸地。其木色黄，有小斑點紅色，能收肥膩。其皮厚而輕虚軟柔，皮匠家用襯靴裏，及爲刀把之類，謂之暖皮。胡人尤重之。以皮卷蠟，可作燭點。"清陳元龍《格致鏡原・木類三・樺》引《五雜俎》："樺木皮軟而中空若敗絮焉，故取以貼弓，便於握也，又可以代燭。余在青州，持官炬者皆以鐵籠盛樺皮，燒之易燃而無烟也。"

按，今人夏緯瑛《植物名實札記・樺木》以爲古"華"亦作"畫"，樺木皮有斷續相接而平行排列之綫紋，若用筆畫成，故從木名樺。此説或是。我國樺木有三個變種，即白樺、四川白樺、青海白樺。今除用木皮入藥外，其樹液亦開發爲中草藥及飲料，藥效及營養價值頗高。今俗稱"紅樺""樺皮樹"。

【樺】

即樺木。此稱漢代已行用。見該文。

【紅樺】

即樺木。今河北各地多俗用此稱。見該文。

【樺皮樹】

即樺木。因民間常取其皮用，故名。今之俗稱。見該文。

【樺皮木】

即樺木。此稱多行用於明代。《格致鏡原木類二・樺》引明曹昭《格古要論》："韃靼樺皮木出北地，色黄，其斑如米大，微紅色，能收肥膩，甚難得，裹刀把爲最。今人以樺皮飾弓，名樺皮弓。又以襯靴。"見"樺木"文。

【華】

同"樺"。即樺木。此體多行用於先秦時，沿用於後世。《莊子・讓王》："原憲華冠縰履，杖藜而應門。"郭象注："華冠，胡化反，以樺木皮爲冠。"《漢書・司馬相如傳》："沙棠櫟櫧，華楓枰櫨。"顔師古注："華即今之皮貼弓者也。"王先謙補注："沈欽韓曰：'華當作樺。'"見"樺木"文。

【樺】[1]

同“樺”。即樺木。此體行用於晋代，於後世沿用。明李時珍《本草綱目·木二·樺木》［釋名］引唐陳藏器曰：“晋中書令王珉《傷寒身驗方》中作樺字。”《廣群芳譜·木譜十二·樺木》：“《本草》樺，古作樺。畫工以皮燒烟熏紙作古畫字，故名，俗省作樺字也。”清陳元龍《格致鏡原·木類二·樺》引《格物總論》：“樺木似山桃，皮上有紫黑花，匀者用以裹鞍及弓、鐙，又可以入藥用，字亦作樺。”見“樺木”文。

【檴】

同“樺”。即樺木。此體漢代已行用。亦稱“落”。亦作“槬”。《爾雅·釋木》：“檴，落。”郭璞注：“可以爲杯器素。”《説文·木部》：“槬，木也。其皮裹松脂。從木，虖聲。讀若華。檴，或從蒦。”段玉裁注：“《釋木》：‘檴，落。’郭云：‘可以爲杯器素。’按《小雅》：‘薪是穫薪。’箋云：‘穫，落，木名也。’依鄭（玄）則字宜木旁。檴古今字也。”按，穫（音huò），作“刈穀”解（見《説文·木部》），即俗謂之收穫，常與檴相混。今宜辨之。清吴其濬《植物名實圖考·木類·樺木》：“樺木，《開寶本草》始著録。山西各屬山中皆産，關東亦饒。湖北施南山中，剥其皮爲屋。古有樺燭，今罕用。考《説文》，槬或從蒦；段氏注云，俗作樺。《爾雅》檴落，郭注可以爲杯器素。《詩經》無浸檴薪。今五臺人車其木以爲椀盤，色白無紋，且易受采，雁門人斧其枝以爲柴。則杯器素及檴薪之用，今猶古矣。”見“樺木”文。

【落】

即檴。此稱漢代已行用。見該文。

【槬】[2]

同“檴”。此體漢代已行用。見該文。

【白樺木】

即樺木。其皮色白，故名。此稱清代已行用。清阿桂等《滿洲源流考·山川一·長白山》：“由此前進直至長白山脚下，見一處周圍林密，中央地平而圓，有草無木，前面有水，其林離駐劄處半里方盡，自林盡處有白樺木，宛如栽植，香木叢生，黄花燦爛。”又其《國俗五》曰：“樺木之用在皮，厚者盈寸，取以爲室，上覆爲瓦，旁爲墻壁户牖，體輕而工省，逐獸而頻移，山中所産，不可勝用也。”參閲《清朝野史大觀》卷二。見“樺木”文。

樟樹

習見林木名。樟科，樟屬，樟樹〔*Cinnamomum camphora*（Linn.）J. Presl〕。常緑喬木。枝、葉具樟腦味。單葉互生，卵形，革質。圓錐花序，腋生；花小，黄緑色。核果，球形，紫黑色。我國主要分布於長江以南及西南各地，而以臺灣最多。爲特用經濟林及庭院、道路緑化觀賞樹種。木材可供造船、建築、傢具用材。木材、根、枝、葉可提取樟腦及樟腦油。種子可提取工業用油。根、果、枝、葉可入藥。

樟
（清吴其濬《植物名實圖考》）

我國樟樹栽培至少有二千餘年歷史。先秦時始稱“章”，以其木理多文章，故名。魏晋時已行用“樟樹”之稱。亦稱

"樟木"。省稱"樟"。《字彙補・立部》："章，與樟同。"《左傳・哀公十六年》："子期曰：昔者吾以力事君，不可以弗終。抉豫章以殺人，而後死。"《史記・司馬相如列傳》："其北則有陰林巨樹，楩枏豫章。"唐張守節正義："案：（温）活人云：豫，今之枕木也。章，今之樟木也。二木生至七年，枕樟乃可分别。"晋干寶《搜神記》卷一八："吴先主時，陸敬叔爲建安太守，使人伐大樟樹，下數斧，忽見血出，樹斷有物，人面狗身，從樹中出。"《藝文類聚》卷一〇引臧榮緒《晋書》曰："王廙爲鄱陽太守，有枯樟樹更生。王敦表勸進中宗曰：'皓獸應瑞而來。'臻樟樹久枯而更榮。"《太平御覽》卷九五七："《地理志》曰豫章郡城南有樟樹，長數十丈。立郡因以爲名，至晋永嘉年尚茂。"明方以智《物理小識・醫藥類》："熙寧九年，英州雷震，一山樟樹盡枯，中皆龍腦。"清錢泳《履園叢話・舊聞・康熙六巡江浙》："無錫惠山寄暢園有樟樹一株，其大數抱，枝葉皆香，千年物也。"

按，樟屬植物約二百五十種，我國產六十四種，多爲優良用材樹及特用經濟林樹種。樟樹今亦稱"烏樟""傜人柴""栲樟""山烏樟""小葉樟"。

【章】

即樟樹。此稱先秦時期已行用。見該文。

【樟木】

即樟樹。此稱唐代已行用。見該文。

【樟】

"樟樹"之省稱。此稱唐代已行用。見該文。

【烏樟】[1]

即樟樹。今四川各地多行用此稱。見該文。

【傜人柴】

即樟樹。今廣西各地多行用此稱。見該文。

【栲樟】

即樟樹。今臺灣各地多行用此稱。見該文。

【山烏樟】

即樟樹。今臺灣各地多行用此稱。見該文。

【小葉樟】

即樟樹。今湖南各地多行用此稱。見該文。

【香樟】

即樟樹。此稱明代已行用。今江浙兩廣諸地仍沿稱，并廣有栽植。明徐宏祖《徐霞客游記・西南游》："舊寺有井，有大香樟，有木犬，有風。"《廣東通志・物産志・木》："木棉樹，大可合抱，高者數丈，葉如香樟。"見"樟樹"文。

【樟公】

"樟樹"之别稱。此稱宋代已行用。《山堂肆考》卷一七二："南康府建昌縣治南有壽樟亭，宋項安世作記。初，邑人李左司公懋仕於朝，高宗問樟公安否？懋奏以枝葉婆娑，四時常青，何主上萬幾之暇，眷眷乎遐方一樟哉？必閻閻纖悉轉而上聞，抑念世家仁及此木也。紹定間，縣令陳文孫刻圖於石。"此事《明一統志》《花史》等典籍相繼轉述。遂使"樟公"之名流傳於世。如《江西通志・古迹・南康府》："《明一統志》：在建昌縣南一百步，宋嘉泰中，縣令趙時通建。初，邑人李公懋仕高宗朝，上嘗顧問樟公安否？對曰：枝葉扶疏，歲寒獨秀，何萬幾之暇，惓惓遐方一樟哉？紹定間，縣令陳文孫繪圖刻石。"《廣群芳譜・木譜五・豫章》："《花史》：建昌邑人李公懋入朝，高宗問：'樟公安否？'李奏：'枝葉扶疏，歲寒獨秀。'黄庭堅有記。"參閱《格致鏡原・木類一・樟》。

見“樟樹”文。

【豫章】

一説即樟樹。《後漢書・王符傳》:“今者京師貴戚，必欲江南檽梓豫章之木。”李賢注:“豫章，即樟木也。”《廣群芳譜・木譜五・豫章》:“宋祝穆《南溪樟隱記》:余卜居南溪上流，溪之湄有喬木二，蓋古之豫章而今俗以樟名者也。其壽當三百餘載，而大且二十圍，團欒偃蹇，庇及數畝。”今人陳嶸亦以爲豫章者即樟樹。參閲《中國樹木分類學・樟樹》。見“樟樹”文。

樹頭菜

習見林木名。山柑科，魚木屬，樹頭菜（*Crateva unilocularis* Buch.-Ham.）。常緑或落葉喬木。常中空，有散生灰色皮孔。掌狀複葉互生，小葉三枚，革質。托葉細小，早落。總狀或傘房狀花序着生於下部之小枝端部，有花十至四十朵不等，花瓣白色或黄色。漿果球形，乾後灰色或灰褐色。種子多數，種皮光滑，暗褐色。我國主要分布於雲南石屏、建水等地，廣西、廣東、海南等地亦有分布。常見於平地及海拔1500米以下濕潤地區。村旁路邊有栽培。木材質輕而略堅，宜爲絞盤、樂器、模型及細木工用。果含生物鹼，果皮可爲染料。葉可入藥。雲南石屏、建水等地常取嫩葉鹽漬食用，故得此稱。

樹頭菜
（清吴其濬《植物名實圖考》）

我國采集利用樹頭菜已有數百年史，清代始行用此稱。《雲南通志・物産・蔬屬》:“薑、芥、葱、韭、蒜、薤、茴香……樹頭菜（石屏者佳）。”清吴其濬《植物名實圖考・木類・樹頭菜》:“樹頭菜，《滇志》石屏者佳。樹色灰赭，一枝三葉，微似楷木葉。初生如紅椿芽而瘦，味苦。臨安人鹽漬之以爲虀，與黄連茶（即楷樹芽）皆取木葉作蔬，咀其回味，如食諫果也。”由此描述，審其附圖，當即本種。今亦稱“魚木”“苦洞樹”。參閲雲南植物研究所《雲南植物志・山甘科》。

【魚木】

即樹頭菜。《植物學大辭典》曾誤引。今稱。見該文。

【苦洞樹】

即樹頭菜。因樹常中空，故名。今海南各地多行用此稱。見該文。

槲樹

習見林木名。殼斗科，櫟屬，槲樹（*Quercus dentata* Thunb.）。落葉喬木。單葉互生，倒卵形，革質或近革質，葉緣具四至十對深波狀齒或深裂。花單性，雌雄同株。堅果卵形或橢圓形，爲杯狀大殼斗包圍達二分之一。全國多數地區均有分布。木材可供建築、造船、枕木等用。種子含澱粉，可供釀酒或作食品加工原料。葉可飼柞蠶。樹皮及殼斗可提製栲膠。樹皮、葉、種子亦供藥用。

我國栽培利用槲樹歷史悠久。先秦時稱“樸樕”。《詩・召南・野有死麕》:“林有樸樕，野有死鹿。”毛傳:“樸樕，小木也。”晋代稱“槲樕”。《爾雅・釋木》“樕樸，心”晋郭璞注:“〔樕樸〕槲樕別名。”宋邢昺疏:“樸樕，一名心。某氏曰：'樸樕，槲樕也。'"南北朝時已行用"槲樹"之稱。亦稱"大葉櫟""櫟橿子""金鷄樹"。《北齊書・斛律金傳》："周將軍韋孝寬忌光英勇，乃作謡言，令間諜漏其文於鄴曰：'百升飛上天，明月照長安。'又曰：'高山不推自崩，槲樹不扶自竪。'"《新唐書・后妃傳》："封壇南有大槲蔽日，置鷄其杪，賜號金鷄樹。"宋袁樞《通鑑紀事本末・元魏之亂》："元忠帥宗黨作壘以自保，坐大槲樹下，前後斬違命者凡三百人。"明李時珍《本草綱目・果二・槲實》："[釋名]槲樕、樸樕、大葉櫟、櫟橿子。時珍曰：槲樕猶觳觫也。栗子綻懸，有顫慄之象，故謂之栗；槲葉摇動，有觳觫之態，故曰槲樕也。樸樕者，婆娑、蓬然之貌。其樹偃蹇，其葉芃芃故也……其實木彊，故俗謂之櫟橿子。史言武后挂赦書於槲樹，人遂呼爲金鷄樹云。……[集解]時珍曰：一種高者名大葉櫟。樹、葉俱似栗，長大粗厚，冬月凋落。三四月開花亦如栗，八九月結實似橡子而稍短小，其蒂亦有斗。其實僵澀味惡，荒歲人亦食之。"清代亦省稱"槲"。清吴其濬《植物名實圖考・果類・苦櫧子》："與橡實同而長者，别名槲，又曰樸樕。"清顧棟高《毛詩類釋・釋草》："《傳》：'蔦，寄生也。'《本草》云：'蔦，一名寓木，一名寄生。'凡桑、槲樹、櫸柳、楊楓等樹上皆有之。"

按，《新華本草綱要・槲》以爲《詩・召南》之"樸樕"，《爾雅・釋木》之"槲樕"即此槲樹。我國人民對此樹頗喜愛，今亦稱"柞櫟""波羅樹""橡樹""槲皮""軟脚誅"。

【樸樕】

即槲樹。此稱先秦時期已行用。見該文。

【槲樕】

即槲樹。此稱晋代已行用。見該文。

【金鷄樹】

即槲樹。此稱唐代已行用。見該文。

【大葉櫟】

即槲樹。此稱明代已行用。見該文。

【櫟橿子】

即槲樹。此稱明代已行用。見該文。

【槲】

"槲樹"之省稱。此稱清代已行用。見該文。

【柞櫟】[2]

即槲樹。今稱。見該文。

【波羅樹】[1]

即槲樹。今河北、山東等地多行用此稱。見該文。

【橡樹】[2]

即槲樹。今東北各地多行用此稱。見該文。

【槲皮】

即槲樹。今湖北各地多行用此稱。見該文。

【軟脚誅】

即槲樹。今湖北各地多行用此稱。見該文。

【樕樸】

即槲樹。亦稱"心"。此稱多行用於秦漢時。《爾雅・釋木》："樕樸，心。"邢昺疏："樕樸，心。釋曰：孫炎曰，樸樕一名心。某氏曰：樸樕，槲樕也。有心能濕，江河間以作柱，是樸樕爲木名也。故郭云：槲樕别名。《詩經・召南》云：'林有樸樕。'此作樕樸，文雖倒，其實一也，或者傳寫誤。"見"槲樹"文。

【心】

即樕樸。此稱秦漢時期已行用。見該文。

【驚鷄樹】

“槲樹”之别稱。清代山西各地多行用此稱。清刊《山西通志·雜志三》:“沁城北碧峰寺東厓有槲樹一株,人鼓掌其下輒應音如鷄鳴,於是游者趾相錯,咸呼爲驚鷄樹(《澤州志》)。”又《山西通志·山川七·澤州府》:“又十餘里連東塢嶺,峭壁茂林,建五龍神廟,有靈泉,東崖有槲樹,鼓掌聲應,一名驚鷄樹。”見“槲樹”文。

猪牙皂

習見林木名。豆科,皂莢屬,猪牙皂(*Gleditsia sinensis* Lam.)。落葉喬木。樹幹具刺。羽狀複葉簇生或單生,小葉六至十六枚,卵狀矩圓形或狹矩圓形,鈍細鋸齒緣。總狀花序頂生或腋生,雜性,花四瓣,黄白色。莢果條形,扁而微彎作鐮形,成熟時紅棕色至黑棕色,被白色霜粉。我國主要分布於山東、江蘇、湖北、陝西、甘肅、四川、貴州、雲南等地。莢可入藥,亦用於洗滌。

猪牙皂莢
(《證類備急本草畫圖》)

南北朝時已有記載。亦稱“猪牙皂莢”“猪牙皂角”。漢《神農本草經·下品·皂莢》孫星衍等注引南朝梁陶弘景《名醫别録》:“〔皂莢〕生雍州,及魯鄒縣,如猪牙者良。”宋釋文瑩《玉壺野史》卷五:“修製以用其效響應,歌曰:猪牙皂角及生薑,西國升麻蜀地黄。木律旱蓮槐角子,細辛荷葉要相當。”明李時珍《本草綱目·木二·皂莢》[集解]引唐蘇恭曰:“此物有三種:猪牙皂莢最下,其形曲戾薄惡,全無滋潤,洗垢不去。”明徐光啓《農政全書》卷五六引《救荒本草》:“皂莢樹生雍州川谷……結實有三種:形小者爲猪牙皂莢。”明方以智《物理小識·草木類》:“[皂角]肥皂子,短而肥色紫;皂角,長如刀,色黑,木有長刺,名天丁;猪牙皂,小如猪牙,色黑;香皂,子圓小而香,色白。四木形葉不相似,惟子氣味同。取皂以篾箍樹加楔之,則皂角盡落。”亦稱“猪牙皂莢”。清吴其濬《植物名實圖考·木類·皂莢》:“皂莢,《本經》下品。有肥皂莢、猪牙皂莢刺。爲癰疽要藥。”今亦俗稱“牙皂”“皂角子”。

【猪牙皂角】

即猪牙皂。此稱唐代已行用。見該文。

【猪牙皂莢】

即猪牙皂。此稱宋代已行用。見該文

【猪牙皂莢刺】

即猪牙皂。此稱清代已行用。見該文。

【牙皂】

即猪牙皂。今之俗稱。見該文。

【皂角子】

即猪牙皂。今之俗稱。見該文。

糙葉樹

習見林木名。大麻科,糙葉樹屬,糙葉樹〔*Aphananthe aspera*(Thunb.)Planch.〕。落葉喬木。葉卵形或狹卵形,長5~13厘米,先端漸尖或長漸尖,基部圓形或寬楔形,近對稱,三出脉,基部以上具單鋸齒,兩面均有糙伏毛,上面粗糙,葉脉直伸至鋸齒先端。花單性,雌雄同株;雄花成傘房花序,生於新生枝的葉腋;

雌花單生新枝基部葉腋。核果近球形或卵球形，長 8~10 毫米，被平伏硬毛。我國主要分布於華東、華中、華南、西南及山西等地。莖皮可剥製纖維。葉能製土農藥。木材堅實細密，可製農具。亦可栽枝供觀賞。

我國利用此樹歷史悠久，明代已行用此稱。亦稱“枯條”“樸樹”“白駁木”。明方以智《物理小識・草木類》：“糙葉樹，物志謂之枯條，葉性澀，可以止滑，一名樸樹。其子可種，即白駁木，榆類也。葉沙磨器，細於木賊。”

按，《物理小識》以爲此樹屬榆類，葉粗糙，甚至可用於磨器，名稱亦與今之糙葉樹相同，故《物理小識》所述糙葉樹當即本種。今亦稱“牛筋樹”。

【枯條】

即糙葉樹。此稱明代已行用。見該文。

【樸樹】

即糙葉樹。此稱明代已行用。見該文。

【白駁木】

即糙葉樹。此稱明代已行用。見該文。

【牛筋樹】

即糙葉樹。今稱。見該文。

盤槐

習見林木名。豆科，槐屬，龍爪槐（*Styphnolobium japonicum ‘Pendula’*）之别名。落葉小喬木。槐樹變種一。幹矮小，枝屈曲盤結而下垂，故名。通常以嫁接繁殖。各地都有栽培，舊時北京正陽門行道樹即此種，河南開封相國寺等地均有栽植。今亦多用於觀賞。

明代典籍已見記載，此稱多行用於明清時。亦稱“龍爪槐”“倒垂槐”“蟠槐”。明文震亨《長物志・花木》：“槐有一種天然樛屈，枝葉皆倒垂蒙密，名‘盤槐’，亦可觀。”明方以智《物理小識・草木類》：“槐材堅。其芽可茗。結子角如豆可種。其花蕊和灰蒸之供染。初生槐弱，以麻脅之。其倒垂槐曰龍爪槐，枝脆，靈谷寺門者是也。”明顧清《蟠槐》詩：“似欲凌空且屈蟠，夾門雙影碧團團。油幢不合書生建，争得薰風日倚闌。”清孫承澤《春明夢餘録・名迹二》：“月河梵苑，僧道深别院池亭，幽雅甲於都邑……池南入小牖爲槐室，古樗一株，枝柯四布，蔭於階除，俗呼龍爪槐。”清宋犖《西陂類稿・藤陰酬倡集》引吴陳琰：“京雒好事稀，一飯亦奇遇……兼約龍爪槐，披鱗軒乎舞。藴隆自兹銷，一洗塵俗污。年年良會健，請君視此樹。”清于敏中《日下舊聞考・郊坰西十二》：“出廣慧庵，沿山南行得宏化寺，門内白松盤槐多古意。”清陳淏子《花鏡》卷三：“盤槐膚理葉色俱與槐同，獨枝從頂生，皆下垂，盤結蒙密如凉傘。性亦難長，歷百年者，高不盈丈。或植廳署前，或種高阜處，甚有古致。”今人伊欽恒校注：“盤槐即龍爪槐，係槐的變種。”可知盤槐即龍爪槐。今亦稱“倒栽槐”“緑槐”。參閲鄭萬鈞等《中國樹木志・蝶形花科》。

【龍爪槐】

即盤槐。因其枝虬曲似龍爪，故名。此稱明代已行用。見該文。

【倒垂槐】

即盤槐。此稱明代已行用。見該文。

【蟠槐】

即盤槐。因其枝屈曲下垂，似作龍蟠狀，故名。此稱明代已行用。見該文。

【倒栽槐】

即盤槐。因其枝倒垂，故名。今稱。見該文。

【緑槐】

即盤槐。今河南各地多行用此稱。見該文。

猫乳

習見林木名。鼠李科，猫乳屬，猫乳〔*Rhamnella franguloides*（Maxim.）Weberb.〕。落葉小喬木。單葉互生，長橢圓形。聚傘花序，花緑色，五瓣。核果圓柱狀，紅褐色，成熟時爲黑色。我國主要分布於浙江、江蘇、湖北、河南、山東等地。果可食，亦可入藥。

本種多野生，我國先民自古常采食其果，以度歉年饑荒。明代稱“吉利子樹”“急蘗子科”。明徐光啓《農政全書》卷五五引《救荒本草》：“吉利子樹，一名急蘗子科，荒野處有之。科條高五六尺，葉似野桑葉而小；又似櫻桃葉亦小。枝葉間開五瓣小尖花，碧玉色，其心黄色。結子如椒粒大，兩兩並生，熟則紅，味甜。”明鮑山《野菜博録》卷四：“吉利子樹，生山野中。高五六尺，葉似櫻桃葉小，開五瓣碧玉色小尖花，結子如椒粒大，兩兩並生，熟紅色，味甜。食法:摘熟子食之。”石聲漢《農政全書校注》以爲吉利子樹即猫乳。清代亦稱“銅箍散”。清吴其濬《植物名實圖考・木類・吉利子樹》：“按此樹湖南山阜有之，俗呼銅箍散。”

吉利子樹
（明朱橚《救荒本草》）

【吉利子樹】

即猫乳。此稱明代已行用。見該文。

【急蘗子科】

即猫乳。此稱明代已行用。見該文。

【銅箍散】

即猫乳。此稱清代已行用。見該文。

潺槁樹

習見林木名。樟科，木薑子屬，潺槁木薑子〔*Litsea glutinosa*（Lour.）C.B.Rob.〕之别名。常緑喬木。高可達15米，樹皮灰色或灰褐色。小枝灰褐色，幼時被灰黄色絨毛。單葉互生，革質，倒卵形至橢圓狀披針形。聚傘花序，單生或數花序生於一總梗上。漿果球形。我國主要分布於福建、廣東、海南、廣西、雲南等地。常見於海拔500~1900米之山地溪邊、灌叢、林緣或疏林中。木材稍堅而耐腐，可供傢具用材。樹皮及木材含膠，可爲黏合劑。種仁富油脂，供製肥皂或作硬化油。根皮、樹皮、葉、種子可入藥。

清代已有記載，時已行用此稱。亦稱“潺樹”。今通稱“潺槁木薑子”。俗稱“油槁”“膠樟”。清末蕭步丹《嶺南采藥録・潺槁樹》：“潺槁蔃……治惡毒大瘡，剥取其根皮，搗爛敷之。”

按，蔃，粤語謂根爲蔃。侯寬昭等《廣州植物志・樟科・潺槁樹》：“潺槁樹（《嶺志采藥録》）。别名：潺樹（土名）。”江蘇新醫學院《中藥大辭典・殘槁蔃》亦與侯説同，唯名作“殘槁”。

【潺樹】

“潺槁樹”之省稱。粤地土語名。見該文。

【潺槁木薑子】

即潺槁樹。今之通稱。參閱鄭萬鈞《中國樹木志・樟科・潺槁木薑子》。見該文。

【油槁】

即溲槁樹。因其種仁含油 50.3%，可提取槁油，故名。今之俗稱。見該文。

【膠樟】

即溲槁樹。因其木及皮富含膠質，可爲黏合劑，故名。今之俗稱。見該文。

檫樹

習見林木名。樟科，檫木屬，檫樹〔*Sassafras tzumu*（Hemsl.）Hemsl.〕。落葉喬木。幼樹皮光滑，黄緑色，至老則縱裂粗糙，灰褐色。單葉互生或聚生枝端，葉大如掌，闊卵形至橢圓形，全緣或上部二至三裂。花雜性，短圓錐花序，頂生；花小，黄色，先葉開放。核果球形，藍黑色，表面被蠟粉。我國主要分布於長江流域及其以南各地。樹幹聳直，樹姿優美，常用於觀賞。木材可供造船及傢具。根、莖、葉可入藥。

宋代典籍早有記載，時已行用此稱。省作“檫”。《集韻・入黠》：“檫，木名。梓屬。”宋王十朋《會稽風俗賦並序》：“木則楓挺千丈，松封五夫。桐柏合生，檫棐異隅。文梓楩柟，櫟柞櫧榆。連理之柯，合抱之株。”明宋詡《竹嶼山房雜部・樹畜部一・檫》：“檫（葉小而岐），材善爲舟楫，根側取小木種之。”《浙江通志・山川・紹興府》：“太平山於越新編在縣南八十里，山形似繖，四角各生一種木，一檫，一梓，一櫧，一榧。”清代稱“蔡木”，爲“檫”字形、音之訛。清吴其濬《植物名實圖考・木類・蔡木》：“《集韻》有檫字，云木名，梓屬。蔡與檫或音形相近而訛，但此木殊不類梓。”今人陳嶸《中國樹木分類學・檫樹》以爲《集韻》之“檫”，《植物名實圖考》之“蔡”，即今檫樹。今從其説。今亦稱“南樹”“青檫”“黄楸樹”“獨脚樟”“銅樣樹”。

蔡　木
（清吴其濬《植物名實圖考》）

【檫】

即檫樹。此稱宋代已行用。見該文。

【蔡木】

即檫樹。此稱清代已行用。見該文。

【南樹】

即檫樹。今浙江各地多行用此稱。見該文。

【青檫】

即檫樹。今安徽各地多行用此稱。見該文。

【黄楸樹】

即檫樹。今湖北各地多行用此稱。見該文。

【獨脚樟】

即檫樹。今廣西各地多行用此稱。見該文。

【桐樣樹】

即檫樹。今福建各地多行用此稱。見該文。

鵝掌柴

習見林木名。五加科，鵝掌柴屬，鵝掌柴〔*Heptapleurum heptaphyllum*（L.）Y. F. Deng〕。喬木或灌木。掌狀複葉，小葉六至九枚，近橢圓形，幼時密生星狀短柔毛。花序爲傘形花序聚生之圓錐花序，花小，白色，芳香。果球形，具宿存之花柱。我國主要分布於華南各省區及臺灣等地。常生於常緑闊葉林中及向陽山坡。其花香，且冬開，爲冬季蜜源。材質較軟，可製蒸籠、篩斗或作火柴杆及傢具。樹皮及嫩枝可提取揮發油。根皮、莖皮可入藥。

我國應用鵝掌柴入藥醫病至少已有三百年史。清代亦稱“鴨脚樹”“鴨脚木”。清何克諫《生草藥性備要》下卷：“鴨脚樹根皮，味劫（澀），性平，治酒頂，洗爛脚，敷跌打。十蒸九曬，浸酒祛風。”清末蕭步丹《嶺南采藥録·鴨脚木葉》：“鴨脚木葉，味澀，性平。治酒病，洗爛脚，敷跌打。十蒸，九曬，以之浸酒。”今亦稱“五指通”“傘托木”。參閲侯寬昭等《廣東植物志·五加科》。

【鴨脚樹】[1]

即鵝掌柴。此稱清代已行用。見該文。

【鴨脚木】

即鵝掌柴。此稱清代已行用。見該文。

【五指通】

即鵝掌柴。因其葉掌狀如五指，故名。今華南各地多行用此稱。見該文。

【傘托木】

即鵝掌柴。今華南各地多行用此稱。見該文。

羅漢松[1]

習見林木名。羅漢松科，羅漢松屬，羅漢松〔*Podocarpus macrophyllus*（Thunb.）Sweet〕。常緑喬木。樹皮灰色或灰褐色，淺縱裂，成薄片狀脱落。葉條狀披針形，微彎，深緑色，有光澤；螺旋狀着生枝上。雄球花穗狀，腋生；雌球花單生葉腋，有梗。種子卵圓形，先端圓，成熟時肉質假種皮紫黑色，被白粉，種托肉質，圓柱形，紅或紫紅色。花期4至5月，種子8至9月成熟。我國主要分布於南方各地。常植於庭園或盆植供觀賞。木材可供傢具、器具、文具及農具用材。

我國栽培羅漢松歷史悠久，此稱至遲元代已見行用，并沿稱至今。元謝應芳《龜巢稿》卷一七：“《羅漢松》（余素拙詩，至咏物則其拙尤甚，故昨效諸公賦觀音柳，俗陋可笑。今又聞有羅漢松，可配前題再用出醜，蓋欲求刻畫無鹽，變惡爲美，勿徒笑其醜云）：‘十八羅漢十八公，前身後身將無同。一行九里西湖路，應供誰家去雪中。’”明方以智《物理小識·草木類》：“松……其闊瓣厚葉者羅漢松也。樹老結實，長四五分，底平上鋭，色紫黑。乾之味甘，補腎，其香益肺。《本草綱目》所未載也。”清沈季友《檇李詩繫》卷二八引趙洄《法華山寺觀石門山人宋旭畫十大名山粉壁歌》：“有相空留羅漢松，無情還綴頭陀草。”清姚之駰《元明事類鈔·材木門·松》：“羅漢松，屠隆《咏羅漢松》詩：四果總來成佛印，一官應不受秦侵。”清鄒一桂《小山畫譜》卷下：“又羅漢松，青幹闊葉，結子如豆，青紅各半，如梵僧趺跏狀，故名。”《紅樓夢》第六二回：“大家采了些花草來，兜著坐在花草堆裏鬥草。這一個説：‘我有觀音柳。’那一個説：‘我有羅漢松。’”清吴其濬《植物名實圖考·木類·羅漢松》：“羅漢松，繁葉長潤，如竹而團，多植盆玩，實如羅漢形，故名。”孫錦標《通俗常言疏証·植物》：“羅漢松，《通州物産志》：松有茸針、纓絡、羅漢諸名。”

按，舊時此稱有與“竹柏”混稱之説，清吴其濬别二種。參見本考“竹柏”文。今我國長江流域及東南沿海各地廣泛栽植。寺廟、宅院内亦存有古木大樹。本屬中常見栽培種還有海南羅漢松、大理羅漢松、臺灣羅漢松、百日青羅漢松數種。本種又稱“羅漢杉”。

【羅漢杉】

即羅漢松。此稱清代已行用。亦稱“樫木”。清徐葆光《中山傳信録・物産》:“木有松、柏、檜、杉、榕、樟、梔、柳、槐、棕櫚、黄楊;梧桐甚少。異産有樫木等。樫木,一名羅漢杉,葉短厚,三稜;輿中國羅漢松同。木理堅膩,國中造屋,梁柱皆用之。”見“羅漢松”文。

【樫木】

即羅漢衫。此稱清代已行用。見該文。

【土杉】[2]

即羅漢松。此稱清代臺灣各地已行用,沿稱至今。清蔣毓英《臺灣府志・風土・木之屬》:“樟、楠、厚栗,百日青、柳、樸……土杉、水漆、九芎。”見“羅漢松”文。

【金錢松】

“羅漢松”之别名。此稱多行用於清代。亦稱“長青”“徑松”。清趙學敏《本草綱目拾遺・木部・羅漢松實》:“永寧僧云:‘羅漢松葉長者名長青,能結實;葉短者名短青,不結實。’……汪連仕《采藥書》:羅漢松一名金錢松,又名徑松。其皮治一切血,殺蟲瘴癬,合蘆薈、香油調搽。”按,所謂短青係指羅漢松的變種短葉羅漢松(*P. m.* var. *maki* Endl.),亦可用以入藥。參閲《中藥大辭典・羅漢松實》。見“羅漢松”文。

【長青】

即金錢松。此稱清代已行用。見該文。

【徑松】

即金錢松。此稱清代已行用。見該文。

櫰槐

習見林木名。蝶形花科,馬鞍樹屬,櫰槐(*Maackia amurensis* Rupr. et Maxim.)。落葉喬木。奇數羽狀複葉,小葉對生,卵形、倒卵形或橢圓形。總狀或圓錐狀花序,頂生,直立;花冠蝶形,白色。莢果扁平,黄褐色。我國主要分布於東北地區及“四旁”内蒙古、山東、河北諸地。爲用材林、防護林及緑化造林樹種。木材可供建築、雕刻及細木工等用。樹皮可提取栲膠及染料。枝皮可造紙。花爲蜜源。

我國栽培櫰槐歷史悠久。秦漢時省稱“櫰”。《爾雅・釋木》:“櫰,槐大葉而黑。”郭璞注:“槐樹葉大色黑者名爲櫰。”《爾雅翼・釋木》:“槐者,虚星之精。其葉尤可翫,古者朝位樹之,私家之朝皆植焉……《釋木》曰:櫰,槐大葉而黑。”《集韻・平皆》:“櫰,木名。葉大色黑者名爲櫰。”明代已行用“櫰槐”之稱。明朱橚《救荒本草》卷六:“槐樹芽,《本草》有槐實。生河南平澤,今處處有之。其木有極高大者。《爾雅》云:槐有數種,葉大而黑者名櫰槐,晝合夜開者名守宫槐,葉細而青緑者但謂之槐。”明李時珍《本草綱目・木二・槐》引宋蘇頌曰:“〔槐〕今處處有之。其木有極高大者。按《爾雅》槐有數種:葉大而黑者名櫰槐,晝合夜開者名守宫槐,葉細而青緑者但謂之槐,其功用不言有别。”

按,賈祖章等《中國植物圖鑒》、鄭萬鈞等《中國樹木志》俱以爲《本草綱目》之櫰槐即本種。今亦稱“朝鮮槐”“高麗槐”“山槐”“黄色木”。又本種雖名“槐”,然與槐樹并非同屬,當辨之。

【櫰】[2]

即櫰槐。此稱秦漢時期已行用。見該文。

【朝鮮槐】

即櫰槐。因産朝鮮，故名。今稱。見該文。

【高麗槐】

即櫰槐。因産朝鮮，故名。今稱，語本《南滿植物名録》。見該文。

【山槐】

即櫰槐。今東北各地多行用此稱。見該文。

【黄色木】

即櫰槐。今吉林各地多行用此稱。見該文。

欅樹

習見林木名。榆科，欅屬，大葉欅（*Zelkova schneideriana* Hand.-Mazz.）之别名。落葉喬木，高可達25米。小枝細，密被柔毛。葉橢圓形、長卵形或卵狀披針形，長2~8厘米，基部寬楔形或近圓形，邊緣具波狀鋸齒，葉面粗糙，葉背密生淡灰色柔毛；無柄或具短柄。花雜性同株，雄花簇生新枝下部葉腋及苞腋，雌花單生或數朵簇生新枝上部之葉腋；花無瓣，萼鍾形，四至五裂。核果，上部偏斜。花期3至4月，果期10至11月。我國主要分布於秦嶺及淮河流域以南各地，南至廣東、廣西，西至雲南、貴州及西藏等地；喜温暖氣候與肥沃濕潤土壤，多散生於山麓平原地區。江南各地農村多有栽培。木材光澤美觀，堅韌而富彈性，不翹不裂，亦少伸縮，是建築、橋梁、造船、傢具及室内裝修的上好用材。莖皮可供人造棉、繩索用材。葉、樹皮尚可入藥。

欅

（清吴其濬《植物名實圖考》）

我國栽培利用欅樹歷史頗久。南北朝時始行用此稱。亦稱“欅木”“欅柳”“鬼柳”，省稱“欅”。南朝宋雷斆《雷公炮炙論》下卷：“欅樹皮……斧剥下，去上粗枝，細銼，蒸，從巳至未，出，焙乾用。”宋唐慎微《證類本草・木部下品・欅樹皮》：“欅樹皮，大寒主時行頭痛，熱結在腸胃。〔陶〕隱居云：山中處處有，皮似檀槐，葉如櫟槲，人亦多識用之。”明朱橚《普濟方》卷二〇一：“[黄蘗皮湯]（出《聖惠總録》）治霍亂下焦、大便洞泄、小便自利：黄蘗，黄連，人參，艾葉，赤茯苓，厚朴，地榆，阿膠，欅木白皮。”明李時珍《本草綱目・木二・欅》：“[釋名]欅柳、鬼柳。時珍曰：其樹高舉，其木如柳，故名。山人訛爲鬼柳。……[集解]〔陶〕弘景曰：欅樹山中處處有之。皮似檀、槐，葉如櫟、槲。人多識之。……〔寇〕宗奭曰：欅木今人呼爲欅柳。其葉謂柳非柳，謂槐非槐。最大者，木高五六丈，合二三人抱。湖南北甚多。”

按，李時珍以爲《爾雅》之“椶，櫃柳”即此種，櫃與欅音同，樹皮可煮飲，李説或是，此附供考。欅樹今通稱“大葉欅”，亦稱“血欅”。

【欅木】

即欅樹。此稱明代已行用。見該文。

【欅柳】[2]

即欅樹。此稱宋代已行用。見該文。

【鬼柳】[2]

即欅樹。此稱明代已行用。見該文。

【欅】

“欅樹”之省稱。此稱南北朝時期已行用。見該文。

【大葉欅】

即欅樹。今稱。見該文。

【血欅】

即欅樹。今之通稱。見該文。

鐵力木

習見林木名。紅厚殼科，鐵力木屬，鐵力木（*Mesua ferrea* Linn.）。常緑喬木。樹高達30米。小枝對生。單葉對生，革質，披針形。花兩性，四瓣。果實卵狀球形，堅硬。我國主要分布於雲南、廣西、廣東等地。木材緻密堅硬，極其耐久，可用於建築、傢具等。種子可榨油。亦可植於庭園供觀賞。

我國栽培利用鐵力木已有數百年史。明清時已行用此稱。亦稱“鐵栗木”“鐵栗”“潮木”“石鹽木”“石鹽”“鐵棱”。省稱“鐵力”。《明一統志・廣州府・土産》：“鐵力木，一名石鹽木。”《清一統志・潯州府・土産》：“金、銀、鉛、紵布、桂、鐵力木（府境俱有）。”清于敏中《日下舊聞考・官署四》：“臣等謹案，工部銅匱已無可考。今光禄寺酒局榨六座雜木爲之，舊所稱鐵力木者無存，至種竹遺踪亦久湮矣。”《廣東通志・海防志・兵船》：“廣海船：廣船視福船尤大，其堅緻亦遠過之，蓋廣船乃鐵力木所造，福船不過松杉之類而已，二船在海若相衝擊，福船即碎，不能當鐵力之堅也。”又《廣東通志・物産志・木》：“鐵力，木理甚堅緻。質初黄，用之則黑。粤人以作諸器具，頗不貴。黎山中人以爲薪，至吴楚間則重價購之。按，鐵力，一名石鹽，一名鐵棱。《嶠南瑣記》言：鐵力木上水，僅可百餘年，惟黄連木最能久。”《廣西通志・物産・梧州府》：“鐵力木，一名石鹽，一名鐵棱。文理堅緻。藤容出。案，《嶠南瑣記》謂木力僅百餘年，亦未足信。”又據其《物産・南寧府》載：“鐵力木，各土州俱出，而永淳司中山者佳。”清陳元龍《格致鏡原・木類三・鐵力》：“鐵力，《格古要論》：鐵力木出廣東，色紫黑，性堅硬而沉重，東莞人多以作屋。《手鏡》：蠻地多山，産美材，鐵栗木居多，有力者任意取之，故人家治屋，咸以鐵栗等良材爲之方堅且久。”清屈大均《廣東新語・木語》：“有曰鐵力木，理甚堅緻，質初黄，用之則黑。其性濕，赤手憑之令脉澀。黎山中人多以爲薪，廣人以作梁柱及屏幛。南風天出水，謂之潮木，亦曰石鹽。作成器時，以濃蘇木水或臙脂水三四染之。乃以浙中生漆精薄塗之，光瑩如玉如紫檀，其潮亦止。”陳嶸《中國樹木分類學・鐵力木》：“原産東印度，據《廣西通志》載：該省容縣及藤縣亦有之……在熱帶多用於建築，廣東有用爲製造棹椅傢具，極經久耐用；又因其花蕾香氣頗盛，可栽植於庭園，爲觀賞用。”

本種爲我國珍貴用材兼觀賞樹種，因屢遭砍伐，資源稀少，故1992年林業部列爲國家一級保護樹種。參閲林業部《關於保護珍貴樹種的通知》。

【鐵力】

“鐵力木”之省稱。此稱清代已行用。見該文。

【鐵栗木】

即鐵力木。此稱明清時期已行用。見該文。

【鐵栗】

“鐵栗木”之省稱。即鐵力木。此稱明清時

期已行用。見“鐵力木”文。

【潮木】

即鐵力木。因其木性濕，熱帶地區南風天易吸潮，故名。多指其木材。此稱清代已行用。見該文。

【石鹽木】

即鐵力木。此稱清代已行用。見該文。

【石鹽】

即鐵力木。此稱清代已行用。見該文。

【鐵棱】

即鐵力木。此稱清代已行用。見該文。

欒樹

習見林木名。無患子科，欒屬，欒樹（*Koelreuteria paniculata* Laxm.）。落葉喬木。小枝有毛。單數羽狀複葉，部分二回或不完全二回羽狀複葉；小葉七至十五枚，紙質，卵形或卵狀披針形，葉緣具齒或呈羽狀分裂。圓錐花序頂生，廣展，有柔毛；花淡黄色，中心紫色。蒴果腫脹長卵形，頂端漸尖，緣有膜翅三片。種子圓形，黑色。我國主要分布於東北、華北、華東、西南及陝甘等地。可供觀賞。木材可製傢具及小農具。葉可提取栲膠。花可染黄。種子可製潤滑油及肥皂。

我國栽培利用欒樹歷史已逾二千年。漢代時稱“欒華”。單稱“欒”。亦植墓地以示士大夫等級。漢《神農本草經·下品·欒華》：“欒華，味苦，寒。主目痛淚出，傷眦，消目腫，生川谷。”《山海經·大荒南經》：“有雲雨之山，有木名曰欒。”漢班固《白虎通義·崩薨》：“《春秋含文嘉》曰：天子墳高三仞，樹以松。諸侯半之，樹以柏。大夫八尺，樹以欒。士四尺，樹以槐。庶人無墳，樹以楊柳。”唐宋時稱爲“木欒”“欒花”。因佛學大興，其種子常爲數珠。宋沈括《夢溪補筆談·藥議》：“欒有一種，樹生，其實可作數珠者，謂之木欒，即《本草》欒花是也。”其花可以染黄。明王圻、王思義《三才圖會·草木·欒華》：

欒　華
（清吴其濬《植物名實圖考》）

“欒華生漢中川谷，今南方及都下園圃中或有，枝葉似木槿而薄細，花黄似槐而稍長大，子殼似酸漿，其中有實如熟豌豆，圓黑而堅，堪爲數珠。五月采其花亦可染黄。”《通雅·植物》：“有欒花，有木欒，有牡荆，黄荆也。”《陝西通志·物産二·木屬》：“欒華，生漢中川谷（《名醫别録》），長安山中亦有之。其子謂之木欒子（《本草圖經》）。《本草》云，葉似木槿而薄細，花黄似槐而稍長大，小殼如酸漿，其中有實如熟豌豆，圓黑堅硬，堪爲數珠者是也（馬志）。”其芽煤熟後可食以救荒。清吴其濬《植物名實圖考·木類·欒華》：“欒華，《本經》下品。《救荒本草》：木欒生密縣山谷中。樹高丈餘，葉似楝葉而寬大、稍薄，開淡黄花，結薄殼。中有子如豌豆，烏黑色，人多摘取作數珠。葉味淡甜，采嫩芽煤熟，换水浸淘净，油鹽調食。”《續通志·木類》：“欒樹，葉似木槿而細薄，花黄，以染物甚鮮明，亦可入藥，子名木欒子，堪爲數珠。”

按，有一種名“複羽葉欒（*Koelreuteria bippinnata*）”，又名“黄山欒樹”，爲落葉喬木，小枝棕紅色，密生皮孔，全緣或有鋸齒。花黄色，蒴果橙紅色。我國主要分布於東部及中南部。與本種同爲行道、庭院及工礦區緑化樹種。本種今亦稱“石欒樹”“山茶葉”“軟棒”“烏青樹”。

【欒】[1]

“欒樹”之省稱。此稱先秦時期已行用。見該文。

【欒華】

即欒樹。此稱漢代已行用。見該文。

【欒花】

同“欒華”。即欒樹。此體唐代已行用。見“欒樹”文。

【木欒】

即欒樹。此稱宋代已行用。見該文。

【石欒樹】

即欒樹。今浙江各地多行用此稱。見該文。

【山茶葉】

即欒樹。今東北地區多行用此稱。見該文。

【軟棒】

即欒樹。今山東各地多行用此稱。見該文。

【烏青樹】

即欒樹。今河北定州等地多行用此稱。見該文。

【木欒樹】

即欒樹。此稱多行用於明代。明朱橚《救荒本草》卷五：“木欒樹，生密縣山谷中。樹高丈餘。葉似楝葉而寬大，稍薄。開淡黄花。結薄殼，中有子，大如豌豆，烏黑色，人多摘取串作數珠。葉味淡甜。救飢：采嫩芽葉，煠熟换水浸淘净，油鹽調食。”明鮑山《野菜博録》卷三：“木欒樹，生山谷中。樹高丈餘，葉似棟葉，寬大稍薄。開淡黄花，結薄殼，中有子，大如豌豆，烏黑色，人多摘取串作數珠。葉味淡，甜。”見“欒樹”文。

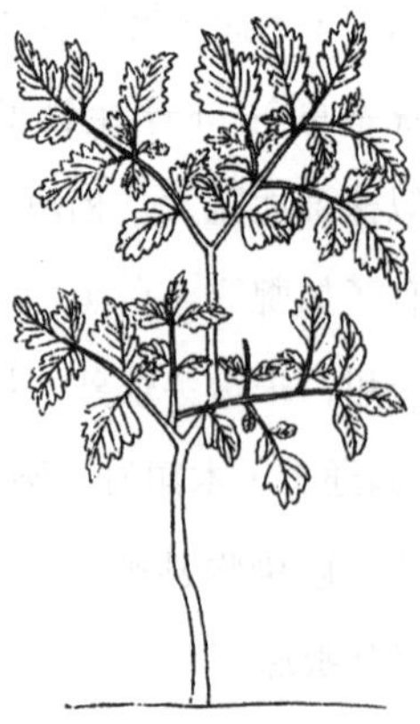

木欒樹
（明朱橚《救荒本草》）

【木蘭芽】

“欒樹”之訛稱。亦稱“木蘭”“黑葉子”。清代山西省各地多行用此稱。清《山西通志・物産・汾州府》：“木蘭，叢生谷。葉可染皂。晋人名黑葉子。春初采芽作茹，名木蘭芽。”清吴其濬《植物名實圖考・木類・欒華》：“木欒生密縣山谷中……按山西亦多有之，俗訛作木蘭。《通志》：木蘭叢生谷岸，葉可染皂，晋人名黑葉子；春初采芽作茹，名木蘭芽。”按，今河南等地仍行用此稱。亦稱“黑葉樹”。見“欒樹”文。

【木蘭】[1]

即木蘭芽。此稱清代已行用。見該文。

【黑葉子】

即木蘭芽。此稱清代已行用。見該文。

【黑葉樹】

即木蘭芽。今河南各地多行用此稱。見該文。

鹽膚木

習見林木名。漆樹科，鹽膚木屬，鹽膚木（*Rhus chinensis* Mill.）。落葉小喬木。有時呈灌木狀。奇數羽狀複葉，小葉七至十三枚，卵形至卵狀橢圓形，葉緣具粗鋸齒。頂生圓錐花序，花小，雜性，黄白色。核果扁圓形，紅色。適生範圍極廣，我國主要分布於東北、華北、西北、華東、華南、西南諸地。全樹均可入藥。亦可放養五倍子蟲（角倍蚜），以收紫膠供醫藥或工業用原料。

始載於先秦典籍，時稱“構木”。省稱“構”。《山海經·中山經》：“又西五十里曰橐山，其木多樗，多構木。”郭璞注：“今蜀中有構木，七八月中吐穗，穗成如有鹽粉著狀，可以酢羹。音備。”《玉篇·木部》：“構，木名，出蜀中，八月中吐穗如鹽狀，可食，味酸美也。”唐代始用“鹽膚木”之稱。亦稱“酸桶”“酢桶”“叛奴鹽”“五構”“鹽膚子”“鹽梅子”“鹽梂子”“烏鹽”“木鹽”“天鹽”“鹽麩”“鹽麩子”。《通志·木類》：“鹽麩子，曰叛奴鹽，蜀人曰酸桶，吴人曰烏鹽。其實秋熟爲穗，著粒如小豆，其上有鹽如雪，可以調羹，戎人亦用此，謂之木鹽，故有叛奴鹽之名。”明李時珍《本草綱目·果四·鹽膚子》：“［釋名］五構、鹽膚子、鹽梅子、鹽梂子、木鹽、天鹽、叛奴鹽、酸桶。〔陳〕藏器曰：蜀人謂之酸桶，亦曰酢桶。吴人謂之鹽麩。戎人謂之木鹽。時珍曰：其味酸、鹹，故有諸名。”清末蕭步丹《嶺南采藥録·鹽麩子》：“鹽麩子，子生枝頭，似豆而小，有鹽凝其上。辟瘴毒，生津液。”《廣群芳譜·果譜十四·鹽麩子》：“鹽麩子，一名五構［構］，一名鹽膚子，一名鹽梅子，一名鹽梂子，一名天鹽，生吴蜀山谷，蜀人謂之酸桶，戎人謂之木鹽，樹狀如椿，七月子成，穗粒如小豆，上有鹽似雪，可爲羹用，南人取子爲末食之，酸鹹止渴。”

鹽麩子
（清吴其濬《植物名實圖考》）

【構木】

即鹽膚木。此稱先秦時期已行用。見該文。

【構】

“構木”之省稱。即監膚木。此稱南北朝時期已行用。見“鹽膚木”文。

【酸桶】

即鹽膚木。因其實味酸，故名。此稱唐代已行用。見該文。

【酢桶】

即鹽膚木。因其實味酸，故名。此稱唐代已行用。見該文。

【叛奴鹽】

即鹽膚木。因其實味鹹，故名。此稱宋代已行用。見該文。

【五構】

即鹽膚木。此稱明代已行用。見該文。

【鹽膚子】

即鹽膚木。因果熟若被鹽粉，故名。亦指其種子。此稱明代已行用。見該文。

【鹽梅子】

即鹽膚木。因其籽鹹酸若鹽梅，故名。此稱明代已行用。見該文。

【烏鹽】

即鹽膚木。此稱唐代已行用。見該文。

【木鹽】

即鹽膚木。此稱唐代已行用。見該文。

【鹽麩】

即鹽膚木。此稱唐代已行用。見該文。

【鹽麩子】

即鹽膚木。此稱宋代已行用。見該文。

【天鹽】

即鹽膚木。此稱明代已行用。見該文。

【鹽梂子】

即鹽膚木。因其實扁圓，被鹽如雪，故名。此稱明代已行用。見該文。

【鹽敷樹】

即鹽膚木。此稱多行用於元明時。元汪大淵《島夷志略・重迦羅》："杜瓶之東曰重迦羅，與爪哇界相接，間有高山奇秀，不産他木，滿山皆鹽敷樹及楠樹。"明方以智《物理小識・草木類》："鹽敷樹，生五棓子之鹽敷樹，燒炭而火性不死，少頃，於炭中復焰，故燒炭者簡去此木。虎被藥箭，尋遇此樹，食之則毒藥性解。"按，"鹽敷"或即"鹽膚"之音訛。見"鹽膚木"文。

【枯鹽萁】

即鹽膚木。此稱多行用於清代。湘、贛俚人多用此稱。時以放養五倍子蟲，用製蟲膠。清吴其濬《植物名實圖考・木類・鹽麩子》："鹽麩子，《開寶本草》始著録。江西、湖南山坡多有之，俗呼枯鹽萁。俚方習用其蟲，謂之伍倍子。"見"鹽膚木"文。

【五棓樹】

即鹽膚木。因可養五倍子蟲（角倍蚜），故名。省稱"五棓"。清代四川各地多行用此稱。清劉善述《草木便方・木部・五棓樹》："五棓白皮酸鹹寒，破血止痢骨哽餐。子葉同功療喉痹，除痰瘴瘧殺蛔疳，酒疸止渴消蠱毒，風濕眼病咳嗽安。"見"鹽膚木"文。

【五棓】

"五棓樹"之省稱。此稱清代已行用。見該文。

灌木類

十大功勞

習見林木名。小蘗科，十大功勞屬，十大功勞〔*Mahonia fortunei*（Lindl.）Fedde〕，别名細葉十大功勞。常緑灌木。高約 2 米。奇數羽狀複葉，小葉三至九枚，革質，矩圓狀披針形或橢圓狀披針形。總狀花序，花小，黄色。漿果圓形或矩圓形，藍黑色，被白粉。花期 9 至 10 月，果期 11 至 12 月。我國主要分布於臺灣、廣東、廣西、雲南等地。供觀賞。根、莖可入藥。

民間早已采爲藥用。此稱明代已行用。亦稱"極木""猫兒殘""光菰櫪"。明繆希雍《先醒齋廣筆記》卷三："極木，一名十大功勞，一名猫兒殘，俗呼光菰櫪。黑子者是，紅子者名樞木。"清吴其濬《植物名實圖考・木類・十大功勞》："十大功勞生廣信。叢生，硬莖直黑，對葉排比，光澤而勁，鋸齒如刺。梢端生長鬚數莖，結小實似魚子蘭……十大功勞又一種，葉細長，齒短無刺，開花成簇，亦如魚子蘭。"侯昭寬等《廣州植物志・小蘗科・細葉十大功勞》："植物名實圖考，載：'十大功勞又一種，葉細長，齒短無刺，開花成簇，亦如魚子蘭。'似即本種。"今從其説。

按，《植物名實圖考》所謂"十大功勞"實

則本屬數種植物之泛稱。除細葉十大功勞外，尚含“闊葉十大功勞”〔*Mahonia bealei*（Fort.）Carr.〕“華南十大功勞”〔*Mahonia japonica*（Thumb.）DC.〕，此附備考。今我國南部、中部及華東等地疏林、灌叢中仍有野生，民間常采爲藥用。用播種、扦插、分株等方法繁殖，露地或盆栽供觀賞。今亦稱“黄天竹”“刺黄檗”“土黄檗”“老鼠刺”“猫兒頭”“刀瓜山樹”“八角刺”等。

十大功勞
（清吴其濬《植物名實圖考》）

【極木】

“十大功勞”之别稱。此稱明代已行用。見該文。

【猫兒殘】

“十大功勞”之别稱。此稱明代已行用。見該文。

【光菰櫪】

“十大功勞”之别稱。此稱明代已行用。見該文。

【黄天竹】

即十大功勞。今南方各地多行用此稱。見該文。

【刺黄檗】

即十大功勞。今湖北興山地區多行用此稱。見該文。

【土黄檗】

即十大功勞。今浙江平陽等地多行用此稱。見該文。

【老鼠刺】[1]

即十大功勞。今湖南、廣東等地多行用此稱。見該文。

【猫兒頭】

即十大功勞。今四川巴東地區多行用此稱。見該文。

【刀瓜山樹】

即十大功勞。今湖北各地多行用此稱。見該文。

【八角刺】

即十大功勞。今浙江淳安等地多行用此稱。見該文。

【山黄連】

即十大功勞。此稱清代已行用。清劉善述《草木便方·草部·山黄連》：“山黄連苦寒除熱，清利二便邪火滅。頭目牙痛風熱退，崩中熱淋殺蟲絶。”趙素雲等以爲山黄連即十大功勞。亦稱“小鼠茨”“刺黄連”“土黄柏”。見“十大功勞”文。

【小鼠茨】

即山黄連。今四川各地多行用此稱。見該文。

【刺黄連】[1]

即山黄連。今四川各地多行用此稱。見該文。

【土黄柏】

即山黄連。今四川各地多行用此稱。見該文。

八角楓

習見林木名。山茱萸科，八角楓屬，八角楓〔*Alangium chinense*（Lour.）Harms〕。落葉

灌木或小喬木。小枝呈“之”形曲折，疏生黄柔毛。單葉互生，紙質，卵形或圓形，幼時兩面常生疏柔毛，全緣或三至七（九）裂。二歧聚傘花序，腋生，花八至三十朵，黄白色。核果卵圓形，成熟時黑色。我國主要分布於長江流域及珠江流域各省及甘、陜、豫、藏、臺灣諸地。木材可製傢具、門、窗及膠合板等。樹皮纖維可製人造棉。根、莖、葉可入藥。

我國栽培利用八角楓已有數百年歷史。唐代稱“金盤草”。省稱“金盤”。清代已行用“八角楓”之稱。亦稱“五角楓”“木八角”“金盤草”，省稱“金盤”。唐王周《金盤草詩》：“今春從南陵，得草名金盤。金盤有仁性，生在林一端。根節歲一節，食之甘而酸。風俗競采掇，俾人防急難。巴中蛇虺毒，解之如走丸。”清吴其濬《植物名實圖考・木類・八角楓》：“八角楓，《簡易草藥》：八角楓其葉八角，故名。八角楓五角即五角楓。有花者，其根亦名白龍鬚；無花者即名八角楓。二樹一樣，花葉八角，味温無毒，能治筋骨中諸病。按《本草從新》，八角金盤苦辛温……植高二三尺，葉如臭梧桐而八角，秋開白花細簇，取近根皮用，即此樹也。江西、湖南極多，不經樵采，高至丈餘。其葉角甚多，八角言其大者耳。”清趙學敏《本草綱目拾遺・木部・木八角》：“木八角，木高二三尺，葉如木芙蓉，八角有芒，其葉近蒂處有紅色者佳，秋開白花細簇，取近根皮用。唐王周《金盤草詩》注：金盤草生寧江、巫山、南陵林木中，其根一年生一節，人采而服，可解毒也。其詩云：今春從南陵，得草名金盤。金盤有仁性，生在林木端。根節歲一節，食之甘而酸。風俗競采掇，俾人防急難。”參閲《廣群芳譜・卉譜六・金盤草》。

按，八角楓科僅一屬，我國有八種。本種亦俗稱“勾兒茶”“榧木”“包子樹”“二珠葫蘆”。又，該屬之瓜木亦稱“八角楓”，宜辨之。

【金盤草】

即八角楓。此稱唐代已行用。見該文。

【金盤】

“金盤草”之省稱。即八角楓。此稱唐代已行用。見“八角楓”文。

【五角楓】

即八角楓。因其葉有五裂者，故名。此稱清代已行用。見該文。

【木八角】

即八角楓。此稱清代已行用。見該文。

【勾兒茶】

即八角楓。今湖北各地多俗用此稱。見該文。

【榧木】

即八角楓。今河南各地多俗用此稱。見該文。

【包子樹】

即八角楓。今廣東、海南等地多俗用此稱。見該文。

【二珠葫蘆】

即八角楓。今之俗稱。見該文。

【八角金盤】

即八角楓。此稱清代已行用。清吴儀洛《本草從新・木部・八角金盤》：“八角金盤，苦、辛、温、毒烈。治麻痹風毒，打撲瘀血停積。植高二三尺，葉如臭梧桐而八角，秋開白花細簇。”見“八角楓”文。

九節

習見林木名。茜草科，九節屬，九節〔*Psychotria rubra*（Lour.）Poir.〕。直立灌木，偶成喬木狀。枝圓柱狀而略呈四方形。單葉對生，紙質，矩圓形或橢圓狀矩圓形，先端尖長。聚傘花序，頂生及腋生，花淺緑色或白色，有短梗，萼檐杯狀。核果近球狀至寬橢圓狀，紅色，乾時有四至五棱。我國主要分布於西南、華南等地，向東可抵臺灣省。多生於山野間。嫩枝、葉、根供藥用。

金鶏瓜
（明盧和《食物本草》）

我國藥用開發九節已有數百年歷史。清代始稱“大丹葉”“暗山公”“山大刀”“暗山香”“山大顔”“吹筒管”。清何克諫《生草藥性備要》上卷：“大丹葉，味苦，性温。乾水、殺。一名暗山公，又名山大刀。”清末蕭步丹《嶺南采藥録・大丹葉》：“大丹葉，别名山大刀、暗山公。味苦，性温。乾水，殺蟲。”參閲江蘇新醫學院《中藥大辭典・山大刀》。今亦稱“刀傷木”“金鶏瓜”“大羅傘”“散血丹”。

【大丹葉】

即九節。此稱清代已行用。一説“大舟藥”，參閲《廣州植物・茜草科・九節》。見該文。

【暗山公】

即九節。此稱清代已行用。見該文。

【山大刀】

即九節。此稱清代已行用。見該文。

【暗山香】

即九節。此稱清代已行用。見該文。

【山大顔】

即九節。此稱清代已行用，名見《嶺南采藥録》。見該文。

【吹筒管】

即九節。此稱清代已行用，名見《嶺南采藥録》。見該文。

【刀傷木】

即九節。今廣東廣州等地多行用此稱。見該文。

【金鶏瓜】

即九節。今廣西各地多行用此稱。見該文。

【大羅傘】[1]

即九節。今廣西各地多行用此稱。見該文。

【散血丹】

即九節。今廣西各地多行用此稱。見該文。

了哥王

習見林木名。瑞香科，蕘花屬，了哥王〔*Wikstroemia indica*（Linn.）C.A.Mey.〕。灌木。高 0.6~2 米。枝紅褐色，秃净無毛。單葉對生，卵形或長橢圓形，堅紙質至近革質。花數朵，頂生，組成短總狀花序；花被黄緑色。核果卵形，成熟時暗紅色至紫黑色。我國主要分布於長江以南各省區。常見於山丘草坡及灌叢中。根、莖、葉、果實可入藥。

清代早有記載，時已行用此稱。亦稱“九信菜”“鷄子麻”“山黄皮”“鷄頭”“南嶺蕘花”“蒲崙”。清何克諫《生草藥性備要》卷上：“九信菜，味辛，性平。有毒，能殺人，不可亂服。此藥能毒狗，犬［大］食必死。”清末蕭步丹《嶺南采藥録・九信草》：“九信藥，别名了歌王。有大毒，能殺人。味辛，性平。此藥能毒狗，狗食之必死。清熱毒瘡……其子紅色，八歌雀愛食之。”江蘇新醫學院《中藥大辭典・了歌王》：“了哥王（《嶺南采藥録》）、九信菜（《生草藥性備要》），鷄子麻、山黄皮、鷄頭（《嶺南采藥録》），南嶺蕘花蒲崙（《中國樹木分類學》）……”

【九信菜】

即了哥王。原文“菜”作“藥”。此稱清代已行用。見該文。

【鷄子麻】

即了哥王。此稱清代已行用。見該文。

【山黄皮】

即了哥王。此稱清代已行用。見該文。

【鷄頭】

即了哥王。此稱清代已行用。見該文。

【南嶺蕘花】

即了哥王。今稱。見該文。

【蒲崙】

即了哥王。今稱。見該文。

三椏苦

習見林木名。芸香科，洋茱萸屬，三椏苦〔*Melicope pteleifolia*（Champ. ex Benth.）Hartley〕。灌木或小喬木。指狀複葉，小葉三枚，紙質，矩圓形。圓錐花序腋生，花小，白色。果肉由四革質果瓣組成。種子骨質，具光滑種皮。我國主要分布於華南各地。多爲野生。可入藥。

我國采集三椏苦醫病至少已有數百年史。此稱近代始見行用。侯寬昭等《廣州植物志・芸香科・三椏苦》引清末蕭步丹《嶺南采藥録》云：“〔三椏苦〕味苦，性寒，清熱毒，治跌打、發熱、作痛。”按，本種今仍多野生，廣州近郊山野中尋常可見。今南方製藥廠所産之“三九胃泰”似以此爲重要成份，其藥用價值正在深入開發中。

土茯苓

習見林木名。菝葜科，菝葜屬，土茯苓（*Smilax glabra* Roxb.）。攀援狀蔓生灌木。莖細長，木質，無刺，淡緑色或淺棕色。根莖塊根狀，具明顯結節。單葉互生；革質，披針形至橢圓狀披針形，全緣，葉背常具白粉。花單性，雌雄异株；傘形花序腋生，花瓣小，白色。漿果球形，紅色。我國主要分布於安徽、江蘇、浙江、江西、湖南、湖北、福建、廣東、廣西、四川、貴州等地。多見於山坡、林緣半陰處。根莖可入藥。

我國利用土茯苓頗久。南北朝時稱“禹餘糧”“草禹餘糧”“白餘糧”，宋代稱“刺猪苓”，明代始行用“土茯苓”之稱，亦稱“土萆薢”“山猪糞”“仙遺糧”“冷飯團”“硬飯”“山地栗”。明李時珍《本草綱目・草七・土茯苓》：“［釋名］土萆薢、刺猪苓、山猪糞、草禹餘糧、仙遺糧、冷飯團、硬飯、山地栗。時珍曰：按陶弘景注《石部》禹餘糧云：南中平澤有一種藤，葉如菝葜，根作塊有節，似菝葜而色赤，味如薯蕷，亦名禹餘糧。言昔禹行山乏食，采此充糧而弃其餘，故有此名。觀陶氏此説，即今土茯苓也。故今尚有仙遺糧、冷飯團之名，亦其遺意，陳藏器《本草》：草禹餘糧，蘇頌《圖經》猪苓下刺猪苓，皆此物也，今皆並之。茯苓、猪苓、山地栗，皆象形也。”《續通志・木類》：“土茯苓，一名土萆薢，一名刺猪苓，一名山猪糞，一名草禹餘糧，一名仙遺糧，一名冷飯團，一名硬飯，一名山地栗。李時珍曰：按陶弘景注《石部》禹餘糧語：南中平澤有一種藤，生葉如菝葜，根作塊有節，似菝葜而色赤，味如薯蕷，亦名禹餘糧。言昔禹行山乏食，采此充糧而棄其餘，故有此名。觀陶氏此説即今土茯苓也。故今尚有仙遺糧，冷飯團之名，亦其遺意。俗又名過岡龍，謬稱也。”《廣東通志·物産志·藤》：“白藤，葉似土茯苓，藤身小而長白。”清汪灝等《廣群芳譜·藥譜六·土茯苓》：“土茯苓，一名土萆薢，一名刺猪苓，一名山猪糞，一名草禹餘糧，一名仙遺糧、一名冷飯團，一名硬飯，一名山地栗。”清趙其光《本草求原·蔓草·土茯苓》：“土茯苓，一名萆薢，俗名冷飯團。甘，淡而平。入脾、胃、大腸。”清代亦稱“冷飯頭”。清何克諫《生草藥性備要》下卷：“土茯苓，味甜，性寒。消毒瘡、疔瘡，瘡科要藥。生舂汁塗敷之，煲酒亦可。一名冷飯頭。”《植物名實圖考·蔓草類·土茯苓》：“土茯苓即草禹餘糧，《本草拾遺》始著録。《宋圖經》謂之刺猪苓，今通呼冷飯團；形狀、功用具《本草綱目》。近時以治惡瘡爲要藥。多以萆薢充之，或有以商陸根僞充者。萆薢去濕，性尚不遠，若商陸則去水峻利，宜慎辨之。”

按，江蘇新醫學院《中藥大辭典·土茯苓》引南朝梁陶弘景曰：“南人又呼平澤中有一種藤，葉如菝葜……謂爲禹餘糧。言昔禹行山乏食，采此以充糧，而棄其餘。此云白餘糧也。生池澤。”本種今通稱“光葉菝葜”，又名“山歸來”“久老薯”“山遺糧”“白葜”“連飯”。

【禹餘糧】

即土茯苓。此稱南北朝時期已行用，并沿稱於後世。見該文。

【草禹餘糧】

即土茯苓。此稱南北朝時期已行用，并沿稱於後世。見該文。

【白餘糧】

即土茯苓。此稱南北朝時期已行用，并沿稱於後世。參閲《中藥大辭典·土茯苓》。見該文。

【刺猪苓】

即土茯苓。此稱宋代已行用，并沿稱於後世。見該文。

【土萆薢】

即土茯苓。稱始明代已行用。見該文。

【山猪糞】

即土茯苓。此稱明代已行用。見該文。

【仙遺糧】

即土茯苓。因昔傳禹王采此當糧而弃其餘，故名。此稱多行用於明代。見該文。

【冷飯團】[1]

即土茯苓。此稱明代已行用。見該文。

【硬飯】

即土茯苓。此稱明代已行用。見該文。

【山地栗】

即土茯苓。此稱明代已行用。見該文。

【冷飯頭】[1]

即土茯苓。此稱清代已行用。見該文。

【光葉菝葜】

即土茯苓。今之通稱。見該文。

【山歸來】[1]

即土茯苓。今江南各地多行用此稱。見該文。

【久老薯】

即土茯苓。今廣西各地多行用此稱。見該文。

【山遺糧】

即土茯苓。今廣東各地多行用此稱。見該文。

【白葜】

即土茯苓。今浙江各地多行用此稱。見該文。

【連飯】

即土茯苓。今浙江各地多行用此稱。見該文。

【山尾薯】

即土茯苓。此稱清代已行用。清黄叔璥《臺海使槎録》卷三："有異名者，苧麻根名山桔梗，柑核名仙柑子，山藥名淮山，木槿名水錦，土茯苓名山尾薯，木賊名接骨筒。"見"土茯苓"文。

大青

習見林木名。唇形科，大青屬，大青（*Clerodendrum cyrtophyllum* Turcz.）。落葉小灌木。枝黄褐色，中髓色白而堅實。單葉對生，卵形或橢圓形。傘房狀聚傘花序，頂生或腋生；花冠白色，具柑橘香味。漿果球形或倒卵圓形。我國主要分布於華東、中南及西南各地。根、葉可入藥。

我國應用大青已逾一千五百年歷史。晋代已行用此稱。晋葛洪《肘後備急方》卷二："又方：大青四兩，甘草、膠各二兩，豉八合，以水一鬥煮二物，取三升半去滓，内豉煮三沸去滓，乃内膠，分作四服盡。"南朝梁陶弘景《名醫别録・中品・大青》："味苦，大寒，無毒。主治時氣頭痛。"唐蘇敬等《新修本草・草部・大青》："大青用葉兼莖，不獨用莖。"清代亦稱"淡婆婆"。清吴其濬《植物名實圖考・隰草類・大青》："大青，《别録》中品，今江西、湖南山坡多有之……湘人有《三指禪》一書。以淡婆婆根治偏頭風有奇效。余詢而采之，則大青也。鄉音轉訛耳。"

大　青

（清吴其濬《植物名實圖考》）

按，"大青"今亦通稱"路邊青"。俗稱"土地骨""青草心""山尾花""猺子菜""山漆"。又，藥用"大青"除本種外，尚有十字花科之"菘藍"等植物，宜辨之。

【淡婆婆】

即大青。此稱清代已行用。見該文。

【路邊青】

即大青。今之通稱。見該文。

【土地骨】

即大青。今之俗稱。見該文。

【青草心】

即大青。今浙江等地多俗用此稱。見該文。

【山尾花】

即大青。今廣東各地多俗用此稱。見該文。

【猺子菜】

即大青。今廣東各地多俗用此稱。見該文。

【山漆】[3]

即大青。今臺灣各地多俗用此稱。見該文。

大烏泡

習見林木名。薔薇科，懸鈎子屬，大烏泡（*Rubus multibracteatus* Lévl. et Vant.）。常緑灌木。小枝粗壯，密被黄色絨毛，雜有小勾刺。

單葉互生，革質，近圓形，具不規則之淺裂。圓錐或總狀花序，頂生或腋生，密被黄色絨毛。聚合果球形，紅色。我國主要分布於雲、貴、川及兩廣等地。果可食。全株及根可入藥。

我國采食大烏泡與用以醫病歷史較長，清代已行用此稱。清劉善述《草木便方・草部・大烏泡》："大烏泡根酸鹹平，能消瘰癧目淚停。痘後目翳汁密點，祛風除濕狗咬靈。"按，四川各地藥用之大烏泡以川莓（*Rubus setchuenensis* Bur. et Franch.）較多，故《草木便方》整理組以爲書中大烏泡即川莓。此説或是。今附供考。

大黄連刺

習見林木名。小檗科，小檗屬，大黄連刺（*Berberis centiflora* Diels pruinosa Franch.）。落葉灌木。小枝有溝，紫色或紅褐色，枝刺單一或分爲三叉。葉倒披針形至倒卵狀披針形。總狀花序，小花十至十二朵，黄色。漿果近橢圓形，暗紅色。我國主要分布於河北、甘肅、新疆及東北各地。主要供觀賞。

此稱多行用於清代。清吴其濬《植物名實圖考・木類・大黄連》："大黄連生雲南。大樹，枝多長刺，刺必三以爲族。小葉如指甲，亦攢生。結青白實，木心黄如黄柏。味苦，土人云可以代黄連，故名。"今人陳嶸《中國樹木分類學》以爲《圖考》之大黄連即本種。此附供考。

大莢藤

習見林木名。豆科，絹花藤屬，大莢藤〔*Afgekia filipes*（Dunn）R. Geesink.var. Filipes〕。攀援灌木。幼枝密被紅色柔毛，後漸脱落。奇數羽狀複葉，小葉對生，長圓形或長圓狀披針形。圓錐花序腋生，花青紫或粉紅色。莢果木質，腫脹，密被黄褐色絨毛。種子長大如猪腎形，黑色。我國主要分布於雲南、廣西部分地區。莖可入藥。種子可毒魚。

明代已入藥用，時稱"猪腰子"。明李時珍《本草綱目・木二・猪腰子》："猪腰子生柳州。蔓生結莢，内子大若猪之内腎，狀酷似之，長三四寸，色紫而肉堅。彼人以充土宜，饋送中土。"清末蕭步丹《嶺南采藥録・猪腰子》："猪腰子，産於廣西。蔓生結莢，中有子，大如猪腎，故名。長三四寸，色紫肉白，味甘微辛，無毒。療瘡毒，箭毒傷。"清吴其濬《植物名實圖考・蔓草類・猪腰子》："猪腰子，《本草綱目》始著録，生柳州。蔓生，結莢色紫，肉堅，長三四寸，主一切瘡毒。"《廣西通志・物産・柳州府》："猪腰子，出馬平羅城。案，《本草綱目》云：蔓生，筴内子若猪腎狀，長三四寸，色紫而肉厚，能解諸毒。"亦俗稱"銜天子""瓦葉藤""小血藤"等。

猪腰子
（清吴其濬《植物名實圖考》）

【猪腰子】[1]

即大莢藤。因其種子形若猪腎，故名。此稱明代已行用。見該文。

【銜天子】[1]

即大莢藤。今雲南各地多俗用此稱。見該文。

【瓦葉藤】

即大莢藤。今雲南各地多俗用此稱。見該文。

【小血藤】[1]

即大莢藤。今廣西各地多俗用此稱。見該文。

大駁骨

習見林木名。爵床科，黑爵床屬，黑葉小駁骨（*Justicia ventricosa* Wall. Ex Hook. F.）之别名。常緑灌木。高可達2.5米。枝粗壯，圓柱形，秃净。單葉對生，橢圓形，全緣。穗狀花序頂生；花冠二唇形，白色而具紅斑點。蒴果，卵形或橢圓形。我國主要分布於兩廣及雲南等地。多野生於曠野灌叢及村落附近，亦植於庭園。可供觀賞。莖、葉亦可入藥。

清代已爲藥用，時稱“鴨仔花”“逼柏樹”“大還魂”“大駁節”。亦行用此稱。清趙其光《本草求原・隰草部・鴨仔花》：“鴨仔花，即逼柏樹。苦甘，平。專治乳癰，功勝於蒲公英，同黄糖、酒糟搗敷。”江蘇新醫學院《中藥大辭典・大駁骨丹》：“大駁骨丹（《嶺南采藥録》），異名：鴨仔花、逼迫樹（《本草求原》），大還魂（《嶺南采藥録》）、大駁節（《陸川本草》）……爲爵床科黑葉爵床的莖葉。”今通稱“黑葉小駁骨”“大駁骨”。

【鴨仔花】

即大駁骨。此稱清代已行用。見該文。

【逼柏樹】

即大駁骨。《中藥大辭典》引作“通迫樹”。此稱清代已行用。見該文。

【大還魂】

即大駁骨。此稱清代已行用。見該文。

【大駁節】

即大駁骨。此稱清代已行用。見該文。

【黑葉爵床】

即大駁骨。今之通稱。見該文。

山豆花

習見林木名。豆科，胡枝子屬，絨毛胡枝子〔*Lespedeza tomentosa*（Thunb.）Sieb. ex Maxim.〕之别名。落葉灌木。高1~2米，莖直立，全株密被黄褐色絨毛。羽狀複葉，小葉三枚，厚革質，橢圓形或卵狀長圓形，邊緣稍反捲。總狀花序頂生或於莖上部腋生，花冠黄色或黄白色，無瓣，腋生，簇生成球狀花序。莢果倒卵形，先端具短尖，表面密被褐色絨毛。我國除新疆西藏外，各地均有分布。爲重要水土保持植物。全株可作飼料或緑肥。根可入藥。種子可榨油。

明代典籍已著録此樹。明朱橚《普濟方》卷二八九：“〔治發背疽瘡臁瘡瘰癘腦疽〕用地蜘蛛，取山豆花根，日中曝乾爲末，初覺腫痛，將此藥用津液調塗於上，用膏藥紙封貼，大效。”《中國植物志・豆科・絨毛胡枝子》以爲清吴其濬《植物名實圖考》之山豆花即本種。查《植物名實圖考・蔓草類・山豆花》“山豆花，生雲南。蔓生，大葉長穗，花似紫藤花”與本種顯有不同，本種爲直立灌木，而《圖考》云蔓生；又觀其圖，葉緣具粗鋸齒，并生捲鬚，亦與本種相异，故二者絶非同物。今附供考。本種今亦稱“毛胡枝子”“白胡枝子”。

【毛胡枝子】

即山豆花。因其全株被毛，故名。今稱。見該文。

【白胡枝子】

即山豆花。因全株被白毛，故名。今稱。見該文。

山豆根 [2]

習見林木名。豆科，苦參屬，越南槐（*Sophora subprostrata* Chun et T. Chen）之別名。常緑灌木。枝柔弱，直立或近平卧，幼枝被絲毛。奇數羽狀複葉，互生，小葉橢圓形或窄卵狀橢圓形。總狀花序頂生，密被短柔毛，花冠蝶形，黄白色。莢果紫黑色，撚珠狀。我國主要分布於南部各地，而以廣西最多。根可入藥。

宋代典籍已有記載，時已行用此稱，亦沿稱於後世。明代亦稱“解毒”“黄結”“中藥”。宋范成大《桂海虞衡志・志獸》:“石鼠，專食山豆根。賓州人以其腹乾治咽喉疾效如神，謂之石鼠肚。”宋唐慎微《證類本草・草部下品・山豆根》:“山豆根，味甘，寒，無毒。主解諸藥毒，止痛，消瘡腫毒，人及馬急黄發熱，咳嗽。殺小蟲。生劍南山谷。蔓如豆。”又引《本草圖經》曰：“山豆根，生劍南山谷。今廣西亦有，以忠、萬州者佳，苗蔓如豆根，以此爲名。葉青，經冬不凋。八月采根用。今人寸截含以解咽喉腫痛，極妙。廣南者如小槐，高尺餘。石鼠食其根，故嶺南人捕石鼠破取其腸胃暴乾，解毒攻熱甚效。”明李時珍《本草綱目・草七・山豆根》:“［釋名］解毒、黄結、中藥。［集解］〔蘇〕頌曰：山豆根，生劍南及宜州、果州山谷，今廣西亦有，以忠州、萬州者爲佳。苗蔓如豆，葉青，經冬不凋，八月采根。廣南者如小槐，高尺餘，石鼠食其根。故嶺南人捕鼠，取腸胃曝乾，解毒攻熱效。”明曹學佺《蜀中廣記・方物記第六・藥石》:“《寰宇記》:果州有鷄父草，五月采；山大豆，八月采。豆，療急風傷寒；草，治因産破血。二藥《本草》不書也。《本草》山豆根以忠、萬者爲佳，苗蔓如豆葉青，經冬不凋。”清吴儀洛《本草從新・蔓草類・山豆根》:“山豆根，苦，寒。瀉心火以保肺金，去肺、大腸之風熱，消腫止痛……苗、蔓如豆，經冬不凋。”清趙其光《本草求原・蔓草部・山豆根》:“山豆根一名解毒。寒苦帶甘。”清嚴西亭等《得配本草・草部蔓草・山豆根》:“苦，寒。入手太陰、少陰經。瀉實熱，解痘毒，清咽喉，降心火。”清吴其濬《植物名實圖考・蔓草類・山豆根》:“山豆根，《開寶本草》始著録。今以爲治喉痛要藥，以産廣西者良。江西、湖南别有山豆，皆以治喉之功能名，非一種。”此説甚是。

按，藥用山豆根除本種外，尚有防已科之蝙蝠葛，蝶形花科之木藍類等植物之根。本種今通稱“柔枝槐”“廣豆根”。亦稱“山大豆根”“苦豆根”。

【解毒】

即山豆根。此稱明代已行用。見該文。

【黄結】

即山豆根。此稱明代已行用。見該文。

【中藥】

即山豆根。此稱明代已行用。見該文。

【柔枝槐】

即山豆根。今之通稱。見該文。

【廣豆根】

即山豆根。今之通稱。見該文。

【山大豆根】

即山豆根。今之俗稱。見該文。

【苦豆根】

即山豆根。因其根味苦，故名。今之俗稱。見該文。

山芝蔴

習見林木名。梧桐科，山芝蔴屬，山芝蔴（*Helicteres angustifolia* Linn.）。小灌木，高約1米。小枝密被灰緑色短柔毛。單葉互生，狹長圓形或條狀披針形，先端鈍或尖，基部圓，全緣，背面密生灰白或淡黃星狀茸毛。花序腋生；花瓣五枚，淡紅色或紫紅色。蒴果卵狀長圓形，先端尖，密被星狀毛。種子褐色，具橢形小點斑。我國主要分布於西南、華南、華東南部及臺灣等地。多見於荒山、丘陵、平原及濱海地帶。莖皮纖維可製繩索。全株可入藥。

清代稱“崗油蔴”“岡芝麻”。清何克諫《生草藥性備要》上卷：“崗油蔴，催瘡去毒，止血埋口，又能潤大腸，食多大便必快。”清末蕭步丹《嶺南采藥録・岡芝麻》：“岡芝麻，敷瘡去毒，生血生肌，又能潤大腸，多食必便快。”今通稱“山芝蔴”。亦稱“山油蔴”“坡油蔴”“田油蔴”“野芝蔴”。

【崗油蔴】

即山芝蔴。此稱清代已行用。見該文。

【岡芝麻】

即山芝蔴。此稱清代已行用。見該文。

【山油蔴】

即山芝蔴。今粵西地區多行用此稱。見該文。

【坡油蔴】

即山芝蔴。今廣西各地多行用此稱。見該文。

【田油蔴】

即山芝蔴。福建各地多行用此稱。見該文。

【野芝蔴】

即山芝蔴。今廣東、廣西山區多行用此稱。見該文。

山茱萸

習見林木名。山茱萸科，山茱萸屬，山茱萸（*Cornus officinalis* Sieb. et Zucc.）。落葉灌木或小喬木。枝黑褐色。單葉對生，卵形至橢圓形，全緣，葉面疏生平貼毛，葉背被白色伏毛。花黃色，先葉開放，成傘形花序。核果橢圓形，成熟時紅色。我國主要分布於陝西、河南、山西、山東、安徽、浙江、湖南、湖北、四川及甘肅南部等地。果實可入藥。

我國栽培利用山茱萸歷史悠久，漢代已行用此稱。亦稱“蜀棗”“魃實”“鼠矢”“鷄足”。《神農本草經・中品・山茱萸》：“山茱萸，味酸，平。主心下邪氣，寒熱，温中，逐寒濕痹，去三蟲，久服輕身。一名蜀棗，生山谷。”孫星衍等注引《吴普本草》：“山茱萸，一名魃實，一名鼠矢，一名鷄足……或生冤句琅邪，或東海承縣，葉如梅，有刺毛。二月華如杏；四月實如酸棗，赤，五月采實。”南朝宋雷斅《雷公炮炙論》中卷：“山茱萸，雷公云：凡使，勿用雀兒蘇，真似山茱萸，只是核八棱，不入藥。”《通志・木類》：“山茱萸，其實似萇楚之實，一名蜀棗，一名鷄足，一名魃實。”宋羅濬《寶慶四明志・郡志六・叙賦下》：“粗色：……栗、棗肉、榛子、榧子、杏仁、細辛、山茱萸、白附子、蕪荑、甘草、防風、牛膝、白術、遠志、茯苓……”亦稱“肉棗”“蜀酸棗”。明李時珍《本草綱目・木三・山茱萸》：“［釋名］蜀酸棗、肉棗、魃實、鷄足、鼠矢……時珍曰：《本經》一名蜀酸棗，今人呼爲肉棗，皆象形也。”清刊《月令輯要・二月令・物候》：“山茱萸，《本草綱目》：山茱萸，葉如梅，有刺。二月開花如杏。"《陜西通志·物產一·藥屬》:"山茱萸，出三輔(范子)，生漢中山谷。九月十月采實(《名醫别録》)，與吴茱萸甚不相類(《本草衍義》)。靈臺元象石鼓大嶺廟諸山俱出(《渭南縣志》)。"清吴其濬《植物名實圖考·木類·山茱萸》:"山茱萸，《本經》中品。陶隱居云，子如胡頹子，可啖；合核爲用。"

山茱萸
(清吴其濬《植物名實圖考》)

據《新華本草綱要·山茱萸》云:"山茱萸始載於《神農本草經》，列入中品。《名醫别録》載'山茱萸生漢中山谷及琅邪冤句，東海承縣，九月十月采實，陰乾。'《本草綱目》收載於木部，灌木類……按上所述，並觀其附圖，與本種相同。"此論頗是，今從其説。今亦稱"藥棗""紅棗皮""棗皮"。

【蜀棗】

即山茱萸。此稱漢代已行用。見該文。

【魃實】

即山茱萸。此稱三國時期已行用。見該文。

【鼠矢】

即山茱萸。此稱三國時期已行用。見該文。

【鷄足】

即山茱萸。此稱三國時期已行用。見該文。

【肉棗】

即山茱萸。此稱明代已行用。見該文。

【蜀酸棗】

即山茱萸。原稱"蜀棗",《太平御覽》引《本草經》改此稱。見該文。

【藥棗】

即山茱萸。今浙、贛、晋等地多行用此稱。見該文。

【紅棗皮】

即山茱萸。今浙江各地多行用此稱。見該文。

【棗皮】

即山茱萸。今四川各地多行用此稱。見該文。

【實棗兒樹】

即山茱萸。金元時稱"石棗"。舊題金李杲《珍珠囊補遺藥性賦》卷四:"山茱萸，一名石棗。味酸平，微温，無毒。"此稱始行用於明代。明朱橚《救荒本草》:"實棗兒樹,《本草》名山茱萸，一名蜀棗，一名鷄足，一名魃實，一名鼠矢。生漢中川谷，及瑯琊、冤句東海承縣海州；今鈞州密縣山谷中亦有之。木高丈餘。葉似榆葉而寬，稍團，紋脉微粗。開淡黄白花。結實似酸棗大，微長，兩頭尖，色赤；既乾，則皮薄味酸。"見"山茱萸"文。

【石棗】

即實棗兒樹。此稱金代已行用。見該文。

【木等子】

即山茱萸。此稱宋代已行用。宋黄庭堅《宜州乙酉家乘·四月》:"市人始賣木等子，皮殷紅，肉甘酸，生者澀，核猥大而肉少。余舊聞嶺南木等子，即藥中山茱萸也。"見"山茱萸"文。

山馬蝗

習見林木名。豆科，長柄山螞蝗屬，尖葉長柄山螞蝗〔*Podocarpium podocarpum* var. *oxyphyllum*(DC.)Yang et Huang〕之别名。小

灌木。莖基有棱。三出複葉，頂生小葉橢圓狀菱形或披針形；側生小葉斜長橢圓形，皆全緣。圓錐狀花序頂生，腋生花序爲總狀；花小，花冠蝶形，淡紫色。莢果通常爲一至二節，半倒卵狀三角形，被柔毛及鈎毛。我國主要分布於華北、華東、華中、華南、西南及甘、陝等地。全株可入藥。嫩枝葉可作飼料或漚製緑肥。

山馬蝗
（清吴其濬《植物名實圖考》）

我國利用山馬蝗已有數百年歷史。清代已行用此稱。清吴其濬《植物名實圖考・山草類・山馬蝗》："山馬蝗産長沙山阜。獨根，有短鬚，褐莖多叉。每枝三葉，葉微似竹，面青背白，疏紋無齒。葉間發小莖，開紫白小花如粟。俚醫以治哮。此草與小槐花枝葉相類，唯附莖團團結角，似蛾眉豆而扁小。有雙角連生者，亦黏人衣。"

按，本種原爲山螞蝗屬，今分出爲長柄山螞蝗屬。又，本種爲長柄山螞蝗之變種，稱"尖葉長柄山螞蝗"。現仍以野生存在於山地草坡及林緣、隙地。民間常采全草入藥。參閲江蘇新醫學院《中藥大辭典・山馬蝗》。

山麻黄

習見林木名。芸香科，裸芸香屬，裸芸香（*Psilopeganum sinense* Hemsl.）之别名。多年生亞灌木，高 60~80 厘米，無毛，具腺點。三出複葉，互生，小葉卵形、倒卵狀披針形或長圓狀卵形，全緣或微呈波狀。花兩性，單生葉腋，花瓣四至五片，黄色。蒴果，腎形，頂端開裂。種子腎形。我國主要分布於湖北、四川、廣西、貴州、重慶等地。多見於海拔 800 米上下之山坡温濕地段及沙灘、丘陵地。全株可入藥，亦可提取香料（橘香味）。

臭　草
（清吴其濬《植物名實圖考》）

清代稱"臭草"。吴其濬《植物名實圖考・隰草類・臭草》："臭草，撫州平野有之。紫莖亭亭，細枝如蔓，一枝三葉，大如指甲，秋開五瓣小黄花，枝弱花疏，偃仰有致。"今亦稱"蛇皮草""千垂鳥""蝨子草""裸芸香"。參閲《中藥大辭典・山麻黄》。

【臭草】[1]

即山麻黄。此稱清代已行用，今貴州等地仍沿稱。見該文。

【千垂鳥】

即山麻黄。今四川各地多行用此稱。見該文。

【蝨子草】

即山麻黄。今四川各地多行用此稱。見該文。

【蛇皮草】

即山麻黄。今湖北各地多行用此稱。見該文。

【裸芸香】

即山麻黄。今稱。見該文。

山蓮藕

習見林木名。蝶形花科，崖豆藤屬，美麗崖豆藤（*Millettia speciosa* Champ.）之别名。攀援或偃伏狀灌木。幼枝密被褐色柔毛，後漸脱落。奇數羽狀複葉；小葉七至十七枚，長圓形或長圓狀披針形，先端鈍或短漸尖，基部近圓形，葉面無毛或略被疏毛，背面沿脉被銹色柔毛。總狀花序，通常腋生，偶成具葉之頂生圓錐花序；花白色，雜有黄色。莢果硬革質，先端具喙，表面密生茸毛。種子近卵形，呈壓扁狀，表面深褐色或爲紅褐色。我國主要分布於湖南、廣東、海南、廣西、貴州、雲南等地。常見於海拔 1000 米以下之山谷疏林、灌叢及道路兩邊。根可入藥；根富澱粉可釀酒，亦可代藕粉，故得此稱。

清代稱“大力牛”“大口唇”“扮山虎”。今通稱“美麗崖豆藤”。清末蕭步丹《嶺南采藥録・大口唇》：“大口唇，别名牛大力，扮山虎。從化多出産。味甘，性澀。壯脛骨，解熱，理内傷。治跌打，以之浸酒，滋腎。”清何克諫《生草藥性備要》下卷：“大力牛，味甜，性劫（粤語謂甘澀）。壯筋骨，解熱毒，理内傷，治跌打。浸酒，滋腎。一名大口唇，一名扮山虎。”參閲江蘇新醫學院《中藥大辭典・山蓮藕》。

【大力牛】

即山蓮藕。此稱清代已行用。見該文。

【大口唇】

即山蓮藕。此稱清代已行用。見該文。

【扮山虎】

即山蓮藕。此稱清代已行用。見該文。

【美麗崖豆藤】

即山蓮藕。今之通稱。見該文。

小蘗[1]

習見林木名。小檗科，小檗屬，日本小檗（*Berberis thunbergii* DC.）之别名。落葉灌木。幼枝紫紅色，老枝灰棕色或紫褐色，有槽；刺細小，單一，與枝同色。葉菱形、倒卵形或矩圓形，基部全緣。花序傘形或近簇生，小花二至三枚，少有單生，黄色。漿果長橢圓形，熟時紅色，花柱宿存。我國主要分布於陜西秦嶺地區。根、莖可入藥。

南北朝時稱“子蘗”，亦作“子檗”。唐代始用“小蘗”之稱。唐蘇恭《唐新修本草・木部・小蘗》：“子蘗，子似女貞，皮白不黄，亦名小蘗，所在皆有，所云皮黄，恐謬矣。今俗用子蘗，皆多刺小樹，名刺蘗，非小蘗也。”亦稱“山石榴”。明李時珍《本草綱目・木二・小檗》：“［釋名］子蘗，山石榴。［集解］〔陶〕弘景曰：子檗樹小，狀如石榴，其皮黄而苦。又一種多刺，皮亦黄。……〔蘇〕恭曰：小蘗生山石間，所在皆有，襄陽峴山東者爲良。一名山石榴，其樹枝葉與石榴無别，但花異，子細黑圓如牛李子及女貞子爾。”

按，中藥所用“小蘗”，除此種外，另有“大葉小蘗”“細葉小蘗”等。本種通稱“日本小蘗”。俚稱“狗奶子”“刀口藥”“金牛雀”“酸狗奶子”等。

【子蘗】[1]

亦作“子檗”。即小蘗[1]。此體南北朝時期已行用。見“小蘗”文。

【山石榴】[1]

即小蘗[1]。金櫻子、杜鵑花與此共名爲山石榴，然非一物。宜辨之。此稱唐朝已行用。見該文。

【日本小蘗】

即小蘗[1]。今之通稱。見該文。

【狗奶子】[1]

即小蘗[1]。今之俚稱。見該文。

【刀口藥】

即小蘗[1]。今之俚稱。見該文。

【金牛雀】

即小蘗[1]。今之俚稱。見該文。

【酸狗奶子】

即小蘗[1]。今之俚稱。見該文。

【小檗】

同“小蘗[1]”。此體明代已行用。《通雅・植物》：“蘇頌曰：伏牛似黄檗，葉莖有刺，蓋謂似小檗也。小檗葉有齒刺，但虎刺小耳。”明李時珍《本草綱目・木二・小檗》：“［釋名］子蘗，山石榴。”見“小蘗[1]”文。

小蠟

習見林木名。木樨科，女貞屬，小蠟（*Ligustrum sinense* Lour.）。灌木。高2米許，枝密生短柔毛。葉對生，橢圓形至橢圓狀矩圓形，薄革質。圓錐花序，有短柔毛；花白色，具花梗。核果近圓形。我國主要分布於長江以南各省。樹可放養蠟蟲。果實可釀酒。種子可榨油。根、葉可入藥。

典籍記載已有數百年，清代已行用此稱。亦稱“小蠟樹”“魚蠟”“魚蠟樹”。清吴其濬《植物名實圖考・木類・小蠟樹》：“小蠟樹，湖南山阜多有之。高五六尺，莖、葉、花俱似女貞而小，結小青實甚繁，湖南産蠟，有魚蠟、水蠟二種。魚蠟樹小葉細，水蠟樹高葉肥；水蠟樹即女貞，此即魚蠟也。”

小蠟樹
（清吴其濬《植物名實圖考》）

按，陳嶸《中國樹木分類學・小蠟》及《新華本草綱要・小蠟》，皆以爲《圖考》之小蠟樹應即本種。又，小蠟有多個變種，如卵葉小蠟、紅藥小蠟等，近緣種有皺葉小蠟、華南小蠟等。小蠟樹今亦稱“山指甲”“水黄楊”“山紫甲樹”。今人侯寬昭等《廣州植物志・木犀科・小蠟樹》：“小蠟樹，《植物名實圖考》：別名：杻（詩注）；山指甲（廣州）。”未詳《詩經》之“杻”是否此種。此附供考。

【小蠟樹】

即小蠟。此稱清代已行用。見該文。

【魚蠟】

即小蠟。此稱清代已行用。見該文。

【魚蠟樹】

即小蠟。此稱清代已行用。見該文。

【山指甲】

即小蠟。今雲南各地多行用此稱。見該文。

【水黄楊】

即小蠟。今雲南各地多行用此稱。見該文。

【山紫甲樹】

即小蠟。今稱。見該文。

小金櫻

習見林木名。薔薇科，薔薇屬，小果薔薇（*Rosa cymosa* Tratt.）之別名。常緑攀援灌木。小枝纖弱，具鈎刺。奇數羽狀複葉，互生；小葉三至七枚，橢圓形或卵狀披針形。複傘房花序，常生枝頂；花白色，直徑約2厘米。薔薇果，較小，球形，成熟時紅色。我國主要分布於華東、中南及西南各地。多見於較温暖的山坡、丘陵地區。爲重要蜜源植物。花可提取芳香油。根富含鞣質，可提取栲膠。根、葉可入藥。

清代已行用此稱。亦稱“紅茨櫻”。清何克諫《生草藥性備要》上卷：“小金櫻，味劫（甘澀），性温。根能敗血。治少年跌打損傷，用此籽搥敷患處。”今通稱“小果薔薇”。參閲江蘇新醫學院《中藥大辭典·小金櫻子》。

【紅茨櫻】

即小金櫻。此稱清代已行用，名見清佚名《分類草藥性》。見該文。

【小果薔薇】

即小金櫻。今之通稱。見該文。

小黄構

習見林木名。瑞香科，蕘花屬，小黄構（*Wikstroemia micrantha* Hemsl.）。小灌木。高不過 1 米。枝纖細，稀疏。單葉對生，稀互生，矩圓形或倒卵狀矩圓形。圓錐花序頂生或腋生，偶呈簇生或單生之短總狀花序，花被筒狀。核果卵形，成熟時紫黑色。我國主要分布於陝西、湖北、四川等地。莖皮纖維可造紙。種子可榨油。根皮、莖、葉可入藥。

民間早已用此醫病，清代稱“小構”。清劉善述《草木便方·木部·小構》：“小構根皮甘微凉，損傷筋骨跌撲良。袪風除濕利小便，葉能解毒洗風强。”原書圖名“小構樹”。《草木便方》等整理組更改爲“香構”。今亦稱“野棉皮”“黄構”。

【小構】

即小黄構。此稱清代已行用。見該文。

【小構樹】

即小黄構。此稱清代已行用。見該文。

【香構】

即小黄構。今四川各地多行用此稱。見該文。

【野棉皮】

即小黄構。因其莖皮纖維可代棉，故名。今稱。見該文。

【黄構】

即小黄構。今稱。見該文。

小槐花

習見林木名。豆科，山螞蝗屬，小槐花〔*Desmodium caudatum*（Thunb.）DC.〕。小灌木。小葉三出，頂生小葉披針形或寬披針形，側生小葉較小。總狀花序腋生，花冠淡緑或黄白色。莢果條形，被褐色鈎毛。我國主要分布於南方各地。可作牧草。根、葉可入藥。

小槐花
（清吴其濬《植物名實圖考》）

此稱清代已見行用，沿稱至今。清吴其濬《植物名實圖考·山草類·小槐花》：“小槐花，江西田野有之。細莖發枝，一枝三葉，如豆葉而尖長。秋結豆莢，細如菉豆而有毛。莖葉略似山螞蝗，而結角不同。”小槐花果具鈎刺，常粘人衣，故亦俗稱“拿身草”“粘身草”。參閲江蘇新醫學院《中藥大辭典·小槐花》。

【拿身草】

即小槐花。今廣東各地多俗用此稱。見

該文。

【粘身草】

即小槐花。今浙江各地多俗用此稱。見該文。

【清酒杠】

即小槐花。此稱清代已行用。今川東等地多沿用此稱。清劉善述《草木便方・草部・清酒杠》:“清酒杠（原作）根葉性温，酒色勞傷補腎經，傷寒發熱清胃火，乳癰疽腫服塗清。”據《草木便方》整理組稱清酒杠應即本種，入藥者亦含同屬之四川山馬蝗。見“小槐花”文。

千斤拔

習見林木名。豆科，千斤拔屬，千斤拔（*Flemingia philippinensis* Merr. et Rolfe）。直立或披散半灌木。嫩枝密被柔毛。三出複葉，互生，小葉矩圓形至卵狀披針形，兩面被柔毛。總狀花序，萼被白色長毛及腺點，花冠紫色。莢果，被黄色柔毛。我國主要分布於南方各地。根入藥。

明清時已行用此稱。亦作“千觔拔”。其葉三出，下垂若鷄距，亦稱“土黄鷄”“金鷄落地”。清吴其濬《植物名實圖考・山草類・千觔拔》:“千觔拔産湖南岳麓，江西南安亦有之。叢生，高二尺許，圓莖淡緑，節間微紅。附莖參差生小枝，一枝三葉，長幾二寸，寬四五分，面背淡緑，皺紋極細。夏間就莖發苞，攢密如球，開紫花。獨根，外黄內白，直韌無鬚，長至尺餘。俚醫以補氣血、助腸道。亦呼土黄鷄；南安呼金鷄落地，皆以其三葉下垂如鷄距云。”清末蕭步丹《嶺南采藥録・千金拔》:“袪風去濕。凡手足痺痛，酒煎服。並治腰部風濕作痛理跌打。”今常生於山坡草叢中。通稱“蔓性千斤拔”。俗名“老鼠尾”“牛大力”“吊馬樁”“土黄耆”“單守根”“牛達敦”“馬石頭”。

千觔拔
（清吴其濬《植物名實圖考》）

【千觔拔】

同“千斤拔”。此體清代已行用。見該文。

【土黄鷄】

即千斤拔。此稱清代已行用。見該文。

【金鷄落地】

即千斤拔。此稱清代已行用。見該文。

【蔓性千斤拔】

即千斤拔。今之通稱。見該文。

【老鼠尾】

即千斤拔。今嶺南各地多俗用此稱。見該文。

【牛大力】

即千斤拔。今嶺南各地多俗用此稱。見該文。

【吊馬樁】

即千斤拔。今江西各地多俗用此稱。見該文。

【土黄耆】

即千斤拔。今江西各地多俗用此稱。見該文。

【單守根】

即千斤拔。因其獨根，故名。今海南各地多俗用此稱。見該文。

【牛達敦】

即千斤拔。今海南各地多俗用此稱。見該文。

【馬石頭】

即千斤拔。今廣西各地多俗用此稱。見該文。

千頭柏

習見木名。柏科，側柏屬，千頭柏（*Platycladus orientalis* '*Sieboldii*' Dallim. & A. B. Jacks.）常緑灌木。爲側柏之栽培變種。叢生，無主幹，枝頭攢生，直展。樹冠卵形或球形。葉緑色。我國主要分布於長江流域各地。大江南北均有栽培。可列植爲緑籬，亦可叢植配景以供觀賞。一起枝頭叢生若千頭攢動，故名。

此稱明代已見行用。亦稱“千頭”“渾柏”。明盧之頤《本草乘雅半偈・本經上品・柏實》：“柏實，氣味甘，平，無毒。主驚悸，益氣，除風濕痺，安五藏。久服令人肥澤美色，耳目聰明，不飢不老，輕身延年。覈曰：處處有之，當以太山陜州、宜州、乾陵者爲勝。四季長青，葉葉側生，枝枝西向。有三種：一名叢柏，枝葉叢疊，今人呼爲千頭；一名渾柏，獨葉，叢茂，木心紫赤，唯堪作香，皆不結實，不爲藥用；一名扁柏，木心微白，芳香清烈，作花細小，結實有角，四裂子出，尖小介殻，霜後采取，中仁黄白，最多脂液。唯乾陵者木理旋繞，宛若人物、鳥獸狀，陸離可觀。修治：蒸熟去皮殻，搗作餅子，日乾收用。”

今亦俗稱“掃帚柏”“子孫柏”“鳳尾柏”。今人陳植《觀賞樹木學・側柏》：“千頭柏cv. '*Sieboldii*'。亦稱子孫柏（江蘇、浙江）、掃帚柏（山東）、鳳尾柏（河南）。叢生灌木，由根際分枝，枝條甚密，樹冠卵圓形，葉鮮緑色。”筆者以爲盧之頤之千頭者當即陳植所云之千頭柏。

【千頭】

即千頭柏。此稱明代已行用。見該文。

【渾柏】

即千頭柏。此稱明代已行用。見該文。

【掃帚柏】

即千頭柏。今山東各地多俗用此稱，名見陳植《觀賞樹木學》。見該文。

【子孫柏】

即千頭柏。今江浙等地多俗用此稱，名見陳植《觀賞樹木學》。見該文。

【鳳尾柏】

即千頭柏。今河南各地多俗用此稱，名見陳植《觀賞樹木學》。見該文。

女貞[2]

習見林木名。木樨科，女貞屬，女貞（*Ligustrum lucidum* W. T. Aiton）。常緑大灌木或小喬木。單葉對生，卵形或卵狀披針形，革質，全緣，葉面深緑色，有光澤。圓錐花序頂生，花小，白色。核果漿果狀，長橢圓形，成熟時藍黑色。種子長橢圓形。我國主要分布於華東、華南、西南及中原各地。多植爲庭園籬垣，亦供放養蠟蟲。木材可爲細木工用料。根、樹皮、葉、種子可入藥。

我國女貞栽培利用已有二千餘年歷史。先秦時稱“楨木”。三國時稱“貞木”。晉代稱“女楨”。《山海經・東山經》：“又東二百里曰太山，上多金玉楨木。”晉郭璞注：“女楨也，葉冬不凋。”漢代女貞果實已爲藥用，并行用“女貞”之稱。《神農本草經・上品・女貞實》：“女貞實，味苦，平……生山谷。”漢代已入林苑栽培。《文選・司馬相如〈上林賦〉》：“欃檀木蘭，豫章女貞。”唐李善注引三國張揖曰：“女貞木，葉冬不落。”亦稱“冬青”“蠟樹”。亦作“貞木”。明李時珍《本草綱目·木三·女貞》：“［釋名］貞木、冬青、蠟樹。時珍曰：此木淩冬青翠，有貞守之操，故以貞女狀之。《琴操》載魯有處女見女貞木而作歌者，即此也。晉蘇彦《女貞頌》序云：女貞之木，一名冬青。負霜葱翠，振柯凌風。故清士欽其質，而貞女慕其名，是矣。別有冬青與此同名。今方書所用冬青，皆此女貞也。近時以放蠟蟲，故俗呼爲蠟樹。”《佩文韻府·入木》：“楨木，《山海經》太山上多金玉，楨木。”注：“女楨也，葉冬不凋。”清吴任臣《山海經廣注·東山經》：“又東二百里曰太山，上多金玉，楨木。郭曰：女楨也，葉冬不凋，任臣案，女貞亦名冬青，負霜葱翠，振柯淩風。《琴操》載魯有處女，見女貞木而作歌，乃此木也。《駢雅》云：‘思僊不腐，女貞不凋。’《上林賦》：‘豫章女貞。’張揖曰：‘女貞，冬青。’”清吴其濬《植物名實圖考·木類·女貞》：“女貞，《本經》上品，今通俗呼冬青。李時珍以實紫黑者爲女貞，實紅者爲冬青，極確。湖南通謂之蠟樹，放蠟之利甚薄。”

蠟　樹
（清吴其濬《植物名實圖考》）

按，古人常將女貞與冬青合稱，故其稱常通用，明代始加分別。今亦俗稱“大葉蠟”“鼠梓子”“甲興”。

【楨木】

即女貞[2]。此稱先秦時期已行用。見該文。

【女楨】

即女貞[2]。此稱晋代已行用。見該文。

【女貞木】

即女貞[2]。此稱三國時期已行用。見該文。

【冬青】[2]

即女貞[2]。此稱三國時期已行用，并沿稱於後世。冬青科有木名冬青，與此殊异。參見本卷《習見木竹説·習見林木考》“冬青[1]”。見該文。

【蠟樹】

即女貞[2]。此稱明代已行用。見該文。

【貞木】

同“楨木”。即女貞[2]。此體明代已行用。見“女貞[2]”文。

【大葉蠟】

即女貞[2]。今之俗稱。見該文。

【鼠梓子】

即女貞[2]。今廣西各地多俗用此稱。見該文。

【甲興】

即女貞[2]。今西藏各地多俗用此稱。見該文。

【凍青樹】[2]

即女貞[2]。常用爲菜茹，荒年用人救飥。明清時多行用此稱。亦稱“凍青芽”。明朱橚《救荒本草》卷五：“凍青樹，生密縣山谷間。樹高丈許……開白花，結子如豆粒大，青黑色。葉味苦。”明鮑山《野菜博録》卷三：“凍青樹，枝葉似桂樹，極茂盛，凌冬不凋，開白花，結子如豆粒大，青黑色。葉味苦。食法：采芽葉爍熟，水浸去苦味，淘净。油鹽調食。”冬青、女貞與枸骨古人常相混淆，故有人予以分辨。如《廣群芳譜·木譜十二·女貞》：“《别録》［原］辨訛：人因女貞冬茂亦呼爲冬青，不知女貞葉長子黑，冬青葉圓子紅。枸骨與女貞亦相似，女貞即俗呼蠟樹者，冬青即俗呼凍青樹者，枸骨即俗呼貓兒刺者，蓋三樹也。”清吴其濬《植物名實圖考·木類·女貞》：“女貞……《救荒本草》凍青芽，葉可食，即此。”見“女貞[2]”文。

【凍青芽】

即凍青樹。此稱明代已行用。見該文。

【水蠟樹】[1]

即女貞[2]。此稱多行用於清代。清吴其濬《植物名實圖考·木類·小蠟樹》：“水蠟樹即女貞，此即魚蠟也。”《新華本草綱要·女貞》以爲然。見“女貞[2]”文。

【冬生】

即女貞[2]。其木經冬不凋，故名。此稱晋代已見行用。《藝文類聚》卷八九引晋蘇彦《女貞頌》：“女貞之樹，一名冬生。負霜葱翠，振柯凌風。故清士欽其質，而貞女慕其名。”按，李時珍引蘇彦《女貞頌》冬生作冬青。此附，見“女貞[2]”文。

【萬年枝】[2]

即女貞[2]。此稱南北朝時已行用。南朝齊謝朓《直中書省》詩：“風動萬年枝，日華承露掌。”亦稱“萬年樹”。《格致鏡原·木類三·女貞》：“［女貞］《晋宫閣名》：華林園，有萬年樹十四枝。”清陳淏子《花鏡》卷三：“冬青一名萬年枝［株］。樹似枸骨，枝幹疏勁。葉緑而亮，隆冬不枯，可以染緋。莊園徑路，多排直而種，號曰冬墻。夏開小白花，而氣味不佳……結子圓而青，名曰女貞。”今人伊欽恒校注以爲此冬青：“係木犀科常緑小喬木，樹高二三丈。學名*Ligustrum lucidum* Ait.，山野自生或栽培在庭園裏。”由其學名當知冬青、萬年枝即本種。又宋吴曾《能改齋漫録·沿襲》有萬年枝云：“江左謂之冬青。”亦當即此種。今附供考。見“女貞[2]”文。

【萬年樹】

即萬年枝[2]。此稱清代已行用。見該文。

木半夏

習見林木名。胡頽子科，胡頽子屬，木半夏（*Elaeagnus multiflora* Thunb.）。落葉灌木。枝密被銹色鱗片。葉膜質，橢圓形或卵形。花白色，生於葉腋。果橢圓形，成熟時紅色。我國主要分布於冀、魯、豫、蘇、皖、浙、贛等省。果可食，亦可釀酒。果、根、葉可入藥。

唐代已用以療疾，并行用此稱。明代亦稱“四月子”“野櫻桃”。明李時珍《本草綱目·木三·胡頽子》：“［集解］〔陳〕藏器曰：胡頽子生平林間……又有一種大相似，冬凋春實夏熟，人呼爲木半夏，無别功效。時珍曰……其木半夏，樹、葉、花、實及星斑氣味，並與盧都同；但枝强硬，葉微團而有尖，其實圓如櫻桃而不長爲異耳。立夏後始熟，故吴楚人呼爲四月子，亦曰野櫻桃。”清刊《月令輯要·四月令》：“木半夏。［增］《本草綱目》：木半夏，樹葉花實及星斑氣味並與盧都同。立夏後始熟，故吴楚人呼爲四月子，亦曰野櫻桃。”《續通志·果類》：“又有一種，冬凋春實夏熟，人呼爲木半夏，亦曰野櫻桃。”今通稱“多花

野櫻桃
（清吴其濬《植物名實圖考》）

胡頹子”“牛脱”。常野生於山坡灌叢及疏林中。參閲陳嶸《中國樹木分類學・胡頹子科・木半夏》及江蘇新學院《中藥大辭典・木半夏》。又《本草綱目》之“胡頹子”則另是别種。參見本卷《習見果木説・習見柑果考》“胡頹子”文。

【四月子】

即木半夏。因果立夏後即熟，故名。此稱明代已行用。見該文。

【野櫻桃】[1]

即木半夏。因果實圓似櫻桃，故名。此稱明代已行用。見該文。

【多花胡頹子】

即木半夏。今之通稱。見該文。

【牛脱】

即木半夏。今之通稱。見該文。

五加

習見林木名。五加科，五加屬，五加（*Acanthopanax gracilistylus* W.W. Smith）。落葉灌木。有時呈蔓生狀。根皮及葉供藥用。枝無刺或在葉柄基部單生扁平刺。掌狀複葉互生或於短枝上簇生；小葉五枚，倒卵形至披針形。傘形花序腋生或單生於短枝上，花黄色。漿果狀球果，近球形，側扁，成熟時紫黑色。我國主要分布於華中、華東、華南及西南諸地。

五加之根皮藥用由來已久。漢代始稱“五加皮”，亦稱“犲漆”。南北朝時稱“犲節”“五茄木”。《神農本草經・上品・五加皮》：“五加皮，味辛，温。主心腹疝氣、腹痛，益氣療躄，小兒不能行，疸創陰蝕。一名犲漆。”孫星衍等注引南朝梁陶弘景《名醫别録》：“一名犲節，生漢中及冤句，五月、七月采莖，十月采根，陰乾。”北魏賈思勰《齊民要術・笨麴并酒》：“浸藥酒法：以此酒浸五茄木皮，及一切藥，皆有益，神效。”唐代已將其列爲貢品。并已行用“五加”之稱。《新唐書・地理志》：“峽州夷陵郡中本治下牢戍，貞觀九年徙治步闡壘。土貢紵、葛、箭竹、柑、茶、蠟、芒硝、五加、杜若、鬼臼。”《宋史・地理志》：“夷陵郡……貢五加皮、芒硝、杜若。”亦稱“五佳”“白刺”“追風使”“金鹽”。明李時珍《本草綱目・木三・五加》：“[釋名] 五佳、五花、文章草、白刺、追風使、木骨、金鹽、犲漆、犲節。時珍曰：此藥以五葉交加者良，故名五加，又名五花；楊慎《丹鉛録》作五佳，云一枝五葉者佳故也。蜀人呼爲白刺。譙周《巴蜀異物志》名文章草。……〔蘇〕頌曰蘄州人呼爲木骨；吴中俗名追風使。”明王圻、王思義《三才圖會・草木・五加皮》：“五加皮生漢中及冤句，今江淮、湖南州郡皆有之。春生苗，莖葉俱青，五葉者良。”清代亦稱“五加蕻”。清吴其濬《植物名實圖考・木類・五加皮》：“五加皮，《本經》上品。《仙經》謂之金鹽。江西種以爲籬，其葉作蔬，俗呼五加蕻。京師燒酒，亦有五加之名，殆染色爲之。”五加因産地不同其生長常不相同。《山西通志・物産・隰州》：“五加皮，一枝五葉，始生漢中，今隰州谷中有之。但生南方者類草而小，生北方者類木而大。”

五加皮
（清吴其濬《植物名實圖考》）

按，古之藥用“五加”似非一種，乃指五加科五加屬之數種樹木。今所用五加皮中藥，亦含“五加”“無梗五加”“刺五加”“糙葉五加”“輪傘五加”諸種，蓋其功效相似也。“紅毛五加”“白竻”“喬木五加”“蜀五加”亦常爲藥，然所用範圍僅限陝西等地。又，我國五加多於山麓、林緣、路旁、灌叢中野生，民間掘爲藥用。唐韓鄂《四時纂要》始録其栽培，今多用播種、扦插等方法人工繁殖栽培，五六年後即可爲藥用，産量高且穩定。各地民間俗稱“白簕樹”（簕，多誤作“筋”）“五葉路樹”“白刺尖”等。

【五加皮】[1]

即五加。亦指其根皮。此稱漢代已行用。見該文。

【豺漆】

即五加。此稱漢代已行用。見該文。

【豺節】

即五加。此稱南北朝時期已行用。見該文。

【五茄木】

即五加。此稱南北朝時七已行用。見該文。

【五佳】

即五加。因入藥以五葉者功效佳，故名。此稱明代已行用。見該文。

【白刺】

即五加。此稱明代已行用。見該文。

【追風使】

即五加。此稱宋代已行用。見該文。

【金鹽】

即五加。此稱宋代已行用。見該文。

【五加蕻】

即五加。此稱清代已行用。見該文。

【白簕樹】

即五加。今廣東各地多俗用此稱。見該文。

【五葉路樹】

即五加。今福建各地多俗用此稱。見該文。

【白刺尖】

即五加。今四川各地多俗用此稱。見該文。

【文章草】

即五加。省稱“文章”。此稱漢代已行用。《廣群芳譜・藥譜八・五加》引漢譙周《文章草贊》：“文章作酒，能成其味。以金買草，不言其貴。”見“五加”文。

【文章】

“文章草”之省稱。此稱漢代已行用。見該文。

【五花】

即五加。亦稱“白楸樹”。此稱多行用於南北朝，亦沿稱於後世。南朝宋雷斆《雷公炮炙論》上卷：“五花皮，雷公云：今五加皮，其樹本是白楸樹。其上有葉如蒲葉者，其葉三花是雄，五葉花是雌。”江蘇新醫學院《中藥大辭典・五加皮》以爲此五花即五加。然雷公所謂“其葉三花是雄，五葉花是雌”未詳其意。見“五加”文。

【白楸樹】

即五花。此稱南北朝時期已行用。見該文。

【木骨】

即五加。亦稱“刺通”。此稱宋代已行用。《通志・木類》：“五加，曰豺漆，曰豺節。葉作五叉［叉］，蘄州呼爲木骨。入藥用根皮。道家呼爲金鹽母，與地榆皆可煮石。”宋蘇頌《本草圖經・木部・五加皮》：“五加皮，今江淮、湖南州郡皆有之。春生苗，莖葉俱青，作叢，赤莖，又似藤蔓，高三五尺，上有黑刺，葉生五叉作簇者良。四葉、三葉者最多，爲次。每一葉下生一刺。三四月開白花，結細青子，至六月漸黑色……蘄州人呼爲木骨……吴中亦多，俗名追風使，亦曰刺通，剥取酒漬以療風，乃不知其爲五加皮也。”見“五加”文。

【刺通】

即木骨。此稱宋代已行用。見該文。

【刺楸】 2

即五加。此稱宋代已行用。宋朱弁《曲洧舊聞》卷四：“藥有五加皮，其樹身幹皆有刺，葉如楸，俗呼之爲刺楸，春采芽可食，味甜而微苦，或謂之苦中甜。云食之極益人。”參閱清刊《月令輯要 · 春令》。按，刺楸亦泛指五加科其他落葉喬木，宜辨之。見“五加”文。

五葉瓜藤

習見林木名。木通科，八月瓜屬，五葉瓜藤（*Holboellia fargesii* Reaub.）。攀援灌木。指狀複葉，葉柄長可至8厘米，小葉（三）五至七（九）枚，狹長圓形或倒卵狀披針形至狹披針形。花單性，雌雄同株，爲簇生於葉腋的傘房花序；雄花小，緑白色，雌花紫色，花瓣三角狀。漿果長圓形，紫黑色，頂端鈍圓。我國主要分布於南方各地及陝西各地。果可食。種子可榨油。蔓可入藥。

宋代已開發利用，時稱其果爲“預知子”，常用爲藥。亦用於防蠱毒。昔傳以預知子二枚綴衣領上，遇有蠱毒則可聞其聲，以示預知之意，故名。樹亦以藥名。《爾雅翼 · 釋草》：“又有預知子，傳云取二枚綴衣領上，遇蠱毒物則聞其有聲，當便知之，故名預知子。若行蠱毒之鄉，食飲不可知，非仗此何以愛身？”宋唐慎微《證類本草 · 草部下品 · 預知子》：“預知子，味苦，寒，無毒。殺蟲療蠱，治諸毒。傳云取二枚綴衣領上，遇蠱毒物則聞其有聲當，便知之。有皮殼，其實如皂莢子，去皮研服之有效。”注引宋蘇頌《本草圖經》曰：“預知子，舊不載所出州土，今淮蜀漢黔壁諸州有之。作蔓生，依大木上，葉緑，有三角，面深背淺。七月八月有實作房，初生青，至熟深紅色，每房有子五七枚，如皂莢子，斑褐色，光潤如飛蛾。舊説取二枚綴衣領上，遇蠱毒物則側側有聲，當便知之，故有此名。今蜀人極貴重。”清吴其濬《植物名實圖考 · 蔓草類 · 預知子》：“預知子，《開寶本草》始著録。相傳取子二枚綴衣領上，遇有蠱毒則聞其有聲，嘗預知之，故有是名，《圖經》言之甚詳。但謂蜀人貴重之，亦難得。”雲南植物研究所《雲南植物志 · 木通科 · 五葉瓜藤》云：“果可食，與木通屬的果一樣入藥，有時稱‘預知子’（《開寶本草》），治腎虚腰痛、疝氣。”由此知“預知子”即本種。又，木通、白木通、三葉木通的果實入藥亦混稱預知子，當辨之。

預知子
（清吴其濬《植物名實圖考》）

【預知子】

即五葉瓜藤。此稱宋代已行用。見該文。

水柳 2

習見林木名。大戟科，水柳屬，水柳（*Homonoia riparia* Lour.）。常緑小灌木。幼枝具棱，被短柔毛。單葉互生，綫狀長圓形或狹披針形，如柳葉。雌雄异株，腋生穗狀花序，花小，無瓣。蒴果扁桃形，密被褐色柔毛。種子卵形。我國主要分布於雲南、廣西、廣東、海南及臺灣諸地。常見於河旁沙地、溪邊及山坡灌叢中。根可入藥。

宋代已有記載，時稱“水楊柳”。亦稱“水楊梅”。宋陳自明《婦人大全良方》卷二三：“治奶發痛不可忍：水楊柳根新采者一握，搥碎以好酒同甘草烏梅煇至七分，去滓時時温服。”明孫一奎《赤水元珠》卷二八：“[水楊湯]治痘乾克不起者：水楊柳，春冬用枝，秋夏用枝葉。生水邊，細葉紅梗，枝上有圓果，滿菓有白鬚散出。俗名水楊梅。”清趙學敏《本草綱目拾遺·草部·水楊柳》：“張琰《種痘新書》云：水楊柳乃草本，生溪澗水旁，葉如柳，其莖春時青，至夏末秋初則赤矣。條條直上，不分枝椏，至秋略含赤花……云古方所載：是木細葉紅梗，枝上有圓果，果有白鬚散出，此等俗呼水楊梅，以其果似楊梅也。”按，上述所載水楊柳之形態特徵、生活習性及异名俗稱，似爲本種。今附供考。水柳今亦稱“水麻”“蝦公岔樹”“水柳仔”“細楊柳”。

水楊柳
（清吴其濬《植物名實圖考》）

【水楊柳】

即水柳[2]。此稱宋代已行用。見該文。

【水楊梅】[1]

即水柳[2]。此稱明代已行用。見該文。

【水麻】[1]

即水柳[2]。今海南各地多行用此稱。見該文。

【蝦公岔樹】

即水柳[2]。今海南各地多行用此稱。見該文。

【水柳仔】

即水柳[2]。見該文。

【細楊柳】

即水柳[2]。今雲南各地多行用此稱。見該文。

水麻[2]

習見林木名。蕁麻科，水麻屬，水麻（*Debregeasia orientalis* C. J. Chen）。落葉灌木。小枝細，密生短伏毛。單葉互生，披針形或狹披針形，細鋸齒緣。花單性，雌雄异株；花序常生於葉痕腋部，多二叉狀分枝。果序球形，瘦果黄色，肉質。我國主要分布於雲、貴、川諸省及桂西北、湘西、鄂西北、陝南、甘南與臺灣等地。莖皮纖維可代麻。果可食，亦可釀酒。根、葉可入藥。

水　麻
（明王圻等《三才圖會》）

我國栽培利用水麻已有數百年史。清代已行用此稱。亦稱“細米條”。清吴其濬《植物名實圖考·山草類·細米條》：“細米條，江西撫、建有之。赭莖如荆，横生枝杈，排生密葉。葉微似地棠葉……俚醫搗敷腫毒，一名水麻。”陳嶸《中國樹木分類學·水麻》以爲《圖考》之“細米條”即本種。又《圖考》“木類”又有“水楊梅”亦名水麻，未詳是否本種。

【細米條】

即水麻[2]。此稱清代已行用。見該文。

水蠟樹[2]

習見林木名。木樨科，女貞屬，水蠟樹（*Ligustrum obtusifolium* Sieb. et Zucc.）。落葉灌木。枝開展，成拱形，幼枝被柔毛。葉紙質，橢圓形至矩圓形或矩圓狀倒卵形，背面被短柔毛。圓錐花序常下垂，具短柔毛。核果寬橢圓形，黑色，稍被蠟狀白粉。我國主要分布於華中、華東地區，以蘇、魯、皖、贛、湘、臺、陝等省爲多。供觀賞。亦可入藥或放養白蠟蟲。

明代已行用此稱。亦稱“櫴”。多用以放養蠟蟲，以收蠟製燭，遂木以蟲名。此稱行用至今。《正字通・木部》：“櫴，木名，樹可放蠟。煎汁爲油，可作燭。今江南北放蠟者謂之水蠟樹……其樹似女貞而異，《函史》分爲二物是也。”宋明時常植水邊用以放蠟，兼作護堤與觀賞。明李時珍《本草綱目・蟲一・蟲白蠟》：“又有水蠟樹，葉微似榆，亦可放蟲生蠟。”《通雅・植物》：“自陳嘉謨以女貞爲蠟樹，而時珍因之。不知今江南北放蠟者曰水蠟樹，常種之池塘堤上，根可固堤又易生，冬落葉，非若冬青之不凋也。”明徐光啓《農政全書》卷三八：“李時珍曰：有水蠟樹，葉微似榆，亦可放蟲生蠟。”清吴其濬《植物名實圖考・木類・小蠟樹》：“水蠟樹即女貞，此即魚蠟也。或又謂水冬青，葉細嫩，與冬青無大異，可放蠟。”

按，今水蠟樹多用於觀賞，常見其亞種“遼東水蠟樹〔Subsp. *suvar*（Kitagawa）〕”，産遼寧，葉狹，長橢圓形，無毛，花冠長而尖，花柱較短。另有一亞種“小葉水蠟樹”〔Subsp. *microphylllum*（Nakai）P. S. Green〕産江蘇。又，《植物名實圖考》云：“或又謂水冬青。”《廣群芳譜》亦有此語，未知是否即水蠟樹。此附待考。

【櫴】

即水蠟樹[2]。此稱明代已行用。見該文。

牛皮消

習見林木名。夾竹桃科，鵝絨藤屬，牛皮消（*Cynanchum auriculatum* Royle ex Wight）。落葉蔓生半灌木。具乳汁，莖被微柔毛。單葉對生，心形至卵狀心形，被微毛。傘房狀聚傘花序，花冠白色，內面被疏毛。蓇葖果雙生，刺刀形。種子卵狀橢圓形，頂端具白色絹毛。我國各地有分布。根可入藥。

牛皮消
（明朱橚《救荒本草》）

明代已行用此稱。常采其葉食以度荒。明朱橚《救荒本草》卷四：“牛皮消，生密縣野中，拖蔓而生。藤蔓長四五尺。葉似馬兜鈴葉，寬大而薄，又似何首烏葉，亦寬大。開白花，結小角兒。根類葛根而細小，皮黑，肉白，味苦。”亦稱“飛來鶴”。清吴其濬《植物名實圖考・蔓草類・飛來鶴》：“飛來鶴生江西盧山。莖葉似旋花，惟葉紋深紫，嫩根紅潤，小如箸頭，與他種異。”今亦稱“隔山消”“和平參”。

【飛來鶴】

即牛皮消。因其子生白色絹狀種毛，可隨風飄飛，故名。此稱清代已行用。見該文。

【隔山消】

即牛皮消。今稱。見該文。

【和平參】

即牛皮消。今稱。見該文。

毛䔶子梢

習見林木名。豆科，䔶子梢屬，毛䔶子梢〔*Campylotropis hirtella*（Franch.）Schindl.〕落葉小灌木。全株密被褐色硬毛。三出複葉，互生，小葉卵圓形。總狀花序腋生或圓錐花序頂生，花冠蝶形，紫紅色或藍紫色。莢果橢圓形，被平伏柔毛。種子長圓形。我國主要分布於雲南、四川等地。根可入藥。

我國應用毛䔶子梢根治病療疾已有數百年史。明代稱“大紅袍”“野黄豆”“銹釘子”。明蘭茂《滇南本草·大紅袍》：“大紅袍，又名野黄豆、銹釘子。味苦、微澀，性温。調經活血，止血除瘀。”

按，《滇南本草》整理組以爲大紅袍即今稱之毛䔶子梢。䔶子梢屬約六十種，我國産四十餘種。本種多野生於川、滇海拔1800~2500米山坡灌叢、草坡及疏林中。今通稱“毛䔶子梢”。又“䔶”字俗作“杭”（見《中國高等植物圖鑒·豆科》《山西植物志·豆科》等），此附供考。

【大紅袍】[1]

即毛子梢。此稱明代已行用。見該文。

【野黄豆】

即毛子梢。此稱明代已行用。見該文。

【銹釘子】

即毛䔶子梢。此稱明代已行用，語本琴硯齋藍藏清抄本《滇南本草》。因其根圓錐狀若釘，少分枝，外皮乾時紫紅色如鐵銹，故名。參閲琴硯齋藍藏清抄本《滇南本草》。見該文。

毛葉鈍果寄生

習見林木名。桑寄生科，鈍果寄生屬，毛葉鈍果寄生〔*Taxillus nigrans*（Hance）Danser〕。寄生灌木。高1米左右。嫩枝、葉、花序、花均密被灰黄色、黄褐色或褐色叠生星狀毛或星狀毛；小枝灰褐色或暗黑色。葉對生或互生，革質，長橢圓形至長卵形。總狀花序，一至三（五）個簇生於葉腋或小枝已落葉之腋部，花紅黄色。漿果橢圓形，兩端圓鈍，淡黄色，果皮粗糙，具疏生星狀毛。主要分布於陜、川、雲、貴、桂、湘、鄂、贛、閩、台諸地。全株可入藥。

我國用以醫病已有數百年史。清代稱“夜合寄生”。清劉善述《草木便方·木部·夜合寄生》：“夜合寄生甘辛平，和血消脹安心神，安利五藏除風濕，葉解蟲毒金瘡靈。”趙素雲等校注以爲夜合寄生即本種。其主要寄主爲豆科、芸香科、殼斗科櫟屬、楊柳科柳屬及樟、桑、油茶等植物。常見於海拔300~1300米山地、丘陵或河谷、階地之闊葉林中。今亦稱“寄生泡”“毛葉寄生”。

【夜合寄生】[1]

即毛葉鈍果寄生。此稱清代已行用。見該文。

【寄生泡】

即毛葉鈍果寄生。今南方各地多行用此稱。見該文。

【毛葉寄生】

即毛葉鈍果寄生。今稱。見該文。

巴豆

習見林木名。大戟科，巴豆屬，巴豆

(*Croton tiglium* Linn.)。常緑灌木或小喬木。幼枝緑色，被疏星狀毛。葉卵形至矩圓狀卵形，兩面均被稀疏星狀毛。花單性，雌雄同株，頂生總狀花序；雄花緑色，較小；雌花無瓣，密被短粗星狀毛。蒴果圓形至倒卵形，具三鈍角。種子長卵形，淡黄褐色。我國主要分布於浙、閩、湘、鄂、雲、貴、川、桂、粵、蘇等地。種仁可榨油。根、葉、種皮及種油均可入藥。

我國栽培利用巴豆歷史悠久。漢代已行用此稱，亦稱"巴菽"。三國時期亦作"巴尗"。《神農本草經・下品・巴豆》："巴豆，味辛，温……一名巴菽，生川谷。"孫星衍等注引《廣雅》："巴尗，巴豆也。"漢王充《論衡・言毒》："草木之中，有巴豆、野葛，食之湊懣，頗多殺人。"晋張華《博物志・雜説上》："鼠食巴豆三年，重三十斤。"《文選・左思〈蜀都賦〉》："其中則有巴菽巴戟，靈壽桃枝。"李善注："巴菽，巴豆；巴戟，巴戟天也。"宋代稱"巴椒"。《通志・木類》："巴豆，曰巴椒。"明清時稱"老陽子""剛子""雙眼龍"。明李時珍《本草綱目・木二・巴豆》："[釋名]巴菽、剛子、老陽子。時珍曰：此物出巴蜀，而形如菽豆，故以名之。宋《本草》一名巴椒，乃菽字傳訛也。"《續通志・木類》："巴豆，一名巴菽，見《廣雅》。一名剛子，一名老陽子。左思《蜀都賦》云：'巴菽巴戟'即此。"《廣群芳譜・藥譜八・巴豆》："《鄰幾雜志》：吴衝卿説其先君爲瑞昌令，一卒力啖巴豆如松子，問其由，始用飯一碗，巴豆兩粒，漸加巴豆減飯，積以歲月，至於純食巴豆。此亦習啖葛之類。"清末蕭步丹《嶺南采藥録・雙眼龍》："雙眼龍，以其葉之近梗處有一小圈，其形如眼，故名。搗敷惡創，凡核疫證及創癬疥癩等疾，用之醫治，極奏奇功。"參閲江蘇新醫學院《中藥大辭典・巴豆》。

巴　豆

(清吴其濬《植物名實圖考》)

今巴豆仍多野生，亦有人工栽培以爲藥用。又俗稱"大葉雙眼龍""巴仁""毒魚子""猛子仁""巴果""豆貢""八百力""鑾豆"。

【巴菽】

即巴豆。此稱漢代已行用。見該文。

【巴尗】

同"巴菽"。即巴豆。此體三國時期已行用。見"巴豆"文。

【巴椒】[1]

即巴豆。椒乃菽之傳訛。此稱宋代已行用。見該文。

【老陽子】

即巴豆。此稱明代已行用。見該文。

【雙眼龍】

即巴豆。此稱清代已行用。見該文。

【大葉雙眼龍】

即巴豆。今嶺南地區多俗用此稱。見該文。

【巴仁】

即巴豆。今廣東各地多俗用此稱。見該文。

【毒魚子】

即巴豆。今福建各地多俗用此稱。見該文。

【猛子仁】

即巴豆。今廣東、湖南等地多俗用此稱。

見該文。

【巴果】

即巴豆。今廣東廣州等地多俗用此稱。見該文。

【豆貢】

即巴豆。今廣西南寧等地多俗用此稱。見該文。

【八百力】

即巴豆。今廣西各地多俗用此稱。見該文。

【鑾豆】

即巴豆。今臺灣各地多俗用此稱。見該文。

【巴荳】

同“巴豆”。此體宋代已行用。宋王存等《元豐九域志·成都府路·上眉州通義郡防禦》：“户主四萬八千一百七十九，客二萬七千九百五十，土貢麩金五兩，巴荳一升。”《廣東通志·物産志·草》：“冶葛，毒草也，蔓生，葉如羅勒光而厚，一名胡蔓草，寘毒者多雜以生蔬進之，悟者速以藥解，不爾半日輒死。山羊食其苗即肥而大，亦如鼠食巴荳，其大如㹠，物類有相伏也（《草木狀》）。”見“巴豆”文。

【剛子】

即巴豆。此稱南北朝時已行用，沿稱於後世。據説巴豆有三種，其粒小而兩頭尖若棗核者，名剛子。南朝宋雷斆《雷公炮炙論》下卷：“雷公云：凡使，巴之與豆及剛子……若剛子，顆小似棗核，兩頭尖。”清汪昂《本草備要》卷二：“巴豆，大燥，大瀉。辛熱有大毒……一名剛子（雷斆曰：緊小、色黄者，爲巴；三棱，色黑者，爲豆；小而兩頭尖者，爲剛子。剛子殺人）。”按，李時珍以爲雷公所謂巴、豆、剛子之説殊乖。李以爲緊小者爲雌，有棱及兩頭尖者爲雄，雄者更峻耳。而用之得宜，皆有功力。參閲《本草綱目·木二·巴豆》。見“巴豆”文。

【江子】

即巴豆。因其性急通利，故名。此稱金代已行用。舊題金李杲《珍珠囊補遺藥性賦》卷四：“巴豆破結宣腸，理心膨水脹。”書注：“巴豆，味辛，温，生温寒熱，有毒。生巴郡，故名巴豆；性急通利，因名江子。”見“巴豆”文。

【巴豆樹】

即巴豆。此稱多行用於明代。明徐霞客《徐霞客游記·粤西游日記三》：“自入新寧至此，石山皆出土巴豆樹、蘇木二種，二樹俱不大。巴豆樹葉色丹映，或隊聚重巒，或孤懸絶壁，丹翠交錯，恍疑霜痕黔柴。”見“巴豆”文。

石楠

習見林木名。薔薇科，石楠屬，石楠（*Photinia serrulata* Lindl.）。常緑灌木或小喬木。樹皮灰黄褐色，片狀剥落。葉革質，互生，長橢圓形，邊緣生有具腺之細鋸齒；葉初生紅色，後漸爲緑色，有光澤。複傘房花序，初夏開，花小，白色。梨果球形，紅色。我國主要分布於秦嶺及淮河以南諸地。供觀賞。亦入藥。

漢代已采爲藥用。因其常生山陽處，故名“石南”，後加木作“石楠”。南北朝時已行用“石楠”之稱。亦稱“鬼目”“風藥”。《神農本草經·下品·石南》：“石南，味辛，苦。主養腎氣、内傷、陰衰；利筋骨皮毛。實，殺蟲毒，破積聚，逐風痹，一名鬼目，生山谷。"《太平御覽》卷六九一引南朝梁任昉《述異記》："曲阜古城有顔回墓，墓上石楠二株……土人云顔回手植之木。"唐李白《秋浦歌十七首》其十："千千石楠樹，萬萬女貞林。山山白鷺（一作鵬）滿，澗澗白猿吟。君莫向秋浦，猿聲碎客心。"唐柳宗元《袁家渴記》："其樹多楓柟石楠，楩櫧樟柚。"宋唐慎微《證類本草・木部下品・石南》："石南，味辛，苦，平，有毒。主養腎氣……一名鬼目，生華陰山谷。二月四月采葉，八月采實，陰乾。"明李時珍《本草綱目・木三・石南》："［釋名］風藥。時珍曰：生於石間向陽之處，故名石南。桂陽呼爲風藥，充茗及浸酒飲能愈頭風，故名。"據傳我國石楠栽培始於先秦。如前已述"曲阜古城有顔回墓，墓上石楠二株……土人云顔回手植之木"。今時園林緑地亦多配置，初夏白花似雪，秋末赤實如珠，頗爲賞心悦目。

石　楠
（清吴其濬《植物名實圖考》）

按，諸《本草》多有"石南"條，然記述似非一種。《本草圖經》曰："江湖間出者，葉如枇杷葉，有小刺，凌冬不凋。春生白花成簇。秋結細紅實。"此當即本種。而關隴間出者，葉似莽草，青黄色，背有紫點，雨多則併生，長及二三寸。今人夏緯瑛以爲此當屬杜鵑科之"石南"。《蜀本草》之"石南"，産終南斜谷，即太白山附近者，則當爲杜鵑花科之"金背枇杷"。此附供考。

【石南】

即石楠。因傳常生山石向陽處，故名。此稱漢代已行用，并沿用於後世。見該文。

【鬼目】[1]

即石楠。此稱漢代已行用，常見諸藥典。見該文。

【風藥】

即石楠。因其充茗或浸酒可醫頭風，故名。此稱明代已行用，常見諸藥典。見該文。

石吊蘭

習見林木名。苦苣苔科，吊石苣苔屬，吊石苣苔（*Lysionotus pauciflorus* Maxim.）之别名。常緑小灌木。常攀附石上或樹上。單葉對生或三至五葉輪生；革質，長橢圓狀披針形。聚傘花序腋生及頂生，花冠筒狀，白色至淡紅色。蒴果綫形，長約10厘米。我國主要分布於淮河流域以南及西南諸地。全草可入藥。

清代已行用此稱。清吴其濬《植物名實圖考・石草類・石吊蘭》："石吊蘭産廣信寶慶山石上。横根赭色，高四五寸。就根發小莖生葉，四五葉排生，攢簇光潤，厚勁有鋸齒，大而疏。面深緑，背淡，中唯直紋一縷，葉下生長鬚數條，就石上生根。土人采治通肢節、跌打、酒病。"

石吊蘭
（清吴其濬《植物名實圖考》）

石吊蘭今通稱"吊石苣苔"，亦稱"石豇豆""石澤蘭""岩茶""岩澤蘭”“石花”“産後花”。

【吊石苣苔】

即石吊蘭。今之通稱。見該文。

【石豇豆】

即石吊蘭。此稱清代已行用，語本《草木便方》。見該文。

【石澤蘭】

即石吊蘭。此稱清代已行用，語本《分類草藥性》。見該文。

【岩茶】

即石吊蘭。今貴州等地行用此稱。見該文。

【岩澤蘭】

即石吊蘭。今貴州各地多行用此稱。見該文。

【石花】

即石吊蘭。今湖南各地多行用此稱。見該文。

【産後花】

即石吊蘭。今廣西各地多行用此稱。見該文。

石岩楓

習見林木名。大戟科，野桐屬，石岩楓〔*Mallotus repandus*（Willd.）Müll. Arg.〕。攀援狀灌木，偶爲藤狀。嫩枝、葉柄、花序和花梗密生黄色星狀柔毛，老枝無毛。單葉互生，紙質或膜質，近卵形，嫩葉兩面均被星狀毛，成長葉僅背面葉脉腋部被毛和散生黄色顆粒狀腺體。花單性，雌雄异株，總狀花序或下部有分枝，雄花序頂生，稀腋生。蒴果，密生黄色粉末狀毛，并具顆粒狀腺體。種子卵形，黑色，具光澤。我國主要分布於江蘇、安徽、浙江、湖北、湖南、廣西、陝西、四川、廣東南部、海南、臺灣等地，常見於海拔300~500米之山地疏林或林緣。目前尚無栽培之報導，山民常采莖皮纖維以爲繩索，或取種子榨油製油漆或肥皂。

倒挂金鈎
（清吴其濬《植物名實圖考》）

本種清代已有記載，時稱“倒挂金鈎”。清吴其濬《植物名實圖考·木類·倒挂金鈎》：“倒挂金鈎生長沙山阜。小木黑莖，葉如棠梨，葉光潤無齒，梢端結實，圓扁有青毛，仍從梢旁發枝生葉。”依此描述及附圖《圖考》之倒挂金鈎當屬本種。參閱《中國植物志·大戟科》（卷四四第二分册）。

【倒挂金鈎】[1]

即石岩楓。此稱清代已行用。見該文。

石南藤[1]

習見林木名。胡椒科，胡椒屬，石南藤〔Piper wallichii（Miq.）Hand.-Mazz.〕。攀援灌木。幼枝被疏毛。單葉互生，全緣。花單性，雌雄异株；穗狀花序與葉對生。漿果球形，無毛，有疣狀突起。我國主要分布於湖北、湖南、廣西、貴州、雲南、四川、甘肅

石南藤
（明王圻等《三才圖會》）

諸地。莖可入藥。

我國民間早已應用石南藤醫病，清代已行用此稱。清劉善述《草木便方・草部・石南藤》："石南藤辛温補血，衰老陽痿排風邪，腰脚痹痛除風冷，酒浸煎服治痰咳。"亦稱"巴岩香""南藤"。

【巴岩香】

即石南藤[1]。今四川各地行用此稱。見該文。

【南藤】[1]

即石南藤[1]。今四川各地行用此稱。見該文。

白簕

習見林木名。五加科，五加屬，白簕〔*Acanthopanax trifoliatus*（Linn.）Merr.〕。攀援灌木。枝與葉柄具偏平下鉤刺。掌狀複葉，小葉三枚，多近橢圓形。傘形花序聚生爲圓錐花序，頂生；花五瓣，黄緑色。果扁球形，成熟時黑色。我國主要分布於華南、西南及華中各地。多見於林緣、灌叢及山坡上。根、莖、葉可入藥。其花色白，其枝、葉具刺，粤人謂刺爲簕，故名。

三加皮
（清吴其濬《植物名實圖考》）

我國應用白簕入藥醫病至少已有數百年史。清代已行用此稱。亦稱"白簕蓮""五加皮"。清何克諫《生草藥性備要》上卷："白簕蓮味苦辛，性微寒。梗洗痰癩，根同蟛蜞菊搗爛，敷瘡、洗爛脚亦效。"清趙其光《本草求原・隰草・白簕蓮》："苦辛，微寒。治爛脚，痰疥（洗之）。消瘡（同蟛蜞菊敷）。根名五加皮，止熱咳。"侯寬昭等《廣州植物志・白簕花》載："蕭步丹《嶺南采藥録》亦云可治跌打傷，有去瘀生新之功效。"本種今亦稱"白簕花""鵝掌簕""三加皮"。

【白簕蓮】

即白簕。此稱清代已行用。見該文。

【五加皮】[2]

即白簕。此稱清代已行用。見該文。

【白簕花】

即白簕。因其花色白，枝葉具刺，故名。今嶺南各地多行用此稱。見該文。

【鵝掌簕】[1]

即白簕。因葉爲掌狀複葉，枝、葉具刺，故名。今廣東各地多行用此稱。見該文。

【三加皮】

即白簕。因樹似五加，小葉多三枚成掌狀，故名。今湘、浙等地多行用此稱。見該文。

白背葉

習見林木名。大戟科，野桐屬，白背葉〔*Mallotus apelta*（Lour.）Müll. Arg.〕。灌木或小喬木。小枝密被星狀毛。單葉互生，卵形或闊卵形，兩面被灰白色星狀毛，散生棕色腺體。花單性，雌雄异株，無花瓣；雄花序穗狀頂生，雌花序穗狀，頂生或側生。蒴果近球形，密生軟刺及星狀毛。種子近球形，褐色或黑色，具皺紋。我國主要分布於河南、安徽、浙江、江西、湖南、福建、廣西、廣東、海南等地。多見於海拔1000米以下之山坡或山谷灌叢中。莖皮可供編織。種子可榨油。根、葉可入藥。

我國宋代已有記載。時稱"曲節草"。亦稱

“六月凌”“六月霜”“緑豆青”“蛇藍”。宋唐慎微《證類本草·〈本草圖經〉〈本經〉外草類總七十五種》引宋蘇頌《本草圖經》曰：“曲節草生筠州。味甘，平，無毒。苗發背瘡，消癰腫，拔毒。四月生苗，莖方，色青，有節。七月八月著花，似薄荷，結子無用。葉似劉寄奴而青軟。一名蛇藍，一名緑豆青，一名六月冷。”明李時珍《本草綱目·草四·曲節草》：“[釋名]六月凌（圖經）、六月霜（綱目）、緑豆青（圖經）、蛇藍。時珍曰：此草性寒，故有凌、霜、緑豆之名。”《續通志·木類》：“曲節草，一名六月凌，一名六月霜，一名緑豆青，一名蛇藍。莖方，色青，有節，葉似劉寄奴而青軟，花似薄荷。”清趙學敏《本草綱目拾遺·草部·六月霜》：“《三才藻異》：‘一名六月冷，即曲節草也，性寒，故名。花似薄荷，葉似劉寄奴，名蛇藍。’按，《綱目》：曲節草，一名六月霜。”民間亦常用以製酒麯用來釀酒，故名“酒藥子樹”。清吴其濬《植物名實圖考·木類·酒藥子樹》：“酒藥子樹生湖南岡阜，高丈餘。皮紫微似桃樹，葉如初生油桐葉而有長尖，面青背白，皆有柔毛；葉心亦白茸茸如燈心草。五月間梢開小黄白花，如粟粒成穗，長五六寸。葉微香，土人以製酒麴，故名。”參閱《中國植物志·大戟科·白背葉》。

酒藥子樹
（清吴其濬《植物名實圖考》）

本種爲撂荒地先鋒樹種，山丘坡耕地撂荒後可自然更新迅速生長成林，群衆常往采集以供應用。

【曲節草】

即白背葉。此稱宋代已行用，并沿稱於後也。見該文。

【六月凌】[1]

即白背葉。此稱宋代已行用，并沿稱於後世。見該文。

【緑豆青】

即白背葉。此稱宋代已行用，并沿稱於後世。見該文。

【蛇藍】

即白背葉。此稱宋代已行用。見該文。

【六月冷】

即白背葉。此稱宋代已行用。見該文。

【六月霜】

即白背葉。此稱明代已行用。見該文。

【酒藥子樹】

即白背葉。此稱清代已行用。見該文。

白馬骨

習見林木名。茜草科，白馬骨屬，白馬骨〔*Serissa serissoides*（DC.）Druce〕。落葉小灌木。高約1米許，枝粗壯，灰色。葉對生，或叢生於小枝上部，葉形變异頗大，通常卵形至披針形。花冠白色，筒狀，幾無梗，常多數簇生於枝頂。核果近球形。我國主要分布於華中、華東、華南及西南各地。全草可入藥。

我國采集利用白馬骨至少有一千五百年歷史。此稱唐代已行用，沿稱至今。唐陳藏器《本草拾遺·木部·白馬骨》：“白馬骨生江東，似石榴而短小對節。”宋唐慎微《證類本草·木部中品·白馬骨》：“白馬骨，無毒。主惡瘡……生江東。似石榴而短小對節。”明朱橚

《普濟方》卷二九一："治惡瘡瘰癧蝕息肉：白馬骨、黃連、細辛、牛膝、鷄桑皮、黃荆，右各等分燒爲灰，淋汁塗之。白馬骨，江東以石榴葉短小對節者代之。"清代亦稱"路邊薑""路邊鷄"。清劉善述《草木便方・草部・路邊薑》："路邊鷄凉祛風毒，偏正頭痛風熱除。清利頭目牙喉痛，胸膈虚熱根燉服。别名：六月雪。"《草木便方》整理組以爲路邊薑即爲本種。

白馬骨
（清吴其濬《植物名實圖考》）

按，本種與同屬之六月雪常相代入藥。其形態、采集、炮製、用法與功效俱頗近似，故舊時常視爲一種。如清吴其濬《植物名實圖考・蔓草類・白馬骨》："《本草拾遺》：'白馬骨無毒，主惡瘡……'今建昌土醫以治熱證、瘡痔、婦人白帶。余取視之，即六月雪。小葉白花，矮科木莖，與《拾遺》所述形狀頗肖，蓋一草也。"今當别之。參見本卷習見花木考"六月雪"文。本種今亦俗稱"路邊金""路邊荆"。薑、金、荆蓋音近相訛也，又名"白馬裏梢"。

【路邊鷄】

即白馬骨。此稱清代已行用。見該文。

【路邊薑】

即白馬骨。此稱清代已行用。見該文。

【路邊金】

即白馬骨。今之俗稱，語本《寧鄉縣志》。見該文。

【路邊荆】

即白馬骨。今之俗稱。見該文。

【白馬里梢】

即白馬骨。今浙江各地多行用此稱。見該文。

白桐樹

習見林木名。大戟科，白桐樹屬，白桐樹〔*Claoxylon indicum*（Reinw. ex Bl.）Hassk.〕。灌木或喬木，高 3~9 米。幼枝及葉密被柔毛。單葉互生，廣卵形至卵狀長圓形，葉緣具不規則鋸齒。花單性，雌雄异株；總狀花序腋生，被絨毛；花緑白色。果球形，被柔毛，成熟時紅色，三裂。我國主要分布於廣東、海南、廣西、雲南諸地。見於山地闊葉林或灌叢中。根、葉可入藥。

白桐樹入藥至少有數百年歷史，清代稱"丢了棒""追風棍""趕風債""趕風柴"。清何克諫《生草藥性備要》下卷："丢了棒，味甘，性平。祛風濕脚痛、酒頂，用葉七片，擂酒服。敷跌打，消腫痛，其根浸酒更妙。一名追風棍，一名趕風債。"清趙其光《本草求原・山草部・丢了棒》："丢了棒，即追風棍、趕風柴。葉苦辛，微温。治一切風濕、酒風、酒頂、擂酒飲。敷跌打，消腫。去瘀。根功同，浸酒妙。"今亦俗稱"鹹魚頭"。參閲江蘇新醫學院《中藥大辭典・丢了棒》，本種學名异名之一爲 *Claoxylon polot*（Burm.f.）Merr.，此附。

【丢了棒】

即白桐樹。此稱清代已行用。見該文。

【追風棍】

即白桐樹。此稱清代已行用。見該文。

【趕風債】

即白桐樹。此稱清代已行用。見該文。

【趕風柴】[1]

即白桐樹。此稱清代已行用。見該文。

【鹹魚頭】

即白桐樹。今嶺南各地多俗用此稱。見該文。

白雪花

習見林木名。白花丹科，白花丹屬，白雪花（*Plumbago zeylanica* Linn.）。攀援狀亞灌木。分枝多，具棱槽。單葉互生，近卵形，葉柄基部擴大而抱莖。穗狀花序頂生或腋生，花冠高脚碟狀，白色或微帶藍色。蒴果膜質。我國主要分布於華南、西南及臺灣諸地，山野間時有所見。廣州有栽培。根、葉可入藥。

我國應用白雪花入藥醫病已有數百年史。其花色白如雪，故名。清代稱“白花丹”。清何克諫《生草藥性備要》上卷：“白花丹味劫，性苦，寒，無毒。散瘡、消腫、祛風、治蛇咬。”侯寬昭等《廣州植物志·藍雪科·白雪花》：“白雪花（新擬），别名：白花丹（生草藥性備要）……本植物在我國南部山野間也常見，惟廣州只見栽培。”

按，本科亦作“磯松科”，藍雪屬約十種，廣州栽培三種。

【白花丹】[1]

即白雪花。此稱清代已行用。見該文。

白飯樹

習見林木名。葉下珠科，白飯樹屬，白飯樹〔*Flueggea virosa*（Roxb. ex Willd.）Voigt〕。落葉灌木。莖紅褐色，老枝具短刺。單葉互生，近卵形至橢圓形。花單性，雌雄异株，數朵簇生於葉腋；花細小，淡黄色。果肉質，近球形。我國主産於熱帶地區，粤、桂、湘、黔及臺灣等地多有分布，本種多生溪旁、路邊及灌叢中，廣州等地郊野中時有所見。枝、葉及根可入藥。

我國應用白飯樹爲藥醫病已有百餘年史，因果熟時白色，故名。清代已行用此種，沿用至今。藥名“白飯葉”。清何克諫《生草藥性備要》上卷：“白飯葉，殺瘋，拔膿，治黄膿白泡瘡。倘鐵釘入肉不出，宜搗爛敷口，即出。”清趙其光《本草求原·隰草·白飯葉》：“白飯葉，殺瘋，治黄膿白泡，敷瘡拔毒，洗爛頭瘡，又治鐵銹。”今亦稱“金柑藤”“魚眼木”“白魚眼”。侯寬昭等《廣州植物志·白飯樹》：“白飯樹（《生草藥性備要》）。别名：金柑藤（《種子植物名録》）……據《嶺南采藥録》載：取汁液煎水洗，能殺蟣拔膿，治黄膿白泡瘡；倘鐵器傷皮膚，留有銹，以之搗爛敷罨即出。”

【白飯葉】

即白飯樹。此稱清代已行用。見該文。

【金柑藤】

即白飯樹。今稱。見該文。

【魚眼木】

即白飯樹。因其果球形似魚目，故名。今廣西南寧等地多行用此稱。見該文。

【白魚眼】

即白飯樹。因其果白色，圓球形，故名。今廣西南寧等地多行用此稱。見該文。

奴柘

習見林木名。桑科，橙桑屬，構棘〔*Cudrania cochinchinensis*（Lour.）Kudo et Masam.〕之古名。常緑直立或攀援狀灌木，高2~4米。枝具粗壯、直立或微彎曲之棘刺。單葉互生，革質，倒卵狀橢圓形或橢圓形，全緣，無毛。花單性，小而色白，雌雄异株；頭狀花序單生或成對腋生，具短柄及柔毛。聚花果球形，肉質，被毛，瘦果包裹於肉質花被與苞片中。我國主要分布於東南部與西南各地。常見於溪邊、山坡、灌叢中。莖皮可造紙。木材可染黄或製手杖、烟管。果供食用或釀酒。葉可飼蠶。根能入藥。

唐代典籍已有記載，并用此稱。亦稱“隈枝”“蓖芝”“川破石”“穿破石”。宋唐慎微《證類本草・木部中品・奴柘》：“奴柘，味苦，小温，無毒。主老血瘕……生江南山野，似柘，節有刺，冬不凋。”宋宋祁《益部方物略記・隈枝》：“挺幹既修，結藹兹白，戟外澤中，甘可以食。”書注：“右隈枝，生邛州山谷中，樹高丈餘，枝修弱，花白，實似荔枝，肉黄膚甘味可食，大若爵［雀］卵。”宋張淏《雲谷雜記》卷四：“蜀中有一種木，彼人呼爲蓖芝，其樹常高丈餘，不甚增長，花小而白，每一歲開花，次年方結子，又次年方熟，蓋歷三歲，子如楮實，有文如龜背，味甘酸可食。”以奴柘飼蠶之習世代相沿。明李時珍《本草綱目・木三・奴柘》引唐陳藏器云：“奴柘，生江南山野，似柘，節有刺，冬不凋。”《續通志・木類》：“《本草》曰：又有一種奴柘，生江南山野，似柘節有刺。冬不凋，亦可飼蠶。”用奴柘入藥治病之習亦沿於後世。亦稱“川破石”。清何克諫《生草藥性備要》上卷：“川破石，味甜，性平。治酒頂，消蠱脹。浸酒，亦祛風。”參閱江蘇新醫學院《中藥大辭典・穿破石》。今通稱“構棘”。

奴　柘
（清吴其濬《植物名實圖考》）

【隈枝】

即奴柘。此稱宋代已行用。見該文。

【蓖芝】

即奴柘。此稱宋代已行用。見該文。

【川破石】

即奴柘。此稱清代已行用。見該文。

【穿破石】

即奴柘。此稱清代已行用。見該文。

【构棘】

即奴柘。今之通稱。見該文。

百兩金

習見林木名。紫金牛科，紫金牛屬，百兩金〔*Ardisia crispa*（Thunb.）A.DC.〕。常緑灌木。高達1米，莖通常單一，或於莖梢有分枝。單葉互生，常多數集於莖梢；披針形或廣披針形，全緣，或具微波狀鋸齒；近緣處於葉脉頂端有腺點。傘房花序腋生，花冠紫色，開後漸白。核果球形，成熟後紅色，經久不落。我國主要分布於中南部各省。供觀賞。根、根莖及葉可入藥。

先民早已熟知紫金牛，唐宋時已采集百兩金入藥。宋代已行用此種，并沿稱至今。宋唐慎微《證類本草・本草圖經本經外草類》引《本草圖經》曰：“百兩金生戎州雲安軍河中府。味苦，性平，無毒。葉似荔枝，初生背面俱青，結花實後背紫面青。苗高二三尺，有幹如木，陵冬不周［凋］。初及開花青碧色，結實如豆大，生青熱赤。”明朱橚《普濟方》卷六三：“治壅熱咽喉腫痛方：用百兩金一寸，含之嚥津。”參閱《廣群芳譜·藥譜七·百兩金》“百兩金”。

按，牡丹根亦名百兩金，乃同名异物，宜明辨。又，百兩金在分布區域内仍多野生。亦有栽植以采藥用，或種盆中供觀賞者。俗稱“珍珠傘”“矮茶”“八瓜金龍”。

【珍珠傘】

即百兩金。今江西各地俗用此稱。見該文。

【矮茶】 [1]

即百兩金。今俗稱。見該文。

【八爪金龍】

即百兩金。此稱清代已行用，語本《草木便方》。見該文。

地菍

習見林木名。野牡丹科，野牡丹屬，地菍（*Melastoma dodecandrum* Lour.）。披散或匍匐狀亞灌木。單葉對生，卵形或橢圓形。花兩性，淡紫色，常一至三朵生於枝端。漿果球形，成熟時紫色，被粗毛。我國主要分布於長江流域以南諸地。果可食。根及全株可入藥。莖枝蔓生，具有固土功能，可植坡地用以保持水土。

清代已入藥醫病，時稱“山地菍”“山菍”“鋪地錦”，并沿稱至今。清何克諫《生草藥性備要》上卷：“山地菍，味酸甜，性平温。洗痔痔、熱毒、瘺疥、爛脚。乃葉，對面生，鋪地處。六七月，花如桃花。子熟紅黑，可食。”清末蕭步丹《嶺南采藥録·山菍葉》：“山菍葉，味甘，性平。止痛，散熱痛。止血。拔膿生肌。其根治心痛。子亦可食。”清趙其光《本草求原·山草部·山菍葉》：“花如桃花，六七月子熟，紅黑色；葉對生。”

地 茄
（清吴其濬《植物名實圖考》）

按，侯寬昭等《廣州植物志·桃金孃》以爲《生草藥性備要》之“山地菍”即桃金孃科之桃金孃，而於野牡丹科之“地菍”中又稱《生草藥性備要》之“山地菍”即地菍。查江蘇新醫學院編《中藥大辭典》之“山稔子”（即桃金孃），亦將桃金孃稱爲山菍，并引《生草藥性備要》述其功用。而於“地菍”中亦稱此“地菍”（野牡丹科）爲《生草藥性備要》之山地菍。由此可知桃金孃與地菍之名，頗多混亂。或以爲二者之藥性及功能多有相似處，應用時亦可互相代用，故此相亂。今附供考。參閱本卷《習見木竹説·習見花木考》“桃金孃”文。

【山地菍】

即地菍。此稱清代已行用。見該文。

【鋪地錦】

即地菍。此稱清代已行用。見該文。

【地茄】

即地菍。此稱清代已行用。清吴其濬《植物名實圖考·山草類·地茄》：“地茄生江西山岡。鋪地生葉，如杏葉而小，柔厚有直紋三道。葉中開粉紫花團，瓣如杏花，中有小缺。土醫以治勞損。”江蘇新醫學院《中藥大辭典·地菍》：“地菍（《嶺南采藥録》）異名：山地菍（《生草藥性備要》），地茄（《植物名實圖考》）。”

見“地荼”文。

【山荼】[1]

即地荼。此稱清代已行用。見該文。

地膽[1]

習見林木名。野牡丹科，蜂斗草屬，溪邊蜂鬥草（*Sonerila maculata* Roxb.）之别名。小灌木或亞灌木。莖匍匐，高約15~30厘米；幼莖四棱形，具槽，密被柔毛及疏腺毛。單葉對生，紙質或近膜質，橢圓形或卵狀橢圓形，頂端漸尖，邊緣細鋸齒；葉面被星散狀緊貼短刺毛，毛基具圓形或橢圓白色斑點，葉背時或紫紅色，被微柔毛及秕糠，葉脉隆起，具星散短刺毛。聚傘花序，蠍尾狀，頂生或生於分枝頂端，有花三至七朵，稀有十一朵，花瓣紫紅色或紅色。蒴果倒圓錐形或管狀倒圓錐形，萼縮存無毛。我國主要分布於滇東及西雙版納等地，見於海拔150~1300米之山谷密林及疏林蔭濕處。可入藥。

地　膽
（清吴其濬《植物名實圖考》）

清代始行用此稱。亦稱“録段草”。清吴其濬《植物名實圖考・石草類・地膽》：“地膽産大庾嶺，或呼爲録段草。高三寸許，葉如水竹子葉而寬厚，面緑有直紋，紫白圓點相間；背紫，光滑可愛。或云治婦科五心熱症。”依其描述及附圖，當爲此種。

按，《南越筆記》有“還魂草”亦名地膽，人云能起死回生，未詳是否此種，此附。

【録段草】

即地膽[1]。此稱清代已行用。見該文。

老鼠簕

習見林木名。爵床科，老鼠簕屬，老鼠簕（*Acanthus ilicifolius* Linn. Sp.）。直立灌木，高0.5~1.5米。莖圓形，緑色。單葉對生，革質，矩圓形至矩圓狀披針形，光亮，邊緣具深波狀齒，葉柄部生一對鋭刺。穗狀花序頂生，花冠單唇形（上唇褪化），淡藍色。蒴果橢圓形，扁平，圓腎形。我國主要分布於南部各地，以廣東、福建多見。生於濱海潮間帶地段及沙灘濕地。根莖可入藥。亦用於海岸帶緑化。其葉柄基部生刺，粵人以簕（讀nè）謂刺，故名。

清代已行用此稱。亦稱“老鼠怕”“猫兒刺”“八角茶”。清何克諫《生草藥性備要》下卷：“老鼠簕，味淡，性寒。治痄腮、頸癧，洗痔疔。治白濁，煲肉食。其蔃（即根），火存性，開油搽，罨癧更妙。一名老鼠怕。”清趙其光《本草求原・隰草部・老鼠簕》：“老鼠簕，即老鼠怕、猫兒刺。甘、淡，微苦寒。取根皮浸酒，補肝腎，壯腰腿……葉名八角茶，止津、止渴、祛風。”今亦稱“軟骨牡丹”“蚧爪簕”。參閱江蘇新醫學院《中藥大辭典・老鼠笀》。

【老鼠怕】[1]

即老鼠簕。此稱清代已行用。見該文。

【猫兒刺】[1]

即老鼠簕。此稱清代已行用。見該文。

【八角茶】

即老鼠簕。亦特指其葉。此稱清代已行用。見該文。

【軟骨牡丹】

即老鼠簕。今廣東各地多行用此稱。見

該文。

【蚧爪簕】

即老鼠簕。今廣東各地多行用此稱。見該文。

老鴉糊

習見林木名。馬鞭草科，紫珠屬，老鴉糊（*Callicarpa giraldii* Hesse ex Rehder）。灌木。爲紫珠之變種。樹似紫珠，小枝具粗糠狀短柔毛或平滑無毛。單葉對生，近橢圓形，葉背疏生星狀毛及腺點，緣有細鋸齒。聚傘花序，花冠水紅色。核果堇紫色。我國主要分布於陝西、安徽、江蘇、浙江、江西、福建、廣東、四川、雲南等地。根、莖、葉、果實可入藥。

萬年青
（清吴其濬《植物名實圖考》）

清代稱“萬年青”。清吴其濬《植物名實圖考·木類·萬年青》：“萬年青，生長沙山中。叢生長條，附莖對葉，葉長三寸餘，似大青葉，有鋸齒細紋，中有赭縷一道。附莖生小實如青珠，數十攢簇，俚醫以截瘧。”本種今通稱“老鴉糊”。俗稱“魚膽”“粗糠草”“鷄米樹”“米篩花”。參閲江蘇新醫學院《中藥大辭典·老鴉糊》。

【萬年青】[1]

即老鴉糊。此稱清代已行用。見該文。

【魚膽】

即老鴉糊。今之俗稱。見該文。

【粗糠草】

即老鴉糊。因其枝常具粗糠狀短柔毛，故名。今福建各地多俗用此稱。見該文。

【鷄米樹】

即老鴉糊。今貴州各地多行用此稱。見該文。

【米篩花】

即老鴉糊。今浙江各地多行用此稱。見該文。

尖尾風

習見林木名。馬鞭草科，紫珠屬，尖尾風〔*Callicarpa longissima*（Hemsl.）Merr.〕落葉灌木至小喬木。小枝四棱形，嫩節上被柔毛環繞。單葉對生，披針形至狹橢圓形。聚傘花序腋生，花冠管狀，紫紅色。核果球形，白色，微小。我國主要分布於閩、臺、贛、粵、桂、川等地。葉、根可入藥。

我國應用尖尾風已有數百年歷史。清代已行用此稱。亦稱“尖尾峰”“趕風曬”“趕風帥”“趕風哂”“赤藥子”“趕風柴”“尖尾楓”。清趙其光《本草求原·山草·尖尾風》：“尖尾風，即趕風曬、趕風帥。辛苦、温。散風濕腫痛。酒風手足痹痛，理跌打，取根浸酒良。”清何克諫《生草藥性備要》上卷：“尖尾峰，味辛，性温。治風濕，敷跌打。又名趕風哂。”朱曉光點校：“〔尖尾峰〕即尖尾楓。”清吴其濬《植物名實

赤藥子
（清吴其濬《植物名實圖考》）

圖考・木類・赤藥子》："赤藥子生南安。樹高二三丈，赤條聳密，長葉相對，葉似桃葉，色黄緑，淡赭紋，有横綌。冬結實初如椒而小，攢聚繁碎，熟時長白如糯米，味甜有汁。"清末蕭步丹《嶺南采藥録・尖尾風》："尖尾風别名趕風柴。味卒，性温。祛風濕，敷跌打損傷。治傷寒夾色。切粒炒食，吐出風痰，立愈。"

按，江蘇新醫學院《中藥大辭典・尖尾風》以爲《生草藥性備要》趕風哂爲"趕瘋哂"，然今本《嶺南本草古籍三種》中作"趕風曬"。疑"曬"乃其簡化字晒與哂字之形訛。又，今本種多生於荒坡、溝邊、灌叢之半陰處。今亦俗稱"大風藥""雪突""牛舌癀""尖尾楓"。

【尖尾峰】

即尖尾風。此稱清代已行用。見該文。

【趕風曬】

即尖尾風。此稱清代已行用。見該文。

【趕風帥】

即尖尾風。此稱清代已行用。見該文。

【趕風哂】

即尖尾風。此稱清代已行用。見該文。

【赤藥子】

即尖尾風。此稱清代已行用。見該文。

【趕風柴】[2]

即尖尾風。此稱清代已行用。見該文。

【大風藥】

即尖尾風。今廣西各地多俗用此稱。見該文。

【雪突】

即尖尾風。今福建各地多俗用此稱。見該文。

【牛舌癀】

即尖尾風。今福建各地多俗用此稱。見該文。

【尖尾楓】

即尖尾風。今嶺南各地多俗用此稱。見該文。

朱蕉

習見林木名。百合科，朱蕉屬，朱蕉〔*Cordyline fruticosa* (Linn.) A.Chevalier〕。常緑灌木。莖直立，細長，叢生。葉革質，劍狀，聚生枝端。圓錐花序，小花白色，或帶黄、紅色。漿果紅色，球形。我國主要分布於粵、桂等地。供觀賞。花、葉亦供藥用。

元明時已行用此稱。亦稱"鐵樹""朱竹"。元袁桷《戲題樺皮》詩："褐裳新脱玉層層，紅葉朱蕉謝不能。"清陳淏子《花鏡》卷三："鐵樹葉類石楠，質理細厚，幹、葉皆紫黑色。花紫白如瑞香，四瓣，較少團，一開纍月不凋，嗅之乃有草氣。"伊欽恒校注："〔鐵樹〕係百合科的木質植物。或名朱蕉，朱竹（《南越筆記》）。莖高六七尺，少分枝，葉聚生於莖頂，幹葉紫紅黑色……多栽培供庭園觀賞。"《廣群芳譜・木譜十四・鐵樹》："楊萬里詩注：鐵樹葉似蒻而紫，幹如密節菖蒲。"清李調元《南越筆記・朱蕉》："朱蕉，葉芭蕉而幹棕竹，亦名朱竹。以枝柔不甚直挺，故以爲蕉。葉紺色，生於幹上，幹有節，自根至杪，一寸三四節或六七節，甚密。然多一幹獨出無旁枝者。通體鐵色，微朱，以其難長，故又名鐵樹。"清吴其濬《植物名實圖考・群芳類・鐵樹》："《嶺南雜記》：鐵樹高數

鐵　樹

（清吴其濬《植物名實圖考》）

尺，葉紫如老少年，開花如桂而不香。《南越筆記》朱蕉……通體鐵色微朱，以其難長，故又名鐵樹。”

【鐵樹】[1]

即朱蕉。此稱宋代已行用。見該文。

【朱竹】

即朱蕉。此稱清代已行用。見該文。

血黨

習見林木名。紫金牛科，紫金牛屬，血黨（*Ardisia brevicaulis* Diels）。常緑小灌木或半灌木。高 10~40 厘米。莖光滑無毛。葉互生，卵狀長橢圓形，葉緣微波狀，具腺點，背面紫紅色，生短柔毛。傘房花房。頂生；花紅色，萼五裂。核果球形。我國主要分布於江西、湖南、湖北、貴州、四川、雲南、福建、臺灣、廣東、廣西等地。多見於山林陰濕處。全草可入藥。亦可作陰濕林地的活地被物。

九管血
（清吴其濬《植物名實圖考》）

清代稱“九管血”。清吴其濬《植物名實圖考・山草類・九管血》：“九管血生南安。赭莖，根高不及尺。大葉如橘葉而寬，對生。開五尖瓣白花，梢端攢簇。俚醫以爲通竅、和血、去風之藥。”今通稱“矮莖朱砂根”。參閲《中藥大辭典・矮莖朱砂根》。

【九管血】

即血黨。此稱清代已行用。見該文。

【矮莖朱砂根】

即血黨。今之通稱。見該文。

竹葉椒

習見林木名。芸香科，花椒屬，竹葉椒（*Zanthoxylum planispinum* Sieb. et Zucc.）。灌木或小喬木。高可達 4 米。枝暗紫色，直出而擴展，有對生之枝刺。奇數羽狀複葉，葉軸具翅及皮刺；小葉三至九枚對生，披針形或橢圓狀披針形。聚傘狀圓錐花序腋生，花小，單性，青緑色。蓇葖果紅色，有粗大而突起之腺點。種子卵形，黑色。我國主要分布於東南及西南各地。果實、枝葉可提取芳香油。果皮可調味。根、葉、果可入藥。

我國民間很早已應用竹葉椒醫病，三國時已行用此稱。三國吴陸璣《毛詩草木鳥獸蟲魚疏・椒聊之實》：“椒聊，聊語助也。椒樹似茱萸，有針刺莖，葉堅而滑澤……今成皋諸山間有椒謂之竹葉椒，其樹亦如蜀椒，少毒熱，不中合藥也。”宋吴仁傑《離騷草木疏・椒》：“今成皋諸山間有椒，謂之竹葉椒，可著飲食中。”明陳耀文《天中記・椒》：“椒樹如茱萸，有針刺，葉堅而滑澤，蜀人作茶，吴人作茗，皆舍煮其葉以爲香。今成皋諸山間有椒謂之竹葉椒，其樹亦如蜀椒，可著飲食中。”清刊《授時通考・農餘門・椒》：“今成皋諸山間有椒謂之竹葉椒，其樹亦如蜀椒，少毒熱，不中合藥

搜山虎
（清吴其濬《植物名實圖考》）

也，可著飲食中。”清代四川各地稱“狗屎椒”。省稱“狗椒”。清劉善述《草木便方・木部・狗屎椒》：“狗椒根葉臭苦温，風寒濕痹入骨筋，四肢關節諸疼痛，水腫腹脹一齊清。”今亦稱“狗花椒”“花胡椒”“搜山虎”“野花椒”“臭花椒”“玉椒”“鷄椒”“岩椒”。參閲江蘇新醫學院《中藥大辭典・竹葉椒》。

【狗屎椒】

即竹葉椒。此稱清代已行用。見該文。

【狗椒】[1]

即竹葉椒。此稱清代已行用。見該文。

【狗花椒】

即竹葉椒。今稱，語本《中國中部植物》。見該文。

【花胡椒】

即竹葉椒。今廣西各地多行用此稱。見該文。

【搜山虎】[1]

即竹葉椒。今廣西各地多行用此稱。見該文。

【野花椒】[1]

即竹葉椒。今浙江杭州等地多行用此稱。見該文。

【臭花椒】

即竹葉椒。因其葉、根味臭，故名。今湖南各地多行用此稱。見該文。

【玉椒】

即竹葉椒。今湖南各地多行用此稱。見該文。

【鷄椒】

即竹葉椒。今浙江天目山地區多行用此稱。見該文。

【岩椒】

即竹葉椒。今四川各地多行用此稱。見該文。

【崖椒】

即竹葉椒。此稱明代已行用。亦稱“番椒”。《通雅・植物》：“陸璣又云：竹葉椒，成皋山中比蜀椒毒熱，可著飲食，子長而不圓。按，此即今番椒，大如小指頭，上尖下平正赤，嗣宗謂即胡椒，非也。”明馮復京《六家詩名物疏・椒聊篇・椒》：“又有崖椒，彼土四季采皮入藥。陸璣所謂竹葉椒。”見“竹葉椒”文。

崖　椒
（清吴其濬《植物名實圖考》）

【番椒】

即崖椒。此稱明代已行用。見該文。

羊刺

習見林木名。豆科，駱駝刺屬，駱駝刺（*Alhagi pseudalhagi* Desv.）之别名。多刺落葉灌木。小枝灰緑。單葉，生於刺與枝之基部，倒卵形或長圓形，兩面被平伏柔毛，革質，全緣。總狀花序腋生，花序軸刺狀，萼鐘形，無毛；花冠紫紅色。莢果，串珠狀，鐮形，紅褐色，不開裂。我國主要分布於新疆、内蒙古、甘肅等地。喜光，耐鹽鹼，耐乾旱。多見於荒漠地帶之戈壁灘及沙丘或流動沙地上。爲西北風沙地區重要造林樹種，亦可用作緑籬，花爲優良蜜源。葉之分泌物或浸出物可入藥。種子可榨油。亦爲駱駝、羊之優良飼料。

羊、駱駝特别喜食此草，故得此稱，南北朝時已有記載，并已行用此稱。亦稱“羊刺草”。《北史・西域傳・車師國》：“高昌者，車師前王之故地……去燉煌十三日行，國有八城，皆有華人。地多石磧，氣候温暖，厥土良沃，穀麥一歲再熟，宜蠶，多五果，人饒漆。有草名羊刺，其上生蜜，而味甚佳。”《周書・異域傳下》：“高昌者，車師前王之故地……地多石磧，氣候温暖，穀麥再熟，宜蠶，多五果，有草曰羊刺，其上生蜜焉。”清紀昀等《河源紀略・雜録三・羅布淖爾境》：“又，高昌穀麥一歲再熟，多五果，又饒漆。有草名羊刺，其上生密而味甚佳，多葡萄酒。”《續通志・草類》：“刺蜜，一名草蜜，一名給勃羅。出交河沙中，草頭有毛，毛中生蜜。《北史》云高昌有草名羊刺，其上生蜜，味甚甘美，即此。”清刊《淵鑒類函》卷四一一：“羊刺草，《北史》曰高昌國有草名羊刺，其上生鈴而味甚嘉美。”按，此“鈴”即刺蜜。刺蜜可爲藥用，又稱爲“草蜜”“給勃羅”。參閱江蘇新醫學院《中藥大辭典・刺蜜》。羊刺今通稱“駱駝刺”。

【羊刺草】

即羊刺。此稱清代已行用。見該文。

【駱駝刺】

即羊刺。因駱駝、羊喜食，故名。今之通稱。見該文。

羊耳菊

習見林木名。菊科，旋覆花屬，羊耳菊〔*Inula cappa*（Buch.-Ham. ex D. Don）DC.〕。落葉灌木或半灌木。高 1~2 米，直立，多分枝，植株粗壯，被錦毛。單葉互生，狹矩圓形至近倒卵形，邊緣具小齒，上面被疣狀密伏毛，下面生白色厚茸毛。頭狀花序，倒卵形，多數密集於莖、枝頂端成聚傘圓錐狀；總苞片五層，小花黄色。瘦果矩圓柱形，被白色絹毛；冠毛黄褐色。我國主要分布於雲南、四川、貴州、廣西、廣東、江西、福建、浙江等地。多見於熱帶、亞熱帶低山、丘陵、山腰下部灌草叢中。根及全草可入藥。

樹以藥名。清代稱“山白芷”“土白芷”“毛老虎”“毛老鼠”。清何克諫《生草藥性備要》下卷：“山白芷，味辛，性平。袪風痰，散熱毒，治哮喘。薳（嫩枝）、葉、梗俱有毛。一名毛老虎，一名土白芷。”清末蕭步丹《嶺南采藥録・山白芷》：“山白芷，别名：毛老鼠、土白芷。葉梗及嫩薳皆有毛。味辛，性平。袪風痰，散熱度，治哮喘。”今亦稱“白葉菊”“毛柴胡”“白羊耳”“羊耳茶”。參閱江蘇新醫學院《中藥大辭典》“小茅香”及“白牛膽”文。

【山白芷】

即羊耳菊。此稱清代已行用。今廣東各地仍沿用此稱。見該文。

【土白芷】

即羊耳菊。此稱清代已行用。見該文。

【毛老虎】

即羊耳菊。因其枝被錦毛，故名。此稱清代已行用。見該文。

【毛老鼠】

即羊耳菊。此稱清代已行用。見該文。

【白葉菊】

即羊耳菊。因葉背被白茸毛，故名。今廣西各地多行用此稱。見該文。

【毛柴胡】

即羊耳菊。因枝葉被毛，故名。今湖南各地多行用此稱。見該文。

【白羊耳】

即羊耳菊。今廣西各地多行用此稱。見該文。

【羊耳茶】

即羊耳菊。今福建各地多行用此稱。見該文。

羊角拗

習見林木名。夾竹桃科，羊角拗屬，羊角拗〔*Strophanthus divaricatus*（Lour.）Hook.et Arn.〕。灌木，高約 2 米，上部枝呈蔓延狀，具乳汁，全株秃净無毛。小枝棕褐色，密生灰白色皮孔。單葉對生，薄紙質，橢圓狀矩圓形。聚傘花序頂生；花黄緑色，漏斗形。蓇葖果叉生，木質，橢圓狀矩圓形，長達 15 厘米。種子紡錘形、扁平，上部漸狹而延長成喙，沿喙圍生有白色絹質種毛。我國主要分布於福建、廣東、廣西、貴州等地。多見於山丘疏林、灌叢中。全株有毒，入藥用作强心劑，治療心血管病及蛇咬傷；亦用於農作物殺蟲劑。

清代稱“羊角紐”。清趙其光《本草求原・山草部・羊角紐》：“羊角紐，苦，寒，有毒，能殺人，不可入口。止瘙癢，治疥癩熱毒。其子似羊角，角内有花，極止刀傷血。”今亦稱“猫屎殼”“斷腸草”“打破碗花”。參閲江蘇新醫學院《中藥大辭典・羊角拗》。

【羊角紐】

即羊角拗。此稱清代已行用。見該文。

【猫屎殼】

即羊角拗。今稱。見該文。

【斷腸草】[1]

即羊角拗。因此草有毒，可傷人命，故名。今廣西各地多行用此稱。見該文。

【打破碗花】

即羊角拗。今福建各地多行用此稱。見該文。

杠柳

習見林木名。夾竹桃科，杠柳屬，杠柳（*Periploca sepium* Bunge）。落葉蔓生灌木。具乳汁，除花外全株光滑無毛。葉對生，膜質，卵狀矩圓形。聚傘花序腋生，花紫紅色。蓇葖果雙生，圓箸狀。種子長圓形，頂端具白絹質種毛。我國主要分布於東北、華北、西北、華東地區及河南、貴州、四川等地。莖葉含彈性橡膠。種子可榨油。莖皮及根皮可入藥。多生平原、低山丘陵之林緣溝坡等地。

木羊角科
（明朱橚《救荒本草》）

明代多用以救荒。時稱“木羊角科”“羊桃科”“小桃花”。明徐光啓《農政全書》卷五六引《救荒本草》：“木羊角科，又名羊桃科，一名小桃花。生荒野中。紫莖，葉似初生桃葉，光俊，色微帶黄。枝間開紅白花。結角似豇豆角，甚細而尖；每兩兩角並生一處。”今人石聲漢校注以爲此木羊角科即杠柳，今亦稱“北五加皮”“香加皮”“羊奶條”。然《農政全書》引文“又名羊桃”，或脱“科”字，應依原文改。

【木羊角科】

即杠柳。此稱明代已行用。見該文。

【羊桃】[1]

即杠柳。因其葉似桃，故名。此稱明代已行用，今河南及山西南部仍行用此稱。見該文。

【小桃花】[1]

即杠柳。此稱明代已行用。見該文。

【北五加皮】

即杠柳。今東北地區多行用此稱。見該文。

【香加皮】

即杠柳。今稱。見該文。

【羊奶條】

即杠柳。今稱。見該文。

【羊桃科】

即杠柳。此稱明代已行用。明鮑山《野菜博録》卷四："木羊角科，一名羊桃科，一名小桃花。生荒野中，紫莖，葉似初生桃葉，光俊色微帶黄，枝間開紅白花，結角似豇豆角，甚細而尖艄，每兩角並生一處。味微苦酸。食法：采嫩梢葉煠熟，水浸淘净，油鹽調食。""羊桃科"原作"羊桃料"，似誤,今據《救本荒草》改。見"杠柳"文。

杞柳[2]

習見林木名。楊柳科，柳屬，杞柳（*Salix integra* Thunb.）。落葉灌木。小枝光滑。葉對生或近對生，長圓形，幼時微紅，老葉背面變蒼白。柔荑花序，先葉開放，花序軸具柔毛。蒴果，具長毛。我國主要分布於華北、中原、西北及東北之東南部。常用於固堤護岸及溝坡造林。樹皮可提取栲膠。枝條可編筐簍。

先秦時已有記載，時已行用此稱。單稱"杞"。《詩·鄭風·將仲子》："將仲子兮，無逾我里，無折我樹杞。"陸璣疏："杞，柳屬也。"《孟子·告子下》："告子曰：性猶杞柳也，義猶桮棬也；以人性爲仁義，猶以杞柳爲桮棬。"晋孫楚《登樓賦》："杞柳綢繆，芙蓉吐芳，俯依青川，仰翳朱楊。"亦稱"柳杞"。《文選·張衡〈西京賦〉》："周以金堤，樹以柳杞。"唐李善注引三國時期薛綜曰："金堤，謂以石爲邊隒，而多種杞柳之木。"宋黄庭堅《乙未移舟出口》詩："安能詭隨人，曲折作杞柳。"元盛如梓《庶齋老學叢談》卷上："《通鑑》：梁武帝天監……十五年四月，堰成長九里，下廣一百四十丈，上廣四十五丈，樹以杞柳，軍壘列居其上。"明宋詡《竹嶼山房雜部·樹畜部二·杞柳》："〔杞柳〕葉如柳，條長五六尺，去膚形似木而色白實中。"今俗稱"白箕柳"。

【杞】[2]

即杞柳[2]。此稱先秦時期已行用。見該文。

【柳杞】

即杞柳[2]。此稱漢代已行用。見該文。

【白箕柳】

即杞柳[2]。今河南各地多俗用此稱。見該文。

杜虹花

習見林木名。唇形科，紫珠屬，杜虹花（*Callicarpa peduncul ata* R.Br.）。落葉灌木。小枝密被黄褐色星狀毛。單葉對生，橢圓形；葉面被小粗毛，葉背生黄褐色星狀毛。聚傘花序腋生，總花梗密生黄褐色星狀毛；花冠淡紫色，有時亦被毛。小核果，紫紅色，光滑。我國主要分布於蘇、浙、閩、贛、桂、粵、臺等地。葉可入藥。

我國應用杜虹花葉療疾已有千餘年歷史。唐代稱“紫珠”“紫荆”。唐陳藏器《本草拾遺・木部・紫珠》：“紫珠，味苦，寒，無毒……一名紫荆，樹似黄荆，葉小無椏，非田氏之荆也。至秋，子熟正紫，圓如小珠。生江東林澤間。”宋唐慎微《證類本草・木部中品・紫珠》：“紫珠，味苦，寒，無毒。解諸毒物，癰疽喉痹，飛屍蠱毒，毒腫下瘻，蛇虺蟲螫，狂犬毒。並煮汁服，亦煮汁洗瘡腫，除血長膚。一名紫荆。樹似黄荆，葉小無椏，非田氏之荆也。至秋，子熟正紫圓，如小珠。生江東林澤間。”杜虹花爲解毒要藥，可治各種毒症。又稱“紫木”明朱橚《普濟方》卷二五一：“解諸毒，蠱毒腫毒蛇虺蟲狂犬毒並瘡除血長膚者，以紫珠煮汁服之。一名紫木。”

紫　荆
（清吴其濬《植物名實圖考》）

按，杜虹花秋結核果，紫紅，光滑如珠，故名紫珠，亦稱紫荆。然與豆科紫荆屬之“紫荆”并非一物。豆科之紫荆生莢果，雖莢果初爲紅紫，乾則變褐。故《本草綱目》將紫荆與紫珠混爲一物，實誤，今人陳嶸沿用李時珍之説，亦誤矣。清吴其濬《植物名實圖考・木類・紫荆》：“紫荆，《開寶本草》始著録。處處有之。又《本草拾遺》有紫荆，子圓紫如珠，别是一種。湖南亦呼爲紫荆。《夢溪筆談》未能博考；李時珍並爲一條，亦踵誤。”此論頗是。今杜虹花多生於山野間。亦俗稱“止血草”“雅目草”“白毛柴”。參閲江蘇新醫學院《中藥大辭典・紫珠》。

【紫珠】[1]

即杜虹花。因其果紫紅，光滑如珠，故名。此稱唐代已行用。見該文。

【紫荆】[1]

即杜虹花。此稱唐代已行用。見該文。

【紫木】

即杜虹花。此稱明代已行用。見該文。

【止血草】[1]

即杜虹花。今福建各地多俗用此稱。見該文。

【雅目草】

即杜虹花。今閩南地區多俗用此稱。見該文。

【白毛柴】

即杜虹花。今閩東地區多俗用此稱。見該文。

杜莖山

習見木名。報春花科，杜莖山屬，杜莖山〔*Maesa japonica* (Thunb.) Moritzi ex Zoll.〕。常緑灌木。有時呈攀援狀。葉互生，長橢圓形，近革質。總狀花序，腋生，黄白色。漿果球形或卵形。種子多數，黑色。我國主要分布於長江中、下游及閩、粤、桂諸省區。根、葉可入藥。

宋代已采集入藥，時已行用此稱，并沿用至今。宋蘇頌《本草圖經・〈本經〉外藤木類・杜莖山》：“主温瘴寒熱發歇不定，煩渴頭痛心燥。”宋唐慎微《證類本草・〈本草圖經〉〈本經〉外木蔓類二十五種》引《本草圖經》曰：“杜莖山生宜州。味苦，性寒……其苗高四五尺，葉似苦蕒菜。秋有花紫色，實如枸杞子大而白。”明代亦稱“土恒山”。明李時珍《本草綱目·草六·常山、蜀漆》：“杜莖山即土恒山，土紅山又杜莖山之類，故並附之。”《廣群芳譜·藥譜五·杜莖山》：“《本草圖經》：杜莖山，莖高四五尺，葉佀苦蕒菜，秋有花，冬作實，如枸杞子大而白，葉味苦寒，主温瘴寒熱作止不定，煩渴頭痛心燥。杵爛，新酒浸絞汁服，吐出惡涎，甚效。”清吴其濬《植物名實圖考·蔓草類·杜莖山》：“杜莖山，《宋圖經》外類：生宜州，葉似苦蕒，花紫色，實如枸杞。”

杜莖山
（清吴其濬《植物名實圖考》）

【土恒山】

即杜莖山。此稱明代已行用。見該文。

扶芳藤

習見林木名。衛茅科，衛茅屬，扶芳藤〔*Euonymus fortunei*（Turcz.）Hand.-Mazz.〕。常緑或半常緑匍匐灌木。枝上常生細根并具瘤狀突起。葉對生，薄革質，葉緣有鋸齒。花小，緑白色，五至十五朵或更多成聚傘花序。蒴果淡黄紫色。我國主要分布於華北、華中、中南及西南各地。供觀賞。莖、葉可入藥。

三國時已有此稱。隋唐時已有栽培，時稱“扶芳”。亦名“滂藤”“漫藤”。北魏賈思勰《齊民要術·五穀果蓏菜茹非中國物産者》：“《南州異物志》曰：榕木，初生少時緣摶他樹，如外方扶芳藤形，不能自立，根本緣繞他木，傍作連結，如羅網相絡，然彼理連合，鬱茂扶疏，高六七尺。”隋杜寶《大業雜記》：“五年，吴郡送扶芳二百樹。其樹蔓生，纏繞它樹，葉圓而厚，凌冬不凋。夏月取其葉，微火炙使香，煮以飲，碧深色，香甚美，令人不渴。”明朱橚《普濟方》卷二五六：“扶芳藤，一名漫藤。以莖葉細剉煎，性冷，以酒浸透服。昔隋朝稠禪師作青飲進煬帝以止渴。又云藤之苗小時如絡石，薜荔。夤緣樹上三五十年，漸大，其枝葉繁茂，采取無時。”明李時珍《本草綱目·草七·扶芳藤》：“［釋名］滂藤。［集解］〔陳〕藏器曰：生吴郡。藤苗小時如絡石，蔓延樹。本山人取楓樹上者用，亦如桑上寄生之意。忌采冢墓間者。隋朝稠禪師作青飲進煬帝止渴者，即此。”清刊《淵鑑類函》卷四一六引《花木志》：“榕初生少時緣縛他樹，如外方扶芳藤形不能自立，根本緣繞他木，傍作連結，有如羅網相絡，然後木理連合，鬱茂扶疏，高六七丈。”《續通志·草類》：“扶芳藤，一名滂藤。出吴郡。隋稠禪師作青飲進煬帝止渴者，即此。”今亦稱“爬行衛矛”。參閲《廣群芳譜·木譜十四·藤》、江蘇新醫學院《中藥大辭典·扶芳藤》。

【扶芳】

即扶芳藤。此稱隋代已行用。見該文。

【滂藤】

即扶芳藤。此稱明代已行用。見該文。

【漫藤】

即扶芳藤。此稱明代已行用。見該文。

【爬行衛矛】

即扶芳藤。今稱。見該文。

走馬胎

習見林木名。報春花科，紫金牛屬，走馬胎（*Ardisia gigantifolia* Stapf）。常綠小灌木。根呈念珠狀，膨大，粗壯。葉通常集於枝端，長橢圓形或長圓狀披針形。圓錐花序，花淡紫色。漿果圓形，成熟時紅色，具細長柄。我國主要分布於雲南、廣西、廣東、江西、福建等地。全株可入藥。

清代已行用此稱。清趙學敏《本草綱目拾遺·草部·走馬胎》："走馬胎，出粵東龍門縣南困山中，屬廟子角巡司所轄，山大數百里，多低槽，深峻岩穴，皆藏虎豹，藥產虎穴，形如柴根，幹者内白，嗅之清香，研之膩細如粉，噴座幽香，頗甜净襲人。"清何克諫《生草藥性備要》下卷："走馬胎，味劫（澀）、辛，性温。祛風痰，除酒病，治走馬風。"清趙其光《本草求原·山草部·走馬胎》："辛澀，微温。壯筋骨，已勞倦（遠行宜食）。祛風痰，理酒病。與走馬風異物同功，又治走馬風。俱浸酒良。"參閲江蘇新醫學院《中藥大辭典·走馬胎》。

赤楠

習見林木名。桃金娘科，蒲桃屬，赤楠（*Syzygium buxifolium* Hook. et Arn.）。常綠灌木或小喬木。多分枝，小枝具棱。單葉對生，革質，倒卵形或闊卵形，先端鈍，基部楔形，全緣，葉背具散生腺點，聚傘花序頂生或腋生，花白色。漿果卵圓形，成熟後紫黑色，頂端冠以宿存萼檐；内有種子一粒。我國主要分布於安徽、浙江、臺灣、福建、江西、湖南、廣東、海南、廣西、貴州。多見於曠野、河谷、溪邊及山坡疏林、灌叢中。木材可供農具、柄把及雕刻用材。根、根皮可入藥。

牛金子
（清吴其濬《植物名實圖考》）

我國利用赤楠已有數百年，清代稱"牛金子"。清吴其濬《植物名實圖考·山草類·牛金子》："牛金子，江西處處有之。叢生小科，硬莖褐色。葉如榆葉而小，無齒，亦微團，附莖甚密。秋開小紫花，繁鬧如穗，多鬚。結實似龍眼，核灰黑色，頂上有小暈。或云能散血。"今亦稱"千年樹""魚鱗木""石柃"。

【牛金子】

即赤楠。此稱清代已行用，今江西等地仍沿用此稱。見該文。

【千年樹】

即赤楠。今福建各地多行用此稱。見該文。

【魚鱗木】

即赤楠。今福建各地多行用此稱。見該文。

【石柃】

即赤楠。今浙江各地多行用此稱。見該文。

吴茱萸

習見林木名。芸香科，吴茱萸屬，吴茱萸〔*Euodia ruticarpa*（A. Juss.）Benth.〕常綠灌木或小喬木。幼枝、葉軸、小葉柄均密被黄褐色長柔毛。奇數羽狀複葉，對生；小葉橢圓形至卵形，全緣，紙質，有油點，兩面均密被淡黄褐色長柔毛。花單性，雌雄异株；聚傘花序頂生；花小，黄白色。蒴果扁球形，成熟時紫紅色，表面有腺點。種子卵圓形，黑色，有光澤。

我國主要分布於長江流域以南各地，陝西等地亦有分布。種子可榨油。葉可提取芳香油，亦可染黄。果、根、葉可入藥。

我國栽培利用吴茱萸已有二千餘年歷史。漢代始行用此稱。《神農本草經・中品・吴茱萸》："吴茱萸，味辛，温……生山谷。"宋樂史《太平寰宇記・江南西道・撫州》："吴茱萸，承露仙俗謂白藥。"舊題金李杲《珍珠囊補遺藥性賦》卷四："吴茱萸下氣消痰，提轉筋霍亂。"書注："吴茱萸，味辛温，大熱，有小毒。處處有之。除咳逆，逐邪氣，主脚氣攻心。"元王好古《湯液本草・木部・吴茱萸》："吴茱萸，氣熱，味辛、苦，氣味俱厚，陽中陰也。"明李時珍《本草綱目・果四・吴茱萸》："[釋名]〔陳〕藏器曰：'茱萸南北總有，入藥以吴地者爲好，所以有吴之名也。'……[集解]《别録》曰：'吴茱萸生上谷川谷及冤句。九月九日采，陰乾。陳久者良。'"清汪昂《本草備要・木部・吴茱萸》："吴茱萸，燥，去風寒濕，宣，下氣開鬱。"吴茱萸因以吴地者爲好，因以得名。我國各地廣有分布。清刊《授時通考・農餘門・茱萸》："茱萸有二種，吴茱萸處處有之。江淮蜀漢尤多，以吴地者爲好，所以有吴之名。樹高丈餘，皮青緑色，葉似椿而闊厚，紫色。三月開紅紫細花。七八月結實似椒子，嫩時微黄，熟則深紫。李時珍曰：枝柔而肥，葉長而皺，其實結於梢頭，纍纍成簇而無核。"《福建通志・物産・藥之屬》："吴茱萸，葉似椿而闊厚，實似椒子，嫩時微黄，熟則深紫。"《陝西通志・物産一・藥屬》："吴茱萸，枝柔而肥，葉長而皺，其實結於梢頭，纍纍成簇。"

今南方各地山地、路旁及疏林下仍多野生者，亦常以播種、分株、壓條及扦插等方法繁殖，并行人工栽培，以收取藥材。今亦稱"辣子""臭辣子樹""山花椒""茶辣""吴椒""苦辣"等。

【辣子】[2]

即吴茱萸。今福建各地多行用此稱。見該文。

【臭辣子樹】

即吴茱萸。今湖南、四川各地多行用此稱。見該文。

【山花椒】

即吴茱萸。今四川各地多行用此稱。見該文。

【茶辣】

即吴茱萸。今廣西各地多行用此稱。見該文。

【吴椒】

即吴茱萸。今湖北各地多行用此稱。見該文。

【苦辣】

即吴茱萸。今安徽各地多行用此稱。見該文。

【九日三官】

"吴茱萸"之别稱。宋代已行用此稱。宋陶穀《清異録・藥》："苾蒭清本良於醫，藥數百品，各以角貼，所題名字詭異。余大駭，究其源底。答言：天成中，進士侯寧極戲，造藥譜一卷，出新意，改立别名，因時多難，不傳於世。余以禮求假録一通，用娱間暇：假君子——牽牛……九日三官——吴茱萸。"見"吴茱萸"文。

【吴萸】

"吴茱萸"之省稱。此稱宋代已行用。宋王十朋《梅溪後集・賦・會稽風俗賦》:"藥物之産，不知其名。白丹參，甘菊黄精，吴萸越桃，禹糧石英。蓟訓鬻之以療疾，彭祖服之而延齡；秦皇求之而莫致，葛仙餌之而飛昇。"明朱橚《普濟方》卷二八一："又方（出《聖惠方》)：水銀一兩，吴萸末半兩。右以酥少許，和研水銀，星盡塗之。"清嚴西亭等《得配本草・果部・吴茱萸》:"吴茱萸得東方震氣，直入厥陰……吴萸、薑、附，性俱大熱，而主治不同。"今兩廣、川、貴、湘、鄂等地慣用此稱。見"吴茱萸"文。

牡荆

習見林木名。唇形科，牡荆屬，牡荆〔*Vitex negundo* var. *cannabifolia*（Sieb. et Zucc.）Hand.-Mazz.〕。黄荆之變種。落葉灌木或小喬木。新枝方形，緑色。掌狀複葉對生，小葉三至五枚，披針形或橢圓狀披針形。圓錐花序頂生，花冠淡紫色。漿果球形，黑色。我國主要分布於華東各地及冀、湘、川、桂、粤諸地。莖皮可造紙。根、莖、葉、種子可入藥。花、枝可提取芳香油。嫩枝葉及種子可漚製緑肥。

我國利用牡荆歷史悠久。先秦時稱"楚"。《詩・周南・漢廣》:"翹翹錯薪，言刈其楚。"朱熹注："楚，木名。荆屬。"魏晋時已行用"牡荆"之稱，因"牡""蔓"音近，時與蔓荆混稱，南北朝前後别二種，此稱沿用至今。《神農本草經・上品・蔓荆實》孫星衍等注："案《廣雅》云：牡荆，蔓荆也。《廣志》云：楚，荆也。牡荆，蔓荆也。據牡、蔓聲相近，故《本經》於蔓荆，不載所出州土，以其見牡荆也，今或别爲二條，非。"晋嵇含《南方草木狀》卷中："荆，寧浦有三種，金荆可作枕，紫荆堪作床，白荆堪作履，與他處牡荆、蔓荆全異。"南朝梁陶弘景《名醫别録・上品・牡荆實》:"其葉，主久痢、霍亂、轉筋、血淋、下部瘡。"宋唐慎微《證類本草・本草上品・牡荆》:"牡荆實，味苦，温，無毒。主除骨間寒熱，通利胃氣，止咳逆下氣。生河間南陽冤句山谷，或平壽都鄉高岸上及田野中。八月九月采實陰乾。"亦稱"黄荆""小荆"。明李時珍《本草綱目・木三・牡荆》:"[釋名] 黄荆、小荆、楚。"又，"[集解] 牡荆處處山野多有，樵采爲薪。年久不樵者，其樹大如碗也。其木心方，其枝對生，一枝五葉或七葉。葉如榆葉，長而尖，有鋸齒。五月杪間開花成穗，紅紫色。其子大如胡荽子，而有白膜皮裹之"。明王圻、王思義《三才圖會・草木・牡荆》:"牡荆生河間、南陽冤句山谷或平壽都鄉高岸上及田野中。俗名黄荆，枝莖堅勁，作科，不爲蔓生，故稱牡……或云即小荆也。"明清以降，各地對牡荆之認識更加全面深刻。明盧之頤《本草乘雅半偈・本經上品・小荆實》:"小荆實，氣味苦，温，無毒。主骨間寒熱，通利胃氣。止咳逆下氣。覈曰：出北方，今處處有之。即黄荆實，牡荆實也，一名楚，多生山野，不經樵采者樹大如碗，莖多不圓，或扁或異或似竹節，其木心方，其枝對生而不作蔓，一枝五葉或七葉，葉如榆葉略長而尖，邊有鋸齒。五月梢間作花如穗，紅紫色，花多子粗。"清刊《月令輯要・五月令・牡荆花》:"《本草綱目》：牡荆樹大如碗，其木心方，其枝對生，一枝五葉或七葉。五月杪間開花成穗，紅紫色，其子有白膜皮裹之。”

按，本種今多野生於山坡、路邊及灌叢中。除采爲藥用外，多刈以爲薪。亦有收其種子提取油脂用以製皂。又，今人夏緯英以爲牡荊“非衹一種，大概以今牡荊屬（*Vitex* Linn.）植物爲主。”《名醫別録》所指牡荊，亦有南地、北地之不同，故藥用之牡荊，“不必專指一種”，其中亦當含北方之“荊條”。另，依夏文，“牡”爲發語詞，無實義，如“牡丹”以根皮色赤得名，“牡荊”“牡桂”亦如是，此附供考。參閱夏緯瑛《植物名釋札記・牡荊》。

【楚】

即牡荊。此稱先秦時期已行用。見該文。

【黄荊】[1]

即牡荊。本種爲黄荊之變種，形態頗似，故常混稱。此稱明代已行用，今四川、浙江、湖北等地仍沿用此稱。見該文。

【小荊】

即牡荊。此稱明代已行用。見該文。

【荊】

“牡荊”之單稱。此稱漢代已行用。《說文・林部》：“楚，叢木。一名荊也。”段玉裁注：“《艸部》荊下曰楚，木也。此云荊也。是則異名同實，楚國或楚，或荊，或纍荊楚。”《玉篇・艸部》：“荊，楚。亦木名。”清王夫之《春秋稗疏》卷一：“楚封於丹陽，依荊山以爲國，荊山在今南漳縣，爲荊州之北境，故因以名州耳。其或稱荊或稱楚者，荊楚一也，皆木名也。黄荊本名楚，以之爲刑杖，則名荊。楚國本名荊，至其後始改曰楚。杜氏曰荊楚本號，後改爲楚是也。其地産楚因以名山而名國，或亦惡刑杖之名，改從其木之本號耳。”見“牡荊”文。

沙柳

習見林木名。楊柳科，柳屬，烏柳（*Salix cheilophila* Schneid.）之別名。落葉灌木或小喬木。小枝微帶紫色，初具貼生絲毛，後脱落。葉條形或條狀倒披針形，葉緣外捲，上面初疏生絹狀毛。柔荑花序，花序軸密生長柔毛。蒴果無梗。我國主要分布於内蒙古、河北、山西、陝西、甘肅、青海、四川等地。供護堤固溝造林。枝、葉、樹皮可入藥。枝條供編織。

沙柳早爲先民所識，唐代已見行用此稱，沿稱至今。唐錢起《江行無題》詩之四十一：“旅吟還有伴，沙柳數枝蟬。”宋曾鞏《元豐類稿・雜詩・照影亭》：“河流縈檻色輝輝，無數幽禽入鏡飛。已映渚花紅四出，更涵沙柳翠相圍。”元周權《王張二提舉携酒驛亭餞別因次同舟李彥謙韻》：“立馬沙頭一壺酒，故人餞客官河道。水蒲芽白沙柳青，東風點拂春多少。”碧野《雪路雲程・馳往巴倫臺》：“河灘上的一叢叢沙柳在隨風摇擺。”沙柳今除用於河堤、溝谷造林外，亦廣用於固沙造林。亦稱“降馬”。

【降馬】

即沙柳。此稱爲藏語音譯，多行用於藏民居住區。參閱《高原中草藥治療手册》。見該文。

刺天茄

習見林木名。茄科，茄屬，刺天茄（*Solanum indicum* Linn.）。直立有刺灌木。全株被灰色星狀毛。枝圓柱形，具粗壯倒鉤刺。單葉互生，矩圓狀卵形。總狀花序側生，小花梗散生短刺，花冠淺鐘形，藍色。漿果球形，成熟時橘紅色。

我國主要分布於雲南、貴州、四川、廣東、廣西、福建、海南及臺灣等地。果實、種子、葉及根可入藥。

刺天茄
（清吴其濬《植物名實圖考》）

我國人民利用刺天茄已有數百年史。此稱明代已行用。亦稱“天茄子”“苦子”。明蘭茂《滇南本草・刺天茄》：“刺天茄，即天茄子。味苦、甘，性寒。治牙痛，爲末搽之即愈。”又，“苦子，味苦、微甘，性大寒”。清吴其濬《植物名實圖考・蔓草類・刺天茄》：“刺天茄，滇、黔山坡皆有之。長條叢蔓，細刺甚利。葉長有缺，微似茄葉，然無定形。花亦似茄。尖瓣黄蕊，粉、紫、淡白，新舊相間。花罷結圓實，大者如彈。熟紅，久則褪黄。自春及冬，花實不斷。”刺天茄今多野生於向陽草地及山坡、路邊。民間仍采以爲藥。今亦俗稱“金鈕頭”“金鈕刺”“鷄角刺”“苦果”。

按，《唐本草》有龍葵亦名“天茄子”，俗名苦菜、老鴉眼睛，與此殊异，此附供考。參閱江蘇新醫學院《中藥大辭典・天茄子》。

【天茄子】

即刺天茄。此稱明代已行用。見該文。

【苦子】

即刺天茄。此稱明代已行用。見該文。

【金鈕頭】

即刺天茄。今廣西各地多俗行用此稱。見該文。

【金鈕刺】

即刺天茄。今福建各地多俗用此稱。見該文。

【鷄角刺】

即刺天茄。今海南各地多俗用此稱。見該文。

【苦果】[1]

即刺天茄。今雲南各地多俗用此稱。見該文。

【小顛茄】

即刺天茄。亦稱“小鬧楊”。此稱清代已行用。清何克諫《生草藥性備要》下卷：“小鬧楊，味甘，形如茄子，有簕，花紫色，亦不可多服，服多則迷悶人。其根，治跌打將死，煲酒服，即回生。其子治牙痛。一名小顛茄。”見“刺天茄”文。

【小鬧楊】

即小顛茄。此稱清代已行用。見該文。

青莢葉

習見林木名。青莢葉科，青莢葉屬，青莢葉〔*Helwingia japonica*（Thunb.）F. Dietr.〕。落葉灌木。單葉互生，卵形，紙質。花單性，緑色，雌雄异株；雄花傘形花序，雌花一至三朵單生或簇生。漿果近球形，初爲緑色，漸變紅，成熟時黑色。我國主要分布於河南、陝西、甘肅南部及江淮以南各地。全株可入藥。嫩葉可食。

青莢葉
（清吴其濬《植物名實圖考》）

此稱清代已行用，今亦通用此稱。因可治陰症，故亦稱“陰證藥”“大部參”。清吴其濬《植物名實圖考・山草類・青莢葉》：“青莢葉，一名陰證藥，又名大部參，産寶慶山阜。高尺餘，青莖有斑點，短杈長葉，粗紋細齒，厚韌微澀。每葉上結實二粒，生青老黑，頗爲詭異。俚醫以治陰寒病。”鄭萬鈞等《中國樹木志・青莢葉》以爲《圖考》之青莢葉即本種。今亦稱“大葉通草”“轉竺”“通條花”。

【陰證藥】

即青莢葉。因此木爲藥，可治陰寒症，故名。此稱清代已行用。見該文。

【大部參】

即青莢葉。此稱清代已行用。見該文。

【大葉通草】

即青莢葉。今河南各地多行用此稱。見該文。

【轉竺】

即青莢葉。今四川各地多行用此稱。見該文。

【通條花】

即青莢葉。今稱。見該文。

松寄生

習見林木名。桑寄生科，鈍果寄生屬，松寄生〔*Taxillus caloreas*（Diels.）Danser〕之别名。寄生灌木。高不過1米；嫩枝及葉均密被褐色星狀毛，稍後即脱落，小枝黑褐色，具瘤體。葉互生或簇生於短枝上，革質，近匙形或綫形。傘形花序，花鮮紅色。果球形，紫紅色，果皮具顆粒狀體。我國主要分布於西藏、雲南、四川、貴州、湖北、廣西、廣東、福建、臺灣諸地。枝、葉可入藥。用以醫病至少已有百餘年史。清代已行用此稱。清劉善述《草木便方・木部・松寄生》：“松寄生苦甘微平，頭風虚汗邪怒嗔。女陰腫痛濕熱虐，寒蜇胸中客熱清。”本種主要寄主爲松屬、油杉屬、鐵杉屬、雲杉屬等植物。多見於海拔900~3000米山地之針葉林及針闊葉林中。今亦通稱“松柏鈍果寄生”。

【松柏鈍果寄生】

即松寄生。今之通稱。見該文。

長葉凍緑

習見林木名。鼠李科，裸芽鼠李屬，長葉凍緑〔*Frangula crenata*（Sieb. et Zucc.）Miq.〕。灌木。小枝及葉初時被銹色短柔毛。葉互生，近長橢圓形。聚傘花序，偶單生。具短柔毛。果近球形，紅色，成熟後變黑色。我國主要分布於陝、甘、豫、皖、蘇、閩、浙、贛、湘、鄂、川、黔及兩廣、臺灣等地。多野生於海拔300~1200米之山坡叢林中。全株可入藥。

清代稱“黎辣根”。俚醫多用以殺蟲、消炎。果實可食。清吴其濬《植物名實圖考・山草類・黎辣根》：“黎辣根生長沙山岡。叢生小科，赭黑細莖，長葉光硬，本狹末寬有尖，面濃緑，背淡，有赭紋。近莖黑根圓大，細尾長五六寸。俚醫用以殺蟲、敗毒。秋結實，生青熟黑，味甜可食。”

按，《新華本草綱要・黎辣根》依上文及附圖以爲《圖考》之黎辣根即今通稱之長葉凍緑。今亦稱“鈍齒鼠李”“犁頭根”“緑柴”“水凍緑”“鐵包金”“山黑子”“過路黄”“梨羅根”。

【黎辣根】

即長葉凍緑。此稱清代已行用。見該文。

【鈍齒鼠李】

即長葉凍緑。今臺灣各地多行用此稱。見該文。

【犁頭根】

即長葉凍緑。今兩湖等地多行用此稱，名見《湖南藥物志》。見該文。

【緑柴】

即長葉凍緑。今湖北各地多行用此稱。見該文。

【水凍緑】

即長葉凍緑。今江蘇各地多行用此稱。見該文。

【鐵包金】[1]

即長葉凍緑。今兩廣等地多行用此稱。見該文。

【山黑子】

即長葉凍緑。今湖北宜昌等地多行用此稱。見該文。

【過路黄】

即長葉凍緑。今湖北興山等地多行用此稱。見該文。

【梨羅根】

即長葉凍緑。今湖南各地多行用此稱。見該文。

花椒

習見林木名。芸香科，花椒屬，花椒（*Zanthoxylum bungeanum* Maxim.）。落葉灌木或小喬木。莖幹常有增大之皮刺。奇數羽狀複葉，互生，葉柄兩側常有一對扁平皮刺，基部甚寬；小葉五至十一枚，紙質，卵形或長橢圓形，葉緣有細鋸齒，齒縫處有透明腺點。聚傘狀圓錐花序，頂生，花單性。蓇葖果球形，紅色至紫紅色，密生疣狀突起腺體。種子球形，赤黑色。我國各地均有分布，冀、魯、豫、甘、陝、蘇、浙、閩、贛、川、鄂栽培較多。果皮爲調料，種子可提取芳香油。根、葉、種子均可入藥。

椒

（明王圻等《三才圖會》）

我國花椒栽培利用歷史悠久。先秦時單稱“椒”，沿稱於後世。《詩・唐風・椒聊》：“椒聊之實，蕃衍盈升。”毛傳：“椒聊，椒也。”孔穎達疏：“陸璣疏曰：椒聊，聊助語也。椒樹似茱萸，有針刺，葉堅而滑澤……可著飲食中，又用烝鷄豚，最佳香。”漢代稱“椴”“大椒”。《爾雅・釋木》：“椴，大椒。”郭璞注：“今椒樹，叢生。實大者名爲椴。”郝懿行義疏：“《爾雅》之椴，大椒，即秦椒矣。秦椒，今之花椒。本産於秦，今處處有，人家種之。”至明代多行用“花椒”之稱。明李時珍《本草綱目・果四・秦椒》：“[釋名] 大椒、椴、花椒。”明王圻、王思義《三才圖會・草木・椒》：“椒生武都川谷及巴郡。高四五尺，似茱萸而小，有針刺，葉堅而滑，可煮飲食，甚辛香。四月結子，無花，但生於葉間，如小豆顆而圓，皮紫赤色，八月采實。”明僧宗林《花椒》詩：“欣欣笑口向西風，噴出玄珠顆顆同。采處倒含秋露白，曬時嬌映夕陽紅。調漿美著騷經上，塗壁香凝漢殿中。鼎餗也應加此味，莫叫薑桂獨成功。”《廣群芳譜・蔬譜一・椒》：“椒，一名花椒，一名大椒，一名椴，一名秦椒。生秦嶺、泰山、琅瑯間，今處處有之。”

【椒】

即花椒。此稱先秦時期已行用。見該文。

【檓】

即花椒。此稱漢代已行用。見該文。

【大椒】

即花椒。此稱漢代已行用。見該文。

【秦椒】

即花椒。亦作“秦茮”。因産秦地，故名。此稱先秦時期已行用。《山海經·北山經》：“又南三百里曰景山……北望少澤，其上草多藷，多秦椒。”《神農本草經·中品·秦茮》：“秦茮，味辛，温。主風邪氣，温中，除寒痹，堅齒髪、明目。久服輕身，好顔色，耐老增年，通神。生川谷。”漢史游《急就篇》卷四：“烏喙附子椒芫華，半夏皂莢艾橐吾。”唐顔師古注：“椒，謂秦椒及蜀椒也，椒之大實者名檓。”亦稱“樛子”。《通志·木類》：“秦椒，曰檓。田野人呼爲樛子。《爾雅》云：檓，大椒。”舊題金李杲《珍珠囊補遺藥性賦》卷四：“秦椒能明目通喉。”書注：“秦椒，味辛，生温熱寒，有毒。”清汪昂《本草備要》卷二：“〔川椒〕秦産，名秦椒，俗花椒。”見“花椒”文。

【秦茮】

同“秦椒”。此體漢代已行用。見該文。

【樛子】

即秦椒。此稱宋代已行用。見該文。

【蜀椒】

即花椒。此稱漢代已行用。亦稱“巴椒”“蓎藙”“川椒”“南椒”“汗椒”“陸橃”“點椒”。《神農本草經·下品·蜀茮》孫星衍等注引南朝梁陶弘景《名醫别録》：“一名巴椒，一名蓎藙，生武都及巴郡，八月采實，陰乾。”南朝宋雷斆《雷公炮炙論》下卷：“蜀椒，雷公云：一名南椒。”明李時珍《本草綱目·果四·蜀椒》：“〔釋名〕巴椒、漢椒、川椒、南椒、蓎藙、點椒。”《格致鏡原·木類二·椒》：“《通志》‘椒’曰：陸橃曰，南椒，生漢中者曰漢椒，蜀中者曰蜀椒，巴中曰巴椒。”今人夏緯英《植物名釋札記·秦椒》：“秦椒出秦嶺及天水一帶，就是它取名‘秦椒’的緣故。而且‘秦椒’與‘蜀椒’爲一例之名，自然都是以其出産地而取名的。”顯然，花椒因産地不同，又有多種名稱。如江蘇新醫學院《中藥大辭典·花椒》：“花椒，異名：檓、大椒（《爾雅》），秦椒、蜀椒（《本經》），南椒（《雷公炮炙論》），巴椒、蓎藙（《别録》），汗椒（陶弘景），陸撥（《藥性論》），漢椒（《日華子本草》），川椒（《聖惠方》），點椒（《綱目》）。”大多是以産地而命名。見“花椒”文。

蜀　椒

（《證類備急本草畫圖》）

【巴椒】[2]

即蜀椒。因産巴蜀，故名。此稱南北朝時期已行用。見該文。

【蓎藙】

即蜀椒。此稱南北朝時期已行用。見該文。

【川椒】

即蜀椒。因産川蜀，故名。此稱明代已行用。見該文。

【汗椒】

即蜀椒。此稱南北朝時期已行用。見該文。

【南椒】

即蜀椒。因産南地，故名。此稱南北朝時期已行用。見該文。

【陸椶】

即蜀椒。此稱唐代已行用，名見唐甄權《藥性論》。見該文。

【點椒】

即蜀椒。此稱明代已行用。見該文。

【漢椒】

即花椒。因産漢中，故名。此稱三國時期已見行用。《格致鏡原》卷六五："《通志》'椒'曰：'陸機曰：南椒，生漢中者曰漢椒。'"唐段成式《酉陽雜俎・廣動植・木篇》："胡椒出摩伽陀國……其子於葉中形似漢椒。"明陳耀文《天中記・椒》："椒……一曰蓎藙，一曰南椒。生於漢中者曰漢椒，巴中者曰巴椒（《本草》）。蜀椒出武都，赤色者善。秦椒出天水隴西。細者善（《范子計然》）。景山多秦椒（《山經》）。"《格致鏡原・木類二・椒》引《事物紺珠》曰："漢椒似胡椒而大，黑色。"見"花椒"文。

【家椒】[1]

即花椒。此稱清代四川各地多行用。清劉善述《草木便方・木部・家椒》："家椒葉辛大温熱……子消水腫腹脹烈。"《草木便方》整理組以爲此即花椒。稱家椒以別於野花椒。見"花椒"文。

虎刺

習見林木名。茜草科，虎刺屬，虎刺（*Damnacanthus indicus* Gaertn. F.）。常緑灌木。多分枝，有直刺，被短硬毛。單葉對生，卵形或闊橢圓形；革質，全緣。花小，白色。核果近球形，成熟時鮮紅色。我國主要分布於長江流域及其以南各地。常用於製作盆景供觀賞。全株可入藥。

明清時常栽植以供盆玩，時已行用此稱。亦稱"壽庭木"。明王圻、王思義《三才圖會・草木・虎刺》："虎刺，一名壽庭木，葉深緑而潤，背微白，圓小如豆，枝繁細多刺，四月開細白花。"明宋詡《竹嶼山房雜部・樹畜部二・種花卉法》："虎刺，葉潤而細枝間有刺，子紅。《養生雜纂》云：'壽庭木也。'子可種，喜陰，退鷄鵝翎水並臘糞澆之，培護年久，層層葉緑如蓋。結子若綴火齊然。"清刊《月令輯要・歲令下・虎刺》："《陶朱公書》：虎刺，春初分種，四月間開細白花，花開時子猶在樹，花落又結子，至冬紅如丹砂，遇霜雪不萎。"清陳淏子《花鏡》卷三："虎刺，一名壽庭木。生於蘇、杭、蕭山。葉微緑而光，上有一小刺。夏開小白花，花開時子猶未落，花落後復結子，紅如珊瑚。其子性堅，雖嚴冬厚雪不能敗。性畏日喜陰，本不易大，百年者止高二三尺。春初分栽，亦多不活，用山泥，忌糞水，並人口中熱氣相冲，宜澆梅水及冷茶。吴中每栽盆内，紅子累累，以補冬景之不足。"清蒲松齡《農桑經殘稿・諸花譜・虎刺》："虎刺：春初分栽，此物最難長，百年者三四尺耳。最畏日炙，經糞即死；即枯枝亦不宜熱手摘剔；並忌口氣相近。宜種陰濕之地，澆以鷄鵝之水，臘雪水亦好。培之得法，緑葉如蓋，子類丹砂；嚴冬不敗，蕭山不如虎丘之更佳也。"

【壽庭木】

即虎刺。此稱明代已行用。見該文。

【虎茨】

即虎刺。此稱明代已行用。明高濂《遵生八箋·燕間清賞箋下》:“虎茨產杭之蕭山。白花紅子,而子性甚堅,雖嚴冬厚雪不能敗也。畏日色。百年者止高二三尺,不甚易活。”明李流芳《檀園集·題跋·題畫卷與子薪》:“虎茨數樹,著花如雪,掩映齋壁。”參閱陳植《觀賞樹木學·虎刺》。見“虎刺”文。

【伏牛花】

即虎刺。此稱宋代已行用。沿稱至今。亦稱“隔虎刺花”。宋唐慎微《證類本草·木部中品·伏牛花》:“伏牛花,味苦,甘,平,無毒。療久風濕痺,四肢拘攣,骨肉疼痛……一名隔虎刺花。花黃色,生蜀地,所在皆有。三月采。”又引《本草圖經》曰:“伏牛花,生蜀地,所在皆有,今惟益蜀近郡有之,多生川澤中。葉青細,似黃蘗葉而不光。莖赤有刺。花淡黃色,作穗,似杏花而小。三月采,陰乾。”省稱“伏牛”。《通雅·植物》:“伏牛,正今之虎刺也,蘇頌曰伏牛似黃檗,葉莖有刺,蓋謂似小檗也。小檗葉有齒刺,但虎刺小耳。睦州上虎刺云凌冬不凋,今吴人種之爲玩。生紅實,雁宕至多,平西猺中有極大者。”《續通志·木類》:“伏牛花,一名虎刺花。”《駢字類編·鳥獸門》:“《本草》:‘伏牛花,[釋名]隔虎刺花。’《群芳譜》:‘虎刺,一名壽庭木。’”清吴其濬《植物名實圖考·木類·伏牛花》:“伏牛花,《開寶本草》始著録。李時珍併入虎刺。今虎刺生山中林木下,葉似黃楊,層層如盤。開小白花,結紅實,凌冬不凋。俚醫亦用治風腫。”見“虎刺”文。

伏牛花
(清吴其濬《植物名實圖考》)

【伏牛】

“伏牛花”之省稱。此稱明代已行用。見該文。

【隔虎刺花】

即伏牛花。此稱宋代已行用。見該文。

【綉花針】

“虎刺”之别名。亦稱“雀不踏”。此稱多行用於清代。清吴其濬《植物名實圖考·木類·綉花針》:“綉花針,江西、湖南皆有之。小樹細莖,對發椏杈,葉亦附枝對生……近莖葉小如指甲,枝端葉亦小,距梢寸許無葉,細如針刺。春夏時亦柔軟,秋老即硬。江西或呼爲雀不踏,俚醫以爲補氣血之藥。”依其描述,觀其圖畫,此綉花針者當爲虎刺。江蘇新醫學院《中藥大辭典·虎刺》亦將綉花針、雀不踏列爲虎刺异名。參閱《中藥大辭典·虎刺》。見“虎刺”文。

【雀不踏】

即綉花針。此稱清代已行用。見該文。

昆明小檗

習見林木名。小檗科,小檗屬,昆明小檗(*Berberis kunmingensis* C. Y. Wu ex S. Y. Bao)。常緑小灌木。小枝微有棱角,具硬刺,其狀如鷄脚。三至五葉簇生,革質,窄橢圓形至披針形。花鮮黃色,常十四至二十朵簇生。漿果卵狀矩圓形,藍黑色,被白粉。我國主要分布於雲南省。根可入藥。

我國應用昆明小檗已有數百年史。明代稱“土黄連”“石妹刺”。明蘭茂《滇南本草・土黄連》:“土黄連，一名石妹刺，味苦，性大寒。”

昆明小檗多生於乾燥山坡及石灰岩山地之陽坡灌叢中。今亦有人工栽培以爲藥用者。另，“大黄連”“小黄連刺”等亦可作土黄連入藥，其性效均同。今亦稱“鷄脚黄連”“刺黄連”“三棵針”。參閲江蘇新醫學院《中藥大辭典・昆明鷄脚黄連》。

【土黄連】

即昆明小檗。此稱明代已行用。見該文。

【石妹刺】

即昆明小檗。此稱明代已行用。見該文。

【鷄脚黄連】

即昆明小檗。因其刺若鷄脚，故名。今雲南各地多行用此稱。見該文。

【刺黄連】[2]

即昆明小檗。今雲南各地多行用此稱。見該文。

【三棵針】

即昆明小檗。今雲南、四川等地多行用此稱。見該文。

使君子

習見林木名。使君子科，使君子屬，使君子（*Quisqualis indica* Linn.)。落葉藤本灌木。嫩枝葉被黄色柔毛。葉長圓形或長圓狀披針形，對生。穗狀花序腋生於枝頂，下垂，略有香氣，花白色，開後漸爲紫紅色。果實橄欖狀，有五棱，黑褐或棕褐色。我國主要分布於川、滇、閩、粤諸地。果實可入藥。

我國開發利用史君子極早，晋時通稱“留求子”。晋嵇含《南方草木狀》卷上:“留求子，形如梔子，棱瓣深而兩頭尖……南海、交趾俱有之。”俗傳潘州郭使君療小兒疾多獨用此物，後醫家號爲“使君子”，宋代已行用此稱。宋蘇頌《本草圖經・草部・使君子》:“〔使君子〕生交、廣等州，今嶺南州郡皆有之。”宋唐慎微《證類本草・草部中品・使君子》:“使君子，味甘，温，無毒。主小兒五疳，小便白濁，殺蟲，療瀉痢。生眉，廣等州。形如梔子，棱瓣深而兩頭尖，亦似訶梨勒而輕。俗傳始因潘州郭使君療小兒多是獨用此物，後來醫家因號爲使君子也。”又引《本草衍義》曰:“使君子，紫黑色，四棱高，瓣深。今經中謂之棱瓣深，似令人難解。”明李時珍《本草綱目・草七・使君子》:“原出海南、交趾。今閩之邵武，蜀之眉州，皆栽種之，亦易生。其藤如葛，繞樹而上。葉青如五加葉。五月開花，一簇一二十葩，紅色輕盈如海棠。其實長寸許，五瓣合成，有棱。先時半黄，老則紫黑。”今醫家亦用其實爲藥，其名行用至今。《福建通志・物産・藥之屬》:“使君子，藤生，花紅白相間，實如梔子而棱瓣深，殻青黑色，内有仁，白色。始因潘州郭使君療小兒多獨用之。”又，使君子之實亦可煨食。如清汪昂《木草備要》卷一:“使君子，補脾，殺蟲，消積……出閩蜀，五瓣有棱，内仁如榧。亦可煨食，久則油，不可用。”但食之過量於人無益，尚須注意。如

使君子
（清吴其濬《植物名實圖考》）

清末蕭步丹《嶺南采藥録》云："使君子，生食太多令人發呃逆，兒童多食，有呃逆至一日夜不止者，惟用其殼煎水飲之，即止。"故用者須謹慎。

【留求子】

即使君子。此稱晋代已行用。見該文。

【史君子花】

即使君子。其花可供玩賞，故名。宋代已行用此稱。宋范成大《桂海虞衡志·志花》："史君子花，蔓生，作架植之，夏開，一簇一二十葩，輕盈似海棠。"宋周去非《嶺外代答·史君子花》："史君子花，蔓生，作架植之，夏開，一族一二十葩，輕盈似海棠，白與深紅相雜齊開，此爲最異，《本草》謂開時白，久則紅，蓋未詳也。"見"史君子"文。

泡花樹

習見林木名。清風藤科，泡花樹屬，泡花樹（*Meliosma cuneifolia* Franch.）。落葉灌木至小喬木。單葉，互生，紙質，倒卵形或橢圓形，粗鋭鋸齒緣。圓錐花序頂生或生上部葉腋；花黄白色。核果球形，熟時黑色。我國主要分布於長江流域各地及山東、河南、陝西、甘肅、雲南諸省。芽、葉微苦，煠後可食以當饑。

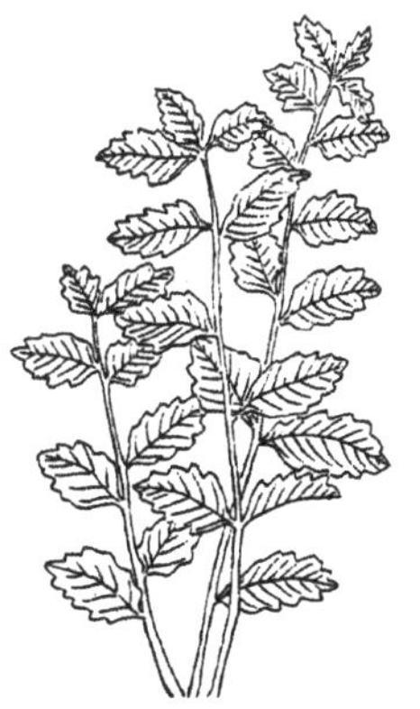

龍柏芽
（清吴其濬《植物名實圖考》）

明清時稱"龍柏芽"。明鮑山《野菜博録》卷三："龍柏芽，生山野中。此木若年久亦大，葉似初生橡櫟葉短小，葉味微苦。食法：采芽葉煠熟，换水浸淘净，油鹽調食。"明徐光啓《農政全書》卷五四引《救荒本草》："龍柏芽，出南陽府馬鞍山中。此木久則亦大，葉似初生橡櫟小葉而短。味微苦。"今人石聲漢校注以爲龍柏芽即泡花樹。此附供考。今亦稱"降龍木""黑果木""龍鬚木"。參閲清吴其濬《植物名實圖考·木類·龍柏芽》。

【龍柏芽】

即泡花樹。此稱明代已行用。見該文。

【降龍木】

即泡花樹。今陝西各地多行用此稱。見該文。

【黑果木】

即泡花樹。因果熟時色黑，故名。今四川各地多行用此稱。見該文。

【龍鬚木】

即泡花樹。今河南各地多行用此稱。見該文。

柚樹寄生

習見林木名。桑寄生科，槲寄生屬，瘤果槲寄生（*Viscum ovalifolium* DC.）之别名。寄生灌木。枝圓柱形，二叉分枝或對生，節膨大。葉對生，倒卵形或長橢圓形，先端尖，基部漸狹。聚傘花序，腋生，通常一至三個簇生，每花序有花一至三朵；苞片短三角形，每對合生成一船形杯狀體。漿果，近球形或卵形，長約5厘米，嫩果及近熟時有小瘤體，成熟時黄色。我國主要分布於湖南、廣東、廣西、雲南等地。寄主以橘柚類爲主，故得此名。亦寄生於柿樹。枝葉可入藥。

清代已行用此稱。省稱"柚寄"。清何克諫《生草藥性備要》下卷："柚樹寄生，味辛，性平。治風濕，洗腫脚。牙痛，煲水含。”清趙其光《本草求原・寓木部・各寄生》：“柚寄，洗風眩濕、爛眼。”亦稱“椂柚寄生”。今通稱“瘤果寄生”。參閲江蘇新醫學院《中藥大辭典・柚果寄生》。

【柚寄】

“柚樹寄生”之省稱。此稱清代已行用。見該文。

【椂柚寄生】

即柚樹寄生。此稱清末民初已行用，名見清末蕭步丹《嶺南采藥録》。見該文。

【瘤果寄生】

即柚樹寄生。今之通稱。見該文。

柞木

習見林木名。大風子科，柞木屬，柞木〔*Xylosma japonicum*（Siebold et Zucc.）A. Cray〕。落葉灌木或喬木。内膛枝生有短枝刺。單葉互生，革質，卵形。花單性，雌雄异株；總狀花序腋生，淡黄或緑黄色。漿果球形，熟時黑色。種子二至三枚。我國主要分布於南部、中部、西部及華東等地。供觀賞。根、枝、葉、樹皮可入藥。

先秦典籍已有記載，時始稱“柞”，後世亦沿用此稱。《詩・小雅・采菽》：“維柞之枝，其葉蓬蓬。”孔穎達疏：“正義曰：言維此柞木幹上之有枝條，其生葉蓬蓬然茂盛。”漢代已行用“柞木”之稱。《説文・木部》：“柞，柞木也。”宋蘇頌《本草圖經・木部・柞木》：“柞木，木高一二丈，葉細於櫟，枝幹多刺，文理堅實而黑。”宋高似孫《剡録》卷九：“柞，周處《風土記》曰：始寧剡界山多柞木，吴越之間名柞爲樜。《爾雅》曰：栩、杼，柞樹也。漢五柞宫即此木。”宋張淏《會稽續志・鳥獸草木・木》：“周處《風土記》曰：始寧剡界山多柞木，吴越之間名柞爲樜。”亦稱“鑿子木”。明李時珍《本草綱目・木三・柞木》：“［釋名］鑿子木。時珍曰：此木堅韌，可爲鑿柄，故俗名鑿子木。……［集解］〔陳〕藏器曰：柞木生南方，細葉，今之作梳者是也。”清吴其濬《植物名實圖考・木類・柞木》：“柞木，《嘉祐本草》始著録。江西、湖南皆有之。”

柞　木

（清吴其濬《植物名實圖考》）

按，另有“柞樹”（*Quercus variabilis* Bl.），係殼斗科櫟屬之一種，即李時珍所謂“橡櫟”之别名，非此木也。而“柞木”，是由“鑿子木”省去“子”字，將鑿作柞後而得名。

【柞】

即柞木。此稱先秦時期已行用。見該文。

【鑿子木】

即柞木。此稱明代已行用。見該文。

【紅檬】

即柞木。清代川東各地多行用此稱。清劉善述《草木便方・木部・紅檬皮》：“紅檬皮根味苦平，黄疸燒服不留停。難産催生横逆順，胎死腹中下安寧。利竅鼠瘺冲汁飲，葉敷癰疽發背靈。”原書圖名“柞樹”，亦稱“刺柞”。見“柞木”文。

【柞樹】[2]

即紅檬。此稱清代已行用。見該文。

【刺柞】

即紅檬。此稱清代已行用。見該文。

【鑿頭木】

即柞木。其木堅韌，可爲鑿柄，故名。此稱清代已行用。清趙其光《本草求原・喬木部・鑿頭木》："鑿頭木，辛，微寒。平肝降火，益陰，墮胎，破塊。"江蘇新醫學院《中藥大辭典・柞木》以爲此鑿頭木即柞木。見"柞木"文。

柃木

習見林木名。山茶科，柃木屬，柃木（*Eurya japonica* Thunb.）。常緑灌木。嫩枝有棱。葉革質，橢圓形至矩圓狀披針形，緣有鋸齒；幼葉有柔毛。花單性，白色，雌雄异株，一至二朵著生於葉腋。漿果球形，成熟時由紅色變爲紫黑色。我國主要分布於華東、華南、西南及臺灣諸地。供觀賞。果實可爲染料。枝葉可入藥，其灰汁亦可做染媒劑。

我國栽植柃木已有二千餘年歷史。漢代已行用此稱，省作"柃"。《説文・木部》："柃，木也。"《文選・司馬相如〈上林賦〉》："沙棠櫟櫧，華楓枰櫨。"李善注引三國時期張揖曰："櫧，似柃，葉冬不落。"又應劭注："柃，音零。"後世沿用此稱。《玉篇・木部》："柃，木名。可染。"《爾雅翼・釋木》："櫧似柃，葉冬不落。《上林賦》：'沙棠櫟櫧。'郭璞曰：櫧似采柔。"今福建稱"漆虎"，廣東稱"魚骨"，江西稱"鈎茄子樹"，四川稱"野茶樹""白茶條"。各地山坡陰濕處常有野生者。亦偶有栽培供觀賞，或采其葉作緑肥。按，此"柃"亦指細齒葉柃。參閱《廣州植物志・山茶科・柃》。

【柃】

即柃木。此稱漢代已行用，并沿稱於後世。見該文。

【漆虎】

即柃木。今福建各地多行用此稱。見該文。

【魚骨】

即柃木。今廣東各地多行用此稱。見該文。

【鈎茄子樹】

即柃木。亦稱"吊茄子樹"。今江西各地多行用此稱。見該文。

【野茶樹】[2]

即柃木。今四川各地多行用此稱。見該文。

【白茶條】

即柃木。今四川各地多行用此稱。見該文。

枸杞

習見林木名。茄科，枸杞屬，枸杞（*Lycium chinense* Mill.）。落葉灌木。枝細長，柔弱，常彎曲下垂若蔓狀，有棘刺。葉互生或簇生於短枝上，卵形、卵狀菱形或卵狀披針形，全緣。花腋生，單生或數朵簇生；花冠漏斗狀，淡紫色。漿果卵狀或長橢圓狀卵形，紅色。種子小，腎形，黄色。分布於全國各地，尤以寧夏出産者最良。供觀賞。根皮、嫩莖葉及果實入藥。嫩葉可食，歉年用以救荒。

我國應用枸杞歷史悠久。先秦時稱"杞"。《詩・小雅・四牡》："翩翩者鵻，載飛載止，集於苞杞。"袁梅注："杞，qǐ（起）。灌木名，又叫枸杞、枸檵。"《左傳・昭公十二年》："鄉人或歌之曰：我有圃，生之杞乎！"杜預注："杞，世所謂枸杞也。"漢代已行用"枸杞"之稱。亦稱"杞根""地骨""枸忌""地輔"。《神農本草經・上品・枸杞》："枸杞，味苦，寒。主五内邪氣，熱中消渴，周痹。久服堅筋骨，輕身不老，一名杞根，一名地骨，一名枸忌，一名地輔，生平澤。”枸杞之栽培唐代已頗普遍，技術日漸成熟。唐韓鄂《四時纂要・冬令・十月》：“收枸杞子：秋冬間收得子，先於盆中挼令散，曝乾。候春，先熟地，作畦……即以枸杞子布於泥上，令稀稠得所。即以細土蓋一重，令遍，又以爛牛糞一重，又以一重土，令畦平。待苗出時，以水澆之。”《通志・木類》：“枸杞，曰杞根，曰地骨，曰枸忌，曰地輔，曰羊乳，曰却暑，曰仙人杖，曰西王母，曰枸檵，曰苦杞，曰托盧，曰天精，曰却老，曰地仙苗。《爾雅》云：‘杞，枸檵。’世言有兩種，無刺者曰枸杞，有刺者曰枸棘。”《明一統志・歸德府》：“土產：枸杞子、香附子、瓜蔞仁、何首烏、蟾酥、半夏、天南星、天花粉、茱萸、麥門冬、兔絲子、地骨皮（俱各縣出）。”清代扦插繁殖已見常用。清蒲松齡《農桑經殘稿・二月》：“種枸杞：糞肥地，劚深七八寸。乃取枸杞，連莖剉長四寸許；以草索慢束，如羹碗許口大，於壟中立種之，每束相去一尺。”

枸　杞

（明朱橚《救荒本草》）

枸杞异名甚多，蓋因其果、根、葉之稱各异，或因其藥效冠以美稱，或其字假借通轉，或地方俗稱之故。如今冀魯等地稱“狗奶子”“家菜”“甜菜”“土杞子”。我國枸杞栽培歷史悠久，然所存古樹鮮見。今山東單縣城內存四百年生古枸杞二株，其中一株生屋內，穿墻而出，依然生長旺盛，年年有實。

【杞】[3]

即枸杞。此稱先秦時期已行用。見該文。

【杞根】

即枸杞。此稱漢代已行用。見該文。

【地骨】

即枸杞。亦指其根。此稱漢代已行用。見該文。

【枸忌】

即枸杞。此稱漢代已行用。見該文。

【地輔】

即枸杞。此稱漢代已行用。見該文。

【狗奶子】[2]

即枸杞。今河北、山東等地多行用此稱。見該文。

【家菜】

即枸杞。今河北、山東等地多行用此稱。見該文。

【甜菜】

即枸杞。今河北、山東等地多行用此稱。見該文。

【土杞子】

即枸杞。今北方各地多行用此稱。見該文。

【象柴】

即枸杞。亦稱“托盧”“仙人杖”“西王母杖”“天精”“却老”“苟杞”。此稱晉代已行用。晉葛洪《抱朴子・仙藥》：“象柴，一名托盧是也。或云仙人杖，或云西王母杖，或名天精，或名却老，或名地骨，或名苟杞也。”見“枸杞”文。

【托盧】

即象柴。此稱晋代已行用。見該文。

【仙人杖】[1]

即象柴。此稱晋代已行用。見該文。

【西王母杖】

即象柴。此稱晋代已行用。見該文。

【天精】

即象柴。此稱晋代已行用。見該文。

【却老】

即象柴。因此物久服輕身不老，故名。此稱晋代已行用，并沿稱於後世。見該文。

【苟杞】

即象柴。爲枸杞之音訛。此稱晋代已行用。見該文。

【苦杞】

即枸杞。此稱晋代已行用，後世亦有沿稱。《詩・小雅・四牡》："集於苞杞。"三國吴陸璣《毛詩草木鳥獸蟲魚疏・集於苞杞》："杞，其樹如樗。一名苦杞，一名地骨。春生，作羹茹微苦。其莖似莓子。秋熟正赤。莖葉及子服之，輕身益氣。"元梁益《詩傳旁通・四牡・杞枸檵》："杞，枸檵。杞有杞柳之杞，有枸檵之杞，枸音苟，檵音計……枸檵，郭璞云今枸杞也。陸璣云：一名苦杞，一名地骨。春生，子秋熟，正赤，莖葉及子服之輕身益氣。《本草》：一名仙人杖，一名西王母杖。"《字彙補・木部》："椈，《博雅》：'椈乳，苦杞也。'"見"枸杞"文。

【枸檵】

同"枸杞"。因其易生可繼，故名。此體漢代已行用。省稱"檵"。《爾雅・釋木》："杞，枸檵。"郭璞注："今枸杞也。"《説文・木部》："檵，枸杞也。"明方以智《物理小識・草木類上》："以三月朔截作段，先以草糞，而牛糞蓋之，又土蓋之，出則勤澆，一年可五翦，枸檵言其易生也。"見"枸杞"文。

【檵】[1]

"枸檵"之省稱。此稱漢代已行用。見該文。

【椈杞】

同"枸杞"。省稱"椈"。此稱多行用於南北朝時。《玉篇・木部》："椈，椈杞也。根爲地骨皮。本作枸。"見"枸杞"文。

【椈】

"椈杞"之省稱。此稱南北朝時期已行用。見該文。

【地筋】

"枸杞"之別稱。此稱三國時期已行用。明馮復京《六家詩名物疏・四牡篇・杞》："杞，《廣雅》云：地筋，枸杞。"清姚炳《詩識名解・木部・杞》："《廣雅》以枸乳爲苦杞，地筋爲枸杞，分二物。則陸璣謂枸杞作羹茹微苦，一名苦杞。似混而爲一。又蘇頌云：枸杞春生，苗葉如石榴葉而軟薄堪食，俗呼爲甜菜。疑陸璣微苦之説當是苦杞，非枸杞也。"見"枸杞"文。

【椈乳】

即枸杞。亦作"枸乳"。因其果形似乳，故名。此稱三國時期已行用。《廣雅・釋草》："椈乳，苦杞也。"《字彙補・木部》："椈，《博雅》：'椈乳，苦杞也。'"見"枸杞"文。

【枸乳】

同"椈乳"。此體三國時期已行用。見該文。

【三青蔓】

即枸杞。此稱宋代已行用。亦稱"换骨

菜”。宋陶穀《清異録·藥》:“三青蔓，按清冷真君外訣，枸杞爲三青蔓，其苗爲换骨菜。”明王志堅《表異録·蔬穀》:“仙家呼枸杞爲三青蔓。”清姚炳《詩識名解·木部·杞》:“杞(《小雅·四牡》篇)此杞乃《釋木》文所謂枸檵者。郭璞以爲即今枸杞。陸璣云樹如樗，一名苦杞，一名地骨。春生，作羹茹微苦。其莖似莓子，秋熟正赤是也。别有枸忌、地輔、羊乳、託盧、三青蔓、换骨菜、天精子、却老根、仙人杖、西王母杖諸名，見《本草》《廣韻》諸書。”見“枸杞”文。

【换骨菜】

即三青蔓。此稱明代已行用。見該文。

【羊乳】

即枸杞。其果形似羊乳，故名。樹亦以此爲名。此稱宋代已行用。亦稱“却署”“地仙苗”“甜菜子”。宋唐慎微《證類本草·本草上品·枸杞》:“枸杞，味苦，寒。根大寒，子微寒。無毒。主五内邪氣，熱中消渴，周痹，風濕，下胸脅氣，客熱頭痛。補内傷，大勞，嘘吸，堅筋骨，强陰，利大小腸。久服堅筋骨，輕身不老，耐寒暑。一名杞根，一名地骨，一名枸忌，一名地輔，一名羊乳，一名却暑，一名仙人杖，一名西王母杖。生常山平澤及諸丘陵阪岸。冬采根，春夏采葉，秋采莖實。”明徐光啓《農政全書》卷五六引《救荒本草》:“枸杞，一名杞根，一名枸忌，一名地輔，一名羊乳，一名却暑，一名仙人杖，一名西王母杖，一名地仙苗，一名托盧……俗呼爲甜菜子。”明陳耀文《天中記·枸杞》:“一名枸檵。郭云今枸杞也(《爾雅》)。一名苦杞(《詩義疏》)，一名杞根，一名地骨，一名枸忌，一名地輔，一名羊乳，一名却暑，一名仙人杖，一名西王母杖(《本草》)。家柴［菜］，一名托盧，或名天精，或名却老(《抱朴》)。”見“枸杞”文。

【却暑】

即羊乳。此稱宋代已行用。見該文。

【地仙苗】

即羊乳。此稱宋代已行用。見該文。

【甜菜子】

即羊乳。此稱明代已行用。見該文。

【枸槽子】

即枸杞。此稱三國時期已行用。三國吴沈瑩《臨海水土異物志》:“枸槽子，如指頭大，正赤，其味甘。”今人張崇根輯校以爲此即“枸杞”。後世多有以此名稱枸杞者。如北魏賈思勰《齊民要術·五穀果蓏菜茹非中國物産者》:“枸槽子，如指頭大，正赤，其味甘。”明董斯張《廣博物志·草木》:“枸槽子，如指頭大，正赤，其味甘。鷄橘子，大如指，味甘。永寧界中有之。”此附供考。見“枸杞”文。

【芑】

即枸杞。亦稱“枸芑”。此稱先秦時已行用。《山海經·中山經》:“歷石之山，其木多荆、芑。”《禮記·表記》:“《詩》云:‘豐水有芑。’”唐孔穎達疏:“正義曰:芑，枸檵。《爾雅·釋木》文孫炎云則今枸芑也。”見“枸杞”文。

【枸芑】

即芑。此稱唐代已行用。見該文。

【三尺籙】

“枸杞”之别稱。此稱宋代已行用。宋陶穀《清異録·藥》:“苾蒭清本良於醫藥，數百品各以角貼，所題名字詭異……假君子——牽牛；昌明童子——川烏頭；淡伯——厚朴；木叔——胡椒……三尺籙——枸杞。”明陶宗儀《輟耕録·藥譜》引《清異録》作：“三尺籙，枸杞。”見“枸杞”文。

枸骨

習見林木名。冬青科，冬青屬，枸骨（*Ilex cornuta* Lindl. et Paxton）。常緑灌木或小喬木。單葉互生，硬革質，有光澤，矩圓狀方形，先端擴大，具三個硬尖刺齒，基部各具一尖刺。雌雄异株，花黄緑色，簇生二年生枝上。核果球形，鮮紅色。我國主要分布於長江下游各省。樹皮、枝葉、果實供藥用。種子可榨油。樹皮可作染料或製膠。亦可供緑化觀賞。

枸　骨
（清吴其濬《植物名實圖考》）

先民早已熟知枸骨，先秦時始稱“杞”。漢代稱“狗骨”。《詩·小雅·南山有臺》：“南山有杞，北山有李。”陸德明音譯：“杞音起。《草木疏》云：‘其樹如樗，一名狗骨。’”南北朝時多有栽培。北魏楊衒之《洛陽伽藍記·瑶光寺》：“瑶光寺……綺疏連亘，户牖相通，珍木香草不可勝言。牛筋狗骨之木，鷄頭鴨脚之草，亦悉備焉。”唐代已行用“枸骨”之稱。亦作“枸榾”。亦稱“猫兒刺”“猫刺”。唐陳藏器《本草拾遺·木部·枸骨》：“枸骨樹如杜仲，皮堪浸酒，補腰膝令健……木肌白似骨，故云枸骨。”明李時珍《本草綱目·木三·枸骨》：“［釋名］猫兒刺。〔陳〕藏器曰：此木肌白，如狗之骨。時珍曰：葉有五刺，如猫之形，故名。”《通雅·植物》：“枸榾，今之猫刺也。顧也王曰枸榾木中箭，謂其有刺。”清吴其濬《植物名實圖考·木類·枸骨》：“枸骨，宋《圖經》女貞下載之。《本草綱目》始别出，即俗呼猫兒刺。”

按，枸骨古時常與女貞相混，李時珍始自女貞中别出。明李時珍《本草綱目·木三·枸骨》：“［校正］原附女貞下，今分出。”本種除野生外，今尚多有栽培。俗稱“老鼠怕”“枸防”“鵝掌簕”“鳥不宿”“老虎刺”。

【杞】[4]

即枸骨。此稱先秦時期已行用。見該文。

【狗骨】[1]

即枸骨。此稱漢代已行用。見該文。

【枸榾】

同“枸骨”。此體明代已行用。見該文。

【猫兒刺】[2]

即枸骨。此稱明代已行用。見該文。

【猫刺】

即枸骨。此稱明代已行用。見該文。

【老鼠怕】[2]

即枸骨。今廣西各地多俗用此稱。見該文。

【枸防】

即枸骨。今江西各地多俗用此稱。見該文。

【鵝掌簕】[2]

即枸骨。因其葉形似鵝掌且具刺，粵人讀刺爲簕（音nè），故名。今廣東各地多俗用此稱。見該文。

【鳥不宿】[2]

即枸骨。今上海各地多俗用此稱。見該文。

【老虎刺】[1]

即枸骨。今江蘇各地多俗用此稱。見該文。

柘樹

習見林木名，桑科，柘屬，柘樹〔*Cudrania tricuspidata*（Carr.）Bur. ex Lavall.〕。落葉灌木或小喬木。小枝光滑，具硬刺。單葉互生，近革質，卵形或倒卵形。花單性，雌雄异株，皆頭狀花序。聚花果，近球形，紅色。我國主要分布於冀、魯、豫、蘇、皖、陝、甘、雲、貴、川、湘、鄂、閩、浙、贛等地。木材堅硬緻密，古代多用以爲弓矢，亦供建築、器具。皮供造紙、繩索，亦可染黄。葉可飼蠶。果可食或釀酒。木材、根皮可入藥。

柘樹栽培利用頗久，先秦時始稱“榦”，亦稱“柘”。《書・禹貢》：“杶榦栝柏。”孔傳：“榦，柘也。”《詩・大雅・皇矣》：“攘之剔之，其檿其柘。”柘、榦之稱，沿稱於後世。魏晋及南北朝時，種柘養蠶已較普遍。北魏賈思勰《齊民要術・種桑柘》：“種柘法：耕地令熟，耬耩作壟。柘子熟時，多收，以水淘汰令净，曝乾。散訖，勞之。草生拔却，勿令荒没。”宋代已行用“柘樹”之稱，亦稱“柘木”。宋施宿等《會稽志・陵寢》：“石昉墓在新昌黄壇。按公弼家譜，墓前有柘樹生而内向，覆墓如蓋。每有登科者則柘生特枝，一枝一人，或二三枝則二三人云。”我國人民極愛柘樹，諸多山川寺廟常以此爲名。如元徐碩《至元嘉禾志・古迹・松江府》：“柘湖在府南七十里，湖中有小山生柘樹，因以爲名。”《江南通志・輿地志・松江府》：“柘湖，在金山縣新運鹽河北，東鄰徐浦塘張堰。《明一統志》云：湖中有小山生柘樹，因名。秦時有女子入湖爲神。”是湖以樹爲名。又北京潭柘寺亦以此木而名。清于敏中《日下舊聞考・郊坰》：“原潭柘寺，相傳寺趾本青龍潭，上有柘樹。祖師開山，青龍避去，潭平爲寺。今殿壁猶是遼金前所繪。”是寺亦以樹名。以柘樹養蠶或食以救饑，沿襲頗久。明朱橚《救荒本草》卷六：“柘樹，《本草》有柘木，舊不載所出州土。今北土處處有之。其木堅勁，皮紋細密，上多白點。枝條多有刺。葉比桑葉甚小而薄，色頗黄淡，葉梢皆三叉，亦堪飼蠶。”《廣群芳譜・桑麻譜一・柘》：“《群碎録》：《古史考》曰：柘樹枝長而勁。烏集之將飛，柘樹反起彈烏，烏乃號呼。此枝爲弓快而有力，因名烏號之弓。”

柘　樹

（明鮑山《野菜博録》）

柘樹多生於陽光充足之荒山、坡地、丘陵及溪旁。今亦稱“柘柴”“鷄脚刺”“柘骨針”“柘刺”“野梅子”“柘子”“鐵刻針”“野荔枝”“黄桑”“刺桑”。

【榦】

即柘樹。此稱先秦時期已行用。見該文。

【柘】

“柘樹”之省稱。此稱先秦時期已行用。見該文。

【柘木】

即柘樹。此稱明代已行用。見該文。

【柘柴】

即柘樹。因多斫以爲薪，故名。今山東各地多行用此稱。見該文。

【鷄脚刺】

即柘樹。因柘有枝刺，故名。今山東各地多行用此稱。見該文。

【柘骨針】

即柘樹。因枝具硬刺，故名。今江蘇各地多行用此稱。見該文。

【柘刺】

即柘樹。枝具硬刺，故名。今江蘇、浙江、安徽等地多行用此稱。見該文。

【野梅子】

即柘樹。今湖南、江西等地多行用此稱。見該文。

【柘子】

即柘樹。今河南各地多行用此稱。見該文。

【鐵刻針】

即柘樹。因枝刺堅，故名。今河南各地多行用此稱。見該文。

【野荔枝】

即柘樹。今福建各地多行用此稱。見該文。

【黄桑】

即柘樹。因葉淡黄，可飼蠶，故名。今廣西各地多行用此稱。見該文。

【刺桑】

即柘樹。因枝有刺，葉可飼蠶，故名。今四川各地多行用此稱。見該文。

【文章樹】

即柘樹。此稱宋代已行用。今陝西等地沿用此稱。宋陶穀《清異録・木》："張曲江里第之側有古柘，嘗因狂風發其一根，解爲器具，花紋甚奇，人以公之手筆冠世，目之曰文章樹。"清刊《淵鑒類函》卷四一四引作"文章木"，此附。見"柘樹"文。

【柘桑】

即柘樹。《説文・木部》："柘，柘桑也。"清段玉裁注："各本無柘字，今補。山桑、柘桑，皆桑之屬。古書並言二者則曰桑柘，單言一者，則曰桑、曰柘，柘亦曰柘桑。"《藝文類聚》卷三五："雨墮無所爲，當編將織薄，植種桃、李、梨、柹、柘桑。三丈一樹，八樹爲行，果類相從，縱横相當，果熟收斂，不得吮嘗。"《太平御覽》卷三四七引《風俗通》曰："烏號弓者柘桑之枝，枝條暢茂，烏登其上，垂下着地，烏遍去，從後撥殺。取以爲弓，因名烏號耳。"《錦綉萬花谷後集》卷三一："靈泉，大軫國以五色石甃池塘。采大柘桑飼蠶于池中，始生如蚊睫，及老可五六寸。"見"柘樹"文。

胡豆

習見林木名。豆科，木藍屬，庭藤（*Indigofera decora* Lindl.）之别名。落葉灌木。奇數羽狀複葉，小葉七至十三枚，卵狀長圓形至卵狀披針形。總狀花序腋生，花冠淡紫或白色，被柔毛。莢果棒形，黑褐色。我國主要分布於江淮以南諸地。根可入藥。

明代常用以救荒。已行用此稱。明朱橚《救荒本草》卷六："胡豆，生田野間。其苗初塌地生，後分莖叉。葉似苜蓿葉而細，莖葉梢間開淡葱白褐花。結小角，有豆如營豆狀。味甜。"明鮑山《野菜博録》卷二："秋水角苗生田野中。苗初就地拖

胡　豆
（清吴其濬《植物名實圖考》）

秧而生，後分莖叉，苗長二尺餘，葉似胡豆葉稍大，開紫花結小角豆，味苦。”清吳其濬《植物名實圖考·穀類·胡豆》：“胡豆，《救荒本草》録之。豆可煮食，亦可爲面。《本草拾遺》：胡豆子生田野間，米中往往有之，不述其形狀。當即此。”

按，鄭萬鈞等《中國樹木志》以爲《救荒本草》之胡豆當爲蝶形科之庭藤。今從其説。又，石聲漢《農政全書校注》則以爲胡豆乃爲豆科紫雲英屬植物。此附供考。胡豆今通稱“庭藤”，亦稱“岩藤”。

【庭藤】

即胡豆。今之通稱。見該文。

【岩藤】

即胡豆。今稱。見該文。

胡枝子

習見林木名。豆科，胡枝子屬，胡枝子（*Lespedeza bicolor* Turcz.）。落葉灌木。幼枝密被柔毛。三出複葉，小葉狹卵形至橢圓形。總狀花序腋生，花冠紫色。莢果斜卵形，被柔毛。我國主要分布於東北、華北及陝、甘、寧、内蒙古、魯、浙、皖、豫、鄂等地。嫩枝及葉可作飼料及緑肥。枝可編筐簍。嫩葉可代茶。花爲蜜源。種子可食。根可入藥。全樹均可利用。

胡枝子
（明朱橚《救荒本草》）

我國民間利用胡枝子已有數百年史。明代已行用此稱。亦稱“隨軍茶”。明朱橚《救荒本草》卷四：“胡枝子，俗亦名隨軍茶。生平澤中。”明鮑山《野菜博録》卷四：“青舍子條，生山谷間。科條微帶柿黄色，葉似胡枝子葉，光俊微尖，梢間開淡粉紫花，結子似枸杞子微小，生青熟紫黑色。”清代亦稱“和血丹”。

和血丹
（清吳其濬《植物名實圖考》）

清吳其濬《植物名實圖考·山草類·和血丹》：“和血丹，即胡枝子。和血丹生長沙山坡。獨莖小科，一枝三葉，面青黄，背粉白，有微毛，似豆葉而長……俚醫以爲破血之藥。按《救荒本草》：胡枝子，俗名隨軍茶，生平澤中。”

胡枝子屬約六十種，我國約二十種。本種有“白花胡枝子”變種。今常用爲荒山水土保持植物，亦可爲薪柴。俗稱“篝條”“野花生”“豆葉柴”“夜合草”。又，一説和血丹亦指本屬“大葉胡枝子”（*L. davidii*），此附供考。

【隨軍茶】

即胡枝子。因其葉可代茶。故名。此稱明代已行用。見該文。

【和血丹】

即胡枝子。因俚醫用爲破血之藥，故名。此稱清代已行用。見該文。

【篝條】

即胡枝子。今東北地區多俗用此稱。見該文。

【野花生】

即胡枝子。亦稱“假花生”。今福建各地多俗用此稱。見該文。

【豆葉柴】

即胡枝子。因其葉似豆，南人常樵以爲薪，故名。今江西各地多俗用此稱。見該文。

【夜合草】

即胡枝子。今閩東地區多俗用此稱。見該文。

南天竹

習見林木名。小蘗科，南天竹屬，南天竹（*Nandina domestica* Thunb.）。常緑小灌木。幹直立，少分枝。二至三回羽狀複葉，互生；小葉橢圓狀披針形，薄革質，全緣。圓錐花序，頂生，花小，白色。漿果，球形，鮮紅色。我國主要分布於長江流域各省，今各地均有栽培。供觀賞。根、莖、葉、果均可入藥。

南天竹
（清吴其濬《植物名實圖考》）

宋代已有記載，并已行用此稱。亦作“南天竺”。宋陸游《新寒》詩：“安石榴房初小坼，南天竺子亦微丹。”宋楊巽齋《南天竺》詩：“花發朱明雨後天，結成紅顆更輕圓。”元代稱“藍田竹”。元李衎《竹譜詳録·竹品譜·有名而非竹品》：“藍田竹，在處有之，人家喜栽花圃中……世傳以爲子碧如玉，取藍田種玉之義，故名。或云此本自南天竺國來，目爲南天竺，人訛爲藍田竹。”《通雅·植物》：“南天竹，是種之庭中結子如珠秋冬紅者。”清鄒一桂《小山畫譜》卷上：“南天竹抱根生，如慈竹葉尖，一枝九出，每出必三叢披若竹。夏間開小白花，五瓣。冬結子朱紅，纍纍如珊瑚。種嘉者名獅子尾，枝重下垂，冬月霜雪間不可無此點綴。”清陳淏子《花鏡》卷三：“南天竹（一作竺），一名大椿。吴楚山中甚多。樹高三五尺，歲久，亦有長至丈者，但不易得耳。”

按，杜鵑科“烏飯樹”亦呼爲“南燭”“南天燭”或“南天竹”，然與本種迥异。宜辨之。參見本卷《習見木竹説·習見林木考》“烏飯樹”文。又，本種今俗稱“猫兒傘”“小鐵樹”“老鼠刺”“珍珠蓋凉傘”。

【南天竺】

同“南天竹”。此體宋代已行用，沿用於後世。見該文。

【藍田竹】

即南天竹。此稱元代已行用。見該文。

【猫兒傘】

即南天竹。今之俗稱。見該文。

【小鐵樹】

即南天竹。今之俗稱。見該文。

【老鼠刺】[2]

即南天竹。今之俗稱。見該文。

【珍珠蓋凉傘】

即南天竹。今之俗稱。見該文。

【闌天竹】

即南天竹。此稱明代已行用。亦稱“東天竺”“大椿”“天竹”。南朝梁程詧《東天竺賦·序》：“監署西廡有異草數本，緑莖疏節，葉膏如翦，朱實離離，炳如渥丹，悍爲詧言，西真書號此爲東天竺。”明高濂《遵生八箋·燕間清賞箋下》：“闌天竹生諸山中，葉儼似竹。生子枝頭成穗，紅如丹砂，經久不脱，且耐霜雪。植之庭中可避火灾。”清高宗《題鄒一桂三益圖》詩：“羅漢松依臘月梅，闌天竹雅稱清陪。居然三友雲霞契，生面從看此别開。”《廣群芳譜・木譜十二・闌天竹》：“闌天竹，一名大椿，一名南天竺（或作東天竹），一名南天燭。”又引《學圃餘疏》：“天竹，纍纍朱實，扶搖緑葉上，雪中視之尤佳人，所在種之。”清高士奇《北墅抱甕録・天竹》：“天竹枝葉瀟灑，梅雨中開白花。子結枝梢，殷紅璀燦；纍纍若珠，霜雪不落。樹可久而難長。”按，闌天竹實爲南天竹，并非南天燭，汪灝等誤，參見本卷《習見木竹説・習見林木考》“烏飯樹”文。見“南天竹”文。

【東天竹】

即闌天竹。此稱南北朝時期已行用。見該文。

【大椿】

即闌天竹。此稱清代已行用。見該文。

【天竹】

即闌天竹。此稱清代已行用。見該文。

【南天燭】[1]

即闌天竹。此稱清代已行用。見該文。

【楊桐】

“南天竹”之别稱。此稱多行用於明清時。清趙學敏《本草綱目拾遺・木部・南天竹》：“南天竹，即楊桐。今人多植庭除，云可辟火灾。”古人常將此南天竹與杜鵑科之南燭（烏飲樹）混爲一談，將南燭亦名爲楊桐。如李時珍《本草綱目・木部・南燭》即如此。《綱目拾遺》引王聖俞之言以别二物：“烏飯草乃南燭（亦稱南竹、南天竹），今山人寒食挑入市，賣與人家染烏飯者是也。南天竹乃楊桐，今人植之庭除，冬結紅子，以爲玩者，非南燭也。”將楊桐從南燭中分出列入南天竹。此説甚是。見“南天竹”文。

南蛇藤

習見林木名。衛矛科，南蛇藤屬，南蛇藤（*Celastrus orbiculatus* Thunb.）。落葉藤狀灌木。單葉互生，近圓形至廣卵形。雌雄异株；短聚傘花序，腋生；花淡黄緑色。蒴果球形，黄色。種子卵形至橢圓形，具紅色肉質假種皮。我國南北各地大都有分布。爲山丘地區水土保持植物之一。其根、莖、葉、果可入藥。

南蛇藤
（清吴其濬《植物名實圖考》）

清代已行用此稱。清吴其濬《植物名實圖考・蔓草類・南蛇藤》：“南蛇藤生長沙山中。黑莖長韌，參差生葉。葉如南藤，面濃緑，背青白，光滑有齒。根、莖一色，根圓長，微似蛇，故名。俚醫以治無名腫毒，行血氣。”按，本種分布極廣，又多野生，其俗名俚稱頗多。如“金銀柳”“過山風”“窮攬藤”“過山龍”“大倫藤”“穿山龍”“老牛筋”等。又，本種有變種一，名“小葉南蛇藤”，産福建等地。參閲江蘇新醫學院《中藥大辭典・南蛇藤》。

【金銀柳】

即南蛇藤。此稱清代已行用，語本《盛京通志》。見該文。

【過山風】

即南蛇藤。今之俗稱，名見《中國藥物志》。見該文。

【窮攬藤】

即南蛇藤。今東北地區多俗用此稱。見

該文。

【過山龍】 [1]

即南蛇藤。今江西各地多俗用此稱。見該文。

【大倫藤】

即南蛇藤。今湖南各地多俗用此稱。見該文。

【穿山龍】

即南蛇藤。今福建泉州等地多俗用此稱。見該文。

【老牛筋】

即南蛇藤。今東北地區多俗用此稱。見該文。

【蚺蛇藤】

即南蛇藤。此稱行用於明代。明謝肇淛《五雜俎·物部一》："蚺蛇，大能吞鹿，惟喜花草、婦人。山中有藤，名蚺蛇藤。捕者簪花紅衣，手藤以往，蛇見輒凝立不動，即以婦人衣蒙其首，以藤縛之。"《廣東通志·物産志·藤》："蚺蛇藤，凡有蚺蛇之所即有此藤。捕蛇者以藤圈牽之，蛇不敢强，舍此藤則不能伏（《廣州志》）。"《廣西通志·物産·梧州府》："蚺蛇藤，各縣出。案《廣州志》：凡有蚺蛇處即有此，捕蛇者以圈牽之輒不敢動。"今人夏緯瑛《植物名釋札記·南蛇藤》："案：今衛矛科植物有南蛇藤（*Celastrus orbiculatus* Thunb.）者，不知其是否確謝肇淛所言之種類，然其名'南蛇藤'者，即蚺蛇藤之訛，當無疑問。'蚺蛇藤'之義，謂捕取蚺蛇所用之藤耳。"所論當是。見"南蛇藤"文。

柳寄生

習見林木名。桑寄生科，鈍果寄生屬，柳葉鈍果寄生〔*Taxillus delavayi*（Tiegh.）Danser〕之別名。寄生灌木。高約1米，全株無毛。二年生枝黑色，具光澤。葉互生，偶近對生或數枚簇生於短枝上，革質，卵形至披針形。傘形花序，一至二枚腋生或生於小枝已落葉之葉腋。漿果橢圓形，黄色或橙色。我國主要分布於雲南、廣西、貴州、四川、西藏諸地。全株可入藥。

我國用以醫病已有數百年歷史，明代已行用此稱。明朱橚《普濟方》卷三一七："［遠志散］治婦人風邪悲思愁憂喜怒無常夢寐不安心神恐懼：遠志二分去心，白术一兩炒……柳寄生一兩。右爲細末每服一錢，空心温酒送下。"明李時珍《本草綱目·木四·柳寄生》："此即寄生之生柳上者。"明劉嵩《槎翁詩集》卷七："《柳寄生》：'秋來楊柳樹，葉落空池裏。上有寄生枝，青青寒不死。'"《廣群芳譜·木譜十一·柳寄生》："柳寄生，狀類冬青，亦似紫藤，經冬不凋。春夏之間作紫花，散落滿地。冬月望之雜百樹中，榮枯各異。出蜀中。"清劉善述《草木便方·木部·柳寄生》："柳寄生苦平祛風，隔氣刺痛服汁通，風水氣疽消熱毒，遍身搔癢洗塗松。"

本種主要寄主爲柳屬、櫟屬、槭屬、杜鵑屬等植物及花楸、山楂、櫻桃、梨、桃、馬桑等。常見於海拔1500~3000米山地闊葉林中。今通稱"柳葉鈍果寄生"，亦稱"柳樹寄生"。柳寄生亦寄生於槲樹，故亦曰槲寄生。此附。

【柳葉鈍果寄生】

即柳寄生。今之通稱。見該文。

【柳樹寄生】

即柳寄生。今稱。見該文。

珍珠風

習見林木名。馬鞭草科，紫珠屬，珍珠楓（*Callicarpa bodinieri* Lévl.）之別名。灌木。幼枝與小枝通常密被茶褐色短柔毛及星狀毛與腺點。單葉對生，葉橢圓形至卵狀橢圓形。聚傘花序腋生，花小，淡紅色或紫紅色。漿果狀核果，球形，成熟時紫紅色。我國主要分布於華東、中南及西南諸地。根及種子可入藥。

清代已行用此稱。清劉善述《草木便方・草部・珍珠風》："珍珠風根味辛平，産後血氣悶痛靈。祛風勝濕消積毒，瘀血停滯酒服行。"

按，珍珠風原作"珍珠柳"，今依《草木便方》整理組改之。又，紫珠屬其他植物亦常代珍珠風作藥用，其功效頗近。本種今多生路旁、溪邊及灌叢中。俗稱"魚子""漆大白""鯉魚下子"，通稱"珍珠楓"。參閱江蘇新醫學院《中藥大辭典・珍珠風》。

【珍珠柳】

即珍珠風。此稱清代已行用，語本《草木便方》。今改珍珠風。見該文。

【魚子】

即珍珠風。今四川各地多俗用此稱。見該文。

【漆大白】

即珍珠風。今四川各地多俗用此稱。見該文。

【鯉魚下子】

即珍珠風。今浙江各地多俗用此稱。見該文。

【珍珠楓】

即珍珠風。今之通稱。見該文。

苦木

習見林木名。苦木科，苦木屬，苦樹〔*Picrasma quassioides*（D.Don.）〕之別名。落葉灌木或小喬木。奇數羽狀複葉互生，小葉卵形至矩圓狀卵形。聚傘花序，腋生，花雜性，黄緑色。核果倒卵形。我國主要分布於黄河流域以南各地。根皮極苦，故名。可入藥。木材可製器具。

兜櫨樹
（明鮑山《野菜博録》）

明代歉年常采葉煠食度荒。時稱"兜櫨樹"。明徐光啓《農政全書》卷五四引《救荒本草》："兜櫨樹，生密縣梁家衝山谷中……葉似回回醋樹葉而薄窄；又似花楸樹葉，却少花叉。葉皆對生，味苦。"今人石聲漢校注以爲兜櫨樹即苦木。亦稱"櫰香"。省稱"櫰"。清吴其濬《植物名實圖考・木類・櫰香》："櫰香，《救荒本草》謂之兜櫨樹，葉可煠食。《本草綱目》收入香木。"又《木類・兜櫨樹》："即櫰，《救荒本草》：兜櫨樹生密縣梁家冲山谷中……按《本草綱目》：櫰香，江、淮、湖嶺山中有之。木大者近丈許，小者多被樵采。葉青而長，有鋸齒，狀如小薊葉而長。"清趙執信《因園集・觀海

櫰　香
（清吴其濬《植物名實圖考》）

集》：“《馮文毅公別業古柏》：公今游戲仙人鄉，手折苦木攀扶桑。却揮龍騎返故里，碧鬣蒼鱗欲飛起。化爲老樹當庭蹲，排突雲窟盤山根。”今俗稱“土樗子”“苦楝樹”。

【兜櫨樹】

即苦木。此稱明代已行用。見該文。

【櫰香】

即苦木。此稱清代已行用。見該文。

【櫰】[3]

“櫰香”之省稱。即苦木。此稱明清時期已行用。見“苦木”文。

【土樗子】

即苦木。今之俗稱。見該文。

【苦楝樹】

即苦木。今之俗稱。見該文。

苦參[1]

習見林木名。豆科，槐屬，苦參（*Sophora flavescens* Alt.）。落葉亞灌木。奇數羽狀複葉，互生，小葉橢圓形至條狀披針形。總狀花序頂生，花較密，花冠黄白、黄或粉紅色。莢果綫形。種子近球形，黑色。我國大部地區均有分布。根與種子可入藥。種子可榨油。花可染黄。

我國應用苦參療疾已逾兩千年。此稱漢代已行用，并沿稱至今。亦稱“水槐”“苦蘵”。《神農本草經·中品·苦參》：“苦參，味苦，寒。主心腹結氣，癥瘕積聚，黄膽，溺有餘瀝，逐水，除癰腫，補中，明目、止淚。一名水槐，一名苦蘵。生山谷及田野。”漢史游《急就篇》卷四：“款東貝母薑狼牙，遠志續斷參土瓜。”唐顔師古注：“參，謂人參、丹參、紫參、玄參、沙參、苦參也。”宋陳耆卿《赤城志·風土門一·藥之屬》：“百藥祖、黄寮郎、催風使、含春藤、石南藤、清風藤……天南星、天門冬、苦參（根黄莖並生，一名水槐）、玄參。”元劉郁《西使記》：“八日過塔實干，城大而民繁，時群花正開，唯梨花、薔薇、玫瑰如中國，餘多不能名。城之西所植皆蒲萄、粳稻，有麥亦秋種。其地産藥十數種，皆中國所無，藥物療疾甚效，曰阿哲爾，狀如苦參，治馬鼠瘡。”《明一統志·南昌府》：“土産：金、銅、鐵、茶、羅漢菜、東湖魚、曲江魚、葛布、乳柑、苦參（南昌縣出）。”明代亦稱“苦骨”“野槐”。明李時珍《本草綱目·草二·苦參》：“[釋名]苦蘵、苦骨、地槐、水槐、菟槐、驕槐、野槐、白莖。……時珍曰：苦以味名，參以功名，槐以葉形名也。”清吴其濬《植物名實圖考·山草類·苦參》：“苦參，《本經》中品，處處有之。開花結角，俱似小豆，醫牛馬熱多用之。”我國古時多采野生樹根以充藥用，今常用播種繁殖，人工栽培，以采根入藥。亦多植於乾旱瘠薄之沙地、草原、河岸、向陽山麓，兼作水土保持林。今呼“山槐子”“苦槐”“山豆根”“鳳凰爪”“道古勒—額布斯”。

苦　參
（清吴其濬《植物名實圖考》）

按，此種之實入藥名“苦參實”“苦參子”，與苦樹科“鴨蛋子”同名。然非一物，宜辨之。參閱鄭萬鈞等《中國樹木志·苦參》。

【水槐】

即苦參[1]。此稱漢代已行用。見該文。

【苦蘵】

即苦參[1]。此稱漢代已行用。按茄科亦有“苦蘵”，殊非一物，當辨之。見該文。

【苦骨】

即苦參[1]。此稱明代已行用。見該文。

【野槐】

即苦參[1]。此稱明代已行用，今京郊各地仍沿用此稱。見該文。

【山槐子】[1]

即苦參[1]。今稱。見該文。

【苦槐】

即苦參[1]。今四川各地多行用此稱。見該文。

【山豆根】[3]

即苦參[1]。今福建各地多行用此稱。見該文。

【鳳凰爪】

即苦參[1]。今兩廣等地多行用此稱。見該文。

【道古勒—額布斯】

即苦參[1]。蒙語音譯。今内蒙古各地多行用此稱。見該文。

【地槐】

即苦參[1]。此稱南北朝時已行用。亦稱“菟槐”“驕槐”“白莖”“虎麻”“岑莖”“禄白”“陵郎”“苦蘵”。均以藥名樹。南朝梁陶弘景《名醫别録・中品・苦參》:“一名地槐，一名菟槐，一名驕槐，一名白莖，一名虎麻，一名岑莖，一名禄白，一名陵郎。生汝南山谷及田野。”《通志・昆蟲草木略》:“苦參，曰水槐、曰苦蘵、曰地槐、曰菟槐、曰驕槐、曰白莖、曰虎麻、曰岑莖、曰禄白、曰陵郎。”見“苦參[1]”文。

【菟槐】

即地槐。此稱南北朝時期已行用。見該文。

【驕槐】

即地槐。此稱南北朝時期已行用。見該文。

【白莖】

即地槐。此稱南北朝時期已行用。見該文。

【虎麻】

即地槐。此稱南北朝時期已行用。見該文。

【岑莖】

即地槐。此稱南北朝時期已行用。見該文。

【禄白】

即地槐。一作“禄日”。此稱南北朝時期已行用。見該文。

【陵郎】

即地槐。此稱南北朝時期已行用。見該文。

【苦蘵】

即地槐。此稱宋代已行用。見該文。

苦檀子

習見林木名。豆科，崖豆藤屬，厚果崖豆藤（*Millettia pachycarpa* Benth.）之别名。攀援灌木。小枝被銹色柔毛，後脱落，髓心中空。奇數羽狀複葉，小葉多十三至十七枚，披針形或長圓狀倒披針形。假總狀花序，花淡紫色。莢果腫脹，卵球形或長圓形，黑褐色，密被淡褐色皮孔。我國主要分布於閩、贛、湘、粤、桂、川、黔、滇諸地。果、葉可入藥。莖皮纖維可供編織、人造棉及造紙原料。

苦檀子入藥已有數百年歷史，清代已行用此稱。清劉善述《草木便方・草部・苦檀子》:“苦檀子苦辛有毒，殺蟲攻毒久塗。一切皮風葉煎洗。疥癬疳癩洗擦除。”

今通稱“厚果崖豆藤”“少果鷄血藤”“衝天子”。别稱“苦枟子”“土大風子”“日頭鶏”“苦蠶子”“猪腰子”“毒魚藤”。江蘇新醫學院《中藥大辭典·苦檀子》:"苦檀子(《草木便方》),[異名]土大風子(《草木便方》),衝天子(《中國主要植物圖說》),苦蠶子,猪腰子(《貴州民間藥物》),日頭鷄(《四川中藥志》)。"

【厚果崖豆藤】

即苦檀子。原作"厚果鷄血藤"。今之通稱。見該文。

【少果鷄血藤】

即苦檀子。今之通稱。見該文。

【衝天子】[2]

即苦檀子。今之通稱。參閱《中國植物圖説·豆科》。見該文。

【苦枟子】

即苦檀子。今四川各地多行用此稱。見該文。

【土大風子】

即苦檀子。此稱清代已行用。見該文。

【日頭鷄】

即苦檀子。今四川各地多行用此稱。見該文。

【苦蠶子】

即苦檀子。今四川、貴州等地多行用此稱。見該文。

【猪腰子】[2]

即苦檀子。此稱清代已行用,今貴州等地沿用。見該文。

【毒魚藤】

即苦檀子。今廣東各地多行用此稱。見該文。

茳芒

習見林木名。豆科,决明屬,茳芒决明〔*Senna planitiicola*(Domin)Randell〕之別名。灌木或半灌木,高約2米。分枝多,常被毛。偶數羽狀複葉,互生;葉柄基部有一腺體;小葉十至二十枚,長橢圓形或長卵形,先端急尖,基部渾圓,邊緣具刺毛。傘房狀總狀花序,腋生或頂生,花瓣五片,黄色。莢果帶形,稍壓扁狀,種子間縊縮,呈念珠狀。種子卵形,稍扁。我國主要分布於山東、河北、浙江、湖北、四川、廣東、雲南等地。多見於山坡路旁。各地多有栽培。

我國采集利用茳芒歷史悠久,南北朝時期已行用此稱。明代稱"茳芒决明""山扁豆"。明李時珍《本草綱目·草五·决明》[附録]茳芒引《拾遺》唐陳藏器曰:"陶云:决明葉如茳芒。按茳芒生道旁,葉小於决明,性平無毒。"[集解]時珍曰:"决明有二種:一種馬蹄决明……一種茳芒决明,《救荒本草》所謂山扁豆是也。"明徐光啓《農政全書》卷五七引《救荒本草》:"山扁豆,生田野中。小科,苗高一尺許。葉似蒺藜葉微大……開黄花。結小扁角兒。"明盧之頤《本草乘雅半偈·本經上品·决明子》:"决明子,氣味鹹,平,無毒……覈曰:生龍門川澤者良,今處處有之,爲園圃所蒔。四月生苗,高三四尺,本小末大,葉似苜蓿,晝開夜合,兩兩相貼……一種本小末尖,葉不夜合者,茳芒也。"《陝西通志·物産一·藥屬》:"决明子,生龍門川澤,十月十日采(《名醫別録》)。龍

山扁豆
(清吴其濬《植物名實圖考》)

門，在長安北。葉如茳芒子，形如馬蹄，呼爲馬蹄决明（《别録》陶注）。”茳芒可製飲料用以除痰祛眠。《廣群芳譜・藥譜四・决明》：“又有茳芒，另是一種。生道旁，葉小於决明。炙作飲甚香，除痰止渴，令人不睡，隋稠禪師作五色飲以進隋帝者是也。”參閲江蘇新醫學院《中藥大辭典・茳芒》、鄭萬鈞等《中國樹木志・蘇木科・茳芒决明》。

【茳芒决明】

即茳芒。此稱明代已行用。見該文。

【山扁豆】

即茳芒。此稱明代已行用。見該文。

茄樹

習見林木名。茄科，茄屬，假烟葉樹（*Solanum verbascifolium* Linn.）之别名。落葉灌木或小喬木，樹皮灰白色。單葉互生，葉闊卵形或橢圓形，紙質，柔軟，全緣或略作波狀。二歧聚傘花序，頂生或近頂生；花密生，白色。漿果球形，肉質，淡黄色。種子細小，扁圓，白色。我國主要分布於南部及西南各地。多生於曠野、坡地、路邊、河谷地。全株可入藥。亦可用於護坡或河溪造林。

清代稱“大王葉”或稱“大黄葉”。清何克諫《生草藥性備要》下卷：“大黄葉，味辛，性平。治黄食，消黄腫，擂粉食。”按，江蘇新醫學院《中藥大辭典・野烟葉》稱：“異名：大王葉（《生草藥性備要》），大黄葉（《嶺南采藥録》）。”而今本《生草藥性備要》則爲“大黄葉”。此附。今亦稱“土烟葉”“假烟葉”“野烟葉”，通稱“假烟葉樹”。

【大王葉】

即茄樹。此稱清代已行用。見該文。

【大黄葉】

即茄樹。此稱清代已行用。見該文。

【土烟葉】

即茄樹。今稱，名見陳嶸《中國樹木分類學》。見該文。

【假烟葉】

即茄樹。今廣東各地多行用此稱。見該文。

【野葉烟】

即茄樹。今廣西各地多行用此稱。見該文。

【假烟葉樹】

即茄樹。今之通稱。見該文。

茄藤

習見林木名。紅樹科，紅樹屬，茄藤（*Rhizophora mucronata* Lam.）。常緑大灌木或小喬木，莖基部生有氣根。單葉對生，革質，橢圓形至矩圓形，先端具鑽狀短尖，葉脉不明顯，葉柄粗厚略短。聚傘花序，具柄，着生於葉腋，花瓣四枚，全緣，被白色絲狀皺毛。果卵形，下垂，褐色或緑色。種子一枚，於果離母前發芽，胚軸突出成長棒狀。我國主要分布於廣東南部、海南、臺灣等地。多生於沿海紅樹林中。樹皮可入藥，亦可提取單寧，供鞣革、染料用。

茄藤利用已有數百年史。明清時已行用此稱。亦稱“茄藤樹”。《福建通志・物産・臺灣府》：“木之屬：樟、楠、厚栗、百日青……柏、黄目子、茄藤、林茶、土杉、水漆、九芎。”清范咸等《重修臺灣府志・物産一・木之屬》：“茄藤樹，生臺海濱，可爲薪，可染網。”

按，元代已有茄藤之名。如元方回《治圃雜書二十首》詩之七：“花有如罌粟，能同橘不遷。茄藤宜硬地，豆莢惡肥田。元勰齊民術，夷吾土物篇。園丁初未讀，口訣自相傳。”

後世迭相引用。如清姚之駰《元明事類鈔・蔬穀門・豆》:"方回詩:茄藤宜硬地,豆莢惡肥田。"《浙江通志・物産六・嚴州府》:"茄,方回《治圃雜詩》:'茄藤宜硬地。'自注:'茄須於硬地穴以種。'"然方回所云茄藤未詳是否紅樹科之茄藤樹,此附供考。又,茄藤樹爲珍貴樹種資源,對熱帶及亞熱帶地區沿海灘塗緑化具較高價值。

【茄藤樹】

即茄藤。此稱清代已行用。見該文。

省沽油

習見林木名。省沽油科,省沽油屬,省沽油(*Staphylea bumalda* DC.)。落葉灌木。三出複葉,對生;小葉橢圓形或橢圓狀卵形。圓錐花序頂生,萼與花瓣近等長,黄色;花瓣五片,白色或帶粉紅色。蒴果膜質膨大,扁平。種子圓而扁,黄色,有光澤。我國主要分布於遼、吉、黑、晋、冀、豫、皖、浙、鄂等省。果實、根可入藥。種子可榨油。莖皮可製纖物。

省沽油
(明徐光啓《農政全書》)

此稱多行用於明代,沿稱至今。亦稱"珍珠花"。明朱橚《救荒本草》卷五:"省沽油,又名珍珠花。生鈞州風谷頂山谷中,科條似荆條而圓,對生枝叉,葉亦對生。葉似驢駝布袋葉而大,又似葛藤葉却小,每三葉攢生一處。開白花,似珍珠色。葉味甘,微苦。救飢:采葉煠熟,水浸,淘净,油鹽調食。"明鮑山《野菜博録》卷三:"省沽油,一名珍珠花。"今或名"雙蝴蝶"曰"水條"。太行、吕梁、中條等山及河南各山脉中、低山雜木林、溝谷、林緣仍有野生。亦用於園林緑化。

【珍珠花】[1]

即省沽油。此稱明代已行用。見該文。

【雙蝴蝶】

即省沽油。今浙江天目山地區多行用此稱。見該文。

【水條】

即省沽油。今遼寧各地多行用此稱。見該文。

風車子

習見林木名。使君子科,風車子屬,風車子(*Combretum alfredii* Hance)。直立或攀援灌木。小枝具縱槽,密被銹色絨毛。單葉近對生,薄革質,長橢圓形,背面沿葉脉生柔毛。穗狀花序腋生,花小,白色,花心有金黄色粗毛。翅果,近圓形,具四翅,紙質,光亮,成熟時紅色。我國主要分布於兩廣及湘、贛諸地。葉可入藥。

其實四角如風車,故名。此稱清代已行用,亦稱"四角風"。清吴其濬《植物名實圖考・山草類・風車子》:"風車子生南安,一名四角風。長蔓如藤而植立,赭色。葉長如枇杷葉而薄,中寬末尖,紋如楮葉,深刻細密,面凹背凸,面深緑,背

風車子
(清吴其濬《植物名實圖考》)

淡青。結實如兩片榆莢，十字相穿；極似揚轂風扇，四角平匀；生青熟黄。中有子一粒如稻穀，長三四分，皮黄如槐米。俚醫以袪風、散寒，療風痺、洗風足，爲風病要藥。”風車子常生山脚灌叢中或村旁竹林内，少有栽培者。今亦稱“華風車子”“水番桃”“使君子藤”。參閲江蘇新醫學院《中藥大辭典·華風車子》。

【四角風】

即風車子。此稱清代已行用。見該文。

【華風車子】

即風車子。今廣西各地多行用此稱。見該文。

【水番桃】

即風車子。今廣西各地多行用此稱。見該文。

【使君子藤】

即風車子。今稱。見該文。

扁核木

習見林木名。薔薇科，扁核木屬，扁核木（*Prinsepia utilis* Royle）。落葉灌木。枝有棱，灰緑色，具枝刺，常被白粉。單葉互生或叢生，狹卵形至披針形。總狀花序腋生或生於側枝端，花白色。核果橢圓形，成熟時暗紫紅色，被粉霜。我國主要分布於雲、貴、川及臺灣等地。種子可榨油。根、葉、果實可入藥。

明清時稱“青刺尖”。始見於《滇南本草》。明蘭茂《滇南本草·青刺尖》：“青刺尖，味苦，性寒。主攻一切癰疽毒瘡，有膿者出頭，無膿者立消。”清吴其濬《植物名實圖考·蔓草類·青刺尖》：“《滇本草》：青刺尖味苦性寒，主攻一切癰疽、毒瘡……按此草長莖如蔓，莖刺俱緑，春結實如蓮子，生青熟紫。”

按，《新華本草綱要·青刺尖》以爲《圖考》之青刺尖應即扁核木。今通稱“總花扁核木”，省稱“扁核木”。今亦稱“鷄蛋果”“梅花針”“牛奶捶”。多散生於山坡、乾旱河谷、疏林内及灌叢中，極少有栽培，故有待進一步研究開發。

【青刺尖】[2]

即扁核木。此稱明代已行用。見該文。

【總花扁核木】

即扁核木。今之通稱。見該文。

【鷄蛋果】

即扁核木。今貴州各地多行用此稱。見該文。

【梅花針】

即扁核木。今貴州各地多行用此稱。見該文。

【牛奶捶】

即扁核木。今稱。見該文。

紅絲綫[1]

習見林木名。茄科，紅絲綫屬，紅絲綫〔*Lycianthes biflora*（Lour.）Bitter〕。灌木或亞灌木。高 0.5~1.0 米。小枝、葉背、葉柄、花梗及萼外面被淡黄色單毛及分枝狀絨毛。上部葉常假雙生，大小不等，大葉橢圓狀卵形，偏斜；小葉寬卵形，兩種葉均膜質，全緣。花序無柄，常二至三朵（稀四至五朵）着生於葉腋，花冠淡紫色或白色，星形。漿果球形，徑約 6~8 毫米，成熟時緋紅色。種子多數，淡黄色，近卵形，扁平。我國主要分布於滇、川南部及桂、粤、贛、閩、臺等地。多見於 150~2000 米荒野陰濕地、林下、路旁、水邊及山谷中。俚醫常取爲消腫藥。

此稱清代已見行用，亦稱“血見愁”。清吴其濬《植物名實圖考·山草類·紅絲綫》：“紅絲綫産南安。緑莖有毛，葉如山茶葉而薄，長柄下垂。結實如珠，生青熟紅，緑蒂托之。一名血見愁。俚醫擣敷紅腫，以爲良藥。”

按，紅絲綫屬植物約一百八十種，主産於中南美洲。東亞地區産十種，我國有九種與十一變種。參閲《中國植物志》卷六七（一）“紅絲綫”。亦稱“毛藥”“十萼茄”。

【血見愁】[1]

即紅絲綫[1]。此稱清代已行用。見該文。

【毛藥】

即紅絲綫[1]。今貴州各地多行用此稱，名見《貴州民間藥物》。見該文。

【十萼茄】

即紅絲綫[1]。今稱。見該文。

紅毛五加

習見林木名。五加科，五加屬，紅毛五加（*Acanthopanax giraldii* Harms）。落葉灌木。老枝灰色，小枝灰棕色，密被下彎針刺，稀無刺。掌狀複葉，小葉五枚，稀三枚，倒卵狀長橢圓形，葉背生柔毛。傘形花序單生枝頂，花瓣五枚，白色。果球形，具五棱，成熟時黑色。我國主要分布於西北各地及河南、湖北、四川、雲南等地。根皮可入藥。

我國應用紅毛五加已有數百年史。因葉五片呈掌狀，故明代稱“五抓刺”。明蘭茂《滇南本草·五抓刺》：“五抓刺，硬枝，枝上生葉，葉五抓，緑紅色。”五加屬約三十種，我國約産二十五種，多數可入藥。本種今通稱“紅毛五加”“紀氏五加”。亦稱“刺五甲”“蜀五加”。

【五抓刺】

即紅毛五加。此稱明代已行用。見該文。

【紀氏五加】

即紅毛五加。今之通稱。見該文。

【刺五甲】

即紅毛五加。今四川各地多行用此稱。見該文。

【蜀五加】

即紅毛五加。今四川各地多行用此稱。見該文。

孩兒拳頭

習見林木名。椴樹科，扁擔杆屬，小花扁擔杆〔*Grewia biloba* var. parviflora（Bunge）Hand.-Mazz.〕。落葉灌木。扁擔杆之變種一。樹似扁擔杆。小枝與葉柄密被黄褐色短毛。單葉互生，菱形，鋸齒緣。聚傘花序，與葉對生，花淡黄色。核果紅色，每裂有二小核。我國主要分布於華東、西南、華北、華南及華北南部各地。多呈野生狀態。果可食。其莖皮纖維可製人造棉。

我國利用孩兒拳頭已有數百年史，明清時常采其果實食用，明代已行用此稱。明朱橚《救荒本草》卷六：“孩兒拳頭，《本草》名莢蒾，一名擊蒾，一名弄先。舊不著所出州土，但云所在山谷多有之，今輝縣太行山山野中亦有。其木作小樹，葉似木槿而薄，又似杏葉頗大，亦薄澀。枝葉間開黄花，結子

孩兒拳頭
（明徐光啓《農政全書》）

似溲疏，兩兩切並，四四相對，數對共爲一攢，生則青，熟則赤色，味甘，苦，性平，無毒。蓋檀榆之類也。其皮堪爲索。”明徐光啓《農政全書》卷五五亦引《救荒本草》此文，并言：“救飢：采子紅熟者食之。又煮枝汁，少加米作粥，甚美。”

今人石聲漢校注云《救荒本草》之孩兒拳頭即本種。今通稱“孩兒拳頭”“小花扁擔杆”。亦稱“扁擔木”“葛妃麻”“棉筋條”。按《救荒本草》所云名莢蒾，一名擊蒾，一名弄先。似非本種，乃指忍冬科莢蒾。宜辨之。

【小花扁擔杆】

即孩兒拳頭。今之通稱。見該文。

【扁擔木】

即孩兒拳頭。今稱。見該文。

【葛妃麻】

即孩兒拳頭。因其莖皮可代麻，故名。見該文。

【棉筋條】

即孩兒拳頭。今稱。見該文。

馬桑

習見林木名。馬桑科，馬桑屬，馬桑（*Coriaria sinica* Maxim.）。落葉灌木。枝斜展，幼枝具棱。單葉對生，橢圓形至寬橢圓形，全緣。花雜性，總狀花序側生於前年枝上，雄花先葉開放。漿果狀瘦果，成熟時由紅色變紫黑色，外爲肉質花瓣包被。我國主要分布於華北、西北、西南及華中諸地。馬桑用途頗廣。全株有毒，可爲土農藥。果實可製酒精。種子可榨油。莖、葉可提取栲膠。

此稱清代已見行用。清劉善述《草木便方・木部・馬桑根》：“馬桑葉甘平風目，癰疽腮腫風毒塗，四枝麻木痹不仁，根療跌僕瘋狗毒。”今山坡、溝谷、灌叢中時有所見。亦俗稱“千年紅”“馬鞍子”“黑果果”“魚尾草”“烏龍鬚”“蛤蟆樹”。參閱江蘇新醫學院《中藥大辭典・馬桑葉》。

【千年紅】

即馬桑。今湖北、河南等地多俗用此稱。見該文。

【馬鞍子】

即馬桑。今廣西各地多俗用此稱。見該文。

【黑果果】

即馬桑。今廣西各地多俗用此稱。見該文。

【魚尾草】[1]

即馬桑。今川東各地多俗用此稱。見該文。

【烏龍鬚】

即馬桑。今川東各地多俗用此稱。見該文。

【蛤蟆樹】

即馬桑。今川東各地多俗用此稱。見該文。

馬棘

習見林木名。豆科，木藍屬，馬棘（*Indigofera pseudotinctoria* Mats.）。落葉小灌木或半灌木。小枝被丁字毛。奇數羽狀複葉，小葉九至十一枚，橢圓形、倒卵形或長圓形，小葉柄、葉軸及葉面均被丁字毛。總狀花序腋生，花冠蝶形，五瓣，淡紅或紫紅色。莢果圓柱形，褐色，有種子數粒。我國主要分布於蘇、魯、皖、浙、贛、湘、鄂、川、陝及兩廣等

馬　棘
（明朱橚《救荒本草》）

地。根可入藥。葉作飼料。全株可作緑肥。亦可染藍。枝葉味甜可食，舊時歉年常用以救荒。

明代已行用此稱。明朱橚《救荒本草》卷六："馬棘，生滎陽崗野間。科條高四五尺，葉似夜合樹葉而小……救飢：采花煠熟，水浸淘净，油鹽調食。"明鮑山《野菜博録》卷三："馬棘，生山野間。科高五七尺，葉似新生皂莢葉却小，稍間開粉紫花。味甜。"清代亦稱"野槐樹"。清吴其濬《植物名實圖考·木類·馬棘》："按馬棘，江西廣饒河濱有之，土人無識之者。或呼爲野槐樹，其莖亦甜。"今亦稱"野藍枝子""野緑豆""馬料梢"。多生於曠野、疏林、林緣等向陽地。全草稱"一味藥"，民間仍采以療疾。

【野槐樹】

即馬棘。此稱清代已行用。見該文。

【野藍枝子】

即馬棘。今四川各地多行用此稱。參閱陳嶸《中國樹木分類學》。見該文。

【野緑豆】

即馬棘。今貴州各地多行用此稱。參閱《貴州民間方藥集》。見該文。

【馬料梢】

即馬棘。今浙江天目山地區多行用此稱。參閱《浙江天目山藥植志》。見該文。

【一味藥】

即馬棘。今貴州各地多行用此稱，名見《貴州民間方藥集》。參閱江蘇新醫學院《中藥大辭典·一味藥》。見該文。

馬甲子

習見林木名。鼠李科，馬甲子屬，馬甲子〔*Paliurus ramosissimus* (Lour.) Poir.〕。落葉灌木。小枝具刺，幼枝密生銹色短絨毛。單葉互生，卵形或卵狀橢圓形，幼葉背面密生銹色短絨毛，後漸脱落。聚傘花序腋生；花小，黄緑色。核果盤狀，週圍有木栓質薄翅。我國主要分布於華東、中南、西南各地及陝西等地。南方常栽植作緑籬。種子可榨油。根、枝、葉、刺、花、果均可入藥。

馬甲子
（清吴其濬《植物名實圖考》）

清代已行用此稱。清吴其濬《植物名實圖考·山草類·馬甲子》："馬甲子，江西處處有之。小枝如菝葜，赭莖。大葉如柿葉，亦硬，面緑背淡，有赭紋。開小白花如棗花；結實形似鰒魚，圓小如錢，生青熟赭，有扁核。"

按，本屬中有銅錢樹，種實與此相似，然爲喬木，自是一種。《圖考》謂爲一種，實誤。參見本卷《習見木竹説·習見林木考》"銅錢樹"文。本種今亦稱"刺盤子""馬鞍樹""雄虎刺"。一説《本草綱目·木二·白棘》之"白棘"即此，未詳確否，此附存考。

【刺盤子】

即馬甲子。今廣東各地多行用此稱。見該文。

【馬鞍樹】[2]

即馬甲子。今四川各地多行用此稱。見該文。

【雄虎刺】

即馬甲子。今福建各地多行用此稱。見該文。

【鐵籬笆】

即馬甲子。此稱清代已行用，今川東各地仍沿稱。清劉善述《草木便方・木部・鐵籬笆》：“鐵籬笆刺療疔瘡，花塗金瘡内漏傷。葉敷臁瘡調麻油，苦平無毒消腫方。”見“馬甲子”文。

馬尿藤

習見林木名。豆科，杭子梢屬，馬尿藤〔*Campylotropis bonatiana*（Pamp.）Schindl.〕。落葉半灌木或灌木。高 0.7~2 米。枝常呈“之”字形屈曲，具鋭三棱，生狹翅，被微柔毛或短柔毛。羽狀複葉；三小葉，卵狀長圓形至綫狀披針形，或偶近圓形；具卵狀披針形托葉；葉柄三棱形，具寬翅。總狀花序，每一至二朵腋生，又於頂部形成具托葉之大圓錐花序，花冠紫紅色，表面被稍貼伏短柔毛。莢果壓扁形。我國主要分布於雲南。多見於海拔 1200~3000 米山坡、灌叢、乾燥坡地、林緣、路邊及草地等處。全草可入藥。

馬尿藤
（清吴其濬《植物名實圖考》）

我國清代已開發利用，并始行用此稱。清吴其濬《植物名實圖考・蔓草類・馬尿藤》：“馬尿藤生雲南。一枝三葉，光滑如竹葉，開花作角，紅紫色，如小角花。”據《中國植物志・豆科》云《圖考》之馬尿藤與今蝶形花科、杭子梢屬、馬尿藤爲同種，唯小葉“光滑如竹葉”稍异。今亦稱“三棱梢”“毛三棱杭子梢”。參閱《中國植物志》卷四一。

【三棱梢】

即馬尿藤。因其枝、葉柄具三棱，故名。今稱。見該文。

【毛三棱杭子梢】

即馬尿藤。因其葉爲三出複葉，且具毛，故名。今稱。見該文。

栽秧泡

習見林木名。薔薇科，懸鈎子屬，栽秧泡（*Rubus ellipticus* var. *obcordatus* Focke）。常緑灌木。爲橢圓懸鈎子之變種。樹似橢圓懸鈎子。小枝粗狀。莖、葉柄、葉軸均被紅棕色柔毛及較密褐色剛毛與鈎狀刺。三出複葉，小葉倒卵形或廣倒心形。花密集成聚傘花序，花梗短，有毛；花白色或淡紅色。聚合果球形，黄色，有多數生皺之小核果，每小核果具一粒種子。我國主要分布於雲、貴、川等地。皮可提取栲膠。全株可入藥。

我國應用栽秧泡醫病療疾至少已有數百年史。明代稱“鑽地風”“黄瑣梅”“瑣梅”。明蘭茂《滇南本草・鑽地風》：“鑽地風，即黄〔瑣〕梅根。味酸，性温，走筋骨疼痛、痿〔軟〕麻木，止日久赤白痢。［治赤白痢］〔瑣〕梅根、赤地榆煎服。”

按，“瑣”原文作“鎖”，因二字同音致訛。又 1914 年雲南叢書刻本作“所”，《滇南本草》整理組據諸本改正。今栽秧泡多野生於山坡及灌

鑽地風
（清吴其濬《植物名實圖考》）

叢中，人常采以爲藥。今亦稱“黄鎖梅”“黄泡刺”“三月泡”“澀疙瘩”。參閲江蘇新醫學院《中藥大辭典·黄鎖梅根》。

【鑽地風】[1]

即栽秧泡。此稱明代已行用。見該文。

【黄瑣梅】

即栽秧泡。此稱明代已行用。見該文。

【瑣梅】

即栽秧泡。此稱明代已行用。見該文。

【黄鎖梅】

即栽秧泡。今滇南地區多行用此稱。見該文。

【黄泡刺】

即栽秧泡。今滇南地區多行用此稱。見該文。

【三月泡】[1]

即栽秧泡。今滇南地區多行用此稱。見該文。

【澀疙瘩】

即栽秧泡。今滇南地區多行用此稱。見該文。

桃寄生

習見林木名。桑寄生科，梨果寄生屬，紅花寄生（*Scurrula parasitica* Linn.）之别名。寄生灌木。高約1米。嫩枝及葉被銹色星狀毛，稍後便脱落，小枝呈灰褐色，具皮孔。葉對生，厚紙質，卵形或長卵形。總狀花序，腋生或生已落葉之葉腋部，花紅色，密集。漿果梨形，下半部驟狹呈長柄狀，紅黄色，果皮平滑。我國主要分布於華東、華南、西南、及臺灣諸地。全株可入藥。

至遲明代已行用此稱。亦稱“柏寄生”“紅花寄生”。明李時珍《本草綱目·木四·桃寄生》：“桃寄生，氣味苦，辛，無毒。主治小兒中蠱毒，腹内堅痛，面目青黄，淋露骨立。取二兩爲末，如茶點服，日四五服。”清劉善述《草木便方·木部·桃寄生》：“桃寄生，氣味辛，苦，性平，無毒。主治小兒蠱毒腹堅疼，面目青黄淋露骨，磨服二兩點茶清。”清吴其濬《植物名實圖考·木類·柏寄生》：“柏寄生生滇南柏樹上。葉小而厚，主舒筋骨。蓋寄生雖别一種，必因其所寄之木而奪其性。滇多寄生，皆連其木，木折取本，木瘁則寄生亦瘁，足知其性體聯屬；如人有瘿瘤頰毫，非由外致。”清何克諫《生草藥性備要》下卷：“紅花寄生，味烈，專門破血，敷瘡散毒。亦理跌打。”

柏寄生
（清吴其濬《植物名實圖考》）

本種主要寄主爲柚、橘、檸檬、黄皮、桃、梨或山茶科、大戟科、夾竹桃科、榆科、無患子科植物，亦偶寄生於雲南油杉、乾香柏等樹體。今亦稱“檸檬寄生”。

【柏寄生】

即桃寄生。《中國植物志·花紅寄生》以爲此即本種。此稱清代已行用。見該文。

【紅花寄生】

即桃寄生。此稱清代已行用，亦今之通稱。見該文。

【檸檬寄生】

即桃寄生。今廣東各地多行用此稱。見該文。

【柑寄生】

即桃寄生。此稱清代已行用。因本種寄主頗多，常寄生柑橘類植物，故名。此稱主要行用於川東各地。清劉善述《草木便方・木類・柑寄生》："柑寄生辛平理氣，止咳化痰除瀉痢。心腹痞滿疝氣痛，寬中快膈消積易。"見"桃寄生"文。

破布葉

習見林木名。椴樹科，破布葉屬，破布葉（*Microcos paniculata* Linn.）。灌木或小喬木。葉互生，紙質，卵形或卵狀矩圓形。圓錐花序頂生或生於上部葉腋，被星狀毛，花淡黄色。核果倒卵形。我國主要分布於雲南及兩廣等地。莖皮纖維可製人造棉。種子可榨油。葉供藥用。

清代已行用此稱。《廣東通志・物産志・草》："破布葉，出陽江、陽春、恩平。狀如掌而緑。嶺南舟人多用香烟及毒水迷悶過客，以此草煎湯服之立解。(《肇慶志》)"清趙學敏《本草綱目拾遺・木部・破布葉》："《廣東通志》：從肇慶新橋而上，人烟寥落，山路多歧，乃三縣交界之區。舟人及此險地，即燃夢香，客皆酣卧昏迷……又有藥名破布葉，可解。"又"《肇慶志》：破布葉出陽江、陽春、恩平，狀如掌而緑，嶺南舟人多用香烟及毒水迷悶過客，以此草煎湯服之，立解。"亦稱"布渣葉"。清趙其光《本草求原・山草部・布渣葉》："布渣葉，即破布葉。酸甘，平。解一切蠱脹藥毒，清熱，消積食，黄膽。作茶飲佳。"本種常生山谷及叢林中，平阜亦有生長。今俗稱"瓜布木""火布麻""刮布果"。

【布渣葉】

即破布葉。此稱清代已行用。見該文。

【瓜布木】

即破布葉。今廣東各地多俗用此稱。見該文。

【火布麻】

即破布葉。今廣西各地多俗用此稱。見該文。

【刮布果】

即破布葉。今廣西各地多俗用此稱。見該文。

茵芋

習見林木名。芸香科，茵芋屬，茵芋（*Skimmia reevesiana* Fortune）。常緑灌木。有芳香。單葉，常集生於枝頂，狹長圓形或長圓形，葉柄短，淡紅色。聚傘狀圓錐花序，頂生，花白色，極芳香。漿果狀核果，矩圓形至卵狀圓形，紅色。主要分布於喜馬拉雅山區，東南沿海及湘、鄂、桂、黔諸地有栽培。茵芋爲芳香植物，可植於林苑、庭除或盆栽供觀賞。莖葉可入藥。花可提取芳香油。種子亦可榨油。

漢代典籍已有記載，時已行用此稱。三國時稱"卑共"。南北朝時稱"莞草"。《神農本草經・下品・茵芋》："茵芋味苦，温。主五藏邪氣……生川谷。"孫星衍等注引《吳普本草》："茵芋，一名卑

茵　芋
（清吴其濬《植物名實圖考》）

共。”又引《名醫别録》：“一名莞草，一名卑共。生太山，三月三日采葉，陰乾。”唐孫思邈《備急千金要方》卷一：“凡桂、厚朴、杜仲、秦皮、木蘭輩皆削去上虚軟甲，錯取裏有味者秤之……莽草、石南、茵芋、澤蘭，剔取葉及嫩莖，去大枝。”《通志·木類》：“茵芋，曰莞草，曰卑共。”宋刊《咸淳臨安志·藥之品》：“雲母、藁本、茵芋、鬼臼、木鼈、地黄……苦楝皮、蒲黄、榆白皮、鳳眼草、金星草、黄皮。”宋吴自牧《夢粱録·物産·藥之品》：“雲母、藁本、茵芋、鬼田、木鼈，以上《本草》載，杭州所有。”明代亦作“因預”。明李時珍《本草綱目·草六·茵芋》：“[釋名]莞草、卑共。時珍曰：茵芋本作因預，未詳其義。”又，“[集解]〔陶〕弘景曰：好者出彭城，今近道亦有。莖葉狀似莽草而細軟，連細莖采之。〔蘇〕頌曰：今雍州、絳州、華州、杭州亦有之。春生苗，高三四尺，莖赤。葉似石榴而短厚，又似石南葉。四月開細白花，五月結實。三月、四月、七月采莖葉，日乾。”清代亦作“茵蕷”。清吴其濬《植物名實圖考·毒草類·茵芋》：“雩婁農曰：茵芋有毒，李時珍以爲古方有茵蕷丸，治瘋痹，又有酒與膏，爲治風妙品，近世罕知，爲醫家疏缺，蓋深惜之。吾謂今之俚醫治風之藥，不可殫述，安知無茵蕷者?特其名因地而異，古今之不同耳。”茵芋各地廣有分布，亦多用作草藥。《陝西通志·物産·藥屬》：“茵芋，今雍州、華州有之。苗高三四尺，莖赤，葉似石榴而短厚。四月開細白花，五月結實（《本草圖經》）。出雍州，味苦温（《三才圖會》）。”

茵芋今常以播種或扦插等方法繁殖。今亦俗稱“黄山桂”。參閲江蘇新醫學院《中藥大辭典·茵芋》。

【莞草】

即茵芋。此稱南北朝時期已行用。見該文。

【卑共】

即茵芋。此稱三國時期已行用。見該文。

【因預】

同“茵芋”。此體明代已行用。見該文。

【茵蕷】

同“茵芋”。此體清代已行用。見該文。

【黄山桂】

即茵芋。今之俗稱。見該文。

蚊母樹

習見林木名。金縷梅科，蚊母樹屬，蚊母樹（*Distylium racemosum* Sieb. et Zucc.）。常緑灌木或小喬木。樹冠開展略呈球形。小枝與芽有垢狀鱗毛。葉互生，倒卵狀長橢圓形，厚革質，表面光滑，全緣。總狀花序，腋生；無花被，花蘂紅色。蒴果卵圓形。花期4月，8至9月果熟。我國主要分布於粤、閩、浙等東南沿海地區及臺灣省。木材堅硬可製傢具。樹皮可提取栲膠。亦供緑化觀賞。

唐代典籍已有記載，時已行用此稱。亦稱“虻母木”“蚊子樹”“蚊子木”“蚊母木”。唐段公路《北户録·蚊母扇》：“又云：塞北有虻母草，嶺南有虻母木。”唐李肇《唐國史補》卷下：“南中又有蚊子樹，實類枇杷，熟則自裂，蚊盡出而空殻矣。”《太平廣記》卷四〇七引《嶺南異物志·蚊子樹》：“有樹如冬青，實生枝間，形如枇杷子，每熟即拆裂，蚊子群飛，唯皮殻而已，土人謂之蚊子樹。”《爾雅翼·釋鳥》：“南中又有蚊子木，實如枇杷，熟則自裂，蚊盡出而空殼矣。故塞北有蚊母草，嶺南有蚊母木，江南有蚊母鳥，三物異類而同功也。”宋周密《齊東野語》卷一〇：“嶺南又有蚊子木，實如枇杷，熟則自裂，蚊盡出而實空。”明李時珍《本草綱目・蟲三・蜚虻》引唐陳藏器曰：“嶺南有蚊子木，葉如冬青，實如枇杷，熟則蚊出。”南人亦稱“門子樹”。清吴其濬《植物名實圖考・木類・蚊子樹》：“蚊子樹生南安，與《廣西志》葉似冬青微相類，而色黄緑，不光潤。余再至南安，時已冬深，未得見其結實。如枇杷生蚊，樵薪所餘，嫩葉復萌，土人皆呼爲門子樹，蚊、門土音無别，湘南亦然。”

蚊子樹
（清吴其濬《植物名實圖考》）

今蚊母樹多用作觀賞。可播種或扦插繁殖，植路旁、庭院或緑地。其變種有“彩葉蚊母樹”，葉闊并帶黄白彩色。同屬中尚有“楊梅葉蚊母樹（*D. myricoides*）”，均爲觀賞樹木。按，所謂“熟則蚊出”諸説法，并非樹可生蚊，實乃樹生蟲癭，屆時癭破蟲出，因得是名。

【虻母木】

即蚊母樹。此稱唐代已行用。見該文。

【蚊子樹】

即蚊母樹。此稱唐代已行用。見該文。

【蚊子木】

即蚊母樹。此稱唐代已行用。見該文。

【蚊母木】

即蚊母樹。此稱宋代已行用。見該文。

【門子樹】

即蚊母樹。此稱清代已行用。見該文。

【虻母樹】

即蚊母樹。此稱清代已行用。《格致鏡原・木類三・諸木》引唐段公路《北户録》：“虻母木，即《南越志》所云古度樹，一呼那子，南人號曰柁。實從木皮中出，如綴珠璫，大如櫻桃，黄即可食，過則實中化蛾飛出，亦有爲蚊子者。”《廣東通志・物産志・木》：“嶺南有虻母樹。《南越志》云：古度樹，俗呼那子。南人號曰柁，不花而實，實從皮中出，如綴珠璫。其實大如櫻桃，黄即可食，過則實中化蛾飛出。亦有爲蚊子者（《北户録》）。”按，《南越志》云古度樹另是他木，實指無花果，而那子、那子未詳爲何物。而實中出蚊者，即是虻母木，亦曰虻母樹。見“蚊母樹”文。

茶

習見林木名。山茶科，山茶屬，茶〔*Camellia sinensis*（L.）Kuntze〕。常緑灌木，偶呈喬木狀。分枝多，幼枝被細毛。單葉互生，薄革質，橢圓狀披針形至倒卵狀披針形。花白色，五瓣，常一至四朵生於葉腋。蒴果暗褐色，扁圓三角形，呈木質。種子近球形。原産我國南部山地，主要分布於長江流域及其以南各地。葉可製茶葉以爲飲料。根、葉、果實可入藥。

我國栽培利用茶樹歷史悠久。相傳神農嘗百草，日遇七十二毒，得茶而解。初時多采葉以爲藥，周代始以佐飲。漢後飲茶之風自蜀地逐漸傳播。魏晋時，江南各地已成時尚。唐代茶風大盛，陸羽著《茶經》，茶之栽培利用已有較大發展。漢代時稱“檟”“苦荼”。魏晋時亦稱“荼”“茗”“荈”。俱以茶飲名樹。《爾雅・釋木》：“檟，苦荼。”晉郭璞注：“樹小如梔子，冬生，葉可煮作羹飲。今呼早采者爲荼，晚取者爲茗，一名荈。蜀人名之苦荼。”漢代始行用“茶”稱。漢王褒《僮約》：“烹荼盡具。”北魏賈思勰《齊民要術・五穀果蓏菜茹非中國物産者》：“《博物志》曰：‘飲真茶，令人少眠。’”唐陸羽《茶經・茶之源》：“茶者，南方之嘉木也……其字：或從草，或從木，或草木並。”原注：“從草，當作‘茶’，其字出《開元文字音義》；從木，當作‘㮶’，其字出《本草》；草木並，作‘荼’，其字出《爾雅》。”其實荼有二義：一指苦菜，一指茶。加木作“㮶”指茶以别於苦菜。種茶利博而多用，故利國利民。元王禎《農書》卷一〇：“六經中無茶字，蓋荼即茶也。《詩》云，‘誰謂荼苦，其甘如薺’，以其苦而甘味也。閩浙蜀荆江湖淮南皆有之，惟建溪北苑所産爲勝……夫茶，靈草也，種之則利博，飲之則神清，上而王公貴人之所尚，下而小夫賤隸之所不可闕，誠生民日用之所資，國家課利之一助也。”足見種茶可一舉而多得。《廣群芳譜・茶譜一・茶》：“茶（《鶴山集》云：茶之始其字爲荼），一名檟，一名茗，一名荈，一名蔎。樹如瓜蘆，葉如梔子，花如白薔薇而黄心，清香隱然，實如栟櫚，蒂如丁香，根如胡桃，有高一尺者，有二尺者，有數丈者，有兩人合抱者。”

茶爲世界著名飲料，我國出産尤多，茶品種類頗繁。現不僅南方盛産，北方引種亦有成功。如山東沂蒙山區早已引種成功，所製之茶品質逐漸提高。

【苦荼】

即茶。此稱漢代已行用。見該文。

【檟】[2]

即茶。此稱漢代已行用。見該文。

【荼】

同“茶”。此體晉代已行用。見該文。

【茗】

即茶。此稱晉代已行用。見該文。

【荈】

即茶。此稱晉代已行用。見該文。

【㮶】

同“茶”。此體唐代已行用。見該文。

【蔎】

即茶。此稱清代已行用。見該文。

【茶樹】

即茶。此稱唐代已行用。《舊唐書・令狐楚傳》：“昨者忽奏，榷茶實爲蠹政，蓋是王涯破滅將至，怨怒合歸。豈有令百姓移茶樹於官場中，栽植摘茶葉於官場中，造作有同兒戲。”《宋史・食貨志》：“園户輒毁敗茶樹者，計所出茶論如法。舊茶園荒薄，采造不充其數者，蠲之。當以茶代税而無无茶者，許輸他物。”《金史・食貨志》：“〔貞元〕五年春，罷造茶之坊，三月上諭省臣曰：今雖不造茶，其勿伐其樹，其地則恣民耕樵。六年，河南茶樹槁者，命補植之。”《續通志・賈鉉傳》：“《山東采茶事》以爲茶樹隨山皆有，一切護邏已奪民利，因而執誣小民嚇取貨賂，宜嚴禁止。”見“茶”文。

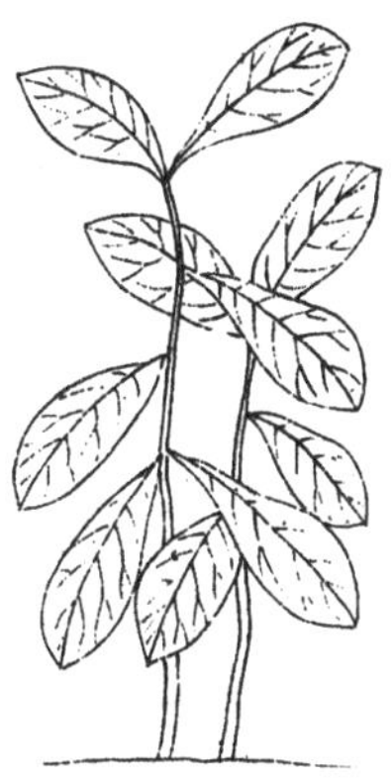

茶　樹
（明朱橚《救荒本草》）

草珊瑚

習見林木名。金粟蘭科，草珊瑚屬，草珊瑚〔*Sarcandra glabra*（Thunb.）Nakai〕。常綠亞灌木。高約1米。莖、枝俱生膨大之節。葉對生，近革質，卵狀長圓形至卵狀披針形。花兩性，穗狀花序頂生，通常分枝，或呈圓錐花序，無花被，黄緑色。核果球形，成熟時紅色。我國主要分布於長江以南各地。全株可入藥。亦可提取芳香油。

滿山香
（清吴其濬《植物名實圖考》）

明代典籍已有記載，時已行用此稱。清代稱“接骨木”“九節風”“觀音茶”“九節茶”。清吴其濬《植物名實圖考·木類·接骨木》:“接骨木，江西廣信有之。緑莖圓節，頗似牛膝。葉生節間，長幾二寸，圓齒稀紋，末有尖。以有接骨之效，故名。”清劉善述《草木便方·草部·九節風》:“九節風辛温除風，風濕頑痹便結通。癥瘕積聚消黄腫，中風頭痛冷氣松。”清何克諫《生草藥性備要》上卷:“觀音茶，味劫，性平。煲水飲，退熱。其種甚少。葉、梗，似鷄爪蘭；子，檬紅色。一名九節茶。”清蕭步丹《嶺南采藥録·鷄爪蘭》:“枝葉似茉莉，花發長條，細蕊，有香氣。其根有毒。治癰瘡，磨敷。狐沾之即斃，故驅狐最效。敷瘡去毒，㨊飛癬最妙。”侯寬昭等《廣州植物志·金粟蘭科·草珊瑚》:“草珊瑚（《汝南圃史》），别名：雞爪蘭（《嶺南采藥録》），接骨金粟蘭（《中國藥用植物志》）。”俗稱“腫節風”“接骨蘭”“滿山香”“隔年紅”“接骨茶”“魚子蘭”“接骨金粟蘭”“鷄爪蘭”。

【接骨木】[1]

即草珊瑚。此稱清代已行用。見該文。

【九節風】

即草珊瑚。此稱清代已行用。見該文。

【觀音茶】

即草珊瑚。此稱清代已行用。見該文。

【九節茶】

即草珊瑚。此稱清代已行用。見該文。

【腫節風】

即草珊瑚。因其節膨大，故名。今四川各地多行用此稱。見該文。

【接骨蘭】

即草珊瑚。今廣西各地多行用此稱。見該文。

【滿山香】[1]

即草珊瑚。今湖南各地多行用此稱。見該文。

【隔年紅】

即草珊瑚。今閩東各地多行用此稱。見該文。

【接骨茶】

即草珊瑚。今貴州各地多行用此稱。見該文。

【魚子蘭】[1]

即草珊瑚。今雲南思茅等地多行用此稱。見該文。

【接骨金粟蘭】

即草珊瑚。今廣東廣州等地多行用此稱。見該文。

【鷄爪蘭】[1]

即草珊瑚。此稱清代已行用，今嶺南地區

多行用此稱。見該文。

皋盧

習見林木名。山茶科，山茶屬，皋盧（*Camellia sinensis* O.Ktze. var. *macrophylla* Sieb.）。常緑灌木。爲茶之變種，樹似茶，唯枝幹較粗大。葉薄革質，長橢圓形，葉緣具齒。聚傘花序腋生，花白色，比茶略大。蒴果扁圓形。我國主要分布於川黔等地。葉可代茶，亦爲藥用。

此稱唐代已見行用，并沿稱至今。亦作“皋蘆”。唐虞世南《北堂書鈔》卷一四四：“[西平皋盧]《廣州記》云：西平縣出皋盧，茗之别名。葉大而澀，南人以爲飲。”唐皮日休《吴中苦雨因書一百韻寄魯望》詩：“十分煎皋盧，半榼挽醽醁。”唐陸龜蒙《奉和襲美茶具十咏·茶鼎》：“曾過赬石下，又住清溪口，且共薦皋盧，何勞傾斗酒。”明李時珍《本草綱目·果四·皋蘆》引唐陳藏器《南越志》云：“龍川縣有皋蘆。”又明李時珍《本草綱目·果四·皋蘆》：“[集解]〔李〕珣曰：按此木即皋蘆也。生南海諸山中，葉似茗而大，味苦澀，出新平縣。南人取作茗飲，極重之，如蜀人飲茶也。時珍曰：皋蘆葉狀如茗，而大如手掌。挼碎泡飲，最苦而色濁，風味比茶不及遠矣。”《廣群芳譜·茶譜四·茶》：“《本草》：皋盧，一名瓜蘆，一名苦艼。弘景苦菜注曰：南方有瓜蘆亦似茗。李珣曰：按此木即皋盧也。生南海諸山中，葉似茗而大，味苦澀。出新平縣，南人取作茗飲極重之，如蜀人飲茶也。”

【皋蘆】

同“皋盧”。此體唐代已行用。見該文。

【瓜蘆】

即皋盧。此稱唐代已行用，後世沿稱。亦稱“過盧”“物羅”。唐陸羽《茶經·茶之源》：“瓜蘆木出廣州，似茶，至苦澀。”明李時珍《本草綱目·果四·皋蘆》：“[釋名]〔陳〕藏器《南越志》云：龍川縣有皋蘆，一名瓜蘆，葉似茗。土人謂之過盧，或曰物羅，皆夷語也。”清陳廷燦《續茶經·茶之出》：“《南越志》：龍川縣出皋盧，味苦澀，南海謂之過盧。”見“皋盧”文。

【過盧】

即瓜蘆。此稱唐代已行用，係南地俚語。見該文。

【物羅】

即瓜蘆。此稱唐代已行用，係南地俚語。見該文。

【苦薆】

即皋盧。此稱宋代已行用。《宋史·崔與之傳》：“朱崖地産苦薆，民或取葉以代茗。”明李時珍《本草綱目·果四·皋蘆》：“皋蘆葉狀如茗……今廣人用之，名曰苦薆。”清代亦稱“苦艼”“過羅”。清李調元《南越筆記·粤中諸茶》：“龍山縣出皋蘆葉，葉大而澀，南海謂之過羅，今稱苦艼。艼，一作薆。”此皆以茗名樹，後世亦沿稱。見“皋盧”文。

【苦艼】

即苦薆。此稱清代已行用，係南海俚人俗稱。見該文。

【過羅】

即苦薆。此稱清代已行用，係南地俚語。見該文。

烏藥

習見林木名。樟科，山胡椒屬，烏藥〔*Lindera aggregata*（Sims ）Kosterm.〕。常緑灌木或小喬木。小枝緑色，密被金黄色絹毛。葉革質或近革質，卵形、卵圓形或近圓形，上面緑色，光澤，下面灰白，初被淡褐色柔毛，後漸脱落。傘形花序腋生，單性，雌雄异株，黄緑色。核果，近圓形，初爲緑色，成熟後爲黑色。我國主要分布於湘、粤、桂、臺、浙、贛及甘、陝南部、皖南、大别山南坡諸地。根、葉、果可入藥，亦可提取芳香油。

我國栽培利用烏藥歷史悠久。唐代已見行用此稱，沿稱至今。唐施肩吾《送人南游》詩："閩縣緑娥能引客，泉州烏藥好防身。"亦稱"旁箕""旁其""鰟魮""矮樟""鰟魮樹"。宋范成大《桂海虞衡志・志金石》："石柏生海中，一幹極細，上有一葉宛是側柏，扶疏無小異，根所附著如烏藥，大抵皆化爲石也。"宋范致明《岳陽風土記》："烏石山，仙隱岩洞深數里，有芝山石乳，烏藥之屬。"宋李光《莊簡集・書》："《與趙元鎮書》：又，某再覆烏藥，適有天台附來者，輒納數兩，又容南烏藥。《本草》以爲最勝，但色微赤，而磨之香味殊佳。"舊題金李杲《珍珠囊補遺藥性賦》卷四："烏藥，味辛，温，無毒。處處有之，唯天台産者爲勝。俗名旁箕。主心腹痛，補中益氣，攻翻胃，利小便。"元王好古《湯液本草・木部・烏藥》："烏藥，氣温，味辛，無毒。入足陽明經、少陰經……《本草》云：烏藥葉及根，嫩時采，作茶片炙碾煎服，能補中益氣，偏止小便滑數。"明李時珍《本草綱目・木一・烏藥》："［釋名］旁其、鰟魮、矮樟。時珍曰：烏以色名。其葉狀似鰟魮鯽魚，故俗呼爲鰟魮樹。《拾遺》作旁其，方音訛也。南人亦呼爲矮樟，其氣似樟也。"清吴其濬《植物名實圖考・木類・烏藥》："烏藥，《嘉祐本草》始著録。山中極多，俗以根形如連珠、有車轂紋者爲佳，開花如桂。"清趙其光《本草求原・香木部・烏藥》："采藥，於八月。辛温而不耗散，能達陽和陰，順氣以和血，故治氣血凝滯、疾食稽留、中風中氣諸症。"

烏　藥
（清吴其濬《植物名實圖考》）

今浙贛等地亦呼爲"斑木柴"，嶺南稱爲"白葉柴"。仍以野生者爲主，大多見於海拔200~1000米之向陽山地、路旁、疏林及灌叢中。除采藥外，多以爲薪。亦有少量人工栽培者。參閲《廣群芳譜・藥譜八・烏藥》。

【旁箕】

即烏藥。此稱金代已行用。見該文。

【旁其】

即烏藥。此稱唐代已行用，名見《本草拾遺》。見該文。

【鰟魮】

即烏藥。因葉形似鰟魮鯽魚，故名。此稱明代已行用。見該文。

【矮樟】

即烏藥。此稱明代已行用。見該文。

【鰟魮樹】

即烏藥。此稱明代已行用。見該文。

【斑木柴】

即烏藥。今浙江、江西等地多行用此稱。見該文。

【白葉柴】

即烏藥。今嶺南地區多行用此稱。見該文。

烏口樹

習見林木名。茜草科，烏口樹屬，假桂烏口樹〔*Tarenna attenuata*（Hook. f.）Hutch.〕之別名。灌木或小喬木。小枝密被柔毛。葉對生，近革質，長橢圓形。聚傘花序頂生，花白色。漿果近球形，紫黑色。我國主要分布於長江以南各地。葉及果可入藥。樹枝可爲薪炭材。

烏口樹
（清吴其濬《植物名實圖考》）

清代已行用此稱。清吴其濬《植物名實圖考·木類·烏口樹》："烏口樹，江西坡阜多有之。高丈餘，對節生葉，長柄尖葉，似柳而寬。梢端結實如天竹子大，上有兩叉，如烏之口。土人云，葉實可通筋骨，起勞傷，蓋薪材也。"按，今藥用之烏口樹實爲本屬之白花苦燈籠〔*T. mollissima*（Hook. et Arn.）Robins.〕；桃金娘科之海南蒲桃亦名烏口樹，均與此异，當辨之。參閲江蘇新醫學院《中藥大辭典·烏口樹》。

烏泡子

習見林木名。薔薇科，懸鈎子屬，烏泡子（*Rubus parkeri* Hance）。落葉攀援灌木。莖細長，小枝密被灰色柔毛及紫色綫毛，具散生彎刺。單葉互生，長圓狀卵形或披針形，葉柄被柔毛并雜生少數綫毛及彎刺。圓錐花序頂生，亦密被灰色柔毛，疏生紫色綫毛及彎刺；花瓣白色。聚合果，黑色，球形。我國主要分布於川、鄂、雲、貴及陜、甘南部。根、葉可入藥。

我國用烏泡子醫病已有百餘年史。清代稱"小烏泡"。清劉善述《草木便方·草部·小烏泡》："小烏泡根咸温平，散瘀除風逐痰停。葉汁點眦牙蟲出，清熱止淚塗癩輕。"《草木便方》整理組以爲小烏泡即本種。今多見於山坡岩隙、林緣、灌叢中。俗稱"小老鼠刺""狗屎泡""烏泡"。通稱"烏藨子"。參閲江蘇新醫學院《中藥大辭典·小烏泡根》。

【小烏泡】

即烏泡子。此稱清代已行用。見該文。

【小老鼠刺】

即烏泡子。今四川各地多俗用此稱。見該文。

【狗屎泡】

即烏泡子。今四川各地多俗用此稱。見該文。

【烏泡】

即烏泡子。今四川各地多俗用此稱。見該文。

【烏藨子】[1]

即烏泡子。今之通稱。見該文。

烏飯樹

習見林木名。杜鵑花科，越橘屬，烏飯樹（*Vaccinium bracteatum* Thunb.）。常緑灌木。多分枝。葉互生，卵狀橢圓形至狹橢圓形。總狀花序腋生，萼鐘狀，花冠白色。漿果球形，紅色，成熟時紫黑色。我國主要分布於江南各地。供觀賞。枝、葉、種子可入藥。

唐始稱“南燭”。亦稱“南天燭”“南燭草木”“男續”“染菽”“猴菽草”“草木之王”“惟那木”“牛筋”“烏飯草”“墨飯草”“猴藥”“後卓”。宋蘇頌《本草圖經・木部・南燭》:“南燭，今惟江東諸州郡有之。株高三五尺，葉類苦楝而小，凌冬不凋，冬生紅子作穗，人家多種植庭除間，俗謂之南天燭，不拘時采其枝葉用。亦謂之南燭草木。”明李時珍《本草綱目・木三・南燭》:“[釋名] 南天燭、南燭草木、男櫝 [續]、染菽、猴菽草、草木之王、惟那木、牛筋、烏飯草、墨飯草、楊桐、赤者名文燭。時珍曰：南燭諸名，多不可解。……[集解]〔陳〕藏器曰：南燭生高山，經冬不凋。[蘇] 頌曰：今惟江東州郡有之。株高三五尺。葉類苦楝而小，凌冬不凋。冬生紅子作穗。人家多植庭除間，俗謂之南天燭。不拘時采枝葉用。陶隱居《登真隱訣》載太極真人青精乾石䭀 [䬪] 飯法云：其種是木而似草，故號南燭草木。一名男續、一名猴藥（菽)、一名後卓、一名惟那木、一名草木之王，凡有八名，各從其邦域所稱，而正號是南燭也。”明王圻、王思義《三才圖會・草木・南燭》:“南燭生嵩山，江東州郡亦有之。株高三五尺，葉類苦楝而小，凌冬不凋。冬生紅子作穗，俗謂之南天燭。不拘時采其枝葉用。其種是木而似草，故號南燭草木。一名猴藥，一名男續，一名後車（卓)，一名惟那木，一名草木之王。”清屈大均《廣東新語・木語》:“南燭，生羅山高處。初生三四年，狀若菘，漸似梔子，二三十年成大株，蓋木而似草者也。葉似茗而圓厚，冬夏常青，枝莖微紫，大者高四五丈，肥脆易折，子如茱萸，九月熟，酸美可食。”今多野生於山野、路旁、灌叢中，少有栽培者。且仍沿用此稱。

按，杜鵑花科南燭屬亦有南燭，小蘗科有南天竹，名與此同，然非同種，宜辨之。又陶弘景《登真隱訣》稱:“〔烏飯樹〕凡有八名，各從其邦域所稱，而正號是南燭也。”此八名中并無“楊桐”，李時珍誤將南燭稱楊桐，清趙學敏《本草綱目拾遺》引王聖俞云:“南天竹乃楊桐，今人植之庭除，冬結紅子，以爲玩者，非南燭也。”故楊桐非指此烏飯樹。參見本考《習見木竹説・習見林木考》“南天竹”文。

【南天燭】[2]

即烏飯樹。此稱宋代已行用。見該文。

【南燭草木】

即烏飯樹。此稱南北朝時期已行用，語本南朝梁陶弘景《登真隱訣》。見該文。

【男續】

即烏飯樹。此稱南北朝時期已行用。見該文。

【猴菽草】

即烏飯樹。此稱南北朝時期已行用。見該文。

【草木之王】

即烏飯樹。此稱南北朝時期已行用。見該文。

【惟那木】

即烏飯樹。此稱南北朝時期已行用。見該文。

【牛筋】

即烏飯樹。因取其汁漬米作烏飯，食之健如牛筋，故名。此稱宋代已行用。見“烏飯樹”“南燭”文。

【烏飯草】

即烏飯樹。因其葉可染烏飯，故名。此稱宋代已行用。見“烏飯樹”“南燭”文。

【墨飯草】

即烏飯樹。因其葉可染烏飯，故名。此稱明代已行用。見該文。

【猴藥】

即烏飯樹。此稱南北朝時期已行用。見該文。

【後卓】

即烏飯樹。此稱南北朝時期已行用。見該文。

【南燭】

即烏飯樹。亦稱“烏草”“文燭”。此稱唐代已行用。明李時珍《本草綱目·木三·南燭》引唐陳藏器曰：“南燭生高山，經冬不凋。”宋唐慎微《證類本草·木部下品·南燭枝葉》：“南燭枝葉，味苦，平，無毒。止泄，除睡，强筋，益氣力。久服輕身長年，令人不饑，變白去老……取汁炊飯名烏飯。亦名烏草，亦名牛筋，言食之健如牛筋也。色赤名文燭，生高山，經冬不凋，今附。臣禹錫等謹按，日華子云烏飯草，並腸胃擣洗浸蒸曬乾服，又名南燭也。”

南　燭
（清吴其濬《植物名實圖考》）

【烏草】

即南燭。此稱宋代已行用。見該文。

【文燭】

即南燭。特指其色赤者。此稱宋代已行用。見該文。

【飽飯花】

即烏飯樹。清代湖南各地俗用此稱。清吴其濬《植物名實圖考·木類·南燭》：“南燭，《開寶本草》始著録。道家以葉染米爲青飿飯。陶隱居《登真隱訣》已記載之。開花如米粒，歷歷下垂，湖南謂之飽飯花。”見“烏飯樹”文。

【猴菽】

即烏飯樹。亦稱“染菽”。此稱南北朝時期已行用，沿稱於宋明時。明李時珍《本草綱目·木三·南燭》引宋蘇頌曰：“今惟江東州郡有之……生嵩高少室、抱犢、鷄頭山，江左吴越至多。土人名曰猴菽，或曰染菽，粗與真名相仿佛也。”見“烏飯樹”文。

【染菽】

即猴菽。此稱宋代已行用。見該文。

【綟木】

即烏飯樹。此稱唐代已行用。亦稱“棙”。《集韻·去霽》：“棙，木名。善破血。”《正字通·木部》：“棙，木名。《本草》作綟。陳藏器曰：木文側戾，故曰綟木，善破血。”宋唐慎微《證類本草·木部下品·綟木》引陳藏器曰：“綟木，味甘，温，無毒。主風血，羸瘦，補腰脚，益陽道。宜浸酒。生林漢山谷。木文側［戾］，故曰綟木。”明李時珍《本草綱目·木二·綟木》［集解］引陳藏器曰：“生林澤山谷。木文側戾，故曰綟木。”《漢語大詞典·木部·綟木》：“綟木，樹木名。又名南燭。葉卵圓形，互生。花白色，筒狀，多數花冠排列花軸之上。下垂爲穗狀。”依其描述，又觀附圖，當爲烏飯樹，亦稱南竹。見“烏飯樹”文。

【椺】

即緂木。此稱宋代已行用。見該文。

【青精】

“烏飯樹”之別稱。其葉可染米爲青精飯，故名。此稱晋代已行用，沿稱於後世。晋葛洪《神仙傳》：“鄧伯元王元甫俱在霍山，服青精飯。”唐杜甫《贈李白》：“豈無青精飯，使我好顔色。”宋蘇軾《次韻程正輔游碧落洞》詩：“黄公獻紫芝，赤松饋青精。”《事物異名録》卷三一：“《詞林海錯》：青精，一名南天燭。”見“烏飯樹”文。

【烏米飯】

即烏飯樹。亦稱“南燭子”。以其汁漬米可做烏飯，故名，樹亦因名。此稱多行用於清代。清嚴西亭等《得配本草・木部・南燭子》：“南燭子，即烏米飯。酸、甘，平、微凉。入足少陰經血分。强筋骨、攝精氣。”見“烏飯樹”文。

【南燭子】

即烏米飯。此稱清代已行用。見該文。

烏棱樹

習見林木名。樟科，木薑子屬，絹毛木薑子〔*Litsea sericea*（Wall ex Nees）Hook.f.〕之別名。落葉灌木或小喬木。小枝、葉背及花梗俱被絹毛，故名。單葉互生，矩圓狀披針形。傘形花序，花被黄緑色。核果漿果狀，寬橢圓形，具細尖。我國主要分布於西藏、雲南、四川、貴州、湖北、湖南、浙江及陝西等地。

我國栽培利用烏棱樹已有數百年歷史。明代已用其葉煠食度荒。明鮑山《野菜博録》卷三：“烏棱樹，生山野中。樹高丈餘，葉似省沽油葉，背微白。開白花，結子如梧桐子大，生青熟紅。葉味苦。食法：采葉煠熟，换水浸去苦味，作過淘洗净，油鹽調食。”明徐光啓《農政全書》卷五四引《救荒本草》：“烏棱樹，生密縣梁家衝山谷中。樹高丈餘。葉似省沽油樹葉而背白；又似老婆布葉微小而艄。開白花。結子如梧桐子大，生青，熟則烏黑。其葉味苦。救飢：采葉煠熟，换水浸去苦味作過，淘洗净，油鹽調食。”今人石聲漢校注以爲《救荒本草》之烏棱樹即今之“絹毛木薑子”。

烏棱樹
（明朱橚《救荒本草》）

【絹毛木薑子】

即烏棱樹。今稱。見該文。

臭牡丹

習見林木名。馬鞭草科，大青屬，臭牡丹（*Clerodendrum bungei* Steud.）。落葉灌木。單葉對生，廣卵形，有强烈臭味。聚傘花序頂生，花萼紫紅色或下部緑色；花冠淡紅色、紅色或紫紅色，亦有臭味。核果倒卵形或球形，成熟時藍紫色。我國主要分布於華北、西北、西南各地。根、莖、葉可入藥。

我國栽培利用臭牡丹歷史悠久，此稱至遲明代已行用。亦稱“臭楓根”“大紅袍”“臭八寶”。明孫一奎《赤水元珠》卷二九：“治疔瘡最驗：蒼耳、臭牡丹各一大握，搗爛，新汲水調服，瀉下黑水即愈。”清趙學敏《本草綱目拾遺·木部·臭牡丹》:“臭牡丹，葉形與臭梧桐同，但薄而糙，氣亦臭，五月開花成朵，一蒂百花，色粉紅。”清吴其濬《植物名實圖考·隰草類·臭牡丹》:“臭牡丹，江西湖南田野、廢圃皆有之。一名臭楓根，一名大紅袍。高可三四尺。圓葉有尖，如紫荆葉而薄，又似油桐葉而小，梢端葉頗紅。就梢葉内開五瓣淡紫花成攢，頗似綉球，而鬚長如聚針。南安人取其根，煎洗脚腫。其氣近臭，京師呼爲臭八寶，或僞爲洋綉球售之。”

臭牡丹
（清吴其濬《植物名實圖考》）

按，本屬約三百種，我國約三十種。本種多生於山坡、溝旁與林緣。今亦常用於緑化造林。因其産地廣，故俗稱頗多，如“矮童子”“大紅花”“臭珠桐”“矮桐”“逢仙草”“臭燈桐”“臭樹”“鷄虱草”。

【臭楓根】

即臭牡丹。此稱清代已行用。見該文。

【大紅袍】[2]

即臭牡丹。此稱清代已行用。見該文。

【臭八寶】

即臭牡丹。此稱清代已行用。見該文。

【矮童子】

即臭牡丹。此稱清代已行用，語本清佚名《分類草藥性》。見該文。

【大紅花】

即臭牡丹。今貴州各地多俗用此稱。見該文。

【臭珠桐】

即臭牡丹。今福建各地多俗用此稱。見該文。

【矮桐】

即臭牡丹。今江西各地多俗用此稱。見該文。

【逢仙草】

即臭牡丹。今湖南各地多俗用此稱。見該文。

【臭燈桐】

即臭牡丹。今閩東地區多俗用此稱。見該文。

【臭樹】

即臭牡丹。今浙江各地多俗用此稱。見該文。

【鷄虱草】

即臭牡丹。今浙江各地多俗用此稱。見該文。

【大風草】

即臭牡丹。因可祛風邪，故名。此稱清代已行用。亦稱“臭梧桐”。清何克諫《生草藥性備要》上卷:“臭牡丹，能祛風邪。又名大風草、又名臭梧桐。”見“臭牡丹”文。

【臭梧桐】[2]

即大風草。此稱清代已行用。見該文。

臭茉莉

習見林木名。馬鞭草科，大青屬，臭茉莉（*Clerodendrum fragrans* Vent.）。落葉灌木或亞灌木。莖直立，被柔毛。單葉對生，闊卵形，先端漸尖，葉緣具粗齒，揉之有臭味。聚傘花序頂生，有柄；花密生如綉球狀；萼紫紅，花冠白色或粉紅色，呈筒狀。肉質核果，有四槽紋，裂爲四小堅果，黑色而略帶藍色。我國主要分布於安徽、湖南、四川、雲南、貴州、廣西、廣東及臺灣等地。多生於溪旁、林下、亦有栽培者。

我國清代已應用臭茉莉醫病。時已行用此稱。清何克諫《生草藥性備要》下卷："臭茉莉，不入服，洗疥癩、風腫。"亦稱"臭矢茉莉"。侯寬昭等《廣州植物志・馬鞭草科・臭茉莉》："臭茉莉（廣州），别名：臭矢茉莉（《嶺南采藥録》）。"今亦稱"蜻蜓葉""冬地梅"。

【臭矢茉莉】

即臭茉莉。因矢古屎字，其木味臭，故名。此稱清末民初已行用。名見清末蕭步丹《嶺南采藥録》。見該文。

【蜻蜓葉】

即臭茉莉。今稱。見該文。

【冬地梅】

即臭茉莉。今稱。見該文。

臭梧桐[3]

習見林木名。馬鞭草科，大青屬，臭梧桐（*Clerodendrum trichotomum* Thunb.）。落葉灌木或小喬木。嫩枝及葉柄疏生黄褐色柔毛。葉廣卵形或三角狀卵形。傘房狀聚傘花序，頂生或腋生，花冠白或淡紅色。核果近球形，成熟時果皮爲藍紫色或紅色，多汁漿。我國主要分布於華東、中南、西南及華北南部諸地。中條山、山東嶗山及河南省各山區尤多。可供觀賞。根、莖、葉、花可入藥。

我國栽培利用臭梧桐歷史悠久，宋時稱"常山"。宋唐慎微《證類本草・草部下品・常山》："常山，味苦，辛寒，微寒，有毒……一名互草。生益州川谷及漢中。八月采根，陰乾。"明代已行用"臭梧桐"之稱，亦稱"臭桐""芙蓉根""臭芙蓉""秋葉""八角梧桐""地梧桐"。明孫一奎《赤水元珠》卷三〇："洗楊梅瘡方：臭梧桐，野菊花，金銀花。三味煎湯入舊馬桶内薰之，一日二次，有痔漏加枸杞子。"《廣群芳譜・木譜六・臭桐》："臭桐，生南海及雷州，近海州郡亦有之……花細白如丁香而臭味，不甚美，遠觀可也。人家園内多植之，皮堪入藥，采取無時。"清趙學敏《本草綱目拾遺・木部・臭梧桐》："臭梧桐，生人家墻砌下，甚多，一名芙蓉根，葉深緑色，大暑後開花，紅而淡，似芙蓉，外苞内蕊，花白五出，瓣尖蒂紅，霜降後苞紅，中有實，作紫翠色。《百草鏡》云：一名臭芙蓉，其葉圓尖不甚大，搓之氣臭……汪連仕《采藥書》：秋葉俗呼八角梧桐，味臭，又名臭梧桐……敏按：臭桐與梧桐有家、野之别：家生者成樹而高大，野生者本小不成樹，不過三四尺，花色粉紅，亦無大紅純白者，二種俱可入藥，功用亦相近。"近代亦通稱"海州常山"。魯迅《集外集拾遺・補編・辛亥游録二》："沿堤有木，其葉如桑，其華五出，筒狀而薄赤，有微香，碎之則臭，殆海州常山類歟？"

臭梧桐多爲野生，路邊、垣旁、山谷、溪畔常有散生，今北京、河北等地亦有人工栽培以供觀賞或取爲藥用。亦稱"泡花桐""楸葉常山""矮桐子""香楸""臭楸""追骨風"。參閲江蘇新醫學院《中藥大辭典・臭梧桐》。

【常山】[1]

即臭梧桐[3]。此稱宋代已行用。見該文。

【臭桐】

即臭梧桐[3]。此稱清代已行用。見該文。

【芙蓉根】

即臭梧桐[3]。此稱清代已行用。見該文。

【臭芙蓉】

即臭梧桐[3]。此稱清代已行用。見該文。

【秋葉】

即臭梧桐[3]。此稱清代已行用。見該文。

【八角梧桐】

即臭梧桐[3]。此稱清代已行用。見該文。

【地梧桐】

即臭梧桐[3]。此稱清代已行用，語本清毛世洪《養生經驗合集》。見該文。

【海州常山】

即臭梧桐[3]。此稱近代已行用。見該文。

【泡花桐】

即臭梧桐[3]。今四川峨嵋山區多行用此稱。見該文。

【楸葉常山】

即臭梧桐[3]。今稱。見該文。

【矮桐子】

即臭梧桐[3]。今稱。見該文。

【香楸】

即臭梧桐[3]。今山東各地多行用此稱。見該文。

【臭楸】

即臭梧桐[3]。今江蘇各地多行用此稱。見該文。

【追骨風】

即臭梧桐[3]。今江蘇各地多行用此稱。見該文。

【百日紅】[1]

“臭梧桐[3]”之别稱。此稱清代已行用。亦稱“後庭花”“丁香花”。《廣群芳譜·花譜三十二·百日紅》:“《學圃餘疏》: 臭梧桐者，吴地野生，花色淡，無植之者。淮揚間成大樹，花微者縉紳家植之中庭，或云後庭花也。獨閩中此花紅鮮異常，能開百日，名百日紅，花作長鬚亦與吴地不同，園林中植之灼灼，出矮墻上。至生深澗中，與清泉白石相映，斐然奪目，永嘉人謂之丁香花。”見“臭梧桐[3]”文。

【後庭花】

即百日紅[1]。此稱清代已行用。見該文。

【丁香花】

即百日紅[1]。此稱清代已行用。見該文。

臭黄荆

習見林木名。馬鞭草科，豆腐柴屬，臭黄荆（*Premna ligustroides* Hemsl.）。灌木。分枝多，枝細，幼枝被短柔毛。單葉對生，卵狀披針形至披針形。聚傘花序組成頂生圓錐花序，被柔毛，花冠黄色。核果倒卵形，頂端具黄腺點。我國主要分布於四川、貴州、湖北、江西諸地。根、葉、果可入藥。

我國民間早已應用臭黄荆醫病，清代已行用此稱。清劉善述《草木便方·木部·臭黄荆》:“臭黄荆根辛苦平，清利頭目水氣停，祛風除濕清邪熱，葉療腫毒牙痛噙。”本屬亦名臭黄荆屬。本種多生於海拔500~1000米之山坡、林緣等地。今亦俗稱“斑鵲子”“斑鳩站”“女貞葉腐婢”“短柄腐婢”。參閲江蘇新醫學院《中藥大辭典·臭黄荆》。

【斑鵲子】

即臭黄荆。今四川各地多俗用此稱。見該文。

【斑鳩站】

即臭黄荆。今四川各地多俗用此稱。見該文。

【女貞葉腐婢】

即臭黄荆。今四川各地多俗用此稱。見該文。

【短柄腐婢】

即臭黄荆。今四川各地多俗用此稱。見該文。

倒鈎藤

習見林木名。薔薇科，懸鈎子屬，紅泡刺藤（*Rubus niveus* Thunb.）之别名。落葉灌木。小枝紅褐色，被白粉，疏生彎刺如倒鈎。羽狀複葉，小葉七至九枚，卵狀披針形或菱形，葉柄及葉軸疏生皮刺。圓錐花序，頂生或腋生；短總狀或小傘房花序腋生；花冠粉紅色。聚合果近扁球形，紫黑色。我國主要分布於陝西、甘肅、四川、雲南、貴州等地。果可食。根、葉、藤可入藥。其枝疏生彎刺，故稱。

清代我國已用以醫病。清劉善述《草木便方・木部・倒鈎藤》："倒鈎藤辛治逆經，跌打吐血須用根，葉嚼止血止疼痛，刀刃金瘡把肌生。"趙素雲等以爲此倒鈎藤即今之"紅泡刺藤"。常見於海拔 900~1300 米之山谷、溪畔及雜木林中。今亦俗稱"倒生根""鈎絲刺""黑黄袍（泡）"。

【紅泡刺藤】

即倒鈎藤。今稱。見該文。

【倒生根】[1]

即倒鈎藤。今四川各地多俗用此稱。見該文。

【鈎絲刺】

即倒鈎藤。今雲南各地多俗用此稱。見該文。

【黑黄袍】

即倒鈎藤。今貴州各地多俗用此稱。見該文。

凍緑

習見林木名。鼠李科，鼠李屬，凍緑（*Rhamnus utilis* Decne.）。灌木或小喬木。小枝紅褐色。單葉互生或簇生枝端，橢圓形或長橢圓形。花單性，聚傘花序，黄緑色。核果近球形，黑色。我國主要分布於陝、甘、豫、湘、鄂、贛、浙、閩、蘇、滇、黔等地。種子可榨油。葉能代茶。果實、葉可染緑。

明清時歉年常采葉煠食以度荒。時稱"女兒茶""牛李子""牛筋子"。明鮑山《野菜博録》卷三："女兒茶，一名牛李子。生山野中。科條高五六尺，葉似郁李子葉長大稍尖，葉色光滑微黄緑。結子如豌豆大，生青熟黑茶褐色。葉味淡，微苦。"明徐光啓《農政全書》卷五四引《救荒本草》："女兒茶，一名牛李子，一名牛筋子。生田野中。科條高五六尺，葉似郁李子葉而長大，稍尖，葉色光滑；又似白棠子葉，而色微黄緑。結子如豌豆大，生則青，熟則黑，茶褐色。其葉微淡，味苦。"今人石聲漢校注，以爲《救荒本草》之女兒茶即

女兒茶
（明朱橚《救荒本草》）

凍緑。清代亦稱“凍緑柴”“羊史子”。清吴其濬《植物名實圖考·木類·鼠李》:“李時珍云取汁刷染緑色。此即江西俗呼凍緑柴，一名羊史子。《救荒本草》，女兒茶，一名牛李子，一名牛筋子。葉味淡，微苦，可食，亦可作茶飲，即此。”按，吴其濬以爲此乃鼠李，誤矣。二者實爲同屬异種，當辨之。

【女兒茶】

即凍緑。此稱明代已行用。見該文。

【牛李子】

即凍緑。此稱明代已行用。見該文。

【牛筋子】[1]

即凍緑。此稱明代已行用。見該文。

【凍緑柴】[1]

即凍緑。此稱清代已行用。見該文。

【羊史子】[1]

即凍緑。此稱清代已行用。見該文。

鬼燈籠

習見林木名。馬鞭草科，大青屬，白花燈籠（*Clerodendrum fortunatum* Linn.）之别名。小灌木。嫩枝暗棕褐色，具短柔毛。葉矩圓形至狹矩圓狀披針形，先端漸尖，全緣或有不規則鋸齒。聚傘花序腋生，有花三至九朵；花萼紫紅，花冠有淡紅與白二色。核果近球形，成熟時藍色，包藏於萼内。我國主要分布於南方各地。多野生於丘陵或曠野。全株可入藥。

清代已用於醫病，并已行用此稱。亦稱“白燈籠”“虎燈籠”“苦燈籠”“燈籠草”。清何克諫《生草藥性備要》上卷:“鬼燈籠，消熱毒，洗瘋脚。爛瘡疼痛，用白燈籠或鹹酸蕹煲酒飲，即止痛消腫也。跌打亦用。紅、白二種:紅者旺血，白者消毒。一名虎燈籠。”清趙其光《本草求原·隰草類·鬼燈籠》:“鬼燈籠，即虎燈籠。苦辛，平。消熱止痛，治大瘡，洗瘋疥脚爛。有紅、白二種，取根用。”侯寬昭等《廣州植物志·馬鞭草科·鬼燈籠》:“鬼燈籠（《嶺南采藥録》)。别名：苦燈籠、燈籠草（《嶺南采藥録》)。”今亦稱“紅燈籠”“紅羊米青”“土羚羊”“崗燈籠”。參閲江蘇新醫學院《中藥大辭典·鬼燈籠》。

【白燈籠】

即鬼燈籠。特指其開白花者，具消毒功效。此稱清代已行用。見該文。

【虎燈籠】

即鬼燈籠。此稱清代已行用。見該文。

【苦燈籠】

即鬼燈籠。此稱清末民初已行用，名見清末蕭步丹《嶺南采藥録》。見該文。

【燈籠草】

即鬼燈籠。此稱清末民初已行用，名見清末蕭步丹《嶺南采藥録》。見該文。

【紅燈籠】

即鬼燈籠。特指其開紅花者。今廣西陸川等地多俗用此稱，名見《陸川本草》。見該文。

【紅羊米青】

即鬼燈籠。今廣西陸川等地多俗用此稱，名見《陸川本草》。見該文。

【土羚羊】

即鬼燈籠。今廣西南寧等地多俗用此稱。見該文。

【崗燈籠】

即鬼燈籠。因多生於嶺崗，故名。今廣東廣州等地多俗用此稱。見該文。

流蘇樹

習見林木名。木樨科，流蘇樹屬，流蘇樹（*Chionanthus retusus* Lindl. et Paxt.）。落葉灌木或喬木。樹皮暗灰色，小枝常對生，皮孔黄褐色，葉痕顯著隆起。單葉對生，厚紙質或革質，矩圓形、卵形至倒卵狀橢圓形，先端常微凹下。花單性，雌雄异株，聚傘狀圓錐花序，花冠白色，四深裂。核果橢圓形，黑色，種子一枚。我國主要分布於遼、晋、冀、魯、豫、陝、甘、皖、浙、贛、閩、粤、桂、滇、黔、川及臺灣諸地。五六月間白花滿樹，清新淡雅，可植庭園供觀賞。其用頗廣，木材黄褐、堅重，可供器具及細木工用。種子可榨油，葉可代茶，根可入藥。幼樹可用以嫁接木樨。

唐代已行用此稱。唐蘇鶚《杜陽雜編》卷上："蓋流蘇、菴羅、薝蔔等樹，搆百琺爲樓閣臺殿，其狀雖微而勢若飛動。"清代稱"雪柳""炭栗樹"。清吴其濬《植物名實圖考·木類·雪柳》："昆明縣采訪，會城城隍廟雪柳已數百年物。按樹已半枯，葉如冬青大小，疏密無定。春深開花，一枝數朵，長筒長瓣，似素興而白色。雪柳之名，或以此。"又，"炭栗樹生雲南荒山。高七八尺，葉似橘葉而闊短，柔滑嫩潤。春開四長瓣白花，細如翦紙，類紙末花而稀疏。秋時黄葉彌谷，伐薪爲炭，輕而耐火，山農利之"。

《新華本草綱要·流蘇》以爲《圖考》之雪柳即本種。本屬僅二種，中國及美國各一種。因其花瓣狹長，墜旋若流蘇，故名。今亦俗稱"四月棗""茶葉樹""牛筋子""烏金子"。按木樨科，雪柳屬有"雪柳"，與此種殊异，宜辨之。

【雪柳】

即流蘇樹。此稱清代已行用，今雲南各地仍沿稱。見該文。

【炭栗樹】

即流蘇樹。此稱清代已行用，今雲南各地仍沿稱。見該文。

【四月棗】

即流蘇樹。今河北各地多俗用此稱。見該文。

【茶葉樹】

即流蘇樹。因其葉可代茶，故名。今河北、河南等地多俗用此稱。見該文。

【牛筋子】[2]

即流蘇樹。今江蘇、山東、河南等地多俗用此稱。見該文。

【烏金子】

即流蘇樹。今河南各地多俗用此俗稱。見該文。

通脱木

習見林木名。五加科，通脱木屬，通脱木〔*Tetrapanax papyrifer*（Hook.）K.Koch〕。灌木或小喬木。莖髓大，白色，紙質。葉大，掌狀分裂，常聚生於枝端。葉柄粗壯，長可達30~50厘米。傘形花序聚生成頂生或近頂生之大型複圓錐花序，花四瓣，白色。核果狀漿果，近球形，成熟時紫黑色。我國主要分布於長江以南諸地及陝西各地。莖髓及根、花蕾、花粉可入藥。莖髓亦供女工飾物。

我國栽培通脱木歷史悠久。先秦時稱"寇脱"。《山海經·中山經》："又東北二十里曰升山，其木多穀、柞、棘；其草多藷、萸、蕙；多寇脱。"晋郭璞注："寇脱草生南方，高丈許，似荷葉而莖中有瓤正白，零桂人植而日灌之，以爲樹也。”秦漢稱“離南”“活莌”。《爾雅·釋草》：“離南，活莌。”邢昺疏：“離南，草也，一名活莌。《山海經》又名冠［寇］脱，生江南，高丈許，大葉而肥，莖中有瓤，正白者是也。”唐代已見“通脱木”之稱。是時莖髓常用爲女工飾物。唐段成式《酉陽雜俎·廣動植·草篇》：“通脱木如蜱麻（蓖麻），生山側。花上粉主治惡瘡；心空，中有瓤，輕白可愛，女工取以飾物。”此習沿於後世。《爾雅翼·釋草》：“［活莌］離南，活莌，今通脱木也。《山海經》名寇脱。生山側，高丈許，葉如革麻，花上有粉，莖中有瓤輕白可愛，女工取以飾物。按此物爲飾不知起自何世，漢王符《潛夫論》，固已譏花采之費。至梁宗懔記荆楚之俗，四月八日有染絹爲芙蓉，捻蠟爲菱藕，亦未有用此物者。今通行於世矣。”《太平廣記》卷四〇六：“通脱木，如蜱麻。生山側。花上粉主治惡瘡。如空中有瓤，輕白可愛，女工取以飾物。”此稱今仍沿用。省稱“通脱”。明李時珍《本草綱目·草七·通脱木》引宋蘇頌曰：“《爾雅》：離南，活莌。即通脱也。”江南各地向陽山坡肥沃土地段多有野生，偶或有栽培者，以爲藥用。

【寇脱】

即通脱木。《爾雅·釋草》邢昺疏作“冠脱”，似誤。此稱先秦時期已行用。見該文。

【離南】

即通脱木。此稱秦漢時期已行用。見該文。

【活莌】

即通脱木。此稱秦漢時期已行用。見該文。

【通脱】

“通脱木”之省稱。此稱宋代已行用。見該文。

【通草】[1]

即通脱木。此稱金代已行用。亦作“蓪草”。亦稱“倚商”。明李時珍《本草綱目·草七·通脱木》：“［釋名］通草、活莌、離南。〔蘇〕頌曰：《爾雅》：離南，活莌。即通脱也。《山海經》名寇脱。又名倚商。”明繆希雍《神農本草經疏·草部·通脱木》：“通脱木即今之通草也。稟土之清氣，兼得天之陽氣，故味甘，淡，氣寒，無毒。”《廣群芳譜·藥譜六·通脱木》：“通脱木，［增］《爾雅》：‘離南，活莌。’［注］草生江南，高丈許，大葉，莖中有瓤正白。零陵人祖日貫之爲樹。《本草綱目》：‘通脱木，一名通草。蘇頌曰：《爾雅》：活莌，即通脱也。《山海經》名寇脱，又名倚商。李杲曰：能通竅利水，固有通草之名。’”清吴其濬《植物名實圖考·山草類·通草》：“雩婁農曰：《酉陽雜俎》：瓤輕白可愛，女工取以飾物，寇脱之製物飾，晋唐已有之矣。《爾雅翼》引《潛夫論》，譏花采之費，以爲今通行於世，其意以批黄判白，插髻飾髩爲縟麗，而靡物力也。然余以此物行而物力始省，自作繪絺綉，五采彰施，人文漸起，而賦物肖形，嘗鬥妍。”見“通脱木”文。

通　草
（清吴其濬《植物名實圖考》）

【蓪草】[1]

同“通草[1]”。此體宋代已行用，名見《太平御覽》。今臺灣各地沿用此體。見該文。

【倚商】

即通草[1]。此稱明代已行用。見該文。

【通花】[1]

即通脱木。此稱清代已行用，今四川各地沿稱。清劉善述《草木便方・草部・通花根》："通花根淡性寒平，除熱利水通五淋，能消水腫耳鼻利，催生下乳耳目明。"見"通脱木"文。

【渾脱】

"活脱"之蕃語音譯。即"通脱木"。唐代已行用此稱。《通雅・釋詁》："渾脱，猶言活脱也。唐郭山惲傳，宗晋卿舞渾脱，張洽舞黄麞。王省、長孫無忌以烏杆毛爲渾脱氈帽，人效之，號趙公渾脱……渾脱舞者亦蕃語也。中國渾脱，蓋活脱之轉，艸名活克，音活脱，即通脱木，言其靈通活脱也。"見"通脱木"文。

桑寄生

習見林木名。桑寄生科，鈍果寄生屬，桑寄生〔*Taxillus sutchuenensis*（Lecomte）Danser〕。常緑寄生灌木。高不過1米。嫩枝與葉密被褐色或紅色星狀毛，偶亦散生叠生星狀毛。葉互生或近對生，卵形或長橢圓形。總狀花序，一至三個生於小枝已落葉腋部或葉腋，約三至五朵花密集成傘形，紅色。漿果橢圓狀，兩端鈍圓，黄緑色，果皮生顆粒狀體并被疏毛。我國主要分布於雲南、四川、陝西、甘肅、山西、河北及江南各地。全株可入藥。

我國用桑寄生醫病已有數千年史。先秦時稱"蔦"。《詩・小雅・頍弁》："蔦與女羅，施于松柏。"漢毛亨傳："蔦，寄生也。"唐孔穎達疏："陸璣疏云：蔦，一名寄生，葉似當盧，子如覆盆子，赤黑，恬美。"漢代時亦稱"桑上寄生""寄屑""寓木""宛童"。省稱"寄生"。《神農本草經・上品・桑上寄生》："桑上寄生，味苦，平。主腰痛、小兒背强、癰腫，安胎、充肌膚、堅髮齒、長鬚眉；其實明目，輕身通神。一名寄屑，一名寓木，一名宛童。生川谷。"孫星衍等注引《名醫别録》："一名蔦，生宏農桑樹上，三月三日采莖，陰乾。"南北朝時始見"桑寄生"之稱。南朝宋雷斆《雷公炮炙論・桑寄生》："雷公云：凡使，在樹上，自然生獨枝樹是也。"唐孫思邈《備急千金要方》卷三八："治吐血酒客温疫中熱毒乾嘔心煩方：蒲黄、犀角、栝蔞根、甘草各二兩，葛根、桑寄生各二兩。"宋唐慎微《證類本草・衍義總序》："夫高醫以蓄藥爲能，倉卒之間，防不可售者所須也，若桑寄生、桑螵蛸、鹿角膠、天靈蓋、虎膽、蟾酥、野駝蛩、蓬藟、空青、婆娑石、石蠏、冬灰蠟、宣水、松黄之類，如此者甚多，不能一一遍舉。"元周達觀《真臘風土記・總叙》："紫梗生於一等樹枝間，正如桑寄生之狀，亦頗難得。"明代亦稱"蔦木""寄生草"。明李時珍《本草綱目・木四・桑上寄生》："［釋名］時珍曰：此物寄寓他木而生，如鳥立於上，故曰寄生、寓木、蔦木。俗呼爲寄生草。"明蘭茂《滇南本草・寄生草》："别名：桑上寄生。治筋骨疼痛，走筋絡。生槐樹上者，主治大腸下血，腸風便血，痔漏。"清

桑上寄生
（清吴其濬《植物名實圖考》）

劉善述《草木便方・木部・桑寄生》:“桑寄生苦除濕風，腸風下血崩漏功。固齒堅腎肋筋骨，安胎下乳瘡瘍宗。”桑寄生各地多有分布，典籍記述亦頗豐富。《山西通志・物産・澤州府》:“桑寄生，出沁水陵州。”《廣西通志・山川・梧州府》:“有桑寄生，産長洲者爲佳。自兵燹後，廬舍悉毁，桑樹砍伐殆盡，今少栽植。”

按，桑寄生科約六十五屬，一千三百餘種。主要分布於熱帶及亞熱帶地區，少數種類分布於温帶。我國約十一屬六十四種及十個變種，各地均有分布。本科植物多爲半寄生性灌木、亞灌木，稀爲草本。常寄生於木本植物之莖、枝上，偶或寄生於樹木之根部而形成陸生小喬木或灌木。各種寄生植物寄主都較多。桑寄生主要寄主有桑、梨、李、梅、油茶、厚皮香、漆樹、核桃及櫟屬、柯屬、水青岡屬、榛屬等植物，故其别稱亦往往隨寄主而有多種。

【蔦】

即桑寄生。此稱先秦時期已行用。見該文。

【桑上寄生】

即桑寄生。此稱漢代已行用。見該文。

【寄屑】

即桑寄生。因此木寄寓他樹，故名。此稱漢代已行用。見該文。

【寓木】

即桑寄生。此稱漢代已行用。見該文。

【宛童】

即桑寄生。此稱漢代已行用。見該文。

【寄生】

“桑寄生”之省稱。此稱漢代已行用，并沿稱至今。見該文。

【蔦木】

即桑寄生。此稱明代已行用。見該文。

【寄生草】

即桑寄生。此稱明代已行用。見該文。

【寄生樹】

即桑寄生。此稱晋代已行用。《爾雅・釋木》:“寓木，宛童。”晋郭璞注:“寄生樹，一名蔦。”見“桑寄生”文。

【樢】

同“蔦”。即桑寄生。此體行用於漢代。魏晋時亦稱“寄生樢”。《説文・艸部》:“蔦，寄生艸也。从艸，鳥聲。《詩》曰:‘蔦與女蘿’。樢，蔦或从木。”段玉裁注:“《詩》音義云:《説文》音吊。《唐韻》:都了切。”《神農本草經・上品・桑上寄生》孫星衍等注曰:“案《説文》云:蔦，寄生也。《詩》曰:蔦與女蘿。或作樢。《廣雅》云:‘宛童，寄生樢也。’”《費鳳别碑》:“兄弟與甥舅，樢與女蘿性。”見“桑寄生”文。

【寄生樢】

即樢。此稱三國時期已行用。見該文。

【夜合寄生】[2]

即桑寄生。此稱清代已行用。因寄生於夜合樹得名。四川各地常行用此稱。清劉善述《草木便方・木部・夜合寄生》:“夜合寄生甘辛平，和血消脹安心神，安利五臟除風濕，葉解蟲毒金瘡靈。”按今人趙素雲等《草木便方》整理組以爲此夜合寄生即桑寄生。見“桑寄生”文。

【花椒寄生】

即桑寄生。因寄生於花椒樹上，故名。此稱清代已行用。清劉善述《草木便方・木部・花椒寄生》："花椒寄生辛大温，癥瘕積聚水氣停，祛風除濕消痞滿，崩中瀉痢咳嗽靈。"按趙素雲等《草木便方》整理組以爲此花椒寄生亦指"桑寄生"。見"桑寄生"文。

梭梭

習見林木名。藜科，梭梭屬，梭梭〔*Haloxylon ammodendron*（C.A.Mey.）Bunge〕落葉灌木。樹皮灰白色，當年生枝細長，緑色，有關節。單葉對生，退化成鱗片狀寬三角形；腋間具綿毛。花兩性，單生於葉腋。胞果半球形，果皮黄褐色，肉質。我國主要分布於内蒙古、寧夏、甘肅、青海、新疆等地。本種爲典型中亞荒漠植物群落類型及温帶沙漠代表種，能耐43℃氣温與70~80℃地表温度，并有較强的抗鹽性，在沙漠地帶可蔚然成林，形成天然防風固沙林。

我國西北各地自古就常采以爲薪。明時稱"鎖鎖"。亦稱"鎖鎖木"。明陶宗儀《輟耕録・鎖鎖》："回紇野馬川有木曰鎖鎖，燒之，其火經年不滅，且不作灰。彼處婦女取根製帽，入火不焚，如火鼠布云。"明張萱《疑耀》卷三："今回紇之野馬川有木曰鎖鎖，燒之不燼，亦不作灰，婦人取根爲帽，入火不焚，豈亦炎山木之類耶。"《續通志・木類》："鎖鎖木出回紇野馬川，燒之其火經年不滅，且不作灰，彼處人取根製帽，入火不焚，能辟寒。見《輟耕録》。"清姚之駰《元明事類鈔・材木門・群木》："入火不焚，《輟畊録》：回紇野馬川有木名鎖鎖，燒之其火經年不滅，且不作灰。彼處婦女取根製帽，入火不焚，能辟寒。"依所産地域、用途及名稱，當即此種。因連年樵采，資源破壞較嚴重，1984年被列爲國家三級保護植物。亦俗稱"梭梭柴"。

【鎖鎖】

即梭梭。此稱明代已行用。見該文。

【鎖鎖木】

即梭梭。此稱清代已行用。見該文。

【梭梭柴】

即梭梭。因可作薪，故名。今之俗稱。見該文。

接骨木[2]

習見林木名。忍冬科，接骨木屬，接骨木（*Sambucus williamsii* Hance）。落葉灌木或喬木。奇數羽狀複葉對生，小葉通常七枚，長卵圓形至卵狀披針形，葉緣具齒。圓錐花序頂生，花白色或淡黄色。漿果狀核果球形。我國主要分布於東北、華北、華東、華中及甘肅、四川、雲南等地。種子可榨油。全樹可入藥。

我國栽培利用接骨木已有千餘年歷史。唐代始行用此稱。因可接骨而得名。亦稱"續骨木""木蒴藋"。唐宋時京郊及各地已有扦插繁殖和人工栽培。宋唐慎微《證類本草・木部下品・接骨木》："接骨木，味甘苦，平，無毒。主折傷，續筋骨，除風癢，齲齒。可作浴湯。唐本注云：葉如陸英，花亦相似，但作樹高一二丈許。木輕虚無心，斫枝插便生，人家亦種之。一名木蒴藋。所在皆有之。"接骨木嫩葉煠熟後可食。明鮑山《野菜博録》卷三："接骨木，一名木蒴藋。生深谷中，樹高大丈餘，葉似水芹葉，開花似陸英樹花。其味甘苦，性平，無毒。食法：采嫩葉煠熟，油鹽調食。"然多數情况下仍用於入藥療疾。如明朱橚《普濟方》卷三一〇："〔折傷門〕治折傷續筋骨除風癢，用接骨木煎湯浴之。接骨木高三丈許，花葉都似陸英水芹輩，故一名蒴藋，其木輕虚無心，斫枝上便生，人家亦用之。”再如明薛已《薛氏醫案》卷一一：“本事接骨丸治打折傷損：接骨木半兩（即蒴藋也），乳香半兩，赤芍藥、當歸、川芎、自然銅各一兩。”接骨木之得名，宋蘇頌釋義甚明。明李時珍《本草綱目·木三·接骨木》引蘇頌曰：“接骨以功而名。花、葉都類蒴藋、陸英、水芹輩，故一名木蒴藋。”明清時亦稱“木葫藋”。清陳元龍《格致鏡原·木類三·諸木》：“《事物紺珠》：接骨木高一二丈，花葉似芹，木輕虚無心，斫枝插土便生，一名木葫藋。”

按，接骨木今仍以野生爲主。亦以接骨續筋爲用。民間俗稱“暖骨樹”“舒筋樹”“接骨草”“馬尿梢”“公道老”“氣不憤”。參閱江蘇新醫學院《中藥大辭典·接骨木》。

【續骨木】

即接骨木[2]。此稱明代已行用，今江浙等地仍沿用此稱。見該文。

【木蒴藋】

即接骨木[2]。此稱宋代已行用。見該文。

【木葫藋】

即接骨木[2]。葫疑爲蒴之形訛。此稱清代已行用。見該文。

【暖骨樹】

即接骨木[2]。因可暖續筋骨，故名。今河南各地多俗用此稱。見該文。

【舒筋樹】

即接骨木[2]。因此木可舒筋活血，故名。今江西各地多俗用此稱。見該文。

【接骨草】[1]

即接骨木[2]。今貴州各地多俗用此稱。見該文。

【馬尿梢】

即接骨木[2]。今東北地區多俗用此稱。見該文。

【公道老】

即接骨木[2]。今遼寧、河北等地多俗用此稱。見該文。

【氣不憤】

即接骨木[2]。今遼寧、河北等地多俗用此稱。見該文。

雪下紅

習見林木名。紫金牛科，紫金牛屬，雪下紅（*Ardisia villosa* Roxb）。直立灌木。有匍匐根莖，莖稍粗壯，漸變禿净。葉互生，橢圓狀披針形或卵形，全緣或略呈波浪形，革質，兩面被剛毛或柔毛，尤以中脉爲甚。複傘形花序，被毛，花瓣粉紅色或白色，有芳香。漿果球形，被粗毛，具腺點。花期夏月。我國主要分布於南部地區及四川等地。常植於庭院供或作瓶花供觀賞。根及全株可入藥。

先民早已熟知雪下紅，清代已行用此稱。亦稱“珊瑚珠”“短脚三郎”“矮脚羅傘”“小羅傘”。明高濂《遵生八箋·燕間清賞箋下》：“雪下紅，一種藤本，生子類珠，大若芡實，色紅如日，粲粲下垂，積雪盈顆似更有致，故名。”清陳淏子《花鏡》卷五：“雪下紅，一名珊瑚珠。葉似山茶，小而色嫩。藤本蔓延，莖生白毛。夏末開小白花結子，秋青冬熟，若珊瑚珠，纍纍下垂。其色紅亮，照耀如日，至於積雪盈顆，似更有致。”清吴其濬《植物名實圖考·山草類·短脚三郎》：“短脚三郎生南安。高五六寸，横根赭色叢發，赭莖。葉生梢頭。秋結圓實下垂，生青熟紅，與小青極相類而性熱。治跌打損傷、風痛，孕婦忌服。”江蘇新醫學院《中藥大辭典・矮脚羅傘》：“矮脚羅傘（《陸川本草》），異名：雪下紅、珊瑚珠（《花鏡》），短脚三郎（《植物名實圖考》），小羅傘（《陸川本草》）。”

按，伊欽恒校注《花鏡》以爲雪下紅乃忍冬科莢蒾屬的堅莢樹（*Viburnum japonicum* Spr.）。而侯寬昭等《廣州植物志》及《中藥大辭典・矮脚羅傘》俱以爲《花鏡》之雪下紅乃紫金牛科紫金牛屬的“卷毛紫金牛”。俗亦稱“矮茶風”“九節龍”。

【珊瑚珠】

即雪下紅。此稱清代已行用。見該文。

【短脚三郎】

即雪下紅。此稱清代已行用。見該文。

【矮脚羅傘】

即雪下紅。今廣西陸川等地多行用此稱，名見《陸川本草》。見該文。

【小羅傘】

即雪下紅。今廣西陸川等地多行用此稱，名見《陸川本草》。見該文。

【卷毛紫金牛】

即雪下紅。見該文。

【矮茶風】[1]

即雪下紅。今四川各地多俗用此稱。見該文。

【九節龍】

即雪下紅。今福建各地多俗用此稱。見該文。

琉璃枝

習見林木名。鼠李科，鼠李屬，小葉鼠李（*Rhamnus parvifolia* Bunge）之別名。灌木。小枝灰色或灰褐色。單葉常集生於短枝頂或於長枝上對生，菱狀卵形或倒卵形，頂端呈針刺狀。花單性，成聚傘花序。核果球形，成熟時黑色。種子卵形，背面具長縱溝。我國主要分布於遼寧、内蒙古、河北、山西、河南、山東、甘肅等地。多爲向陽山地之野生植被。

山茶科

（明朱橚《救荒本草》）

我國古代常采嫩葉於歉年煠食救饑。明代稱“山茶科”。明鮑山《野菜博録》卷三：“山茶科，生山野中，科高四五尺，枝梗灰白色，葉似皂莢葉圓，四五葉攢生一處，葉甚稠，味苦。”明徐光啓《農政全書》卷五四引《救荒本草》：“山茶科，生中牟土山田野中。科條高四五尺。枝梗灰白色。葉似皂莢葉而團；又似槐葉亦團，四五葉攢生一處，葉甚稠密，味苦。”今人石聲漢校注以爲《救荒本草》之山茶科即此種。今亦稱“小葉鼠李”“大緑”“麻緑”，俗稱“叫驢子刺”。參閱清吴其濬《植物名實圖考・木類・山茶科》。

【山茶科】

即琉璃枝。此稱明代已行用。見該文。

【小葉鼠李】

即琉璃枝。今稱。見該文。

【大緑】

即琉璃枝。今稱。參閱陳嶸《中國樹木分類學・琉璃枝》。見該文。

【麻綠】

即琉璃枝。今稱。參閱陳嶸《中國樹木分類學·琉璃枝》。見該文。

【叫驢子刺】

即琉璃枝。今之俗稱。見該文。

球蘭

習見林木名。蘿藦科，球蘭屬，球蘭〔*Hoya carnosa*（L. f.）R.Br〕。攀援灌木。莖節生氣根。單葉對生，肉質，卵形至卵狀短圓形。聚傘花序傘形狀，腋生，有花約三十朵，花白色，花冠輻狀，花筒短。蓇葖果條形，光滑。種子頂端具毛。我國主要分布於雲南、廣西、廣東、臺灣諸地。生長於熱帶及亞熱帶山谷陰濕處之岩壁上。但野生者鮮見，園圃則有栽培而供觀賞者。

清代已行用此稱，寫作“毬蘭”，以其花多如毬，故名。清屈大均《廣東新語·草語》：“蘭爲香祖，蘭無偶，乃第一香。以椏蘭爲上……有毬蘭，開至五十餘朵，團團如毬。”亦稱“蠟蘭”“玉綉球”“石壁蘭”“大石仙桃”“爬岩板”。侯寬昭等《廣州植物志·蘿藦科·毬蘭》：“毬蘭（《廣東新語》），別名：蠟蘭、玉綉球（廣東）。莖肉質，藤狀，常附生於樹上或石上。”按，球蘭，一說爲多年生肉質藤本，《中國高等植物圖鑒》則以爲是攀援灌木，今從其說。參閱江蘇新醫學院《中藥大辭典·球蘭》。

【毬蘭】

同“球蘭”。此體清代已行用。見該文。

【蠟蘭】

即球蘭。今廣東各地多行用此稱。見該文。

【玉綉球】

即球蘭。今廣東各地多行用此稱。見該文。

【石壁蘭】

即球蘭。今福建各地多行用此稱，名見《福建民間草藥》。見該文。

【大石仙桃】

即球蘭。今廣西南寧等地多行用此稱，名見《南寧市藥志》。見該文。

【爬岩板】

即球蘭。今貴州各地多行用此稱，名見《貴州民間藥物》。見該文。

硃砂根

習見林木名。紫金牛科，紫金牛屬，硃砂根（*Ardisia crenata* Sims）。常綠灌木。莖直立少分枝。葉堅紙質，橢圓狀披針形至倒披針形，鈍圓波狀緣。傘形或傘房花序，頂生，花白或淡紅色。核果球形，成熟時紅色，有黑色斑點。我國主要分布於長江流域各省及閩、臺、粵、桂、黔等地。全株可入藥。

此稱明代已行用。明李時珍《本草綱目·草二·硃砂根》：“[集解] 時珍曰：硃砂根生深山中，今惟太和山人采之。苗高尺許，葉似冬青葉，背甚赤，夏月長茂。根大如箸，赤色，此與百兩金仿佛。”清代亦稱“山豆根”“地楊梅”。清吴其濬《植物名實圖考·山草類·山豆根》：“山豆根生長沙山中……秋深實紅如丹，與小青無異。又名地楊梅。”

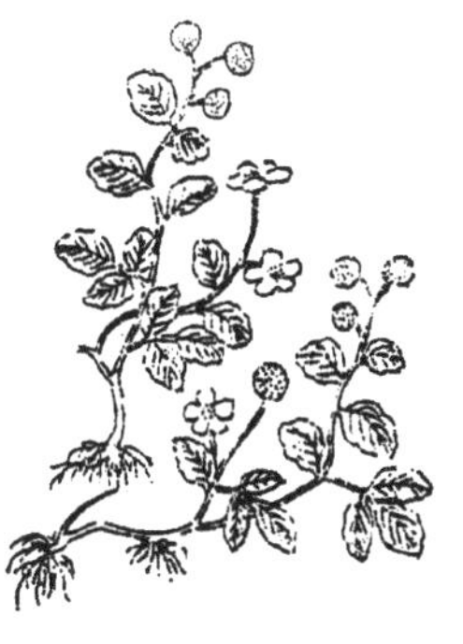
地楊梅
（清吴其濬《植物名實圖考》）

按，此種亦俗名“平地木”“石青子”，常與“紫金牛”相混稱，然實非一種。今俗稱“紅銅盤”“大羅傘”。

【山豆根】[4]

即硃砂根。此稱清代已行用。見該文。

【地楊梅】

即硃砂根。此稱清代已行用。見該文。

【紅銅盤】

即硃砂根。今浙江各地多俗用此稱。見該文。

【大羅傘】[2]

即硃砂根。今廣東各地多俗用此稱。見該文。

常山[2]

習見林木名。虎耳草科，常山屬，常山（*Dichroa febrifuga* Lour.）。落葉灌木。莖枝圓形，有節。葉對生，橢圓形、廣披針形或長倒卵形。傘房花序，着生於枝頂或上部葉腋；花淺藍色。漿果圓形，藍色。我國主要分布於江南諸地。根及嫩枝葉可入藥。

漢時始名“恒山”，亦稱“互草”，因避漢文帝諱，改稱“常山”。其苗名“蜀漆”。魏晋時復稱“恒山”，亦名“漆葉”。宋代亦稱“鷄屎草”“鴨屎草”。《神農本草經·下品·恒山》：“恒山，味苦，寒……一名互草，生川谷”。又，“蜀漆，味辛平……生川谷。”孫星衍注引《吴普本草》：“恒山，一名漆葉。”晋葛洪《肘後備急方》卷七：“席辯刺史云：嶺南俚人毒皆因食得之，多不即覺，漸不能食，或更心中漸脹并背急悶，先寒似瘴。療方：常山四兩（切），白鹽四錢以水一斗（漬一宿），以月盡日漬，月一日五更以土釜煮，勿令奴婢、鷄、犬見，煮取二升，旦分再服。”《通志·木類》：“常山，曰互草。”宋唐慎微《證類本草·草部下品·互草》：“互草生益州川谷及漢中。八月采根陰乾。”舊題金李杲《珍珠囊補遺藥性賦》卷三：“常山，味苦辛，有毒。形如鷄骨者佳。苗，名蜀漆。”明朱橚《普濟方》卷四二六：“［本草藥性異名］常山，一名互草。”明李時珍《本草綱目·草六·常山、蜀漆》：“［釋名］恒山、互草、鷄屎草、鴨屎草。時珍曰：恒亦常也。恒山乃北岳名，在今定州。常山乃郡名，亦今真定。豈此藥始産於此得名歟？蜀漆乃常山苗，功用相同，今並爲一。”

按，“常山”即“互草”，今人夏緯瑛《植物名釋札記·常山》以爲互當爲亘，即恒字，夏云：“亘草亦即恒山草之省稱；漢時爲避文帝之諱，因改恒山爲常山，藥名亦隨之改耳。”又據《漢書·地理志》，武陵郡有縣名“佷山”，《注》引孟康曰：“音恒。出藥草恒山。”據此，則知“常山”藥草，原名“恒山”，而“恒山”之名係“佷山”之轉訛。然“常山”草藥非産於北地之定州、真定，而出自江南。本種今通稱“黄常山”。

【互草】

即常山[2]。此稱漢代已行用。見該文。

【恒山】

即常山[2]。此稱漢代已行用。見該文。

【蜀漆】

即常山[2]。多指其苗或莖。此稱漢代已行用。見該文。

【漆葉】

即常山[2]。一作“七葉”，見江蘇新醫學院《中藥大辭典·常山》。此稱三國時期已行用。見該文。

【鷄屎草】

即常山[2]。亦稱“鷄尿草”。疑屎字之訛。參閲《廣群芳譜·藥鋪五·常山》。見該文。

【鴨屎草】

即常山[2]。亦稱“鴨尿草”。疑屎字之訛。參閲《廣群芳譜·藥譜五·常山》。見該文。

【黃常山】

即常山[2]。見該文。

【鷄骨常山】[1]

即常山[2]。特言其細實而黃者。此稱南北朝時期已行用。明朱橚《普濟方》卷四二六：“本草藥性異：常山，一名互草，葉名蜀添，又呼黃者爲鷄骨常山。”《廣群芳譜·藥譜五·常山》：“《本草綱目》：常山，一名恒山，一名互草，一名鷄尿草，一名鴨尿草，一名蜀漆。陶弘景曰：出宜都建平。細實黃者，呼爲鷄骨常山，用之最勝。蘇恭曰：生山谷間，莖圓有節，高者不過三四尺，葉似茗而狹長，兩兩相當。二月生白花，青萼，五月結實青圓，三子爲房。其草暴燥色青白堪用，若陰乾便黑爛鬱壞矣。蘇頌曰：今汴西、淮、浙、湖南州郡亦有之。”參閲江蘇新醫學院《中藥大辭典·常山》文。見“常山[2]”文。

雞骨常山
（清吳其濬《植物名實圖考》）

黃荆[2]

習見林木名。馬鞭草科，牡荆屬，黃荆（*Vitex negundo* L.）。落葉灌木或小喬木。枝葉具香氣。掌狀複葉，對生，常五出或三出，小葉橢圓狀卵形。圓錐花序，頂生，花冠淡紫色，唇形。核果，卵狀球形，褐色，下半部包於宿萼内。我國長江流域及其以南各地均有分布。多爲荒山野生植被。根、枝、葉、種子可入藥。亦爲優良蜜源。嫩枝葉及種子可漚製緑肥。

我國利用黃荆歷史悠久。宋代已行用此稱。亦稱“山黃荆”“山荆”“黃荆條”“黃荆子”。既可作箠，又能救飢，尚用以入藥。《通志·木類》：“荆，又有蔓荆、牡荆之别。荆可以作箠者今人謂之黃荆；蔓荆亦曰小荆。”明朱橚《救荒本草》卷六：“荆子，《本草》有牡荆實，一名小荆實，俗名黃荆。生河間、南陽、冤句山谷，並眉州、蜀州、平壽、都鄉高岸及田野中，今處處有之。即作箠杖者。作科條生，枝莖堅勁，對生枝叉，葉似麻葉而疏短，又有葉似棕而短小却多花叉者。開花作穗花，色粉紅微帶紫。結實大如黍粒而黃黑色。味苦，性温，無毒。”《浙江通志·物産五·台州府》：“山黃荆，《玉環志》：子如胡椒，可屑粉，亦入藥，能消食。”清趙學敏《本草綱目拾遺·草部·山黃荆》：“《救生苦海》：黃荆有二種，赤者爲楛，青者爲荆，其木心方，其枝對出，一枝五葉或七葉，葉如榆葉長而尖作鋸齒，五月時開花紅紫色，成穗，子如胡荽子大，有白膜皮包裹。”又引清張坦熊《玉環志》云：“葉似楓而有杈，結黑子如胡椒而尖……入藥用山荆。退管方：黃荆條所結之子，炙燥爲末，五錢一服，黑糖拌，空心陳酒送服。專治痔漏之管，服至管自退出。杖瘡起疔甲：黃荆子焙乾爲末，搽上即開，不用刀刮。”今亦稱“五指風”。參閲江蘇新醫學院《中藥大辭典·黃子》。

【山黄荆】

即黄荆[2]。此稱清代已行用。見該文。

【山荆】

即黄荆[2]。此稱清代已行用。見該文。

【黄荆條】

即黄荆[2]。此稱清代已行用。見該文。

【黄荆子】

即黄荆[2]。亦指其子。此稱清代已行用。見該文。

【五指風】

即黄荆[2]。因其葉五出如指，故名。今稱。見該文。

【五指柑】[1]

即黄荆[2]。其葉五出如指，故名。此稱多行用於清代。亦稱“紋枝葉”“布荆”。亦作“蚊枝葉”“布荆子”。清何克諫《生草藥性備要》上卷：“五指柑，味甘苦，性平，無毒。活小兒五疳……一名紋枝葉，又名布荆。”清趙其光《本草求原・山草部・五指柑》：“五指柑，即蚊枝葉，又名布荆子。”見“黄荆[2]”文。

【紋枝葉】

即五指柑[1]。此稱清代已行用。見該文。

【布荆】

即五指柑[1]。此稱清代已行用。見該文。

【蚊枝葉】

即五指柑[1]。此稱清代已行用。見該文。

【布荆子】

即五指柑[1]。此稱清代已行用。見該文。

黄楊

習見林木名。黄楊科，黄楊屬，黄楊〔*Buxus sinica*（Rehder & E. H. Wilson）M. Cheng〕。常緑灌木或小喬木，高 1~3 米。小枝四棱，被柔毛。單葉對生，倒卵形至卵狀長橢圓形。花簇生於葉腋或枝頂，無花瓣。蒴果球形，成熟時沿室背三瓣裂。我國主要分布於華北、華東及華中各地。爲籬垣及花壇緑化樹種。其木材堅密，可爲工藝製品、樂器、測量工具等用材。根、葉、果實可入藥。

我國栽培利用黄楊已逾千餘年歷史。唐宋時已行用此稱。亦稱“黄楊木”“黄楊樹”。唐段成式《酉陽雜俎・廣動植・木篇》：“黄楊木，性難長，世重黄楊，以無火或曰以水試之，沉則無火。取此木必以陰晦夜無一星則伐之，爲枕不裂。”黄楊木理至堅，爲用甚廣，頗受古人喜愛。常於詩詞中吟唱。宋蘇軾《監洞霄宫俞康直郎中所居四咏退圃》：“園中草木春無數，只有黄楊厄閏年。”自注：“俗説黄楊一歲長一寸，遇閏退三寸。”宋朱長文《百幹黄楊》詩：“寶幹多材美，孤根一氣同，春餘花淡薄，雪裹葉青葱。”元華幼武《黄楊》詩：“咫尺黄楊樹，婆娑枝幹重。葉深團翡翠，根古踞虬龍。”明藍仁《雲壑寄惠黄楊木簪並詩》：“黄楊爲木至精堅，寸幹三春長未全。偶乞餘材簪短髮，兼煩佳句寄衰年。”明李時珍《本草綱目・木三・黄楊木》：“黄楊生諸山野中，人家多栽種之。枝葉攢簇上聳，葉似初生槐芽而青厚，不花不實，四時不凋。”清陳淏子《花鏡》卷三：“黄楊木樹小而肌極堅細，枝叢而葉繁，四季長青。每歲只長一寸，不溢分毫；至閏年反縮一

千年矮
（清吴其濬《植物名實圖考》）

寸。昔東坡有詩云：‘園中草木春無數，惟有黄楊厄閏年。’因其難大，人多以之作盆玩。”清梁紹壬《兩般秋雨盦隨筆·王澹音》：“《病中述懷》云：愁如碧草逢春長，身似黄楊厄潤頻。”

按，黄楊屬約三十種。我國産十一種。本種今俗稱“山黄楊”“千年矮”“野黄楊”“百日紅”“萬年青”“豆板黄楊”“瓜子黄楊”。另，衞矛科亦有稱黄楊者，如大葉黄楊、銀邊黄楊、金心黄楊等，均爲常見觀賞樹木，然與此種殊异。當辨之。另，黄楊生長極慢，此其生長習性，雖受生境影響，然與閏年與否并無關聯，所謂“黄楊厄閏年”其實并無道理。無非是文人墨客借“厄潤”以喻境遇艱難，因需辨明。

【黄楊木】

即黄楊。此稱唐代已行用。見該文。

【黄楊樹】

即黄楊。此稱元代已行用。見該文。

【山黄楊】

即黄楊。此稱宋代已行用，語本《履巉巖本草》。見該文。

【千年矮】

即黄楊。因其生長緩慢，故名。今湖北興山等地多俗用此稱。見該文。

【野黄楊】

即黄楊。今四川峨嵋山等地多俗用此稱。見該文。

【百日紅】[2]

即黄楊。今四川雅安等地多俗用此稱。見該文。

【萬年青】[2]

即黄楊。因生長緩慢，婆娑青翠，故名。今南方各地多俗用此稱。見該文。

【豆板黄楊】

即黄楊。今上海各地多俗用此稱。見該文。

【瓜子黄楊】

即黄楊。今上海各地多俗用此稱。見該文。

黄藤[1]

習見林木名。防已科，天仙藤屬，天仙藤〔*Daemonorops jenkinsiana* (Griff.) Mart.〕之别名。攀援狀灌木，長約10米。枝灰色，小枝具縱條紋。單葉互生，卵形或長橢圓形，先端鋭尖，基部圓形，革質。複總狀花序，腋生，雌雄异株，花被六，緑白色。核果，長2~3厘米。種子長圓形。我國主要分布於雲南、廣東、廣西等地。多見於密林中。根、藤可入藥。亦可植於樹叢陰密處供保護山丘坡面。

明時已行用此稱。亦稱“水藤”。《明一統志·景東府》：“土産黄藤、濮竹、硫黄、漆、棕。”明李時珍《本草綱目·草七·黄藤》：“黄藤生嶺南，狀若防已。俚人常服此藤，縱飲食有毒，亦自然不發。”清屈大均《廣東新語·草語·藤》：“南藤有數百種……其可爲藥者曰黄藤，熬其汁，則藤黄也，性最寒，以青魚膽和之治眼疾。”《浙江通志·物産六·金華府》：“黄藤，《東陽志》：其花可食，又根類蕨，可爲粉。”清《福建通志·物産·木之屬》：“黄藤，可纏束屋，又名水藤。”參閲江蘇新醫學院《中藥大辭典·黄藤》。

【水藤】

即黄藤[1]。此稱清代已行用。見該文。

黄櫨

習見林木名。漆樹科，黄櫨屬，黄櫨(*Cotinus coggygria* var. *cinereus* Engl.)。落葉灌木或小喬木。樹冠圓形。單葉互生。圓錐花序頂生，花雜性，小型。核果，腎形，紅色。我國主要分布於西南、華北及浙江等地。供觀賞。樹皮可製栲膠。葉可提取芳香油。木材能染黄。枝、葉供藥用。

我國栽培黄櫨歷史悠久。漢代始稱“栌”“櫨”。唐代已行用此稱。亦稱“黄櫨木”。《説文·木部》：“栌木，出橐山。”朱駿聲《説文通訓定聲·豫部》：“櫨，叚借爲栌。”《漢書·司馬相如傳》：“沙棠櫟櫧，華楓枰櫨。”唐顔師古注：“櫨，今黄櫨木也。”此木常作藥用。唐王燾《外臺秘要方》卷二九：“古今録驗療漆瘡方：黄櫨木一斤剉，鹽一合，二味以水一斗煮取五升去滓，候冷以洗之即差（王長華《家神方》，出第四十三卷中）。”宋唐慎微《證類本草·木部下品·黄櫨》：“黄櫨，味苦，寒，無毒。除煩熱，解酒，疸目黄。煮服之，亦洗湯火漆瘡及赤眼。堪染黄。生商洛山谷，葉圓，木黄。川界甚有之（新補見陳藏器、日華子）。”明李時珍《本草綱目·木二·黄櫨》引陳藏器曰：“黄櫨生商洛山谷，四川界甚有之。葉圓木黄，可染黄色。”歉年葉尚可食以救飢。明朱橚《救荒本草》：“黄櫨，生商洛山谷，今鈞州、鄭州山野中亦有之。葉圓，木黄，枝莖色紫赤。葉似杏葉而圓大，味苦，性寒，無毒。木可染黄。”明鮑山《野菜博録》卷三：“黄櫨，生山野中。木黄色，枝莖紫赤色，葉似杏葉圓大，味苦，性寒，無毒。食法：采嫩芽煠熟，换水淘去苦味，油鹽調食。”《廣群芳譜·木譜十四·黄櫨》：“黄櫨生商洛山谷及四川，葉圓，木黄，可染黄色。”清其吴濬《植物名實圖考·木類·黄櫨》：“黄櫨，《嘉祐本草》始著録。陳藏器云：葉圓木黄，可染黄色。《救荒本草》：葉味苦，嫩芽可煠食。”

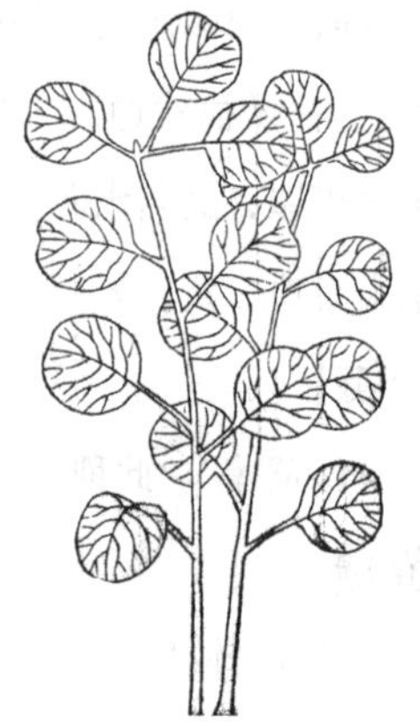
黄　櫨
（明徐光啓《農政全書》）

按，黄櫨今亦稱“紅葉樹”“烟樹”“黄道櫨”“黄櫨材”。主要用於觀賞，北京“西山紅葉”爲著名景觀，其主要樹種即爲黄櫨。每至金秋，葉紅似火，層林盡染，絢麗多姿，頗受世人之喜愛。黄櫨變種主要有紅葉（var. *cinerea*）、毛黄櫨（var. *pubescens*）。另有觀賞價值較高之品種如“紫葉黄櫨”“垂枝黄櫨”“四季花黄櫨”等。參閲陳俊愉等《中國花經》。

【栌】

即黄櫨。此稱漢代已行用。見該文。

【櫨】[2]

即黄櫨。此稱漢代已行用。見該文。

【紅葉樹】

即黄櫨。因其葉秋季變紅，故名。今稱。見該文。

【烟樹】

即黄櫨。今稱。見該文。

【黄道櫨】

即黄櫨。今河北各地多行用此稱。見該文。

【黄櫨材】

即黄櫨。今河南各地多行用此稱。見該文。

【黄櫨木】

即黄櫨。此稱唐代已行用。《漢書·司馬相如傳》：“沙棠櫟櫧，華楓枰櫨。”唐顔師古

注：“櫨，今黄櫨木也。”《陜西通志·物産二·木屬》：“黄櫨。郭璞曰：櫨，橐櫨（《上林賦注》）。黄櫨木，生商洛山谷，葉圓，木黄，可染黄色（《本草拾遺》）。昔無今有（《山陽縣志》）。”見“黄櫨”文。

黄蘆木

習見林木名。小檗科，小檗屬，黄蘆木（*Berberis amurensis* Rupr.）。落葉灌木。枝灰黄色或灰色，微有棱槽，刺三叉。葉紙質，矩圓形、卵形或橢圓形，緣有細鋸齒。總狀花序，小花十至二十五朵，淡黄色。漿果橢圓形，紅色。我國主要分布陜、晋、冀、魯、遼、吉、黑、内蒙古等地。根莖可入藥。種子可榨油。

黄蘆木唐代既用以入藥。此稱明代已行用，沿稱至今。亦稱“黄姑”“刺蘗”。明朱橚《普濟方》卷二四六：“[脚氣門]淋蘸方（出聖惠方），專治脚氣發成腫滿疼痛不可忍：黄蘆木半斤，馬齒莧半斤，水蓂草一斤，薏苡仁五兩，蒴藋一升，杉木半斤，白礬二兩，葱白連鬚半斤，枳殼五兩，赤小豆一升。右件藥細剉和勻，每度用藥半斤，以水三斗煎取二斗，去滓入鹽半合，漸漸淋蘸，如有汗出切宜避風。”清吴其濬《植物名實圖考·木類·黄蘆木》：“黄蘆木生山西五臺山。木皮灰褐色，肌理皆黄，多刺三角，如蒺藜。四五葉附枝攢生，長柄有細齒，俗以染黄，訛曰黄姑。……又《圖經》謂有一種刺蘗，多刺可染，不可藥用，或即此木。”

黄蘆木常生山坡灌叢間。亦俗稱“狗奶根”“三顆針”。黄蘆與黄櫨音同而實非一物，本種與小蘗同屬，枝有刺，呈三叉，而黄櫨無此特徵，應別之。

【黄姑】

即黄蘆木。木可染黄，故有此訛稱。此稱清代已行用。見該文。

【刺蘗】

即黄蘆木。此稱宋代已行用。見該文。

【狗奶根】

即黄蘆木。今遼寧各地多俗用此稱。見該文。

【三顆針】

即黄蘆木。今陜西各地多俗用此稱。見該文。

【子蘗】[2]

即黄蘆木。此稱唐代已見行用，并沿稱於後世。亦稱“小蘗”“山石榴”。此樹多野生荒坡、林緣、灌叢。歷代多用以入藥。唐王燾《外臺秘要方》卷三八：“又療口瘡方：子蘗四兩，龍膽三兩，黄連二兩，升麻一兩。右四味切，以水四升煮取二升，别取子蘗冷水浸投湯中令相得，絞取汁，稍稍含之，取差。忌如常法。”《廣群芳譜·藥譜八·小蘗》：“《本草綱目》：小蘗，一名子蘗，一名山石榴。此與金櫻子、杜鵑花並名山石榴，非一物也。蘇恭曰：生山石間，所在皆有，襄陽峴山東者爲良，其樹枝葉與石榴無别，但花異，子細黑圓如牛李子及女貞子爾。”《續通志·木類》：“又有一種小樹，狀如石榴，俗呼爲子蘗，亦名小蘗，又名山石榴。”見“黄蘆木”文。

【小蘗】[2]

即子蘗[2]。此稱明代已行用。見該文。

【山石榴】[2]

即子蘗[2]。此稱明代已行用。見該文。

黄鱔藤

習見林木名。鼠李科，勾兒茶屬，多花勾兒茶〔*Berchemia floribunda*（Wall.）Brongn.〕之别名。蔓性落葉灌木，高約 1.5 米。樹皮黄緑色，略光滑，具黑色塊狀斑。單葉互生，卵形至卵狀橢圓形，葉面緑色而背面灰白色。圓錐花序頂生，花小，粉緑色。核果卵圓形至倒卵形，初生爲緑色，後漸爲紅色，最終成紫黑色。我國主要分布於安徽、湖北、湖南、江西、福建、廣東、廣西、臺灣等地。多見於山地路旁及灌木林緣。莖葉可入藥。亦用於山丘地區坡地保護。

此稱清代已行用。清吴其濬《植物名實圖考・蔓草類・黄鱔藤》："黄鱔藤産寧都，長莖黑褐色，根紋斑駁，起粟黑黄如鱔魚形，故名。葉如薄荷，無鋸齒而勁。主治漂蛇毒。"今通稱"多花勾兒茶"。參閲江蘇新醫學院《中藥大辭典・黄鱔藤》。

【多花勾兒茶】

即黄鱔藤。今之通稱。見該文。

黄花遠志

習見林木名。遠志科，遠志屬，黄花遠志（*Polygala arillata* Buch.-Ham. & D. Don）。落葉灌木或小喬木。高 1~5 米。莖直立，圓柱形，少分枝。小枝、幼葉、葉柄及花均被短柔毛。單葉，互生，葉橢圓形、長橢圓狀披針形，先端漸尖，基部楔形或稍圓。總狀花序與葉對生，下垂，花瓣三枚，黄色。蒴果漿果狀，寬腎形或略心形，成熟時紫紅色，具翅，果瓣具同心環狀棱。種子球形，紅棕色，近無毛，種阜白色。我國主要分布於西南、華東及陝西、湖北等地。根皮可入藥，具清熱解毒、祛風除濕，補虚消腫，調經活血等功效。

荷包山桂花
（清吴其濬《植物名實圖考》）

黄花遠志明清時已爲藥用。清時稱"荷包山桂花"，因其花未開時呈扁苞狀，纍纍滿樹，宛如荷苞，故名。清吴其濬《植物名實圖考・群芳類・荷苞山桂花》："荷苞山桂花生雲南山中。小木緑枝，葉如橘葉，翩反下垂。葉間出小枝，開花作穗，淡黄長瓣，類小豆花。花未開時，緑蒂扁苞，纍纍滿樹，宛如荷苞形，故名。近之亦有微馨。"今亦俗稱"吊吊黄""鷄肚子果"。參閲鄭萬鈞等《中國樹木志・遠志科・黄花遠志》。

【荷包山桂花】

即黄花遠志。此稱清代已行用。見該文。

【吊吊黄】

即黄花遠志。今江西各地多俗用此稱，名見《江西草藥》。見該文。

【鷄肚子果】

即黄花遠志。今雲南各地多俗用此稱。見該文。

野烟

習見林木名。桔梗科，半邊蓮屬，野烟（*Lobelia seguinii* H. Lév. & Vaniot）。亞灌木，多分枝，高 1~5 米。莖生葉長圓形至披針形，紙質。總狀花序密集，單面向，長 10~20 厘米，略下彎，花冠淡藍色，或白而略帶紫藍，或紫藍至紫色。蒴果橢圓形，膨大。種子長圓形，近兩側壓扁或單側具狹翅，黄褐色。我國主要分布於雲南、四川、貴州、廣西、臺灣諸地。多見於海拔 1100~3000 米之山坡疏林，或林緣、路邊、溪旁灌叢中。全草可入藥，但有大毒，用時務遵醫囑。

野　煙
（清吴其濬《植物名實圖考》）

明清時已行用此稱。亦作“野煙”。亦稱“氣死名醫草”。清吴其濬《植物名實圖考・毒草類・野煙》：“野煙即菸，處處皆種爲業。滇南多野生者，園圃中亦自生，葉黏人衣，辛氣射鼻。《滇本草》：味辛麻，性温，有大毒。治療瘡、癰疽發背已見死症，煎服或酒合爲丸，名青龍丸；又名氣死名醫草。服之令人煩，不知人事，發暈；走動一二時辰後出汗，發背未出頭者即出頭。此藥之惡烈也。昔時謂吸多煙者，或吐黄水而死。殆皆野生，録此以志其原。”

按，吴其濬以爲此野烟即菸，即所謂烟草。實誤矣。烟草，又名烟葉，亦作菸。爲茄科烟草屬植物烟草（*Nicotiana tabacum* Linn.），而本種雖名野烟却并非烟草之野生者，其爲桔梗科（或曰半邊蓮科）植物。今又名“西南山梗菜”“紅雪柳”“硬天菜”“彪蚌法”。另，本種有一變型名長萼狹葉山梗菜（*Lobelia colorata* Wall. var. *doslinhoensis* E. Wimm.）其萼裂長達 1.8~2.5 厘米，分布於四川、雲南、貴州、廣西西部。尚有一近似種名東南山梗菜（*L. melliana* E. Wimm.），多見於廣東、江西、福建諸地。

【野煙】

同“野烟”。此體明代已行用。見該文。

【氣死名醫草】

即野烟。此稱明代已行用，名見明蘭茂《滇南本草》。見該文。

【西南山梗菜】

即野烟。今稱。見該文。

【紅雪柳】

即野烟。今雲南各地多行用此稱，名見《雲南中草藥》。見該文。

【硬天菜】

即野烟。今稱，名見《全展選編・内科》。見該文。

【彪蚌法】

即野烟。傣族語名。今稱。見該文。

野皂莢

習見林木名。豆科，皂莢屬，野皂莢（*Gleditsia microphylla* D. A. Gordon）。落葉灌木或小喬木。枝灰白色，有突出之褐色皮孔，幼枝密生短柔毛，有刺。一回與二回羽狀複葉同生於一枝上，二回羽狀複葉有羽片二至四對，小葉十至二十枚。花雜性，穗狀花序腋生或頂生，花白緑色。莢果長橢圓形，扁平，紅棕色。種子扁平，長橢圓形，褐色。我國主要分布於晋、冀、魯、豫等省及西北地區。葉味甘可食，歉年可供救荒。

馬魚兒條
（明朱橚《救荒本草》）

明代俗稱“馬魚兒條”，亦稱“山皂

角”。明朱橚《救荒本草》卷五：“馬魚兒條，俗名山皂角。生荒野中。葉似初生刺蘪花葉而小。枝梗色紅，有刺似棘針微小。葉味甘，微酸。”明鮑山《野菜博録》卷三：“馬魚兒條，俗名山皂角。生荒野中，葉似初生刺蘪花葉而小，枝梗色紅，有刺似棘針微小。葉味甘，微酸。食法：采葉煠熟，水浸淘净，油鹽調食。”今稱“野皂莢”。河南等地仍沿稱“山皂角”，或稱“馬角刺”。此樹耐乾旱瘠薄，常用作低山水土保持樹種。

【馬魚兒條】

即野皂莢。此稱明代已行用。參閱清吴其濬《植物名實圖考・木類・馬魚兒條》。見該文。

【山皂角】

即野皂莢。此稱明代已行用，然與今之“山皂莢”非一種。見該文。

【馬角刺】

即野皂莢。今河南各地多行用此稱。參閱陳嶸《樹木分類學》。見該文。

野青樹

習見林木名。豆科，木藍屬，野青樹（*Indigofera suffruticosa* Mill.）。落葉灌木。高約1~5米。小枝被丁字毛。羽狀複葉，小葉七至十七枚，長圓形、倒卵形或倒披針形。背面生丁字形毛。總狀花序單生葉腋，花冠淡紅色，外面被毛。莢果圓柱形，下垂，棕紅色，亦被丁字毛。現廣布於熱帶地區。我國浙江、福建、廣東、廣西、雲南、臺灣等地有栽培。全株可入藥，亦爲優良緑肥。葉能提取藍靛以爲染料。

我國清代已用以染色。時稱“菁子”。清蔣毓英《臺灣府志・物産・貨之屬》：“菁子，種之以作菁靛。漳泉皆有，産於臺者尤佳。”清高拱乾等《臺灣府志・風土志・貨之屬》：“菁子，産於臺者最佳。”參閱鄭萬鈞《中國樹木志・蝶形花科・野青樹》。

【菁子】

即野青樹。此稱清代已行用。見該文。

野花椒[2]

習見林木名。芸香科，花椒屬，野花椒（*Zanthoxylum simulans* Hance）。落葉灌木。枝長有皮刺及白色皮孔。奇數羽狀複葉，互生，卵狀圓形或卵狀矩圓形。花單性，聚傘狀圓錐花序，頂生。蓇葖果，紅色至紫紅色。種子近球形，黑色。主要分布於長江以南及豫、冀諸省。果實、葉、根可入藥。葉、果亦可作調料。嫩葉可煠食以救饑。

椒　樹
（明朱橚《救荒本草》）

明代稱“椒樹”。明徐光啓《農政全書》卷五四引《救荒本草》：“椒樹……生武都川谷及巴郡、歸、峽、蜀、川、陝洛間。人家園圃多種之。高四五尺，似茱萸而小，有針刺。葉似刺葉，微小，葉堅而滑，可煮食，甚辛香。”今人石聲漢《農政全書校注》引王作賓《〈農政全書〉所收〈救荒本草〉及〈野菜譜〉植物學名》：“椒樹 *Zanthoxylum simulans* Hance 花椒屬，花椒科。”將椒樹釋爲今之“野花椒”，今從其說。此附供考。

【椒樹】

即野花椒[2]。此稱明代已行用。見該文。

崗梅

習見林木名。冬青科，冬青屬，秤星樹〔Ilex asprella（Hook. & Arn.）Champ. ex Benth.〕之别名。落葉灌木，高1~2米。枝秃净，嫩時被短毛，紫色。單葉互生，卵形、倒卵形或橢圓形，紙質，先端尖，緣具齒。花白色，雌雄异株，雄花二至三朵簇生或單生於葉腋或鱗片腋内，雌花單生於葉腋。核果球形，成熟時黑色。我國主要分布於浙江、福建、江西、廣東、廣西、臺灣諸地。見於荒山，坡地之疏林、灌叢中。其根、葉可入藥。

此稱清代已行用。亦稱“槽樓星”。清何克諫《生草藥性備要》上卷：“崗梅根，殺癍，理跌打損傷如神。又名槽樓星。”今亦稱“秤星樹”“假青梅”“天星木”。通稱“梅葉冬青”。參閲江蘇新醫學院《中藥大辭典·崗梅根》。

【槽樓星】

即崗梅。此稱清代已行用。見該文。

【秤星樹】

即崗梅。今稱，名見《中國高等植物圖鑒》。見該文。

【假青梅】

即崗梅。今湖廣等地多行用此稱。見該文。

【天星木】

即崗梅。今湖廣等地多行用此稱。見該文。

【梅葉冬青】

即崗梅。今之通稱。見該文。

偃檜

習見林木名。柏科，圓柏屬，偃柏（*Juniperus* chinensis var. *sargentii* A. Henry）之古名。圓柏之變種。匍匐灌木，成屈曲匍匐狀。小枝直展成密叢。刺葉常交叉對生，長3~6毫米，排列較緊密，微斜展。球果，近球形，成熟時微帶蘭色。我國主要分布於東北地區，多見於張廣才嶺海拔1400米山地。樹姿優美，可供觀賞。

我國人民早已熟悉偃檜，宋代已行用此稱。亦稱“白甲苦”。宋徐兢《宣和奉使高麗圖經·海道二·白衣島》：“白衣島，三山相連，前有小焦附之，偃檜積蘇，蒼潤可愛，亦曰白甲苦。”明劉嵩《槎翁詩集》卷七：“《題歲寒圖》：‘長松偃檜勢争雄，傲雪凌霜志操同。何似紛紛桃與李，易將開落寄東風。’”《佩文韻府·九泰》：“偃檜，徐兢《使高麗録》：白衣島，三山相連，前有小焦附之。偃檜積蘇，蒼潤可愛。”今亦稱“偃柏”。

【白甲苫】

即偃檜。因其樹匍匐如苫，故名。此稱宋代已行用。見該文。

【偃柏】

即偃檜。今稱。見該文。

假蒟

習見林木名。胡椒科，胡椒屬，假蒟（*Piper sarmentosum* Roxb.）。秃净灌木或亞灌木。莖直立或上部攀援狀。單葉互生，近膜質，寬卵形或近圓形。花單性，雌雄异株，花序穗狀，無花被。漿果球形，嵌生於肉質花序軸中。我國主要分布於廣東、廣西、雲南諸地之南部。多見於林下及水濕地。根、葉、果穗可入藥。

清代已行用此稱。亦稱“蛤蒟”“布撥子”“釀苦瓜”“封口好”。清何克諫《生草藥性備要》上卷：“假蒟葉，味苦，性温，無毒。祛風。産後氣虚脚腫，煮大頭魚食，或煲水洗極妙。其根治牙痛，洗爛脚。一名蛤蒟、釀苦瓜、封口好，又名布撥子。”清趙其光《本草求原・隰草部・假蒟葉》：“假蒟葉，俗名蛤蒟。苦辛，温。祛風。”亦稱“假荖”“蛤荖”。江蘇新醫學院《中藥大辭典・假蒟》：“假荖、蛤荖（《嶺南采藥録》）。”參閲侯昭寬等《廣州植物志・胡椒科・假蒟》。

【蛤蒟】

即假蒟。此稱清代已行用，今廣東廣州等地仍沿用此稱。見該文。

【布撥子】

即假蒟。此稱清代已行用。亦作“不撥子”“畢撥子”，俱爲音訛稱。見該文。

【釀苦瓜】

即假蒟。此稱清代已行用。參閲《中藥大辭典・假蒟》。見該文。

【封口好】

即假蒟。此稱清代已行用。參閲《中藥大辭典・假蒟》。見該文。

【假荖】

即假蒟。此稱清末民初已行用，名見清末蕭步丹《嶺南采藥録》。見該文。

【蛤荖】

即假蒟。此稱清末民初已行用，名見清末蕭步丹《嶺南采藥録》。見該文。

假鷹爪

習見林木名。番荔枝科，假鷹爪屬，假鷹爪（*Desmos chinensis* Lour.）。直立或藤狀灌木。枝粗糙，具灰白色凸起皮孔。單葉互生，薄革質，矩圓形或矩圓狀橢圓形。花兩性，單朵與葉對生或近對生，黄白色。果串珠狀。種子近圓球形。分布於兩廣及雲、貴等地。多見於丘陵及濱海疏林或灌叢中。花美可供觀。葉可入藥。

清代始稱“山橘葉”“山桔葉”“酒餅葉”。清何克諫《生草藥性備要》上卷：“山橘葉，味辛酸，性平。祛風邪，去瘀生新，敷跌打。”清末蕭步丹《嶺南采藥録・山桔葉》：“山桔葉，味苦澀，性濇，略有毒。少入服劑，煎水可洗疥癩爛脚。搗傅脚趾爛濕……吾粤造酒之酒餅，即以其葉爲原料。”故又有“酒餅葉”之名。江蘇新醫學院《中藥大辭典・酒餅葉》：“酒餅葉（《嶺南采藥録》）。［異名］山桔葉（《嶺南采藥録》）……［基原］爲番荔枝科植物假鷹爪的葉。”

按，酒餅葉原爲海南省民間土名，後用指假鷹爪。侯昭寬等《廣州植物志・蕃荔枝科・酒餅葉》稱：“蔣英在《中國植物雜志》第二卷689頁名此植物爲山指甲，查山指甲爲木犀科中的 *Ligustrum sinense* Lour.，廣州花圃中常用之，兹爲避免混淆起見，特引用海南土名酒餅葉以代之。”此附。

【山橘葉】

即假鷹爪。此稱清代已行用。見該文。

【山桔葉】

同“山橘葉”。即假鷹爪。此稱清代已行用。見“假鷹爪”文。

【酒餅葉】

即假鷹爪。海南省俚稱。以其葉可爲酒餅，故名。此稱清末民初已行用，名見清末蕭步丹《嶺南采藥録》。見該文。

釣樟

習見林木名。樟科，山胡椒屬，大葉釣樟（*Lindera reflexa* Hemsl.）。落葉灌木。樹皮平滑，有黑斑。葉互生，長圓形或倒卵狀長圓形。花單性，雌雄异株，常九朵排成腋生傘形花序，小花淡黄色。核果球形，黑色。我國主要分布於中部地區。葉可提取釣樟油。木材、根皮可入藥。

我國栽培利用釣樟歷史悠久，秦漢時始稱“楡”。後世亦稱“楡木”。魏晋及南北朝時稱“烏樟”。唐代已行用“釣樟”之稱。亦稱“枕”。《爾雅・釋木》：“楡，無疵。”郭璞注：“楡，楩屬，似豫章。”邢昺疏：“釋曰：楡，美木也。無疵病，因名之。”唐杜甫《奉送郭中丞兼太僕卿充隴右節度使三十韻》詩：“罘罳朝共落，楡桷夜同傾。”自注：“楡木，似楩。”唐王燾《外臺秘要方》卷二九：“肘後療金瘡方：釣樟根出江南，刮取屑敷瘡上，有神驗。”宋唐慎微《證類本草・木部下品・釣樟》：“釣樟，根皮主金瘡止血。陶隱居云：出桂陽郡［邵］陵諸處，亦呼作烏樟。方家少用，而俗人多識此。刮根皮屑以療金瘡，斷血易合，甚驗。”《通雅・植物》：“豫樟生七年而辯名，木最大而香潔，理有文章。江右以此名郡。釣樟，烏樟。鄭漁仲曰：釣樟即《爾雅》：‘楡，無疵。’”明李時珍《本草綱目・木一・釣樟》：“［釋名］烏樟、楡、枕、豫。時珍曰：樟有大小二種，紫淡二色。此即樟之小者。按鄭樵《通志》云：釣樟亦樟之類，即《爾雅》所謂‘楡，無疵’是也。”本種今通稱“大葉釣樟”。參閲江蘇新醫學院《中藥大辭典・釣樟根皮》。

【楡】

即釣樟。此稱秦漢時期已行用。見該文。

【楡木】

即釣樟。此稱唐代已行用。見該文。

【烏樟】[2]

即釣樟。因其根似烏藥香，故名。此稱南北朝時期已行用。見該文。

【枕】

即釣樟。此稱南北朝時期已行用。見該文。

【大葉釣樟】

即釣樟。今之通稱。見該文。

【豫】

即釣樟。先秦時已行用此稱。《山海經・西山經》：“又西四百里曰宏陽之山，其木多稷柟豫樟。”亦稱“枕樟”。《續通志・木類》：“豫，一名釣樟；章，即樟木。二木初生無異，故《淮南子》云豫、章二木，七年乃辨。郡名豫章，因木得名。樟脂名樟腦，一名韶腦。樟上寄生名占斯，一名炭皮等。臣謹案鄭志合楡與釣樟爲一，又合豫與章爲一，與《淮南子》及《本草》相背，今正之。”《廣群芳譜・木譜五・豫樟》：“豫、章，二木，生七年乃可辨。豫一名烏樟，一名枕樟，又名釣樟。”清吴其濬《植物名實圖考・木類・樟》：“釣樟，《别録》下品。《木草拾遺》有樟材。江西極多，豫章以木得名，南過吉安則不植。李時珍以豫爲釣樟。即樟之小者。”見“釣樟”文。

【枕樟】

即豫。此稱清代已行用。見該文。

【橡】

同“豫”。即釣樟。此體晋代已行用。《集韻・去御》：“橡，橡章。”《文選・左思〈吴都賦〉》：“木則楓柙橡樟。”胡克家考异：“袁本、茶陵本，橡樟作‘豫章’，注同。”依《本草綱目》豫同橡，即釣樟。見“釣樟”文。

梨果寄生

習見林木名。桑寄生科，梨果寄生屬，梨果寄生〔*Scurrula atropurpurea*（Blume）Danser〕。

寄生灌木。高近1米。嫩枝、葉、花序及花均密被灰色、黄色或黄褐色星狀毛和叠生星狀毛。葉對生，卵形或長圓形。總狀花序，一至三個腋生於小枝已落葉之腋間，花五至七朵，密集，紅色。漿果梨形，近基部漸狹，疏被星狀毛。我國主要分布於雲、貴南部及廣西隆林等地。全株可入藥。

我國用以醫病已有百餘年史，清代稱“吴萸寄生”。清劉善述《草木便方・木部・吴萸寄生》：“吴萸寄生辛苦温，行氣化痰止血崩，瀉痢咳嗽通利竅，内外腎鈎腹痛輕。”清吴其濬《植物名實圖考・木類・吴茱萸》稱：“吴茱萸……蜀人呼爲艾子。”故本種亦稱“艾子寄生”。其主要寄主爲山茱萸、楸樹、楊樹、油桐、桑或殻斗科植物。常見於海拔1000~3000米之山地闊葉林中。

【吴萸寄生】

即梨果寄生。此稱清代已行用。見該文。

【艾子寄生】

即梨果寄生。今四川各地多行用此稱。見該文。

魚公草

習見林木名。蕁蔴科，樓梯草屬，多齒樓梯草（*Elatostema lineolatum* Wight）之别名。亞灌木。高30~100厘米，密被短伏毛。單葉互生，近無柄，草質，斜狹倒卵形或狹橢圓形，沿中脉兩側不均匀，寬側邊有二至五圓齒，狹側上部邊緣有二至三（四）鈍圓齒，葉脉三出，上面無毛或被密生緊貼短柔毛。花單性，同株或异株；雄花序單生葉腋，無柄，多花；雌花序亦單生葉腋，無梗，多花。瘦果橢圓形，棕色，有六條縱肋。花期4至5月。我國主要分布於雲南東南及南部，廣東、廣西、海南、福建、臺灣諸地亦有分布。多生於海拔300~1900米之林下，河谷、溝邊等地。

魚公草
（清吴其濬《植物名實圖考》）

魚公草常被俚醫采爲藥材用以療疾。清代已行用此稱，并稱“青魚膽”。清吴其濬《植物名實圖考・隰草類・魚公草》：“魚公草，江西、湖南有之。綠莖叢生，莖有細毛，附莖生葉，長如芍藥葉有斜齒，歷落如鋸。俚醫云性寒，一名青魚膽。能通肢節，止痛、行血。”

按，樓梯草屬約二百至三百種，多分布於亞洲、大洋洲及非洲之熱帶與亞熱帶地區；我國大約有一百種。本種爲狹葉樓梯草之變種，今稱“多齒樓梯草”。

【青魚膽】

即魚公草。此稱清代已行用。見該文。

【多齒樓梯草】

即魚公草。今稱。見該文。

麻黄

習見林木名。麻黄科，麻黄屬，草麻黄（*Ephedra sinica* Stapf）之别名。落葉草本狀灌木。木質莖短或成匍匐狀。小枝直伸或微曲。雄球花多呈複穗狀，具總梗；雌球花常單生，有梗。種子黑紅色或灰褐色，三角狀卵形或寬卵形，表面有細皺紋。我國主要分布於東北、華北北部及西北東部等地。莖爲重要藥物。

我國利用麻黄醫病歷史已逾二千年。漢代已行用此稱，亦稱“龍沙”。三國時稱“卑相”“卑監”“狗骨”。《神農本草經·中品·麻黄》：“麻黄，味苦，温。主中風，傷寒頭痛，温虐，發表出汗，去邪熱氣……一名龍沙。”孫星衍等注：“案《廣雅》云：龍沙，麻黄也。麻黄莖，狗骨也。《范子計然》云：麻黄出漢中三輔。”孫星衍等注引三國魏吴普《吴普本草》：“麻黄，一名卑相，一名卑監。”又引南朝梁陶弘景《名醫别録》曰：“一名卑相，一名卑鹽，生晋地及河東，立秋采莖，陰乾令青。”宋唐慎微《證類本草·草部中品·麻黄》：“麻黄，味苦温，微温，無毒。主中風傷寒……一名卑相，一名龍沙，一名卑鹽。生晋地及河東。立秋采莖，陰乾，令青。”明李時珍《本草綱目·草四·麻黄》：“［釋名］龍沙、卑相、卑鹽。時珍曰：諸名殊不可解。或云其味麻，其色黄，未審然否。張揖《廣雅》云：龍沙，麻黄也；狗骨，麻黄根也。不知何以分别如此。”今通稱“草麻黄”“華麻黄”。常與“木賊麻黄”“中麻黄”等共爲藥用。

麻　黄
（明王圻等《三才圖會》）

【龍沙】

即麻黄。此稱漢代已行用。見該文。

【狗骨】[2]

即麻黄。此稱三國時期已行用。見該文。

【卑相】

即麻黄。此稱三國時期已行用。見該文。

【卑監】

即麻黄。或以爲“卑鹽”之字訛。此稱三國時期已行用。見該文。

【卑鹽】

即麻黄。此稱南北朝時期已行用。見該文。

【草麻黄】

即麻黄。今之通稱。見該文。

【華麻黄】

即麻黄。今之通稱。見該文。

棕竹

習見林木名。棕櫚科，棕竹屬，棕竹〔*Rhapis excelsa*（Thunb.）A. Henry〕。常緑灌木。叢生，莖圓柱形，多節，上覆褐色、網狀粗纖維質葉鞘。葉掌狀深裂，裂片條狀披針形。肉穗花序，多分枝，被褐色彎捲絨毛；雌雄异株，雄花小，淡黄色；雌花卵狀球形。漿果球形。原産我國南部及西南部。可植之庭院或盆栽供觀賞。竿可作手杖、傘柄。根、葉可入藥。

我國栽培利用棕竹已有千餘年史。宋元時已行用此稱。多作“椶竹”“稯竹”。亦稱“椶櫚竹”。宋宋祁《益部方物略記》：“葉椶身竹，族生不蔓，有皮無枝，實中而幹。”元李衎《竹譜詳録·竹品譜·有名而非竹品》：“椶櫚竹，兩浙、兩廣、安南、七閩皆有之。高七八尺，葉是椶櫚而尖小如竹葉，自地而生，每一葉脱落即成一節，膚色青青一如竹枝。”明豐坊《尚書訣》：“作小楷用蘭惢，全堅管長，一尺二寸，瑇瑁最良，各温夏凉。次則彌勒竹、椶竹、桃枝竹。”明清時盆栽已頗盛行，且經驗日臻成熟。《廣群芳譜·竹譜一·棕竹》：“棕竹，棕本作椶，有三種……性喜陰畏寒風，冬月藏不通風處，三月方可見天。原不見天日。秋分後可分，須出盆視其根鬚不甚牢固處劈開栽盆，欲變化多盆，則盆大更旺。灌用浸豆水極肥，舍此俱不堪用。”清陳淏子《花鏡》卷五：“棕竹，有三種：上曰筋頭，梗短葉垂，可以書几；次曰短栖，可列庭堦；再次樸竹，節稀葉梗，但可削作扇骨，細微之用。其幹似竹非竹，黑色有皮，心實；肉内有白鬃紋。”棕竹江南多有分布，各地亦常見記載。如《浙江通志・物産七・温州府》：“棕竹，《崇禎處州府志》：麗水縣産棕竹，製爲器最良。”《廣東通志・物産志・竹》：“棕竹，幹如竹，而實心密節，皮青色，外有棕皮，節節包之，葉與竹無異，最難長，可爲杖。”今北方各地亦有盆栽觀賞者，亦稱“竹棕”“棕櫚竹”。

【椶櫚竹】

即棕竹。此稱元代已行用。見該文。

【椶竹】

同“棕竹”。此體宋元時期已行用。見該文。

【椶竹】

同“棕竹”。此體明代已行用。見該文。

【竹棕】

即棕竹。因樹實爲棕櫚類，葉似竹，故名。今稱。見該文。

【棕櫚竹】

即棕竹。今四川各地多行用此稱。見該文。

【桃竹】

即棕竹。亦稱“陶枝”。此稱明代已行用。《通雅・植物》：“椶竹，皮葉皆似，亦謂之桃竹。”此樹優美，可供觀翫，亦常做拄杖、扇骨及小器物，頗爲時人所喜愛。明曹昭《格古要論》卷下：“椶竹，出西蜀、廣西。葉如椶櫚，其身似竹，堅且實，又名桃竹。皆可作拄杖、扇骨及小器物。芝蔴花者爲上。”明宋詡《竹嶼山房雜部・樹畜部二・種竹蘆等法》：“椶竹，形狀椶櫚，大者徑寸，長者過一丈許，即漢賜孔光靈壽杖也，又曰桃竹。出南粤，畏寒，怯春風，芒種時從根側分析之，或一竿或二三竿，須根盛者種盆盎中，置陰所則葉青柔可玩。”清陳元龍《格致鏡原・木類四・異木附竹》：“《物類相感志》：椶櫚竹出南海。葉似椶，身斑可愛，嶺表人用作杖，心堅實，亦名陶枝。”見“棕竹”文。

【陶枝】

即桃竹。此稱宋代已行用。見該文。

雲實

習見林木名。豆科，雲實屬，雲實〔*Biancaea decapetala*（Roth）O. Deg.〕。攀援灌木。樹皮暗紅色，散生鉤刺。枝、葉、花序密被灰色或褐色柔毛。羽狀複葉，小葉長圓形。頂生總狀花序，花瓣黄色。莢果橢圓形，脆革質，栗色，開裂。種子橢圓形，黑色。我國主要分布於陝、甘、豫、皖、蘇、浙、贛、湘、鄂、滇、粤等地。其花色金黄，可栽爲籬垣，以供觀賞。果殼、莖皮可提取栲膠。種子可榨油。根、根皮、葉可入藥。

我國栽培利用雲實約有二千年歷史。漢代已行用此稱。三國時期作“員實”，亦稱“天豆”。南北朝時期稱“雲英”。《神農本草經・上品・雲實》：“雲實，味辛，温。主洩利、腸澼……多食令人狂走。久服，輕身通神明。生川谷。”孫星衍等注引三國魏吴普《吴普本草》：“雲實，一名員實，一名天豆。”又引南朝梁陶弘景《名醫别録》：“一名員實，一名雲英，一名天豆，生河間。十月采，曝乾。”唐代稱“草雲母”，宋代多稱“馬豆”“羊石子”“臭草”。《通志·木類》：“雲實，曰員實，曰雲英，曰天豆，曰馬豆，曰臭草，曰羊石子。葉如苜蓿，花黄白，莢如大豆，實若大麻，能殺精物，燒之致鬼。”明代俗稱“粘刺”。亦作“黏刺”。明李時珍《本草綱目·草六·雲實》：“〔釋名〕員實、雲英、天豆、馬豆、羊石子，苗名草雲母、臭草、粘刺。”又，“〔集解〕〔蘇〕恭曰：〔雲實〕叢生澤旁，高五六尺，葉如細槐，亦如苜蓿。枝間微刺。俗謂苗爲草雲母。〔蘇〕頌曰：葉如槐而狹長，枝上有刺。苗名臭草，又名羊石子草。實名馬豆。三月、四月采苗，十月采實，過時即枯落也。時珍曰：此草山原甚多，俗名粘刺”。《廣群芳譜·藥譜·雲實》：“《本草綱目》：雲實，一名員寶一名雲英……一名黏刺。”清吴其濬《植物名實圖考·毒草類·雲實》：“雲實，《本經》上品。江西、湖南山坡極多。……雲實，實甚惡而花艷如金氣近烈，倮儸以爲香草。摘而售之闤闠，雲茶插髻滿頭。”

雲實原多野生，可取其根爲藥，種子榨油，或用爲觀賞，故今多用播種育苗然後移栽培育。今亦俗稱“倒鈎刺”“烏不落”“鐵場豆”等。

【員實】

同“雲實”。此體三國時期已行用。見該文。

【天豆】

即雲實。此稱三國時期已行用。見該文。

【雲英】[1]

即雲實。此稱南北朝時期已行用。見該文。

【草雲母】

即雲實。常指其苗。此稱唐代已行用。見該文。

【馬豆】

即雲實。此稱宋代已行用。見該文。

【羊石子】[1]

即雲實。常指其苗。此稱宋代已行用。見該文。

【臭草】[2]

即雲實。常指其苗。此稱宋代已行用。見該文。

【粘刺】

即雲寶。此稱明代已行用。見該文。

【黏刺】

同“粘刺”。即雲實。此體清代已行用。見“雲實”文。

【倒鈎刺】

即雲實。因其枝常生倒鈎刺，故名。今四川各地多俗用此稱。見該文。

【烏不落】

即雲實。因枝生鈎刺，烏雀不落，故名。今湖南各地多俗用此稱。見該文。

【鐵場豆】

即雲實。今福建各地多俗用此稱。見該文。

【老虎刺尖】

即雲實。此稱明代已行用。明蘭茂《滇南本草·老虎刺尖》：“老虎刺尖，味苦，性寒。治咽喉腫痛、乳蛾。”《滇南本草》整理組以爲老虎刺尖即本種。又以爲《植物名實圖考·芳草類》之“老虎刺”與此殊异，此附。宜辨之。見“雲實”文。

【水皂角】

即雲實。或作皂。此稱多行用於清代。清吴其濬《植物名實圖考·毒草類·雲實》：“雲實，《本經》上品，江西、湖南山坡極多，俗呼水皂角，《本草綱目》所述形狀甚晰。”參閱江蘇新醫學院《中藥大辭典·雲實》。見“雲實”文。

【閻王刺】

即雲實。此稱清代已行用，今川東地區仍沿用此稱。清劉善述《草木便方·木部·閻王刺》：“閻王刺根甘澀温，虚弱崩淋固遺精。爛瘡收口麩用葉，痘陷虚勞木蟲珍。老姆木蟲治勞傷，壯人元氣勝人參。”見“雲實”文。

假朝天罐

習見林木名。野牡丹科，金錦香屬，假朝天罐（*Osbeckia stellata* Buch.-Ham. ex D. Don）。灌木。枝四棱形，被粗毛。單葉對生，橢圓狀披針形，兩面均被粗毛。圓錐花序頂生，或緊縮爲傘房式，花白色或淡紅紫色。蒴果，宿萼花瓶狀，中部以上縊縮成頸，頂端四孔開裂，被星狀毛。種子多數，細小，微呈腎形。我國主要分布於長江以南諸地。全株可入藥。

我國應用朝天罐療疾至少已近二百餘年。清代稱“張天剛”。清吴其濬《植物名實圖考·山草類·張天剛》：“張天剛生南安。叢生硬莖有節，紅黄色；葉似水蘇葉；實如小罌，褐色；莖、葉、實俱有細刺如毛；根淡紅色有鬚，氣味甘温。俚醫以治下部虚軟，補陰分。”

張天剛

（清吴其濬《植物名實圖考》）

本種多野生於空曠之山坡。今亦稱“闊葉金錦香”，俗稱“高脚紅罐”“罐子草”“倒水蓮”“大金鐘”“公石榴”“仰天罐”“酒裏壇”。參閱江蘇新醫學院《中藥大辭典·朝天罐》。

【張天剛】

即假朝天罐。此稱清代已行用。見該文。

【闊葉金錦香】

即假朝天罐。今臺灣各地多行用此稱。見該文。

【高脚紅罐】

即假朝天罐。今江西各地多俗用此稱。見該文。

【罐子草】

即假朝天罐。因蒴果狀如罐，故名。今湖南各地多俗用此稱。見該文。

【倒水蓮】

即假朝天罐。今福建各地多俗用此稱。見該文。

【大金鐘】

即假朝天罐。今廣東各地多俗用此稱。見該文。

【公石榴】

即假朝天罐。今廣西各地多俗用此稱。見該文。

【仰天罐】

即假朝天罐。今廣西各地多俗用此稱。見該文。

【酒裏壇】

即假朝天罐。今雲南各地多俗用此稱。見該文。

紫金牛

習見林木名。紫金牛科，紫金牛屬，紫金牛〔*Ardisia japonica*（Thunb.）Blume〕。常緑小灌木。狀如草本。莖單一，紫褐色。單葉互生，橢圓形，常三四葉集生於莖梢，呈輪生狀。總狀花序，罕圓錐花序，花白色或淡紅色。核果球形，成熟時紅色，經久不落。我國主要分布於長江流域及西南各地。常栽植供觀賞。根皮可入藥。

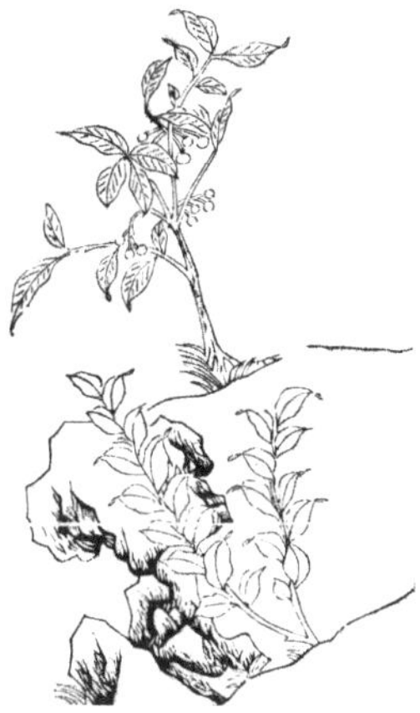

紫金牛
（明王圻等《三才圖會》）

宋代已行用此稱。宋梁克家《淳熙三山志·物産·藥》："紫金牛，味辛。葉如紅花，上緑下紫。實圓如丹朱。根微紫色。八月采，牛心（去心）暴乾。頗似巴戟。"宋唐慎微《證類本草·〈本草圖經〉〈本經〉外草類總七十五種》引宋蘇頌《本草圖經》："紫金牛：生福州。味辛。葉如茶，上緑下紫。實圓，紅如丹朱。根微紫色。八月采。"明李時珍《本草綱目·草二·紫金牛》："氣味辛，平，無毒。主治時疾，膈氣，去風痰，解毒破血。"清代稱"平地木""小青""矮茶""石青子""凉繖遮金珠"。清陳淏子《花鏡》卷三："平地木，高不盈尺，葉似桂，深緑色。夏初開粉紅細花。結實似南天竹子，至冬大紅，子下綴可觀。其托根多在甌蘭之傍，虎刺之下，及巖壑幽深處。二三月分栽，乃點綴盆景必需之物也。"《福建通志·物産·藥之屬》："紫金牛，味辛。葉如茶，上緑下紫。實圓如丹朱。根大紫色。八月采，去心曝乾，皮似巴戟。主時疾、脚氣痛、風痰。"清吴其濬《植物名實圖考·隰草類·小青》："小青，《宋圖經》始著録，亦無形狀，今江西、湖南多有之。生沙壖地，高不盈尺，開小粉紅花，尖瓣下垂，冬結紅實，俗呼矮茶，性寒。俚醫用治腫毒、血痢，解蛇毒，救中暑皆效。雩婁農曰：此草短而凌冬，命曰小青，微之也。然粉花丹實，彌滿阬谷，而移植輒不茂。"又《山草類·平地木》："平地木，《花鏡》載之。生山中，一名石青子。葉如木樨，夏開粉紅細花，結實似天竹子而扁。江西俚醫呼爲凉繖遮金珠，以其葉聚梢端，實在葉下，故名。"參閲江蘇新醫學院《中藥大辭典·紫金牛》。

【平地木】

即紫金牛。此稱清代已行用。見該文。

【小青】[1]

即紫金牛。因其小而凌冬不凋，故名。此稱清代已行用。見該文。

【矮茶】[2]

即紫金牛。此稱清代已行用。見該文。

【石青子】

即紫金牛。此稱清代已行用。見該文。

【凉繖遮金珠】

即紫金牛。因其葉攢聚梢端，朱實綴葉下，故名。此稱清代已行用。見該文。

【矮茶風】[2]

即紫金牛。此稱清代已行用。清劉善述《草木便方·草部·矮茶風》："矮茶風熱能除寒，風濕頑痹治不難，肺癰陳寒止久咳，寒毒腫痛塗安然。"按，原本作"矮茶禾"，《草木便方》整理本改爲"矮茶風"。又原圖名"矮茶荷"，故其稱亦偶用之。見"紫金牛"文。

【矮茶禾】

《草木便方》"矮茶風[2]"之原稱。此稱清代已行用。見該文。

【矮茶荷】

《草木便方》"矮茶風[2]"之原稱。此稱清代已行用。見該文。

紫金皮[1]

習見林木名。衛矛科，雷公藤屬，白背雷公藤（*Tripterygium wilfordii* Hook. f.）之別名。落葉蔓生灌木。小枝紅褐色，略具棱綫，有疣狀突起。單葉互生，卵形或長卵形。圓錐花序頂生，花小，五瓣，白色。蒴果有三紙質寬翅，初緑熟紅。種子麥粒形，白黄色，乾後黑色。我國主要分布於雲南、四川、貴州、廣西、湖南、浙江、江西等地。全株及根皮可入藥。

我國應用紫金皮已有數百年史。宋代已行用此稱。宋陳自明《婦人大全良方》卷七："不進飲食。饒武傳方：紫金皮、蒼術、石菖蒲各一兩，香附子二兩，人參半兩，木香三錢。右爲末，米糊和圓如梧桐子大，每服三十圓，食後薑湯下。"明王肯堂《證治準繩》卷一一八："[紫金膏]治赤腫焮熱者：芙蓉花葉二兩（白花者佳），紫金皮一兩。右生采，入生地黄同搗傅貼，或爲末，以鷄子清入蜜少許和匀，調入生地黄，砍爛和傅。"明蘭茂《滇南本草・紫金皮》："紫金皮，味辛、苦，性温。有毒。"清代亦稱"昆明山海棠"。省稱"山海棠"。清吴其濬《植物名實圖考・木類・昆明山海棠》："山海棠生昆明山中。樹高丈餘，大葉如紫荆而粗紋，夏開五瓣小白花，緑心黄蕊，密簇成攢。旋結實如風車，形與山藥子相類，色嫩紅可愛，山人折以售爲瓶供。"

紫金皮
（清吴其濬《植物名實圖考》）

山海棠
（清吴其濬《植物名實圖考》）

紫金皮主要供藥用，歷代醫家應用頗廣，記述極其豐富。例如宋楊士瀛撰（明朱崇正附遺）《仁齋直指方》、元沙圖穆蘇《瑞竹堂經驗方》、元危亦林《世醫得效方》、明朱橚《普濟方》、明汪機《外科理例》、明孫一奎《赤水元珠》等都曾廣泛應用，并有記述，附此以供參考。本種多野生於山野路旁、灌叢及疏林中。今通稱"白背雷公藤"。亦稱"紫金藤""火把花""六方藤""胖關藤""黄藤根"。又本種亦稱"紫荆"，然與豆科之紫荆實非一種。宜辨之。

【昆明山海棠】[1]

即紫金皮[1]。此稱清代已行用。見該文。

【山海棠】[1]

即紫金皮[1]。此稱清代已行用。見"紫金皮"文。

【紫金藤】[1]

即紫金皮[1]。今滇南地區多行用此稱。見該文。

【火把花】[1]

即紫金皮[1]。今雲南各地多行用此稱。見該文。

【六方藤】

即紫金皮[1]。今雲南各地多行用此稱。見該文。

【胖關藤】

即紫金皮[1]。今雲南各地多行用此稱。見該文。

【黄藤根】

即紫金皮[1]。今廣西各地多行用此稱。見該文。

【紫荆】[2]

即紫金皮[1]。今稱。見該文。

華山礬

習見林木名。山礬科，山礬屬，華山礬〔*Symplocos chinensis*（Lour.）Druce〕。落葉灌木。幼枝、葉柄、葉背、花序均密被黄色柔毛。單葉互生，橢圓形或倒卵形。圓錐花序腋生或頂生，花冠白色，五深裂，芳香。核果卵形，藍黑色，被緊貼柔毛。種子圓形，多數。我國主要分布於長江流域及其以南諸地。枝、葉、根、果實可入藥。種子可榨油供食用或製肥皂。

土常山
（清吴其濬《植物名實圖考》）

華山礬早爲人知，清代稱“釘地黄”“貢檀兜”“降痰王”。清吴其濬《植物名實圖考·山草類·釘地黄》：“釘地黄生長沙岳麓，一名貢檀兜，一名降痰王。黑莖小樹，葉似女貞葉而不光澤。春開五瓣小白花，白鬚茸茸，繁密如雪。根長二尺餘，赭黄堅勁。俚醫以治痰火，清毒。”

華山礬多野生於丘陵、荒坡、灌叢中，今仍多采爲藥用，俗稱“華灰木”“白花丹”“檬子柴”“狗檬樹”“地黄木”“土常山”。參閲江蘇新醫學院《中藥大辭典·華山礬》。

【釘地黄】

即華山礬。此稱清代已行用。見該文。

【貢檀兜】

即華山礬。此稱清代已行用。見該文。

【降痰王】

即華山礬。因俚醫用治痰火，故名。此稱清代已行用。見該文。

【華灰木】

即華山礬。山礬原名“灰木”，故名。今之俗稱。見該文。

【白花丹】[2]

即華山礬。今廣西各地多俗用此稱。見該文。

【檬子柴】

即華山礬。今江西各地多俗用此稱。見該文。

【狗檬樹】

即華山礬。今江西各地多俗用此稱。見該文。

【地黄木】

即華山礬。今廣東各地多俗用此稱。見該文。

【土常山】

即華山礬。今南方各地多俗用此稱。見該文。

掌葉榕

習見林木名。桑科，榕屬，掌葉榕（*Ficus palmata* Forssk.）。灌木或小喬木。具乳汁，枝、葉及花序托密生金黄色剛毛。單葉互生，卵形、橢圓形至矩圓狀披針形，全緣或三至五深裂。隱頭狀花序，花序托成對腋生，無柄。小瘦果，骨質，有粗毛。我國主要分布於兩廣、雲、貴、閩等地。莖皮纖維可供編織。根及根皮可入藥。

丫楓小樹
（清吴其濬《植物名實圖考》）

我國應用掌葉榕根療疾已有數百年歷史。清代稱“丫楓小樹”“鵶楓”。清吴其濬《植物名實圖考・木類・丫楓小樹》：“丫楓小樹，江西處處有之。緑莖有節，密刺如毛，色如虎不挨。長葉微似梧桐葉，或有三杈，横紋糙澀。《進賢縣志》作鵶楓。俚醫以治風氣、去紅腫。”

掌葉榕今多生於曠野、山谷、水旁及疏林中。今亦稱“火龍葉”“佛掌榕”“毛桃樹”“三龍爪”。參閲江蘇新醫學院《中藥大辭典・五龍根》。

【丫楓小樹】

即掌葉榕。此稱清代已行用。見該文。

【鵶楓】

即掌葉榕。此稱清代已行用。見該文。

【火龍葉】

即掌葉榕。此稱清末民初已行用，語本清末蕭步丹《嶺南采藥録》。見該文。

【佛掌榕】

即掌葉榕。因其葉深裂五出如佛掌，故名。今閩粤等地多行用此稱。見該文。

【毛桃樹】

即掌葉榕。因瘦果骨質被毛，故名。今稱。見該文。

【三龍爪】

即掌葉榕。因葉有時三深裂，狀如龍爪，故名。今稱。見該文。

【五爪龍】

即掌葉榕。因其葉多五深裂，狀如五爪龍，故名。亦稱“五龍根”“九龍根”。清何克諫《生草藥性備要》下卷：“五爪龍，味甜辛，性平……一名五龍根。……世人多以山檳榔亂取之，但〔五〕爪龍乃清香，山檳榔無味，可以別之。”清趙其光《本草求原・茅草部・五爪龍》：“五爪龍，即九龍根。葉有五指。甘辛，氣平而甚香。山檳榔亦五爪，而爪不香，宜辨。”見“掌葉榕”文。

【五龍根】

即五爪龍。此稱清代已行用。見該文。

【九龍根】

即五爪龍。此稱清代已行用。見該文。

黑面神

習見林木名。大戟科，黑面神屬，黑面神〔*Breynia fruticosa*（Linn.）Hook. f.〕。禿净灌木。單葉互生，卵形至卵狀披針形，革質。花單性，雌雄同株；花小，無瓣。核果，肉質，近球形，深紅色，位於宿存之萼上。我國主要分布於廣東、廣西、貴州、雲南、福建、浙江等地。枝葉富鞣質，可提取栲膠。根、葉可入藥。

我國應用黑面神入藥醫病已有數百年史。因葉乾後爲黑色，故名。清代已行用此稱。亦稱“夜蘭”“鬼畫符”“驚蚊樹”“鍾馗草”“狗脚刺”“膝大治”。《廣東通志·物産志·花》：“粤山中道旁一種小樹，狀如木蘭，亦類紫薇，高一二尺，葉大如指頭，頗帶藍色，葉老則有白篆文如蝸涎，名鬼畫符。葉下有小花如粟米，至晚香聞數十步，恍若芝蘭，又名夜蘭。山間暑月有蚊，折此樹逐之，蚊即驚散，故又名蚊驚樹。”清何克諫《生草藥性備要》上卷：“黑面神，味甘，性寒。散瘡，消毒，洗爛口、膝瘡，解牛毒。偶見諸毒，食此必見香甜。一名膝大治，一名鍾馗草，又名狗脚刺。其根浸酒飲最妙。”清趙其光《本草求原·山草部·黑面神》：“黑面神，一名鍾馗草，言其葉黑也。苦、甘，微寒。”侯昭寬等《廣州植物志·大戟科·黑面神》：“黑面神（《生草藥性備要》）。別名：鍾馗草，狗脚刺（《生草藥性備要》）；鬼畫符（《嶺南采藥録》）。”又引清末蕭步丹《嶺南采藥録》曰：“[黑面神]味甘，性寒；散瘡削毒、洗爛肉、治膝瘡……凡乳管不通而乳少，搗爛其葉，和酒糟蜜糖服之。”今亦通稱“黑面葉”。俗稱“四眼葉”“青凡木”。參閲江蘇新醫學院《中藥大辭典·黑面葉》。

【夜蘭】

即黑面神。因此木花晚香若芝蘭，故名。此稱清代已行用。見該文。

【鬼畫符】

即黑面神。因其葉老時出現蝸涎狀白篆文，狀如鬼符，故名。此稱清代已行用。見該文。

【蚊驚樹】

即黑面神。因以此樹枝逐蚊，蚊驚而散，故名。此稱清代已行用。見該文。

【鍾馗草】

即黑面神。此稱清代已行用。見該文。

【狗脚刺】

即黑面神。此稱清代已行用。見該文。

【膝大治】

即黑面神。因其葉可治膝瘡，故名。此稱清代已行用。見該文。

【黑面葉】

即黑面神。今之通稱。見該文。

【四眼葉】

即黑面神。今廣西南寧等地多俗用此稱。見該文。

【青凡木】

即黑面神。今廣西各地多俗用此稱。見該文。

溲疏

習見林木名。虎耳草科，溲疏屬，溲疏（*Deutzia scabra* Thunb.）。落葉灌木。小葉中空，赤褐色，幼時被星狀毛。葉對生，長卵狀橢圓形，先端尖，葉緣有不明顯小鋸齒，兩面被星狀毛。圓錐花序，直立；初夏開花，花冠五瓣，白色或淡紅色。蒴果球形。我國主要分布於長江流域，而以江西、浙江、江蘇、安徽南部、湖北、貴州較多，山東青島等地亦有分布。可供觀賞。根、葉、果可入藥。

漢代已行用此稱，亦作“溲疏”。謂其可利溺溲。南北朝時亦稱“巨骨”。《神農本草經·下品·溲疏》：“溲疏，味辛，寒。主身皮膚中熱，除邪氣，止遺溺。可作浴湯。生山谷及田野、故邱虚地。”南朝梁陶弘景《名醫别録·下品·溲疏》：“通利水道，除胃中熱，下氣。一名巨骨，生熊耳山，四月采。”宋唐慎微《證類本草・木部下品・溲疏》：“溲（音 椶）踈（音疏）味辛、苦，寒、微寒，無毒。主身皮膚中熱，除邪氣，止氣［遺］溺，通利水道，除胃中熱下氣。可作洛［浴］湯。一名巨骨。生熊耳川谷及田野故丘墟地。四月采。”清陳大章《詩傳名物集覽・木・隰有楊》：“又楊櫨，皮白空中，子似枸杞子，冬月熟赤色。一名空疏。李當之《藥録》謂之溲疏，非今人籬援之楊櫨也。”《陝西通志・物産一・藥屬》：“溲疏，生熊耳川谷（《名醫別録》）。一名楊櫨，一名空疏。皮白，中空有節，子似枸杞子（《藥録》）。”

溲 疏
（清吴其濬《植物名實圖考》）

按，溲疏，諸家《本草》説法頗不一致，查《唐本草注》云：“溲疏，形似空疏；樹高丈許，白皮，其子八九月熟，色赤，似枸杞子，味苦，必兩兩相並，與空疏不同。空疏一名楊櫨，子爲莢，不似溲疏。”此或當爲忍冬屬植物。又，《本草綱目・木三・溲疏》引汪機之考辨後，李時珍曰：“汪機所斷似矣，而自亦不能的指爲何物也。”今依《新華本草綱要・溲疏》，以《本經》之“涳疏”爲本種無疑。今亦稱“空木”“大葉老鼠竹”“大葉空心副常山”。參閱明李時珍《本草綱目・木三・溲疏》。

【涳疏】

同“溲疏”。此體漢代已行用。見該文。

【巨骨】

即溲疏。此稱南北朝時期已行用。見該文。

【空木】

即溲疏。今稱。見該文。

【大葉老鼠竹】

即溲疏。今浙江天目山地區多行用此稱。見該文。

【大葉空心副常山】

即溲疏。今浙江天目山地區多行用此稱。見該文。

絡石

習見林木名。夾竹桃科，絡石屬，絡石〔*Trachelospermum jasminoides*（Lindl.）Lem.〕。常緑攀援灌木。莖赤褐色，多分枝。葉橢圓形或卵狀披針形，全緣；葉背淡緑，被細柔毛。聚傘花序，腋生；花白色，芳香。蓇葖果，長圓柱形。種子綫形而扁，褐色。我國主要分布於豫、魯、皖及長江流域諸地。莖、葉、果、根可入藥。

此稱漢代已行用，沿稱至今。亦稱“石鯪”。三國時稱“落石”“鱗石”“明石”“縣石”“雲華”“雲珠”“雲英”“雲丹”。《神農本草經・上品・絡石》：“絡石，味苦，温。主風熱、死肌、癰傷、口乾舌焦……一名石鯪，生川谷。”孫星衍等注引三國魏吴普《吴氏本草》曰：“落石，一名鱗石，一名明石，一名縣石，一名雲華，一名雲珠，一名雲英，一名雲丹。”唐王燾《外臺秘要方》卷三一：“《千金翼論》曰：夫藥，采取不以時節，不知陰乾暴乾，雖有藥名，終無藥實，故不依時采取，與朽木不殊，……萎蕤立春後采陰乾，橁本暴乾三十月，通草取枝陰乾，烏喙陰乾，烏頭陰乾，絡石陰乾，以上並正月采。"《通志・草類》："絡石，曰石鯪，曰石蹉，曰略石，曰明石，曰領石，曰懸石。如薜荔而小，絡石以生。"明李時珍《本草綱目・草七・絡石》："絡石貼石而生。其蔓折之有白汁，其葉小於指頭，厚實木强，面青背淡，澀而不光。"清吴其濬《植物名實圖考・蔓草類・絡石》："絡石，《本經》上品。湖廣江西極多……雩婁農曰：絡石生石壁壞墻上，蔓而有直幹。《本經》以爲上藥，蓋藤屬，象人筋絡。"《福建通志・物産・藥之屬》："絡石，葉圓如細橘，正青，冬夏不凋，花白子黑，其莖蔓延，莖節著處即生根鬚，包絡石上，故名。"

絡　石
（清吴其濬《植物名實圖考》）

【石鯪】

即絡石。此稱漢代已行用。見該文。

【落石】

同"絡石"。因落與絡諧音，故名。此體三國時期已行用。見該文。

【鱗石】

即絡石。此稱三國時期已行用。見該文。

【明石】

即絡石。此稱三國時期已行用。見該文。

【縣石】

即絡石。懸石之省文。因其枝懸於石上，故名。此稱三國時齐已行用。見該文。

【雲華】

即絡石。華亦作花。此稱三國時期已行用。見該文。

【雲珠】

即絡石。此稱三國時期已行用。見該文。

【雲英】[2]

即絡石。此稱三國時期已行用。見該文。

【雲丹】

即絡石。此稱三國時期已行用。見該文。

【石磋】

即絡石。此稱南北朝時期已行用。亦稱"略石""領石""懸石""石龍藤""雲花"。南朝梁陶弘景《名醫別録・上品・絡石》："微寒，無毒……一名石磋，一名略石，一名明石，一名領石，一名懸石，生太山或石山之陰……一名石龍藤。"宋唐慎微《證類本草・草部上品・絡石》："絡石，味苦，温，微寒，無毒。主風熱、死肌、癰傷、口乾舌焦、癰腫不消、喉舌腫、不通水漿、不下大驚。入腹除邪氣，養腎，主腰髖痛，堅筋骨，利關節，久服輕身，明目，潤澤好顔色，不老，延年，通神。一名石鯪（音陵），一名石蹉，一名略石，一名明石，一名領石，一名懸石。生太山川谷，或石山之陰，或高山巖石上，或生人間。正月采。"《廣群芳譜・木譜十四・絡石》："《本草》：絡石，一名石鯪，一名石龍藤，一名懸石，一名耐冬，一名雲花，一名雲英，一名雲丹，一名石血，一名雲珠。蘇恭曰：生陰濕處，冬夏常青，實黑而圓，其莖蔓延繞樹石側。若在石間葉細厚而圓短，繞樹生者葉大而薄。韓保昇曰：葉似細橘葉，莖節著處即生根鬚，包絡石旁，花白，子黑，六七八月采。"見"絡石"文。

【略石】

即石磋。因絡音轉，故名。此稱南北朝時

期已行用。見該文。

【領石】

即石磋。似鱗石之音訛稱。此稱南北朝時期已行用。見該文。

【懸石】

同“縣石”。即石磋。此稱南北朝時期已行用。見“石蹉”“絡石”文。

【石龍藤】

即石磋。此稱南北朝時期已行用。見該文。

【雲花】

同“雲華”。即石磋。此體清代已行用。見“石蹉”文。

【耐冬】

即絡石。此稱唐代已行用。亦稱“石血”“石龍勝”。唐蘇敬《新修本草・草部・絡石》:“俗名耐冬，山南人謂之石血，療産後血結，大良。”明朱橚《普濟方》卷四二六:“[本草藥性異名]一名石鯪、石蹉、略石、明石、領石、懸石、耐冬、石血、絡石、石龍勝。”參閱孫星衍等《神農本草經》注文。見“絡石”文。

【石血】[1]

即耐冬。此稱唐代已行用。見該文。

【石龍勝】

同“石龍藤”。即耐冬。此體明代已行用。見“耐冬”文。

【石薜荔】

即絡石。此稱至遲宋代時已行用。宋陳自明《婦人大全良方》卷七:“又方療痔熱腫痛，[鄔子華解元方]:蛞蝓大者一條(江西名蜒蚰，湖廣名石夾子，廣州名鼻涕蟲)，研令爛，入研了龍腦，一字坯子半錢，研令停，傅之愈，先以石薜荔煮水熏洗尤妙。”明朱橚《普濟方》卷六一:“[咽喉門]治喉痺咽喉疾喘息不通須臾欲絶者。一名聖石散:用絡石草二兩，水一升半，煎取一盞，去滓細細喫，須臾即可令通。絡石草，即石薜荔。”見“絡石”文。

【龍鱗薜荔】[1]

即絡石。此稱金代已行用。其苗似龍鱗，故名。亦稱“石鱗”。舊題金李杲《珍珠囊補遺藥性賦》卷三:“絡石，爲君。即石鱗，又名龍鱗薜荔。味苦，温，散寒，無毒。”然石鱗、薜荔之名，古多混亂，非指一物。如明徐應秋《玉芝堂談薈》卷三六:“[薜荔]《楚辭》:‘披薜荔兮帶女蘿。’注:‘薜荔無根，緣物而生，不明言爲何物也。’據《本草》，絡石也，在石曰石鱗，在地曰地錦，繞叢木曰長春藤，又曰龍鱗薜荔，又曰扶芳藤，今假山上種巴山虎是也。”明楊慎《升菴集》卷八〇:“薜荔，《楚辭》:‘被薜荔兮帶女蘿。’注:‘薜荔無根，緣物而生，不明言爲何物也。’據《本草》，絡石也。在石曰石鱗，在地曰地錦，繞叢木曰長春藤，又曰龍鱗薜荔，又曰扶芳藤。今京師人家假山上種巴山虎是也。”又云:“凡木蔓皆曰薜荔。”《佩文韻府・上鱗》亦稱:“石鱗。蘇軾詩:‘長風送客添帆腹，積雨浮舟减石鱗。’又《本草》石鱗，絡石也。在石曰石鱗，在地曰地錦，繞叢木曰長春藤。”由此可知一般。絡石雖亦有地錦、長春藤、扶芳藤、巴山虎之名，但以上諸名非指一物，各均有特指，宜加明辨。見“絡石”文。

【石鱗】

即龍鱗薜荔[1]。此稱金代已行用。見該文。

楤木

習見林木名。五加科，楤木屬，楤木〔*Aralia elata*（Miq.）Seem.〕。落葉灌木或小喬木。樹皮灰色，疏被粗短刺，二至三回奇數羽狀複葉，小葉卵形、闊卵形或長卵形，葉緣有鋸齒。圓錐花序，花五瓣，白色。漿果狀核果，近球形，熟時紫黑色。我國主要分布於華東、華南及西北、華北與西南地區東南部之平原、丘陵、低山地區。種子可榨油，根皮供藥用。

楤木早爲先民所知，宋代已見記載。省稱“楤”，沿稱至今。《集韻·上董》：“楤，木名。”明代已見“楤木”之稱。亦稱“吻頭”。俗稱“鵲不蹈”“鵲不踏”。明李時珍《本草綱目·木三·楤木》：“〔集解〕〔陳〕藏器曰：生江南山谷，高丈餘，直上無枝，莖上有刺。山人折取頭茹食，謂之吻頭，時珍曰：今山中亦有之。樹頂叢生葉，山人采食，謂之鵲不踏，以其多刺而無枝故也。”明陳耀文《天中記·楤木》：“楤木，陽精木者。陽精生於陰，故水者木之母也。木之爲言，觸氣動躍也，其字八推十爲木。八者陰，合十者陽數（元含苞）。”《續通志·昆蟲草木略三》：“楤木（楤音忽），一名鵲不蹈，以其多刺而無枝也。樹頂生葉，山人采食，謂之吻頭。”清吴其濬《植物名實圖考·木類·楤木》：“楤木，《本草拾遺》始著録。生江南山谷。直上無枝，莖上有刺，山人折取頭食之，謂之吻頭。主治水癊、蟲牙。”今俗稱“五龍頭”“刺春頭”“鵲不登”“老虎刺”“老虎愁”“老虎爬”“野楸樹”“脱楸樹”。

白頭翁
（清吴其濬《植物名實圖考》）

【楤】

“楤木”之省稱。此稱宋代已行用。見該文。

【吻頭】

即楤木。因其枝頭嫩枝葉可茹，故名。亦代指其樹。此稱明代已行用。見該文。

【鵲不蹈】

即楤木。因其枝具刺，鵲不可蹈，故名。此稱清代已行用。見該文。

【鵲不踏】

即楤木。因其枝具刺，鵲不踏也，故名。此稱明代已行用。見該文。

【五龍頭】

即楤木。今甘肅各地多俗用此稱。見該文。

【刺春頭】

即楤木。因其枝生刺，莖尖春日可食，故名。今之俗稱。見該文。

【鵲不登】

即楤木。因枝有刺，鵲不登，故名。今河南各地多俗用此稱。見該文。

【老虎刺】[2]

即楤木。因枝生粗短刺，故名。今河南各地多俗用此稱。見該文。

【老虎愁】

即楤木。因枝生粗短刺，故名。今河南各地多俗用此稱。見該文。

【老虎爬】

即楤木。今江蘇各地多俗用此稱。見該文。

【野楸樹】

即楤木。今江蘇各地多俗用此稱。見該文。

【脱楸樹】

即楤木。今江蘇各地多俗用此稱。見該文。

【樬木】

同“楤木”。“樬”爲楤之別字。此體多行用於清代。《廣群芳譜・木譜十四・樬木》:“樬木，生江南山谷。高丈餘，直上無枝，莖上有刺，山人折取頭茹食，謂之吻頭，又謂之鵲不踏，以其多刺而無枝故也。”見“楤木”文。

【刺腦包】

即楤木。亦稱“刺老苞”“鵲不宿”。此稱多行用於明代。明蘭茂《滇南本草・刺腦包》:“刺腦包，又名刺老苞、鵲不宿。味苦、辛，性凉。”見“楤木”文。

【刺老苞】

即刺腦包。此稱明代已行用。見該文。

【鵲不宿】

即刺腦包。因此木直上無枝，莖有棘刺，鳥鵲不宿，故名。此稱明代已行用。見該文。

【刺老包】

即楤木。此稱清代已行用。清劉善述《草木便方・木部・刺老包根》:“刺老包根苦微寒，解毒散熱除風痰，瘰癧瘡爛鼠衄止，牙痛痔痢風［瘋］狗含。”按，《草木便方》整理組以爲此即楤木。亦稱“白頭翁”“雀不站”“破凉傘”“仙人杖”。見“楤木”文。

【白頭翁】[1]

即刺老包。今川東地區多行用此稱。見該文。

【雀不站】[1]

即刺老包。因此木無枝多刺，雀不可站立，故名。今稱。見該文。

【破凉傘】

即刺老包。今川東地區多行用此稱。見該文。

【仙人杖】[2]

即刺老包。今川東地區多行用此稱。見該文。

槐藍

習見林木名。豆科，木藍屬，木藍（*Indigofera tinctoria* Linn.）之别名。落葉灌木。小枝被平伏丁字毛，奇數羽狀複葉，小葉九至十三枚，倒卵狀長圓形或倒卵形，兩面亦被平伏丁字毛。總狀花序腋生，花冠紅色。莢果棒狀，棕黑色，被丁字毛。我國主要分布於安徽、福建、臺灣、廣東、廣西諸地。全株可入藥。葉可提取藍靛素以爲染料。

我國栽培利用槐藍歷史頗久，至遲唐宋時期已行用此稱。宋代亦稱“木藍”。明李時珍《本草綱目・草五・藍》引宋蘇頌曰:“别有木藍，出嶺南，不入藥。”又，“藍凡五種……木藍：長莖如决明，高者三四尺，分枝布葉，葉如槐葉，七月開淡紅花，結角長寸許，纍纍如小豆角，其子亦如馬蹄决明子而微小，迥與諸藍不同，而作澱（靛）則一也”。明王象晋《群芳譜・卉譜三・藍》:“槐藍，葉如槐葉，皆可作靛。”清代亦稱“槐葉藍”。清吴其濬《植物名實圖考・隰草類・藍》:“今俗所種多是蓼藍、菘藍，馬藍即板藍，其吴地種之木藍，俗謂之槐葉藍，亦間種之。”

大　藍
（明朱橚《救荒本草》）

清陳大章《詩傳名物集覽·草·終朝采藍》："鄭樵曰：藍有三種，蓼藍染緑，大藍如芥染碧，槐藍如槐染青，三者皆可爲澱。"槐藍分布極普遍，各地亦有栽培。今亦俗稱"小青""藍靛""水藍""野青靛"等。

【木藍】

即槐藍。此稱宋代已行用。見該文。

【槐葉藍】

即槐藍。此稱清代已行用。見該文。

【小青】[2]

即槐藍。今臺灣各地多俗用此稱。見該文。

【藍靛】

即槐藍。因可染靛，故名。今廣東各地多俗用此稱。見該文。

【水藍】

即槐藍。此稱清末民初已行用，語本清末蕭步丹《嶺南采藥録》，亦今之俗稱。見該文。

【野青靛】

即槐藍。今福建各地多俗用此稱。見該文。

【大藍】

即槐藍。亦稱"大藍青"。此稱清代已行用。清何克諫《生草藥性備要》上卷："大藍青，味淡，性寒。消瘡腫，去瘀生新。又名大藍。"按，江蘇新醫學院《中藥大辭典》以爲此大藍即槐藍。此附。見"槐藍"文。

【大藍青】

即大藍。此稱清代已行用。見該文。

楓寄生

習見林木名。桑寄生科，槲寄生屬，楓香槲寄生（*Viscum liquidambaricola* Hayata）之別名。寄生灌木。高不足1米。莖基部近圓柱形，枝與小枝俱爲扁平狀。葉退化呈鱗片狀。聚傘花序，一至三枚腋生，具花一至三朵，常具一雌花或雄花，或中央生雌花，兩側生雄花。漿果橢圓狀，成熟時橙紅或黃色，果皮光滑。我國主要分布於華東、華南、華中、西南及臺灣諸地，陝、甘南部亦有分布。全株可入藥。

楓寄生入藥早爲人知，唐代已行用此稱。唐王燾《外臺祕要方》卷一四："[深師竹瀝湯]療卒中惡風噎倒悶口噤不能語肝厥方：淡竹瀝一斗，防風、葛根各一兩，菊花、細辛、芍藥、白朮、當歸、桂心、通草、防己、人參各一兩，甘草（炙），附子（炮），茯苓，玄參各一兩，秦艽、生薑各二兩，楓寄生三兩。右十九味切，以淡竹瀝一斗煮藥，取四升分爲四服，忌海藻、菘菜、猪肉、生菜、生葱、醋、桃、李、雀肉等物。"清劉善述《草木便方·木部·楓寄生》："楓寄生辛温大熱，積年痛風無休歇，焙磨片麝酒飲醉，風齲齒痛功效烈。"本種主要寄主爲楓香、油桐及殼斗科植物。民間入藥以寄生於楓香者爲佳，故今通稱"楓香槲寄生"，亦稱"楓樹寄生""螃蟹脚""桐樹寄生""赤柯寄生"。

【楓香槲寄生】

即楓寄生。今之通稱。見該文。

【楓樹寄生】

即楓寄生。今廣東英德等地多行用此稱。見該文。

【螃蟹脚】

即楓寄生。今廣東英德等地多行用此稱。見該文。

【桐樹寄生】

即楓寄生。今四川各地多行用此稱。見該文。

【赤柯寄生】

即楓寄生。今臺灣各地多行用此稱。見該文。

楓香寄生

習見林木名。桑寄生科，槲寄生屬，扁枝槲寄生（*Viscum articulatum* Burm. F.）之別名。常緑寄生小灌木，高約 20~40 厘米。莖基圓柱形，具二棱，緑色，每一節間呈矩圓狀倒披針形，上寬下窄。葉退化成鱗片狀突起。花單性，雌雄同株，生於關節上端凹陷處，每簇有三花，位於中央者爲雌花，側生花則爲雄花，花基部有兩片合生成盤狀的小苞片，雌雄花花被均四裂。漿果近卵形，徑約 4 毫米，成熟時黄色，基部具宿存小苞片。初夏開花。我國主要分布於雲南、四川、貴州、廣東、湖南、湖北、福建及臺灣諸地。枝葉可入藥，多用於祛風、活血、除濕、止咳、去痰。

此木常寄生於楓香、櫟樹及其他果樹上，尤以楓香爲多，因得是名。俗呼“蝦蚶草”。入藥可以去痰，故亦稱“百子痰梗”。以上諸稱均行用於清代。清何克諫《生草藥性備要》下卷：“楓香寄生，味辛，性平。祛風去濕，洗瘡、疥、癲、風毒爛並酒風。”清趙其光《本草求原・寓木部・各寄生》：“楓香寄生，一名蝦蚶草。辛、平。祛風，散濕，活腫痛，洗爛脚、疥癲。浸酒良。”清末蕭步丹《嶺南采藥録・平聲目次》：“山桔葉、山地菍……楓香寄生、沙梨寄生。”其枝扁平，亦寄生於槲櫟諸樹上，故今亦稱“扁枝槲寄生”。俗亦稱“螃蟹夾”“栗寄生”“路路通寄生”“柿寄生”“扁枝寄生”。參閱江蘇新醫學院《中藥大辭典・楓香寄生》。

【蝦蚶草】

即楓香寄生。此稱清代已行用。見該文。

【百子痰梗】

即楓香寄生。此稱清代已行用。見該文。

【扁枝槲寄生】

即楓香寄生。今之通稱。見該文。

【螃蟹夾】

即楓香寄生。今之俗稱。見該文。

【栗寄生】

即楓香寄生。今之俗稱。見該文。

【路路通寄生】

即楓香寄生。今之俗稱。見該文。

【柿寄生】[1]

即楓香寄生。今之俗稱。見該文。

【扁枝寄生】

即楓香寄生。今之俗稱。見該文。

葫蘆茶

習見林木名。豆科，葫蘆茶屬，葫蘆茶〔*Tadehagi triquetrum*（L.）Ohashi〕。灌木或半灌木，高可達 2 米。小枝具三棱，沿棱脊密被絲毛，後脱落。葉窄長圓形或窄卵狀披針形，葉背沿脉被柔毛，小托葉連生於葉翅頂端，托葉披針形，宿存。總狀花序，每節具二至三花，翼瓣與龍骨瓣等長，花冠紫紅色。莢果，長圓形，疏被長柔毛，花柱與萼宿存。我國主要分布於福建、廣東、海南、廣西、雲南、貴州等地。全草入藥，亦可製凉茶。其浸出液尚可滅蠅蛆、孑孓。

明清時始行用此稱。清何克諫《生草藥性備要》下卷：“葫蘆茶，味劫，性平。消食，殺蟲，治小兒五疳，作茶飲。”清趙其光《本草求原・山草・葫蘆茶》：“葫蘆茶，濇，平。消食、殺蟲，治五疳，退黄疸，作茶飲妙。”今亦稱“牛蟲草”“百勞舌”“田刀柄”“麻草”“地馬莊”“龍舌癀”。

【牛蟲草】

即葫蘆茶。今廣西各地多行用此稱。見該文。

【百勞舌】

即葫蘆茶。今廣西各地多行用此稱。見該文。

【田刀柄】

即葫蘆茶。今嶺南地區多行用此稱，名見《嶺南草藥志》。見該文。

【麻草】

即葫蘆茶。今閩東地區多行用此稱，名見《閩東本草》。見該文。

【地馬莊】

即葫蘆茶。今雲貴等地多行用此稱，名見《貴州草藥》。見該文。

【龍舌癀】

即葫蘆茶。今福建各地多行用此稱。見該文。

鼠李

習見林木名。鼠李科，鼠李屬，鼠李（*Rhamnus davurica* Pall.）。落葉灌木或小喬木。葉對生於長枝或簇生於短枝頂端，矩圓狀卵形、橢圓形或寬倒披針形，葉緣有微鈍鋸齒。花單性，雌雄异株，黄緑色。核果近球形，成熟時黑紫色。我國主要分布於東北及中部地區。種子可榨油。樹皮可提取栲膠。種子、樹皮可入藥。嫩葉、芽可救荒，亦可代茶飲。

我國藥用鼠李頗早。漢代已行用此稱。南北朝時稱“牛李”“鼠梓”“椑”。《神農本草經·下品·鼠李》：“鼠李，主寒熱瘰癧創，生田野。”孫星衍等注引南朝梁陶弘景《名醫别録》曰：“一名牛李，一名鼠梓，一名椑。采無時。”後亦稱“楮李”“山李子”“皂李”“趙李”“烏巢子”。“牛皂子”“烏槎子”“緑子”。宋唐慎微《證類本草·木部下品·鼠李》：“鼠李，主寒熱瘰癧。其皮味苦，微寒，無毒。主除身皮熱毒。一名牛李，一名鼠梓，一名椑（音卑）。生田野，采無時。”書注：“唐本注云：此藥一名趙李，一名皂李，一名烏槎樹……《圖經》曰：鼠李，即烏巢子也。《本經》不載所出州土，但云生田野，今蜀川多有之。枝葉如李子，實若五味子，色黑，其汁紫色，味甘、苦，實熟時采。日乾，九蒸，酒浸，服能下血。其皮采無時，一名牛李。劉禹錫《傳信方》：主大人口中疳瘡並發背，萬不失一。用山李子根，亦名牛李。《衍義》曰：鼠李即牛李子也，木高七八尺，葉如李但狹而不澤，子於條十四邊生，熟則紫黑色，生則青，葉至秋則子落，尚在枝。是處皆有，故《經》不言所出處，今關陝及湖南、江南北甚多，木皮與子兩用。”明李時珍《本草綱目·木三·鼠李》：“[釋名] 楮李、鼠梓、山李子、牛李、皂李、趙李、牛皂子、烏槎子、烏巢子、椑。時珍曰：鼠李方音亦作楮李，未詳名義。可以染緑，故俗稱皂李及烏巢。巢、槎、趙，皆皂子之音訛

鼠　李
（清吴其濬《植物名實圖考》）

也。”清張璐《本經逢原·灌木·鼠李》:“今造紙馬鋪取汁刷印緑色，故又名緑子。”清吳其濬《植物名實圖考·木類·鼠李》:“鼠李,《本經》下品。宋《圖經》，即烏巢子。《本草衍義》以爲即牛李子。”

按，鼠李之名古多混亂，清姚炳《詩識名解·木部·椅》:“《通志》訛鼠梓作鼠李，且有牛李、山李名，又合椑爲一物，愚按鼠李乃《釋木》之無實李，椑乃烏椑，絶非楰類。蘇頌辨之云：鼠李亦名鼠梓，或云即楰。然鼠梓花實都不相類，恐别一物而名同，則漁仲之誤可知矣。”此説或是，今附供考。參閲江蘇新醫學院《中藥大辭典·鼠李》。

【牛李】

即鼠李。此稱南北朝時期已行用。見該文。

【鼠梓】

即鼠李。按另有苦楸，亦名鼠梓。非此種，宜辨之。此稱南北朝時期已行用。見該文。

【椑】[1]

即鼠李。此稱南北朝時期已行用，并沿稱後世。人民衛生出版社 1982 年版《本草綱目》椑作“柙”，此附。見該文。

【楮李】

即鼠李。此稱係古之方音稱，疑爲鼠之音訛。此稱明代已行用。見該文。

【山李子】[1]

即鼠李。此稱明代已行用。見該文。

【皂李】

即鼠李。此稱唐代已行用。見該文。

【趙李】

即鼠李。此稱唐代已行用。見該文。

【烏槎樹】

即鼠李。此稱唐代已行用。見該文。

【烏巢子】

即鼠李。此稱宋代已行用。見該文。

【牛皂子】

即鼠李。此稱明代已行用。見該文。

【烏槎子】

即鼠李。此稱明代已行用。見該文。

【緑子】

即鼠李。因可染緑，故名。此稱清代已行用。見該文。

【凍緑柴】[2]

即鼠李。清代江西俚語多用此稱。亦稱“羊史子”。清吳其濬《植物名實圖考·木類·鼠李》:“鼠李,《本經》下品……李時珍云取汁刷染緑色。此即江西俗呼凍緑柴，一名羊史子。”見“鼠李”文。

【羊史子】[2]

即凍緑柴[2]。此稱清代已行用。見該文。

滇常山

習見林木名。馬鞭草科，大青屬，滇常山（*Clerodendrum yunnanense* Hu ex Hand.-Mazz.）。落葉灌木。嫩枝、花序、幼葉及葉柄均被黄褐色絨毛。單葉對生，卵形或闊卵形。聚傘花序密集成頭狀或傘房花序；花萼鐘形，紫緑色；花冠漏斗狀，粉紅或白色。核果近球形，成熟時藍黑色。我國主要分布於四川、雲南等地。根、葉可入藥。花可炒鷄蛋食用，亦治眩暈。

此稱清代已行用。清吳其濬《植物名實圖考·毒草類·滇常山》:“滇常山生雲南府山中。叢生，高三四尺，葉莖俱如大本。葉厚韌，面深緑，背淡青，茸茸如毛。夏秋間莖端開花，三葶並擢，一球數十朵，花如杯而有五尖瓣，翻卷内向，中擎圓珠，生青熟碧，蓋花實並綴也。"

滇常山
（清吴其濬《植物名實圖考》）

按，《滇南本草》原整理本之第一卷"烏藥"誤訂爲本種，實當爲"臭牡丹"。今整理本已改正。江蘇新醫學院《中藥大辭典·滇常山》仍將滇常山釋義爲烏藥、臭牡丹（《滇南本草》），似誤。此附。

駁骨丹

習見林木名。爵床科，駁骨草屬，小駁骨（*justicia gendarussa* Barm. f.）之别名。直立、秃净小灌木。高約1.5米，節部膨大。單葉對生，具柄，披針形，先端漸尖。穗狀花序頂生或生於上部葉腋内，有時有分枝；花簇生，花冠白色或帶粉紅色，有紫斑。蒴果棒狀，秃净。我國主要分布於兩廣及臺灣等地。多生於山地陰濕處及溝谷間。民間亦常栽爲緑籬。莖、葉可入藥。

駁骨丹早爲人熟知，明代稱"四季花""四季小白花""接骨草"。明高濂《遵生八箋·起居安樂箋上》："下乘具品，如金絲桃，鼓子花，秋牡丹，纏枝牡丹，四季小白花（又名接骨草）……纏枝蓮，白蘋花，紅蓼花，石蟬花。已上數種，鉛華粗具，姿度未閑，置之籬落池頭，可填花林疏缺者也。"亦稱"四季花"。《廣群芳譜·花譜二十二·月季（四季）》："四季花，一名接骨草。葉細，花小，色白。自三月開至九月，午開子落，九月内剖根分種。"《廣東通志·物産志·草》："接骨草，出封川陽江。一名四季花，生園林中。莖緑而圓，葉長似指而尖，花白。跌傷骨節，搗爛敷之，可以接骨，而《本草》不載（《肇慶志》）。"清代已行用"駁骨丹"之稱。清何克諫《生草藥性備要》下卷："接骨草，味辛，性温。治風邪，理跌折，調酒服。一名駁骨丹。"清趙其光《本草求原·隰草部》："駁骨丹，辛，平。治風邪，理跌打，續筋骨。"亦稱"小還魂"。通稱"小駁骨""裹籬樵"。

【四季花】[1]

即駁骨丹。此稱清代已行用。見該文。

【四季小白花】

即駁骨丹。此稱明代已行用。見該文。

【接骨草】[2]

即駁骨丹。因此草可理筋骨，故名。此稱明代已行用。見該文。

【小還魂】

即駁骨丹。此稱清末民初已行用，名見清末蕭步丹《嶺南采藥録》。見該文。

【小駁骨】

即駁骨丹。今之通稱。見該文。

【裹籬樵】

即駁骨丹。因南方多栽爲緑籬，故名。今之通稱。見該文。

【土牛膝】

即駁骨丹。此稱清代已行用。《廣西通志·物産·平樂府》："接骨草，即土牛膝，又名四季花。莖緑而圓，葉長而尖。跌傷骨節，搗爛敷之，立效。"見"駁骨丹"文。

舞草

習見林木名。豆科，舞草屬，舞草〔*Codariocalyx motorius*（Houttuyn）H. Ohashi〕。小灌木，高達1~5米。莖圓柱狀，有縱溝，無毛。三小葉，兼有單葉，互生；頂生小葉長圓形或披針形，長5.5~12.5厘米，葉背密被平伏的柔毛，側生小葉長圓形或條形，較頂生小葉明顯小，長僅0.8~2.5厘米；葉柄及葉軸疏被柔毛。花二至四朵簇生，集成總狀花序或圓錐花序，疏被柔毛，花冠紫紅色。莢果，鐮形或直，深褐色，被疏毛。我國主要分布於福建、江西、臺灣、廣東、廣西、貴州、四川及雲南等地，常見於丘陵、山坡及溝谷灌叢中。枝葉具祛瘀生新，舒筋活血之功效，常用於醫治跌打損傷，接骨諸症。

此木之葉夜間可回轉運動，故稱“舞草”，此稱唐代已始行用，并沿稱至今。亦稱“虞美人草”。唐段成式《酉陽雜俎・廣動植・草篇》：“舞草，出雅州。獨莖三葉，葉如决明，一葉在莖端，兩葉居莖之半相對。人或近之歌及抵掌謳曲，必動葉如舞也。”宋朱勝非《紺珠集》卷六：“舞草，出雅州。獨莖三葉，聞人歌動摇如舞。”清王士禎《居易録》卷二一：“《群芳譜》云：虞美人草，獨莖三葉，葉如决明，一葉在莖之端，兩葉在莖之半相對，人或歌虞美人曲則葉動如舞，又名舞草。出雅州。”

按，罌粟科麗春花亦名虞美人，爲二年生草本植物，雖名同而實异。本種入藥稱作“接骨草”。今亦稱“紅母鷄藥”“紅毛母鷄”“壯陽草”。

【虞美人草】

即舞草。此稱清代已行用。見該文。

【接骨草】[3]

即舞草。今廣西南寧等地多行用此稱。廬山樓梯草亦名接骨草，爲蕁麻科植物，與此殊异，宜辨之。見該文。

【紅母鷄藥】

即舞草。今廣西南寧等地多行用此稱。見該文。

【紅毛母鷄】

即舞草。今廣西各地多行用此稱。見該文。

【壯陽草】

即舞草。因木枝葉可壯筋骨，故名。今廣西各地多行用此稱。見該文。

椛樹

習見林木名。衛矛科，衛矛屬，疣點衛矛（*Euonymus verrucosoides* Loes.）之别名。灌木。小枝常生黑色疣點狀皮孔，故名。單葉對生，倒卵形至橢圓形。聚傘花序，花紫色。蒴果，紫褐色。種子黑紫色，具紅色假種皮，先端開裂。我國主要分布於河南、陝西、甘肅、湖北、貴州及川東等地。

我國利用椛樹已有數百年史，先民常用以歉年救饑。明徐光啓《農政全書》卷五四引《救荒本草》：“椛樹，生輝縣太行山谷中，其樹高丈餘。葉似槐葉而大，却頗軟薄；又似檀樹葉，而薄小。開淡紅色花。結子如菉豆大，熟則黄茶褐色。其葉味甜。救飢：采葉煠熟，水浸淘净，油鹽調食。”明鮑山《野菜博録》卷三：“椛樹，生山谷中。樹高丈餘，葉似槐葉大却軟薄，似檀樹葉薄小。開淡紅色花，結子如菉豆大，熟則黄茶褐色。其葉味甜。食法：采葉煠熟水，浸淘净，油鹽調食。”今人石聲漢校注《農政全書》引王作賓《〈農政全書〉所收

〈救荒本草〉及〈野菜博録〉植物學名》以爲此樹即今之“疣點衛矛”。

【疣點衛矛】

即絖樹。今之通稱。見該文。

算盤子

習見林木名。大戟科，算盤子屬，算盤子〔*Glochidion puberum*（Linn.）Hutch.〕。落葉灌木。小枝灰褐色，密被黄褐色柔毛。單葉互生，長橢圓形或橢圓形。花單性，雌雄同株或异株，腋生。蒴果扁球形，成熟時紅色，有縱溝，具毛，其頂凹陷，形如算盤子，故得此名。種子近腎形，黄赤或近朱紅色。我國主要分布於江淮以南各地，豫、魯亦有少量野生。種子可榨油。根、莖、葉、果均可入藥。亦可提取栲膠。

野南瓜
（清吴其濬《植物名實圖考》）

此稱清代已行用，亦稱“野南瓜”“柿子椒”。清吴其濬《植物名實圖考·山草類·野南瓜》：“野南瓜，一名算盤子，一名柿子椒。撫、建、贛南、長沙山坡皆有之。高尺餘，葉附莖，對生如槐、檀。葉微厚硬，莖下開四出小黄花，結實如南瓜，形小於凫茈。秋後迸裂，子綴殼上如丹珠。”

按，本屬約二百八十餘種，我國産二十五種。本種多以種子繁殖。今亦稱“鬼目楂子”“膈栗樹”“算盤珠子”“饅頭果”“紅孃子棵”“火燒尖子”。

【野南瓜】

即算盤子。因果形似南瓜，故名。此稱清代已行用。見該文。

【柿子椒】

即算盤子。因果形似柿子椒，故名。此稱清代已行用。見該文。

【鬼目楂子】

即算盤子。今安徽各地多行用此稱。見該文。

【膈栗樹】

即算盤子。今安徽各地多行用此稱。見該文。

【算盤珠子】

即算盤子。今江蘇各地多行用此稱。見該文。

【饅頭果】

即算盤子。今江蘇各地多行用此稱。見該文。

【紅娘子棵】

即算盤子。今江蘇各地多行用此稱。見該文。

【火燒尖子】

即算盤子。今雲南各地多行用此稱。見該文。

樟寄生

習見林木名。桑寄生科，槲寄生屬，棱枝槲寄生〔*Viscum coloratum*（Kom.）Nakai〕之别名。亞灌木。高約0.5米，直立或披散，枝交叉對生或二歧分枝，位於莖基部或中部以下之節間，近圓柱形，小枝節間稍扁平。幼苗期具葉二至三對，橢圓形或長圓形，薄革質；長成植株之葉俱退化呈鱗片狀。聚傘花序，一至

樟寄生
（清吴其濬《植物名實圖考》）

三個腋生，每花序具花一至三朵，三花時中央者爲雌花，側生者爲雄花。漿果橢圓狀或卵球形，黄色或橙色，果皮平滑。我國主要分布於華東、華南、華中、西南及西北東部各地。全株可入藥。

樟寄生用以醫病至少已有數百年歷史。清代已行用此稱。清劉善述《草木便方・木部・樟寄生》:“樟寄生苦性温經，經閉無子療血癥，邪氣濕痹消水積，小兒躄疾不能行，癰疽惡瘡解狼毒，手足水爛止腹痛。”

本種主要寄主爲樟、柿、梨、油桐及殼斗科植物。多見於海拔 700~2600 米山地闊葉林中。因其寄主多種，故亦稱“柿寄生”“桐木寄生”。通稱“棱枝槲寄生”。參閱清吴其濬《植物名實圖考・木類・樟（附樟寄生）》。

【柿寄生】[2]

即樟寄生。因其寄主爲柿，故名。今廣東、福建、臺灣等地多行用此稱。見該文。

【桐木寄生】

即樟寄生。因其寄主爲油桐，故名。今廣西各地多行用此稱。見該文。

【棱枝槲寄生】

即樟寄生。今之通稱。見該文。

醉魚草

習見木名。玄參科，醉魚草屬，醉魚草（*Buddleja lindleyana* Fort.）。落葉灌木。小枝四棱，稍有翅。葉對生，長橢圓狀披針形。夏日莖梢抽長穗狀花序，花冠筒狀，紅紫色。蒴果，萼及花冠宿存。種子多數，微小。我國主要分布於江南諸地。樹供觀賞。全株均可入藥。

此草可以毒魚，因名。明代已行用此稱。亦作“醉魚艸”。俗亦稱“鬧魚花”“魚尾草”。“醉魚兒草”。亦稱“䰻木”，省稱“䰻”。《正字通・木部》:“䰻，䰻木，生塹岸旁，小株高三尺。根狀如枸杞，花似芫花，漁人采花及葉毒魚。”明李時珍《本草綱目・草六・醉魚草》:“［釋名］鬧魚花、魚尾草、䰻木。［集解］時珍曰：醉魚草南方處處有之……漁人采花及葉以毒魚，盡圉圉而死，呼爲醉魚兒草。”明方以智《物理小識・醫藥類》:“又，魚腥草，腫節似牛膝，葉似烏桕而長，四圍有刺，光緑葉厚，折之甚作魚腥，傅癰頗效，殆醉魚艸乎。”《續通志・草類》:“醉魚草，一名鬧魚花，一名魚尾草，一名䰻木。莖似黄荆有微稜，葉似水楊對節而生，七八月開花成穗，紅紫色，漁人采花及葉以毒魚。”明清時以枝繁殖已頗成熟。《四庫全書考證》卷九七:“《本草綱目》:醉魚草，南方處處有之，枝易繁衍。”醉魚草亦俗稱“魚鱗子”“藥杆子”“防痛樹”“四棱麻”“土蒙花”“魚藤草”。另本種有變種名“波葉醉魚草”，其葉緣具深波狀齒，產湖北、四川等地。花、葉、根亦可入藥。

【䰻木】

即醉魚草。此稱明代已行用。見該文。

【䰻】

“䰻木”之省稱。即醉魚草。此稱明代已行用。見“醉魚草”文。

【鬧魚花】[1]

即醉魚草。因此木花葉可毒魚，故名。此稱明代已行用。見該文。

【魚尾草】[2]

即醉魚草。此稱明代已行用。見該文。

【醉魚兒草】

即醉魚草。因花、葉可毒魚，故名。此稱

明代已行用。見該文。

【醉魚艸】

同“醉魚草”。此體明代已行用。見該文。

【魚鱗子】

即醉魚草。今安徽各地多行用此稱。見該文。

【藥杆子】

即醉魚草。今江蘇等地行用此稱。見該文。

【防痛樹】

即醉魚草。今廣西各地多行用此稱。見該文。

【四棱麻】

即醉魚草。因其小枝四棱，故名。今湖南各地多行用此稱。見該文。

【土蒙花】

即醉魚草。今四川各地多行用此稱。見該文。

【魚藤草】

即醉魚草。今福建各地多行用此稱。見該文。

鴉膽子

習見林木名。苦木科，鴉膽子屬，鴉膽子〔*Brucea javanica*（Linn.）Merr.〕。常緑灌木或小喬木。高達3米，通體被黄色柔毛。奇數羽狀複葉，互生；小葉五至十一枚，卵狀披針形。花單性，雌雄异株；圓錐花序，腋生；花小，暗紫色。核果，橢圓形，黑色，具突起網紋。我國主要分布於南部各地。以廣東、廣西、福建、雲南、臺灣等地爲多。常見於山野草地、灌叢及村落附近、道路兩旁。果實可入藥。種仁可榨油。

鴉膽子早爲我先民熟知，此稱清代已行用。省稱“鴉膽”。亦稱“苦參子”“苦榛子”“老鴉膽”“鴉蛋子”“苦參”。清趙學敏《本草綱目拾遺·草部下·鴉膽子》：“一名苦參子，一名鴉膽子。出閩廣，藥肆中皆有之。形如梧子，其仁多油，生食令人吐，作霜捶去油，入藥佳。”書引《吉雲旅鈔》：“裏急後重，用鴉膽，即苦榛子，去殼留肉，包龍眼肉，每歲一粒，白滚水下。”清何克諫《生草藥性備要》上卷：“老鴉膽，味苦，性平。凉血，去脾家瘡，治牛毒，理跌打。”清吴其濬《植物名實圖考·木類·鴉蛋子》：“鴉蛋子生雲南，小樹圓葉，結實三粒相併，中有一棱。土醫云，能治痔。”清趙其光《本草求原·山草部·老鴉膽》：“老鴉膽，其頭名苦參，治功已見前。又治牛生疔，並中牛毒。”參閲江蘇新醫學院《中藥大辭典·鴉膽子》。

鴉蛋子

（清吴其濬《植物名實圖考》）

【鴉膽】

“鴉膽子”之省稱。此稱清代已行用。見該文。

【苦參子】

即鴉膽子。此稱清代已行用。見該文。

【苦榛子】

即鴉膽子。或即“苦參子”之音訛。此稱清代已行用。見該文。

【老鴉膽】

即鴉膽子。此稱清代已行用。見該文。

【鴉蛋子】

即鴉膽子。此稱清代已行用。見該文。

【苦参】[2]

即鴉膽子。此稱清代已行用。見該文。

蔓荆

習見林木名。馬鞭草科，牡荆屬，蔓荆（*Vitex trifolia* Linn.）。落葉灌木。嫩枝四方形。掌狀複葉對生，小葉三枚，有香氣。聚傘花序多數，相對排列成圓錐花序，頂生；花冠淡紫色，花萼鐘形。果實圓形，稍有香氣。我國主要分布於魯、浙、閩、粵等濱海砂地。常用於海岸帶固砂造林。種子可入藥。

我國蔓荆栽培利用迄今已逾二千餘年。此稱漢代已行用，沿稱至今。魏晋時曾與牡荆混稱。《神農本草經·上品·蔓荆實》："蔓荆實，味苦，微寒。主筋骨間寒熱痹，拘攣，明目堅齒，利九竅，去白蟲，久服輕身耐老……生山谷。"孫星衍等注引《廣雅》云："牡荆，蔓荆也。"隋唐前後別爲二種，仍沿用此稱。唐韓鄂《四時纂要·冬令·十二月》："香油，療頭風、白屑、頭癢、頭旋、妨悶等方：蔓荆子三大合，香附子三十個……以上六味細銼，綿裹，故鏵鐵半斤（碎）。右都浸於一大升生麻油中。七日後，塗頭。旋添油。如藥氣盡，即换。"古人頗重蔓荆子，甚至將其列入重要土産或貢品。亦常用於加固堤防，保持水土。舉世聞名的都江堰，曾以蔓荆固堤護岸。宋樂史《太平寰宇記·山南東道一·鄧州》："土産：絲布貢、絹、蔓荆子、款冬花，進白菊花，其花在騎立山，有人户看守。"《元史·河渠志·蜀堰》："江水出蜀西南，徼外東至於岷山，而禹導之。秦昭王時，蜀太守李冰鑿離堆分其江以灌川蜀，民用以饒，歷千數百年，所過衝薄蕩囓，又大爲民患，有司以故事歲治隄防……取桐實之油和石灰雜麻絲而擣之使熟，以苴罅漏岸善崩者，密築江石以護之，上植楊柳，旁種蔓荆，櫛比鱗次，賴以爲固。"明董斯張《吳興備志·田賦徵》："國朝湖州歲貢南京殭蠶一十五斤，乾葛五十斤，桑白皮二十斤，牛膽、南星二斤，烏梅三十斤，蔓荆子三斤，草决明五斤……"《明一統志·保定府·河間》："土産：鹽（鹽山縣有場），香梨（交河縣出），蓮魚（河間、任丘二縣出），蔓荆子（南皮縣出），鰕、蟹、蒲、葦（青縣興濟二縣出）。"清吳其濬《植物名實圖考·木類·蔓荆》："蔓荆，《本經》上品。又牡荆，《别録》上品，即黄荆也。"

蔓 荆

（清吳其濬《植物名實圖考》）

按，古代諸家所解蔓荆、牡荆常紛糾不清。諸多典籍記述尤多混亂。不少學家試圖分辨明析。今略擇其一，以爲參考。清姚炳《詩識名解·木部·楚》："楚（《周南·漢廣》篇），《説文》云：'楚，叢木，一名荆。'羅瑞良謂：'楚者，楚地所出，其一名荆，故楚國入春秋稱荆，其後稱楚，而荆州亦以此木得名也。'按，荆有牡荆蔓荆，其種各異。《廣志》以牡荆即蔓荆，復别赤荆大實者爲牡荆，並誤。蘇頌云：牡荆即作箠杖者，枝莖堅勁作科，不爲蔓生，故曰牡。葉如萆麻更疏瘦，花紅作穗，實細而黄如麻子大。蔓荆莖高四尺，對節生枝，初春因舊枝而生葉類小楝，夏盛茂有花，淺紅色，蕊黄白，花下有青萼，秋結實，斑黑如梧子大而輕虚，此與羅瑞良所説合。”

蔓荆多生於海邊、砂灘及河邊等地。今亦稱“白布荆”“白背木耳”“海風柳”。又，本種有變種“單葉蔓荆”，其葉爲單葉，倒卵形，其分布同用途與正種同。今膠東半島濱海沙地潮上帶，常見有大面積單葉蔓荆群落，蔚爲壯觀，且固沙、護岸效果極佳。

【白布荆】

即蔓荆。今稱。見該文。

【白背木耳】

即蔓荆。今嶺南地區多行用此稱，語本清末蕭步丹《嶺南采藥録》。見該文。

【海風柳】

即蔓荆。因多生海岸，樹隨風動，故名。今福建、廣東等地多行用此稱。見該文。

衛矛

習見林木名。衛矛科，衛矛屬，衛矛〔*Euonymus alatus* (Thunb.) Sieb.〕。落葉灌木。枝四稜，著生木栓翅，形如箭羽。葉橢圓形或倒卵形。聚傘花序，花黄色或淡緑色。蒴果粉紅色。種子褐色，被橘紅色假種皮。我國分布於北部各地。木材供細木工、雕刻用材。種子可榨油。枝供藥用。

衛矛枝具木栓翅形如箭羽，故稱衛矛。樹亦以藥名。漢代已用此稱。亦稱“鬼箭”。《神農本草經·中品·衛矛》：“衛矛，味苦，寒……一名鬼箭，生山谷。”三國時亦稱“神箭”。《廣雅·釋草》：“鬼箭，神箭也。”王念孫疏證：“陶弘景云：山野處處有，其莖有三羽，狀如箭羽，俗皆呼爲鬼箭。然則鬼箭以形得名也。箭羽名衛，故鬼箭又名衛矛。”宋代亦稱“狗骨”。《通志·昆蟲草木略·木類》：“衛矛，曰鬼箭。莖有三羽，狀如箭翎，俗謂之狗骨。”宋唐慎微《證類本草·木部中品·衛矛》：“衛矛，味苦，寒，無毒。主女子崩中下血，腹滿汗出，除邪殺鬼，毒蠱疰中，惡腹痛，去白蟲，消皮膚風毒腫，令陰中解。一名鬼箭。生霍山山谷。八月采，陰乾。”書注：“陶隱居云：山野處處有。其莖有三羽，狀如箭羽，俗皆呼爲鬼箭。而爲用甚稀。”又引《本草圖經》曰：“衛矛，鬼箭也。出霍山山谷，今江淮州郡或有之。三月以後生莖苗，長四五尺許，其幹有三羽狀如箭翎，葉亦似山茶青色，八月十一月十二月采條莖，陰乾。其木亦名狗骨。”宋張杲《醫説》卷二：“《本草》：一物而有數名者，詳載《本經》。至有日常用之藥乃有異名一時難以尋討，今直指其名表而出之，庶有益於後學：牡蒙，乃紫參；衛矛，即鬼箭；紫葳，今凌霄花……烏芋，即慈菇；蚤休，即紫荷車；浮石，載石蟹條下；慎火草，即景天也。”《廣群芳譜·藥譜八·衛茅》：“《本草綱目》衛茅，一名鬼箭，一名神箭。蘇頌曰生山石間，小株成叢，春長嫩條，條上四面有羽如箭羽，視之若三羽。青葉狀似野茶，對生，味酸澀。三四月開碎花，黄緑色。結實大如冬青子。”今亦稱“四面鋒”“雁翎茶”。

衛　矛

（清吴其濬《植物名實圖考》）

【鬼箭】

即衛矛。此稱漢代已行用。見該文。

【狗骨】[3]

即衛矛。此稱宋代已行用。見該文。

【神箭】

即衛矛。此稱三國時期已行用。見該文。

【四面鋒】

即衛矛。因其枝四棱，故名。今浙江各地多行用此稱。見該文。

【雁翎茶】

即衛矛。因其枝具木栓翅，形若雁翎，故名。今遼寧各地多行用此稱。見該文。

【鬼箭羽】

即衛矛。此稱唐代已行用。多見諸本草典籍。以爲可驅邪避灾。唐孫思邈《孫真人備急千金要方》卷二九："太乙流金散辟温氣方：雄黄三兩，雌黄二兩，礬石一兩，鬼箭羽一兩半，羚羊角燒二兩。右五味治下篩，三角絳袋盛一兩，帶心前並掛門户上，若逢大疫之年，以月旦青布裹一刀，圭中庭燒之，温病人亦燒薰之。"唐王燾《外臺秘要方》卷一三："［延年桃奴湯］主伏連鬼氣發，即四肢無力，日漸黄瘦，乍好乍惡不能方：桃奴、茯苓各三兩，鬼箭羽、芍藥、人參、橘皮各二兩，生薑四兩，檳榔七枚，麝香一分（别研）。右九味切，以水九升，煮取二升七合，去滓，内麝香，温分爲三服，如行八九里。久忌大醋，生冷，五辛。"明薛已《薛氏醫案》卷三〇："［辟瘟丹］虎頭骨二兩，硃砂、雄黄、雌黄、鬼臼、皂莢、蕪荑仁、鬼箭羽、藜蘆各一兩。右爲末，煉蜜丸彈子大，囊盛一丸男左女右繫臂上，及用一丸當病人户前燒之，一切邪鬼不敢近。"清程林《聖濟總録纂要》卷一二："［不换金煮散］治九種心痛滯氣：玄胡索、蓬莪茂、威靈仙、鬼箭羽、薑黄、苦楝根一兩。共末，空心酒水合煎三錢，温服日二。"《江南通志・食貨志・寧國府》："鬼箭羽，能除疫氣，寧國山中爲多。"亦稱"六月凌"。清吴其濬《植物名實圖考・木類・衛矛》："衛矛，《本經》中品。即鬼箭羽。湖南俚醫謂之六月凌，用治腫毒。"見"衛矛"文。

【六月凌】[2]

即鬼箭羽。此稱清代已行用。見該文。

綉球藤

習見林木名。毛茛科，鐵綫蓮屬，綉球藤（*Clematis montana* Buch.-Ham. ex DC.）。攀援灌木。莖褐色或紫色，具條紋。三出葉，對生；小葉卵形或橢圓形，有長柄，邊緣具粗鋸齒。花白色，四瓣，一至六朵簇生。瘦果，扁卵形。我國主要分布於安徽、湖北、陝西、四川、貴州、雲南諸地。

我國應用綉球藤已有數百年歷史，明清時常與小木通混用。時亦作"綉毬藤"。清吴其濬《植物名實圖考・蔓草類・綉毬藤》："綉毬藤生雲南。巨蔓逾丈，一枝三葉。葉似榆而深齒。葉際抽葶，開花如絲，長寸許，糾結成毬，色黄緑。《滇南本草》亦有此藤，而圖説皆異，蓋又一種。此藤開四瓣紫花，心皆粉蕊，老則迸爲白絲，微黄。土醫或謂爲木通，以爲

綉球藤
（清吴其濬《植物名實圖考》）

薰洗之藥。”觀其圖形，依其描述，頗似本種，唯花色稍异，或許記録有誤所致。參閲江蘇新醫學院《中藥大辭典·川木通》。今亦稱“白花木通”“四季牡丹”“山鐵綫蓮”。

【綉毬藤】

同“綉球藤”。此體清代已行用。見該文。

【白花木通】

即綉球藤。今稱。見該文。

【四季牡丹】

即綉球藤。今四川、雲南等地多行用此稱。見該文。

【山鐵綫蓮】

即綉球藤。今四川、雲南等地多行用此稱。見該文。

頳桐

習見林木名。馬鞭草科，大青屬，頳桐〔*Clerodendrum japonicum*（Thunb.）Sweet〕。落葉小灌木。單葉對生，葉極大，長可達30厘米，具長柄，心形或卵圓形，葉緣具鋸齒。圓錐花序頂生，花冠大紅色。核果，球形或倒卵形；果皮具汁，裂爲二或四小果。我國主要分布於南部各地。供觀賞。根、花可入藥。

我國頳桐栽培利用歷史悠久。晋代已見記載，時稱“頳桐花”，俗呼“貞桐花”。晋嵇含《南方草木狀》卷上：“頳桐花，嶺南處處有。自初夏生至秋，蓋草也。葉如桐，其花連枝萼，皆深紅之極者，俗呼貞桐花。貞皆訛也。”宋代已見“頳桐”之稱。俗呼“百日紅”“真桐”。宋陸游《思政堂車軒偶題》詩：“唤起十年閩嶺夢，頳桐花畔見紅蕉。”自注：“頳桐，嘉州謂之百日紅。”宋陳翥《桐譜·類屬》：“一種身青，葉圓大而長，高三四尺便有花，如真紅色，甚可愛。花成朵而繁，葉尤疏。宜植於堦壇庭榭，以爲夏秋之榮觀。厥名真桐，亦曰頳桐焉。”明方以智《物理小識·草木類》：“南方有頳桐。”清代亦稱“洋海棠”。清吴其濬《植物名實圖考·群芳類·頳桐》：“按頳桐，廣東遍地生，移植北地，亦易繁衍。京師以其長鬚下垂，如垂絲海棠，呼爲洋海棠。”古木之名桐者甚多，亦常相混淆。如明毛晋《陸氏詩疏廣要·釋木·梓椅梧桐》：“按，椅桐梓確是三種，所謂大同而小别也，但梧桐是一物。《爾雅》雖兩釋，實無異也。蓋謂種類太多，如青桐、白桐、赤桐、岡桐、頳桐、紫桐、荏桐、刺桐、胡桐、蜀桐、罌子桐之類不可枚舉。其實各各不同。諸家紛紛致辨，轉致惑人。至若陶氏謂白桐是岡桐，鄭氏謂岡桐是椅桐，益可笑矣。”清姚炳《詩識名解·木部·桐》：“一種頳桐，身青，葉圓大而長，高三四尺即有花，花色紅如火，無實。”諸説各有見地。頳桐今亦俗稱“狀元紅”“荷苞花”“抽鬚紅”“香籨花”“龍船花”“紅龍船花”“真珠花”“朱桐”“真珠梧桐”。參閲江蘇新醫學院《中藥大辭典·荷苞花》。

【頳桐花】

即頳桐。此稱晋代已行用，并沿稱於後世。見該文。

【貞桐花】

即頳桐。貞爲頳之訛稱。此稱晋代已行用。見該文。

【百日紅】[3]

即頳桐。此稱宋代已行用。見該文。

【真桐】

即頳桐。真爲頳之音訛。此稱宋代已行用。見該文。

【洋海棠】

即赬桐。此稱清代已行用。見該文。

【狀元紅】[1]

即赬桐。因其花紅、艷麗，故名。今廣東廣州等地多俗用此稱。見該文。

【荷苞花】

即赬桐。今川東地區多俗用此稱。見該文。

【抽鬚紅】

即赬桐。因其花大紅，長鬚下垂，故名。今之俗稱。見該文。

【香篓花】

即赬桐。今四川各地多俗用此稱。見該文。

【龍船花】[1]

即赬桐。今廣西各地俗用此稱。見該文。

【紅龍船花】

即赬桐。今廣西各地多俗用此稱。見該文。

【真珠花】

即赬桐。今閩東地區多俗用此稱。見該文。

【朱桐】

即赬桐。因其樹類桐、花色大紅，故名。今廣東各地多俗用此稱。見該文。

【真珠梧桐】

即赬桐。今閩粵俗用此稱。見該文。

【合包花】

即赬桐。清代川東各地多行用此稱。清劉善述《草木便方·草部·合包花》："合包花根辛苦平，腸風下血痔漏靈，風濕熱毒利腸胃，赤白瀉痢屎血淋。"《草木便方》整理組以爲此合包花即赬桐。見"赬桐"文。

蕤核

習見林木名。薔薇科，扁核木屬，蕤核（*Prinsepia uniflora* Batal.）。落葉灌木。高1~2米。老枝紫褐色，皮光滑；具枝刺，鑽形。葉互生或叢生，長圓狀披針形或狹長圓形，近無柄，全緣。花單生，或二至三朵簇生於葉叢内；花冠白色，具紫色脉紋。核果球形，紅褐或黑褐色，光澤無毛。花期4至5月，果期8至9月。我國主要分布於豫、晋、川、陝、甘及内蒙古等地。果可食，亦可釀酒、製醋。種子可入藥。

我國栽培利用蕤核歷史悠久。其核爲藥，名蕤核，樹亦以藥名。漢代始行用此稱，并沿稱至今。《神農本草經·上品·蕤核》："蕤核，味甘，温，主心腹邪氣，明目，目赤痛傷淚出。久服輕身益氣不飢。生川谷。"亦稱"蕤"。孫星衍等注引《吴普本草》："蕤核，一名蕤。神農、雷公：甘，平，無毒。生池澤。八月采。補中，强志，明目，久服不飢。"南朝梁陶弘景《名醫别録·上品·蕤核》："微寒，無毒。主治目睡眦爛，齆鼻，破心下結痰痞氣，生函谷及巴西。七月采實。"唐陳藏器《本草拾遺·解紛·蕤核》："蕤核，子生熟，足睡，不眠。"宋唐慎微《證類本草·本草上品·蕤核》："蕤核，味甘，温，微寒，無毒。主心腹邪結氣，明目，目赤痛傷，淚出目腫，眦爛齆鼻，破心下結痰痞氣，久服輕身，益氣不饑。生函谷川谷及巴西。"亦稱"蕤核樹"。俗稱"蕤李子"。多用以治眼病，子亦可食以當飢。明鮑山《野

蕤　核
（清吴其濬《植物名實圖考》）

菜博録》卷四："蕤核樹，俗名蕤李子。生函谷、川谷及巴西、河東皆有，今古峭關西茶店山谷間亦有之。其木高四五尺，枝條有刺，葉細似枸杞葉而尖長，又似桃葉而狹小，亦薄。花開白色，結子紅紫色，附枝莖而生，狀類五味子，其核仁味甘，性温，微寒，無毒，其味甘酸。食法：摘取其果，紅紫色熟者食之。"《陝西通志・物産一・藥屬》："蕤核，今出雍州。樹生葉細，似枸杞而狹長，花白，子附莖生，紫赤色，大如五味子，莖多細刺。五六月熟。采實（《蜀本草》)。蕤仁出清澗，味甘，温（馬志）。"清吴其濬《植物名實圖考・木類・蕤核》："蕤核《本經》上品。《傳信方》，治眼風淚癢，用之得效。"今亦名"山桃""馬茹""茹茹"。

【莛】

即蕤核。此稱三國時期已行用。見該文。

【蕤核樹】

即蕤核。此稱明代已行用。見該文。

【蕤李子】

即蕤核。此稱明代已行用。見該文。

【山桃】[1]

即蕤核。今河南各地多行用此稱。見該文。

【馬茹】

即蕤核。今陝西各地多行用此稱。見該文。

【茹茹】

即蕤核。今山西各地多行用此稱。見該文。

【棫】

即蕤核。此稱秦漢時期已行用。亦稱"白桵""桵"。《爾雅・釋木》："棫，白桵。"晋郭璞注："桵，小木，叢生，有刺，食如耳璫，紫赤，可啖。"明李時珍《本草綱目・木三・蕤核》："［釋名］白桵。時珍曰：《爾雅》'棫，白桵'即此也。其花實蕤蕤下垂，故謂之桵，後人作蕤。"按《詩・大雅・綿》"柞棫拔矣"，陸璣疏以爲棫即柞，實誤。經考證，棫，一名白桵，即蕤核。《續通志・昆蟲草木略三・木類》："棫，一名白桵，見《爾雅》。郭璞注曰：桵，小木，叢生有刺，實如耳璫，紫赤，可啖。《本草》曰：其核名蕤核。臣等謹案，鄭《志》依王萶説以柞爲棫，考《詩》柞、棫並稱，明非一木，故别出之。"清陳啓源《毛詩稽古編・大雅・柞棫拔矣》："《爾雅》釋木云：'棫，白桵。'郭注云小木叢生有刺，實如耳璫，紫赤可啖。……陸疏據《三蒼》説以爲棫即柞，其材理全白，無赤心者爲白桵。孔疏並存兩説，不能辨其孰是。朱傳本從郭注，而大全引東陽許氏語申之則純襲陸疏之言，與朱意正相反而引吕爲證，舛矣。案，白桵，《本草》用其核爲藥，名蕤核，入《本經上品》。陶隱居云：大如烏豆，有文理如胡桃核。蜀韓保昇云：葉似枸杞而狹長，葉白。子附莖生，紫赤色，大如五味子，多細刺。宋蘇頌云：木高五六尺，莖間有刺。此三家注所紀物色形相皆與郭氏同，朱子獨取其説，良有見矣。"參閱江蘇新醫學院《中藥大辭典・蕤仁》文。見"蕤核文"。

【白桵】

即棫。此稱秦漢時期已行用。見該文。

【桵】

"白桵"之省稱。即棫。此稱晋代已行用。見"棫"文。

錦鷄兒

習見林木名。豆科，錦鷄兒屬，錦鷄兒〔*Caragana sinica*（Buc'hoz）Rehd.〕。落葉灌

木。小枝細長，具棱。托葉刺狀三角形。小葉兩對，散生，倒卵形或長圓狀倒卵形。花單性，黄色略紅，蝶形。莢果圓筒形。我國主要分布於河北、河南、陝西、湖北、湖南、江蘇、江西、浙江、四川、雲南、貴州等地。爲重要水土保持樹種。花煠熟後可食。種實味甘，亦可炒食。

我國栽培利用錦鷄兒已有數百年歷史，唐宋時已有栽培觀賞。明代歉年常用以救荒。亦稱“金雀花”“壩齒花”“醬瓣子”“金雀兒花”“黄雀花”“飛來鳳”，省稱“金雀”。明代已行用“錦鷄兒”之稱，并沿稱至今。宋翁元廣《金雀花》詩：“管領東風知幾春，也將俗態染香塵。有人不具看花眼，惱殺飄蓬老病身。”明徐光啓《農政全書》卷五六引《救荒本草》：“壩齒花，木名錦鷄兒，又名醬瓣子。生山野間；中州人家園宅間亦多栽。葉似枸杞子葉而小；每四葉攢生一處。枝梗亦似枸杞，有小刺。開黄花，狀類鷄形；結小角兒，味甜。救飢：采花煠熟，油鹽調食。炒熟，吃茶亦可。”清陳淏子《花鏡》卷三：“金雀花，枝柯似迎春；葉如槐而有小刺，仲春開黄花，其形尖，而旁開兩瓣，勢如飛雀可愛。”清趙學敏《本草綱目拾遺・花部・金雀花》：“金雀花，一名黄雀花，似六月雪而本高。正二月開花，色黄，梗有刺，根入藥……《百草鏡》：金雀花生山土中，雨水時開花，色黄而香，形酷似雀……《嘉興府志》：金雀一名飛來鳳，鹽浸可以點茶。《成化四明志》：金雀兒花産奉化。”清吴其濬《植物名實圖考・蔓草類・錦鷄兒》：“《救荒本草》：壩齒花本名錦鷄兒，又名醬瓣子……按此草，江西、湖南多有之。摘其花炒鷄蛋，色味皆美云，或呼爲黄雀花。”

按，錦鷄兒屬樹木約百餘種，我國有六十餘種。依江蘇新醫學院《中藥大辭典》，以爲《救荒本草》之壩齒花當屬本種。石聲漢《農政全書校注》以爲即“紅花錦鷄兒”，伊欽恒《花鏡》校注以爲即“金雀花”。今俱附供考。

【金雀花】

即錦鷄兒。此稱宋代已行用。見該文。

【壩齒花】

即錦鷄兒。此稱明代已行用。見該文。

【醬瓣子】

即錦鷄兒。此稱明代已行用。見該文。

【金雀兒花】

即錦鷄兒。此稱明代已行用。見該文。

【黄雀花】

即錦鷄兒。此稱清代已行用。見該文。

【金雀】

“金雀花”之省稱。即錦鷄兒。此稱清代已行用，名見清刊《嘉興縣志》。見“錦鷄兒”文。

【飛來鳳】

即錦鷄兒。此稱清代已行用，名見清刊《嘉興縣志》。見該文。

【金鵲花】

即錦鷄兒。此稱多行用於明代。亦稱“大蛇葉”。明蘭茂《滇南本草・金鵲花》：“金鵲花，一名大蛇葉。味甜，性温。”見“錦鷄兒”文。

【大蛇葉】

即金鵲花。此稱明代已行用。見該文。

【欛齒花】

同“壩齒花”。即錦鷄兒。此體明代已行

用。亦稱“錦鷄兒花”。明鮑山《野菜博録》卷四:“欛齒花,《本草》一名錦鷄兒花,葉似枸杞子葉小,每四葉聚生一處,枝梗亦似枸杞,有小刺,開黄花,狀類鷄冠,結小角兒,味甜。食法:采花煠熟,油鹽調食。”見“錦鷄兒”文。

欛齒花
(明鮑山《野菜博録》)

【錦鷄兒花】

即欛齒花。此稱唐代已行用。見該文。

簕欓

習見林木名。芸香科,花椒屬,簕欓花椒〔*Zanthoxylum avicennae*(Lam.)DC.〕。常緑灌木或喬木,高約12米。幹、枝具紅褐色皮刺。奇數羽狀複葉互生;小葉七至二十三枚,紙質至革質,頂生葉矩圓形,其他葉倒卵狀矩圓形或不對稱菱形,全緣或沿中部以上葉緣有不明顯淺鈍齒,無毛,上面有光澤;葉軸具狹翼及疏鈎刺。傘房狀圓錐花序,頂生;花小,淡青色。蓇葖果紫紅色,生粗大腺點,頂端有極短喙。種子黑色,光亮。我國主要分布於臺灣、福建、廣東、海南、廣西、雲南等地。多見於低海拔之平地、山坡或谷地之次生林中。種子可榨油。果、葉亦可提取芳香油。根可入藥。亦可用於荒坡、溪谷之造林緑化。

簕欓樹幹刺如鷄爪,枝刺,三角形水平直出或上彎,鳥、鷹畏而不宿,故清代稱“鷹不泊”“烏鴉不企樹”。并行用“簕欓”之稱。清趙其光《本草求原·隰草部·鷹不泊》:“鷹不泊,辛,温。理痰火、酒痰,開喉咽腫痛。浸酒,祛風、理跌打。”清末蕭步丹《嶺南采藥録·鷹不泊》:“鷹不泊,味辛,性温。大去痰水,理酒痰,理咽喉,治跌打去風,治黄腫。”蓋是指樹根。江蘇新醫學院《中藥大辭典·鷹不泊》:“鷹不泊(《本草求原》)。異名:烏鴉不企樹、簕欓(《嶺南采藥録》)……基原:爲芸香科植物簕欓的根。”今俗稱“鳥不宿”“畫眉架”“刺倒樹”。通稱“簕欓花椒”。

【鷹不泊】

即簕欓。因枝幹多刺鷹不敢泊,故名。此稱清代已行用。見該文。

【烏鴉不企樹】

即簕欓。因其枝多刺,烏鴉不敢站脚,故名。此稱清末民初已行用,名見清末蕭步丹《嶺南采藥録》。見該文。

【鳥不宿】[3]

即簕欓。因此木有刺,鳥雀不肯留宿,故名。今嶺南地區多俗用此稱。見該文。

【畫眉架】

即簕欓。今嶺南各地多俗用此稱,名見《嶺南草藥志》。見該文。

【刺倒樹】

即簕欓。今嶺南地區多俗用此稱。見該文。

【簕欓花椒】

即簕欓。今之通稱。見該文。

檉柳

習見林木名。檉柳科,檉柳屬,檉柳(*Tamarix chinensis* Lour.)。落葉灌木或小喬木。莖多分枝,枝柔弱細長,且常下垂,樹皮與枝均爲紅褐色。葉互生,無柄;葉片小,呈鱗片狀、卵狀三角形,或披針形。總狀花序着生於幼枝，組成頂生圓錐花序；花小而密生，粉紅色。蒴果，狹小，先端具毛。我國主要分布於華北、東北至長江中下游各省，兩廣、川、黔亦有栽培。耐鹽碱，常爲鹽碱土改良林及濱海防護林造林樹種。枝條可編製筐籃及農具，亦供薪炭用材。細嫩枝、葉、花及樹脂可入藥。

檉 柳

（清吴其濬《植物名實圖考》）

我國栽培利用檉柳歷史悠久。先秦時單稱"檉"，秦漢時稱"河柳"，沿稱於後世。《詩・大雅・皇矣》："啓之辟之，其檉其椐。"《爾雅・釋木》："檉，河柳。"漢代已行用此稱。并沿稱至今。其時新疆各地廣有分布。《漢書・西域傳上・鄯善國》："鄯善國，本名樓蘭王，治扜泥城……國出玉，多葭葦、檉柳、胡桐、白草。"《新唐書・吐蕃傳下》："河之西南，地如砥，原野秀沃，夾河多檉柳。"《爾雅翼・釋木》："檉，河柳。郭璞以爲河旁赤莖小楊也。其皮正赤如絳，而葉細如絲，婀娜可愛。"明李時珍《本草綱目・木二・檉柳》："檉柳小幹弱枝，插之易生。赤皮，細葉如絲，婀娜可愛。"檉柳分布極廣，適應性特强，雖屬小灌木，但因用途廣泛，各地都視其爲重要土産。《太平寰宇記・四夷・樓蘭國》："樓蘭國在婼羌西北，漢時通焉……地沙鹵少田，寄田仰谷傍國，出玉，多葭葦、檉柳、胡桐、白草，白草者牛馬所嗜也。"《清一統志・古迹車師國・土産》："穀、麥、穇麥、豆、麻、桃、李、棗、瓜、蒲萄、檉柳、胡桐、白草……"又，"〔阿克蘇〕土産：黍、麥、高粱、豌豆、蒲萄、葭葦、檉柳、胡桐、白草（《水經注》：墨山國多葭葦、檉柳、胡桐、白草）馬、羊、布、紅銅、硫黄、硝（《西域圖志》:阿克蘇額徵布、紅銅、硫黄、硝）"。檉柳常用於河堤的護岸固坡造林，被稱作"隨河柳"，既可固堤，又能括地造田。清《江南通志・河渠志・黄河一》："凡驗築隄之工，必逐段横掘至底而後見，舊以錐刺無益也。一植柳六法：一曰卧柳……五曰漫柳，凡坡水漫流之處，難以築隄，惟沿河兩岸密栽低小檉柳數十層，俗名隨河柳，不畏淹没，每遇水漲既退則泥沙委積，即可高尺餘或數寸許，隨淤隨長，每年數次，數年之後自成巨隄。如沿河居民各分地界築一二尺餘，縷水小隄上栽檉柳尤易淤積成高。一二年間隄内即可種麥，用工甚省，爲效甚大。"

檉柳今仍廣泛用於鹽碱荒地、海濱沙地、溝坡路邊及河岸堤壩等地造林。頗受人們的喜愛。按，一説檴即檉柳。亦稱"大東"。清顧棟高《毛詩類釋・釋木・檉》："《爾雅》：檉，河柳。郭注：今河旁赤莖小楊。邢疏：陸璣云生水旁，皮正赤，一名雨師。枝葉如松。鄭樵曰：檉。《本草》謂之赤檉木，以其材赤故也。大概松之類而意態似柳，故謂之檉柳。《爾雅》：其材可卷爲盤合。又曰：檴，落。郭云可以爲柸器素。臣謹案，據此則檉與《大東》'無浸檴薪'之檴同一物。姑存之。"此説或是，今附供考。

檉柳屬植物共七十五種，我國産四種，即檉柳、五蕊檉柳、華北檉柳及湖北檉柳。本種亦有數個變種。今亦稱“西湖柳”“紅筋條”，“紅荆條”“山川柳”“紅柳”。

【檉】

“檉柳”之單稱。此稱先秦時期已行用。見該文。

【河柳】

即檉柳。此稱秦漢時期已行用。見該文。

【隨河柳】

即檉柳。此稱清代已行用。見該文。

【西湖柳】

即檉柳。今江蘇高淳等地多行用此稱。參閲陳嶸《中國樹木分類學·檉柳》。見該文。

【紅筋條】

即檉柳。因其枝赤色，堅韌，故名。今河南各地多行用此稱。見該文。

【紅荆條】

即檉柳。今河北、河南、山東等地多行用此稱。見該文。

【山川柳】

即檉柳。今河南各地多行用此稱。見該文。

【紅柳】

即檉柳。今新疆各地多行用此稱。見該文。

【殷檉】

即檉柳。亦稱“水檉”。此稱唐代已行用。唐杜甫《傷秋》詩：“白蔣風飆脆，殷檉曉夜稀。”《集千家注杜工部詩》注：“殷檉，檉柳也。”唐白居易《有木詩》八首之六：“有木名水檉，遠望青童童。”見“檉柳”文。

【水檉】

即殷檉。此稱唐代已行用。見該文。

【人柳】

即檉柳。此稱唐代已行用。唐袁郊《三輔舊事》：“漢武帝苑中有柳狀如人，號曰人柳，一日三眠三起。”宋趙令畤《侯鯖録》卷二：“李商隱《江之嫣賦》云：‘豈如河畔牛星，隔歲祇聞一過。不及苑中人柳，終朝剩得三眠。’漢苑有人形柳，一日三起三倒。”《山堂肆考》卷四四：“《詩話》：漢苑中有柳，狀如人，號人柳。一日三眠三倒。”清錢謙益《呈雲間諸好》詩：“仙桃方照灼，人柳正蹁躚。”清陳大章《詩傳名物集覽·木·其檉其椐》：“朱傳：檉，河柳也，似楊，赤色，生河邊。……《木譜》：‘漢苑中柳，狀如人形，一日三眠三起，檉柳也。一名人柳。’”見“檉柳”文。

【觀音柳】

即檉柳。此稱明代已行用，沿稱於今。亦稱“長壽仙人柳”“西河柳”。明李時珍《本草綱目·木二·檉柳》：“［釋名］時珍曰：今俗稱長壽仙人柳。亦曰觀音柳，謂觀音用此灑水也。”清陳大章《詩傳名物集覽·木·其檉其椐》：“朱傳：檉，河柳也，似楊，赤色，生河邊。《爾雅》：‘檉，河柳。’郭云：‘今河旁赤莖小楊。’鄭注：‘殷檉也。生水畔，其葉經冬變紅。’陸疏：‘生水旁，皮正赤如絳，一名雨師。枝葉如松’。《漢書》：‘鄯善國多檉柳。’……《木譜》：‘漢苑中柳，狀如人形，一日三眠三起，檉柳也。一名人柳，一名三眠柳，一名觀音柳，一名長壽仙人柳，即俗所稱三春柳也。春前以枝插之易生。’”清陳淏子《花鏡》卷三：“檉柳，一名觀音柳，一名西河柳。幹不甚大，赤莖弱枝，葉細如絲縷，婀娜可愛。”《紅樓夢》第六二回：“大家采了些花草來，兜着坐在花草堆裏鬥草。這個説：‘我有觀音柳。’那個説：‘我有羅漢松。’”見“檉柳”文。

【長壽仙人柳】

即觀音柳。此稱明代已行用。見該文。

【西河柳】

即觀音柳。此稱清代已行用。見該文。

【三春柳】

即檉柳。亦稱"三眠柳"。昔傳此木一年三秀，故名。此稱宋代已行用。明李時珍《本草綱目・木二・檉柳》引寇宗奭曰："今人謂之三春柳，以其一年三秀故名。"明馮復京《六家詩名物疏・皇矣篇・檉》："檉。《爾雅》云：檉，河柳。……《衍義》云：人謂之三春柳，以其一年三秀也。花肉紅色，成細穗，河西者戎人取滑枝爲鞭。"清吴其濬《植物名實圖考・木類・檉柳》："檉柳，《開寶本草》始著録。俗呼觀音柳，亦云三春柳。"《格致鏡原・木類二・楊柳》："檉柳……一名三眠柳，一名觀音柳，一名長壽仙人柳，即今俗所稱三春柳也。"見"檉柳"文。

【三眠柳】

即三春柳。此稱清代已行用。見該文。

【蜀柳】

即檉柳。亦稱"垂絲柳"。其枝得雨則垂垂若絲，故名。此稱明代已行用。明李時珍《本草綱目・木二・檉柳》："［釋名］赤檉……垂絲柳。"又，"［集解］南齊時，益州獻蜀柳，條長，狀若絲縷者，即此柳也"。見"檉柳"文。

【垂絲柳】[2]

即蜀柳。此稱明代已行用。見該文。

【雨師】

即檉柳。此稱晋代已行用。《爾雅・釋木》："檉，河柳。"邢昺疏："陸璣疏云：生水旁，皮正赤如絳，一名雨師。"《爾雅翼・釋木・檉》："檉，……而葉細如絲，婀娜可愛，天之將雨，檉先起氣以應之，故一名雨師。"清陳淏子《花鏡》卷三："［檉柳］其花遇雨即開，宜植之水邊池畔，若天將雨，檉先起以應之，又名雨師。葉經秋盡紅，負霜不落，春時扦插宜活。"《廣群芳譜・木譜十一・檉柳》："檉柳，一名雨師……一名觀音柳，一名長壽仙人柳，即今俗謂三春柳也。"見"檉柳"文。

【赤楊】[2]

即檉柳。此稱多行用於晋代。晋崔豹《古今注》卷下："又有赤楊，霜降則葉赤，材理亦赤也。"亦稱"赤檉木""赤檉"。唐陳藏器《本草拾遺・木部・赤檉木》："赤檉木，無毒……生河西沙地，皮赤色，葉細。"明李時珍《本草綱目・木二・檉柳》："［釋名］赤檉、赤楊、河柳、雨師、垂絲柳、人柳、三眠柳、觀音柳。［集解］〔馬〕志曰：赤檉木生河西沙地。皮赤色，葉細。"《格致鏡原・木類二・楊柳》："檉柳，一名赤檉，一名河柳……即今俗稱三春柳也。"見"檉柳"文。

【赤檉木】

即赤楊[2]。此稱唐代已行用。見該文。

【赤檉】

即赤楊[2]。此稱明代已行用。見該文。

薜荔

習見林木名。桑科，榕屬，薜荔（*Ficus pumila* Linn.）。常緑攀援或匍匐灌木。有乳汁，莖灰褐，多分枝，有氣根，幼時多匍匐狀。葉橢圓形。隱頭狀花序，單性，小花多數。瘦果細小，棕褐色，内有種子密生。我國主要分布於江淮以南諸地。供觀賞。瘦果用水搓洗可得黏液製成凉粉供食用。根、花、果可入藥。

薜荔早爲人熟知，先秦時始有此稱，沿用至今。《楚辭·離騷》："攬木根以結茝兮，貫薜荔之落蕊。"李善注引王逸："薜荔，香草也，緣木而生。"唐代亦稱"木蓮"。宋唐慎微《證類本草·草部·絡石》引唐陳藏器曰："薜荔夤緣樹木，三五十年漸大，枝葉繁茂，葉圓，長三寸，厚若石葦，子似蓮房……一名木蓮。"亦稱"木饅頭""鬼饅頭"。宋張虙《月令解·仲冬之月》："'芸始生，荔挺出，蚯蚓結，麋角解，水泉動。'又記時候也。以物紀候，月令皆然……蓋《楚辭》有薜荔，亦香草，緣木而生也。"《通志·昆蟲草木略·木類》："絡石……如薜荔而小，絡石以生。"《爾雅翼·釋草》："薜荔，狀如烏韭，而生於石上，食之止心痛。亦緣木生，在屋曰昔邪，在墻曰垣衣。今薜荔葉厚實而圓，多蔓，好敷巖石上若罔，故云'罔薜荔兮爲帷'也。或寅緣上木，古木之上有絶大者，開華結實，其實上鋭而下平，外青而中皺，經霜則皺紅而甘，烏鳥所啄，童兒亦食之，謂之木饅頭，亦曰鬼饅頭。其狀如餅餌中饅頭也。食之發瘴，嶺外尤多。州郡待客，取以爲高飣。"明李時珍《本草綱目·草七·木蓮》："［釋名］薜荔、木饅頭、鬼饅頭。時珍曰：木蓮、饅頭，象其實形也。"清吴其濬《植物名實圖考·蔓草類·木蓮》："木蓮即薜荔，《本草拾遺》始著録。自江而南皆曰木饅頭。俗以其實中子浸水汁爲凉粉，以解暑。"

木　蓮
（清吴其濬《植物名實圖考》）

按，今人夏緯英《植物名釋札記·薜荔》以爲"薜荔"之名，始見於《離騷》。夏云："今案《騷》文，'茝'(即芷)、'箘桂''蕙'等，都是香草，'薜荔'自然也應該是香草。('胡繩'據注也是香草。)今鬼饅頭無香，其非薜荔甚明。《離騷》曰：'貫薜荔之落蕊'。古以花朵爲蕊。'貫薜荔之落蕊'，是説把薜荔之落花穿結起來。今鬼饅頭具隱頭花序，很小的花藏在一個饅頭樣的總花托裏面，有何落蕊可言，鬼饅頭之非薜荔又甚明……'薜荔'之爲名：薜，取其香；荔，狀其形。這顯然與鬼饅頭無干了。"如其所云，薜荔當是一種具香氣，葉形細長而叢生似荔的有花植物。然而"木饅頭""鬼饅頭"之稱，不僅古有，今江浙等地仍然沿用。并非因其形似饅頭，而是"開華結實，其實上鋭而下平，外青而中經霜則紅而甘，烏鳥所啄，童兒亦食之，謂之木饅頭，亦曰鬼饅頭"。顯然饅頭之稱蓋因其經霜則紅甘，小兒、禽鳥喜食之故。今附供考。薜荔今亦稱"凉粉藤""爬石虎""天臺花""老鴉饅頭藤""膨滄樹""糖饅頭""木瓜藤""爬壁藤"。

【木蓮】[1]

即薜荔。因其果實形若蓮房，故名。此稱唐代已行用。今江蘇各地仍沿用。亦作"木蓮藤"，見《日華子本草》。見該文。

【木饅頭】[1]

即薜荔。因其實形似饅頭，故名。此稱宋代已行用。見該文。

【鬼饅頭】

即薜荔。此稱宋代已行用，今江蘇各地仍沿用。見該文。

【凉粉藤】

即薜荔。因其瘦果可製凉粉，故名。今江西各地多行用此稱。見該文。

【爬石虎】

即薜荔。今四川各地多行用此稱。見該文。

【天臺花】

即薜荔。今江蘇各地多行用此稱。見該文。

【老鴉饅頭藤】

即薜荔。今浙江各地多行用此稱。見該文。

【膨滄樹】

即薜荔。今福建各地多行用此稱。見該文。

【糖饅頭】

即薜荔。今廣東、廣西等地多行用此稱。見該文。

【木瓜藤】

即薜荔。今江西各地多行用此稱。見該文。

【爬壁藤】

即薜荔。今湖北各地多行用此稱。見該文。

【萆荔】

即薜荔。此稱先秦時期已行用，并沿稱於後世。《山海經・西山經》："小華之山……其草有萆荔，狀如烏韭，而生於石上，亦緣木而生，食之已心痛。"袁珂校注："萆荔，香草。《楚辭・離騷》作薜荔。"唐皮日休《憂賦》："其堅也龍泉不能割，其痛也萆荔不能瘳。"宋吴仁傑《離騷草木疏・薜荔》："'薜荔柏兮蕙綢'，王逸注：薜荔，香草。……仁傑按，《山海經》：'小華之山，其草萆荔，狀如烏韭，而生石上，亦緣木而生。'"明董斯張《廣博物志・草木下》："小華之山，其草有萆荔（萆荔香草也，蔽戾兩音），狀如烏韭，而生於石上，亦緣木而生，食之已心痛。"明楊慎《古音駢字・仄錫》："萆荔，薜荔。"見"薜荔"文。

【巴山虎】[1]

即薜荔。此稱明代已行用。亦稱"石綾""地錦""長春"。明楊慎《丹鉛總録・花木類・薜荔》："今京師人家假山上，種巴山虎是也，又云凡木蔓生皆曰薜荔。"清陳淏子《花鏡》卷五："薜荔一名巴山虎。無根可以緣木而生藤蔓，葉厚實而圓勁如木，四時不凋。在石曰石綾，在地曰地錦，在木曰長春。"見"薜荔"文。

【石綾】

即巴山虎[1]。特指生於石上者。此稱清代已行用。見該文。

【地錦】[1]

即巴山虎[1]。特指生於地上者。此稱清代已行用。見該文。

【長春】[1]

即巴山虎[1]。特指其生於木上者。此稱清代已行用。見該文。

【芫】

即薜荔。亦稱"東蠡"。此稱秦漢時期已行用。語本《續通志》。《續通志・昆蟲草木略・草類》："芫，一名東蠡。見《爾雅》。鄭樵補注云薜荔也。考《廣韻》，芫有剛、杭二音，並引《爾雅》此句。《集韻》：草名，葉似蒲，叢生。"按《爾雅・釋草》："芫，東蠡。"然郭璞注："未詳。"鄭樵何以釋爲薜荔，不得而知。今附供考。見"薜荔"文。

【東蠡】

即芫。此稱秦漢時期已行用。見該文。

鮎魚鬚菝葜

習見林木名。百合科，菝葜屬，華東菝

葜（*Smilax sieboldii* Miq.）之别名。攀援灌木或半灌木。莖與枝具棱，生黑色皮刺。單葉互生，葉柄兩側基部具卷鬚。花單性，雌雄异株；傘形花序，腋生；花黄緑色，闊鐘形。漿果圓球形，成熟時黑色。我國主要分布於東北及華東各地。習見於海拔1800米以下林内、灌叢及草坡中，僅臺灣可生於海拔2500米以上山地。根、莖可入藥。亦可植之供觀賞。

粘魚鬚
（明朱橚《救荒本草》）

我國利用鮎魚鬚菝葜已有數百年史。明代稱“粘魚鬚”“龍鬚菜”。歉年常采葉煠食度荒。明朱橚《救荒本草》卷二：“粘魚鬚，一名龍鬚菜。生鄭州賈峪山及新鄭，山野中亦有之。初先發笋，其後延蔓生莖發葉，每葉間皆分出一小叉，又出一絲蔓，葉似土茜葉而大，又似金剛刺葉，亦似牛尾菜葉。不澀而光澤，味甘。救飢：采嫩笋、葉，煠熟，油鹽調食。”明徐光啓《農政全書》卷四八引《救荒本草》“粘魚鬚”。石聲漢校注，以爲此粘魚鬚爲牛尾草（*Smilax ripari* A. DC.），又名草菝葜。而江蘇新醫學院《中藥大辭典》以爲粘魚鬚當指華東菝葜。後説似是。今從之。亦作“黏魚鬚”“鯰魚鬚”。今通稱“華東菝葜”。

【粘魚鬚】

即鮎魚鬚菝葜。因其葉柄基部兩則生卷鬚若鮎魚鬚，故名。此稱明代已行用。見該文。

【龍鬚菜】

即鮎魚鬚菝葜。因葉基生卷鬚，故名。此稱明代已行用。見該文。

【黏魚鬚】

即鮎魚鬚菝葜。今稱。見該文。

【鯰魚鬚】

即鮎魚鬚菝葜。今稱。見該文。

【華東菝葜】

即黏魚鬚菝葜。因主産華東各地，故名。今之通稱。見該文。

檵木

習見林木名。金縷梅科，檵木屬，檵木〔*Loropetalum chinense*（R.Br.）Oliv.〕。落葉灌木或小喬木。小枝、幼葉、花序、花萼背面及果實均被褐銹色星狀毛。單葉互生，卵形，革質，全緣。花黄色，常三至八朵簇生枝端。蒴果球形，褐色。種子橢圓形，白色。我國主要分布於華東、華中、華南及山東蒙山、河南大别山、伏牛山南坡。根、莖、葉、花、果均可入藥。

檵木名見《鄱陽縣志》。此稱清代已行用。亦稱“檵花”，省稱“檵”。花似剪紙，又名“紙末花”。清吴其濬《植物名實圖考·木類·檵花》：“檵花一名紙末花，江西、湖南山岡多有之。叢生細莖，葉似榆而小，厚澀無齒。春開細白花，長寸餘，如翦素紙，一朵數十條，紛披下垂，凡有映山紅處即有之，紅白齊炫，如火如荼。其葉嚼爛，敷刀刺傷，能止血。《鄱陽縣志》作檵。未知所本。土音則作鷄、寄。紙末則因形而名。”按，檵木屬約四種，我國産三種，本種亦稱“白清明花”“紙土彊花”“白花樹”“知微木”“羅胭木”“刀胭木”。

【檵花】

即檵木。此稱清代已行用。見該文。

【檵】[2]

“檵木”之省稱。此稱清代已行用。見該文。

【紙末花】

即檵木。因其花似剪紙，故名。此稱清代已行用。見該文。

【白清明花】

即檵木。今福建各地多行用此稱。見該文。

【土彊花】

即檵木。今江西各地多行用此稱。見該文。

【白花樹】

即檵木。因其花色白，故名。今廣東各地多行用此稱。見該文。

【知微木】

即檵木。今廣東等各地多行用此稱。見該文。

【羅胭木】

即檵木。今廣西各地多行用此稱。見該文。

【刀胭木】

即檵木。今貴州各地多行用此稱。見該文。

【繭漆花】

即檵木。此稱宋代已行用。《全芳備祖・花部・繭榛花》引宋劉允升（一作劉允叔）《繭漆花》詩：“清晨步上金鷄嶺，極目漫山繭漆花。雪蕊瓊絲亦堪賞，樵童蠶婦帶歸家。”清王士禎《分甘餘話》卷四：“《廣群芳譜》所載異花凡一百一十六種，今略録數十種於左：萬年花、金蓮、玭碧、九花樹、金花、紅綬花、優鉢曇、迎輦花、金步摇、靈壽花、無憂花、那伽花……爪花、闍提花、御帶花、玉手爐花、繭漆花、散水花、孩兒花、練春紅、長十八、波羅花、叠羅花、藍雀花、翠娥眉。”《新華本草綱要・檵木》以爲此繭漆花即檵木。今亦稱“堅漆”。見“檵木”文。

【堅漆】

即繭漆花。或以爲音訛致稱。今浙江各地多行用此稱。見該文。

鎗刀藥

習見林木名。爵床科，鎗刀藥屬，鎗刀藥〔*Hypoestes purpurea*（Linn.）R. Br.〕。小灌木。高約1米。枝草質，被柔毛，有下凹縱直脊綫，節稍膨大。單葉，對生，紙質，卵形至卵狀披針形，全緣，上面微皺縮。穗狀花序，短而疏散，頂生或生於上部葉腋内；花紫色，被腺毛。蒴果，長橢圓形。花期秋季。我國主要分布於廣東、廣西等地。常野生於路邊、溝旁之濕地。現亦多有栽培。

清代已用爲草藥，時稱“紅絲綫”。清末蕭步丹《嶺南采藥録・紅絲綫》：“治火病吐血，煮猪後腿肉食之。”侯寬昭等《廣州植物志・爵床科・鎗刀藥》：“鎗刀藥（亨利氏《中國植物名録》），别名：紅絲綫（《嶺南采藥録》）。小灌木，高達1米……廣州近郊稍有野生。據《嶺南采藥録》載：‘治痰火、咳、吐血。’”江蘇新醫學院《中藥大辭典・紅絲綫》則以爲《嶺南采藥録》之紅絲綫是指爵床科九頭獅子草屬山藍〔*Peristrophe bivalvis*（L.）Merr.〕。未詳二説孰是，今俱附供考。今亦稱“青絲綫”。

【紅絲綫】[2]

即鎗刀藥。此稱清末民初已行用，名見清末蕭步丹《嶺南采藥録》。見該文。

【青絲綫】

即鎗刀藥。今嶺南地區多行用此稱，名見廣州部隊後勤部衛生部《常用中草藥手册》。見該文。

鷄桑

習見林木名。桑科，桑屬，鷄桑（*Morus australis* Poir.）。落葉灌木或小喬木，通常高2~3米，稀達15米，樹皮褐灰色，縱裂。枝開展，無毛。單葉互生，卵圓形，有時三至五裂。花單性，雌雄异株；雄花柔荑花序，長1.5~4厘米；雌花序較短，柱頭二裂。椹果長1~1.5厘米，初紅色，成熟後變暗紫色。我國主要分布於華北、中南及雲南、貴州、臺灣等地。一般生長於石灰岩或其他岩石之懸崖山坡。樹皮纖維可造紙，亦可生産人造棉。果可釀酒。種子可榨油。

我國利用鷄桑歷史悠久，唐代已行用此稱。時人喜愛鷄桑，農家多有種植，栽培經驗已頗豐富。唐陸龜蒙《奉和夏初襲美見訪題小齋次韻》詩："四鄰多是老農家，百樹鷄桑半頃麻。"以鷄桑醫病之經驗亦已成熟。宋唐慎微《證類本草·木部中品·四十五種陳藏器餘》："白馬骨，無毒，主惡瘡。和黄連、細辛、白調、牛膝、鷄桑皮、黄荆等燒爲末，淋汁取治瘰癧、惡瘡、蝕息肉、白癜風。以物揩破塗之。"元王禎《農書》卷五："鷄桑、花桑中間一截其子堅栗，則枝幹堅强而葉肥厚，將種之時，先以柴灰淹揉，次日水淘去輕秕不實者，曬令水脉才乾，種乃易生。"明朱橚《救荒本草》卷六："鷄桑最堪入藥，續斷、麻子、桂心爲之使。桑椹味甘，性暖，或云木白皮亦可用。"清刊《授時通考·桑政·種類》："又《齊民要術》載收葚之黑者，剪去兩頭，惟取中間一截。蓋兩頭者，其子差細，種則成。鷄桑、花桑中間一截其子堅栗，則枝幹堅强而葉肥厚。"

今人亦種鷄桑，多用其樹皮纖維製造蠟紙、絶緣紙，或者加工製作人造棉。今亦稱"小葉桑""岩桑""野桑""山桑"。參閲賈祖璋等《中國植物圖鑒·桑科·鷄桑》及《中國經濟植物志·纖維類·鷄桑》。

【小葉桑】

即鷄桑。今河南各地多行用此稱。見該文。

【岩桑】

即鷄桑。因其多生於山岩上，故名。今河南各地多行用此稱。見該文。

【野桑】

即鷄桑。今廣西、四川等地多行用此稱。見該文。

【山桑】

即鷄桑。因此樹多生山上，故名。今山東各地多行用此稱。見該文。

鷄血藤

習見林木名。豆科，崖豆藤屬，鷄血藤〔*Wisteriopsis reticulata*（Benth.）J.Compton & Schrire〕。常緑攀援灌木。羽狀複葉，長橢圓形至卵形。圓錐花序頂生，下垂，序軸疏生黄色柔毛；花冠蝶形，紫色或玫瑰紅色。莢果扁條形，近木質，紫黑色，種子間縊縮。種子三至七枚，扁圓形。我國主要分布於華東、華南及雲南等地。以雲南順寧者爲佳。可植於園林庭院或製花廊、盆景供觀賞。莖皮纖維可供人造棉、造紙及編織用材。藤、根可入藥。根與種子可製殺蟲劑。老藤亦堪爲杖。其枝斷而汁出如血，故名。

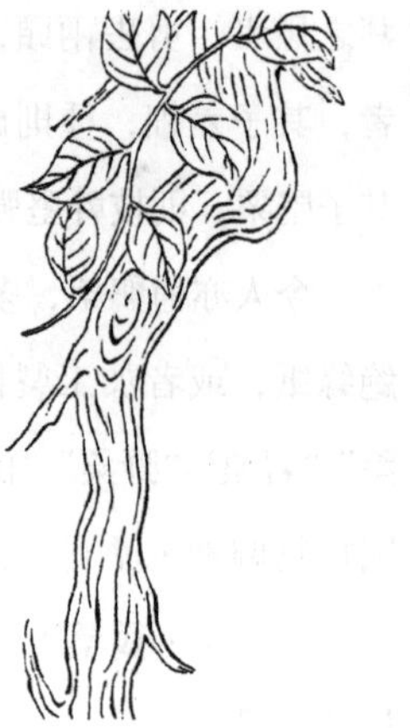

鷄血藤
（清吴其濬《植物名實圖考》）

鷄血藤早爲我先民知，清代多行用此稱，常以其藤及藤膠爲藥。《雲南通志・物產・順寧府》："鷄血藤，出雲州。熬膏治血症。"清趙學敏《本草綱目拾遺・藤部・鷄血藤膠》："《雲南志》：順寧府出鷄血藤，熬膏可治血症。《滇游雜記》：雲南順寧府阿度里地方有一山，綿亘數十里，産藤甚異，粗類棹梁，細似蘆葦，中空如竹，剖斷流汁，色赤若血，故土人名之爲鷄血藤……吾杭龔太守官滇，帶有鷄血藤回里，予親見之，其藤皮細潔，作淡黄色，切開中心起六棱，如菊花樣，色紅，四圍仍白色；乾之，其紅處輒突出二三分許，竟成紅菊花一朵，亦奇物也。"清吴其濬《植物名實圖考・蔓草類・鷄血藤》："鷄血藤，《順寧府志》：枝幹年久者周圍四五寸，少者亦二三寸。葉類桂葉而大，纏附樹間，伐其枝，津液滴出，入水煮之色微紅。佐以紅花、當歸、糯米熬膏，爲血分之聖藥。滇南惟順寧有之，産阿度吾里者尤佳……人或取其藤以爲杖，屈拏古勁，色淡紅，其舊時赤藤杖之類乎？"

按，鷄血藤今産區多爲海拔700米以下山丘地區，溪邊、灌叢多有野生。亦俗稱"三月黄""蟾蜍藤""老荆藤""老凉藤""光葉朱藤"。其主要用途仍以入藥爲主。然今藥用鷄血藤常以本科"密花豆""白花油麻藤""香花崖豆藤""亮葉崖豆藤"等混用之。

【三月黄】

即鷄血藤。今之俗稱。見該文。

【蟾蜍藤】

即鷄血藤。今海南各地多俗用此稱。見該文。

【老荆藤】

即鷄血藤。今海南各地多俗用此稱。見該文。

【老凉藤】

即鷄血藤。今廣西各地多俗用此稱。見該文。

【光葉朱藤】

即鷄血藤。今廣西各地多俗用此稱。見該文。

蘇木

習見林木名。豆科，雲實屬，蘇木〔*Biancaea sappan*（L.）Tod.〕。常緑灌木或小喬木。樹幹有刺，二回羽狀複葉，小葉二十至三十枚，矩圓形，偏斜，背面有腺點。圓錐花序頂生或腋生，花黄色。莢果倒卵狀矩圓形，偏斜，木質，頂端斜截形，有喙。我國主要分布於臺灣、廣東、廣西、貴州、雲南等地。枝幹可提取紅色染料，根可提取黄色染料。芯材供藥用。

我國栽培利用蘇木歷史悠久。晉代稱"蘇枋""蘇枋木"。晉嵇含《南方草木狀》卷中："蘇枋，樹類槐花，黑子，出九真。南人以染絳，漬以大庾之水，則色愈深。"晉崔豹《古今注・草木》："蘇枋木，出扶南林邑。外國取細破煮之以染色。"南北朝時稱"蘇方木"。南朝宋雷斅《雷公炮炙論》下卷："蘇方木……若有中心文横如紫角者，號曰木中尊色，其效倍常百等。"宋代始行用"蘇木"之稱。并沿稱至今。亦稱"窊木"。《宋史・食貨志》："又於杭明州置司，凡大食、古邏闍婆、占城、勃泥麻逸、三佛齊諸蕃，並通貨易以金、銀、緡、錢、鉛、錫、雜色帛、瓷器，市香藥、犀、象、珊瑚、琥珀、珠琲、鑌鐵、鼊皮、瑇瑁、瑪瑙、車渠、水精、蕃布、烏樠、蘇木等物。”宋趙汝适《諸蕃志·志物·蘇木》:“蘇木出真臘國。樹如松柏，葉如冬青。山谷郊野在在有之，聽民采取。去皮曬乾，其色紅赤，可染緋紫。俗號曰窊木。”《金史·食貨志》:“榷場，與敵國互市之所也……泗州場，歲供進新茶千胯，荔支五百斤，圓眼五百斤，金橘六千斤，橄欖五百斤，芭蕉乾三百箇，蘇木千斤，温柑七千箇，橘子八千箇，沙糖三百斤，生薑六百斤，梔子九十稱，犀、象、丹砂之類不與焉。”蘇木爲用甚廣，是古占城、真臘、暹羅、爪哇、三佛齊諸國向中國進貢的重要物資。如《明史·暹羅傳》:“暹羅，在占城西南。順風十晝夜可至……（洪武）二十年，貢胡椒一萬斤，蘇木一萬斤，帝遣官厚報之。”明李時珍《本草綱目·木二·蘇方木》:“［釋名］蘇木。時珍曰：海島有蘇方國，其地産此木，故名。今人省呼爲蘇木爾。［集解］〔蘇〕恭曰：蘇方木自南海、昆侖來，而交州、愛州亦有之。樹似菴羅，葉若榆葉而無澀，抽條長丈許，花黄，子生青熟黑。其木，人用染絳色。”明徐霞客《徐霞客游記·粤西游日記三》:“蘇木山坳平地俱生，葉如决明，莢如扁豆，而子長倍之，繞幹結瘿，點點盤結如乳，乳端列刺如鉤，不可向邇，土人以子種成（林）。”至明清時用以染絳頗爲盛行。清吴其濬《植物名實圖考·木類·蘇方木》:“蘇方木，《唐本草》始著録。廣西亦有之，染絳用極廣，亦爲行血要藥。”清陳大章《詩傳名物集覽·草·茹藘在阪》:“朱傳：茹藘，茅蒐也，一名茜，可以染絳……今又有烏紅，用蘇木染成者。”參閲《通雅·植物》。亦稱“棕木”“赤木”“紅柴”。

蘇方木
（清吴其濬《植物名實圖考》）

【蘇枋】

即蘇木。此稱晋代已行用。見該文。

【蘇枋木】

即蘇木。此稱晋代已行用。見該文。

【蘇方木】

即蘇木。此稱南北朝時期已行用。見該文。

【窊木】

即蘇木。此稱宋代已行用。見該文。

【蘇方】

即蘇木。此稱晋代已行用，名見晋葛洪《肘後備急方》。見該文。

【棕木】

即蘇木。今臺灣各地多行用此稱。見該文。

【赤木】[2]

即蘇木。因其木可染絳，故名。參閲《獸醫國藥及處方》。今稱。見該文。

【紅柴】

即蘇木。今四川各地多行用此稱。見該文。

【多邦】

即蘇木。亦稱“絳木”。此稱明代已行用。《駢雅·釋木》:“多邦，絳木也。”《明一統志·外夷》:“安南土産蘇木。”原注：“一名多邦。”明徐應秋《玉芝堂談薈》卷三五：“《駢雅》：烏文，黑木也；多邦，蘇枋，絳木也；男青，朱木也；青田，酒木也。”見“蘇木”文。

【絳木】

即多邦。此稱明代已行用。見該文。

蘇鐵

習見林木名。蘇鐵科，蘇鐵屬，蘇鐵（*Cycas revoluta* Thunb.）。常緑灌木。樹幹圓柱形，單生或極少分枝，具明顯螺旋排列之菱形葉柄痕。羽狀葉長1~2米，自莖頂生出，上層斜向上展，下層者向下彎曲；羽狀裂片達百對以上，條形，厚革質，堅硬，深緑而有光澤。雄球花圓柱形，小孢子葉窄楔形。種子紅褐色或橘紅色，倒卵圓形或卵圓形，密生灰黄色短絨毛，後漸脱落。花期6至7月，種子10月成熟。我國主要分布於閩、臺、粵等地，今閩、桂、贛、黔、滇、川等地庭院有栽培，蘇、浙及華北各地多植於盆中，供觀賞。莖内含澱粉可食用。種子可食用或入藥。

明代始有記載，時稱“鳳尾蕉”“番蕉”。明方以智《物理小識・貯火油與滅火法》：“種鳳尾蕉辟火。愚者見屋焚蕉枯者多矣，種成高大，可殺火勢。”又《草木類》：“［草木通理］火釘番蕉則茂，梧桐砍皮則大。”明徐應秋《玉芝堂談薈》卷三二：“橄欖落池中魚盡死，番蕉以鐵釘其根則盛，海棠於冬至日以糖水澆其根則盛。”清陳淏子《花鏡》卷三：“鳳尾蕉，一名番蕉。產於鐵山，江西、福建皆有。葉長二三尺，每葉出細尖，瓣如鳳尾之狀，色深青，冬亦不凋。如少萎黄，即以鐵燒紅釘其木上，則依然生活。平常不澆壅，惟以生鐵屑和泥壅之自茂。且能生子，分種亦活。極能辟火患，人多盆種庭前，以爲奇玩。”《廣群芳譜・卉譜三・芭蕉》：“鳳尾蕉，一名番蕉。能辟火患。此蕉產於鐵山。如少萎，以鐵燒紅穿之即活，平常以鐵屑和泥壅之則茂，而生子分種易活。江西塗州有之。”清鄭方坤《全閩詩話》卷七引《閩小紀》：“閩中多鳳尾蕉，相傳樹之亭中可避火灾。蕉性宜鐵，種者每埋鐵其下。何鏡山前輩詩云：‘欲比麒麟能食鐵，真同鳳凰不群鷄。’公自注：蕉影照日其中，梗虛空若無梗然，亦奇聞也。”清吴其濬《植物名實圖考・木類・鳳尾蕉》：“鳳尾蕉，南方有之，南安尤多。樹如鱗甲，葉如棕櫚，尖硬光澤，經冬不凋。欲萎時燒鐵釘烙之，則復茂。”

鳳尾蕉
（清吴其濬《植物名實圖考》）

按，明李時珍《本草綱目》亦有“鳳尾蕉”，并海棕、波斯棗、無漏子爲一種，實誤。又，蘇鐵亦泛指蘇鐵屬植物，我國有十種，其中叉葉蘇鐵、雲南蘇鐵、攀枝花蘇鐵、臺灣蘇鐵及篦齒蘇鐵列爲國家保護植物。本種今亦稱“避火蕉”。

【鳳尾蕉】[1]

即蘇鐵。此稱明代已行用。見該文。

【番蕉】

即蘇鐵。此稱明代已行用。見該文。

【避火蕉】

即蘇鐵。今稱。見該文。

【鐵樹】[2]

即蘇鐵。亦稱“鐵連樹”。此稱宋代已行用。沿稱至今。清于敏中《日下舊聞考・城市・内城西城二》引乾隆《御製廣濟寺鐵樹歌》:“白足僧人稱鐵樹，木疏希見誰能知。”《熱河志・藝文・碑志》引金趙秉文《利州精嚴禪寺蓋公和尚墓銘》:“得瓊嗣。銘曰：黄龍一句，諸方膽喪。極盡元微，全無伎倆。伶俐衲僧，剔足眉稜。鐵樹開花，炎天造冰。三上洞山，九到投子。”《浙江通志・物産・金華府》:“鐵樹:《正統義烏縣志》云：黄菴前有鐵樹，枝葉剥落，一幹膚理不腐，頑墨如鐵。”清趙學敏《本草綱目拾遺・草部・鐵樹葉》:“《楊萬里詩注》:鐵樹葉似蒻而紫，幹如密節菖蒲。似此諸説，同一鐵樹，而開花與枝葉又不同如此。今洋中帶來及世俗所用入藥之鐵樹，葉形如箆箕。據云，其枝須纏以鐵屑乃盛，則番蕉葉也，以其食鐵，故亦名鐵樹。”又同書《草部・鐵樹》曰:“《家寶真傳》云：亦名鐵連樹，生於鐵山銅壁之上。〔明田藝蘅〕《留青日札》:鐵樹花南海出，樹高一二尺，葉密而紅，枝皆鐵色，生於海底。諺云鐵樹開花，喻難得也。”按，《留青日札》所謂“枝皆似鐵，生於海底”似不確切，而“鐵樹開花，喻難得也”則是自古以來的諺語，可證其所云鐵樹，當是蘇鐵。見“蘇鐵”文。

【鐵連樹】

即鐵樹。此稱明代已行用。見該文。

鹹酸蕹

習見林木名。紫金牛科，酸藤子屬，白花酸藤果（Embelia ribes Burm. F.）之别名。攀援小灌木，分枝，無毛。單葉互生，卵形至長橢圓形。圓錐花序頂生，亦兼上部腋生；花小，五瓣，白色。漿果球形。種子球形，基部有孔。我國主要分布於廣東、廣西等地。常見於林下。根可入藥。

清代稱“喪間”，并行用“鹹酸蕹”之稱。清何克諫《生草藥性備要》上卷:“鹹酸蕹，味甘酸，性平。消腫、散毒、止痛、理跌打。一名喪間。”清趙其光《本草求原・隰草類・鹹酸蕹》:“甘辛，平。消腫散毒，理跌打，止痛。浸酒，壯筋骨，洗小兒爛頭。”亦稱“鹽霜柏”“入地龍”“酸味蕹”，俱見清末蕭步丹《嶺南采藥録》。《嶺南采藥録・鹽霜柏》:“鹽霜柏，别名鹹酸蕹。味甘酸，性平。消腫散毒，洗小兒爛頭瘍，止癢。以之浸酒，壯筋骨，理跌打，止痛去瘀生新。”按，蕹，粵語謂植物根爲蕹，鹹酸蕹乃此植物之根，樹以藥名，故稱。今通稱“白花酸果藤”。

【喪間】

即鹹酸蕹。此稱清代已行用。見該文。

【鹽霜柏】

即鹹酸蕹。此稱清代已行用。見該文。

【入地龍】

即鹹酸蕹。此稱清末民初已行用，名見清末蕭步丹《嶺南采藥録》。見該文。

【酸味蕹】

即鹹酸蕹。此稱清末民初已行用，名見清末蕭步丹《嶺南采藥録》。見該文。

【白花酸果藤】

即鹹酸蕹。今之通稱。見該文。

鐵刺枝

習見林木名。鼠李科，鼠李屬，薄葉鼠李（*Rhamnus leptophylla* C. K. Schneid.）之别名。落葉灌木。小枝棕紅色，上部多分枝，頂端灰褐色，成針刺狀。單葉對生，或互生、束生於枝端，質薄，倒卵形、橢圓形或長橢圓形。花單性，白綠色，成傘形花序，腋生。核果球形，成熟後黑色，内有二核。種子寬倒卵形，背面有縱溝。我國主要分布於西南、華中、華南、西北各地。木材堅硬，可製器具。全株可入藥。

此稱明代已行用。亦稱“刺枝”。明蘭茂《滇南本草・鐵刺枝》：“鐵刺枝，一名刺枝。硬枝鐵梗，開小白花，冬秋無花，似鐵釘刺，多出石旁。”按，《滇南本草》整理組曾遍訪各地，未悉“鐵刺枝”“刺枝”爲何物。依所述形態，及名稱之象形，以爲《花鏡》所載“筋頭竹”即本種。今通稱“薄葉鼠李”。此附供考。

【刺枝】

即鐵刺枝。此稱明代已行用。見該文。

【薄葉鼠李】

即鐵刺枝。今之通稱。見該文。

鐵馬鞭

習見林木名。豆科，胡枝子屬，鐵馬鞭〔*Lespedeza pilosa*（Thumb.）Sieb. et Zucc.〕。半灌木。高60~80厘米，全株被棕黄色長粗毛。三出複葉，小葉廣橢圓形至圓卵形，先端圓或截形，全緣。總狀花序腋生；花蝶形，黄色，旗瓣有紫斑。莢果卵圓形，表面被長白毛，頂端具喙。我國主要分布於江蘇、安徽、浙江、江西、湖南、湖北、四川等地。常見於陽坡林下及草叢中。全草可入藥。亦爲荒坡及林下植被重要組成部分。清代已行用此稱。清吴其濬《植物名實圖考・隰草類・鐵馬鞭》：“鐵馬鞭生長沙岡阜，緑莖横枝，長弱柔蔓。三葉攢生，似落花生葉而小，面清，背白，莖葉皆有微毛。俚醫以爲散血之藥。”今亦稱“金錢藤”“野花草”。參閲江蘇新醫學院《中藥大辭典・鐵馬鞭》。

鐵馬鞭
（清吴其濬《植物名實圖考》）

【金錢藤】

即鐵馬鞭。今浙江各地多行用此稱，名見《浙江天目山藥植志》。見該文。

【野花草】

即鐵馬鞭。今浙江各地多行用此稱。見該文。

鷄骨香

習見林木名。大戟科，巴豆屬，鷄骨香（*Croton crassifolius* Geisel.）。小灌木。高約30~50厘米。根粗壯，外皮黄褐，易剥離。枝、葉、花序均被星狀茸毛。單葉，互生，卵形或矩圓形，全緣或具細齒。花單性，雌雄同株；總狀花序，頂生。蒴果球形，被星狀粗毛。我國主要分布於南部與西部地區。常見於山坡、丘陵、空曠平地。根可入藥，名鷄骨香。樹以藥名。

清代已行用此稱，亦稱“山豆根”“土沉香”。清何克諫《生草藥性備要》下卷：“鷄骨香，味辛、苦，性温。治咽喉腫痛，心氣痛。一名山豆根，一名土沉香。”清趙其光《本草求原・芳草部・土沉香》：“土沉香，即鷄骨香，俗名山豆根。辛温，袪風，壯筋骨，消癧，治咽喉腫痛，心氣冷痛。”

按，晋嵇含《南方草木狀》卷中有“鷄骨香”，書云：“蜜香、沉香、鷄骨香、黄熟香、棧香、青桂香、馬蹄香、鷄舌香。案此八物同出於一樹也。交趾有蜜香樹，幹似欓柳，其花白而繁，其葉如橘。欲取香，伐之經年，其根幹枝節各有別色也：木心與節堅黑，沉水者爲沉香，與水面平者爲鷄骨香；其根爲黄熟香；其幹爲棧香；細枝緊實未爛者爲青桂香；其根節輕而大者爲馬蹄香；其花不香，成實乃香，爲鷄舌香。珍異之木也。”以爲鷄骨香乃蜜香樹之木心與節投水中，與水面平而不沉者。顯與本種迥异，今附供考。

【山豆根】[5]

即鷄骨香。此稱清代已行用。見該文。

【土沉香】[2]

即鷄骨香。此稱清代已行用。見該文。

鷄骨常山[2]

習見林木名。夾竹桃科，鷄骨常山屬，鷄骨常山（*Alstonia yunnanensis* Diels）。直立灌木，高可達3米，莖灰褐。單葉，三至五枚輪生，無柄；薄紙質；葉倒卵狀披針形或矩圓狀披針形，全緣，兩面被短柔毛。傘房狀聚傘花序頂生或近頂生；花粉紅色，芳香。蓇葖果二枚。離生，披針形。種子兩端被短柔毛。我國主要分布於雲南、貴州、廣西等地。多見於海拔1100~2400米山坡溝谷地帶灌叢中。根、枝葉可入藥。亦爲中、高山坡面、溝谷緑化樹種。

此稱清代已行用。清吴其濬《植物名實圖考·毒草類·鷄骨常山》："鷄骨常山生昆明山阜。弱莖如蔓，高二三尺。長葉似桃葉，光靭蹙紋。開五尖瓣粉紅花，灼灼簇聚，自春徂秋，相代不絶。結實作角，翹聚梢頭。圃中亦植以爲玩。”今亦稱“雲南鴨脚樹”“紅辣樹”“白虎木”“三臺高”。通稱“滇鷄骨常山”。

【雲南鴨脚樹】

即鷄骨常山[2]。今雲南各地多行用此稱。見該文。

【紅辣樹】

即鷄骨常山[2]。今之通稱。見該文。

【白虎木】

即鷄骨常山[2]。今之通稱。見該文。

【三臺高】

即鷄骨常山[2]。今之通稱，名見《中國高等植物圖鑒》。見該文。

【滇鷄骨常山】

即鷄骨常山[2]。因主産今雲南，故名。今之通稱。見該文。

觀音竹[1]

習見林木名。禾本科，簕竹屬，觀音竹（*Bambusa multiplex* var. *riviereorum* Maire）。常緑叢生灌木。高2米，莖圓柱形，上覆褐色、網狀粗纖維質葉鞘。單葉互生，葉裂片爲五至七片，較棕竹稍寬，鋪散；葉柄扁，緣具齒。内穗花序，雌雄异株，雄花小，淡黄色，春夏開放。漿果球形。我國主要分布於南部各地。可植於庭院或盆栽供觀賞。亦可製手杖、傘柄。根、葉可入藥。

清代稱“箸頭竹”。清陳淏子《花鏡》卷五：“棕竹，有三種：上曰箸頭，梗短葉垂，可以書几。”陳嶸《中國樹木分類學·棕櫚

觀音竹
（清吴其濬《植物名實圖考》）

科・觀音竹》以爲《花鏡》所載“箸頭竹”即本種。又元李衎《竹譜詳録・竹品譜・有名而非竹品》“觀音竹”云：“生南岳熊湘山中，衡州花藥山報恩寺方丈後有一叢，數莖，如水中草狀，高五七尺，其葉尖細，有三勒道，大者有五勒道。”未詳是否此種，待考。

【箸頭竹】

即觀音竹[1]。此稱清代已行用。見該文。

藤木類

丁公藤

習見林木名。旋花科，丁公藤屬，丁公藤（*Erycibe obtusifolia* Benth.）。攀援木質藤本。幹鐵青色或暗緑色。幼枝被柔毛。單葉互生，革質，卵形或倒卵形。夏季開花，聚傘花序，集成圓錐花序，腋生或頂生，花小，黄白色。漿果球形，深緑色，種子一粒。我國主要分布於粤、桂、滇等地。莖根可入藥。

南北朝時已見此稱，并沿用至今。亦稱“丁公寄”“丁父”。《南齊書・孝義傳上・樂頤》：“［解仲恭］母病經時不差，入山采藥，遇一老父（一作翁）語之曰：‘得丁公藤，病立愈。’”南朝梁陶弘景《名醫别録・上品・丁公寄》：“〔丁公寄〕一名丁父。生石間，蔓延木上。葉細，大枝，赤莖，毋大如磧黄，有汁，七月七日采。”唐陳藏器《本草拾遺・本草解紛・丁公寄》：“〔丁公寄〕即丁公藤也。”宋代亦稱“南藤”。并沿稱於後世。宋劉翰等《開寶本草・草部・南藤》：“南藤，生依南樹，故號南藤。莖如馬鞭，有節，紫褐色。一名丁公藤。”《通志・昆蟲草木略・木類》：“南藤，曰丁公藤。《南史》解叔謙，雁門人，母有疾，夜於庭中稽顙以祈，聞空中曰：得丁公藤即愈。訪醫及《本草》皆無。乃至宜都山中，見一翁伐木云丁公藤療風，乃拜泣求得之及漬酒法。受畢，失翁所在，母疾遂愈。”宋梁克家《淳熙三山志・物産・藤》：“丁公藤，生依南樹，故號南藤。莖如馬鞭，有節，紫褐色。《南史》解叔謙母有疾，夜於庭中祈告，聞空中云：取丁公藤治即瘥，即此藤也。”明蕭良有《龍文鞭影・療疾覓藤》：“晋解叔謙，字楚梁，雁門人。夜於庭中祈愈母疾，聞空中云：‘得丁公藤爲酒，便瘥。’訪醫，皆無識者。乃訪至宜都，見山中一老公伐木，曰：‘此丁公藤。’”清代呼爲“石南藤”或“藍藤”，殆因音近而訛得名。清吴其濬《植物名實圖考・蔓草類・南藤》：“南藤即丁公藤，事具《南史》。解叔謙得丁公藤漬酒，治母疾有神效。《開寶本草》始著録。今江西、湖南市醫，皆用以治風，亦呼石南藤，或作藍藤，音近而訛。”清何克諫《生草藥性備要》下卷：“丁公藤，祛風濕，散熱毒……一名南藤。”清趙其光《本草求原・蔓草部・石南藤》：“石南藤，即丁公藤。甘，温。達肝脾，以益氣血，治風血，補衰老，起陽，逐冷，强腰脚，排風。”

【丁公寄】

即丁公藤。此稱南北朝時期已行用。見該文。

【丁父】

即丁公藤。此稱南北朝時期已行用。見該文。

【南藤】[2]

即丁公藤。因生依南樹，故名。此稱宋代已行用。見該文。

【石南藤】[2]

即丁公藤。此稱清代已行用。見該文。

【藍藤】

即丁公藤。此稱清代已行用。見該文。

【風藤】

即丁公藤。明代已行用此稱。亦稱“搜山虎”。明李時珍《本草綱目・草七・南藤》:“[釋名]石南藤(《圖經》),丁公藤(《開寶》),丁公寄(《别録》),丁父(《别録》),風藤。”明蘭茂《滇南本草・石南藤》:“又名搜山虎,味甘,微酸,性微温。入肝、膽、小腸三經。”清吴其濬《植物名實圖考・蔓草類・南藤》:“雩婁農曰:南藤山中多有之,或謂之搜山虎,蓋言其蓋風入筋絡也。”清黄叔璥《臺海使槎録》卷三:“志載,藥品有内地所不經見者,如斑節草、柏、菰菻、茶菰、穿山龍草、土木瓜、風藤、水燭。”見“丁公藤”文。

【搜山虎】[2]

即風藤。此稱明代已行用。見該文。

三葉崖爬藤

習見林木名。葡萄科,崖爬藤屬,三葉崖爬藤(*Tetrastigma hemsleyanum* Diels et Gilg)。攀援藤本。三出複葉,中間小葉稍大,卵狀披針形;兩側葉較小,不對稱。聚傘花序腋生,花小,黄緑色。漿果球形,紅褐色,成熟時黑色。我國主要分布於四川、湖南、湖北、江西、浙江、福建、廣東等地。全株可爲藥用。

清代稱“蛇附子”“石猴子”。清吴其濬《植物名實圖考・蔓草類・蛇附子》:“蛇附子産建昌。蔓生,莖如初生小竹,有節。一枝三葉,葉長有尖,圓齒疏紋。對葉生鬚,鬚就地生,根大如麥冬。”又,“石猴子産南安。蔓生細莖,莖距根近處有粗節手指大,如麥門冬黑褐色。蛇附子節間有細鬚繚繞,短枝三葉,葉微似月季花葉”。以其所述形態及附圖,頗類本種。今亦稱“三葉青”“石老鼠”“三葉對”“三葉扁藤”“絲綫吊金鐘”。參閱《新華本草綱要・蛇附子》。

【蛇附子】

即三葉崖爬藤。此稱清代已行用。見該文。

【石猴子】

即三葉崖爬藤。此稱清代已行用,今江浙等地沿用此稱。見該文。

【三葉青】

即三葉崖爬藤。因其葉三出,故名。今江浙等地多行用此稱。見該文。

【石老鼠】

即三葉崖爬藤。今江浙等地多行用此稱。見該文。

【三葉對】

即三葉崖爬藤。因其葉三出,故名。今浙江等地行用此稱。見該文。

【三葉扁藤】

即三葉崖爬藤。今廣東等地行用此稱。見該文。

【絲綫吊金鐘】

即三葉崖爬藤。今廣東等地行用此稱。見該文。

大血藤

習見林木名。大血藤科,大血藤屬,大血藤〔*Sargentodoxa cuneata*(Oliv.)Rehd. et Wils.〕。

落葉攀援藤本，蔓長達10米。莖圓柱形，褐色，有條紋，折斷後有紅色汁液溢出，故名。三出複葉，互生，全緣。總狀花序，下垂；花黄色，有香氣。漿果卵形，肉質。種子近球狀卵形。我國主要分布於中原、西南及長江流域諸地。供觀賞。根、莖可入藥。

大血藤
（清吴其濬《植物名實圖考》）

大血藤早爲先民所知，宋代稱“血藤”。明清時行用“大血藤”之稱。亦稱“過山龍”“大活血”。宋唐慎微《證類本草·〈本草圖經〉〈本經〉外木蔓類二十五種》：“圖經曰：血藤，生信州。葉如蔢蘭葉，根如大枬［拇］指，其色黄。五月采。攻血，治氣塊，彼土人用之。”明李時珍《本草綱目·草七·茜草》：“［附録］血藤，宋《圖經》〔蘇〕頌曰：生信州。葉如蔢蔄葉，根如大〔拇〕指，其色黄，彼人五月采，用攻血，治氣塊。時珍曰：按虞摶云：血藤，即過山龍。理亦相近，未知的否，姑附之。”《雲南通志·物産·順寧府》：“血藤，出雲州，熬膏治血症。”清吴其濬《植物名實圖考·蔓草類·大血藤》：“大血藤，宋《圖經》：血藤生信州，葉如蔢蔄葉，根如大姆指，其色黄。五月采，行血、活氣塊，彼土人用之……今江西盧山多有之，土名大活血。蔓生，紫莖，一枝三葉，宛如一葉擘分。”今民間亦呼“紅藤”“五花紅藤”“赤沙藤”“過血藤”“山紅藤”“大血通”等名。

【血藤】

即大血藤。此稱宋代已行用。見該文。

【過山龍】[2]

即大血藤。此稱明代已行用。見該文。

【大活血】[1]

即大血藤。此稱清代已行用。見該文。

【紅藤】[1]

即大血藤。今浙江各地多行用此稱。見該文。

【五花紅藤】

即大血藤。今貴州各地多行用此稱。見該文。

【赤沙藤】

即大血藤。今浙江各地多行用此稱。見該文。

【過血藤】

即大血藤。今湖南各地多行用此稱。見該文。

【山紅藤】

即大血藤。今廣東各地多行用此稱。見該文。

【大血通】

即大血藤。今陝西各地多行用此稱。見該文。

【千年健】

“大血藤”之别稱。此稱清代已行用。清吴其濬《植物名實圖考·蔓草類·大血藤》：“羅思舉《簡易草藥》：大血藤即千年健……廣西《梧州志》：千年健浸酒，祛風、延年，彼中人以遺遠，束以色絲，頗似降真香。”按，天南星科亦有千年健〔*Homalomena occulta*（Lour.）Scho〕與此爲同名异物，此附。參閲江蘇新醫院《中藥大辭典》“大血藤”“千年健”文。見“大血藤”文。

山銀花

習見林木名。忍冬科，忍冬屬，華南忍冬〔*Lonicera confusa*（Sweet）DC.〕之别名。木質藤本。被柔毛。單葉對生，卵形。花兩兩對生，近無柄，芳香，初爲白色，後漸變黄；初夏開放。我國主要分布於南方各地；廣州山野間多有野生。可代金銀花入藥。

我國清代已應用此木入藥。侯寬昭等《廣州植物志·山銀花》引清何克諫《生草藥性備要》云：“本植物味甘，性寒，無毒，能消疔毒、止痢、洗疳瘡、去膚血熱，乃外科之靈藥。”按，本種與“金銀花”或“忍冬”爲近似種，常被誤作一物，雖形態頗類，然二者實非一種，金銀花萼管禿净，而山銀花萼管被柔毛，可資辨别。又，因其與金銀花頗似，故亦稱“土忍冬”“假金銀花”“山金銀花”。

【土忍冬】

即山銀花。因其形似忍冬，故名。今廣東各地多行用此稱。見該文。

【假金銀花】

即山銀花。因其與金銀花頗似，故名。今廣東各地多行用此稱。見該文。

【山金銀花】

即山銀花。今稱。見該文。

小木通

習見林木名。毛茛科，鐵綫蓮屬，小木通（*Clematis armandii* Franch.）。常緑藤本。三出複葉，對生，小葉革質，狹卵形至披針形，全緣。圓錐花序頂生或腋生，花白色，萼片四枚。瘦果扁橢圓形，有羽狀毛。我國主要分布於廣西、湖南、湖北、雲南、貴州及陝西等地。莖可入藥。

小木通
（清吴其濬《植物名實圖考》）

我國利用小木通以療疾已有一百餘年歷史。清代已行用此稱。清吴其濬《植物名實圖考·蔓草類·小木通》：“小木通産湖口縣山中。莖葉深緑，長蔓裊娜。每枝三葉，葉似馬兜鈴而細。俚醫用以利小便。”按，植物之名木通者有數種，多以其可通利九竅而得名。藤類中能利水者多以“木通”爲名，故需慎辨之。又，本種亦俗稱“山木通”“土木通”“老虎鬚”。

【山木通】

即小木通。今之俗稱。見該文。

【土木通】

即小木通。今之俗稱。見該文。

【老虎鬚】

即小木通。今之俗稱。見該文。

千金藤

習見林木名。防己科，千金藤屬，千金藤〔*Stephania japonica*（Thunb.）Miers〕。木質藤本。全體無毛，具粗壯塊莖。單葉互生，紙質，卵形或寬卵形，全緣。花單性，雌雄异株，傘狀或聚傘花序，腋生；花小，淡緑色。核果近球形，紅色。我國主要分布於華東、華中、華南及西南各地。根莖葉可入藥。塊根可製澱粉或釀酒。亦可栽植供觀賞。

千金藤早爲人知，此稱唐代已行用，沿稱

於後世。亦稱“古藤”。宋梁克家《淳熙三山志・物産・藤》:“千金藤，主一切血症。生南土者黄赤而細辛。”宋唐慎微《證類本草・草部上品・兜木香》:“領南及睦婺間如中毒草，此藥（指草犀根）及千金藤並解之。”明李時珍《本草綱目・草七・千金藤》引唐陳藏器曰：“千金藤有數種，南北名模不同，大略主療相似，或是皆近於藤也……又一種似荷葉，只大如錢許，亦呼爲千金藤，又名古藤，主痢及小兒大腹。”清代亦稱“金綫吊烏龜”“山烏龜”。清吴其濬《植物名實圖考・蔓草類・金綫吊烏龜》:“金綫吊烏龜，江西、湖南皆有之，一名山烏龜。蔓生，細藤微赤。葉如小荷葉而後半不圓，末有微尖，長梗在葉中，似金蓮花葉。附莖開細紅白花，結長圓實，如豆成簇，生青，熟紅黄色。根大如拳。按陳藏器云：又一種似荷葉，只大如錢許，亦呼爲千金藤，當即是此。”

按，藤之名千金者頗多，如清《廣群芳譜・木譜十四・藤》:“千金藤，陳藏器曰：千金藤有數種，南北名模不同，生北地者，根大如指，色似漆；生南土者，黄赤如細辛。舒廬間有一種藤似木蓼。又有烏虎藤，繞樹生，冬青，亦名千金藤。江西林間有草，生葉，頭有瘻子似鶴漆，葉似柳，亦名千金藤。又一種似荷葉，只大如錢許，亦名千金藤。又名古藤，又嶺南有陳思岌，亦名千金藤。”此類千金藤顯係同名异物，爲識别此物增加難度。

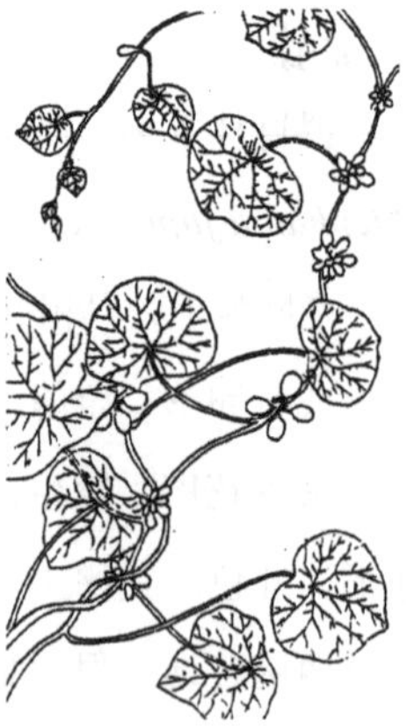

金綫吊烏龜
（清吴其濬《植物名實圖考》）

千金藤屬我國約十七種，本種多野生於山坡、溪畔、路邊。秋季可采爲藥用。查今以千金藤爲名者除本屬“粉防己（*S. tetrandra* S. Moore）”“糞箕篤（*S. longa Lour.*）”外，尚有衛矛科“扶芳藤〔*Euonymus fortunei*（Turcz.）Hand.-Mazz.〕”、葡萄科“刺葡萄〔*Vitis davidii*（Rom. Caill.）Foëx〕等俱有“千金藤”之别名，當慎辨之。今亦稱“公老鼠藤”“金綫吊青蛙”“土番薯”“野薯藤”“白藥”“青藤”“天膏藥”。

【古藤】

即千金藤。此稱唐代已行用。見該文。

【金綫吊烏龜】[1]

即千金藤。此稱清代已行用，今四川、浙江等地仍沿用此稱。見該文。

【山烏龜】

即千金藤。此稱清代已行用，今四川各地多沿用此稱。見該文。

【公老鼠藤】

即千金藤。今湖南各地多行用此稱。見該文。

【金綫吊青蛙】

即千金藤。今浙江各地多行用此稱。見該文。

【土番薯】

即千金藤。今浙江各地多行用此稱。見該文。

【野番薯】

即千金藤。今浙江各地多行用此稱。見該文。

【白藥】

即千金藤。今廣東各地多行用此稱。見該文。

【青藤】[2]

即千金藤。今浙江各地多行用此稱。見該文。

【天膏藤】

即千金藤。今浙江各地多行用此稱。見該文。

木防己

習見林木名。防己科，木防己屬，木防己〔*Cocculus orbiculatus*（Linn.）DC.〕。纏繞性落葉藤本。小枝密生柔毛，有條紋。單葉互生，葉紙質，寬卵形或卵狀橢圓形。花單性，雌雄异株，聚傘狀圓錐花序腋生，雄花淡黄色。核果近球形，藍黑色。除西北外，我國南北各地均有分布。根可入藥，根含澱粉亦可釀酒。

木防己早爲人知，此稱三國時期已行用。亦稱“解燕”。三國魏吴普《吴普本草·草木類·木防己》：“木防己，一名解離，一名解燕。”隋唐時已廣爲藥用。唐孫思邈《備急千金要方》卷三九：“若服藥下悶亂，可煮木防己湯，服之即定。”唐王燾《外臺祕要方》卷一四：“舌强不能語諸中風服之皆驗不令人虚方：大附子一枚（炮），芍藥一兩，生薑五兩，芎藭一兩，甘草一兩（炙），麻黄三兩（去節），白朮一兩，木防己一兩，防風六分，黄芩一兩，桂心一兩，人參一兩。”宋唐慎微《證類本草·木部下品·木防己》：“木防己，生江南山谷。如鷄卵大。研藤斷，吹氣出一頭，其汁甘美如蜜。”

按，木防己，因其根完全木質化，故名。古醫書中常與防己混稱。三國魏吴普《吴普本草》中之“解離”即藤木類防己之别稱。宜辨之。參見本卷《習見木竹説·習見林木考》“防己”文。又，本種今亦稱“土木香”“牛木香”“青藤”“海葛子”“小金葛”“小葛藤”“小青藤”“廣防己”“滇防己”。

【解燕】

即木防己。此稱三國時期已行用。見該文

【土木香】

即木防己。今浙江各地多行用此稱。見該文。

【牛木香】

即木防己。今浙江各地多行用此稱。見該文。

【青藤】[3]

即木防己。今四川、福建等地多行用此稱。見該文。

【海葛子】

即木防己。今山東各地多行用此稱。見該文。

【小金葛】

即木防己。今山東各地多行用此稱。見該文。

【小葛藤】

即木防己。今江蘇各地多行用此稱。見該文。

【小青藤】

即木防己。今河南各地多行用此稱。見該文。

【廣防己】

即木防己。今河南各地多行用此稱。見該文。

【滇防己】

即木防己。今河南各地多行用此稱。見該文。

五味子[1]

習見林木名。木蘭科，五味子屬，五味子〔*Schisandra chinensis*（Turcz.）Baill.〕。落葉木

質藤本。小枝褐色，稍有棱。葉膜質，互生，卵形至闊卵形。花單性，雌雄异株，白或淡紅色。漿果，近球形。我國主産於東北、華北各地；川、湘、鄂、贛諸地亦有分布。果實可入藥。

五味子利用極早，秦漢時始名“菋”“荎藸”。省稱“五味”。因果實五味皆具，故得此稱。亦稱“元及”“會及”等。《爾雅・釋草》：“菋、荎藸。”晋郭璞注：“五味也，蔓生，子叢在莖頭。”邢昺疏：“《唐本草》注云：‘五味皮肉甘酸，核中辛苦，都有鹹味，此則五味具也。’”漢代已行用“五味子”之稱。《神農本草經・上品・五味子》：“五味子，味酸，温。主益氣，咳逆上氣，勞傷羸瘦。補不足，强陰，益男子精。生山谷。”孫星衍等注引三國魏吴普《吴普本草》曰：“五味子，一名元及。”又引南朝梁陶弘景《名醫別録》曰：“一名會及，一名元及。生齊山及代郡。八月采實，陰乾。”《通志・昆蟲草木略・木類》：“五味子，曰菋，曰荎藸。故《爾雅》云：‘菋，荎藸。’引蔓，實如珠而赤。”五味子各地多有出産，亦常作貢品以爲藥用。如宋樂史《太平寰宇記・劍南西道七・茂州》：“五味山，在縣東十八里，山出五味子，因而名之。”宋張淏《會稽續志・鳥獸草木・藥石》：“五味子，《本草》云杭越間亦有。春初生苗，引赤蔓於高木，其長六七尺，葉尖圓似杏葉。三四月開黄白花，類小蓮花。七月成青實，熟乃紅紫。”《明一統志・萊州府・土産》：“鹽、鐵、榛，各衛皆出……五味子，俱都司出。”清《畿輔通志・土産・藥屬》：“五味子，《畿輔舊志》：北地多有，永平産特良。”清吴其濬《植物名實圖考・蔓草類・五味子》：“五味子，《本經》上品，《爾雅》：菋，荎藸。注：五位也。《唐本草》以皮肉、核五味具，故名。以北産者良。”

五味子
（清吴其濬《植物名實圖考》）

按，古之藥用五味子實非一種。宋唐慎微《證類本草・草部上品之下・五味子》引陶隱居注曰，五味子有産高麗、青州、冀州及建平諸處者，其味有甜、酸、苦幾種，其核諸類亦不相同；又轉引蘇頌《本草圖經》亦有産越州、秦州、虢州者三種。本種今稱“北五味子”，尚有南五味子（*Kadsura longipedunculata* Finet et Gagnep.）及其他不盡作藥用之種類。參見本卷《習見木竹説・習見林木考》“南五味子”文。

【菋】

即五味子[1]。此稱秦漢時期已行用。見該文。

【荎藸】

即五味子[1]。此稱秦漢時期已行用，常見於諸《本草》。見“該”文。

【五味】

“五味子[1]”之省稱。此稱晋代已行用。見該文。

【元及】

即五味子[1]。此稱三國時期已行用。見該文。

【會及】

即五味子[1]。此稱南北朝時期已行用。見該文。

【北五味】

即五味子[1]。亦稱“北五味子”。因多産北地而得名。此稱至遲金代已行用。舊題金李杲《珍珠囊補遺藥性賦》卷三：“北五味補虚下氣，止嗽强筋。”書注：“五味子，味酸甘鹹苦辛，故名五味。性温，無毒。止渴，消酒毒。”明宋詡《竹嶼山房雜部·養生部二·湯水制》：“[五味渴水]北五味子肉一兩，作沸湯漬一宿，取汁別煮，下濃黑豆汁對，當顔色恰好，用煉熟蜜對入，酸甜皆宜，慢火同熬一時許，凉熱任意調用。”《通雅·古方解》：“五味子膏（治夢遺精滑及火嗽極效）：北五味子（一觔水浸一宿去核入砂鍋煎之去滓），以蜜三觔共熬成膏，微火爲妙。右每服二三匙空心白湯下。”見“五味子[1]”文。

【北五味子】

即五味子[1]。此稱明代已行用。見該文。

【南藤】[3]

即五味子[1]。此稱宋代已行用。宋陳耆卿《赤城志·風土門一·藥之屬》：“五味子，以五味具故名，俗名南藤。”藤名“南藤”者有多種，使用時宜細審之。見“五味子[1]”文。

巴戟天

習見林木名。茜草科，巴戟天屬，巴戟天（*Morinda officinalis* F. C. How）。常緑纏繞或攀援藤本。根莖肥厚肉質，圓柱狀，支根呈珠狀。葉對生，長橢圓形，葉緣常生稀疏短睫毛。頭狀花序頂生，罕腋生；小花白色，肉質。漿果近球形，成熟時紅色。我國主要分布於廣東、廣西、福建等地。根皮爲名貴藥材。

巴戟天應用極早，漢代已行用此稱。《神農本草經·上品·巴戟天》：“巴戟天，味辛，微温。主大風邪氣，陰痿不起，强筋骨，安五藏。補中、增志、益氣。生山谷。”晋常璩《華陽國志·巴志》：“其藥物之異者有巴戟天、椒。”宋樂史《太平寰宇記·山南西道七·巴州》：“土産：紬、綿、白藥、巴戟天、茶。”唐代稱“三蔓草”。亦稱“不凋草”。亦省稱“巴戟”。明李時珍《本草綱目·草一·巴戟天》：“[釋名]不凋草、三蔓草。[集解]《别録》曰：巴戟天生巴郡及下邳山谷，二月、八月采根陰乾……〔蘇〕恭曰：其苗俗名三蔓草。葉似茗，經冬不枯。根如連珠，宿根青色，嫩根白紫，用之亦同。以連珠多肉厚者爲勝。……〔蘇〕頌曰：又有一種山葎根，正似巴戟，但色白。土人采得，以醋水煮之，乃以雜巴戟，莫能辨也。”南方各地方志多有記述。如《湖廣通志·物産（附）·直隸歸州》：“秦龜鼈、秦椒、巴戟天、厚朴、碼磁石，俱出歸州。”明曹學佺《蜀中廣記·方物記·藥石》：“巴戟者，巴戟天也。《寰宇記》果、劍、巴、夔、忠皆産，劍州者貢。志云龍州宣撫司南十里藥叢山上産巴戟。”《續通志·草類》：“巴戟天，生巴郡及下邳山谷。其苗俗名三蔓草，葉似茗，經冬不枯，故又名不凋草。”藥用記述可見於晋葛洪《肘後備急方》、唐孫思邈《備急千金要方》、唐王燾《外臺秘要方》、元鄒鉉《壽親養老新書》、宋官修《聖濟總録纂要》（清程林删定）、宋唐慎微《證類本草》、宋陳師

巴戟天

（清吴其濬《植物名實圖考》）

文等《太平惠民和劑局方》、宋張杲《醫説》、宋《太醫局諸科程文格》、宋陳言《三因極一病證方論》、宋嚴用和《濟生方》、宋楊士瀛撰，明朱崇正附遺《仁齋直指》、金張從正《儒門事親》、元王好古《醫壘元戎》、明朱橚《普濟方》、明薛已《薛氏醫案》、明孫一奎《赤水元珠》、明王肯堂《證治準繩》、明繆希雍《先醒齋廣筆記》、明繆希雍《神農本草經疏》、明張介賓《景岳全書》、明盧之頤《本草乘雅半偈》、清喻昌《醫門法律》、清王子接《絳雪園古方選注》、清魏之琇《續名醫類案》等醫學典籍。《植物名實圖考》簡述其源流、特徵既簡且明。其中《山草類・巴戟天》:"巴戟天,《本經》上品。《唐本草》注：俗名三蔓草，葉似茗，經冬不枯。《圖經》辨別真僞甚晰。" 參閱《廣群芳譜・藥譜一・巴戟天》。

按，巴戟天今仍多爲藥用，俗稱 "鷄腸風" "鷄眼藤" "三角藤" "糖藤"。由於采挖過度，使巴戟天野生資源已瀕臨枯竭，1984 年列爲國家三級保護植物。

【三蔓草】

即巴戟天。此稱唐代已行用。見該文。

【不凋草】

即巴戟天。此稱明代已行用。見該文。

【巴戟】

"巴戟天" 之省稱。此稱唐代已行用，并沿稱於後世。見該文。

【鷄腸風】

即巴戟天。今兩廣等地多俗用此稱。參閱《中藥志》。見該文。

【鷄眼藤】

即巴戟天。今廣西各地多俗用此稱。見該文。

【三角藤】

即巴戟天。今廣西各地多俗用此稱。見該文。

【糖藤】

即巴戟天。今廣西各地多俗用此稱。見該文。

白木通

習見林木名。木通科，木通屬，白木通〔*Akebia trifoliata*（Thunb.）Koidz subsp. *australis*（Diels）T. Shimizu〕。落葉木質藤本。爲三葉木通之亞種。三出複葉，革質，小葉卵圓形、寬卵圓形或長卵形，先端鈍圓，全緣。花單性，雌雄同株同序，總狀花序腋生，雄花生於花序上部，萼片均紫紅色，無花瓣。漿果肉質，長卵形，成熟時沿腹縫綫開裂。種子多數，卵形，黑色。我國主要分布於河南、陝西、山西以南各地，尤以長江流域及西南各地爲多，常見於海拔 300~2100 米之荒野山坡、灌叢間及溝谷疏林中。全株可入藥，功效與木通同。果可食。種子可榨油。嫩葉可食以當蔬。

我國明代已開發利用白木通，并行用此稱。亦稱 "三葉拏藤"。明朱橚《普濟方》卷四〇三："安斑散：黄耆、赤茯苓（去皮）、羌活、人參（去蘆）、桔梗（去蘆）、紫草、枳殼（炒各五錢）。右，剉紫草、薄荷煎，温

三葉拏藤
（清吴其濬《植物名實圖考》）

服，熱而實者，加升麻或加白木通、糯米煎。”清吴其濬《植物名實圖考·蔓草類·三葉挐藤》：“三葉挐藤生長沙山中。蔓生，黑莖，新蔓柔細。一枝三葉，葉長寸餘而末頗團；面青，背白，直横紋皆細。俚醫以爲治跌損、和筋骨之藥。”依所述形態及附圖，《圖考》所示當即本種。

【三葉挐藤】

即白木通。此稱清代已行用，今湖南各地仍行用此稱。見該文。

白鶴藤

習見林木名。旋花科，銀背藤屬，白鶴藤（*Argyreia acuta* Lour.）。纏繞性藤本。幼枝被白色短柔毛，具條紋。單葉互生，卵形至橢圓形，背面被銀色緊貼長柔毛。聚傘花序，頂生或腋生，花序軸密被銀白色柔毛；花冠漏斗狀，白色，外面亦被銀白色柔毛。漿果球形，胭脂紅色，爲卵形宿存萼包圍。我國主要分布於廣東、海南諸地。常見於山坡林下。全藤可入藥。

此稱清代已見行用。亦稱“白膏藥根”。清趙其光《本草求原·蔓草部·白鶴藤》：“白鶴藤，即白膏藥根。澀甘，平。寬筋、壯骨。葉，敷爛脚，化腐瘡。根，浸酒用。”今亦稱“白背絲綢”。參閱江蘇新醫學院《中藥大辭典·白鶴藤》。

【白膏藥根】

即白鶴藤。此稱清代已行用。見該文。

【白背絲綢】

即白鶴藤。因此藤全株被白色柔毛，其狀如絲綢，故名。今稱，名見《生草藥性摘要》。見該文。

石血[2]

習見林木名。夾竹桃科，絡石屬，石血〔*Trachelospermum jasminoides*（Lindl.）Lem. var. *heterophyllum* Tsiang〕。木質藤本。絡石之變種一。具乳汁，莖皮褐色，嫩枝被柔毛，枝與節上生氣根攀援樹木或爬岩壁。葉對生，异形，通常爲披針形。花白色，高脚碟狀。蓇葖果雙生，條狀披針形。種子條狀披針形，頂端具種毛。除東北及西北西部外，全國大部地區有分布。可供垂直緑化。根、莖、葉可入藥。

我國應用石血醫病已有千餘年史。宋代已行用此稱。宋蘇敬等《新修本草·草部·絡石》：“俗名耐冬，山南人謂之石血，療産後血結，大良。”宋唐慎微《證類本草·序例上·嘉祐補注總叙》：“凡五方之氣俱能損人，人生其中即隨氣受疾，雖習成其性，亦各有所資……陰氣多血足，主血之物即地錦、石血之屬是也。”清吴其濬《植物名實圖考·蔓草類·絡石》：“絡石……陳藏器以圓葉爲絡石，尖葉一頭紅者爲石血，今從之。”又《蔓草類·石血》：“宋《圖經》：石血與絡石極相類，但葉頭尖而赤耳。按江西山坡及墻壁木石上極多，葉紅如霜葉，掩映緑卉，尤增鮮明。但細審其葉，一莖之上，或尖、或團；團如人手指，尖如竹葉。秋時結長角如豇豆，長六七寸，初青後赤。破之有子如蘿藦子，半如針、半如絨，絨亦白軟，大約與絡石同種，而結角則異。”石血今常見於山野岩石、墻壁、樹木之上。俗稱“九慶藤”“鐵信”。

【九慶藤】

即石血[2]。今之俗稱。見該文。

【鐵信】

即石血[2]。今之俗稱。見該文。

老虎刺[3]

習見林木名。豆科，老虎刺屬，老虎刺（*Pterolobium punctatum* Hemsl.）。木質藤本或攀援性灌木。枝與葉軸具鉤刺，幼枝灰緑色，初被短柔毛。二回羽狀複葉，羽片十至二十四對，小葉十至三十對，長圓形。圓錐花序頂生，花瓣五枚，白色。荚果長橢圓形，扁平，頂端一側具發達膜翅，色紅而光滑。種子一枚。我國主要分布於兩廣、雲、貴、川、湘、鄂、贛、閩諸地，多見於海拔300~2000米向陽山坡疏林、路邊、宅旁等地。本種多野生。可以植爲籬落。枝葉亦供藥用。

我國清代偶或用爲樊圃護門。其時已行用此稱。清吴其濬《植物名實圖考・芳草類・老虎刺》："老虎刺，黔中植以爲藩。細葉夜合，柔枝蓋偃，秋時結實若豆而扁，下垂片角，薄於蟬翼，淡紅明透，光映叢薄，緣石蓋瓦，樊圃護門。每當斜陽灑灑，輕飆漾漾，便如朱蜓欲飛，丹鱗出泳，田家雜興，描畫爲難矣。"依其形態描述及圖形所示，《圖考》之老虎刺即指本種。今亦稱"蟬翼豆"。參閱鄭萬鈞等《中國樹木志・蘇木科》及《中國植物志》卷三九豆科"老虎刺"文。

【蟬翼豆】

即老虎刺[3]。因其果翅薄如蟬翼，種子如豆，故名。今貴州等地多行用此稱。見該文。

地不容

習見林木名。防己科，千斤藤屬，地不容（*Stephania epigaea* H. S. LO）。多年生秃净藤本。塊根盤狀，皮層厚，暗灰褐色，表面粗糙，肉黄白色，堅厚，粉質。莖圓筒形或略具角棱，紅色，上部纏繞，密布淡緑色細點；下部多埋於土中，木質化，灰褐色，多瘤節。葉革質，盾狀着生，近圓形，先端鈍圓，微凹，基部楔形或圓形，全緣，葉面深緑色，略具光澤，葉背淡緑白色；葉柄細長，紅色。花單性，异株；由少數小聚傘花序集合成平頂狀傘形花序；花細小，暗紫色，具白粉。核果圓形，成熟時由緑色變爲紅色。種子環狀，白色。我國主要分布於雲南、四川等地。喜生於石灰岩區、多石小山、多刺灌叢及村舍籬落間。全草可入藥，尤以塊根入藥更佳。

地不容
（清吴其濬《植物名實圖考》）

我國應用地不容歷史悠久，以其根易碩，殆無隙地能容，故名。唐代始行用此稱，亦稱"解毒子"。宋唐慎微《證類本草・草部上品・地不容》："地不容，味苦，大寒，無毒。主解蠱毒，止煩熱，辟瘴癘，利喉閉及痰毒。一名解毒子。生山西谷。采無時。《圖經》曰：地不容，生戎州。味苦，大寒，無毒。蔓生，葉青如杏葉而大，厚硬，凌冬不凋。無花實。根黄白色，外皮微粗褐，纍纍相連，如藥實而圓大，采無時。能解蠱毒，辟瘴氣，治咽喉閉塞，鄉人亦呼爲解毒子。"亦稱"苦藥子"。明朱橚《普濟方》卷四二六："地不容，一名解毒子。"明李時珍《本草綱目・草七・解毒子》："[釋名] 地不容，苦藥子。[集解]〔蘇〕恭曰：

地不容生川西山谷，采無時，鄉人呼爲解毒子也。〔蘇〕頌曰：出戎州。蔓生，葉青如杏葉而大，厚硬，凌冬不凋，無花實。根黄白色，外皮微粗褐，纍纍相連，如藥實而圓大，采無時。又開州、興元府出苦藥子，大抵與黄藥相類，春采根，曝乾，亦入馬藥用。時珍曰：《四川志》云：苦藥子出忠州。性寒，解一切毒。川蜀諸處皆有。即解毒子也。"《續通志・昆蟲草木略・木類》："解毒子，一名地不容，一名苦藥子。"《廣群芳譜・藥譜六・解毒子》："解毒子，《本草圖經》：解毒子，一名地不容。出戎州，蔓生，葉青如杏葉而大，厚硬，凌冬不凋，無花實。根黄白色，外皮微粗褐，纍纍相連，如藥實而圓大，采無時。又開州興元府出苦藥子，大抵與黄藥相類。"清代亦稱"地芙蓉"。清吴其濬《植物名實圖考・蔓草類・地不容》："地不容，一名解毒子，《唐本草》始著録。《南岳總勝集》：軫宿峰北多生地不容草，取汁同雄黄末調服之，大解蛇毒。以其滓敷傷處，雖蝮蛇五步至毒，亦不加害，其效至速。雩婁農曰：余在湘中，按志求所謂地不容者，不可得。及來滇……余喜得地不容甚於何首烏也，遂博訪而獲焉。其根、苗大致似交藤，而根扁而瘠，葉厚而圓，開小紫花，詢諸土人，則曰其葉易衍，其根易碩，殆無隙地能容也，故名。或以其葉團似荷錢，而易爲地芙蓉，失其意矣。"今亦稱"烏龜梢""金絲荷葉""地烏龜""金絲吊烏龜""地膽""烏龜抱蛋""金不换"。

【解毒子】

即地不容。因可解諸毒，故名。此稱唐代已行用。見該文。

【苦藥子】

即地不容。此稱明代已行用。見該文。

【地芙蓉】[1]

即地不容。因其葉似荷錢，故名。此稱清代已行用。見該文。

【烏龜梢】

即地不容。今滇南地區多行用此稱。見該文。

【金絲荷葉】

即地不容。因莖赤而葉如荷，故名。今滇南地區多行用此稱。參閲《滇南本草圖譜》。見該文。

【地烏龜】

即地不容。又稱"山烏龜"。因其塊根狀如烏，故名。今昆明地區多行用此稱。見該文。

【金綫吊烏龜】[2]

即地不容。此稱明代已行用，名見《滇南本草》。見該文。

【地膽】[2]

即地不容。此稱明代已行用，名見《滇南本草》。見該文。

【烏龜抱蛋】

即地不容。今雲南各地多行用此稱。見該文。

【金不换】

即地不容。今雲南各地多行用此稱。見該文。

赤木通

習見林木名。葡萄科，蛇葡萄屬，三裂蛇葡萄（*Ampelopsis delavayana* Planch.）之别名。落葉藤本。以卷鬚攀援生長。小枝常帶紅色。葉多數三全裂。聚傘花序與葉對生，花淡緑色。漿果球形，或扁球形。我國主要分布於中南、西南及陝、甘等地。其根可入藥。

明時已行用此稱。清吴其濬《植物名實圖考・隰草類・龍芽草》引《滇南本草》治婦人病方："杭芍二錢，川芎一錢五分……赤帶加土茯苓、赤木通、蛇果草、八仙草、甘草。"《新華本草綱要・赤木通》以爲此赤木通即今通稱之"三裂蛇葡萄"。俗稱"緑葡萄""玉葡萄""耳墜果""哩宗晦魏"。

按，江蘇新醫學院《中藥大辭典》有"金剛散"，亦本種别名，并附他名數種，如玉葡萄、楓藤、山葡萄、緑葡萄、野葡萄、飛蜈蚣藤諸名。

【三裂蛇葡萄】

即赤木通。今之通稱。見該文。

【緑葡萄】

即赤木通。今雲南文山等地多俗用此稱。見該文。

【玉葡萄】

即赤木通。今雲南各地多俗用此稱。見該文。

【耳墜果】

即赤木通。今雲南各地多俗用此稱。見該文。

【哩宗晦魏】

即赤木通。爲傣語稱。今之俗稱。見該文。

【野蒲桃根】

即赤木通。亦稱"金鋼散"。此稱明代已行用。明蘭茂《滇南本草・赤木通》："赤木通，一名野蒲桃根，又名金鋼散。味酸、苦，性寒。利膀胱積熱，消偏墜下氣，走經絡，定痛，散乳結腫痛，治癰瘡，排膿，通利五淋、赤白便濁，止玉莖痛。"見"赤木通"文。

【金鋼散】

即野蒲桃根。此稱明代已行用。見該文。

扭肚藤

習見林木名。木犀科，素馨屬，扭肚藤〔*Jasminum elongatum* (Bergius) Willd.〕。纏繞性木質藤本。單葉對生，卵狀披針形。聚傘花序，常生於側枝頂部，花白色，芳香。漿果球狀，成熟時黑色。我國主要分布於廣東、廣西、貴州等地。常見於低山至海拔3000米之高山疏林、路旁。花白、味香，可植於庭院供觀賞。嫩莖及葉可入藥。

我國嶺南各地應用扭肚藤爲藥醫病已有百年史。亦稱"白花茶""假素馨""青藤子花"。侯昭寬等《廣州植物志・扭肚藤》："扭肚藤。别名：白花茶、假素馨、青藤子花（《嶺南采藥録》）……據《嶺南采藥録》載：'凡患濕熱腹痛，大便不暢，煎服立癒；又以之煎湯，洗瘡疥良。'"

【白花茶】

即扭肚藤。因其花色白，故名。此稱清末民初已行用，語本清末蕭步丹《嶺南采藥録》，今嶺南地區多行用此稱。見該文。

【假素馨】

即扭肚藤。此稱清末民初已行用，語本清末蕭步丹《嶺南采藥録》，今嶺南地區多行用此稱。見該文。

【青藤子花】

即扭肚藤。此稱清末民初已行用，語本清末蕭步丹《嶺南采藥録》，今嶺南地區多行用此稱。見該文。

防己

習見林木名。防己科，防己屬，防己〔*Sinomenium acutum* (Thunb.) Rehd. et Wils.〕。落葉木質藤本。枝灰褐色，無毛，具細溝紋。

單葉互生，卵形。花單性，雌雄异株；圓錐花序腋生；花小，淡緑色。核果近球形，扁平，藍黑色。我國主要分布於西南、華中、華東各地。根可入藥。

先民利用防己歷史悠久，漢代已入藥療疾，且行用此稱。亦稱“解離”。《神農本草經·中品·防己》：“防己，味辛，平。主風寒温瘧，熱氣諸癇，除邪，利大小便。一名解離。生川谷。”漢張機《金匱要略論》：“風濕脉浮身重汗出惡風者，防己黄芪湯主之。”晋葛洪《肘後備急方》卷四：“［治卒大腹水病方第二十五］又方：防己、甘草、葶藶各二兩，搗，苦酒和丸如梧子大三丸，日三服，常服之，取消平乃止。”宋張杲《醫説》卷二：“藥有宣、通、補、洩、輕、重、澀、滑、燥、濕，此十種者是藥之大體……通可去滯，即通草、防己之屬是也。”舊題金李杲《珍珠囊補遺藥性賦》卷三：“石韋透膀胱小便，防己活風熱拘攣。”書注：“防己，味辛苦平，温，無毒。治水腫風腫，退産止咳。”明朱橚《救荒本草》卷三：“沙參……白實者佳，味微苦，性微寒，無毒，惡防己，反藜蘆。”《駢雅·釋草》：“解離，防己也。”明代亦稱“石解”“載君行”。明李時珍《本草綱目·草七·防己》：“［釋名］解離、石解。時珍曰：按東垣李杲云：防己如險健之人，幸灾樂禍，能首爲亂階；若善用之，亦可禦敵。其名或取此義。解離，因其紋解也。”明陳嘉謨《本草蒙筌·草部·防己》：“［防己］漢者主水氣，名載君行。”《陝西通志·物産一·藥屬》：“防己，出洵陽（范子）。生漢中川谷（《名醫别録》）。漢中出者……黄實而香，莖梗甚嫩，苗葉小類牽牛。折其莖吹之，氣從中貫如木通然（《本草圖經》）。”清吴其濬《植物名實圖考·蔓草類·防己》：“防己，《本經》中品。李當之云：‘莖如葛根，外白内黄，如桔梗。’”今亦稱“青藤”“大葉青繩兒”“土藤”。

按，古之醫著所謂防己多指木防己類，即防己科之木防己、廣防己及漢中防己。其名亦相混稱。參見本卷《習見木竹説·習見林木考》“木防己”文。

【解離】

即防己。此稱漢代已行用。見該文。

【石解】

即防己。此稱明代已行用。見該文。

【載君行】

即防己。此稱明代已行用。見該文。

【青藤】[4]

即防己。今浙江、四川等地多行用此稱。見該文。

【大葉青繩兒】

即防己。今浙江各地多行用此稱。見該文。

【土藤】

即防己。今四川各地多行用此稱。見該文。

金果欖

習見林木名。防己科，青牛膽屬，圓角金果欖〔*Tinospora sagittata*（Oliv.）Gagnep.〕。常緑纏繞藤本。塊根卵圓形、橢圓形、腎形或圓形，數個相連，表皮土黄色。莖圓柱形，深緑色，粗糙有紋，被毛。單葉互生，卵形至長卵形，背面具疏毛。花單性，雌雄异株，成腋生圓錐花序，花序疏鬆而略被毛，花近白色。核果，球形，紅色。我國主要分布於廣東、海南、廣西、貴州等地。多見於疏林、灌叢中，亦見於山地岩石旁。

其塊根入藥名“金果欖”，亦代指其樹。此稱清代已行用。亦稱“金梏欖”“金苦欖”“地膽”“天鵝蛋”。清趙學敏《本草綱目拾遺・草部・金果欖》：“金果欖，出廣中。”引《藥性考》曰：“金梏欖産廣西，生於藤根，堅實而重大者良，藤亦可用”。又引清朱楓《柑園小識》曰：“金苦欖種出交趾，近産於廣西蒼梧藤邑，蔓生土中，結實如橄欖，皮似白朮，剖之微黄，味苦。”今通稱“圓角金果欖”。又，本屬之青牛膽（*T. sagittata*），塊根亦入藥，功效相似，亦名“青果欖”，此附。參閲江蘇新醫學院《中藥大辭典・金果欖》。

【金梏欖】

即金果欖。此稱清代已行用。見該文。

【金苦欖】

即金果欖。此稱清代已行用。見該文。

【地膽】[3]

即金果欖。此稱清代已行用，名見清佚名《分類草藥性》。見該文。

【天鵝蛋】

即金果欖。此稱清代已行用，名見清佚名《分類草藥性》。見該文。

【圓角金果欖】

即金果欖。今之通稱。見該文。

爬山虎[1]

習見林木名。葡萄科，爬山虎屬，爬山虎〔*Parthenocissus tricuspidata*（Sieb. et Zucc.）Planch.〕。落葉藤本。枝粗，無毛；捲鬚短，分枝多，先端具吸盤，以便攀援生長。多爲單葉，廣卵形，中部以上較寬，三裂，基出脉，五條。聚傘花序，無毛，花小黄色。漿果，藍色，球形。花期6至7月，果期9至10月。爬山虎蔓莖縱横，氣根密布，翠葉如屏，入秋之後，葉色紅黄，艷麗悦目，可供觀賞。漿果可釀酒。根莖可入藥。

我國利用爬山虎歷史悠久。三國時稱“地朕”“夜光”“承夜”，名皆出《吴普本草》。唐代稱“地錦”“地噤”，明代稱“草血竭”“血見愁”“血風草”“馬蟻草”“雀兒卧單”“醬瓣草”“猢猻頭草”。宋羅願《新安志・叙物産・藥物》：“庶草之繁廡，其施於藥餌者，芝蘭、芍藥、兔絲……茜草、蜀葵、金星、地錦、葎草、夏枯、蘹香、薄荷、覆盆、草烏、瞿麥、芫花、白斂、前胡及天門冬、霹靂矢、何首烏之屬。”明李時珍《本草綱目・草九・地錦》：“[釋名]地朕（《吴普》）、地噤（《拾遺》）、夜光（《吴普》）、承夜（《吴普》）、草血竭（《綱目》）、血見愁（《綱目》）、血風草（《綱目》）、馬蟻草（《綱目》）、雀兒卧單（《綱目》）、醬瓣草（《玉川》）、猢猻頭草。《别録》曰：地朕，三月采之。〔陳〕藏器曰：地朕一名地錦，一名地噤。蔓延著地，葉光净，露下有光。時珍曰：赤莖布地，故曰地錦。專治血病，故俗稱爲〔草〕血竭、血見愁。馬蟻、雀兒喜聚之，故有馬蟻、雀單之名。醬瓣、猢猻頭，象花葉形也。”《續通志・昆蟲草木略・草類》：“地錦，小草也。一名地噤，一名夜光，一名承夜，一名草血竭，一名血見愁，一名血風草，一名馬蟻草，一名雀兒卧單，一名醬瓣草，一名猢猻頭草。掌禹錫曰：石部有地錦，是藤蔓之類，與此同名異物。”清刊《月令輯要・六月令》：“《政和本草》：地錦草，生近道田野。莖葉細弱，蔓延於地。莖赤，葉青紫色。夏中茂盛，六月開紅花，結細實，取苗子用之。”今通稱

“爬山虎”。

【地朕】

即爬山虎[1]。此稱三國時期已行用，名見《吴普本草》。見該文。

【夜光】

即爬山虎[1]。此稱三國時期已行用，名見《吴普本草》。見該文。

【承夜】

即爬山虎[1]。此稱三國時期已行用，名見《吴普本草》。見該文。

【地錦】[2]

即爬山虎[1]。因其赤莖布地如錦，故名。此稱唐代已行用。見該文。

【地噤】

即爬山虎[1]。此稱唐代已行用。見該文。

【草血竭】

即爬山虎[1]。此稱明代已行用。見該文。

【血見愁】[2]

即爬山虎[1]。此稱明代已行用。見該文。

【血風草】

即爬山虎[1]。此稱明代已行用。見該文。

【馬蟻草】

即爬山虎[1]。因螞蟻喜聚此草，故名。此稱明代已行用。見該文。

【雀兒卧單】

即爬山虎[1]。因雀鳥喜聚此草，故名。此稱明代已行用。見該文。

【醬瓣草】

即爬山虎[1]。此稱明代已行用。見該文。

【猢猻頭草】

即爬山虎[1]。此稱明代已行用。見該文。

【小蟲卧草】

即爬山虎[1]。清代山西各地多行用此稱。亦稱“地錦草”“雀兒卧草”。《山西通志·物産·潞安府》：“地錦草，一名草血竭，一名雀兒卧草，潞人稱小蟲卧草。”見“爬山虎[1]”文。

【地錦草】

即小蟲卧草。此稱宋代已行用。見該文。

【雀兒卧草】

即小蟲卧草。此稱清代已行用。見該文。

相思子

習見林木名。豆科，相思子屬，相思子（*Abrus precatorius* Linn.）纏繞藤本。偶數羽狀複葉。總狀花序腋生，花小，淡紫色。莢果，菱狀長橢圓形，黄緑色。種子橢圓形，基部近種臍處爲黑色，上部朱紅色，具光澤，有毒。我國主要分布於閩、臺、粤、桂、黔諸地。種子、根及莖葉可入藥。

相思子久爲人知，此稱唐代已行用，亦稱“紅豆”。唐李匡乂《資暇集》卷下：“相思子。豆有圓而紅其首烏者，舉世呼爲相思子，即紅豆之異名也。”唐段公路《北户録》卷三：“相思子有蔓生者，其子切紅，葉如合歡，依籬障而生。與龍腦相宜，能令香不耗，南人云，有刀瘡血不止痛甚者，取葉熟擣，厚傅之即愈。”明李時珍《本草綱目·木二·相思子》：“相思子生嶺南。樹高丈餘，白色。其葉似槐，其花似皂角，其莢似扁豆。其子大如小豆，

相思子
（清吴其濬《植物名實圖考》）

半截紅色，半截黑色，彼人以嵌首飾。”明周嘉胄《香乘》卷三：“〔相思子與龍腦相宜〕相思子有蔓生者，與龍腦香相宜，能令香不耗。”《廣群芳譜・藥譜八・相思子》：“《本草綱目》：相思子，一名紅豆。生嶺南。樹高丈餘，白色，其葉似槐，其花似皂莢，其莢似扁豆，其子大如小豆，半截紅色，半截黑色，彼人以嵌首飾。段公路《北户録》言有蔓生，用子收龍腦香相宜，令香不耗也。氣味苦，平，有小毒，通九竅，去心腹邪氣，止熱悶頭痛，風痰瘴瘧，殺腹臟及皮膚内一切蟲。除蠱毒，取二七枚，研服即吐出。”清吴其濬《植物名實圖考・木類・相思子》：“相思子即紅豆，詩人多咏之。《本草綱目》始收入喬木類，爲吐藥。”

按，相思子其種子紅色間黑，光澤可愛，古人常與紅豆樹、海紅豆等混稱“紅豆”。如《續通志・昆蟲草木略・木類》：“相思子，大樹也。材理堅，邪斫之則文可作器。其實如珊瑚，歷年不變，東冶有之，見《南越志》。《吴都賦》云：‘相思之樹’即此。”

相思子亦有紅豆之名，然與豆科之紅豆樹并非一物，前人早有分辨。明盧之頤《本草乘雅半偈・〈别録中品二〉》：“《資暇集》云，豆有圓而紅其首烏者，舉世呼爲相思子，即紅豆蔻之異名。其木斜斫之則有文，可爲彈博局及琵琶槽。其樹大株而白枝，葉似槐，其花與皂莢花無殊，其子若穭豆，處於甲中通體皆紅。李善云，其實赤如珊瑚。《徐氏筆精》云，嶺南閩中有相思木，歲久結子，色紅如大豆，故名相思子，每一樹結子數斛，非紅豆也。《筆叢》謂温廷筠詩：‘玲瓏骰子安紅豆，入骨相思知也無’，相思子即紅豆者，亦謬矣。《方物略記》云，紅豆花白色，實若大豆而紅，以似得名，葉如冬青。”明陸楫《古今説海・説選・〈北户録〉》：“相思子，有蔓生者，與龍腦相宜，能令香不耗。干寶《搜神記》云：大夫韓馮妻美，宋康王奪之，馮自殺，妻自投臺下死，……有文梓木生二冢之端，根交于下，枝錯其上，宋王哀之，因號其木曰相思樹。”宋王讜《唐語林》卷八：“豆有紅而圓長其首烏者，舉世呼爲相思子，非也，乃甘草子也。相思子即紅豆之異名也，其木斜斫之則有文，可爲彈博局及琵琶槽。其樹也，大株而白枝，葉似槐，其花與皂莢花無殊，其子若穭豆。處於甲中，通身皆紅，李善云其實赤如珊瑚是也。”參見本卷《習見木竹説・習見林木考》“紅豆樹”“海紅豆”文。相思子今亦稱“美人豆”“觀音子”“鴛鴦豆”“郎君豆”。海南人多以爲飾物。

【紅豆】[2]

即相思子。此稱唐代已行用。見該文。

【美人豆】

即相思子。今海南各地多行用此稱。見該文。

【觀音子】

即相思子。今廣西南寧等地多行用此稱。見該文。

【鴛鴦豆】

即相思子。謂男女相思之意，故名。今稱。見該文。

【郎君豆】

即相思子。今廣東各地多行用此稱。見該文。

威靈仙[1]

習見林木名。毛茛科，鐵綫蓮屬，威靈仙（*Clematis chinensis* Osbeck）。藤本或攀援灌木。高 4~10 米。外皮黑褐，莖乾後爲黑色，具明顯條紋，幼時被白色細毛，複葉對生，小葉五枚，狹卵形或三角狀卵形。圓錐花序，腋生或頂生；花多數，白色或緑白色。瘦果，扁平狀狹卵形，疏生細短毛，花柱宿存，延長而呈白羽狀。我國主要分布於長江流域中、下游及其以南地區。常見於山谷、坡地及林緣、灌叢中。根可入藥。全株可爲農藥。

威靈仙
（清吴其濬《植物名實圖考》）

我國應用威靈仙歷史悠久。宋代已行用此稱，亦稱“能消”。并沿稱於後世。《通志·木類》：“威靈仙，曰能消。惡聞水聲，能治痿弱。唐貞元中，周君巢爲之作傳。”明代亦稱“鐵脚威靈仙”，清代稱“黑脚威靈仙”。舊題金李杲《珍珠囊補遺藥性賦》卷三：“威靈仙能消骨鯁，熬汁灌喉嚨。”書注：“威靈仙，味苦，温，無毒。主宣氣，去冷消痰，療折傷，治諸風。”唐宋後采製、應用已頗具經驗。明朱橚《救荒本草》卷一：“威靈仙，一名能消。出商州上洛、華山，并平澤及陝西河東、河北、河南、河湖、石州、寧化等州郡。不聞水聲者良。今密縣梁家衝山野中亦有之，苗高一二尺，莖方如釵股，四棱，莖多細茸白毛，葉似柳葉而闊，邊有鋸齒，又似旋覆花葉，其葉作層生，每層六七葉，相對排如車輪樣，有六層至七層者。花淺紫色或碧白色，作穗似蒲臺子，亦有似菊花頭者。結實青色。根稠密多鬚。味苦，性温，無毒惡。茶及麵湯，以甘草、梔子代飲可也。”明鮑山《野菜博録》卷二：“威靈仙，一名能消。苗高一二尺，莖方四棱，莖多細茸白毛，似柳葉，邊有鋸齒，……食法：采葉煠熟换水浸去苦味，淘净，油鹽調食。”明李時珍《本草綱目·草七·威靈仙》：“［釋名］時珍曰：威，言其性猛也。靈仙，言其功神也。”又，“［集解］時珍曰：其根每年旁引，年深轉茂。一根叢鬚數百條，長者二尺許。初時黄黑色，乾則深黑，俗稱鐵脚威靈仙以此”。清何克諫《生草藥性備要》上卷：“威靈仙，味苦辛，性温。去風毒，除痰。通五臟、膀胱。消水腫，治足腫、腰膝冷痛，治折傷、諸般骨哽，煲酒飲即愈。語云：‘黑脚威靈仙，骨見軟如綿。’”威靈仙分布極廣，各地方志、醫書、雜著多有記載。

【能消】

即威靈仙[1]。此稱宋代已行用。見該文。

【鐵脚威靈仙】

即威靈仙[1]。因其根乾則變黑如鐵，故名。此稱明代已行用。見該文。

【黑脚威靈仙】

即威靈仙[1]。因其根乾後色黑，故名。此稱清代已行用。見該文。

南蛇簕

習見林木名。豆科，雲實屬，喙莢雲實〔*Guilandina minax*（Hance）G. P. Lewis〕之别名。有刺藤本。高達4米，小枝及幼葉被毛。二回偶數羽狀複葉，羽片五至八（十）對，長圓形，先端具尖頭，基部圓而不對稱，托葉錐狀。圓錐花序，總軸具刺，并具銹色絨毛；花瓣倒卵形，白色或上面一片帶紅紫色。莢果長橢圓形，具喙，密被棕色針刺。種子六至七枚，橢圓形。我國主要分布於廣東、廣西、四川、貴州、雲南等地。適生於山地疏林、溪畔及灌叢中。廣州近郊常植爲緑籬。根、葉、種子可入藥。

清代稱“蚺蛇簕”。亦稱“石蓮子”。清何克諫《生草藥性備要》下卷：“蚺蛇簕，治跌打傷，止痛。其形似大刀豆，周身簕釘。但用要搥爛敷之。一名石蓮子。”亦稱“蓮子竻”“蚺蛇竻”“雀不站”。通稱“喙莢雲實”“南蛇簕”。

【蚺蛇簕】

即南蛇簕。簕，粵語讀若nè，指植株之刺。此稱清代已行用。見該文。

【石蓮子】

即南蛇簕。亦特指其種子。此稱清代已行用。見該文。

【蓮子竻】

即南蛇簕。此稱清末民初已行用，名見清末蕭步丹《嶺南采藥録》。見該文。

【蚺蛇竻】

即南蛇簕。此稱清末民初已行用，名見清末蕭步丹《嶺南采藥録》。見該文。

【雀不站】 2

即南蛇簕。其枝具刺，鳥雀不站，故名。見該文。

【喙莢雲實】

即南蛇簕。因其莢果具喙，故稱。今之通稱。見該文。

南五味子

習見林木名。木蘭科，南五味子屬，南五味子（*Kadsura longipedunculata* Finet et Gagnep.）。常緑木質藤本。全株無毛。小枝圓柱形，褐色或紫褐色。單葉互生，近革質，橢圓形或卵狀披針形。花單性，雌雄异株，單生於葉腋，黄色，芳香。聚合果近球形，漿果深紅色至暗藍色，卵形，肉質。我國主要分布於華中、華南及西南各地。根、莖、葉、果可入藥。莖、葉、果可提取芳香油。莖皮纖維可製繩索或爲紡織原料。

本種秦漢時與“北五味子”同名“五味子”，明代始有分别。明李時珍《本草綱目・草七・五味子》：“五味子今有南北之分，南産者色紅，北産者色黑，入滋補藥必用北産者乃良。”清代亦稱“紅木香”“廣福藤”“紫金皮”。清趙學敏《本草綱目拾遺・藤部・紅木香》：“一名廣福藤，又名紫金皮。立夏後生苗，枝莖蔓延，葉類桂，略尖而軟，葉蒂紅色，咀之微香，有滑涎。”今通稱“南五味子”。俗稱“南蒲”“猢猻拳”“白山環藤”“黄牛藤”“猢猻飯團”“藍果五味子”“紫金藤”。參閲江蘇新醫學院《中華大辭典・紅木香》。

【五味子】 2

“南五味子”之泛稱。此稱秦漢時期已行用。見該文。

【紅木香】

即南五味子。此稱清代已行用。見該文。

【廣福藤】

即南五味子。清此稱清代已行用。見該文。

【紫金皮】 2

即南五味子。此稱清代已行用。見該文。

【長梗南五味子】

即南五味子。見該文。

【南蒲】

即南五味子。今之俗稱。見該文。

【猢猻拳】

即南五味子。今之俗稱。見該文。

【白山環藤】

即南五味子。今浙江各地多俗用此稱。見該文。

【黄牛藤】

即南五味子。今之俗稱。見該文。

【猢猻飯團】

即南五味子。今浙江各地多俗用此稱。見該文。

【藍果五味子】

即南五味子。因其果實熟後爲暗藍色，故名。見該文。

【紫金藤】[2]

即南五味子。今之俗稱。見該文。

【内風消】

即南五味子。此藤入藥可行血散氣，治無名腫痛病，故得此名。清代行用此稱。清吴其濬《植物名實圖考·蔓草類·内風消》："内風消，江西湖南皆有之。蔓生，紫莖，結實攢聚如球，極類紫金皮。"見"南五味子"文。

省藤

習見林木名。棕櫚科，省藤屬，省藤（*Calamus salicifolius* Becc.）。藤本。莖長 20 米以上，無鞘。葉披針形，羽狀全裂，長 2~3 米，對生，緣有刺。肉穗花，甚大。果實有鐘狀萼筒宿存。我國主要分布於兩廣等地。性强韌，可爲索，多爲編簾之用。亦入藥。

省藤早爲人知，至遲宋代已行用此稱，沿用至今。亦稱"赤藤""紅藤"。宋唐慎微《證類本草·木部中品·省藤》："省藤，味苦，平。無毒。主蚘蟲，煮汁服之。又主齒痛，打碎口中合之。又取和米煮粥飼狗去瘑。生南地深山，皮赤如脂，堪縛物，片片自解也。"明李時珍《本草綱目·草七·省藤》："［釋名］赤藤、紅藤。［集解］〔陳〕藏器曰：生南地深山。皮赤，大如指，堪縛物，片片自解也。"《廣群芳譜·木譜十四·藤》："省藤，一名赤藤，一名紅藤。陳藏器曰：生南地深山。赤皮，大如指，堪縛物。片片自解也。"《續通志·昆蟲草木略·草類》："省藤，一名赤藤，一名紅藤。大如指，堪縛物，片片自解也。"《浙江通志·物産六·金華府》："省藤，可作大索；又一種女藤，構房屋用。"清陳元龍《格致鏡原·附藤》："省藤，一名赤藤，皮赤，大如指，可縛物。"

【赤藤】

即省藤。此稱唐代已行用，唐韓愈有《赤藤杖歌》。見該文。

【紅藤】[2]

即省藤。此稱明代已行用。見該文。

【萪藤】

即省藤。此稱漢代已行用。北魏賈思勰《齊民要術·五穀果蓏菜茹非中國物産者·藤》引漢楊孚《異物志》："萪藤，圍數寸。重於竹，可爲杖。篾以縛船，及以爲席，勝竹也。"三國吴沈瑩《臨海水土異物志·萪藤》："萪藤，圍數寸，重於竹。"南北朝時亦作"科藤"。南朝梁元帝《金樓子·志怪》："合浦有康頭山，山上有一頭鹿，額上戴科藤一枝，四條直上，各長丈許。"清汪灝等《廣群芳譜·木譜十四·藤》："萪藤圍數寸……爲席勝於竹也。"按，今人繆啓愉《齊民要術校釋》以爲萪藤"大概就是棕櫚科的省藤"。張崇根《臨海水土異物志輯校》從之。本卷存此備考。見"省藤"文。

【科藤】

同“莉藤”。此體南北朝時期已行用。見該文。

【莉】

即省藤。此稱多行用於宋代。《玉篇・艸部》:“莉，莉藤。生海邊。”見“省藤”文。

飛龍掌血

習見林木名。芸香科，飛龍掌血屬，飛龍掌血〔*Toddalia asiatica*（Linn.）Lam.〕。木質藤本。枝幹密被倒鈎刺。三出複葉互生，小葉倒卵形、橢圓形或倒卵狀矩形。花單性，白色、青色或黄色。核果近球形，橙黄至朱紅色，具深色腺點，果皮肉質。種子腎形，黑色，光澤。我國主要分布於陝西、湖北、湖南、浙江、福建、臺灣、廣東、廣西、貴州、雲南、四川等地。葉、根或根皮可入藥。

飛龍掌血
（清吴其濬《植物名實圖考》）

此木早爲人知，此稱清代已行用。清吴其濬《植物名實圖考・蔓草類・飛龍掌血》:“飛龍掌血生滇南。粗蔓巨刺，森如鱗甲，新蔓密刺，葉如橘葉，結圓實如枸橘微小。”飛龍掌血常生於山坡、路旁、灌叢及疏林中。全年可采藥。今亦稱“黄椒”“小金藤”“通城虎”“溪椒”。

【黄椒】

即飛龍掌血。今稱，語本《分類草藥性》。見該文。

【小金藤】

即飛龍掌血。今稱。見該文。

【通城虎】

即飛龍掌血。今稱。見該文。

【溪椒】

即飛龍掌血。今稱。見該文。

秤鈎風

習見林木名。防己科，秤鈎風屬，秤鈎風〔*Diploclisia affinis*（Oliv.）Diels〕。木質藤本。長可達7~8米，當年生枝草黄色，老枝紅褐色或黑褐色。葉革質，近扁圓形或近菱形至倒卵形，先端短尖或鈍而凸尖，基部近截平至淺心形，邊緣微波狀，掌狀脉五條。花單性，雌雄异株；聚傘花序腋生，花三至數朵，小而不鮮艷。核果紅色，倒卵形。種子馬蹄形。我國主要分布於鄂西北、川東南、黔北、桂西、粤東北、湘西北及贛、閩、浙、滇等地，多野生於林緣或疏林地。

本種始載於清代典籍，時稱“稱鈎風”。清吴其濬《植物名實圖考・蔓草類・稱鈎風》:“稱鈎風，江西有之。蔓延墻垣，緑莖柔韌。葉有尖而秃，澀糙，有直紋數縷。土人未知所用。”依所描述之產地、特徵及其圖形，以爲《圖考》之稱鈎風即今防己科植物秤鈎風。截止20世紀90年代尚無栽培及開發利用之報導。參閲《中國植物志・防己科》。

秤鈎風
（清吴其濬《植物名實圖考》）

【稱鈎風】

同“秤鈎風”。此體清代已行用。見該文。

通光藤

習見林木名。蘿藦科，牛奶菜屬，通光藤〔*Marsdenia tenacissima*（Roxb.）Moon〕。落葉攀援藤本。嫩莖密被淡黄色柔毛。單葉對生，心形，兩面均被淡黄或灰白色柔毛，或上面近無毛。傘房花序腋生，花冠五裂，黄紅色。蓇葖果長刺刀形，常成對生長。外果皮密被灰黄色柔毛。種子多數，頂端生白絹質種毛。我國主要分布於雲南、貴州等地。藤、葉、根可入藥。

我國應用通光藤至少已有數百年史。明代稱“奶漿藤”“通光散”“通關散”。明蘭茂《滇南本草·通光散》：“奶漿藤，又名通光散、通關散。莖心有白奶漿流出。味苦、澀，性寒。主治通乳、利尿、祛痰、清水。”通光藤野生於海拔600~1400米向陽山坡之雜木林中，或攀援崖壁而生。今亦稱“烏骨藤”“下奶藤”“大苦藤”“扁藤”“黄木香”。

【奶漿藤】

即通光藤。因全株各部具乳汁，折斷後有白漿溢出，故稱。此稱明代已行用，今雲、貴等地仍沿用此稱。見該文。

【通光散】

即通光藤。此稱明代已行用，亦爲今之通稱。見該文。

【通關散】

即通光藤。此稱明代已行用。見該文。

【烏骨藤】

即通光藤。今雲南各地多行用此稱。見該文。

【下奶藤】

即通光藤。今雲南各地多行用此稱。見該文。

【大苦藤】

即通光藤。今雲南思茅等地多行用此稱。參閲《雲南思茅中草藥選》。見該文。

【扁藤】

即通光藤。今雲南紅河等地多行用此稱。參閲《紅河中草藥》。見該文。

【黄木香】

即通光藤。今雲南各地多行用此稱。見該文。

常春藤

習見林木名。五加科，常春藤屬，常春藤〔Hedera *nepalensis* K. Koch var. *sinensis*（Tobl.）Rehd.〕。常緑木質藤本。莖光滑，幼時藉小氣根攀援他物。單葉互生，革質，光滑。傘形花序，花淡黄白色，芳香。果實漿果狀，圓球形，橙色。我國主要分布於華北、華中、華東、華南及西南各地。常用於庭園緑化。果實可入藥。

常春藤早爲人知，南北朝時期已行用此稱。亦稱“龍鱗薜荔”“巴山虎”。唐白居易、宋孔傳《白孔六帖·藥》：“常春藤，姜撫召至東都，因言服常春藤使白髮還鬒，則長生可致。藤生太湖最良，終南往往有之，不及也。帝遣使者多取以賜中朝老臣，因詔天下使自

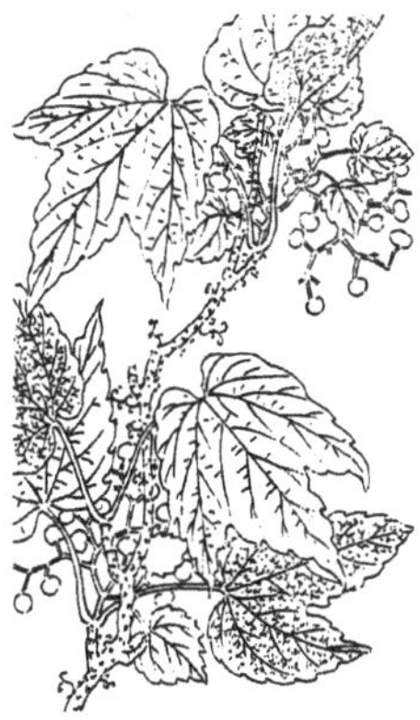

常春藤
（清吴其濬《植物名實圖考》）

求之。”宋釋普濟《五燈會元》卷二：“唐天寶三年，玄宗遣中使楊光庭入山采常春藤，因造丈室。”明李時珍《本草綱目・草七・常春藤》：“［釋名］土鼓藤、龍鱗薜荔。〔陳〕藏器曰：小兒取其藤於地打作鼓聲，故名土鼓。李邕改爲常春藤。［集解］〔陳〕藏器曰：生林薄間，作蔓繞草木上。其葉頭尖。結子正圓，熟時如珠，碧色。”明楊慎《丹鉛總録・花木類》：“《楚辭》：‘披薜荔兮帶女蘿。’注：‘薜荔無根，緣物而生。不明言爲何物也。’據《本草》，絡石也。在石曰石鯪，在地曰地錦，繞叢木曰常春藤，又曰龍鱗薜荔，又曰扶芳藤。今京師人家假山上種巴山虎是也。又云凡蔓生皆曰薜荔。”《明一統志・安慶府・土産》：“常春藤，太湖縣司空山出。唐天寶中嘗遣使采取。”清顧棟高《毛詩類釋・釋草・藟》：“唐姜撫言：服常春藤能使白髮還鬒，明皇使取以賜中朝老臣。”清吴其濬《植物名實圖考・蔓草類・常春藤》：“常春藤即土鼓藤。《本草拾遺》始著録。《日華子》以爲龍鱗薜荔，《談薈》以爲即巴山虎，今南北皆有之，結子圓碧如珠，與《拾遺》説符。”參閱陳植《觀賞樹木學・常春藤》。園林工作常用作垂直緑化，今亦俗呼“爬山虎”“爬墻虎”。

【龍鱗薜荔】[2]

即常春藤。此稱明代已行用。見該文。

【巴山虎】[2]

即常春藤。此稱明代已行用。見該文。

【爬山虎】[2]

即常春藤。因此藤氣根援山而生，故名。今之俗稱。見該文。

【爬墻虎】

即常春藤。因此藤山援而生，如虎之爬山，故名。今之俗稱。見該文。

【千歲藟】[1]

即常春藤。此稱明代已行用。明《姑蘇志・土産・藥之屬》：“常春藤，生太湖。一名千歲藟，青色者佳。”見“常春藤”文。

【土鼓藤】

即常春藤。亦稱“玉皇架”。此稱唐代已行用。一説小兒取此藤於地上打作鼓聲，因名土鼓藤，如明李時珍《本草綱目・草七・常春藤》：“［釋名］土鼓藤、龍鱗薜荔。〔陳〕藏器曰：小兒取其藤於地打作鼓聲。故名土鼓。”又如宋吴仁傑《離騷草木疏・薜荔》：“又《藥性論》云：土鼓藤，小兒取於地打作鼓聲。李邕名爲常春藤，《日華子》云：常春藤一名龍鱗薜荔。”《廣群芳譜・木譜十四・藤》：“常春藤，一名土鼓藤，一名龍鱗薜荔。陳藏器曰：生林薄間，作蔓繞草木上，其葉頭尖，結子正圓，熟時如珠碧色。”一説土鼓藤産淄川山中，而漢魏時淄川爲土鼓縣，故稱。《山東省通志・雜志》：“土鼓藤産淄川山中，以漢魏時爲土鼓縣得名也。莖葉苦，子甘，擣鱗汁合酒治癰疽初起，服之甚效。唐李邕刺淄州，名之曰常春藤，土人呼爲玉皇架。”見“常春藤”文。

【玉皇架】

即土鼓藤。此稱清代已行用。見該文。

常春油麻藤

習見林木名。豆科，油麻藤屬，常春油麻藤（*Mucuna sempervirens* Hemsl.）。常緑藤本。藤長可達 10 米。頂生小葉橢圓形或卵狀長圓形。總狀花序生於老莖，花冠蝶形，深紫色。莢果長條形，木質，被銹黄色柔毛，種子間縊縮。種子多枚，棕黑色。我國主要分布於浙、閩、贛、鄂、川、滇、黔等地。常春油麻藤用途頗廣。根、莖、葉可入藥，莖皮纖維可織麻袋或造紙，枝可編器具，塊根可提取澱粉，種子可食，亦可榨油。

清代稱“牛馬藤”。清劉善述《草木便方·草部·牛馬藤》：“牛馬藤根甘活血，能舒筋脉利骨節，養氣生血腰脊痛，化瘀停痰消積熱。”《草木便方》整理組以爲“牛馬藤”即今之常春油麻藤。常見於石灰岩山地林緣或土層較深厚處。今亦稱“牛麻藤”“藤花”“過山龍”“棉藤”“老鴉枕頭”“牛腸藤”“肉藤”。

【牛馬藤】

即常春油麻藤。此稱清代已行用。見該文。

【牛麻藤】

即常春油麻藤。爲油麻藤之音訛。今湖北各地多行用此稱。見該文。

【藤花】

即常春油麻藤。因其花大，色美，故名。今稱。參閲《中國主要植物圖説·豆科》。見該文。

【過山龍】[3]

即常春油麻藤。因其藤蔓延頗長，故名。今四川各地多行用此稱。參閲《中國種子植物分類學》。見該文。

【棉藤】

即常春油麻藤。因其莖皮纖維可代棉，用以織袋或造紙，故名。今浙江各地多行用此稱。見該文。

【老鴉枕頭】

即常春油麻藤。今四川各地多行用此稱。見該文。

【牛腸藤】

即常春油麻藤。因其藤蔓延如牛腸，故名。今福建各地多行用此稱。見該文。

【肉藤】

即常春油麻藤。今福建各地多行用此稱。見該文。

蛇葡萄

習見林木名。葡萄科，蛇葡萄屬，蛇葡萄〔*Ampelopsis glandulosa* (Wall.) Momiy.〕。落葉木質藤本。幼枝具毛。單葉互生，廣卵形，先端常三裂，葉緣有粗齒，葉背面色淡并被柔毛。聚傘花序與葉對生，梗上生毛，花黄緑色。漿果近球形，成熟時鮮藍色。我國自東北經冀、魯至長江流域各地及華南諸省區均有分布。可植於庭院供棚架緑化。果可釀酒。根、莖可入藥。

蛇葡萄早爲人知，明代已行用此稱。明朱橚《救荒本草》卷三：“蛇葡萄，生荒野中，拖蔓而生。葉似菊葉而小，花叉繁碎，又似前胡葉亦細。莖葉間開五瓣小銀褐花。結子如豌豆大，生青，熟則紅色。苗葉味甜。”明鮑山《野菜博録》卷一：“蛇葡萄，生荒野中。拖蔓而生，葉似菊葉，花叉多碎，莖葉間開五瓣小銀褐花，結子如豌豆大，生青熟則紅。葉味甜。食法：采葉煠熟，换水浸淘净，油鹽調食。”清代稱“酸藤”。清吴其濬《植物名實圖

蛇葡萄
（明鮑山《野菜博録》）

考・蔓草類・酸藤》："酸藤産建昌。蔓生，緑莖、赤節，參差生葉。葉圓有缺，末尖，鋸齒深刻。對葉發短枝，開小白花如粟。結實大於龍葵，生青碧，熟深紫。土人以洗瘡毒。"

野葡萄
（明鮑山《野菜博録》）

按，蛇葡萄屬約六十種，我國産九種。本種分布較廣，各地俗名俚稱頗多。如"山葡萄""野葡萄""烟火藤""母苦藤""見腫消""禾黄藤""狗葡萄""山胡爛"等。另，蛇葡萄尚有"牯嶺山葡萄"及"光葉蛇葡萄""小葉蛇葡萄"等變種，附此以供詳考。

【酸藤】

即蛇葡萄。此稱清代已行用。見該文。

【山葡萄】[1]

即蛇葡萄。今之俗稱，語本《植物名彙》。見該文。

【野葡萄】[1]

即蛇葡萄。今泉州地區多俗用此稱。見該文。

【烟火藤】

即蛇葡萄。今江蘇各地多俗用此稱。見該文。

【母苦藤】

即蛇葡萄。今浙江天目山地區多俗用此稱。見該文。

【見腫消】

即蛇葡萄。因其莖葉可利尿、消炎，洗瘡毒，故名。今江西各地多俗用此稱。見該文。

【禾黄藤】[1]

即蛇葡萄。今江西各地多俗用此稱。見該文。

【狗葡萄】

即蛇葡萄。今東北地區多俗用此稱。見該文。

【山胡爛】

即蛇葡萄。今東北地區多俗用此稱。見該文。

細圓藤

習見林木名。防己科，細圓藤屬，細圓藤〔*Pericampylus glaucus*（Lam.）Merr.〕。攀援木質藤本。嫩枝被黄色柔毛，老枝紫褐色，有條紋。單葉互生，卵狀三角形至三角形。花單性，雌雄异株；聚傘狀圓錐花序，腋生。核果圓形，兩側有壓扁狀。我國主要分布於廣東、廣西、雲南、四川、湖南、福建及臺灣諸地。其根可入藥。

民間早已用以醫病。清代稱"廣藤"。清劉善述《草木便方・草部・廣藤》："廣藤根平治風毒，跌撲折損止痛速，内傷瘀積消脹痛，腰脇老血宿痰除。"本種性喜陰濕，今多生於密林及灌叢中。今通稱"細圓藤"。别稱"小廣藤"。

【廣藤】

即細圓藤。此稱清代已行用。見該文。

【小廣藤】

即細圓藤。今西南各地多用此稱。見該文。

搜山虎[3]

習見林木名。胡椒科，胡椒屬，細葉青蔞藤〔*Piper kadsura*（Choisy）Ohwi〕之别名。常緑木質藤本。全株有特殊香氣。主莖灰色，有條紋，疏生柔毛。單葉互生，革質，卵形或卵狀披針形，全緣。花單性，雌雄异株，無花被。漿果近球形，成熟時紅色。我國主要分布於東南沿海諸省，尤以臺灣、福建、廣東爲多，滇南亦可見到。藤葉可入藥。

我國應用捜山虎已有數百年歷史。金代稱“石楠葉”。明代已行用此稱。亦稱“石南藤”。舊題金李杲《珍珠囊補遺藥性賦》卷四：“養腎除風石楠葉，漱牙洗目海桐皮。”書注：“石楠葉，味辛苦，平，有毒。利皮毛筋骨病。”明蘭茂《滇南本草・石南藤》：“石南藤，又名捜山虎，味甘，微酸，性微温。”又據范本《滇南本草》載：“石南葉，氣味辛、苦，平。”

按，“捜山虎”與薔薇科之“石楠”名雖同，然非一物。又，民間常以百合科植物“彎蕊開口箭〔*Tupistra wattii*（C. B. Clarke）Hook. f.〕”作石南藤入藥，與捜山虎亦非同物。本種今通稱“細葉青蔓藤”。

【石南葉】

即捜山虎[3]。此稱金代已行用。見該文。

【石南藤】[3]

即捜山虎[3]。此稱明代已行用。見該文。

【細葉青蔓藤】

即捜山虎[3]。今之通稱。見該文。

菝葜

習見林木名。百合科，菝葜屬，菝葜（*Smilax china* Linn.）。落葉藤本。根莖横生，不規則彎曲，疏生鬚根。葉互生，革質，圓形至廣橢圓形。花單性，雌雄异株；傘形花序，腋生，苞片黄緑色。漿果球形，紅色，内含種子數枚。我國主要分布於江南各地。根、莖、葉均可入藥。亦可做蔬食以救荒。

菝葜早爲藥用，此稱南北朝時已行用，沿稱至今。南朝梁陶弘景《名醫别録・中品・菝葜》：“［菝葜］味甘，平，温，無毒。主治腰背寒痛，風痺，益四氣，止小便利。生山野。二月、八月采根，暴乾。”唐孫思邈《備急千金要方》卷二九：“屠蘇酒辟疫氣令人不染温病及傷寒歲旦之方：大黄十五銖，白朮（疑即白朮）十八銖，桔梗、蜀椒各十五銖，桂心十八銖，烏頭六兩，菝葜十二銖。右七味㕮咀，縫袋盛，以十二月晦日中懸沉井中令至泥，正月朔旦平曉出藥，置酒中煎數沸，於東向户中飲之。”宋唐慎微《證類本草・草部中品・菝葜》：“菝葜，味甘，平，温，無毒。主腰背寒痛，風痺，益血氣，止小便利。生山野。二月八月采根，暴乾。”《通志・昆蟲草木略・草類》：“菝葜，曰金剛根，謂其根堅。曰王瓜草，謂其苗葉與王瓜相近。”江南各地多有出産，取以爲蔬久成習俗。宋周應合《景定建康志・風土志一・物産》：“藥之品：玉屑、石鍾乳……柴胡、麥門冬、茴、蔯、王不留行、前胡、敗醬、石韋、菝葜、地榆、京三棱、甘遂、牙子、天南星。”宋張耒《菝葜》詩：“江鄉有奇蔬，本草寄菝葜。”亦作“菝葀”，亦稱“金剛根”“鐵菱角”“王瓜草”。明李時珍《本草綱目・草七・菝葜》：“［釋名］菝葀、金剛根、鐵菱角、王瓜草。時珍曰：菝葀猶䟦䞗也。䟦䞗，短也。此草莖蔓强堅短小，故名菝葀。而江浙人謂之菝葜根，亦曰金剛根，楚人謂之鐵菱角，皆狀其堅而有尖刺也。鄭樵《通志》云：其葉頗近王瓜，故名王瓜草。”清吴其濬《植物名實圖考・蔓草類・菝葜》：

菝　葜

（明王圻等《三才圖會》）

"菝葜，《别録》中品。江西、湖廣皆曰鐵菱角，亦曰金剛根。葉可作飲。《救荒本草》謂之山藜兒。實熟紅時，味甘酸可食。其根有刺甚厲，俚醫多用之。"今俗稱"馬甲""冷飯頭""龍爪菜""普貼""黴殻刺""鷄肝根""鐵刺苓""冷飯巴""金剛鞭""馬加刺兜""馬加勒"。

【菝菰】

同"菝葜"。因此草强勁短小，故名。此體明代已行用。見該文。

【金剛根】

即菝葜。因其堅韌，故名。此稱明代已行用。見該文。

【鐵菱角】

即菝葜。因其根莖乾後狀如菱角，堅硬如鐵，故名。此稱明代已行用。見該文。

【王瓜草】

即菝葜。其葉類王瓜，故名。此稱宋代已行用。見該文。

【馬甲】

即菝葜。今廣東廣州等地多俗用此稱。見該文。

【冷飯頭】[2]

即菝葜。今廣東廣州等地多俗用此稱。見該文。

【龍爪菜】

即菝葜。今貴州各地多俗用此稱。見該文。

【普貼】

即菝葜。今福建各地多俗用此稱。見該文。

【黴殻刺】

即菝葜。今閩南地區多俗用此稱。見該文。

【鷄肝根】

即菝葜。今廣西各地多俗用此稱。見該文。

【鐵刺苓】

即菝葜。今浙江各地多俗用此稱。見該文。

【冷飯巴】

即菝葜。今四川各地多俗用此稱。見該文。

【金剛鞭】

即菝葜。今江西各地多俗用此稱。見該文。

【馬加刺兜】

即菝葜。今江西各地多俗用此稱。見該文。

【馬加勒】

即菝葜。今江西各地多俗用此稱。見該文。

【王瓜】

即菝葜。以其根似王瓜故名。此稱先秦時期已行用。《禮記・月令》："螻蟈鳴，蚯蚓出，王瓜生，苦菜秀。"清《日講禮記解義・月令》："'螻蟈鳴，蚯蚓出，王瓜生，苦菜秀'，此言巳月之候也。螻、蟈，蛙也。王瓜，《本草》作菝葜。謂之瓜者，其根似也。"見"菝葜"文。

【萆挈】

同"菝葜"。此體至遲明代已行用。明胡廣等《禮記大全・月令》："'螻蟈鳴，蚯蚓出，王瓜生，苦萊莠。'此記巳月之候，王瓜，注云萆挈，《本草》作菝葜，音同，謂之瓜者以根之似也，亦可釀酒。"見"菝葜"文。

【茇葜】

同"菝葜"。此體魏晋時期已行用。《太平御覽》卷九九三"百部"引晋葛洪《抱朴子内篇》曰："百部，黄似茇葜，治咳，殺虱。"明楊慎《古音駢字・仄黠》："菝葜，茇葜。菝，二同。"見"菝葜"文。

【山藜兒】

即菝葜。此稱明代已行用。亦稱"金剛樹""鐵刷子"。明朱橚《救荒本草》卷六："山藜兒，一名金剛樹，又名鐵刷子。生鈞州山野中。科條高三四尺，枝條上有小刺。葉似杏葉頗團小。開白花。結實如葡萄顆大，熟則紅黄色，味甘酸。”參閲清吴其濬《植物名實圖考·蔓草類·菝葜》。見“菝葜”文。

【金剛樹】

即山藜兒。此稱明代已行用。見該文。

【鐵刷子】

即山藜兒。此稱明代已行用。見該文。

【金剛藤】

即菝葜。此稱清代已行用。清劉善述《草木便方·草部·金剛藤》：“金剛藤根味甘平，崩帶瘰癧止血淋，清熱利水除風毒，跌撲損傷妙如神。”見“菝葜”文。

買麻藤

習見林木名。買麻藤科，買麻藤屬，買麻藤（*Gnetum montanum* Markgr.）。常緑木質藤本。枝莖圓或扁圓，小枝光滑，有明顯的節。單葉對生，革質，長圓形，稀長圓狀披針形或扁圓形。花單性，雌雄异株，球花排列成穗狀花序，腋生或頂生。種子核果狀，長圓形或長圓狀卵形，成熟時黄褐或紅褐色，有時被銀白色鱗斑。我國主要分布於滇、粤、桂、閩等省南部地區。莖皮纖維可供織袋、繩索用。種子可榨油，亦可釀酒或炒食。樹液營養豐富，可製飲料。

買麻藤早爲人知，此稱清代已見行用，亦稱“買子藤”。清屈大均《廣東新語·草語·藤》：“有買麻藤，其莖多水，渴者斷而飲之，滿腹已，餘水尚淋漓半日。可解蛇毒，乾之亦然。性柔易治，以製履，堅韌如麻，故名。言買藤得麻也，藤名而麻實，人争買取，又以他藤多而賤，聽人自取，是藤適用頗貴，必須買之，而其子味微苦可食，因曰買子也。”清趙學敏《本草綱目拾遺·藤部·買麻藤》：“《職方典》：〔買麻藤〕出肇慶，緣樹而生，有子味苦可食。山行斷取其汁飲之，可以止渴。《粤志》：買麻藤其莖多水，渴者斷而飲之，滿腹已，餘水尚淋漓半日。性柔易治，以製履堅韌如麻，故名，言買藤得麻也。”亦作“買蔴藤”。《廣東通志·物産志·藤》：“買蔴藤，其莖多汁，可解渴。性柔易治，用織履，堅韌如蔴，故名。又名買子藤，其子可食，買一藤而得三利，故其直頗貴，不比他藤，聽人自取。”

本種今亦通稱“倪藤”。俗稱“木花生”“大節藤”“博節藤”“山米藤”“米麻藤”“山花生”“狗屎藤”“烏目藤”。按，一説買麻藤即今之“小葉買麻藤”。此附供考。

【買子藤】

即買麻藤。此稱清代已行用。見該文。

【買蔴藤】

同“買麻藤”。此體清代已行用，見該文。

【倪藤】

即買麻藤。今之通稱。見該文。

【木花生】

即買麻藤。今廣西各地多俗用此稱。見該文。

【大節藤】

即買麻藤。今廣西各地多俗用此稱。見該文。

【博節藤】

即買麻藤。今廣東、福建等地多俗用此稱。見該文。

【山米藤】

即買麻藤。今廣東、福建等地多俗用此稱。見該文。

【米麻藤】

即買麻藤。今廣東、海南等地多俗用此稱。見該文。

【山花生】

即買麻藤。今閩南地區多俗用此稱。見該文。

【狗屎藤】

即買麻藤。今閩南地區多俗用此稱。見該文。

【烏目藤】

即買麻藤。今閩南地區多俗用此稱。見該文。

紫葛

習見林木名。葡萄科，蛇葡萄屬，异葉蛇葡萄〔*Ampelopsis glandulosa* var. *heterophylla* (Thunb.) Momiy.〕之别名。落葉藤本。其葉似野葡萄。根長如葛，色紫，故名。我國主要分布於江西、湖南等地。根皮可入藥。

紫葛早爲人熟知，唐代已行用此稱。《新唐書・地理志》："嘉州犍爲郡中本眉山郡，天寶元年更名。土貢麩金、紫葛、麝香。"宋樂史《太平寰宇記・劍南西道・嘉州》："古貢：水波綾、烏頭綾、苓根、紅花。今貢麩金、紫葛、巴豆。藥有金毛狗脊、丁公藤。"宋陳耆卿《赤城志・風土門一・藥之屬》："百藥祖、黄寮郎、催風使、含春藤、石南藤、清風藤、耆婆藤、天壽根、千里急、紫葛、烏藥、百棱藤。右十二品按本草皆出天台山。"宋周應合《景定建康志・風土志一・物産》："藥之品：玉屑、石鍾乳……連翹、紫葛、桑上寄、地蜈蚣。"元張鉉《至大金陵新志・田賦志・物産》："藥之品：玉屑、石鍾乳、禹餘糧……柴胡、麥門冬、茵蔯、王不留行、前胡、敗醬、石韋、菝葜、地榆、京三棱、甘遂、牙子、天南星、鬼臼、仙茅、連翹、紫葛、桑上寄生、地蜈蚣、蕁麻、茵蔯蒿。"明李時珍《本草綱目・草七・紫葛》："［集解］〔蘇〕恭曰：生山谷中。苗似葡萄，長丈許。根紫色，大者徑二三寸。〔韓〕保昇曰：所在皆有，今出雍州。葉似蘡薁。其根皮肉俱紫色。三、八月采根皮，日乾。《大明》曰：紫葛有二種，此是藤生者。〔蘇〕頌曰：今惟江寧府及台州有之，春生冬枯，似葡萄而紫色。"清代稱"赤葛藤"。清吴其濬《植物名實圖考・蔓草類・紫葛》："紫葛，《唐本草》始著録。湖南謂之赤葛藤。葉似野葡萄，而根長如葛，色紫，蓋即葛之别種。"《浙江通志・物産五・台州府》："紫葛，嘉靖《浙江通志》：天台紫葛形似芍藥，根苗似葡萄，長丈許。"

紫　葛

（清吴其濬《植物名實圖考》）

紫葛今尚以野生爲主，仍多爲藥用。亦俗稱"過山龍""外紅消"等。《新華本草綱要・紫葛》以爲《圖考》所述與本種相似。此附供考。

【赤葛藤】

即紫葛。此稱清代已行用。見該文。

【過山龍】[4]

即紫葛。今江西各地多俗用此稱。見該文。

【外紅消】

即紫葛。今江西各地多俗用此稱。見該文。

鈎吻

習見林木名。馬錢科，鈎吻屬，鈎吻〔*Gelsemium elegans*（Gardn. et Champ.）Benth.〕。常緑藤本。葉對生，卵狀長圓形至卵狀披針形，全緣。三歧分枝之聚傘花序，頂生或腋生；花小，黄色，花冠漏斗狀，内有紅色斑點。蒴果卵狀橢圓形。種子多數，有翅。我國主要分布於滇、粤、閩等省。全草可入藥。

鈎　吻
（清吴其濬《植物名實圖考》）

漢代已用以療疾，并行用此稱，亦稱“野葛”。三國時稱“秦鈎吻”“毒根”“茛”。《神農本草經・下品・鈎吻》：“鈎吻，味辛，温。主金創乳痓，中惡風，咳逆上氣，水腫，殺鬼注，蠱毒，一名野葛，生山谷。”孫星衍等注引三國魏吴普《吴普本草》曰：“秦鈎吻，一名毒根，一名野葛。”漢王充《論衡・言毒》：“草木之中，有巴豆、野葛，食之湊懣，頗多殺人。”《廣雅・釋草》：“茛，鈎吻也。”唐宋時稱“胡蔓草”“胡蔓”“吻莽”“斷腸草”。唐劉恂《嶺表録異》卷中：“野葛，毒草也，俗呼胡蔓草。誤食之，則用羊血漿解之。”宋沈括《夢溪補筆談・藥議》：“〔鈎吻〕閩人呼爲吻莽，亦謂之野葛。嶺南人謂之胡蔓。俗謂斷腸草。此草人間至毒之物，不入藥用。”宋朱鑑《文公易説・坤文言》：“參朮以根株而愈疾，鈎吻以根株而殺人，其所以殺人者，豈在根株之外而致其毒哉。”宋佘允文《尊孟辯》卷下：“地不唯五穀桑麻，而荑稗鈎吻生焉；山林河海不唯龜龍麟鳳，而鴟梟豺狼蛟鼉出焉。古今豈有無小人之國哉，作《易》者其知道乎？”清刊《御定佩文齋廣群芳譜・藥譜・鈎吻》引《本草綱目》：“鈎吻……一名斷腸草……陶弘景曰：言其入口則鈎人喉吻也。或言吻當作挽字，牽挽人腸而絶之也。”今通稱“胡蔓藤”。仍多用以療疾。

【野葛】[1]

即鈎吻。此稱漢代已行用。見該文。

【秦鈎吻】

即鈎吻。此稱三國時期已行用。見該文。

【毒根】

即鈎吻。因其有毒，故名。此稱三國時期已行用。見該文。

【茛】

即鈎吻。此稱三國時期已行用。見該文。

【胡蔓草】

即鈎吻。此稱唐代已行用。見該文。

【胡蔓】

“胡蔓草”之省稱。即鈎吻。此稱宋代已行用。見“鈎吻”文。

【吻莽】

即鈎吻。此稱宋代已行用。見該文。

【斷腸草】[2]

即鈎吻。此稱宋代已行用。見該文。

【胡蔓藤】

即鈎吻。今之通稱。見該文。

【冶葛】

即鈎吻。“野葛”之音訛稱。此稱漢代已行用。漢王充《論衡・言毒》：“毒螫渥者，在蟲則爲腹蛇蜂蠆，在草則爲巴豆、冶葛。”晋嵇含《南方草木狀》卷上：“冶葛，毒草也。蔓生，葉如羅勒，光而厚，一名胡蔓草。實毒者，多雜以生蔬進之，悟者速以藥解。不爾，半日輒死。”《新唐書·回鶻傳贊》：“化以仁義則頑，示以法則忿，熟我險易則爲患也，博而慘，療餒以冶葛，何時可哉？”宋邵雍《感事吟》：“冶葛根非連靈芝，奈何生與天地齊。”清陳元龍《格致鏡原·草類二·惡草》引唐張鷟《朝野僉載》曰：“冶葛，食之立死。有冶葛處即有白藤花，能解冶葛毒。”見“鈎吻”文。

【黃藤】[2]

即鈎吻。此稱明代已行用。亦稱“火把花”。明李時珍《本草綱目·草六·鈎吻》：“［釋名］野葛、毒根、胡蔓草、斷腸草、黃藤、火把花……滇人謂之火把花，因其花紅而性熱如火也。岳州謂之黃藤。”清陳大章《詩傳名物集覽·草·葛之覃兮》：“冶葛，《論衡》云：冶，地名，在東南，廣人謂之胡蔓草，一名斷腸，岳州謂之黃藤，即鈎吻。大毒。”見“鈎吻”文。

【火把花】[2]

即黃藤[2]。此稱明代已行用。見該文。

【除辛】

即鈎吻。此稱宋代已行用。其根折之青烟出者名“固活”。《通志·昆蟲草木略·木類》：“鈎吻，曰除辛，曰毒根。折之青烟出者名固活，即野葛也。”見“鈎吻”文。

【固活】

即除辛。特指折之青烟出者。此稱宋代已行用。見該文。

尋骨風

習見林木名。馬兜鈴科，馬兜鈴屬，綿毛馬兜鈴〔*Isotrema mollissimum*（Hance）X. X. Zhu, S. Liao & J. S. Ma〕之別名。木質藤本。全株密被灰白色長綿毛。單葉互生，紙質，卵形或卵狀心形。花單生於葉腋，花被彎曲，外面密生白色長綿毛，内側淺黃色，并有紫色網紋。蒴果長圓狀或橢圓狀倒卵形，具六條呈波狀或扭曲之棱或翅，暗褐色。種子卵狀三角形。我國主要分布於陜南、豫南、晋、魯、皖、鄂、湘、黔、浙、贛、蘇等地。全株可入藥。

尋骨風
（清吴其濬《植物名實圖考》）

民間早已用以醫病。清代已行用此稱。清世宗《硃批諭旨》卷九八：“御賜尋骨風藥酒，日飲兩次，兼服湯劑。”清吴其濬《植物名實圖考·蔓草類·尋骨風》：“尋骨風，湖南岳州有之。蔓生，葉如蘿藦，柔厚多毛，面緑背白。秋結實六棱，似使君子，色青黑，子如豆。”《江南通志·食貨志·物産》：“藥之品：曰桔梗、曰蒼朮、曰白朮、曰茯苓、曰枸杞、曰遠志、曰白頭翁、曰何首烏、曰升麻、曰防風、曰細辛……曰益母草、曰土貝母、曰土牛膝、曰尋骨風、曰棋盤草、曰紫花地丁、曰禹餘糧、曰石腦、曰金櫻子、曰元胡索、曰葳蕤、曰黄柏、曰土大黄。”

尋骨風多見於海拔100~850米之山坡、草叢、溝邊及路旁等處。今亦稱“穿地筋”“毛風草”“毛香”“黃才香”“猴耳草”“白毛藤”“綿毛馬兜鈴”。按，舊時有以爲本種屬多年生纏繞草本者，不確，當辨之。參閱江蘇新醫學院

《中藥大辭典·尋骨風》。

【穿地筋】

即尋骨風。今江蘇、河南等地多行用此稱。見該文。

【毛風草】

即尋骨風。今江蘇、河南等地多行用此稱。見該文。

【毛香】

即尋骨風。今江蘇徐州地區多行用此稱。見該文。

【黄才香】

即尋骨風。今江蘇蘇州地區多行用此稱。見該文。

【猴耳草】

即尋骨風。因其葉形似猴耳，故名。今河南各地多行用此稱。見該文。

【白毛藤】

即尋骨風。因全株被白綿毛，故名。今山東各地多行用此稱。見該文。

【綿毛馬兜鈴】

即尋骨風。因全株被綿毛，故名。今蘇南地區多行用此稱。見該文。

雷公藤

習見林木名。衛矛科，雷公藤屬，雷公藤（*Tripterygium wilfordii* Hook.f.）。落葉藤本。高約3米。小枝棕紅色，具四至六棱，密生瘤狀突起及銹色短毛。單葉互生，橢圓形至寬卵形。聚傘圓錐花序，被銹毛；花雜性，白緑色。蒴果短圓形，具三片膜翅，翅上斜生側脉。種子黑色，細柱狀。我國主要分布於長江流域以南各地及西南諸地。莖枝纖維可造紙。根、莖、葉、花可入藥。

雷公藤入藥早爲人知，明代已行用此稱。亦稱“犁頭刺藤”“霹靂木”“方勝板”“倒金鈎”“烙鐵草”“倒挂紫金鈎”“河白草”“犁尖草”“括耙草”“龍仙草”“魚尾花”“三木棉”。明温純《温恭毅集·疏·仰承德意敬進芻蕘懇乞聖明采納以隆泰運疏》:“今准回稱如卷軸、烘豆、鷄鵞毛、蚌蛤殼、鬼臉木偶、泥人摇鼓……黄竹剔子、膏藥丸、藥蒲包、藥渣、雷公藤、竹刷、草套等物，於例亦不應税。”明方以智《物理小識·醫藥類·犁頭刺藤》:“刺藤，其葉三角，如犁頭，多在籬邊生，可治瘰瀝，亦可截瘧。”清趙學敏《本草綱目拾遺·藤部·雷公藤》:“雷公藤，生陰山脚下，立夏時發苗，獨莖蔓生，莖穿葉心，莖上又發葉，葉下圓上尖如犁耙，又類三角風，枝梗有刺。《物理小識》:‘犁頭刺藤，其葉三角如犁頭，多在籬邊生，可治瘰鬁，亦可截瘧。’一名霹靂木、方勝板、倒金鈎、烙鐵草、倒挂紫金鈎、河白草、犁尖草、括耙草、龍仙草、魚尾花、三木棉。出江西者力大，土人采之毒魚，凡蚌螺之屬亦死，其性最烈；以其草烟熏蠶子，則不生，養蠶家忌之。山人采熏壁虱。”

【犁頭刺藤】

即雷公藤。此稱明代已行用。見該文。

【霹靂木】

即雷公藤。此稱清代已行用。見該文。

【方勝板】

即雷公藤。此稱明清時期已行用。見該文。

【倒金鈎】

即雷公藤。此稱清代已行用。見該文。

【烙鐵草】

即雷公藤。此稱清代已行用。見該文。

【倒挂紫金鈎】

即雷公藤。此稱清代已行用。見該文。

【河白草】

即雷公藤。此稱清代已行用。見該文。

【犁尖草】

即雷公藤。此稱清代已行用。見該文。

【括耙草】

即雷公藤。此稱清代已行用。見該文。

【龍仙草】

即雷公藤。此稱清代已行用。見該文。

【魚尾花】

即雷公藤。此稱清代已行用。見該文。

【三木棉】

即雷公藤。此稱清代已行用。見該文。

【蒸龍草】

即雷公藤。亦稱“震龍根”。此稱清代已行用。清趙學敏《本草綱目拾遺・藤部・雷公藤》引《汪連仕方》曰：“蒸龍草即震龍根，山人呼爲雷公藤，蒸酒服，治風氣。合巴山虎爲龍虎丹，入水藥魚，人多服即昏。”見“雷公藤”文。

【震龍根】

即蒸龍草。此稱清代已行用。見該文。

【昆明山海棠】[2]

即雷公藤。此稱清代已行用。省稱“山海棠”。清吴其濬《植物名實圖考・木類・昆明山海棠》：“山海棠，生昆明山中。樹高丈餘，大葉如紫荆而粗紋，夏開五瓣小白花，緑心黄蕊，密簇成攢。旋結實如風車，形與山藥子相類，色嫩紅可愛，山人折以售爲瓶供。”賈祖璋等《中國植物圖鑒・昆明山海棠》“昆明山海棠，*Tripterygium wilfordii* Hook.f.”依其拉丁學名，昆明山海棠當爲今之雷公藤。見“雷公藤”文。

【山海棠】[2]

“昆明山海棠[2]”之省稱。此稱清代已行用。見該文。

葛藤

習見林木名。蝶形花科，葛屬，葛藤（*Pueraria edulis* Pamp.）。落葉藤本。塊根肥碩。三出複葉，互生，葉卵狀圓形，兩面被黄毛。總狀花序，腋生，花冠藍紫或紫紅色。莢果帶狀，扁平，密被褐黄色長硬毛。種子赤褐色，扁卵圓形。我國南北各地廣有分布。根可製澱粉，亦供藥用，花可解酒。莖皮可代索或供編織。

葛

（清吴其濬《植物名實圖考》）

我國葛藤之記述頗早，先秦時稱“葛”。《詩・周南・葛覃》：“葛之覃兮，施於中谷。”漢代稱“鷄齊”。南北朝時稱“鹿藿”“黄斤”。《神農本草經・中品・葛根》：“葛根，味甘，平。主消渴，身大熱，嘔吐，諸痹，起陰氣，解諸毒……一名鷄齊根。生川谷。”南朝梁陶弘景《名醫别録・中品・葛根》：“白葛，燒之粉瘡，止痛斷血。葉，主金瘡，止血。花，主消酒。一名鹿藿，一名黄斤。生汶山。五月采根，暴乾。”宋沈遼《雲巢編》卷三：“《贈廣祐上人》：不入四明路，侵尋已十年。葛藤論往事，蟬蜕想蒼烟。松下數株石，巖前千丈泉。何爲不肯往，芒屩更參禪。”宋黄裳《妙光堂》

詩二首之一："泰定中含一黍靈，千江明月萬枝燈。自談禪處無人會，安用山僧纏葛藤。"明李時珍《本草綱目・草七・葛》："鹿食九草，此其一種，故曰鹿藿。"明朱橚《救荒本草》卷四："葛根，一名鷄齊根，一名鹿藿，一名黄斤。生汶山川谷，及成州、海州、浙江，並澧鼎之間，今處處有之。"《出曜經》卷三："其有衆生，墮愛網者，必敗正道……猶如葛藤纏樹，至末遍則樹枯。"清陳淏子《花鏡》卷五："葛，一名鹿藿，産南方。春初生苗，引藤蔓長一二丈。葉類楸，青而小。七月開花，紅紫色。結莢纍纍，似豌豆形，但不結實。根形大如手臂，紫黑色。"

葛藤分布頗廣，除采野生者外，今亦有人工栽培。俗稱"葛條""葛子""粉葛""苦葛""野葛"。《花鏡》以爲不結實，誤矣。

【葛】

即葛藤。此稱先秦時期已行用。見該文。

【雞齊】

即葛藤。此稱漢代已行用。見該文。

【鹿藿】

即葛藤。此稱南北朝時期已行用。《花卉卷》亦有"鹿藿"，爲豆科鹿藿屬纏繞藤本，與此爲同名异物，宜辨之。參閲《花卉卷》"鹿藿"文。見該文。

【黄斤】

即葛藤。此稱南北朝時期已行用。見該文。

【葛條】

即葛藤。今華北、東北等地多俗用此稱。見該文。

【葛子】

即葛藤。今山東各地多俗用此稱。見該文。

【粉葛】

即葛藤。今四川各地多俗用此稱。見該文。

【苦葛】

即葛藤。今湖北各地多俗用此稱。見該文。

【野葛】[2]

即葛藤。因其野生，故名。今之俗稱。見該文。

【絺綌草】

即葛藤。因其蔓可製絺綌，故名。絺綌，本葛布之統稱。葛之細者曰絺，粗者曰綌。故以絺綌草名葛。此稱漢代已見行用。《説文・艸部》："葛，絺綌草也。"亦沿稱於後世。《古今合璧事類備要外集・錦綉門・絺綌》："《財貨源流》："絺綌皆葛。綌粗而絺精，皆煮治績紡而成之。"昔傳帝堯時先民已用葛製絺綌。如《物原・衣原》："軒轅妃螺祖始育蠶緝麻，以興機杼，而成布帛。唐堯加以絺苧、木棉、草布、毛罽。"明李時珍《本草綱目・草七・葛》："［集解］時珍曰：葛有野生，有家種。其蔓延長，取治可作絺綌。"見"葛藤"文。

鈎藤

習見林木名，茜草科，鈎藤屬，鈎藤〔*Uncaria rhynchophylla*（Miq.）Miq. ex Havil.〕。常緑木質藤本。小枝四方形，光滑；變態枝成鈎狀，對生或單生於葉腋。單葉對生，紙質，卵狀披針形或橢圓形，全緣，葉背脉腋具短毛。頭狀花序單個腋生或爲頂生總狀花序；花近無梗，花冠黄色，管狀。蒴果倒卵狀橢圓形，疏被柔毛，數粒種子，細小，兩端具翅。我國主要分布於福建、江西、浙江、湖南、廣東、廣西、四川、貴州等地。根、枝可入藥。

南北朝時已有記載，時稱"釣藤"。以其

枝刺曲如釣鈎故名。亦作“吊藤”。清代已行用此稱。明李時珍《本草綱目・草七・釣藤》:“〔釋名〕〔陶〕弘景曰：出建平。亦作吊藤。療小兒，不入餘方。時珍曰：其刺曲如釣鈎，故名。或作吊，從簡耳。”清吴其濬《植物名實圖考・蔓草類・鈎藤》:“鈎藤，《别録》下品。江西、湖南山中多有之。插莖即生，莖、葉俱緑……雩婁農曰：鈎藤或作釣藤，以其鈎曲如釣針也。”清趙其光《本草求原・蔓草部・鈎藤鈎》:“鈎藤鈎（指枝刺），味苦甘，氣平，微寒，無毒。稟春氣以生，能平肝風，除心熱。”

釣　藤
（明鮑山《野菜博録》）

【釣藤】

即鈎藤。因其枝刺鈎曲如釣針，故名。此稱南北朝時期已行用。見該文。

【吊藤】

“釣藤”之音訛稱。即鈎藤。此稱南北朝時期已行用。見該文。

榼藤

習見林木名。豆科，榼藤屬，榼藤子〔*Entada phaseoloides*（Linn.）Merr.〕。常緑木質大藤本。二回羽狀複葉，葉軸頂端有捲鬚，小葉長橢圓形，革質，偏斜。穗狀花序單生或排列成圓錐狀，花淡黄色，有香氣。莢果，木質，長可達1米，寬約10厘米，彎曲，由多節組成，成熟時逐節脱落，每節着生一粒種子。種子近圓形，扁平。我國主要分布於雲南、海南、廣西、廣東、福建及臺灣等地。

我國栽培利用榼藤已逾一千五百餘年歷史。晉代已行用此稱，因其種殻可製榼以爲容器，故名。亦稱“象豆”。晉嵇含《南方草木狀》卷中：“榼藤依樹蔓生，如通草藤也。其子紫黑色，一名象豆。三年方熟。其殻貯藥，歷年不壞。生南海。”亦稱“合子”“榼子”，又稱“榼藤子”，并沿稱至今。宋唐慎微《證類本草・木部下品・榼藤子》:“榼藤子，味澀，甘，平，無毒。主蠱毒、五痔、喉痺及小兒脱肛、血痢。”明朱橚《普濟方》卷二一一：“治赤白痢（出本草）：以榼藤剉水煎服。出南海諸州。根如烏藥。”明李時珍《本草綱目・草七・榼藤子》:“〔釋名〕象豆、榼子、合子。時珍曰：其子象榼形，故名之。〔集解〕〔陳〕藏器曰：按《廣州記》云，榼藤子生廣南山林間。作藤著樹，如通草藤。其實三年方熟，角如弓袋，子若鷄卵，其外紫黑色。其殻用貯丹藥，經年不壞。取其中仁入藥，炙用。時珍曰：子紫黑色，微光，大一二寸，圓而扁。人多剔去肉作藥瓢，垂於腰間也。”明董斯張《廣博物志・草木》:“榼藤，依樹蔓生，如通草藤也。其子紫黑色，一名象豆，三年方熟。其殻貯藥，歷年不壞。生南海。解諸藥毒。”《續通志・木類》:“榼藤子，一名象豆，一名榼子，一名合子。依樹蔓生如通草藤。子紫黑色，三年方熟。生南海。解諸藥毒。”榼藤除

榼藤子
（清吴其濬《植物名實圖考》）

供藥用，亦可供觀賞。清陳淏子《花鏡》卷五："榼藤一名象豆，生廣南山中。作藤著樹，有如通草藤。其實三年方熟，結角如弓袋，紫黑色而光，大一二寸，圓而扁，仁若鷄卵。土人多剔去其肉作瓢，垂於腰間，若貯丹藥，經年不壞。"清吴其濬《植物名實圖考·蔓草類·榼藤子》："榼藤子即象豆，詳《南方草木狀》。《本草拾遺》《開寶本草》始著録。《南越筆記》云：子炒食，味佳。雩婁農曰：余至粤，未得見斯藤。按記，子可食，膚可爲榼以貯藥。何造物憫斯人之勞，而爲之代斫也……榼藤惜不植於嶺北。"

按，榼藤今除藤蔓及子入藥外，亦常取其藤皮纖維以爲人造棉及造紙原料。種子或製飾品及小匣，以供玩賞。亦俗稱"眼鏡豆""牛眼睛"。參閱《廣群芳譜·木譜十四·藤》、《格致鏡原》卷六九"榼藤"文。

【象豆】

即榼藤。此稱晋代已行用。見該文。

【合子】

即榼藤。亦指其子。此稱明代已行用。見該文。

【榼子】

即榼藤。亦指其子。此稱明代已行用。見該文。

【榼藤子】

即榼藤。此稱唐代已行用。見該文。

【眼鏡豆】

即榼藤。今雲南各地多俗用此稱。見該文。

【牛眼睛】

即榼藤。今廣東、海南等地多俗用此稱。見該文。

蔨子藤

習見林木名。木通科，野木瓜屬，日本野木瓜〔*Stauntonia hexaphylla*（Thunb. ex Murray）Decne.〕之别名。常緑藤本。掌狀複葉；小葉三至七枚，近革質。雌雄异株；複總狀花序，小花白而稍帶紫色。漿果近球形，内含黑色種子。我國主要分布於廣東、福建、浙江、湖南等省。果實味甜，可生食或釀酒。種子可榨油。根可入藥。

我國栽培利用蔨子藤歷史悠久。此稱南北朝時期已行用，并沿稱於後世。北魏賈思勰《齊民要術·五穀果蓏菜茹非中國物産者·藤》："蔨子藤，生緣樹木。正月、二月華色，四月、五月熟。實如梨，赤如雄鷄冠，核如魚鱗。取，生食之，淡泊無甘苦。出交阯、合浦。"明董斯張《廣博物志·草木》："蔨子藤，生緣樹木。正月二月花色，四月五月熟，實如梨，赤如雄鷄冠，核如魚鱗，取生食之，淡泊甘苦。出交趾、合浦。"又作"簡子藤"。如《廣博物志·草木》："侯騷，蔓生。子如鷄卵，大既甘且冷，輕身消酒，又名簡子藤（《齊民要術》）。"清刊《淵鑑類函》卷四一〇："又曰合浦蔨子藤，生緣樹木。正二月花，四五月熟，實如梨，赤如雄鷄冠。取生食之，味淡泊。出交阯。"《續通志·木類》："蔨子藤，生緑〔緣〕樹，實如梨，赤如鷄冠，核如魚鱗，生食味淡。見《齊民要術》。"省稱"蔨子"。清陳淏子《花鏡》卷五："蔨子出自合浦及交趾。藤蔓緣樹木而生，正、二月開花，四、五月實熟如梨，赤如鷄冠之色。核如魚鱗，其味甚甘美。"清趙學敏《本草綱目拾遺·果部下·蔨子》："〔蔨子〕出交趾合浦，藤緣樹木，正月開花，四五月熟如梨，赤如鷄冠，核如魚鱗。”亦稱“蘭子藤”。清陳元龍《格致鏡原・草類二・雜草附藤》引《藝文類聚》：“蘭子藤生緣樹木，正二月花，青色。四五月熟，實如梨，赤如雄鷄冠，生食之味淡泊，出交趾合浦。”

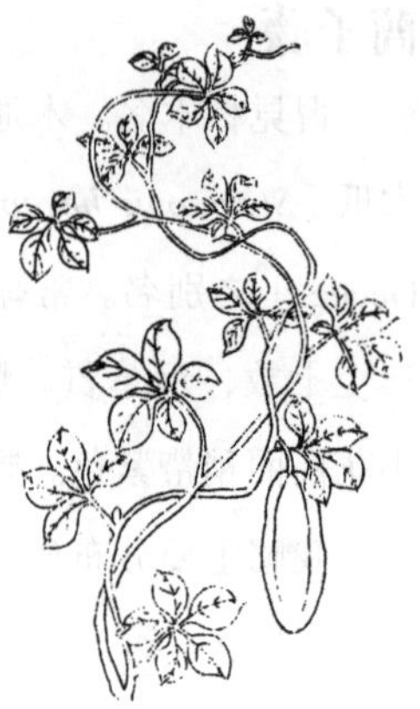

野木瓜
（明朱橚《救荒本草》）

按，《詩・鄭風・溱洧》“方秉蕳兮”、《陳風・澤陂》“有蒲與蕳”。毛傳及《廣雅・釋草》并云：“蕳，蘭也。”今人繆啓愉《齊民要術校釋》以爲“蕳子藤”即爲“蘭子藤”。當屬一種芳香性攀援植物。據此，或以爲先秦時已有記載。此附供考。另，今蕳子藤亦稱“野木瓜”“假荔枝”。

【蕳子】

“蕳子藤”之省稱。此稱清代已行用。見該文。

【蘭子藤】

即蕳子藤。此稱清代已行用。見該文。

【簡子藤】

同“蕳子藤”。此體南北朝時期已行用。見該文。

【野木瓜】

即蕳子藤。今稱。見該文。

【假荔枝】

即蕳子藤。今稱。見該文。

【蔄子】

同“蕳子”。即蕳子藤。此體明代已行用。明楊慎《丹鉛餘録》卷二：“蔄子，亦必草木，名出何書耶，孟賓亦不能知呼，取《本草》，遍檢之無有也。近觀《齊民要術》云：蔄子藤生緣樹木，實如梨，赤如鷄冠，核如魚鱗，取生食之，淡泊甘苦。乃知子雲引用必此物也。”見“蕳子藤”文。

【侯騷】

即蕳子藤。亦稱“侯騷子”“簡子”。明李時珍《本草綱目・果五・侯騷子》：“侯騷子，《酉陽雜俎》云：蔓生，子大如鷄卵，既甘且冷，消酒輕身。王太僕曾獻之。”《通雅・植物》：“元美言：侯騷即簡子。合蠡薺言之，蠡薺如不納子，人面子彈丸類者。而侯騷見《酉陽雜俎》與《廣志》，乃蔓生，子如鷄卵，《洱河紀事》以爲猪腰子，非矣，猪腰木本所生。”清陳元龍《格致鏡原・果類三》引《廣志》曰：“侯騷，蔓生，如鷄卵，既甘且冷，輕身消酒，又名蕳子藤。”見“蕳子藤”文。

【侯騷子】

即侯騷。此稱唐代已行用。見該文。

【簡子】

即侯騷。此稱明代已行用。見該文。

蔓椒

習見林木名。芸香科，花椒屬，兩面針〔*Zanthoxylum nitidum*（Roxb.）DC.〕之別名。木質藤本。莖、枝、葉軸及小葉兩面中脉均生鈎狀皮刺。奇數羽狀複葉，小葉三至十一枚，對生，革質，卵形至卵狀矩圓形。傘房狀圓錐花序，腋生，花小。蓇葖果成熟時紫紅色，具粗大腺點，頂部具短喙。我國主要分布於廣東、廣西、福建、湖南、雲南及臺灣諸地。葉與果皮可提取芳香油。種子亦可榨油。根、莖、葉可入藥。

蔓椒栽培利用歷史悠久。漢代已入藥療疾，并行用此稱。亦稱“家椒”。南北朝時稱“猪椒”“彘椒”“狗椒”“豨椒”“豕椒”。《神農本草經·下品·蔓椒》：“蔓椒，味苦，温。主風寒濕痹，癧節疼，除四肢厥氣，膝痛，一名家椒，生川谷及邱塚間。”孫星衍等注引南朝梁陶弘景《名醫别録》曰：“一名猪椒，一名彘椒，一名狗椒，生雲中。采莖根煮，釀酒。案陶宏〔弘〕景云，俗呼爲樛，以椒小不香爾，一名豨椒，可以蒸病出汗也。”唐孟詵《食療本草》卷上：“蔓椒，主賊風攣急。”宋明時稱“金椒”。《通雅·植物》：“蔓椒……似椒欓小不香耳，或曰金椒。”明朱橚《普濟方》卷四二六：“[本草藥性異名]蔓椒，一名豕椒，猪椒，彘椒，狗椒，豨椒。”明李時珍《本草綱目·果四·蔓椒》：“[釋名]猪椒（《别録》）、豕椒（《别録》）、彘椒（《别録》）、豨椒（弘景）、狗椒（《别録》）、金椒（《圖經》）。時珍曰：此椒蔓生，氣臭如狗彘，故得諸名。”又[集解]：“[陶]弘景曰：‘山野處處有之，俗呼爲樛子。似椒欓而小不香，一名豨椒，可以蒸病出汗。’時珍曰：‘蔓椒野生林箐間，枝軟如蔓，子、葉皆似椒，山人亦食之。’”清刊《授時通考·農餘門·蔓椒（附）》：“《本草》：蔓椒，一名猪椒，一名豕椒，一名彘椒，一名豨椒，一名狗椒，一名金椒。野生林箐間，枝軟如蔓，子葉皆似椒，山人亦食之。”清陳淏子《花鏡》卷五：“蔓椒出上山野，處處亦有之。生林箐間，枝軟覆地延蔓，花作小朵，色紫白，子葉皆似椒，形小而味微辛。”清吴其濬《植物名實圖考·木類·蔓椒》：“蔓椒，《本經》下品。枝軟如蔓，葉上有刺，林麓中多有之。”

蔓　椒
（清吴其濬《植物名實圖考》）

按，蔓椒因蔓生而得名。今通稱“光葉花椒”“兩面針”“山椒”“花椒刺”“胡椒竻”。

【家椒】[2]

即蔓椒。此稱漢代已行用。見該文。

【猪椒】

即蔓椒。因其臭如猪，故名。此稱南北朝時期已行用。見該文。

【彘椒】

即蔓椒。彘，即猪，因其臭如彘，故名。此稱南北朝時期已行用。見該文。

【狗椒】[2]

即蔓椒。此稱南北朝時期已行用。見該文。

【豨椒】

即蔓椒。猪，古亦稱豨，因此椒其臭如豨，故名。此稱南北朝時期已行用。見該文。

【豕椒】

即蔓椒。豕，即猪，因此椒氣臭如豕，故名。此稱南北朝時期已行用。見該文。

【金椒】

即蔓椒。此稱宋代已行用，語本《本草圖經》。見該文。

【光葉花椒】

即蔓椒。見該文。

【兩面針】

即蔓椒。亦稱“兩邊針”。因其葉兩面葉

脉均生針狀皮刺，故名。此稱清代已行用，亦今之通稱。參閱清末蕭步丹《嶺南采藥録》。見該文。

【山椒】

即蔓椒。今廣東廣州等地多行用此稱。見該文。

【花椒刺】

即蔓椒。因此木多棘刺，故名。今廣西各地多行用此稱。見該文。

【胡椒竻】

即蔓椒。因此木多棘刺，嶺南人讀“棘”爲“竻”(nè)，故名。今之俗稱。見該文。

【樛】

即蔓椒。此稱南北朝時期已行用。宋唐慎微《證類本草・木部下品・蔓椒》:“蔓椒，味苦，温，無毒。主風寒濕痺，歷節疼，除四肢厥氣膝痛。一名家椒，一名猪椒，一名彘椒，一名狗椒。生雲中川谷及丘冢間。采莖根煮釀酒。陶隱居云：山野處處有，俗呼爲樛。似椒……一名狶椒。可以蒸病出汗也。”《通雅・植物》:“蔓椒，俗呼爲樛。似椒欓小不香耳，或曰金椒。”見“蔓椒”文。

【地椒】

即蔓椒。特指其小者。此稱宋代已行用。《通志・木類》:“蔓椒，曰豕椒，曰猪椒，曰彘椒，曰狗椒，以其作狗彘之氣。又曰地椒。”《熱河志・物産三・卉之屬》:“地椒，元許有壬《上京十咏》有《地椒詩》曰：‘凍雨吹花紫，輕風散野香。刺沙尖葉細，敷地亂條長。’……《元一統志》曰：松州土産地椒，《本草〔圖經〕》謂地椒覆地蔓生，莖葉甚細，花作小朵，色紫白，即蔓椒之小者是也。”清刊《授時通考・農餘・地椒（附）》:“《本草》：地椒，出上黨郡，其苗覆地蔓生，莖葉甚細，花作小朵，色紫白，因舊莖而生，即蔓椒之小者。”見“蔓椒”文。

【入地金牛】

即蔓椒。此稱清代已行用，廣東各地沿稱至今。清趙其光《本草求原・山草部・入地金牛根》:“入地金牛根，治痰水、癧核，並急喉痰閉危篤。去外皮，煎水飲。”參閱江蘇新醫學院《中藥大辭典・入地金牛》。見“蔓椒”文。

龍鬚藤

習見林木名。豆科，羊蹄甲屬，龍鬚藤（*Bauhinia championii* Benth.）。常緑木質攀援藤本。有卷鬚，嫩枝與花序薄被平伏毛。單葉互生，卵形或心形，紙質，先端微凹或二裂至二分之一（稀至三分之一）。總狀花序與葉對生，或數個聚生枝頂呈圓錐狀；花瓣白色，具瓣柄，瓣片匙形。莢果倒卵狀長圓形或帶狀，果瓣革質。種子二至五枚，圓形，扁平。我國主要分布於臺灣北部、浙江、福建、江西、湖北、湖南、廣東、海南、廣西、貴州、雲南等地。常見於低海拔至中海拔之丘陵灌叢或山地疏林中。木材茶褐色，紋理緻密美觀，可製器具。根及莖皮可提取鞣質。莖皮纖維可製索。根與老藤供藥用。枝葉可爲薪炭。

田螺虎樹
（清吴其濬《植物名實圖考》）

我國采集利用龍鬚藤至少已有百餘

年史，清代江南各地稱“田螺虎樹”。清吴其濬《植物名實圖考·木類·田螺虎樹》：“田螺虎樹，小樹生田塍上。葉似金剛葉，上分兩叉，土人薪之。”依此描述及圖形、産地等對照，《圖考》之田螺虎樹當即蘇木科之龍鬚藤。參閱《中國植物志·豆科》。龍鬚藤爲其今稱，又稱“烏郎藤”“菊花木”“蝶藤”。

【田螺虎樹】

即龍鬚藤。此稱清代已行用。見該文。

【烏郎藤】

即龍鬚藤。今廣西各地多行用此稱。見該文。

【菊花木】

即龍鬚藤。因此木之横斷面木質部與韌皮部交錯成菊花狀花紋，故名。今臺灣各地多行用此稱。見該文。

【蝶藤】

即龍鬚藤。今福建各地多行用此稱。見該文。

【過崗龍】

即龍鬚藤。此稱清代已行用。清何克諫《生草藥性備要》下卷：“過崗龍，味甜、香（指其莖）。祛風濕，壯筋骨，理跌打傷，通行周身血脉，又能行氣、治痰火。葉如燕尾，根紅色，作花心。”清趙其光《本草求原·蔓草部·過崗龍》：“過崗龍，甘辛，微温。達氣，能行血脉，祛風散濕，壯筋骨，理跌打。内治傷痰火，解鬱積，除疳疔、内外痔。葉如燕尾，根皮紅色，有菊花心者真。”江蘇新醫學院《中藥大辭典·九龍藤》：“異名：過崗龍（《生草藥性備要》）、烏郎藤（《中國樹木分類學》）……”見“龍鬚藤”文。

鐵箍藤

習見林木名。五味子科，五味子屬，鐵箍散〔*Schisandra propinqua subsp. sinensis*（Oliv.）R. M. K. Saunders〕之别名。落葉木質藤本。長達2米。小枝棕褐色。單葉互生，狹披針形至矩圓形。花單性，雌雄异株或同株，腋生，花小而黄緑色。漿果近球形，成熟時猩紅色。我國主要分布於湖北、四川及雲貴諸地。莖、葉、果可提取芳香油。根皮及葉可入藥。

川東各地早用此藤醫病，清代稱“小血藤”。清劉善述《草木便方·草部·小血藤》：“小血藤熱生心血，散瘀活血透關節，跌打損傷血脹服，四肢筋骨風毒滅。”《草木便方》整理組以爲小血藤即此種。

本種爲“蒙自五味子”之變種。以湖北重陽、四川寶興較多見。多生於中山以下之山地、林緣、岩隙、路旁等地。亦稱“香巴戟”“鑽骨風”“八仙草”“天青地紅”“滿山香”“香骨藤”“滑藤”“爬山香”“鐵箍散”。按，鐵箍藤今稱“五香血藤”，乃合蕊五味子之變種。見中國林業出版社《漢拉英中國木本植物名録》。此附。

【小血藤】[2]

即鐵箍藤。此稱清代已行用。見該文。

【香巴戟】

即鐵箍藤。今四川各地多行用此稱。見該文。

【鑽骨風】

即鐵箍藤。此稱清代已行用，語本清佚名《分類草藥性》。見該文。

【八仙草】

即鐵箍藤。此稱清代已行用，語本清佚名

《分類草藥性》。見該文。

【天青地紅】

即鐵箍藤。今陝西各地多行用此稱。見該文。

【滿山香】[2]

即鐵箍藤。今雲南昆明等地多行用此稱。見該文。

【香骨藤】

即鐵箍藤。今雲南各地多行用此稱。見該文。

【滑藤】

即鐵箍藤。今雲南各地多行用此稱。見該文。

【爬山香】

即鐵箍藤。今雲南昆明等地多行用此稱。見該文。

【鐵箍散】

即鐵箍藤。今稱。見該文。

鷄屎藤

習見林木名。茜草科，鷄屎藤屬，鷄屎藤（*Paederia scandens* L.）。藤本。基部木質。分枝多，禿净或稍被柔毛。單葉對生，紙質，葉形從寬卵形至披針形，變异很大。聚傘花序排列成頂生帶葉的大圓錐花序或呈腋生疏散少花，花白紫色。核果，球形，成熟時光亮，草黄色。廣布於長江流域及其以南各地。常見於河溪岸邊，路旁與灌叢中，喜攀援其他植物或岩石而生長。全草、根、果實可入藥。

我國明清時期已取其入藥，清代已行用此稱。其葉、果臭如鷄屎，故名。亦稱“臭藤”“却節”。清何克諫《生草藥性備要》下卷：“鷄屎藤，味苦，性辛。其頭，治新内傷，煲肉食，補虚益腎……葉有葫、莖有毛者佳。”清趙學敏《本草綱目拾遺・藤部・臭藤根》：“《草寶》云：此草二月發苗，蔓延地上，不在樹間，係草藤也，葉對生，與臭梧桐葉相似，六七月開花粉紅色，絶類牽牛花，但口不甚放開。搓其葉嗅之有臭氣，未知正名何物，人因其臭，故名爲臭藤。其根入藥，本年者細小，二三年者大如萊菔（蘿蔔），可用。《李氏草秘》云：臭藤一名却節，對葉延蔓，極臭。”清吴其濬《植物名實圖考・蔓草類・鷄矢藤》：“鷄矢藤産南安。蔓生，黄緑莖。葉長寸餘，後寬前尖，細紋無齒。藤梢秋結青黄實，硬殼有光，圓如菉豆稍大，氣臭。俚醫以爲洗藥，解毒、去風、清熱、散寒。”亦稱“毛葫蘆”“母狗藤”“甜藤”。今通稱“鷄矢藤”。

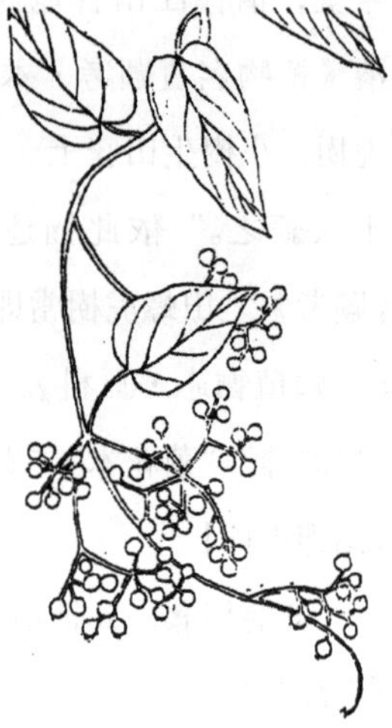

鷄矢藤
（清吴其濬《植物名實圖考》）

【臭藤】

即鷄屎藤。因其藤味臭，故名。此稱清代已行用。見該文。

【却節】

即鷄屎藤。此稱清代已行用。見該文。

【鷄矢藤】

即鷄屎藤。此稱清代已行用，亦今之通稱。見該文。

【毛葫蘆】

即鷄屎藤。今稱。見該文。

【母狗藤】

即鷄屎藤。今稱。見該文。

【甜藤】

即鷄屎藤。今稱。見該文。

【女青】

即鷄屎藤。此稱漢代已行用。亦稱“雀瓢”“雀翾”“烏葛”“霍由祇”。《神農本草經·上品·女青》:“女青，味辛，平……一名雀瓢（《御覽》作翾）。”《廣雅·釋草》:“女青，烏葛也。”《太平御覽》卷九九〇“女青”引《本草經》:“女青，一名雀翾。味辛平。生山谷。治蠱毒，逐邪，殺鬼。生朱崖。”又引《吴氏本草經》:“女青，一名霍由祇。”明董斯張《廣博物志·草木》:“女青，烏葛也。”清陳元龍《格致鏡原》卷六六引《彙苑》:“女青亦木名，見道藏。有女青鬼律。《湘烟録》：女青，烏葛也，見張揖《廣雅》。一名雀翾，生朱崖，見《本草》。”江蘇新醫學院《中藥大辭典·鷄屎藤》:“鷄屎藤，異名：斑鳩飯、女青、主屎藤（《質問本草》）；却節（《李氏草秘》）；皆治藤、臭藤根（《綱目拾遺》）；牛皮凍（《植物名實圖考》）；臭藤（《天寶本草》）；毛葫蘆（《嶺南采藥録》）。”此女青或即鷄屎藤，今附供考。見“鷄屎藤”文。

【雀瓢】

即女青。此稱漢代已行用。見該文。

【雀翾】

即女青。原作雀瓢，《太平御覽》改作雀翾。此稱宋代已行用。見該文。

【烏葛】

即女青。此稱三國時期已行用。見該文。

【霍由祇】

即女青。此稱三國時期已行用。見該文。

【牛皮凍】

即鷄屎藤。亦稱“臭皮藤”。此稱清代已行用。清吴其濬《植物名實圖考·蔓草類·牛皮凍》:“牛皮凍，湖南園圃林薄極多。蔓生緑莖，長葉如臘梅花葉，濃緑光亮。葉間秋開白筒子花，小瓣五出，微卷向外，黄赤色。結青實有汁。俚醫云：與臭皮藤一種，圓葉爲雌，長葉爲雄，用敷無名腫毒，兼補筋骨。”參閱江蘇新醫學院《中藥大辭典·鷄屎藤》。見“鷄屎藤”文。

【臭皮藤】

即牛皮凍。此稱清代已行用。見該文。

鑽地風 2

習見林木名。繡球科，鑽地風屬，鑽地風（*Schizophragma integrifolium* Oliver）。落葉木質藤本。藉氣根攀援生長。單葉對生，卵形至橢圓形，全緣或先端疏生小齒。傘房式聚傘花序頂生，疏被褐色柔毛，萼瓣乳白色，老時成棕色。蒴果陀螺狀，具縱棱。種子多數。我國主要分布於甘肅南部、江蘇、浙江、安徽、湖北、四川、貴州、雲南、廣東、廣西、臺灣等地。根、莖可入藥。

鑽地風早爲人知，至遲清代已行用此稱。清吴其濬《植物名實圖考·蔓草類·鑽地風》:“鑽地風，長沙山中有之。蔓生褐莖，莖、根一色，不堅實。葉如初生油桐葉而圓，碎紋細齒。俚醫以治筋骨、行脚氣。”鑽地風多野生林下，目前未見有人工栽培。今亦稱“全葉鑽地風”“桐葉藤”“追地楓”。另，本種之變形頗多，其中“小齒鑽地風”其葉緣有清晰而規則之鋸齒。參閱《新華本草綱要·鑽地風》。

【全葉鑽地風】

即鑽地風[2]。今浙江天目山地區多行用此稱。見該文。

【桐葉藤】

即鑽地風[2]。因其木爲藤，葉形似桐，故名。今浙江天目地區多行用此稱。見該文。

【追地楓】

即鑽地風[2]。今稱。見該文。

第二節　習見花木考

“花木”原泛指花草樹木。此稱至遲唐代已行用。唐戴叔倫《南軒》詩：“更愛閑花木，欣欣得向陽。”宋王安石《書湖陰先生壁》詩之一：“茅檐長掃净無苔，花木成畦手自栽。”宋李格非《洛陽名園記・環溪》：“園中樹松檜花木千株。”另如古有《魏王花木志》、宋周師厚《洛陽花木記》、范成大《桂海花木志》，清陳淏子《花鏡》有“花木類考”等。本考所言“花木”，特指開花可供觀賞的木本植物，即所謂“觀賞樹木”中的開花者。如牡丹、月季、木槿、薔薇、連翹、茉莉、合歡等。

我國觀賞花卉歷史，本書《花卉卷》已有詳考，此處僅就花木略述如下：相傳爲夏代物候記録之《夏小正》已有“正月，梅杏杝桃華”等花木物候的記載。《詩・鄭風・有女同車》：“有女同車，顔如舜華。”毛傳：“舜，木槿也。”孔穎達疏：“有女與鄭忽同車，此女之美，其顔色如舜木之華。”由此可見，先民於二千至三千年前，對木槿之類的花木已有頗高的欣賞能力，并用於比喻女子之貌美。又《小雅・苕之華》：“苕之華，云其黄矣。”此處苕即紫葳科的凌霄（亦稱紫葳）。記述周代故實之“三禮”，亦多有花木之記載，以《禮記・月令》爲例，是書幾乎逐月記述農事活動，其中不少有關花木之記述。如正月“草木萌動”、二月“桃始華”，三月“桐始華”，五月“半夏生，木堇榮”等。此外《周易》《書》《左傳》《國語》等亦多有言及花木的文句。戰國時，《管子・地員》對一些花木如棠、梅、杏、桃等之土宜問題進行了詳細論述，指出不同花木適生的立地條件。《楚辭》中亦有用花木隱喻忠良的描述。至秦漢時《爾雅》均有不少花木的記載。如《爾雅・釋草》有“椴，木槿；櫬，木槿。”意即“椴”“櫬”皆指今錦葵科之木槿花；“薔蘼，虋冬”表示“薔蘼”，又稱“虋冬”，即今薔薇科之薔薇；“連，異翹。”“連”即“異翹”，爲木樨科之連翹；《釋木》有“時，英梅。”言“時”即英梅，爲梅之一種；“魄，榽橀”謂“魄”又名“榽橀”，即忍冬科之莢蒾等。此皆爲當時已廣爲人知，并可能進行栽培之花木。約同時成書之《神農本草經》，已將許多花木收入藥類，用以爲人療疾。其中常見者有營實（即薔薇）、辛夷、木蘭、牡丹、紫葳、巵子、合歡、連翹、蕘花、溲疏、欒華等。

至於栽培花木之記述，規模最大最早者，當屬漢武帝重修上林苑時，曾廣植奇花异木於苑内。漢司馬相如《上林賦》對此做了全面、細緻的描述：“於是乎盧橘夏熟，黄甘橙楱……羅乎後宫，列乎北園。貤丘陵，下平原。揚翠葉，扤紫莖。發紅華，垂朱榮。煌煌扈扈，照曜鉅野。沙棠櫟櫧，華楓枰櫨。留落胥邪，仁頻並閭。欃檀木蘭，豫章女貞。長千仞，大連抱，夸條直暢，實葉葰楙。攢立叢倚，連卷欐佹。崔錯癹骫，坑衡閜砢。垂條扶疏，落英幡纚。紛容箾蔘，猗狔從風。”漢代皇家園林其花木之多，絢麗奇特，由此可見。

三國時，雖戰亂頻仍，經濟衰頹，然各國都城美化却未間歇，《魏王花木志》（已佚）記述當時所栽培之花木多種。晋左思撰《三都賦》，臚列各都名花奇木多不勝數。崔豹《古今注》、張華《博物志》、郭義恭《廣志》都有不少此類記載。南北朝時，花木栽培雖有發展，終因其“徒有春花，而無秋實”，雖可悦目，但“匹諸浮僞，蓋不足存”（《齊民要術・序》），故諸多農書均不收録，所存記述典籍少之又少。倒是一些本草學著述，收録不少花木，并詳述其藥性、功能及應用。如南朝梁陶弘景《名醫别録》《本草經集注》收集藥物達七百三十餘種，不少花木臚列其中。另外，《廣雅》等均收有觀賞花木。

隋唐以迄宋元諸代，花木栽培始得重視，并得到全面發展。最突出者當屬皇家林園。隋煬帝在洛陽修西苑，曾詔天下進花卉，僅易州就進二十箱牡丹。皇宫内苑之花木美不勝收。唐代宫苑之内名花异卉比比皆是。世傳“宫中盡種木芍藥。”唐都長安有曲江穿市而過，江頭名曲江池，池邊翠柳繁茂，花木似錦。杜甫《曲江對酒》詩：“桃花細逐楊花落，黄鳥時兼白鳥飛。”反映出長安市井及游樂園地花木栽培盛景。

宋代皇家園林亦盛况空前，徽宗於汴京北隅修“壽山艮岳”，“凡天下之美，古今之勝在焉”（宋王稱《東都事略》卷一〇六），不僅廣種北地花木，還專從蘇杭引入素馨、渠那（即夾竹桃）、茉莉、含笑之類，“奇花異木，珍禽異獸，莫不畢集”（宋張淏《艮岳記》）。南宋偏安江南，都臨安，花木栽培亦不減於前。

莊園别墅花木栽培，當時亦有較大發展，較有名者如李德裕的平泉莊園、王維在輞川的别墅，俱栽有諸多花木。宋李格非《洛陽名園記》載有當時洛陽名園十九處。其中李氏仁豐園中栽培花木有百餘種，稱“洛陽良工巧匠，批紅判白，接以它木，與造化争妙，故歲歲益奇且廣。桃、李、梅、杏、蓮、菊各數十種，牡丹、芍藥至百餘種。而又遠方奇卉如紫蘭、茉莉、瓊花、山茶之儔，號爲難植，獨植之洛陽，輒與其土産無異。故洛陽園囿花木有至千種者”。由此可見莊園栽培花木之一斑。

寺院花木栽培亦有突出特點，長安都城之唐昌觀玉蕊曾名噪京華，每至花開，觀者如織，熱鬧非常。至於街衢、公共游園等地花木栽培亦頗盛行。如杭州之西湖，“花木亭榭，映帶參錯，氣象尤奇”（宋吴自牧《夢粱録・西湖》）；市井之中花木栽植種類也很豐富，牡丹、梅花、迎春、長春、桃花、杏花、薔薇、月季、粉團、徘徊、佛見笑、木香、荼醿、櫻桃花、梔子、錦帶、笑靨、紫薇、紫荆、杜鵑、七里香、櫻花、榴花、木犀、山茶、磬口茶、玉茶、秋茶、木芙蓉等隨處可見（見宋吴自牧《夢粱録・花之品》），栽植方法也有較大發展，盆栽花木已頗流行。

隨着花木栽培之發展，促成一大批記述花木品種、故實之書出現。如宋歐陽修《洛陽牡丹記》分花品、名釋、風俗三卷，記洛陽牡丹二十四品，中有姚黄、魏花、細葉壽安、鞓紅（亦曰青州紅）、牛家黄、潛溪緋、左花、獻來紅、葉底紫、鶴翎紅、添色紅、倒暈檀心、朱砂紅、九蕊真珠、延州紅、多葉紫、粗葉壽安、丹州紅、蓮花萼、一百五、鹿胎花、甘草黄、一擫紅、玉板白。周師厚《洛陽牡丹記》記載四十七品，即姚黄、勝姚黄、靳黄、牛家黄、千心黄、甘草黄、丹州黄、閔黄、女真黄、絲頭黄、御袍黄、狀元紅、魏花、瑞雲紅、岳山紅、間金、金繫腰、一撚紅、九萼紅、劉師閣、壽安、洗妝紅、蹙金球、探春球、二色紅、蹙金樓子、碎金紅、越山金樓子、彤雲紅、轉枝紅、紫粉絲旋心、雙頭紅、雙頭紫、左紫、紫綉球、安勝、大宋紫、順聖、陳州紫、袁家紫、潛溪緋、玉千葉、玉樓春、玉蒸餅、承露紅、玉樓紅、一百五。除洛陽外，四川亦盛栽牡丹，陸游撰《天彭牡丹譜》仿歐陽修亦分花品、釋名、風俗，其所收花品又有增加，“大抵百種”，而所記亦達六十五種之多。它們是狀元紅、祥雲、紹興春、胭脂樓、玉腰縷、金腰樓、雙頭紅、富貴紅、一尺紅、鹿胎紅、文公紅、政和春、醉西施、迎日紅、彩霞、叠羅、勝叠羅、瑞露蟬、乾花、大千葉、小千葉、紫綉球、乾道紫、潑墨紫、葛巾紫、福嚴紫、禁苑黄、慶雲黄、青心黄、黄氣球、玉樓子、劉師哥、玉覆盆、歐碧、轉枝紅、朝霞紅、灑金紅、瑞雲紅、壽陽紅、探春球、米囊紅、福勝紅、油紅、青絲紅、紅鵝毛、粉鵝毛、蹙金球、間緑樓、銀絲樓、人對蟬、洛陽春、海芙蓉、膩玉紅、内人嬌、朝天紫、陳州紫、袁家紫、御衣紫、靳黄、玉抱肚、勝瓊、白玉盤、碧玉盤、界金樓、樓子紅。此後清季又出數種牡丹譜記，如清余鵬年《曹州牡丹譜》記花六十六品，其中花正色（即單色花）三十四品：金玉交輝、金輪、黄絨鋪錦、姚黄、禁院黄、御衣黄、慶雲黄、雨過天晴、飛燕紅妝、花膏紅、喬家西瓜瓤、大火珠、赤朱衣、梅州紅、春江漂錦、嬌紅樓臺、朱砂紅、妬嬌紅、花紅翠盤、灑金桃紅、狀元紅、榴紅、花紅平頭、昆山夜光、緑珠墜玉樓、玉樓子、瑶臺玉露、玉美人、雪素、金星雪浪、池塘曉月、烟籠紫玉盤、墨葵、墨灑金。花間色（雜色花）二十二品：獨占先春、粉黛生春、三奇、醉西施、醉楊妃、絳紗籠玉、淡藕絲、劉師閣、慶雲仙、錦幛芙蓉、一撚紅、魏紫、紫金荷、西紫、朝天紫、紫玉盤、紫雲芳、豆緑、萼緑華、奇緑、瑞蘭、嬌容三變等。計楠撰《牡丹譜》記牡丹一百零三品，其中亳州種二十四品：太平樓閣、泥金報捷、伍黄、祁緑、火楞、補天石、墨奎、花紅翠盤、獨占春光、雪塔、青心白、雨交、支家大紅、蕊珠、緑耳大紅、瑶池春、魏紫、胡白、緑心胡紅、勝紫、穆家紅、雪夜映輝、富紅、魏紅。曹州種十九品：黄絨鋪錦、慶雲黄、春江漂錦、烟籠紫玉盤、狀元紅、紫袍金帶、朱砂紅、墨葵、榴紅、金星雪浪、池塘曉月、花紅綉球、胭脂井、一品朱衣、淡藕絲、一撚紅、絳紗籠玉、瑞蘭、玉版白。法華種四十七品：范陽大紅、寶珠、火輪、柳墨、緑蝴蝶、大紅舞青猊、銀紅舞青猊、白舞青猊、紫舞青猊、西岐白、隴東素月、高家大紅、萍實生香、寶石樓臺、紫蟬、羞花伍、清河白、新紅嬌艷、大紅球、四面紅、紫羅斕、祥雲捧日、姿貌絶倫、粉球、潑墨、金晶、太真、睡兒紅、粉磬、紫幢、富白、香雪、新紫、燕雀同春、海市、千張灰、平分春色、磚色藍、霞光、孟白、朱紅、雉頭球、紫球、左紫、韞玉、玉兔天香、銀紅蝴蝶。洞庭山八種：寧國白、王家大紅、翠紅妝、朝天紫、七寶冠、卿雲紅、獅頭紫、月下白。平望程氏五種：掌花案、春閨争艷、鬥珠、蓮紅、玉盤紅。并有種法、澆灌、接法、花式、花品、花忌、盆玩等栽培技術的描述，較以上諸譜似勝一籌。

除牡丹之外，宋范成大著《梅譜》，記述梅花十一品：江梅、早梅、官城梅、消梅、古梅、重葉梅、緑萼梅、百葉緗梅、紅梅、鴛鴦梅、杏梅。另附“蠟梅”，其中不僅描述梅花品種之形態特徵、生物學特性，還簡介栽培方法等内容。

陳景沂著《全芳備祖》，其前集收述時人栽培花卉一百一十四種，除上述牡丹、梅等外，尚有木本花卉瓊花、玉蕊、桃花、李花、梨花、杏花、岩桂、凌霄、酴醾、紫薇、杜鵑、薔薇、木香、木蘭、辛夷、含笑、山茶、朱槿、佛桑、茶花、月季、長春、迎春、山欅、瑞香、茉莉、素馨、玉玫瑰、紅玫瑰、玉綉球、滚綉球、錦帶、紫陽、徘徊、粉團兒、佛見笑等。每種花木均附事實祖、集藻、賦咏祖等内容，是一部真正的花木大全，反映當時花木栽培之空前盛況。

遼、金、元三代起，北方逐漸成爲我國政治中心。至元世祖初定都開平（元稱上都），後改燕京，稱爲大都，國家經濟中心漸向北移。至明代，明太祖建都金陵，不久燕王朱棣攻陷金陵而登帝位，稱明成祖。成祖改北平爲北京，於1421年遷都北京（時稱順天府）。南方經濟繼續發展，北方經濟重新振興，此時商品農業已經興起，花木生産在商品浪潮中又有發展。當時北京右安門外草橋與豐台成爲京都花木生産與銷售基地。（見明劉侗等《帝京景物略・草橋》、清麟慶《鴻雪因緣圖》）清于敏中《日下舊聞考》卷九〇引《燕都游覽志》："草橋，衆水所歸，種水田者資以爲利。十里居民皆蒔花爲業，有蓮池香聞數里，牡丹、芍藥栽如稻麻然。諸花悉備，獨不能養蘭，惟萬明寺有蘭數本。"又引《帝京景物略》："土以泉故宜花，居人遂以花爲業。都人賣花擔每辰千百散入都門。凡花歷三時者長春也，紫薇也，夾竹桃也。香歷花時開謝者玫瑰也。非花而花之者無花果也。草橋惟冬花盡三季之種，坏（通坯）土窖藏之，蘊火坑晅之，十月中旬牡丹已進御矣。元旦進椿芽、黄瓜，其法自漢已有之。漢世大官園冬種葱、韭、菜茹，覆以屋廡，晝夜爑煴，菜得温氣皆生。"豐台附近，"前後十八村，泉甘土沃，養花最盛，故居多以種花爲業"（清麟慶《鴻雪因緣圖》），形成一定規模的專業生産。此外，天津以及南方的滬、廣等地也建成花木生産中心。此時，反映花木生産的除俞貞木的《種樹書》、鄺璠的《便民圖纂》、徐光啓的《農政全書》等農書外，還有不少專書，如王象晋《群芳譜》、袁宏道《瓶史》、高濂《遵生八箋》、吴彦匡《花史》、王路《花史左編》、周文華《汝南圃史》、張謙德《瓶花譜》、陳詩教《灌園史》、陳繼儒《月季新譜》、薛鳳祥《牡丹史》、楊端《瓊花譜》以及文震亨《長物志》等。

清代商品花木生産更具規模。北京有專營花木的"花廠"，"花廠以養花爲營業，或以時向名宅租送，或入市叫賣，或列置求售"（《舊都文物略》）。如隆福寺、護國寺等花廠，四季俱有花售，僅芍藥切花可日售萬餘枝。（見《燕京歲時記》）長江下游與珠江三角洲亦均形成花木生産中心。上海出現現代化温室花卉，蘇州、丹徒出現合股經營的"樹藝公司"。廣州珠江口沿岸出現大片"花田"，專以栽培銷售素馨等花爲業，"城内外買者萬家，富以斗斛，貧者以升，其量花如量珠然"（清屈大均《廣東新語》）。此外，專門爲窨茶而興起了珠蘭、茉莉等花木栽培業。隨着商品花木生産發展，銷售花木之花店陸續出現。外域花木（如月季）也不斷引入我國。一大批記述花木及其生産的專書隨之産生。其代表性著述有清汪灝等奉敕所撰《廣群芳譜》及陳淏子《花鏡》、高士奇《北墅抱甕録》、計楠《牡丹譜》、梁廷楝《種嚴桂法》、評花館主《月季花譜》、朴静子《茶花譜》等，此外還有吴方震《嶺南雜記》、吴其濬《植物名實圖考》、巢鳴盛《老圃良言》等，都記有大量花木及其栽培經驗。花木生産達到前所未有的水平。

民國時期，花木栽培雖少有發展，但一些園藝花木學先軀，不斷地學習并引進西方先進花木栽培技術，積極開展優良品種的引種馴化，大力培養花木養殖技術人才，花木生産在一些地區，如北京豐臺、上海、重慶、成都、湖北武昌、江蘇蘇州、福建漳州、山東菏澤以及廣東的中山、順德等，均得到較好發展。此時一批園藝花卉著述相繼問世。其中有代表性的是陳植《觀賞樹木學》，章君愉《花卉園藝學》，周宗璜《木本花卉栽培法》，汪菊淵、陳俊愉《成都梅花品種之分類》，黄岳淵、黄德鄰《花經》等，均達到前所未有的高度。

中華人民共和國成立後，隨着經濟恢復與城鄉建設事業的發展，花木生産亦有很大發展。特别是毛澤東主席先後發出"绿化祖國"，"實行大地園林化"的號召，調動起億萬人民栽培花木的積極性，有組織、有計劃地發展花木生産取得卓著成績。北京林學院（今北京林業大學）創辦了全國第一個園林緑化專業，爲新中國培育了一大批高級專業人才。1960年中國園藝學會在遼寧召開首届全國花卉會議，指出以生産化、大衆化、多樣化、科學化爲花卉發展方向，花木生産開始了新的里程。1980年以後，花木生産取得了前所未有的發展：一些高等院校恢復被撤銷的園林緑化專業；至2021年已十次舉辦全國花卉博覽會，不僅展示了各地花卉精品，也交流生産經驗，恢復擴大傳統花市，開闢常年性花卉市場，推動群衆性花木栽培；開展評選市花及國花活動；出版各種專著、報刊，普及、推廣花木生産新技術，大大推動了花木栽培事業的發展。

需要説明的是，花卉本應包含所有開花或雖不開花，或花雖不美然不無觀賞價值植物，即所有觀賞植物，但是，本書從全書分卷的需要出發，將草本觀賞植物歸入《花卉卷》，而將木本觀賞植物則列入《木果卷》。

本節所考花木計一百三十六種，其餘花卉詳見本書《花卉卷》。

喬木類

七葉樹

習見花木名。無患子科，七葉樹屬，七葉樹（*Aesculus chinensis* Bunge）。落葉喬木。掌狀複葉對生，小葉五至七枚，紙質，倒披針形或矩圓形。花雜性，圓錐花序，花白色微帶紅暈。蒴果球形，密生疣點。種子近球形，深褐色。原産我國黄河流域各地。主要分布於陝、晋、豫、蘇、浙及北京等地。爲世界著名觀賞花木，宜植於行道、庭院。木材供傢具等用材。種子可入藥。

此稱唐代已行用。因其小葉多爲七枚故名。省稱“七葉”，或稱“七葉木”。亦稱“娑羅樹”，省稱“娑羅”。唐羅隱詩逸句：“夏窗七葉連檐暗。”宋張禮《游城南記》：“[復涉潏水游范公五居]張注曰范公莊本唐岐國杜公佑郊居也。門人權德輿爲之記纂，叙幽勝極其形容……又其地有七葉樹，每朵七葉，因以爲名。羅隱詩所謂‘夏窗七葉連檐暗’是也，以是求之其景可知矣。”宋梅堯臣《邵郎中姑蘇園亭》詩：“吟愛樂天池上篇，買池十畝皆種蓮……至今怪石存舊鎸，七葉樹蔭黄金田。”明顧起元《説略》卷二七：“娑羅樹出西番海中，每枝生葉七片，有花，穗甚長而黄如栗花，秋後結實如栗可食，正所謂七葉樹也。唐李邕《娑羅樹碑》云：惡禽不集，凡草不庇，東瘁則青郊苦而歲不稔，西茂則白藏泰而秋有成是也。”清代亦稱“沙羅樹”“娑婆樹”。《續通志・木類》：“沙羅樹在蛾眉山，難移，樹葉似柟，葉葉相讓，樹皮如玉蘭，色葱白最潔，鳥不栖，蟲不生（見《益部方物略・花木考》）。名七葉樹，又名娑婆樹。”清高士奇《扈從西巡日録》：“歐陽公有《定力院七葉木》詩云：‘伊洛多佳木，娑羅舊得名。常於佛家見，宜在月宫生。’”清刊《淵鑑類函》卷四一六：“娑羅樹，出西番海中。惟潯州官圃一株甚巨，每枝生葉七片，有花穗甚長而黄如栗花，秋後結實如栗可食，正所謂七葉樹也。今餘杭南安寺前二株，左右對植，甚茂。”七葉樹我國各地多有分布，或植於園囿，或植於寺院，頗受人們喜愛，各地廣有栽培。《陝西通志・物産二・木屬》：“七葉樹，杜佑城南樊川有桂林亭，其地有七葉樹，每朵七葉，因以爲名。羅隱詩所謂‘夏窗七葉連檐暗’是也（張禮《游城南記》）。”《廣西通志・物産・南寧府》：“娑羅樹，一名七葉樹。案《花木考》：枝甚巨，每枝上有七葉，花穗甚長，色黄如栗，秋後結實，味亦如之。”《江西通志・古迹・九江府》：“大林寶樹（《廬山志》）在上大林寺二株，葉如刺杉，而細如瓔珞柏而長，桑紀謂爲娑羅木者非也。娑羅葉如楓而七出，名七葉木。與此不類，相傳晋邪舍尊者自西域移植。其一尤大，枝葉婆娑，下蔭十畝，解帶量之，圍三丈餘。”

按，七葉樹與天師栗〔*Aesculus chinensis* var. *wilsonii*（Rehder）Turland & N. H. Xia〕同屬七葉樹科七葉樹屬落葉喬木，又均有七葉與娑羅之名，古人常相混淆。然而七葉樹小葉五至七葉，以七葉爲多，因以得名。而天師栗（又稱猴板栗）小葉五至九枚，稍有不同；七葉樹葉片稍圓而小，花白而略帶紅暈。而天師栗葉片略尖而長，花白而香。宜細辨之。參閲江蘇新醫學院《中藥大辭典·七葉樹》。

【七葉】

“七葉樹”之省稱。此稱唐代已行用。見該文。

【娑羅樹】

即七葉樹。此稱唐代已行用。見該文。

【沙羅樹】

即七葉樹。或以爲即“娑羅樹”之訛稱。此稱清代已行用。見該文。

【娑婆樹】

即七葉樹。此稱清代已行用。見該文。

【娑羅】

“娑羅樹”之省稱。即七葉樹。此稱唐代已行用。見“七葉樹”文。

【七葉木】

即七葉樹。此稱唐代已行用。見該文。

千瓣白桃

習見花木名。薔薇科，桃屬，千瓣白桃（*Amygdalus persica ‘alba-plena’*）落葉小喬木。爲桃之變形。樹與桃似，而花有變形，複瓣或重瓣，白色。各地有栽培，常用於觀賞。因其花重瓣白色，故名。

此稱明代已行用。亦稱“白碧桃”。明汪砢玉《珊瑚網·名畫題跋二十二》：“第廿一板：設色緑萼梅、白碧桃、西府海棠。”清卞永譽《書畫彙考》卷三五：“第二十一幅：緑蕚梅、白碧桃、西府海棠圖。”《廣群芳譜·花譜四·桃花》：“桃，西方之木也，乃五木之精，枝幹扶疏，處處有之。葉狹而長，二月開花，有紅、白、粉紅、深粉紅之殊，他如單瓣桃紅、千瓣大紅之變也；單瓣白桃、千瓣白桃之變也。”陳植《觀賞樹木學·桃》：“千瓣白桃；var. *alba-plena* Schneid. 花近於重瓣，白色。”

【白碧桃】

即千瓣白桃。此稱明代已行用。見該文。

千瓣紅桃

習見花木名。薔薇科，桃屬，千瓣紅桃（Amygdalus *persica ‘dianthiflora’*）。落葉小喬木。爲桃之變形。樹與桃似，而花近於重瓣，淡紅色。各地有栽培。供觀賞。因其花重瓣，紅色，故名。

此稱明代已行用。《廣群芳譜·花譜四·桃花》：“桃，西方之木也，乃五木之精，枝幹扶疏，處處有之……他如單瓣大紅、千瓣桃紅之變也。”陳植《觀賞樹木學·桃》：“千瓣桃紅 var. *dianthiflora* Dipp.，花近於重瓣，粉紅色。”今亦稱“千瓣碧桃”“複瓣碧桃”。

【千瓣碧桃】

即千瓣紅桃。今稱。見該文。

【複瓣碧桃】

即千瓣紅桃。今稱。見該文。

天女花

習見花木名。木蘭科，木蘭屬，天女花〔*Magnolia sieboldii*（K. Koch）N. H. Xia & C. Y. Wu〕。落葉小喬木，高可達10米。小枝及芽有絨毛。單葉互生，膜質，寬倒卵形或倒卵狀圓形，全緣，下面有白粉與短柔毛。花單生枝頂，葉後開放，直徑近10厘米；花被九片，外輪三片淡紅色，其餘六片白色，花藥、花絲長，紫紅色。聚合果，窄橢圓形，蓇葖卵形，先端尖。我國主要分布於遼寧、安徽（黃山）、廣西北部，江西廬山有栽培。喜生於陰坡與濕潤山谷中。花大美麗，可供觀賞。花可製浸膏，葉可提取芳香油。

明清時已行用此稱。《雲南通志·物產·花屬》："天女花，花似玉蘭而白過之，暮春始開，香甚清遠。"亦稱"小花木蘭"。賈祖璋等《中國植物圖鑒·木蘭科》："天女花（《雲南通志》），小花木蘭（《中國植物學雜志》）……［生態］落葉小喬木。生於山地或栽培於庭院間。分布魯省、東北以及安徽的黄山。［應用］供觀賞用。"

【小花木蘭】[1]

即天女花。今稱。見該文。

木蓮[2]

習見花木名。木蘭科，木蓮屬，木蓮（*Manglietia fordiana* Oliv.）。常緑喬木，高可達20米。樹皮灰白色。幼枝及芽被紅褐色短毛。單葉，互生，革質，全緣，窄倒卵形，窄橢圓狀倒卵形或倒披針形，下面疏生短硬毛。花大型，單生枝頂，花被六至九片，闊卵形，白色，肉質。聚合果近球形，長約4厘米，蓇葖肉質，深紅色，成熟時木質，紫紅色。種子橢圓形，暗紅色。花期4至5月，果期8至10月。我國主要分布於浙江、江西、安徽、福建、廣東、廣西、雲南、貴州等地。多生於山溪溝邊或雜木林中，常與杜英、猴喜歡、青岡櫟、栲樹、木荷等形成混交林。各地廣有栽培。花果艷麗，可供觀賞。材質優良，可供傢具、建築、板料、細木工及樂器等用材。果實、樹皮可入藥。

我國利用木蓮歷史悠久，唐代已行用此稱。亦稱"木蓮樹""黄心樹""木蓮花""廣心樹"。唐白居易《木蓮詩並序》："木蓮樹，生巴峽山谷間。巴民亦呼爲黄心樹。大者高五丈，涉冬不凋，身如青楊，有白文。葉如桂，厚大無脊。花如蓮，香色艷膩皆同，獨房蕊有異。四月初始開，自開迨謝僅二十日。"唐段成式《酉陽雜俎續集·支植上》："木蓮花，葉似辛夷，花類蓮花，色相傍。出忠州鳴玉溪，邛州亦有。"宋宋祁《木蓮贊》："葩秀木顛，狀若芙渠，不實而榮，馥馥其敷。"宋吴曾《能改齋漫録·方物》："花疏屬：麗春、七寶花（出蜀中）、千葉菊、石巖、羞天花、紫菊、石爪花（出蜀中）、木蓮花、金錢、金鳳、山丹、千葉郁李、單葉菊、吉貝、滴滴金、石竹、紅鶏冠、矮鶏冠、添色拒霜（出蜀中）、黄蜀葵。"宋陸游《老學庵筆記》卷四："白樂天有忠州木蓮詩，予游臨邛白鶴山寺，佛殿前有兩株，其高數丈，葉堅厚如桂。以仲夏發花，狀如芙蕖，香亦酷似。寺僧云花拆時有聲如破竹然。一郡止此二株，不知何自至也。成都多奇花亦未嘗見。"《通雅·植物》："〔李〕時珍引白樂天集，廣心樹曰木蓮。四月華，似蓮，此真木蘭。〔方以〕智按，段成式《續集》，木蓮出忠州鳴玉溪及邛州，葉似辛夷，花似蓮花。《魏王花木志》有木蓮，狀亦如之。"明章潢《圖書編·貢物總叙·大理府》："木蓮花，樹高大，葉如枇杷，花如蓮，有四種：紅、白、青、黄。"陳植《觀賞樹木學·花木類》以爲白居易之《木蓮》詩所謂木蓮、黄心樹即本種，文曰："木蓮*Manglietia fordiana* Oliv. 亦稱黄心樹（白居易《木蓮詩》）。屬木蓮科。葉革質，互生……5月開花，白色紫縷，形如蓮花，香色艷膩，亦頗相似。果實球形，殷紅色，成熟時，呈紫色。"江蘇新醫學院《中藥大辭典·木蓮果》亦稱《白香山集》之木蓮、黄心樹即此樹："木蓮果mù lián guǒ（《浙江天目山藥植志》）。［基原］爲木蘭科植物木蓮的果實。［原植物］木蓮（《白香山集》）

Manglietia fordiana (Hemsl.) Oliv.，又名：黄心樹（《白香山集》）。常緑喬木，高達 20 米。樹皮灰白色。”

按，古籍中時見木蓮之名，如木芙蓉一名木蓮（明彭大翼《山堂肆考》卷二〇〇），薜荔一名木蓮（《本草綱目》），木蘭一名木蓮（《群芳譜》），需慎辨之，今俱附於此，供考。

【木蓮樹】

即木蓮[2]。此稱唐代已行用。見該文。

【黄心樹】

即木蓮[2]。此稱唐代已行用。見該文。

【木蓮花】

即木蓮[2]。此稱唐代已行用。見該文。

【廣心樹】

即木蓮[2]。廣字疑爲黄之訛字。此稱明代已行用。見該文。

玉蘭[1]

習見花木名。木蘭科，木蘭屬，玉蘭〔*Magnolia denudata* (Desr.) D. L. Fu〕。落葉喬木。高可達 25 米。單葉互生，寬倒卵形至倒卵形。花大，單生枝頂，花冠九瓣，色碧白，有時基部略帶紅暈。聚合果圓柱形。種子心形，黑色。玉蘭原産我國安徽、浙江、江西、湖北、貴州、湖南及廣東等省，今江西廬山、安徽天柱山、浙江天目山、貴州雷公山及湖南騎田嶺等地仍有野生者。玉蘭樹大花美，常用於觀賞或作樁景盆玩。花蕾及樹皮可入藥。花能食用，亦可提取香精。其木亦供建築用材。

玉蘭爲我國傳統花卉，栽培利用歷史已二千五百餘年。先秦時期始稱“木蘭”，沿稱於後世。《楚辭・離騷》：“朝飲木蘭之墜露兮，夕餐秋菊之落英。”漢司馬相如《子虛賦》：“其北則有陰林巨樹，楩楠豫章，桂椒木蘭，檗離朱楊。”陳俊愉等《中國花經・玉蘭》以爲此木蘭即今之玉蘭。其花九瓣，晋代稱“九花樹”，因其早春先葉開放，又名“應春花”。《太平御覽》卷二〇引晋陸璣《要覽》曰：“九花樹生南岳，雖經雪凝寒，花必開，便落，時人謂之應春花。”五代時始稱“玉蘭”。《明一統志》引五代李賢曰：“南湖建烟雨樓，樓前玉蘭花瑩潔倩麗與翠柏相掩映，挺出樓外，亦是奇觀。”宋武衍《宫詞補遺》詩：“梨花風動玉蘭香，春色沈沈鎖建章。惟有落紅官不禁，儘教飛舞出宫墻。”宋明時世人常以辛夷嫁接玉蘭。明夏旦《藥圃同春・二月》：“玉蘭，色白韻香。夏月以辛夷接之。”清陳淏子《花鏡》卷三：“玉蘭古名木蘭，出於馬迹山紫府觀者佳，今南浙亦廣有。樹高大而堅，花開九瓣，碧白色如蓮，心紫緑而香，絶無柔條。隆冬結蕾，一幹一花，皆著木末，必俟花落後，葉從蒂中抽出。”清高士奇《北墅抱甕録・玉蘭》：“玉蘭喬柯上聳，絶無柔條，花開九瓣，著於木末，其白如玉，其香如蘭。花落後，葉從蒂出，緑蔭陰濃，極娱春晝。余武林舊居樓前玉蘭一本，大可拱抱。花時倚檻吟賞，儼對藐姑冰雪之姿。”清王士禎《分甘餘話》卷四：“《廣群芳譜》所載異花，凡一百一十六種，今略録數十種於左：萬年花、金蓮、此碧、九花樹……孩兒花、練春紅、長十八、波羅花、叠羅花、藍雀花、翠娥眉。”

玉蘭用途頗廣，開發利用亦較早。據南朝梁任昉《述異記》稱：“木蘭洲在潯陽江中，多木蘭樹。昔吴王闔閭植木蘭於此，用構宫殿。”宋宋敏求《長安志・宫室》稱：“秦阿房宫，磁石門，木蘭爲梁。”秦時以玉蘭樹建造宫殿。長沙馬王堆一號漢墓（公元前一百餘年）發現有保存完好的藥物辛夷，經鑒定爲玉蘭花蕾。說明二千多年前玉蘭已代辛夷入藥。故玉蘭是我國人民喜愛之花木，久種而不衰，今更廣爲種植。上海市及臺灣省嘉義縣等以此花爲市（縣）花。玉蘭之品種，以花色而論有純白、粉紅之分；以花瓣而分，有九瓣、十二至十五瓣，甚至達二十瓣等多種類型。較有名者爲"望春玉蘭""夜合花""黄山木蘭""山玉蘭""絹毛木蘭""荷花玉蘭""紫玉蘭""馨香玉蘭""天女花""圓葉玉蘭""二香木蘭""武當木蘭""西康玉蘭"等。

按，古人常將玉蘭與辛夷混稱，清人吴其濬已有分别，今人將玉蘭與紫玉蘭（辛夷）視爲同屬中不同組的兩種。參閲吴其濬《植物名實圖考・木類・辛夷》、陳俊愉《中國花經・玉蘭》。

【木蘭】[2]

即玉蘭[1]。此稱先秦時期已行用，并沿用至今。見該文。

【九花樹】

即玉蘭[1]。因其花多爲九瓣，故名。此稱晋代已行用。見該文。

【應春花】

即玉蘭[1]。此稱晋代已行用。見該文。

【玉蘭花】

即"玉蘭[1]"。其花可賞，樹以花名。此稱明代已行用。明王世貞《玉蘭花》詩："暫藉辛夷質，仍分薝蔔光。微風催萬舞，好雨净千妝。"明陳源清《答文徵明秀才》詩："支硎鶴去雲千片，茂苑花飛水一村。何日黄金祠賈島，玉蘭花下酹清尊。"見"玉蘭[1]"文。

【迎春花】[1]

即玉蘭[1]。此花早春先葉開放，頗有迎春之義，故名。宋代已有此稱。省稱"迎春"。又其花潔白如玉，亦稱"玉樹"。明方大冶《黄山玉蘭》詩："深谷名花何處移，森森玉樹媚清漪。"明王世懋《學圃雜疏・花疏》："玉蘭早於辛夷，故宋人名以迎春。今廣中尚仍此名。千幹萬蕊，不葉而花。當其盛時，可稱玉樹。樹有極大者，籠蓋一庭。然樹大則花漸小，不可不知。余童時猶見人珍重，今不然矣。"清孫星衍《玉蘭》詩："迎春開趁早春時，粉膩香温玉斫姿。"清吴其濬《植物名實圖考・木類・辛夷》："雩婁農曰：王世懋《花疏》，據《召溪漁隱》謂玉蘭爲宋之迎春花，今廣中尚仍此名。又云玉蘭花古不經見。余謂木蘭、玉蘭，一類二種。唐宋以前，但賞木蘭。自玉蘭以花色香勝，而騷客詞人競以玉雪霓裳描寫姑射，而緘舌不與木蘭一字矣。"今廣東、浙江尚以此爲名。見"玉蘭[1]"文。

迎春花
（清吴其濬《植物名實圖考》）

【迎春】[1]

"迎春花[1]"之省稱。此稱宋代已行用。見該文。

【玉樹】[2]

即迎春花[1]。此稱明代已行用。見該文。

玉蕊[1]

習見花木名。玉蕊科，玉蕊屬，玉蕊〔*Barringtonia racemosa*（L.）Spreng.〕。落葉喬

木。葉互生或聚生於枝頂，長橢圓形至倒卵狀橢圓形。總狀花序頂生，下垂而疏散，花四瓣，白色或粉紅色。果卵狀，果皮革質，平滑，成熟時淡紫色。我國主要分布於廣東、臺灣等地，多生於濱海地帶。根、果可入藥。

我國古代常用於觀賞栽培。唐代已行用此稱。亦稱“玉蘂花”。唐康駢《劇談録·玉蘂院真人降》：“上都安業坊唐昌觀，舊有玉蘂花甚繁，每發若瑶林瓊樹。”昔傳唐元和間，安業坊唐昌觀之玉蘂飄香，有仙人下凡，游人如織，盛景空前。文人騷客競相題咏，絡繹不絶。唐劉禹錫《和嚴給事聞唐昌觀玉蘂花下有游仙二絶》之一：“玉女來看玉蘂花，異香先引七香車。攀枝弄雪時回顧，驚怪人間日易斜。”唐王琪《玉蘂花》詩：“玉蘂生禁林，地崇姿亦貴。”《全芳備祖前集》卷六“玉蘂花”引李德裕《咏招隱寺玉蘂花》詩：“玉蘂天中樹，金閨昔共窺。”宋程大昌《雍録·玉蘂名鄭花》：“唐昌觀玉蘂花，長安惟有一株。”亦作“玉蕋花”。明曹學佺《蜀中廣記·名勝記·重慶府二》：“《方輿勝覽》云：石照南五里有巴子城……《元和志》謂其多玉蕋花、桃竹杖也。”《陝西通志·祠祀一·安業坊唐昌觀》：“安業坊唐昌觀，玉蕋花發若瓊林瑶樹。元和中，車馬尋玩相繼，忽有一女子年十七八，容色婉娩，從以二女，冠三小僕，端麗無比，下馬直造花所，令僕取花數枝，出乘馬曰，曩有玉峰之期，自此行矣。須臾已在半天。劉禹錫、白居易等有詩。”

我國古人曾將玉蕊與瓊花、山礬混稱，或以爲玉蕊即山礬。如宋周必大《玉蘂辨證》載：“以玉蘂爲瑒（即山礬）起於曾端伯。”然亦有持异議者，以爲玉蕊當爲别種。據《長安志》云：“安業以究其始終，俗天下皆知此花非山礬非瓊花，其出坊唐昌觀舊有玉蘂花，乃唐昌公主所植。”此亦爲一説。今附供考。參閱《廣群芳譜·花譜十六·玉蘂》及上海古籍出版社《花鳥世界·玉蕊花》。

【玉蘂花】

即玉蕊[1]。此稱唐代已行用。見該文。

【玉蕋花】

同“玉蘂花”。即玉蕊[1]。此體明代已行用。見“玉蕊”文。

白辛樹

習見花木名。安息香科，白辛樹屬，白辛樹（*Pterostyrax psilophyllus* Diels ex Perkins）。落葉喬木。葉長橢圓形至倒卵狀長橢圓形，表面光緑色，平滑無毛，背面灰緑色，疏生短柔毛。圓錐花序，頂生於側枝上，花乳白色，芳香。果實爲圓筒狀，具棱，密生刺毛。我國主要分布於湖北、四川、廣東等地。花供觀賞。嫩芽、葉可食，歉年可用以救荒。

白辛樹
（明朱橚《救荒本草》）

此稱明代已行用，沿稱至今。明朱橚《救荒本草》卷五：“白辛樹，生滎陽塔兒山崗野間。樹高丈許。葉似青檀樹葉，頗長而薄，色微淡緑；又似月芽樹葉而大，色亦差淡。其葉味甘，微澀。”明鮑山《野菜博録》卷三：“白辛樹，生山野間。樹高丈許，葉似青檀樹葉頗長，色微淡緑，又似月芽樹，葉大色亦差淡。

葉味甘微澀。食法：采葉煠熟水，浸淘去澀味，油鹽調食。”參閱清吴其濬《植物名實圖考・木類・白辛樹》。

冬櫻花

習見花木名。薔薇科，李屬，冬櫻花（*Prunus cerasoides* Buch.-Ham. ex D. Don）。落葉喬木。單葉互生，革質，長橢圓形。傘形或近傘形花序，花粉紅色，重瓣具短梗。花葉同時開放。核果，卵球形，成熟時紫黑色。我國主要分布於雲南省。供觀賞。

冬櫻花栽培歷史頗久，清代稱“山海棠”“山櫻桃”“山櫻”“山棠”。清吴其濬《植物名實圖考・木類・山海棠》：“山海棠生雲南山中，園圃亦植之。樹如山桃，葉似櫻桃而長。冬初開五瓣桃紅花，瓣長而圓，中有一缺，繁蕊中突出緑心一縷，與海棠、櫻桃諸花皆不相類。春結紅實，長圓大如小指，極酸不可食。阮儀徵相國有《咏山海棠詩》，序謂花似海棠，蒂亦垂絲者，則土人謂爲山櫻桃；以其樹可接櫻桃，故名。若以花名，則此當曰山櫻，彼當曰山棠也。”陳植《觀賞樹木學・櫻花》：“冬櫻花*P. majestica* Koehne，亦稱冬海棠（雲南）。落葉喬木……産於雲南。《植物名實圖考》所載‘冬海棠’，即指此而言。”

山櫻桃
（清吴其濬《植物名實圖考》）

按，查《植物名實圖考》無冬海棠一名，陳植或書寫有誤，自當爲“山海棠”。《圖考》之“山海棠”即今之冬櫻花。此附。

【山海棠】[3]

即冬櫻花。此稱清代已行用，并沿稱至今。見該文。

【山櫻桃】[1]

即冬櫻花。此稱清代已行用。見該文。

【山櫻】

即冬櫻花。指冬花櫻之花。此稱清代已行用。見該文。

【山棠】

即冬櫻花。指冬花櫻之果。此稱清代已行用。見該文。

【冬櫻】

即冬櫻花。今之通稱一。見該文。

合歡

習見花木名。豆科，合歡屬，合歡（*Albizia julibrissin* Durazz.）。落葉喬木。樹幹灰黑色，小枝有棱角，無毛。二回偶數羽狀複葉，羽片四至十二對，小葉十至三十對，短圓至條形，兩側極偏斜。頭狀花序，腋生或頂生，總花梗被柔毛，花淡紅色。莢果條形，扁平，黄褐色，幼時被柔毛。種子橢圓形而扁，褐色。6至8月開花，8至10月果熟。我國主要分布於華東、華南、西南及遼寧、河北、河南、陝西等地。常植於庭園及道邊以供觀賞。樹皮及葉可提取單寧，纖維可製人造棉，種

合　歡
（《證類備急本草畫圖》）

子可榨油，樹皮及花可入藥。

我國栽培利用合歡歷史已逾二千年。漢代已多行用此稱，并入藥療疾。《神農本草經·中品·合歡》:“合歡，味甘，平。主安五臧、利心志，令人歡樂無憂，久服輕身明目得所欲。生川谷。”古以爲合歡可以蠲忿，有益身心健康，故廣爲種植。三國魏嵇康《養生論》:“合歡蠲忿，萱草忘憂，愚智所共知也。”因此亦稱“蠲忿”。南朝梁陶弘景《名醫别録·中品·合歡》:“合歡無毒，生益州。”其花美可供觀賞。亦稱“合歡花”。元王逢《題程員外撰汪夫人傳後》詩:“墻陰斷腸草，墻外合歡花。”明胡奎《次楊鐵笛漫興韻》:“好事提壺勸美酒，一聲飛上合歡花。”清陳淏子《花鏡》卷三:“合歡花：合歡，一名蠲忿。生益州，及近京、雍、洛間。樹似梧桐，枝甚柔弱。葉類槐莢，細而繁。”本種極易栽培，常以種子繁殖。清蒲松齡《農桑經殘稿·諸花譜》:“合歡：取莢子，春早種之。”今合歡主要供城鎮緑化造林。俗稱“絨花樹”“洗手粉”“夜合槐”“烏雲樹”。

【蠲忿】

即合歡。此稱清代已行用。見該文。

【合歡花】

即合歡。此稱清代已行用。見該文。

【絨花樹】[1]

即合歡。因花絲細長如絨，故名。今山東、江蘇等地多俗用此稱。見該文。

【洗手粉】

即合歡。今福建各地多俗用此稱。見該文。

【夜合槐】

即合歡。因其小葉夜間閉合，故名。今山東各地多俗用此稱。見該文。

【烏雲樹】

即合歡。今上海浦東地區多俗用此稱。見該文。

【合驩】

同“合歡”。此體清代已行用。亦稱“合昏”“青棠”。《廣群芳譜·花譜十八·合驩》:“合驩，一名合昏，一名夜合，一名青棠（或作裳）。”見“合歡”文。

【青棠】

即合驩。此稱清代已行用。見該文。

【合昏】

即合歡。晋代已行用此稱。亦稱“夜合”。南朝梁陸倕《新刻漏銘》:“合昏暮卷，蓂莢晨生。”《太平御覽》卷九五八引晋周處《風土記》:“夜合，葉晨舒而暮合。一名合昏。”《神農本草經·中品·合歡》孫星衍等注:“案《唐本》注云:‘或曰合昏。歡、昏音相近。’《日華子》云:〔合歡〕夜合。”清陳淏子《花鏡》卷三:“合歡……每夜，枝必互相交結，來朝一遇風吹，即自解散，了不牽綴，故稱夜合，又名合昏。五月開紅白花，瓣上多有絲茸。實至秋作莢，子極薄細。人家第宅園池間皆宜植之。能令人消忿。”清屈大均《廣東新語·木語》:“合歡木似梧桐……其葉至暮即合。一名合昏，亦曰夜合。”見“合歡”文。

【夜合】

即合昏。此稱晋代已行用，并沿稱於後世。見該文。

【合棔】

即合歡。此稱宋代已行用，亦沿稱於後世。亦稱“夕棔”。《廣韻·平魂》:“棔，合棔，木名，朝舒夕斂。”《紅樓夢》第七六回:“階露團朝菌，庭烟斂夕榗。”見“合歡”文。

【夕榗】

即合榗。此稱清代已行用。見該文。

【夜合花】[1]

即合歡。此稱宋代已行用，并沿稱於後世。宋韓琦《夜合》詩：“俗人之愛花，重色不重香。吾今得真賞，似矯時之常。所愛夜合花，清芬逾衆芳。”清陳元龍《格致鏡原·花類二·夜合花》引《女紅餘志》：“杜羔妻趙氏，每端午取夜合花置枕中，羔稍不樂，輒取花少許入酒，令婢送飲，便覺歡然。”見“合歡”文。

【萌葛】

即合歡。此稱宋代已行用。亦稱“烏賴樹”“屍利灑樹”。明李時珍《本草綱目·木二·合歡》：“［釋名］合昏、夜合、青裳、萌葛、烏賴樹……時珍曰：按王璆《百一選方》云：夜合俗名萌葛，越人謂之烏賴樹。又《金光明經》謂之屍利灑樹。”見“合歡”文。

【烏賴樹】

即萌葛。此稱宋代已行用。見該文。

【屍利灑樹】

即萌葛。梵語音譯。此稱宋代已行用。見該文。

【青堂】

即合歡。此稱晉代已行用。亦作“青裳”。晉崔豹《古今注·問答釋義》：“欲蠲人之忿，則贈之青堂，青堂，一名合歡，合歡則忘忿。”五代馬縞《中華古今注·牛亨問將離草名》：“欲蠲人之忿，則贈以青裳。青裳一名合歡，則忘忿也。”按，“青堂”或爲“青裳”書寫之誤。見“合歡”“合驩”文。

【青裳】

同“青堂”。此體五代時期已行用。見該文。

【戎樹】

“合歡”之别名。戎或絨之音訛，此稱唐代已行用。唐段公路《北户録》卷三：“相思子有蔓生者，其子切紅，葉如合歡，依籬障而生。”龜圖注：“合歡，《博物志》云蠲忿，《古今注》云嵇成種之舍前。一名合昏，亦名戎樹。”見“合歡”文。

【合歡木】

即合歡。此稱元代已行用。元吴師道《合歡木》詩：“合歡愛嘉名，矧復知昏旦。”清刊《月令輯要·三月令》：“［鳳栖合歡木］增《玉海》：端拱元年，廣州言清遠縣有合歡木高百餘尺，今年三月十日有鳳高六尺栖集其上，衆禽從之，木下生芝草三莖，畫圖來獻。”見“合歡”文。

【黄昏木】

即合歡。此稱宋代已行用。宋李石《續博物志》卷八：“孫思邈有黄昏散，注云黄昏木或曰合歡、合昏、夜合花。”清郝懿行《證俗文》卷一二：“黄昏木自是合昏、夜合、合歡樹爾……一名馬纓也。”見“合歡”文。

【合歡樹】

即合歡。此稱漢代已行用。《藝文類聚》卷八九引仲長統言曰：“漢哀帝時，有異物生於長樂宫東廡柏樹及永巷南闥合歡樹。議者以爲芝草也，群臣皆賀受賜。”明陶宗儀《説郛》卷一一八上引《祥異記》曰：“漢安帝時有異物生長樂宫東廡柏樹永巷南闥合歡樹，識者以爲芝草也。”見“合歡”文。

【馬纓花】

即合歡。此稱明代已行用。因其花形似馬纓，故名。亦稱“絨樹”。明劉若愚《酌中志・大内規制紀略》：“門内有石橋，橋北有樹二株，曰馬纓花。”《廣群芳譜・花譜十八・合驩》：“《本草》合歡一名萌葛，一名烏賴樹，《金光明經》名屍利灑樹，俗呼馬纓花。”清曹寅《晚晴述事有懷藏園》詩：“節氣餘萱草，庭柯憶馬纓。”清吴其濬《植物名實圖考・木類・合歡》：“合歡，《本經》中品，即馬纓花。京師呼爲絨樹，以其花似絨綫，故名。”參閲《畿輔通志》。見“合歡”文。

【馬纓】

“馬纓花”之省稱。此稱清代已行用。見該文。

【絨樹】

即馬纓花。此稱清代已行用。見該文。

【馬塍花】

“合歡”之别名。省稱“馬塍”。此稱清代已行用。《佩文韻府・平蒸》“馬塍”引《本草》：“合歡花一名馬塍花。”按，瑞香科瑞香屬之“瑞香”亦名馬塍，與此迥异，宜辨之。又清曹寅《入靈谷寺》詩：“馬塍酹客穿陵隧，鴨脚干霄逼相輪。”之“馬塍”未詳是否本種。另，馬塍亦古地名，宋時花藥皆出東西馬塍，西馬塍又皆名人葬處，故有“所幸小紅方嫁了，不然啼損馬塍花”之句（見元陸友仁《研北雜志》）。此附供考。見“合歡”文。

【馬塍】

“馬塍花”之省稱。此稱清代已行用。見該文。

南山茶

習見花木名。山茶科，山茶屬，滇山茶（*Camellia reticulata* Lindl.）之别名。爲山茶之近似種。常緑喬木，樹皮灰褐色。單葉互生，橢圓形、卵圓形，或卵狀披針形，表面深緑色，葉脉明顯而無光澤，葉緣具細鋭鋸齒。花單生或對生於葉腋或枝頂，重瓣，淡紅至深紫色，直徑約 8~16 厘米。蒴果，扁圓形。我國主要分布於雲南、廣東等地。雲南有栽培，品種極繁多。本種花大色艷，至爲美觀，爲重要觀賞花卉。

我國栽培利用南山茶歷史悠久，宋代已行用此稱。宋周去非《嶺外代答・花木門》：“南山茶，葩、萼大倍中州者，色微淡，葉柔薄有毛，結實如梨，大如拳，中有數子如肥皂子大。别自有一種，葉厚硬，花深紅，如中州所出者。”此花至大，常爲人所稱羡。宋徐致中《山茶》詩：“山茶本晚出，舊不聞圖經。花深嫌少態，曾入蘇公評。邇來亦變怪，紛然著名稱……偉哉紅百葉，花重枝不勝。尤愛南山茶，花開一尺盈。”此花多産雲南，故又名“滇茶花”。此稱明代已行用。明徐渭《青門山人畫滇茶花》詩：“武林畫史沈青門，把兔伸藤善寫生。何事臙脂鮮若此，一天露水帶昆明。”《廣東通志・物産・花》：“南山茶，葩、萼大倍中州者，色微淡，葉柔薄有毛（虞衡志）。”今亦稱“大茶花”“雲南茶花”。陳植《觀賞樹木學・山茶》：“南山茶 *C. reticulata* Lindl. 亦稱滇茶花，大茶花。常緑喬木，樹皮灰褐色，葉片橢圓形，卵圓形，或卵狀披針形……雲南及廣東特産，在雲南以經常栽培，品種甚多。古書記載共計 72 種，常見者約 18 種。”參閲《中國高等植物圖鑒・山茶科・山茶》。

【滇茶花】

即南山茶。因主產雲南，故名。此稱明代已行用。見該文。

【大茶花】

即南山茶。因其花甚大幾乎盈尺，故名。今稱。見該文。

【雲南茶花】

即南山茶。因主產雲南，故名。今稱。見該文。

品字梅

習見花木名。薔薇科，李屬，品字梅（*Prunus mume* var. *pleiocarpa* Maxim.）。落葉小喬木或灌木。梅之變種一。樹似梅，唯其一花可結數實，而以三實居多，似品字樣排列，故名。其花小而色白，重瓣，有异香。我國多分布江南各地。主要供觀賞。

此稱明清時期已行用。明方以智《物理小識・草木類》："梅，有鶴頂梅、消梅、冠城梅……紅梅白萁，一花三子，曰品字梅。"亦稱"三品梅"。明夏旦《藥圃同春・正月》："三品梅，有紅、粉、白三種，一花三子，如品，暑月用野梅移接。如子發者，枝大始開。"清陳淏子《花鏡》卷四："諸色梅……品字梅，一花結三實，但其實小，不堪啖。"參閱《廣群芳譜・果譜一・梅》。

【三品梅】

即品字梅。此稱明代已行用。見該文。

垂絲海棠

習見花木名。薔薇科，蘋果屬，垂絲海棠（*Malus halliana* Koehne）。落葉小喬木。小枝細，幼時被毛，後脱落。單葉互生，卵形、橢圓形或長橢圓狀卵形，先端漸尖，基部楔形或稍圓，葉緣鋸齒細而鈍。傘房花序，花梗細而不垂，疏被柔毛，略有紫色；花瓣倒卵形，粉紅色。梨果，倒卵形，紫色。我國主要分布於長江流域及西南各地。花色紅艷，朵朵下垂，婀娜嬌媚，可用於庭植或盆栽供觀賞。其花亦可入藥。

垂絲海棠早爲人知，宋代已行用此稱。宋洪适《垂絲海棠》詩："脉脉似崔徽，朝朝長看地。誰能解倒懸，扶起雲鬟墜。"宋陳思《海棠譜》卷上："閫中漕宇修貢堂下海棠極盛，三面共二十四叢……今江浙間别有一種，柔枝長蒂，顏色淺紅，垂英向下如日蔫者，謂之垂絲海棠。"是時海棠品種已知甚多，垂絲海棠尚少有栽培。《陝西通志・物産二・木屬》："垂絲海棠，山中最多，人不知植。貼梗海棠，俗呼茶花（《山陽縣志》）。"以櫻桃嫁接垂絲海棠已爲時人所熟知。《浙江通志・物産七・温州府》："又垂絲海棠花淡紅，以櫻桃接。"栽培方法亦有頗多發現。明高濂《遵生八箋・燕間清賞箋下》："海棠花七種。海棠有鐵梗，色如硃紅；有木瓜，粉紅；有西府、有樹海棠二種，一紫一白；有垂絲海棠，吐絲美甚，冬至日用糟水澆則來春花盛若秋海棠，嬌冶柔軟真同美人倦妝，此品喜陰，一見日色即瘁，九月收，枝上黑子撒於盆内地上，明春發枝，當年有花，老根過冬者花發更茂。"明曹學佺《蜀中廣記・方物記第四・海棠》："《嘉州志》云：海棠花以紫綿色者爲正，餘皆棠梨耳。産嘉州者有香而本大。有黄海棠，色黄。貼幹海棠，花小而鮮。垂絲海棠，色粉紅向下。皆無子，非真海棠也。"《廣群芳譜・花譜十四・海棠》："海棠有四種，皆木本：貼梗海棠、垂絲海棠、西府海棠、木瓜海棠。”清鄒一桂《小山畫譜》卷上：“垂絲海棠，粉紅色，花小叢生，瓣亦有鋸（齒），長柄下垂如絲，開時有嫩葉微紅。以海棠接於櫻桃本上，故兩似之。三月開，樹不甚高。”

垂絲海棠幼枝微紫，樹冠開展，花姿綽約，嫵媚動人，極具觀賞價值。可群植草坪、湖畔，或列植步道、宅旁，尚可做成盆景，以供觀玩。

紅梅

習見花木名。薔薇科，李屬，紅梅（*Prunus mume* var. *alphandii* Rehd.）。落葉小喬木或灌木。梅之變種一。樹似梅，唯其花重瓣，粉紅色爲特徵。多産江南各地，并以閩、湘爲多，常用作庭院緑化，今北方亦有盆栽以供觀者。果少，可食。

此稱唐代已行用，并沿稱至今。唐羅隱《紅梅》詩：“天賜臙脂一抹腮，盤中磊落笛中哀。”宋梅堯臣《送紅梅行之有詩依其韻和》：“綴綴紅梅肥似臘，濛濛飛雨灑如絲。”宋范成大《梅譜》：“紅梅，粉紅色，標格猶是梅，而繁密則如杏，香亦類杏。”宋高似孫《剡録》卷九“紅梅”引宋盧天驥《迎薰堂紅梅》詩：“河陽滿縣栽桃李，風過落花吹不起。潘郎遠韻故不凡，爲米折腰聊爾爾。剡溪詩尹亦可人，作堂餉客名迎薰。雖無桃李繼潘令，紅梅一窠香入雲。”人們愛紅梅，常植於庭院供觀賞。宋潛説友《咸淳臨安志·苑囿·聚景園》：“堂曰攬遠，亭曰花光，又有亭植紅梅。”明李維樾、林增志《忠貞録·古詩》：“《紅梅》：‘誰教姑射飲流霞，爛醉西湖處士家。幾度春風吹不醒，至今顔色似桃花。’”亦稱“福州紅”“潭州紅”“邵武紅”。明田汝成《西湖游覽志餘·委巷叢談》：“子瞻《紅梅》詩云：‘怕愁貪睡獨開遲，自恐冰容不入時。故作小紅桃杏色，尚餘孤瘦雪霜姿。寒心未肯隨春態，酒暈無端上玉肌。詩老不知梅格在，更看緑葉與青枝。’其種來自閩湘中，故有福州紅、潭州紅、邵武紅等號。”清陳淏子《花鏡》卷四：“諸色梅：紅梅、千葉、實少，來自閩湘，有福州紅，潭州紅名。”

【福州紅】

“紅梅”之别稱。因産福州，故名。此稱明代已行用。見該文。

【潭州紅】

“紅梅”之别稱。因産潭州，故名。此稱明代已行用。見該文。

【邵武紅】

“紅梅”之别稱。因産邵武，故名。此稱明代已行用。見該文。

【朱梅】

即紅梅。此稱漢代已行用。《西京雜記》卷一：“初修上林苑，群臣遠方，各獻名果異樹……梅七：朱梅、紫葉梅、紫花梅、同心梅、麗枝梅、燕梅、猴梅。”見“紅梅”文。

桂花

習見花木名。木犀科，木犀屬，桂花〔*Osmanthus fragrans*（Thunb.）Lour.〕。常緑喬木，高可達15米。單葉對生，葉橢圓至卵狀披針形，革質，全緣、波狀全緣或具鋸齒。聚傘花序腋生，先葉開放，淡黄色，芳香濃鬱。核果橢圓形，成熟時藍黑色。桂花原産我國喜馬拉雅山東段，印度、尼泊爾、柬埔寨亦有分布。今川、黔、兩廣、湘、鄂仍有野生者，淮河流域及其以南諸省均可露地栽培，而北地多行盆栽，并需保護方能越冬。18世紀後葉由廣州傳至英國皇家邱園，始在歐洲栽培。花供觀賞，亦爲香料，可浸酒、窨茶、製糕點及甜食。其花、果、根亦可入藥。

桂花爲傳統名花，先秦時始稱“桂”。《楚辭・九歌》：“蕙肴蒸兮蘭藉，奠桂酒兮椒漿。”至遲南北朝時已行用“桂花”之稱，并沿於後世。南朝梁簡文帝《望月》詩曰：“流輝入畫堂，初照上梅梁。形同七子鏡，影類九秋霜。桂花那不落，團扇與誰裝。”唐許渾《送宋處士歸山》詩：“賣藥修琴歸去遲，山風吹盡桂花枝。”宋吴曾《能改齋漫録・方物》：“花近屬：瓊花、忘憂草、紅蘭、黄酴醿（出蜀中）、桂花、棣棠、婆羅花、迎春、千葉石榴。”《愛日齋叢抄》卷五：“又别記其説云：‘桂花已春芳，其色丹亦或紫。’”元倪瓚《桂花》詩：“桂花留晚色，簾影淡秋光。”明申時行《桂》詩：“招隱曾緣桂樹留，追歡仍愛小山幽。”

我國桂花品種繁多，今人依據傳統將其分爲四組：金桂組，包括各種深淺不同之黄色桂花，花香濃烈，如“金桂”“大花金桂”“小花金桂”“大葉金桂”“小葉金桂”“潢川金桂”等。銀桂組，其花色黄白或淡黄，香味濃，如“早銀桂”“晚銀桂”“大葉銀桂”“乳白銀桂”。丹桂組，花色橙黄或橙紅，香味較淡，如“丹桂”“大葉丹桂”“小葉丹桂”“咸寧丹桂”“華蓋丹桂”。四季桂組，花色黄或淡黄，一年之内多次開花，香味淡，呈灌木狀，如“大葉四季桂”“小葉四季桂”“月桂”等。又，桂花名稱較多，常隨地域、木理、葉形及花色等而稱。桂花爲我國十大傳統名花之一，栽培歷史已逾二千五百年，漢代已入林苑，唐宋時文人騷客頗多贊咏，元明以後，栽培更盛。今漢中聖水寺院中存一古桂，傳爲漢相蕭何於公元前206年手植，其主幹直徑2.32米，樹冠覆地400平方米，至今仍歲有花實，馨香四溢，蔚爲壯觀，人稱爲“漢桂”。又陝西勉縣定軍山諸葛武侯墓前，有兩株丹桂，一株根圍3.07米，冠幅21米；一株根圍2.95米，冠幅15.5米，名“護墓雙桂”。桂花深爲人們所喜愛，廣西桂林唐代已有桂之栽培，歷史上曾有以桂花爲名之街道與園林。尤以桂江盛產桂樹首府曰桂林，廣西亦以桂簡稱。今桂林已植桂樹十餘萬株。蘇州市郊光福鄉，明初已大面積植桂，現有桂花面積達二千餘畝。今蘇州、杭州、馬鞍山、南陽、桂林、瀘州、老河口等城市均已將桂花選爲市花。

【桂】[2]

“桂花”之省稱。此稱先秦時期已行用。見該文。

【桂華】

同“桂花”。此體漢代已行用。《漢書・禮樂志》：“都荔遂芳，窅窊桂華。”顔師古注：“此言都良薜荔俱有芬芳，桂華之形窅窊然也。”明劉基《雪鶴篇贈詹同文》詩：“桂華窅洼甘露湆，味美遠勝商山薇。”見“桂花”文。

【桂樹】[2]

即桂花。漢代已行用此稱。亦稱“桂木”。漢東方朔《七諫》：“登巒山而遠望兮，好桂樹之冬榮。”唐盧僎《題殿前桂葉》詩：“桂樹生南海，芳香隔楚山。今朝天上見，疑是月中攀。”唐趙蕃《月中桂樹賦》：“圓月如霜有仙桂兮，宛在中央。映澄澈之素彩，逗葳蕤之冷光。”金元好問《詩散句》：“畫欄桂樹雨聲寒。”見“桂花”文。

【桂木】[2]

即桂樹[2]。此稱漢代已行用。見該文。

【巖桂】

即桂花。因常生山丘岩隙，故名。此稱唐代已行用。唐高宗《九月九日》詩："砌蘭虧半影，巖桂發金香。"宋楊萬里《瑞香花》詩："樹似巖桂不勝低，花比素馨更幽奇。"《廣群芳譜·花譜十九·巖桂》："巖桂似箘桂而稍異，葉有有鋸齒如枇杷葉而粗澀者，有無鋸齒如梔子葉而光潔者，叢生巖嶺間，謂之巖桂。"又引《學齋呫嗶》："花中惟巖桂四出，余謂土之生物其數皆五，故草木花皆五，惟桂乃月中之木，居西方地，四乃西方金之成數，故花四出而金色，且開於秋。"參閱陳俊愉等《中國花經·桂花》。見"桂花"文。

【嚴山圭木】

"桂花"之別稱。爲巖桂二字之離合名。此稱宋代已行用。宋陶穀《清異録·花》："韓恭叟，離合巖桂二字爲'嚴山圭木'。"參閱《説郛》卷一二〇上、《格致鏡原·花類三·桂花》。見"桂花"文。

【月樹】

"桂花"之別稱。相傳桂樹生月中，故名。亦稱"月桂""月桂花"。此稱唐代已行用。唐陳與義《微雨中賞月桂獨酌》詩："人間跌宕簡齋老，天下風流月桂花。"唐盧照鄰《益州至真觀主黎君碑》："栽松蒔柏，與月樹而交輪。"見"桂花"文。

【月桂】[2]

即月樹。此稱唐代已行用。見該文。

【月桂花】

即月樹。此稱唐代已行用。見該文。

【木犀】

"桂花"之別稱。此稱宋代已行用，沿稱於後世。亦作"木樨"。亦稱"木犀花""木樨花"。宋范成大《巖桂三首》之一："病者幽窗知幾日，瓶花兩見木犀開。"范成大亦有《次韻馬少伊木樨》詩："纖纖緑裏排金粟，何處能容九里香？"宋釋道潛《垂慈堂木樨花》詩："堂下高花屹兩株，繁英碎蕚巧連茹。猛香匪占春園盛，清烈仍分里巷餘。"自注："此花乃都正慈化老師手披之。"宋張邦基《墨莊漫録》卷八："木犀花，江浙多有之……。"明陳獻章《和陶欽酒》詩："木犀冷於菊，更後十日開。清風吹芳香，芳香襲人懷。"《紅樓夢》第八七回："黛玉道：'好像木樨香。'探春笑道：'林姐姐終不脱南邊人的話，這大九月裏的，哪裏還有桂花呢？'"清龔自珍《己亥雜詩》之一五七："問我清游何日最？木樨風外等秋潮。"清顧張思《土風録·木犀花》："浙人呼巖桂曰木犀，以木紋如犀也。"見"桂花"文。

【木樨】

同"木犀"。此體宋代已行用。見該文。

【木犀花】

即木犀。此稱宋代已行用。見該文。

【木樨花】

即木犀。此稱宋代已行用。見該文。

【金粟】

即桂花。其花色黄，形如粟米，故名。此稱唐代已行用。唐白居易《菊花》詩："耐寒惟有東籬菊，金粟開花曉更清。"金酈權《木犀》詩："唾袖花點碧，漱金粟生膚。"明陳獻章《擬移木犀於上游黄雲示民澤》詩："萬丈黄雲千丈山，金粟花開不等閑。"見"桂花"文。

【金犀】

即桂花。桂花多金黄色，其木紋如犀，故名。此稱宋代已行用。宋洪适《次韻蔡瞻明木犀八絶句》："誰爲花王定等差，清芬端合佩金犀。"見"桂花"文。

【七里香】[1]

"桂花"之别名。亦稱"桂子"。此稱宋代已行用。宋王明清《揮麈後録餘話》卷一引蔡京《保和殿曲燕記》："上顧群臣曰：'桂子三秋七里香。'七里香，桂子名也。"見"桂花"文。

七里香
（清吴其濬《植物名實圖考》）

【桂子】

即七里香[1]。此稱宋代已行用。見該文。

【九里香】

"桂花"之别名。亦稱"岩桂"。此稱宋代已行用，沿稱於後世。宋范成大《次韻馬少伊木樨》詩："纖纖緑裹排金粟，何處能容九里香？"宋張邦基《墨莊漫録》卷八："木犀花，江浙多有之……一種色白淺而花小者，香短，清曉朔風香來鼻觀。真天芬仙馥也。湖南呼九里香，江東曰岩桂，浙人曰木犀。以木紋理如犀也。"見"桂花"文。

【岩桂】

同"巖桂"。即九里香。此體宋代已行用。見"九里香"文。

【仙客】[1]

"桂花"之别稱。此稱唐代已行用。亦稱"仙友"。唐方干《題黄山人庭前孤桂》詩："映窗孤桂非手植，子落月中（一作明）聞落時。仙客此時頭不白，看來看去有枯枝。"宋龔明之《中吴紀聞・花客詩》："張敏叔嘗以牡丹爲貴客，梅爲清客……桂爲仙客，薔薇爲野客，茉莉爲遠客，芍藥爲近客，各賦一詩，吴中至今傳播。"清陳元龍《格致鏡原・花類三・桂花》引《詞話》："曾端伯十友，仙友者巖桂也。"見"桂花"文。

【仙友】

即仙客[1]。此稱清代已行用。見該文。

【廣寒仙】

"桂花"之别稱。月别名廣寒宫，昔傳月中有桂，桂亦名仙客，仙友，故得是名。此稱宋代已行用。宋陸游《嘉陽絶無木樨偶得一枝戲作》詩："久客紅塵不自憐，眼明初見廣寒仙。"宋王邁《臞軒集》卷一六《監試衛通判送桂花一枝得四絶句以謝》之三："君家結得此花緣，盛事龍頭四十年。書種至今香不斷，馨兒俱作廣寒仙。"元侯克中《艮齋詩集》卷九："《十四夜月》：蓂莢生將滿，桂花開未全。常留千里色，莫放十分圓。海角經年客，壺中不夜天。玄霜在何許，擬問廣寒仙。"見"桂花"文。

【窅窊花】

"桂花"之别稱。《漢書・禮樂志》："都荔遂芳，窅窊桂華。"顔師古注："桂華之形窅窊然。"後因以窅窊花爲桂花别稱。清龔自珍《已亥雜詩》之二二三："三秋不隕芙蓉马，九月猶開窅窊花。"《格致鏡原・花類三・桂花》："《安世房中歌》：'窅窊，桂華。'注謂桂花之形窅窊然也。"見"桂花"文。

【窅窊】

即窅窊花。此稱漢代已行用。見該文。

【無瑕玉花】

“桂花”之别稱。此稱明代已行用。《事物異名録》卷三一：“無瑕玉花。《花史》：無瑕嘗著素裳折桂，明年開花，潔白如玉女，女伴取簪髻，號無瑕玉花。”見“桂花”文。

【詵枝】

“桂花”之别稱。此稱清代已行用。《事物異名録》卷三〇：“詵枝……謂桂也。”見“桂花”文。

【止唾】

即桂花。桂花有化痰止唾之功能，故名。此稱三國時已行用。北魏賈思勰《齊民要術·五穀果蓏菜茹非中國物産者》：“《吴氏本草》曰：桂，一名止唾。”參閲清陳元龍《格致鏡原·花類三·桂花》。見“桂花”文。

海桐[1]

習見花木名。海桐花科，海桐花屬，海桐〔*Pittosporum tobira*（Thunb.）W. T. Aiton〕。常緑小喬木或灌木。高可達6米，樹冠濃密，新枝被褐色毛。單葉，互生，倒卵形或卵狀披針形，先端圓或微凹，基部窄楔形，邊緣反捲。傘形花序，密被黄褐色柔毛；花白色，後變黄色，芳香。蒴果球形或倒卵狀球形，三裂，果皮木質。種子多數，著生於果瓣内壁中部。我國主要分布於長江以南濱海各地，内地亦多有栽培。海桐生長快，耐修剪，可修成各種造型樹冠，用作緑籬、庭院觀賞或作行道樹下木。木材可供樂器、槳、櫓等用材。

海桐久爲人知，宋代已行用此稱。時已用作觀賞樹木。宋范成大《吴船録》卷上：“娑羅者其木華如海桐，又似楊梅，花紅白色，春夏間開，惟此山有之。”清高士奇《扈從西巡日録》：“歐陽公有《定力院七葉木》詩云：‘伊洛多佳木，娑羅舊得名。常於佛家見，宜在月宫生。扣砌陰鋪静，虚堂子落聲。’亦此樹耳。范成大《三峨山記》：大峨山有娑羅平，娑羅者，其木華如海桐，又似楊梅，花紅白色，春夏間開，惟此山有之。如登山半即見之，至此滿山皆是，觀諸書所載娑羅樹不獨此山有之，然其生特異，凡木樹數百枝，枝十餘頭，頭六七葉，惜未見其花時也。”清陳淏子《花鏡》卷三：“别有白桐、油桐、海桐、刺桐、赬桐、紫桐之異，惟梧桐世人皆尚之。”伊欽恒校注：“海桐，屬海桐科，學名*Pittosporum tobira* Ait.。”鄭萬鈞等《中國樹木志·海桐科》亦持此説。

按，海桐科植物爲常緑灌木、喬木或藤本，計九屬，三百六十餘種，廣布於東半球熱帶或亞熱帶地區，主産於大洋洲。我國僅産海桐屬植物。本屬植物約三百種，我國約有四十種。常見者有皺葉海桐、大果海桐、少花海桐、崖花海桐、光葉海桐、峨嵋海桐、臺瓊海桐、莢蒾葉海桐等。又，一説樹木之類，凡外國來者其名均加海字，曰海某。海桐亦謂自海外舶來之桐樹。如清陳大章《詩傳名物集覽·木·椅桐梓漆》：“唐詩刺桐花下莫淹留，即罌子桐也，嶺外多生。又，是外國來者曰海桐，與刺桐相似。”僅附此供考。

娑羅花

習見花木名。山茶科，紫莖屬，娑羅花（*Stewartia pseudocamellia* Maxim.）。落葉小喬木。樹皮赤褐色。單葉互生，橢圓形，鋸齒緣。花白色，生於葉腋。蒴果，開裂，無中軸。種子具翅。主要供觀賞。

娑羅花人頗喜愛，此稱宋代已行用。宋宋

祁《益部方物略記·娑羅花》："聚葩共房，葉附華外，根不得徙，見偉兹世。"附注："娑羅花，生峨嵋山中。類枇杷。數葩合房，春開，葉在表，花在中，或言根不可移，故俗人不得爲玩。"明曹學佺《蜀中廣記·方物記第三·木》："《方物略》云：娑羅花，生峨眉山中。類枇杷，數葩合房，春開，葉在表，花在中。根不可移，故人不得爲玩。贊曰：聚葩共房，葉附華外，根不得徙，見偉兹世。范石湖《峨眉行記》：娑羅樹，葉如楊梅，又似海桐，花有紅白二色，春夏間開，惟大峨山有此，今名其處爲娑羅坪。"清陳淏子《花鏡》卷五："娑羅花産雅州瓦屋山，今江淮古寺内，及浙之昌化山中皆有之。其本高數丈，葉大似楠，夏月多陰，而冬不凋，初夏開花，頗香。"今人伊欽恒《花鏡》校注以爲此即本種。

按，賈祖璋等《中國植物圖鑒·山茶科》有"假山茶（*Stewartia pseudocamellia* Maxim.）"，賈祖璋以爲 *Stewartia pseudocamellia* Maxim. 當爲假山茶，"舊以本種爲桫欏，實誤。"又，龍腦香科有娑羅樹（*Shorea robusta* Roxb.），係大喬木，爲用材樹種，與此殊异。今俱附供考。

望春花[1]

習見花木名。木蘭科，北美木蘭屬，望春玉蘭〔*Yulania biondii*（Pamp.）D. L. Fu〕之别名。落葉喬木。葉芽卵形，被淡黄色絨毛。單葉互生，膜質，長橢圓狀披針形或卵狀披針形。花小，五至六瓣，匙形，白色。果實不規則筒形。種子單生，深紅色。我國主要分布於陝西、河南、湖北、四川等地。本種與辛夷相似，多有相混稱者，然此種花小而色白，種子紅色，與辛夷殊异。

望春花久爲人知，元代已見記載。省稱"望春"。元馮福京等《昌國州圖志·叙物産》："花類：牡丹、芍藥、海棠、山茶、丁香、蘭、瑞香、錦帶、紫笑、望春、八仙、棣棠、紫荆、山丹、酴醾……"明周嘉胄《香乘》卷二三："熏衣笑蘭梅花香：白芷（四兩碎切）……檀香片，丁皮，丁枝半兩，望春花（辛夷也），金絲茆香三兩，細辛，馬蹄香二錢，川芎二塊，麝香少許，千斤草二錢，栖腦少許（另）。右各㕮咀，褾和篩下屑末，却以腦麝乳極細入屑末和匀，另置錫合中密蓋，將上項藥隨多少作貼後，却撮屑末少許在内，其香不可言也。今市中之所賣者皆無此二味，所以不妙也。"《浙江通志·物産五·台州府》："玉蘭，《天台山方外志》：台山處處有之，其樹有合抱者，土人謂之望春花。"清陳淏子《花鏡》卷三："辛夷……一名望春，較玉蘭樹差小。"伊欽恒校注以爲"望春"即本種，别名"法氏木蘭"。

【望春】

即望春花[1]。此稱元代已行用。見該文。

【法氏木蘭】

即望春花[1]。今稱。見該文。

紫莖

習見花木名。山茶科，紫莖屬，紫莖（*Stewartia sinensis* Rehder & E. H. Wilson）。半常緑小喬木。葉互生，紙質，長橢圓形至倒卵狀橢圓形；葉柄淡紫色，有淺槽。花白色，杯狀五瓣，單生於葉腋。蒴果木質，五角形。爲亞熱帶樹種，屬我國特産。主要分布於湖北、四川、江西、安徽、福建等地。花美，樹皮斑駁奇麗，可供觀賞。根、果可入藥。

清代稱"紅木"。亦稱"旃檀"。清吴其

濬《植物名實圖考·木類·紅木》:“紅木，雲南有之，質堅色紅，開白花五瓣，微赭。”陳植《觀賞樹木學·紫莖》以爲《植物名實圖考》之“紅木”即本種。又云:“亦名旃檀(《廬山志》)。”此説或是。又本種資源極少，故1984年列爲國家三級保護植物。今俗稱“馬溜光”。

【紅木】[2]

即紫莖。此稱清代已行用。見該文。

【旃檀】[1]

即紫莖。此稱清代已行用。見該文。

【馬溜光】

即紫莖。今之俗稱。見該文。

紫薇

習見花木名。千屈菜科，紫薇屬，紫薇(*Lagerstroemia indica* L.)。落葉小喬木或灌木。樹皮常呈薄片狀剥落，然後則平滑細膩，褐色。小枝呈四棱形，常有狹翅。單葉互生，橢圓形至倒卵形，全緣。圓錐花序，著生於當年枝頂部;花冠有白、紅、紫諸色;瓣六枚，近圓形。蒴果，近球形。種子具翅。我國主要分布於中部及南部各地。露地栽培以京、津、太原爲北界;陝西西安、四川都江堰以東均可栽培，而以兩廣、閩、臺及雲南西雙版納等地生長最好。主要供觀賞。

紫　薇
(清吴其濬《植物名實圖考》)

我國栽培紫薇至少已有千餘年史，唐代已行用此稱。亦稱“紫薇花”。唐開元元年(713)曾改中書省爲紫微省，中書令爲紫微令，遂以紫薇爲中書令、中書侍郎官職之代稱。足見當時栽植之盛。唐白居易《紫薇花》詩:“絲綸閣下文章静，鐘鼓樓中刻漏長。獨坐黄昏誰是伴，紫薇花對紫薇郎。”至宋代紫薇栽培更盛。宋黄昇《花菴詞選》卷八引宋王昴《好事近·嘉王榜狀元及第》詞:“喜氣擁朱門，光動綺羅香陌。行到紫薇花下，悟身非凡客。不須脂粉涴天真，嫌怕太紅白。留取黛眉淺處，畫章臺春色。”宋潛説友《咸淳臨安志·行在所録·賦咏》:“周必大《賜茶退入直》:緑槐夾道集昏鴉，敕賜催宣坐賜茶。歸到玉堂清不寐，月鈎初上紫薇花(時兩株盛開)。”因其花期長，花繁色艷，紅紫較多，故亦名“百日紅”。又，其樹觸之自摇，故亦稱“怕癢花”。宋楊萬里《紫薇花》詩:“誰道花無百日紅，紫薇長放半年花。”《全芳備祖前集·花部·紫薇花》引《東坡詩話》:“紫薇花，小而叢，其色紫，俗謂怕癢花也。”各地廣有分布，并作爲當地物産予以記載，亦廣行栽培。元馮福京等《昌國州圖志·叙物産·花類》:“牡丹、芍藥、海棠、山茶、丁香、蘭、瑞香、錦帶、紫笑、望春、八僊、棣棠、紫荆、山丹、酴醾、月計(季)、緋桃、鄭花、石竹、千葉桃、薔薇、荷花、蜀葵、紫薇、薝蔔(即梔子花)、鷄冠、麗春……”明王世懋《學圃雜疏·花疏》:“紫薇有四種:紅、紫、淡紅、白。紫却是正色。閩花物物勝蘇杭，獨紫薇作淡紅色，最醜，本野花種也。”明王鏊《姑蘇志·生植》:“雜花一九:木蘭花、海棠……紫薇(夏開至秋暮，可三月不盡，故又名百日紅)。”《續通志·木類》:“紫薇，一名百日紅，一名滿堂紅，一名怕癢樹，一名猴刺脱。有數種，紫者爲紫薇，其紫帶藍焰者名翠薇，鮮紅者名花薇，白者名白薇。”清陳淏子《花鏡》卷三：“紫薇一名百日紅。”

紫薇花
（明王圻等《三才圖會》）

我國人民十分喜愛紫薇，至今不少地區仍保留數百齡古樹。蘇州怡園有六百年生古紫薇，四川都江堰離堆公園有二百至五百年生數株紫薇古樹，山東海陽招虎山前三百餘年生古紫薇依然生機盎然，歲歲開花。今徐州、安陽、信陽、襄樊、咸陽、自貢等城市已將紫薇選爲“市花”。紫薇栽培更盛於歷代。紫薇屬約五十餘種，我國有十六種，具觀賞價值的有“大花紫薇”“福建紫薇”“毛葉紫薇”等。本種尚有銀薇、紅薇、翠薇等變種及金邊紫薇等種間雜交種。

【紫薇花】

即紫薇。此稱唐代已行用。見該文。

【百日紅】[4]

即紫薇。此稱宋代已行用。見該文。

【薇花】

即紫薇。此稱明代已行用。明文震亨《長物志·花木》：“薇花四種，紫色之外，白色者曰白薇，紅色者曰紅薇，紫帶藍色者曰翠薇。此花四月開，九月歇，俗稱百日紅。”清顧禄《桐橋倚棹録·園圃》：“花樹店，白桐橋迤西，凡十有餘家，皆有園圃數畝……花卉則有……洛陽石榴、佛桑、薇花……。”見“紫薇”文。

【怕癢樹】

即紫薇。宋明時多行用此稱。亦稱“稻熟花”“寶相”。宋舒岳祥《閬風集》卷五：“七月初四日賦，紫薇花俗名怕癢樹。皮薄枝弱，人以手搔之無風自動。又名稻熟花，開時早稻熟也。僧寺多喜種之。亦名寶相。”《續通志·木類》：“紫薇，一名百日紅，一名滿堂紅，一名怕癢樹，一名猴刺脱。有數種，紫者爲紫薇，其紫帶藍焰者名翠薇，鮮紅者名花薇，白者名白薇。”清陳元龍《格致鏡原·花類三·紫薇花》引明王象晋《群芳譜》：“〔紫薇花〕一名百日紅，一名怕癢樹，一名猴刺脱。樹身光滑，花六瓣，色微紅紫，皺蒂，長一二分，每瓣又各一蒂，長分許，蠟跗茸萼，赤莖，一穎數花。每微風至，妖嬌顫動，人以手爪其膚，徹頂動摇，故名怕癢。”按，紫薇搔之即動，故謂之怕癢樹。前人以爲此示草木與禽獸一樣有知，如清李漁《閑情偶寄·種植·紫薇》：“人謂禽獸有知，草木無知。予曰：不然。禽獸草木儘是有知之物，但禽獸之知，稍異於人，草木之知，又稍異於禽獸，漸蠢則漸愚耳。何以知之？知之於紫薇樹之怕癢。知癢則知痛，知痛癢則知榮辱利害，是去禽獸不遠，猶禽獸之去人不遠也。人謂樹之怕癢者，只有紫薇一種，餘則不然。予曰：草木同性，但觀此樹怕癢，即知無草無木不知痛癢，但紫薇能動，他樹不能動耳。”其實紫薇搔之顫摇，并非如人與禽獸般真個有知。搔之怕癢而動，蓋因其樹幹較細，下部無枝，樹冠較大而常偏，重心高而不穩，故稍觸即動，人誤以爲其有知而怕癢。見“紫薇”文。

【稻熟花】

即怕癢樹。稻熟而花，故名。此稱宋代已行用。見該文。

【寶相】

即怕癢樹。此稱宋代已行用。見該文。

【怕癢花】

即紫薇。此稱宋代已行用。亦稱“猴刺脱”。宋許綸《直舍紫薇花身可以題字因作一絶書其上》：“赤立嚴霜如槁木，爛開炎日似紅霞。耐寒耐暑真能事，豈是人間怕癢花。”明彭大翼《山堂肆考》卷一九八“紫薇花”條引《格物總論》：“紫薇花，俗名怕癢花。樹身光滑，俗因號爲猴刺脱。花瓣紫皺，蠟跗茸，蕚赤，莖葉對生，每一枝數穎，一穎數花，四五月始華，開謝接續，可至六七月。省中亦多植此花者，取其花耐久且爛漫可愛也。”明王象晋《群芳譜·花譜·紫微》：“紫薇，一名百日紅。四五月始花，開謝接續可至八九月，故名。一名怕癢花。人以手爪其膚，徹頂動摇，故名。一名猴刺脱。”清田雯《古歡堂集·黔書下·紫薇》：“紫薇，俗呼爲怕癢花。梅都官詩：‘薄膚癢不勝輕爪，嫩幹生宜近禁廬’是也。以指搔之，梗葉皆動。”見“紫薇”文。

【猴刺脱】

即怕癢花。此稱明代已行用。見該文。

【紫綬花】

即紫薇。紫綬，即紫色綬帶，古制丞相等高官可佩此紫綬。唐代之中書郎别稱紫微郎，與紫薇同名，故稱。此稱多行用於唐代。唐劉禹錫《和令狐相公郡齋對紫薇花》詩：“明麗碧天霞，豐茸紫綬花。”宋代亦稱“官樣花”。宋陸游《紫薇》詩：“鐘鼓樓前官樣花，誰令流落到天涯。”見“紫薇”文。

【官樣花】

即紫綬花。唐代中書省又名紫微省，中書郎别稱紫微郎，官與花同名，故名。此稱宋代已行用。見該文。

【猴郎達樹】

即紫薇。因樹皮光滑，猴不可攀，故名。此稱唐代已行用。唐段成式《酉陽雜俎續集·支植上》：“紫薇，北人呼爲猴郎達樹。謂其無皮，猿不能捷也。北地其樹絶大，有環數夫臂者。”明文震亨《長物志·花木》：“薇花四種……此花四月開，九月歇，俗稱百日紅。山園植之，可稱耐久朋，然花但宜遠望。北人呼猴郎達樹，以樹無皮，猴不能捷也。其名亦奇。”參閱《廣群芳譜·花譜十七·紫薇》。見“紫薇”文。

【滿堂紅】

即紫薇。此稱清代已行用。《廣群芳譜·花譜十七·紫薇》：“《涌幢小品》：紫薇一名滿堂紅。”《續通志·木類》：“紫薇，一名百日紅，一名滿堂紅，一名怕癢樹，一名猴刺脱。有數種，紫者爲紫薇，其紫帶藍焰者名翠薇，鮮紅者名花薇，白者名白薇。”參閱清陳元龍《格致鏡原·花類三·紫薇花》。見“紫薇”文。

【高調客】

“紫薇”之别稱。此稱元代已行用。《廣群芳譜·花譜十七·紫薇》引元程棨《三柳軒雜識》：“紫薇爲高調客。”參閱《格致鏡原·花類三·紫薇花》。見“紫薇”文。

紫花槐[1]

習見花木名。豆科，槐屬，毛葉槐（*Sophora japonica* Linn. var. *pubescens* hort. ex G. Kirchn.）之古名。落葉喬木。槐樹之變種一。樹與槐相似，小葉背面具短柔毛。花之翼瓣及龍骨瓣玫瑰紫色。我國主要多分布於冀、豫、蘇、贛、鄂、川等地。主要供觀賞，舊時常植於壇廟等處，今之公園、街道、緑地亦多栽植。其花期較晚，至秋尚有緑葉，頗爲悦目。

紫花槐久爲人知，秦漢時稱“守宫槐”。《爾雅・釋木》：“守宫槐，葉晝聶宵炕。”郭璞注：“槐葉晝日聶合，而夜炕布者名爲守宫槐。”南朝梁王筠《寓直中庶坊贈蕭洗馬》詩：“霜被守宫槐，風驚護門草。”唐代亦稱“合昏槐”。《藝文類聚》卷八八：“槐大葉而黑，江東有樹與此相反，名合昏槐。”明清時亦俗呼“紫槐”。明宋詡《竹嶼山房雜部・樹畜部二・種花卉法》：“紫槐，似槐，幹弱而花紫，即守宫槐。”清刊《授時通考・農餘門・槐》：“槐，《爾雅》曰：櫰有青、黄、白、黑數種。白槐似柟而葉差小，其葉細而包青絲者直謂之槐；有守宫槐，一名紫槐，幹弱花紫，晝合夜開。”《廣群芳譜・木譜七・槐》：“槐，虚星之精也，一名櫰。有數種：守宫槐，一名紫槐，似槐，幹弱花紫，晝合夜開，《爾雅翼》謂之合昏槐。”清陳淏子《花鏡》卷三：“守宫槐，幹弱花紫，晝聶夜炕。”今人伊欽恒《花鏡》校注以爲守宫槐即紫花槐。清蒲松齡《農桑經殘稿・諸花譜》：“紫槐，宜燥，宜糞，春、冬根上分。”按，一説守宫槐與合昏槐并非一物，如《山堂肆考》卷二〇九：“[晝聶宵炕]《爾雅》：守宫槐，葉晝聶宵炕。注云：晝聶宵炕，言晝日聶合，而夜舒布也。江東有槐與此相反，名曰合昏槐。”而《爾雅翼・釋木》則云：“《釋木》曰：‘櫰，槐。大葉而黑，守宫槐，葉晝聶宵炕。’郭璞以爲晝日聶合而夜炕布者，名爲守宫槐。按《説文》：‘枼，木葉搖白，從木聶聲。’則聶乃開之義。又炕，乾也。木葉近火而乾，則當相合。然則郭氏之説，正反之耳。今江東有槐晝開夜合者，謂之合昏槐。蓋啓閉以時，有守之義。説者以爲此槐與《雅》説相反，不知郭氏誤解之也。”今俱附供考。

【守宫槐】

即紫花槐[1]。此稱秦漢時期已行用。見該文。

【紫槐】

即紫花槐[1]。此稱明代已行用。見該文。

【合昏槐】

即紫花槐[1]。此稱唐代已行用。見該文。

單瓣白桃

習見花木名。薔薇科，桃屬，單瓣白桃（*Amygdalus persica 'alba'*）。落葉小喬木。桃之變形一。樹與桃似，花單瓣，白色。各地有栽培。供觀賞。

明高濂《遵生八箋・燕閒清賞箋下》：“桃花十種：桃花平常者亦有粉紅、粉白、深粉紅三色，其外有單瓣大紅、千葉紅桃之變也；單瓣白桃、千葉碧桃之變也；有緋桃，俗名蘇州桃，花如剪絨者，比諸桃開遲，而色可愛；有瑞仙桃，花色深紅，花密。有絳桃，千瓣，有二色桃色粉紅，花開稍遲。千瓣極雅。”《廣群芳譜・花譜四・桃花》：“桃，西方之木也……二月開花，有紅、白、粉紅之殊，他如單瓣大紅，千瓣桃紅之變也；單瓣白桃，千瓣白桃之變也。”今人陳植《觀賞樹木學・桃》：“單瓣白桃（《群芳譜》）Var. *alba* Schneid.花單瓣，白色。”其實“單瓣白桃”是碧桃的變形而非變種。今亦稱“白桃”。參閱陳俊愉《中國花經・桃》。本種今主要供觀賞。各地有栽培。

【白桃】

即單瓣白桃。因其花色白，故名。今稱。見該文。

絳桃

習見花木名。薔薇科，李屬，絳桃（*Prunus persica* f. *'camelliaeflora'*）。落葉小喬木。爲桃之變形一。樹與桃似，而花近重瓣，深紅色。各地有栽培。主要供觀賞。

此稱多行用於宋代，亦沿稱至今。絳桃極美，自古多用於帝王林苑栽植。宋王稱《東都事略・列傳・朱勔傳》："復自瀟湘江亭，開閘通金波門北幸擷芳苑，堤外築壘衛之，瀕水蒔絳桃、海棠、芙蓉、垂楊。"園林中如何配置絳桃，亦有頗多講究。明文震亨《長物志・花木》："又如桃李不可植於庭除，似宜遠望。紅梅、絳桃俱藉以點綴林中，不宜多植。梅生山中，有苔蘚者移置藥欄最古。杏花差不耐久，開時多值風雨，僅可作片時玩。蠟梅冬月最不可少。"世人喜愛絳桃，吟唱、贊美者絡繹不絕。明胡儼《天柱岡》詩："青鸞飛下絳桃開，白鹿鳴時瑶草短。"《陝西通志・物産一・果屬》："桃，明皇禁苑中，有千葉桃盛開，帝曰：不獨萱草忘憂，此花亦能銷恨（《開元天寶遺事》）。桃，陝西者尤大而美（《本草圖經》）。有甘核者名巴旦桃，又有扁桃、李光桃，味佳。花有千葉者，曰碧桃、絳桃、緋桃，唯山桃花開最早（《咸寧縣志》）。"《廣群芳譜・花譜四・桃花》："桃，西方之木也，乃五木之精……種類頗多。《本草》云：絳桃，千瓣；緋桃，俗名蘇州桃，花如翦絨，比諸桃開遲而色可愛。"

照水梅

習見花木名。薔薇科，李屬，照水梅（*Prunus mume* var. *pendula* Sieb.）。落葉小喬木或灌木。梅之變種一。樹似梅，唯其枝下垂，花極香郁，爲梅之奇品。多産南方各地。主要供觀賞。

此稱至遲宋代已行用，亦沿稱於今世。宋强至《對雪六首》詩之四："屢折參雲竹，偏凌照水梅。"元楊公遠《照水梅》詩："梢横鶴膝小池東，幾點疏花冷淡中。自是曉妝匀未了，故抬粉面對青銅。"元馮子振、釋明本《梅花百咏・照水梅》："玉樹臨流雪作堆，寒光疏影共徘徊。多情最是黄昏月，配合春風不用媒。"亦作"炤水梅"。明高濂《遵生八箋・燕閒清賞箋下・梅花七種》："尋常紅白之外有五種，如緑蕚，蒂純緑而花香亦不多得；有炤水梅，花開朵朵向下；有千瓣白梅，名玉蝶梅；有單瓣紅梅；有練樹接成墨梅，皆奇品也，種種可觀。"明鄭善夫《對雪答太白山人》詩："天地忽改色，六花風亂投。翛然翠袖薄，加我草堂幽。照水梅自媚，閉門君不憂。玄機正無極，將汝醉鄉游。"《陝西通志・物産一・果屬》："梅有硃砂梅、錢梅、照水梅、玉蝶梅、星梅。"清陳淏子《花鏡》卷四："諸色梅：緑蕚梅……照水梅，花開朵朵向下，而香濃，亦梅中奇品。"參閲《廣群芳譜・花譜一・梅花》。

【炤水梅】

同"照水梅"。此體明代已行用。見該文。

碧桃

習見花木名。薔薇科，李屬，碧桃（*Prunus persica 'Duplex'*）。落葉小喬木。爲桃之變形，樹與桃似，而花單生，重瓣，粉紅色。

各地有栽培。主要供觀賞。

我國碧桃栽培歷史悠久。至遲唐代已行用此稱，并沿稱至今。亦稱“千葉桃”。唐郎士元《聽鄰家吹笙》詩：“重門深鎖無尋處，疑有碧桃千樹花。”《全芳備祖前集・花部・桃花》引《開元遺事》：“明皇時，禁苑中有千葉桃盛開，帝與貴妃日夕宴花下。帝曰：不獨萱草忘憂，此花亦能銷恨。”宋秦觀《虞美人・碧桃天上》詞：“碧桃天上栽和露，不是凡花數。”宋姚寬《西溪叢語》卷上引仵磐《絶句》曰：“‘太一峰前是我家，滿床書籍舊生涯。春城戀酒不歸去，老却碧桃無限花。’此仵磐艮翁詩……以此詩題酒樓，皆雲是神仙作也。”宋代碧桃花（千葉桃）已有商品生產，并有街市售賣活動。宋吴自牧《夢粱録・暮春》：“是月春光將暮，百花盡開，如牡丹、芍藥、棣棠、木香、酴醾、薔薇、金紗玉、綉毬、小牡丹、海棠、錦李、徘徊、月季、粉團、杜鵑、寶相、千葉桃、緋桃、香梅、紫笑、長春、紫荆、金雀兒、笑靨、香蘭、水仙、映山紅等花，種種奇絶，賣花者以馬頭竹籃盛之，歌叫於市，買者紛然。”元馮福京等《昌國州圖志・敘物産・花類》卷四：“牡丹、芍藥、海棠、山茶、丁香、蘭、瑞香、錦帶、紫笑、望春、八仙、棣棠、紫荆、山丹、酴醿、月計、緋桃、鄭花、石竹、千葉桃、薔薇、荷花、蜀葵、紫薇、薝蔔（即梔子花）。”明陶宗儀《輟耕録・緑窗遺稿》：“小窗開盡碧桃枝，憶得青鸞化去時。”《山西通志・雜志二》引《開元天寶遺事》：“明皇於禁苑中，初有千葉桃盛開。帝與貴妃日逐飲於樹下，帝曰：不獨萱草忘憂，此花亦能銷恨。”《廣群芳譜・花譜四・桃花》：“千葉桃，一名碧桃，花色淡紅。”

【千葉桃】

即碧桃。此稱唐代已行用。見該文。

壽星桃

習見花木名。薔薇科，李屬，壽星桃（*Prunus persica 'Densa'*）。落葉小喬木。爲桃之變種。樹似桃，然樹形矮，花重瓣。可供觀賞或作嫁接用。

此稱明代已行用。明徐光啓《農政全書》卷二九：“壽星桃，樹矮而花，能結大桃；然不堪食。”明王世貞《弇州續稿・文部・太倉諸園小記》：“王氏園者，元馭宗伯所治也。始其大人封詹事公，闢地於宅之後……二花外多名種佳果，而其最奇者曰蘋婆，曰麝香紅李、壽星桃。”清陳元龍《格致鏡原・果類一・桃子》引《紺珠》曰：“雪桃，出胡地，深冬熟。又桃奴經冬不落者。又壽星桃、胭脂桃。”清陳淏子《花鏡》卷四：“壽星桃，樹矮而花千葉，實大，可作盆玩。”《廣群芳譜・花譜四・桃花》：“又有壽星桃，樹矮，而花亦可玩。”

緑萼梅

習見花木名。薔薇科，李屬，緑萼梅〔*Prunus mume* f. *viridicalyx*（Makino）T.Y. Chen〕。梅之變種一。樹似梅，唯其萼及嫩枝均爲緑色，花白色或帶緑色，單瓣或重瓣，果實較大與原種略异。原産我國。唐宋時已培育成功，各地有栽培，頗受時人喜愛。清康熙二十七年（1688）輸入日本。花色淡雅清絶，是著名的觀賞花木。

此稱宋代已行用。宋范成大《范村梅譜》：“緑萼梅，凡梅花跗蒂皆絳紫色，惟此純緑，枝梗亦青，特爲清高，好事者比之九疑仙人萼緑華，京師艮岳有萼緑華堂，其下專植此本，人間亦不多有，爲時所貴重。”宋朱弁《曲洧舊聞》卷三：“頃年近畿江梅甚盛，而許洛尤多，有江梅、椒蕚梅、緑蕚梅、千葉黄香梅，凡四種。”明朱謀垔《畫史會要・北宋》：“盧章，汴人。久在畫院，多畫禁中物像，如白杏花、緑蕚梅、白鸜鵒，皆其本也。”《四庫全書總目・子部・譜録類》：“《范村梅譜》一卷，宋范成大撰。成大有《桂海虞衡志》已著録。此乃記所居范村之梅凡十二種……其裒爲譜者則自成大是編始。其所品評往往與後來小異，如緑蕚梅今爲常産，而成大以爲極難得，是蓋古今地氣之異，故以少而見珍也。”清刊《月令輯要・五月令》：“緑蕚梅，[增]《農政全書》：凡梅花跗蒂皆絳紫色，惟緑蕚梅，純緑，枝梗亦青，實大，五月熟。”《浙江通志・物産一・杭州府》：“緑蕚梅，《咸淳臨安志》：孤山之梅唐時已著。今此花有數品，緑蕚，千葉，尤清絶也。《錢塘縣志》：西溪緑蕚結實尤佳，他處莫及。”清梁詩正等《西湖志纂・西溪勝迹》：“永興寺，在安樂山下……《西溪梵隱志》：明萬曆初，馮夢禎太史延僧真麟新之手，植緑蕚梅二本，題其堂曰二雪。”

緋桃

習見花木名。薔薇科，李屬，緋桃（*Prunus persica ‘Magnifica’*）。落葉小喬木。桃之變形。樹與桃似，而花重瓣，鮮紅色。各地有栽培。主要供觀賞。

此稱唐代已行用，沿稱至今。亦稱“蘇州桃”。唐唐彦謙《緋桃》詩：“短墻荒圃四無鄰，烈火緋桃照地春。”宋歐陽修《四月九日幽谷見緋桃盛開》詩：“緋桃一樹獨後發，意若待我留芳菲。”宋周淙《乾道臨安志・物産・花》：“牡丹、芍藥、酴醾、棣棠、海棠、金林檎、御李、緋桃……千葉蓮、佛頭蓮、紅榴、木犀、丹桂、木芙蓉、黄菊、山丹、白菊、臈梅、香梅、千葉梅、福梅、瑞香。”元馮福京等《昌國州圖志・叙物産・花類》：“牡丹、芍藥、海棠、山茶、丁香、蘭、瑞香、錦帶、紫笑、望春、八仙、棣棠、紫荆、山丹、酴醾、月計、緋桃……梅花、紅梅、水仙、苔梅、玉簪。”明高濂《遵生八箋・燕閒清賞箋下》：“桃花十種：桃花平常者，亦有粉紅、粉白、深粉紅三色。其外有單瓣大紅、千葉紅桃之變也。單瓣白桃、千葉碧桃之變也。有緋桃，俗名蘇州桃，花如剪絨者，比諸桃開遲而色可愛。有瑞仙桃，花色深紅。花密有絳桃。千瓣有二色桃，色粉紅花開稍遲，千瓣極雅。”明陶宗儀《輟耕録・緑窗遺稿》：“小婢相隨倚畫闌，金釵誤挂緋桃落。”《廣群芳譜・花譜四・桃》：“緋桃，俗名蘇州桃。花如翦絨，比諸桃開遲，而色可愛。”清陳元龍《格致鏡原・花類一・桃花》引《本草》：“日月桃，一枝二花，或紅或白。緋桃，俗名蘇州桃，花如剪絨，比諸桃開遲而色可愛。”清姚炳《詩識名解・木部・桃》：“桃(《周南・桃夭篇》),《釋草》：荆桃、旄桃、榹桃，諸條皆有桃名，而形種各異。今按花有紅紫白數種，其實有緋桃、碧桃、緗桃、白桃、金桃、胭脂桃，取其色而名也。有綿桃、油桃、方桃、扁桃、偏核桃，象其形而名也。有五月早桃、冬桃、秋桃、霜桃，因其時而名也。其性易生易死，陸農師所謂白頭種桃，其華子之利可待。羅瑞良亦云華實早茂而早成，七八年即死是矣。”今各地多有栽培。

【蘇州桃】

即緋桃。此稱明代已行用。見該文。

櫻花

習見花木名。薔薇科，李屬，櫻花（*Prunus serrulata* Lindl.）。落葉喬木。樹皮光滑，栗褐色，有絹絲狀光澤。單葉互生，卵形至卵狀橢圓形。傘房或總狀花序，花白色或淡粉紅色。核果球形，黑色。原産我國長江流域；東北、華北有栽培。花美，可供觀賞。樹皮及新鮮嫩葉可入藥。

我國栽培櫻花歷史悠久，因其與櫻桃形態相若，未予明辨，故其名於典籍中少見。清代稱“千瓣櫻花”。清陳淏子《花鏡》卷四：“櫻桃，附千瓣櫻花……又有千葉者，其實少。”今人伊欽恒校注：“即櫻花，別稱山櫻桃。學名 *Prunus serrulata* Lindl.。産長江流域，久經栽培，花有重瓣及半重瓣的，花色也有多種。”此說當是。又，陳植《觀賞樹木學・櫻花》以爲此稱始於明代，并引明于若瀛詩曰：“三月雨聲細，櫻花疑杏花。”其實于若瀛詩題爲《櫻桃花》，似已說明于詩所指并非櫻花而是櫻桃花。再有唐李商隱《無題》詩中有“櫻花”，李商隱《無題四首》之二：“何處哀筝隨急管，櫻花永巷垂楊岸。東家老女嫁不售，白日當天三月半。溧陽公主年十四，清明暖後同墻看。歸來展轉到五更，梁間燕子聞長嘆。”詩中之櫻花未詳是否本種，今附此以供詳考。

【千瓣櫻花】

即櫻花。此稱清代已行用。見該文。

灌木類

一品朱衣

習見花木名。芍藥科，芍藥屬，一品朱衣（*Paeonia suffruticosa* Andr. var. *anneslei* Rehd.）。落葉灌木。牡丹之變種一。樹似牡丹。其花大色紅而闊瓣，色艷麗，易開放。由原曹州花農培育而成。今山東省菏澤等地有栽培。

此稱清代已行用。亦稱“赤朱衣”“奪翠”。清余鵬年《曹州牡丹譜・花正色・赤朱衣》：“赤朱衣，一名一品朱衣，一名奪翠。花房鱗次而起，緊實而圓，體婉孌，顔渥赬。凡花於一瓣間色有淺深，惟此花内外一如含丹。”清計楠《牡丹譜・曹州種》：“一品朱衣大紅色，闊瓣平頭，色艷，宜陽，喜肥，易開。一名奪翠。”今人陳植《觀賞樹木學・花木類・牡丹》：“一品朱衣（《牡丹譜》）var. *anneslei* Rehd.，一名奪翠。花大紅色，闊瓣，花徑 10~12 厘米，色鮮艷，易於開放。産山東菏澤。”

【赤朱衣】

即一品朱衣。此稱清代已行用。見該文。

【奪翠】

即一品朱衣。此稱清代已行用。見該文。

七姐妹

習見花木名。薔薇科，薔薇屬，七姐妹（*Rosa multiflora* ‘Grevillei’）。落葉灌木。薔薇之變種一。葉較大。花多，小型，深紅，重瓣，常七朵合成扁聚傘花序，因得此名。原産我國，各地均有栽培。花供觀賞。

七姐妹花美，久爲人知，此稱明代已行用。

亦稱“七姊妹”“七姊妹花”“十姊妹”。明楊基《咏七姊妹花》：“紅羅鬥結同心小，七蕊参差弄春曉。”明田汝成《西湖游覽志餘·委巷叢談》：“七姊妹，花似薔薇而七朵連綴。楊孟載詩云：‘紅羅鬥結同心小，七蕊参差弄春曉。盡是東風兒女魂，蛾眉一樣青螺掃。三妹娉婷四妹嬌，緑窗虚度可憐宵。八姨秦虢休相妒，腸斷江東大小喬。’”明高濂《遵生八箋·燕間清賞箋下》：“十姊妹，花小而一蓓十花，故名。其色自一蓓中分紅紫白淡紫四色，或云色因開久而變。有七朵一蓓者名七姊妹云，花甚可觀，開在春盡。”明程敏政《飲靈藏寺》詩：“七姊妹花開已空，繞闌猶幸有葵紅。坐中便起烟霞癖。門外那知市井通。”《陝西通志·物産二·草屬》：“十姊妹，花小而一蓓十花，故名。其色自一蓓中分紅紫白淡四色。有七朵一蓓，名七姊妹（《遵生八箋》），南鄭有之（《南鄭縣志》）。”清陳淏子《花鏡》卷五：“十姊妹，又名七姊妹。花似薔薇而小，千葉磬口，一蓓十花或七花，故有此二名，色紅、白、紫、淡紫四樣。正月移栽，或八九月扦插，未有不活者。”《廣群芳譜·花譜二十一·薔薇》：“七姊妹，十姊妹，體態相類，種法亦同。”參閱清吴其濬《植物名實圖考·蔓草類》。

十姊妹
（清吴其濬《植物名實圖考》）

【七姊妹】

即七姐妹。此稱明代已行用，并沿稱於今。見該文。

【七姊妹花】

即七姐妹。此稱明代已行用，并沿稱於今。見該文。

【十姊妹】

即七姐妹。此稱明代已行用。見該文。

八仙花[1]

習見花木名。虎耳草科，綉球屬，八仙花〔*Hydrangea macrophylla*（Thunb.）Ser.〕。落葉灌木。小枝粗壯，皮孔明顯。葉對生，倒卵形至廣卵形，邊緣具粗鋸齒。花大型，由多花組成傘房花序；六至七月開花，花色多變，初開爲白色，漸轉藍或粉紅色。蒴果卵形，具宿存之短花柱。原産我國，主要分布於長流域及其以南地區。花可供觀賞。根、花可入藥。

八仙花極美，早爲人知。唐代稱“紫陽花”。唐白居易《紫陽花》詩：“何年植向仙壇上，早晚移栽到梵家。雖在人家人不識，與君名作紫陽花。”宋周文璞《寄茅山道友三絶》之三：“蕊珠宫女傍瑶屏，自把韋編問姓名。回到人間無一事，紫陽花下白鷄鳴。”明清時栽培經驗已頗豐富，時人常用八仙花與綉球互作砧木嫁接成新株。明代已行用此稱。亦稱“紫綉球”。省稱“綉球”。明徐光啓《農政全書》卷三七：“先取八仙花，栽培於瓦盆中，次年春連盆移就綉球花畔，將八仙花梗離根七八寸許刮去半邊皮約二三寸，又將綉球花嫩枝亦刮去

八仙花
（清吴其濬《植物名實圖考》）

皮半邊，彼此挨合一處，用麻繩縛，頻用水澆，至十月候皮生合爲一處，截斷綉球本身，入土栽培，自然暢茂，周歲斷者尤妙。”八仙花與瓊花常相混淆，時人常以氣味、結實等情況加以區分。明方以智《物理小識・草木類》：“八仙花體似綉球，白花八朵爲叢，結子瓣薄而不香。瓊花不結子瓣厚而香，元瑞辨之。”《江南通志・物產・鎮江府》：“八仙花，狀如瓊花，八蝶簇一心，有簇聚如碧玉者，曰玉蝴蝶。”清陳淏子《花鏡》卷三：“八仙花，即綉球之類也。因其一蒂八蕊，簇成一朵，故名八仙。其花白，瓣薄而不香。蜀中紫綉球，即八仙花。如欲過貼，將八仙移就粉團樹畔，經年性定，離根七八寸許，如法貼縛，水澆，至十月，候皮生，截斷，次年開花必盛。”清蒲松齡《農桑經殘稿・諸花譜》：“綉球：以山中野綉球栽盆中，移就樹邊，使兩下枝條相靠……此靠接之法。凡樹皆可用，八仙花亦可接。”參閱清吴其濬《植物名實圖考・群芳類・八仙花》。

按，八仙花，花團錦簇，形若綉球，色白間藍紅，令人賞心悦目，爲極有栽培價值之觀賞花木。今亦俗稱“綉球花”。經多年選育，其栽培品種、變種頗多，常見者如：“藍邊八仙花”“大八仙花”“齒瓣八仙花”“銀邊八仙花”“紫莖八仙花”“紫陽花”等。本種今亦屬綉球科。參閱鄭萬鈞《中國樹木志・綉球科》。

【紫陽花】

即八仙花[1]。此稱唐代已行用。見該文。

【紫綉球】

即八仙花[1]。此稱清代已行用。見該文。

【綉球】[1]

即八仙花[1]。此稱明代已行用，今浙江各地仍沿用此稱。見該文。

【綉球花】

即八仙花[1]。今之俗稱。見該文。

【聚八仙花】

即八仙花[1]。此稱宋代已行用。省稱“聚八仙”。以其每枝開花七八朵相聚而生，故名。元王惲《玉堂嘉話》卷三：“宋人畫瓊花圖，花蕊團團作九葉如聚八仙花。楊州人説，近歲其花已枯朽矣。”《通雅・植物》：“聚八仙，花小而瓣薄色微青，葉有芒，而結子判矣。”清沈自南《藝林彙考・植物篇》：“按鄭興裔《瓊花辯》：瓊花天下無雙，昨因敵騎侵軼，或謂所存非舊，疑黄冠輩以聚八仙花種其處，余細觀熟玩，不同者有三：瓊花大而瓣厚，其色淡黄，聚八仙花小而瓣薄，其色微青，不同者一也；瓊花葉柔平瑩澤，聚八仙葉粗而有芒，不同者二也；瓊花蕊與花平，不結子而香，聚八仙蕊低於花，結子而不香，不同者三也。余尚未敢自信，嘗取二花以試，兒童輒能辨之。”又，“今聚八仙，即八仙花。西湖山中在在有之。以其每枝開花七八朵相叢，故曰聚八仙”。見“八仙花[1]”文。

【聚八仙】

“聚八仙花”之省稱。此稱宋代已行用，亦沿稱於後世。見該文。

【避麝】

“八仙花[1]”之别稱。此稱清代已行用。清《畿輔通志・土產・花屬》：“八仙花，一名避麝。”見“八仙花[1]”文。

九英梅

習見花木名。蠟梅科，蠟梅屬，九英梅〔*Chimonanthus praecox* (Linn.) Link var. *intermedius* Makino〕。落葉灌木。蠟梅之變種

一。樹似蠟梅。花平開，鐘形，花瓣狹長橢圓形；多實生或分株而成，其花小，香淡。各地有栽培。供觀賞。

此稱唐代已行用。唐白居易、宋孔傳《白孔六帖・梅》："九英梅，《常朝録》曰：元稹爲翰林承旨，朝退行至廊下，時初日映九英梅，隙光射稹，有氣勃然。百寮望之曰：豈腸胃之（一作文）章映日可見乎？"宋代亦稱"狗蠅梅"。宋范成大《梅譜》："〔蠟梅〕凡三種：以子種出，不經接，花小香淡，其品最下，俗謂之狗蠅梅。"宋祝穆《古今事文類聚後集・花卉部》："蠟梅本非梅類，以其與梅同時，香又相近，色酷似蜜脾，故名蠟梅。凡三種：以子種出不經接，花小香淡，其品最下，俗謂之狗蠅梅；經接花疏，雖盛開，花常半含，名磬口梅，言似僧磬之口也；最先開，色深黄，如紫檀花密香穠，名檀香梅，此品最佳。蠟梅香極清芳，殆過梅香，初不以形狀貴也，故難題咏。"明李時珍《本草綱目・木三・蠟梅》："蠟梅小樹，叢枝尖葉。種凡三種：以子種出不經接者，臘月開小花而香淡，名狗蠅梅。"明倪嶽《會賀五宫保於部堂用屠都憲韻》："豈樂任傾千日醞，光儀如接九英梅。"明清時亦稱"狗英臘梅"。省稱"九英""狗蠅"。明高濂《遵生八箋・燕間清賞箋下》："臘梅花三種：今之狗英臘梅亦香，但臘梅惟圓瓣如白梅者佳。若瓶一枝，香可盈室。余見洪忠宣公山庭有之，後竟滅歿。今之圓瓣臘梅皆如荷花瓣者，瓣有微尖。"清高宗《九英梅三妙杏》詩："紅白雖殊風度近，英還稱九妙惟三。最宜軟節初過了，一例知春枝是南。"《山西通志・物産・蒲州府》："蠟梅有二種：一狗蠅梅，一磬口梅。以與梅時開，香又相類，色似蜜蠟，故名。"清陳淏子《花鏡》卷三："蠟梅……有磬口、荷花、狗英三種。惟圓瓣深黄，形似白梅，雖盛開如半含者名磬口，最爲世珍。若瓶供一枝，香可盈室。狗英亦香，而形色不及。"《廣群芳譜・花譜二十・蠟梅》："蠟梅，小樹，叢枝尖葉，木身與葉類桃而闊大尖硬，花亦五出，色欠晶明，以子種出經接過，花疏，雖盛開常半含，名磬口梅。次曰荷花，又次曰九英。"注云："《梅譜》云：子種不經接，花小香淡，其品最下，謂之狗蠅，後訛爲九英。"今人陳植《觀賞樹木學・蠟梅》以爲上説即此種。

【狗英臘梅】

即九英梅，此稱明代已行用。見該文。

【狗蠅梅】

即九英梅。因其花小，香淡，爲蠟梅之下品，故名。此稱宋代已行用。見該文。

【狗英】

"狗英臘梅"之省稱。即九英梅。此稱清代已行用。見"九英梅"文。

【九英】

"九英梅"之省稱。此稱清代已行用，并沿稱於今。見該文。

【狗蠅】

"狗蠅梅"之省稱。即九英梅。此稱清代已行用。見"九英梅"文。

【狗纓】

即九英梅。此稱明代已行用。明王世懋《學圃雜疏・花疏》："蠟梅是寒花絶品，人言臘時開，故以蠟名，非也，爲色正似黄蠟耳。出自河南者曰磬口，香、色、形皆第一；松江名荷花者次之；本地狗纓下矣。得磬口，荷花可廢，何况狗纓。”清刊《淵鑑類函》卷四〇六“蠟梅”引明王象晋《群芳譜》：“蠟梅，小樹叢枝，尖葉，本身與葉類桃而闊大尖硬，花五出……出自河南者名磬口，色香形皆第一。松江名荷花者次之，本地狗纓下矣。得磬口即荷花可廢，何况狗纓。”見“九英梅”文。

山茶

習見花木名。山茶科，山茶屬，山茶（*Camellia japonica* L.）。常緑灌木或小喬木。單葉互生，倒卵形至橢圓形，革質，光澤，暗緑色。花兩性，單生枝頂或葉腋，紅色，冬春盛開。蒴果圓形，深褐色，秋天成熟，常開裂并散出種子二三枚。種子淡黑色，殼堅硬。山茶原産我國，浙江、江西、四川、雲南等省有野生，山東嶗山及沿海島嶼亦有分布。山茶花大，艷美，可供觀賞。亦可入藥。果實可榨油。木材亦爲細木工及雕刻用材。

我國山茶栽培歷史悠久，隋唐時期已由野生轉入人工栽培，至宋代栽培日盛，明清亦有較大發展。唐代已行用此稱，亦稱“山茶花”。唐段成式《酉陽雜俎續集・支植上》：“山茶似海石榴，出桂州，蜀地亦有。”其《支植下》曰：“山茶葉似茶樹，高者丈餘，花大盈寸，色如緋，十二月開。”宋陸游《山茶一樹自冬至清明後著花不已》詩：“東園三日雨兼風，桃李飄零掃地空。惟有山茶偏耐久，緑叢又放數枝紅。”元馬常祖《趙中丞折枝山茶》詩：“火齊珠紅拂翠翹，石家步障曉寒消。千枝蠟炬燒春夜，羯鼓催花打六麼。”明于若瀛《山茶》詩：“丹砂點雕蕊，經月獨含苞，既足風前態，還宜雪裏嬌。”《廣群芳譜・花譜二十・山茶》：“《雲南志》：土産山茶花。謝肇淛謂其品七十有二；趙壁作《譜》近百種，大抵以深紅、軟枝、分心、卷瓣者爲上。”

山　茶
（明王圻等《三才圖會》）

山茶花爲我國名花之一，深受人們喜愛，今浙江温州大羅山化成洞寶岩庵尚存一千二百餘年生之山茶古樹。雲南麗江玉龍山南麓之玉峰寺，其上院有一山茶古樹，樹齡已逾五百年，樹幹虬曲，如蒼龍盤繞，至今仍繁花盛開，自“立春”至“立夏”，花期達百餘日，先後開花二十餘批，多達萬朵，被譽爲“雲嶺第一枝”。經長期培育，我國山茶品種不斷豐富。宋徐致中《山茶》詩述八種；明王象晋《群芳譜》載二十餘種；趙壁《雲南山茶譜》記述近百種。最爲名貴者當屬“十八學士”“九曲”“桃李争春”“大白”“緑牡丹”“雪牡丹”“大小白荷”“東方亮”“鶴頂紅”“楊妃茶”“紅餅”“宮粉”及“臺閣茶”“花蝴蝶”“玫瑰紫”“牡丹點雪”“墨葵”“灑金”“西施晚裝”“小桃紅”“觀音白”“十樣錦”“玉樓春”“鳳仙茶”“紫重樓”等。20世紀60年代在廣西發現的“金花茶”更爲名貴，1984年被列爲國家一級保護植物，1992年被林業部列爲國家一級保護樹種。昆明市、重慶市、景德鎮、寧波諸城市將山茶選爲“市花”。各地花卉愛好者亦競相栽植。

【山茶花】

即山茶。此稱清代已行用。見該文。

【茶花】[1]

即山茶。此稱宋代已行用，亦沿稱至今。宋施德操《北窗炙輠録》卷下："餘杭萬氏有水盆，徒一尋常瓦盆耳。然冬月以水沃之皆成花，所謂花者，非若今之茶花之類，纔形似之也。"元楊瑀《山居新話》卷一："園中茶花一本，其花瓣顔色十三等，固雖出人爲，亦可謂善奪造化之功者。"明陸楫《古今説海》卷一〇："泡花，南人或名柚花。春末開，蕊圓白，如大珠，既拆則似茶花。"清姚之駰《元明事類鈔·花草門·山茶》："茶花屏，元朱德潤題白茶花屏詩：飛仙自天來，幻作白茶蕊，清香不自媚，回出山谷底。"《駢字類編·草木門四·茶》："茶花，馮時可《滇行紀略》：滇南最爲善地，花木高大有十餘丈，其茶花如碗大，樹合抱。"見"山茶"文。

【山茶樹】

即山茶。宋代已行用此稱。宋潛説友《咸淳臨安志·行在所録·賦咏》："李壁《石中二首》：'雲影沉沉玉一方，倚欄人意似濠梁。獨憐雪裏山茶樹，也向春風伴海棠。'"元吴存《山茶四首》詩之一："吾家屋後山茶樹，樹始栽時我髻丫。三十四年今過屋，春風兩鬢不教華。"明凌雲翰《柘軒集》卷一："前一日偶閲楊真率所收張翰林詩集有曰，三月六日偕楊元誠張仲川拜掃栖霞仇先生墓，題絶句云：'淚栖荒苔積草中，更無人跡紙烟空。墳前惟有山茶樹，開到清明自落紅。'"明徐霞客《徐霞客游記·滇游日記一》："宫建自萬曆初，距今纔六十晋年，山茶樹遂冠南土。"清吴綺《憶王孫·寒夜》詞："昨宵凍合水晶宫，鸚鵡嫌寒罵玉籠。鴛錦衾窩曉起慵，小窗封雪在，山茶樹上紅。"《廣群芳譜·花譜十二·山茶》："《滇南太華山記》：兩墀山茶樹八本，皆高二丈餘，枝葉團扶，萬花如錦。"見"山茶"文。

【玉茗】

"山茶"之别稱。特指白山茶，謂其花白如玉，其葉似茶，故名。此稱宋代已行用。宋陸游《眉州郡燕大醉中間道馳出城宿石佛院》詩："釵頭玉茗妙天下，瓊花一樹真虚名。"自注："坐上見白山茶，格韻高絶。"宋范成大《玉茗花》詩："折得瑶華付與誰，人間鉛粉弄妝遲，直須遠寄驂鸞客，鬢脚飄飄可一枝。"見"山茶"文。

【曼陀羅】

"山茶"之别名。此稱清代已行用。《續通志·木類》："山茶，一名曼陀羅，葉頗似茶而厚梗，故名。花有數種，寶珠最勝。"《廣群芳譜·花譜二十·山茶》："山茶，一名曼陀羅，樹高者丈餘，低者二三尺，枝幹交加，葉似木樨，硬有棱稍厚，中闊寸餘，兩頭尖長，三寸許，面深緑光滑，背淺緑，經冬不脱。以葉類茶又可作飲，故得茶名。花有數種。十月開至二月。"清代栽培經驗已頗豐富。清陳淏子《花鏡》卷三："山茶一名曼陀羅。樹高者一二丈，低者二三尺。樹幹交加……花之名色甚多，姑列於後。其開最久，自十月開至二月方歇。性喜陰燥，不宜大肥。春間、臘月皆可移栽。四季花寄枝宜用本體；黄花香寄枝宜用茶體；若用山茶體，花仍紅色。"見"山茶"文。

【鶴頂紅】

"山茶"之别稱。特指紅山茶。因花鮮紅，如鶴頂，故名。此稱宋代已行用，常見諸詩詞中。亦稱"鶴頭丹"。宋蘇軾《王伯敭所藏趙昌花四首・山茶》："掌中調丹砂，染此鶴頂紅。"宋釋覺範《觀山茶過回龍寺示邦基》詩："北窗賞新晴，睡美正清熟。竹鷄斷幽夢，朦朧不能續。卧聞故人家，山茶已出屋。欣然一命駕，妍暖快僮僕。千朵鶴頂紅，染此一叢緑。"元姚燧《賞花吟十首》之九："佛桑艷艷欲燒空，猶愧山茶鶴頂紅。更是並他凡卉異，謝時連蒂綴東風。"明汪砢玉《珊瑚網・名畫題跋》："又山茶：葉舒犀甲厚，花放鶴頭丹。歲暮饒冰雪，朱顔不改觀。"《佩文韻府・上紅》："［鶴頂紅］《花譜》：山茶，一名鶴頂紅。"見"山茶"文。

【鶴頭丹】

即鶴頂紅。此稱明代已行用。見該文。

【海紅】[1]

即山茶。一説對紅山茶或淺紅山茶之特稱。此稱唐代已行用。又稱"海紅花"。唐劉長卿有《夏中崔中丞宅見海紅摇落一花獨開》詩。宋陶弼《山茶》詩："淺爲玉茗深都勝，大白山茶小海紅。"明李詡《戒庵老人漫筆・三花别名》："山茶，一名海紅花。"明楊慎《藝林伐山・海紅花》："菊莊劉士亨《咏山茶》詩云：'小院猶寒未暖時，海紅花發景遲遲，半深半淺東風裏，好是徐熙帶雪枝。'蓋海紅即山茶也。而古詩亦有'淺爲玉茗深都勝，大曰山茶，小曰海紅。'"以海紅花爲山茶之小者頗爲盛行。如明田汝成《西湖游覽志餘・委巷叢談》："海紅花。蓋海紅花乃山茶之小者，開時最繁鬧，故藉以爲喻詈人。"明徐伯齡《蟫精雋》卷之一一："海紅花：世傳海紅花，人人能道之，而莫知爲何物。因讀菊莊詩始知即山茶花也。詩云：'小院猶寒未暖時，海紅花發晝遲遲。半深半淺東風裏，好似徐熙帶雪枝。'蓋古詩有云：'淺爲玉茗深都勝，大曰山茶小海紅。'先生之博於斯見矣。"明顧起元《説略・卉箋下》："劉長卿有《海紅花》詩，李太白詩注：'新羅國多海紅。'今按茶梅即小樣粉紅。山茶本名海紅花。"清王士禛《香祖筆記》卷九："玉茗花、海紅花，皆山茶也。古詩云：淺爲玉茗深都勝，大曰山茶小海紅。都勝即寶珠山茶。"一説此木自海外舶來，故名。明楊慎《升菴集・四海亭》："花名有海字者，皆從海外來，海棠、海榴是也。海紅花即山茶也。"清陳元龍《格致鏡原・花類三・山茶花》："《焦氏類林》：新羅國多海紅，即淺紅山茶而差小，自十二月開至二月。"見"山茶"文。

海　紅
（清吳其濬《植物名實圖考》）

【海紅花】[1]

即海紅[1]。此稱明代已行用。見該文。

【都勝】

"山茶"之别稱。特謂花色深者。此稱唐代已行用。唐段成式《酉陽雜俎續集・支植上》："都勝，花紫色，兩重心，數葉卷上如蘆，朵蕊黄，葉細。"宋陶弼《山茶》詩："淺爲玉茗深都勝，大曰山茶小海紅。名譽漫多朋援少，年年身在雪霜中。"宋高似孫《剡録》卷九："《平泉草木記》曰：得會稽之山茗，越山固多也。陶弼《山茶詩》：'淺爲玉茗深都勝，大曰山茶小海紅。'先公《雪館山茶詩》：'江南嘉木蔚蒼蒼，能與山梅次第芳。葉厚耐擎三寸雪，飛初怯受一番霜。'" 明顧起元《説略・卉箋下》："山茶一種數名，花極紅而瓣極厚者曰都勝，即今寶珠也。"《格致鏡原・花類三・山茶花》："《升菴外集》：大曰山茶小曰海紅，淺爲玉茗爲都勝。" 參閲明楊慎《藝林伐山・海紅花》。見"山茶"文。

【月丹】

"山茶"之别稱。特指其樹、花皆大者。亦稱"照殿紅"。此稱元代已行用。元郝經《月丹》詩："一種是花偏富貴，三冬無物比妖嬈。"自注："王承宣月丹一本，云山茶大者曰月丹，又大者曰照殿紅，故爲賦此。" 明彭大翼《山堂肆考》卷二〇〇："山茶花。《格物總論》：花有數種，有寶珠茶、雲茶、石榴茶、海榴茶、躑躅茶、茉莉茶、真珠茶、串珠茶、正宫粉、塞宫粉、一撚紅、照殿紅、千葉紅、千葉白，其中最佳者寶珠茶也，或雲山茶花，一名海紅。"《分類字錦・花卉》："月丹，徐致中《山茶詩》：'尤愛南山茶，花開一尺盈。月丹又其亞，不減紅帶鞓。'" 參閲《廣群芳譜・花譜二十・山茶》及《格致鏡原・花類三・山茶花》。按，花之名"照殿紅"者頗多。如牡丹、菊花、佛桑等，俱有此稱，讀者當自辨之。見"山茶"文。

【照殿紅】[1]

即月丹。謂紅山茶之大者。此稱元代已行用。見該文。

【寶珠】

"山茶"之别稱。亦山茶之一種。此稱明代已行用。亦稱"寶珠茶""寶珠山茶"。明田汝成《西湖游覽志餘・委巷叢談》："山茶，馬塍之間多有之。有紅白二種，其花有寶珠、樓子、千葉、單葉之分。有一本而接爲數色者，有早開而晚落者。楊廷秀詩云：'江南池館厭深紅，零落山烟山雨中。却是北人偏愛惜，數枝和雪上屏風。'" 明張新《寶珠茶》詩："臙脂染就絳裙襴，琥珀裝成赤玉盤。似共東風解相識，一枝先已破春寒。" 明夏旦《藥圃同春・正月》："山茶，色紅，喜腴，一名寶珠。心無黄間者爲上，無香。" 清王士禎《香祖筆記》卷九："玉茗花、海紅花皆山茶也。古詩云：'淺爲玉茗深都勝，大曰山茶小海紅。' 都勝即寶珠山茶。" 見"山茶"文。

【寶珠茶】

即寶珠。此稱明代已行用。見該文。

【寶珠山茶】

即寶珠。此稱清代已行用。見該文。

山礬

習見花木名。山礬科，山礬屬，山礬（*Symplocos Sumuntia* Buch.-Ham. ex D.Don）。常緑灌木或小喬木。葉互生，卵狀披針形至橢圓形，光澤，葉緣具齒。總狀花序，被柔毛，花冠白色，芳香，三月開放。核果黄緑色，壇狀。我國主要分布於長江以南各地。木材可製器俱。種子可榨油、製肥皂。根、葉、花可入藥。葉燒灰可代礬爲染媒劑。亦常植之供觀賞。

我國栽培利用山礬已近千餘年。古人常采鄭花葉以染黄，而不借礬可成色，故名山礬。此稱宋代已行用。亦稱"山礬花""鄭花"。宋黄庭堅《戲咏高節亭邊山礬花詩序》："江南野中有一小白花，本高數尺，春開極香，野人號爲鄭花。王荆公嘗欲求此花栽，欲作詩而陋其名，予請名曰山礬。野人采鄭花葉以染黄，不借礬而成色，故名山礬。" 宋戴侗《六書故・植物一》："椫，丈忍切，山礬也。染者用其葉燒灰以收所染之色。黄庭堅名之曰山礬。”山礬亦常盆栽供觀賞。宋陸游《入蜀記》卷一：“二十五日晚，葉夢錫侍郎衡招飲，案間設山礬數盆，望之如雪。”時人亦多歌咏之。宋謝職《山礬》詩：“一樹山礬宫様妝，曉風微送雨中香。鼻端空寂誰如許，莫怪狂風取次狂。”明許伯旅《題林周民山礬圖》詩：“山礬入畫古所少，我昔見之倪瓚家。問君何處得此木，水屋十月來春花。”明李時珍《本草綱目・木三・山礬》：“山礬生江、淮、湘、蜀野中。樹之大者，株高丈許。其葉似巵子，葉生不對節，光澤堅强，略有齒，凌冬不凋。三月開花繁白，如雪六出，黄蕊甚芬香。結子大如椒，青黑色，熟則黄色，可食。其葉味澀，人取以染黄及收豆腐，或雜入茗中。”清蒲松齡《農桑經殘稿・諸花譜・山礬》：“山礬：出杭州。正月開；白花最香。”

【山礬花】

即山礬。此稱宋代已行用，并沿稱至今。見該文。

【鄭花】

即山礬。此稱宋代已行用，宋黄庭堅改爲山礬，然此稱仍沿用於後世。見該文。

【玉蕊花】

即山礬。此稱宋代已行用。亦稱“楖”。宋張淏《雲谷雜記》卷四：“山礬所以名不一者，緣諸公不考究字書，其説遂致紛紛，殊不知字書中自有此一字。《集韻》：‘楖，丈忍切，又作木名，灰可以染。’從朕，至今俗謂之烏朕。”宋趙彦衛《雲麓漫鈔》卷四：“今瑒花即玉蕊花也。介甫以比瑒，謂當用此瑒字。蓋瑒，玉名，取其白。山谷又更其名爲山礬，謂可以染也。”一説玉蕊非山礬。參見本卷《習見木竹説・習見花木考》“玉蕊”文。

【楖】

即玉蕊花。此稱宋代已行用。見該文。

【七里香】[2]

即山礬。其花香馥，可以遠聞，故名。此稱宋代已行用。宋趙汝鐩《山礬》詩：“七里香風遠，山礬滿嶺開。野生人所賤，移動却難栽。”明高濂《遵生八箋・燕閒清賞箋下》：“山礬花，生杭之西山。三月著花，細小而繁，香馥甚遠，故俗名七里香。”清陳淏子《花鏡》卷三：“山礬花……三月看白花，細小而繁，不甚可觀，而香馥最遠，故俗名七里香。”《格致鏡原・花類一・山礬花》：“《格物總論》：山礬花，枝肥葉密，凌冬不凋，花白，未開時木犀相似，及開差大，香氣穠鬱，號七里香，尋常山林間多有之。”山礬别名甚多，蓋因方言、俚語以及觀賞與記述者而异。《續通志・木類》：“山礬，一名芸香，一名椗花，一名椹花（椹，音陣，出《南史》），一名鄭礬，一名瑒花（瑒音暢）。一名春桂，一名七里香。”《廣群芳譜・花譜十六・山礬花》：“山礬花，原作芸香入卉譜。按山礬木本，非古所謂芸草。自沈括《筆談》以爲七里香，而李時珍《本草綱目》遂以爲芸香，不知芸草與山礬或皆有七里香之名，而反疑芸香之非一種也，誤矣。今分山礬，别見卉譜，花譜芸草即海桐。”又，“山礬花，山礬一名椹花，一名瑒花。周必大云：音陣，出《南史》，荆俗訛爲鄭，呼爲鄭礬。江南又訛鄭爲瑒也，瑒音暢。一名春桂，一名七里香。黄庭堅易其名爲山礬”。見“山礬”文。

【棔花】

即七里香[2]。此稱清代已行用。見該文。

【芸香】

即山礬。此木山野叢生茂密，花繁香馥，故名。此稱明代已行用。明李時珍《本草綱目·木三·山礬》："芸，盛多也。老子曰：'夫物芸芸'是也。此物山野叢生甚多，而花繁香馥，故名。"清陳淏子《花鏡》卷三："山礬花，一名芸香，一名鄭花，多生江浙諸山。葉如冬青，生不對節，凌冬不凋。"見"山礬"文。

【海桐樹】

即山礬。此稱明代已行用。亦稱"海桐花"。省稱"海桐"。明王世懋《學圃雜疏·花疏》："山礬一名海桐樹。婆娑可觀，花碎白而香，宋人灰其葉造黝紫色，今人不知也。"明陸深《儼山外集》卷五："《春風堂隨筆》：世傳花卉凡以海名者，皆從海外來，理或當然。予家海上園亭中喜種雜花，最佳者爲海棠，每欲取名花填小詞使童歌之，有海紅花、海榴花，更欲采一種爲四闋，纍年而不得。辛丑，南歸訪舊至南浦，見堂下盆中有樹，婆娑鬱茂，問之曰此海桐花，即山礬也。因憶山谷《賦水仙花》云：'山礬是弟梅是兄'，但白花耳，却有歲寒之意。"《陝西通志·物産二·木屬》："山礬，一名海桐，樹婆娑可觀，花碎白而香（《學圃餘疏》)。大者高丈許，葉似梔子，光澤堅强，略有齒，凌冬不凋。三月開花，繁白如雪，六出黄蕊，甚芬香。結子大如椒，青黑色，熟黄可食，曾端伯以七里香爲玉蕊花，未知的否（《本草綱目》)。"參閲《廣群芳譜·花譜十六·山礬花》《格致鏡原·花類一·山礬花》。見"山礬"文。

【海桐花】

即海桐樹。此稱明代已行用。見該文。

【海桐】[2]

"海桐樹"之省稱。此稱清代已行用。見該文。

【春桂】

即山礬。此稱明代已行用。明李時珍《本草綱目·木三·山礬》："[釋名]芸香、椗花、柘花、瑒花、春桂、七里香。"《廣群芳譜·花譜十六·山礬花》："山礬一名椗花，一名瑒花，一名春桂，一名七里香。黄庭堅易其名爲山礬。"亦稱"椗花"。清吴其濬《植物名實圖考·群芳類·春桂》："春桂即山礬，本名椗花，黄山谷以其葉可染，不假礬而成色，故更名山礬。"見"山礬"文。

春　桂
（清吴其濬《植物名實圖考》)

【椗花】

即春桂。此稱清代已行用。見該文。

【瑒花】

即山礬。此稱宋代已行用。亦稱"米囊""椗花""柘花""棔""鄭礬"。宋洪邁《容齋隨筆·玉蕊杜鵑》："長安唐昌觀玉蕊，乃今瑒花，又名米囊，黄魯直易爲山礬者。"明李時珍《本草綱目·木三·山礬》："[釋名]芸香、椗花、柘花、瑒花、春桂、七里香。時珍曰：按周必大云：柘音陣，出《南史》。荆俗訛柘爲鄭，呼爲鄭礬，而江南又訛鄭爲瑒也。"

《廣群芳譜・花譜十六・山礬》:“山礬,一名椗花,一名瑒花。”注云:“周必大云:椗音陣,出《南史》。荆俗訛爲鄭,呼爲鄭礬,江南又訛鄭爲瑒也,瑒音暢。”見“山礬”文。

【米囊】

即瑒花。此稱宋代已行用。見該文。

【椗花】

即瑒花。此稱明代已行用。見該文。

【柘花】

即瑒花。此稱明代已行用。見該文。

【椗】

即瑒花。字同“柘”。此稱南北朝時期已行用,語本《南史》。見該文。

【鄭礬】

即瑒花。此稱宋代已行用。見該文。

【幽客】

“山礬”之别稱。此稱宋代已行用。明陶宗儀《説郛》卷二四下引元程棨《三柳軒雜識》:“花客。花名十客,世以爲雅戲,《姚氏殘語》演爲三十一客,其中有未當者,暇日因易其一二,且復得二十客併著之,以寓獨賢之意:牡丹爲貴客,梅爲清客,蘭爲幽客,桃爲夭客,杏爲艷客,蓮爲凈客……(以上見姚氏)山礬爲幽客,楝花爲晚客,菖蒲花爲隱客,枇杷爲粗客,玉莠球巾客,茉花爲神客,凌霄花爲勢客,李花爲俗客,迎春花爲僭客,月丹爲豪客,菱花爲水客(以上新添)。”《駢字類編(補遺)・人事門・幽》:“幽客:《三餘贅筆》:蘭爲幽客;又《三柳軒雜識》山礬爲幽客。”參閲《廣群芳譜・花譜十六・山礬花》。見“山礬”文。

【山白桂】

即山礬。清代川東各地多行用此稱。清劉善述《草木便方・木部・山白桂》:“山白桂葉酸澀甘,久痢止渴同薑前[煎],爛眩風眼浸水洗,能殺蠹蟲騷萬千。”《草木便方》整理組以爲山白桂即山礬。見“山礬”文。

山梅花

習見花木名。虎耳草科,山梅花屬,山梅花(*Philadelphus incanus* Koehne)。落葉灌木。葉對生,卵形或橢圓形。總狀花序,花梗、萼均被白色毛,花冠近鐘形,花瓣四片,白色,芳香。蒴果倒卵形。我國主要分布於江蘇宜興、江西廬山、陝南、甘南、鄂西、川東及晋、豫、湘等地。花期5至7月,常栽植以供觀賞。嫩葉可代茶。

山梅花

(清吴其濬《植物名實圖考》)

此稱清代已行用。清吴其濬《植物名實圖考・木類・山梅花》:“山梅花生昆明山中,樹高丈餘,葉如梅而長。橫紋排生,微似麻葉。夏開四團瓣白花,極肖梨花而香,昔人謂梨花溶溶,無香爲憾,此花兼之矣。”山梅花産區内海拔600~3300米山地雜木林中仍有野生者。俗稱“密密樹”“白毛山梅花”。

【密密樹】

即山梅花。今河南各地多俗用此稱。見該文。

【白毛山梅花】

即山梅花。今秦嶺地區多俗用此稱。見該文。

小雀花

習見花木名。豆科,𦬹子梢屬,小雀花〔*Campylotropis polyantha* (Franch.) Schindl.〕。

落葉小灌木。小枝具棱，被絹狀毛。三小葉，倒卵形或橢圓形。花密生成圓錐狀或總狀花序，花冠蝶形，白色、紅色或紫色。莢果斜橢圓形，被柔毛。我國主要分布於雲南及四川等地。可供觀賞。

小雀花
（清吴其濬《植物名實圖考》）

此稱多行用於清代。清吴其濬《植物名實圖考・群芳類・小雀花》："小雀花生雲南山坡。小樹高數尺，瘦幹細韌。春開小粉紅花，附枝攢簇，形如豆花而小，瓣皆雙合，上覆下仰，色極嬌韻。花罷生葉。"按，𦼮子梢屬約六十種，我國約産十種。本種生西南各地。内地較爲少見。今通稱"多花𦼮子梢"。

【多花𦼮子梢】

即小雀花。今之通稱。見該文。

千里香[1]

習見花木名。芸香科，九里香屬，千里香（*Murraya paniculata* L.）。灌木或小喬木。樹幹及小枝白灰或淡黄灰色，略有光澤。苗期爲單葉，其後爲單小葉及二小葉，長成後小葉三至五（七）片；小葉深緑色，有光澤，卵形或卵狀披針形。傘房狀聚傘花序，腋生及頂生，通常有花十朵以上，稀達五十餘朵；花白色，極芳香。漿果，橙黄至米紅色，狹長橢圓形，稀卵形，頂部漸窄。種子一至二粒，種皮具棉毛質。我國主要分布於臺灣、福建、廣東、海南及湖南、廣西、雲南、貴州之南部。常見於丘陵或山地林中。栽植可供觀賞。根、枝、葉可入藥。

千里香久爲人知，清代始行用此稱。亦稱"滿山香""七里香""山柑花"。清何克諫《生草藥性備要》上卷："千里香，味辛，性温。止痛，消腫毒，通竅。能止瘡癢，去風，殺瘀疥。葉圓，如指頭大；其藤生真香異味，又名滿山香。"清趙其光《本草求原・芳草部・千里香》："千里香，即滿山香……通關利竅，殺蟲瘀，止皮膚風癢。"清刊《重修臺灣府志・物産・草木》："梅、桂、海棠、仙丹……含笑、獻歲菊、七里香、月桃、交枝蓮。以上花之屬。"附考引《臺海采風圖》："七里香，木本，一名山柑花。叢生如柑，葉似珠蘭，花五瓣，色白，香氣濃鬱，可越數十武。六月結實如豆，末尖，先緑而後紅，一枝排比數十如緋珠，能辟烟瘴，所種之地蠅蚋不生。臺産也。"又引《婆安洋集》："范浣浦有《七里香》詩云：翠蓋團團密葉藏，繁花如雪殢幽芳。分明天上三珠［株］樹，散作人間七里香。"

按，千里香，極言其花之香，亦有"五里香""十里香""萬里香""過山香"之稱。皆謂此花香氣濃鬱，可以致遠也。又，本屬尚有九里香（*M. exotica*），爲千里香之近緣種。形態頗爲相似，但九里香小葉中部以上最寬，先端鈍，果成熟時近圓球形，頂急尖或鈍；千里香小葉最寬處在中部以下，成熟之果長大於寬，另外，九里香自然分布於海岸之砂壤土地，而千里香則常見於内陸山林中。參閲江蘇新醫學院《中藥大辭典・九里香》。

【滿山香】[3]

即千里香[1]。此稱清代已行用。見該文。

【七里香】[3]

即千里香[1]。此稱清代已行用。見該文。

【山柑花】

即千里香[1]。因此樹叢生如柑，故名。此稱清代已行用。見該文。

木槿

習見花木名。錦葵科，木槿屬，木槿（*Hibiscus syriacus* L.）。落葉灌木或小喬木。單葉互生，卵形。花單生，鐘形，有紫、粉紅、白諸色。蒴果，有毛。我國主要分布於閩、浙、川、鄂、粵、滇、魯、遼、陝諸省。供觀賞。亦可植爲籬垣。花、果、樹皮可入藥。樹皮亦供造紙。花可食用。

木　槿
（清吴其濬《植物名實圖考》）

我國栽培利用木槿已有數千年史。先秦時期稱“舜”，其花名“舜華”“舜英”。秦漢時始行用“木槿”之稱。亦稱“椵”“櫬”“日及”“王蒸”“朝生暮落”。《詩・鄭風・有女同車》：“有女同車，顔若舜華……有女同行，顔若舜英。”毛傳：“舜，木槿也。”《爾雅・釋草》：“椵，木槿；櫬，木槿。”晋郭璞注：“别二名也，似李樹，華朝生夕隕，可食。或呼日及，亦曰王蒸。”宋邢昺疏：“椵，木槿；櫬，木槿。釋曰：此别椵、櫬，是木槿之二名也……齊魯之間謂之王蒸，今朝生暮落者是也。”唐王燾《外臺秘要方》卷三二：“［必效染白髮方］又方：擣木槿葉，以熱湯和汁洗之亦佳。”宋楊萬里《道旁槿籬》詩：“夾路疏籬錦作堆，朝開暮落復朝開。”明吴寬《槿》詩：“南方遍短籬，木槿每當路。”

木槿屬約二百餘種，我國約產二十種，本種爲重要觀賞花木。其枝葉繁茂，花期長達四個月，自古頗受人們喜愛，并在長期實踐中培育出“重瓣白木槿”“重瓣紫木槿”等觀賞品種。今亦俗稱“木錦”“椆樹”“籬障花”“喇叭花”。

【舜】

即木槿。此稱先秦時期已行用。見該文。

【舜華】

即木槿。亦特指其花。此稱先秦時期已行用。見該文。

【舜英】

即木槿。亦特指其花。此稱先秦時期已行用。見該文。

【椵】[2]

即木槿。此稱秦漢時期已行用。見該文。

【櫬】[2]

即木槿。此稱秦漢時期已行用。見該文。

【日及】[1]

即木槿。此稱晋代已行用。見該文。

【王蒸】

即木槿。此稱晋代已行用。見該文。

【朝生暮落】

即木槿。因其花僅開一日，朝開而暮凋，故名。此稱宋代已行用。見該文。

【木錦】

即木槿。今江蘇溧水地區多俗用此稱。見該文。

【椆樹】

即木槿。今江蘇無錫地區多俗用此稱。

見該文。

【籬障花】

即木槿。因其花美，樹可爲籬落，故名。今湖北荆州地區多俗用此稱。見該文。

【喇叭花】

即木槿。因其花形似喇叭，故名。今福建各地多俗用此稱。見該文。

【朝菌】

“木槿”之别名。此稱先秦時已行用。《莊子·逍遥游》：“朝菌不知晦朔，蟪蛄不知春秋。”晋潘尼《朝菌賦序》：“朝菌者，蓋朝華而暮落，世謂之木槿，或謂之日及，詩人以爲舜華，宣尼以爲朝菌。”宋張俞《木槿》詩：“朝菌一生迷晦朔，靈蓂千歲换春秋。如何槿艷無終日，獨倚闌干爲爾羞。”明文震亨《長物志·花木》：“木槿，花中最賤，然古稱舜華，其名最遠，又名朝菌。編籬野岸，不妨間植。必稱林園佳友，未之敢許也。”參閲《廣群芳譜·花譜十八·木槿》。按“朝菌”一説即糞土上所生大芝，事見陸德明《釋文》，今附供考。見“木槿”文。

【木堇】

同“木槿”。此體秦漢時期已行用。亦稱“朝生”。《戰國策·秦策五》：“一日山陵崩，太子用事，君危於纍卵，而不壽於朝生。”漢高誘注：“朝生，木堇也。朝榮夕落。真爲短命不壽也。”《禮記·月令》：“仲夏之月……鹿角解，蟬始鳴；半夏生，木堇榮。”《淮南子·時則訓》：“仲夏之月……半夏生，木堇榮。”高誘注：“木堇，朝榮莫［暮］落，樹高五六尺，其葉與安石榴相似也，是月生榮，華可用作蒸也。雜家謂之朝生，一名舜。《詩》云：顔如舜華也。”宋張虙《月令解·仲夏之月》：“蟬以仲夏鳴……木堇，朝榮而暮隕。”宋衛湜《禮記集説》卷四二：“［鹿角解蟬始鳴半夏生木堇榮］鄭氏曰：‘又記時候也。半夏，藥草。木堇，王蒸。’”元吴澄《禮記纂言·月令·仲夏之月》：“［鹿角解蟬始鳴半夏生木堇榮］鄭氏曰：‘又記時候也。半夏，藥草；木堇，王蒸也。’方氏曰：‘……半夏者，蓋居夏之半而生，故因以爲名。堇，言木堇，以别於堇草。感微陰而榮，故其華朝榮暮隕。’”明馮復京《六家詩名物疏·葛生篇·夏》：“《月令》云：孟夏之月……鹿角解，蟬始鳴；半夏生，木堇榮。”清陳啓源《毛詩稽古編·王風·有女同車》：“舜，凡卉也，而屢見於經詩。‘顔如舜華’，喻其色也。《月令》‘仲夏，木堇榮’，紀其時也。”見“木槿”文。

【朝生】

即木堇。此稱漢代已行用。見該文。

【蕣】

同“舜”。即木槿。此體秦漢時期已行用。《吕氏春秋·仲夏》：“仲夏之月，日在東井……半夏生，木堇榮。”漢高誘注：“半夏，藥草。木堇，朝榮暮落，是月榮，華可用作蒸。雜家謂之朝生，一名蕣。”《説文·艸部》：“蕣，木堇，朝華莫落者。”段玉裁注：“今《詩》作舜。爲假借。”唐白居易《和萬州楊使君四絶句·白槿花》：“秋蕣晚英無艷色，何因栽種在人家。”明李時珍《本草綱目·木三·木槿》：“此花朝開暮落，故名日及。曰槿，曰蕣，猶僅榮一瞬之義也。”《廣群芳譜·花譜十八·木槿》：“木槿，一名椵，一名櫬，一名日及，一名王蒸，一名蕣。”見“木槿”文。

【榮木】

即木槿。以其花朝生夕落，故名。此稱晋代已行用。晋陶潛《榮木》詩："采采榮木，結根於兹，辰耀其華，夕已喪之。"逯欽立注："榮木，木槿。其花朝生暮落。"一説榮木即梧桐。明楊慎《丹鉛餘録》卷三："《爾雅》注：'榮木，梧桐也。'"見"木槿"文。

【朝舜】

即木槿。此稱唐代已行用。亦稱"朝開暮落花"。唐元稹《夢游春七十韻》："朝舜玉佩迎，高松女蘿附。"明李時珍《本草綱目·木三·木槿》："[釋名]椴、櫬、蕣、日及、朝開暮落花、藩籬花、花奴、王蒸。時珍曰：此花朝開暮落……猶僅榮一瞬之義也。"見"木槿"文。

【朝開暮落花】

即朝舜。此稱明代已行用。見該文。

【槿花】

即木槿。亦稱"槿樹""木槿樹"。省稱"槿"。此稱唐代已行用。唐李白《咏槿》詩："猶不如槿花，嬋娟玉階側。"唐楊凌《咏槿花》："群玉開雙槿，丹榮對絳紗。"唐劉庭琦《咏木槿樹題武進文明府廳》："物情良可見，人事不勝悲。莫恃朝榮好，君看暮落時。"宋謝翱《槿樹》詩："白犬吠行人，西風杵臼新。"明朱橚《救荒本草》卷五："木槿樹，《本草》云木槿如小葵花，淡紅色，五葉成一花，朝開暮斂，花與枝兩用。湖南北人家多種植爲籬障。"見"木槿"文。

【槿樹】

即槿花。此稱宋代已行用。見該文。

【木槿樹】

即槿花。此稱唐代已行用。見該文。

【槿】

即槿花。此稱唐代已行用。見該文。

【赤槿】[1]

即木槿。此稱三國時期已行用。亦稱"朱槿"。亦特指紅色木槿。三國吴陸璣撰、明毛晋《陸氏詩疏廣要·釋木》："[顔如舜華]舜，一名木槿，一名櫬，一名曰椴，齊魯之間謂之王蒸，今朝生暮落者是也。五月始花，故《月令》：仲夏木槿榮……《廣雅》云：一名朱槿，一名赤槿。"《藝文類聚》卷八九引《羅浮山記》："木槿一名赤槿，華甚丹。四時敷榮。"《廣群芳譜·花譜十八·木槿》："木槿，一名椴，一名櫬，一名日及，一名王蒸，一名舜，一名朝菌，一名朱槿，一名赤槿，一名朝開暮落花。"見"木槿"文。

【朱槿】[1]

即赤槿[1]。此稱三國時期已行用。扶桑亦名朱槿。參見本卷《習見木竹説·習見花木考》"扶桑"文。見該文。

【瘧子花】

"木槿"之别名。昔傳小兒玩弄此花可染瘧疾，故名。此稱唐代已行用。明方以智《物理小識·飲食類》："槿爲瘧子花，小兒忌弄之。"明高濂《遵生八箋·四時調攝箋下》："《千金方》曰：小兒不可弄槿花，惹病痁。槿爲瘧子花。"清汪灝等《廣群芳譜·花譜十八·木槿》："木槿，一名椴，一名櫬（白曰椴，紅曰櫬），一名日及，一名王蒸。《爾雅》云：椴，木槿；櫬，木槿。注云：别二名也，或呼日及，亦曰王蒸，一名蕣（本作舜，取僅榮一瞬之義），一名朝菌（見《莊子》），一名朱槿，一名赤槿，一名朝開暮落花。木如李，高五六尺，多岐枝，色微白。可種可插……俗名瘧子花。”清陳大章《詩傳名物集覽·木·顔如舜華舜英》:“《本草》:‘槿，亦名籓籬草，俗名瘧子花。’”參閲《事物異名録·花卉·木槿》。見“木槿”文。

【裹梅花】

“木槿”之别稱。宋時人常采紅木槿花以黄梅鹽漬以薦酒，故名。此稱宋代已行用。宋范成大《桂海虞衡志·志花》:“裹梅花，即木槿，有紅白二種，葉似蜀葵，采紅者連葉包裹黄梅鹽漬，暴乾以薦酒，故名。”明陸楫《古今説海》卷一〇:“裹梅花，即木槿。有紅白二種，葉似蜀葵，采紅者連葉包裹，黄梅鹽漬，暴乾以薦酒，故名。”《廣西通志·物産·南寧府》:“木槿，一名佛桑，有紅白紫黄數色，純白者名舜英，其紅者又名裹梅花。”按,《廣西通志》所謂“一名佛桑”似誤。見“木槿”文。

【橓華】

即木槿。此稱明代已行用。明張居正《壽封翁觀吾王年丈六十序》:“氣若奔馬，顔若橓華。”見“木槿”文。

【藩籬草】

“木槿”之别稱。因可植爲藩籬，故名。此稱明代已行用。明李時珍《本草綱目·木三·木槿》:“[釋名]椴、櫬、蕣、日及、朝開暮落花、藩籬草、花奴、王蒸。[集解]〔寇〕宗奭曰：木槿花如小葵，淡紅色，五葉成一花，朝開暮斂。湖南北人家多種植爲籬障。”清姚炳《詩識名解·草部·舜》:“舜(《鄭風·有女同車》篇)《釋草》無舜名。陸璣以木槿當之，故謂。一名櫬，一名椴。今從其説。别有王蒸、朝菌、日及諸名。今南方用以植籬，名籓籬草。亦謂之洽容，又謂之愛老。而楊用修謂重臺者永昌，號花上花。未知即其物否？樊光謂花朝生暮落，與草同氣，故在草中存之。”清陳大章《詩傳名物集覽·木·顔如舜華舜英》:“《本草》:槿，亦名籓籬草，俗名瘧子花。小兒忌弄。”見“木槿”文。

【日給】

即木槿。此稱清代已行用。亦稱“愛老”“重臺”“花上花”。清陳淏子《花鏡》卷三:“木槿一名蕣英，一名王蒸，又名日給、愛老、重臺、花上花諸名目。惟千葉白，與紫大紅，粉紅者最佳。葉繁密，如桑而小。花形差小如蜀葵，朝榮夕隕，遠望可觀。”《格致鏡原·花類二·木槿花》:“《埤雅》:木槿，五月始華。《月令》木槿榮是也。花如葵，朝開暮落，一名舜，蓋瞬之義取諸此。《篤論》曰：日給之華如奈，奈實而日給虚。”見“木槿”文。

【愛老】[1]

即日給。此稱清代已行用。見該文。

【重臺】

即日給。此稱清代已行用。見該文。

【花上花】[1]

即日給。此稱清代已行用。見該文。

【永昌】

即木槿。特指重瓣木槿花。亦稱“洽容”。此稱清代已行用。清姚炳《詩識名解·草部·舜》:“舜(《鄭風·有女同車》篇)《釋草》無舜名。陸璣以木槿當之，故謂。一名櫬，一名椴。今從其説。别有王蒸、朝菌、日及諸名。今南方用以植籬，名籓籬草。亦謂之洽容，又謂之愛老。而楊用修謂重臺者永昌，號花上花。未知即其物否？樊光謂花朝生暮落，與草同氣，故在草中存之。”見“木槿”文。

【洽容】

即永昌。此稱清代已行用。見該文。

【麪花】

"木槿"之别稱。民間常以其花和麵煎食，故名。此稱清代已行用。清施鴻保《閩雜記》："麪花，即木槿花。汀州人以之拌麪煎食，因呼之麪花。"見"木槿"文。

【時客】

"木槿"之别稱。亦稱"莊客"。此稱宋代已行用。宋姚寬《西溪叢語》卷上："昔張敏叔有十客圖，忘其名，予長兄伯聲嘗得三十客，牡丹爲貴客，梅爲清客，蘭爲幽客……月季爲癡客，木槿爲時客。"明陶宗儀《説郛》卷二四下："花名十客，世以爲雅戲。《姚氏殘語》演爲三十一客，其中有未當者，暇日因易其一二，且復得二十客，併著之以寓獨賢之意。牡丹爲貴客，梅爲清客，蘭爲幽客，桃爲夭客，杏爲艷客，蓮爲净客，桂爲岩客，海棠爲蜀客……木槿爲時客（今改莊〔客〕）。"《廣群芳譜・花譜十八・木槿》："《三柳軒雜識》：《姚氏殘語》以木槿爲時客，今改爲莊客。"見"木槿"文。

【莊客】

即時客。此稱明代已行用。見該文。

【花奴】

即木槿。此稱明代已行用。宋朱勝非《紺珠集》卷五："［曲終而花不墜］汝陽王璡嘗戴砑光帽打曲，上摘紅槿花置帽上，二物皆極滑，久之方安，曲終花不墜。上曰花奴資質明瑩，必是神仙中謫墮來耳。"遂以花奴名木槿。一説木槿小字花奴。此亦一説。《通雅・植物》："花奴，王蒸。嶺南謂之扶桑花，即椵、櫬、木槿也。"明李時珍《本草綱目・木三・木槿》："［釋名］椵、櫬、蕣、日及、朝開暮落花、藩籬草、花奴、王蒸。"見"木槿"文。

木芙蓉

習見花木名。錦葵科，木槿屬，木芙蓉（*Hibiscus mutabilis* L.）。落葉灌木或小喬木。枝上密被星狀毛。葉大，廣卵形，三至五裂；裂片三角狀，葉緣有鈍鋸齒，兩面有毛。晚秋開花，單生於枝端葉腋，初開爲白或紅色，黄昏變爲淡紅色，單瓣或重瓣，頗美麗。蒴果扁球形，密被黄毛。種子數粒，腎形。原産我國西南部，各地都有栽培，尤以四川成都附近爲盛，故成都因以名"蓉城"。今爲成都市花。花供觀賞。花、葉可入藥。

木芙蓉
（清吴其濬《植物名實圖考》）

我國木芙蓉栽培歷史悠久。其花如芙蓉因此得名。唐代已行用此稱。亦稱"木蓮""拒霜""木蕖""醉芙蓉"。南朝梁江淹《木蓮頌》："迸采泉壑，騰光淵丘。緗麗碧巘，紅艷桂洲。"唐韓愈《木芙蓉》詩："艷色寧相妬？嘉名偶自同。采江官渡晚，搴木古祠空。"朱熹考异："此詩言荷花與木芙蓉生不同處，而色皆美，名又同，故以采江、搴木二事相對，言其生處。"《通志・昆蟲草木略・草類》："牡丹初無名，故依芍藥以爲名；亦如木芙蓉之依芙蓉以爲名也。"宋楊萬里《拒霜花》詩："木蕖何似水芙蕖，同個聲名各自都。風露商量借膏沐，臙脂深淺入肌膚。唤回春色秋光裏，饒得紅妝翠蓋無。字曰拒霜渾不惡，却愁霜重要人扶。”宋袁文《甕牖閑評》卷六：“黄太史以拒霜爲霜花……又以拒霜爲木蕖，詩云：‘紅妝滿院木蕖秋’。”《全芳備祖前集》卷二四“芙蓉花”：“《草本記》：〔芙蓉花〕産於陸者曰木芙蓉，産於水者曰草芙蓉。亦猶芍藥之有草有木也。《鶴山叢志》：唐人謂木芙蓉爲木蓮。《坡集》一名拒霜。其木叢生，葉大，而其花甚紅，九月霜降時候開，東坡爲易名曰拒霜。”宋黄庭堅《聞吉老縣丞按田在萬安山中》詩：“苦雨初開唤婦鳩，紅妝滿院木蕖秋。”任淵注：“木蕖，木芙蓉也。”明田汝成《西湖游覽志餘・委巷叢談》：“木芙蓉，一名木蓮。紅白二種，亦有先白而後紅者，名醉芙蓉。白樂天詩云：‘晚凉思飲兩三杯，招得江頭酒客來。莫怕秋無伴醉物，水蓮花盡木蓮開。’”明曹學佺《蜀中廣記・方物記第三・木》：“文與可《二色芙蓉》詩：蜀國芙蓉名二色，重陽前後始盈枝……蓋此花初開色白，已變而紅，俗號之醉芙蓉也，或曰即木蓮花。《方物略》：木蓮花，生峨眉山谷，狀如芙蓉，香亦類之，木幹。花夏開，枝條茂蔚，不爲園圃所蒔。贊曰：葩秀木顛，狀若芙蕖。不實而榮，馥馥其敷。”《浙江通志・物産・温州府》：“木芙蓉，《花史》：温州江心寺文丞相祠中，有木芙蓉盛開，其本高二丈，幹圍四尺，花幾萬餘，暢茂散漫，有紅白變色者，名醉芙蓉。”清陳淏子《花鏡》卷三：“芙蓉，一名木蓮，又名文官、拒霜。葉似梧桐，大而有尖；花有數種，單葉者多……一種早開純白，向午桃紅，晚變深紅者，名醉芙蓉。”清高士奇《北墅抱甕録・木芙蓉》：“木芙蓉瀟灑無俗姿。花色不一，有白有紅，更有一花而日三變，朝白晚紅，名醉芙蓉者。”

【木蓮】[3]

即木芙蓉。此稱南北朝時期已行用。見該文。

【拒霜】

即木芙蓉。因其花秋開，故名。此稱宋代已行用。見該文。

【木蕖】

即木芙蓉。此稱宋代已行用。見該文。

【醉芙蓉】

即木芙蓉。因其花色日有數變，由白至紅，若人之醉酒，故名。此稱明代已行用。見該文。

【芙蓉】

“木芙蓉”之省稱。其花艷若荷花，故名。唐代前常將荷花與木芙蓉混稱。唐宋以後亦稱“拒霜花”“地芙蓉”。宋蘇軾《和陳述古拒霜花》詩：“千株掃作一番黄，只有芙蓉獨自芳。唤作拒霜知未稱，細思却是最宜霜。”明李時珍《本草綱目・木三・木芙蓉》：“〔釋名〕時珍曰：此花艷如荷花，故有芙蓉、木蓮之名……蘇頌《本草圖經》有地芙蓉，云出鼎州，九月采葉，治瘡腫，蓋即此物也。”明何宇度《益部談資》卷中：“錦城又名芙蓉城。昔蜀孟昶僭擬宫苑，城上盡種芙蓉，謂左右曰：‘真錦城也。’”按，一説木槿亦名“芙蓉”。如隋江總《南越木槿賦》：“千葉芙蓉詎相似，百枝燈花復羞燃。”此附。見“木芙蓉”文。

【拒霜花】

即芙蓉。此稱宋代已行用。見該文。

【地芙蓉】[2]

即芙蓉。此稱宋代已行用。見該文。

【綺帳】

“木芙蓉”之别稱。此稱清代已行用。《事物異名録・花卉・芙蓉》:“《廣事類賦》注:‘芙蓉,一名綺帳。’”見“木芙蓉”文。

【枇皮樹】

即木芙蓉。此稱明代已行用。亦稱“華木”“枇木”。明李時珍《本草綱目・木三・木芙蓉》:“[釋名]地芙蓉、木蓮、華木、枇木、拒霜。時珍曰:俗呼爲樺皮樹。相如賦謂之華木。注云:皮可爲索也……蓋即此物也。”《廣群芳譜・花譜十八・木芙蓉》:“木芙蓉一名木蓮,一名華木,一名拒霜花,一名枇木,一名地芙蓉。”《格致鏡原・花類三・芙蓉花》:“芙蓉花。《格物叢話》:一名木芙蓉,叢高丈餘,葉大盈尺,枝幹交加,秋半著花,花時枝頭蓓蕾不計其數,朝開暮謝,後先接續。然此花以色取而無香,有紅黄白諸色,有先紅後白者,有千葉者。性耐寒,八九月餘,天高氣肅,春意自如,故又名拒霜。世俗多於近水處栽插尤茂,故又名木蓮。《本草》:此花艷如荷花,故有芙蓉、木蓮之名,八九月始開,故名拒霜,俗呼爲枇皮樹。”見“木芙蓉”文。

【華木】

即枇皮樹。此稱明代已行用。見該文。

【枇木】

即枇皮樹。爲華木之音訛稱。此稱明代已行用。見該文。

【斷腸草】[3]

“木芙蓉”之别稱。此稱唐代已行用。宋惠洪《冷齋夜話・詩出本處》:“李太白詩曰:‘昔作芙蓉花,今爲斷腸草。以色事他人,能得幾時好。’陶弘景《仙方注》曰:‘斷腸草不可食,其花美好,名芙蓉花。’”《通雅・植物》:“拒霜,即木芙蓉,斷腸草亦名芙蓉花。古稱芙渠爲芙蓉,今岸生秋開者名木芙蓉。《函史》云:木芙蓉,名拒霜花(菊亦名拒霜)。一日三换色,曰三醉,刈之明年長輒七八尺。智見閩廣皆成大樹,有大紅者,西湖張幼青快雪堂前已高二三丈矣。葉最療瘡。時珍以爲枇……《唐詩紀事》《冷齋夜話》皆云太白詩:‘昔作芙蓉花,今爲斷腸草。’”《廣群芳譜・花譜十八・木芙蓉》引《見聞後録》“李太白詩云:‘昔作芙蓉花,今爲斷腸草。’”按,一説斷腸草特指木芙蓉之根,云此根三年不除便可殺人,因以得名。宋趙彦衛《雲麓漫抄》卷一:“老圃云芙蓉花根三年不除殺人,因憶古詩云:‘昔爲芙蓉花,今成斷腸草。’則古人已曾言矣。”今附供考。見“木芙蓉”文。

【秋牡丹】

“木芙蓉”之别稱。其花仲秋開放,嬌艷嫵媚,形若牡丹,故名。此稱宋代已行用。宋陳造《四月望再游西湖》詩:“更與蘇堤鷗鷺約,辦舟來賞牡丹秋。”自注:“俗目芙蓉秋牡丹。”宋虞儔《前和拒霜詩似亦少貶再以一絶慰之》:“巖桂攙先還寂寞,菊花殿後尚斕斑。却應獨占西風好,乞與佳名秋牡丹。”元郝經《霜後芙蓉》詩:“憔悴江頭秋牡丹,南人棄擲北人看。明妃出塞胭脂冷,霜滿琵琶淚滿鞍。”清沈季友《檇李詩繫》卷三三:“高庵道人宗泰《天目道中》:‘九月風高白露寒,短筇拉伴出臨安。亂餘山店人家少,一路花開秋牡丹。’”見“木芙蓉”文。

【醉客】

“木芙蓉”之别稱。此稱多行用於宋代。宋

姚寬《西溪叢語》卷上："昔張敏叔有十客圖，忘其名，予長兄伯聲嘗得三十客，牡丹爲貴客，梅爲清客，蘭爲幽客，桃爲妖客……木芙蓉爲醉客。"明陶宗儀《説郛》卷二四下："[花客]花名十客，世以爲雅戲，《姚氏殘語》演爲三十一客，其中有未當者，暇日因易其一二且復得二十客，併著之以寓獨賢之意：牡丹爲貴客，梅爲清客，蘭爲幽客，桃爲夭客，杏爲艷客……梨爲淡客，瑞香爲閩客，木芙蓉爲醉客。"見"木芙蓉"文。

【文官花】[1]

"木芙蓉"之别稱。此稱明代已行用。省稱"文官"。亦稱"弄色木芙蓉"。清陳元龍《格致鏡原·花類三·芙蓉花》："《華夷花木考》：邛州有弄色木芙蓉，一日白，次日淺紅，三日黄，四日深紅，比落紫色，人號文官花。"《續通志·昆蟲草木略三·木類》："木芙蓉，一名地芙蓉，一名木蓮，一名華木，一名桃木，一名拒霜。花類牡丹、芍藥，有紅白黄三種……臣等謹案，《花史》：邛州有弄色木芙蓉，一日白，二日淺紅，三日黄，四日深紅，比落花紫，人號爲文官花。此與宋祁所記一類而更異，附識於此。"清姚之駰《元明事類鈔·花草門二·芙蓉》："文官花，《花史》：邛州有弄色木芙蓉，一日白，二日淺紅，三日黄，四日深紅，比落色紫。人號爲文官花。"清陳淏子《花鏡》卷三："芙蓉……又名文官、拒霜。"參閲《廣群芳譜·花譜十八·木芙蓉》。見"木芙蓉"文。

【文官】

"文官花[1]"之省稱。此稱清代已行用。見該文。

【弄色木芙蓉】

即文官花[1]。此花花色多變，故名。此稱明代已行用。見該文。

【苣霜】

即木芙蓉。此稱宋代已行用。宋葛立方《題卧屏十八花·苣霜》詩："密葉高叢傲歲寒，殷紅膩緑映江干。沉香亭畔無消息，賴有霜前秋牡丹。"見"木芙蓉"文。

水團花

習見花木名。茜草科，水團花屬，水團花〔*Adina pilulifera*（Lam.）Franch. ex Drake〕。常緑灌木至小喬木。葉對生，薄革質，倒披針形或長圓狀橢圓形。頭狀花序，單生於葉腋；花冠白色，長漏斗狀。蒴果楔形，有明顯之縱棱。種子多數，長圓形，兩端具狹翅。主要分布於長江以南各地。木材可供雕刻。其莖皮纖維亦可供紡織。枝葉、花果及根可入藥。

我國清代已利用水團花，并已行用此稱。清趙學敏《本草綱目拾遺·木部·水團花》："《李氏草秘》：〔水團花〕生溪澗近水處，葉如蠟梅樹，皮似大葉楊，五六月開白花，圓如楊梅，葉皮皆可用。"水團花性喜濕潤，能耐庇蔭，且易萌發，爲固堤護岸優良樹種。亦供觀賞，宜廣爲栽植。今亦稱"水楊梅""水合花""金京子""青龍珠""穿魚柳""滿山香""大葉水楊梅"。參閲江蘇醫學院《中藥大辭典·水團花》。

【水楊梅】[2]

即水團花。今廣東廣州地區多行用此稱。見該文。

【水合花】

即水團花。今福建各地多行用此稱。見該文。

【金京子】

即水團花。今福建各地多行用此稱。見該文。

【青龍珠】

即水團花。今廣西各地多行用此稱。見該文。

【穿魚柳】

即水團花。今廣東各地多行用此稱。見該文。

【滿山香】[4]

即水團花。今江西各地多行用此稱。見該文。

【大葉水楊梅】

即水團花。今浙江各地多行用此稱。見該文。

月季

習見花木名。薔薇科，薔薇屬，月季（*Rosa chinensis* Jcaq.）。落葉灌木，高約1米。具粗大而稍曲之刺或缺。奇數羽狀複葉，互生；小葉三至五枚，邊緣具齒，表面暗緑而有光澤，葉背青白，無毛。四季開花，花單生或數朵一簇；花瓣五片或重瓣；色有深紅、淡紅、白等。甚美麗，爲我國十大名花之一。主要分布於河北、山東、四川、雲南、廣東等省。今各地均有栽培。花供觀賞，亦可入藥。

月季因其花四季常開，故名。宋代稱“月季花”“四季花”。別稱“癡客”。宋宋祁《益部方物略紀・月季花》：“花亘四時，月一披秀，寒暑不改，以固常守。”自注：“右月季花。此花即東方所謂四季花者，翠蔓紅蘤。”宋姚寬《西溪叢語》卷上：“昔張敏叔有十客圖，忘其名。予長兄伯聲嘗得三十客……月季爲癡客。”元明時稱“月月紅”“勝者”“瘦客”“鬥雪紅”。元繆侃《和西湖竹枝詞》：“初三月子似彎弓，照見花開月月紅。”明李時珍《本草綱目・草七・月季花》：“［釋名］月月紅、勝春、瘦客、鬥雪紅。”明曹學佺《蜀中廣記・方物三・木》：“月季花即東方所謂四季花，翠蔓紅蘤者。蜀少霜雪，此花得終歲，十二月輒一開。”《續通志・昆蟲草木略一・草類》：“月季花，薔薇類也。其花逐月開放，故名。一名月月紅，一名勝春，一名瘦客，一名鬥雪紅。”明清時養花、控花技術已頗成熟，今人亦常效法。清刊《月令輯要・每月令》：“月季花，原《草花譜》：月季花，俗名月月紅。凡花開後即去其蒂，勿令長大，則花隨發無已。”《佩文韻府・上紅》：“鬥雪紅，《本草》月季花亦名鬥雪紅。”亦稱“鬥雪”“斷續花”。清李漁《閑情偶寄・種植・藤本》：“月月紅：俗云‘人無千日好，花難四季紅’，四季能紅者，現有此花……此花又名長春，又名鬥雪，又名勝春，又名月季。予於種種之外，復增一名，曰‘斷續花’。花之斷而能續，續而復能斷者，只有此種。”

月　季
（清吴其濬《植物名實圖考》）

月季花
（明王圻等《三才圖會》）

本種爲“中國月季”，而當今我國栽培月季百分之九十之品種係由國外引入，稱爲“現代月季”。我國已有北京、天津、大連、鄭州等許多城市將月季選爲市花，使這些城市裝扮得更加鮮艷婀娜。現代月季品種繁多，較爲著名者有“香水月季”“長春月季”“和平”“象牙塔”“艷花月季”“小姐月季”“粉后”“伊莉莎白皇后”“杏醉”“雪峰”等。

【月季花】

即月季。此稱宋代已行用，并沿稱於今。見該文。

【四季花】[2]

即月季。此稱宋代已行用。見該文。

【癡客】

“月季”之别稱。此稱宋代已行用。見該文。

【月月紅】

“月季”之别稱。因一年多次開花，故名。此稱元代已行用。見該文。

【勝春】

“月季”之别稱。此稱明代已行用。見該文。

【瘦客】

“月季”之别稱。此稱明代已行用。見該文。

【鬥雪紅】

“月季”之别稱。此稱明代已行用。見該文。

【鬥雪】

“月季”之别稱。此稱清代已行用。見該文。

【斷續花】

“月季”之别稱。此稱清代已行用。見該文。

【中國月季】

即月季。今稱。見該文。

【長春花】

即月季。此稱明代已行用。省稱“長春”。其花四季常開，故名。宋蘇軾《胡西曹示顧賦曹》：“長春如稚女，飄摇依輕颸。”宋王冠卿《采桑子》詞：“牡丹不好長春好，有箇因依，一兩三枝，但是風光總屬伊。”《廣群芳譜·花譜二十二·月季花》：“月季花，一名長春花，一名月月紅，一名鬥雪紅，一名勝春，一名瘦客。”清刊《淵鑑類函》卷四〇六“月季”引明王象晋《群芳譜》曰：“一名長春花，一名月月紅，一名鬥雪紅，一名勝春，一名瘦客。灌生，處處有之，青莖長蔓，葉小於薔薇，莖與葉俱布刺，花有紅白及淡紅者，三色逐月一開，四時不絶，花千葉厚瓣。”見“月季”文。

【長春】[2]

“長春花[2]”之省稱。此稱宋代已行用。見該文。

六月雪

習見花木名。茜草科，白馬骨屬，六月雪〔*Serissa japonica* (Thunb.) Thunb.〕。常緑小灌木。葉常簇生枝頂，狹橢圓形或橢圓狀倒披針形。花白色，常五裂，下部筒狀。我國主要分布於中南部地區。可供觀賞。根亦入藥。

清代已行用此稱，亦稱“悉茗”“素馨”。清陳淏子《花鏡》卷三：“六月雪，一名悉茗，一名素馨。六月開細白花。樹最小而枝葉扶疏，大有逸致，可作盆玩。喜清陰，畏太陽，深山叢木之下多有之。春間分種，或黄梅雨時扦插，宜澆淺茶。”伊欽恒校注：“〔六月雪〕茜草科小灌木，别名滿天星。學名*Serissa foetida* Com.，莖高三尺，多分生小枝……春夏開花通常白色，花冠五裂，下部筒狀，盛開時，狀如繁星。”

按，六月雪樹小花繁，潔白如雪，故有多名，如“滿天星”“白雪丹”“噴雪花”“日日有”“白華蒲花”。又，本種有變種名“金邊六月雪”，其葉邊金黄，頗爲入目。本屬“白馬骨”亦稱“六月雪”，其根亦爲藥，且功效相同，然非一種。參閱清吳其濬《植物名實圖考・蔓草類・白馬骨》。

【悉茗】

即六月雪。此稱清代已行用。見該文。

【素馨】[1]

即六月雪。此稱與木樨科之素馨花同名而异種。此稱清代已行用。參見本卷《木果引種説・古代引種木果考》“素馨”文。見該文。

【滿天星】

即六月雪。今稱，語本《陽春縣志》。見該文。

【白雪丹】

即六月雪。今稱。見該文。

【噴雪花】

即六月雪。今之俗稱。見該文。

【日日有】

即六月雪。今之俗稱。見該文。

【白華蒲花】

即六月雪。今之俗稱。見該文。

六道木

習見花木名。忍冬科，六道木屬，六道木〔*Abelia biflora*（Turcz.）Makino〕。落葉灌木，高約3米。幼枝被倒生剛毛。單葉對生，長圓形或長圓狀披針形，全緣或疏生粗齒，具緣毛。雙花生於枝梢葉腋，花萼筩被短刺毛，裂片四，花冠白色至淡紅色。瘦果狀蒴果，長約8毫米，微彎曲。我國主要分布於遼寧、河北、山西、内蒙古、陝西等地。六道木枝葉婉垂，樹姿婆娑，萼片特异，花艷且美，可供觀賞。葉、花可入藥。

我國利用六道木歷史悠久，清代已行用此稱。據載其幹有六道細紋，故得此名。《熱河志・物産二・木之屬》：“六道木，塞外樹名。幹有紋六道，細如綫而界畫甚匀。産山中。”《皇朝通志・昆蟲草木略一・木類》：“六道木，生塞外。幹有紋六道，細如綫，而界畫甚匀，見《熱河志》。”

六道木屬尚有南方六道木（*A. dielsii*），葉下部全緣，上部疏生鋸齒。雙花生於短枝頂端，有總花梗。分布於東北地區南部，西北的陝西、甘肅、寧夏及華東地區。糯米條（*A. chinensis*），葉卵形或三角狀卵形疏生淺齒。由多數聚傘花序組成圓錐花序。花白色至粉紅色，漏斗狀，有芳香。主要分布於長江流域以南各地。二翅六道木（*A. macrotera*），小枝無毛。葉先端下凹。花冠淡紫色。分布於西南及湖北、陝西等地。小葉六道木（*A. parvifolia*），葉小，幼枝被毛。花冠粉紅色。分布於湖北、四川、雲南、貴州、福建、甘肅。俱有相當觀賞價值。六道木今亦稱“六條木”“雙花六道木”。常植於緑地邊緣、建築物旁，或列植於路旁作花籬。

【六條木】

即六道木。今之俗稱。見該文。

【雙花六道木】

即六道木。今稱。見該文。

火石榴

習見花木名。石榴科，石榴屬，火石榴（*Punica granatum* ‘Nana’）。落葉灌木。石榴變種一，樹似石榴。葉綫狀披針形，單生或叢生。花單瓣或重瓣。果實極小，味酸，無食用價值，而以觀賞爲主。各地均有栽培，亦常供盆玩。

火石榴因花紅如火，故得是名。此稱多行

用於明清時。明高濂《遵生八箋・燕閒清賞箋下》："琴書清賞者也，中乘妙品若百合花、五色葵……錦帶花、錦茄花、拒霜花、金莖花、紅荳花、火石榴。"清高宗《火石榴水木樨》詩："亦肖皋塗亦號榴，勝饒真者占前頭。漫訾薄植原來小，杯水何妨芥子舟。"《河南通志・物產・花類》："牡丹、芍藥……山茶、寶相、千葉榴、火石榴。"清鄒一桂《小山畫譜》卷上："石榴，五月花，色大紅，六出重臺，枝葉對節，瓣微縐而薄……又火石榴更小，單葉皆花於頂，宜盆植。"《廣群芳譜・花譜七・石榴花》："火石榴，其花如火，樹甚小。栽之盆頗可玩。"清陳淏子《花鏡》卷三："火石榴，以其花亦如火而得名，究不外乎榴也。樹高不過一二尺，自能開花結實。以供盆玩。亦有粉紅、純白者，皆可入園。"伊欽恒校注："〔火石榴〕係石榴的一個變種……通名花石榴。學名 *Punica granatum* L. var. nana Pers.。"今從其說。本種亦俗稱"月季石榴""花石榴"。

【月季石榴】

即火石榴。因其花一年常開，故名。今河南各地多俗用此稱。見該文。

【花石榴】

即火石榴。因以觀賞爲主，故名。今之俗稱。見該文。

玉鈴花

習見花木名。安息香科，安息香屬，玉鈴花（*Styrax obassia* Siebold & Zucc.）。落葉灌木或小喬木，高 4~10 米；樹皮灰褐色。枝細長，横展。葉二形，小枝下部葉較小而近對生，上部葉互生，橢圓形至寬倒卵形，葉柄基部膨大成鞘狀而包裹冬芽，下面生灰白色星狀絨毛。總狀花序，頂生，花密集，彎垂；花白色或略帶粉色，花冠五裂，有芳香。核果卵圓形至球狀卵形，頂端突尖。種子表面近平滑。我國主要分布於遼寧、山東、浙江、安徽及江西、湖北交界處之幕阜山。玉鈴花枝葉扶疏，花序如鈴，香氣馥鬱，是著名觀賞樹木。

我國栽培利用玉鈴花歷史悠久。此花花序彎曲，白花垂列，形如玉鈴，因以得名。清代已行用此稱。《廣群芳譜・花譜三十二・玉鈴花》："《黄山志》：玉鈴花，高大蘢葱，五月開白花，一枝十數朵，排列下垂，形如玉鈴，有同追琢，香氣馥烈異常。"《江南通志・物產・徽州府》："玉鈴花，樹高大蘢葱。夏月碧陰中白花串串，有類雕刻，香色俱佳。"清宋犖《黄海山花圖咏二十首（有序）・玉鈴花》："玉鈴花，樹高大蘢葱，夏月碧陰中白花串串，有類雕刻，香甚。'長夏碧陰中，白花綴串串。分明追琢成，縹緲沈水薦。'"

玉鈴花屬温帶樹種，喜光，喜肥，耐旱，忌澇，極易栽培。宜用播種繁殖。適宜園林孤植、列植、或與其他樹種混植，或作裝飾與緑蔭樹種。今亦稱"白雲樹"。

【白雲樹】

即玉鈴花。因其花序頂生，花白而繁密，宛若白雲，因名。今稱。見該文。

白木香[2]

習見花木名。薔薇科，薔薇屬，白木香（*Rosa banksiae* var. *normalis* Regel）。落葉或半常緑攀援灌木。爲木香之變種一。樹似木香。唯花白色、單瓣爲异耳。主要分布於河北、山西、陝西、甘肅、青海、江蘇、湖北、江西、山東、福建、雲南、四川等地。根皮可入藥。

花亦供觀賞。

我國栽培利用白木香已有百餘年史。清代稱“白茨”。清劉善述《草木便方・草部・白茨根》:“白茨根甘辛微寒，筋骨拘攣兼化痰，腰膝勞損除風温［濕］，跌損瘀血散不難。”《草木便方》整理組以爲白茨即白木香。今除有野生外，亦多有栽培。亦稱“香花刺”。通稱“七里香薔薇”。

【白茨】

即白木香[2]。此稱清代已行用。見該文。

【香花刺】

即白木香[2]。今四川各地多行用此稱。見該文。

【七里香薔薇】

即白木香[2]。今之通稱。見該文。

白玫瑰

習見花木名。薔薇科，薔薇屬，白玫瑰〔*Rosa rugosa* f. *alba*（Ware.）Rehd.〕。落葉叢生灌木。爲玫瑰之變形。樹似玫瑰，唯花白色，單瓣。各地有栽培。主要供觀賞。花亦可提取芳香油。

此稱明時已行用。明徐應秋《玉芝堂談薈》卷三二:“物反常性：物各有性，而或反其常。如水宜寒而有温泉，火宜熱而有凉焰，石宜沉而有浮石……燕中獨有黄石榴。天台獨有黄海棠、白海棠、白紫碧桂花、白玫瑰。洛陽獨有黄芍藥，其理真不可究詰也。”《格致鏡原・花類二・玫瑰花》引《岩栖幽事》:“天臺有白玫瑰。”參閲《廣群芳譜・花譜二十二・玫瑰》。

白瑞香

習見花木名。瑞香科，瑞香屬，白瑞香（*Daphne papyracea* Wall. ex Steud.）。常緑灌木。瑞香之變種一。枝葉與瑞香同，唯花爲純白色。我國主要分布於華南及西南各地。莖皮纖維可造紙。根可入藥。

此稱宋代已行用，并沿稱於後世。亦稱“白玉花”。宋孫應時《和胡仲方撫幹白瑞香及黄橼韻》:“翠錦熏籠白玉花，幾年廬阜飽烟霞。定知姑射同肌骨，何必離騷借齒牙。”明高濂《遵生八箋・燕閑清賞箋下》:“瑞香花四種：有紫花名紫丁香，有粉紅者名瑞香，有白瑞香，有緑葉黄邊者名金邊瑞香，惟紫花葉厚者香甚。”亦稱“雪花”。清李調元《南越筆記》卷一三:“白瑞香，多生浮源山中，冬月盛開如雪，名雪花。刈以爲薪，雜山蘭，芎之屬燒之，比屋皆香。”《廣群芳譜・花譜二十・瑞香》:“引《白瑞香》詩：繁花簇粉烘晴日，藹有濃香透暖風。六曲闌干凝睇處，錦籠争似玉爲籠。”清屈大均《廣東新語・木語・瑞香》:“乳源多白瑞香。冬月盛開如雪，名雪花。刈以爲薪，雜山蘭、芎藭之屬燒之，比屋皆香。”清吴其濬《植物名實圖考・芳草類・滇瑞香》:“《南越筆記》：白瑞香多生乳源山中，冬月盛開如雪，名雪花。”清趙學敏《本草綱目拾遺・花部・瑞香花》:“《粤語》：乳源多白瑞香……《綱目》芳草、内瑞香條，止載其根，治急喉風，用白花者研水灌之，亦不言其花之功用，故補之。”

【白玉花】

即白瑞香。因其色白如玉，故名。此稱宋代已行用。見該文。

【雪花】

即白瑞香。此稱清代已行用。見該文。

地桃花

習見花木名。錦葵科，梵天花屬，地桃花（*Urena lobata* L.）。直立亞灌木，高約1米，全株被柔毛及星狀毛。單葉互生，下部葉近圓形或心形，上部葉橢圓形或近披針形，先端常三淺裂。花單生或稍簇生於葉腋，淡紅色。蒴果，扁球形，每個分蒴果瓣均被星狀短毛或錨狀刺，内含種子一粒。我國主要分布於長江以南各地。多見於山野、路邊、空曠地及草坡、疏林下。亦有人工栽培者。可供觀賞。根及全草可入藥。

清代稱“天下捶”“紅癡頭婆”。清何克諫《生草藥性備要》下卷：“天下捶，味淡，性平。治跌打。正根煲酒飲，多打不痛。子，似癡頭婆而細，色紅，又名紅癡頭婆。”今亦稱“野鷄花”。通稱“肖梵天花”。參閲江蘇新醫學院《中藥大辭典·地桃花》。

【天下捶】

即地桃花。此稱清代已行用。見該文。

【紅癡頭婆】

即地桃花。亦特指其所結之子。此稱清代已行用。見該文。

【野鷄花】

即地桃花。今稱。見該文。

【肖梵天花】

即地桃花。今之通稱。見該文。

吊鐘花[1]

習見花木名。杜鵑花科，吊鐘花屬，吊鐘花（*Enkianthus quinqueflorus* Lour.）。落葉或半落葉灌木。葉聚生於枝頂，矩圓形或倒卵狀矩圓形，邊緣反卷。花具長梗，下垂，常五至八朵成傘形花序，花冠寬鐘形，粉紅色或紅色，口部五裂，外彎，多爲白色。蒴果橢圓形，有棱角，直立。我國主要分布於廣東、廣西及雲南諸地。其花艷麗，花期頗長，可於冬令盆栽供觀賞。

鈴兒花

（清吴其濬《植物名實圖考》）

我國清代已采其花瓶插觀賞，并有人貨易於市。時已行用此稱。亦稱“鈴兒花”。清吴其濬《植物名實圖考·群芳類·鈴兒花》：“鈴兒花一名吊鐘花，生廣東山澤間，歲暮葉脱始蕾，樵人折以入市，插置膽瓶。春初花開，狀如小鈴，花落葉發，不宜栽蒔。”今兩廣及雲南各地丘陵灌叢中時常可見，早春花開，頗爲悦目。據侯寬昭等《廣州植物志·杜鵑科·吊鐘花》稱此樹：“根深枝密，不畏斧斤，雖迭遭斬伐，繁茂如舊，農曆元宵佳節，廣州和香港花市觸目皆是，和緋桃水仙競美。”足見其觀賞價值及民衆喜愛程度。

【鈴兒花】

即吊鐘花[1]。因其花似鈴，故名。此稱清代已行用。見該文。

羊躑躅

習見花木名。杜鵑花科，杜鵑花屬，羊躑躅〔*Rhododendron molle*（Blume）G.Don〕。落葉灌木。幼枝被柔毛，亦常被剛毛。單葉，互生，葉長圓形或長圓狀披針形，先端鈍，基部楔形，邊緣生睫毛，上面被柔毛，葉背具灰白色柔毛。總狀花序，與葉同時開放，花冠漏斗狀，先端五裂，金黄色，上側有淡緑色斑點，外被絨毛。蒴果長橢圓形，成熟時深褐色，具疏硬毛，胞間開裂，種子多數，細小。我國主要分布於長江流域各地，南可達廣東，西南至貴州等地，多見於海拔200~1350米陽坡灌叢中。全株有劇毒，可入藥，常用作麻醉劑，亦用爲農藥。昔傳羊食其葉，躑躅而死，故名。

羊躑躅
（清吴其濬《植物名實圖考》）

羊躑躅早爲人知，此稱漢代已行用。亦稱“黄躑躅”“黄杜鵑”“羊不食草”“鬧羊花”“驚羊花”“老虎花”“玉枝”“玉支”。《神農本草經・下品・羊躑躅》：“羊躑躅，味辛，温。主賊風在皮膚中，淫淫痛，温虐，惡毒，諸痹。生川谷。”孫星衍等注引三國魏吴普《吴普本草》曰：“羊躑躅花，神農，雷公：辛，有毒。生淮南。”又引南朝梁陶弘景《名醫别録》曰：“一名玉枝。生太行山及淮南。”晋崔豹《古今注》卷下：“羊躑躅，花黄。羊食之則死，羊見之則躑躅，分散，故名羊躑躅。”羊躑躅藥用價值極高。唐王燾《外臺秘要方》卷一七：“延年療腰痛熨法：菊花二升，芫花二升，羊躑躅二升。右三味以醋拌令濕潤，分爲兩劑内二布囊中蒸之，如炊一斗米許，頃適寒温隔衣熨之，冷即易熨痛處，定即差。”《通志・昆蟲草木略一・草類》：“羊躑躅曰玉支。”明李時珍《本草綱目・草六・羊躑躅》：“[釋名]黄躑躅、黄杜鵑、羊不食草、鬧羊花、驚羊花、老虎花、玉枝。〔陶〕弘景曰：羊食其葉，躑躅而死，故名。鬧當作惱，惱亂也。[集解]《别録》曰：羊躑躅生太行山川谷及淮南山。三月采花，陰乾。”清高宗《黄杜鵑》詩：“鮮看躑躅色深黄，遠異宣城叫斷腸。但以別名稱老虎，早知氣味足驚羊。”《續通志・昆蟲草木略三・木類》：“山躑躅，一名紅躑躅，一名山石榴，一名映山紅，一名杜鵑花。有紅者、紫者、五出者、千葉者，其黄色者，即羊躑躅也。”《陜西通志・物産二・草屬》：“羊躑躅，一名鬧羊花。所在有之，苗似鹿葱，葉似紅花（《本草綱目》）。蒲城有之（《蒲城縣志》）。”清吴其濬《植物名實圖考・毒草類・羊躑躅》：“羊躑躅，《本經》下品，南北通呼鬧羊花，湖南謂之老虎花，俚醫謂之搜山虎。種蔬者漬其花以殺蟲。”《廣群芳譜・花譜十八・黄杜鵑》：“《本草》：黄杜鵑，一名黄躑躅，一名老虎花，一名驚羊花，一名羊不食草，一名玉枝，一名羊躑躅，一名鬧羊花。陶弘景曰：羊食其葉躑躅而死，故名。鬧當作惱，惱亂也。”

按，羊躑躅本木本植物，《通志》等常列入草類，此習沿於《爾雅》。另，羊躑躅雖有毒，然而可醫治傷寒、頭痛，諸色癰腫惡瘡，療傷寒、蠱毒腹痛、帶下赤血，痼瘡、癬疥，頭風，白屑癢，髮落生髮及風眩等疾病（見於唐孫思邈《備急千金要方》、唐王燾《外臺秘要方》、宋唐慎微《證類本草》《小兒衛生總微論方》、元王好古《醫壘元戎》、明朱橚《普濟方》、明薛已《薛氏醫案》、明孫一奎《醫旨緒餘》、明王肯堂《證治準繩》、明李時珍《本草綱目》等）。

【黄躑躅】

即羊躑躅。因其花金黄色，羊食其葉躑躅

而死，故名。此稱明代已行用。見該文。

【黄杜鵑】

即羊躑躅。因其花色黄，故名。此稱明代已行用，名見明陳嘉謨《本草蒙筌》。見該文。

【羊不食草】

即羊躑躅。因此草有毒，羊不喜食，故名。此稱明代已行用。見該文。

【鬧羊花】

即羊躑躅。鬧亦作“惱”。謂羊食此花，惱亂而死，故名。此稱明代已行用。見該文。

【驚羊花】

即羊躑躅。此稱明代已行用。見該文。

【老虎花】

即羊躑躅。此稱明代已行用。見該文。

【玉枝】

即羊躑躅。此稱南北朝時期已行用，名見《名醫别録》。見該文。

【玉支】

即羊躑躅。此稱宋代已行用。見該文。

【搜山虎】[4]

即羊躑躅。此稱清代已行用。清吴其濬《植物名實圖考・毒草類・搜山虎》：“搜山虎，即羊躑躅，一名老虎花，古方多用，今湯頭中無之，具詳《本草綱目》。”見“羊躑躅”文。

【黄色映山紅】

即羊躑躅。亦稱“石棠花”。杜鵑習稱“映山紅”，此花爲杜鵑同類而開黄花，因名。此稱清代已行用。清趙學敏《本草綱目拾遺・草部上・土連翹》：“鬧羊花即黄杜鵑，一名石棠花，牛食之即瘋癲。富陽北泥山、白洋溪一帶山中甚多，彼土人呼爲石棠花，即黄色映山紅也。”見“羊躑躅”文。

【石棠花】

即黄色映山紅。此稱清代已行用。見該文。

【南天竺草】

即羊躑躅。亦稱“土連翹”。此稱清代已行用。清趙學敏《本草綱目拾遺・草部上・土連翹》引汪連仕《草藥方》：“土連翹即鬧羊花，今呼爲南天竺草。”見“羊躑躅”文。

【土連翹】[1]

即南天竺草。亦指羊躑躅籽。此稱清代已行用。見該文。

米仔蘭

習見花木名。楝科，米仔蘭屬，米仔蘭（*Aglaia odorata* Lour.）。常緑灌木或小喬木。多分枝，幼嫩部分常被星狀銹色鱗片。奇數羽狀複葉互生，葉軸具狹翅，小葉三至五片，對生，倒卵形至矩圓形。花雜性异株；圓錐花序腋生；花黄色，極芳香。漿果，卵形或近球形，疏被星狀鱗片。我國主要分布於福建、廣東、廣西、四川、雲南、臺灣等地。常見於濕潤、肥沃林地内。亦多人工栽培用於窨茶或盆栽供觀賞。其花亦用以提取芳香油。木材細緻，可供雕刻及傢具用材。

我國南方各地早有人工栽培，明代始稱“樹蘭”。明徐應秋《玉芝堂談薈》卷三六：“王敬美《閩部疏》曰：賽蘭蔓生，樹蘭木生，其香皆與蘭埒。”兩廣各地栽植尤其較多，且極其熟悉其開花習性。亦稱“魚子蘭”。《廣東通志・物産志・花》：“樹蘭，高丈餘，花似魚子蘭而香烈過之。五葉者貴，其花不落，香且久。三葉者其花次日即落，俱不能度嶺，度嶺次年不花，三年萎矣（《雜記》）。”《廣西通志・物産・梧州府》：“樹蘭，高可丈餘，花似魚子蘭而香味則過之，五葉者貴。”清吴綺《嶺南風物記》：“樹蘭，出廣府。一名魚子蘭。六七月作花，纍纍如金粟，芳烈異常，土人多用作香，併入茶中。”清刊《重修臺灣府志·物産·草木》：“梅、桂、海棠、仙丹、蘭、紫荆、芙蓉、刺桐、樹蘭、指甲……七里香、月桃、交枝蓮。以上花之屬。”附考引《臺灣志略》：“樹蘭，樹高大，花細碎如黍米，色黄，一年數開，種出暹羅者爲暹蘭。”

按，米仔蘭即俗稱之“米蘭”。亦稱“魚子蘭”“千里香”“暹羅花”“珠蘭”。另有金粟蘭，爲金粟蘭科植物，爲亞灌木，其花亦黄而香且如粟，亦名珠蘭、魚子蘭，然二者并非一物。其主要區别在於：米仔蘭爲灌木或喬木，奇數羽狀複葉，圓錐花序，果爲漿果；而金粟蘭爲亞灌木，單葉對生，穗狀花序，果爲核果，差异極爲明顯。

【樹蘭】

即米仔蘭。此蘭木本，爲灌木，甚至能長成小喬木，與他蘭不同，故名。此稱明代已行用。見該文。

【魚子蘭】[2]

即米仔蘭。因其花如魚子，故名。此稱清代已行用，今廣東各地多行用此稱。見該文。

【米蘭】

即米仔蘭。因其花金黄如黍米，故名。今之俗稱。見該文。

【千里香】[2]

即米仔蘭。因其花香鬱，故名。今廣西各地多行用此稱，名見《陸川本草》。見該文。

【暹羅花】

即米仔蘭。因以此花來自暹羅（泰國古稱），故名。今廣東各地多行用此稱。見該文。

【珠蘭】[1]

即米仔蘭。因其花金黄如珠，故名。今四川各地多行用此稱。見該文。

【樹蘭花】

即米仔蘭。亦稱“珍珠蘭”。此稱明代已行用。時人已用以薰茗。明張萱《疑耀·蘭香》：“蘭香。余里中製蘭香乃以土香，曰白木香者爲骨，即今牙香。粗幹也，剉成片以水漬之數日，去其木氣，然後暴烈日下，候乾燥方采樹蘭花，與此香片用紙包裹復暴於烈日，凡數易花而後成。樹蘭一名珍珠蘭……顧文薦《負暄録》亦云：番禺有吴監税者以香名，豈即其人耶，獨未言及樹蘭花，今樹蘭花薰香盛行，而素馨、茉莉、柚花皆未有製者，試爲之當不減樹蘭也。樹蘭獨産廣東，不見傳疏，亦不知其當作何名，以其花香似蘭草而木爲本，故曰樹蘭。其花如黄粟，盛於夏間，亦可以薰茗。”見“米仔蘭”文。

【珍珠蘭】[1]

即樹蘭花。此稱明代已行用。見該文。

【木蘭花】

即米仔蘭。清代臺海各地多行用此稱。清黄叔璥《臺海使槎録》卷三：“木蘭花如粟，淡黄，芳似珠蘭，樹本大者圍數尺，名樹蘭。”見“米仔蘭”文。

杜鵑[1]

習見花木名。杜鵑花科，杜鵑屬，杜鵑（*Rhododendron simsii* Planch.）。落葉灌木。多分枝，枝細且長，有亮棕色或褐色扁平糙伏毛。單葉互生，卵形或橢圓狀卵形，被毛。花二至六朵簇生枝頂，花冠薔薇色，鮮紅色或深紅色，呈漏斗狀。蒴果卵圓形，被密糙毛。我國主要分布於長江流域各省及臺灣、四川、雲南等地。主要供觀賞。花可食。根、莖、葉、花、果亦供藥用。

我國栽培利用杜鵑歷史頗久。南北朝時期已有入藥療疾之記載。唐代已有人工栽培，據《丹徒縣志》稱，江蘇鎮江鶴林寺之杜鵑係唐貞元元年（785）“有外國僧人自天臺鉢盂中以藥養根來種之”。時已行用此稱。據傳杜鵑鳥鳴時此花開，故與杜鵑鳥同名。亦稱“杜鵑花”。唐成彦雄《杜鵑花》詩：“杜鵑花與鳥，怨艷兩何賒。疑是口中血，滴成枝上花。一聲寒食夜，數朵野僧家。謝豹出不出，日遲遲又斜。”宋梅堯臣《九月十八日山中見杜鵑花復開》詩：“山中泉壑暖，幽木寒更華。春鳥各噤口，游子未還家。”明張獻翼《杜鵑花》詩：“花花葉葉正含芳，麗景朝朝夜夜長。何事江南春去盡，子規聲裏駐年光。”宋施宿等《會稽志·石·上虞縣》：“雙笋石在釣臺山，通澤廟側石雙立，各數百尺，其巔有異花若人立而冕者。每杜鵑花開，爛若霞錦，里人競觀之。”元馮福京等《昌國州圖志·叙山》：“塔嶺山在黄公山之南……去嶺數十步有石婦人狀，春月多杜鵑花。”杜鵑花明清時栽植頗盛，經驗亦很豐富。清陳淏子《花鏡》卷三：“杜鵑，一名紅躑躅。樹不高大，重瓣紅花，極其爛縵，每於杜鵑啼時盛開，故有是名。先花後葉，出自蜀中者佳。花有十數層，紅艷比他處者更佳。性最喜陰而惡肥，每早以河水澆，置之樹陰之下，則葉青翠可觀。亦有黄、白二色者。春鵑亦有長丈餘者，須種以山黄泥，澆以羊糞水方茂；若用映山紅接者，花不甚佳。切忌糞水，宜豆汁澆。”清蒲松齡《農桑經殘稿·諸花譜·杜鵑》：“杜鵑，畏熱喜陰，以浸羊矢澆之則茂。”

報春花
（清吴其濬《植物名實圖考》）

按，“杜鵑”亦爲杜鵑屬植物之泛稱。主要分布於歐、亞及北美洲，以亞洲最多，約八百五十種，其中我國有五百三十餘種。杜鵑花屬常分爲五個亞屬，我國栽培最多的爲映山紅亞屬，依其形態性狀，親本及起源又分爲東鵑、毛鵑、西鵑與夏鵑四個類型。其中東鵑類較有名的有“新天地”“雪月”“碧止”“日之出”“四季之譽”；毛鵑類有“玉蝴蝶”“紫蝴蝶”“疏球紅”“玉鈴”；西鵑類有“皇冠”“錦袍”“天女舞”“四海波”；夏鵑類有“長華”“大紅袍”“陳家銀紅”“五寶緑球”“紫辰殿”等。本種今亦稱“艷山花”“山歸來”“滿山紅”“清明花”“紅柴爿花”“燈盞紅花”“報春花”“迎山紅”。

【杜鵑花】

即杜鵑[1]。此稱唐代已行用。見該文。

【艷山花】

即杜鵑[1]。今貴州各地多行用此稱。見該文。

【山歸來】[2]

即杜鵑[1]。今貴州各地多行用此稱。見該文。

【滿山紅】

即杜鵑[1]。因花開時滿山皆紅，故名。今江西各地多行用此稱。見該文。

【清明花】[1]

即杜鵑[1]。今因"清明"節前後開花，故名。江西各地多行用此稱。見該文。

【紅柴爿花】

即杜鵑[1]。今浙江各地多行用此稱。見該文。

【燈盞紅花】

即杜鵑[1]。今浙江各地多行用此稱。見該文。

【報春花】

即杜鵑[1]。今江西各地多行用此稱。見該文。

【迎山紅】

即杜鵑[1]。因其花開時滿山皆紅，故名。今山東烟臺地區多用此稱。見該文。

【映山紅】[1]

即杜鵑[1]。其花開時，映紅滿山，故名。此稱唐代已行用。《全芳備祖前集・花部・杜鵑花》："杜鵑花，杜鵑啼時開……蜀人號曰映山紅。"宋楊萬里《明發西館晨炊藹岡》詩之四："日日錦江呈錦樣，清溪倒照映山紅。"宋高似孫《剡録》卷九："杜鵑。剡僧擇璘《杜鵑花》詩：'春老麥黄三月天，青山處處有啼鵑。懸崖幾樹深如血，照水晴花暖欲燃'剡人謂之映山紅。唐僧修睦有《映山紅詩》：'山前幾見烟邊重，溪畔曾逢雨後斜。'"明謝肇淛《滇略・產略》："杜鵑俗謂之映山紅。花色有十數種，鮮麗殊甚，家家種之盆盎。"《廣群芳譜・花譜十八・杜鵑》："《容齋隨筆》：物以稀見者爲珍，不必異種也。潤州鶴林寺杜鵑乃今映山紅，又名紅躑躅。在江東彌山亘野，殆與榛莽相似……《越中雜記》：五泄多穠花異草，紅白青緑燦爛如錦，映山紅有高七八尺者，與他山絶異。《草花譜》：映山紅若生滿山頂，其年豐稔，人競采之。"見"杜鵑[1]"文。

【紅躑躅】

即杜鵑[1]。此稱唐代已行用，沿稱於後世。亦稱"山躑躅"。省稱"躑躅"。唐白居易《玉泉寺南三里澗下多深紅躑躅繁艷殊常感惜題詩以示游者》："玉泉南澗花奇怪，不似花叢似火堆。今日多情唯我到，每年無故爲誰開。"宋蘇軾《題趙昌躑躅》詩："楓林翠壁楚江邊，躑躅千層不忍看。開卷便知歸客路，劍南樵叟爲施丹。"宋施宿等《會稽志・草部》："杜鵑花，以二三月杜鵑鳴時開。一名映山紅，一名紅躑躅。會稽有二種：其一先敷葉後著花者，色丹如血；其一先著花後敷葉者，色差淡。"明鄒一桂《小山畫譜》卷上："杜鵑，古名紅躑躅。本係蜀花，今各處皆有。高四五尺，低者一二尺。春盡方開，色硃紅，六出，重臺，花蒂托管，蒂甚微細，一枝數萼，先葉後花。葉尖小，枝皆對節，花瓣尖圓，殘則全朵脱落。其樹盤生望若赤樓。"明李時珍《本草綱目・草六・羊躑躅》："山躑躅，處處山谷有之……一名紅躑躅，一名山石榴，一名映山紅，一名杜鵑花。"《續通志・昆蟲草木略三・木類》："山躑躅，一名紅躑躅，一名山石榴，一名映山紅，一名杜鵑花。有紅者、紫者、五出者、千葉者。其黄色者即羊躑躅也。"《廣群芳譜・花譜十八・杜鵑》："杜鵑花一名紅躑躅……處處山谷有之。高者四五尺，低者一二尺。春生苗。葉淺緑色，枝少而花繁，一枝數萼。二月始開花，如羊躑躅而蒂如石榴花，有紅者、紫者，五出者、千葉者，小兒食其花，味酸無毒。"又引明朱國禎《涌幢小品・花》："杜鵑花，以二三月杜鵑鳴時開。有二種，其一先敷葉後著花者，色丹如血；其一先著花後敷葉者，色差淡，人多結縛爲盤盂翔鳳之狀。《嘉泰志》云：近時又謂先敷葉後著花者爲石巖以別之，然前人但謂之紅躑躅，不知石巖之名起於何時，今江南在在皆稱石巖。”清趙翼《肇璜歿後其子以君手植杜鵑一本見貽》詩：“一枝躑躅贈留貽，老瓦盆經手澤滋。”見“杜鵑[1]”文。

【山躑躅】

即紅躑躅。此稱明代已行用。見該文。

【躑躅】

即紅躑躅。此稱宋代已行用。見該文。

【山石榴】[3]

即杜鵑[1]。杜鵑生山中，花開似石榴，故名。亦稱“山榴”。此稱唐代已行用。唐韓愈《詩散句》：“山榴躑躅少意思，照耀黃紫徒爲叢。”唐白居易《山石榴寄元九》詩注：“山石榴，一名山躑躅，一名杜鵑花。”唐杜牧《山石榴》詩：“似火山榴映小山，繁中能薄艷中閑。一朵佳人玉釵上，祗疑燒却翠雲鬟。”《古今合璧事類備要別集》卷三四引《格物總論》：“彼有所謂山石榴者，乃指杜鵑花而名之也。”明李時珍《本草綱目·草六·羊躑躅》：“山躑躅，時珍曰：處處山谷有之……一名山石榴，一名映山紅，一名杜鵑花。”《續通志·昆蟲草木略三·木類》：“山躑躅，一名紅躑躅，一名山石榴，一名映山紅，一名杜鵑花。有紅者、紫者、五出者、千葉者。其黃色者即羊躑躅也。”清曹寅《戲題西軒草木》詩之二：“甘蕉葉大戎葵醜，或有山榴似火燃。”按，金櫻子、小蘗、石榴等，俱有“山石榴”之名，但非同物，宜慎辨之。見“杜鵑[1]”文。

【山榴】

即山石榴[3]。此稱唐代已行用，沿稱於後世。見該文。

【謝豹花】

即杜鵑[1]。杜鵑鳥別名謝豹，此花與杜鵑鳥同名，故借鳥名花。此稱宋代已行用。省稱“謝豹”。唐成彦雄《杜鵑花》詩：“謝豹出不出，日遲遲又斜。”宋徐以道《詩散句》：“牧童出捲烏鹽角，越女歸簪謝豹花。”明汪廣洋《寫興》詩：“謝豹花開滿嶺紅，空濛曉雨濕春叢。看山不盡行人意，處處東風啼郭公。”明陸深《天台東入寧海》詩：“千盤雲外羊腸坂，幾樹山頭謝豹花。”清朱彝尊《一半兒》曲：“鸂鶒灘冷渚風清，謝豹花繁春雨晴，烏桕樹翻秋葉鳴。挽船行，一半兒山腰，一半兒嶺。”《事物異名録·花卉·杜鵑》：“《廣事類賦》：杜鵑，一名謝豹花。”見“杜鵑[1]”文。

【謝豹】

“謝豹花”之省稱。此稱唐代已行用。見該文。

【巖榴】

“杜鵑[1]”之別稱。其花似榴，多生山岩間，故名。此稱宋代已行用。《古今合璧事類備要別集》卷三〇引《格物總論》：“杜鵑花，一名山石榴，一名山躑躅……近似花樣，故號巖榴。”見“杜鵑[1]”文。

【山客】

“杜鵑[1]”之別稱。此稱宋代已行用。宋姚寬《西溪叢語》卷上：“昔張敏叔有十客圖，忘其名，予長兄伯聲嘗得三十客：牡丹爲貴客，梅爲清客，蘭爲幽客，桃爲妖客，杏爲艷客，蓮爲溪客，木犀爲巖客，海棠爲蜀客，躑躅爲山客。”見“杜鵑[1]”文。

【紅鵑】

即杜鵑[1]。其花多紅色，故名。此稱宋代已行用。宋葉適《自羅浮行田宿華嚴寺》詩："嚴冬樹改色，青松耀紅鵑。"明王世貞《弇州四部稿》卷七五："《日涉園記》：今大都督楊公歸，自帥越乃損禄之餘，擇勝地於其居之西南爲園……而所謂園者，前棹楔而後庖湢，左亭右榭，凉堂奥室，便房迴廊，在在而有。太湖靈壁之石，紅鵑素馨；閩越蜀廣之卉，紛錯臚列。而不可名計。"見"杜鵑[1]"文。

【仙客】[2]

"杜鵑[1]"之别稱。此稱元代已行用。清汪灝等《廣群芳譜・花譜十八・杜鵑》引元程棨《三柳軒雜識》："杜鵑爲仙客。"參閱清陳元龍《格致鏡原・花類一・杜鵑》。見"杜鵑[1]"文。

【蜀帝花】

即杜鵑[1]。昔傳蜀帝杜宇死，其魂化爲杜鵑，後以蜀帝借指杜鵑，花亦因之。此稱宋代已行用。宋舒岳祥《無題》詩之八："春風萬里虞姬草，夜月千村蜀帝花。"明袁衷《自柳至平樂道中書事》詩："屋覆湘君竹，山紅蜀帝花。"見"杜鵑[1]"文。

【山鵑】

"杜鵑[1]"之别稱。此稱明代已行用。明徐弘祖《徐霞客游記・游天台山日記》："而雨後新晴，泉聲山色，往復創變，翠叢中山鵑映發，令人攀歷忘苦。"又《楚游日記》："其處山鵑鮮麗，光彩射目，樹雖不繁而花色絶勝，非他處可比，此坪頭上第三嶺也。"因蜀地多有，故又名"蜀山鵑"。亦稱"山鵑花"。明王冕《世情》詩："世情多曲折，客况自堪憐。聽雨愁如海，懷人夜似年。草肥燕地馬，花老蜀山鵑。冷澹無歸計，蒼苔滿石田。"清鄒一桂《小山畫譜》卷上："杜鵑，古名紅躑躅。本係蜀花，今各處皆有……一種花大而色淡，葉亦粗並有五色者，謂之山鵑花。黔中遍山皆是。"見"杜鵑[1]"文。

【蜀山鵑】

即山鵑。此稱明代已行用。見該文。

【山鵑花】

即山鵑。此稱清代已行用。見該文。

【鵑花】

即杜鵑[1]。此稱明代已行用。明徐弘祖《徐霞客游記・江右游日記》："由會仙而上，更西北一里，其石巑岏，上多鵑花紅艷。不甚高，亦冬時一異也。"見"杜鵑[1]"文。

【焰山紅】

即杜鵑[1]。此稱清代已行用。清劉善述《草木便方・草部・焰山紅》："焰山紅根葉苗辛，赤白久痢止血崩。腸風下血痔瘺瘳，跌打損傷肌肉生。"見"杜鵑[1]"文。

扶桑

習見花木名。錦葵科，木槿屬，扶桑（*Hibiscus rosa-sinensis* Linn.）。常緑大灌木。莖直立多枝。葉卵形，互生。花大，單生於上部葉腋，單瓣者呈漏斗形，玫瑰紅色；重瓣者非漏斗形，有黄、紅、粉紅諸色。蒴果卵圓形，光滑，有喙。扶桑原以爲僅我國爲原産地，而近年在印度東海岸、南印度群島發現有扶桑野生種，故原産地似非一處。我國主要分布於雲南、廣東等地。全國各地均有栽培。扶桑全年開花，可供觀賞。花、葉亦可入藥。

我國栽培扶桑至少已有一千六百餘年史。晉代稱"朱槿花""赤槿""日及"。晉稽含《南方草木狀》卷中："朱槿花，莖葉皆如桑，葉光而厚，樹高止四五尺，而枝葉婆娑。自二月開花，至中冬即歇。其花深紅色，五出，大如蜀葵，有蕊一條，長於花葉，上綴金屑，日光所爍，疑若焰生。一叢之上，日開數百朵，朝開暮落。插枝即活。出高凉郡。一名赤槿，一名日及。”唐宋時稱“佛桑樹”“佛桑花”。省稱“佛桑”。唐段成式《酉陽雜俎續集·支植上》：“處士鄭又玄云：閩中多佛桑樹，樹枝葉如桑，唯條上勾。花房如桐，花含長一寸餘，似重臺狀。花亦有淺紅者。”宋蔡襄《耕園驛佛桑》詩序：“明道中，予爲漳州軍事判官，晚秋嘗至州西耕園驛，驛庭有佛桑數十株，開花繁盛，念其寒月窮山方自媚好，乃作《耕園驛佛桑花》詩一首。”明代多行用“扶桑”之稱。沿稱至今。明李時珍《本草綱目·木三·扶桑》：“[釋名]佛桑、朱槿、赤槿、日及。時珍曰：東海日出處有佛桑樹。此花光艷照日，其葉似桑，因以比之。後人訛爲佛桑。乃木槿別種，故日及諸名亦與之同。”明夏旦《藥圃同春·五月》：“佛桑，紫、白二色。堪以炒食。微香。”《廣群芳譜·花譜十八·扶桑》：“扶桑，一名佛桑，一名朱槿，一名赤槿，一名日及。”

扶桑全年有花，夏秋尤盛，頗爲人們所喜愛。至明代我國栽培扶桑仍居世界之前列，并培育出許多優良品種。清陳淏子《花鏡》、吴其濬《植物名實圖考》、李調元《南越筆記》等記述了一些名貴品種；近代學人收集了數十個新品種，較佳者有“小旋粉”“迷你白”“丹心黄”“花上花”“風車紅”“粉西施”“酒金橙”“絨紅”“粉牡丹”等。本種今俗稱“大紅牡丹花”“吊鐘花”。又，朱槿、赤槿、日及諸名均與木槿同，李時珍以爲扶桑“乃木槿別種，故日及諸名亦與之同”。實際二花同屬而异種，切不可認爲是一種。

扶　桑
（清吴其濬《植物名實圖考》）

【朱槿花】

即扶桑。此稱晋代已行用。見該文。

【赤槿】[2]

即扶桑。此稱晋代已行用。見該文。

【日及】[2]

即扶桑。古以爲本種係木槿別種，故從木槿而名日及。此稱晋代已行用。見該文。

【佛桑樹】

即扶桑。此稱唐代已行用。見該文。

【佛桑花】

即扶桑。亦指其花。此稱宋代已行用，并沿稱至今。見“扶桑”文。

【佛桑】

“佛桑樹”之省稱。即扶桑。李時珍以爲係扶桑之音訛。此稱宋代已行用。見該文。

【朱槿】[2]

“朱槿花”之省稱。即扶桑。此稱明代已行用。見“扶桑”文。

【大紅牡丹花】

即扶桑。今廣西南寧地區多俗用此稱。見該文。

【吊鐘花】[2]

即扶桑。因其花形似鐘，故名。今廣西各地多俗用此稱。見該文。

【福桑花】

即扶桑。此稱宋代已行用，亦沿稱於後世。亦名“福桑”“白槿”“愛老”“扶桑花”。清陳焯《宋元詩會》引宋葛長庚《次韻東坡蒲澗寺》：“滿山紅白福桑花，蒲澗深中儘可家。景泰得泉從卓錫，安期種棗説成瓜。”《廣東通志·物産志·花》：“佛桑，一名福桑。華首寺左右極多。按木槿、佛桑二名不定。南人呼花如牡丹者曰槿，槿有五色，隨色立名，嶺外稱之則佛桑也。《羅浮志》：按佛桑，一名扶桑，即朱槿花。《嶺南雜記》以佛桑與扶桑爲二花，非也，但有單瓣重臺之異耳。《茂名志》云：粤無牡丹，以佛桑花代之，二花相較，蓋亦迥乎不相及矣。”清屈大均《廣東新語·木語》：“佛桑，枝葉類桑，花丹色者名朱槿，白者曰白槿……一曰花上花，花上複有花者，重臺也。一名愛老，不愛老也。不愛老而曰愛老，飾詞也。予有《愛老曲》云：‘枯腸能生荑，卿乃不言好，不如朱槿花，姿容能愛老。’其朱者可食，白者尤甜滑，婦人常以爲蔬，謂可潤容補血。一名福桑，又一名扶桑。予詩：‘佛桑亦是扶桑花，朵朵燒雲如海霞。日向蠻娘髻邊出，人人插得一枝斜。’”見“扶桑”文。

【福桑】

即福桑花。此稱清代已行用。見該文。

【白槿】

即福桑花。此稱清代已行用。見該文。

【愛老】[2]

即福桑花。此稱清代已行用。見該文。

【扶桑花】

即福桑花。此稱清代已行用。見該文。

【照殿紅】[2]

“扶桑”之别稱。此稱明代已行用。明徐應秋《玉芝堂談薈》卷三五：“《閩書》：佛桑，即扶桑。東海日出處有扶桑，此花光焰照日，其葉似桑，因以比之，後人訛爲佛桑也。一名照殿紅，乃朱槿别種。”清張英《文端集·篤素堂詩集一》：“天家物色更誰同，佛桑花綻迎朝日。一朵驚看照殿紅，曲磴長廊石徑紆（許窺秘閣）。”清黄叔璥《臺海使槎録》卷三：“佛桑，一名朱槿。高不逾五六尺，四時皆花，花有深淺紅淡黄各色，紅則焰焰燒空，尤爲奪目……《臺灣隨筆》云：照殿紅，樹甚高，花如巨觥，色紅無二，意即一丈紅耶。”《事物異名録·花卉·佛桑》引《花木考》：“佛桑，葉似桑，花深紅，俗呼照殿紅。”參閲清陳元龍《格致鏡原·花類二·佛桑花》。見“扶桑”文。

【花上花】[2]

“扶桑”之别稱。有些品種，其花重瓣，似花上生花，故名。此稱明代已行用。明徐應秋《玉芝堂談薈》卷三五：“楊用修曰：佛桑花，出黎州蠻嶺，蓋朱槿之紅鮮重臺者，永昌名花上花。”清王士禎《香祖筆記》卷一：“京師粥（通鬻）花者，以豐台芍藥爲最。南中所産惟梅、桂、建蘭、茉莉、梔子之屬。近日亦有佛桑、榕樹。榕在閩廣其大有蔭一畝者，今乃小株僅供盆盎之玩。佛桑，重臺者永昌名花上花（見《菽林伐山》）。”清吴其濬《植物名實圖考·群芳類·佛桑》：“佛桑一名花上花，雲南有之。《嶺南雜記》，佛桑與扶桑正相似，中心起樓，多一層花瓣。《南越筆記》，佛桑一名花上花，花上複花重臺也，即扶桑，蓋一類二種。又《楊慎外集》，朱槿之紅鮮重臺者，永昌名之曰花上花。”見“扶桑”文。

含笑

習見花木名。木蘭科，含笑屬，含笑〔*Michelia figo*（Lour.）Spreng.〕。常緑灌木。芽、小枝、葉柄、花梗均被黄褐色絨毛。單葉互生，革質，倒卵形或倒卵狀橢圓形。花兩性，單生於葉腋，淡黄色，邊緣帶紅色或紫色。聚合果，蓇葖扁卵圓形或扁球形。我國主要分布於華南各地。廣東省中、北部有野生。花香、可窨茶。葉可提取芳香油或入藥。亦廣爲栽培以供觀賞。

我國栽培含笑已有數百年史。宋代已行用此稱。亦稱“含笑花”。宋陳敬《陳氏香譜》卷一：“［南方花］余向云：南方花皆可合香，如末利、闍提、佛桑、渠那。香花本出西域，佛書所載，其後傳本來閩嶺，至今遂盛。又有大含笑花，素馨花，就中小含笑香尤酷烈，其花常若菡萏之未敷者，故有含笑之名。”宋楊萬里《含笑花》詩：“大笑何如小笑香，紫花不似白花妝。不知自笑還相笑，笑殺人來斷殺腸。”明夏旦《藥圃同春・四月》：“含笑花，花紅，香清。”明宋詡《竹嶼山房雜部・樹畜部二・種花卉法》：“含笑花，形葉似梔子，《霏雪録》云：花若菡萏未開時，故名。”明高濂《遵生八箋・燕閒清賞箋下》：“含笑花産廣東。其花如蘭，形色俱肖，花開不滿若含笑然，隨即凋落。余初得自廣中，僅高二尺許，今作拱把之樹矣，且不懼冬。”《廣東通志・物産志・花》：“含笑花，紫蓓蕾，微展而香清徹。一種小而色多白者尤香。延祥寺下逹於西麓蒲澗俱有之。”《廣群芳譜・花譜二十二・含笑》：“《遁齋閑覽》：南方花木北地所無者，大含笑、小含笑，其花常若菡萏之未敷者，故有含笑之名。《草花譜》：含笑花開不滿若含笑然。”清代亦稱“朝合”。清吴其濬《植物名實圖考・群芳類・含笑》：“《捫蝨新語》，含笑有大、小，小含笑香尤酷烈；又有紫含笑。予山居無事，每晚凉坐山亭中，忽聞香一陣，滿室鬱然，知是含笑開矣。《南越筆記》，含笑與夜合相類，大含笑則大半開，小含笑則小半開，半開多於曉。一名朝合。小含笑白色，開時蓓蕾微展，若菡萏之未敷，香尤酷烈。”按，含笑屬約六十種，我國約三十五種，各地多有栽培。

含　笑
（清吴其濬《植物名實圖考》）

【含笑花】

即含笑。此稱宋代已行用，并沿稱於今。見該文。

【朝合】

即含笑。此稱清代已行用。見該文。

【佞客】

“含笑”之别稱。此稱宋代已行用。宋姚寬《西溪叢語》卷上：“昔張敏叔有十客圖，忘其名。予長兄伯聲嘗得三十客，牡丹爲貴客，梅爲清客，蘭爲幽客，桃爲妖客，杏爲艷客……含笑爲佞客。”見“含笑”文。

【二笑】

“含笑”之别稱。亦稱“紫芙”“白笑”。特指其花紫、白二色者。此稱宋代已行用。宋楊萬里《二含笑俱作秋花》詩：“秋來二笑再芬芳，紫笑何如白笑强。只有此花偷不得，無人知處忽然香。”後世遂以二笑名含笑。見“含笑”文。

【紫笑】

即二笑。特指花爲紫色之含笑。此稱宋代已行用。見該文。

【白笑】

即二笑。特指開白花者。此稱宋代已行用。見該文。

牡丹

習見花木名。芍藥科，芍藥屬，牡丹（*Paeonia suffruticosa* Andr.）。落葉灌木。高約1米許。分枝短而粗壯。二至三出複葉，互生，紙質，近枝頂葉稀三出葉。花大型，單生枝頂，五瓣或重瓣，有紫、深紅、粉紅、白、黄、豆緑等多種花色，雍容華貴。蓇葖果卵形，先端尖，密生銹黄色毛。原産我國西部及北部地方，以陝西、四川、山東、安徽、浙江等地較多。今陝西、甘肅、四川、山西、河南等地尚有野生牡丹自然分布。花供觀賞，亦可食用或浸酒。葉可爲染料。根皮可入藥。

我國栽培利用牡丹歷史頗久，秦漢前依芍藥相稱，又因牡丹根皮色赤，入藥名丹皮，故稱。一説牡丹以色丹者爲上，又以根上生苗，故謂之牡丹。至漢代已行用此稱，以别於芍藥。亦稱“鹿韮”“鼠姑”。多采根入藥療疾。《神農本草經・中品・牡丹》：“牡丹，味辛，寒。主寒熱、中風、瘈瘲、痓、驚癇邪氣、除癥堅、瘀血留舍腸胃，安五臧，療癰創。一名鹿韭，一名鼠姑。生山谷。”牡丹作爲花卉觀賞始於南北朝，興於隋，盛於唐。唐王冰注、宋林億等校《黄帝内經素問補注釋文》卷二：“清明之節，初五日桐華始；次五日田鼠化爲鴽，牡丹華。”唐舒元輿《牡丹賦並序》：“古人言花者，牡丹未嘗與焉。蓋遁乎深山，自幽而芳，不爲貴重所知，花則何遇焉。天后之鄉西河也，精舍下有牡丹，其花特異，天后嘆。上苑之有闕，因命移植焉。由此京國牡丹日月寖盛，今則自禁闥洎官署，外延士庶之家，瀰漫如四瀆之流，不知其止息之地，每暮春之月，遨游之士如狂焉，亦上國繁華之一事也。”宋李心傳《建炎以來繫年要録・紹興二十七年》：“〔三月〕壬申，上謂宰執曰：去冬皇太后微有腰腿之疾，不曾出殿門，昨入侍慈寧，因言近日清明牡丹已開，皇太后忻然步至花所，朕喜甚，因留賞牡丹。皇后以下皆醉，至晚回殿，上猶喜。”宋洪皓《松漠紀聞》卷一：“渤海國去燕京女真所都皆千五百里……富室安居逾二百年，往往爲園池，植牡丹多至三二百本，有數十幹叢生者，皆燕地所無。”明夏旦《藥圃同春・三月》：“牡丹，其色有五。性最宜寒，白露後，去其杆葉，覆以腴肥。及蕊，只澆清水。若遇霜雪，花開更盛，香且異常。”隨日月之遷延，牡丹栽培技術日臻成熟。清陳淏子《花鏡》卷三：“牡丹爲花中之王，北地最多，花有五色、千葉、重樓之異，以黄紫者爲最……其性宜凉畏熱，喜燥惡濕，根窠樂得新土則茂，懼烈風酷日；須栽高敞向陽之所，則花大而色妍，移植在八月社前，或秋分後皆可。

牡　丹

（明王圻等《三才圖會》）

根下宿土少留，切勿掘斷細根。每種過先將白蘞末一斤拌勻新土内，再以小麥數十粒撒下，然後坐花於上，以土覆滿，復將牡丹提與地平，使其根直，則易活。不可踏實，隨以天落水或河水灌之。"

我國牡丹栽培中心首推河南洛陽，古有"洛陽牡丹，天下第一"之稱。宋李格非著《洛陽名園記》、歐陽修有《洛陽牡丹記》記之。周師厚撰《洛陽花木記》與《洛陽牡丹記》，記述牡丹品種計一百零九種。至明代，安徽亳州與山東曹州（今菏澤市）牡丹興起，明薛鳳翔撰《亳州牡丹史》，載牡丹品種一百五十種。《亳州牡丹表》中收録二百六十七種，《牡丹八書》對牡丹種、栽、分、接、澆、養、醫、忌等進行了科學總結。清乾隆時，曹州牡丹之盛已逾亳州，1911年趙世學曾撰《新增曹州牡丹譜》，記述曹州牡丹品種二百四十餘種。現今牡丹栽培又有較大發展，河南洛陽、山東菏澤已建成牡丹栽培、良種繁育與游覽觀賞基地。菏澤新建"曹州牡丹園"已行大田種植，面積達一萬五千畝，品種六百餘，成爲世界上最大之牡丹生産、科研、觀賞基地。同時創造了植物激素與控温處理及人工控花等方法，能使花隨人意，四季常開，大大提高了其觀賞性。牡丹於8世紀傳入日本，17世紀傳入歐洲，1820年傳入美國，現已在朝鮮、丹麥、荷蘭、俄羅斯、加拿大等五十餘個國家和地區安家落户，受到世界各地人民的喜愛。

【鹿韭】

"牡丹"之别稱。此稱漢代已行用。見該文。

【鼠姑】

"牡丹"之别稱。此稱漢代已行用。見該文。

【木芍藥】

"牡丹"之别稱，牡丹初無名，其花似芍藥，故依芍藥爲名，因其莖木質，遂有此稱，以别於草芍藥。此稱唐代已行用。舊題唐李濬《松窗雜録》："開元中，禁中初重木芍藥，即今牡丹也。"自注："《開元天寶花木記》云：禁中呼木芍藥爲牡丹。"《通志·昆蟲草木略二·木類》："然牡丹亦有木芍藥之名，其花可愛如芍藥，宿枝如木，故得木芍藥之名。芍藥著於三代之際，風雅之所流咏也。牡丹初無名，故依芍藥以爲名。亦如木芙蓉之依芙蓉以爲名也。牡丹晚出，唐始有聞，貴游趨競，遂使芍藥爲落譜衰宗。"宋戴侗《六書故·植物·芍》："芍藥芳草也，牡丹亦名木芍藥。"宋蘇軾《雨晴後步至四望亭下魚池上》詩之一："殷勤木芍藥，獨自殿餘春。"明李時珍《本草綱目·草三·牡丹》："牡丹以色丹者爲上，雖結子而根上生苗，故謂之牡丹，唐人謂之木芍藥，以其花似芍藥，而宿幹似木也。"《紅樓夢》第七七回："若是小題目，就像楊太真沈香亭的木芍藥。"見"牡丹"文。

【國色天香】

"牡丹"之譽稱。此稱宋代已行用。亦稱"國色""天香"。唐李正封《牡丹》詩："國色朝酣酒，天香夜染衣。"時人以爲此詩乃牡丹之傳神佳句，遂以"國色天香"稱譽牡丹。唐劉禹錫《賞牡丹》詩："庭前芍藥妖無格，池上芙蓉凈少情。唯有牡丹真國色，花開時節動京城。"唐羅隱《牡丹》詩："當庭始覺春風貴，帶雨方知國色寒。"宋范成大《與至先兄游諸園看牡丹三日行遍》詩："欲知國色天香句，須是依欄燒燭看。"清刊《淵鑑類函》卷四〇五引明馮琢庵詩："非霧非烟依雕欄，珍重天香雨後看。"按，石竹花亦名國色天香，此附。見"牡丹"文。

【國色】

即國色天香。此稱唐代已行用。見該文。

【天香】

即國色天香。此稱唐代已行用。見該文。

【洛陽花】

"牡丹"之别稱。牡丹栽培初盛於洛陽，故名。一説牡丹原多單瓣，唯洛陽牡丹爲多瓣，特譽稱之。亦省稱"洛花""洛陽"。此稱唐代已行用，亦沿於後世。唐李商隱《漫成三首》詩之一："遠把龍山千里雪，將來擬並洛陽花。"宋歐陽修《洛陽牡丹記・花釋名》："洛花以穀雨爲開候，而此花常至一百五日開，最先。"宋范成大《吴郡志・土物下》："牡丹，唐以來止有單葉者，本朝洛陽始出多葉千葉，遂爲花中第一。頃時，朱勔家圃在閶門内植牡丹數千萬本，以繒綵爲幕，彌覆其上，每花身飾金爲牌記其名。勔敗，官籍其家，不數日，墟其圃，牡丹皆拔而爲薪，花名牌一枚估直三錢。中興以來，人家稍復接種，有傳洛陽花種至吴中者。"又宋范成大《次韻同年楊使君回自毘陵舟中見贈》："洛花堆錦煖，吴藕鏤冰寒。"明徐渭《牡丹賦》："何名花之盛美，稱洛陽爲無雙，東青州而南越〔魯〕，曾不足以頡頏。"清黄宗羲《小園記》："因買瓦盆百餘，以植花草。水仙、艾人、芳洲、洛陽、茉莉、真珠、湮浦、石竹。"見"牡丹"文。

【洛花】

"洛陽花"之省稱。此稱宋代已行用，并沿稱於後世。見該文。

【洛陽】

即洛陽花。因洛陽牡丹最盛，故花以地名。此稱明代已行用。見該文。

【紫雲英】

"牡丹"之别稱。紫雲爲祥瑞之花，古代以牡丹爲吉祥之象徵，故名。此稱唐代已行用。唐元稹《西明寺牡丹》詩："花向琉璃地上生，光風炫轉紫雲英。"見"牡丹"文。

【百花王】

"牡丹"之美稱。舊時品花以牡丹爲群芳之首，故名。亦稱"花王"。亦作"華王"。此稱多行用於唐代後。唐皮日休《牡丹》詩："落盡殘紅始吐芽，佳名唤作百花王。"《通志・昆蟲草木略・木類》："牡丹，曰鹿韭，曰鼠姑。宿枝，其花甚麗，而種類亦多，諸花皆用其名。惟牡丹獨言花，故謂之花王。文人爲之作譜記，此不復區别。然今人貴牡丹而賤芍藥，獨不言牡丹本無名，依芍藥得名，故其初曰木芍藥。古亦無聞，至唐始著。"《埤雅・釋草》："芍藥。韓詩曰：芍藥離草也……今群芳中牡丹品第一，芍藥第二。故世謂牡丹爲華王，芍藥爲華相，又或以爲華王之副也。"宋李格非《洛陽名園記・天王院花園子》："洛中花甚多種，而獨名牡丹曰花王。"明李時珍《本草綱目・草三・牡丹》："群花品中，以牡丹第一……故世謂牡丹爲花王。"清袁枚《元日牡丹》詩："果然不愧花王號，獨占春風第一天。"見"牡丹"文。

【花王】

即百花王。此稱宋代已行用。見該文。

【華王】

同"花王"。即百花王。此體宋代已行用。見"百花王"文。

【京花】

“牡丹”之别稱。洛陽爲我國古都之一，唐宋時該地牡丹栽培極盛，故有此稱。亦稱“川花”“山丹”“山花”。宋陸游《天彭牡丹譜·花釋名》:“洛花見紀於歐陽公者，天彭往往有之，此不載，載其著於天彭者。彭人謂花之多葉者京花，單葉者川花。”宋范成大《清明日試新火作牡丹會》詩:“那得青烟穿御柳，且將銀燭照京花。”自注:“蜀人以洛中千葉種爲京花，單葉爲川花。”明曹學佺《蜀中廣記·方物記四·牡丹》:“胡元質《成都牡丹記》云：大中祥符辛亥春，府尹任公中正宴客，大慈精舍州民王氏獻一合歡牡丹，公即命圖之……又有一種，色淡紅，枝頭絶大者，中書舍人程公厚倅，是州目之爲祥雲，其花結子可種，餘花多取單葉花本，以千葉花接之，千葉花來自洛京，土人謂之京花，單葉時號川花爾。”宋明時牡丹栽培技術日臻成熟，嫁接、除蟲頗具心得。明陶宗儀《説郛》卷一〇六下:“凡接牡丹，須令人看視之。如一接活者逐歲有花，如初接不活削去再接，只當年有花。牡丹花上穴如針孔，乃蟲所藏處，花工謂之氣倉，以大針點硫黄末針之，蟲乃死，或以百部草塞之。牡丹千葉者蜀人號爲京花，謂洛陽種也；單葉者只號爲川花，又曰山丹，又曰山花，菜園中間種牡丹芍藥最茂。”見“牡丹”文。

【川花】

即京花。昔蜀人特指單瓣牡丹。此稱宋代已行用。見該文。

【山丹】[1]

即京花。昔蜀人特指單瓣牡丹。此稱明代已行用。見該文。

【山花】

即京花。昔蜀人特指單瓣牡丹。此稱明代已行用。見該文。

【醒酒花】

“牡丹”之别稱。此稱五代時已行用。五代蜀王仁裕《開元天寶遺事》卷二:“醒酒花：明皇與貴妃幸華清宫，因宿酒初醒，憑妃子肩同看木芍藥，上親折一枝與妃子遞嗅其艶。帝曰：不惟萱草忘憂，此花香艶尤能醒酒。”又明陶宗儀《説郛》卷五二:“〔明皇十七事（李德裕）〕醒酒花：明皇與貴妃幸華清宫，因宿酒初醒，憑妃子肩同看木芍藥。上親折一枝與妃子遞嗅其艶，帝曰：不惟萱草忘憂，此花香艶尤能醒酒。”後世遂稱牡丹爲“醒酒花”。清陳元龍《格致鏡原·花類二·牡丹花》:“《天寶遺事》：明皇宿酒初醒，憑妃子肩同看木芍藥，上折一枝與妃子遞嗅其艶，曰：‘此花香艶，尤能醒酒。’今名木芍藥爲醒酒花。”見“牡丹”文。

【玉玲瓏】

“牡丹”之美稱。亦特指白牡丹，因其潔白如玉，玲瓏可愛，故名。此稱宋代已行用。宋司馬光《其日雨中聞姚黄開戲成詩二章呈子駿堯夫》:“穀雨後來花更濃（洛人謂穀雨爲牡丹厄，今年穀雨後名花始開），前時已是玉玲瓏（前時與堯夫游西街，得新出白千葉花以呈潞公，潞公名之曰玉玲瓏）。”見“牡丹”文。

【火前花】

“牡丹”之别稱。特指“寒食”節前開放之牡丹花。古代民間“寒食”節禁火，因牡丹多於“寒食”節前開放，故名。此稱宋代已行用。宋陸游《天彭牡丹譜·風俗記》:“〔牡丹花〕最盛於清明寒食時。在寒食前者謂之火前花，其開稍久，火後則易落。”明曹學佺《蜀中廣記・方物記四・牡丹》:“天彭號小西京，以其俗好花，有京洛之遺風。大家種至千本，花時自太守而下，往往即花盛處張飲帟幕，車馬歌吹相屬。最盛於清明寒食時，在寒食前者謂之火前花，其開稍久，火後則易落。”參閲《格致鏡原・花類二・牡丹花》。見“牡丹”文。

【花后】

“牡丹”之美稱。特指魏花（魏紫，牡丹品種一）。此稱宋代已行用。宋歐陽修《洛陽牡丹記・花品叙》:“錢思公嘗曰:‘人謂牡丹花王，今姚黄真可爲王，而魏花乃后也。’”宋楊伯嵒《六帖補・草木花果・花》:“花王花后：魏花又有數，其葉至七百葉，錢思公嘗曰:‘人謂牡丹花王，今姚黄真爲王，而魏花乃其后也。’”明彭大翼《山堂肆考》卷一九七:“唐皮日休詩:‘落盡殘紅始吐芳，佳名號作百花王。競誇天下無雙艷，獨占人間第一香。’按牡丹一名花后。”清厲荃《事物異名録》卷三一:“牡丹，一名花后。”見“牡丹”文。

【大北勝】

“牡丹”之别稱。此稱始見於五代時。南漢爲嶺南小國，茉莉頗豐，每見北人盛誇嶺海茉莉爲“小南强”，以自詡國小而强盛。後南漢降宋，其主劉鋹被縛至洛陽，見牡丹雍容華貴，頗驚，縉紳告之曰此爲“大北勝”，以譏南漢之少見與狂傲。牡丹遂有此别稱。宋陶穀《清異録・花》:“南漢地狹力貧，不自揣度，有欺四方傲中國之志。每見北人，盛誇嶺海之强。世宗遣使入嶺，館接者遺茉莉，文其名曰小南强。及本朝，鋹主面縛，僞臣到闕，見洛陽牡丹，大駭嘆。有縉紳謂曰：此名大北勝。”參閲明彭大翼《山堂肆考・花品・小南强大北勝》。見“牡丹”文。

【貴客】

“牡丹”之美稱。此稱宋代已行用。宋姚寬《西溪叢語》卷上:“昔張敏叔有十客圖，忘其名，予長兄伯聲嘗得三十客，牡丹爲貴客，梅爲清客，蘭爲幽客。”宋龔明之《中吴紀聞・花客詩》:“張敏叔嘗以牡丹爲貴客，梅爲清宫，菊爲壽客。”見“牡丹”文。

【富貴花】[1]

“牡丹”之别稱。此稱元代已行用。宋周敦頤《愛蓮説》:“菊，花之隱逸者也；牡丹，花之富貴者也。”後世遂名牡丹曰富貴花。元吴澄《次韻楊司業牡丹》:“誰是舊時姚魏家，喜從官舍得奇葩。風前月下妖嬈態，天上人間富貴花。”亦稱“富貴花王”。明汪砢玉《珊瑚網・名畫題跋》:“《黄要叔富貴圖》：牡丹爲富貴花王，繪之者往往落俗。古惟蜀待詔黄筌能工此種，是畫設色佈置神氣迥别，至縑素碎脱而花瓣枝葉無少損，定出要叔筆也。”清張照等《石渠寶笈》卷二:“明徐渭《寫生牡丹》一軸，次等成一。素箋本墨畫款題云：五十八年貧賤身，何曾妄念洛陽春。不然豈少胭脂在，富貴花時墨寫神。”清曹寅《竹村大理筵上食石首魚作》詩:“老眼愁看富貴花，病軀思啖呵黎勒。”自注:“時邀看城西牡丹，值雨未果行。”按，“海棠”亦稱“富貴花”，參見本卷《習見果木説・習見仁果考》“海棠”文。見“牡丹”文。

【富貴花王】

即富貴花[1]。此稱明代已行用。見該文。

佛見笑

習見花木名。薔薇科，懸鈎子屬，重瓣

空心藨〔*Rubus rosifolius* Smith var. *coronarius*（Sims）Focke〕之別名。叢生灌木。空心泡之變種。幼枝被柔毛及扁平彎刺。奇數羽狀複葉，披針形或卵狀披針形，葉面稍皺縮。花一至二朵腋生，散生皮刺，花重瓣，黄白色，芳香。聚合果，紅色，有光澤。我國主要分布於南部各地區及臺灣省。花艷麗，可供觀賞。

我國栽培佛見笑已有數百年史。宋代已行用此稱。宋周淙《乾道臨安志・物産・花》："牡丹、芍藥、酴醿、棣棠、海棠、金林檎、御李、緋桃、滴滴金、碧桃、紅杏、長春、玉簪、水仙、玉梅、薔薇、佛見笑……"宋范成大《吴郡志・土物下》："紅花又有金沙、寶相、刺紅、紫玫瑰、五色薔薇等。白花又有金櫻子、佛見笑等，皆薔薇類也。"宋吴自牧《夢粱録・花之品》："官家以花片製作餅兒供筵，佛見笑、聚八仙、百合、滴滴金、石竹。"宋王十朋《佛見笑》詩："學得酴醿白，更能相繼芳。金仙粲然笑，鼻觀不多香。"明戴羲《養餘月令・正月》："正月，籤楊柳、木香、長春、佛見笑、薔薇、石榴、梔子。"按，一説佛見笑即酴醿，見《花鏡》。然上述諸文佛見笑與酴醿并出，顯非一物。亦有以爲佛見笑爲酴醿別種者。如清吴其濬《植物名實圖考・蔓草類・佛見笑》："佛見笑，荼蘼別種也。大朵千瓣，青跗紅萼，及大放則純白。"此附。本種爲"空心泡"之變種，花重瓣，故今通稱"重瓣空心笑"。

佛見笑
（清吴其濬《植物名實圖考》）

【重瓣空心笑】

即佛見笑。今之通稱。見該文。

迎春花[2]

習見花木名。木犀科，素馨屬，迎春花（*Jasminum nudiflorum* Lindl.）。落葉灌木。小枝細長直出或彎曲呈拱形，稍四棱。葉對生，小葉三枚，幼枝基部有單葉；卵形至矩圓狀卵形。花早春先葉開放，單生於去年生枝之葉腋，黄色，有清香。原産我國北部與中部地區，現各地都有栽培。

此花早春先葉而開，故名"迎春花"。唐代省稱"迎春"。沿稱於後世。唐白居易《對新家醖玩自種花》詩："香麴親看造，芳叢手自栽。迎春報酒熟，垂老看花開。"宋已有"迎春花"之稱。《全芳備祖前集・花部・迎春花》引宋劉原父詩序："閣前迎春花，二月初始開，與小桃同時。"亦稱"僭客"。元程棨《三柳軒雜識》卷四二："迎春花爲僭客。"明代時栽培經驗已頗豐富。明高濂《遵生八箋・燕間清賞箋下》："迎春花，春首開花故名。每於花放時移栽，土肥則茂。燖牲水灌之則花蕃。二月中旬分種。"明徐光啓《農政全書》卷三七："凡作園籬諸品……迎春花：取其花早，種於籬内。"明清時賞玩之風亦頗

金腰帶
（清吴其濬《植物名實圖考》）

盛行，各種典籍廣有記載。如明陶宗儀《説郛》卷二四下："［花客］花名十客，世以爲雅戲，《姚氏殘語》演爲三十一客，其中有未當者，暇日因易其一二，且復得二十客併著之，以寓獨賢之意：牡丹爲貴客，梅爲清客，蘭爲幽客，桃爲妖客，杏爲艷客，蓮爲净客，桂爲巖客，海棠爲蜀客……迎春花爲僭客，月丹爲豪客，菱花爲水客。"亦稱"金腰帶"。《續通志・昆蟲草木略三・木類》："迎春花，一名金腰帶，叢生，高數尺，正月初開小花狀如瑞草。"《廣群芳譜・花譜二十一・迎春花》："迎春花，一名金腰帶。人家園圃多種之。叢生，高數尺，有一丈者。方莖厚葉，如初生小椒葉而無齒，面青背淡，對節生小枝，一枝三葉，春前有花，如瑞香花，黄色，不結實。"其花金黄，早春開放，頗爲美麗。鶴壁、青州等市已選爲市花。

【迎春】[2]

"迎春花[2]"之省稱。此稱唐代已行用。見該文。

【僭客】

"迎春花[2]"之别稱。此稱元代已行用。見該文。

【金腰帶】[1]

即迎春花[2]。因其枝韌長，先葉開黄花，故名。此稱清代已行用。見該文。

【腰帶金】

即迎春花[2]。此稱清代已行用。清陳淏子《花鏡》卷三："迎春花，一名腰帶金。叢生，高數尺。方莖厚葉，開最早，交春即放淡黄花。形如瑞香，不結實，對節，生小枝，一枝三葉。候花放時移栽肥土，或巖石上，或盆中……分栽宜於二月中旬，須用焊牲水澆，方茂。"見"迎春花[2]"文。

辛夷

習見花木名。木蘭科，木蘭屬，紫玉蘭（*Yulania liliflora* Desr.）之别名。落葉灌木。單葉互生，倒卵形或卵圓狀倒卵形。花兩性，單生枝頂，外被三枚緑色萼片，早落，花瓣六片，外面紫色，裏面白色，無香氣，與葉同開或葉後開放。原産我國。主要分布於湖北、四川、雲南等省，各地有栽培。

辛　夷
（《證類備急本草畫圖》）

我國栽培利用紫玉蘭歷史頗久，先秦時已用於觀賞或製户楣。始行用此稱，沿稱於後世。《楚辭・九歌・湘夫人》："桂棟兮蘭橑，辛夷楣兮葯［約］房。"李善注引王逸："辛夷，香草。以作户楣。"秦漢時多用於入藥。湖南長沙馬王堆一號漢墓（約前100年）出土發現有完好之辛夷藥物，可證。亦稱"辛矧""侯桃""房木"。《神農本草經・上品・辛夷》："辛夷，味辛，温。主五藏，身體寒風，頭腦痛，面皯。久服，下氣輕身，明目，增年耐老。一名辛矧，一名侯桃，一名房木，生川谷。"南朝梁陶弘景《名醫别録・上品・辛夷》："〔辛夷〕無毒，温中，解肌，利九竅，通鼻塞，涕出，治面腫引齒痛，眩冒，身洋洋如在車船之上者。生鬚髮，去白蟲。可作膏藥，用之去中心及外毛，毛射人肺，令人咳。生漢中。九月采實，曝乾。"唐代亦稱"辛夷花"，并沿稱於後世。其時栽培觀賞已頗盛行。唐韓愈《感春》詩："辛夷花房忽全開，將衰正盛須頻來。"《通志·昆蟲草木略二·木類》："辛夷，曰辛矧，曰侯桃，曰房木。北人曰木筆，南人曰迎香。人家園庭亦多種植。"宋朱長文《吴郡圖經續記·物産》："吴中地沃而物夥，其原隰之所育，湖海之所出，不可得而殫名也。其稼則刈麥種禾，一歲再熟，稻有早晚，其名品甚繁……其花則木蘭、辛夷著名。"明陳淳《題辛夷花》詩："東風日夜發，桃李不禁吹。檢點濃華事，辛夷落較遲。"清代亦俗稱"猪心花"，紅者名"石蕎"。栽培經驗已頗豐富。清陳淏子《花鏡》卷三："辛夷……較玉蘭樹差小。葉類柿而長，隔年發蕊，有毛，儼若筆尖。花開似蓮，外紫内白，花落葉出而無實。别名'侯桃'，俗呼'猪心花'。又有紅似杜鵑者，俗呼爲'石蕎'。其本可接玉蘭，亦宜斫條扦插，可同玉蘭並植，至秋後過枝即生，皆可變爲玉蘭。多澆糞水，則花大而香濃，人多取蕊合香。"今通稱"紫玉蘭"。爲著名觀賞花木。各地俱有栽培。參閲陳俊愉等《中國花經·玉蘭》。

【辛矧】

即辛夷。傳爲書寫之誤。參閲明李時珍《本草綱目·木一·辛夷》。此稱漢代已行用。見該文。

【侯桃】

即辛夷。因其苞初生似小桃，有毛，故名。此稱漢代已行用。見該文。

【房木】

即辛夷。此稱漢代已行用。見該文。

【辛夷花】

即辛夷。亦特指其花。此稱唐代已行用。見該文。

【猪心花】

即辛夷。因其花色紫，形似猪心，故名。此稱清代已行用。見該文。

【石蕎】

即辛夷。特指花紅者。此稱清代已行用。見該文。

【紫玉蘭】

即辛夷。今之通稱。見該文。

【新夷】

即辛夷。漢代已行用此稱。亦稱"新矧""流夷""玉蕊""玉蘭"。漢東方朔《七諫·自悲》："雜橘柚以爲囿兮，列新夷與椒楨。"《神農本草經·上品·辛夷》孫星衍等注："案《漢書·揚雄賦》云：'列新雉於林薄。'師古云：'新雉即辛夷耳。爲樹甚大，其木枝葉皆芳，一名新矧。'《史記·司馬相如傳》'雜以流夷'注：《漢書音義》曰：'流夷，新夷也。'陶弘景云：'小時氣辛香，即《離騷》所呼新夷者。'陳藏器云：'初發如筆，北人呼爲木筆，其花最早，南人呼爲迎春。按：唐人名爲玉蕊，又曰玉蘭。'"見"辛夷"文。

【新矧】

即新夷。此稱唐代已行用。見該文。

【流夷】

即新夷。此稱漢代已行用。見該文。

【玉蕊】[2]

即新夷。此稱唐代已行用。見該文。

【玉蘭】[2]

即新夷。此稱唐代已行用。見該文。

【新雉】

即辛夷。此稱漢代已行用。亦稱"辛引"。

《文選・揚雄〈甘泉賦〉》："平原唐其壇曼兮，列新雉於林薄。"李善注："服虔曰：新雉，香草也。雉、夷聲相近。善曰：《子虛賦》曰：案衍壇曼。新雉，辛夷也。《本草》辛夷，一名辛引。"見"辛夷"文。

【辛引】

同"辛矧"。即新雉。此稱唐代已行用。見"辛雉"文。

【木筆】

即辛夷。其花初出枝頭，苞長近寸，有毛，儼若毛筆尖，故名。唐代已行用此稱。亦稱"木筆花""迎香"。唐陳藏器《本草拾遺・解紛一》："辛夷……北地寒，二月開，初發如筆，北人呼爲木筆。"唐白居易《營間事》詩："暖變墻衣色，晴催木筆花。"《通志・昆蟲草木略二・木類》："辛夷，曰辛矧，曰侯桃，曰房木。北人曰木筆，南人曰迎香，人家園庭亦多種植。"宋陳耆卿《赤城志・風土門一・花之屬》："木筆，初發如筆狀，一名辛夷。見韓退之感春詩。"宋陸游《幽居初夏》詩之一："籜龍已過頭番笋，木筆猶開第一花。"元戴表元《林村寒食》詩："出門楊柳碧依依，木筆花開客未歸。"明馮文度《木筆花》詩："木筆花名映碧欄，詞臣相對動毫端。"明夏旦《藥圃同春・二月》："辛夷，色淡紅。一名木筆。花先後葉，亦一奇卉。香似玉蘭。"《福建通志・物産・花之屬》："木筆，一名辛夷。其花初發如筆，因名。"《廣群芳譜・花譜十七・辛夷》："《苕溪漁隱叢話》：木筆、迎春自是兩種。木筆色紫，叢生，二月方開；迎春白色，高樹，立春已開。"清吴其濬《植物名實圖考・木類・辛夷》："辛夷，《本經》上品，即木筆花。又有玉蘭花，可食，分紫瓣、白瓣二種。"見"辛夷"文。

【木筆花】

即木筆。此稱唐代已行用。見該文。

【迎香】

即木筆。此稱宋代已行用，名見《通志》。疑爲"迎春"之誤。見該文。

【迎春】[3]

即辛夷。其花早春開放，故名。此稱唐代已行用。唐陳藏器《本草拾遺・解紛一》："辛夷，今時所用者，是未發花時，如小桃子，有毛，未折時取之。所云用花開者，及在二月，此殊誤爾。此花江南地暖，正月開。北地寒，二月開。初發如筆，北人呼爲木筆，其花最早，南人呼爲迎春。"明李時珍《本草綱目・木一・辛夷》："［釋名］辛雉、侯桃、房木、木筆、迎春。"《廣群芳譜・花譜十七・辛夷》："辛夷，一名辛雉，一名侯桃，一名木筆，一名迎春，一名房木。生漢中、魏興、梁州川谷。"《格致鏡原・花類一・木筆花》引《苕溪漁隱》："洪慶善云：辛夷高數丈，江南地暖，正月開，北地寒，二月開。初發如筆，北人呼爲木筆；其花最早，南人呼爲迎春。"見"辛夷"文。

【女郎花】

即辛夷。此稱唐代已行用。北朝樂府有《木蘭詩》，叙花木蘭女扮男裝代父從軍故事，詩中有"同行十二年，不知木蘭是女郎"句。後世因稱木蘭花爲"女郎花"。唐白居易《題令狐家木蘭花》詩："從此時時春夢裏，應添一樹女郎花。"宋陸游《春晚雜興》詩之五："病瘍無意緒，閉户作生涯。草草半盂飯，悠悠一碗茶。笑穿居士屩，閑看女郎花。"詩注："唐人謂辛夷爲女郎花，園中有此花，一叢二百朵。"

又《春晚出游》詩之二："王孫草生與階齊，女郎花發乳鶯啼。街頭賣酒處處賤，信脚覓醉無東西。"明楊慎《奚柏軒李西崖許松溪三君子枉過張氏園》詩："戛玉敲金君子竹，長紅小白女郎花。"見"辛夷"文。

【辛怡】

同"辛夷"。此體清代已行用。清吴任臣《山海經廣注·北山經》："又北百里曰綉山，其上有玉青碧，其木多栒，其草多芍藥芎藭。"吴任臣注："郭曰：'芍藥一名辛怡，亦香草屬。'任臣案：'辛怡乃辛雉，今謂之木筆。'揚雄《甘泉賦》：'列辛雉於林薄。'服虔注云：'即辛怡，雉怡聲相近耳。'"見"辛夷"文。

【望春花】[2]

"辛夷"之别稱。因其早春而華，故名。此稱明代已行用。明周嘉胄《香乘》卷二四："熏衣笑蘭梅花香：白芷四兩碎切，甘松零陵一兩，三賴，檀香片，丁皮，丁枝半兩，望春花（辛夷也）……"清李漁《閑情偶寄·種植·木本》："辛夷，木筆，望春花，一卉而數異其名。又無甚新奇可取，名有餘而實不足者，此類是也。園亭極廣，無一不備者方可植之，不則當爲此花藏拙。"《浙江通志·物産·台州府》："玉蘭，《天台山方外志》：台山處處有之，其樹有合抱者，土人謂之望春花。"見"辛夷"文。

玫瑰

習見花木名。薔薇科，薔薇屬，玫瑰（*Rosa rugosa* Thunb.）。落葉灌木。枝幹直立，多刺。奇數羽狀複葉，小葉五至九枚，橢圓形，葉面多皺，緣具齒。花單生或數朵聚生，有紫、白、黄諸色，多數重瓣，艷且芳香。瘦果骨質，扁球形。玫瑰原産我國，主要分布於中部及北部低山叢林中，各地均有栽培。供觀賞。花可提取芳香油，亦可熏茶、釀酒。花蕾、花瓣可入藥。

我國玫瑰記載較久，漢代時稱"玫瑰樹"，并沿用至今。《西京雜記》卷一："樂游苑自生玫瑰樹，樹下多苜蓿。"唐代已見"玫瑰"之稱。唐白居易《草詞畢遇芍藥初開》詩："菡萏泥連萼，玫瑰刺繞枝。"明代亦稱"徘徊花"。時人已經大面積栽培，亦用以充食品，經銷獲利。明文震亨《長物志·花木》："玫瑰一名徘徊花，以結爲香囊，芬氳不絶，然實非幽人所宜佩。嫩條叢刺，不甚雅觀，花色亦微俗，宜充食品，不宜簪帶。吴中有以畝計者，花時獲利甚夥。"《廣群芳譜·花譜二十二·玫瑰》："玫瑰，一名徘徊花，灌生，細葉多刺，類薔薇，莖短。花也類薔薇，色淡紫，青橐黄蕊，瓣末白。嬌艷芬馥，有香有色，堪入茶入酒入蜜。"我國玫瑰栽培歷史悠久。唐宋時已培育出"玉玫瑰"與"紫玫瑰"等品種。明清時多以分植等方法栽培，并注意到病蟲危害及人工捕捉方法。清蒲松齡《農桑經殘稿·諸花譜·玫瑰》："玫瑰，株旁小條多，則大本易枯，只宜移植。凡薔薇、月季、玫瑰，夏生嫩枝時，有黑翅黄腹飛蟲名鏇花娘子，以臀入枝生子，三五日出小蟲，黑嘴青色，傷枝食葉，不可不知，捉之。"玫瑰爲重要香料樹種。玫瑰花

玫　瑰
（清吴其濬《植物名實圖考》）

油，價貴黄金。據宋張邦基《墨莊漫録》卷三載："玫瑰油出北方。其色瑩白，其香芳馥，不可名狀。"宋代已通曉煎煉之法。今甘肅蘭州及永登、山東平陰、北京妙峰山之玫瑰頗具盛名。玫瑰花亦具極高觀賞價值，蘭州、銀川、烏魯木齊、拉薩、瀋陽、佳木斯、佛山等地相繼將其選爲市花。亦俗稱"紅玫瑰""紅玫花""筆頭死""刺玫花"。

【玫瑰樹】

即玫瑰。此稱漢代已行用。見該文。

【徘徊花】

即玫瑰。此稱明代已行用。見該文。

【紅玫瑰】

即玫瑰。今江浙等地多俗用此稱。見該文。

【紅玫花】

即玫瑰。今江浙等地多俗用此稱。見該文。

【筆頭死】

即玫瑰。今江浙等地多俗用此稱。見該文。

【刺玫花】

即玫瑰。因其枝多刺，故名。今之俗稱。見該文。

【刺客】

"玫瑰"之别稱。謂其枝具刺，故名。此稱宋代已行用。宋姚寬《西溪叢語》卷上："昔張敏叔有十客圖，忘其名，予長兄伯聲嘗得三十客，牡丹爲貴客，梅爲清客，蘭爲幽客，桃爲妖客，杏爲艷客……玫瑰爲刺客。"見"玫瑰"文。

【離娘草】

"玫瑰"之别稱。此稱明代已行用。清厲荃《事物異名録・花卉・玫瑰》："《農圃書》：玫瑰俗呼爲離娘草。大凡花木不宜常分，獨此花嫩條新發，勿令久存，移别地則茂。"清陳淏子《花鏡》卷五："玫瑰一名徘徊花，處處有之，惟江南獨盛。其木多刺，花類薔薇而色紫，香膩馥鬱，愈乾愈烈。每抽新條，則老本易枯，須速將根旁嫩條，移植别所，則老本仍茂，故俗呼爲離娘草。"見"玫瑰"文。

刺檗

習見花木名。小檗科，小檗屬，刺檗（*Berberis vulgaris* Linn.）。落葉小灌木，高 2~3 米。小枝黄色，幼時偶帶紅色，次年變灰色，具顯著小溝，枝刺三叉。單葉互生，橢圓狀倒卵形，葉緣有細刺。漿果，紅色或紫色。我國主要分布於河北、山東、甘肅等地。主要供觀賞。

刺檗早爲人知，清代已行用此稱，并作"刺蘗"。《續通志・昆蟲草木略三・木類》："蘗木，一名黄蘗……又一種小樹，多刺者，名刺蘗。"清吴其濬《植物名實圖考・木類・黄蘆木》："又《圖經》謂有一種刺蘗，多刺可染，不入藥用。"賈祖璋等《中國植物圖鑒・小檗科》："刺檗*Berberis vulgaris* Linn.［形態］莖高達二三米；小枝有顯著的溝，黄色，或幼時帶紅，次年變灰色；刺常三叉。葉橢圓狀倒卵形，邊緣生細刺。果實橢圓形，紅色或紫色。［生態］落葉小灌木。分布冀、魯、甘等地。"以其所述形態、生態特徵，賈文所言當即本種。

按，唐王燾《外臺秘要方》卷二二亦有刺蘗："千金療口瘡不歇生牛膝漱口煎方：生牛膝、生蘘荷根各三兩，刺蘗葉一兩。右三味㕮咀，裹以酒三升，漬一宿，微煎一兩沸，含之。"未詳此刺檗是否本種。今附供考。

芫花

習見花木名。瑞香科，瑞香屬，芫花（*Daphne genkwa* Sieb. et. Zucc.）。落葉灌木。莖直立，多分枝。葉紙質，對生，偶互生；長橢圓形或寬披針形，全緣。春季先葉開花，三至七朵簇生於葉腋，淡紫色。核果革質，白色。種子黑色，一枚。我國主要分布於湘、鄂、川、陜、冀、魯、豫、蘇、皖、閩等地。供觀賞。花、根可爲藥。莖皮纖維可造紙。

先民早已熟知芫花，先秦時始稱“芫”。《墨子・雜守》：“令邊縣豫種畜芫、芸、烏喙、袾葉，外宅溝井可置塞，不可置此其中。”畢沅注：“言此數物有毒，可置外宅，不可置中。”秦漢時常爲藥。亦稱“杬”，亦稱“芫華”“魚毒”“去水”“敗華”“兒草根”“黄大戟”。《爾雅・釋木》：“杬，魚毒。”《神農本草經・下品・芫華》：“芫華，味辛，温……一名去水，生川谷。”孫星衍等注引《吴普本草》：“芫華一名去水，一名敗華，一名兒草根，一名黄大戟。”《急就篇》卷四：“烏喙附子椒芫華。”顔師古注：“芫華，一名魚毒，漁者煮之以投水中，魚則死而浮出，故以爲名。其根曰蜀桑，其華可以爲藥，芫，字或作杬，《爾雅》曰：‘杬，魚毒。’郭景純解云：大木，生南方。皮厚汁赤，堪藏卵果，此説誤耳。其生南方用藏卵果者，自别一杬木，乃左思《吴都賦》所云‘緜杬杶櫨’者耳，非毒魚之杬也。”宋明時亦稱“杜芫”“兒草”“赤芫”“頭痛花”。《通志・昆蟲草木略二・木類》：“芫花，曰去水，曰毒魚，曰杜芫，曰敗華，曰兒草，曰黄大戟，其根曰蜀桑。根苗高三二尺，葉似白前及柳葉，根皮似桑根。正二月花，紫碧色，頗似紫荆而作穗。絳州出者花黄，謂之芫花。《爾雅》云：杬，魚毒。《本草》亦云：可用毒魚，其皮可浸汁藏梅。”宋羅願《新安志・叙物産・藥物》：“庶草之繁廡，其施於藥餌者：芝蘭、芍藥、兔絲……瞿麥、芫花、白斂、前胡。”元張鉉《至大金陵新志・田賦志・物産》：“藥之品：玉屑、石鍾乳……百合、百部、白斂、白及、地黄、地榆、貫衆、芫花。”明李時珍《本草綱目・草六・芫花》：“[釋名] 杜芫、赤芫、去水、毒魚、頭痛花、兒草、敗華，根名黄大戟、蜀桑。時珍曰：芫或作杬，其義未詳。去水言其功，毒魚言其性，大戟言其似也。俗人因其氣惡，呼爲頭痛花。《山海經》云，首山其草多芫，是也。”按，以“芫”作“杬”源於《爾雅》：“毒，杬魚。”陸德明釋文云：“杬又作芫。”郭璞則以大木之杬解之。其實似有不妥，《續通志・昆蟲草木略・木類》辨之甚詳，其文曰：“杬，大木。子似栗，生南方。皮厚汁赤，中藏卵果，見郭璞《爾雅》注。臣等謹案《爾雅》：‘杬魚毒。’陸德明釋文云：‘杬又作芫。郭璞以大木之杬解之。’顔師古分芫杬爲二，以芫爲魚毒，以杬爲即《吴都賦》‘緜杬杶櫨’之杬，而以郭注爲誤。考《本草經》草部有芫花，《别録》諸家但云可以毒魚，故一名毒魚，並不言可以藏卵果。沈瑩《臨海異物志》諸書，但言杬可言藏卵果，

芫　花
（清吴其濬《植物名實圖考》）

而不云可以毒魚，則顏説爲不易之論矣。但毒魚之芫止一二尺，亦不得云大木。郭璞以大木釋魚毒者，以文在釋木中耳。然釋草内亦有木槿，則《爾雅》之分篇不可盡泥也。鄭志用本草文以芫爲魚毒是矣。而末又引郭璞皮汁藏果之説以綴之，非也，今别出之。（唐慎微移入木部，李時珍仍移入草部）”此説甚是，然芫杬二稱雖混，但畢竟行用於一時，故俱存之，以備詳考之參考。今通稱“芫花”。俗名“藥魚草”“老鼠花”“鬧魚花”“悶頭花”“石棉皮”“泥秋樹”。

【芫】

“芫花”之省稱。此稱先秦時期已行用。見該文。

【杬】

即芫花。此稱秦漢時期已行用。見該文。

【芫華】

即芫花。此稱漢代已行用。見該文。

【魚毒】

即芫花。因其花煮水，可毒魚，故名。此稱秦漢時期已行用。見該文。

【去水】

即芫花。因此藥可去水氣、醫水腫等症，故名。此稱漢代已行用。見該文。

【敗華】

即芫花。此稱三國時期已行用。見該文。

【兒草根】

即芫花。此稱三國時期已行用。見該文。

【黄大戟】

即芫花。因其根似大戟，故名。此稱三國時期已行用。見該文。

【杜芫】

即芫花。此稱宋代已行用。見該文。

【兒草】

即芫花。此稱宋代已行用。見該文。

【赤芫】

即芫花。因其花色紫，故名。此稱明代已行用。見該文。

【頭痛花】

即芫花。此稱明代已行用。見該文。

【藥魚草】

即芫花。今江蘇各地多俗用此稱。見該文。

【老鼠花】

即芫花。今江蘇各地多俗用此稱。見該文。

【鬧魚花】[2]

即芫花。今湖北、河南等地多俗用此稱。見該文。

【悶頭花】

即芫花。今陝西各地多俗用此稱。見該文。

【石棉皮】

即芫花。今江西各地多俗用此稱。見該文。

【泥秋樹】

即芫花。今湖南各地多俗用此稱。見該文。

【牡芫】

即芫花。或作杜芫。此稱南北朝時期已行用。亦稱“毒魚”。南朝梁陶弘景《名醫别録・下品・芫華》：“味苦，微温，有小毒。消胸中痰水，喜唾，水腫，五水在五藏皮膚，及腰痛，下寒毒肉毒。久服令人虚。一名毒魚，一名牡芫。其根名蜀桑根，治疥瘡，可用毒魚。生淮源。三月三日采花，陰乾。”按，1986年人民衛生出版社《名醫别録》，以芫花作牡芫，而《通志》《證類本草》《本草綱目》等俱作杜芫。或以爲二字形似致訛成誤，今附此以供詳考。見“芫花”文。

【毒魚】

即牡芫。或“魚毒”之訛。此稱南北朝時期已行用。見該文。

金粟蘭

習見花木名。金粟蘭科，金粟蘭屬，金粟蘭〔*Chloranthus spicatus* (Thunb.) Mak.〕。常綠亞灌木。葉對生，倒卵狀橢圓形，鈍齒緣，齒尖具腺體。穗狀花序，通常頂生；花小，無花被，黄綠色，極芳香。我國主要分布於南方各地，多爲人工栽培。金粟蘭葉青翠，花金黄，香似蘭花，常栽植以供窨茶。花及根可提取芳香油。全草入藥。花亦可盆玩。

我國栽培金粟蘭已有數百年史。對其形態、習性、用途亦有頗多瞭解。明代已行用此稱。亦稱“真珠蘭”“魚子蘭”“珠蘭”“珍珠蘭”“鷄爪蘭”。明文震亨《長物志·花木》：“蘭出自閩中者爲上……金粟蘭名賽蘭，香特甚。”清陳淏子《花鏡》卷五：“真珠蘭，一名魚子蘭。枝葉有似茉莉，但軟弱須用細竹幹扶之，花即長條細蕊，蕊大便是花開……性宜陰濕，又最畏寒，霜降後須同建蘭、茉莉一樣入窨收藏。若在閩、粤，則又當别論矣。三月初方可出窨，當以魚腥水五日一澆；雖喜肥，却忌澆糞。花與建蘭同時，其香相似，而濃郁實尤過之。好清者每取其蕊，以焙茶葉甚妙。”今人伊欽恒校注以爲《花鏡》之真珠蘭即本種。《廣群芳譜·花譜二十三·真珠蘭》：“真珠蘭一名魚子蘭，色紫，蓓蕾如珠，花開成穗，其香甚濃。四月内，節邊斷二寸插之即活。”《格致鏡原·花類三·真珠蘭》引《花譜》：“真珠蘭，一名魚子蘭，蓓蕾如珠，花成穗，香甚濃。葉能斷腸。”清趙學敏《本草綱目拾遺·花部·珠蘭》：“《藥性考》：珍珠蘭味辛，窨茶香鬱，其根有毒，可磨敷癰癤，今名鷄爪蘭。《花經》云：真珠蘭一名魚子蘭……但性毒，止可取其香，故不入藥。”徐珂《清稗類鈔·植物類·珠蘭》：“珠蘭爲常綠小灌木，一名金粟蘭，亦称珍珠蘭，植於園圃，莖高二三尺，有節，葉橢圓而厚。”參閲江蘇新醫學院《中藥大辭典·珠蘭》。按，金粟蘭可窨茶，故俗稱“茶蘭”。

【真珠蘭】

即金粟蘭。此稱清代已行用。見該文。

【魚子蘭】3

即金粟蘭。此稱清代已行用。見該文。

【珠蘭】2

即金粟蘭。此稱清代已行用，今江蘇南京地區沿用此稱。見該文。

【珍珠蘭】2

即金粟蘭。此稱清代已行用，語本《藥性論》。見該文。

【鷄爪蘭】2

即金粟蘭。此稱清代已行用，今臺灣各地沿用此稱。見該文。

【茶蘭】

即金粟蘭。因其花可窨茶，故名。今之俗稱。見該文。

【賽蘭】

即金粟蘭。此稱明代已行用。亦稱“吊蘭”。明文震亨《長物志·花木》：“蘭出自閩中者爲上……金粟蘭名賽蘭，香特甚。”《浙江通志·物産六·金華府》：“珍珠蘭，《東陽續志》：亦名賽蘭。本非蘭種，以其香氣似蘭而鬱也。

花金色，亦名金粟蘭。形如魚子，名魚子蘭。開時如貫珠，故名。莖以棕絲繫之，又名吊蘭。用以貯茶，香味俱勝，名蘭茶。”見“金粟蘭”文。

【吊蘭】

即賽蘭。此稱明清時期已行用。見該文。

金絲桃[1]

習見花木名。金絲桃科，金絲桃屬，金絲桃（*Hypericum monogynuw* L.）。半常緑小灌木。單葉對生。紙質，橢圓形。聚傘花序，頂生，花瓣五枚，金黄色。蒴果卵圓形。花期6至7月，果期8月以後。我國南北各地均有分布。其花絲纖細，燦若金絲，絢麗可愛，爲夏季優良觀賞花木。亦可入藥。

我國明清時栽培極爲普遍，其時已行用此稱。明王圻、王思義《三才圖會・草木・金絲桃》：“金絲桃，花如桃，而心有黄鋪散，花外若金絲然，亦以根生下劈開分種。”清高宗《金絲桃》詩：“翩翩黄蝶力難勝，迥異人重過武陵。最愛緑盤高捧出，五花齊燦五金燈。”清彭孫遹《金絲桃》詩：“誰擣流黄小院前，落英猶似問津年。色絲輕剪曹娥絹，金粟新攢魏女鈿。”清查慎行《咏金絲桃應皇太子令》詩：“裝束渾疑出道家，川原何用覓紅霞。偶分高士籬邊色，仍是仙人洞裏花。”清陳元龍《格致鏡原・花類一・金絲桃》引《花譜》曰：“[金絲桃]花如桃，而心有黄鬚鋪散於花外，若金絲然。”清蒲松齡《農桑經殘稿・諸花譜・金絲桃》：“金絲桃：宜燥，惡濕。春分栽。”

金絲桃
（清吴其濬《植物名實圖考》）

按，桃金娘亦名“金絲桃”，然非一種，參見本考“桃金娘”文。又，我國温帶、亞熱帶地區河谷、溪旁向陽處常有野生金絲桃。民間常掘起栽植。另有分株、扦插、播種等方法繁殖。今亦稱“金絲海棠”“照月蓮”“五心花”“土連翹”“夜來花樹”“垣上黄”等稱。

【金絲海棠】

即金絲桃[1]。今江浙等地多行用此稱。見該文。

【照月蓮】

即金絲桃[1]。今湖南各地多行用此稱。見該文。

【五心花】

即金絲桃[1]。因花瓣五枚，故名。今湖南各地多行用此稱。見該文。

【土連翹】[2]

即金絲桃[1]。今湖南各地多行用此稱。見該文。

【夜來花樹】

即金絲桃[1]。今四川各地多行用此稱。見該文。

【垣土黄】

即金絲桃[1]。今四川各地多行用此稱。見該文。

金絲梅

習見花木名。金絲桃科，金絲桃屬，金絲梅（*Hypericum patulum* Thund. ex Murray）常緑或半常緑小灌木。小枝紅或暗褐色，具二棱。單葉對生，卵形至卵狀披針形。花單生枝頂或成聚傘花序，花五瓣，金黄色。蒴果卵形。我國主要分布於中部、東南、西南及臺灣等地。其花燦若金絲，絢麗可愛，常栽植供觀賞。全株可爲藥材。

我國栽培利用金絲梅已有數百年史。明代稱“金絲桃”。亦行用此稱。明蘭茂《滇南本草・金絲桃》：“金絲桃，味若，性寒。”明李日華《六研齋二筆》卷三：“今叟赴夜臺飯，重思稻玩轉燐花不可復作。余所仰僮奚握錢懸購耳。因悉書其名以督之：迎春、紫白蝴蝶、剪春羅、剪秋羅、十様錦、石竹、水木樨、番菊、虞美人、十姊妹、綫穿牡丹、紫茉莉、鼓子花、六月雪、羊躑躅、長春花、紫花蒂丁、紫蘭、午時花、白花蒂丁、飛來鳳、金雀、紫牽牛、白牽牛、剌、山丹、金絲梅、金絲桃、馬鞭花、柳穿魚、鹿葱、秋葵。”清高宗《金絲梅》詩：“梅寧知白與知黄，三品何須誨善藏。設使移根大庾嶺，冰姿應亦爲韜芳。”清代稱“雲南連翹”“芒種花”“洱海連翹”。清吴其濬《植物名實圖考・隰草類・雲南連翹》：“雲南連翹，俗呼芒種花。赭莖如樹，葉短如柳葉而柔厚，花與湘中無異……《滇黔紀游》所謂洱海連翹，遍於籬落，黄色可觀是也。”

按，金絲梅爲本種之通稱。屬重要觀賞與藥用植物。今亦俗稱“細連翹”“大過路黄”“土連喬”。又，本種尚有“小葉金絲梅”“大花金絲梅”“巨花金絲梅”“大葉金絲梅”等變種，均具觀賞價值。

【金絲桃】[2]

“金絲梅”之别稱。此稱明代已行用，與本屬之“金絲桃”乃同名异物。見該文。

【雲南連翹】

即金絲梅。因産雲南，故名。此稱清代已行用。見該文。

【芒種花】

即金絲梅。因芒種時花盛，故名。此稱清代已行用。見該文。

【洱海連翹】

即金絲梅。因産洱海，故名。此稱清代已行用。見該文。

【細連翹】

即金絲梅。今湖南各地多俗用此稱。見該文。

【大過路黄】

即金絲梅。今貴州各地多俗用此稱。見該文。

【土連喬】

即金絲梅。連喬似連翹之音訛。今雲南各地多俗用此稱。見該文。

金縷梅

習見花木名。金縷梅科，金縷梅屬，金縷梅（*Hamamelis mollis* Oliver）。落葉灌木或小喬木，高可達 8 米。小枝具星狀毛。單葉互生，葉寬卵形，全緣，下面密生星狀毛。花兩性，黄白色。蒴果卵圓形，長 1.2 厘米，有星狀毛，二瓣開裂。我國主要分布於廣西、湖南、湖北、安徽、江西、浙江等地。多見於山地次生林中。供觀賞。根可入藥。

我國人民早已熟知此樹，清代已行用此稱。其花早春先葉開放，花瓣如縷，婀娜多姿，遠望頗似臘梅，因稱金縷梅。《廣群芳譜・花譜三十二・金縷梅》：“《黄山志》：金縷梅，其色金，瓣如縷，翩翩婙娜，有若翔舞。春時盛開，望去疑爲蠟梅。”清王士禎《分甘餘話》卷四：“《廣群芳譜》所載異花凡一百一十六種，今略録數十種於左：萬年花、金蓮、庛碧、九花樹、金簦花、紅綬花、優鉢曇、迎輦花、金步摇、靈壽花……金縷梅、瓔珞花、紫雲花、海闍花、仙都花、四照花、覆杯花、查葡花、山釵花、鵝群花、海瓊花、寶網花、長樂花、優鉢羅花、燕蓊花、玉燭花、杏香花、萬蝶花。”《熱河志・物産三・花之屬》：“金雀梅，土人稱之。花形如雀，色黄，野生。疑即《廣群芳譜》所謂金縷梅也。”清宋犖《西陂類稿》卷一四：“《黄海山花圖咏二十首有序》：金縷梅，似蠟梅而瓣如縷，春日開時翩翩欲舞。‘春林發異香，縷縷雕黄玉。已將寫作圖，還擬製爲曲。’”《江南通志・食貨志・物産》：“金縷梅，似蠟梅而瓣如縷。春日開時，翩躚欲舞。”

我國金縷梅栽培頗廣，常用播種或插條繁殖。適於孤植，亦可配於山石之間，更覺賞心悦目。亦可用於盆植或作切花材料。

金花忍冬

習見花木名。忍冬科，忍冬屬，金花忍冬（*Lonicera chrysantha* Turcz.）。落葉灌木，直立，高達2米。葉菱形至菱形狀披針形。總花梗具毛，花冠先白色後爲金黄色，外疏生微毛，唇形。漿果紅色。種子顆粒狀，粗糙。我國主要分布於東北、華北、西北東部及山東、内蒙古等地。果紅色，可食，歉年可食以當饑。花可入藥。

婆婆枕頭
（明朱橚《救荒本草》）

金花忍冬久爲人知，明清時稱“婆婆枕頭”。明朱橚《救荒本草》卷五：“黄絲藤，生輝縣太行山山谷中。條類葛條，葉似山格刺葉而小，又似婆婆枕頭，葉頗硬，背微白，邊有細鋸齒，味甜。”明鮑山《野菜博録》卷四：“婆婆枕頭，生鈞州密縣山坡中。科條高三四尺，葉似櫻桃葉長。開黄花，結子如緑豆大，生則青，熟紅色，味甘。食法：采熟紅子食之。”明徐光啓《農政全書》卷五五引《救荒本草》：“婆婆枕頭，生鈞州密縣山坡中。科條高三四尺。葉似櫻桃葉，而長。開黄花。結子如緑豆大，生則青，熟紅色，味甜。”按，今人石聲漢校注《農政全書》引王作賓《〈農政全書〉〈救荒本草〉及〈野菜譜〉植物學名》所示，此婆婆枕頭即金花忍冬。亦稱“黄金銀花”。

【婆婆枕頭】

即金花忍冬。此稱明代已行用。見該文。

【黄金銀花】

即金花忍冬。今稱。見該文。

金邊瑞香

習見花木名。瑞香科，瑞香屬，金邊瑞香（*Daphne odora 'Aure omarginata'*）。常緑灌木。瑞香之變種一。樹似瑞香，唯葉緣金黄色。由此得名。花極香馥。主要供觀賞。

此稱明代已行用。貶稱“花賊”。明高濂《遵生八箋・燕閑清賞箋下》：“瑞香花四種：有紫花，名紫丁香；有粉紅者，名瑞香；有白瑞香；有緑葉黄邊者，名金邊瑞香。惟紫花葉厚者香甚。”明文震亨《長物志・花木》：“又有一種金邊者，人特重之，枝既粗俗，香復酷烈，能損群花，稱爲‘花賊’，信不虚也。”《格致鏡原・花類一・瑞香花》：“《藝花譜》：〔瑞香花〕有緑葉黄邊者名金邊瑞香。”

【花賊】

“金邊瑞香”之貶稱。因舊傳其花香烈，能損群花，故名。此稱明代已行用。見該文。

夜合花[2]

習見花木名。木蘭科，木蘭屬，夜香木蘭〔*Magnolia coco*（Lour.）DC. Syst.〕。常緑灌木或小喬木。高2~4米。小枝緑色，平滑，稍具角棱而有光澤。單葉互生，革質，近橢圓形；葉面深緑而有光澤，稍皺，邊緣微反捲；托葉痕達葉柄頂端。花兩性，單生枝頂，近球形；花被九片，肉質，倒卵形，外輪三片帶緑色，内兩輪均純白色。聚合果，蓇葖近木質。種子卵圓形。我國主要分布於粵、桂、滇、閩、浙、臺等地，多見於海拔600~900米濕潤肥沃之常緑闊葉林下，華南各地有栽培。夜合花枝葉深緑，婆娑可愛，花朵純白，芳香濃鬱，可用爲庭園觀賞。花可提取香精或製浸膏；亦可窨茶，并入藥以治淋濁帶下。根皮等亦供藥用。

我國栽培夜合花已有數百年史。清代已行用此稱。昔傳其花曉開夜合，入夜後花香尤甚，故得此名。清吴其濬《植物名實圖考·群芳類·夜合花》：“夜合花産廣東，木本長葉，花青白色，曉開夜合。”

按，其所言特徵及所附圖形當爲今之夜香木蘭。南方各地栽培多以紫玉蘭、火力楠、木蓮等爲砧木，用靠接或高空壓條繁殖，成活後移入圃地，育成大苗後栽植。現亦用一二年生苗幹扦插繁殖，成活率高達90%以上。又，古代植物名夜合花者甚多，其中合歡、何首烏等皆有“夜合”之名。如明顧起元《説略·卉箋下》：“《〔本草〕衍義》曰：花色如蘸暈綫，上半白，下半肉紅，散垂如絲，爲花之異，其緑葉夜合，又謂之夜合花，即今之烏茸樹，但其花不香耳。又草有夜合花，柳子厚詩：‘夜合花開香滿庭’也。今水田中有草名夜合草，又何首烏即交籐，亦名夜合，見《通志·草木略》。又《酉陽雜俎》載胡椒結子兩兩相對，葉晨開暮合，合則裹其子於葉中，是亦當爲合昏椒矣。又南海有菜，四葉相對，夜合晝開，名合歡菜，見《番禺雜記》。”清刊《月令輯要·晝夜令上》：“夜合花，原《遵生八箋》：夜合花二種，紅紋香淡者，名百合。蜜色而香濃日開夜合者，名夜合。根皆可食。竇叔向詩：夜合花開香滿庭，夜深微雨醉初醒。”但烏茸樹（合歡）木本而不香，其他雖香但非木本，故宜用心辨之。

【夜香木蘭】

即夜合花[2]。因入夜花香尤甚，故名。今之通稱。見該文。

夜來香

習見花木名。蘿藦科，夜來香屬，夜來香〔*Telosma cordata*（Burm. F.）Merr.〕。藤狀灌木。小枝柔弱，圓柱形，略被柔毛。單葉對生，寬卵形至矩圓狀卵形。傘形狀聚傘花序，腋生，有花多至三十朵，花黄緑色，有清香，夜間更盛。蓇葖果披針形，外果皮厚，無毛。種子寬卵形，頂端具白絹質種毛。原産於我國華南地區，今各地均有栽培。大都用於觀賞，花可入藥，亦可提取芳香油。

我國栽培夜來香已數百年，以其花夜間香盛，故名“夜來香”。清代已行用此稱。清高宗《夜來香》詩：“綴叢百朵似縫紉，傍晚吹風香氣匀。莫訝人工無此巧，花神本自是針神。”清湯右曾《夜來香》詩：“白日車馬喧，朱門酒肉臭。所以暗香來，多在夜凉後。”清鄒一桂《小山畫譜》卷上："夜來香，藤本。植必用架，蔓延環繞，葉長而末圓，花一叢百朵，五出，色緑微黄，蒂托管有柄，開亦下垂，日落則香氣襲人，六七月開。"清吴其濬《植物名實圖考・群芳類・夜來香》："夜來香産閩、廣，蔓生，葉如山藥葉而寬，皆仰合，不平展。秋開碧玉五瓣花，夜深香發，清味如茶，北地亦植之。頗畏寒，廣中以其多陰藏蛇，委之籬落。閩人云：斷腸草經野燒三次，即變此花，猶有毒云。"今亦稱"夜香花""夜蘭香"。

夜來香
（清吴其濬《植物名實圖考》）

【夜香花】

即夜來香。因其花夜香尤甚，故名。今廣東廣州地區多行用此稱。見該文。

【夜蘭香】

即夜來香。因其花夜香如蘭，故名。今廣東各地多行用此稱。見該文。

京山梅花

習見花木名。綉球科，山梅花屬，太平花（*Philadelphus pekinensis* Rupr.）之别名。落葉小灌木。小枝對生，紫褐色，漸變爲栗褐色。單葉對生，卵形或橢圓狀卵形，脉五出，緣具齒。總狀花序，花冠盤形，乳白色。蒴果倒圓錐形或近球形。我國主要分布於内蒙古、遼寧、河北、河南、山西、四川等地。花色美，可供觀賞。嫩葉可食。枝幹可製烟管。

我國栽培京山梅花已有近千年歷史。宋代已廣爲栽培，時稱"瑞聖花""豐瑞花""太平花"。至宋仁宗天聖年間賜名"太平瑞聖花"。《續資治通鑑長編・宋仁宗天聖六年》："益州獻異花，似桃，四出，而千百苞駢聯成朵，蜀耆舊言此花不開六十餘年矣。上頗異之，後因目爲太平瑞聖花。"宋宋祁《益部方物略記・瑞聖花》："衆跗聚英，爛若一房，有守繪圖，厥名乃章，繁而不艷，是異衆芳。"附注："瑞聖花出青城山中，幹不條，高者乃尋丈，花率秋開，四出，與桃花類，然數十跗共爲一花，繁密若綴……蜀人號豐瑞花……更號瑞聖花。"宋楊巽齋《醉太平花》詩："紫芝奇樹謾前聞，未若此花葉氣薰。種向春臺豈無象，望中秀色似卿雲。"《廣群芳譜・花譜三十二・太平瑞聖花》："《劍南詩注》：天聖中，獻至京師，仁宗賜名太平瑞聖花。"《格致鏡原・花類四・諸花》："《花木考》：瑞聖花，出青城山中……蜀人號豐瑞花。"

按，山梅花屬約七十五種，我國約有十八種及十二個變種與變型。本種通稱"京山梅花"。參閱鄭萬鈞等《中國樹木志・京山梅花》。

【瑞聖花】

即京山梅花。此稱宋代已行用。見該文。

【豐瑞花】

即京山梅花。此稱宋代已行用，今四川各地仍沿用此稱。見該文。

【太平花】

即京山梅花。此稱宋代已行用，今北京地區仍沿用此稱。見該文。

【太平瑞聖花】

即京山梅花。此稱宋代已行用，并沿稱於後世。見該文。

珍珠花[2]

習見花木名。薔薇科，綉綫菊屬，珍珠綉綫菊（*Spiraea thunbergii* Sieb. ex Bl.）之别名。落葉灌木，高1~2米。小枝褐色，有棱，幼時具短柔毛。葉條狀披針形，長2~4厘米，中部以上具尖鋸齒。傘形花序，無總花梗，花三至七朵，基部叢生數枚小葉片；花白色，萼筒鐘形。蓇葖果，開張，無毛。原産於我國華東地區，今遼寧、山東、江蘇、浙江等地均有栽培。根可入藥。亦可栽培供觀賞。

我國人民早已熟知此樹，清代已行用此稱。《熱河志·物産三·花之屬》："珍珠花，土人稱之。花白，叢開如珍珠，野生。"《山東通志·物産志·花木屬》："珍珠花，花白，多莖，如珠而香。"亦稱"米飯花""米殻"。清吴其濬《植物名實圖考·木類·珍珠花》："珍珠花一名米飯花，生雲南山坡。叢生，高三二尺，長葉攢莖勁垂，無偏反之態。春初梢端白筒子花，本大末收，一一下懸，儼如貫珠，又似糯米。一條百數，映日生光。"《陝西通志·物産二·草屬》："珍珠花，'莫道長安貧似磬，緣堦遶砌盡珍珠'（張舜民《珍珠花》詩）。"書注："珍珠花，一名米殻（《延綏鎮志》）。"賈祖璋等《中國植物圖鑒·懸鈴木科》："珍珠花（《植物名實圖考》）……［生態］落葉灌木。生於水邊的巖石上，多栽培於庭園間。分布贛浙等地。［應用］供觀賞用。"以其所述形態、生態及其拉丁學名，《植物名實圖考》之珍珠花當屬今之"珍珠綉綫菊"。

【米飯花】[1]

即珍珠花[2]。此稱清代已行用。見該文。

【米殻】

即珍珠花[2]。此稱清代已行用。見該文。

【珍珠綉綫菊】

即珍珠花[2]。今稱。見該文。

珍珠梅

習見花木名。薔薇科，綉綫菊屬，綉球綉綫菊（*Spiraea blumei* G.Don）。落葉灌木，高達1.5米。小枝細，微彎曲，無毛。單葉互生，菱狀卵形或倒卵形，先端鈍，葉緣有缺刻樣鈍齒，無毛。傘形花序，花白色。蓇葖果直立，萼宿存。花期4至5月。我國主要分布於長江流域以南各地，向北至山東、山西、河南、河北、内蒙古、遼寧及陝西秦嶺、甘肅南部。多見於海拔500~2000米向陽山坡、山谷、灌叢及雜木林中。樹姿優美，花潔白秀麗，可供觀賞。葉可代茶。根、果可入藥。

珍珠梅
（清吴其濬《植物名實圖考》）

清代已行用此稱。清吴其濬《植物名實圖考·群芳類·珍珠梅》："珍珠梅，白花數十朵爲球，春開。"今亦稱"珍珠綉球""碎米椏"。通稱"綉球綉綫菊"。參閲《中藥大辭典·麻葉綉綫菊》及鄭萬鈞《中國樹木志·薔薇科·綉球綉綫菊》。

【珍珠綉球】

即珍珠梅。今稱。見該文。

【碎米椏】

即珍珠梅。今貴州各地多行用此稱。見該文。

【綉球綉綫菊】

即珍珠梅。今之通稱。見該文。

南紫薇

習見花木名。千屈菜科，紫薇屬，南紫薇（*Lagerstroemia subcostata* Koehne）。落葉灌木或小喬木。高 2~8 米，樹皮白色。小枝圓柱形或具四條棱綫。基部葉對生或近對生，上部葉互生；矩圓形或矩圓狀披針形，偶生柔毛。圓錐花序頂生，花序軸被微柔毛；花白色，花萼半球形，花瓣五至六片，近圓形，呈皺縮狀。蒴果，近橢圓形或卵狀橢圓形。我國主要分布於臺灣、廣東、湖南、湖北、四川、安徽、江西、浙江等地。主要用於觀賞。臺灣等地民間多植爲籬落。其木材可供民居用材，亦供燒柴。

南紫薇久爲人知，清代稱"九荆""九芎"。清蔣毓英《臺灣府志・物産・木之屬》："九荆，小花如白紫微花而小，籬落、草屋用爲豎柱，以上三邑（臺灣縣、鳳山縣、諸羅縣）俱有。"清高拱乾等《臺灣府志・風土・木之屬》："九芎，燒柴之最者。村落草屋用爲豎柱。"清范咸等《重修臺灣府志・物産・草木》："九芎，一名九荆。村落草屋用爲豎柱，入土不朽。"以上各方志所述九荆、九芎之形態及用途，當爲"南紫薇"無疑。亦稱"拘那花""苞飯花"，并沿稱至今。清吴其濬《植物名實圖考・木類・拘那花》："按此花江西、湖南山岡多有之，花、葉、莖俱同紫薇，唯色淡紅。叢生小科（棵），高不過三尺，山中小兒取其花苞食之，味淡微苦，有清香，故名苞飯花。俚醫以爲敗毒，散淤［瘀］之藥。"江蘇新醫學院《中藥大辭典・拘那花》："拘那花（《植物名實圖考》），異名：九芎（《臺灣府志》），苞飯花（《植物名實圖考》），九荆（《植物名彙》）。"中國科學院植物研究所《中國高等植物圖鑒・千屈菜科・南紫薇》："南紫薇：苞飯花、九荆。"九荆、九芎、拘那花、苞飯花皆指南紫薇可證。又，"拘那花"亦指夾竹桃，名同而實异。又《植物名實圖考》云"夏開淡紅花"，似亦指夾竹桃，宜辨之。參閱侯寬昭等《廣州植物志》。今亦稱"苞飯花"。

拘那花

（清吴其濬《植物名實圖考》）

【九荆】

即南紫薇。此稱清代已行用，并沿稱至今。見該文。

【九芎】

即南紫薇。此稱清代已行用，并沿稱至今。見該文。

【拘那花】

即南紫薇。此稱清代已行用。見該文。

【苞飯花】

即南紫薇。此稱清代已行用，今東南各地仍沿用。見該文。

重瓣紅榴

習見花木名。石榴科，石榴屬，重瓣紅榴（*Punica granatum* Linn. var. *pleniflora* Hayne.）。

落葉灌木。石榴之變種一。樹似石榴。花大，重瓣，紅色。主要用於觀賞。各地有栽培。

明代稱“千瓣大紅”。明高濂《遵生八箋·起居安樂箋上》:“玄都異種，未識劉郎，千瓣大紅、重臺石榴、千瓣白榴、千瓣粉紅榴、千瓣鵝黄榴、單瓣白粉二色榴，西域別枝堪驚。”《畿輔通志·土産·花屬》:“榴花，《遵生八箋》:燕中榴花有千瓣白、千瓣粉紅、千瓣黄、千瓣大紅。單瓣者，比他處不同，中心花瓣如起樓臺，謂之重臺石榴。”亦稱“千葉大紅”。清陳淏子《花鏡》卷四:“石榴……花有數色，千葉大紅、千葉白，或黄或粉紅，又有並蒂花者。”《廣群芳譜·花譜七·石榴花》:“燕中有千瓣白、千瓣粉紅、千瓣黄、千瓣大紅，單瓣者，比別處不同。”陳植《觀賞樹木學·石榴》以爲千瓣大紅即本種。

【千葉大紅】

即重瓣紅榴。此稱清代已行用。見該文。

【千瓣大紅】

即重瓣紅榴。此稱明代已行用。見該文。

穿心梅花

習見花木名。薔薇科，李屬，南郁李〔*Prunus japonica* Tunb. var. *kerii*（Steud.）Koehne〕之別名。爲郁李之變種。樹似郁李，爲落葉灌木，小枝細密。葉卵形或卵狀披針形，背面無毛。花重瓣，中心一縷與蒂相連，因稱穿心梅花。我國南部各地有分布。

此花栽培歷史悠久，清代已行用此稱。清吴其濬《植物名實圖考·木類·郁李》:“郁李，《本經》下品。即唐棣，實如櫻桃而赤，吴中謂之爵梅，始固謂之秧李。有單瓣、千葉二種:單瓣者多實，生於田塍;千葉者花濃，而中心一縷連於蒂，俗呼爲穿心梅花。”今人陳植《觀賞樹木學·落葉樹木》:“郁李*Prunus japonica* Thunb.，亦稱常棣（《詩經》疏）……其變種及變型如次:南郁李var. *kerii* Koehne，亦稱穿心梅花（《植物名實圖考》）。葉背面無毛，花半重瓣，花梗長3毫米。産東南各省，久經栽培。”陳文所云或是，今附供考。

【南郁李】

即穿心梅花。今之通稱。見該文。

素興花

習見花木名。木犀科，素馨屬，多花素馨（*Jasminum polyanthum* Franch.）之別名。常緑攀援灌木。幼枝圓柱形。羽狀複葉，對生，小葉披針形，有明顯之三脉。複聚傘花序頂生或腋生，花冠白色或淡紅色。我國主要分布於雲、貴各地。供觀賞。全株及花亦入藥。

宋代已行用此稱。昔傳大理國君段素興好佚游，喜鬥草簪花，宋慶曆年間見此花頗奇，遂以己名名之。清馮甦《滇考·段氏大理國始末》:“段氏之先爲武威郡人。唐天寶末，段儉魏佐蒙氏有功，賜名忠國……（宋）仁宗慶曆元年也，素興年幼好佚游，廣營宫室於東京，築春登、雲津二堤，分種黄白花其上，有遶道金棱、紫城銀棱之目。每春月，挾妓載酒自玉案三泉，泝爲九曲流觴，男女列坐鬥草簪花以爲樂。時有一花，能遇歌則開，遇

素興花
（清吴其濬《植物名實圖考》）

舞則動，素興愛之，命美人盤髻爲飾，因名素興花。後又訛爲素馨云。”清吴其濬《植物名實圖考·群芳類·素興花》：“素興花生雲南。蔓生，藤葉俱如金銀花，花亦相類……《滇略》云：南詔段素興好之，故名。《志》謂即素馨，殊與粤産不類。”本種與“素馨”爲近緣種。通稱“多花素馨”，亦俗稱“野素馨”“素馨花”“鷄爪花”。

【多花素馨】

即素興花。今之通稱。見該文。

【野素馨】

即素興花。今雲南各地多行用此稱。見該文。

【素馨花】 [1]

即素興花。今雲南各地多行用此稱。見該文。

【鷄爪花】

即素興花。今雲、貴等地多行用此稱。見該文。

桃金娘

習見花木名。桃金娘科，桃金娘屬，桃金娘〔*Rhodomyrtus tomentosa*（Ait.）Hassk.〕。常緑小灌木。高1~2米。葉對生，革質，橢圓形或倒卵形。背面有黄褐色茸毛。聚傘花序腋生，有花一至三朵，初開時玫瑰紅色，末花近白色。漿果球形，熟時暗紫色。花期5至8月，果熟期8月以後。我國主要分布於閩、臺、粤、桂、湘、滇、黔諸地。供觀賞。果可食。全草可入藥。

我國明代栽植此種已較普遍，用以觀賞或入藥。時行用此稱，并沿稱至今。亦稱“金絲桃”。明方以智《物理小識·草木類》：“桃金娘，桂林野花，叢開似梅，而末微鋭似桃，而色更赬，中莖純紫，絲綴深黄如金粟，土人呼爲桃金娘。八九月實熟，青紺若牛乳狀，味甘，入脾養血，其花能行血。”清陳淏子《花鏡》卷三：“金絲桃，一名桃金娘，出桂林郡。花似桃而大，其色更赬。中莖純紫，心吐黄，鋪散花外，儼若金絲。八九月實熟，青紺若牛乳狀，其味甘，可入藥用。如分種，當從根下劈開，仍以土覆之，至來年移植便活。”清粱紹壬《兩般秋雨盦隨筆·桃金娘》：“粤歌曰：擕手南山陽，采花香滿筐。妾愛留求子，郎愛桃金娘。”清屈大均《廣東新語·草語·桃金娘》：“草花之以娘名者有桃金娘。叢生野間，似梅而末微鋭，似桃而色倍赬。中莖純紫，絲綴深黄如金粟，名曰桃金娘。八九月實熟，青紺若牛乳狀，味甘可養血；花則行血。或曰産自桂林。今廣州亦多有之。”亦稱“山稔”“山菍”。清何克諫《生草藥性備要》下卷：“山稔葉，味甘、性辛。止痛，散熱毒，止血、拔膿生肌。其根，治心痛。子，亦可食，健大腸，亦治蛇傷。”清趙其光《本草求原·山草部·山菍葉》：“山菍葉，花如桃花，六七月子熟，紅黑色；葉對生。”

今江南低山疏林中有零星或成片分布，居民常掘以栽植，亦播種育苗，用於草地叢植或盆栽玩賞。今各地俗稱“桃娘”“水刀蓮”“江稔”“崗稔”等。參閱陳嶸《中國樹木分類學·桃金娘科》。

【金絲桃】 [3]

即桃金娘。此稱清代已行用。今另有“金絲桃”，爲山竹子科，半常緑小灌木，别名“金絲海棠”。另附。見“桃金娘”文。

【山稔】

即桃金娘。此稱清代已行用，今海南各地多行用此稱。見該文。

【山菍】[2]

即桃金娘。此稱清代已行用，今廣東、海南等地多行用此稱。見該文。

【桃娘】

即桃金娘。今福建各地多俗用此稱。見該文。

【水刀蓮】

即桃金娘。今廣東各地多俗用此稱。見該文。

【江稔】

即桃金娘。今海南各地多俗用此稱。見該文。

【崗稔】

即桃金娘。今南方各地多俗用此稱。見該文。

馬銀花

習見花木名。杜鵑花科，杜鵑屬，馬銀花〔*Rhododendron ovatum*（Lindl.）Planch.〕。常緑灌木。幼枝疏生具柄之腺與柔毛。葉互生，革質，卵形。花單生枝頂葉腋，花冠五裂，白紫色，生粉紅色點，萼筒外生有短柄腺體及白粉。蒴果寬卵形，被短剛毛。主要分布於華東各地及海南、雲南諸省。可供觀賞。花可煠食。

此稱清代已行用。清吴其濬《植物名實圖考·木類·馬銀花》："馬銀花生雲南山坡。枝幹虬拏，樹高丈許，枝端生葉，頗似瑞香，柔厚光潤，背有黄毛。花苞作球，擎於葉際，宛如泡桐，一苞開花十餘朵，圓筒四瓣或五瓣，長幾盈寸，似單瓣茶花微小，白鬚褐點，有朱紅、粉紅、深紫、黄、白各種。紅者葉瘦，餘者葉闊。春飂煦景，與杜鵑同時盛開，茶火綺綉，彌罩林崖，有色無香，炫晃目捷。其殷紅者，灼灼有焰，或誤以爲木棉。鄉人采其花，煠熟食之。"馬銀花多野生於山林下及陰坡山脚處，俚人誤認此即杜鵑，故亦訛稱"杜鵑"。

馬銀花
（清吴其濬《植物名實圖考》）

【杜鵑】[2]

即馬銀花。今江蘇宜興等地多行用此稱。見該文。

連翹

習見花木名。木犀科，連翹屬，連翹〔*Forsythia suspensa*（Thunb.）Vahl.〕。落葉灌木。莖叢生，直立。枝開展，拱形下垂，略呈藤性。單葉對生。卵形至橢圓狀卵形。花單生，罕三朵腋生，金黄色，先葉開放。蒴果，卵球形。原産我國及朝鮮，今我國南北各地均有分布。花供觀賞。根、莖、葉、果可入藥。

我國栽培利用連翹歷史已逾二千餘年。秦漢已采集入藥，并已行用此稱。亦稱"連""異翹""蘭華""軹""三廉""連苕""連草""折根"。《爾雅·釋草》："連，異翹。"晋郭璞注："一名連苕，又名連草。"邢昺疏："釋曰：連，一名異翹。郭云：一名連苕，又名連草，《本草》云者。案今本連翹。"《神農本草經·下品·連翹》："連翹，味苦，平……一名異翹，

連　翹
（明朱橚《救荒本草》）

一名蘭華，一名軹，一名三廉，生山谷。”南朝梁陶弘景《名醫別録·下品·連翹》：“無毒。去白蟲。生太山。八月采，陰乾。”《通志·昆蟲草木略二·木類》：“連翹，曰異翹，曰蘭華，曰折根，曰軹，曰三廉，曰連苕，曰連草。《爾雅》云：‘連，異翹。’”宋樂史《太平寰宇記·淮南道·元領縣》：“土産：連翹、松蘿、白紵布、貲布。”宋梁克家《淳熙三山志·土俗類三·物産》：“連翹，南方生者葉狹而小，莖短，纔高一二尺，花亦黄，實房實黑，内含黑子如粟粒。”舊題金李杲《珍珠囊補遺藥性賦》卷四：“連翹除心熱，破癭瘤，堪行月水。”書注：“連翹，味苦，平，無毒。”連翹除作藥用或觀賞外，亦可用於荒年救饑。明朱橚《救荒本草》卷一：“連翹，一名異翹，一名蘭華，一名折根，一名軹（音紙），一名三廉。《爾雅》謂之連，一名連苕。生太山山谷及河中，江寧、澤、潤、淄、兖、鼎、岳、利州、南康皆有之；今密縣梁家衝山谷中亦有……救飢：采嫩葉煠熟，換水浸去苦味，淘洗净，油鹽調食。”明鮑山《野菜博録》卷一：“連翹，一名異翹，一名折根，一名軹，一名三廉。苗高三四尺，莖赤色，葉如榆葉大，邊微細鋸齒似金銀花葉，梢開花，黄色，結房似梔子，味苦，性平，無毒。食法：采嫩葉煠熟，換水浸去苦味淘净，油鹽調食。”今各地多植之庭院、園圃供觀賞。常見之變種有“三葉連翹”“垂枝連翹”等。亦俗稱“黄花樹”“黄綬丹”“竹根”“落翹”“黄花條”。

【連】

“連翹”之古稱。此稱秦漢時期已行用，名見《爾雅》。見該文。

【異翹】

即連翹。此稱秦漢已行用。見該文。

【蘭華】

即連翹。亦指其花。此稱漢代已行用。見該文。

【軹】

即連翹。此稱漢代已行用。見該文。

【三廉】

即連翹。此稱漢代已行用。見該文。

【連苕】

即連翹。苕，本義作“苕草”解，意指蔓生之凌霄，連翹枝外展拱垂而具藤性，故名。此稱晋代已行用。見該文。

【連草】

即連翹。此稱晋代已行用。見該文。

【折根】

即連翹。亦指其根。此稱宋代已行用。見該文。

【黄花樹】

即連翹。因其花色黄，故名。今河南各地多俗用此稱。見該文。

【黄綬丹】

即連翹。因其枝微柔而有蔓性，先葉開黄花，頗似黄絲帶，故名。今河南各地多用此稱。見該文。

【竹根】

即連翹。或以爲即折根之音訛。今山西各

地多俗用此稱。見該文。

【落翹】

即連翹。今山東各地多用此稱。見該文。

【黃花條】

即連翹。今陝西各地多用此稱。見該文。

【萸】

即連翹。此稱南北朝時期已行用。亦稱“連翹草”“蘸”。《玉篇·艸部》:“萸,連翹草。”又,“蘸,連翹草”。清桂馥《説文解字義證》:“《釋草》:‘連,異翹。’《本草》蘇恭注云:‘子作房,翹出衆草。’據此則連翹名,以其房也,因爲麻房,借作藥用。”見“連翹”文。

【連翹草】

即萸。此稱南北朝時期已行用。見該文。

【蘸】

即萸。此稱南北朝時期已行用。見該文。

【旱蓮子】

即連翹。此稱唐代已行用,語本唐甄權《藥性論》。沿稱於今世。亦稱“旱蓮”,《通志·昆蟲草木略一·草類》:“蓮翹,亦曰旱蓮。植於庭院,其花可愛。”明李時珍《本草綱目·草五·連翹》:“[釋名]連、異翹、旱蓮子(《藥性論》),蘭華、三廉;根名連軺、折根。時珍曰:旱蓮乃小翹,人以爲鱧腸者,故同名。”今山西各地仍沿用此稱。見“連翹”文。

【旱蓮】[2]

即旱蓮子。此稱宋代已行用。見該文。

茶莢蒾

習見花木名。忍冬科,莢蒾屬,茶莢蒾(*Viburnum setigerum* Hance)。落葉灌木。葉卵狀長圓形,葉緣具鋸齒,下面沿脉疏被長毛。聚傘花序頂生。花冠白色。果卵圓形,紅色。我國主要分布於陝西南部,長江以南各地及臺灣省。供觀賞。根入藥。果可釀酒或爲藥用。

鷄公柴
(清吴其濬《植物名實圖考》)

清代稱“鷄公柴”。清吴其濬《植物名實圖考·山草類·鷄公柴》:“鷄公柴,江西山中皆有之。叢生赭莖,大根深赭色。葉似鳳仙花葉而寬,深齒對生,梢結紅實如天竹子而大。建昌俚醫以根治白濁,和酒煎服。”鄭萬鈞《中國樹木志·忍冬科·茶莢蒾》以爲《植物名實圖考》之“鷄公柴”即“茶莢蒾”。今浙江稱“飯湯子”,四川名“甜茶”,湘、鄂呼“跑路杆子”“水茶子”。江南各地海拔200~1600米山地溪邊、疏林内及灌叢中多有野生者,鄉人采以入藥。亦有栽培觀賞者。

【鷄公柴】

即茶莢蒾。此稱清代已行用。見該文。

【飯湯子】

即茶莢蒾。今浙江各地多行用此稱。見該文。

【甜茶】

即茶莢蒾。今四川各地多行用此稱。見該文。

【跑路杆子】

即茶莢蒾。今湖南、湖北等地多行用此稱。見該文。

【水茶子】

即茶莢蒾。今湖南、湖北等地多行用此稱。見該文。

茶梅花

習見花木名。山茶科，山茶屬，茶梅花（*Camellia sasanqua* Thunb.）。常緑灌木或喬木。葉橢圓形至長橢圓狀卵形，革質。花單生，野生種花白色，栽培種有淡紅色或深紅色，間或有深紅與紅白交錯者。

茶　梅

（明王圻等《三才圖會》）

我國各地有栽培。此稱宋代已行用。亦稱“海紅”“海紅花”。省稱“茶梅”。宋劉仕亨《咏茶梅花》詩：“小院猶寒未暖時，海紅花發晝遲遲。半深半淺東風裏，好似徐熙帶雪枝。”明高濂《遵生八箋・起居安樂箋上》：“茶梅花，小朵粉紅，黄心。開在十一月各花净盡之時，得此可玩。”清刊《月令輯要・十一月令》：“茶梅花，[原]《草花譜》：茶梅花開十一月中，正諸花凋謝之候。花如鵝眼錢而色粉紅，心黄，開且耐久，望之雅素。”《廣群芳譜・花譜三・茶梅花》：“茶梅花開十一月中，正諸花彫謝之候。花如鵝眼錢而色粉紅，心黄，開且耐久，望之雅素。”又，“《類林》：新羅國多海紅，即淺紅山茶而差小，自十二月開至二月，與梅同時，故名茶梅”。清陳淏子《花鏡》卷三：“茶梅非梅花也。因其開於冬月，正衆芳凋謝之候，若無此花點綴一二，則子月幾虚度矣。其葉似山茶而小，花如鵝眼錢而色粉紅，心深黄，亦有白花者，開最耐久，望之雅素可人。”

按，依陳嶸《中國樹木志・茶梅》，本種有半重瓣茶梅、重瓣茶梅、大葉茶梅等變種。亦多作爲觀賞栽培。又，一説茶梅花原産日本，此附。

【茶梅】

“茶梅花”之省稱。此稱清代已行用。見該文。

【海紅】[2]

即茶梅花。此稱清代已行用。見該文。

【海紅花】[2]

即茶梅花。此稱宋代已行用。見該文。

笑靨花

習見花木名。薔薇科，綉綫菊屬，李葉綉綫菊（*Spiraea prunifolia* Sieb. et Zucc.）之别名。落葉叢生小灌木。小枝細長，具棱，被柔毛。單葉互生，卵形或長圓狀披針形，細單鋸齒緣。花三至六朵成傘形花序，花瓣五片，白色。蓇葖果。我國主要分布於山東、江蘇、浙江、江西、湖南、福建、廣東、海南、臺灣等地。供觀賞，根可入藥。

笑靨花久爲人知，此稱宋代已行用。省稱“笑靨”。宋葉茵《笑靨花》詩：“蔟蔟瓊瑶屑，花神點綴工。似知吟興動，滿面是春風。”明高濂《遵生八箋・燕閑清賞箋下》：“笑靨花，花細如豆，一條千花，望之若堆雪然。無子可種，根窠叢生，茂者數十條，以原根劈作數墩，分種易活。”清汪灝等《廣群芳譜・花譜三十二・笑靨花》：“《草花譜》：笑靨花，花細如豆，一條千花，望之若堆雪然，無子可種，根窠叢生，茂者數十條，以原根劈作數墩，分種易活。”清王士禎《分甘餘話》卷四：“《廣群芳譜》所載異花，凡一百一十六種，今略録數十種於左：萬年花、金蓮、玭碧、九花樹……象蹄花、白鶴花、金莖花、白菱花、閩山丹、金鉢盂、纈絲花、笑靨花。”清蒲松齡《農桑經殘稿·諸花譜·笑靨》：“笑靨，春日分栽；宜糞。”

按，綉綫菊屬約百餘種，原産我國者約五十種，本種今通稱“李葉綉綫菊”。尚有重瓣變種，稱“重瓣笑靨花”。

【笑靨】

“笑靨花”之省稱。此稱清代已行用。見該文。

【李葉綉綫菊】

即笑靨花。今之通稱。見該文。

【御馬鞭】

即笑靨花。其枝一條千花，望之若鞭，故名。此稱明代已行用。《格致鏡原·花類四·諸花》引明高濂《藝花譜》：“笑靨花，一名御馬鞭。花細如豆，一條千花，望之若堆雪。”見“笑靨花”文。

粉球

習見花木名。芍藥科，芍藥屬，粉球（*Paeonia suffruticosa* Andr. var. *banksii* Bailey）。落葉灌木。牡丹之變種一。樹似牡丹。花粉紅色，重瓣，花瓣邊緣偶呈白色，其中下部漸次帶姿色。爲清代上海松江花農培育之優良品種。

清代已行用此稱。亦作“粉毬”。清計楠《牡丹譜·法華種》：“粉毬，粉紅色，花根深紫。近時新出變種也。”今人陳植《觀賞樹木學·花木類·牡丹》：“粉毬（《牡丹譜》）var. *banksii Bailey*，花粉紅色，重瓣，瓣緣有時呈白色，而中部及基部則漸帶紫色。産上海市松江縣。”

【粉毬】

同“粉球”。此體清代已行用。見改文。

粉團[1]

習見花木名。忍冬科，莢蒾屬，粉團（*Viburnum plicatum* Thunb.）。落葉灌木。小枝、葉柄、葉及花序均被星狀毛。葉寬卵形、倒卵形，稀近圓形。葉緣具鋸齒。花序球形，白色，不育。我國主要分布於蘇、魯、皖、贛、黔、鄂等地。常用於觀賞。

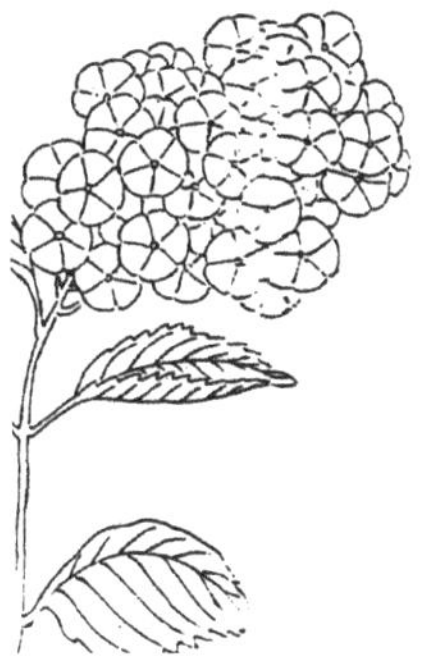

粉　團
（清吴其濬《植物名實圖考》）

此稱清代已行用。亦稱“粉團花”“綉球”。清陳淏子《花鏡》卷三：“粉團花：粉團，一名綉球。樹皮體皴，葉青而微黑，有大小二種。麻葉小花，一蒂而衆花攢聚，圓白如流蘇，初青後白，儼然一球，其花邊有紫暈者爲最。”鄭萬鈞等《中國樹木志》以爲《花鏡》之粉團即“雪球莢蒾”。因此花不育，今多以扦插繁殖，或盆栽，或露地栽植供觀賞。按，一說此即虎耳草科“圓錐綉球花”。并附存考。

【粉團花】

即粉團[1]。此稱清代已行用。見該文。

【綉球】[2]

即粉團[1]。此稱清代已行用。見該文。

【雪球莢蒾】

即粉團[1]。今稱。見該文。

【玉屑球】

即粉團[1]。清沈自南爲之命名，故此稱始行用於清代。清沈自南《藝林彙考·植物篇》：“今聚八仙即八仙花。西湖山中在在有之，以其每枝開花七八朵相叢，故曰聚八仙。又每一小朵五瓣如梅花，今取其根以接粉團花者。粉團余嘗更其名曰玉屑球。”見“粉團[1]”文。

粉團薔薇

習見花木名。薔薇科，薔薇屬，粉團薔薇（*Rosa multiflora* Thumb. var. *cathayensis* Rehd. et Wils.）。落葉灌木。薔薇之變種一。樹似薔薇，其花小，粉紅色，單瓣；數花或多花簇生成扁平傘房花序。原産我國，各地有栽培。花美，供觀賞。

此稱清代已行用。省稱“粉團”。《廣群芳譜・花譜二十一・薔薇》：“薔薇……粉紅者名粉團。”

【粉團】[2]

即粉團薔薇。此稱清代已行用。見該文。

【花團薔薇】

即粉團薔薇。今稱。見該文。

梔子

習見花木名。茜草科，梔子屬，梔子（*Gardenia jasminoides* J. Ellis）。常緑灌木。單葉對生或三葉輪生，革質，葉形及大小變异頗大，通常爲卵圓狀倒卵形或矩圓狀倒卵形。花大，腋生，白色，芳香，先端五至六裂。蒴果黄色，卵形至長橢圓形，具五至九條翅狀縱棱。種子多數，嵌於肉質胎座上。我國主要分布於南部及中部各地。常植於林苑或盆栽供觀賞。根、葉、花、果可入藥。果實亦可作染料。

漢代典籍已有記載，漢代稱“巵子”“木丹”。此稱三國時期已行用，沿稱至今。亦稱“栯桃”。南北朝時期稱“越桃”。《神農本草經・中品・巵子》：“巵子，味苦，寒……一名木丹，生川谷。”《廣雅・釋木》：“梔子，栯桃也。”南朝梁陶弘景《名醫别録・中品・梔子》：“大寒，無毒。主治目熱赤痛，胸心大小腸大熱，心中煩悶，胃中熱氣。一名越桃。生南陽。九月采實，暴乾。”唐杜甫《梔子》詩：“梔子比衆木，人間誠未多。”《新唐書・地理志四》：“江陵府，江陵郡，本荆州南郡，天寶元年更郡名。肅宗上元元年號南都，爲府二年罷都……土貢方紋綾、貲布、柑、橙、橘、椑、白魚、糖、蟹、梔子、貝母、覆盆、烏梅。”《通志・昆蟲草木略二・木類》：“梔子，曰木丹，曰越桃。其花六出，西域謂之檐蔔花。”元王好古《湯液本草・木部・梔子》：“梔子，氣寒，味微苦。”《明一統志・荆州府》：“土産：柑、橙、橘、梔子、貝母、覆盆、石龍芮。”清趙其光《本草求原・灌木部・梔子》：“梔子（一名越桃）氣寒，味苦。皮黄，仁赤，性體輕浮，無毒。”梔子栽培經驗至清代已頗爲豐富。清蒲松齡《農桑經殘稿・諸花譜・梔子》：“梔子，帶花移，易活。芒種時，穿腐木板爲穴，塗以泥污，剪去枝，插板穴中，浮水面，候根生，破板密種之。或梅雨時，以沃壤一團，插嫩枝其中。置陰畦内，常灌糞水，俟生根，移之。”

梔　子

（清吴其濬《植物名實圖考》）

梔子爲著名觀賞樹木，常見栽培變種有“大梔子花”“卵葉梔子花”“狹葉梔子花”“斑葉梔子花”。除露地栽培外，亦常盆栽或製作盆景及切花材料，頗受人們喜愛。今亦稱“山梔”“黃梔”“野桂花”“黃梔子”“黃葉下”“山黃梔”“白蟾花”。

【卮子】

同“梔子”。此體漢代已行用。見該文。

【木丹】

即梔子。此稱漢代已行用。見該文。

【楕桃】

即梔子。此稱三國時期已行用。見該文。

【越桃】

即梔子。此稱南北朝時期已行用。見該文。

【山梔】

即梔子。今湖南各地多行用此稱。見該文。

【黃梔】

即梔子。今湖南各地多行用此稱。見該文。

【野桂花】

即梔子。今湖南各地多行用此稱。見該文。

【黃梔子】

即梔子。今江蘇各地多行用此稱。見該文。

【黃葉下】

即梔子。今福建各地多行用此稱。見該文。

【白蟾花】

即梔子。今稱。見該文。

【卮】

即梔子。此稱漢代已行用。《史記·貨殖列傳》："安邑千樹棗……若千畝卮茜，千畦薑韭，此其人皆與千户侯等。"裴駰集解："徐廣曰：卮音支，鮮支也。"唐宋時對梔子用途及形態觀察極其詳細。《爾雅翼·釋草》："卮，可染黃。其華實皆可觀。花白而甚香，五月間極繁茂。凡草木之花，大抵不過五出，唯卮六出，大者至七出。其實黃赤，亦以七棱者爲良，即七出花所成就也。經霜取之以染，故染字從木字，學家以爲木者卮茜之流也。一名木丹，一名越桃，《上林賦》謂之鮮支，欲其顏色鮮明也。"見“梔子”文。

【鮮支】

即梔子。此稱漢代已行用。亦稱“支子”。《正字通·支部》："支，黃子，木名。一名鮮支，實可染黃，即今支子。"《文選·司馬相如〈上林賦〉》："鮮支黃礫，蔣苧青薠。"晋郭璞注："鮮支，支子也。"唐韓愈《山石》詩："昇堂坐階新雨足，芭蕉葉大支子肥。"明王象晋《群芳譜·花譜·梔子》："梔子，一名越桃，一名鮮支。有兩三種，處處有之。"明徐光啓《農政全書》卷三八："梔子，司馬相如賦曰：鮮支黃爍。注曰：即支子。佛書稱薝蔔，又名林蘭，又名越桃，又名禪友。有兩三種，小異，以七棱者爲佳。三四月開花，夏秋結實，經霜乃收。蜀中有紅梔子，花紅色，染物則赭紅色。"清刊《授時通考·農餘門·梔子》："梔子，一名木丹，一名越桃，一名鮮支。處處有之，有三種：一種木高七八尺，葉似兔耳，厚而深緑，春榮秋瘁，入夏開小白花，大如酒杯，皆六出，中有黃蕊，甚芬芳，結實如訶子狀，生青熟黃。"《古音駢字續編·仄紙》："卮子，梔子；支子，二同。"見“梔子”文。

【支子】

即鮮支。此稱晋代已行用。見該文。

【梔子花】

即梔子。此稱南北朝時已行用，沿稱至今。南朝梁簡文帝《咏梔子花》："素花偏可喜，的的半臨池。"唐段成式《酉陽雜俎·廣動植·木篇》："梔子，諸花少六出者，唯梔子花六出。"宋楊萬里《梔子花》詩："樹恰人來短，花將雪樣看。”明王圻、王思義《三才圖會・草木・梔子花》：“梔子，一名越桃。結子可染黄。佛書有薝蔔花，即梔子也。”《明一統志・外夷・浡泥國》：“土產：金、銀、水晶珠、瑠璃、犀角、象牙、安息香……梔子花（色淺紫，香清越，其花稀有，土人采之曝乾，藏瑠璃瓶中）。”清陳淏子《花鏡》卷三：“梔子花，一名越桃，一名林蘭，釋號薝蔔，小木也。”見“梔子”文。

【薝蔔花】

即梔子。此稱唐代已行用。省稱“薝蔔”，亦稱“詹蔔”。爲梵語音“Campaka”之音譯。亦譯作“瞻蔔伽”“旃波迦”“瞻波”。唐段成式《酉陽雜俎・廣動植・木篇》：“陶貞白言：梔子翦花六出，刻房七道，其花香甚。相傳即西域薝蔔花也。”宋蘇鶚《杜陽雜編》卷上：“而更鏤金玉水晶爲幡，蓋流蘇、菴羅、薝蔔等樹。”宋蘇頌《本草圖經・木部・梔子》：“梔子，今南方及西蜀州郡皆有之。木高七八尺，葉似李而厚硬，又似樗蒲子，二三月生白花，花皆六出，甚芳香，俗説即西域詹蔔也。”宋高似孫《剡録》卷九：“薝蔔，此花生山谷，榛篁間最多。禪月所謂白薝蔔花露滴也。”明文震亨《長物志・花木》：“薝蔔……出自西域，宜種佛室中。其花不宜近嗅，有微細蟲入人鼻孔，齋閣可無種也。”明王穀祥《薝蔔》詩：“六出吐奇葩，風清香自遠。樹如天竺林，人在瑤華館。”明陳淳《梔子》詩：“薝蔔花開日，園林香霧濃。要從花裏去，雨後自扶筇。”見“梔子”文。

【薝蔔】

“薝蔔花”之省稱。此稱宋代已行用。見該文。

【詹蔔】

即薝蔔花。稱宋代已行用。見該文。

【梔子樹】

即梔子。此稱南北朝時期已行用。《藝文類聚》卷八九引南朝齊謝脁《墻北梔子樹》詩：“有美當堦樹，霜露未能移。金蕡發朱采，映日以離離。”宋蔣堂《梔子花》詩：“庭前梔子樹，四畔有椏杈。未結黄金果，先開白玉花。”《廣群芳譜・花譜十七・巵子》：“《地鏡圖》：望氣占人家黄氣者，梔子樹也。”清吴綺《林蕙堂全集》卷二二：“《虎丘竹枝詞》（之三）：‘紅紅白白滿桐橋，買得花枝別樣嬌。儂意只憐梔子樹，阿郎偏愛美人蕉。’”參閲《格致鏡原・花類三・梔子花》。見“梔子”文。

【林蘭】

即梔子。此稱南北朝時期已行用，沿稱於後世。南朝宋謝靈運《山居賦》：“水香送秋而擢蒨，林蘭近雪而揚猗。”宋曾肇《梔子花》詩：“林蘭擅孤芳，性與凡木異。不受雪霰侵，自足中和氣。欲知清净身，即此林間是。”《廣群芳譜・花譜十七・巵子》：“《格物總論》：一種花葉差大者，謝靈運目爲林蘭。”《格致鏡原・花類三・梔子花》：“《格物總論》：梔子，一名薝蔔。花色白，中心黄，夏初結花，其差大者謝靈運目爲林蘭。”見“梔子”文。

【禪友】

“梔子”之別稱。此稱宋代已行用。明文震亨《長物志・花木》：“薝蔔，一名越桃，一名林蘭，俗名梔子，古稱禪友。”明汪砢玉《珊瑚網・名畫題跋十六》：“陳白陽《折枝花卷》（首題四字‘與造物游’）：‘玉質稱禪友，脂膏比衛薑。月中疑有影，風際膸聞香（薝蔔）。’”清宫蓼仁《讀書紀數略・物部・草木類》:“曾端伯十友:荼䕷友,茉莉雅友,瑞香殊友,荷花浄友,巖桂仙友,海棠名友,芍藥艷友,梅花清友,菊花佳友,梔子禪友。”《廣群芳譜・花譜十七・巵子》:“《三餘贅筆》:曾端伯以梔子爲禪友。”《格致鏡原・花類三・梔子花》:“《詞話》:曾端伯十友,禪友,薝蔔也。”見“梔子”文。

【禪客】

“梔子”之别稱。此稱宋代已行用。《廣群芳譜・花譜十七・巵子》引元程棨《三柳軒雜識》:“梔子爲禪客。”見“梔子”文。

梵天花

習見花木名。錦葵科,梵天花屬,梵天花(*Urena procumbens* Linn.)。小灌木。高不足1米,枝平鋪,小枝被星狀絨毛。下部葉爲掌狀三至五裂,兩面均被星狀短硬毛,托葉鑽形,早落。花單生或近簇生,花冠淡紅色。蒴果球形,具刺及長硬毛,刺端有倒鈎。種子平滑無毛。我國主要分布於廣東、海南、廣西、湖南、浙江、江西、福建及臺灣諸地。

明清時俚醫已入藥醫病。亦可供觀賞。時稱“三角風”“三角楓”“三合楓”“三角尖”。清吴其濬《植物名實圖考・木部・三角楓(一)》:“三角楓一名三合楓,生建昌。粗根褐黑,叢生緑莖,葉如花楮樹葉而小,老者五叉,嫩者三缺,面緑背淡,筋脉粗澀,土醫以治風損。按,《本草綱目》有名未用,三角楓一名三角尖,生石上者尤良。主風濕、流注、疼痛及癰疽、腫毒。”按,本種明代已有記載,然未見有形態描述,參閲明李時珍《本草綱目・草十一・有名未用一百五十三種》。又,《植物名實圖考・木類・三角楓(二)》所云乃槭樹科之三角槭,與此同名而异物,宜辨之。今本種亦俗稱“虱麻頭”“黐頭婆”“小桃花”“鐵包金”“小葉田芙蓉”“葉瓣花”“紅野棉花”“山棉花”。

【三角風】

即梵天花。此稱明代已行用,名見《本草綱目》。見該文。

【三角楓】[3]

即梵天花。此稱清代已行用。見該文。

【三合楓】

即梵天花。此稱清代已行用。見該文。

【三角尖】

即梵天花。此稱清代已行用。見該文。

【虱麻頭】

即梵天花。今廣東各地多俗用此稱。見該文。

【黐頭婆】

即梵天花。今廣東各地多俗用此稱。見該文。

【小桃花】[2]

即梵天花。因其花淡紅如桃花,故名。今廣東各地多俗用此稱。見該文。

【鐵包金】[2]

即梵天花。今海南各地多俗用此稱。見該文。

【小葉田芙蓉】

即梵天花。今福建各地多俗用此稱。見該文。

【葉瓣花】

即梵天花。今福建各地多俗用此稱。見該文。

【紅野棉花】

即梵天花。今福建各地多俗用此稱。見該文。

【山棉花】

即梵天花。今福建各地多俗用此稱。見該文。

黄榴

習見花木名。石榴科，石榴屬，黄石榴（*Punica granatum 'Flavescens'* Sweet.）之別名。落葉灌木。石榴之變種一。樹似石榴。花較大，微黄而帶白色。各地有栽培，多用作觀賞。

此稱宋代已行用。宋張耒《初伏大雨戲呈無咎》詩："床頭餘榼定何嫌，窗外黄榴堪薦俎。"清刊《授時通考・農餘門・安石榴》："安石榴，一名若榴。種出安石國，故名……黄榴結實甚多，最易傳種。"清陳元龍《格致鏡原・花類三・榴花》引明陳仁錫《潛確居類書》："一種白花曰白榴，黄花曰黄榴，藍花曰青榴。"《廣群芳譜・花譜七・石榴花》："石榴……葉緑狹而長，梗紅，五月開花，有大紅、粉紅、黄、白四色，有海榴、黄榴、四季榴、火石榴、餅子榴、番花榴。"注曰："黄榴，色微黄帶白，花比常榴差大。"又引明王象晋《群芳譜》："燕中有千瓣白、千瓣粉紅、千瓣黄、千瓣大紅。"陳植《觀賞樹木學・石榴》："黄榴 var.*flavesceus* Sweet. 。亦稱黄石榴。色微黄而帶白色。花較大，重瓣者亦稱'千瓣黄榴'（《群芳譜》）。"陳植以爲此千瓣黄榴即本種。今從其説。參閱清陳淏子《花鏡》卷四"石榴"文。

【千瓣黄榴】

即黄榴。因此花色黄而重瓣，故名。此稱明代稱"千瓣黄"。陳植加"榴"作"千瓣黄榴"。見該文。

【黄石榴】

即黄榴。今稱。見該文。

黄瑞香[1]

習見花木名。瑞香科，瑞香屬，黄瑞香（*Daphne giraldii* Nitsche）。落葉灌木，高30~100厘米。幼枝密被黄色絹狀毛，老枝無毛。單葉簇生枝頂，紙質，橢圓狀矩圓形至卵狀披針形，幼葉背面密生淡黄色絹狀毛，老則僅沿葉脉宿存黄色絹狀毛。頂生頭狀花序，有花三至八朵，黄色，有微香。核果，卵狀，紅色。我國主要分布於陝西、甘肅、青海、四川等地。常見於海拔1600米山地。花黄色艷美，可供觀賞。莖皮、根皮可入藥，然有小毒，宜慎用。莖、根之皮尚可作人造棉原料。

我國栽培利用黄瑞香歷史悠久，明代已行用此稱。明陶宗儀《説郛》卷一〇四下："雜花八十二品：瑞香（紫色，本出廬山，宜陰翳延）、黄瑞香、川海棠、垂絲海棠（名軟條）……"

黄薔薇

習見花木名。薔薇科，薔薇屬，黄薔薇（*Rosa hugonis* Hemsl.）。落葉灌木。分枝多，小枝細長而微拱曲，具扁刺及刺毛。羽狀複葉，小葉五至十三枚，卵狀長圓形或橢圓形。花單生枝頂，花瓣黄色。薔薇果球形或扁球形。我國主要分布於山東、山西、甘南及陝西秦嶺地區。供觀賞，亦可植爲籬垣。果可釀酒。

我國栽培黄薔薇至少已有數百年史。宋代已行用此稱。宋吴曾《能改齋漫録・方物》："花外屏：金沙、紅薔薇、黄薔薇、玫瑰……木蘭、百合。”宋明時黄薔薇種植頗盛，栽植及嫁接經驗已很豐富。宋張世南《游宦紀聞》卷六：“張約齋種花法云：春分和氣盡接不得，夏至陽氣盛種不得，立春正月中旬，宜接櫻桃、木樨、徘徊、黄薔薇。”明何宇度《益部談資》卷中：“酴醿花，志載惟成都最佳。予見三種，曰白玉碗，曰出爐銀，曰雲南紅。色香俱美，可敵南中黄薔薇。”明徐光啓《農政全書》卷三七：“[種植]立春正月中旬，宜接櫻桃、木樨、徘徊、黄薔薇；正月下旬，宜接桃、梅、杏、李、半支紅、臘梅、梨、棗、栗、柿、楊梅、紫薔薇。”其時世人觀賞、繪畫、題咏黄薔薇亦頗盛行。明汪砢玉《珊瑚網・名畫題跋十七》引〔陸〕包山自題寫生諸幅：“[黄薔薇]輕韶和露染新黄，醉日含風暗度香。最是月明新雨後，一番膏沐一番妝。”明王世懋《學圃雜疏・花疏》：“蔓花、五色薔薇俱可種，而黄薔薇爲最貴，易蕃亦易敗，余圃中特勝。”《廣群芳譜・花譜二十一・薔薇》：“黄薔薇，色蜜、花大、韻雅、態嬌。紫莖修條，繁夥可愛，薔薇上品也。”

按，本種爲薔薇花類之最美者。播種、分植、扦插均可繁殖。今俗稱“大馬茄子”“紅眼刺”“鷄蛋黄花”。

【大馬茄子】

即黄薔薇。今陝西各地多俗用此稱。見該文。

【紅眼刺】

即黄薔薇。今陝西各地多俗用此稱。見該文。

【鷄蛋黄花】

即黄薔薇。今山東各地多俗用此稱。見該文。

莢蒾

習見花木名。忍冬科，莢蒾屬，莢蒾(*Viburnum dilatatum* Thunb.)。落葉灌木。常被星狀毛。單葉對生，倒卵狀披針形。花小，聚傘花序，萼筒被毛及暗紅色腺點，花冠外被粗毛。核果，卵形或近球形。我國主要分布於黄河流域以南各地。供觀賞。根、莖、葉、種子均可入藥。莖皮可爲索。歉年種子、枝葉可度荒。

莢蒾早爲人熟知，晋代始稱“檕迷”“挈榼”“羿先”。《詩・鄭風・將仲子》：“無逾我園，無折我樹檀。”晋陸璣疏：“檀木，皮正青滑澤，與檕迷相似……檕迷一名挈榼。”此稱宋代已行用。宋唐慎微《證類本草・木部下品・莢蒾》：“莢蒾(音迷)，味甘，苦，平，無毒。主三蟲，下氣消穀。唐本注云：葉似木槿，皮似榆，作小樹。其子如溲疏，兩兩相並，四四相對，而色赤味甘。煮樹枝汁和作粥甚美，以飼小兒殺蚘蟲，不入方用。陸璣《草木疏》名擊[檕]迷，一名㚢先，蓋檀、榆之類也。所在山谷有之。今按陳藏器《本草》云：莢蒾主六畜瘡中蛆，煮汁作粥灌之，蛆立出。皮堪爲索，生北土山林間。”《通雅・植物》：“莢蒾，即檕迷。”《廣群芳譜・木譜七・檕蒾》：“檕蒾，《本草》一名莢迷[蒾]，一名羿先。蘇恭曰：莢蒾葉似木槿及榆，作小樹，其子如疏溲，兩兩相對，而色赤。所在山谷有之。陳藏器曰：生北土山林中，皮堪爲索。”按，明徐光啓《農政全書》卷五五引《救荒本草》：“孩兒拳頭，《本草》

山梨兒
(明鮑山《野菜博録》)

名莢蒾，一名繫迷，一名羿先。舊不著所出州土，但云所在山谷多有之。今輝縣太行山山野中亦有。”又，“玄扈先生曰：《詩疏》云：斫檀不得，得繫迷，即此木也”。清吴其濬《植物名實圖考・木類・莢蒾》：“莢蒾……《救荒本草》謂之孩兒拳頭。”均誤。“孩兒拳頭”依石聲漢考證當爲椴科扁擔杆屬植物，與此殊别，參見本卷《習見木竹説・習見林木考》“孩兒拳頭”文。

莢蒾屬植物約二百種，我國約有八十種。分爲莢蒾組：如分布於黔、鄂之“烟管莢蒾”，見於川、陝、黔、甘之“金佛山莢蒾”，生於臺灣及浙、贛等地之“臺灣莢蒾”。合軸組：如生於川、藏、湖、廣地區之“顯脉莢蒾”及甘、陝、長江以南各地之“合軸莢蒾”。球核組：如甘、陝及長江以南各地之“球核莢蒾”、分布於川滇之“樟葉莢蒾”。錐序組：如分布於西北地方之“香莢蒾”，西藏地區之“淡紅莢蒾”。蝶花組：如湖廣地區之“蝶花莢蒾”。鱗腺組：如西南地區之“鱗斑莢蒾”“水紅木”等。齒葉組：如浙江以南之“金腺莢蒾”，兩廣地區之“常緑莢蒾”等。裂葉組：分布於陝、甘、川、藏、雲、貴等地之“甘肅莢蒾”，分布於東北及黄河流域之“天目瓊花”等。本種今除野生資源得以保護外，各地常於宅旁、墻隅、街頭緑地等地段栽植，春看葉，夏賞花，秋觀果，頗受歡迎。本種今亦俗稱“山梨兒”“野花綉球”“酸梅子”“紅楂梅”“火柴果”“烏酸木”“酸湯汗”“土藍條”。

【繫迷】

即莢蒾。此稱晋代已行用。見該文。

【挈榏】

即莢蒾。此稱晋代已行用。見該文。

【羿先】

即莢蒾。羿偶訛作“畀”。此稱魏晋時期已行用。見該文。

【山梨兒】

即莢蒾。今浙江各地多俗用此稱。見該文。

【野花綉球】

即莢蒾。今安徽各地多俗用此稱。見該文。

【酸梅子】

即莢蒾。今江蘇蘇州地區多俗用此稱。見該文。

【紅楂梅】

即莢蒾。今湖南宜章地區多俗用此稱。見該文。

【火柴果】

即莢蒾。今廣東連南地區多俗用此稱。見該文。

【烏酸木】

即莢蒾。今廣西各地多俗用此稱。見該文。

【酸湯汗】

即莢蒾。今貴州劍河地區多俗用此稱。見該文。

【土藍條】

即莢蒾。今河南各地多俗用此稱。見該文。

荼縻

習見花木名。薔薇科，薔薇屬，荼縻花（*Rosa rubus* Levl. et Vant.）。落葉或半常緑蔓生灌木。枝具鉤刺。羽狀複葉，小葉五至七枚，卵狀橢圓形至倒卵形。傘房花序，4至5月開放，花白而微黄，大型，有香氣。果實近球形，鮮紅色，9至10月成熟。主産我國，分布於兩廣、川、鄂、雲、貴、陝等地。花供觀賞或爲蜜源，亦可提煉香精。果實可食，尚能釀酒。根含鞣質，可製栲膠。

酴　醾
（清吴其濬《植物名實圖考》）

唐宋前本名“荼蘼”，或作“稌蘼”，因花色與唐時酴醾酒相類，故亦名“酴醾”。《全芳備祖前集》卷一五：“[碎録]《海録》：酴醾本作稌蘼，後加酉。[紀要]《歲時記》：唐寒食宴宰相用酴醾酒，酴醾本酒名，世以所開花顏色似之，故取爲名。”宋蘇軾《杜沂游武昌以酴醾花菩薩泉見餉》二首之一：“酴醾不争春，寂寞開最晚。”亦稱“木香”“獨步春”“百宜枝”“瓊綬帶”“雪纓絡”。宋陶穀《清異録·木》：“酴醾、木香，事事稱宜。故賣插枝者云：‘百宜枝杖，此洛社故事也’。……薛熊《賞酴醾》詩云：‘香瓊綬帶雪纓絡。’”宋張邦基《墨莊漫録》卷九：“酴醾花或作荼蘼，一名木香。”宋宋祁《咏荼蘼》：“來自蠶叢國，香傳弱水神。析醒疑破鼻，併艶欲留春。”明陶宗儀《説郛》卷三一：“范蜀公居許下，於長嘯堂前作荼蘼架。每春季花時宴客。”明胡奎《次咏軒雨夕見寄》詩：“巷北巷南纔咫尺，一日不可廢言詩。柴門誰道無供給，雪色荼蘼半破時。”清吴其濬《植物名實圖考·酴醾》：“《格物總論》曰：酴醾花，藤身青莖，多刺。每一穎著三葉，葉面光緑，背翠，多缺刻。《群芳譜》曰：一名獨步春，一名百宜枝，一名瓊綬帶，一名雪纓絡，一名沈香蜜友。大朵千瓣，香微而清，本名荼蘼。一種色黄似酒，故加酉字。”

【稌蘼】

同“荼蘼”。此體多行用於唐宋以前。見該文。

【酴醾】

即荼蘼。因其花色如酴醾酒，故名。此稱唐代已行用，後世亦有沿用。見該文。

【木香】

即荼蘼。因花清香，故名。此稱宋代已行用。見該文。

【獨步春】

即荼蘼。此稱宋代已行用。見“荼蘼”“沈香蜜友”文。

【百宜枝】

即荼蘼。此稱宋代已行用。見該文。

【瓊綬帶】

即荼蘼。或作“香瓊綬帶”。此稱宋代已行用，見《清異録》。見該文。

【雪纓絡】

即荼蘼。此稱明代已行用。見該文。

【酴醿】

即荼蘼。此稱宋代已行用。亦作“稌醿”“醾蘼”“醾醿”。宋陸游《東陽觀稌醿》詩：“福州正月把離杯，已見酴醿壓架開。”明陸采《明珠記·送愁》：“愁看古聖書，悶對先賢畫，慵將羅扇把，懶步醾蘼小架也。”清魏源《蕉窗聽雨吟》：“小園入伏花冥冥，曛日醾醿因不醒。”見“荼蘼”文。

【稌醿】

同“酴醿”。此體宋代已行用。見該文。

【酴蘪】

同“酴醾”。此體明代已行用。見該文。

【酴釄】

同“酴醾”。此體清代已行用。見該文。

【沈香蜜友】

“荼蘪”之别稱。此稱宋代已行用。沈同沉。亦稱“賽白”“蔓君”“四字天花”“花聖人”“慈恩傳粉緑衣郎”。宋陶穀《清異録・木》：“陶子召客於西宅，爲酴醾開尊，無以侑勸，請坐人各撰小名，得有思致者七：……賽白、蔓君、四字天花、花聖人、慈恩傳粉緑衣郎、獨步春、沈香密友。”《廣群芳譜・花譜二十一・酴醾》：“酴醾，一名獨步春，一名百宜枝杖，一名瓊綬帶，一名雪纓絡，一名沉香蜜友。藤身灌生，青莖多刺，一穎三葉，如品字形，面光緑，背翠色，多缺刻。花青跗，紅萼，及開時變白帶淺碧，大朵千瓣，香微而清。盤作高架，二三月間，爛熳可觀，盛開時折置書册中，冬取插鬢，猶有餘香。本名荼蘪，一種色黄似酒，故加西字。”清刊《淵鑑類函》卷四〇六引明王象晋《群芳譜》：“[酴醾]一名獨步春，一名百宜枝，一名瓊綬帶，一名雪纓絡，一名沈香蜜友。大朵千瓣，香微而清。本名荼蘪，一種色黄似酒，故加西字。”見“荼蘪”文。

【賽白】

即沈香蜜友。此稱宋代已行用。見該文。

【蔓君】

即沈香蜜友。此稱宋代已行用。見該文。

【四字天花】

即沈香蜜友。此稱宋代已行用。見該文。

【花聖人】

即沈香蜜友。此稱宋代已行用。見該文。

【慈恩傳粉緑衣郎】

即沈香蜜友。此稱宋代已行用。見該文。

【雅客】

“荼蘪”之雅稱。亦稱“才客”。此稱宋代已行用，亦沿稱於後世。宋龔明之《中吴紀聞・花客詩》：“張敏叔嘗以牡丹爲貴客，梅爲清客……酴醾爲雅客，桂爲仙客，薔薇爲野客，茉莉爲遠客，芍藥爲近客，各賦一詩，吴中至今傳播。”宋姚寬《西溪叢語》卷上：“昔張敏叔有十客圖，忘其名，予長兄伯聲嘗得三十客，牡丹爲貴客，梅爲清客……木芙蓉爲醉客，酴醾爲才客。”明陶宗儀《説郛》卷二四下：“[花客]張敏叔嘗以牡丹爲貴客，梅爲清客，菊爲壽客，瑞香爲佳客，丁香爲素客，蘭爲幽客，蓮爲凈客，酴醾爲雅客，桂爲仙客，薔薇爲媚客，蘭茉莉爲逐客，芍藥爲近客。”明徐應秋《玉芝堂談薈》卷三二：“張景修以十二花爲十二客，各詩一章。牡丹貴客，梅清客，菊壽客，瑞香佳客，丁香素客，蘭幽客，蓮静客，荼蘼雅客，桂仙客，薔薇野客，茉莉遠客，芍藥近客。”《事物異名録・花卉・水仙》引元程棨《三柳軒雜識》：“酴醾亦名雅客。”見“荼蘪”文。

【才客】

即雅客。此稱宋代已行用。見該文。

【韻友】

“荼蘪”之雅稱。此稱宋代已行用。《錦綉萬花谷後集》卷三七：“花中十友。曾端伯十友調笑令云：取友於十花，芳友者蘭也，清友者梅也，奇友者臘梅也，殊友者瑞香也，凈友者蓮也，禪友者薝蔔也，佳友者菊也，仙友者巖桂也，名友者海棠也，韻友者荼蘼也，仍有玉友來奉佳賓，謂酒也。”明徐應秋《玉芝堂談薈》卷三二：“宋曾端伯以十花爲友，荼蘼韻友，茉莉雅友，瑞香殊友，荷花净友，巖桂仙友，海棠名友，菊花佳友，芍藥艷友，梅花清友，梔子禪友。”清陳元龍《格致鏡原・花類二・酴醿花》：“《詞話》：曾端伯取友於十花，韻友，酴醿也。”《廣群芳譜・花譜二十一・酴醿》：“《三餘贅筆》：曾瑞伯以荼縻爲韻友，張敏叔以荼蘼爲雅客。”見“荼縻”文。

荷花薔薇

習見花木名。薔薇科，薔薇屬，荷花薔薇（*Rosa multiflora* Thunb. var. carnea Thory）。落葉灌木。薔薇之變種一。木似薔薇，花重瓣，淡桃紅色，狀似荷花，故名。各地有栽培。供觀賞。

此稱清代已行用。《廣群芳譜・花譜二十一・薔薇》：“荷花薔薇，千葉，花紅，狀似荷花。”《格致鏡原・花類二・薔薇花》引《花譜》曰：“其種有朱幹薔薇、荷花薔薇、刺梅堆、五色薔薇、黄薔薇、鵝黄薔薇、白薔薇。開時清馥，結屏甚佳。”

野牡丹

習見花木名。野牡丹科，野牡丹屬，野牡丹（*Melastoma candidum* D.Don）。常緑灌木，高1米許，枝（除嫩枝外）被伏貼毛或稍伏貼之鱗片狀毛。單葉，對生，寬卵形，兩面被毛。夏日枝端出短梗開花，花瓣五片，大型，淡紫色。花後結果，果實稍肉質，不開裂，密生伏貼鱗片狀毛。種子多數，彎曲。我國主要分布於廣西、廣東、福建、臺灣諸地。多見於山坡陰濕地及疏林下。花大而美，可供觀賞。全株可入藥，有解毒消腫及收斂止血功效。

野牡丹早爲人熟知，清代始行用此稱。亦稱“苻花”，亦作“什花”。清徐葆光《中山傳信録》卷四：“野牡丹：土名苻花，葉與牡丹無異。二三月花開作叢，纍纍如鈴鐸。素瓣紫暈，檀心如碗大，極芳烈。其葉嚼之，以爲口香。種出大平山。”清刊《皇朝通志・草類》：“野牡丹，種出南海太平山上，名什花。葉如牡丹無異。二三月花開作叢，纍纍如鈴鐸，素瓣紫暈，檀心如碗大，極芳烈。見臣徐葆光《中山傳信録》。”清刊《皇朝通典・邊防一》：“〔琉球國〕氣候多煖少寒，無冰霜，雪希降，草木常新。所産有番薯、紅菜松、露蕉實、野牡丹、吉姑羅、樫木、福木……”賈祖璋等《中國植物圖鑒・野牡丹》：“野牡丹（《中山傳信録》）……常緑灌木。山野自生，分布粤、閩、川等地。”野牡丹今已人工栽培馴化，常用播種或扦插繁殖。可孤植，亦可叢栽布置園林，美化環境，供人觀賞。

【苻花】

即野牡丹。亦作“什花”。此稱清代已行用，爲琉球國民間俚稱，名見《中山傳信録》。見該文。

【什花】

即野牡丹。此稱清代已行用。見該文。

野綉球

習見花木名。忍冬科，莢蒾屬，蝕齒莢蒾（*Viburnum erosum* Thunb.）之別名。落葉灌木。小枝、芽、葉、柄、花序及花萼均被星狀毛及長柔毛。葉卵形或卵狀披針形。聚傘花序組成傘狀複花序。果紅色，寬卵形或球形。我國主要分布於長江以南各地，陝南、河南、山東嶗山、臺灣等地亦有分布。果生食或釀酒。種子可榨油。根、葉、果可入藥。亦可供觀賞。

野綉球
（清吴其濬《植物名實圖考》）

此稱至遲清代已行用。清吴其濬《植物名實圖考·群芳類·野綉球》："野綉球如綉球花，葉小有毛，開五瓣小白花，攢簇極密而不圓。"今呼"蝕齒莢蒾"。俗稱"宜昌莢蒾""糯米條子""對節花""苦索花"。參閲鄭萬鈞《中國樹木志·忍冬科》。

【蝕齒莢蒾】

即野綉球。今稱。見該文。

【宜昌莢蒾】

即野綉球。今湖北各地多俗用此稱。見該文。

【糯米條子】

即野綉球。今湖北宜昌地區多俗用此稱。見該文。

【對節花】

即野綉球。今四川屏山地區多俗用此稱。見該文。

【苦索花】

即野綉球。今浙江各地多俗用此稱。見該文。

麻葉綉綫菊

習見花木名。薔薇科，綉綫菊屬，麻葉綉綫菊（*Spiraea cantoniensis* Lour.）。灌木。高約1.5米。小枝細而拱曲，無毛。單葉互生，葉菱狀披針形或菱狀長圓形，先端急尖，中部以上缺齒，基部楔形。傘形花序具多花，花白色。蓇葖果直立，開張。我國主要分布於兩廣、閩、浙、贛等地，蘇、皖、冀、魯、豫、陝、川等地亦有栽培。早春開花，花序密集，潔白鮮麗，可供觀賞。

明清時稱"麻葉綉球"。亦稱"麻球"，亦作"蔴球"。常用爲嫁接綉球之砧木。清陳淏子《花鏡》卷三："粉團，一名綉球……麻球、海桐，俱可接綉球。"清吴其濬《植物名實圖考·群芳類·粉團》："粉團，《花鏡》：粉團一名綉球……蔴球、海桐俱可接綉球。"今亦稱"石棒子"。鄭萬鈞《中國樹木志·薔薇科·麻葉綉綫菊》："麻葉綉綫菊：麻葉綉球（《汝南圃史》）、麻球（《花鏡》）、石棒子（河南）。"

【麻葉綉球】

即麻葉綉綫菊。此稱明代已行用，名見《汝南圃史》。見該文。

【麻球】

即麻葉綉綫菊。此稱清代已行用。見該文。

【蔴球】

同"麻球"。即麻葉綉綫菊。此稱清代已行用。見"麻葉綉綫菊"文。

【石棒子】

即麻葉綉綫菊。今河南各地多行用此稱。見該文。

旌節花

習見花木名。旌節花科，旌節花屬，中國旌節花（*Stachyurus chinensis* Franch.）之别名。落葉灌木。葉互生，紙質，卵形至卵狀矩圓形。總狀花序下垂，花多數，四瓣，黄色。漿果球形。我國主要分布於皖、浙、贛、閩、粵、桂、湘、鄂、陝、甘、川、滇、黔等地。供觀賞。莖髓可入藥。

旌節花早爲人熟知，唐代已行用此稱。沿稱至今。亦省稱“旌節”。宋朱勝非《紺珠集·花木類》：“旌節花，唐王處回家居，有道士以花種遺，云此仙家旌節花也。”《錦綉萬花谷前集》卷二三引宋景焕《野人閑話》：“唐王侍中處回，一旦有道士携花子二粒種之。逡巡花漸長漸開，已乃爛然，道士曰此仙家旌節花也，公當富貴之。兆處回官至太傅。”宋宋祁《益部方物略記·旌節花》：“擢條亭亭，層層紫丹，狀若使節，方圓實刊。”書注：“修修華碧，皆層層而擢，正類使所持節然，故以名。見《益州圖經》。”宋洪咨夔《詩散句》：“槍旗漫摘社前雨，旌節旋移春後花。”《太平廣記》卷四〇九“旌節花”引《黎州漢源縣圖經》：“黎州漢源縣有旌節花，去地三二尺，行行皆如旌節也。”明楊慎《丹鉛總録·花木類》：“旌節花，《太平廣記》引《黎州圖經》云：黎州漢源縣琉璃城有旌節花，去地二三尺，行行皆如旌節。蘇子由詩：‘緑竹琅玕色，紅葵旌節花。’借喻葵形，非謂旌節即葵也。”《江南通志·食貨志·物産》：“旌節花，老藤上作花，行行垂如旌節，色淺碧。黎州漢源縣亦有之。”亦稱“錦茄兒”。《廣群芳譜·花譜二十五·旌節花》：“旌節花高四五尺，花小類茄花，俗訛錦茄兒，花節節對生，紅紫如錦……《花史》：唐王處回家居，有道士以花種貽之，曰此仙家旌節花也。”今各地常用播種或扦插繁殖，多有栽培。

按，清吴其濬《植物名實圖考·蔬類·錦葵》云：“按花亦有白色者，逐節舒葩，人或謂之旌節花。”未審是否此種。此附存考。今通稱“中國旌節花”“通花”“通草”。

【旌節】

“旌節花”之省稱。此稱宋代已行用。見該文。

【錦茄兒】

即旌節花。此稱清代已行用。見該文。

【中國旌節花】

即旌節花。今之通稱。見該文。

【通花】 2

即旌節花。今之通稱。見該文。

【通草】 2

即旌節花。今之通稱。見該文。

密蒙花

習見花木名。醉魚草科，醉魚草屬，密蒙花（*Buddleja officinalis* Maxim.）。落葉灌木。小枝灰褐色呈四棱形，初時密被灰白色絨毛。單葉對生，卵狀披針形至條狀披針形，葉面被細星狀毛，葉背密生灰白至黄色星狀毛。圓錐花序頂生，密被灰白色茸毛，花冠淡紫色至白色，筒狀。蒴果卵形。種子多數，細小，具翅。我國主要分布於西南、中南及陝、甘等地。可植於庭院供觀賞。花可入藥。

我國栽培利用密蒙花已逾一千五百餘年歷史。南北朝時期已行用此稱。亦稱“小錦花”“水錦花”。南朝宋雷斅《雷公炮炙論》中卷：“密蒙花，雷公云：凡使，先揀令净，用酒浸一宿，漉出候乾……用蜜半兩蒸爲度。此元（原）名小錦花。”産地極廣，且多爲藥用。宋常棠《海鹽澉水志·物産門·藥》：“白朮、連翹、茴香、韭子、杏仁、龍腦、槐花、半夏、枳實、瞿麥、紫蘇、荆芥……密蒙花、紫蘇子、

密蒙花
（清吴其濬《植物名實圖考》）

羊蹄根、淡竹葉、馬屁勃、海浮石、馬鞭草、匾白豆、地錦草。”舊題金李杲《珍珠囊補遺藥性賦》卷四：“密花總爲眼科之要領，蘇方木專調産後之血迷。”注云：“密蒙花，味甘平，微寒，無毒。”明盧之頤《本草乘雅半偈·宋開寶二·密蒙花》：“密蒙花，氣味甘，平，微寒，無毒。主青盲，膚翳，赤腫，多眵淚，消目中赤脈及小兒疳氣攻眼。覈曰：出蜀中州郡，利州甚多。木高丈餘，經冬不凋，葉似冬青而厚，柔而不光潔，而淺緑，背有白毛。花細碎，數十房成一朵，冬生春放，色微紅紫。二三月采，取暴乾用。修治：酒浸一宿，漉出候燥，潤蜜令透，蒸之從卯至酉日，乾再潤，蒸曬，凡三次。每花一兩用酒半兩蜜半兩爲度。”明李時珍《本草綱目·木三·密蒙花》：“［釋名］水錦花（《炮炙論》）。時珍曰：其花繁密蒙茸如簇錦，故名。［集解］〔蘇〕頌曰：密蒙花，蜀中州郡皆有之。樹高丈餘。葉似冬青葉而厚，背白有細毛，又似橘葉。花微紫色。二月、三月采花，暴乾用。”字亦作“蜜蒙花”。清陳淏子《花鏡》卷三：“蜜蒙花生益州，及蜀之州郡。木高丈餘，葉似冬青而厚，背白色，有細毛。花微紫色，二三月采花曝乾，則味甘甜如蜜。其花一朵，有數十房，濛濛然細碎，故有是名。”清吴其濬《植物名實圖考·木類·密蒙花》：“密蒙花，《開寶本草》始著録。詳《本草衍義》。湖南山中多有，人皆識之。”清陳元龍《格致鏡原·花類四·諸花》：“《花經》：‘密蒙花産自川蜀，木高丈餘。葉冬不凋。花紫，瓣多細碎，千房一朵，故名。’”

按，花之名“密蒙”，李時珍以爲“其花繁密蒙茸如簇錦，故名。”陳淏子則以爲其花曝乾後甘如蜜，且“其花一朵，有數十房，濛濛然細碎，故有是名”。夏緯英《植物名釋札記·密蒙花》稱此花爲治目病之藥，能醫目之“迷矇”，故此花當曰“迷矇花”，而稱“蜜”或作“密”，乃字之音訛。又，密蒙花原産我國，常野生於山麓、河畔、雜木林地，今多栽於庭院供觀賞。俗稱“蒙花”“米湯花”“羊春條”“綿條子”“黄花醉魚草”“羊耳朵”。

【小錦花】

即密蒙花。此稱南北朝時期已行用。見該文。

【水錦花】

即密蒙花。《炮炙論》原作小錦花，李時珍改此稱，未詳何故。此稱明代已行用，并沿稱於後世。見該文。

【蜜蒙花】

同“密蒙花”。此體清代已行用。見該文。

【蒙花】

即密蒙花。此稱清代已行用，語本《本草求真》。見該文。

【米湯花】

即密蒙花。今四川各地多俗用此稱。見該文。

【羊春條】

即密蒙花。今四川穆坪地區多俗用此稱。見該文。

【綿條子】

即密蒙花。今湖北興山地區多俗用此稱。見該文。

【黄花醉魚草】

即密蒙花。今之俗稱。見該文。

【羊耳朵】

即密蒙花。此稱明代已行用，亦今之俗稱。參閲明蘭茂《滇南本草》。見該文。

棣棠花

習見花木名。薔薇科，棣棠花屬，棣棠花〔*Kerria japonica*（Linn.）DC.〕。落葉灌木。小枝緑色，具縱文。葉卵形或三角狀卵形。花兩性，常生於側枝頂端，花五瓣，黄色。瘦果扁球形或倒卵形，成熟時褐黑色。我國除東北、西北西部外，大部都有分布。主要用於觀賞。其花、枝葉可入藥。

棣棠花美，早爲人知，宋代已行用此稱。省稱“棣棠”。宋范成大《道旁棣棠花》詩：“乍晴芳草競懷新，誰種幽花隔路塵。緑地縷金羅結帶。爲誰開放可憐春。”宋孟元老《東京夢華録·駕回儀衛》：“是月季春，萬花爛熳，牡丹芍藥，棣棠木香，種種上市。”宋明時栽培經驗已頗豐富。明宋詡《竹嶼山房雜部·樹畜部二·種花卉法》：“棣棠，灌生，葉有紋如麻，《冀越集》曰：黄花，開土旺時，春季則棣棠，夏季則黄葵，秋季則菊，冬季則蠟［臘］梅。余觀棣棠，遇季月即開。今亦有白花者。花時從根側分小本種之，輔以屏架。”明高濂《遵生八箋·燕閑清賞箋下》：“棣棠花，花若淡黄，一葉一蕊，生甚延蔓。春深與薔薇同開，可助一色。”《廣群芳譜·花譜二十二·棣棠》：“棣棠花若金黄，一葉一蕊生。甚延蔓。春深與薔薇同開，可助一色。”清陳淏子《花鏡》卷五：“棣棠花藤本叢生，葉如荼蘼，多尖而小，邊如鋸齒。三月開花金黄色，圓若小球，一葉一蕊，但繁而不香。其枝比薔薇更弱，必延蔓屏樹間，與薔薇同架，可助一色。春分剪嫩枝，扦於肥地即活。”清陳元龍《格致鏡原·花類四·棣棠花》引明高濂《藝花譜》：“花若金黄，一葉一莖，生甚延蔓。單葉者名金碗。”《陝西通志·物産·草屬》：“棣棠，花若金黄，春深與薔薇同開，有單葉者，名金碗（《廣群芳譜》）。長安有之（《長安縣志》）。”

棣　棠
（清吴其濬《植物名實圖考》）

按，棣棠花屬僅一種，産我國與日本。除栽培者外，多生於海拔2500米以下山地、溝谷、林地及灌叢中。亦稱“金棣棠”“地棠”“黄度梅”“黄榆葉梅”“清明花”“金蛋子花”。該種另有“重瓣棣棠花”“金邊棣棠花”“玉邊棣棠花”“白斑棣棠花”“白花棣棠花”及“菊瓣棣棠花”等栽培變種。其花、枝、葉皆美，境栽、籬垣皆可應用，亦可於池畔、溪邊、水濱、岩際栽植，尤爲適宜。

【棣棠】

“棣棠花”之省稱。此稱宋代已行用。見該文。

【金棣棠】

即棣棠花。今浙江金華等地多行用此稱。見該文。

【地棠】

即棣棠花。今江蘇鎮江等地多行用此稱。見該文。

【黄度梅】

即棣棠花。今江蘇高淳等地多行用此稱。見該文。

【黄榆葉梅】

即棣棠花。今河南各地多行用此稱。見該文。

【清明花】[2]

即棣棠花。今四川各地多行用此稱。見該文。

【金蛋子花】

即棣棠花。今雲南各地多行用此稱。見該文。

【棠棣】

即棣棠花。亦作“唐棣”。此稱唐代已行用。亦或以爲始用於秦漢時。唐李商隱《寄羅劭興》詩：“棠棣黄花發，忘憂碧葉齊。”馮浩箋注：“《爾雅》分列唐棣、栘，常棣、棣，而疏以《召南・唐棣之華》《小雅・常棣之華》分屬之。《本草》合引於郁李下。今且未細剖，而其花或白或赤，皆不言黄。故程氏謂今人園圃中有名棣棠者，花繁黄色，義山其指此耶，所揣頗似之矣。”清陳元龍《格致鏡原・花類四・棣棠花》引《格物叢話》：“棣棠即棠棣，又名常棣，又名唐棣。”按，唐棣古有二説：其一指郁李，見《論語・子罕》邢昺疏；其二指白楊類樹木，見《爾雅》郭璞注。李商隱《寄羅邵興》詩馮浩箋注，則曰或亦指開花黄色之棣棠。此亦備一説。今俱附供考。見“棣棠花”文。

【唐棣】[1]

同“棠棣”。此體秦漢時期已行用。見該文。

【俗客】

“棣棠花”之别稱。此稱宋代已行用。宋姚寬《西溪叢語》卷上：“昔張敏叔有十客圖，忘其名，予長兄伯聲嘗得三十宫，牡丹爲貴客，梅爲清客……棣棠爲俗客。”明陶宗儀《説郛》卷二四上：“［花客］花名十客，世以爲雅戲。《姚氏殘語》演爲三十一客，其中有未當者，暇日因易其一二，且復得二十客，併著之以寓獨賢之意：牡丹爲貴客，梅爲清客，蘭爲幽客，桃爲天客，杏爲艷客，蓮爲净客，桂爲岩客，海棠爲蜀客……棣棠爲俗客（兄弟之義不可稱俗，今改爲和），木筆爲書客（以上見姚氏）。”見“棣棠花”文。

紫荆[3]

習見花木名。豆科，紫荆屬，紫荆（*Cercis chinensis* Bunge）。落葉灌木或小喬木。通常呈叢生灌木狀。單葉互生，近圓形，全緣。花冠蝶形，紫紅色。常四至八朵簇生，四月中旬先葉開放。莢果條形，扁平，紅紫色。我國主要分布於黄河流域以南諸地及西北、西南各地。爲著名觀賞樹木。木材可製傢具等。樹皮、木材、花梗、根可入藥。

我國栽培利用紫荆歷史悠久，唐代已行用此稱。唐白居易《六年寒食洛下宴游贈馮李二少尹》詩：“東郊蹋青草，南園攀紫荆。”人家多植於庭院以供觀賞。《通志・昆蟲草木略二・木類》：“紫荆，人多種庭院間。”亦稱“田氏之荆”“紫珠”“滿條紅”“紫荆花”。明李時珍《本草綱目・木三・紫荆》［集解］：“〔蘇〕頌曰：紫荆處處有之，人多種於庭院間。木似黄荆，葉小無椏，花深紫可愛。〔陳〕藏器曰：即田氏之荆也。至秋子熟，正紫，圓如小珠，名紫珠。江東林澤間尤多。”明李日華《六研齋三筆》卷二：“《河東李元珪廷璧》：‘荆山明月秋水清，山間之璞千古名。誰爲隱君慰幽獨，我欲携酒相與傾。堦前拾翠驚春夢，石上看泉更晚晴。何日同舟載仙侶，紫荆花下聽吹笙。'”清刊《月令輯要·春令》：“滿條紅，［增］《群芳譜》：紫荆，一名滿條紅。

紫荆花
（清吴其濬《植物名實圖考》）

叢生，春開紫花甚細碎，數朵一簇，花罷葉出，光緊微圓，花謝即結莢子。”清刊《淵鑑類函》卷四一六：“紫荆，高樹柔條，其花甚繁，至秋子熟，正紫，圓如小珠，名紫珠。其皮入藥，以川中厚而紫色味苦如膽者爲勝。”清陳淏子《花鏡》卷三：“紫荆花，一名滿條紅。花叢生，深紫色，一簇數朵，細碎而無瓣，發無常處，或生本身，或附根枝，二月盡即開……冬取其莢，種肥地，交春即生。”

紫荆屬約十一種，我國有七種：黄山紫荆、嶺南紫荆、巨紫荆、湖北紫荆、少花紫荆、垂絲紫荆及雲南紫荆。各地常植之公園、庭院、路邊、緑地以供觀賞。又俗稱“羅錢桑”“烏桑”“羅筐桑”“裸枝樹”。

【田氏之荆】

即紫荆[3]。此稱唐代已行用。見該文。

【紫珠】[2]

即紫荆[3]。此稱唐代已行用。見該文。

【滿條紅】

即紫荆[3]。因其花紫紅，又先葉開放，滿枝皆花，故名。此稱明代已行用。見該文。

【紫荆花】

即紫荆[3]。此稱明代已行用，并沿稱至今。見該文。

【羅錢桑】

即紫荆[3]。今湖北興山等地多俗用此稱。見該文。

【烏桑】

即紫荆[3]。今河南各地多俗用此稱。見該文。

【羅筐桑】

即紫荆[3]。今河南各地多俗用此稱。見該文。

【裸枝樹】

即紫荆[3]。因其花先葉開放，如着於裸枝，故名。今稱。見該文。

【紅荆樹】

即紫荆[3]。此稱唐代已行用。唐元稹《紅荆》詩：“庭中栽得紅荆樹，十月花開不待春。直到孩提盡驚怪，一家同是北來人。”參閱《廣群芳譜·花譜十七·紫荆》。見“紫荆[3]”文。

【紫荆樹】

即紫荆[3]。此稱唐代已行用。唐杜甫詩散句：“風吹紫荆樹，色與春庭暮。”參閱《廣群芳譜·花譜十七·紫荆》。見“紫荆[3]”文。

【蚍蜉】

即紫荆[3]。此稱秦漢已行用。亦作“芘芣”。亦稱“火蟻”。蚍蜉本大蟻之别稱，以其花開繁密，狀類大蟻援樹而栖，或曰狀類蟻窩，故得此名。《事物異名録·花卉·紫荆》：“蚍蜉，火蟻。《爾雅翼》：芘芣，紫荆。春時開花，紫色，自根及幹連接甚密，有類蟻窠，故《爾雅》名蚍蜉，俗曰火蟻。”清陳大章《詩傳名物集覽·草·視爾如荍》：“濮氏曰：芘芣，紫荆。春時開花，葉未生花紫色，自根及幹而上連接甚密，有類蟣窩，故《爾雅》字從蟲，名蚍蜉，俗曰火蟣。”見“紫荆[3]”文。

【芘芣】

同“蚍蜉”。此體宋代已行用。見該文。

【火蟣】

即蚍蜉。此稱秦漢時期已行用。見該文。

紫丁香

習見花木名。木犀科，丁香屬，紫丁香（*Syringa oblata* Lindl.）。落葉灌木或小喬木。單葉對生，卵圓或腎形。花兩性，頂生或側生，圓錐花序；花冠細小，漏斗狀，四裂，紫色。蒴果，壓扁狀。我國主要分布於華北、東北南部及内蒙古、山東、陝西、甘肅、四川等地。可植於庭院供觀賞。花可提取芳香油。

我國丁香栽培歷史已逾千年。其花色紫，形若小釘，故名。唐代已行用此稱。又常將紫丁香及其變種白香通稱“丁香”。唐杜甫《丁香》詩：“丁香體柔弱，亂結枝猶墊。”唐段成式《酉陽雜俎・支植上》：“衛公平泉莊有黄辛夷、紫丁香。”元喬吉《水仙子・釘鞖兒》曲：“底兒鑽釘紫丁香，幫側微粘蜜蠟黄。”明徐光啓《農政全書》卷一〇：“接换：柑、橘、柿、棗、橙、柚、杏、栗、桃、梅、梨、李、胡桃、銀杏、楊梅、枇杷、沙柑、石榴、紫丁香。以上春分前後皆可。”明高濂《遵生八箋・燕閑清賞箋下》：“紫丁香花，木本，花如細小丁，香而瓣柔，色紫，蓓蕾而生，接種俱可。自是一種，非瑞香别名。”明楊循吉《紫丁香》詩：“番舶何人得種來，紫尖香蕊果奇哉。春風枝上相思恨，結到秋深尚未開。”清高宗《戲題紫白丁香》詩：“同是春園百結芳，紫丁香遜白丁香。”清陳元龍《格致鏡原・花類一・丁香花》：“《草花譜》：紫丁香花如細小丁香而瓣柔，色紫，蓓蕾而生。”參閲清吴其濬《植物名實圖考・群芳類・丁香》。

丁　香
（明王圻等《三才圖會》）

按，丁香屬約三十餘種，我國約二十四種。另有諸多變種、雜種及品種。又，桃金娘科之“丁子香”亦省稱“丁香”，與此殊异，宜辨之。參見本卷《引種木果説・古代引種木果考》“丁子香”文。本種今通稱“華北紫丁香”。亦俗稱“龍梢子”。

【丁香】[1]

“紫丁香”之古稱。依今人陳俊愉等《中國花經・丁香》，以爲自古以來，較普遍認爲丁香是指分布及栽培廣泛的紫丁香及其變種白丁香，故名。此稱唐代已行用。見該文。

【華北紫丁香】

即紫丁香。今之通稱。見該文。

【龍梢子】

即紫丁香。今之俗稱。見該文。

【百結花】

即紫丁香。省稱“百結”。其花淡紫，如古之同心百結，故名。此稱宋代已行用。宋蘇軾《留題顯聖寺》詩：“幽人自種千頭橘，遠客來尋百結花。”宋洪适《野處送百結花》詩：“盤屈枝仍墊，葱青葉未稀。雙銜疑鳳帶，百結類鶉衣。”元陰勁弦《韻府群玉・平麻》：“百結花，江南謂丁香爲百結花。”清陳元龍《格致鏡原・花類一・丁香花》引《山堂肆考》：“江南人謂丁香爲百結花。”清陳淏子《花鏡》卷三：“丁香一名百結。葉似茉莉。花有紫白二種，初春開花，細小似雀舌，蓓蕾而生於枝杪，其瓣柔、色紫，清香襲人。”見“紫丁香”文。

【百結】

“百結花”之省稱。此稱宋代已行用。見該文。

【素客】

“紫丁香”之雅稱。此稱宋代已行用。宋龔明之《中吴紀聞·花客詩》：“張敏叔嘗以牡丹爲貴客……丁香爲素客。”明陶宗儀《説郛》卷二四下：“花客：張敏叔嘗以牡丹爲貴客，梅爲清客，菊爲壽客，瑞香爲佳客，丁香爲素客，蘭爲幽客，蓮爲净客，酴醾爲雅客，桂爲仙客，薔薇爲媚客，蘭茉莉爲逐客，芍藥爲近客。”清陳元龍《格致鏡原·花類一》：“《花木考》：宋張景修以丁香爲素客。”見“紫丁香”文。

【情客】

“紫丁香”之雅稱。此稱宋代已行用。宋姚寬《西溪叢語》卷上：“昔張敏叔有十客圖，忘其名，予長兄伯聲嘗得三十客，牡丹爲貴客，梅爲清客……丁香爲情客。”見“紫丁香”文。

結香

習見花木名。瑞香科，結香屬，結香（*Edgeworthia chrysantha* Lindl.）。落葉灌木。高 1~2 米，小枝粗壯，棕紅色，具皮孔，被淡黄色或灰色絹狀長毛。單葉互生，常簇生枝頂，橢圓狀矩圓形或矩圓狀倒披針形，葉面被柔毛，葉背生長硬毛。頭狀花序，花被筒狀，花黄色，芳香。核果卵狀。我國主要分布於長江流域及其以南各地，河南、陝西亦有分布。可植於庭院供觀賞。樹皮可爲造紙和人造棉原料。全株可入藥。

結香早爲人知，此稱明代已行用，并沿稱至今。亦稱“結香花”“黄瑞香”。明宋詡《竹嶼山房雜部·樹畜部二·種花卉法》：“結香，枝葉如瑞香而大，花淡黄無所奇，惟枝柔可以束結球物之形。”明高濂《遵生八箋·燕閑清賞箋下》：“結香花，花色鵝黄，較瑞香稍長，花開無葉，花謝葉生，枝極柔軟，多以蟠結上盆，香色俱無可取。”《廣群芳譜·花譜二十·結香》：“結香，幹葉如瑞香，而枝甚柔韌，可綰結。花色鵝黄，比瑞香稍長，開與瑞香同時，花落始生葉。”清陳淏子《花鏡》卷三：“結香俗名黄瑞香，幹葉皆似瑞香……亦與瑞香同時放，但花落後始生葉，而香大不如。”明清時對其習性與栽培方法已有頗多認識。清蒲松齡《農桑殘稿·諸花譜·結香》：“結香，喜陰畏糞，春取根下小枝分栽。”結香今亦稱“打結花”“蒙花樹”“雪裏開”“金腰帶”。

【結香花】

即結香。此稱明代已行用。見該文。

【黄瑞香】 2

即結香。此稱清代已行用。見該文。

【打結花】

即結花。因其枝柔韌，可以綰結，故名。今四川各地多行用此稱。見該文。

【蒙花樹】

即結香。今四川各地多行用此稱。見該文。

【雪裏開】

即結香。因此花開早，時常遇雪，故名。見該文。

【金腰帶】 2

即結香。今湖北興山等地多行用此稱。見該文。

【茂花】

即結香。此稱清代已行用。清劉善述《草木便方・草部・茂花》："茂花根寒平安神，夢泄遺精驚悸靈，魂不守舍能定志，手足筋骨洗軟形。"按，《草木便方》原書均爲"茂花"，今本作"夢花"。見"結香"文。

【夢花】

即茂花。今川東地區多行用此稱。見該文。

瑞香

習見花木名。瑞香科，瑞香屬，瑞香（*Daphne odora* Thunb.）。常緑灌木。小枝帶紫色，光滑無毛。單葉互生，長橢圓形，全緣。花呈簇狀或頭狀花序，頂生；花淡紅紫色，有芳香；早春開放。核果球形。我國主要分布於長江流域以南各地。供觀賞。根可入藥。莖皮纖維可造紙。

先秦典籍已有記載。時稱"露申"，後世訛稱"露甲"。《楚辭・九章・涉江》："露申辛夷，死林薄兮。"清蔣驥注："或曰即瑞香花，亦名露甲。"我國瑞香栽培始於何時已無從考稽，然迨宋時人家栽培已頗盛行，始行用此稱。亦稱"瑞香花"，至宋明時已積纍了豐富之經驗。宋王十朋《瑞香花》詩："真是花中瑞，本朝名始聞，江南一夢後，天下仰清芬。"《全芳備祖前集》卷二二引宋陳舜俞《廬山記》："瑞香花，紫而香烈，非群芳之比。其始蓋出於廬山之中。"又引宋吕大防《瑞香圖》序："《成都志》：瑞香，芳草也，其木高數尺，生山坡間，花如丁香，而有黄紫二種。冬春之交，其花始發。植之庭檻則芬馥；出於户外，野人不以爲貴。宋景公亦闕而不載。予令春城後二十年守成都，公庭，僧圃靡不有也。予恐其没於草……感而圖之，爲之序。"宋梁克家《淳熙三山志・土俗類三・物産》："瑞香，紫色，芬香。舊記無，近州多有之。"明鄺璠《便民圖纂》卷五："瑞香：其花數種，惟紫花葉青而厚者最香。惡濕、畏日，用小便或洗衣灰水澆之，可殺蚯蚓；用梳頭垢膩壅其根，則葉緑。梅雨時，折其枝插土中，自生根，臘月、初春皆可移。"明夏旦《藥圃同春・十二月》："瑞香，紅、白二色。畏日宜清。極香。"明清時以扦插繁殖瑞香已頗富經驗。清刊《月令輯要・五月令》："插瑞香，［增］《癸辛雜識》：凡插瑞香者，於芒種日折其枝，枝下破開，用大麥一粒置於其中，並用亂髮纏之，插於土中，勿令見日，日以水澆灌之，無不活。"清蒲松齡《農桑經殘稿・諸花譜・瑞香》："瑞香：梅雨時，折其枝，插肥陰之地，自能生根。"

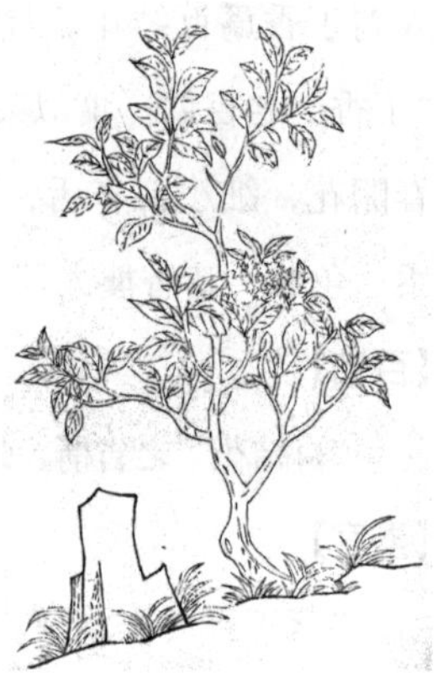

瑞　香

（明王圻等《三才圖會》）

瑞香屬植物約八十種，我國有三十五種，常見的有尖瓣瑞香、橙黄瑞香、黄瑞香、白瑞香、凹葉瑞香、甘肅瑞香等。各地園林緑地常有栽植。

【露申】

"瑞香"之古稱。一説謂露重，此附。此稱先秦時期已行用。見該文。

【露甲】

即瑞香。甲爲申之訛變。此稱清代已行用。見該文。

【瑞香花】

即瑞香。此稱宋代已行用。見該文。

【睡香】

“瑞香”之别稱。舊傳廬山一僧人夢中聞花香，即覺，尋香而得此花，故名。宋代已行用此稱。又今南方人亦有讀瑞曰睡者，故此稱今亦行用。宋陶穀《清異録·花》:“睡香，廬山瑞香花，始緣一比丘晝寢磐石上，夢中聞花香烈酷不可名，既覺，尋香求之，因名睡香。四方奇之，謂乃花中祥瑞，遂以瑞易睡。”宋張淏《會稽續志·鳥獸草木》:“瑞香，剡中西太白山有此花。盧天驥《剡山睡香花》詩云:‘入夢生香酒力微，不須金鴨裊孤馡。爲嫌淡白非真色，故著仙家紫道衣。’時盧正在西山也。”明文震亨《長物志·花木》:“瑞香，相傳廬山有比丘晝寢，夢中聞花香，寤而求得之，故名睡香。四方奇異，謂花中祥瑞，故又名瑞香，别名麝囊。”《續通志·昆蟲草木略三·木類》:“瑞香花，一名睡香，一名麝囊花，一名蓬萊紫。即楚詞所謂露甲也。”《浙江通志·物産三·寧波府》:“瑞香，《花譜》:出明州，又名睡香。處處庭院植之。”參閲《廣群芳譜·花譜二十·瑞香》。見“瑞香”文。

【錦薰籠】

“瑞香”之别稱。此稱宋代已行用。亦稱“錦被堆”。宋陳克詩散句:“沉香殿裏春風早，紅錦薰籠二月時。”明楊慎《升菴詩話·瑞香花詩》:“瑞香花，即《楚辭》所謂露甲也。一名錦薰籠，又名錦被堆。”宋吴自牧《夢粱録·物産·花之品》:“瑞香種頗多，大者名錦薰籠。東坡詩云:‘幽香結湘紫，來自孤峰雲。骨香不自知，色淺意殊深。’”明田汝成《西湖游覽志餘·委巷叢談》:“瑞香有黄紫二種……今馬塍種最多，大者名錦熏籠。”《浙江通志·物産一·杭州府》:“瑞香，《咸淳臨安志》:舊真覺院有此花，今馬埁種最多，大者名錦薰籠。”見“瑞香”文。

【錦被堆】[1]

即錦薰籠。此稱明代已行用。見該文。

【薰籠錦】

“瑞香”之别稱。此稱宋代已行用。宋王十朋詩散句:“世人競重薰籠錦，子素何曾怯瑞香。”又《點絳唇》詞:“入夢何年，廬阜聞名稔。風流甚，阿誰題品，唤作薰籠錦。”宋王庭珪《次韻路節推瑞香幽蘭》詩:“君家蘭玉盈階砌，傍有薰籠錦一端。”自注:“自有一種風味，瑞香古未有，獨見重於近世，遂得佳客之稱，一名錦薰籠。”見“瑞香”文。

【薰籠瑞錦】

“瑞香”之别稱。此稱宋代已行用。宋張掄《西江月·瑞香》詞:“剪就碧雲鬧葉，刻成紫玉芳心，淺春不怕峭寒侵，暖徹薰籠瑞錦。”參閲《廣群芳譜·花譜二十二·瑞香》。見“瑞香”文。

【蓬萊紫】

即瑞香。此稱宋代已行用。亦稱“麝囊花”，省稱“麝囊”。别號“紫風流”。其花色紫，多生枝瑞，婆娑摇曳，頗有仙氣，故名。宋陶穀《清異録·花》:“紫風流，廬山僧舍有麝囊花一藂，色正紫，類丁香，號紫風流。江南後主詔取數十根植於移風殿，賜名蓬萊紫。”清代亦稱“蓬萊花”“風流樹”。清陳淏子《花鏡》卷三:“瑞香，一名蓬萊花。有紫、白、紅三色。本不甚高，而枝幹極婆娑，隔年發蕊，蓓蘂於葉頂，立春後即開花。"《續通志・昆蟲草木略・木類》："瑞香花，一名睡香，一名麝囊花，一名蓬萊紫。即楚詞所謂露甲也。"清姚之駰《元明事類鈔・花草門二・瑞香》："蓬萊紫，《群芳譜》：瑞香，一名露甲，一名蓬萊紫，一名風流樹。"清王用臣《幼學歌・物類門・花小名》："麝囊乃瑞香。"見"瑞香"文。

【麝囊花】

即蓬萊紫。此稱宋代已行用。見該文。

【麝囊】

"麝囊花"之省稱。即蓬萊紫。此稱清代已行用。見"蓬萊紫"文。

【紫風流】

即蓬萊紫。此稱宋代已行用。見該文。

【蓬萊花】

即蓬萊紫。此稱清代已行用。見該文。

【風流樹】[1]

即蓬萊紫。此稱清代已行用。見該文。

【殊友】

"瑞香"之别稱。此稱宋代已行用。宋佚名《錦綉萬花谷後集》卷三七："曾端伯十友調笑令云：取友於十花，芳友者蘭也，清友者梅也，奇友者臘梅也，殊友者瑞香也，净友者蓮也，禪友者薝蔔也，佳友者菊也，仙友者巖桂也，名友者海棠也，韻友者荼蘼也。仍有玉友來奉佳賓，謂酒也。"明徐應秋《玉芝堂談薈》卷三二："宋曾端伯以十花爲友：荼蘼，韻友；茉莉，雅友；瑞香，殊友；荷花，净友；巖桂，仙友；海棠，名友；菊花，佳友；芍藥，艷友；梅花，清友；梔子，禪友。"清陳元龍《格致鏡原・花類一・瑞香花》："《詞話》：曾端伯以瑞香爲殊友。"參閱《廣群芳譜・花譜二十・瑞香》。見"瑞香"文。

【佳客】

"瑞香"之别稱。此稱宋代已行用。明陶宗儀《説郛》卷二四下："[花客]張敏叔嘗以牡丹爲貴客，梅爲清客，菊爲壽客，瑞香爲佳客，丁香爲素客，蘭爲幽客，蓮爲净客，酴醿爲雅客，桂爲仙客，薔薇爲媚客，蘭茉莉爲逐客，芍藥爲近客。"《廣群芳譜・花譜二十・瑞香》引明都卬《三餘贅筆》："曾端伯以瑞香爲殊友，張敏叔以瑞香爲佳客。"清陳元龍《格致鏡原・花類一・瑞香花》："《花木考》：張敏叔十二客圖，以瑞香爲佳客。"見"瑞香"文。

【閨客】

"瑞香"之别稱。此稱宋代已行用。宋姚寬《西溪叢語》卷上："昔張敏叔有十客圖，忘其名，予長兄伯聲嘗得三十客，牡丹爲貴客，梅爲清客……瑞香爲閨客。"見"瑞香"文。

榆葉梅

習見花木名。薔薇科，李屬，榆葉梅（*Prunus triloba* Lindl.）。落葉灌木，稀小喬木，高 2~5 米。枝褐色或紫褐色，常有刺。單葉互生，寬橢圓形或倒卵形，葉緣具粗重鋸齒，上面有稀疏柔毛或無毛，下面被短柔毛。四月開花，淡紅色，萼管廣鐘形，萼片卵形，具齒。核果紅色，近球形，表面有溝，被毛，果肉薄，成熟時開裂。我國主要分布於黑龍江、河北、山西、山東、浙江、江蘇等地。早春開花，可植於庭院供觀賞。

我國人民早已熟悉此樹，清代已行用此稱。《畿輔通志・土産・花屬》："榆葉梅，《畿輔舊志》：葉似榆，花開如紅梅，故名。枝柔，可以編籬。"所述葉形、花色、用途俱與本種相似。

今仍沿用此稱，其枝葉茂盛，花繁色艷，北方各地常用於公園草地、路邊及庭院墻隅、池畔等地段之緑化。今亦稱“小桃紅”。

【小桃紅】

即榆葉梅。因其花似桃，色紅而艷，故名。今稱。見該文。

落霜紅

習見花木名。冬青科，冬青屬，落霜紅（*Ilex serrata* Thunb.）。落葉灌木，高約1米許。嫩枝略具細毛。單葉互生，卵形或卵狀披針形，先端漸尖，邊緣具細齒。五六月開花，花簇生於葉腋，淡紫色或白色，有紅暈。冬日果熟，球形，呈紅色。我國主要分布於南方各地。多野生於山林間。花果頗美，可供觀賞。果熟可食。

落霜紅
（明鮑山《野菜博録》）

其果霜後成熟而色紅，因名“落霜紅”。此稱明代已行用。明鮑山《野菜博録》卷四：“落霜紅，生山野間。高四五尺，葉似土欒葉，開白花，結子如緑豆大，生青熟紅，味甜。食法：采紅熟子食之。”賈祖璋等《中國植物圖鑒・冬青科》：“落霜紅（《野菜博録》）。[形態]莖高一米許至三四米；嫩枝和葉柄略有細毛。葉卵形或卵狀披針形，先端尖鋭，邊緣有細鋸齒。五六月開，葉腋簇生細花，淡姿色或白色，有紅暈。冬日果實成熟，呈紅色。[生態]落葉灌木。山林自生，或栽培於庭院間。[應用]供觀賞用。”此花今不多見，亦少見文獻記載。今附供考。

滇白珠

習見花木名。杜鵑花科，白珠屬，滇白珠〔*Gaultheria leucocarpa* var. *yunnanensis*（Franch.）T. Z. Hsu & R. C. Fang〕。常緑灌木。高可達3米；枝細長而曲折。單葉互生，革質，卵狀矩圓形，先端尾狀漸尖。總狀花序腋生，花冠呈鐘狀，白色。蒴果球形，似漿果狀，五裂，包於黑色肉質宿存花萼中。我國主要分布於兩廣、雲、貴、川、湘、鄂及臺灣諸地。可供觀賞。樹葉可提取芳香油。根、莖、葉可入藥。

我國應用滇白珠醫病已有百餘年史。清代稱“搜山虎”。清劉善述《草木便方・草部・搜山虎》：“搜山虎根辛活血，跌損内傷續骨節，腸風下血崩淋妙，瘀血停積勞傷滅。”趙素雲等以爲此搜山虎即今之滇白株。今多生林緣、灌叢中，俗稱“血貫腸”“坐山虎”“穿山虎”“滿山香”“老鴉泡”“透骨草”“苗婆風”。

【搜山虎】[5]

即滇白珠。此稱清代已行用。見該文。

【血貫腸】

即滇白珠。今川東地區多俗用此稱。見該文。

【坐山虎】

即滇白珠。今四川地區多俗用此稱。見該文。

【穿山虎】

即滇白珠。今四川各地多俗用此稱。見該文。

【滿山香】[5]

即滇白珠。今四川、廣西等地多俗用此稱。見該文。

【老鴉泡】

即滇白珠。今四川、貴州等地多俗用此稱。見該文。

【透骨草】

即滇白珠。今貴州各地多俗用此稱。見該文。

【苗婆風】

即滇白珠。今湖南各地多俗用此稱。見該文。

滇瑞香

習見花木名。瑞香料，瑞香屬，滇瑞香（*Daphne feddei* H. Lévl.）。常緑灌木。枝灰黄。葉互生，長橢圓形至倒披針形，全緣。花白色，八至十二朵聚生枝頂，有芳香。核果球形，橙紅色。我國主要分布於雲南、貴州、四川等地。全株可入藥。亦可供觀賞。

滇瑞香
（清吴其濬《植物名實圖考》）

我國栽培利用滇瑞香已有數百年史。明代前通稱“瑞香”，清代始行用此稱，沿稱至今。清吴其濬《植物名實圖考・芳草類・滇瑞香》：“瑞香，《本草綱目》始著録，蓋即圃中所植，所謂麝囊花、紫風流者，不聞入藥。滇南山中有一種白花者，的的枝頭，殊無態度，而葉極光潤。”今亦稱“野瑞香”“桂花矮陀陀”“黄山皮條”。

【野瑞香】

即滇瑞香。今雲南各地多行用此稱。見該文。

【桂花矮陀陀】

即滇瑞香。今雲南各地多行用此稱。見該文。

【黄山皮條】

即滇瑞香。今雲南各地多行用此稱。見該文。

烟管莢蒾

習見花木名。忍冬科，莢蒾屬，烟管莢蒾（*Viburnum utile* Hemsl.）。常緑灌木。高約2米，幼枝密被星狀毛。葉卵狀長圓形、窄橢圓形或披針狀卵圓形，葉背密生灰白色星狀毛。聚傘花序，花冠白色。核果卵圓形。我國主要分布於陝南、鄂西及川、湘、黔諸省。全株可入藥。其枝民間用以製烟管，故名。供觀賞，亦可入藥。

明代稱“羊屎柴”“牛屎柴”。清代稱“羊屎條”“羊屎子”。常用其苗、根入藥。明李時珍《本草綱目・草十・羊屎柴》：“時珍曰：一名牛屎柴，生山野。葉類鶴虱，四月開白花，亦有紅花者。結子如羊屎狀，名鐵草子。根可毒魚。夏用苗葉，冬用根。”清劉善述《草木便方・木部・羊屎條》：“羊屎子根除濕風，通關利節筋骨中，腰膂腫痛内傷用，跌打瘀積清利松。”本種常生於海拔500~2000米山地之林緣、灌叢中。今俗稱“黑漢條”“灰毛條”“冷飯團”“羊石子”“黑擦子樹花”。參閲江蘇新醫學院《中藥大辭典・羊屎條根》。

【羊屎柴】

即烟管莢蒾。此稱明代已行用。見該文。

【牛屎柴】

即烟管莢蒾。此稱明代已行用。見該文。

【羊屎條】

即烟管莢蒾。此稱清代已行用。見該文。

【羊屎子】

即烟管莢蒾。此稱清代已行用。見該文。

【黑漢條】

即烟管莢蒾。今湖北各地多俗用此稱。見該文。

【灰毛條】

即烟管莢蒾。今貴州各地多俗用此稱。見該文。

【冷飯團】[2]

即烟管莢蒾。今貴州各地行多俗用此稱。見該文。

【羊石子】[2]

即烟管莢蒾。爲"羊屎子"之音訛。今四川各地多俗用此稱。見該文。

【黑擦子樹花】

即烟管莢蒾。今四川各地多俗用此稱。見該文。

蒙古莢蒾

習見花木名。忍冬科，莢蒾屬，蒙古莢蒾〔*Viburnum mongolicum*（Pall.）Rehd.〕。落葉灌木。幼枝、葉柄及花序均被星狀毛。單葉對生，廣卵形或橢圓形。花冠筒狀鐘形，淡黄白色，瓣短而外展。核果橢圓形。我國主要分布於西北、華北各地。果可食。

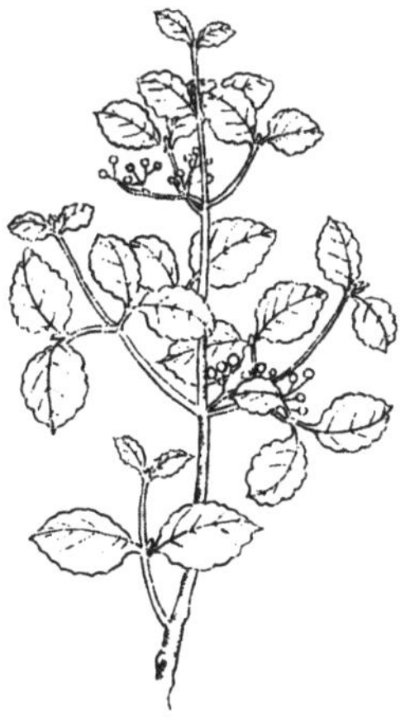

土欒樹

（明鮑山《野菜博録》）

我國明代多采食以救荒，時稱"土欒樹"。明徐光啓《農政全書》卷五五引明朱橚《救荒本草》："土欒樹，生汜水西茶店山谷中。其木高大堅勁。人常采斫以爲秤簳。葉似木葛葉，微狹而厚，背頗白，微毛；又似青楊葉亦窄。開淡黄花，結子小如豌豆而匾，生則青色，熟則紫黑色，味甘。"今人石聲漢校注《農政全書》引王作賓《〈農政全書〉所收〈救荒本草〉及〈野菜譜〉植物學名》認爲土欒樹即蒙古莢迷。然"其木高大堅勁"似不相類，今附供考。今亦稱"蒙古綉球花""土連樹"。

【土欒樹】

即蒙古莢蒾。此稱明代已行用。見該文。

【蒙古綉球花】

即蒙古莢蒾。今稱。見該文。

【土連樹】

即蒙古莢蒾。似"土欒樹"之音訛。今稱，語本《隴海樹産目録》。見該文。

絳紗籠玉

習見花木名。芍藥科，芍藥屬，絳紗籠玉（*Paeonia suffruticosa* Andr. var. *papaveracea* Baily.）。牡丹之栽培變種一。樹似牡丹。花大，質本白，而内含淺紺，外隱紫暈。爲珍貴的牡丹栽培品種。由原曹州花農培育而成。今山東菏澤等地有栽培。

清代已行用此稱。亦稱"秋水妝""秋水洛神"。清余鵬年《曹州牡丹譜·花間色·絳紗籠玉》："絳紗籠玉，肉紅圓胎，枝秀長，花平頭易開，質本白而内含淺紺，外側隱有紫氣籠之。昔人謂如秋水浴洛神，名曰秋水妝者是也，品最貴。"清計楠《牡丹譜·曹州種》："絳紗籠玉，質本白而内含淺紺，外側隱有紫暈。一名秋水洛神，品最貴。"今人陳植《觀賞樹木學·花木類·牡丹》："較著名的變種有：絳紗籠玉（《牡丹譜》）var. *papaveracea* Baily.，一名秋水洛神。花大，質本白，而内含淺紺，外隱紫暈，最爲名貴。産山東菏澤。”

【秋水洛神】

“絳紗籠玉”之别稱。此稱清代已行用。見該文。

【秋水妝】

“絳紗籠玉”之别稱。此稱清代已行用。見該文。

銀薇

習見花木名。千屈菜科，紫薇屬，銀薇〔*Lagerstroemia indica* f. alba（Nichols.）Rehd.〕。落葉灌木或小喬木。紫薇之變種。樹似紫薇。葉與枝淺緑色。花有純白、粉白、乳白諸品，而以純白者爲最佳。其分布如紫薇。主要供觀賞。

白　薇

（明朱橚《救荒本草》）

明代稱“白薇”。明文震亨《長物志・花木》：“薇花四種，紫色之外，白色者曰白薇，紅色者曰紅薇，紫帶藍色者曰翠薇。”明王世懋《學圃雜疏・花疏》：“白薇近來有之，示異可耳，殊無足貴。”清代始行用“銀薇”之稱。清陳淏子《花鏡》卷三：“紫薇一名百日紅。其花紅紫之外，有白者，曰銀薇。”

【白薇】

即銀薇。此稱明代已行用。見該文。

翠薇

習見花木名。千屈菜科，紫薇屬，翠薇（*Lagerstroemia indica* Linn. var. *rubra* Lav.）。落葉灌木或小喬木。紫薇之變種一。樹似紫薇，幼枝及葉嫩時皆帶緑紫色。花帶藍紫色。分布亦同紫薇。主要供觀賞。

翠薇久爲人知，此稱宋代已行用。宋程珌《直廬多暇新緑鬱然信筆二絶》之一：“朝絶倖恩除目少，邊清妖祲檄書希。飯餘摩腹閑行立，一抹墻東新翠薇。”明文震亨《長物志・花木》：“薇花四種，紫色之外，白色者曰白薇，紅色者曰紅薇，紫帶藍色者曰翠薇。”《續通志・昆蟲草木略三・木類》：“紫薇，一名百日紅，一名滿堂紅，一名怕癢樹，一名猴剌脱。有數種，紫者爲紫薇，其紫帶藍焰者名翠薇，鮮紅者名花薇，白者名白薇。”清徐釚《詞苑叢談・外編》：“嘉靖初，清河丘生泊舟江陵，有一女子自稱兩淮運使何公之妾翠微。引生至一亭就枕，臨别賦憶秦娥……又詩云：‘不斷塵緣露本真，翠薇花下遶香魂。如今了却風流債，一任東風啼鳥聲。’次日訪之，乃其墓也。”《廣群芳譜・花譜十七・紫薇》：“紫薇……此花取其耐久且爛熳可愛也。紫色之外，又有紅白二色，其紫帶藍焰者名翠薇。”清陳淏子《花鏡》卷三：“紫薇，一名百日紅。其花紅紫之外，有白者，曰銀薇；又有紫帶藍色者，曰翠薇。”《格致鏡原・花類三・紫薇花》：“紫薇花，《群芳譜》一名百日紅……其紫帶藍焰者名翠薇。”

蝴蝶莢蒾

習見花木名。忍冬科，莢蒾屬，蝴蝶莢蒾〔*Viburnum plicatum* Thunb. f. *tomentosum*（Miq.）Rehd.〕。落葉灌木。爲粉團（雪球莢蒾）之變形。樹似雪球莢蒾。高 1 米許。嫩枝、葉柄、花序均被黄色星狀柔毛。單葉對生，卵形，鋭鋸齒緣，葉背脈上具淡黄色星狀毛。聚傘花序頂生，小花多數，白色。核果橢圓形，成熟時藍黑色。我國主要分布於華東、華中至西南諸地。花可觀賞。根莖可入藥。

蝴蝶戲珠花
（清吴其濬《植物名實圖考》）

清代稱“蝴蝶戲珠花”“蝴蝶花”。清吴其濬《植物名實圖考·木類·蝴蝶戲珠花》：“蝴蝶戲珠花即綉球之别種。桂馥《札樸》：綉球花周圍先開，其瓣五出，酷似小白蝶，俗呼蝴蝶花。中心别有數十蕊，小如粟米。”《中國高等植物圖鑒·忍冬科》：“蝴蝶莢蒾，蝴蝶戲珠花。灌木或小喬木……廣布於華東、華中、華南、西南、陝西；日本也有。生山谷或林中，海拔600~1800米。在庭園栽培過程中，花全變爲白色、大型的不孕花。”由此知《圖考》蝴蝶戲珠花即今之蝴蝶莢蒾。今俗稱“蝴蝶樹”。

【蝴蝶戲珠花】

即蝴蝶莢蒾。此稱清代已行用。見該文。

【蝴蝶花】[1]

即蝴蝶莢蒾。此稱清代已行用。見該文。

【蝴蝶樹】[1]

即蝴蝶莢蒾。今浙江、貴州等地多行用此稱。見該文。

磬口梅

習見花木名。蠟梅科，蠟梅屬，磬口蠟梅〔*Chimonanthus praecox*（Linn.）Link. var. *grandiflorus* Makino〕之别名。落葉灌木。蠟梅之變種。樹似蠟梅，葉大，花純黄，香氣濃。我國南方各地有栽培。主要供觀賞，亦可入藥。此花盛開時常半含，有似僧磬之口，因名。

磬口梅爲蠟梅栽培變種，此稱宋代已行用。省稱“磬口”。宋范成大《梅譜》：“蠟梅，本非梅類，以其與梅同時，香又相近，色酷似蜜脾，故名蠟梅。凡三種：以子種出，不經接，花小香淡，其品最下，俗謂之狗蠅梅。經接花疏，雖盛開花常半含，名磬口梅，言似僧磬之口也，最先開。色深黄，如紫檀，花密香穠，名檀香梅，此品最佳。”宋祝穆《古今事文類聚後集·花卉部》：“蠟梅本非梅類，以其與梅同時，香又相近，色酷似蜜脾，故名。蠟梅凡三種：以子種出不經接，花小香淡其品最下，俗謂之狗蠅梅；經接花疏，雖盛開花常半含，名磬口梅，言似僧磬之口也。”明李時珍《本草綱目·木三·蠟梅》：“蠟梅小樹，叢枝尖葉。種凡三種：以子種出不經接者，臘月開小花而香淡，名狗蠅梅；經接而花疏，開時含口者，名磬口梅。”明彭大翼《山堂肆考》卷一九八：“［花品］石湖《梅譜》：蠟梅本非梅類，以其與梅同時香又相近色酷似蜜脾故名。蠟梅凡三種：以子種出不經接，花小香淡其品最下，俗謂之狗蠅梅；經接花疏，雖盛開花常半含，名磬口梅，言似僧磬之口也；又有最先開，色深黄如紫檀花，密香穠，名檀香黄，此品最佳。”《陝西通志·物産二·木屬》：“蠟梅雖盛開常半含磬口梅，次曰荷花，又次曰九英。”清宫夢仁《讀書紀數略·物部·草木類》：“磬口梅，經接花疏，雖盛開，常半含。”清陳淏子《花鏡》卷三：“蠟梅……有磬口、荷花、狗英三種。惟圓瓣深黄，形似白梅，雖盛開如半含者名磬口，最爲世珍。”陳植《觀賞樹木學・蠟梅》：“磬口梅：《花疏》云：出自河南者，曰磬口梅，香、色、形皆第一。”今人多植庭園供觀賞。

【磬口】

即磬口梅。此稱清代已行用。見該文。

蕘花

習見花木名。瑞香科，蕘花屬，蕘花〔*Wikstroemia canescens*（Wall.）Meisn.〕。落葉小灌木。枝細長。小枝、葉柄、葉背及花序披絹狀毛。葉膜質，長橢圓狀披針形。總狀或圓錐狀花序，頂生或腋生，花黃色。果實黑色，有絹毛。我國主要分布於兩湖、江浙、陜、滇等地。莖皮可造紙。花入藥。亦供觀賞。其花繁饒，故名。

蕘花久爲人知，此稱漢代已行用，并沿稱至今。《神農本草經・下品・蕘花》：“蕘花，味苦，平，寒。主傷寒、温瘧，下十二水，破積聚、大堅，癥瘕，蕩滌腸胃中留癖飲食，寒熱邪氣，利水道，生川谷。”唐孫思邈撰、宋林億等校正《備急千金要方》卷三四：“牛膽圓治酒疸身黄麴塵出方：牛膽一枚，芫花一升，蕘花半升，瓜蔕三兩，大黄八兩。”宋代亦稱“黄芫花”。明李時珍《本草綱目・草六・蕘花》：“［釋名］時珍曰：蕘者，饒也。其花繁饒也。［集解］《别録》曰：蕘花生咸陽川谷及河南中牟。六月采花，陰乾……〔蘇〕恭曰：苗似胡荽，莖無刺。花細，黄色，四月、五月收，與芫花全不相似也……時珍曰：按蘇頌《圖經》言：絳州所出芫花黄色，謂之黄芫花。其圖小株，花成簇生，恐即此蕘花也。”《陜西通志・物産一・藥屬》：“〔蕘花〕生咸陽川谷，六月采花（《名醫别録》）。苗似胡荽，莖無刺，花細，黄色，與芫花全不相似也（《唐本草》）。所在有之，以雍州者爲好（《蜀本草》）。”清吴其濬《植物名實圖考・毒草類・蕘花》：“蕘花，《本經》下品。《别録》云：生咸陽及河南中牟。李時珍以爲即芫花黄色者，方書不復用。”參閱《廣群芳譜・藥譜五・蕘花》。我國蕘花屬植物種類較多，本種常生於海拔1500~2600米山坡，亦俗稱“老虎麻”“老龍樹”。

蕘　花
（清吴其濬《植物名實圖考》）

【黄芫花】

即蕘花。此稱宋代已行用，今亦沿稱。見該文。

【老虎麻】

即蕘花。今陜西、湖北等地多俗用此稱。見該文。

【老龍樹】

即蕘花。今湖南各地多俗用此稱。見該文。

錦帶花

習見花木名。忍冬科，錦帶花屬，錦帶花〔*Weigela florida*（Bunge）A.DC.〕。落葉灌木。幼枝具四棱。葉橢圓形或卵狀長圓形，兩面被毛。聚傘花序，小花一至四枚，花冠筒狀，五裂，玫瑰色或粉紅色。蒴果柱狀。種子多數，有棱角。我國主要分布於東北、西北東部及蘇、魯、豫等地。供觀賞。

錦帶花極美，其枝柔韌花密宛如錦帶，因名。唐宋時已行用此稱。亦稱“鬢邊嬌”。宋宋祁《益部方物略記·錦帶花》:“冉冉其條,若不自持,緑葉丹英,蔓衍紛垂。”附注:“錦帶花,蜀山中處處有之,長蔓柔纖,花葉間側如藻帶然,因象作名,花開者形似飛鳥,里人亦號鬢邊嬌。”宋楊萬里《錦帶花》詩:“天女風梭織錦機,碧絲池上茜欒枝。”省稱“錦帶”,宋王禹偁(字元之)更名爲“海仙花”,省稱“海仙”。宋王禹偁《海仙花》詩之三:“錦帶爲名俚且俗,爲君呼作海仙花。”宋王闢之《澠水燕談録·事志》:“朐山有山花類海棠而枝長花尤密,惜其不香無子。既開,繁麗嫋嫋,如曳錦帶,故淮南人以錦帶目之。王元之以其名俚,命之曰海仙。”錦帶花分布極廣,而以吴中者特香,頗受時人青睞,亦廣爲栽植。宋范成大《吴郡志·土物下》:“錦帶花,又名海仙,蓋王元之名也。此花雖處處皆有,吴中者特香,略如瑞香山礬輩,圃中夾路多植之。”明王鏊《姑蘇志·土産·雜花》:“錦帶花,長枝密花如錦帶然。雖在處有之,而吴中者特香。王禹偁云《花譜》謂海棠爲花中仙,此花品在海棠上,宜名海仙。禹偁詩云:一堆絳雪壓春叢,嫋嫋長條弄晚風。借問開時何所似,好將綉被覆薰籠。”錦帶花可植之籬間觀賞,亦可采折瓶插供觀玩。明高濂《遵生八箋·燕閑清賞箋下》:“錦帶花,花開蓓蕌可愛,形如小鈴,色粉紅而嬌,植之籬間采折供玩。”清代亦稱“文官花”。清陳淏子《花鏡》卷五:“錦帶花一名鬢邊嬌。三月間開,蓓蕾可愛,形如小鈴,色内白而外粉紅,長枝密花如曳錦帶,但艷而不香,無子;亦有深紅者。”《廣群芳譜·花譜三十二·錦帶花》:“《杜詩注》:‘錦帶花,一名海仙花,一名文官花,此花出荆楚間,有花如錦,遂名錦帶花。條如郁李,春末方開,紅白二色。’”清吴其濬《植物名實圖考·群芳類·錦帶》:“《澠水燕談録》:朐山有花類海棠而枝長,花尤密,惜其不香無子。既開繁麗,嫋嫋曳錦帶,故淮南人以錦目之。王元之以其名俚,命之曰海仙。”

錦　帶

(清吴其濬《植物名實圖考》)

錦帶花屬約十二種,我國有四種。均爲觀賞植物。本種今俗稱“山脂麻”“空枝子”。

【鬢邊嬌】

即錦帶花。此稱宋代已行用。見該文。

【錦帶】

“錦帶花”之省稱。此稱宋代已行用。見該文。

【海仙花】

即錦帶花。宋王禹偁爲之更名,此稱宋代已行用。見該文。

【海仙】

即錦帶花。此稱宋代已行用。見該文。

【文官花】[2]

即錦帶花。此稱清代已行用。見該文。

【山脂麻】

即錦帶花。今河北各地多俗用此稱。見該文。

【空枝子】

即錦帶花。今山東各地多俗用此稱。見該文。

【鬢嬌】

即錦帶花。此稱明代已行用。明楊慎《丹

鉛總録・花木類》："［鬘華鬢嬌］末利花一名鬘華，見《佛經》；錦帶花一名鬢嬌，見《成都古今記》。"見"錦帶花"文。

龍船花[2]

習見花木名。茜草科，龍船花屬，龍船花（*Ixora chinensis* Lam.）。常緑灌木。小枝深棕色。單葉對生，披針形或矩圓狀倒卵形，全緣，聚傘花序頂生；花冠紅色或黄紅色。漿果近球形，紫紅色。我國主要分布於兩廣及閩臺等地。全株可入藥。亦可供觀賞。

我國利用龍船花已有千餘年歷史。南北朝時期稱"賣子木"。南朝宋雷斆《雷公炮炙論・賣子木》："凡采得後，粗擣，用酥炒，令酥盡爲度，然入用。"唐時稱"買子木"。因其爲藥，有安胎、續絶之功效，與生育子息相關，故名。宋唐慎微《證類本草・木部・賣子木》："賣子木，味甘，微鹹，平，無毒。主折傷血内溜，續絶，補骨髓，止痛安胎。生山谷中。唐本注云：其葉似柹，出劍南邛州。唐本先附，臣禹錫等謹按，今渠州歲貢，作買子木。"明鮑山《野菜博録》卷四："賣子木，出嶺南邛州山谷中。樹頗大，其葉似柹。四五月開碎花百十枝，隨花更生子如椒目，在花瓣中，黑而光，味甘，性寒，無毒。食法：采其子與嫩葉，油鹽調食，皮磨麵。子熟摘。"明李時珍《本草綱目・木三・賣子木》："［釋名］買子木。［集解］〔蘇〕恭曰：賣子木出嶺南邛州山谷中。其葉似柹。〔蘇〕頌曰：今惟川西、渠州歲貢，作買子木。木高五七尺，徑寸許。春生嫩枝條，葉尖，長一二寸，俱青緑色，枝梢淡紫色。四五月開碎花，百十枝圍攢作大朵，焦紅色。隨花便生子如椒目，在花瓣中黑而光潔，每株花裁三五大朵爾。五月采其枝葉用。"清代始稱"龍船花"，亦稱"五月花""映山紅""牛蘭""珠桐""番海棠"。清何克諫《生草藥性備要》下卷："龍船花，消瘡咄膿，祛風止痛。一名五月花，又名映山紅。"清末蕭步丹《嶺南采藥録・龍船花》："龍船花，別名牛蘭、珠桐、番海棠、五月花。此花五月盛開，色甚紅，數十朵聚一枝，葉大如碗。木本瘦長。"清黄叔璥《臺海使槎録》卷三："志載藥品有内地所不經見者，如斑節草、柏菰、菻茶……黄蘁、蔚子、黄金子、龍船花。"《廣群芳譜・木譜十四・賣子木》："賣子木，出嶺南邛州山谷中。其葉似柹，高三七尺，徑寸許。春生嫩枝條，葉尖，長一二寸。"清吴其濬《植物名實圖考・木類・賣子木》："賣子木，《唐本草》始著録。生嶺南邛州。其葉如柹。宋川西渠州歲貢……主折傷血内溜，續絶、補骨髓、止痛、安胎。"侯寬昭等《廣州植物志・茜草科・龍船花》："龍船花（《嶺南采藥録》），別名：賣子木（《唐本草》）。"依此知賣子木即今之龍船花。

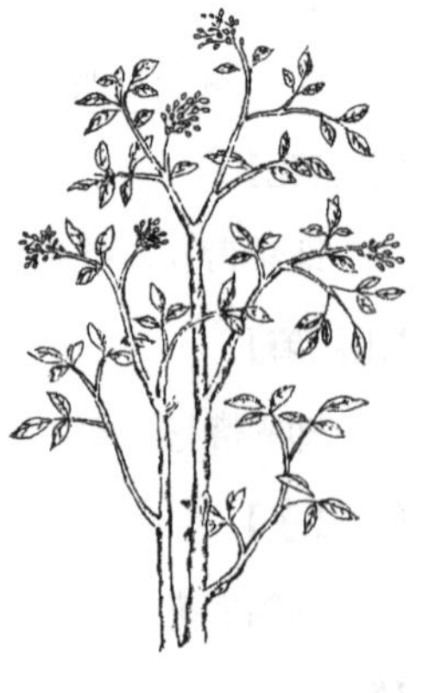

賣子木
（明鮑山《野菜博録》）

龍船花屬約有四百餘種，我國産十一種。廣州近郊及香港均有野生，其花紅而美，亦常植於庭院供觀賞。俗稱"紅櫻花"。

【賣子木】

即龍船花[2]。此稱南北朝時期已行用。見該文。

【買子木】

即龍船花[2]。此稱唐代已行用。見該文。

【五月花】

即龍船花[2]。此稱清代已行用。見該文。

【映山紅】[2]

即龍船花[2]。此稱清代已行用。見該文。

【牛蘭】

即龍船花[2]。此稱清代已行用，并沿稱於後世。見該文。

【珠桐】

即龍船花[2]。此稱清代已行用，今嶺南亦行用此稱。見該文。

【番海棠】

即龍船花[2]。此稱清代已行用。見該文。

【紅櫻花】

即龍船花[2]。今廣東各地多俗用此稱。見該文。

【山丹】[2]

即龍船花[2]。亦稱“紅綉球”。此稱明代已行用。明王世懋《學圃雜疏·花疏》：“初見閩人來賣一花，云是紅綉球，倭國中來者。余後至建寧，見縉紳家庭中花簇紅球，儼如剪彩，名曰山丹，乃知是閩卉也。”清姚之駰《元明事類鈔·花草門一·綉球》：“《花疏》：初見閩人來賣一花，云是紅綉球，倭國中來者。後至建寧，見人家多有之。”依江蘇新醫學院《中藥大辭典·龍船花》云：“龍船花（《生草藥性備要》）［異名］賣子木（《唐本草》），紅綉球、山丹（《學圃雜疏》），五月花（《生草藥性備要》），映山紅（《本草求原》），牛蘭、珠桐、番海棠（《嶺南采藥録》），大將軍（《廣西中藥志》），紅櫻花（廣州部隊《常用中草藥手册》）。”顯然此山丹、紅綉球即龍船花。見“龍船花”文。

【紅綉球】

即山丹[2]。此稱明代已行用。見該文。

霞光

習見花木名。芍藥科，芍藥屬，霞光（*Paeonia suffruticosa* Andr. var. *rosea* Bailey）。落葉灌木。牡丹之栽培變種。樹似牡丹。花桃紅色，多重瓣，亦有單瓣者，易開放。原係上海松江花農培育而成。

此稱清代已見行用。清計楠《牡丹譜》：“霞光，桃紅色，平頭有心，易開。有時極富，變大紅色。”陳植《觀賞樹木學·花木類·牡丹》：“霞光（《牡丹譜》）var. rosea Bailey.，花桃紅色，易於開放，重瓣，亦有單瓣者，或成大紅色者。産上海市松江縣。”

多花薔薇[1]

習見花木名。薔薇科，薔薇屬，多花薔薇（*Rosa multiflora* Thunb.）。落葉灌木。莖直立或蔓生，有皮刺。奇數羽狀複葉，小葉多五至七枚，長橢圓形至倒卵形，葉緣具齒。花多數，簇生爲圓錐狀傘房花序；花瓣白色或略帶紅暈，芳香。薔薇果球形或卵形，紅褐色。我國主要分布於黄河流域以南各地。晋、冀、豫、川、陝、湘、黔、蘇、皖等地有栽培。供觀賞或植爲籬落。花可提取香精。根、花、果可入藥。

我國栽培利用薔薇歷史頗久。秦漢時稱“薔蘼”“虋冬”“營實”“墻薇”“墻麻”“牛棘”。魏晋時期始行用此稱，亦稱“牛勒”“牛膝”“山棗”“薔蘼”“山棘”。《爾雅·釋草》：“薔蘼，虋冬也。”郝懿行義疏：“薔蘼，虋冬。即今薔薇。”《神農本草經·上品·營實》：“營實，味酸，温……一名墻薇，一名墻麻，一名牛棘，生川谷。”孫星衍等注引《吴普本草》：“薔薇，一名牛勒，一名牛膝，一名薔薇，一名山棗。”又引《名醫别録》：“一名牛勒，一名薔蘼，一名山棘，生零陵及蜀郡。”晋陶淵明《問來使》詩：“薔薇葉已抽，秋蘭氣當馥。”别稱“野客”。《全芳備祖前集》卷一七：“薔薇，一名牛勒，一名牛棘，一名山棗，一名薔蘼。一號野客。”薔薇自古爲人所喜愛，其繁殖與栽培亦積纍了豐富的經驗，明清時除播種外，扦插等繁殖方法已廣爲應用，至今仍可供借鑒。清蒲松齡《農桑經殘稿・諸花譜・薔薇》：“薔薇：立春折當年枝，連榾柮插陰肥地，築實其旁，勿傷枝，外留寸許長。一云：芒種、三、八月皆可插。黄者將發芽時，以長條卧置土内，兩頭各留三四寸，芒種插亦可，須在陰處。其花浸水，灑衣最香。生蟲，以傾銀爐灰撒之。”清吴其濬《植物名實圖考・蔓草類・營實墻蘼》：“營實墻蘼，《本經》上品，《蜀本草》云，即薔薇也。有赤、白二種，白者入藥良。湖南通呼刺花。”今通稱“多花薔薇”，俗稱“白玉棠”。

【牆蘼】

即多花薔薇[1]。此稱秦漢時期已行用。見該文。

【蘠冬】

即多花薔薇[1]。此稱秦漢時期已行用。一説此稱亦指麥門冬。參閲《爾雅》邢昺疏及《中藥大辭典・麥門冬》。此附。見該文。

【營實】

即多花薔薇[1]。因其子成簇而生，如營星然，故名。此稱秦漢時期已行用。見該文。

【墻薇】

即多花薔薇[1]。因此草蔓柔靡，依墻援而長，故名。此稱漢代已行用。見該文。

【墻麻】

即多花薔薇[1]。因此草蔓柔靡，依墻援而長，故名。此稱漢代已行用。見該文。

【牛棘】

即多花薔薇[1]。因枝多刺勒人，牛喜食之，故名。此稱漢代已行用。見該文。

【牛勒】

即多花薔薇[1]。南人讀棘爲勒，故名。此稱三國時期已行用。見該文。

【山棗】[1]

即多花薔薇[1]。此稱三國時期已行用。見該文。

【薔蘼】

即多花薔薇[1]。此稱南北朝時期已行用。見該文。

【山棘】

即多花薔薇[1]。此稱南北朝時期已行用。見該文。

【野客】

即多花薔薇[1]。此稱宋代已行用。見該文。

【多花薔薇】[2]

即多花薔薇[1]。今之通稱。見該文。

【白玉棠】

即多花薔薇[1]。今河北、京、津等地多俗用此稱。見該文。

【野薔薇】

即多花薔薇[1]。因多野生，故名。此稱宋代已行用。宋費衮《梁溪漫志・陳輔之論林和靖梅詩》：“野薔薇叢生，初無疏影，花陰散蔓，烏得横斜也哉。”明王象晋《群芳譜・花譜・薔薇》：“别有野薔薇，號野客，雪白粉紅，香更鬱烈。”見“多花薔薇[1]”文。

【玉鷄苗】

“多花薔薇[1]”之别稱。此稱唐宋時已行用。宋陶穀《清異録·花》:“東平城南許司馬後圃，薔薇花太繁，欲分於别地栽插，忽花根下掘得一石如鷄狀，五色燦然，郡人遂呼薔薇爲玉鷄苗。”參閲《格致鏡原·花類二·薔薇花》。見“多花薔薇[1]”文。

【錦被堆花】

“多花薔薇[1]”之别稱。省稱“錦被堆”。此稱宋代已行用。沿稱於後世。宋宋祁《益都方物略記·錦被堆》:“花跗芬侈，叢刺於梗，不可把玩，艷以妍整。”附注:“花出彭州，其色一似薔薇，有刺，不可玩。俗謂薔薇爲錦被堆花。”宋蘇軾《游張山人圖》詩:“壁間一軸烟蘿子，盆裏千枝錦被堆。”明曹學佺《蜀中廣記·方物記第三·木》:“《方物略》:錦被堆花出彭州，其色一似薔薇，有刺，不可玩，故俗謂薔薇爲錦被堆……范成大詩:誰把柔條夾砌栽，壓枝萬朵一時開。爲君也著詩收拾，題作西樓錦被堆。”參閲《廣群芳譜·花譜二十一·薔薇》《格致鏡原·花類二·薔薇花》。見“多花薔薇[1]”文。

【錦被堆】[2]

“錦被堆花”之省稱。此稱宋代已行用。見該文。

【買笑】

“多花薔薇[1]”之戲稱。此稱得名於漢武帝與麗娟觀花典故。《廣群芳譜·花譜二十一·薔薇》:“《賈氏説林》:武帝與麗娟看花時，薔薇始開，態若含笑，帝曰:此花絶勝佳人笑也。麗娟戲曰:笑可買乎?帝曰:可。麗娟遂取黄金百斤作買笑錢，奉帝爲一日之歡。薔薇名買笑自麗娟始。”《陝西通志·物産二·草屬》:“薔薇，武帝與麗娟看花時，薔薇始開，態若含笑，帝曰:此花絶勝佳人笑也。麗娟遂取黄金百斤，作買笑錢奉帝。薔薇名買笑自麗娟始(《賈氏説林》)。有紅白二種取露甚佳(《洋縣志》)。”見“多花薔薇[1]”文。

【刺花】

即多花薔薇[1]。此稱明代已行用。亦稱“刺紅”。明李時珍《本草綱目·草七·營實墻蘼》:“[釋名]薔薇、山棘、牛棘、牛勒、刺花。”《廣群芳譜·花譜二十一·薔薇》:“薔薇，一名刺紅，本草作刺花。”見“多花薔薇[1]”文。

【刺紅】

即刺花。因枝生棘刺，花爲紅色，故名。此稱明代已行用。見該文。

【紅茨根】

即多花薔薇[1]。此稱清代已行用。清劉善述《草木便方·草部·紅茨根》:“紅茨根甘療損傷。勞力腰脅疼痛方。吐血崩芥[淋]祛風毒。湯火搗汁洗塗光。”趙素雲等以爲此紅茨根即今之薔薇，《草木便方》經整理更名爲“大紅藤”，别名“小和尚頭”。見“多花薔薇[1]”文。

【大紅藤】

即紅茨根。今川東地區多行用此稱。見該文。

【小和尚頭】

即紅茨根。今川東地區多行用此稱。見該文。

轉子蓮

習見花木名。毛茛科，鐵綫蓮屬，轉子蓮(*Clematis patens* C. Morr. et Decne.)。蔓性落葉灌木。樹似鐵綫蓮，高可達6米。三出複葉對生，小葉卵形，全緣，下面有毛;葉柄長，能卷絡他物。5月間開花，花單生枝頂，花徑約8~15厘米，原種花爲白色或紫色，栽培品種花色甚豐。我國主要分布於華北、東北各地。各地均有栽培。花大且美，常用作觀賞。

轉子蓮
（清吴其濬《植物名實圖考》）

我國利用轉子蓮歷史悠久，清代已行用此稱。清吴其濬《植物名實圖考・蔓草類・轉子蓮》："轉子蓮，饒州水濱有之。蔓生拖引，長可盈丈。柔莖對節，附節生葉。或發小枝，一枝三葉，似金櫻子葉而光，無齒，面緑，背淡，僅有直紋。枝頭開五瓣白花，似海梔而大，背淡紫色。瓣外内皆有直縷一道，兩邊綫隆起。或云有毒，不可服食。"賈祖璋等《中國植物圖鑒・毛茛科》："轉子蓮（《植物名實圖考》）。[生態]蔓性落葉灌木。原野自生，或栽培於庭院間。見於湖北。[應用]有毒植物。可供觀賞。"

轉子蓮今常用於攀緣墻籬、凉亭、花架、花柱、拱門等園林建築緑化，尚可用於地被或切花材料。但花有毒，不可入口服食。今通稱"大花鐵綫蓮"。參閱陳俊愉等《中國花經・鐵綫蓮》。

【大花鐵綫蓮】

即轉子蓮。今之通稱。見該文。

瓊花

習見花木名。忍冬科，莢蒾屬，瓊花（*Viburnum keteleeri Carrière*）。落葉灌木。綉球莢蒾之變形。樹似綉球莢蒾，其花序周圍爲不孕花，中部花爲可孕花，花後可結果。我國主要分布於蘇南、浙、皖、贛西北、湘南及鄂西北等地。供觀賞。莖可入藥。

此花數百年前已爲人知，此稱清代已行用，亦稱"八仙花"。清陳淏子《花鏡》卷三："八仙花即綉球之類也。因其一蒂八蕊，簇成一朵，故名八仙。其花白，瓣薄而不香。"《續通志・昆蟲草木略三・木類》："瓊花，揚州后土廟有一株，花潔白可愛，樹大而花繁，不知實何木也，俗謂之瓊花。見劉禹錫詩序。"清吴其濬《植物名實圖考・群芳類・八仙花》："八仙花，《花鏡》：八仙花即綉球之類也，因其一蒂八蕊，簇成一朵，故名八仙。其花白，瓣薄而不香。"鄭萬鈞《中國樹木志・瓊花》以爲《花鏡》之八仙花即今之瓊花。瓊花爲著名觀賞樹種。多生於丘陵山區林下及灌叢中，各地亦有栽培。亦稱"蝴蝶花"。參閱《揚州府志》。

【八仙花】[2]

即瓊花。此稱清代已行用。見該文。

【蝴蝶花】[2]

即瓊花。今浙江杭州等地多行用此稱。見該文。

【仙客】[3]

"瓊花"之别稱。此稱多行用於宋代。宋姚寬《西溪叢語》卷上："昔張敏叔有十客圖，忘其名，予長兄伯聲嘗得三十客，牡丹爲貴客，梅爲清客，蘭爲幽客……瓊花爲仙客。"見"瓊花"文。

綉綫菊

習見花木名。薔薇科，綉綫菊屬，綉綫菊（*Spiraea salicifo*lia Linn.）。落葉小灌木。小枝微具棱。單葉互生，長圓狀披針形或披針形。花兩性，圓錐花序。蓇葖果直立，萼片常所折。我國主要分布於東北地區及内蒙古、河北等地。花期6至8月。花美，供觀賞。根、枝皮及嫩葉供藥用。

綉綫菊花美，久爲人知。宋代已行有此稱。亦稱“厭草花”。宋史鑄《百菊集譜・諸州及禁苑品類・越中品類》：“綉綫菊，厭草花是也。花頭碎紫，成簇而生，心中吐出素縷如綫之大，自夏至秋有之，俗呼爲厭草花。或云若人帶此花賭則獲其勝，故名之。”

按，綉綫菊屬約有五百種，我國有五十種，花多艷麗可人，常栽培以供觀賞。本種亦稱“柳葉綉綫菊”“空心柳”“馬尿溲”。

【厭草花】

即綉綫菊。此稱宋代已行用。見該文。

【柳葉綉綫菊】

即綉綫菊。今東北地區多行用此稱。見該文。

【空心柳】

即綉綫菊。今東北地區多行用此稱。見該文。

【馬尿溲】

即綉綫菊。今東北地區多行用此稱。見該文。

寶仙

習見花木名。山梅花科，山梅花屬，短序山梅花（*Philadelphus brachybotrys* Koehne ex Vilm. et Bois）之别名。灌木。高2~3米；當年生小枝初被長毛，後脱落。單葉對生，卵形或卵狀長圓形，疏鋸齒緣或全緣，葉背沿脉被白色長柔毛。總狀花序，花三至五朵，花瓣白色；4至7月開放。蒴果橢圓形。我國主要分布於江蘇、浙江、江西等地。多見於海拔200~400米灌木叢中。其花美麗，可用爲觀賞，産區各地有栽培。

其花美，人皆珍之，故稱“寶仙”。宋代始行用此稱。宋宋祁《益部方物略記・瑞聖花》：“衆跗聚英，爛若一房。有守繪圖，厥名乃章。繁而不艷，是異衆芳。”注曰：“瑞聖花，出青城山中，幹不條，高者乃尋丈；花率秋開，四出，與桃花類，然數十跗共爲一花，繁密若綴，先後相繼……然有數種，其小者號寶仙。”明陶宗儀《説郛》卷六七下：“《益部方物贊》：瑞聖花，出青城山中。幹不條，高者乃尋丈，花率秋開，四出，與桃花類，然數十跗共爲一花，繁密若綴，先後相繼，新蕊開而舊未萎也。蜀人號豐瑞花，故程相刺史益州之日繪圖以聞，更號瑞聖花，然有數種，其小者號寶仙。”此稱沿稱於後世。明王象晋《群芳譜》、清汪灝等《廣群芳譜》俱有記述。亦有稱“山梅花”者。清吴其濬《植物名實圖考・木類・山梅花》：“山梅花生昆明山中，樹高丈餘，葉如梅而長……夏開四團瓣白花，極肖梨花而香。”近人陳嶸《中國樹木分類學・山梅花》以爲寶仙即虎耳草科山梅花之變種。陳植《觀賞樹木學・山梅花》：“另據《益都［部］方物略記》謂：有數種，淺紅者爲‘醉太平’，白者爲‘玉真’。現河北、遼寧、浙江俱有栽培，其花短小密生者號‘寶仙’*brachybotrys* Koehne。”亦曰即山梅花之變種。寶仙今通稱“短序山梅花”。本屬植物原屬虎耳草科，今依鄭萬鈞《中國樹木志》改山梅花科，該屬中有多種觀賞樹木。參見本卷《習見木竹説・習見花木考》“京山梅花”文。參閱陳嶸《中國樹木分類學・虎耳草科・山梅花》。

【短序山梅花】

即寶仙。今之通稱。見該文。

蠟梅

習見花木名。蠟梅科，蠟梅屬，蠟梅〔*Chimonanthus praecox*（Linn.）Link〕。落葉灌木，高可達 3~5 米。叢生。根莖部發達呈塊狀，稱“蠟盤”。葉對生，橢圓狀卵形，全緣，近革質。花單生於枝條兩側，隆冬臘月先葉開放，黄色，杯狀，芳香。瘦果數粒，成熟時茶褐色。原産我國中部，爲珍貴觀賞花木。野生蠟梅主要分布於秦嶺、大巴山、武當山等地區。至今湖北西部神農架尚存大面積野生蠟梅林。其中江、浙、鄂、豫、川、陝爲蠟梅主要栽培區，尤以上海、蘇州、揚州、鎮江、武漢、重慶、鄢陵栽植最多。蠟梅主要用於觀賞，其花、莖、根均可入藥。花尚可提取香精或製花茶。

我國蠟梅栽培歷史悠久，至少已逾千年。唐代以前蠟梅常與梅花混稱，至宋始别二種，并普遍栽培，明清發展更盛，其中河南鄢陵有“鄢陵蠟梅冠天下”美譽。今蘇州虎丘、怡園，上海松江、奉賢和嘉定都發現明清古蠟梅存世，山東泰山王母池、普照寺，曲阜孔廟亦有古蠟梅樹，依然歲歲發花，生機盎然。蠟梅因花與梅同時開放，香亦相類，色似蜜蠟而得名。此稱唐代已行用，沿用至今。俗作“臘梅”，亦稱“蠟花”。唐杜牧《正初奉酬歙州刺史邢群》詩：“越嶂遠分丁字水，臘梅遲見二年花。”《全芳備祖前集》卷四“蠟梅”引宋陳簡齋詩：“家家融作蠟杏蒂，歲歲逢梅是蠟花。”宋趙彦衛《雲麓漫抄》卷四：“今有蠟梅，按山谷詩後云：京洛間有一種花，香氣似梅花，亦五出，而不能晶明，類女功撚蠟所成，京洛人因謂蠟梅。”宋潛説友《咸淳臨安志・物産・花之品》：“蠟梅，東坡在杭日，有僧趙景貺《蠟梅》詩云‘蜜蜂采花作黄蠟’，取蠟爲花亦奇物。今此花亦有數品，以檀心、磬口者爲佳。”明陳暐《吴中金石新編・雜記・游郡西諸山記》：“奉慈菴中故有養閑樓，元季里儒徐良夫好客，四方賢士多集樓上，今亡，獨其扁存。堂背白山茶、枇杷、蠟梅列植左右。”明張九韶《理學類編・人物》：“朱子曰：冬間花難謝，如水仙至脆弱，亦耐久。如梅花、蠟梅皆然，至春花則易謝，若夏間花則尤甚矣。如葵榴荷花只開得一兩日。必竟冬時其氣貞固，故難得謝。若春夏間，纔發便發盡了，故不能久。”《畿輔通志・土産・花屬》：“蠟梅，《燕都游覽志》：隆恩寺小軒蠟梅一株，甚大，江南亦不多得。”清陳淏子《花鏡》卷三：“蠟梅，俗作臘梅……樹不甚大而枝叢。葉如桃，闊而厚，有磬口、荷花、狗英三種。”《廣群芳譜・花譜二十・蠟梅》：“蠟梅小樹叢枝尖葉，木身與葉類桃而闊大尖硬，花亦五出，色欠晶明。”又，“類女功撚蠟所成，京洛人因謂之蠟梅……人言臘時開，故名臘梅，非也，爲色正似黄臘耳。”

蠟　梅
（清吴其濬《植物名實圖考》）

我國蠟梅久經栽培，其變種與品種計有四類：素心蠟梅、磬口蠟梅、紅心蠟梅、小花蠟梅。

【臘梅】

同“蠟梅”。此體唐代已行用。見該文。

【蠟花】

即蠟梅。因其花類女工撚蠟製成，又開在臘月，故名。此稱宋代已行用。見該文。

【黄梅】

“蠟梅”之别稱。其花色黄，而形似梅花，香亦相類，因名。此稱宋代前已見行用，宋熙寧間仍行用此稱。至元祐年間改爲蠟梅。清陳元龍《格致鏡原・花類四・蠟梅》：“《巖栖幽事》：蠟梅原名黄梅，故王安國熙寧間有《咏黄梅》詩，至元祐間蘇黄始命爲蠟梅。”清陳淏子《花鏡》卷三：“蠟梅，一名黄梅，本非梅類，因其與梅同放，其香又相近，色似蜜臘，且臘月開，故有是名。”清龔自珍《寒月吟》：“供黄梅一枝，朝朝寫圓覺。”見“蠟梅”文。

【黄梅花】

“蠟梅”之别稱。其花蠟黄而又似梅，故名。宋代已行用此稱。宋王安國《黄梅花》詩：“庾嶺時開媚雪霜，梁園春色占中央。莫教鶯過毛無色，已覺蜂歸蠟有香。”明李時珍《本草綱目・木三・蠟梅》：“［釋名］黄梅花。時珍曰：此物本非梅類，因其與梅同時，香又相近，色似蜜蠟，故得此名。”《續通志・昆蟲草木略三・木類》：“蠟梅，原名黄梅花。本非梅類，以香氣似梅而色黄似蠟，故名。”《廣群芳譜・花譜二十・蠟梅》：“蠟梅，一名黄梅花。”見“蠟梅”文。

【小黄香】

“蠟梅”之别稱。此稱宋代已行用。宋楊萬里《蠟梅》詩：“來從真蠟國，自號小黄香。”見“蠟梅”文。

【黄千葉】

“蠟梅”之别稱。此稱宋代已行用。宋蘇軾《蠟梅一首贈趙景貺》詩：“君不見，萬松嶺上黄千葉，玉蕊檀心兩奇絶。”此後遂以“黄千葉”代指蠟梅。宋蘇軾《用前韻作雪詩留景文》：“萬松嶺上黄千葉，載酒年年踏松雪。”宋朱翌《正月二十日過江氏園》詩：“梅花更有黄千葉，携取一杯花下傳。”見“蠟梅”文。

【寒客】

“蠟梅”之别稱。此稱宋代已行用。亦稱“久客”“奇友”。宋姚寬《西溪叢語》卷上：“昔張敏叔有十客圖，忘其名，予長兄伯聲嘗得三十客，牡丹爲貴客，梅爲清客……臘梅爲寒客，瓊花爲仙客。”《廣群芳譜・花譜二十・蠟梅》引元程棨《三柳軒雜識》：“《姚氏殘語》以蠟梅爲寒客，今改爲久客。”清陳元龍《格致鏡原・花類四・蠟梅》：“《詞話》：宋曾端伯十友，蠟梅爲奇友。”見“蠟梅”文。

【久客】

即寒客。此稱元代已行用。見該文。

【奇友】

即寒客。此稱宋代已行用。見該文。

蠟瓣花

習見花木名。金縷梅科，蠟瓣花屬，蠟瓣花（*Corylopsis sinensis* Hemsl.）。落葉灌木。嫩枝、芽被柔毛。單葉互生，薄革質，倒卵形，葉柄及葉背被褐色星狀毛。總狀花序，被毛。花瓣匙形，黄色。蒴果近球形，被褐色星狀毛。種子黑色。我國主要分布於湘、鄂、閩、浙、贛、皖、粤、桂、黔等地。花可供觀賞。根、葉可入藥。木雖小，然堅重，紋理直，宜爲細木工材。

清代已行用此稱，沿稱至今。清汪灝等《廣群芳譜・花譜三十二・蠟瓣花》：“《黄山志》：蠟瓣花，葉大於掌。花五出，長二寸許，枝枝下垂，深黄，滑澤如琢蜜蠟而成。”參閲《古今圖書集成・草木典》。

蘭香草

習見花木名，馬鞭草科，蕕屬，蘭香草〔*Caryopteris incana*（Thunb.）Miq.〕。落葉小灌木。小枝、葉背、花序均被灰色絨毛。單葉對生，卵形、卵狀披針形或矩圓形，粗鋸齒緣。聚傘花序腋生，花冠五裂，淡藍或淡紫色。蒴果球形，被粗毛。我國分布於華東及湘、鄂、粤、桂、陝、甘等地。全株可入藥。

我國利用蘭香草療疾至少已有百餘年史。清代已行用此稱。亦稱“婆絨花”。清吴其濬《植物名實圖考・芳草類・蘭香草》：“蘭香草，湖南、南贛皆有之。叢生，高四五尺，細莖對葉，葉長寸餘，本寬末尖，深齒濃紋，梢葉小圓，逐節開花，如丹參、紫菀而作小筒子，尖瓣外出，中吐細鬚，淡紫嬌媚，秋深始開，莖葉俱有香氣。南安呼爲婆絨花，以其瓣尖柔細如剪絨，故云。”蘭香草分布地域廣，故其名稱亦多。如稱“蕕”“石母草”“走馬風”“野薄荷”“紫羅球”“野金花”“血汗草”“黄鴉柴”。另有“光果蕕”與本種頗近，但果實無毛。

【婆絨花】

即蘭香草。此稱清代已行用。見該文。

【蕕】

即蘭香草。今廣東廣州等地多行用此稱。見該文。

【石母草】

即蘭香草。此稱清末民初已行用，語本清末蕭步丹《嶺南采藥録》，今亦行用於嶺南地區。見該文。

【走馬風】

即蘭香草。今嶺南地區多行用此稱。見該文。

【野薄荷】

即蘭香草。今廣西南寧等地多行用此稱。見該文。

【紫羅球】

即蘭香草。今浙江各地多行用此稱。見該文。

【野金花】

即蘭香草。今浙江各地多行用此稱。見該文。

【血汗草】

即蘭香草。今陝西各地多行用此稱。見該文。

【黄鴉柴】

即蘭香草。今福建各地多行用此稱。見該文。

鸞枝

習見花木名。薔薇科，李屬，鸞枝榆葉梅〔*Prunus triloba* var. petzoldii（K. Koch）Bailey〕之别名。落葉灌木。榆葉梅之栽培變種。樹似榆葉梅。然小枝紫紅色，多向上直伸。花繁密，單瓣或重瓣，紫紅色。我國主要分布於東北、華北諸地，北方各地有栽培。

花繁色艷，頗受人們喜愛，是上好觀賞花木。明清時已培育出此變種，即已行用此稱。亦稱“鸞枝花”。《廣群芳譜・花譜三二・鸞枝》：“鸞枝花，木本，枝、幹俱似桃。葉有刻缺，似棣棠。三月附枝開花，或著樹身，最繁茂，瓣多而圓，似郁李而大深紅。”《皇朝通志・昆蟲草木略一・木類》：“《盛京通志》：鸞枝花，木本，枝葉俱似桃，葉有刻缺。三月附枝開花，或著樹身，瓣多而圓，深紅色。見《佩文齋廣群芳譜》。”清代北方各地廣有栽培，宫廷王室尤重之，各地亦常以鸞枝進獻宫廷。清高士奇

《金鰲退食筆記》卷下："每歲正月進梅花、山茶、探春、貼梗海棠、水仙花；二月進瑞香、玉蘭、碧桃、鸞枝；三月進綉球花、杜鵑、木筆、木瓜、海棠、丁香、梨花、插瓶牡丹。"時人亦常以鸞枝賦詩作畫，足見人們對鸞枝之喜愛。清高宗《鸞枝》詩："葉態花姿儘娜姍，翦成紅玉簇成團。文簫未至西山下，何事居然降綵鸞。"清查慎行《是夕再飲嚴蕿菴侍御鸞枝花下三首》詩之二："僦居喜近慈仁寺，移得鸞枝隔歲栽。報道退朝今日早，東欄昨夜有花開。"清鄒一桂《小山畫譜》卷上："鸞枝，花似紅梅，千葉對節，花時有葉，尖小。樹不高，長條密朵。三月開，亦北地花也。"今稱"鸞枝榆葉梅"。

鸞枝爲温帶樹種，喜光，耐寒。對土壤要求不高，但在中性與微鹼性之肥沃疏鬆的沙壤土生長更佳。可用於公園、草地、路邊、街景等緑化，尚可作盆栽與切花材料。另，榆葉梅尚有單瓣鸞枝栽培變形（*Prunus triloba* Lindl. f. *simplex* Hu.），花單瓣，密生，萼片五枚。亦屬著名觀賞花木。

【鸞枝花】

即鸞枝。此稱清代已行用。見該文。

【鸞枝榆葉梅】

即鸞枝。因此花本榆葉梅之栽培變種，故名。今稱。見該文。

藤木類

山橙

習見花木名。夾竹桃科，山橙屬，山橙〔*Melodinus cochinchinensis*（Lour.）Merr.〕。木質藤本。長可達 10 米，具乳汁。小枝褐色。單葉，對生，近革質，卵形、矩圓形或矩圓狀披針形。三岐聚傘花序，頂生或腋生；花冠白色，呈高脚杯狀，花冠裂片五枚，向左覆蓋。漿果圓球形，徑 5~8 厘米，成熟時橙黃色或橙紅色（與橙酷似）。我國主要分布於海南、廣東、廣西等地。多野生於丘陵、山谷，常攀援於石壁上。花白色，極芳香，可植於庭園供觀賞。果可入藥。野生者應加保護以利於維持山丘地區之生態平衡。

山　橙
（清吴其濬《植物名實圖考》）

至遲清代已行用此稱。亦稱"屈頭鷄"。清吴其濬《植物名實圖考·果類·山橙》："山橙生廣東山野間，實堅如鐵，不可食。工醫治膈證，煎其皮作飲服之，良效。販藥者多蓄之。"清趙其光《本草求原·山草部·山橙》："山橙，即屈頭鷄。苦甘，平。滋陰，消熱積氣痛，功同羅漢果。其殼，洗皮膚血熱毒，搽濕癬、疥癩。"亦俗稱"山大哥""馬騮藤""猴子果"。

【屈頭鷄】 [1]

即山橙。此稱清代已行用。見該文。

【山大哥】

即山橙。此稱清末民初已行用，名見清末蕭步丹《嶺南采藥録》。見該文。

【馬騮藤】

即山橙。今之俗稱。見該文。

【猴子果】

即山橙。今之俗稱。見該文。

金銀花

習見花木名。忍冬科，忍冬屬，金銀花（*Lonicera japonica* Thunb.）。常緑或半常緑纏繞藤本。莖皮條狀剥落。枝中空。葉對生，卵狀或卵狀橢圓形，幼時兩面被毛。總花梗單生上部葉腋，雙花，先白色而略帶紫後轉爲黄色，甚芳香。漿果球形，黑色。原産我國，廣布於南北各地。花蕾、莖枝、葉均可入藥。亦供觀賞。

金銀花開發利用極早。秦漢時始稱“荵”“荵冬草”，後作“忍冬”。《説文・艸部》：“荵，荵冬草。”桂馥義證：“‘荵冬草’者，荵當爲忍，荵忍聲相近……陶注云：‘今處處皆有，藤生。凌冬不凋，故名忍冬。’”唐韓鄂《四時纂要・春令・三月》：“種園籬……次以五茄、忍冬、羅摩植其下。”因其花先白後黄，花期較長，先後交替，若金銀相半，故名“金銀花”。明代已行用此稱。又一梗生二花，亦名“金釵股”，其莖纏繞而生，俗名“鷺鷥藤”“左纏藤”“老翁鬚”“忍冬藤”“毛藤”“鴛鴦藤”。宋施宿等《會稽志・草部》：“忍冬，一名老翁鬚，一名金銀藤，一名毛藤，一名鷺鷥藤，一名鴛鴦藤。出秦望山、鵝鼻山、三山及鏡湖中水涯。香如荼蘼、茉莉之屬。亦可植園圃軒檻，爲架承之。”明朱橚《救荒本草》卷四：“金銀花，本草名忍冬，一名鷺鷥藤，一名左纏藤，一名金釵股，又名老翁鬚，亦名忍冬藤。舊不載所出州土，今輝縣山野中亦有之。其藤凌冬不凋，故名忍冬草。附樹延蔓而生，莖微紫色，對節生葉，葉似薜荔葉而青。”清刊《月令輯要・冬令》：“《名醫别録》：忍冬，藤生，凌冬不凋，故曰忍冬。”《陝西通志・物産一・藥屬》：“金銀花，即忍冬，一名鴛鴦藤。三四月開花，一蒂兩花，長瓣垂鬚，黄白相半，而藤左纏，故有金銀鴛鴦之名。”《盤山志・物産》：“金銀花，一名忍冬。蔓生，初白色，將萎色轉黄，或謂黄白並開者，非。香清烈，園中植之，可作架，先師臺黑塔峪最多。”入藥時亦作“雙花”“銀花”。

金銀花
（明朱橚《救荒本草》）

忍　冬
（清吴其濬《植物名實圖考》）

【荵】

即金銀花。此稱漢代已行用。見該文。

【荵冬草】

即金銀花。因其葉凌冬不凋，故名。此稱漢代已行用，今亦沿用。見該文。

【忍冬】

即金銀花。此稱南北朝時期已行用，後世亦多沿用。見該文。

【金釵股】

即金銀花。此稱明代已行用。見該文。

【鷺鷥藤】

即金銀花。此稱宋代已行用。見該文。

【左纏藤】

即金銀花。因其莖攀物左旋，故名。此稱明代已行用。見該文。

【老翁鬚】

即金銀花。此稱宋代已行用。見該文。

【忍冬藤】

即金銀花。此稱明代已行用。見該文。

【鴛鴦藤】

即金銀花。此稱宋代已行用。見該文。

【毛藤】

即金銀花。此稱宋代已行用。見該文。

【金銀藤】

即金銀花。此稱宋代已行用，沿稱至今。亦稱“通靈草”“蜜桶藤”。宋施宿等《會稽志・草部》：“忍冬……一名金銀藤。”明李時珍《本草綱目・草七・忍冬》：“［釋名］金銀藤、鴛鴦藤……通靈草、蜜桶藤。……時珍曰：其花長瓣垂鬚，黄白相半，而藤左纏，故有金銀、鴛鴦以下諸名。金釵股，貴其功也。土宿真君云：蜜桶藤，陰草也。取汁能伏硫製汞，故有通靈之稱。”明汪機《外科理例》卷五：“園丁發背甚危，取金銀藤五六兩，搗爛入熱酒一鍾，絞取汁温服柤罨患處，四五服而平。”《畿輔通志・土産・花屬》：“金銀藤，一名忍冬。《天府廣記》：昌平駐蹕山西北清水澗，崖間百合、忍冬、棠、杜、牛奶、黄精之屬，紅翠含濡。”清高士奇《北墅抱甕録・金銀藤》：“金銀藤葉類薜荔，細蔓緣籬。三四月後，開花不絶，長及寸許，一蒂兩蕊，前後繼開，此黄彼白，故得金銀之名。甚有清香，殊於凡卉。”見“金銀花”文。

【通靈草】

即金銀藤。此稱明代已行用。見該文。

【蜜桶藤】

即金銀藤。此稱明代已行用。見該文。

【左紐】

即金銀花。因其蔓左纏，故名。清代廣東諸地多行用此稱。清屈大均《廣東新語・草語》：“南藤有數百種……有忍冬藤，名左紐。凡藤皆右紐，故牽之使左不能，而忍冬藤獨左紐。”見“金銀花”文。

【鴛鴦草】

即金銀花。其花黄白二色對開，故名。此稱宋代已行用。亦稱“忍冬草”“老翁”。宋張邦基《墨莊漫録》卷三：“鴛鴦草藤蔓而生，黄白花對開，傍水依山，處處有之。治癰疽腫毒尤妙，或服或傅皆可，蓋沈存中良方所載金銀花，又名老翁者，《本草》名忍冬。”明唐順之《武編前集・藥方解救藥毒》：“解野菌毒：《北夢瑣言》：野菌毒人而笑者，煎桑椹汁服。《夷堅志》云：急采鴛鴦草生啖之，即今之所謂忍冬草者是也。中菌毒殺人者，以防風三十文剉碎以水煎，候冷灌之立愈。”見“金銀花”文。

【忍冬草】

即鴛鴦草。此稱宋代已行用。見該文。

【老翁】

即鴛鴦草。亦“老翁鬚”之省稱。此稱宋代已行用。見該文。

【啜蜜】

即金銀花。其藤有汁而甘，故名。此稱明代已行用。《浙江通志・物産七・温州府》：“金銀花，《雁山志》：性涼，解熱毒。土人用以作湯治諸瘡。花初開時黄色，後轉白色，故名金銀藤。有汁而甘謂之啜蜜。”見“金銀花”文。

凌霄

習見花木名。紫葳科，凌霄屬，凌霄〔*Campsis grandiflora*（Thunb.）Schum.〕。落葉藤本。藉氣根攀附他物而生。羽狀複葉互生，小葉七至十一枚，卵形至卵狀披針形。三出聚傘花序集成疏散頂生圓錐花；花冠漏斗狀鐘形，外面橙紅色，裏面鮮紅色。蒴果細長如豆莢。種子膜片狀，具膜。原産我國中部，各地均有栽培。供觀賞。根、莖、葉、花可入藥。

我國栽培利用凌霄歷史頗久，先秦時謂之“苕”。《詩・小雅・苕之華》：“苕之華，芸其黄矣。”秦漢時稱“陵苕”“紫葳”。《爾雅・釋草》：“苕，陵苕。”邵晋涵正義：“謂之凌苕，所以别於《陳風》之旨苕也……《本草》有紫葳，《唐本草注》謂之凌霄。蔓生，依大木，久延至顛。”《神農本草經・中品・紫葳》：“紫葳，味酸，微寒……生川谷。”三國時稱“武威”“瞿陵”“陵居腹”“鬼目”“茇華”。三國吴吴普《吴普本草・草木類・紫葳》：“紫葳，一名武威，一名瞿陵，一名陵居腹，一名鬼目，一名茇華。”至遲唐代已行用“凌霄”之稱。唐白居易《有木》詩：“有木名凌霄，擢秀非孤標，偶依一株樹，遂抽百枝條，托根附樹身，開花寄樹梢。”《通志・昆蟲草木略二・木類》：“紫葳，曰陵苕，曰茇華，曰女葳，曰陵時，曰陵霄。藤生，依緣大木，今人謂之凌霄花。”宋羅願《新安志・休寧・山阜》：“岐山，在縣西六十里，高二百仞，周二十三里，石壁千尺，凌霄花縷絡其上，華時如錦屏。”清陳大章《詩傳名物集覽・草・苕之華》：“朱傳：苕，陵苕也。本草云即今之紫葳，蔓生，附於喬木之上，其華黄赤色，一名凌霄……《本草》：紫葳，一名陵苕，一名茇華。生西海川谷及山陽。《圖經》云：凌霄花也。多生山中，人家園圃亦或種蒔。初作藤蔓，生依大木，歲久延引至巔而有華。其華黄赤，夏中乃盛。”

紫　葳

（清吴其濬《植物名實圖考》）

我國人民喜愛凌霄，古代各地曾廣爲種植，至今仍有不少古樹存世。山東福山北頭村今存500餘年生古凌霄，每年仍有花開。今亦俗稱“上樹蜈蚣”“倒挂金鐘”“碎骨風”。

【苕】

即凌霄。此稱先秦時期已行用。見該文。

【陵苕】

即凌霄。此稱秦漢時期已行用。見該文。

【紫葳】

即凌霄。此稱漢代已行用，亦今之通用稱之一。見該文。

【武威】

即凌霄。此稱三國時期已行用。見該文。

【瞿陵】

即凌霄。南朝梁陶弘景作“瞿麥”。明李時珍以爲誤。參閲《本草綱目・草七・紫葳》。此稱三國時期已行用。見該文。

【陵居腹】

即凌霄。亦作“陵腹”。此稱三國時期已行用。見該文。

【鬼目】[2]

即凌霄。此稱三國時期已行用。見該文。

【芰華】

即凌霄。此稱三國時期已行用。見該文。

【上樹蜈蚣】

即凌霄。因其藤附樹而蔓，猶蜈蚣上樹，故名。今之俗稱。見該文。

【倒挂金鐘】

即凌霄。今嶺南地區多俗用此稱。見該文。

【碎骨風】

即凌霄。今之俗稱。見該文。

【凌霄花】

即凌霄。此稱宋代已行用。《全芳備祖前集·花部·凌霄花》引《本事集》："錢唐西湖有詩僧清順居其上，自名藏春塢，門前有二古松各有凌霄花絡其上。"宋梅堯臣《凌霄花賦》："厥草惟夭，厥木惟喬。草有柔蔓，木有繁條。緣根兮附帶，布葉兮敷苗。"宋趙汝回《凌霄花》詩："嫋嫋枯藤淺淺葩，夤緣直上照殘霞。老僧不作因依想，將謂青松自有花。"明王象晋《群芳譜·花部·凌霄花》："凌霄花用以蟠綉大石，殊可觀玩，但鼻聞傷腦，花上露入目令人矇，孕婦經花下能墮胎，不可不慎。"清陳淏子《花鏡》卷五："凌霄花一名紫葳，又名陵苕、鬼目。蔓生，必附於木之南枝而上，高可數丈。"見"凌霄"文。

凌霄花
（明王圻等《三才圖會》）

【陵時】

即凌霄。此稱晋代已行用。《爾雅·釋草》："苕，陵苕。"晋郭璞注："一名陵時，《本草》云。"三國吳陸璣《毛詩草木鳥獸蟲魚疏·苕之華》："苕，一名陵時，一名鼠尾。似王芻。生下濕水中。七八月中，華紫似今紫草華。可染皂，煮以沐髮即黑。葉青如藍而多華。"明李時珍《本草綱目·草七·紫葳》："［釋名］凌霄、陵苕、陵時……［正誤］〔蘇〕頌曰：孔穎達《詩疏》亦云：苕一名陵時。今《本草》無陵時之名，惟鼠尾草有之……時珍曰：鼠尾止名陵翹，無凌時，蘇頌亦誤矣。"明馮復京《六家詩名物疏》卷四四："《爾雅》云：苕，陵苕。黄華……郭璞曰一名陵時。"清王夫之《詩經稗疏·小雅·苕》："《爾雅》：'苕，陵苕。'郭璞注云：'一名陵時。'張揖《廣雅》云：紫葳，陵苕，蘧麥也。陸璣疏則曰：苕，陵時。一名鼠尾。草似王芻葉，紫花可以染皂。"見"凌霄"文。

【女葳】

即凌霄。此稱唐代已行用，沿稱於後世。三國吳陸璣撰、明毛晋廣要《陸氏詩疏廣要·釋草》："［苕之華］苕，一名陵時，一名鼠尾。"明毛晋廣要："《本草》云：紫葳，一名陵苕，一名芰華。生西海川谷及山陽。劉禹錫云一名女葳。"《通志·昆蟲草木略二·木類》："紫葳，曰陵苕，曰芰華，曰女葳，曰陵時，曰陵霄。藤生，依緣大木。今人謂之凌霄花。"明李時珍《本草綱目·草七·紫葳》："［釋名］凌霄、陵苕、陵時、女葳、芰華、武威、瞿陵、鬼目。"《廣群芳譜·花譜二十二·凌霄花》："凌霄花一名紫葳，一名陵苕，一名女葳，一名芰華，一名武葳，一名瞿陵，一名鬼目。處處皆有，多生山中，人家園圃亦栽之。”清陳大章《詩傳名物集覽》卷九：“《正字通》：苕有二。《小雅》苕之華，陵苕也，即凌霄花。好生高阜，初蔓生，依喬木，歲久延引至顛開花。劉禹錫云一名女葳。”見“凌霄”文。

【道水蓮】

即凌霄。清代川東各地多行用此稱。清劉善述《草木便方・草部・道水蓮》：“道水蓮治吐衄血，跌打胸脹腰痛滅，散風消濕行瘀滯，能利血脉通關節。”按“道”原作“到”，趙素雲等今改“道”。四川東部各地亦稱“搜骨風”“藤蘿”。見“凌霄”文。

【搜骨風】

即道水蓮。今川東地區多行用此稱。見該文。

【藤蘿】[1]

即道水蓮。今川東地區多行用此稱。見該文。

【勢客】

“凌霄”之貶稱。此木必援物而生，猶如人之攀附顯貴，故名。此稱宋代已行用。元程棨《三柳軒雜識・花客》：“凌霄花爲勢客。”明陶宗儀《説郛》卷二四下：“花名十客，世以爲雅戲。姚氏殘語演爲三十一客，其中有未當者，暇日因易其一二，且復得二十客，併著之以寓獨賢之意。牡丹爲貴客，梅爲清客，蘭爲幽客……凌霄花爲勢客，李花爲俗客，迎春花爲僭客，月丹爲豪客，菱花爲水客。”參閲《廣群芳譜・花譜二十二・凌霄花》。見“凌霄”文。

【紫葳花】

即凌霄。此稱金代已行用。并沿稱至今。《御選金詩》卷二〇載金趙秉文《雨晴》詩：“一春不雨漫塵黄，碧瓦朝來泛霽光。留得紫葳花下露，幾招渴燕下雕梁。”清吴儀洛《本草從新・草部・紫葳花》：“紫葳花（一名凌霄花），甘酸而寒。入厥陰血分。能去血中伏火，破血去瘀……花開五瓣，黄赤有點，不可近鼻聞，傷腦。”見“凌霄”文。

紫藤

習見花木名。豆科，紫藤屬，紫藤〔*Wisteria sinensis*（Sims）Sweet〕。落葉木質藤本。皮呈淺灰褐色，蔓左旋纏繞他物。奇數羽狀複葉，互生，卵狀長橢圓形，幼時兩面有白柔毛。總狀花序，生於枝端或葉腋；晚春開放，蝶狀單瓣，淡紫色，有香氣。莢果長條形，表面密生銀灰色短絨毛，内含種子一至三枚，十月成熟。我國主要分布於黄河流域以南至長江流域以北之各地。現廣植於庭園之中供觀賞。多用於棚架及亭廊垂直緑化。花亦可當蔬食，可糖漬製成甜食。花、皮、種子均可入藥。莖皮可爲索，亦供製人造織物等。

紫藤爲我國著名觀花藥用藤本植物。栽培歷史悠久，秦漢時稱“欇”“虎櫐”。晉代稱“虎豆”“欛欇”。《爾雅・釋木》：“欇，虎櫐。”晉郭璞注：“今虎豆，纏蔓林樹而生。莢有毛刺，今江東呼爲欛欇。”清郝懿行義疏：“虎櫐，即今紫藤，其華紫色，作穗垂垂，人家以飾庭院。謂之虎櫐者，其莢中子色色斑然如貍首文也。”晉代已行用“紫藤”之稱，沿稱至今。晉嵇含《南方草木狀》卷中：“紫藤，葉細長，莖如竹，根極堅實，重重有皮。花白子黑，置酒中歷二三十年，亦不腐敗，其莖截置烟炱中，經時成紫香，可以降神。”唐代栽培已頗廣泛。

唐李德裕《潭上紫藤》詩：“遥憶紫藤垂，繁英照潭黛。”明董斯張《廣博物志》卷四二：“紫藤，葉細長，莖如竹，根極堅實，重重有皮，花白子黑。”清陳淏子《花鏡》卷五：“紫藤喜附喬木而茂，凡藤皮著樹，從心重重有皮，其葉如緑絲，四月間發花，色深紫，重條綽約可愛。長安人家多種飾庭院，以助喬木之所不及，春間取根上小枝分種自活。”清高士奇《北墅抱甕録·紫藤》：“紫藤緣木而生，久之條蔓糾結，與樹連理，屈曲蜿蜒之狀，不異蛟龍出没。二月花發成穗，色紫而艷，披垂摇曳，一望煜然。采供盤飧，更屬佳品。”今俗稱“紋藤”“葛花”“葛蘿樹”“藤蘿”。

【檔】[2]

即紫藤。此稱秦漢時期已行用。見該文。

【虎櫐】

即紫藤。此稱秦漢時期已行用。見該文。

【虎豆】

即紫藤。此稱晋代已行用。見該文。

【欍檔】

即紫藤。此稱晋代已行用。見該文。

【紋藤】

即紫藤。今江西、湖北等地多俗用此稱。見該文。

【葛花】

即紫藤。今蘇北地區多俗用此稱。見該文。

【葛羅樹】

即紫藤。今河北各地多俗用此稱。見該文。

【藤蘿】[2]

即紫藤。今京津等地多俗用此稱。見該文。

【黄環】

即紫藤。其根黄色，重重有皮若環，故名。此稱漢代已行用。亦作“黄鐶”。亦稱“凌泉”“大就”。三國時稱“生芻”“根韭”。宋代稱“朱藤”“紫藤花”。《神農本草經·下品·黄環》：“黄環，味苦平……一名凌泉，一名大就。生山谷。”孫星衍等注引《吴普本草》：“蜀，黄環，一名生芻，一名根韭。”又，“案沈括《補筆談》：黄鐶即今朱藤也。天下皆有，葉如槐，其花穗懸紫色如葛。花可作菜食，火不熟，亦有小毒。京師人家園圃中，作大架種之，謂之紫藤花者是也”。清代亦稱“小黄藤”。清吴其濬《植物名實圖考·蔓草類·黄環》：“黄環，《本經》下品。其子名狼跋子，《别録》下品。據《唐本草注》及沈括《補筆談》，即今之朱藤也……今湖南春掘其根以烘茶葉。云能助茶氣味。其根色黄亦呼小黄藤云。”見“紫藤”文。

【黄鐶】

同“黄環”。此體宋代已行用。見該文。

【凌泉】

即黄環。此稱漢代已行用。見該文。

【大就】

即黄環。此稱漢代已行用。見該文。

【生芻】

即黄環。此稱三國時期已行用。見該文。

【根韭】

即黄環。此稱三國時期已行用。見該文。

【朱藤】

即黄環。此稱宋代已行用。見該文。

【紫藤花】

即黄環。因其花色紫，故名。此稱宋代已行用。見該文。

【小黄藤】

即黄環。因其根色黄，故名。此稱清代已

行用。見該文。

【藤花菜】

即紫藤。此稱明代已行用。明朱橚《救荒本草》卷五："藤花菜，生荒野中沙崗間。科條叢生。葉似皂角葉而大，又似嫩椿葉而小，淺黄緑色。枝間開淡紫花。味甘。救飢，采花煠熟，水浸淘净，油鹽調食。微焯過，曬乾，煠食，尤佳。"清姚之駰《元明事類鈔・蔬穀門・菜》："藤花菜，《明史》：薫師逵事母孝，母疾思藤花菜。逵出城二十餘里求得之，及歸，夜二鼓，道遇虎，逵驚呼，虎捨之去，持還奉母，母疾遂愈。"清吴其濬《植物名實圖考・蔓草類・黄環》："黄環，《本經》下品……即今之朱藤也。南北園庭多種之，山中有紅紫者，色更嬌艷。其花作苞，有微毛。作蔬、案酒極鮮香。《救荒本草》藤花菜即此。"按20世紀60年代前，豫東及魯西南沙荒地及村落附近常見有紫藤散生，每至春季花開時，農民常采花和麵拌而蒸食或用油煎食，已成習俗。然今沙地已引黄灌淤改爲農田，紫藤多已砍伐。此俗已湮。見"紫藤"文。

藤花菜
（明朱橚《救荒本草》）

【招豆藤】

"紫藤"之别稱。此稱唐代已行用，沿稱於後世。明李時珍《本草綱目・草七・紫藤》引陳藏器曰："藤皮著樹，從心重重有皮，四月生紫花可愛，長安人亦種之以飾庭池，江東呼爲招豆藤。"《續通志・昆蟲草木略一・草類》："紫藤，四月生紫花可愛。人種以飾庭。江東呼爲招豆藤。"見"紫藤"文。

鐵綫蓮

習見花木名。毛茛科，鐵綫蓮屬，鐵綫蓮（*Clematis florida* Thunb.）。落葉或半常緑藤本。葉對生，二或三回羽狀複葉，小葉卵形至卵狀披針形。花腋生，白色，有芳香。瘦果，具薄邊，疏生倒柔毛。我國主要分布於廣東、廣西、湖北、湖南、浙江、江蘇、山東等地。種子可提取工業用油。根及全草可入藥。亦常用於觀賞。

我國利用鐵綫蓮甚早，唐宋始稱"威靈仙"。清代已行用此稱。亦稱"番蓮"。其時栽培經驗已頗豐富。《通志・昆蟲草木略二・木類》："威靈仙，曰能消惡聞水聲，能治痿弱。唐貞元中，周君巢爲之作傳。"宋周應合《景定建康志・風土志一・物産》："藥之品：玉屑、石鐘乳……地榆、貫衆、芫花、半夏、天門冬、天仙藤、威靈仙。"元張鉉《至大金陵新志・田賦志・物産》："藥之品：玉屑、石鐘乳……百合、百部、白斂、白及、地黄、地榆、貫衆、芫花、半夏、天門冬、天仙藤、威靈仙。"明刊《明一統志・徐州》："土産：鐵、大戟、沙參、何首烏、威靈仙、芫花。"清刊《月令輯要・歲令上》："威靈仙，［增］《唐本草》：威靈仙，九月末至十二月采根，陰乾餘月，並不堪采。《本草綱目》：其旁每年旁引，年深轉茂，一根叢鬚數百條，長者二尺許。初時黄黑色，乾則深黑色，俗稱鐵脚威靈仙。"清鄒一桂《小山畫譜》卷上："鐵綫蓮，白花，藤本。葉三出，花開葉間，長柄千葉，托瓣如蓮，上細瓣叠抱瓣上白絲。亦宜籬落，夏花也。"清彭孫適《松桂堂全集》卷三三："《鐵綫蓮》：'卵色垂天夏景融，疏籬曲折引芳叢。扶持不棄孤生質，勁直還由大冶功。慘緑山窗檐鐵影，蔚藍禪榻鬢絲風。愛他名狀青蓮似，一綫春愁萬障空。'"《貴州通志·物産·貴陽府》："稻、莜、稗、芥、韭、菁、芹、菠菜、薺、萵苣、茄、王瓜、葱、蒜、薑、芋、葫蘆、芫荽、秋海棠、鐵綫蓮。"清陳淏子《花鏡》卷五："鐵綫蓮一名番蓮，或云即威靈仙，以其木細似鐵綫也。苗出後，即當用竹架扶持之，使盤旋其上。葉類木香，每枝三葉對節生，一朵千瓣，先有苞葉六瓣，似蓮先開。内花以漸而舒，有似鵝毛菊。性喜燥，宜鵝鴨毛水澆。其瓣最緊而多，每開不能到心即謝，亦一悶事。春間壓土移栽。"《廣群芳譜·花譜十·鐵綫蓮》："鐵綫蓮花葉俱似西番，花心黑如鐵綫。"清蒲松齡《農桑經殘稿·諸花譜》："鐵綫蓮，春壓土移栽；喜毛水，宜燥。"參閲清吴其濬《植物名實圖考·群芳類·鐵綫蓮》。

鐵綫蓮屬植物約三百餘種，我國有一百餘種。鐵綫蓮原種較多，栽培品種、變種則更多，可分爲常緑群、山鐵綫蓮群、重瓣與複重瓣群、夏開大花群、晚花品種群及南歐鐵綫蓮、阿爾卑斯與其他晚花原種群九群。本種今亦稱"大花威靈仙"。

【番蓮】

即鐵綫蓮。此稱清代已行用。見該文。

【威靈仙】[2]

即鐵綫蓮。此稱唐代已行用。見該文。

【大花威靈仙】

即鐵綫蓮。今湖南各地多行用此稱。見該文。

鐵綫牡丹

習見花木名。毛茛科，鐵綫蓮屬，重瓣鐵綫蓮（*Clematis florida* Thunb. var. *plena* D. Don）之别名。爲鐵綫蓮之栽培變種。柔弱木質纏繞藤本。莖紫褐色，具縱棱紋，被白黄色平貼細柔毛。二回三出複葉，對生，葉背疏生柔毛。花腋生，白色，大型，夏季開放。我國主要分布於南方各地。供觀賞。全株可入藥。

鐵綫牡丹
（清吴其濬《植物名實圖考》）

本種爲鐵綫蓮之變種，花大且美，早有栽培。明代已行用此稱。明章潢《圖書編·廣東各郡諸名山·鷄足山》："散步静雲庵，轉入僧寮，盆蘭敷華，皓潔如雪。鐵綫牡丹纏枝小屏，羈人乍見以爲奇，此地乃恒有耳。"明蘭茂《滇南本草·鐵綫牡丹》："鐵綫牡丹，形似牡丹，延蔓而生。花開碧緑色。氣味苦，有毒。主治一切瘡科，外敷内服。"今亦稱"鐵綫牡丹花""重瓣鐵綫蓮"。

【鐵綫牡丹花】

即鐵綫牡丹。今稱。見該文。

【重瓣鐵綫蓮】

即鐵綫牡丹。今稱。見該文。

第三節　習見竹木考

竹，乃禾本科竹亞科植物之通稱。竹均爲多年生常緑植物。呈喬木狀、灌木狀，鮮有藤狀；多爲木質，稀有草本。莖有地上莖與地下莖，中空，有節，偶或實心。其地下莖節間近實心，節上生根。按其生長延伸情況可分爲單軸散生型（其地下莖横行，每年延伸可長達數米，僅側芽出土爲笋，地上莖呈單株散生狀）、合軸叢生型（其地下莖短縮爲稈柄，頂芽出土爲笋，地上莖密集而叢生）、複軸混生型（其地下莖兼有上述二類性質，地上莖單株散生或密集叢生）。竹芽出土謂之笋，亦名“竹萌”“竹孫”，其外被笋籜，内有稈籜；籜由籜葉、籜鞘、籜舌及籜耳、繸毛等附屬物組成。笋向上伸長爲竹稈，稈中空有節；節有環，環分爲二：在上者名稈環，居下者爲籜環。兩節之間曰節間，兩環之内名節内。芽着生於節杆環一側，由此抽生出枝；初生枝爲主枝，由主枝再生之枝爲次生枝。葉多着生於最末端之小枝梢上；葉多呈披針形，具柄，與葉鞘連接處有關節，冬季不凋。竹極少開花，通常花後竹死，稱之爲“箹”。結實爲穎果（如麥），稀有堅果、胞果或漿果者。（見陳嶸《竹的種類及栽培利用》）

“竹木”之稱由來已久，通常是指竹與樹木，如《左傳・襄公十八年》：“劉難、士弱率諸侯之師焚申池之竹木。”《漢書・地理志下》：“巴、蜀、廣漢本南夷，秦並以爲郡，土地肥美，有江水沃野，山林竹木疏食果實之饒。”宋李格非《洛陽名園記・富鄭公園》：“又南有天光臺，臺出竹木之杪。”上述竹木指木與竹顯而易見。因栽竹多取以代木，故“竹木”又作竹之別稱。如唐孟郊《游城南韓氏莊》詩：“清氣潤竹木，白光連虚空。”此處之“竹木”呈虚空之狀，當指竹而言。因竹即爲木，故常代木以爲建材或製器具，本節以竹木爲名，實則專考竹類。

我國是世界重要産竹國家。遠在先秦時，先民已識竹用竹。遠古歌謡《彈歌》“斷竹，續竹；飛土，逐肉”（《吴越春秋・句踐陰謀外傳》）可證。據稱此歌爲原始公社時代之獵歌，其意爲：砍竹，接竹、製成竹弓；用泥土製成彈丸，去追射野獸。竹與先民生活息息相關。此後，進一步成爲貢品。《書・禹貢》：“淮海惟揚州……篠簜既敷……荆州……惟箘簵楛。”篠、簜、箘、簵皆竹種名，夏商時已將竹列入貢品。竹木不僅用以代木，笋亦可爲蔬，且尚用以記事以代甲骨，稱之爲“竹簡”，此外，竹杆還可爲篾用於編織器物。

古代先民多將竹視之爲草（總論已述）。用時常采野生竹，栽培者似不多見。竹之栽培至魏晋及南北朝時始有較大發展。晋戴凱之《竹譜》:“植類之中，有物曰竹。不剛不柔，非草非木。小異空實，大同節目。或茂沙水，或挺岩陸。條暢紛敷，青翠森肅。質雖冬蒨，性忌殊寒。九河鮮育，五嶺實繁。萌笋苞籜，夏多春鮮。根幹將枯，花復乃縣。紵必六十，複亦六年。”竹之形態特徵、生活習性、生長繁殖、産地分布、自然更新等叙述備詳。此外，譜中還介紹了生於五嶺之竹種，如篃竹、員丘帝舜竹、桂竹、篻簩竹、篁竹、棘竹、單竹、苦竹、弓竹、蘇麻竹、簣簹竹、射筒竹、箖箊竹、桃枝竹、尋竹、般腸竹、筋竹、百葉竹、簹竹、由衙竹、筇竹、簩竹、簢竹、蓋竹、鷄脛竹、狗竹、篾竹、簡竹、筡篖竹、簬竹、箵竹、篲竹、篠竹、簫竹、筀竹、赤竹、白竹、筡篖竹、篻簩竹、浮竹等數十種。北魏賈思勰《齊民要術·種竹》:“宜高平之地，黄白軟土爲良。正月二月中，斸取西南引根並莖，芟去葉，於園内東北角種之，令坑深二尺許，覆土五寸。稻、麥糠糞之。不用水澆，勿令六畜入園。”并記述竹類三十餘種，種竹經驗已頗豐富。隋唐二代種竹更盛，惜少記載，然詩歌之中往往咏竹，并將松、竹、梅視爲“歲寒三友”。宋元之時咏竹、書竹已成時尚。元劉美之《續竹譜》，補《竹譜》闕遺，如釣絲竹、毛竹、方竹、瑞行（合歡竹）、沙摩竹、簞竹、蕙竹、羅浮竹、斑竹、黄竹、棕竹、猫兒竹、紅竹、簹竹、青皮竹、木竹、桃竹、越王竹、筣竹等品，使竹之記載更爲豐富。此時李衎著《竹譜詳録》七卷，分畫竹、竹態（全德品、异形品、异色品、神异品、似是而非竹品、有名而非竹品）等譜。爲我國歷史上收竹品、竹名最多的竹書名著。全德品記竹七十五品，即筀竹、三月竹、淡竹、清宴竹、簠竹、硬殼竹、苦竹、甜竹、筆管竹、壽竹、白眼竹、綿竹、劫竹、篌竹、簕竹、瀟湘竹、水竹、還味竹、四季竹、秋竹、節竹、陀笣竹、陀嬰竹、陀買竹、慈竹、順竹、簧竹、籚箆竹、筭竹、篁竹、鷄頸竹、簝竹、箭竹、燕行、簢竹、箵竹、石龕竹、箬竹、簏竹、桃枝竹、筀竹、觀音竹、哺鷄竹、鷄窠竹、窃竹、雷竹、箬竹、油竹、朱簾竹、篠竹、篌竹、支竹、新婦竹、秀竹、笪竹、晋竹、種龍竹、桂竹、中母竹、素竹、簻竹、莖竹、筣竹、檳榔竹、籠篸竹、簳竹、睢園竹、砂竹、天目竹、陰江竹、嘉竹、篔山竹、港竹、柔竹，藎竹。异形品記一百五十八品，即方竹、六棱竹、净瓶竹、實竹、石竹、石簝竹、箛竹、鶴膝竹、般腸竹、銀鋌竹、石大頭竹、木竹、人面竹、薑竹、多般竹、龍鱗竹、象牙竹、菩薩竹、箖竹、江南竹、雙葉竹、台竹、拂雲箒竹、百葉竹、蘆竹、秋蘆竹、騈竹、合歡竹、雙梢竹、匾竹、扶竹、服傷竹、扶南竹、篡竹、他里竹、鏞竹、相迷竹、笏竹、由衙竹、簹竹、答竹、青皮竹、釣絲竹、篔簹竹、篥竹、滿心竹、簩竹、篞簩竹、烏計竹、沙麻竹、長枝竹、浮竹、籲竹、猫頭竹、靈竹、龍鬚竹、龍孫竹、茅竹、沈竹、鳳尾竹、節竹、龍尾竹、筰竹、球竹、寸金竹、胡孫竹、羅漢杖竹、吊根竹、曲竹、雪竹、嫣竹、籦竹、簍竹、篠竹、簟竹、笣竹、箄竹、翁孫竹、廣竹、石麻竹、籠竹、漢竹、越王竹、毛竹、少室竹、羅浮竹、鐘龍竹、沛竹、篔簹竹、癭竹、射筒竹、簡箐竹、篿竹、箎竹、莽竹、婆娑羅竹、篞竹、衛丘竹、狗竹、篟竹、尤竹、弓竹、邏勒竹、古散竹、莱竹、孟灘竹、籊竹、水籊竹、丹山竹、麻竹、交練竹、鐵峽竹、泣珠竹、忠節竹、篙散竹、仲竹、箖箊竹、鄰竹、篒竹、百丈滑竹、高節竹、多枝竹、大頭竹、倭竹、簩竹、箨竹、箹竹、笿竹、篌竹、籯竹、籣竹、簊竹、簇竹、鹿頭竹、篁竹、巢竹、苦伏竹、簫管竹、鈎瑞竹、簝簣竹、白夾竹、篪竹、箴竹、箮竹、玄竹、太極竹、簳竹、篩竹、笭竹、簡竹、胥竹、鸛系竹、簩竹、箋籥竹、箋籡竹、茶竹、莩竹、笛竹、龍公竹。异色品收六十三品，如紫竹、穿竹、角竹、篤竹、暈竹、赤錢竹、真珠竹、雨點竹、雲竹、清白竹、龜紋竹、冕竹、斑竹、舍利王斑竹、道州斑竹、顧家斑竹、電斑竹、箊竹、苔竹、黄竹、緑竹、青竹、白竹、赤竹、紅竹、烏竹、烏簕竹、黄侯竹、烟竹、金竹、金絲竹、黄金間碧玉竹、碧玉間黄金竹、對青竹、間青竹、露青竹、斑鱖竹、白鱖竹、青長枝竹、黄長枝竹、黄陶竹、文竹、絲竹、蔓竹、大竹、丹竹，毛斑竹、白鹿竹、小白竹、玳瑁竹、箘簵竹、蓋竹、白篛竹、紫篛竹、實心竹、錦竹、筸竹、蒸竹、白馬竹、間道竹、魚腸竹、雲母竹、浮簩竹。神异品收三十八品，如化龍竹、萊公竹、冬生竹、瑞竹、無骨箬竹、掃階竹、神翁竹、墨竹、墨點竹、歧竹、點砂竹、星竹、淚竹、龕公竹、蟲竹、魚尾竹、簕竹、長生竹、香竹、夜合竹、桃竹、孤竹、龍牙竹、月竹、三棱竹、符竹、篆文竹、尋竹、射的竹、不死竹、雲夢竹、鸞竹、連理竹、木竹、爆竹、駢笋、石笋、石竹。似是而非和有竹名而非竹類者共四十五品。每品之中除記品名及得名由來，還述産地、分布、生長、用途，并有先賢之書證與考辨資料等。真乃竹類之詳録，是一部難得的竹書。如《竹品譜・異形品》："竻竹，一名簕竹，一名荅黎竹，一名欓竹，一名筥竹，出廣右、兩江，安南尤多。即刺竹也。南方呼刺爲竻。叢生，大者二尺圍，肉至厚幾於實中。彼人破以爲弓材。枝葉喜下垂，自根至梢，每枝節間對生二刺，尖杪彎曲若鈎，人家環植以爲垣墻，初植數莖作一叢，三五年後，枝蔓自相糾纏，又多鈎刺，雖鷄犬羔豚不能徑入。戴凱之《竹譜》曰：'棘竹駢深，一叢爲林，根如椎輪，節若束針。亦曰笆竹，城固是任，篾笋既食，鬒髮則侵。'《南方異物志》：'棘竹，有刺，長七八丈，大如甕。'《酉陽雜俎》曰：'棘竹，一名笆竹，節皆有刺。數十莖爲叢，南夷種以爲城，卒不可攻，或自崩根出，大如酒甕，縱横相承，狀如繅車，笋食之落人齒。按此棘竹即竻竹、刺竹是也。'《廣志》名欐竹；《嶺表録異》云簕竹枝上有刺，南人呼爲刺勒，自根横生，枝輾轉如織，野火焚燒，只燎細枝，嫩葉至春復生，轉復牢密，邕州舊以刺竹爲墻，蠻蜑來侵竟不能入。又新州舊無城，紹興間黄濟來爲守，以竻竹環植之，號竹城。"其叙述之詳、引證之廣是前此諸書所未有的。王禎《農書》亦記述竹之栽培方法，較《齊民要術》更詳，除種竹外，移竹、覆土培肥等方法，今時仍可借鑒。明代竹木商品生産初具規模，南方栽竹日盛。徐光啓《農政全書》卷三九將《齊民要術》《農桑通訣》《種樹書》等農書中栽竹之經驗彙集於一處，并將自己親試之經驗記述於書，爲時人提供了寶貴的經驗。

我國素有"竹子王國"之稱。現已查明的約三十九屬，五百餘種。竹類分布面積達400萬公頃，面積、産竹量均占世界三分之一左右。竹之利用已突破舊時建築、輕工、食品、傢具、包裝、運輸等行業應用。竹類開發領域日益拓寬，如竹笋加工、竹質人造板、竹工藝品、竹漿造紙、機製竹席等産品，較以往都有新發展。竹的産值亦不斷提高，已成爲竹區農民脱貧致富，增加收入的重要門路。

本節所考之竹類，爲我國古有記載，今尚存世并在生産中有價值之種類，計三十五種，隸十四屬。古有竹種，今名不詳或無確指者均未收録。部分珍稀竹種亦列其中，以引起注重，以便保護好這些珍貴資源。

人面竹[1]

習見竹木名。禾本科，剛竹屬，人面竹（*Phyllostachys aurea* Riviere & C. Rivière）。爲灌木狀竹類。地下莖單軸散生。竿高三四米。下部節間呈不規則縮短或畸形腫脹，以致其節環交互歪斜，狀若人面，故名。竿籜無毛，緑褐色，疏生黑褐色斑點。葉披針形。我國主要分布於長江流域及其以南各省區。多植於庭園供觀賞。亦可製手杖及釣竿。笋味鮮美可食。

我國栽培利用人面竹至少已有數百年史。宋代已行用此稱。宋范成大《桂海虞衡志·志草木》："人面竹，節密而凸，宛如人面，人采以爲拄杖。"宋周去非《嶺外代答》卷八："人面竹，節密而凸，横斜相間，每凸處突出長圓，宛如人面，近根之處幾百節密密相聚，人亦采爲拄杖。"宋高似孫《剡録》卷九："人面竹，剡山有之。竹徑幾寸，近本逮二尺，節極促，四面參差，《竹書》曰：如魚身而凸，頗類人面。"宋黄震《黄氏日抄》卷六七："人面竹，可爲拄杖。"元代稱"鬼面竹""佛面竹""佛眼竹"。元李衎《竹譜詳録·竹品譜·異形品上》："人面竹，又名鬼面竹，又名佛面竹，又名佛眼竹。兩浙、江、廣俱有之。去地上一二節皆左右邪正兩節相對，中間突起，長圓宛然如人面，或多至十數節之上始平正如常竹。笋亦可食。人多采以爲拄杖，福建人呼爲佛眼竹。”元許恕《惠木仲惠鬼面竹杖並詩就次韻》：“自古邛山有此君，多情持寄許山人。清狂可使揶揄鬼，正直能扶老病身。”明謝肇淛《五雜俎・物部二》：“其最奇者有人面竹，其節一覆一仰，如畫人面然。”人面竹不僅形殊引人，且分布亦廣。如《福建通志・物産・竹之屬》：“人面竹，亦曰佛眼竹。其幹與常竹無異，惟兩節間突起如人面。可以爲杖。”《廣西通志・物産・太平府》：“人面竹，《虞衡志》：節密而凸，宛如人面，人采爲拄杖。今太平州峒中多有。”《雲南通志・物産・蒙化府》：“人面竹，節如人面。”《廣群芳譜・竹譜一・人面竹》：“戴凱之《竹譜》云竹之品類六十有一，黄魯直以爲竹類至多，《竹譜》所載皆不詳，欲作《竹史》不果成，今按其種有方竹……人面竹：出剡山，竹徑幾寸，近本逮二尺節極促，四面參差，竹皮如魚鱗，面凸，頗類人面。”人面竹今亦俗稱“羅漢竹”“佛肚竹”。簕竹屬有佛竹，廣人亦稱“人面竹”，然與此殊异，當辨之。

【鬼面竹】

即人面竹[1]。此稱元代已行用。見該文。

【佛面竹】[1]

即人面竹[1]。此稱元代已行用。見該文。

【佛眼竹】

即人面竹[1]。此稱元代已行用。見該文。

【羅漢竹】[1]

即人面竹[1]。今之俗稱。見該文。

【佛肚竹】[1]

即人面竹[1]。今廣東各地多俗用此稱。見該文。

小竹

習見竹木名。禾本科，倭竹屬，鵝毛竹（Shibataea chinensis Nakai）之别名。地下莖複軸混生型，蔓延甚長，棕黄色。竿直立，高不足1米，節間短，淡緑色，微帶紫色。下部分枝圓筒形，三節以上之分枝多爲三棱形。竿環凸出。葉一片生於枝端，厚紙質，卵狀披針形或闊披針形。爲我國華東特産竹之一。浙江、江蘇、安徽南部有分布。小竹竹小葉大，婆娑可愛，可植於公園、庭院供觀賞。今上海、南京、杭州等地公園、緑地多有栽植。其種子形似小麥，歲饑時可采竹實充饑或取以釀酒。

元代已行用此稱。《元史・五行志二》：“〔至正〕十八年，處州山谷中小竹結實如小麥，饑民采食之。”《浙江通志・物産七・處州府》：“小竹，《名勝志》：青田縣占陽山，叢生小竹，巨葉，其實可爲粉。《處州府志》：宋慶元間，歲饑，鄉民於此采竹實爲食。《青田縣志》：或取以釀酒，味佳。”《湖廣通志・山川志・寶慶府》：“金竹山，在縣南五十里，生小竹，金色。”《江南通志・輿地志・徐州府》：“竹島去州城八十里，在海中，上多小竹。”

按，《中國植物志・禾本科・竹亞科》以爲倭竹屬之“鵝毛竹”即此小竹。文曰：“鵝毛竹（浙江建德），倭竹（種子植物名稱），小竹（《浙江通志》《處州府志》《青田縣志》）”，據此可知，小竹并非竹之小者，而是特指鵝毛竹。參閱陳嶸《竹的種類及栽培利用》。今通稱“鵝毛竹”，别稱“倭竹”。

【鵝毛竹】

即小竹。今之通稱。見該文。

【倭竹】

即小竹。今稱，名見《種子植物名稱》。見該文。

木竹

習見竹木名。禾本科，簕竹屬，木竹（*Bambusa rutila* McClure）。地下莖合軸叢生。竿直立。高達12米，徑6厘米，竿節隆起，節間略爲圓筒狀而正直，緑色，竿下部具刺。籜初爲紫褐色，邊緣波狀，被剛毛，後脱落。初級枝粗壯下傾，次級枝常有刺，小枝無刺，其末節常着生十葉，葉綫狀披針形。花序束生於小枝節，假小穗長9厘米，小花7—9朵，赤紫色。果實不詳。我國主要分布於廣東各地。竿壁特厚如木，故名。

木竹久爲人知，此稱宋代已行用。宋贊寧《筍譜·二之出》："木竹筍，今靈隱山中亦出，中堅，亦通小脉，節内若通草中也。筍堅，可食。今人采竹作杖，可愛，或與 同類耳。"《通志·昆蟲草木略二·木類》："又云'鄰，堅中。'此竹類而中實者，今人謂之木竹也。"宋施宿等《會稽志·草部》："竹本出會稽，所謂'會稽之竹箭'者，蓋二物也。戴凱之《竹譜》曰竹之别類有六十一焉，蓋總而言之也。今會稽之産，曰早筀，曰晚筀，曰黄筀，曰綿筀，曰箭……曰紫竹，曰油竹，曰木竹（堅中）。"亦稱"柴竹"。元李衎《竹譜詳録·竹品譜·異形品上》："木竹，閩浙山中處處有之。叢生，堅實，中間亦通小脉，節内如通草，其筍堅，可食。福建生者心實，筍硬，不可食，土人呼爲柴竹。"木竹作杖甚佳，又以其形异難得，頗爲先民喜愛。《浙江通志·物産六·金華府》："木竹杖，《避暑録話》：淳安木竹杖，六節，密而内實，畧如天壇藤，間有突起如鶴者，非峭勁敵風霜不能爾也。"木竹雖形异難得，但分布地域還算廣泛，各地方志多有記載。如《江南通志·食貨志·物産》："竹之屬：曰筀竹，曰淡竹，曰燕竹，曰水竹，曰牙竹，曰斑竹，曰紫竹，曰木竹（其質厚味辣，又名剛竹），曰鳳尾竹，曰慈孝竹（二者尤細密可愛）。"《浙江通志·物産一·杭州府》："木竹，《筍譜》：靈隱山，其筍可食，今人采作杖，可愛。或與同類。"《陜西通志·物産二·草屬》："竹有斑竹、竹、紫竹、木竹、觀音竹、綉球竹、松花竹、鳳尾竹、洋州雙竹（一幹兩枝）（《漢中府志》）。"《四川通志·物産·保寧府》："木竹，節疏心實，廣元縣出。"木竹早在宋代便作爲珍品進貢朝廷。清徐乾學《資治通鑑後編·宋徽宗》："政和初，蔡京被召，帝戲京子攸，謂須進土宜。遂得橄欖一小株，雜諸草木進之，當時以爲珍……大率太湖、靈壁、慈溪武康、諸石，二浙花竹、雜木、海錯，福建異花、荔子、龍眼、橄欖，海南椰實，湖湘木竹、文竹。"

按，木竹因竹秆壁厚而得名。陳嶸《竹的種類及栽培利用》稱該竹於1926年在廣東韶關初見，後移於廣州中山大學。1934年在香港續見。此附供考。

【柴竹】

即木竹。此稱元代已行用。見該文。

水竹

習見竹木名。禾本科，剛竹屬，水竹（*Phyllostachys heteroclada* Oliv.）。常緑灌木狀竹。竿高1米許，亦有達3米者；粗不及小指。

節間半圓筒狀，平滑無毛。籜片微弱，有細毛。葉披針形，葉緣稍粗糙。我國主要分布於江蘇、浙江、湖北、四川、廣東、廣西及貴州等地。多生向陽山坡，亦耐低濕。竹竿可作掃帚。筍可食。

水竹久爲人知，唐代已行用此稱。唐戎昱《駱家亭子納凉》詩："生衣宜水竹，小酒入詩篇。"宋高似孫《剡録》卷九："水竹，《山居賦》曰：水石别谷。注曰：'水竹，依水而生，甚細密。'"宋王質《紹陶録》卷上："〔交床、懶床〕宜用筋竹、水竹、麻條交縶。懶床用竹用條皆如之，或黄牛草代條，以牢穩爲良。"宋施宿等《會稽志・草部》："竹本出會稽，所謂'會稽之竹箭'者蓋二物也。戴凱之《竹譜》曰竹之别類有六十一焉，蓋總而言之也。今會稽之産曰早筀、曰晚筀、曰黄筀、曰綿筀……曰水竹、曰桃枝竹。"宋潛説友《咸淳臨安志・山川九・塢》："水竹塢，在九里松行春橋南，舊有水竹之勝，今爲步司軍寨。"宋贊寧《筍譜・二之出》："水竹筍，出黔南管内或巖下，潭水中生。其筍隨水深淺以成節，若深一丈，則筍出水面爲一節，蠻蜑采取以爲食。"元李衎《竹譜詳録・竹品譜・全德品》："水竹凡二種，一種出黔南管内或生巖下潭水中……一種江廣處處有之，多生水邊及道傍下溼濕處，形狀與䈽竹相同，人取劈篾、雜用皆可。謝靈運《山居賦》注云：水竹依水而生，甚細密，吴中亦有。"水竹分布極廣，各地俱有詳載。《明一統志・貴州布政司》："土産：木香、葛布、茶、麂、水竹、橘、烏頭。"《雲南通志・物産・木屬（附竹）》："椿、松……羅漢松、綿木、皂角樹、無花果樹、紫竹、攢竹、水竹、苦竹、觀音竹、鳳尾竹、慈竹、筀竹、猫頭竹、實心竹、東坡竹、龍竹、筋竹。"其竹節疏而肉薄，可爲簫笛。《貴州通志・食貨・平越府》："水竹，節長而質薄。"《江西通志・山川七・南安府》："龜山在崇義縣西三十里，形如龜，多産茶及水竹。其竹節極疏而肉薄，可爲簫笛。"

按，陳嶸《竹的種類及栽培利用・水竹》稱《吴郡志》及江陰、寶山等縣志有載。故以爲李衎所云水竹或即此種，此附。

毛竹

習見竹木名。禾本科，剛竹屬，毛竹〔*Phyllostachys edulis*（Carrière）J. Houz.〕。地下莖單軸散生，每節上具十五至十七個瘤狀突起。竿圓柱狀，直長而無彎，高 10 米以上，緑或黄緑色。初生竹脱籜後，節下生有細毛，并附蠟質白粉。籜大，革質，外被紫褐色小刺毛，頂端有毛。主枝常二枚生於一節，上舉，實心或中空極小；每節再分一二小枝，葉二至八片生於小枝端，披針形或狹披針形，先端鋭尖；花枝單生，無葉。我國主要分布於長江流域及臺灣省等地。竹竿可供造紙、建築、器具用材。筍可食。亦可栽植供觀賞。

我國栽培利用毛竹歷史悠久。史前期已應用竹材，以毛竹作梁、柱、椽、壁亦逾千年。漢代前後已有食毛竹筍之記載。世傳三國吴人孟宗至孝，其母嗜筍，孟宗入毛竹林尋筍，其時筍不當出，而孟宗"泣竹生筍"，後人遂以"孟宗竹""孟竹"稱毛竹。《三國志・吴書・孫皓傳》"司空孟仁卒"。裴松之注引《楚國先賢傳》："宗母嗜筍，冬節將至時，時筍尚未生，宗入竹林哀嘆，而筍爲之出，得以供母，皆以爲至孝之所致感。累遷光禄勛，遂至公矣。"

唐方干《題故人廢宅》詩之二："舊徑已知無孟竹，前溪應不浸笋星。"唐宋時已行用"毛竹"之稱，亦稱"猫頭竹""猫竹""茅竹""潭竹"。唐李商隱《武夷山》詩："只得流霞酒一杯，空中簫鼓當時回。武夷洞裏生毛竹，老盡曾孫更不來。"宋范成大《桂海虞衡志·志草木》："猫頭竹，質性類簕竹。"宋陸游《數日秋氣已深清坐無酒戲題長句》："漸近重陽天氣嘉，數椽茅竹淡生涯。"宋張淏《會稽續志·鳥獸草木·竹》："又剡中金庭曰：毛竹，洞天有毛竹。李清叟詩：'雲藏毛竹深深洞，烟起香爐裊裊風。'"元李衎《竹譜詳録·竹品譜·異形品下》："毛竹出閩廣間，浙東諸郡亦或有之。"毛竹分布極廣，各地俱有詳載。如《福建通志·物産·建寧府》："毛竹出武夷毛竹洞。每竹生數節，每節旁出一杆，杆之巨細與根等，土人多以爲杖。"《浙江通志·物産三·寧波府》："銀笋，《四明山記》：雪竇山北巖生石乳，其峰非人可升。有毛竹、銀笋，其毛竹自生毛，笋若銀笋，即銀鑛如笋，或云毛竹笋白如銀。"又引《金華府志》："東陽毛竹可作器。《東陽縣志》：竹産不如鄰郡之多，而堅厚却過之，作器耐久。其大者，高五六丈，竪之檐前爲夜燈，謂之高燈，每冬春之夜，遠望如星火。"《陝西通志·物産二·草屬》："[竹]竹有斑竹、筀竹、紫竹、木竹、觀音竹、綉球竹、松花竹、鳳尾竹，洋州雙竹，一幹兩枝（《漢中府志》）。産毛竹（《鎮安縣志》）。"毛竹除可製器，亦可作舟造屋。清陳淏子《花鏡》卷五："猫竹，一作毛竹。浙、閩最多，幹大而厚，葉細而小，異於他竹。人取編牌作舟，或造屋皆可。"《格致鏡原·木類四·異木（附竹）》："《事物紺珠》：猫竹又名猫頭竹，其根類猫頭，又名潭竹，竹大莖細葉。"

毛竹爲我國主要用材及笋用竹。其適應性頗强，開發潛力很大，各地栽培較多，今亦稱"茅如竹""大竹""芳竹""楠竹""苗竹"。參閱江蘇新醫學院《中藥大辭典·毛笋》。

【孟宗竹】

即毛竹。此稱三國時期已行用，今浙江平陽等地仍沿用此稱。見該文。

【孟竹】

即毛竹。此稱唐代已行用。見該文。

【茅竹】

即毛竹。此稱宋代已行用，并沿稱於後世。見該文。

【猫竹】

即毛竹。此稱清代已行用。見該文。

【猫頭竹】

即毛竹。此稱宋代已行用。今江蘇、浙江等地仍沿用此稱。見該文。

【潭竹】

即毛竹。此稱清代已行用。見該文。

【茅如竹】

即毛竹。今浙江、臺灣等地多行用此稱。見該文。

【大竹】[1]

即毛竹。今廣東各地多行用此稱。見該文。

【芳竹】

即毛竹。今江蘇、浙江等地多行用此稱。見該文。

【楠竹】

即毛竹。今江西、湖北、四川等地多行用此稱。見該文。

【苗竹】

即毛竹。今江西婺源等地多行用此稱，語本《婺源縣志》。見該文。

【江南竹】

即毛竹。此稱至遲宋代已行用。宋梁克家《淳熙三山志・土俗類四・物産》："江南竹，粗大而堅直。"元李衎《竹譜詳録・竹品譜・異形品上》："江南竹，江、浙、閩、廣間皆有之，大概與淡竹相同。但一面出三小枝葉，頗繁盛。"《浙江通志・物産七・温州府》："江南竹，《瑞安縣志》：春笋節長。"《福建通志・物産・福州府》："江南竹，粗大而堅直，笋冬生。"參閲《汝南圃史》。見"毛竹"文。

方竹

習見竹木名。禾本科，寒竹屬，方竹〔*Chimonobambusa quadrangularis*（Franceschi）Makino〕。地下莖爲單軸散生型。節間略作方形，表面具小疣而粗糙，竿環甚隆起，基部數節常各具一圓刺瘤。籜鞘厚紙質，籜葉極小或退化。每節生三小枝，每小枝生葉二至五片，窄披針形。花枝無葉，小穗常簇生於花枝各節。我國主要分布於華東、華南及秦嶺南麓諸地。常栽培供庭園緑化。竹竿可製手杖。

方竹因節間呈方形，故名。此稱唐代已行用，并沿稱至今。唐段公路《北户録・方竹杖》："澄州産方竹，體如削成，勁健，堪爲杖。"唐馮翊子《桂苑叢談・方竹拄杖》："太尉多蓄古遠之物，云是大宛國所遺，竹唯此一莖而方者也。"宋范成大《驂鸞録》："二龍故迹有大池，上有顔淵亭，别有一泓名叔季泉，酌以瀹茗，自小釋迦塔後方竹滿山，取以爲杖，爲世所珍。"宋高似孫《剡録》卷九："方竹，玉岑山所植。贊寧《笋譜》曰：辰山有方竹，其方二寸。"方竹外方而内堅，常爲文士所贊揚。宋張淏《會稽續志・鳥獸草木・竹》："方竹，中堅而外方，玉岑山所植。張忠定公《咏方竹》詩：'笋從初茁已方堅，峻節凌霜更可憐。'王平父《方竹》詩：'方竹同吾操，端然直物間。'"兩浙、江廣等地多有出産。元李衎《竹譜詳録・竹品譜・異形品上》："方竹，兩浙、江廣處處有之。枝葉與苦竹相同，但節莖方正如益母草狀。深秋出笋，經歲成竹，高者二丈許，無甚大者，爲拄杖最佳。《番禺志》云：竹方而實心，編織不及他竹。止以方爲異矣。《武陵圖經》云：方竹出桃園山，四方而不觚，其材中杖。《會稽續志》云：方竹中堅而外方，玉岑山所植。贊寧云：澧州辰山方竹其方二寸，出天台玉霄峰者最妙。"方竹本天成，却有人傳説乃葛仙翁（晋葛洪）植竹箸化而爲方竹。明徐光啓《農政全書》卷三九："方竹：産澄州。體如削成，勁挺堪爲杖。桃源山亦有方竹；隔洲亦出，大者數丈。《寧波志》云：葛仙翁煉丹於定海靈峰，植竹箸，化爲竹而方。"方竹分布較廣，北可抵登州，但主産仍屬江南。《明一統志・登州府》："土産：方竹，登州出。體如削，勁健，堪爲杖，亦不讓張騫筇竹杖。"《清一統志・台州府》："土産：方竹，出天台玉霄峰，可作杖。"《江南通志・食貨志・物産》："方竹，吴中佳植，可以爲杖。"《江西通志・土産・南康府》："方竹，生馬祖山及智林寺，大者可杖。"清陳淏子《花鏡》卷五："方竹，産於澄州、桃源、杭州，今江南俱有。體方有如削成，而勁挺堪爲拄杖，亦異品也。"

方竹屬約十五種，我國約有四種。本種今

亦稱“四方竹”“四角竹”“標竹”“方苦竹”。又，古籍中多云其笋不堪食，實誤。方竹，笋生四時，肉豐質軟，風味頗佳。

【四方竹】

即方竹。因其竿四方，故名。今南方各地多行用此稱。見該文。

【四角竹】

即方竹。因其竿方，有四角，故名。今南方各地多行用此稱。見該文。

【標竹】

即方行。今四川天全等地多行用此稱。見該文。

【方苦竹】

即方竹。今江蘇各地多行用此稱。見該文。

【刺竹】[1]

即方竹。明代已行用此稱。明曹昭《格古要論·異木論（雜物附）》：“竹杖：方竹，出西蜀，杭州飛來峰亦有。節節有刺，蜀人謂之刺竹。”參閱《格致鏡原·木類四·附竹》。按此所謂“刺”者，乃指竹之基部數節所生刺瘤，故名。見“方竹”文。

牡竹

習見竹木名。禾本科，牡竹屬，牡竹〔*Dendrocalamus strictus*（Roxb.）Nees〕。地下莖合軸叢生型。竹竿大而叢生，高可達35米，徑不甚大，質地堅硬，竿壁厚而近實心；籜具縱肋，黃色，籜皮披針形，無毛。每節分枝數枝，主枝常較其餘三至六枝粗大；葉枝極細弱，簇生，五至七枚葉着生於小枝上；花枝無葉，小穗在每節上緊密簇生近成球形。我國主要分布於雲南西南部。廣東亦或有栽培。

此竹巨大，雲南古俗稱“巨竹”。并以爲此即“簜竹”。宋范成大《桂海虞衡志·志草木》：“簜竹，葉大且密，略如蘆葦。”《廣群芳譜·竹譜一·巨竹》：“《雲南志》：‘巨竹，出易門深谷，節高數尺。’”《雲南通志·物産·雲南府》：“巨竹，出易門蒿甸山，節高數尺。”陳嶸《竹的種類及開發利用牡竹》：“牡竹（《種子植物名稱》）别稱：巨竹（《雲南府志》），簜竹（《桂海虞衡志》），簜大竹（《齊民要術》）。”陳文以爲簜竹即《雲南府志》之“巨竹”與《桂海虞衡志》之“簜竹”即本種。此亦備一説，附此供考。

【巨竹】

即牡竹。此稱清代已行用，今雲南各地多行用此稱。見該文。

【簜竹】

即牡竹。此稱宋代已行用。見該文。

佛竹

習見竹木名。禾本科，簕竹屬，佛竹（*Bambusa ventricosa* McClure）。地下莖合軸叢生型。地上部呈灌木狀。竿有二或三種。通常高不過2.5米，初爲深緑色，老時爲橄欖黄色。其形有畸變，下部諸節間常呈短棒狀或瓶狀，形似佛肚。籜無毛，初作深緑色，漸變爲橘紅色，後爲淺草黄色。主枝粗而稍彎曲。葉卵狀披針形或長橢圓狀披針形。爲廣東特産竹。主要用於庭植或盆栽供觀賞。亦可製杖。

我國明清時栽培佛竹較盛。時稱“人面竹”“佛肚竹”。清屈大均《廣東新語·草語》：“有人面竹，節小而中大，小處如人面，大處如腹，亦曰佛肚竹。”陳嶸《竹的種類與栽培利用》第二編引《廣東通志》：“佛肚竹，出陽江、封川，俗呼人面竹，節小而中大，堪作杖。”今廣州中山大學校園有栽植。通稱爲佛竹。按，剛竹屬亦有“人面竹”，其名雖同，然與此實非一種，宜辨之。本種今通稱“小佛肚竹”。參見本卷《習見木竹說・習見竹木考》“人面竹[1]”。

【人面竹】[2]

即佛竹。此稱清代已行用。見該文。

【佛肚竹】[2]

即佛竹。此稱清代已行用。見該文。

【小佛肚竹】

即佛竹。今之通稱。見該文。

佛面竹[2]

習見竹木名。禾本科，剛竹屬，佛面竹〔*Phyllostachys pubescens* var. *heterocycla*（Carrière）J. Houz.〕。毛竹之變種一。竿較原種矮小，竿之下部各節短縮腫脹，各節環交互斜裂，形如佛面。我國主要分布於長江流域諸省及臺灣等地。本種較罕見，其形怪异，常用於觀賞。亦可製手杖。

我國栽培觀賞佛面竹至少已有數百年史。宋代已有作杖之記載。清代已行用此稱。亦稱“定光佛杖”。清施洪保《閩雜記》卷一一：“佛面竹，長一二丈，粗及把，節甚疏，每節有一佛面，眉目口鼻皆具，可以爲杖。出龍巖及永定、武平等山。俗謂定光佛杖。”民國趙汝珍《古玩指南》：“佛面竹……俗謂定光佛杖。東坡《送佛杖與羅浮長老》詩‘十方三界世尊面，都在東坡掌握中’，即此。”

本變種頗罕見，偶或見於毛竹林中。今多栽於庭院觀賞或供盆玩。通稱“龜甲竹”，俗稱“藕節竹”“羅漢竹”。另人面竹亦俗稱“佛面竹”，然其爲剛竹之變種，與此非同。參閱本考“人面竹[1]”。

【定光佛杖】

即佛面竹[2]。此稱清代已行用。見該文。

【龜甲竹】

即佛面竹[2]。今之通稱。參閱《中國主要植物圖說・禾本科・龜甲竹》。見該文。

【藕節竹】

即佛面竹[2]。今廣東各地多俗用此稱。見該文。

【羅漢竹】[2]

即佛面竹[2]。今廣東各地多俗用此稱。見該文。

青皮竹

習見竹木名。禾本科，簕竹屬，青皮竹（*Bambusa textilis* McClure）。竿叢生，直立，高可達10米。先端弓形或下垂，節間圓柱形，中部有粉質，初被灰白色刺毛；竿節明顯，上環不隆起。籜早落。枝簇生，主枝極纖細。我國主要分布於兩廣等地。爲優良纖維用材竹。可供造紙或破篾代繩索，以供搭棚架、橋梁之綁縛物或船纜等用。亦可供編製器具。

元代已行用此稱。嶺南諸地已有栽培。元李衎《竹譜詳録・竹品譜・異形品上》：“青皮竹一如苔竹，但差輕薄。”明陶宗儀《説郛》卷一〇五：“顧（疑即戴）凱之《竹譜》云：南嶺實煩［繁］，有毛竹、簹竹、青皮竹、木竹、釣魚竹、桃竹、越王竹。”《廣西通志・物産・鎮安府》：“青皮竹，即蒲竹。奉議出。”清屈大均《廣東新語・草語》：“有青皮竹，大寸許，高二丈餘，皮冬夏長青。如初笋時去青作篾，與白藤同功。”參閱廣東《從化縣志》。今俗稱“山青竹”“地青竹”“小青竹”。

【山青竹】

即青皮竹。今廣東各地多行用此稱。見該文。

【地青竹】

即青皮竹。今廣東各地多行用此稱。見該文。

【小青竹】

即青皮竹。今廣西各地多行用此稱。見該文。

金竹[1]

習見竹木名。禾本科，剛竹屬，金竹〔*Phyllostachys sulphurea*（Carrière）Riviere & C. Rivière〕。地下莖單軸散生。竿金黄色。分枝節間溝槽以外部分常具一或二甚窄之緑色縱條紋。籜黄色，具縱長之緑色條紋，并疏生淡棕色斑點。小枝上生一至三小葉，披針形，質堅韌。我國主要分布於臺灣及長江流域以南各地。爲觀賞竹。亦可製釣竿等器物。其竿金黄，故得是名。

金竹早爲人熟知。此稱宋時已行用。亦稱“筼竹”。宋范成大《吴郡志・土物下》：“金竹，不甚大，色如金，今多不見。蔣堂嘗有詩：‘百鎰先寒一徑深，潛疑造化鑄成林。貪夫或有憑欄者，不見修篁但見金。’”宋施宿等《會稽志・草部》：“竹本出會稽……今會稽之産曰早筀，曰晚筀，曰黄筀，曰綿筀……曰湘班，曰金竹，一名筼竹。”元李衎《竹譜詳録・竹品譜・異色品》：“金竹生江浙間。一如淡竹，高者不過一二丈，其枝幹黄净如真金竹故名。竺法真《羅浮山疏》曰：‘羅浮山有竹，色如黄金。’”明王鏊《姑蘇志・土産・竹之屬》：“竹之屬七：金竹、紫竹、斑竹、桃枝竹（皮日休詩云桃李竹覆翠嵐溪）、鳳尾竹、慈姥竹（叢生，俗名慈孝竹）、哺鷄竹。”《江南通志・食貨志・物産》：“金竹，色如蒸栗。蔣堂詩云：百鎰先寒一徑深，潛移造化鑄成金。”清趙學敏《本草綱目拾遺・木部・竹衣》：“此乃金竹内衣膜，辟竹取鮮者入藥。”本種今亦稱“黄皮剛竹”“黄竹”“黄竿”“黄金竹”。

【筼竹】[1]

即金竹[1]。此稱宋代已行用。見該文。

【黄皮剛竹】

即金竹[1]。今浙江吉安等地行用此稱。見該文。

【黄竹】

即金竹[1]。今稱，語本《竹類圖譜》。見該文。

【黄竿】

即金竹[1]。今稱，語本《竹類圖譜》。見該文。

【黄金竹】

即金竹[1]。今稱。見該文。

【黄皮竹】

即金竹[1]。此稱清代已行用。清屈大均《廣東新語・草語》：“有黄皮竹。凡竹非青則緑，此獨黄。古詩云：‘林中枝枝金瑯玕，一丈二尺拂雲端。’謂此。”參閱坪井《竹類圖説》。見“金竹[1]”文。

【筋竹】

即金竹[1]。此稱南北朝時期已行用。北魏賈思勰《齊民要術・五穀果蓏菜茹非中國物産者》：“竺法真《登羅浮山疏》曰：又有筋竹，色如黄金。”按今人繆啓愉《齊民要術校釋》以爲筋竹當即金竹。清陳元龍《格致鏡原・木類四・異木附竹》：“竺法真《羅浮山疏》：嶺南道無筋竹，惟此山有之，其大尺圍，細者色如黄金，堅貞疏節。《永嘉記》：陽嶼有仙石山，頂上有平石，方十餘丈，名仙壇，壇陬有筋竹，葳蕤青翠，風來動音，自成宫商。”此與元李衎《竹譜群録》之金竹相合。此竹分布較廣，各地方志多有記載。如《廣西通志・物産・平樂府》："筋竹，長可二丈許，圍則數寸。至堅利，可爲矛。"《廣東通志・物産志・竹》："筋竹，長二丈許，圍數寸，至堅利。南土以爲矛，其笋未成竹時堪爲弩絃。"《福建通志・物産・竹之屬》："猫竹、江南竹……斑竹、紫竹、苦竹、筋竹、箭竹、方竹、筀竹。"參閱《貴陽府志》。又晋戴凱之《竹譜》亦有"筋竹"，與此爲同名异類，當辨之。見"金竹[1]"文。

【筀竹】

即金竹[1]。此稱宋代已行用。《通志・昆蟲草木略二》："然竹之良者，惟有筀竹。"明盧之頤《本草乘雅半偈・本經中品・竹葉》："《通志》：竹之良者有筀竹。"《雲南通志・物産・木屬（附竹）》："椿、松……觀音竹、鳳尾竹、慈竹、筀竹、猫頭竹、實心竹、東坡竹、龍竹、筋竹。"參閲《貴陽府志》。見"金竹[1]"文。

金佛山赤竹

習見竹木名。禾本科，赤竹屬，金佛山赤竹（*Sasa nubigena* Keng f.）。地下莖複軸混合型小竹，高僅0.7米以下。節間平滑無毛。籜宿存，緊抱節間，淡枯草色。葉通常三片生於每枝之頂端，闊披針形。本種特産於重慶金佛山獅子口至古佛寺途中，海拔1800米之山頂高地時有所見。常用於居處緑化，裝點景物。葉可入藥。

南北朝時稱"簝"，并沿稱於後世，元代始行用此稱。因産金佛山，故今稱"金佛山赤竹"。《玉篇・竹部》："簝，竹也。"唐温庭筠《錦城》詩："蜀山攢黛留晴雪，簝笋蕨芽縈九折。"元李衎《竹譜詳録・全德品・簝竹》："古人多於欄檻湖石旁畫之。金朝待詔趙紹隆、冀珪等尤喜作此，特裝點景物耳。"明王恭《賦得幔亭峰送人之建上》詩："葛花濛濛簝竹荒，石雲紫蕨參差凉。"《佩文韻府・入竹》："簝竹，李賀《長平箭頭歌》：'南陌城東馬上兒，勸我將金换簝竹。'"亦稱"簝葉竹"。清劉善述《草木便方・木部・簝竹》："簝葉甘寒治諸血，男女嘔吐衄血滅，通便利肺消喉痹，尿血下血消腫捷。"《草木便方》整理組以爲此簝竹即本種。江蘇新醫學院《中藥大辭典・簝葉竹根》："［異名］簝葉根《分類草藥性》。［基原］爲禾本科植物金佛山赤竹的根。［原植物］金佛山赤竹 *Sasa nubigena* Keng f.，又名簝葉竹。"按，篣竹屬亦有簝竹，與此同名而异物，當辨之。

【簝】

即金佛山赤竹。此稱南北朝時期已行用，清代川東各地仍行用於此稱。見該文。

【簝竹】

即金佛山赤竹。此稱元代已行用。見該文。

【簝葉竹】

即金佛山赤竹。此稱清代已行用。見該文。

苦竹

習見竹木名。禾本科，苦竹屬，苦竹〔*Pleioblastus amarus*（Keng）Keng f.〕。灌木狀竹類。地下莖複軸混生。高1~4米，徑不過2厘米，節下常有白蠟粉，尤以籜環下爲最。竿環不甚突起。籜細長三角形，厚紙質或革質，色如稻草，偶有小紫斑。主竿每節分枝三至六條，枝直立成叢狀；葉枝一至三條生於一節，其頂端着生二至四葉。總狀花序，每花具小穗三至十枚，花淡緑或略紫色。我國主要分布於長江流域各地。竿可製傘柄。葉可入藥。笋苦，不堪食。

苦　竹
（《證類備急本草畫圖》）

我國開發利用苦竹至少已有兩千餘年歷史。南北朝時已行用此稱，沿稱至今，并以爲苦竹有四類。北魏賈思勰《齊民要術·五穀果蓏菜茹非中國物産者·竹》："安思縣多苦竹。竹之醜有四：有青苦者，白苦者，紫苦者，黄苦者。"唐李白《勞勞亭歌》："苦竹寒聲動秋月，獨宿空簾歸夢長。"宋樂史《太平寰宇記·嶺南道·梧州》："又思安縣，去郡沿流七百里北接廣信縣，隔大江有石井，泉源騰涌注而不竭。又多苦竹，竹醜苦也。有黄苦竹、白苦竹，東越謂之高苦竹也。"宋黄休復《茅亭客話·滕處士》："有苦竹，葉穠多陰，笋高之時，粉香籜翠。"明李時珍《本草綱目·木五·竹》[集解]引宋蘇頌曰："竹處處有之。其類甚多，而入藥惟用箽竹、淡竹、苦竹三種，人多不能盡别。"苦竹偶而開花，人多視爲异兆。明馬文升《端肅奏議·灾異事》："據善化二縣申，切照本縣地方自弘治八年二月以來，天雨不降，高阜去處未曾翻耕，即今苦竹開花，實如麥米。"苦竹可作笛管，修治之法已頗精到。明朱載堉《樂律全書》卷五："苦竹，俗呼爲觀音竹。此竹節長而厚，内外皆可修治。假如黄鐘，外徑五分，内徑三分五厘，竹之厚者外徑五分强，内徑三分五厘弱，則内外皆有餘，斯可以修治也。"清胡彦升《樂律表微·度律上》："苦竹之中笛材者，所在山谷有之，皆可選擇作律管，亦不必定用金門山所産也。"清代亦稱"過山苦""穿山苦"。清屈大均《廣東新語·草語》："有苦竹，類茅而節高莖曲。宜編織，性寒宜作瀝青。其根穿行山谷，延蔓成林，又名過山苦。予詩：'笋愛穿山苦。'"陳嶸《竹的種類及栽培利用》第二編"苦竹"引貴州《都匀縣志》："苦竹，笋有苦味。長三四丈，葉黄緑，疏節，節附籜處有纖毛。笋立夏前後出，亦可食。籜可作鞵。竹製品逐諸竹，箍桶、作香燭慈俱良。"

苦竹栽培頗廣，竹竿常用爲傘柄，故江浙諸地亦稱"傘柄竹"。又，古之名"苦竹"者頗多，如"黄鶯苦""頓地苦""湘潭苦""油苦""石斑苦"等。參閲元李衎《竹譜詳録·竹品譜·全德品》"苦竹"文。

【過山苦】

即苦竹。此稱清代已行用。見該文。

【穿山苦】

即苦竹。此稱清代已行用。見該文。

【傘柄竹】

即苦竹。今江浙等地多行用此稱。見該文。

【青蛇枝】

即苦竹。宋代已行用此稱。宋葉廷珪《海録碎事·竹門》："青蛇枝，苦竹也。"元李衎《竹譜詳録·竹品譜·全德品》："苦竹，處處有之，其種凡二十有二種……又有高苦竹，名曰青蛇枝。"又陳嶸《竹的種類及栽培利用》第二編"苦竹"引四川《涪州志》曰："苦竹，一名青蛇枝，竹之醜類也。"見"苦竹"文。

桂竹[1]

習見竹木名。禾本科，剛竹屬，臺灣桂竹〔*Phyllostachys reticulata*（Rupr.）K. Koch〕之别名。地下莖單軸散生。主竿高大。籜平滑，具淡紫色不規則斑點。葉披針形，先端尖細，基部圓形。爲我國臺灣特産竹，主要分布於臺灣中北部海拔 800 米以下地帶；淮河兩岸及江浙亦有分布。竹材强韌緻密，可供建築、搭棚等用；破篾可製各種器具；亦可供造紙原料。竹籜可製雨笠或用於包裝。笋可食。

我國利用桂竹歷史頗久，先秦時已有此稱。《山海經・中山經》："又東南五十里曰雲山，無草木，有桂竹，甚毒。"郭璞注："今始興郡桂陽縣出桂竹，大者圍二尺，長四丈。"亦稱"筀竹"。《山海經・中山經》："又東七十里曰丙山，多筀竹。"晋戴凱之《竹譜》："桂竹，高四五丈，大者二尺圍，闊節大葉，狀如甘竹而皮赤，南康以南所饒也。"桂竹形美，可植庭園供觀賞。宋樂史《太平寰宇記・山南東道五・荆州》："竹林堂，宋臨川王義慶所造。梁元帝因而修，庭前有竹名桂竹。郭璞云：'桂竹，出使興小桂縣。'"宋潜説友《咸淳臨安志・行在所録・郊廟》："御圃，在東齋殿之西……又有橘園及桂竹各一區，餘雜植四時花果，亭宇不能備載。"宋葉夢得《避暑録話》卷下："山林園圃但多種竹，不問其他景物，望之自使人意瀟然。竹之類多，尤可喜者筀竹，蓋色深而葉密。"元李衎《竹譜詳録・竹品譜・全德品》："筀竹出江、浙、河南北，湘漢兩江之間俱有之。"《通雅・植物》："今所謂桂竹，古之筀竹也。"桂竹亦可用以療疾。《浙江通志・物産七・温州府》："桂竹，隆慶《樂清縣志》：'火燒其汁，可以散痰。'"按，今人干鐸等《中國林業技術史料初步研究》亦以爲"筀竹，即桂竹"。

【筀竹】

即桂竹[1]。此稱先秦時期已行用，并沿稱於後世。參閲《山海經・中山經》。見該文。

剛竹

習見竹木名。禾本科，剛竹屬，剛竹（*Phyllostachys sulphurea* var. *viridis* R. A. Young）。地下莖單軸散生。竿挺直，新竿緑色，無毛，被白粉；老竿竿節下有白粉環，竿環不明顯，籜環微隆起；籜葉帶狀披針形。葉帶狀披針形或披針形，夏秋翠緑，冬季變黄。我國主要分布於長江流域各地。竹竿可製農具柄、工藝品及其他器具。小者全株可爲園籬及棚棧。

我國栽培利用剛竹歷史頗久。此稱元代已行用。亦稱"臺竹""鬼角竹""鋼鐵頭竹"。元李衎《竹譜詳録・竹品譜・異形品上》："台竹，一名剛竹，一名鬼角竹。生江南蘇湖等處，山中往往有之。大者至一尺圍，小者如拇指，色黲褐，其性至堅硬，俗呼鋼鐵頭竹。每節間生四五枝，圓直條暢，葉稀疏而薄小，形類苦竹。作棚棧最佳，若作篾條則脆不堪用。可爲弓材。其笋中食。初出土時色紅紫而有斑花如鬼角，故又名鬼角竹。"明宋詡《竹嶼山房雜部・樹畜部二・種竹蘆等法》："臺竹，體大。作器用材甚廣。笋可食。"今亦稱"桂竹""五月季竹""光竹""金竹""綱苦竹"。

【臺竹】

即剛竹。此稱元代已行用。見該文。

【鬼角竹】

即剛竹。此稱元代已行用。見該文。

【鋼鐵頭竹】

即剛竹。此稱元代已行用。見該文。

【桂竹】[2]

即剛竹。今浙江等地多行用此稱。見該文。

【五月季竹】

即剛竹。今浙江各地多行用此稱。見該文。

【光竹】

即剛竹。今浙江各地多行用此稱。見該文。

【金竹】[2]

即剛竹。今廣西各地多行用此稱。見該文。

【網苦竹】

即剛竹。今江蘇各地多行用此稱。見該文。

哺鷄竹

習見竹木名。禾本科，剛竹屬，哺鷄竹（*Phyllostachys dulcis* McClure）。常緑灌木狀竹。地下莖單軸散生型，地上形成散生莖。籜黄棕色，表面被黄色柔毛，具稀疏小褐斑，籜片紅緑相間，狹帶狀。每節二主枝，每主枝再兩分。我國主要分布於江蘇南部、浙江及長江南岸地區。笋可食。

哺鷄竹早爲人知，宋代已行用此稱。省作“哺鷄”。亦稱“鷄簙竹”。宋范成大《吴郡志·土物下》：“哺鷄竹，葉大多濃陰。雖圍徑難得極大者，而至易種。其笋蔓延滿地，若鷄之生子衆多，故名哺鷄。吴人謂鷄鶩伏卵爲哺。”元李衎《竹譜詳録·竹品譜·全德品》：“哺鷄竹，又名鷄簙竹。出蘇湖山中，人家庭院亦或植之。不甚高大，凡八種，大概相似，節葉差異，笋出亦有早晚，食之極甘脆。嘉禾人以莽竹之笋爲哺鷄笋。湯與權云：春鷄哺出時此笋出，故名，非也。《吴郡志》：哺鷄竹葉大多濃陰，雖圍徑難得極大者，而至易種，其笋蔓延滿地，若鷄之生子衆多，故名。吴人謂鷄鶩伏卵爲哺。《番禺志》云鷄簙竹。”明王鏊《姑蘇志·土産·竹之屬》：“哺鷄竹。皮日休：笠澤多異竹，移之植後楹。一架三百本，緑沈森冥冥。”明陶宗儀《説郛》卷二〇上引葉夢得《玉澗襍書》：“吾山有竹數萬本，初多手自移，今所在森然成林。有筀竹、斤竹、哺鷄竹、斑竹、紫竹，數十種略備，而筀笋最可食。”今通稱“白哺鷄竹”。别稱“白竹”“象牙竹”。參閱朱石麟等《中國竹類植物圖志·倭竹族》。

【哺鷄】

“哺鷄竹”之省稱。此稱宋代已行用。見該文。

【鷄簙竹】

即哺鷄竹。此稱元代已行用。見該文。

【白哺鷄竹】

即哺鷄竹。今之通稱。見該文。

【白竹】

即哺鷄竹。今浙江富陽等地多行用此稱。見該文。

【象牙竹】

即哺鷄竹。今浙江蕭山等地多行用此稱。見該文。

【護居竹】

即哺鷄竹。此稱清代已行用，多行用於江蘇地區。《格致鏡原·木類四·異木附竹》：“《無錫縣志》：護居竹一名哺鷄，言其笋如鷄卵之多。”《浙江通志·物産二·嘉興府》：“《萬曆嘉善縣志》：竹十有二種。一曰淡竹，其葉入藥，性涼；二曰水筋竹，言其韌也；三曰護居竹，葉大陰濃，亦名哺鷄，言其笋如鷄卵之多……”陳嶸《竹的種類及栽培利用》第二編引《吴郡志》：蘇人謂鷄鶩伏（孵）卵爲哺，故名哺鷄竹。以其葉茂多陰，常植於庭檐，故又名護居竹。參閱《蘇州府志》。見“哺鷄竹”文。

料慈竹

習見竹木名。禾本科，麻竹屬，料慈竹〔*Bambusa distegia*（Keng & P. C. Keng）L. C. Chia & H. L. Fung〕。主竿直立，頂端略作弧形而彎曲下垂，高達10米左右。節間圓筒形，徑約4~5厘米，緑色或長成後爲黄色，幼時節間上部微具白粉及小剌毛，剌毛脱落後，竹竿表面留有小凹痕。籜革質或厚紙質，深褐色。每節上生有多枝，每枝可再分枝，數片或數十片葉着生於每小枝之端部，長披針形。我國主要分布於四川南部及貴州、廣西等地。竹材可製器具或用爲造紙原料。笋可食。四川省《南川縣志》卷六：“料慈竹與甜慈竹相似，惟枝葉不下垂，肉厚體肥，作製紙原料。”今俗稱“飯米慈”“毛慈竹”。參閱《中國主要植物圖説・禾本科・料慈竹》。

【飯米慈】

即料慈竹。今川南地區多俗用此稱。見該文。

【毛慈竹】

即料慈竹。今川南地區多俗用此稱。見該文。

釣絲竹

習見竹木名。禾本科，麻竹屬，釣絲竹〔*Sinocalamus beecheyanus*（Munro）McClure〕。主竿高16米，徑約10厘米，頂端最初彎曲成弧，後略呈釣絲狀。籜大，革質，背生粗毛。主枝常生於第十節以上，每節分枝一至三枚，每小枝生六至十二葉，葉長圓狀披針形。我國主要分布於兩廣等地。竿可製水管或擔杠，亦可破篾供編製器具。笋大肉多，可供食用。

其竿梢柔弱，垂下如釣絲狀，故名。此稱宋代已行用。宋范成大《桂海虞衡志・志草木》：“釣絲竹，類簜竹，枝極柔弱。”宋周去非《嶺外代答》卷八：“釣絲竹，身葉皆類簜竹，枝極柔弱，垂下摇曳數尺，如釣絲可愛，笋瘦而白，於食品最佳。”亦稱“篊竹”“摇枝竹”“摇絲”“釣端竹”。元李衎《竹譜詳録・竹品譜・異形品上》：“釣絲竹二種，生廣右、兩江、安南者，《祥符圖經》謂之篊竹。大概亦如簜竹，但節間横枝細弱柔和，垂下數尺，飄然摇曳，宛如釣絲，故名。又名摇枝竹，又名摇絲。亦深秋出笋，隔年成竹，笋過母時，梢極細弱彎曲垂下。”明曹學佺《蜀中廣記・方物記五・竹》：“《益州方物略》云：釣絲竹，或取節修膚緻者，用爲簟笠。”又，“叙州出竹麻屨，以慈竹絲爲之。竹當秋笋高數丈，尾甚柔，即釣絲竹也。歷冬及春始葉，葉左右並列如鳥翎狀，初歲極嫩，土人破爲篾裂以成麻”。清潘永因《宋稗類鈔・草木》：“有釣絲竹，以其弱杪低而垂至地也。”釣絲竹婆娑可愛，爲用甚廣，各地多有記載。《福建通志・物産・泉州府》：“竹之屬：猫竹、江南竹（堅直可作魚簏，笋甘美，又名小竹）、慈竹、斑竹、紫竹、苦竹、筋竹、箭竹、方竹、筀竹（笋夏生）、雪竹（似猫竹，笋秋生）、槌竹（肉厚而竅小）、緑竹、鳳尾竹、盧竹（叢生溪澗下隰之處）、瀟湘竹、釣絲竹、人面竹。”《廣東通志・物産志・竹》：“釣絲竹，類簜竹，枝極柔弱。”《廣西通志・物産・梧州府》：“釣絲竹，蒼梧出，狀類簜竹而枝極柔軟，當風如細柳。”清陳元龍《格致鏡原・木類四・異木附竹》引《潛確類書》：“釣絲竹生廣右、兩江、安南，大概一如簜竹。深秋出笋，隔年成竹……《山海經》所謂囂水之北多釣端竹者，疑即此是。”

釣絲竹爲我國華南特産竹。廣東南部及廣西桂林、梧州等地已普遍栽培。今亦通稱“吊絲球竹”。

【篔竹】

即釣絲竹。此稱元代已行用。見該文。

【摇枝竹】

即釣絲竹。此稱元代已行用。見該文。

【摇絲】

即釣絲竹。此稱元代已行用。見該文。

【釣端竹】

即釣絲竹。此稱先秦時期已行用。見該文。

【吊絲球竹】

即釣絲竹。今之通稱。見該文。

麻竹[1]

習見竹木名。禾本科，麻竹屬，麻竹（*Dendrocalamus latiflorus* Munro）。地下莖合軸叢生。喬木狀竹類，主竿高20~25米，徑10~30厘米，幼時頂部下垂或作弧形彎曲；節間緑色，無毛，微被白粉；節隆起，籜廣三角形，淡黄緑色，生暗紫色小刺毛，觸之令人腫癢。枝條通常僅生於竿上部，主枝與竿成直角水平伸展；側枝較短。葉長卵圓形或廣披針形，常七至十片叢生於小枝端。我國主要分布於福建、臺灣、廣東、海南、廣西、貴州、雲南諸地。竹竿粗大圓直，可供建築、竹筏、水管、扛擔等用。劈篾可編製器具。葉片巨大，可製斗笠、蓑衣、船篷等。笋出夏秋，味甜美，可食用。亦常栽植供觀賞。

我國栽培利用麻竹歷史悠久。晉代稱“蘇麻竹”，省稱“蘇麻”。晉戴凱之《竹譜》：“厥族之中，蘇麻特奇，修幹平節，大葉繁枝，凌群獨秀，蓊茸紛披。”自注：“蘇麻竹，長數丈，大者尺餘圍，概節多枝，叢生四枝，葉大如履，竹中可愛者也，此五嶺左右遍有之。”亦稱“司馬竹”“私麻竹”“河麻竹”。宋朱翌《猗覺寮雜記》卷下：“嶺表有竹，俗謂司馬竹，又曰私麻竹。《南越志》曰：河麻竹，可爲弓，似弩，謂之溪子弩。或曰蘇麻竹。今記爲司馬竹。”元代稱“沙麻竹”“粗麻竹”“沙摩竹”“篦簩竹”。元李衎《竹譜詳録·竹品譜·異形品上》：“沙麻竹，又名蘇麻竹，又名粗麻竹，又名沙摩竹，又名篦簩竹，桂廣之間在在有之，大者圍六七寸，甚堅厚，可作屋梁柱，亦可爲弓材。”亦稱“馬尾竹”。清阮元《揅經室集續集六·種沙摩竹於西齋》詩注：“沙摩竹，根蟠節大，翠緑可愛，一年生三番笋，節上複生小笋。種者斷竹留節，横埋於地，活即生笋。三年後高二三丈，蓋大而易生之竹也……今土人則稱爲馬尾竹。”

麻竹爲本種今之通稱，係我國特産竹之一。此種爲用頗廣，其笋尤爲珍貴，可鮮食，亦可製罐頭、笋板等，遠銷東南亞與北美各地。今粵、閩、臺、海各地廣有栽培。亦稱“笋母竹”“六月麻”“八月麻”“甜竹”“大葉烏竹”“大頭典竹”“坭竹”。參閱陳嶸《竹的種類及栽培利用》。

【蘇麻竹】[1]

即麻竹[1]。此稱晉代已行用。見該文。

【蘇麻】

“蘇麻竹[1]”之省稱。即麻竹[1]。此稱晉代已行用。見“麻竹[1]”文。

【司馬竹】

即麻竹[1]。此稱南北朝時期已行用。見該文。

【私麻竹】

即麻竹[1]。此稱宋代已行用。見該文。

【河麻竹】

即麻竹[1]。此稱南北朝時期已行用。見該文。

【沙麻竹】

即麻竹[1]。此稱元代已行用。見該文。

【粗麻竹】

即麻竹[1]。此稱元代已行用。見該文。

【沙摩竹】

即麻竹[1]。此稱元代已行用。見該文。

【篤簝竹】

即麻竹[1]。此稱元代已行用。見該文。

【馬尾竹】

即麻竹[1]。此稱清代已行用。見該文。

【笋母竹】

即麻竹[1]。今福建永泰等地多行用此稱。見該文。

【六月麻】

即麻竹[1]。今福建各地多行用此稱。見該文。

【八月麻】

即麻竹[1]。今福建各地多行用此稱。見該文。

【甜竹】

即麻竹[1]。因其笋味甜，故名。今廣東各地多行用此稱。見該文。

【大葉烏竹】

即麻竹[1]。今廣東各地多行用此稱。見該文。

【大頭典竹】

即麻竹[1]。今廣東各地多行用此稱。見該文。

【坭竹】[1]

即麻竹[1]。今海南各地多行用此稱。見該文。

【筝摩竹】

即麻竹[1]。此竹唐代已有記載。唐劉恂《嶺表録異》卷下："筝摩笋，桂廣皆殖，大若茶碗，竹厚而空小，一夫只擎一竿，堪爲苑苑屋椽梁柱。"元代作"娑摩竹"。元劉美之《續竹譜》："娑摩竹，生桂嶺，一人止擎一竿。欲種，則鉍其苗，截二尺許，釘入土，不逾月而生根葉。"明代已行用"筝摩竹"之稱。明盧之頤《本草乘雅半偈・本經中品・竹葉》："筝摩竹，桂廣皆植，大若茶碗，竹厚而空小，一人正擎一竿，見《嶺表録》。"明徐應秋《玉芝堂談薈》卷三六："晉戴凱之《竹譜》：竹之類六十有一，今略考之。曰鐘龍竹……筝摩竹，桂廣皆植，大若茶碗，竹厚而空小，一人止擎一竿，見《嶺表録》。"見"麻竹[1]"文。

【娑摩竹】

同"筝摩竹"。此體元代已行用。見該文。

淡竹

習見竹木名。禾本科，剛竹屬，淡竹（*Phyllostachys glauca* McClure）。喬木狀大型竹。主竿圓筒形，緑色，無毛，分枝一側節間有一窄縱槽，竿環與籜環均甚隆起。竿籜長於節間，硬紙質。主枝三棱形或微作四棱狀，具白色蠟粉，小枝上端有葉一至三枝，狹披針形。穗狀花序排列成圓錐花序。我國主要分布於長江流域各地。通常植於庭院供觀賞。劈篾可供編織。亦作扇骨或釣竿等。笋美可食。竹瀝、竹茹可入藥。

我國栽培利用淡竹歷史悠久。南北朝時已行用此稱。沿稱至今。其時種淡竹，食其笋經驗已頗豐富。北魏賈思勰《齊民要術・種竹》："二月，食淡竹笋，四月、五月，食苦竹笋。"

又引《食經》曰："淡竹笋法：取笋肉五六寸者，按鹽中一宿……拭之，内淡麋中，五日，可食也。"宋沈括《夢溪筆談·藥議》："淡竹對苦竹爲文，除苦竹外悉謂之淡竹，不應別有一品謂之淡竹。後人不曉，於本草内別疏淡竹爲一物。今南人食笋，有苦笋、淡笋兩色，淡笋即淡竹也。"唐宋時淡竹栽培經驗已臻成熟，選地、栽植都積纍了豐富的知識。《錦綉萬花谷前集》卷六引《淡山巖零陵總記》云："淡山巖在永州西南，其地宜淡竹。"宋曾慥《類説·顔氏家訓》："二三月食淡竹笋。四月五月食苦竹笋。蒸煮炮酢任所好，其欲作器者經霜乃堪殺。"元李衎《竹譜詳録·竹品譜·全德品》："淡竹處處有之……竹嫩時可造紙也。"明李時珍《本草綱目·木五·竹》引宋蘇頌曰："竹處處有之。其類甚多，而入藥惟用篁竹、淡竹、苦竹三種，人多不能盡別……今南人入藥燒瀝，惟用淡竹一品，肉薄，節間有粉者。"明李日華《六研齋二筆》卷三："余所仰僮奚，握錢懸購耳，因悉書其名以督之：迎春、紫白蝴蝶、剪春羅、剪秋羅、十樣錦、石竹、水木樨……秋海棠、錦葵、紫鶴、蜀葵、淡竹。"

淡　竹
（《證類備急本草畫圖》）

淡竹較耐寒，今山東蒼山、泰安等地亦有栽培。生長良好。今亦稱"平竹""光苦竹""釣魚竹""白頭竹""金花竹"。參閱陳嶸《竹的種類及栽培利用·淡竹》。

【平竹】

即淡竹。今稱，名見《指示植物》。見該文。

【光苦竹】

即淡竹。今江蘇各地多行用此稱。見該文。

【釣魚竹】

即淡竹。今稱。見該文。

【白頭竹】

即淡竹。今稱，名見《中國竹類植物志略》。見該文。

【金花竹】

即淡竹。今稱，名見《植物名彙》。見該文。

【甘竹】[1]

即淡竹。此稱晋代已行用。晋戴凱之《竹譜》："苦實稱名，甘亦無目。"書注："甘竹似篁而茂葉，下節味甘，合湯用之，此處處亦有。"明朱橚《救荒本草》卷六："竹笋。本草竹葉有篁竹……又有一種薄殼者，名甘竹，葉最勝。"明徐應秋《玉芝堂談薈》卷三六："桂竹甚毒，傷人必死，一曰狀如甘竹而皮赤。"《廣東通志·物産志·竹》："桂竹，高四五丈，大者二尺圍，闊節大葉，狀如甘竹而皮赤。南康以南所饒也。"《廣群芳譜·竹譜一·甘竹》："甘竹似篁……此處處亦有。按《本草圖經》云即淡竹也。"見"淡竹"文。

【白甲竹】

即淡竹。亦稱"山白甲竹"。此稱清代已行用。清劉善述《草木便方·木部·白甲竹》："山白甲竹味甘平，痞滿逆氣咳嗽靈，煅塗爛瘡生肌妙，葉療煩渴止崩淋。"見"淡竹"文。

【山白甲竹】

即白甲竹。此稱清代已行用。見該文。

斑竹

習見竹木名。禾本科，剛竹屬，斑竹（*Phyllostachys reticulata*‘Lacrima-deae’）。枝葉等俱似剛竹。唯竹竿初爲青緑色，久則生許多黄紫色螺旋狀斑紋。我國主要分布於湖南、浙江、江蘇等地。供觀賞，亦可製扇柄、工藝品等。

昔傳堯帝之二女娥皇、女英爲舜妃，舜南巡狩不返，葬於蒼梧，二女追至洞庭，泣淚染竹成斑，故名。事見晋張華《博物志》。晋代稱“湘妃竹”。隋唐時行用“斑竹”之稱，沿稱至今。《初學記》卷二八引晋張華《博物志》：“舜死，二妃淚下，染竹即斑，妃死爲湘水神，故曰湘妃竹。”唐韓愈《送惠師》詩：“斑竹啼舜婦，清湘沈楚臣。”明李濂《汴京遺迹志・山岳》：“循壽山而西移竹成林，復開小徑，至數百步，竹有同本而異幹者不可紀極，皆四方珍貢，又雜以對青竹，十居八九曰斑竹。”明王象晋《群芳譜・竹譜・斑竹》：“斑竹，即吴地稱湘妃竹者，其斑如淚痕。《續竹譜》云：世傳二妃將沉湘水，望蒼梧而泣，灑淚染成斑。出峽州宜都縣飛魚口，大者不過寸，鮮美可愛。”清陳淏子《花鏡》卷五：“湘妃竹，産於古辣，其幹光潤，上有黄黑斑點紋。旋轉而細，如珠淚痕狀，竹之最貴重者。”

按，陳嶸《竹的種類及栽培利用》稱：據植物病理學研究，剛竹曾爲病原菌侵染而發生虎斑病。其病症爲竹竿部生有茶褐色或紅褐色不規則之斑黑，漸次擴大即成雲紋斑。故斑竹今亦稱“虎斑竹”。

【湘妃竹】

即斑竹。此稱晋代已行用。見該文。

【虎斑竹】

即斑竹。今稱。見該文。

【淚竹】

即斑竹。此稱唐代已行用。唐郎士元《送李敖湖南書記》詩：“入楚豈忘看淚竹，泊舟應自愛江楓。”唐吴融《春晚書懷》詩：“嫦娥斷影霜輪冷，帝子無踪淚竹繁。”元李衎《竹譜詳録・竹品譜・神異品》：“淚竹生全湘九疑山中。《博物志》云：舜南巡狩不返，葬於蒼梧之野，堯二女娥皇、女英追之不及，至洞庭之山，淚下染竹成斑，妃死爲湘水神。《述異記》云：舜南巡，葬於蒼梧，堯二女蛾皇、女英淚下沾竹，文悉爲之斑，亦名湘妃竹。”清陳元龍《格致鏡原・木類四・異木附竹》：“《事物紺珠》：斑竹有點暈，笋極美。又名淚竹，又名湘妃竹。”見“斑竹”文。

【湘竹】

即斑竹。此稱唐代已行用。唐白居易《江上送客》詩：“杜鵑聲似哭，湘竹斑如血。”唐黄滔《題道成上人院》詩：“簟舒湘竹滑，茗煮蜀芽香。”清陳元龍《格致鏡原・木類四・異木附竹》：“《格古要論》：湘竹出廣西，斑細而色淡有暈，中一點紫，與蘆葉上斑相似，作蕭管最貴。”見“斑竹”文。

【斑皮竹】

即斑竹。此稱晋代已行用。《太平御覽》卷九六三引晋張華《博物志》：“洞庭虞帝之二女啼，以涕揮竹，竹盡斑，今下雋有斑皮竹。”參閱《淵鑑類函》卷四一七、《格致鏡原・木類四・異木附竹》。見“斑竹”文。

【筠竹】

即斑竹。此稱唐代已行用。唐李賀《湘妃》

詩："�竹千年老不死，長伴秦娥蓋湘水。"王琦彙解："《方言》：秦晋之間，美貌謂之娥。此以筠竹稱斑竹。秦娥稱二妃，殊不可解，或字之訛也。"見"斑竹"文。

【湘江竹】

即斑竹。世傳斑竹爲帝妃泣淚染成，妃死爲湘水神，斑竹遂以湘江得名。此稱唐代已行用。唐施肩吾《湘竹詞》："萬古湘江竹，無窮奈怨何，年年長春笋，只是淚痕多。"唐李商隱《淚》詩："湘江竹上痕無限，峴首碑前灑幾多。"唐尤啓中《題二妃廟》詩："目斷魂銷正惘然，九疑山際路漫漫。何人知得心中恨，空有湘江竹萬竿。"宋吴仁傑《離騷草木疏·篁》："永嘉譜有慈竹、石竹、綿筀竹、茅竹……江南竹、斑竹、湘江竹。"宋張孝祥《賦王唐卿廬山所得靈璧石》："湘江竹深韶不傳，後夔神禹飛上天。泗濱之磬無人編，帝敕此寶淪深淵。"元許謙《題曹提領湘靈廟聞樂見燈詩卷》："重華陟遐方，馬斃車折軸。娥英失所天，往殉行且哭。聲凝衡山雲，淚染湘江竹。"見"斑竹"文。

黄金間碧玉竹

習見竹木名。禾本科，剛竹屬，緑皮黄筋竹（*Phyllostachys sulphurea* 'Houzeau' McClure）之别名。剛竹之變種一。枝葉與剛竹略同。竿表面平滑，黄色，其節間於分枝一側之溝槽中常呈鮮緑色，有時其旁側亦有同樣之緑色縱條紋一至三條，唯枯老或乾燥後此緑色縱條紋漸次消退而不明顯。籜鞘有斑點，亦有寬窄不同之緑色條紋數條。葉片常具白色縱長條紋。

我國長江流域偶有栽培。爲觀賞竹。元代已行用此稱。省稱"黄金間碧玉"。亦稱"對青竹""閃竹""間竹""越閃竹"。元李衎《竹譜詳録·竹品譜·異色品》："黄金間碧玉竹，一與金竹同，但枝節間凹處一道深緑。"明盧之頤《本草乘雅半偈·本經中品·竹葉》："咸都有對青竹，黄而溝青。浙亦有之，惟會稽頗多，呼爲黄金間碧玉竹。見《養屙漫志》。"《江南通志·食貨志·物產》："松江府：黄金間碧玉竹，上海所産。"《紹興府志·物産·竹屬》："對青竹，《成都古今記》：竹黄而溝青，每節若間出。此竹惟會稽頗多，彼人呼爲黄金間碧玉，今或稱閃竹，又曰間竹，又云越閃竹。"清汪灝等《廣群芳譜·竹譜一·黄金間碧玉》："《成都古今記》云：對青竹，竹黄而溝青，每節若間出，浙中亦有之，會稽甚多，彼人呼黄金間碧玉。"《浙江通志·物産二·嘉興府》："《萬曆嘉善縣志》：竹十有二種。一曰淡竹，其葉入藥性凉；二曰水竹，言其韌也；三曰護居竹，葉大陰濃，亦名哺鷄，言其笋如鷄卵之多……十一曰黄金間碧玉，逐節青黄相間，笋最遲；十二曰鳳尾竹，以其形似也。"

按，又有"對青竹"，别是一種，當辨之。本種今亦稱"黄姑竹""金銀竹""青黄竹""金鑲玉"。

【黄金間碧玉】

"黄金間碧玉竹"之省稱。此稱宋代已行用，沿稱至今。見該文。

【對青竹】

即黄金間碧玉竹。此稱宋代已行用。見該文。

【閃竹】[2]

即黄金間碧玉竹。此稱宋代已行用。見該文。

【間竹】

即黄金間碧玉竹。因竹竿黄緑間出，故名。此稱宋代已行用。見該文。

【越閃竹】

即黄金間碧玉竹。此稱宋代已行用。見該文。

【黄姑竹】

即黄金間碧玉竹。今江蘇各地多行用此稱，語本《寶山縣志》。見該文。

【金銀竹】

即黄金間碧玉竹。因其竿青黄相間，故名。今廣東各地多行用此稱。見該文。

【青黄竹】

即黄金間碧玉竹。因其秆青黄相間，故名。今廣東各地多行用此稱。見該文。

【金鑲玉】

即黄金間碧玉竹。今山東各地多行用此稱。見該文。

【黄金嵌碧玉竹】

即黄金間碧玉竹。此稱清代已行用。清《江南通志・食貨志・物産》："黄金嵌碧玉竹、碧玉嵌黄金竹皆以産臨淮者爲佳。""碧玉嵌黄金竹"，參見本卷《習見木竹説・習見竹木考》"碧玉間黄金竹"文。見"黄金間碧玉竹"文。

紫竹

習見竹木名。禾本科，剛竹屬，紫竹〔*Phyllostachys nigra*（Lodd. ex Lindl.）Munro〕。地下莖單軸散生。竹竿紫黑或棕黑色，竿環隆起，籜環與籜鞘均密被剛毛。籜耳鐮形，紫色而有繸毛。小枝頂端具二至三葉，葉窄披針形，先端漸尖，而質薄，葉背基部有細毛。我國主要分布於浙江、江蘇、安徽、湖北、福建等省。小者可製簫笛、烟管、手杖及傘柄；較大竹竿可製几案、書架、椅凳。其竹姿優美，新竹翠緑，老則變紫，可植於庭園供觀賞。

紫竹早爲人知，宋代已行用此稱。宋宋祁《益部方物略記・紫竹》："竹生三歲，色乃變紫，伐幹以用，西南之美。"附注："紫竹，蜀諸山中尤多，園池亦種爲玩，然生二年色乃變，三年而紫。"元李衎《竹譜詳録・竹品譜・異色品》："紫竹出江浙兩淮，今處處有之。如筀竹、淡竹、苦竹，或大或小，但色有淺深，通名紫竹……《新安志》曰：紫竹斫之益繁，諺云：'一年青，二年紫，三年不斫四年死。'"元劉美之《續竹譜》："紫竹，其莖如染，出青城蛾［峨］眉山，可作笙竽簫管。"紫竹分布廣泛，用途頗多，除供觀賞亦用製笙簫笛管諸物。《通雅・植物》："紫竹、斑竹皆有大者，又有極小如瀟湘竹者。廣西仙回溪山有之。"明宋詡《竹嶼山房雜部・樹畜部二・紫竹》："紫竹，初年色青，二年色改紫黑。"雖均爲紫竹，然産地不同其色不一，而以杭州所産爲佳，種植者亦多。明高濂《遵生八箋・燕閑清賞箋下》："紫竹，杭産色紫黑，可作笙簫笛管，諸用俱可，故雅尚者多畜之。"清王士禎《分甘餘話》卷一："己丑歲，自春夏至秋八月多雨，書屋後叢竹甚茂，雨後鵝兒鴨雛拍浮其間，頗似畫本。余賦絶句云：紫竹林中水滿塘，鵝兒得意弄輕黄。機材賸有鵝溪絹，合付邊鸞與趙昌。"清陳淏子《花鏡》卷五："紫竹，出南海普陀山，其幹細而色深紫，段之可爲簫管，今浙中皆有。"清刊《淵鑑類函》卷四一七："紫竹，小而色紫，宜簫笛、傘柄。"紫竹笋不堪食。今俗稱"烏竹""黑竹""油竹"。

【烏竹】

即紫竹。因其竿色紫黑或棕黑，故名。今之俗稱。見該文。

【黑竹】

即紫竹。因其竿色紫黑或棕黑，故名。今之俗稱。見該文。

【油竹】

即紫竹。今之俗稱。見該文。

緑竹

習見竹木名。禾本科，麻竹屬，緑竹（*Bambusa oldhamii* Munro）。地下莖合軸叢生。竿叢生，高 6~10 米，最高可達 20 米，徑約 10 厘米，幼時被蠟粉，其後剥離而呈緑色。籜黄色，平滑無毛。枝叢生，細長。葉每七至十五片着生於小枝上，披針形。我國主要分布於長江以南福建、廣西、廣東、海南、臺灣等地，浙江、福建、臺灣等地栽培極其普遍。竹竿用於建築、造紙或劈篾供編製器具。笋可食。竹茹可入藥。

我國栽培緑竹歷史頗久，元代已行用此稱。元李衎《竹譜詳録・竹品譜・異色品》："緑竹叢生，浙東及七閩多有之。極高大，其色深緑。竹不堪用，笋味極甘美，日乾餉遠，人亦貴重之。今漳州、建寧、浦城作緑笋乾，漳州者最佳。"清范咸等《重修臺灣府志・物産二・草木》"竹之屬"附考引《稗海紀游》："郡治緑竹最多，輒數十竿爲一叢，生笋不出叢外，每於叢中排比，而出枝大於竿，又節節生刺，人入竹下往往牽髮、毁肌，莫不委頓。"《日下舊聞考・物産》："［增］竹之品：甜竹、苦竹、緑竹（《析津志》）。"《福建通志・物産・泉州府》："竹之屬：猫竹、江南竹（堅直可作魚簹，笋甘美，又名小竹）慈竹、斑竹、紫竹、苦竹、筋竹、箭竹、方竹……緑竹、鳳尾竹。"

緑竹爲用頗廣，經濟價值甚高，爲臺灣省栽培最多竹類之一。今俗稱"烏藥竹""長枝竹""效脚緑""坭竹""石竹""毛緑竹""籙竹"。

【烏藥竹】

即緑竹。今臺灣各地多俗用此稱。見該文。

【長枝竹】

即緑竹。今臺灣各地多俗用此稱。見該文。

【效脚緑】

即緑竹。今臺灣各地多俗用此稱。見該文。

【坭竹】[2]

即緑竹。今廣東各地多俗用此稱。見該文。

【石竹】

即緑竹。今廣東各地多俗用此稱。見該文。

【毛緑竹】

即緑竹。今廣東各地多俗用此稱。見該文。

【籙竹】

即緑竹。今廣西各地多俗用此稱，語本《廣西通志》。見該文。

簕竹

習見竹木名。禾本科，簕竹屬，車筒竹（*Bambusa sinospinosa* McClure）之别名。地下莖合軸叢生，竹體高大，竹高 12~24 米，徑 5~15 厘米。節間緑色，近圓筒形。籜環密生棕色刺毛；籜鞘甚厚硬，革質，背具刺毛。主枝常作"之"字形曲折，主竿基部主枝常變硬爲刺狀，上部每節常生三枝，每枝之各節均生二或三刺。具葉小枝一般生六至八葉，小葉綫狀披針形。花枝細長，無葉，小穗常密集簇生於花枝各節。我國主要分布於粤、桂、川、黔等地。秆可製水車筒或供建築用材。笋可食。

我國栽培利用簕竹歷史頗久。晉代稱“棘竹”“笆竹”。唐代已行用“簕竹”之稱。晉戴凱之《竹譜》：“棘竹駢深，一叢爲林。根如椎輪，節若束針，亦曰笆竹，固城是任。篾笋既食，鬢髮則侵。”書注：“棘竹生交州諸郡，叢生有數十莖，大者二尺圍，肉至厚，實中，夷人破以爲弓，枝節皆有刺，彼人種以爲城，卒不可攻……一名笆竹（見《三倉》）。笋味落人鬚髮。”唐劉恂《嶺表録異》卷下：“簕竹笋，其竹枝上刺，南人呼爲刺勒，自根横生，枝條輾轉如織，雖野火焚燒，只燎細枝嫩條，其笋叢生，轉復牢密，邕州舊以爲城，蠻蜓來侵，竟不能入。”元代稱“竻竹”“棘竹”“笿黎竹”“攡竹”“筁竹”“刺竹”。元李衎《竹譜詳録・竹品譜・異形品上》：“竻竹，一名棘竹，一名笿黎竹，一名攡竹，一名筁竹。出廣右、兩江，安南尤多，即刺竹也，南方呼刺爲竻。叢生，大者二尺圍，肉至厚幾於實中，彼人破以爲弓材。枝葉喜下垂，自根至梢，每枝節間對生二刺尖，杪彎曲若鈎，人家環植以爲垣墻，初植數莖作一叢，三五年後枝蔓自相糾纏，又多鈎刺，雖鷄犬羔豚不能徑入。”明陶宗儀《説郛》卷一〇五：“簕竹，即節上有刺，南人呼刺爲簕。邕州舊以爲城，蠻蜑來侵竟不能入，即簕竹也。”明邱濬《重編瓊臺稿・七言律詩》：“《夢起偶書》：秋來歸夢到家園，景物分明在眼前。樹挂碧絲榕蓋密，籬攢青簕竹城堅。”《福建通志・物産・臺灣府》：“竹之屬：簕竹、長枝竹、鳳尾竹。”清代亦稱“灑勒竹”“勒竹”。清屈大均《廣東新語・草語》：“有竻竹，一名灑勒。勒，刺也，廣人以刺爲勒，故又曰勒竹。”清范咸等《重修臺灣府志・物産・草木》：“竹之屬”附考引《臺海采風圖》：“刺竹，番竹種也。大者數圍，葉繁幹密，有刺似鶯［鷹］爪，殊堅利，惟臺有之，多環植屋外，以禦盜。今城四周遍栽之。”

按，我國具刺之竹類現已知者有十餘種，其中以本種分布最廣。古籍中言具刺之竹者亦頗多，如《詩・小雅・斯干》：“如矢斯棘，如鳥斯革。”未詳其爲何種。然上述各文係本種無疑。本種可爲水車筒，故亦稱“車筒竹”“車角竹”；亦俗稱“大竹”“水簕竹”“耳角竹”“簕楠竹”。

【棘竹】

即簕竹。此稱晉代已行用，今兩廣等地仍沿用。見該文。

【笆竹】

即簕竹。此稱晉代已行用，今兩廣等地仍沿用。見該文。

【竻竹】

即簕竹。此稱元代已行用，今兩廣等地仍沿用。見該文。

【笿黎竹】

即簕竹。此稱元代已行用。見該文。

【攡竹】

即簕竹。此稱元代已行用。見該文。

【筁竹】

即簕竹。此稱元代已行用。見該文。

【刺竹】[2]

即簕竹。此稱元代已行用，今雲貴等地仍沿用。見該文。

【灑勒竹】

即簕竹。此稱清代已行用。見該文。

【簕竹】

即簕竹。此稱清代已行用。見該文。

【車筒竹】

即簕竹。今廣東番禺等地多行用此稱。見該文。

【車角竹】

即簕竹。今稱。今嶺南地區多行用此稱。見該文。

【大竹】[2]

即簕竹。今嶺南地區多俗用此稱。見該文。

【水簕竹】

即簕竹。今廣東清遠多俗用此稱。見該文。

【耳角竹】

即簕竹。今廣州增城等地多俗用此稱。見該文。

【簕楠竹】

即簕竹。今海南各地多俗用此稱。見該文。

【甘竹】[2]

即簕竹。此稱清代已行用。清劉善述《草木便方·木部·甘竹》:"刺竹根甘平胎安，妊娠煩滿煮汁餐，産後服之除煩熱，笋油同性功效全。"按本種原書諸本皆作"茨竹"，今人趙素雲等改爲"刺竹"，并謂此即"甘竹"。俱附供考。見"簕竹"文。

【茨竹】

即甘竹[2]。《草木便方》原即此稱。見該文。

箬竹

習見竹木名。禾本科，箬竹屬，箬竹〔*Indocalamus tessellatus*（Munro）P. C. Keng〕。地下莖複軸混生。爲灌木狀竹類。竿高約1米，下部徑約5毫米，微具毛。枝直立或微上舉，上部各節分枝一至三條。籜舌截平形，質堅硬，宿存，背部具粗糙小刺毛。葉巨大，長10~30厘米，闊約2~5厘米。每一至三片生於小枝先端。我國主要分布於浙江、江蘇、安徽及江南深山之向陽山地。竿匀細，宜作毛筆杆、竹筷、烟管等用品。葉長而寬，且具香氣，可製斗笠、船篷。

至遲南北朝時期已有記載，時單稱"箬"。《南史·隱逸傳下·徐伯珍》:"伯珍少孤貧，學書無紙，常以竹箭、箬葉、甘蕉及地上學書。"亦作"篛"。唐張志和《漁歌子》詞:"青篛笠，緑蓑衣，斜風細雨不須歸。"宋代已行用"箬竹"之稱。宋羅願《新安志·歙縣沿革》:"箬嶺，在縣北八十里黄山之東，高四百八十仞，多箬竹。"亦稱"篛竹"。元李衎《竹譜詳録·竹品譜·全德品》:"箬竹，又名篛竹。出江、浙及閩、廣，處處有之。葉類簝竹，但多生傍枝，幹如箭竹，高者不過五七尺。江西人專用其葉爲茶罨，云不生邪氣，以此爲貴。"箬竹分布極廣，江南各地都有出産。《江南通志·食貨志·物産》:"鳳陽府：箬竹出定遠。"《江西通志·山川四·撫州府》:"黄土嶺在宜黄縣南九十五里，其陽隸寧都縣，其陰黄水出焉。箬嶺在縣東南一百二十餘里，上多箬竹，可爲箭。漳水之源出焉。"《浙江通志·物産二·湖州府》:"箬竹，《崇禎烏程縣志》: 其葉大，可編篷。"今人陳嶸《竹的種類及栽培利用》引《婺源縣志》曰:"箬竹，亦作篛竹，生平澤及山嶺間，根莖皆似小竹，葉與籜似荻葉，面青背淡，柔而韌，新舊相代，四時常青。可隔雨，可包物，爲用甚廣。"今亦稱"棕葉竹""闊葉箬竹"。

【箬】

“箬竹”之省稱。此稱南北朝時期已行用。《南史・隱逸傳》誤作“若”。見該文。

【篛】

同“箬”。即箬竹。此體唐代已行用。見“箬竹”文。

【篛竹】

即箬竹。此稱元代已行用。見該文。

【棕葉竹】

即箬竹。今浙江杭州等地多行用此稱。見該文。

【闊葉箬竹】

即箬竹。今稱。見該文。

鳳尾竹

習見竹木名。禾本科，簕竹屬，鳳尾竹〔*Bambusa multiplex* f. fernleaf（R. A. Young）T. P. Yi〕。爲孝順竹之變種。地下莖合軸叢生型，地上爲灌木狀竹。竿叢生，不具刺，幼時緑色，老則變黄。枝低出，而節粗大，枝多簇生於一節。葉片短小，通常十數片生於一小枝上，似羽狀複葉，且每小枝下部之葉逐漸枯落，而上部則陸續發生新葉。我國主要分布於長江流域以南各省。多栽作籬垣，亦植爲園景或供盆玩。

鳳尾竹廣受喜愛。元代已行用此稱。元李衎《竹譜詳録・竹品譜・異形品下》：“鳳尾竹生江西，一如筀竹，但下邊枝葉稀少，至梢則繁茂，摇摇如鳳尾，故得此名。”明李時珍《本草綱目・木五・竹》：“時珍曰：鳳尾竹葉細三分。”明徐光啓《農政全書》卷三九：“鳳尾竹，纖小猗那，植盆可作清玩。”《廣群芳譜・竹譜一・鳳尾竹》：“鳳尾竹，高二三尺，纖小猗那，植盆中可作書室清玩。”清陳淏子《花鏡》卷五：“鳳尾竹，紫幹，高不過二三尺，葉細小而猗那，類鳳毛。盆種可作清玩。”我國南部地區廣有分布。如《江南通志・食貨志・物産》：“竹之屬：曰筀竹，曰淡竹，曰燕竹，曰水竹，曰牙竹，曰斑竹，曰紫竹，曰木竹（其質厚味辣，又名剛竹），曰鳳尾竹，曰慈孝竹（二者尤細密可愛）。”《浙江通志・物産・嘉興府》：“《萬曆嘉善縣志》：竹十有二種，一曰淡竹，其葉入藥性凉……十二曰鳳尾竹，以其形似也。”《福建通志・物産・福州府》：“竹之屬……鳳尾竹，梢葉森秀如鳳尾然。”又《泉州府》：“竹之屬：猫竹、江南竹……緑竹、鳳尾竹。”按本種爲鳳凰竹之變種，人亦俗稱爲“鳳凰竹”“觀音竹”。

【鳳凰竹】

即鳳尾竹。今之俗稱。見該文。

【觀音竹】[2]

即鳳尾竹。今廣東廣州等地多俗用此稱。見該文。

慈竹

竹木名。習見禾本科，慈竹屬，慈竹（*Bambusa emeiensis* L. C. Chia & H. L. Fung）。地下莖合軸叢生。地上呈喬木狀，竿高15~30米，先端彎曲或下垂若釣絲狀，節間圓筒形，長約15~30厘米。籜革質，背面密生暗棕色粗毛。每節生枝甚多，約20餘枝，擁擠成半輪生狀。葉着生於最後之小枝上，約數枚至十數枚以上。花枝成束，無葉，甚軟而下垂。我國主要分布於川、黔、滇、桂、湘、鄂西及陝南等地。竹材可供建築。可劈篾編織竹器。纖維可造紙或製繩索。笋稍苦，煮沸後可食。

我國栽培利用慈竹歷史頗久。南北朝時期

已行用此稱。亦稱“子母竹”“義竹”。南朝梁任昉《述異記》卷上：“南中生子母竹，今之慈竹也。”宋吴曾《能改齋漫録・方物》：“國初，樂史子正作慈竹詩數十韻，首云‘蜀中何物靈，有竹慈爲名。一叢闊數步，森森數十莖。高低相倚賴，渾如長幼情’云云，予按任昉《述異記》云，‘南中生子母竹，今之慈竹也’，乃知慈竹不特蜀中有也。”宋宋祁《益部方物略記・慈竹》：“根不它引，是得慈名，中實外堅，笋不時萌，末或下垂，苒弱緣縈。”書注：“慈竹性叢，産根不外引，其密間不容笴，笋生夏秋，閲歲枝葉乃茂。”宋戴侗《六書故・人六・慈》：“慈竹，竹之叢生，子母相依者也。”宋梁克家《淳熙三山志・土俗類四・物産》：“慈竹，叢生，任昉所謂子母竹。蔡公襄嘗賦之。”宋高似孫《剡録》卷九：“慈竹，任昉《述異記》曰：南中生子母竹，慈竹是也。《酉陽雜俎》曰：慈竹，夏雨滴汁入地而生。王勃《慈竹賦》曰：如母子之鈎帶，似閨門之悌友。喬林《慈竹賦》曰：類宗族之親比，同朋友之造膝。宋景文公《慈竹贊》曰：根不他引，是得慈名。注曰：竹性土産，根不外引，密不容笴，生夏秋也。”《宋史・五行志》：“陵州民趙崇家，慈竹二莖，長六尺許，其二別有根柢，莖分十枝，長丈餘，又一本三莖並聳。”明曹學佺《蜀中廣記・方物記五・竹》：“唐吴筠《慈竹賦》云：廣漢山谷，有竹名慈。生必向内，示不離本。修莖巨葉，攢根沓柢，叢之大者或至百千株，而縈結逾乎咫步。好事君子徙爲瑎庭之玩焉。”《廣群芳譜・竹譜一・慈竹》：“慈竹，内實而節疏，性弱形緊而細，可代藤。一名義竹。”清屈大均《廣東新語・草語》：“鐵橋、石樓諸峰多慈竹。有斑點者，有黄如金者，有緑色密節者，不畏水旱，隨處可植。”參閲陳嶸《竹的種類及栽培利用・慈竹屬・慈竹》。

按，元李衎《竹譜詳録・竹品譜・全德品》亦有“慈竹”，其所述分布地點與本種有异，似非此種。待考。又，我國慈竹栽培以四川較普遍，俗稱“甜慈”“酒米慈”“釣魚慈”“簢竹”“叢竹”。

【子母竹】

即慈竹。此稱南北朝時期已行用。見該文。

【義竹】

即慈竹。此稱元代已行用。見“慈竹”“孝竹”文。

【甜慈】

即慈竹。今四川各地多俗用此稱。見該文。

【酒米慈】

即慈竹。今四川各地多俗用此稱。見該文。

【釣魚慈】

即慈竹。因其竹梢端彎曲下垂若釣絲狀，故名。今四川各地多俗用此稱。見該文。

【簢竹】

即慈竹。今四川各地多俗用此稱。見該文。

【叢竹】

即慈竹。今川、黔、鄂等地多俗用此稱。見該文。

【孝竹】

即慈竹。此稱元代已行用。元李衎《竹譜詳録・竹品譜・全德品》：“慈竹，又名義竹，又名孝竹。兩浙江廣處處有之。高者至二丈許，叢生，一叢多至數十百竿。根窠盤結不引他處，四時出笋，經歲始成竹。子孫齊榮前抱後引，故得此名。”清刊《淵鑑類函》卷四一七“孝竹”引《述異記》曰：“漢章帝三年，子母竹笋生白虎殿前，謂之孝竹。群臣作《孝竹頌》。”見“慈竹”文。

【慈孝竹】

即慈竹。此稱明代已行用。《浙江通志·物産二·嘉興府》：“《萬曆嘉善縣志》：竹十有二種，一曰淡竹，其葉入藥性凉；二曰水筋竹，言其韌也；三曰護居竹，葉大陰濃，亦名哺鷄，言其笋如鷄卵之多……七曰慈竹，又名慈孝竹，其笋一年兩生，冬則外生，夏則内生，有子母相顧之義。”見“慈竹”文。

綿竹

習見竹木名。禾本科，簕竹屬，綿竹〔*Lingnania intermedia*（Hsueh & Yi）T. P. Yi〕。地下莖合軸叢生。喬木狀竹。竿巨大，高25~30米或更高，徑15~25厘米，節間深緑或灰緑色，幼時被白色蠟粉，籜環下生有刺毛，竿環隆起。籜質堅硬，早落。分枝常出於竿之上部，約八葉生於小枝上；花枝無葉或僅上部具葉。我國僅分布於雲南西南地區。竿特大，可供建築及引水管，亦可代麻用。笋未詳可食用否。

綿竹爲用頗受喜愛。此稱唐代已行用。唐杜甫《從韋二明府續處覓綿竹》詩：“華軒藹藹他年到，綿竹亭亭出縣高。江上舍前無此物，幸分蒼翠拂波濤。”《福建通志·物産·延平府》：“竹之屬：猫竹、江南竹、紫竹、緑竹（夏笋可食土人重之，饋送不過四五莖而已）、黄竹、石竹、苦竹、綿竹、秋竹、人面竹、朱竹（色如擲火，延建間多有之，今其種盡絶）。”陳嶸《竹的種類及栽培利用》第二編“據《雲南通志》載：順寧府今德宏傣族景頗族自治州所屬各縣産綿竹，猛賴箐有之，彝人用刀刮之，縷縷如麻，可以絞索，可以織履。”我國雲南西南部爲綿竹分布之北限。今亦稱“大麻竹”“蘇麻竹”“龍竹”。

【大麻竹】

即綿竹。今稱。見該文。

【蘇麻竹】[2]

即綿竹。今嶺南地區多行用此稱。見該文。

【龍竹】

即綿竹。今滇西南地區多行用此稱。見該文。

【濮竹】

即綿竹。此稱漢代已行用。亦作“僕竹”“僕竹”，亦稱“麻竹”。《後漢書·南蠻西南夷傳》：“哀牢夷……其竹節相去一丈，名曰濮竹。”晋常璩《華陽國志·南中志·永昌郡》：“有大竹名濮竹，節相去一丈，受一斛許。”元李衎《竹譜詳録·竹品譜·全德品》：“僕竹出温處建寧諸郡，叢生如苦竹。長節而薄，可作屋椽，春生笋，可食。後漢《哀牢夷傳》云：其竹節相去一丈，名曰濮竹，見《華陽國志》。”清陳元龍《格致鏡原·木類四·異木（附竹）》：“《華陽國志》：哀牢夷有竹，其節相去一丈，名僕竹。”陳嶸《竹的種類及栽培利用·綿竹》引《雲南通志》：“濮竹出順寧府及永昌府，即《南中志》所謂節相去一丈，可受一斛者。今産不過二三尺，受升斗而已。”又，“永昌、順寧山谷，有竹中實，葉大，節最疏……破爲絲繩作履，謂之麻竹，余按即‘濮竹’。《順寧府志》：濮竹性韌，可以作纜。《永晶府志》載濮竹出永昌府騰越高黎貢山”。按，順寧府即雲南德宏傣族自治州所屬各縣。見“綿竹”文。

【篠竹】

同“濮竹”。此體元代已行用。見該文。

【僕竹】

同“濮竹”。此體晉代已行用。見該文。

【麻竹】[2]

即濮竹。此稱僅行用於清代雲南永昌、順寧等地。見該文。

箭竹

習見竹木名。禾本科，箭竹屬，箭竹（*Fargesia spathacea* Franch.）。灌木狀竹類。地下莖複軸混生。竿高3米許，徑約1厘米，深紫色；節間圓筒形，長不過10厘米。竿籜初帶紫色，漸變枯草色，早落。圓錐花序展開，分枝長，其腋間有小瘤狀物；小穗着花二至五朵，淡緑色或微呈暗色。笋冬生。我國主要分布於江西、湖北、湖南、四川、雲南及甘肅南部。此竹産量高，纖維好，可用於造紙或爲人造纖維原料。

古時多用以製箭或手杖，故名。單稱“箭”。晉代已行用“箭竹”之稱。晉戴凱之《竹譜》：“會稽之箭，東南之美，古人嘉之，因以命矢。”自注：“箭竹，高者不過一丈，節間三尺，堅勁中矢。江南諸山皆有之，會稽所生最精好。故《爾雅》云：‘東南之美者，有會稽之竹箭焉。’非總言矣。大抵中矢者雖多，此箭爲最，古人美之，以首其目。”《文選·左思〈吴都賦〉》：“其竹則篔簹箖箊，桂箭射筒。柚梧有篁，篻簩有叢。”李善注引劉逵曰：“箭竹細小而勁實，可以爲箭，通竿無節，江東諸郡皆有之。”《晉書·伏滔傳》：“彼壽陽者……苞木箭竹之族生焉。”宋周去非《嶺外代答》卷八：“箭竹，山中悉有之，諸郡治兵器各自足用，不求之。”宋梁克家《淳熙三山志·土俗四·物産》：“箭竹，可爲箭幹，生長在古田山中。”《通志·昆蟲草木略二·木類》：“凡笋類，惟箭笋爲美，故會稽竹箭有聞焉，又云篠箭，今箭竹小而希節者。”元代亦稱“笺竹”。元李衎《竹譜詳録·竹品譜·全德品》：“箭竹又名笺竹，即《尚書》所謂箘簵也，浙間及兩廣皆有之。”箭竹分布廣，南方各地多有出産。如《福建通志·物産·竹之屬》：“箭竹，可爲箭幹。”《江西通志·土産·九江府：》：“箭竹，節疏，肉厚，可爲矢幹。”江西《永豐縣志》亦載：“箭竹，竿細小而堅硬，可以爲箭。”

【箭】

“箭竹”之單稱。此稱秦漢時期已行用。見該文。

【笺竹】

即箭竹。此稱元代已行用。《百川學海》版《竹譜詳録》笺字作“莪”，今附。見該文。

【箭箬】

即箭竹。此稱明清時已行用。《浙江通志·物産六·金華府》：“箭竹，《正統義烏縣志》：青潭山之東山源之口多箭竹。《東陽縣志》：中實如箭，葉甚大，土人名箭箬。”見“箭竹”文。

【拐棍竹】

即箭竹。因此竹堅勁，可爲拐杖，故名。亦稱“月月竹”。陳嶸《竹的種類及栽培利用》引《四川省松潘等縣志》曰：“箭竹高八九尺，大如巨指者名拐棍竹，小如筆管者名月月竹。”見“箭竹”文。

【月月竹】

即箭竹。即拐棍竹之細小而中筆管者。今稱。見該文。

篃竹

習見竹木名。禾本科，箬竹屬，篃竹〔*Indocalamus tessellatus*（Munro）Keng f.〕。叢生小竹。竿約1米餘，徑不足指，節間短，不過5厘米。圓筒形，頂端稍扁，中空極小。籜狹小，宿存。每竿節常獨生一枝，罕二枝者。葉長披針形，表面光緑。我國主要分布於長江流域各地。葉大，可墊茶簍或製雨具。

我國栽培利用篃竹歷史悠久。先秦時期單稱“篃”。晋戴凱之《竹譜》：“篃亦箘徒，概節而短。”自注：“《山海經》云：其竹名篃，生非一處，江南山谷所饒也，故是箭竹類，一尺數節，葉大如履，可以作篷，亦中作矢，其笋冬生。”北魏賈思勰《齊民要術・種竹》：“《詩義疏》：笋皆四月生。唯巴竹笋，八月生，盡九月，成都有之。篃，冬夏生，始數寸，可煮，以苦酒浸之，可就酒及食。又可米藏及乾，以待冬月也。”亦作“郿竹”“郿”“篃”。晋代已行用“篃竹”之稱。宋贊寧《笋譜》：“篃菴簡，《竹譜》云：篃竹，江漢間謂之竿篏，一尺數節，葉大如履，可以作篷。今詳葉如履，即王彪之《閩中賦》云湘箬也。其笋亦不大，止是箬葉異諸竹耳。又此竹與郿竹同也。”宋李石《續博物志》卷一〇：“篃竹宜爲屋椽。”元李衎《竹譜詳録・竹品譜・全德品》：“篃竹，或作郿，或作篃，又名篏竹。枝葉與簝竹同，但每節止長五七寸，根深耐寒，夏秋出笋，可食。”明盧之頤《本草乘雅半偈》：“篃竹，一尺數節，葉大如扇，俗謂之簸笥，可以作篷，亦可作矢。”《廣東通志・物産志・竹》：“粤中多竹，大小皆殊異……篃竹宜爲屋椽。”按，一説篃竹即箬竹。參閱朱石麟等《中國竹類植物圖志・箬竹》、清汪灝等《廣群芳譜・竹譜一・篃竹》。

【篃】

“篃竹”之單稱。此稱秦漢時期已行用。見該文。

【郿竹】

即篃竹。此稱宋代已行用。見該文。

【郿】

同“篃”。即篃竹。此體元代已行用。見“篃竹”文。

【篃】

同“篃”。即篃竹。此體晋代已行用。按《山海經》英山、壯山、暴山等多處有“篃竹”。晋郭璞注曰：“今漢中郡出篃竹，厚裏而長節。”元李衎《竹譜》卷四引《廣志》：“篃竹可以爲屋椽。”與本種恐非一物。此附供考。見“篃竹”文。

【篞】

即篃竹。此稱漢代已行用。《説文・竹部》：“篞，竹名。按篞、篃古今字也。”見“篃竹”文。

【竹篏】

“篃竹”之别稱。此稱三國時期已行用。亦稱“篏竹”“箭竿竹”。晋戴凱之《竹譜》：“篃亦箘徒，概節而短，江漢之間謂之竹篏。”自注：“《廣志》云：魏時漢中太守王圖，每冬獻笋，俗謂篏笥。”清刊《淵鑑類函》卷四一七：“篃亦箘徒，概節而短。江漢之間謂之竹篏。根深耐寒，茂彼淇苑。”舊注：“篃竹謂之箭竿，一尺數節，葉大如扇，可以衣蓬，江漢之間謂之篏竹。”參閱《廣群芳譜・竹譜一・篃竹》。見“篃竹”文。

【簸竹】

即竹簸。此稱清代已行用。見該文。

【箭竿竹】

即竹簸。此稱清代已行用，今湖南新寧仍沿用此稱。參閲《新寧縣志》。見該文。

篤簩竹

習見竹木名。禾本科，篤簩竹屬，篤簩竹（*Schizostachyum funghomii* McClure）。地下莖合軸叢生。竿竿密生，直立，高達 15 米。徑約 5 厘米，幼時節間略具鋭密毛，後漸生乳狀突起而致粗糙，并具矽質。籜堅硬，表面密生硬毛。枝簇生，幾等長。常五至六片葉着生於小枝上，長卵形至披針形。我國主要分布於廣東及廣西之西江流域各地。主竿可作撑篙；破篾可編製器具；亦爲造紙原料。常栽於庭院供觀賞。

我國栽培利用篤簩竹歷史悠久。晉代已行用此稱。晉嵇含《南方草木狀》卷下："篤簩竹，皮薄而空多，大者徑不過二寸，皮粗澀，以鎊犀象，利勝於鐵，出大秦。"唐代亦作"思牢"。唐李商隱《射魚曲》詩："思牢弩箭磨青石，綉額蠻渠三虎力。"清朱鶴齡注："《異物志》：'南方思牢國産竹，可礪指甲。'即今篤簩竹也。"元李衎《竹譜詳録・竹品譜・異形品上》："篤簩竹出廣右、安南。又名澀竹。節長二尺餘，每節上半截粗澀，如世所用沙紙，人或削成錯子，可磨爪甲，用久刓滑，以好醋浸少頃，火炙乾，復澀矣；其半即常竹。江船篷箬多用之，老者彌澀。"明徐光啓《農政全書》卷三九："篤簩竹：出篤簩國，可礪指甲。新州有此種，製成琴樣，爲礪甲之具。用久微滑，以酸漿漬之，過宿快利如初。亦可作箭。"《廣西通志・物産・梧州府》："篤簩竹，質甚澀，可礪指甲，本産思牢國。李商隱《射魚曲》：'思牢弩箭磨青石，綉額蠻渠三虎力。'謂此。"

篤簩竹今多人工栽培，所用頗廣，亦稱"舉竹""沙羅單竹""羅竹"。

【思牢】

篤簩竹。此稱唐代已行用。見該文。

【舉竹】

即篤簩竹。今廣東各地多行用此稱。見該文。

【沙羅單竹】

即篤簩竹。今稱。見該文。

【羅竹】

即篤簩竹。今稱。見該文。

【澀勒】

即篤簩竹。此稱明代已行用。《格致鏡原・木類四・異木附竹》："《詞林海錯》：澀勒，竹名。竹膚有芒，可以剉爪。"見"篤簩竹"文。

【思簩竹】

同"篤簩竹"。此稱宋代已行用。唐代稱"蘇簩竹"。唐皮日休《吴中言懷寄南海二同年》詩："曲水分飛歲已賒，東南爲客各天涯，退公袛傍蘇簩竹，移宴多隨末利花。"元李衎《竹譜詳録・竹品譜・異形品上》："篤簩竹……《桂海虞衡志》云：'兩江有此類，名思簩竹。'皮日休詩：'退公袛傍蘇簩竹，移宴多隨末利花。'蘇簩或音訛也。"按，蘇簩與思簩，皆爲篤簩之音訛得名。見"篤簩竹"文。

【蘇簩竹】

即思簩竹。此稱唐代已行用。見該文。

【澀竹】

即簩篣竹。此稱宋代已行用。宋范成大《桂海虞衡志・志草木》："澀竹，膚粗澀，如木工所用砂紙，可以錯磨爪甲。"宋周去非《嶺外代答》卷八："澀竹，一名思簩竹，每節上半猶是常竹，其半鎊膚粗澀，視之似生細毛，可以錯磨爪甲，人取其澀處削成錯子，黑漆其裏，以相贈遺。用久刓滑，醋浸少頃，火炙乾，復澀矣。老者彌澀，然亦奇物，邕州兩江多有之。"元李衎《竹譜詳録・竹品譜・異形品上》："簩篣竹出廣右、安南。又名澀竹。"見"簩篣竹"文。

【簩竹】

即簩篣竹。此稱晉代已行用。宋李石《續博物志》卷十："簩竹堪作笛。"元李衎《竹譜詳録・竹品譜・異形品上》："簩篣竹……《廣志》云：簩竹任作笛。笋味苦，無肉，不中食。亦有止如筆管大者，初成竹時亦可作麻用。嵇含云出大秦國。"見"簩篣竹"文。

簞竹

習見竹木名。禾本科，單竹屬，簞竹（*Lingnania chungii* McClure）。叢生大竹類。地下莖合軸叢生型。竿直立，頂稍微下垂，高達15米，徑5厘米，節間長50~100厘米，壁厚而韌；竿節初時被一環，褐色，側生剛毛，後脱落而平滑。籜黄色，遠較節間爲短。枝簇生，被白粉；次生枝大多在主枝基部數節發生；葉通常七片生於葉枝上，細長披針形；花枝細長無葉；假小穗數枚，通常每節僅生一或二枚，着花四至五朵。我國主要分布於廣東、海南、廣西、湖南等地。竹竿被有白粉，頗美，可用於觀賞緑化。其竿節間長，材薄而韌，破篾可編織各種器物。亦可用於造紙。笋味美可食。笋與竹青可入藥。

我國簞竹栽培利用歷史頗久。此稱晉代已行用。亦作"單竹"。晉嵇含《南方草木狀》卷下："簞竹，葉疏而大，一節相去六七尺。出九真，彼人取嫩者，碓浸紡績爲布，謂之竹疏布。"晉戴凱之《竹譜》："單體虚長，各有所育。"自注："單竹大者如腓，虚細長爽。嶺南夷人取其笋未及竹者，灰煮，績以爲布，其精者如縠焉。"元李衎《竹譜詳録・竹品譜・異形品下》："《番禺志》云：簞竹，每天旱，竹上有蟲蛀眼子即死矣。中有物，青白相雜如骨灰狀，是謂天竹黄。"亦稱"篔簹竹"。明盧之頤《本草乘雅半偈・本經中品・竹葉》："篔簹竹，一名簞竹，節中有人，長尺許。"《廣東通志・物産志・竹》："粵中多竹，大小皆殊異……簞竹，葉疏而大，一節相去五六尺，彼人取嫩者碓浸紡績爲布，謂之竹練布。"《廣群芳譜・竹譜一・單竹》："單竹，大者如腓，虚細長爽……按《續竹譜》，一作簞竹。"清屈大均《廣東新語・草語》："有單竹，節長二尺，有花穰、白穰之别，白穰篾脆可爲紙，花穰柔而韌，篾與白藤同功，練以爲麻，織之，是曰竹布。故曰：南方食竹而衣竹。"參閲陳嶸《竹的種類及栽培利用・單竹屬・單竹》。

簞竹爲我國華南特産竹，習見於河畔、溪旁及土壤濕潤肥沃之地，今分布區普遍有栽植。亦俗稱"粉單竹""猪蹄竹""高節單竹""雙眉單竹""白粉單竹"。

【單竹】

同"簞竹"。此體晉代已行用。見該文。

【篔簹竹】

即簞竹。此稱明代已行用。見該文。

【粉單竹】

即簞竹。今廣東各地多俗用此稱。見該文。

【猪蹄竹】

即簞竹。今廣東各地多俗用此稱。見該文。

【高節單竹】

即簞竹。今廣東各地多俗用此稱。見該文。

【雙眉單竹】

即簞竹。今廣東各地多俗用此稱。見該文。

【白粉簞竹】

即簞竹。今廣東各地多俗用此稱。見該文。

【丹竹】

即簞竹。此稱明清時多行用於粵、桂各地。明盧之頤《本草乘雅半偈・本經中品・竹葉》:"《笋譜》:道州瀧中多丹竹。每節一丈或八尺,莖不大,裊裊摇空,粉節上似有丹色。"清陳元龍《格致鏡原・木類四・異木附竹》引《事物紺珠》:"丹竹,出道州。每節可一丈,徑不大,裊裊摇空,粉節上有丹色,心空肉薄,人劈爲百丈繂。"《廣西通志・物産・柳州府》:"丹竹,各州縣出,高四五丈,圍二尺許,狀如甘竹,皮赤。"按陳嶸《竹的種類及栽培利用》引廣東《韶州府志》:"簞竹,一名丹竹。"以爲此即"簞竹"。見"簞竹"文。

【篔簹】

即簞竹。漢代已行用此稱。亦作"員當"。漢楊孚《異物志》:"篔簹生水邊,長數丈,圍一尺五六寸,一節相去六七尺,或相去一丈。廬陵界有之。始興以南又多,川桂夷人,績以爲布葛。"晉戴凱之《竹譜》:"篔簹射筒,箖箊桃枝。長爽纖葉,清肌薄皮。千百相亂,洪細有差。"自注:"數竹皮葉相似,篔簹最大,大者中甑。"晉顧微《廣州記》:"簞竹,一名員當,節長一丈。""(陳嶸《竹的種類及栽培利用》引)唐柳宗元《構法華寺西亭(永州)》詩:"菡萏溢嘉色,篔簹遺清斑。"宋朱長文《吴郡圖經續記・物産》:"吴中地沃而物夥,其原隰之所育,湖海之所出,不可得而殫名也,其稼則刈麥……其竹則大如篔簹,小如箭桂。"明陸棻《龍南縣城北》詩:"既歷信豐境,乃薄龍南城。禾黍被廣畝,篔簹覆茅楹。"《福建通志・物産・興化府》:"竹之屬:猫竹、江南竹(亦名雪竹)、筀竹、慈竹、斑竹、紫竹、苦竹、石竹、筋竹、箭竹、赤竹、苦油竹、發竹、釣竹……箬葉竹、篔簹竹、人面竹。"按陳嶸《竹的種類及栽培利用》以爲"員當""篔簹"即今之簞竹。今廣東始興、曲江等地仍沿用此稱。見"簞竹"文。

【員當】

同"篔簹"。此體晉代已行用。見該文。

国家出版基金项目
NATIONAL PUBLICATION FOUNDATION

中華博物通考

總主編 張述錚

木果卷

下

本卷主編
吴秉鈞 余志敏

上海交通大學出版社

第三章　習見果木説

第一節　習見核果考

本節所言核果是果樹園藝學上所稱之核果。與植物學中所謂核果有所不同，它是指外果皮薄，中果皮厚而多汁，内果皮木質化而形成一核，核内生種子，全核包被於中果皮中心的一類果實，如桃、李、杏、梅等即屬此類。其食用部分主要是中、外果皮。但如楊梅、橄欖、核桃等樹木果實，植物學上也稱爲核果，因其習性與栽培方法與上述核果差别很大，故果樹園藝學上多不列入核果類。棗爲鼠李科植物，其果實本就屬核果，果樹園藝學常將其列入核果類（見俞德浚《中國果樹分類學》），有人亦將其列入“棗柿類”。本卷從俞德浚《中國果樹分類學》視棗爲核果，列入本節考論。

“核果”之名至遲見稱於明代。如明陳耀文《天中記·棗》：“律明五果：一核果，如棗杏等；二膚果，如梨柰，是皮膚之果；三殼果，如椰子、胡桃、石榴等；四檜果，《字書》：空外反粗糠皮謂之檜，如松、柏子；五角果，如大小豆等（《翻譯名義集》）。”這與梵文五果之説正同。如明陸深《儼山外集》卷三〇：“梵文甚細，如叙果有五：棗杏等謂之核果，梨柰等謂之膚果，椰子胡桃等謂之殻果，松子柏仁等謂之檜果，大小豆等謂之角果。”無論中外，古人所説之核果未必與今時園藝學之核果含義盡同，但又不乏諸多一致之處。本卷所考論的核果即園藝學所指之桃、梅、李、杏、棗之類。

核果類果樹，是我先民采集食用最早的果類之一，不少已發掘的新石器時代遺址，如浙江餘姚河姆渡遺址、吴興錢山漾遺址中，均見有酸棗核、毛桃核之類的果核。夏商時代黄河流域有栽培“五果”之説，此“五果”即桃、李、杏、梅、棗，俱屬核果，且均起源於我國。《夏小正》中有“囿有見杏”，夏代杏已栽培，此可爲證。《詩》中《魏風・園有桃》：“園有桃，其實之殽。”《王風・丘中有麻》：“丘中有李，彼留之子。”《召南・摽有梅》：“摽有梅，其實七兮。”《豳風・七月》：“七月食瓜，八月剥棗。”《管子・地員》稱“五沃之土……宜彼群木……其梅其杏，其桃其李。”可見核果之栽培至少已有三千年歷史，核果類果樹栽培“因地制宜，適地適樹”等栽培技術爲人所熟悉，亦有二千五百餘年。《禮記・内則》提及了“芝”“栭”“蔆”“椇”“棗”“榛”“柿”“瓜”“桃”“李”“梅”“杏”“楂”“梨”“薑”“桂”，説明周代已將棗、桃、李、梅、杏等核果列爲天子燕食所加庶饈（即天子飲宴的珍饈佳餚）。

桃，爲五果之首。先民由采集、選擇，後又栽培馴化，經數千年篩選，品種逐漸繁多。秦漢時已篩選出冬桃、山桃之類，如《爾雅・釋木》：“旄，冬桃；榹桃，山桃。”《西京雜記》記述漢上林苑所栽之桃已有八種，即秦桃、榹桃、緗核桃、金城桃、綺葉桃、紫紋桃、霜桃（霜下可食。原書稱十種，其中胡桃、含桃即櫻桃二種，誤爲桃類）。至南北朝時《齊民要術》載桃達十四種，即《爾雅》所記之冬桃、山桃；《廣志》之夏白桃、秋白桃、襄桃、秋赤桃及《西京雜記》所記之八種（見《齊民要術・種桃李》）。明清時桃之栽培已商品化，其品種愈加繁夥多樣。明徐光啓《農政全書》卷二九“果部上”記述有《爾雅》之冬桃、山桃；《群芳譜》之毛桃及《鄴中記》所載之句鼻桃、崑崙桃、日月桃、扁桃、新羅桃、方桃、餅子桃、油桃；另有常山巨核桃、緋桃、枳石桃、緗桃、紫紋桃、金城桃、瑞仙桃、金桃、銀桃、千葉桃、美人桃、鴛鴦桃、李桃、十月桃、水蜜桃、絡絲桃、壽星桃、白桃、烏桃、五月桃、秋桃、胭脂桃、灰桃、秋白桃、秋赤桃、綺蒂桃、合桃等。同時介紹各品種之産地、特點及有關的栽培方法。桃除果可食，亦供觀賞，通常稱桃花，列入“花部”。如清汪灝等《廣群芳譜》花部之桃花又有絳桃、緋桃、千葉桃、美人桃、二色桃、明桃、鴛鴦桃、瑞仙桃、壽桃、星桃、巨核桃、十月桃、油桃、李桃，最可觀玩者莫如碧桃、人面桃。另外，陳淏子《花鏡》卷四載桃二十四種：日月桃、崑崙桃、巨核桃、瑞仙桃、人面桃、毛桃、緋桃、金桃、鴛鴦桃、銀桃、李桃、雪桃、水蜜桃、油桃、新羅桃、扁桃、雷震紅、鷹嘴桃、餅子桃、墨桃、白碧桃、胭脂桃、壽星桃、羊桃。清刊《授時通考》中記述三十二種：崑崙桃、扁桃、新羅桃、方桃、餅子桃、油桃、巨核桃、金桃、銀桃、十月桃、毛桃、水蜜桃、雷震紅、紅桃、緗桃、白桃、烏桃、五月早桃、秋桃、霜桃、胭脂桃、絡絲桃、蜜桃、灰桃、壽星桃、白銀桃、小桃、蟠桃、合桃、酒紅桃、霜下桃、肅寧八月桃。至清代栽培技術又有較大提高，并有專著問世。如清褚華著《水蜜桃譜》對桃中之精品——水蜜桃有詳細記載："水蜜一種，志乘未詳，然冀北有肅寧之產，山左有肥城之沃，僕車轍所至，甘芳用饗，江南之美，滬城爲最。"尤其對水蜜桃之種法，砧木培育、嫁接技術、采收時間、食用方法以及澆水、施肥、治蟲等撫育管理措施等記述更爲詳細。

我國當今果樹栽培中，桃仍是易栽蒔、結果早、效益高的果木，現存品種有八百餘種，生產常用者約三十餘種，其中一些古品種至今仍深受人們喜愛，如上海水蜜桃、河北深州蜜桃、山東肥城桃、青州蜜桃（冬桃）等。生產中應用最多、栽培最廣的是近年培育或引進的品質優良、產量較高、耐貯運、易加工的新品種，如生食品種有四月半桃、五月鮮桃、杏桃、渭南甜桃、大葉白桃、青州蜜桃、深州蜜桃、肥城桃、天津水蜜、冬桃、沙子早生、雨花露、慶豐、白鳳、大久保、岡山白、玉露水蜜、白花水蜜、白芒蟠桃、撒花紅蟠桃等；罐藏品種有豐黄、連黄、艾保太、明星、金童七號、狄克西紅、紅港等。

李，也是我國先民最早采食并加馴化的果木。據《山海經》載，靈山、卑山、岐山、孟子之山、邊春之山，都生有李；黄河與江、漢、汝、淮流域廣大地區，廣有分布。秦漢時已培育出許多品種，《爾雅·釋木》中載："休，無實李；痤，接慮李；駁，赤李。"當時已育出無實李、接慮李和赤李等品種。漢時植於上林苑者增至十五種，即紫李、緑李、朱李、黄李、青綺李、青房李、同心李、車下李、含枝李、金枝李、顔淵李、羌李、燕李、蠻李及猴李。（見《西京雜記》）至南北朝時李之品種及栽培經驗愈加豐富和成熟。賈思勰《齊民要術》載李三十一種，其中含《爾雅》所述三種；《廣志》中的赤李、麥李、黄建李、青皮李、馬肝李、赤陵李、餻李、柰李、劈李、經李、杏李、黄扁李、夏李、冬李、春季李等十五種；《風土記》南郡細李一種；《西京雜記》之十五種及木李。明清時記於農書之李，除《爾雅》《風土記》《西京雜記》等所記之十五種李外，尚有木李、麥李、南居李、御黄李、均亭李、擘李、餻李、趙李、御李、赤駁李、離核李、綖李、杏李、縹青李、建黄李、黄扁李、夏李、青皮李、赤陵李、馬肝李、牛心李、紫粉李、小青李、水李、扁縫李、金李、鼠精李、晚李、赤李等。近代園藝家常選杏、桃、梅作砧木進行李的遠緣嫁接，亦有用山桃嫁接者，成活後生長快，産量高，抗逆性强。目前李品種多達一二千種，生産中常用者有檇李、黄果李、芙蓉李、馬鈴李、衡山白糖李、猪肝李、大紅李、海裹紅、玉黄李、串鈴李、奉天李、秋李子、香扁李等。其中浙江桐鄉之“檇李”，果實碩大殷紅，果肉橙黄，鮮麗悦目。采收後，貯罐中後熟六七天，可散發出沁人之酒香，故又名“醉李”，據傳已有二千五百年栽培歷史。此外，浙江的黄果李、紅美人李、白美人李，福建的胭脂李、芙蓉李、蜜李、黄芽李，四川的鷄心李、朱砂李、鷄血李，山東肥城的香李，東北的秋李、牛心李、紅乾李、黄乾李、大紅袍等，都是果農十分喜愛的栽培品種。杏李爲李與杏嫁接産生之新種，主栽於京冀一帶，著名品種有香扁、荷包李、雁過紅、腰子紅等，似李又若杏，果大紅潤，芬芳甜美，風味獨特。這些李聞其名如目見親嘗，令人饞涎欲滴。

杏，《詩》不載，《夏小正》始見，《山海經》多載，《管子》載其土宜與適生環境，《禮記》稱其已列爲天子燕食所加之庶脩；《盧諶祭法》云“夏祠用杏”（《太平御覽》卷九六八《果部五・杏》）；江蘇連雲港、湖北江陵與光化等漢墓中發掘有杏仁、杏核，知杏又用爲葬品，可證漢代已大量栽培。然《西京雜記》僅載上林苑植杏二種，即文杏、蓬萊杏。記述杏栽培技術最早的當是《齊民要術》，其書曰：“取極熟杏，帶肉埋土中，至春芽出，即移別地。”該書還記述杏品種七品，即《廣志》所記之白杏、赤杏、黄杏、柰杏及《西京雜記》所記的文杏、蓬萊杏與梅杏。明代杏栽培經驗更豐富，當時栽培杏之品種有濟南金杏（又名漢帝杏，《酉陽雜俎》始載）、滎陽白杏、沙杏、梅杏、木杏、山杏、玄紫杏等。（見《農政全書》卷二九）今日所栽之杏品種更是琳琅滿目，各地品種品系不下五百種。其中甘肅蘭州大接杏，碩大黄圓，肉厚多汁，其味甚美。陝西渭南的接杏，株産可達千斤，扁圓橙黄，肉細多汁，甜香可口。山東青島將軍杏、濟南紅荷包杏、河北大名的大甜杏等均屬杏之上品。此外，串枝紅、香白杏、甜核、蜜香、蜜罐等，都是享譽四海之優良品種。

梅，也是我國栽培最早的果樹。1975 年在河南安陽殷墟遺址中發掘出一具鑄造精美的銅鼎，内中除裝有供食用的栗殼外，尚有已炭化的梅核。由此可知黄河流域於三千二百多年前遍布梅樹，先民常采食以補耕稼之不足。《詩》中有五處言梅，據辛樹幟考證（《中國果樹史研究》），唯《召南》《陳風》《曹風》之梅爲本種，而《秦風》《小雅》之梅似爲樟科植物楠樹。漢代梅的栽培已較普遍，《西京雜記》栽上林苑梅品有七，即朱梅、紫蒂梅、紫華梅、同心梅、麗枝梅、燕梅、猴梅。明鄺璠《便民圖纂》載："春間，取核埋糞地。待長三二尺許，移栽。其樹接桃則實脆，若移大樹，則去其枝梢，大其根盤，沃以溝泥，無不活者。"栽培技術已臻成熟。徐光啓《農政全書》記述歷代梅品有緑萼梅、重葉梅、消梅、玉蝶梅、冠城梅、時梅、早梅、冬梅、千葉紅梅、鶴頂梅、鴛鴦梅、雙頭紅梅、杏梅、冰梅、墨梅，此外，還有猴梅、朱梅、同心梅、麗枝梅、胭脂梅、百葉梅、湘梅等。因其花先衆木而放，除食果外，尚可用作早春觀賞。今南方多種食用梅，而北方則多栽作盆玩。品種亦較古代有所增廣。

棗，是我國核果中的主要樹種，如前所述，先民采食棗果極早，并於采食時注意將品質優良者加以撫育養護，然後再實施栽培馴化。至秦漢時已選育出許多優良栽培品種，記述於《爾雅・釋木》中的有"棗，壺棗；邊，要棗；櫅，白棗；樲，酸棗；楊徹，齊棗；遵，羊棗；洗，大棗；煮，填棗；蹶洩，苦棗；皙，無實棗；還味，稔棗"等十餘種。此外，《西京雜記》、《廣志》、陸翽《鄴中記》、葛洪《抱朴子》、吴普《吴普本草》、潘岳《閑居賦》等均載有各時期不同地區栽培棗的良種。至北魏賈思勰《齊民要術》總結以往各代棗栽培經驗，記述棗品種達四十二個。并附棗栽培方法，如"嫁棗"（即今之"開甲"，或曰"環剥"）方法，"以杖擊其枝間，振去狂花"（疏花）等技術，仍符合今日科學栽培理論，依然具有實踐意義。記述棗品種最多者莫過於元代柳貫所撰《打棗譜》，其中共收棗品種七十三個，并於每品種中略述其産地、性狀及加工方法等内容。它們是：鹿盧棗、鷄冠棗、樲酸棗、醍醐棗、櫅白棗、白棗、羊棗、無實棗、邊腰棗、楊徹齊棗、煮填棗、波斯棗、牛頭棗、上皇棗、赤心棗、崎廉棗、騂白棗、灌棗、細腰棗、西王母棗、桂棗、鷄心棗、弱枝棗、狗牙棗、玉門棗、蹙婆棗、青華棗、谷城紫棗、棠棗、獼猴棗、棣棗、三心棗、紅棗、紫紋棗、香棗、圓愛棗、火棗、三寸棗、金槌棗、御棗、鳳眼棗、凍棗、沙棗、嵭嵣棗、凡棗、安平棗、糯棗、大棗、渤海棗、玉文棗、細核棗、羊角棗、仙人棗、天蒸棗、魏山棗、膠棗、南棗、團棗、美棗、匾棗、良棗、卧棗、鹽官棗、苑棗、七尺棗、蜜雲棗、牙棗、金城棗、青州棗、赤棗、萬歲棗、山棗、西王棗。七百多年前記述棗品種如此之多是難能可貴之事，這也反映出我勞動人民在棗栽培中無窮的創造力。其中許多品種仍然被作爲珍果栽莳。除此之外，諸多農書如元王禎《農書》、明徐光啓《農政全書》、清官修《授時通考》及本草學和其他地理、小説、筆記、雜著中亦有不少記載。表明棗不僅受人們的喜愛，且開發利用極其廣泛。棗樹今時之品種約八百餘種，其中金絲小棗、無核棗、圓鈴棗、灰棗、郎家圓棗、贊皇大棗、鷄心棗、扁核棗、靈寶圓棗、相棗、板棗、壺瓶棗、郎棗、駿棗、晋棗、義烏大棗及沾化冬棗等最爲著名，在市場中享有盛譽。

除以上諸種外，核果類果樹尚有櫻桃、郁李、滇刺棗、蟠桃、酸棗、山杏、油桃等，亦將於各條目中加以考釋。

本卷收録核果類果樹二十一種，分别隸屬三科三屬。

喬木類

山桃[2]

習見核果名。薔薇科，李屬，山桃〔*Prunus davidiana*（Carrière）Franch.〕。落葉喬木。樹冠開張，樹皮暗紫色、光滑。葉卵圓狀披針形，葉緣具細鋸齒。花單性，粉紅色。果實近球形，淡黄色，果肉乾而薄，不可食。核近球形。花期3至4月，果期7至8月。我國主要分布於河北、河南、山西、陝西、甘肅、四川等省。可供觀賞，亦作嫁接桃、梅、李之砧木。木材可供細木工用材及手杖。種仁可榨油。

我國栽培山桃歷史悠久。先秦典籍已有記載，時稱“杝桃”。漢代始用“山桃”之稱，沿稱至今。亦稱“榹桃”。《夏小正・正月》：“梅、杏、杝桃則華。”漢戴德傳：“杝桃，山桃也。”《爾雅・釋木》：“榹桃，山桃。”郭璞注：“實如桃而小，不解核。”《西京雜記》卷一：“初修上林苑，群臣遠方，各獻名果異樹，亦有製爲美名，以標奇麗者……桃十：秦桃、榹桃、緗桃、緗核桃、金城桃、綺葉桃、紫文桃、霜桃（霜下可食）……”明代亦稱“毛桃”“褫桃”。明王象晋《群芳譜・果譜一・桃》：“毛桃，即《爾雅》所謂褫桃，小而多毛，核黏味惡，不堪食，其仁滿多脂，可入藥。”明曹學佺《蜀中廣記・方物記第三・木》：“《蜀都賦》：榹桃函列。《爾雅》曰：榹，山桃也。劉禹錫《竹枝詞》：‘山桃紅花滿上頭，蜀江春水拍山流。花紅易衰似郎意，水流無限似儂愁。’”《續文獻通考・征榷考》：“兵部尚書王驥等言，甘肅十三衛所僻居極邊，寒早暖遲，雖有山桃野杏，俱酸澀不堪食。”清厲鶚《東城雜記・惲壽平詩》：“惲壽平寓杭日，有《在東園柬毛稚黄詩》云：海棠茫茫春霰斷，柳絲緑遍寒江岸。細網幽窗竹烟亂，山桃海棠落將半。”

今山桃仍多野生，亦稱“山毛桃”“野桃”“哲日勒格—陶古日”。

【杝桃】

即山桃[2]。此稱先秦時期已行用。見該文。

【榹桃】

即山桃[2]。此稱秦漢時期已行用。見該文。

【毛桃】

即山桃[2]。此稱明代已行用，并沿稱至今。見該文。

【褫桃】

即山桃[2]。爲榹之訛字。此稱明代已行用。見該文。

【山毛桃】

即山桃[2]。今稱。見該文。

【野桃】

即山桃[2]。因多野生，故名。今稱。見該文。

【哲日勒格—陶古日】

即山桃[2]。蒙語音譯。今内蒙古地區多行用此稱。見該文。

早梅

習見核果名。薔薇科，李屬，早梅（*Prunus mume* Sieb. et Zucc. var. *microcarpa* Mak.）。落葉小喬木或灌木。梅之變種一。樹體小，枝纖細，葉深緑，花小，單瓣，白色，具香氣，萼片緑紫色。核果小，圓形。我國主要分布於南方各地。果可食。亦可供觀賞。因其花農曆冬至即開放，果亦早熟，故名。

唐代典籍已有記載，并行用此稱，且沿稱至今。唐太宗《於太原召侍臣賜宴守歲》詩："四時運灰琯，一夕變冬春。送寒餘雪盡，迎歲早梅新。"宋范成大《梅譜》："早梅，花勝直脚梅，吴中春晚，二月始爛熳，獨此品於冬至前已開，故得早名。"明王鏊《姑蘇志·土産·生植》："梅之屬十二：江梅，遺核野生，不經栽接，一名直脚梅，或謂之野梅花疏，瘦有韻，實小；早梅，勝江梅，二月初開，故名。"明吴之鯨《武林梵志·城外南山分脉》："馮夢禎《澹社詩》：'寒隨早梅放，春氣動林泉。到此人青眼，相期社白蓮。'"《廣群芳譜·花譜一·梅花》："《程氏遺書》：早梅冬至已前發，方一陽未生然則發生者何也，其榮其枯，此萬物一個陰陽升降大節也。"清刊《授時通考·農餘門·果一》："早梅，四月熟。"

【消梅】

"早梅"之别稱。此稱多行用於宋代。宋范成大《梅譜》："消梅，花與江梅、官城梅相似，其實圓小鬆脆，多液無滓。多液則不耐日乾，故不入煎造，亦不宜熟，惟堪生啖。"清刊《授時通考·農餘門·果一》："消梅，實甘清，止可生啖，雖酢甚鬆脆，多液無滓。花重者實小，單者大。不宜熟。亦不堪煎造。"《廣群芳譜·花譜一·梅花》："消梅，花與江梅、官城梅相似。"今人曲澤洲等《果樹種類論·梅》以爲此消梅即早梅，今從其説。見"早梅"文。

【李家梅】

即早梅。原指消梅，因其始傳於花涇李氏，故名。因以代稱早梅。此稱宋代已見行用。宋施宿等《會稽志·木部》："消梅，其實脆而無滓。其始傳於花涇李氏，故或謂之李家梅。"見"早梅"文。

冰梅

習見核果名。薔薇科，李屬，冰梅（*Prunus mume* Sieb. et Zucc. var. *alba-plena* Bailey）。落葉小喬木或灌木。梅之變種一。樹似梅。而花重瓣，白色微紅。核果色如冰玉，故名。産南方各地。果可食，昔傳此梅無核，含之可自融，爲梅之上品。花大色艷可愛，可供觀賞。

明代典籍已有記載，時稱“玉蝶梅”。清代已行用“冰梅”之稱。明方以智《物理小識・草木類》：“梅：有鶴頂梅、消梅、冠城梅，皆實大，五月熟時。梅有六月熟者，早梅四月熟，冬梅花白實小，有玉蝶梅、緑蕚梅。”明宋詡《竹嶼山房雜部・樹畜部一・種木果法》：“梅，實青酢黄，井花甚香。種有鶴頂梅，實大而紅……玉蝶梅。”清鄒一桂《小山畫譜》卷上：“冰梅，三月開，如郁李而肥大，花粉色，千葉，蒂柄葉俱緑，高二三尺，枝條柔弱。北地花也。”清陳淏子《花鏡》卷四：“冰梅，實生，葉罅而不花，色如冰玉，無核，含自融。”清刊《授時通考・農餘門・果一》：“梅一名橑，實似杏，大者如小兒拳，小者如彈……異品有冰梅，實吐自葉罅，不花，色如冰玉，無核，含之自融如冰，佳品也。”《陝西通志・物産一・果屬》：“梅有硃砂梅、錢梅、照水梅、玉蝶梅、星梅（《南鄭縣志》）。”《廣群芳譜・果譜一・梅》：“異品有冰梅，實吐自葉罅，不花，色如冰玉，無核，含之自融如冰，佳品也。”又《花譜一・梅花》：“玉蝶梅，花頭大而微紅，色甚可愛。”曲澤洲等《果樹種類論》第二章“梅”：“冰梅（《花鏡》），*P. mume* var. *alba-plena* Bailey，花白色、重瓣，又稱玉蝶梅。”

【玉蝶梅】

即冰梅。此稱明代已行用。見該文。

杏

習見核果名。薔薇科，李屬，杏（*Prunus armeniaca* Linn.）。落葉喬木。葉寬卵形或圓卵形，葉緣具鈍鋸齒。花單生，白色或微帶紅色。果實球形，稀倒卵形，白、黄或黄紅色，常具紅暈，微被短柔毛；果肉厚，多汁，成熟時不開裂；核卵形或橢圓形，兩側扁平。種仁味苦或甜。全國各地均有栽培，尤以華北、西北、東北地區種植較多。我國杏之栽培歷史已逾數千年。

杏

（明盧和《食物本草》）

先秦典籍始有記載并行用此稱，沿稱至今。《夏小正・正月》：“梅、杏、杝桃則華。”又，“四月，囿有見杏”。古人以爲有墻之園圃曰“囿”。顯見夏代囿中已有杏之栽培。其適生生態環境亦有記載。《管子・地員》：“五沃之土……宜彼群木，桐柞枎櫄，及彼白梓，其梅其杏。”杏爲藥用始載於漢代典籍。《神農本草經・下品・杏核仁》：“杏核仁，味甘，温。主咳逆上氣……生川谷。”漢武帝修上林苑，栽杏二種，漢後杏之栽培更爲普遍，技術亦日臻成熟。北魏賈思勰《齊民要術》載種梅杏法，云與桃李同。唐宋時更有發展。唐韓鄂《四時纂要・春令・三月》：“栽杏：將熟杏和肉埋糞土中。至春既生，移栽實地；既移，不得更於糞地，必致少食而味苦。移須合土。三步一樹，穊即味甘（按‘穊’，稠密也。疑‘稀’之誤），服食之家，尤宜種之。須防霜著，若五果花盛時遭霜，即少子。可預於園中貯備惡草，遇天雨初晴，夜北風寒緊，必燒煴草烟，以免霜凍。”宋范成大《吴郡志・土物下》：“海杏，大杏也。范蠡宅在湖中有海杏，大如拳。今吴下杏猶有如小兒拳大者（《地理志》）。”元馮福京等《昌國州圖志・叙物産》：“土地所生，風氣所宜，不可以不書。而多識於鳥獸草木之名，《爾雅》之注不可誚也……果實：櫻桃、楊梅、梅、李、瓜、梨、蓮、葡萄、棗、枇杷、柿、椑、銀杏、林檎、桃、栗、橘、棖、杏、香欒、石榴。”明謝肇淛《滇略・産略》：“滇中氣候最早，臘月茶花已盛開，初春則柳舒桃放，爛漫山谷，雨水後則牡丹、芍藥、杜鵑、梨、杏相繼發花。”清蒲松齡《農桑經殘稿・五月・（種）杏》：“〔種杏〕法亦如桃。但移栽，勿於糞地，令少實而苦；桃樹上接之，實大而紅，亦耐久。”

杏　樹
（明朱橚《救荒本草》）

杏屬植物我國有五種。本種爲世界主要栽培種。有三個變種：即垂枝杏、斑葉杏、山杏。杏之品種品系不下五百餘種。今杏之野生類型仍可見於天山西部、中部、東部，西藏東部及其以東地區，秦嶺及北京以北之山林中。又，“杏”亦泛指李屬之杏類植物。含普通杏、東北杏、西伯利亞杏、藏杏四種群。

【杏樹】

即杏。此稱南北朝時期已行用，沿稱至今。《周書・孝義傳・張元》：“張元，字孝始。河北芮城人也……南隣有二杏樹，杏熟多落元園中，諸小兒競取而食之，元所得者送還其主。”宋樂史《太平寰宇記・淮南道五・光州》：“〔僊居縣〕杏山在縣東北，與仙居山隔谷，去縣七里上有抱朴子錬丹井竈，仙迹甚多，遍山皆杏樹。”明朱橚《救荒本草》卷七：“杏樹……救飢：采葉煠熟，以水浸漬，作成黄色，换水淘净，油鹽調食。”清于敏中《日下舊聞考・國朝苑囿》：“〔洪光寺〕自回廊後，東爲來青軒，下見坡陀，杏樹可十萬株。”見“杏”文。

【仙人杏】

“杏”之美稱。此稱南北朝時期已行用。《太平廣記》卷四一〇引《述異記》：“南海中多杏。海上人云，仙人種杏處。漢時，嘗有人舟行遇風，泊此洲五六日，日食杏，故免死。”後世遂以“仙人杏”爲杏之美稱。唐上官儀《春日》詩：“花輕蝶亂仙人杏，葉密鶯啼帝女桑。”宋葉廷珪《海録碎事・蠶織門》：“未染仙人杏，偏柔帝女桑。”一説特指花五色六出之杏。《浙江通志・物産五・台州府》：“杏，《述異記》：天台山有杏，花六出而五色，號仙人杏。”清高士奇《續編珠・花木部》：“《述異記》曰：東海郡尉于台（一作‘吉’）有杏一株，花雜五色，六出，號曰仙人杏。”見“杏”文。

【甜梅】

“杏”之別稱。杏果形如梅而味甜，故名。此稱五代時期已行用。宋陳彭年《江南別録》：“初，吴武王，諱行密。謂杏爲甜梅，及是復呼爲杏。”明李時珍《本草綱目・果一・杏》：“〔釋名〕甜梅。時珍曰：杏字篆文象子在木枝之形。或云從口及從可者，並非也。《江南録》云：楊行密改杏名甜梅。”《續通志・昆蟲草木略四・果類》：“杏，一名甜梅。《夏小正》云：四月囿有見杏。《管子》云：五沃之土，木宜杏。杏實形如彈丸，其種多，黄而圓者曰金杏；深赭色核大而扁，一名漢帝杏，謂武帝上林苑遺種也，大如梨，黄如橘，出濟南，味最勝。”清刊《授時通考・農餘門・果一》：“杏，一名甜梅。樹大實多，形如彈丸，有大如梨者，生酢熟甜，性熱生痰及癰疽，不宜多食，小兒産婦尤忌。”《廣群芳譜・果譜一・杏》：“杏，一名甜梅。《江南録》云：楊行密改杏名甜梅。”參閲《格致鏡原・果類一・杏子》。見“杏”文。

【艷客】

“杏”之别稱。此稱宋代已行用。宋姚寛《西溪叢語》卷上：“昔張敏叔有十客圖，忘其名，予長兄伯聲嘗得三十客，牡丹爲貴客，梅爲清客，蘭爲幽客，桃爲夭客，杏爲艷客。”元王惲《墨梅偶賦》詩：“梅華天質本紅黄，玉潔冰清徹骨香。近爲世間貪艷客，硬隨時世作新妝。”明陶宗儀《説郛》卷二四下：“花名十客，世以爲雅戲。《姚氏殘語》演爲三十一客，其中有未當者，暇日因易其一二，且復得二十客併著之，以寓獨賢之意：牡丹爲貴客，梅爲清客，蘭爲幽客，桃爲夭客，杏爲艷客，蓮爲净客，桂爲岩客，海棠爲蜀客，躑躅爲山客，梨爲淡客，瑞香爲閨客，木芙蓉爲醉客。”清汪琬《堯峰文鈔・今體詩三》：“《苕華書屋前種梅花四首》：‘和烟和月漸離披，成就幽居一段奇。桃杏本爲妖艷客，不令闌入竹笆籬。’《宋人小説》：‘桃爲妖客，杏爲艷客。’”見“杏”文。

【風流樹】 [2]

“杏”之戲稱。此稱清代已行用。昔傳杏樹初不結實，以少女裙繫樹上便實，故名。清李漁《閑情偶寄・種植・木本》：“種杏不實者，以處子常繫之裙繫樹上，便結子纍纍。予初不信，而試之果然。是樹性喜淫者，莫過於杏。予嘗名爲‘風流樹’。”見“杏”文。

杏李

習見核果名。薔薇科，李屬，杏李（*Prunus simonii* Carr.）。落葉小喬木。樹冠塔形，枝上展。單葉互生，長圓狀披針形至長圓狀倒卵形，圓鈍鋸齒緣。花簇生。核果扁球形，紅色，果肉淡黄色，具濃香。核小，扁球形。我國主要分布於華北地區各地。野生種尚未發現，多爲栽培者。果可食用。

我國栽培利用杏李至少已有千年歷史。此稱宋代已行用。《太平御覽》卷九六八：“有孝經李，一名老子李，其樹數年則枯。有杏李，味小酢，似杏。”宋潘自牧《記纂淵海・果食部・果》：“杏李，味小酢，似杏。”元王禎《農書》卷八：“李有數種……有杏李，味小酢，似杏。”明代亦稱“梅杏”“梅杏樹”。明李時珍《本草綱目・果一・杏》：“諸杏，葉皆圓而有尖，二月開紅花，亦有千葉者，不結實。甘而有沙者爲沙杏，黄而帶酢者爲梅杏，青而帶黄者爲柰杏。”明徐光啓《農政全書》

梅杏樹
（明徐光啓《農政全書》）

紅　李
（明盧和《食物本草》）

卷二九：“杏李，味小酸，似杏。”又，“梅杏，黄而帶酢”。又卷五八引《救荒本草》：“梅杏樹……救饑：摘取黄熟梅果，食之。”今人石聲漢《農政全書校注》以爲“梅杏”即此杏李。《續通志·昆蟲草木略四·果類》：“黄而酢者爲梅杏，青而黄者爲柰杏，甘而有沙者爲沙杏。”《廣群芳譜·果譜二·李》：“杏李，味小酸，似杏。”今亦稱“紅李”“秋根子”。按，本種於1627年輸入法國，認爲此乃一獨立種，1880年又轉引至美國。日人菊池秋雄以爲此當李之變種，此説或是，今從之。

【梅杏】

即杏李。此稱明代已行用。見該文。

【梅杏樹】

即杏李。此稱明代已行用。見該文。

【紅李】

即杏李。其果色紅，故名。今稱。見該文。

【秋根子】

即杏李。今稱。見該文。

杏梅

習見核果名。薔薇科，李屬，杏梅（*Prunus mume* var. bungo Makino）。落葉小喬木或灌木。梅之變種一。樹似梅，枝强大，小枝暗褐色，葉大。花大，淡黄色，萼赤紫色。核果球形，橙黄色，具褐色斑點，其味如杏，故名。主産南方各地。果可食。花大且美，亦可栽植供觀賞。

宋明典籍已有記載并行用此稱，沿稱至今。宋范成大《梅譜·杏梅》：“花比紅梅色微淡，結實甚扁，有斕斑色，全似杏，味不及紅梅。”明王鏊《姑蘇志·土産·梅之屬》：“杏梅，比紅梅微淡，結實匾，有斕斑色。”《續通志·昆蟲草木略四·果類》：“范成大《梅譜》有江梅、消梅、緑蕚梅、杏梅、鴛鴦梅諸名。”《廣東通志·物産志·果》：“杏梅，出樂昌，花紅實甜（《韶州志》）。”清刊《授時通考·農餘門·果一》：“杏梅，實扁而斑，味似杏。”清陳淏子《花鏡》卷四：“諸色梅：緑萼梅……杏梅，花色淡紅，實扁而斑，其味似杏。”曲澤洲等《果樹種類論》第二章“梅”：“杏梅（《花鏡》）……枝强大，小枝暗紫色……果實球形，橙黄色，有褐色斑點，其味似杏故名。”

李

習見核果名。薔薇科。李屬，李（*Prunus salicina* Lindl.）。落葉喬木。樹冠卵圓形，樹皮灰褐色。小枝棕紅色，無毛。葉長橢圓形至倒長圓狀卵形，葉緣具鈍重鋸齒。花常三朵簇生，白色。核果球狀卵形，先端稍尖，縫痕明顯，黄至淡黄緑色，或粉紅，被蠟粉。花期4至5月，果期7至8月。我國主要分布於陝、甘、川、雲、貴、湘、鄂、蘇、浙、贛、閩、粤、桂等地。果可食。果、葉、根及樹膠可入藥。

我國李栽培歷史至少已逾三千年，此稱始載於先秦典籍，沿稱至今。《詩·王風·丘中有麻》：“丘中有李，彼留之子。”《管子·地員》：“五沃之土……宜彼群木，桐柞枎櫄，及彼白梓，其梅其杏，其桃其李。”漢代已入林苑栽植，至南北朝時栽培經驗已頗豐富。三國魏曹植《君子行》：“君子防未然，不處嫌疑間。瓜田不納履，李下不整冠。叔嫂不親授，長幼不比肩。”南朝梁何遜《暮秋答朱記室詩》：“桃李爾繁華，松柏余本性。故心不存此，高文徒可咏。”北魏賈思勰《齊民要術·種李》：“李性堅，實晚，五歲始子，是以藉栽，栽者三歲便結子也。李性耐久，樹得三十年，老雖枝枯，子亦不細。”唐王績《薛記室收過莊見尋率題古意以贈》:“憶我少年時，携手游東渠。梅李夾兩岸，花枝何扶疏。”宋陳旉《農書》卷上:“四時八節之行，氣候有盈縮畸贏之度，五運六氣所主，陰陽消長有太過不及之差，其道甚微，其效甚著，蓋萬物因時受氣，因氣發生，理固不易測也。若仲冬而李梅實，季秋而昆蟲不蟄，藏類可見矣。”元王禎《農書》卷九:“夫李之與桃同氣類也。《韓詩外傳》有云：春則擷其花，夏則取其陰，秋則啖其實，以桃李並言，其有益於人多矣。”亦名“李子樹”。明朱橚《救荒本草》卷七:“李子樹，本草有李核人。舊不載所出州土，今處處有之。其樹大，高丈餘，葉似郁李子葉微尖而潤澤光俊。開白花，結實種類甚多。”清蒲松齡《農桑經殘稿・三月》:“李，取陰出之條，春月栽之。要以近根者爲佳。第一棵爲李大，易結實；至李三、李四，華而不實矣。”

按，李，本義作“果”解。如《説文・木部》:“李，果也。从木，子聲。”《爾雅翼・釋木》:“李，木之多子者，故從‘子’，亦南方之果也。”以爲木結果多，故名李，而李時珍《本草綱目・果一・李》則有另解:“木之多子者多矣，何獨李稱木子耶？按《素問》言李味酸屬肝，東方之果也。則李於五果屬木，故得專稱爾。”此亦備一説。另,《爾雅・釋木》有“休，無實”。“駁，赤李。”曲澤洲等《果樹種類論》第二章“李”稱:“李，别名：嘉慶子、玉皇李、山李子。古名：休（無實）、駁（赤李）。”其實，休、駁乃李之二古品種名，是特指無實與子赤之李（見《爾雅・釋木》邢昺疏）。此附供考。又，我國爲世界李栽培三中心之一。主要栽培種有中國李及烏蘇里李、杏李、櫻桃李等種。依果皮、果肉色澤不同又分成黄橙、緑色、紅色及紫色諸品種群。我國古代李品種頗多，較有名的有無實李、麥李、赤李、黄建李、青皮李、馬肝李、赤陵李、餻李、柰李、離核李、劈李、杏李、黄偏李、牛李、黄李、柴李、緑李、車下李、合枝李、燕李、木李等。今俗稱“山李子”“玉皇李”“李仔”。

李子樹
（明朱橚《救荒本草》）

【李子樹】

即李。此稱明代已行用。見該文。

【山李子】[2]

即李。今河南各地多俗用此稱。見該文。

【玉皇李】

即李。今北京各地多俗用此稱。見該文。

【李仔】

即李。今臺灣各地多俗用此稱。見該文。

【居陵迦】

“李”之梵語“KuLiṅga”，音譯爲居陵迦。出《梵書》。明李時珍《本草綱目・果一・李》:“[釋名] 時珍曰:《梵書》名李曰居陵迦。”《續通志・昆蟲草木略四・果類》:“《管子》曰：‘五沃之土宜梅李’。其類有緑李、紫李、牛心李、馬肝李、木李、柰李、杏李、水李、均亭李諸名，梵書名李曰居陵迦。”居陵迦（KuLiṅga）本指五味子，未詳何以指李。此附。見“李”文。

【李樹】

即李。此稱南北朝時期已行用，後世沿稱。北魏賈思勰《齊民要術·種李》："李樹、桃樹下，並欲鋤去草穢，而不用耕墾。"唐韓鄂《四時纂要·春令·正月》："嫁李樹則以石安（放）樹丫間。"清陳淏子《花鏡》卷四："李樹大者有一二丈，性較桃則耐久，可活三十餘年。老枝雖枯，子亦不細。花白小而繁，多開如雪。"見"李"文。

【嘉慶李】

即李。亦特指乾李。此稱唐代已行用，沿用於後世。亦稱"嘉慶子"。唐白居易《嘉慶李》詩："東都緑李萬州栽，君手封題我手開。"宋程大昌《演繁露·嘉慶李》："韋述《兩京記》：'東都嘉慶坊有李樹，其實甘鮮，爲京城之美，故稱嘉慶李。'今人但言嘉慶子，豈稱謂既熟，不加李亦可記也。"宋孟元老《東京夢華録·飲食果子》："又有托小盤賣乾果子，乃旋炒銀杏、栗子……嘉慶子。"元無名氏《百花亭》第三折："枝頭乾分利陰陽，嘉慶子調和臟腑。"明李時珍《本草綱目·果一·李》："〔釋名〕嘉慶子。時珍曰……今人呼乾李爲嘉慶子。"清刊《授時通考·農餘門·果一》："李：一名嘉慶子，實有離核、合核、無核之異。小時青，熟則各色。有紅、有紫、有黄、有緑，又有外青内白，外青内紅者。大者如杯、如卵，小者如彈、如櫻。其味有甘、酸、苦、澀之殊。性耐久，樹可得三十年，雖枝枯，子亦不細。"參閲《汝南圃史》。見"李"文。

【嘉慶子】

即嘉慶李。此稱宋代已行用。見該文。

【綿李】

即李。此稱宋代已行用。宋范成大《桂海虞衡志·志果》："綿李，味甘美，勝常品。擘之兩片，開如離核桃。"明陶宗儀《説郛》卷六二上："《桂海果志》：綿李味甘，美勝常品，擘之兩片，開如離核桃。"明顧起元《説略》卷二七："范成大《桂海虞衡志》載南果五十五種，其常見者不載，它如曰綿李，曰石栗，曰龍荔……曰匾桃，曰粉骨子，曰塔骨子，曰布衲子，曰黄肚子。"清陳元龍《格致鏡原·果類一·李子》引《紺珠》："繅車李，即車下李；麝香李，佳品；綿李，甘美核離。"《廣西通志·物産·柳州府》："李，象州出者味甜美。案《虞衡志》云：綿李勝常品，擘之開如離核桃。"依辛樹幟《中國果樹史研究》此綿李即指李。見"李"文。

油桃

習見核果名。薔薇科，李屬，油桃〔*Amygdalus persica* var. *nucipersica*（Suckow）D. Rivera, Obón, S. Ríos, Selma, F. Méndez, Verde & F. Cano〕落葉喬木。由毛桃芽變形成之變種。葉緣鋸齒較光桃爲粗，果面光滑無毛，不甚中食，以取仁爲主。我國主要分布於長江沿岸及浙江等地，新疆、甘肅亦有栽培。

宋代典籍已有記載并行用此稱。元王禎《農書》卷九："《本草衍義》曰：桃品亦多，京畿有油桃，小於衆桃，有赤斑點而光，如塗油。"明朱橚《救荒本草》卷七："桃樹，本草有桃核人，生太山川谷。河南陝西出者尤大而美。今處處有之……結實品類甚多。其油桃光小，金桃色深黄，崑崙桃肉深紫紅色。"明陶宗儀《説郛》卷一〇四下："桃之别三十：小桃、十月桃（出西太乙宫）、冬桃（至冬方熟）、蟠桃……千葉緋桃、千葉碧桃、大御桃、金桃、銀桃、白桃、崑崙桃、憨利核桃、胭脂桃、白御桃、旱桃、油桃。”明李時珍《本草綱目・果一・桃》：“桃品甚多……有綿桃、油桃、御桃、方桃、匾桃、偏核桃，皆以形名者也。”明王象晋《群芳譜・果譜・桃》：“油桃，小於衆桃，有赤斑點，光如塗油，花多子小，不堪啖，惟取仁。出汴中。”清陳淏子《花鏡》卷四：“油桃，出汴中，花深紅，實小，有赤斑點，光如塗油。”清姚炳《詩識名解・木部・桃》：“桃，《釋草》：荆桃、旄桃、榹桃，諸條皆有桃名，而形種各異，今按花有紅、紫、白數種，其實有緋桃、碧桃、緗桃、白桃、金桃、胭脂桃、取其色而名也。有綿桃、油桃、方桃、扁桃、偏核桃，象其形而名也。”清刊《授時通考・農餘門・果一》：“油桃，小於衆桃，有赤斑點，光如塗油，花多子少，不堪啖，惟取仁。出汴中。”《佩文韻府・平桃》：“油桃，本草：汴中有油桃，小於衆桃，光如塗油，不益脾胃。”今亦稱“李光桃”。

【李光桃】

即油桃。今稱。見該文。

桃

習見核果名。薔薇科，李屬，桃〔*Prunus persica*（Linn.）Batsch〕。落葉喬木。樹冠寬廣平展；樹皮暗紅褐色，老時粗糙呈鱗片狀；小枝細長，光滑，緑色。葉長圓披針形、橢圓披針形或倒卵狀披針形，緣具齒。花單生，先葉開放，粉紅色，罕白色。核果，其果形及大小變异頗大：卵形、寬卵圓形或扁圓形；其色澤由淡緑色至橙黄色，常在向陽面有紅暈，外面密被短柔毛；果肉多汁有香氣，味甜或酸甜；核大，與果肉易分離或黏核。種仁味苦，稀味甜。原産我國，各地均有栽培。果可食。果實、種子、葉、花、枝、根、樹膠均可入藥。亦有華而不實者，供觀賞。

桃

（明王圻等《三才圖會》）

我國桃樹栽培已有三千多年歷史。此稱始載先秦典籍，沿用至今。《詩・魏風・園有桃》：“園有桃，其實之殽。”桃的適生條件，先秦時已有記載。《管子・地員》：“五沃之土……宜彼群木：桐柞枎櫄，及彼白梓，其梅其杏，其桃其李。”桃之發育與栽培南北朝時已有較詳細記載。北魏賈思勰《齊民要術・種桃柰》：“桃性早實，三歲便結子……七八年便老，老則子細。十年則死。”又，“桃熟時，於墻南陽中暖處，深寬爲坑。選取好桃數十枚，擘取核，即内牛糞中，頭向上，取好爛糞和土厚覆之，令厚尺餘。至春桃始動時，徐徐撥去糞土，皆應生芽，合取核種之，萬不一失。其餘以熟糞糞之，則益桃味”。桃爲人們所喜愛，亦頗多題咏。南朝梁江淹《桃頌》：“惟園有桃，惟山有叢，丹葩擎露，紫葉繞風。”唐杜甫《千秋節有感》詩之二：“仙人張内樂，王母獻宫桃。”仇兆鼇注引《漢武内傳》：“王母令侍女索桃七枚，大如鴨子，形色正青，以四枚帝，自食其三。”按，桃，本義作“毛果”解。如《玉篇・木部》：“桃，毛果也。”乃一種外果皮生細毛之果名，故從木。李時珍《本草綱目·果一·桃》則以爲“桃性早花，易植而子繁，故字從木、兆。十億曰兆，言其多也。或云從兆諧聲也。”因桃花早開、子多，故得是名。又，兆，即預兆，有視其象而預知吉凶意。南方，三月稻穀播種，恰桃花盛開。稻秧喜水，而桃忌雨，故稻之榮枯，歲功豐歉，可視桃花盛衰予以預兆，故桃從兆聲。此亦一說，并引參證。桃除食用外，亦可觀賞。關於桃之種類、變種及品種較早記載的有《爾雅·釋木》《西京雜記》及晋代郭義恭《廣志》等。《洛陽花木記》載三十品，明代李時珍《本草綱目》對桃作了分類，王象晋《群芳譜》又提出了新種。徐光啓《農政全書》收載以前所列品種。桃之栽培除《齊民要術》外，《種樹書》《便民圖纂》《水蜜桃譜》《農桑經殘稿》均有較詳記述。桃爲李屬、桃亞屬植物。李屬約四百種，我國産八十餘種，桃亞屬有栽培價值的主要有山桃、甘肅桃、西藏桃、新疆桃、扁桃等品種。本種即普通桃，又有油桃、蟠桃、壽星桃等變種。桃之栽培品種全世界不下三千種，我國亦逾八百種。

【黍雪】

“桃”之別稱。黍雪原謂以黍拭桃毛。事見《韓非子》。據《韓非子·外儲説左下》載：孔子侍坐於魯哀公，哀公賜之桃與黍，孔子先飯黍而後啖桃，公曰：“黍以雪桃也。”對曰：“丘知之矣，夫黍五穀之長，而桃爲下，君子以賤雪貴，不聞以貴雪賤也。”後世遂以“黍雪”稱桃。宋王安石《移桃花示俞秀志》詩：“攀條弄芳畏晼晚，已見黍雪盤中毛。”參閱徐成志等《事物異名别稱詞典》見“桃”文。

【餘甘尉】

“桃”之戲稱。此稱五代時期已行用。宋陶穀《清異録·果》：“鄴中環桃特異，後唐莊宗曰：昔人以橘爲千頭木奴，此不爲餘甘尉乎？”明顧起元《説略》卷二四：“後唐苑中，環桃實特異，莊宗曰：昔人以橘爲千頭木奴，此不爲餘甘尉乎？”見“桃”文。

【仙果】

“桃”之別稱。舊傳西王母以玉盤盛仙桃送漢武帝，謂此桃三千年一結實，故稱桃爲“仙果”。明李時珍《本草綱目·果一·桃》：“《酉陽雜俎》載九疑有桃核，半扇可容米一升；及蜀後主有桃核杯，半扇容水五升，良久如酒味可飲。此皆桃之極大者。昔人謂桃爲仙果，殆此類歟？”見“桃”文。

【仙木】

即桃。此稱南北朝時期已行用。《埤雅·釋木》：“桃者五木之精，故能壓服邪氣，服其華令人好色，蓋仙木也。”《爾雅翼·釋木》：“《典術》曰：‘桃者，五木之精，仙木也，故壓伏邪氣，制百鬼。’”因以稱桃爲“仙木”。見“桃”文。

【瓊實】

“桃”之美稱。桃實味美，故名。此稱南北朝時期已行用。南朝宋劉義慶《幽明録》載：劉晨、阮肇共入天臺，得山上數桃，啖之，見二女，因邀還家，敕婢。文曰：“二郎向雖得瓊實，腹尚虚弊，可速作食。”遂以“瓊實”謂桃。《藝文類聚》卷五三引北周庾信《將命至鄴詩》：“膝香穗低投瓊實，有意報李更無蹊。”明王志慶《古儷府·道術部》：“北齊顔之推《神仙詩》：‘紅顔恃容色，青春矜盛年……朝游采瓊實，夕宴酌膏泉。'"見“桃”文。

【妖客】

“桃”之别稱。此稱宋代已行用。宋姚寬《西溪叢語》卷上：“昔張敏叔有十客圖，忘其名，予長兄伯聲嘗得三十客，牡丹爲貴客，梅爲清客，蘭爲幽客，桃爲妖客。”見“桃”文。

梅[2]

習見核果名。薔薇科，李屬，梅（*Prunus mume* Sieb. et Zucc.）。落葉喬木。樹高可達10米。葉卵形，先端尖，邊緣有鋸齒。早春先葉開花，花瓣五片，白色；亦有重瓣而紅色、緑色等類，花具香氣。核果近球形，生青熟黄，味酸，可食。核有斑孔。原産我國長江流域，今西南各省仍有野生者。人工栽培賞花或采果者幾遍及各地。果可食用或入藥。花、葉、梗、根亦能入藥。1975年，安陽殷墟出土商代銅鼎中發現有梅核，證明我國梅之花果應用至少已有三千二百餘年歷史。

先秦典籍已有記載，時始以“梅”稱。《詩・召南・摽有梅》：“摽有梅，其實七兮。”梅用作觀賞和園林緑化，興於漢代。漢張衡《南都賦》：“若其園圃……乃有櫻梅山柿，侯桃梨栗。”南北朝後，藝梅、賞梅、咏梅之風日盛。“木母”等别稱雅號不絶於詩詞歌賦。唐元結《演興・初祀》詩：“山之乳兮茸太祠，木孫爲桷兮木母榱。”唐宋後梅之栽培技術日臻成熟。明鄺璠《便民圖纂・樹藝類上》：“梅：春間取核，埋糞地，待長二三尺許，移栽。其樹接桃則實脆。若移大樹，則去其枝梢，大其根盤，沃以溝泥，無不活者。”清蒲松齡《農桑經殘稿・五月》：“接梅：以杏、李接則花小，惟桃接花大，然必知其花之色，若以白者接紅梅，則帶粉色；紅者接白梅，則帶桃色，其性然也。接枝無定候，小滿、春分皆可；每取數株，去盡根上土，根之礙盆者，枝之無款者，皆削去；將梅根刳下，向桃枝有眼處比擬恰當，如梅眼大，小刀剔去其皮，然後，以梅眼安上，須令不偏不脱，緊相吻合，乃以麻批絞纏極嚴固，再用稠糨糊封之，却上盆栽好，以時澆灌，無不活者。”

按，“梅”字，甲骨文闕，金文作𣏽。上木下呆，本義作“柟”解（見《玉篇・木部》）。即今之楠木（*Phoebe nanmu*）。“每”有草盛貌，如《説文・屮部》：“每，艸盛上出也。從屮母聲。”柟木樹幹端偉，枝葉森秀。以梅名之，以喻此木幹高枝茂極其繁盛之意，故從每。“某”本作“酸果”解，即酸梅之本稱。後爲梅字所奪，而某之本義遂借梅字行之，而梅字爲“楠木”之義因此晦而不彰，逐漸弃之不用。其中有相當長的時期中，梅字常指梅、楠兩種樹木。如《詩》中言“梅”之詩有五處，《秦風・終南》《小雅・四月》之梅係指樟科之楠木，而《召南・摽有梅》《陳風・墓門》《曹風・鳲鳩》之梅則指薔薇科結果味酸可食之梅。

【木母】

即梅[2]。此稱唐代已行用。見該文。

【某】

“梅[2]”之古字。其行用時期早於“梅”字。亦作“楳”“槑”“呆”“棗”。《説文・木部》：“某，酸果也，从木、甘，闕。槑，古文某，从口。”段玉裁注：“此是今梅字正字。”又，“許意某爲酸果正字……以許書律群經，則凡酸果之字作梅，皆假借也，凡某人之字作某，亦皆假借也。假借行而本義廢，固不可勝數矣”。

徐灝注箋："'某'即今酸果'梅'字，因假借爲'誰某'，而爲借意所專，遂假'梅'爲之，古文'槑'或省作'呆'，皆从木，象形。"又，《説文·木部》："楳，或从某。"段玉裁注："某聲，《召南》釋文曰：《韓詩》作楳。"《集韻·平灰》："梅，楳、某、槑。果名。《説文》枏也，可食。亦姓。或作䆊［楳］、某、槑，亦書作櫱。"《字彙·木部》："呆［杲］，古某字，今俗以爲癡獃字，誤。"《正字通·木部》："呆［杲］，同槑［槑］，省，古文某字作槑［槑］。某即古梅字。"按，字從ㅂ，不從口，與呆字别。見"梅[2]"字。

【楳】

同"某"。此體漢代已行用。見該文。

【槑】

同"某"。此體漢代已行用。常誤作槑，宜辨之。見該文。

【杲】

同"某"。常誤作呆，宜辨之。見該文。

【櫱】

同"某"。爲梅之异體字。見該文。

【清客】

"梅[2]"之雅稱。此稱宋代已行用。常見於詩詞歌賦。宋姚寬《西溪叢語》卷二："予長兄伯聲嘗得三十客：牡丹爲貴客，梅爲清客，蘭爲幽客。"明都卬《三餘贅筆·十友十二客》："牡丹，賞客；梅，清客。"見"梅[2]"文。

【狀元紅】[2]

"梅[2]"之别稱。此稱宋代已行用。宋潜説友《咸淳臨安志》引宋徐清叟《净明院和御製》詩："衝凍細尋梅資訊，枝頭喜見狀元紅。"見"梅[2]"文。

【一枝春】

"梅[2]"之雅稱。似特指其花。昔傳此稱曾行用於南北朝，後世常於詩詞中應用。《太平御覽》卷九七〇引南朝宋盛弘之《荆州記》："陸凱與范曄相善，自江南寄梅花一枝，詣長安與曄，並贈花詩曰：'折花逢驛使，寄與隴頭人。江南無所有，聊贈一枝春。'"後世遂以"一枝春"爲梅花的别名。宋黄庭堅《劉邦直送早梅水仙花三首》詩之一："欲問江南近消息，喜君貽我一枝春。"清余夢易《一萼紅》詞："算消息、江南較早，也不須遥寄一枝春。"見"梅[2]"文。

【梅英】

即梅[2]。指其花。此稱宋代已行用，多見於詩詞。宋秦觀《望海潮·洛陽懷古》詞："梅英疏淡，冰澌溶洩，東風暗换年華。"見"梅[2]"文。

【江梅】

即梅[2]。梅性喜暖，多生江南，故名。此稱多行用於宋代。亦稱"直脚梅""野梅"。宋蘇軾《和王晉卿送梅花次韻》："江梅山杏爲誰容，獨笑依依臨野水。"宋范成大《梅譜》："江梅，遺核野生，不經栽接者。又名直脚梅，或謂之野梅。凡山間水濱、荒寒清絶之趣，皆此本也。花稍小而疏瘦有韻，香最清，實小而硬。"又梅味酸，爲五味之一，古時用於鼎中調味，故又名"和鼎實"。宋黄庭堅《古風二首上蘇子瞻》："江梅有佳實，託根桃李場……古來和鼎實，此物升廟廊。"元張雨《喜春來·除夜玉山舟中賦》曲："江梅的的依茅舍，石瀨濺濺漱玉沙。"清張錫祚《題美人歲朝圖》詩："和氣散林皋，江梅香滿屋。"見"梅[2]"文。

【直脚梅】

即江梅。此稱宋代已行用。見該文。

【野梅】

即江梅。此稱宋代已行用。見該文。

【和鼎實】

即江梅。此稱宋代已行用。見該文。

【青子】[1]

即梅[2]。其實未熟時色青，故名。此稱宋代已行用。宋范成大《梅譜》:"余頃守桂林，立春梅已過，元夕則嘗青子，皆非風土之正。"清厲鶚《落梅用二宋落花韻》之一:"緑蔭青子差堪念，不道空枝更可傷。"參閲《格致鏡原》卷七四。見"梅[2]"文。

【曹公】

"梅[2]"之代稱。三國時，曹操兵敗，有"望梅止渴"之典故，因以"曹公"代稱梅。宋莊綽《雞肋編》卷上:"曹孟德有梅林救渴之事，而俗子乃呼……梅爲'曹公'。前人已載尺牘有'湯燖右軍(鵝)一隻，蜜浸曹公兩瓶'以爲笑矣。"清陳元龍《格致鏡原・果類一・梅子》:"《筆談》：吴人多謂梅子爲'曹公'。以嘗望梅止渴也。有士人遺醋梅作書云：醋浸曹公一餅。"參閲宋沈括《夢溪筆談・譏謔》。見"梅[2]"文。

棗[1]

習見核果名。鼠李科，棗屬，棗(*Ziziphus jujuba* L. Lam.)。落葉喬木。高可達10米；小枝紫褐色，平滑無毛，具成對針刺，直伸或鈎曲。單葉互生，卵圓形至卵狀披針形，緣具細鋸齒，三出脉。花小形，黄緑色，成短聚傘花序叢生於葉腋。核果卵形至長圓形，成熟時深紅色，果肉味甜，核兩端鋭尖。我國主要分布於河北、山東、河南、山西、陝西、甘肅及内蒙古、新疆等地，全國各地都有栽培。果可食。果、果核、根、樹皮、葉均可入藥。

我國棗樹栽培歷史至少已逾三千年。先秦時已行用此稱。《詩・豳風・七月》:"八月剥棗，十月穫稻。"《山海經・中山經》:"又東十里曰騩山，其上多美棗。"魏晋南北朝時，棗之栽培經驗已頗豐富：收棗、曬棗、食棗之法均有發展。北魏賈思勰《齊民要術・種棗》:"常選好味者，留栽之。候棗葉始生而移之。三步一樹，行欲相當。欲令牛馬履踐令净。正月一日日出時，反斧斑駮椎之，名曰'嫁棗'。候大蠶入簇，以杖擊其枝間，振去狂花。全赤即收。收法：日日撼而落之爲上。"明清時棗嫁樹、嫁接之法已廣爲實施。明鄺璠《便民圖纂》卷五:"棗：將根上春間發起小條移栽。俟幹如酒鍾大，三月終，以生子樹貼接之，則結子繁而大。又法：選種好者，於二月間種之。候芽生高，則移栽。三步一株，至花開，以枝擊樹振去(狂花)，則結實多。端午日，用斧於樹上斑駮敲打，則實肥大。"清代民間已行用"環剥"法提高坐果率及產量。此法沿用至今。清蒲松齡《農桑經殘稿・五月》:"嫁棗：夏至前，半花半棗時，量其樹，自根向上尺許，周圍用利刃削去粗皮，一寸闊，其口頭處，又去嫩皮分許，劙至骨，又横劙三四指遠留一鼻

棗

(明盧和《食物本草》)

梁勿斷，量樹大小留鼻梁□枚；又用草苫捆其處，勿令蟲蟻吮其津液，次年大旺。”

棗屬植物約有四十餘種，我國約産十種。在果樹栽培上有價值的主要有本種（普通棗）及酸棗、毛葉棗。普通棗有無刺棗、龍棗、葫蘆棗、宿萼棗、餅果棗、變形棗等變種。全國棗品種不下七百五十個，今按果實形狀及生物學特性將棗分爲長棗品種群：如長紅棗、晋棗、贊皇大棗、義烏大棗等；圓棗品種群：如圓鈴棗、靈寶大棗、相棗、團棗等；小棗品種群：如金絲小棗、無核小棗等；扁圓品種群：如冬棗、林檎棗、花紅棗等；葫蘆棗品種群：如葫蘆棗、子棗及磨盤棗等。按用途又分爲鮮食品種，如冬棗、梨棗、綿棗、冷棗；製乾品種，如金絲小棗、圓鈴棗、相棗等；加工品種，如義烏大棗、宣城圓棗、糠棗等。我國棗南方産區以蘇、皖、鄂爲主，南可至粤、桂及西南各地，以丘陵山區爲主，多零星分布，品種較少，多鮮食及加工品種；北方産區主要分布於黄河中下游，以冀、魯、豫、晋、陝爲主，分布範圍廣、面積大、品種多、産量高。此五省産量約占全國總産量之百分之九十以上。這些地區仍保留有許多古棗樹。如山東慶雲周尹村存一株“唐棗”，距今約一千三百餘年，爲隋唐時所植，樹高 6 米，胸圍 3.15 米，常年産量仍達 50~100 公斤。陝西清澗王宿里村存一株九百年生古棗樹，高 6.7 米，該縣宋代康定元年《縣志》曾有記載。山東樂陵市棗海村今存三百年生金絲小棗一株，高約 7 米，年産小棗達百餘公斤。我國古代棗之著述頗多，諸多農書常有記述。《爾雅》記棗品種十餘個，《廣志》亦記二十餘個；北魏賈思勰《齊民要術》對棗之選種、栽培、繁殖、定植、管理、嫁接、采收等均有詳述。元柳貫《打棗譜》記述棗品種有鹿盧棗、鷄冠棗、醍醐棗、齊白棗、羊棗、無實棗、鷄心棗等七十二品，并記有簡單性狀及産地等。實爲罕見之作，常爲世人所轉引。又，我國棗起源於野生之“棘（酸棗）”，經先民長期管理、栽培、馴化，於秦漢前始向栽培棗演變。湖南長沙馬王堆漢墓、湖北荆州江陵西漢墓及隨縣曾侯乙墓出土之棘實及其核，經鑒定即今之栽培棗，可證。另，“嫁棗”是我國勞動人民的創造，其方法是“正月一日日出時，反斧斑駁椎之”（《齊民要術》）；“端午日，用斧於樹上斑駁敲打”（《便民圖纂》）；“半花半棗時……去嫩皮分許，劙至骨”（《農桑經殘稿》）。目的在於通過斑駁敲搥棗樹樹幹或割斷嫩皮（樹幹皮部形成層），暫時阻斷或延緩樹葉製造的有機物從韌皮部沿篩管向下運送，將營養集中用於花芽分化和幼果生長，以提高坐果率和産量。這些經驗至今仍具參考價值，仍在棗區大力推廣。參見本卷《習見果木説・習見核果考》“酸棗[2]”文。

【大棗】

“棗[1]”之别稱。此稱始載秦漢典籍，沿稱至今。亦稱“洗”。《爾雅・釋木》：“洗，大棗。”郭璞注：“今河東猗氏縣出大棗，子如鷄卵。”亦指其果，俗稱“乾棗”“美棗”“良棗”。《神農本草經・上品・大棗》：“大棗，味甘，平……久服輕身長年，葉覆麻黄，能令出汗，生平澤。”孫星衍等注引《名醫别録》：“〔大棗〕一名乾棗，一名美棗，一名良棗，八月采，暴乾，生河東。”北魏賈思勰《齊民要術・種棗》：“《吴氏本草》曰：大棗，一名良棗。”明朱橚《救荒本草》卷七："《本草》有大棗，乾棗也。一名美棗，一名良棗，生棗。出河東平澤及近北州郡。青晋絳蒲州者特佳，江南出者堅燥少肉，樹高一二丈……救飢：采嫩葉煠熟，水浸作成黄色，淘净，油鹽調食。其棗紅熟時，摘取食之。"明李時珍《本草綱目・果一・棗》引寇宗奭曰："大棗先青州，次晋州，皆可曬曝入藥，益脾胃。餘者止可充食用耳。"《廣群芳譜・果譜五・棗》："《括異志》：邢州城東十餘里，周世宗之祖莊也，門側有井，上有大棗二株。世宗時柯葉茂盛，垂陰一畝。"見"棗[1]"文。

大　棗
(《證類備急本草畫圖》)

【洗】

即大棗。此稱秦漢時期已行用。見該文。

【乾棗】

即大棗。特指曬乾之棗果。此稱南北朝時期已行用。見該文。

【美棗】

即大棗。此稱南北朝時期已行用。見該文。

【良棗】

即大棗。此稱三國時期已行用。見該文。

【桄】

即棗[1]。此稱晋代已行用。《廣韻・上銑》："桄，棗也。"《太平御覽》卷七七〇引周處《風土記》："豫樟柟桄諸木，皆以多曲理盤節爲堅勁也。"見"棗[1]"文。

【羊角樹】

"棗[1]"之别稱。亦稱"鷄心"。此稱南北朝時期已行用。南朝梁簡文帝《賦棗》："風摇羊角樹，日映鷄心枝。"明王志堅《表異録・花果》："古詩：'風摇羊角樹，日映鷄心枝。'羊角、鷄心皆棗别名。"參閲明李時珍《本草綱目・果一・棗》。見"棗[1]"文。

【鷄心】

即羊角樹。此稱南北朝時期已行用。見該文。

【棗樹】

即棗[1]。此稱唐代已行用，并沿稱至今。唐白居易《杏園中棗樹》詩："人言百果中，唯棗凡且鄙。"宋蘇軾《棗》詩："居人幾番老，棗樹未成槎。"清蒲松齡《農桑經殘稿・正月》："栽棗者，不生芽，勿遽棄之。諺云：棗樹當年死不算死，柳樹當年活不算活。"見"棗[1]"文。

棗　樹
(明鮑山《野菜博録》)

【聖花兒】

"棗[1]"之别稱。此稱宋代已行用。宋陶穀《清異録・果》："睢陽多善棗，鷄冠棗宜作脯，醍醐棗宜生啖。或謂棗是聖花兒。"明彭大翼《山堂肆考》卷二〇六引《清異録》："睢陽有鷄冠棗，宜作脯。醍醐棗宜生啖。或謂棗是聖花兒。"清陳元龍《格致鏡原・果類一・棗》："《清異録》：百益一損者棗，一益百損者梨。醫氏目棗爲百益紅，梨爲百損黄，或又謂棗是聖花兒。”參閲《廣群芳譜・果譜五・棗》。見“棗[1]”文。

【紅棗】

即棗。此稱唐代已行用，沿稱至今。亦稱“紅皺”“紅縐棗”。唐韓愈《城南聯句》：“紅皺曬檐瓦，黄團繫門衡。”唐貫休《士馬後見赤松舒道士》詩：“堰茗蒸紅棗，看花似好時。”宋歐陽修《寄棗人行書贈子履學士》詩：“秋來紅棗壓枝繁，堆向君家白玉盤。”宋范成大《良鄉》詩：“紫爛山梨紅皺棗，總輸易栗十分甜。”見“棗[1]”文。

【紅皺】

即紅棗。因棗果乾後皮紅且皺，故名。此稱唐代已行用。見該文。

【紅縐棗】

即紅棗。此稱宋代已行用。見該文。

【百益紅】

“棗[1]”之别稱。乾棗色紅，營養豐富，食之可補中益氣，堅志强力，故名。此稱宋代已行用，沿稱於後世。宋陶穀《清異録・果》：“百益紅，百益一損者棗，一益百損者梨。醫氏目棗爲百益紅，梨爲百損黄。”參閲《廣群芳譜・果譜五・棗》。見“棗[1]”文。

【棗木】

即棗[1]。此稱唐代已行用。《新唐書・五行志二》：“八年六月庚寅，京師大風雨，毁屋飄瓦，人多壓死者。丙申，富平大風，拔棗木千餘株。”宋張邦基《墨莊漫録》卷三：“先植棠梨木與棗木相近，以梨條接於棠梨木上，候始生枝條，又於棗木大枝上鑿一竅，度接活梨條於其中，不一二年即生合，乃斫去棗之上枝，又斷棠梨下幹根脉，即梨條已接於棗本矣。”見“棗[1]”文。

【木蜜】[2]

即棗[1]。此稱明代已行用。明陶宗儀《輟耕録・事物異名》：“木蜜，棗子也。”清刊《授時通考・農餘門・果二》：“棗，一名木蜜，皮粗葉小，面深緑色，背微白。發芽遲，五月開小花，淡黄色，花落即結實。生青，不堪食，漸大漸白，至微見紅絲，即堪生啖，熟則純紅，味甚甘甜。”清陳淏子《花鏡》卷四：“棗，一名木蜜，樹堅直而高大，身多刺而少横枝。”《廣群芳譜・果譜五・棗》：“棗，一名木蜜。《廣記》云：木蜜，棗也。”按，《太平廣記》并無“木蜜，棗也”之文。見“棗[1]”文。

葫蘆棗

習見核果名。鼠李科，棗屬，葫蘆棗〔*Ziziphus jujuba* Mill. f. *lageniformis* (Nakai) Kitag.〕。落葉喬木或灌木。棗之變種一。樹似普通棗樹，唯果實中上部具一縊痕，致其形若葫蘆。我國各地有栽培。果可食。

秦漢典籍已有記載，時稱“邊”“要棗”，晋代稱“鹿盧棗”。因有細腰，故名。《爾雅・釋木》：“邊，要棗。”晋郭璞注：“子細腰，今謂之鹿盧棗。”郝懿行義疏：“鹿盧，與轆轤同，謂細腰也。”元柳貫《打棗譜・名》：“鹿盧棗。子細腰者。”今亦稱“乳頭棗”。

今人繆啓愉校釋《齊民要術》以爲：“〔鹿盧棗〕即今之葫蘆棗……果實中上部有一縊痕，呈葫蘆狀，故名。又像乳頭形，别名‘乳頭棗’。品質上等。北京及産棗區均有分布。”此棗有細腰，似罏、似乳，故今俗稱“罏子棗”“媽媽棗”“磨盤棗”“縊痕棗”“磴磴棗”“細腰棗”。

【邊】

即葫蘆棗。此稱秦漢時期已行用。見該文。

【要棗】

即葫蘆棗。“要”通腰。此稱秦漢時期已行用。見該文。

【鹿盧棗】

即葫蘆棗。此稱晋代已行用。見該文。

【乳頭棗】

即葫蘆棗。因其棗似乳頭，故名。今之俗稱。見該文。

【罐子棗】

即葫蘆棗。因其棗形以罐，故名，今之俗稱。見該文。

【媽媽棗】

即葫蘆棗。因棗似乳形，乳房俗稱“媽媽”，故名。今之俗稱。見該文。

【磨盤棗】

即葫蘆棗。今之俗稱。見該文。

【縊痕棗】

即葫蘆棗。今之俗稱。見該文。

【磑磑棗】

即葫蘆棗。磑即磨盤，因棗形如磨，故名。今之俗稱。見該文。

【細腰棗】

即葫蘆棗。今之俗稱。見該文。

滇刺棗

習見核果名。鼠李科，棗屬，滇刺棗（*Ziziphus mauritiana* Lam.）。常緑小喬木。小枝生棘刺并被短柔毛。單葉互生，葉柄被絹狀灰黄色短柔毛；葉片矩圓狀卵形至橢圓形。聚傘花序腋生，密被灰黄色短柔毛，花瓣黄白色。核果球形，成熟時朱紅色。我國主要分布於雲南、四川、廣東、廣西等地，福建、臺灣亦有栽培。樹皮、種子可入藥。

酸棗

（《證類備急本草畫圖》）

我國栽培利用滇刺棗已有數百年史，其種仁常爲“酸棗仁”之代用品。明代稱“黑食子”“噓噓果”。明蘭茂《滇南本草·黑食子》：“黑食子，味甘、酸。滇南甚多。秋季風吹子落，呼爲噓噓果。食之，元氣不散，多睡，能調心腎交接。久服令人目清延年，其功不可詳述。”今俗稱“酸棗”。

【黑食子】

即滇刺棗。此稱明代已行用。見該文。

【噓噓果】

即滇刺棗。此稱明代已行用。見該文。

【酸棗】[1]

即滇刺棗。今之俗稱。見該文。

蟠桃

習見核果名。薔薇科，李屬，蟠桃（*Amygdalus persica 'compressa'*）。落葉小喬木。普通桃之變種。樹與桃似，而果實扁平，圓形，有淺溝紋。我國主要分布於南部各地，北方亦有栽培。果供食用。

隋唐典籍已有記載，時稱“盤桃”。隋煬帝《親征高麗詔》：“提封所漸，細柳、盤桃之外；聲教爰暨，紫舌黄枝之域。”宋元已行用“蟠桃”之稱，并沿稱至今。宋梅堯臣《郭之美忽過云往河北謁歐陽永叔沈子山》詩：“忽聞人扣門，手把蟠桃枝。”元王禎《農書》卷九：“夫蟠桃仙果，固世所罕見，而天台之山，武陵之洞，往往有窺其境者，所種皆曼衍……其花可觀，其實可食，而其樹且易成也。”明陶宗儀《輟耕録·緑窗遺稿》：“蟠桃花樹裏，綉得董雙成。”《廣群芳譜·果譜一·桃》：“《燕客雜記》：京師中佳果有紅桃、白銀桃、小桃、蟠桃、合桃、酒紅桃、霜下桃、肅寧八月桃。”本種果形特异，果肉較甜，民間傳説以爲此乃仙果，頗爲群衆所喜愛。如《埤雅·釋木》：“《漢武帝故事》云：海上有蟠桃，三千霜乃孰，一千年開華，一千年結子。東方朔嘗三盜此桃矣。按仙家日月長。其果之華實自然久也。”然果味甜，不耐貯藏，且易受蟲害，果農栽培時務需注意。今江浙及冀魯豫等地多有栽培。

【盤桃】

即蟠桃。此稱隋代已行用。見該文。

灌木類

山杏

習見核果名。薔薇科，李屬，山杏（*Prunus sibirica* L.）。落葉灌木或小喬木。杏之變種一。樹皮暗灰色。小枝灰褐或淡紅褐色。葉卵形或近圓形，緣具細鈍鋸齒。花單生，先葉開放，白或粉紅色。果實扁圓形，黄或橘紅色，偶具紅暈，被短柔毛；果肉薄而乾燥，成熟時開裂，味酸澀，不堪食。核扁球形，種仁味苦。我國主要分布於遼、吉、黑、晋、冀、甘及内蒙古等地。可用作砧木，以嫁接良種杏。種仁供藥用，并可榨油。

唐代典籍已有記載并行用此稱。唐白居易《西省對花因寄題東樓》詩：“最憶東坡紅爛熳，野桃山杏水林檎。”宋蘇軾《和王晋卿送梅花》詩：“江梅山杏爲誰容，獨笑依依臨野水。”明徐光啓《農政全書》卷二九：“山杏不堪食，可收仁用。”明彭大翼《山堂肆考·花品》：“文與可詩：‘北園山杏皆高株，新枝放花如點酥。’”《駢字類編·山水門三》：“山杏，《圖經本草》：金杏熟最早，其扁而青者名山杏，咋酢不及之山杏，不堪入藥。”《佩文韻府·上杏》：“山杏，見上。温庭筠詩：月落子規歇，滿庭山杏花。”《廣群芳譜·果譜一·杏》：“山杏，肉薄不堪食，但可收仁用。”參閲清刊《授時通考·農餘門·果一》。

毛櫻桃

習見核果名。薔薇科，李屬，毛櫻桃（*Prunus tomentosa* Thunb.）。落葉灌木。枝開張，灰褐色，嫩時被絨毛。葉密集，倒卵形至寬橢圓形，葉緣具不整齊鋸齒。先葉開花，白色，初開時淡粉色。核果球形，深紅或黄色，稍被短柔毛。我國主要分布於遼、吉、黑、内蒙古、晋、冀、魯、豫、蘇、川、黔等地。果可生食或加工。亦植庭院供觀賞。

我國毛櫻桃栽培歷史悠久。三國時稱“麥櫻”。南北朝時稱“嬰桃”“牛桃”“英豆”。南朝梁陶弘景《名醫别録·中品·嬰桃》：“味辛、平、無毒……一名牛桃，一名英豆。實大如麥，多毛。四月采，陰乾。”尚志鈞輯校：“本條《初學記》引《本草》作‘櫻桃，味甘……一名牛桃，一名麥英。’”唐代稱“麥英”“李桃”“柰桃”。明代稱“山嬰桃”“朱桃”。明李時珍《本草綱目・果二・山嬰桃》:“［釋名］朱桃、麥櫻、英豆、李桃。〔孟〕詵曰:此嬰桃俗名李桃，又名柰桃。”《續通志・昆蟲草木略四・果類》:“山櫻桃，一名朱桃，一名麥櫻，一名英豆，一名李桃。樹如朱櫻，而葉尖長不團。子尖小，味惡不可食。”清刊《授時通考・農餘門・果一》:“山櫻桃,《本草》:山櫻桃，一名朱桃，一名麥櫻，一名英豆，一名李桃。樹如朱櫻，但葉尖長不團。子小而尖，生青熟黄赤，亦不光澤，而味惡不堪食。味辛。平。無毒。”《佩文韻府・平櫻》:“麥櫻,《本草》:山櫻桃，一名麥櫻。”鄭萬鈞等《中國樹木志・毛櫻桃》以爲《本草綱目》“山嬰桃”即本種。今通稱“毛櫻桃”。亦稱“山豆子”“野櫻桃”“梅桃”。

【麥櫻】

即毛櫻桃。此稱三國時期已行用，名見《吴普本草》。見該文。

【嬰桃】

即毛櫻桃。此稱南北朝時期已行用。見該文。

【牛桃】 [1]

即毛櫻桃。此稱南北朝時期已行用。見該文。

【英豆】

即毛櫻桃。此稱南北朝時期已行用。見該文。

【麥英】 [1]

即毛櫻桃。此稱唐代已行用，語本《初學記》。見該文。

【李桃】

即毛櫻桃。此稱唐代已行用。見該文。

【柰桃】

即毛櫻桃。此稱唐代已行用。見該文。

【山嬰桃】

即毛櫻桃。此稱明代已行用。見該文。

【朱桃】

即毛櫻桃。此稱明代已行用。見該文。

【山櫻桃】 [2]

即毛櫻桃。此稱清代已行用。見該文。

【山豆子】

即毛櫻桃。今河北各地多行用此稱。見該文。

【野櫻桃】 [2]

即毛櫻桃。今河南各地多行用此稱。見該文。

【梅桃】

即毛櫻桃。此稱近代已行用。參閱陳嶸《中國樹木分類學・櫻桃》。見該文。

郁李

習見核果名。薔薇科，李屬，郁李(*Prunus japonica* Thunb.)。落葉灌木。小枝灰褐色，嫩枝緑色或緑褐色，無毛。葉卵形或卵狀披針形，葉緣有缺刻狀鋭重鋸齒。花一至三朵簇生，白或粉紅色，與葉同放。核果近球形，深紅色，核表面光滑。花期5月，果期7至8月。我國主要分布於遼、吉、黑、冀、魯、蘇、浙、閩、粵、鄂等省。種仁及根供藥用。亦供觀賞。

我國郁李栽培利用歷史悠久。先秦時始稱“常棣”“鬱”。《詩・小雅・常棣》:“常棣之華，鄂不韡韡。”又《豳風・七月》:“六月食鬱及薁。”漢代已行用此稱，沿稱至今。亦稱“爵李”。《神農本草經・下品・郁李仁》:“郁李仁，味酸，平……一名爵李，生川谷。”晉代亦省作“郁”。《文選・潘岳〈閑居賦〉》:“梅杏郁棣之屬，繁榮麗藻之飾。”李善注：“郁，今之郁李。”明李時珍《本草綱目·木三·郁李》[集解]引《名醫别録》曰：“郁李生高山川谷及丘陵上。五月六月采根。”亦稱“爵梅”“秧李”。清吴其濬《植物名實圖考·木類·郁李》：“郁李，《本經》下品……實如櫻桃而赤，吴中謂之爵梅，固始謂之秧李。”

郁　李
（明王圻等《三才圖會》）

一説“栘”即郁李，事見宋宋祁《宋景文公筆記·跋》：“栘者，今郁李也，非開而反合者也。”又説“唐棣”亦指郁李。宋李樗、黄櫄《毛詩集解》卷四：“何彼襛（如容反）矣，美王姬也……襛，毛氏以爲戎戎也；《韓詩》以襛作茙；《説文》以爲衣厚貌。大抵襛是華之貌。郭璞云：唐棣，今白栘也。陸璣云：唐棣，郁李。一名雀梅，一名車下李。何其容如此之盛？乃唐棣之華也，以譬王姬容色之美也。”宋楊簡《慈湖詩傳》卷二：“《爾雅釋木》云：唐棣，栘。郭注云：似白楊。陸璣云：薁李也，一名雀李，亦曰車下李。其華或白或赤，本作郁李。許慎曰：白棣也。華如李，而小如櫻桃。”此俱附供考。

【常棣】

即郁李。此稱先秦時期已行用。見該文。

【鬱】

同“郁”。即郁李。此體先秦時期已行用。見“郁李”文。

【爵李】

即郁李。此稱漢代已行用。見該文。

【郁】

“郁李”之單稱。此稱晋代已行用。見該文。

【爵梅】

即郁李。此稱清代已行用。見該文。

【秧李】

即郁李。此稱清代已行用。見該文。

【栯】

同“郁”。即郁李。此體先秦時已行用。亦稱“栯木”“栯李”。《山海經·中山經》：“又東三十里曰泰室之山，其上有木焉，葉狀如梨而赤理，其名曰栯木。服者不妒。”《玉篇·木部》：“栯……《山海經》：太室山有木，葉狀如梨而赤理，曰郁木，服之不妒。”唐白居易《惜栯李花》詩序曰：“花細而繁，色艷而黯，亦花中之有思者。速衰易落，故惜之耳。”《廣韻·入屋》：“栯，栯李。又音有，俗作栯。”明李時珍《本草綱目·木三·郁李》：“郁，《山海經》作栯，馥郁也，花實俱香，故以名之。”明盧之頤《本草乘雅半偈·本經下品·郁李》：“覈曰：郁李，即棠棣。《詩》云唐棣、常棣。《山海經》作栯。所在有之，樹高六七尺，花葉枝幹並似李，惟子小若櫻桃，味甘酸，臭香而少濇。”《康熙字典·木部》：“栯……《廣韻》：栯李也。《唐本草》：栯李，一名雀李，一名車下李，一名棣。子小如櫻桃，五月熟。”見“郁李”文。

【栯木】

即栯。此稱先秦時期已行用。見該文。

【栯李】

即栯。此稱唐代已行用。見該文。

【薁】[1]

即郁李。此稱多行用於漢代。亦稱“薁李”。《漢書・司馬相如傳上》：“隱夫薁棣，苔遝離支。”顔師古注：“薁，即今之郁李也。”北周庾信《小園賦》：“棗酸梨酢，桃榹李薁。落葉半床，狂花滿屋。”明李時珍《本草綱目・木三・郁李》：“［釋名］薁李，郁李。”明季本《詩説解頤字義》卷四：“鬱，雀李，即《爾雅》所謂棣也。薁，郁李，即《爾雅》所謂栘也。二物形相似，但鬱小而薁大，鬱先熟而薁後熟耳。詳見常棣字義。”見“郁李”文。

【薁李】

即郁李。此稱三國時期已行用。參閲三國吴陸璣《毛詩草木鳥獸蟲魚疏》。見該文。

【雀李】

即郁李。魏晋時已行用此稱。亦稱“車下李”“棣”。《神農本草經・下品・郁李仁》孫星衍等注引三國魏吴普《吴普本草》曰：“郁李，一名雀李，一名車下李，一名棣。”又引南朝梁陶弘景《名醫别録》曰：“一名車下李，一名棣。生高山及邱陵上。五月、六月采根。”北魏賈思勰《齊民要術・五穀果蓏菜茹非中國物産者》：“鬱，《豳》詩義疏曰：其樹高五六尺，實大如李，正赤色，食之甜。《廣雅》曰：一名雀李，又名車下李，又名郁李，亦名棣，亦名薁李。《毛詩・七月》：食鬱及薁。”《太平御覽》卷九七三引《廣雅》：“〔鬱〕一名雀李，又名車下李，又有郁李，亦名棣。”宋梅堯臣《劉仲更於唐書局中種郁李》詩：“冷局少風景，買花栽作春。前時櫻桃過，今日雀李新。”清顧棟高《毛詩類釋・釋木・鬱》：“郁，劉楨《毛詩義問》云：鬱五六尺，其實大如李，正赤，食之甜。《本草》云：鬱，一名雀李，一名車下李，一名棣。生高山川谷或平田中，五月時實。”見“郁李”文。

【車下李】

即雀李。此稱三國時期已行用。見該文。

【棣】

即雀李。此稱三國時期已行用。見該文。

【鬱李】

同“郁李”。明代行用此稱。明謝肇淛《五雜俎・人部一》：“趙伯翁肥大，夏月諸孫納李八九枚於其臍中，此必誤也。李或是鬱李耳，大如櫻桃，故可納八九枚也。”見“郁李”文。參閲《本草綱目・木三・郁李》。

【雀梅】

即郁李。此稱三國時已行用。三國吴陸璣《毛詩草木鳥獸蟲魚疏・唐棣之華》：“唐棣，奥李也。一名雀梅，亦曰車下李，所在山中皆有，其花或白或赤，六月中成實，大如李子，可食。”明李時珍《本草綱目・木三・郁李》：“［釋名］薁李、郁李、車下李、爵李、雀梅、常棣。”見“郁李”文。

【喜梅】

“郁李”之别稱。此稱多行用於清代。亦稱“壽李”。清陳淏子《花鏡》卷四：“郁李一名……喜梅，俗呼爲壽李。”見“郁李”文。

【壽李】

即喜梅。此稱清代已行用。見該文。

沙棗

習見核果名。胡頽子科，胡頽子屬，沙棗（*Elaeagnus angustifolia* Linn.）。落葉灌木或小喬木。幼枝被銀白色鱗片。單葉互生，橢圓狀披針形至狹披針形，兩面均被銀白色鱗片，背面尤多，故呈銀白色。花一至三朵生於小枝下部葉腋，銀白色，芳香。核果橢圓形，長如指大，被銀白色鱗片，果肉粉質如沙，故名。味甜，可食。我國主要分布於西北地區，内蒙古、寧夏及京津、晋、冀、魯、豫有栽培。西北各地多用作防風固沙林及水土保持林，亦可用於園林緑化。木材可供建築、農具等用材。果可食，亦可加工成果醬、糕點或用以釀酒、熬糖。其花芳香濃鬱，爲上好蜜源，亦可提取芳香油。

本種原多野生，元明時已有栽培利用，并已行用此稱。元柳貫《打棗譜・名》："沙棗。出赤斤蒙古衛。"《明一統志・甘州左衛》："土産：毛褐、楸子、圓根、白柰、茄蓮、沙棗。"《清一統志・甘州府》："土産：布……沙葱、沙棗、甜瓜、圓根。"《甘肅通志・物産・肅州》："稻、麩金、石青……梨、沙棗（《一統志》：'出肅州'）。"清陳元龍《格致鏡原・果一・棗》："《紺珠》：沙棗，出甘州。"亦稱"桂香柳"。陳嶸《樹木分類學・桂香柳》："産甘肅、寧夏、河南及東北區；花有香氣，在河南開封栽培爲觀賞，普遍稱爲'桂香柳'，古詩云'柳絮飛時香滿城，梨花淡白柳新青'，蓋指本種也。"今亦稱"香柳""刺柳""銀柳""牙格達"。參閱俞德浚《中國果樹分類學・附禄・胡頹子科》。

【桂香柳】

即沙棗。因其花香氣濃鬱，似桂花，故名。今西北及中原各地多行用此稱。見該文。

【香柳】

即沙棗。今河南各地多行用此稱。見該文。

【刺柳】

即沙棗。今河南各地多行用此稱。見該文。

【銀柳】

即沙棗。因其枝、葉、花、果均被銀白色鱗片，故名。今西北及東北各地多行用此稱。見該文。

【牙格達】

即沙棗。蒙語音譯。今内蒙古各地多行用此稱。見該文。

麥李

習見核果名。薔薇科，李屬，麥李（*Prunus glandulosa* Thunb.）。落葉灌木，高約2米。單葉互生，卵狀矩圓形至矩圓狀披針形，葉緣具尖鋭單鋸齒或重鋸齒，上面深緑，下面色淡，沿脉微生柔毛。花一至二朵，白色或粉色，與葉同時開放。核果近球形，直徑約1厘米，紅色。我國主要分布於東北、華北、華中等地。野生者多見於山坡或灌叢中。花有白、粉二色，又有單瓣與重瓣之分，果可食。亦可栽培供觀賞，或作盆栽供觀玩。

我國人民熟習、利用麥李歷史悠久，秦漢時稱"痤""接慮李""青李"。亦作"椄慮李"。晋代始行用"麥李"之稱，以其果實與麥同時成熟而得名。《爾雅・釋木》："痤，接慮李。"晋郭璞注："今之麥李。"邢昺疏："'痤，接慮李。'郭云今之麥李。與麥同熟，因名。"《通志・昆蟲草木略二・果類》："李之類多，《爾雅》曰：休，無實李。一名趙李；又曰：痤，接慮李，今之麥李，即青李也。"《爾雅翼・釋木》："李，木之多子者，故從子。亦南方之果也……《爾雅》有三種：痤，接慮李，即今之麥李。與麥同熟者，爲果肉厚而乾。"元王禎《農書》卷儿："李有數種……痤，椄慮李，即今之麥李，細實有溝道，與麥同熟，故名。"明朱橚《救荒本草》卷七：“李子樹……痤，接慮李，即今之麥李。細實有溝道，與麥同熟，故名之。”清顧棟高《毛詩類釋・釋木・李》：“《爾雅》：‘休，無實李。’郭注：‘一名趙李。’邢疏：‘李之無實者，名休。’接慮李，郭注：‘今之麥李。’邢疏：‘與麥同熟，因名。’……李時珍曰：李，綠葉，白花，其種近百，色味不同，遲早亦異。麥李，四月熟。”《陝西通志・物産一・果屬》：“李，有紫李、麥李（《漢中府志》）。”

麥李
（明盧和《食物本草》）

【痤】

即麥李。此稱秦漢時期已行用。見該文。

【接慮李】

即麥李。此稱秦漢時期已行用。見該文。

【椄慮李】

同“接慮李”。即麥李。此體元代已行用。見“麥李”文。

【青李】

即麥李。此稱宋代已行用，名見宋鄭樵《通志》。見該文。

【接慮】

“接慮李”之省稱。即麥李。此稱明代已行用。明徐光啓《農政全書》卷二九：“麥李，麥秀時熟。實小，有溝，肥甜。一名痤，一名接慮。”見“麥李”文。

酸棗[2]

習見核果名。鼠李科，棗屬，酸棗〔*Ziziphus jujuba* Mill. var. *spinosa*（Bunge）Hu. ex H.F.Chow〕。落葉灌木或小喬木。高 1~3 米。老枝褐色，幼枝綠色；枝上生兩種棘刺，一爲針形直刺，一爲反曲刺。單葉互生，柄極短，托葉細長，針狀；葉橢圓形至卵狀披針形，主脉三出。花小，黄綠色，常二至三朵簇生於葉脉。核果近球形，先端鈍，成熟時暗紅色。我國主要分布於遼寧、内蒙古、河北、河南、山東、山西、陝西、甘肅、安徽、江蘇等地。多爲野生。鄉民偶或栽爲籬垣。根皮、棘刺、葉、花、種仁可入藥。亦常用爲嫁接棗之砧木。

我國利用酸棗歷史頗久，因枝多棘刺，故先秦時始稱“棘”。《詩・魏風・園有桃》：“園有棘，其實之食。”毛傳：“棘，棗也。”漢代已行用“酸棗”之稱，因果實味酸，故名。其實多入藥療疾。《神農本草經・上品・酸棗》：“酸棗，味酸，平。主心腹寒熱，邪結氣聚，四肢酸疼，濕痹，久服安五藏，輕身延年，生川澤。”魏晋南北朝時民間多植爲藩籬，種植技術已較豐富。北魏賈思勰《齊民要術・園籬》：“秋上酸棗熟時，收，於壟中概種之。至明年秋，生高三尺許，間斸去惡者，相去一尺留一根，心須稀概均調，行伍條直相當。”唐李白《尋魯城北范居士失道落蒼耳中見范置酒摘蒼耳作》：“酸棗垂北郭，寒瓜蔓東籬。”宋明時人們對酸棗的產地、生長、采收、治用等，均已積纍了豐富的經驗。宋唐慎微《證類本草・本草上品・酸棗》：“酸棗，味酸，平，無毒。主心腹寒熱，邪結氣聚，四肢酸疼……生河東川澤。八月采實，陰乾，四十日成。”明盧之頤《本草乘雅半偈·本經上品·酸棗仁》：“酸棗仁，氣味酸平，無毒。主心腹寒熱，邪結氣聚，四肢痠痛，濕痺。久服安五臟，輕身延年。頌曰：出汴雒及西北州郡，處處雖有，但分土産之宜與不宜耳。多野生在坡阪及城壘間，似棗而皮細，木心赤色，莖葉俱青，花似棗，八月結實，紅紫色，似棗而圓小，味極酸。當月采實，取核中仁。〔寇宗〕奭曰：嵩陽子言酸棗木高大，貨者皆棘子。此説未盡，蓋不知小則爲棘，大則爲酸棗。平地則易長，崖塹則難生，故棘多生崖塹上，經久不樵則成幹，人方呼爲酸棗。更不言棘，實一本也。”明代亦采果食之以度荒，稱作“酸棗樹”。明朱橚《救荒本草》卷六：“酸棗樹，《爾雅》謂之樲棗。出河東川澤，金城壘坡野間多有之。其木似棗而皮細，莖多棘刺。葉似棗葉微小。花似棗花。結實紅紫色，似棗而圓小；核中仁微扁，名酸棗仁，入藥用……救飢：采取其棗爲果食之，亦可釀酒，熬作燒酒飲。未紅熟時，采取煮食，亦可。”清刊《授時通考·農餘門·果二》：“《群芳譜》：酸棗，一名樲。小而圓，如芡。無大樹。實生青熟紅，皮薄核大，仁堪入藥，生用令人不眠。”

酸棗樹
（明朱橚《救荒本草》）

今華北、中原各地低山陽坡廣有野生，由於常被斫刈，多爲灌木狀。然亦有保存較久之古樹。今山東萊陽前格莊村存五百年生古酸棗樹，樹高8.6米，胸徑近60厘米；威海文登河格莊村七百年生古酸棗樹，樹高11米餘，胸徑近50厘米；蓬萊石門張家村存一株古樹，五百六十年生，高5米餘，生長依然旺盛。又北京市上堂子胡同十四號院内，今存一酸棗古樹，高21.3米，幹高1.15米，幹周4米，冠幅9×10.55米，樹齡約在千年左右，現仍年年結果。舊時酸棗除采種入藥外，未被充分利用。今各地廣泛開展酸棗開發利用。已在藥用、飲料、釀酒、保健食品及改接大棗等方面取得進展。據今人靳淑英調查，酸棗約有二十個類型，即酸味類酸棗六種，甜味類酸棗七種，酸甜類七種，爲科學利用野生酸棗資源提供了依據。

按，棘、棗同屬而异種，且棘爲棗之原生種。《詩》之《魏風》《陳風》《邶風》《曹風》及《小雅》曾多次出現“棘”，而棗則僅見於《豳風》，可見西周前後棘（酸棗）當比棗分布廣，數量多，在不斷馴化中逐漸成爲棗。據湖南農學院（現湖南農業大學）對長沙馬王堆漢墓、湖北荆州江陵西漢墓及湖北隨縣曾侯墓出土棘實及核之鑒定，當時之棘實已成爲栽培棗，亦足爲證，可見二千多年前酸棗已向栽培棗演變。棘與棗之分先民亦自有別，據明楊慎《丹鉛餘録》卷一〇：“《説文》：重朿爲棗，並朿爲棘。洪邁曰：棘與棗類，棘之字，兩朿相並；棗之字，兩朿相承。沈括曰：棗、棘皆有刺，棗獨生，高而少横枝；棘列生，卑而成林，以此爲別。其文皆從朿，朿音刺。木芒，刺也，朿而相戴（作竪立解）立生者棗也，朿而相比横生者棘也。不識二物，觀文可辨，古人制字之妙義如此。”筆者以爲棗字兩刺皆直如朿而相戴立生，而棘兩刺一直一鈎并而列生，樹與字之差别一目瞭然，先民之才智令人贊嘆不已。參見本卷《習見果木説・習見核果考》“棗”文。

【棘】

即酸棗[2]。此稱先秦時期已行用。見該文。

【酸棗樹】

即酸棗[2]。此稱明代已行用，并沿稱至今。見該文。

【樲】

即酸棗[2]。此稱秦漢時已行用。亦稱“樲棗”。《爾雅・釋木》：“樲，酸棗。”郭璞注：“樹小實酢。孟子曰：養其樲棗。”宋邢昺疏：“實小而味酢者名樲棗。”（按，《孟子》原文作“樲棘”）《説文・木部》：“樲，酸棗也。”《急就篇》卷三：“槐檀荆棘葉枝扶。”顔師古注：“棘，酸棗之樹也。一名樲。”明李時珍《本草綱目・果一・棗》引蘇頌曰：“樲，酸棗也。木小而實酢。”見“酸棗[2]”文。

【樲棗】

即樲。此稱宋代已行用，并沿稱於後世。見該文。

【樲棘】

即酸棗[2]。此稱先秦時已行用。《孟子・告子上》：“今有場師，舍其梧檟，養其樲棘，則爲賤場師焉。”漢趙歧注：“樲棘，小棘，所謂酸棗也。”宋龔鼎臣《東原録》：“《爾雅・釋木》曰：‘樲，酸棗。’郭璞云：‘樹小，實酢，孟子曰養其樲棘。’其《孟子》本文云：‘養其樲棘。’注：樲棘，小棗。所謂酸棗也。”元許謙《詩集傳名物鈔》卷二：“《字書》：棘，如棗而多刺，木堅色赤，叢生。人多取以爲藩，歲久而無刺，亦能高大如棗，木色白，爲白棘。實酸者爲樲棘。”明趙琦美《趙氏鐵網珊瑚》卷一六引《始入山至西峰記》：“余之所得不在急也，地多樲棘，且翳薈不見路，二僕余離輒誤岐之。”一説樲棘爲二物：“樲”爲“酸棗”，“棘”爲“荆棘”。參閲清錢大昕《十駕齋養新録・樲棘》。見“酸棗[2]”文。

【棘棗】

即酸棗[2]。此稱漢代已行用。《淮南子・兵略訓》：“伐棘棗而爲矜，周錐鑿而爲刃。”高誘注：“棘棗，酸棗也；矜，矛柄。”南北朝時亦稱“棘實”。南朝梁元帝《玄覽賦》：“杏花發於露寒，棘實浮於濛汜。”宋代亦作“樕”“樕子”。《集韻・入職》：“樕，木名，野棗酸者，江南、山東曰樕子。”元劉詵《寒食行》：“去年寒食城東橋，郭田野花春摇摇……高岡纍纍臨廣道，敗塹短籬編棘棗。”明李時珍《本草綱目・木三・酸棗》引《廣志》曰：“酸棗即棘實，更非他物。”《佩文韻府・上棗》：“棘棗。《淮南子》：‘伐棘棗而爲矜，周錐鑿而爲刃，剡摲筡奮擔钁以當修戟强弩。’”見“酸棗[2]”文。

【棘實】

即棘棗。此稱南北朝時期已行用。見該文。

【樕】

同“棘”。即棘棗。此稱宋代已行用。見“棘棗”文。

【樕子】

即棘棗。“樕”同“棘”。此稱宋代江南及山東各地已行用。見該文。

【山棗樹】

即酸棗[2]。亦省稱“山棗”。此稱南北朝時期已行用。明李時珍《本草綱目・木三・酸棗》：“［釋名］樲，山棗。［集解］〔陶〕弘景曰：

今出東山間，云即山棗樹。子似武昌棗而味極酸，東人啖之以醒睡。”見“酸棗[2]”文。

【山棗】[2]

即山棗樹。此稱明代已行用。見該文。

【刺棘花】

即酸棗[2]。亦稱“棘花”。此稱南北朝時期已行用，沿稱於後世。清吴其濬《植物名實圖考·木類·酸棗》：“酸棗，《本經》上品……又《别録》，有刺棘花，亦即棘花也。”見“酸棗[2]”文。

【棘花】

即刺棘花。此稱南北朝時已行用。見該文。

【樲】

即酸棗[2]。此稱漢代已行用。《史記·司馬相如列傳》：“枇杷樲柿，楟柰厚朴。”司馬貞索隱：“《説文》曰：‘樲，酸小棗也。’”參閲《説文·木部》及《玉篇·木部》。見“酸棗[2]”文。

櫻桃

習見核果名。薔薇科，李屬，櫻桃（*Prunus pseudocerasus* Lindl.）。落葉灌木或小喬木。樹皮灰白色，有明顯的皮孔。小枝灰褐色；嫩枝緑色，無毛或被白色短毛。單葉，互生，廣卵形或長圓狀卵形，緣有鋭鋸齒。花序傘房狀或近傘形，先葉開放，花白色。核果近球形，成熟時鮮紅色。我國主要分布於遼、冀、陜、甘、川、蘇、魯、豫、浙、贛等省。果供食用，亦可釀酒。枝、葉、根、花可入藥。

我國櫻桃栽培歷史已逾三千年。秦漢時稱“楔”“荆桃”。《爾雅·釋木》：“楔，荆桃。”晋郭璞注：“今櫻桃。”漢代已行用“櫻桃”之稱。《史記·司馬相如列傳》：“樗棗楊梅，櫻桃蒲陶。”《漢書·酈陸朱劉叔孫傳》：“惠帝常出游離宫，通曰：古者有春嘗果，方今櫻桃熟可獻，願陛下出因取櫻桃獻宗廟，上許之。諸果獻由此興。”顔師古注：“《禮記》曰：仲春之月，羞以含桃，先薦寢廟。即此櫻桃也，今所謂朱櫻者是也。”亦省稱“櫻”。《文選·潘岳〈閑居賦〉》：“三桃表櫻胡之別，二柰曜丹白之色。”李善注引《漢書音義》曰：“櫻桃，含桃也。《爾雅》曰：荆桃，今櫻桃也。”唐劉禹錫《和樂天譙李周美中丞宅池上賞櫻桃花》：“櫻桃千萬枝，照耀如雪天。”《埤雅·釋木》：“櫻桃爲木多蔭，其果先熟。一名荆桃，一名含桃，許慎曰：鶯之所含食，故曰含桃也。謂之鶯桃，則亦以鶯之所含食故謂之鶯桃也。《月令》：仲夏之月，天子羞以含桃，言薦新也。其顆大者或如彈丸，小者如珠璣。南人語其小者謂之櫻珠。”《爾雅翼·釋木》：“櫻桃，朱實甘美，飛鳥所含，故又名含桃。《爾雅》謂之荆桃。其華在梅後，至果熟則最先，故仲夏之月，以雛嘗黍，羞以含桃，先薦寢廟。”清蒲松齡《農桑經殘稿·三月》：“櫻桃：二三月間，分有根枝栽土中，糞澆即活，宜志南北，否則不實。”

櫻　桃
（明盧和《食物本草》）

按，“櫻桃”，亦櫻桃類植物之總稱。我國櫻桃種類極多，栽培種主要有中國櫻桃、山櫻桃、毛櫻桃、歐洲酸櫻桃、歐洲甜櫻桃等。中國櫻桃品種依品色、果形又可分爲紅黄兩類，六群：紅色球形品種群，如大烏蘆葉、東塘、早櫻桃；紅色卵球形品種群，如水櫻桃；紅色長圓形品種群，如長珠、青葉；黄色球形品種群，如琥珀櫻桃；黄色卵形品種群，如五蓮櫻桃、大白；黄色長圓品種群，如黄櫻桃、銀球等。古籍中所載之朱櫻、紫櫻即指今之紅色或深紅櫻桃品種，而所謂蠟櫻者即今之黄色櫻桃品種。

【楔】

即櫻桃。此稱秦漢時其已行用。見該文。

【荆桃】

即櫻桃。此稱秦漢時其已行用。見該文。

【櫻】

“櫻桃”之省稱。此稱晋代已行用。見該文。

【英桃】

即櫻桃。亦稱“牛桃”。此稱三國時已行用。北魏賈思勰《齊民要術·種桃柰》：“櫻桃，《吴氏本草》所説云：‘櫻桃，一名牛桃，一名英桃。’”明文震亨《長物志·蔬果》：“櫻桃，古名楔桃，一名朱桃，一名英桃。又爲鳥所含，故《禮》稱含桃，盛以白盤，色味俱絶。南都曲中有英桃脯，中置玫瑰瓣一味，亦甚佳，價甚貴。”清刊《授時通考·農餘門·果一》：“櫻桃，一名楔，一名荆桃，一名牛桃，一名英桃，一名鸎桃，一名含桃，一名朱櫻。”見“櫻桃”文。

【牛桃】[2]

即英桃。此稱三國時期已行用。見該文。

【含桃】

即櫻桃。此稱漢代已行用，沿稱於後世。《禮記·月令》：“[仲夏之月]是月也，天子乃以雛嘗黍羞，以含桃先薦寢廟。”鄭玄注：“含桃，櫻桃也。”《吕氏春秋·仲夏》“羞以含桃”漢高誘注：“含桃，鸎桃。鸎鳥所含食，故言含桃。”南朝宋鮑照《代白紵曲二首》之二：“含桃紅萼蘭紫芽，朝日灼爍發園華。”亦稱“梒”。《玉篇·木部》：“梒，今謂之櫻桃也。”《駢雅·釋木》：“麥英，含桃，櫻桃也。”明徐光啓《農政全書》卷三〇：“櫻桃……一名含桃。”《廣群芳譜·果譜三·櫻桃》：“一名含桃，《説文》云：鸎桃，鸎鳥所含食，故又曰含桃。”見“櫻桃”文。

【梒】

即含桃。此稱南北朝時期已行用。見該文。

【鸎桃】

即櫻桃。此稱漢代已行用，沿稱於明清。《埤雅·釋木》：“櫻桃爲木多陰，其果先熟，一名荆桃，一名含桃。許慎曰：鸎之所含食，故曰含桃。也謂之鸎桃，則亦以鸎之所含食，故謂之鸎桃也。”明徐光啓《農政全書》卷三〇：“孫炎云：大而甘者，謂之崖蜜。櫻桃一名楔，一名荆，一名英桃，一名鸎桃。”亦作“鶯桃”。明王志堅《表異録·花果》：“櫻桃，一名鶯桃，亦名含桃。”清吴玉搢《别雅》卷二：“鸎桃，櫻桃也。《吕覽》：仲夏之月，羞以含桃，先薦寢廟。高誘注：以鸎所含食故曰含桃，又名鸎桃。”《古音駢字續編·平豪》：“荆桃，鶯桃。陸佃：二同櫻桃。”《廣群芳譜·果譜三·櫻桃》：“一名鸎桃，一名含桃，《説文》云：鸎桃，鸎鳥所含食，故又名含桃。”《陝西通志·物産一·果屬》：“鄜州櫻桃山上多櫻桃樹（《花史》），一名楔（《廣群芳譜》），一名鶯桃，鶯多啣食，故名（《咸寧縣志》）。出膚施

(《延安府志》)。”見“櫻桃”文。

【鶯桃】

同“鸎桃”。因鶯鳥喜食櫻桃之果實，故名。此稱明代已行用。見該文。

【朱櫻】

即櫻桃。特指其紅色品種。此稱漢代已行用。《史記·劉敬叔孫通列傳》：“孝惠帝曾春出游離宫，叔孫生曰：古者有春嘗果，方今櫻桃孰，可獻。願陛下出。因取櫻桃獻宗廟，上乃許之，諸果獻由此興。”司馬貞索隱：“案《吕氏春秋》：‘仲春羞以含桃，先薦寢廟。’高誘云：進含桃也。鸎鳥所含，故曰含桃，今之朱櫻即是也。”《文選·左思〈蜀都賦〉》：“朱櫻春熟，素柰夏成。”李善注：“《漢書》叔孫通曰：古有春嘗果，令櫻桃熟可嘗也。”唐代亦稱之爲“珠櫻”。《新唐書·李適傳》：“夏宴蒲萄園，賜朱櫻。”唐韓愈、孟郊《城南聯句》：“淩花咀粉蕊，削縷穿珠櫻。”錢仲聯集釋引方世舉注：“左思《蜀都賦》：‘朱櫻春熟。’《埤雅·釋木》：‘南人語，其小者，謂之櫻桃。’”見“櫻桃”文。

【珠櫻】

即朱櫻。此稱唐代已行用。見該文。

【崖蜜】

即櫻桃。此稱先秦時期已行用，多行用於唐宋時。《通雅·植物》：“鬼谷子：‘櫻桃一名崖蜜。’《爾雅》：‘楔［楔］，荆桃。’孫炎注：‘即今櫻桃。’按，《説文》曰鸎桃。”宋蘇軾《橄欖》詩：“待得微甘回齒頰，已輸崖蜜十分甜。”宋王直方《王直方詩話·東坡〈橄欖〉詩崖蜜解》：“崖蜜，櫻桃。出《金樓子》。”明代亦稱“石蜜”。明陶宗儀《輟耕録·事物異名》：“石蜜，櫻桃也。”明徐光啓《農政全書》卷三〇：“櫻桃……孫炎云：大而甘者，謂之崖蜜。”見“櫻桃”文。

【石蜜】

即崖蜜。此稱明代已行用。見該文。

【朱茱】

“櫻桃”之別稱。亦稱“麥英”“麥甘酣”。此稱三國時已行用。《藝文類聚》卷八六引《吴氏本草》：“櫻桃，一名朱茱，一名麥英。甘酣，主調中，益脾氣。”《通志·昆蟲草木略二·木類》：“櫻桃，曰朱茱，曰麥甘酣，曰楔，曰含桃，曰荆桃，曰李桃，曰奈桃。《爾雅》云：‘楔，荆桃’。《禮》：‘含桃，先薦寢廟。’”亦稱“麦英”。明徐光啓《農政全書》卷三〇：“櫻桃……一名含桃，一名朱櫻，一名牛桃，一名麦英。”見“櫻桃”文。

【麥英】[2]

即朱茱。此稱三國時期已行用。見該文。

【麥甘酣】

即朱茱。此稱宋代已行用。見該文。

【麦英】

即朱茱。此稱明代已行用。見該文。

第二節　習見仁果考

果樹園藝學中的仁果，其絶大多數爲子房下位花，果實多係花托及花筒等部分膨大發育而成，子房壁與心室形成果心，其可食部分即膨大而成肉質的花托。此類樹木多爲高大喬木或灌木，多數有中心主枝，分枝成層狀，壽命較長，如蘋果、梨、山楂、木瓜之類的果樹即屬此類。枇杷與柿在植物學上也屬仁果，然於果樹園藝學中枇杷常列入亞熱帶果類，而柿入漿果類。故不在此考之中。本卷依照俞德浚《中國果樹分類學・仁果類》，包括蘋果屬、梨屬、山楂屬、木瓜屬、榅桲屬，各屬中的習見果樹將於本節考論。

仁果類果樹，亦是我國栽培極早的果樹。《詩》中有多處記述，如《秦風・晨風》："山有苞棣，隰有樹檖。""檖"即生於北方的一種梨（*Pyrus* sp.）。《小雅・杕杜》："有杕之杜，有睆其實。""杜"即今之杜梨（*Pyrus betulifolia* Bunge）（一説即褐梨 *Pyrus phaeocarpa* Rehd.）。《召南・甘棠》："蔽芾甘棠，勿翦勿伐。"依陳嶸《中國樹木分類學》也是今之杜梨。《衛風・木瓜》："投我以木瓜，報之以瓊琚。""木瓜"即今木瓜屬之木瓜〔*Chaenomeles sinensis*（Thouin）Koehne〕。《山海經》此類記載也有不少，如綸山、銅山、葛山等有"相"，洞庭之山多"柤""梨"，《西山經》有"棠"與"沙棠"等，上述柤、梨、棠、沙棠俱屬仁果之類果樹。《爾雅・釋木》有"楙"，此楙即今之"木瓜"。《禮記・内則》中亦將梨作爲天子燕食之庶饈，可見仁果類亦早爲先民所注重，均屬華夏璀璨博物之一。

仁果之中梨起源我國。如前所述，周秦時我國已有仁果類果樹之栽培，距今至少已兩千五百餘年，據《西京雜記》載，漢武帝修上林苑栽梨有十品："紫梨、青梨（實大）、芳梨（實小）、大谷梨、細葉梨、縹葉梨、金葉梨（出琅邪王野家，太守王唐所獻）、瀚海梨（出瀚海北，耐寒不枯）、車王梨（出海中）、紫條梨。"可見兩千多年前我國梨之栽培已極廣泛，且培育了不少優良品種。魏晋時梨之栽培亦有發展，品種及品質都有改善，如晋郭義恭《廣志》載廣都梨，重六斤，數人分食之。晋代的六斤，折合今日 1.3 公斤，梨果之大即是今日亦屬罕見。南北朝時梨之栽培技術有極大提高，北魏賈思勰《齊民要術》記述梨品種達十八個，如《廣志》所載張公夏梨、椁梨、廣都梨、箭谷梨、陽城秋梨、夏梨，《三秦記》的含消梨，《荆州土地記》的名梨，《永嘉記》的官梨以及《西京雜記》所載之十種。梨之栽培經驗頗爲豐富，"種者，梨熟時，全埋之。經年，至春地釋，分栽之，多著熟糞及水。至冬葉落，附地刈殺之，以炭火燒頭。二年即結子"（《齊民要術・插梨》）。尤其嫁接技術記述最詳，“插者彌疾。插法：用棠、杜。杜如臂以上皆任插。杜樹大者，插五枝；小者，或三，或二”，此處之“插”即謂嫁接。接後之管理如綁縛、培土、灌水等俱有詳述，其中不少細節至今仍有極高參考價值。此後，宋人吴欑《種藝必用》、元代司農司編《農桑輯要》、王禎《農書》等俱有關於梨栽培技術及品種介紹。明李時珍《本草綱目》等藥學典籍亦有關於梨之藥用記載，且對其別名、异稱都有考釋。徐光啓《農政全書》卷二九不僅載梨之别名數個，記述品種多達三十餘，其中有《爾雅·釋木》所收之山樆，《廣志》所收之夏梨、椁梨、廣都梨、箭谷梨與陽城秋梨、夏梨，《三秦記》之含消梨，《荆州風土記》之石梨、官梨，《西京雜記》所記十種，《本草圖經》之乳梨、雪梨、鵝梨、水梨、消梨、紫煤梨、赤梨、甘棠梨、䴵兒梨、桑梨、香水梨、玄光梨等，并指出“香水梨最好上品”，“塗山之梨，其大如斗”。對栽梨、嫁接，象鼻蟲之防治，采集收藏等俱有較詳説明。至清季，梨之栽培又有發展，《授時通考》《廣群芳譜》《花鏡》《植物名實圖考》均有詳細記述。

當今梨之栽培品種主要源於洋梨〔*Pyrus communis* L. var. *sativa*（DC.）DC.〕、秋子梨（*P.ussuriensis* Maxim.）、白梨（*P.bretschneideri* Rehd.）與沙梨〔*P.pyrifolia*（Burm.f.）Nakai〕等四種。據統計來源於洋梨的品種約五千種以上，常用者亦達二百多種。我國梨栽培品種不下三千種，其中秋子梨系統品種約三百種左右，屬於白梨及沙梨系統的約在千種以上。生産上主要栽培種有：秋子梨品系中遼寧的南果梨，東北的香水梨，北京地區的京白梨，遼西地區的安梨、花蓋、大頭黄、秋子、尖把、麻梨等，河北北部的鴨廣梨、沙果香等，甘肅河西走廊的軟兒梨等；白梨系品種有主産華北地區的鴨梨，山東萊陽的慈梨，河北石家莊的雪花梨，遼寧綏中、北鎮及河北興隆、昌黎地區的秋白梨、蜜梨，山東栖霞大香水、龍口長把梨、青島恩梨，甘肅蘭州冬果梨，新疆庫爾勒香梨，陝西大荔遺生梨，河南孟津天生伏梨，四川全川雪梨等；沙梨系品種有碭山酥梨，延邊蘋果梨，四川蒼西梨，貴州湄潭金蓋梨、威寧大黄梨，廣西灌陽雪梨，江西上饒魁星麻殼梨，浙江義烏三花梨，安徽歙縣早三花梨等；另外還有洋梨品種伏茄梨、茄梨、三季梨、巴梨、日面紅、寶斯克、安珠梨、冬香梨、貴妃梨等。

蘋果爲世界上栽培最早的果樹之一。資料證明，古埃及至少有五千年栽培歷史。蘋果屬植物分兩個亞屬，八個組，計三十六種，其中起源於我國者有二十三種。我國栽培蘋果的歷史亦相當悠久。據考證，古所謂“柰”者，即今之中國蘋果（綿蘋果），柰亦作“棕”，漢代已有栽培之記述，如漢揚雄《蜀都賦》：“杏李枇杷，杜樼栗棕。”晋左思《蜀都賦》亦有柰之記載："朱櫻春熟，素柰夏成。"魏晋時栽培已較盛行，甘肅河西走廊已成爲綿蘋果的栽培中心。《廣志》有"柰有白、青、赤三種，張掖有白柰，酒泉有赤柰。西方例多柰，家家收切曝乾爲脯，數十百斛，以爲蓄積，謂之頻婆糧"之記載，表明晋代西北地方已普遍栽培綿蘋果。至南北朝時，栽培技術已臻成熟，《齊民要術》有"桃柰種法"。唐代柰栽培又有發展，唐段成式《酉陽雜俎・廣動植》："白柰，出凉州野猪澤，大如兔頭。"凉州即今甘肅武威，白柰以果實之大成爲當時著名品種。明清時始用今稱，栽培更廣。如明王象晋《群芳譜》："蘋果，出北地，燕趙者尤佳。接用林檎體。樹身聳直，葉青似林檎而大。"又清康熙三年（1664）《房山縣志》載："蘋果，一名蘋婆果。《采蘭雜志》：'燕地蘋婆果味雖平淡，放置枕邊有香氣。'"當時，京畿及其附近之房山、宛平、延慶、昌平、懷柔、密雲、平谷等均有栽培。西洋蘋果栽培，我國始於清末，據傳係1871年由美國傳教士引入中國，始栽於山東烟臺，1898年前後德、日兩國引入青島。引入品種先後有緋之衣、伏花皮、紅魁、黄魁等，隨後又引入國光、紅玉、倭錦、青香蕉、紅星、金冠等品種。目前世界蘋果栽培品種約八千種以上，生産上常用者不下百餘種。我國常用的栽培品種有：早熟品種甜黄魁、伏紅、遼伏、早生旭、伏帥、伏錦，中熟品種祝光、旭、金光等，中晚熟品種元帥、紅玉、金冠、蔡花、橘蘋、富麗等，晚熟品種富士、國光、秦冠、勝利、番紅、印度、紅珊瑚、青香蕉、大國光等。另外，我國固有的蘋果與小蘋果今尚保留者有綿蘋果、冬紅、檳子、冰糖葫蘆、香果、花紅、八棱海棠等。

榲桲原産於伊朗、外高加索及小亞細亞各地，也是栽培歷史悠久的果樹。據稱四千多年前已有栽培。公元前10世紀開始由原産地西傳至地中海沿岸，隨後傳入其他地區。我國引種榲桲歷史尚無確考，據辛樹幟考證《晋宫閣記》始有記載："華林園有林檎十二株，榲桲六株。"《述征記》曰："林檎果實可佳，比榲桲實微大，其狀醜，其味香。關輔乃有，江淮南少。"（《太平御覽》）《隋書・經籍志》亦有記載，故榲桲引入中土至遲當在魏晋或以前。榲桲古又稱"欒櫨"，據《西京雜記》載，上林苑曾栽有欒櫨。榲桲或在漢代已由今新疆地區引入今陝西地區，而至唐宋起盛行各地。今新疆之沙車、葉城、和田、墨玉有栽培，甚至有百年以上大樹存世，但因其生食品味不佳，故栽培範圍并不甚大。

其餘仁果，如海棠、木瓜等除采果外，尚用於觀賞；杜梨、山荆子等則多用作嫁接良種梨、蘋果的砧木。其餘諸種尚待進一步研究開發。

本節所考凡十五種，隸屬於薔薇科之山楂、木瓜、花楸、梨、蘋果五屬。

喬木類

山楂 1

習見仁果名。薔薇科，山楂屬，山楂（*Crataegus pinnatifida* Bunge）。落葉喬木。樹皮粗糙，灰色或褐色。多分枝，枝條無刺或具稀刺。單葉互生，廣卵形或三角狀卵圓形，葉緣具三至五羽狀深裂，并具不規則尖鋭重鋸齒。傘房花序，花多，白色，總花梗及花梗均被柔毛。果實近球形或梨形，深紅色，表面生淺色斑點。種子三至五枚，背面稍具棱，兩側平滑。我國主要分布於遼、吉、黑、内蒙古、冀、魯、豫、晉、陝、蘇等地。可供觀賞。幼苗可作嫁接山裏紅、蘋果等果樹之砧木。果可生食，亦可加工或入藥。

此種爲栽培山楂之原生種。秦漢典籍已有記載，時稱“朹”“槃梅”。《爾雅・釋木》：“朹，槃梅。”郭璞注：“朹樹狀似梅，子如指頭，赤色似小棕，可食。”唐代稱“赤爪實”“羊梂”“鼠查”。唐蘇敬等《新修本草・木部・赤爪實》：“〔赤爪實〕味酸，冷，無毒。……一名羊梂，一名鼠查。”明代始用“山楂”之稱。亦稱“赤爪子”“鼠楂”“猴楂”“茅楂”“朹子”“棠梂子”。明李時珍《本草綱目・果二・山楂》：“〔釋名〕赤爪子、鼠楂、猴楂、茅楂、朹子、槃梅、羊梂、棠梂子、山裏果。時珍曰：山楂味似楂子，故亦名楂。世俗作查字，誤矣……郭璞注《爾雅》云：‘朹樹如梅。其子大如指頭，赤色似小柰，可食。’此即山楂也，世俗作梂字亦誤矣。梂乃櫟實，于朹何關？楂、朹之名，見於《爾雅》。自晉、宋以來，不知其原，但用查、梂耳。此物生於山原茅林中，猴、鼠喜食之，故又有諸名也。《唐本草》赤爪木，當作赤棗，蓋棗、爪音訛也，楂狀似赤棗故爾。”明朱朝瑛《讀詩略記・椒聊》：“《爾雅》曰朹，槃梅。朹者，聊。《説文》，朹，高木也，是朹樹之高大者名之爲聊也。郭璞注：朹，似梅，子赤色，似小柰，可食。《唐本草》曰即今山樝也。樝與查同，山查低小者俗呼爲棠朹，高大者俗呼爲羊朹。”清陳啓源《毛詩稽古編・木瓜》：“又有山樝者，味似樝子，故亦名樝。《唐本草》謂之赤爪子。宋《圖經外類》謂之棠球子。即《爾雅》之‘朹，槃梅’也。”《續通志・昆蟲草木略四・果類》：“山樝，一名朹子，一名槃梅，一名棠梂子，一名赤爪子，一名茅楂，一名羊梂子。”清陳淏子《花鏡》卷四：“山楂，一名茅楂。樹高數尺，葉似香薷；二月開白花，結實有赤、黄、白三色，肥者如小林檎，小者如指頂，九月乃熟，味似樝子而微酢。多生於山原茅林中，猴、鼠喜食，小兒以此爲戲果。”

山　查
（明盧和《食物本草》）

山楂爲我國特有樹種，我國産十七種，但目前作爲果樹栽培者僅二三種，其餘均處於野生狀態，尚待進一步研究開發。據1980年全國山楂品種普查發現，我國山楂優良品種與品系不下百餘個。遼寧的“紅山楂”“西豐紅”，河北“大金星”“小金星”“陳溝紅果”，山西安澤“大山楂”、絳縣“紅肉山楂”，山東“紅瓤綿球”“大敞口”“金星綿”，吉林“雙紅”“大旺”，雲南的“小白果山楂”等均屬山楂之上品，頗爲群衆所喜愛。今亦稱“紅果”“酸楂”。

按，我國古代山楂先名“杭”，亦曾與梨屬共名“柤”，後漸名“樝”，再後始稱“查”“楂”，電子版《四庫全書》中李時珍《本草綱目》楂字皆作“樝”。又，山楂分布廣泛，常因產地及果形之异，派生諸多异名，宜慎辨之。

【杭】[1]

即山楂[1]。此稱秦漢時期已行用，後世偶亦應用。見該文。

【檕梅】

即山楂[1]。此稱秦漢時期已行用。見該文。

【赤爪實】

即山楂[1]。此稱唐代已行用。見該文。

【羊梂】

即山楂[1]。此稱唐代已行用，語本《唐本草》。見該文。

【鼠查】

即山楂[1]。此稱唐代已行用，語本《唐本草》。見該文。

【赤爪子】

即山楂[1]。此稱唐代已行用。見該文。

【鼠楂】

即山楂[1]。此稱明代已行用。見該文。

【猴楂】

即山楂[1]。此稱漢代已行用。見“山楂”“蠻楂”文。

【茅楂】

即山楂[1]。此稱元代已行用。參閱元吴瑞《日用本草》。見該文。

【杭子】[1]

即山楂[1]。此稱明代已行用。見該文。

【棠梂子】

即山楂[1]。此稱明代已行用。見該文。

【紅果】

即山楂[1]。今河北各地多行用此稱。見該文。

【酸楂】

即山楂[1]。因其果酸酢，故名。今山東各地多行用此稱。見該文。

【山樝】

同“山楂[1]”。此體唐代已行用，多行用於明清時。明朱朝瑛《讀詩略記・椒聊》：“《爾雅》曰杭，檕梅。……《唐本草》曰即今山樝也。”明徐光啓《農政全書》卷三〇：“山樝，《爾雅》曰：‘杭子檕梅。’九月熟。取去皮核，搗和糖蜜，作爲樝糕，以充果物。”《熱河志・物産二・果之屬》：“山樝，土人稱爲山裏紅。味酸澀。《群芳譜》曰：一種小者，實有赤黄二色，堪入藥。大者經霜乃紅，可食。今塞山多有之。”《廣群芳譜・果譜四・山樝》：“山樝，一名棠梂子……其類有二種，皆生山中。”清吴其濬《植物名實圖考・果類・山樝》：“山樝，《唐本草》始著録，即赤瓜［爪］子。李時珍以爲《爾雅》杭梅即此。北地大者味佳，製爲糕；小者唯入藥用。”見“山楂[1]”文。

【山查】

同“山楂[1]”。此體明代已行用。亦稱“糖球”“糖球子”。《通雅・植物》：“杭，檕梅，山查也……今大者呼糖球。”清趙翼《自幸》詩：“偶然食肉仍愁脹，熬熟山查候飯餘。”清吴儀洛《本草從新·果部·山查》：“山查，古字作樝。瀉，破氣、化痰散瘀。酸、甘、微温。健脾行氣，消食磨積，散瘀化痰……有大小二種，小者入藥，一名糖球子。”見“山樝[1]”文。

【糖球】

即山查。此稱明代已行用。見該文。

【糖球子】

即山查。此稱清代已行用。見該文。

【山裹紅】[1]

即山樝[1]。此稱多行用於宋明時，沿稱於後世，今京、津、河北諸地仍俗用此稱。亦稱“山裹果兒”“酸棗”“鼻涕團”“映山紅果”。明李時珍《本草綱目·果二·山樝》［釋名］引王璆《百一選方》云：“山裹紅果，俗名酸棗，又名鼻涕團。”明朱橚《救荒本草》卷六：“山裹果兒，一名山裹紅，又名映山紅果。生新鄭縣山野中。枝莖似初生桑條，上多小刺。葉似菊花葉，稍團；又似花桑葉，亦團。開白花。結紅果，大如櫻桃，味甜。”見“山樝[1]”文。

【山裹果兒】[1]

即山裹紅[1]。此稱明代已行用。見該文。

【映山紅果】[1]

即山裹紅[1]。此稱明代已行用。見該文。

【酸棗】[3]

即山裹紅[1]。因其果味酸，故名。此稱明代已行用。鼠李科亦有酸棗，古稱“棘”，與此殊异。見該文。

【鼻涕團】

即山裹紅[1]。此稱明代已行用。見該文。

【蠻查】

即山樝[1]。我國山樝之古名頗多。樝亦作查、樝、柤。因産地之异，故又名“蠻查”“羌查”。此稱漢代已行用。《西京雜記》卷一：“初修上林苑，群臣遠方各獻名果……查三：蠻查、羌查、猴查。”《陝西通志·物産一·果屬》：“樝，上林苑查三：蠻查、羌查、猴查（《西京雜記》）。”清顧炎武《歷代帝王宅京記·關中三·上林苑内離宫》：“扶荔宫，在上林苑中。武帝元鼎六年，破南越，起扶荔宫，宫以荔枝得名。以植所得奇草異木：菖蒲百本，山薑十本……查三：蠻查、羌查、猴查。”見“山樝[1]”文。

【羌查】

即蠻查。此稱漢代已行用。見該文。

【繫彌樹】

“山樝[1]”之别稱。此稱晋代已行用。北魏賈思勰《齊民要術·五穀果蓏菜茹非中國物産者·繫彌》引晋郭義恭《廣志》曰：“繫彌樹，子赤，如梬棗，可食。”石聲漢注：“懷疑仍只是‘朹，繫梅’那個繫梅的同音詞，所指仍是山樝。”繆啓愉注：“‘槃梅樹’，照《要術》所引很象〔一二五〕目的‘朹，槃梅’，即山樝。但《本草綱目》所引，就不同了。”一説樹似檀。參閱宋沈括《夢溪筆談》。此附供考。見“山樝[1]”文。

【赤棗子】

即山樝[1]。因其果色赤，味如酸棗，故名。此稱宋代已行用。宋范成大《桂海虞衡志·志果》：“赤棗子，如酸棗，味酸。”明李時珍以爲《唐本草》之“赤爪木”當作“赤棗”，蓋棗、爪一音之轉。參閱《本草綱目·果二·山樝》。

清吴其濬《植物名實圖考・果類・山樝》訛爲赤瓜，似誤。《新華本草綱要・薔薇科・唐棣子》以爲《桂海虞衡志》之“赤棗子”即本種。見“山楂[1]”文。

山荆子

習見仁果名。薔薇科，蘋果屬，山荆子〔*Malus baccata*（Linn.）Borkh.〕落葉喬木，高可達10~14米。小枝暗褐色，無毛。單葉，互生，卵形或橢圓形，邊緣有細鋸齒，無毛。傘形花序，有花四至六朵；花白色花瓣倒卵形。梨果，近球形，紅色或黄色，直徑約1厘米。我國主要分布於遼寧、吉林、内蒙古、河北、山西、陝西、甘肅等地。多見於海拔50~1500米之山坡雜木林及山谷灌叢中。爲蘋果、花紅等果樹嫁接的理想砧木。嫩葉可代茶飲。果可釀酒。葉尚可製栲膠。花爲上好蜜源。

我國山荆子栽培歷史悠久。明清時，各地早已培育山荆子做嫁接蘋果等果樹的砧木，并積纍了豐富的經驗。清智樸《盤山志・物産・果木》：“山荆子，形似杜梨，其果大如胡椒，殷紅，霜後可食。其木用接蘋婆，甘香，有色。檳子、林檎、海棠、木瓜，俱用此接之。他樹接之則不活。”亦稱“山定子”，清人常用製蜜餞，以爲貢品。《盛京通志・物産・果類》：“山定子，密［蜜］餞充貢。”今日園藝家仍然以此爲砧木嫁接蘋果等。民間仍喜用作果食。今亦稱“林荆子”。

【山定子】

即山荆子。此稱清代已行用，今亦沿稱。見該文。

【林荆子】

即山荆子。今稱。見該文。

山裏紅[2]

習見仁果名。薔薇科，山楂屬，山裏紅（*Crataegus pinnatifida* var. *major* N.E.Br.）。山楂之變種。樹似山楂。落葉喬木，高約5米。小枝紫褐色，近無毛。單葉互生，葉寬卵形或三角狀卵形，葉緣羽狀深裂（但較山楂爲淺），邊緣具尖鋭重鋸齒。傘房花序；花白色。梨果近球形，直徑1~1.5厘米或更大，深亮紅色。我國分布大約與山楂相同，華北各地有栽培。

山裏紅由山楂培育而成，果實較大，品質亦高於山楂，可生食，尚可加工或入藥。我國早已陪育出此品種，明清時各地已有栽培，并已行用此稱。亦稱“山裏果兒”“映山紅果”“山楂”。時人多作果食用，亦用於荒年救飢。明朱橚《救荒本草》卷六：“山裏果兒，一名山裏紅，又名映山紅果。生新鄭縣山野中。枝莖似初生桑條，上多小刺，葉似菊花葉稍團，又似花桑葉亦團。開白花。結紅果，大如櫻桃，味甜。救飢：采樹熟果食之。”山裏紅果大色艷味美，亦常用於宫廷盛宴。《大清會典則例》卷一五四：“萬壽聖節筵燕用：八寶糖冰、糖大纏榛、栗、柿、曬棗、龍眼、鮮葡萄、核桃、蘋果、黄梨、紅梨、棠梨、蜜餞、山裏紅、山葡萄糕、枸杞糕、乾梨麵、豆粉糕。”清盛京内務府還將其列入貢品定額收繳。《盛京通志・田賦二》：“盛京、遼陽、開原、鐵嶺、廣寧、義州、牛莊等七界果園一百零五處，遼陽界櫻核林子五十五處，遼陽、岫巖、牛莊等三界山場七十一處，每歲應交櫻核、梨皮、榛子、花紅、山裏紅、香水梨、雪梨、紅肖梨等項俱有定額。”各地多有栽培。《熱河志・物産二・果之屬》：“山楂，土人稱爲山裏紅。味酸澀，《群芳譜》曰：一種小者，實有赤黄二色，堪入藥，大者經霜乃紅，可食，今塞山多有之。”本種今亦稱“大山楂”，見曲澤洲、孫雲蔚《果樹種類論·山楂屬》。

【山裏果兒】[2]

即山裏紅[2]。此稱明代已行用。見該文。

【映山紅果】[2]

即山裏紅[2]。因其果深紅光亮，成熟時映紅滿山，因以得名。此稱明代已行用。見該文。

【山楂】[2]

即山裏紅[2]。此稱清代已行用。見該文。

【大山楂】

即山裏紅[2]。今稱。見該文。

西府海棠

習見仁果名。薔薇科，蘋果屬，西府海棠（*Malus micromalus* × Makino）。落葉小喬木。小枝細，幼時被柔毛。葉長橢圓形或橢圓形。傘形總狀花序，花冠粉紅色，重瓣。梨果球形，成熟時紅色。我國主要分布於遼寧、河北、山東、山西、陝西、甘肅、雲南等地。果味酸甜，可生食或加工。樹姿美麗，花簇密集，可供觀賞。亦常爲嫁接蘋果之砧木。

明代典籍已有記載并行用此稱。省稱“西府”。《醒世恒言·灌園叟晚逢仙女》：“海棠花西府爲上。”明王世懋《學圃雜疏·花疏·海棠》：“海棠品類甚多，曰垂絲，曰西府，曰棠梨，曰木瓜，曰貼梗。就中西府最佳，而西府之名紫綿者尤佳，以其色重而瓣多也。此花特盛於南都。”明汪砢玉《珊瑚網·名畫題跋十七》：“西府海棠：翠羽朱鈿號國粧，曉來新浴露華香。何如馬上東風面，蹴踘歸來帝子芳（包山陸治）。”《廣群芳譜·花譜十四·海棠》：“海棠有四種……西府海棠，枝梗略堅，花色稍紅。”清趙翼《青山莊歌》：“西府海棠移扣砌，上林盧橘植雕闌。”清于敏中《日下舊聞考·郊坰（南一）》：“宏善寺在左安門外，所謂韋公寺也。正德中，内侍韋霦建。寺後有西府海棠二株，高二尋，每開爛如堆綉，香氣滿亭。昔人恨海棠無香，誤也。”《廣東通志·物産志·花》：“東坡有詩題定慧院之西海棠，云土人不之貴，今惟貼梗海棠與秋海棠多，而西府海棠偶有（《惠州志》）。”

西府海棠今亦稱“子母海棠”“小果海棠”，具有較高栽培價值。各地有諸多優良品種：河北懷來的“八楞海棠”、昌黎的“平頂熱花紅”“冷花紅”，陝西的“果紅”“果黄”，雲南的“海棠”“青刺海棠”等。按，西府海棠多用於觀賞，常列於花部，今依俞德浚《中國果樹分類學》入果部，此附。

【西府】

“西府海棠”之省稱。此稱明代已行用。見該文。

【子母海棠】

即西府海棠。今河北各地多行用此稱。見該文。

【小果海棠】

即西府海棠。今華北各地多行用此稱。見該文。

【海紅】[3]

“西府海棠”之别稱。亦稱“海棠梨”。此稱唐代已行用。明李時珍《本草綱目·果二·海紅》：“［釋名］海棠梨。時珍曰：按李德裕《草木記》云：凡花木名海者，皆從海外來，如海棠之類是也。又《李白詩注》云：海紅乃花名，出新羅國甚多。則海棠之自海外有據矣。[集解]時珍曰：《飲膳正要》果類有海紅，不知出處，此即海棠梨之實也。”按，今人鄭萬鈞《中國樹木志・西府海棠》、俞德浚《中國果樹分類學・西府海棠》俱以爲此“海紅”即西府海棠。見“西府海棠”文。

【海棠梨】

即海紅[3]。此稱明代已行用。見該文。

杜梨[1]

習見仁果名。薔薇科，梨屬，杜梨（*Pyrus betulifolia* Bunge）。落葉喬木。枝常具刺，小枝紫褐色；幼枝、幼葉、葉柄、總花梗、花及萼筒皆被灰白色絨毛。葉菱狀卵形或長卵形，緣具鋭鋸齒。傘形總狀花序，花白色。梨果近球形，褐色，具淡色斑點。我國主要分布於遼、晋、冀、豫、陝、甘、皖、蘇、贛、鄂等省。苗木爲嫁接良種梨之砧木。木材可供雕刻或製器具。果可食，亦可釀酒。果與葉均可入藥。古代常植於社前，以爲社木。

先秦典籍已有記載，單稱“杜”，沿稱於後世。《詩・唐風・杕杜》：“有杕之杜，其葉湑湑。”《爾雅・釋木》：“杜，甘棠。”晋郭璞注：“杜，今之杜棠。”魏晋南北朝時，杜梨已作爲嫁接栽培梨之砧木。亦稱“杜樹”。北魏賈思勰《齊民要術・種梨》：“插法（指嫁接）：用棠、杜。杜如臂以上，皆任插。杜樹大者，插五枝；小者，或三或二。”此處之插，即謂嫁接。唐宋時杜梨多栽於丘壑，用以保持水土。唐代已行用“杜梨”之稱。唐白居易《有木》詩之四：“有木名杜梨，陰森覆丘壑。”《埤雅・釋木》：“甘棠，《釋木》云：杜，甘棠。甘棠今之杜梨也。”宋施宿等《會稽志・木部》：“甘棠，《釋木》云：‘杜，甘棠。’甘棠，今之杜梨也……樊光云：赤者爲杜，白者爲棠。市人多蒸熟賣之。”《畿輔通志・土産・果屬》：“杜梨，鄭康成《詩》注：北人謂之杜梨，南人謂之棠梨。”清袁枚《隨園詩話》卷二引趙藜村《鷄鳴埭訪友》詩：“佳辰結衣襯，言采北山杜。”

【杜】

即杜梨[1]。此稱先秦時期已行用。見該文。

【杜樹】

即杜梨[1]。此稱南北朝時期已行用。見該文。

【甘棠】

即杜梨[1]。此稱先秦時期已行用，沿稱於後世。亦稱“杜棠”。《詩・召南・甘棠》：“蔽芾甘棠，勿翦勿伐。”毛傳：“甘棠，杜也。”《爾雅・釋木》：“杜，甘棠。”晋郭璞注：“今之杜棠。”邢昺疏：“杜，甘棠。釋曰：杜，一名甘棠。”清陳啓源《毛詩稽古編・甘棠》：“召之甘棠，秦之樹遂，皆野梨也。甘棠，即杜樹，似梨而小，子霜後可食。”見“杜梨[1]”文。

【杜棠】

即甘棠。此稱晋代已行用。見該文。

【棠】

即杜梨[1]。此稱先秦時期已行用。《山海經・西山經》：“西南四百里，曰昆侖之丘……有木焉，其狀如棠。”郭璞注：“棠梨也。”北魏賈思勰《齊民要術・種棠》：“棠熟時，收種之。否則春月移栽。”宋王安石《小姑》詩：“繽紛雲裾空棠檝，綽約烟鬟獨桂旗。”《廣群芳譜・果譜二・棠梨》：“《紀異記》：陝州峽石縣山中有棠一株，甚偉。古老傳云鳳止棠。”見“杜梨[1]”文。

【棠梨】

即杜梨[1]。此稱三國時已行用，沿稱至今。亦作“棠蔾”。亦稱“赤梨”。三國吴陸璣《毛詩草木鳥獸蟲魚疏·蔽芾甘棠》：“甘棠，今棠蔾，一名杜蔾，赤梨也。”唐元稹《村花晚》詩：“三春已暮桃李傷，棠梨花白蔓菁黄。”清代亦稱“棠球”“山查果”“赤棠”。清陳淏子《花鏡》卷四：“棠，一名棠球，即棠梨也。樹如梨而小，葉似蒼术，亦有圓者，三叉者邊有鋸齒，色黲白。二月開小白花，實如小楝子，生青熟紅，亦有黄白者，土人呼爲山查果。味酸而澀，采之入藥，兼可製爲糖食……若以此接换梨，或林檎與西府海棠，氣質極其相宜。”《廣群芳譜·果譜二·棠梨》：“棠梨，實如小楝子，霜後可食。其樹接梨甚佳，處處有之。”清吴其濬《植物名實圖考·果類·棠梨》：“棠梨，《爾雅》：杜、赤棠。”見“杜梨[1]”文。

棠　梨
（明盧和《食物本草》）

【棠蔾】

同“棠梨”。此稱三國時期已行用。見該文。

【赤梨】

即棠梨。此稱三國時期已行用。見該文。

【棠球】

即棠梨。此稱清代已行用。見該文。

【山查果】

即棠梨。此稱清代已行用。見該文。

【赤棠】

即棠梨。此稱清代已行用。見該文。

【棠梨樹】

即杜梨[1]。此稱元代已行用。元馬祖常《楊妃墓》詩：“漢廟衣冠照碧磷，唐陵翁仲作黄塵。馬嵬坡上棠梨樹，猶占秦園幾日春。”明朱橚《救荒本草》卷六：“棠梨樹，今處處有之，生荒野中。”見“杜梨[1]”文。

【杕栗樹】

即杜梨[1]。亦稱“杜栗”。今湖北蘄春多行用此稱。黄侃《蘄春語》：“陸璣《毛詩義疏》云：甘棠，今棠梨，一名杜梨，赤棠也。吾鄉呼此木爲杕栗樹。杜栗、杜梨，皆音轉。杕音陀，或作柁。”見“杜梨[1]”文。

【杜栗】

即杕栗。今湖北蘄春等地多行用此稱。見該文。

【鬼客】

“杜梨[1]”之别稱。此稱宋代已行用。宋姚寬《西溪叢語》卷上：“昔張敏叔有十客圖，忘其名。予長兄伯聲嘗得三十客：牡丹爲貴客、梅爲清客……棠梨爲鬼客。”見“杜梨[1]”文。

豆梨

習見仁果名。薔薇科，梨屬，豆梨（*Pyrus calleryana* Decne.）。落葉喬木。新梢褐色，無毛。葉寬卵形至卵圓形，稀長橢圓形，葉緣具圓鈍鋸齒。傘房形總狀花序；花小，白色。果實小，球形，褐色。種子小，有棱角。我國主要分布於華東、華南各地。果可食。幼苗爲嫁接西洋梨之良好砧木，對腐爛病有較强免疫力。

本種爲野生梨，先秦時稱“樾”。《詩・秦風・晨風》：“山有苞棣，隰有樹樾。”秦漢時亦稱“蘿”。《爾雅・釋木》：“樾，蘿。”三國時稱“赤羅”“楊樾”“山梨”“鹿梨”“鼠梨”。齊魯等地始行栽培馴化。三國吴陸璣《毛詩草木鳥獸蟲魚疏》卷上：“樾，一名赤羅，一名山梨，今人謂之楊樾。其實如梨，但甘小異耳。一名鹿梨，一名鼠梨。齊郡廣饒縣、堯山、魯國、河内、共北山中有，今人亦種之，極有脆美者，亦如梨之美者。”魏晋時山崗間廣有分布。晋郭璞《蜜蜂賦》：“青松冠谷，赤羅綉嶺。”宋代已爲藥用，明代亦稱“樹梨”。民間亦俗稱“野梨”。明李時珍《本草綱目・果二・鹿梨》：“[釋名] 時珍曰：《爾雅》云：‘樾，羅也。’其木有紋如羅，故名。《詩》云：‘隰有樹樾。’毛萇注云：‘樾，一名赤羅。’一名山梨，一名樹梨。今人謂之楊樾。……[集解] 時珍曰：山梨，野梨也，處處有之。梨大如杏，可食。其木文細密，赤者文急，白者文緩。”

梨　樹
（明朱橚《救荒本草》）

按，我國梨栽培歷史悠久，秦漢時漸由野生轉爲栽培、馴化、選育良種階段。豆梨即爲栽培較早之野生梨種。今各地仍有野生，亦稱“梨寧子”“糖梨”“杜梨”。參閲曲澤洲等《果樹種類論・仁果類・梨》及《新華本草綱要・薔薇科・鹿梨》。

【樾】

即豆梨。此稱先秦時期已行用。見該文。

【蘿】

即豆梨。因其木有紋如羅，故名。此稱秦漢時期已行用。見該文。

【赤羅】

即豆梨。此稱三國時期已行用。見該文。

【楊樾】

即豆梨。此稱三國時期已行用。見該文。

【山梨】

即豆梨。因此樹多野生山林，故名。此稱三國時期已行用。見該文。

【鹿梨】

即豆梨。此稱三國時期已行用。見該文。

【鼠梨】

即豆梨。此稱三國時期已行用。亦訛稱“鼠李”。見該文。

【樹梨】

即豆梨。此稱明代已行用。見該文。

【野梨】

即豆梨。此稱明代已行用，今江西各地仍沿用此稱。見該文。

【梨寧子】

即豆梨。今江西各地多行用此稱。見該文。

【糖梨】

即豆梨。今貴州各地多行用此稱。見該文。

【杜梨】[2]

即豆梨。爲“豆梨”之音訛。今貴州各地多行用此稱。見該文。

沙梨

習見仁果名。薔薇科，梨屬，沙梨〔*Pyrus pyrifolia* (Burm. f.) Nakai〕。落葉喬木。單葉互生，卵圓形，先端長尖，葉緣具刺芒狀齒。總狀花序，花白色。梨果褐色，具淺色點。種子卵圓形，微扁。我國中部、南部及西部各地均有栽培。

我國沙梨栽培歷史頗久，明代俗稱“梨樹”，常取其果用以救荒。明徐光啓《農政全書》卷五八引《救荒本草》：“梨樹……救飢：其梨結硬，未熟時，摘取煮食；已經霜熟，摘取生食，或蒸食亦佳，或削其皮，曬作梨糝，收而備用，亦可。”今人石聲漢校注以爲此“梨樹”即沙梨。清代亦稱“淡水梨”。清吴其濬《植物名實圖考·果類·淡水梨》：“淡水梨産廣東淡水鄉，色青黑，與奉天所産香水梨相類。南方梨絶少佳品，土人云此梨可匹北産。”據辛樹幟《中國果樹史研究》考證，此淡水梨即今之沙梨。

【梨樹】

即沙梨。亦梨類之總稱。此稱明代已行用。見該文。

【淡水梨】

即沙梨。因産廣東淡水，故名。此稱清代已行用。見該文。

花紅

習見仁果名。薔薇科，蘋果屬，花紅（*Malus asiatica* Nakai）。落葉小喬木。小枝、芽、幼葉均被柔毛。單葉互生，卵形或橢圓形。傘房花序，花淡紅色。果實球形或扁圓形，果皮紅色、紫紅、黄色或白色。原産中國，主要分布於甘肅、青海、陝西、山西、河北、河南、安徽等地。此種爲我國栽培較早的蘋果屬果樹。果可生食，亦可加工。也常用作嫁接蘋果樹之砧木。

晋代典籍已有記載，時稱“林檎”。《文選·左思〈蜀都賦〉》：“其園則有林檎枇杷，橙柿梬楟。”李善注引劉逵曰：“林檎，實似赤柰而小，味如梨。”南北朝時栽培已頗富經驗。北魏賈思勰《齊民要術·柰林檎》：“柰、林檎不種，但栽之……林檎樹以正月、二月中，翻斧斑駁椎之，則饒子。”宋代已行用“花紅”之稱。宋孟元老《東京夢華録·飲食果子》：“又有托小盤賣乾果子，乃旋炒銀杏、栗子……牙棗、海紅、嘉慶子、林檎。”宋黄休復《茅亭客話·滕處士》：“園中有梨……有林檎，色如玉，向陽處有朱點如纈顆，有重四兩者。”明文震亨《長物志·蔬果》：“花紅，西北稱柰，家以爲脯，即今之蘋婆果是也……吴中稱花紅，即名林檎，又名來禽。似柰而小，花亦可觀。”亦稱“花謝”。明謝肇淛《五雜俎·木部三》：“齊中多佳果，梨棗之外……濮州之花謝，甜亦足敵吴下楊梅矣。”清吴其濬《植物名實圖考·果類·林檎》：“林檎，《開寶本草》始著録，即沙果。李時珍以爲文林郎果即此。”

林　檎
（明盧和《食物本草》）

花紅栽培品種頗多，果形、顔色、風味、成熟期差异很大。較爲著名的有甘肅的敦煌大沙果、武威的冰糖葫蘆，寧夏的紫果子，山西的夏果，河北的沙果、香果，東北的黄太平等。

【林檎】

即花紅。此稱三國時期已行用。見該文。

【花謝】

即花紅。此稱明代已行用。見該文。

【來禽】

即花紅。其果味甘，能招衆禽，故名。亦稱“黑檎”。此稱晋代已行用。《藝文類聚》卷八七引晋郭義恭《廣志》：“林檎似赤柰，亦名黑檎……一名來禽，言味甘，熟則來禽也。”宋陳與義《清明二首》詩之一：“東風也作清明節，開遍來禽一樹花。”宋陸游《入蜀記》卷一：“十五日早，過吕城閘，始見獨轅小車……郡士蔣元龍子雲謁予曰：毛達可作守，時有賣黄金、石榴、來禽者。”宋羅願《新安志·叙物産·木果》：“其外則桃、李、梅、杏、含桃、來禽、枇杷、胡桃、安石榴、橙、橘、柚之屬，大率山寒不宜。”元張鉉《至大金陵新志·物産·果之品》：“來禽、大杏、海紅、金錠梅、紅桃、緑李、相公李，出句容。”元王禎《農書》卷九：“林檎一名‘來禽’。洪玉父曰：以味甘，來衆禽也。”《通雅·植物》：“來禽，即林檎也……右軍帖：‘來禽日給，皆囊盛爲佳果。’”《續通志·昆蟲草木略四·木類》：“林檎，一名來禽，一名文林郎果，一名蜜果，一名冷金丹。似柰，小而差圓，其味酢者爲楸子，生渤海間。多以柰樹寄接。有甘酸二種，有金紅水蜜黑五色。”見“花紅”文。

【黑檎】

即來禽。此稱晋代已行用。見該文。

【沙果】

即花紅。明代稱“沙果子樹”。明朱橚《救荒本草》卷七：“沙果子樹，一名花紅。南北皆有，今中牟崗野中亦有之，人家園圃亦多栽種。”明鮑山《野菜博録》卷四：“沙果子樹，即花紅。人家園圃亦多栽種。樹高丈餘，葉似櫻桃葉，深緑色，開粉紅花，瓣微長不尖。結實似李，甚大，味甘微酸。”清代已行用此稱，今亦爲花紅之通稱。清厲荃《事物異名録·果蓏·林檎》：“《編珠》：林檎俗名花紅，大者名沙果。”清查慎行《人海記》卷一：“吾鄉呼林檎爲花紅，北人呼爲沙果。”見“花紅”文。

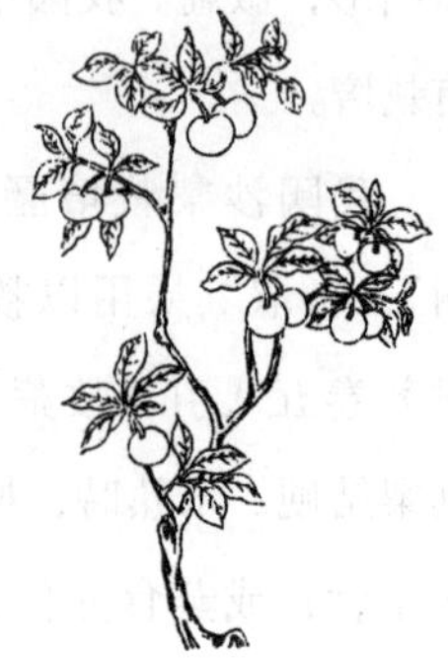

沙果子樹
（明鮑山《野菜博録》）

【沙果子樹】

即沙果。此稱明代已行用。見該文。

【文林果】

即花紅。唐代已行用此稱。亦稱“五色林檎”“聯珠果”。唐鄭常《洽聞記》：“永徽中，魏郡人王方言拾得此樹，以果獻刺史紀王慎，王貢於高宗，以爲朱柰，又名五色林檎，或謂之聯珠果。上重賜王方言文林郎，亦號此果爲文林果。”清張岱《夜航船》亦記“文林果”，其説有异：“宋王謹爲曹州從事，得林檎，貢於高宗，似朱柰。上大重之，因賜謹爲文林郎，號文林果。一云，唐高宗時王方言始盛栽林檎。”明清時亦稱“文林郎果”。清吴其濬《植物名實圖考·果類·林檎》：“林檎，李時珍以爲文林郎果即此。”《廣群芳譜·果譜四·林檎》：“林檎一名來禽，一名蜜果，一名文林郎果。”見“花紅”文。

【五色林檎】

即文林果。此稱唐代已行用。見該文。

【聯珠果】

即文林果。此稱唐代已行用。見該文。

【文林郎果】

即文林果。此稱明代已行用。見該文。

【頻婆果】[1]

即花紅。此稱晋代已行用。清陳元龍《格致鏡原・果類三・林檎》:“《廣志》: 林檎似赤柰子，亦名黒檎，一名來禽。言味甘，熟來衆禽也。北人呼爲頻婆果。”《宋史・真宗紀》:“〔大中祥符二年〕五月乙卯，罷韶州獻頻婆果。”明屠隆《曇花記・西來悟道》:“他也莫點燈，我也莫放火，誰想林檎花，結個頻婆果。”參閲《事物異名録・果蓏・林檎》。見“花紅”文。

【蜜果】[1]

即花紅。此稱清代已行用。《廣群芳譜・果譜四・林檎》:“林檎一名來禽，一名蜜果，一名文林郎果，一名冷金丹。”見“花紅”文。

【冷金丹】

即花紅。此稱宋代已行用。宋陶穀《清異録・果》:“冷金丹，來禽百枚，用蜂蜜浸十日，取出，别入蜂蜜五斤，細丹砂末二兩，攪拌封泥，一月出之，陰乾，名冷金丹。飯後酒時食一兩枚，其功勝九轉丹。”後世遂以“冷金丹”名花紅。如《續通志・昆蟲草木略四・木類》:“林檎，一名來禽，一名文林郎果，一名蜜果，一名冷金丹。似柰，小而差圓，其味酢。”清刊《授時通考・農餘門・果一》:“林檎，一名來禽，一名蜜果，一名文林郎果，一名冷金丹。生渤海間。以柰樹搏接，二月開粉紅花，子如柰，小而差圓，六七月熟，色淡紅可愛。有甜酸二種。”《廣群芳譜・果譜四・林檎》:“林檎，一名來禽，一名蜜果，一名文林郎果，一名冷金丹。”見“花紅”文。

【林筋】

即花紅。亦稱“林筋木”。似“林檎”之音訛稱。清代川東各地多行用此稱。清劉善述《草木便方・木部・林筋》:“林筋木甘性微温，忽然心腹卒痛疼，癥瘕堅滿消痃癖，煆磨酒浸飲汁靈。”《草木便方》整理組以爲林筋即此種。見“花紅”文。

【林筋木】

即林筋。此稱清代已行用。見該文。

【靚客】

“花紅”之别稱。謂其果色靚麗，故名。此稱元代已行用。清《廣群芳譜・果譜四・林檎》引元程棨《三柳軒雜識》:“來禽爲靚客。”見“花紅”文。

花楸樹

習見仁果名。薔薇科，花楸屬，花楸樹〔*Sorbus pohuashanensis*（Hance）Hedl.〕。落葉小喬木。樹皮灰色，嫩枝具柔毛，芽較大，被白色絨毛。奇數羽狀複葉互生，小葉十一至十五枚，卵狀披針形或橢圓狀披針形；葉軸被白絨毛，後漸脱落。複傘房花序，總梗及花梗密被白絨毛，花白色。梨果近球形，紅或橘紅色。我國主要分布於遼、吉、黑、内蒙古、甘、陜、晋、冀、魯等地。花葉美觀，可供觀賞。木材可製傢具或作板料。果可食，亦可用於釀酒或製果醬、果糕、果汁、飲料。果、莖、莖皮可入藥。

明代典籍已有記載并行用此稱，沿稱至今。明朱橚《救荒本草》卷五:“花楸樹生密縣山野中。其樹高大，葉似回回醋葉微薄；又似兜櫨樹葉，邊有鋸齒叉，其葉味苦。”明鮑山《野菜博録》卷三："花楸樹，生山野中。樹高大，葉似回回醋葉微薄，邊有鋸齒叉。葉味苦。食法：采芽葉煠熟，换水浸去苦味，淘洗净，油鹽調食。"

花楸樹
（明朱橚《救荒本草》）

按，通常花楸樹不列入果樹類。今依俞德浚《中國果樹分類學·附録一》"中國原産及引種果樹分科名録"，將花楸樹列入果樹類。因其果可食，亦可釀酒、製果醬、果汁、果糕、果醋，有豐富的營養和較高的藥用價值。有望在將來開發爲新型水果。花楸樹近代稱"百華花楸"。今亦稱"紅果臭山槐""絨花樹""山槐子""花楸""馬加木"。

【百華花楸】

即花楸樹。或作"百花山楸"。此稱近代已行用，名見《河北習見樹木圖説》。見該文。

【紅果臭山槐】

即花楸樹。因其果色紅，故名。今稱。見該文。

【絨花樹】[2]

即花楸樹。今稱。見該文。

【山槐子】[2]

即花楸樹。今稱。見該文。

【花楸】[2]

即花楸樹。今吉林各地多行用此稱。見該文。

【馬加木】

即花楸樹。今河北各地多行用此稱。見該文。

海棠

習見仁果名。薔薇科，蘋果屬，海棠〔*Malus spectabilis*（Ait.）Borkh.〕。落葉小喬木，高可達8米。葉橢圓形至長橢圓形，表面光滑，背面初有短柔毛。傘形總狀花序；蓓蕾紅色，開放後漸爲粉紅色；半重瓣或爲單瓣。梨果球形，黄緑色，有酸味。種子四至十枚。海棠原産我國。陝西秦嶺、甘肅、遼寧、河北、河南、山東、江蘇、浙江、雲南、四川均有分布。果可食或入藥。花供觀賞，其葉亦可代茶。幼苗爲嫁接良種蘋果之砧木。木材可供傢具、農具及薪材。

海　棠
（明王圻等《三才圖會》）

唐宋栽植已盛，後世常植不衰。并於18世紀傳入歐洲，受到歐人之重視。此稱似始於南北朝，而行用於唐宋，并沿用至今。亦稱"川紅""海紅"。唐裴廷裕《蜀中登第答李博六韻》："蜀柳籠堤烟矗矗，海棠當户鸞雙雙。"宋李清照《如夢令》詞："試問捲簾人，却道海棠依舊。"宋吴中復《江左謂海棠爲川紅》詩："却恨韶華偏蜀土，更無顔色似川紅。"明李時珍《本草綱目·果二·海紅》："按李德裕《草木記》云：凡花木名海者，皆從海外來，如海棠之類是也。又李白詩注云：海紅乃花名，出新羅國甚多。則海棠之自海外有據矣。"《古今圖書集成·草木典·海棠》："海棠品類甚多，曰垂絲，曰西府，曰棠梨，曰木瓜，曰貼梗。就中西府最佳，而西府之名紫綿者尤佳，以其色重而瓣多也。此花特産於南都。”

按，舊稱“海棠四品”，即“貼梗海棠”“垂絲海棠”“西府海棠”“木瓜海棠”，均非此類，雖同爲薔薇科，但不同屬。本種“海棠”我國常見有兩個變種：紅海棠、白海棠。又，所謂“凡花木名海者，皆從海外來”，其實未必盡然，海棠雖名海棠，實乃我國原産，并非外域舶來。

【川紅】

“海棠”之别稱。此稱宋代已行用，古南地稱。見該文。

【海紅】[4]

即海棠。此稱宋代已行用。見該文。

【花中神仙】

“海棠”之美稱。此稱唐代已行用。《廣群芳譜・花譜十四・海棠》：“沈立《海棠記》：海棠盛於蜀，而秦中次之，其株翛然出塵，俯視衆芳，有超群絶類之勢……以其（海棠）有色無香，故唐相賈耽著《花譜》，以爲花中神仙。”見“海棠”文。

【富貴花】[2]

“海棠”之别稱。特指供觀賞之海棠花。此稱宋代已行用。宋陸游《留樊亭三日王覺民檢詳日携酒來飲海棠下比去花亦衰矣》詩之一：“何妨海内功名士，共賞人間富貴花。”按，牡丹亦名“富貴花”。宋周敦頤《愛蓮説》：“菊，花之隱逸者也；牡丹，花之富貴者也。”清曹寅《竹村大理筵上食石首魚作》詩：“老眼愁看富貴花，病軀思啖呵黎勒。”自注：“時邀看城西牡丹，值雨未果行。”此附供考。參見本卷《習見木竹説・習見花木考》“牡丹”文。

【名友】

“海棠”之别稱。此稱宋代已行用。宋王十朋《郡圃無海棠買數根植之》詩：“何人好事呼名友，姚魏不容矜閥閲。”明都卬《三餘贅筆・十友十二客》：“宋曾端伯以十花爲十友，各爲之詞……海棠爲名友。”《廣群芳譜・花譜十四・海棠》：“《詞話》：曾覿取友於十花，海棠名友也。”見“海棠”文。

【蜀客】

“海棠”之别稱。因其佳者産於蜀，故名。此稱宋代已行用。宋姚寛《西溪叢語》卷上：“昔張敏叔有十客圖，忘其名，予長兄伯聲嘗得三十客，牡丹爲貴客，梅爲清客，蘭爲幽客……海棠爲蜀客。”見“海棠”文。

【花命婦】

“海棠”之别稱。此稱宋代已行用。宋丘璿《牡丹榮辱志》：“重葉海棠曰花命婦。”參閲《廣群芳譜・花譜十四・海棠》。見“海棠”文。

蘋果

習見仁果名。薔薇科，蘋果屬，蘋果（*Malus pumila* Mill.）。落葉喬木。嫩枝、新葉及花梗均密被絨毛。單葉互生，闊卵形至卵圓形，鈍鋸齒緣。傘房花序，有花三至七朵，含苞時帶粉紅色，開放後爲白色。果實近扁圓形，其性狀、顔色及香味常因品種而异。我國主要分布於遼寧、山東、河北、陝西、甘肅、四川、雲南、福建等省。果可生食或加工。

我國蘋果栽培歷史頗久。初以綿蘋果爲主，漢代已入林苑栽培。始稱“榛”“柰”。《説文・木部》：“柰，果也。”漢揚雄《蜀都賦》：“杏李枇杷，杜樼栗榛。”魏晋時栽培日盛，甘肅河西走廊已成爲綿蘋果之栽培中心。北魏賈思勰《齊民要術・柰林檎》引晉郭義恭《廣志》:"柰有白、青、赤三種。張掖有白柰、酒泉有赤柰、西方例多柰，家家取切曝乾爲脯，數十百斛以爲蓄積，謂之蘋婆糧。"明代始稱"頻果"。《通雅・植物》:"《宛委》曰:'頻婆，相思也，即今北方頻果。'智按《嶺表》别有頻婆子，非頻果也。"《廣群芳譜・果譜四・蘋果》:"蘋果，按《本草》不載蘋果而釋柰。云一名頻婆。"蘋果分布極廣，東起蘇皖，西迄新疆，北自京津，南至江浙，各地都有出産。如《清一統志・海州》:"土産:鹽、紫菜、鶴、薏苡仁、冬青、扁竹、白蒺藜、紅花、蝦米、蘋果(州與沭陽皆出)。"又，"葉爾羌，在喀什噶爾南五百里，東至察特西林接葉爾羌界，西至喀爾楚入葱嶺通藩屬拔達克山界……土産黍、麥、青稞、豆、蒲萄、石榴、蘋果、木瓜"。《江南通志・食貨志・鳳陽府》:"蘋果，出宿州，味清香。"《河南通志・物産・果類》:"蘋果(以下各果種各府州多同)、沙果(一名花紅)、林檎(一名來禽，出獲嘉最著)、桃、李(金絲李出洛陽，最著)、杏、柰、梅……"京畿各地尤重果園栽植。清于敏中《日下舊聞考・京畿・房山縣一》:"上方兜率寺有蘋果園，園中蘋婆果二株，入秋結實甚繁。山僧不忍摘果，既熟暈青紅色絶可愛。《法華經》妙莊嚴王言，如來唇色赤好如蘋婆果，可謂善於喻物者矣(《韞光樓雜志》)。"主産地區亦作貢賦，定額進獻。《皇輿西域圖志・貢賦・葉爾羌》:"土貢:黄金十兩，葡萄二百斤及石榴、蘋果、木瓜、石榴膏、蘋果膏、梨膏等。"《陝西通志・物産一・果屬》:"蘋果，佳。李自成入關，橵取甚多，民大累，争伐其樹，種幾絶(《商州志》)。"時人亦重栽培及貯藏。清刊《授時通考・農餘門・果一》:"蘋果:出北地，燕趙者尤佳。接用林檎體，樹身聳直，葉青似林檎而大。果如梨而圓滑，生青，熟則半紅半白或全紅，光潔可愛玩，香聞數步，味甘鬆。未熟者食如棉絮，過熟又沙爛不堪食，惟八九分熟者最美。"上述"梂""柰""頻果""蘋果"俱指中國綿蘋果。

柰　子
(明盧和《食物本草》)

此果原産我國，其成熟期早，未熟時味甘而脆，熟後則沙爛。今河北懷來、涿鹿，山西高陽，甘肅蘭州、武威等地仍有栽培。然我國當今栽培最廣之蘋果多數是國外傳入，名爲"西洋蘋果"。據曲澤洲等《果樹種類論》稱:我國引種最早的爲山東烟臺，約在1870年前後由美國傳教士攜入。有緋之衣、伏花皮等品種，其後又傳入青香蕉、倭錦、元帥等。此後日、德、俄等國先後引入紅魁、黄魁、國光、紅玉、紅星、金帥、祝、旭等品種。此外1904年前後，美國傳教士還將小冬紅、玫瑰香等十餘品種引入四川巴塘等地。又於20世紀二三十年代引入金冠、元帥、丹頂等品種。法、英等國亦曾在黔、藏等地引種。本種有四個變種，即道生蘋果、樂園蘋果、紅肉蘋果及垂枝蘋果。栽培品種則不下八千種，而生産上廣泛應用者亦近百種。

【棎】

即蘋果。此稱漢代已行用。見該文。

【柰】[1]

即蘋果。此稱漢代已行用。見該文。

【頻果】

即蘋果。此稱明代已行用。見該文。

【蘋婆】[1]

即蘋果。此稱晋代已行用。北魏賈思勰《齊民要術・柰林檎》引晋郭義恭《廣志》:“柰有白、青、赤三種。張掖有白柰、酒泉有赤柰、西方例多柰,家家取切曝乾爲脯,數十百斛以爲蓄積,謂之蘋婆糧。”明謝肇淛《五雜俎・物部三》:“上苑之蘋婆,西凉之蒲萄,吴下之楊梅,美矣。”“蘋婆”之名乃古梵語bimba之音譯,與梧桐科蘋婆屬之蘋婆同名而异物,當辨之。見“蘋果”文。

【超凡子】

即蘋果。亦稱“天然子”“玉容丹”。此稱多行用於明代。明蘭茂《滇南本草・蘋果》:“蘋果,一名超凡子,又名天然子,又名玉容丹。味甘、香。食之生津,久服輕身延年,黑髮。通五臟之腑,走十二經絡。調營衛通神明,解温度而止寒熱。”參閲江蘇新醫學院《中藥大辭典・超凡子》。見“蘋果”文。

【天然子】

即超凡子。此稱明代已行用。見該文。

【玉容丹】

即超凡子。此稱明代已行用。見該文。

罐兒梨

習見仁果名。薔薇科,梨屬,褐梨(*Pyrus phaeocarpa* Rehd.)。落葉喬木,高5~8米。嫩枝具白色綿毛,二年生枝紫褐色,無毛。單葉互生,橢圓狀卵形至長卵形,幼時具稀疏柔毛,不久即脱落,葉緣具粗齒,齒尖向外。傘形總狀花序,有花五至八朵,白色。梨果橢圓形或球形,長2~2.5厘米,褐色,有密點。我國主要産於華北各地。

清代始稱“罐兒梨”。《熱河志・物産二・果之屬》:“又一種名爲罐兒梨,味甘而小。”以其産地、果形大小及風味,或以爲罐兒梨即今之褐梨。今附供考。

灌木類

木瓜[1]

習見仁果名。薔薇科,木瓜海棠屬,木瓜〔*Chaenomeles sinensis*(Thouin)Koehne〕。落葉灌木或小喬木。小枝無刺,當年生枝被柔毛,紫紅色。葉橢圓狀卵形或長橢圓形,稀倒卵形;質厚,葉緣具刺芒狀鈍鋸齒,齒尖有腺,幼時被白絨毛。花單生葉腋,先葉開放,淡粉紅色。梨果橢圓形,暗黄色,木質,芳香。原産我國,主要分布於山東、陜西、安徽、江蘇、浙江、江西、湖北、廣東、廣西等地。供觀賞。木材可爲椿柱。果實水煮或糖漬可食,亦供藥用。

我國木瓜栽培歷史悠久。秦漢時稱“楙”,亦行用此稱,沿稱至今。《爾雅・釋木》:“楙,木瓜。”郭璞注:“實如小瓜,酢,可食。”原多野生,晋室南渡後,木瓜栽培備受重視。南北朝時,栽培經驗及鹽糖漬製技術已較豐富。北魏賈思勰《齊民要術・種木瓜》："木瓜，種子及栽皆得，壓枝亦生。栽種與桃李同。"《全芳備祖後集・果部・木瓜》引《明皇雜録》："唐元獻皇后思食酸味，明皇以告張説，因進，經袖出木瓜以獻。"元王禎《農書》卷九："木瓜……葉似柰，實如小𤬪瓜，上黄似著粉，山陰蘭亭尤多，西京亦有之，而宣城者爲佳。宣城人種蒔最謹，始實則簇紙花薄其上，夜露日曝，漸而變紅，花文如生。本州以充土貢，故有'天下宣城花木瓜'之稱。"至明清時，分株繁殖以提早結果被廣泛應用，且果脯、果醬製法亦較成熟。《廣群芳譜・果譜五・木瓜》："種法：秋社前後分其條移栽，次年便結子，勝春栽者。製用：木瓜性脆，可蜜漬爲果，去子蒸爛搗泥入蜜與薑作煎，冬飲尤佳。"

按，木瓜之種類、名稱，古籍中常有分歧。劉勰、船山氏俱以爲《詩》中之"木瓜"非真實植物，據今人辛樹幟《中國果樹史研究》以爲："然則所謂木瓜、木桃、木李者非瓜果也。蓋刻木爲之以供戲弄。劉勰所謂刻木作桃、李，似而不可食者是已。此詩極言投贈之微，以形往報之厚……知此詩之對瓜、桃、李加木字者，有如船山氏之説，指木刻之桃、李、瓜等，可爲玩好者以與石刻之琚、瑶、玖相互爲贈之意。"此説或是。而日人菊池秋雄等則以爲古稱之"木瓜"即真木瓜或其雜交種。今俱附供考。

【楙】

即木瓜[1]。此稱秦漢時期已行用。見該文。

【綉瓜】

即木瓜[1]。此稱宋代已行用，或以爲亦特指宣城木瓜。古宣城（在今安徽省宣城界），舊習以簇紙敷木瓜幼果上，經日曬，果皮生花如綉，被譽爲"宣城花木瓜"，故名。常見於詩詞中。宋陸游《或遺木瓜有雙實者香甚戲作》詩："宣城綉瓜有奇香，偶得並蒂置枕旁。"《分類字錦・果木》："[宣城綉瓜] 陸游《或遺木瓜有雙寔者香甚戲作》詩：宣城綉瓜有奇香，偶得並蒂置枕傍。六根互用亦何常，吾以鼻嗅代舌嘗。"見"木瓜[1]"文。

【鐵脚梨】

即木瓜[1]。此稱宋代已行用。宋陶穀《清異録・果》："木瓜性益下部，若脚膝筋骨有疾者必用焉，故方家號爲鐵脚梨。"清刊《授時通考・農餘門・果二》："木瓜：一名楙，一名鐵脚梨。樹如柰，叢生。枝葉花俱如鐵脚海棠，可種可接，可以條壓。葉光而厚，春末開花，紅色，微帶白，作房；實如小瓜，或似梨稍長，皮光色黄，上微白，白著粉津潤。"《廣群芳譜・果譜五・木瓜》："木瓜，一名楙，一名鐵脚梨。"見"木瓜[1]"文。

【花木瓜】

即木瓜[1]。亦特指宣城木瓜。此稱宋代已行用。宋楊萬里《野店多賣花木瓜》詩："天下宣城花木瓜，日華露液綉成花。"明李時珍《本草綱目・果二・木瓜》[集解] 引蘇頌曰："木瓜處處有之，而宣城者爲佳。木狀如柰。春末開花，深紅色。其實大者如瓜，小者如拳，上黄似著粉。宣人種蒔尤謹，遍滿山谷。始實成則鏃紙花粘於上，夜露日烘，漸變紅，花文如生。本州以充土貢，故有宣城花木瓜之稱。"見"木瓜[1]"文。

木桃[2]

習見仁果名。薔薇科，木瓜海棠屬，木桃〔*Chaenomeles lagenaria* var. *cathayensis*

(Hemsl.) Rehd.〕。落葉灌木。爲皺皮木瓜之變種。樹似皺皮木瓜，然果實差小。主要分布於江南，各地有栽培，實可入藥。亦可栽培供觀賞。

我國應用木桃歷史已千餘年，唐代稱“樝子”“榠梨”。唐孟詵《食療本草》卷上：“樝子……與木瓜功相似，而小者不如也。昔孔安國不識，而謂之不藏。今驗其形小，況相似。江南將爲果子，頓食之。其酸澀也，亦無所益。俗呼爲榠梨也。”今人鄭金生等譯注：“樝子：爲薔薇科植物木桃*Chaenomeles lagenaria* (Loisel) Koidz. var. cathayensis (Hemsl.) Rehd. 的果實。古代或有將它作爲果品食用者。功與木瓜相似。”今亦稱“皺皮木瓜”。

【樝子】

即木桃[2]。此稱唐代已行用。見該文。

【榠子】

即木桃[2]。此稱唐代已行用。見該文。

【皺皮木瓜】[1]

即木桃[2]。今稱。見該文。

木瓜海棠

習見仁果名。薔薇科，木瓜海棠屬，毛葉木瓜〔*Chaenomeles cathayensis* (Hemsl.) C. K. Schneid.〕落葉灌木或小喬木。枝直立，具短枝刺。葉橢圓形、披針形至倒卵狀披針形，葉緣具芒狀細尖鋸齒，嫩葉背面密生褐色茸毛。花二三朵簇生於二年生枝上，淡紅或白色，先葉開放。果實卵球形或近圓柱形，黃色，有紅暈，芳香。我國主要分布於陝、甘、贛、湘、鄂、黔、滇等省。果可入藥。

我國人民喜愛木瓜海棠，明清時廣爲栽培。亦行用此稱。明王世懋《學圃雜疏·花疏》：“海棠品類甚多：曰垂絲、曰西府、曰棠梨、曰木瓜、曰貼梗。就中西府最佳，而西府之名紫綿者尤佳，以其色重而瓣多也……西園木瓜尤異，定是土産所宜耳。”明文震亨《長物志·花木》：“海棠，昌州海棠有香，今不可得。其次西府爲上，貼梗次之，垂絲又次之。余以垂絲嬌媚，真如妃子醉態，較二種尤勝。木瓜花似海棠，故亦有木瓜海棠。但木瓜花在葉先，海棠花在葉後爲差別耳。”清刊《淵鑑類函》卷四〇五引明王象晋《群芳譜》：“海棠凡四種，皆木本。一名貼梗，叢生，花色深紅，以其花貼於梗上故名。貼梗葉間或三蕊五蕊如金粟，鬚如紫絲；其一名垂絲，樹生柔枝，長蒂，花色淺紅；其一名西府，樹略高，花色淺絳如深胭脂，葉茂枝柔；其一種名木瓜海棠，以其生子如木瓜可食者，枝葉花色俱類西府花。雖有四，俱有色無香，世人珍重。”《廣群芳譜·花譜十四·海棠》：“海棠有四種……木瓜海棠，生子如木瓜，可食。”

按，鄭萬鈞《中國樹木志·毛葉木瓜》以爲本種即《詩·衛風》之“木瓜”。辛樹幟《中國果樹史研究》則以爲非，曰：“知此詩之對瓜、桃、李加木字者，有如船山氏之說，指木刻之桃、李、瓜等，可爲玩好者以與石刻之琚、瑤、玖相互爲贈之意。”今附供考。

【毛葉木瓜】

即木瓜海棠。今稱。見該文。

貼梗海棠

習見仁果名。薔薇科，木瓜海棠屬，皺皮木瓜〔*Chaenomeles speciosa* (Sweet) Nakai〕。落葉灌木。枝開張，具刺。葉卵形至橢圓形，銳鋸齒緣。花簇生，緋紅色、淡紅色或白色。

梨果球形至卵形，兩端凹入，黄緑色，芳香。原産我國中部，我國主要分布於華北、華中及西南各省。爲著名觀賞樹木。果實可製蜜餞，亦供藥用。

明代典籍已有記載并行用此稱，沿稱至今。亦省作“貼梗”。明王象晋《群芳譜・海棠》：“海棠有四種，皆木本。貼梗海棠，叢生，花如胭脂。”明王世懋《學圃雜疏・花疏》：“海棠品類甚多，曰垂絲、曰西府、曰棠梨、曰木瓜、曰貼梗。就中西府最佳。”清代栽植頗廣，經驗亦很豐富。清陳淏子《花鏡》卷三：“海棠有數種，貼梗其一也……二月間於根傍開一小溝，攀花著地，以肥土壅之，自能生根，來冬截斷，春半便可移栽。其樹最難大，故人多植作盆玩。”清高士奇《北墅抱甕録・貼梗海棠》：“貼梗海棠枝不能大，叢生，單葉，綴枝作花，磬口深紅，若黏絳蠟。雖微乏韻度，而殷麗之色，要足取也。”清吴其濬《植物名實圖考・群芳類・貼梗海棠》：“貼梗海棠，叢生單葉，綴枝作花，磬口，深紅無香。新正即開，田塍間最宜種之。”今亦稱作“皺皮木瓜”“木瓜花”“鐵脚海棠”等。

【貼梗】

“貼梗海棠”之省稱。此稱明代已行用。見該文。

【皺皮木瓜】[2]

即貼梗海棠。今稱。見該文。

【木瓜花】

即貼梗海棠。今稱。見該文。

【鐵脚海棠】

即貼梗海棠。此稱清代已行用。亦爲今之通稱一。清刊《授時通考・農餘門・果二》：“木瓜：一名楙，一名鐵脚梨，樹如柰，叢生。枝葉花俱如鐵脚海棠。”見“貼梗海棠”文。

【闌路錦】

即貼梗海棠。清代寧波等地多行用此稱。《浙江通志・物産三・寧波府》：“貼梗海棠，嘉靖《寧波府志》：産鄞慈，土人稱闌路錦。”見“貼梗海棠”文。

【茶花】[2]

即貼梗海棠。清代陝西各地多行用此稱。《陝西通志・物産二・木屬》：“貼梗海棠，俗呼茶花（《山陽縣志》）。”見“貼梗海棠”文。

第三節　習見漿果考

植物學上的漿果是指由合成心皮的子房形成之果實，其外果皮很薄，中果皮及内果皮呈肉質，含有較多的漿汁，故名漿果。而園藝果樹學中，通常將具有豐富漿液之果實稱爲漿果，種子極小，藏於果實之内，這類果樹多爲灌木或藤木。如石榴、無花果、醋栗、越橘、葡萄、獼猴桃、樹莓等均屬此類。柿類本爲仁果，因其果肉豐厚、漿汁飽滿，園藝學中多列入漿果，亦有人將其與棗單列爲“棗柿類”者（如曲澤洲等《果樹種類論》）。本卷依照俞德浚《中國果樹分類學》將葡萄屬、獼猴桃屬、樹莓屬、醋栗屬、越橘屬、桑屬、無花果屬、柿屬、石榴屬中的各種果樹列入本節考論。

我國之漿果類果樹中，柿類原産我國，栽培歷史悠久。該屬植物全球約二百種，我國約四十種。作爲果樹或嫁接用砧木者有七種，除弗吉尼亞柿外，餘均産我國。柿不見於《詩》《山海經》，説明先秦以迄秦漢時，柿并不被北方先民特别看重，而衹是在周代列爲君主筵晏的佳品。《禮記・内則》："牛脩……芝、栭、蔆、椇、棗、栗、榛、柿、瓜、桃、李、梅、杏、楂、梨、薑、桂。"鄭玄注："自牛脩至此，三十一物皆人君燕食所加庶羞也。"柿類栽培之確切記載見於漢司馬相如《上林賦》："於是乎盧橘夏熟，黄甘橙榛。枇杷橪柿，楟柰厚朴。梬棗楊梅，櫻桃蒲陶。"此中之柿、梬（又名軟棗、黑棗）皆柿類。又見於晋左思《蜀都賦》："其園則有林檎枇杷，橙柹梬楟。"可見漢代已有柿之栽培，迄今已逾二千餘年。柿多産南方各地，黄河流域之柿似由南方漸漸引種馴化後廣泛栽培的。唐段成式《酉陽雜俎》有柿"七絶"之説，即一壽，二多陰，三無鳥巢，四無蟲，五霜葉可愛，六嘉實，七落葉肥大。(《酉陽雜俎・廣動植・木篇》)七絶即七德，柿有七大優點，故頗受人們喜愛，栽者日盛。

柿之種類，漢時已有數種，如《西京雜記》中有"椑三：青椑、赤葉椑、烏椑"椑即柿類。宋代寇宗奭《本草圖經》記述柿之品種有黄柿、紅柿、朱柿、南方椑柿數種。《本草衍義》有"蓋柿"（即今華北各地廣泛栽培之大磨盤柿）及牛心柿、蒸餅柿、朱柿、塔柿等品種。元王禎《農書》、明徐光啓《農政全書》所載亦皆此類。清代《授時通考・農餘門》於柿品種中增"八棱柿"，并附"椑柿""軟柿"（即軟棗）二種。陳淏子《花鏡》卷四增"方蒂""圓蓋"二種。《廣群芳譜》彙集以往各典籍共收録紅柿、黄柿、朱柿、着蓋柹、牛心柿、蒸餅柿、八棱柹、塔柿諸種。南北朝時柿之嫁接已經推廣，北魏賈思勰《齊民要術》有以"取枝於棗根上插之，如插梨法"的繁殖方法，即將柿之果枝接於軟棗根上，使成新的植株。此外，還有關於柿果脱澀方法的記載。唐孟詵《食療本草》卷上有以柿與軟棗療疾之記述。此後之農書中亦大多有類似之内容。今我國柿之栽培除黑龍江、吉林、内蒙古、寧夏、新疆、青海、西藏等地外，各地均有栽培，而尤以冀、魯、豫、皖、晋、陝、鄂栽培最多。栽培品種包括硬食品種如大磨盤柿、滎陽八月黄、晋南七月紅、涇陽鷄心黄、鐵子紅等；軟食品種有臨潼火晶柿、武功牛心柿、火罐柿、摘家烘（河南）；製餅品種有博愛八月黄、滎陽水柿、灰柿、鬼臉柿、小麵糊（山東）、芮城水柿、富平尖柿、華南水柿等；兼用品種如小二糙，即鏡面柿，是山東著名“耿餅”用柿，以及大二糙、大萼子柿、橘蜜柿、郎陽牛心柿等。此外還有湖北羅田柿及從日本引進之“富有”“次郎”等甜柿品種（鮮食，不必脱澀）。

獼猴桃亦我國特産果樹，多野生於南北各地山區，長江流域爲其發源中心。獼猴桃屬植物全世界約五十四種，原産我國者有五十二種及三十八個變種。其中以中華獼猴桃分布最廣，經濟價值最高。獼猴桃的栽培歷史尚難確定。《詩・檜風・隰有萇楚》：“隰有萇楚，猗儺其實。”此之萇楚即指獼猴桃。可見二千五百多年前先民已采集利用獼猴桃，而確切的栽培記載當屬唐代詩人岑參《太白東溪張（一作李）老舍即事寄舍弟侄等》詩：“中庭井闌上，一架獼猴桃。”説明至遲在一千二百年前野生獼猴桃已被移植於庭院，用棚架栽培了。然諸多農書中極少介紹其栽培情況，可見古時尚無規模生産。本草學雖有記述，但多屬藥用，如唐代陳藏器於《本草拾遺》中記述其藥用價值。孟詵《食療本草》稱其爲“藤梨”，記述其食療方法與功用。此後之《開寶本草》《本草衍義》《證類本草》以及《日用本草》《本草綱目》等均予收録，并描述其性狀、加工食用及藥用等内容。據近年調查發現浙江黄岩等地栽培獼猴桃已有百多年歷史，但規模亦不甚大。倒是國外有人引種而大規模栽培者，如新西蘭傑姆・麥格瑞克（James. Mc Gregor）於20世紀初從中國引種，至1910年開始結果。1930年開始規模栽培，迄今該國成爲世界栽培獼猴桃最多的國家，成爲該國重要出口物資之一。而我國真正栽培却是20世紀80年代的事。1978年開展了全國資源普查，選出一些優良單株，各地栽培有計劃地進行。我國栽培品種主要有中華獼猴桃、毛花獼猴桃等及黄皮藤梨、青皮藤梨、糖霜藤梨等品種。由於其果芳香多汁、營養豐富，獼猴桃産業有較大的發展。

漿果之中的葡萄、石榴與無花果都引自西域，其中葡萄、石榴昔傳係漢代張騫出使西域得種而歸，先植陝西長安，後漸傳至内地。無花果約在漢代新疆各地始有栽培，漢唐時或已傳入陝甘，隨後傳入内地。在漫長的栽培歷史過程中，我國勞動人民不僅已經成功地馴化了這些果樹，而且還培育出許多優良品種。今時葡萄爲世界栽培果樹面積最大、産量最多的果樹，品種亦極豐富，估計約有五千多種，我國栽培者亦不下數百種，用於生産中的也有數十種。另本屬中之山葡萄、葛藟、蘡薁、刺葡萄、腺葡萄、變葉葡萄、毛葡萄均産於我國，雖無栽培之記録，但有些自古便已爲先民采食、藥用或釀酒。石榴之栽培，亦頗普遍，其栽培種有果用與觀賞之分。我國果用石榴約有二百多種。江蘇南京、徐州、邳州、睢寧、蘇州吴中，安徽省的懷遠、蕭縣、濉溪、巢湖，陝西西安臨潼、乾縣、三原，雲南蒙自、巧家、建水、呈貢等地及山東棗莊嶧城栽培尤多，品種各有特色。無花果則以新疆阿圖什、和田、喀什，山東烟臺、威海，上海郊區栽培較多，今人發現其特殊的醫療保健效果，可望有較大的發展。

至於茅莓、蓬藟、覆盆子、懸鉤子、蘡薁之類，今仍多野生，有待栽培開發。

上述漿果中凡屬古代引種者，如石榴、無花果、葡萄等均入本卷《引種木果説・古代引種木果考》，餘者則於本節考論。本節共收入漿果二十四種。

天仙果

習見漿果名。桑科，榕屬，天仙果（*Ficus erecta* Thunb.）。落葉小喬木或灌木。樹皮灰白或灰褐色。枝淡赤褐色，幼時被短柔毛。單葉互生，葉卵形，倒卵形或披針形，全緣。隱頭花序，花托通常單生葉腋或成對。果球形或近梨形，先端具凸頭，初爲黄緑色，帶淡紅色斑點，後變暗紫紅色，被白色短毛或無毛。我國主要分布於浙、湘、閩、粤、桂、黔及臺灣等地。果可食。樹皮可供造紙。枝多，可爲薪材。

先民采食天仙果歷史極久，唐宋時已行用此稱，沿稱至今。宋宋祁《益部方物略記・天仙果》："有子孫枝，不蘤而實，薄言采之，味埒蜂蜜。"附注："天仙果，樹高八九尺，無花，其葉似荔枝而小，子如櫻桃，纍纍綴枝間，六七月熟，味至甘。"明李時珍《本草綱目・果三・無花果》："[附録] 天仙果，出四川。樹高八九尺，葉似荔枝而小，無花而實，子如櫻桃，纍纍綴枝間，六七月熟，其味至甘。"清陳淏子《花鏡》卷四："天仙果出自四川，樹高八九尺，葉似荔枝而小，不開花而自實，纍纍枝間，子如櫻桃，六七月中熟，其味最甜美。"《續通志・昆蟲草木略四・果類》："天仙果，樹高八九尺，葉似荔枝而小，無花而實，子如櫻桃，纍纍綴枝間，其味至甘。"

今各地山坡林下蔭濕處、山谷溪畔灌木叢中及田野溝邊均可見到。民間多采其皮以供造紙或製人造纖維。今亦俗稱"布叟""牛奶子""牛奶""牛奶漿""牛奶杵""鹿飯"。參閲《中國經濟植物志・纖維類・天仙果》。《中國高等植物圖鑒》本種學名异名作"*Ficus beecheyana* Hook. et Arn."，此附。

【布叟】

即天仙果。因其樹皮纖維可紡，故名。今閩贛等地多俗用此稱。見該文。

【牛奶子】[1]

即天仙果。今閩贛等地多俗用此稱。見該文。

【牛奶】

即天仙果。今浙江各地多俗用此稱。見該文。

【牛奶漿】

即天仙果。今浙江各地多俗用此稱。見該文。

【牛奶杵】

即天仙果。今浙江各地多俗用此稱。見該文。

【鹿飯】

即天仙果。今廣西各地多俗用此稱。見該文。

多花山竹子

習見漿果名。藤黄科，藤黄屬，多花山竹子（*Garcinia multiflora* Champ. ex Benth.）。常緑喬木。樹皮較厚，灰白色。小枝圓或略扁，緑色或略帶紫紅色，無毛。單葉，對生，革質，卵狀長圓形或長圓狀倒卵形，全緣，背卷。花單性，稀雜性；聚傘狀花序，腋生；花黄色或黄緑色，花萼及花瓣均四枚。漿果，近球形，冬熟時淡黄色，頂端有宿存的柱頭。我國主要分布於臺灣、福建、江西、湖南、廣東、海南、廣西、貴州、雲南諸地。多見於海拔2000米以下山區。木材堅硬，刨面光亮，可供建築、傢具、船板、雕刻用材。果味酸甜，可食。種子油可製肥皂或潤滑油。樹皮與果實還供藥用。

先民采食多花山竹子極久，宋代稱“木竹子”。宋范成大《桂海虞衡志・志果》：“木竹子，皮色形狀全似大枇杷，肉甘美，秋冬間實。”宋周去非《嶺外代答》卷八：“木竹子，皮色形狀全似大枇杷，肉甘美，微爛，子亦似枇杷核。秋冬間實，半青黄時采食，收藏至三四月不壞。”明李時珍《本草綱目・果五・諸果》：“木竹子，又曰《桂海志》云：皮色形狀全似大枇杷，肉味甘美，秋冬實熟。出廣西。”明陸楫《古今説海》卷一一：“木竹子，皮色形狀全似大枇杷，肉甘美，秋冬間實。”清趙學敏《本草綱目拾遺・果部下・木竹子》：“木竹子，出廣西。皮色形狀如大枇杷，肉味甘美，秋冬成熟。味甘，性平。”亦稱“白樹”。清范咸《重修臺灣府志・物産・草木》：“白樹，樹高大而幹直，頗美觀，但易朽。”鄭萬鈞等《中國樹木志・山竹子科・多花山竹子》以爲木竹子即今之多花山竹子。今從其説。今亦稱“白樹仔”“山橘子”。參閲侯昭寬《廣州植物志・藤黄科・多花山竹子》。

【木竹子】[1]

即多花山竹子。此稱宋代已行用。見該文。

【白樹】

即多花山竹子。此稱清代已行用。見該文。

【白樹仔】

即多花山竹子。今臺灣各地多行用此稱。見該文。

【山橘子】[1]

即多花仙竹子。此稱唐代已行用，今廣東各地亦多行用此稱。唐段公路《北户録》卷三：“山橘子，冬熟，有大如土瓜者，次如彈丸者，皮薄，下氣，普寧多之。南人以蜜漬和皮而食，作琥珀色，滋味絶佳。豈比漢人之吴合皮啖橘以爲笑也。其葉煎之，和酒飲亦療氣，神驗。”清刊《月令輯要・冬令》：“山橘子，［增］《北户録》：山橘子，冬熟，有大如土瓜者，次如彈丸者，皮薄，下氣，普寧多有之。”《廣東通志・物産志・果》：“山橘子，冬熟，有大如土瓜者，次如彈丸者，皮薄，下氣。”見“多花山竹子”文。

君遷子

習見漿果名。柿科，柿屬，君遷子（*Diospyros lotus* Linn.）。落葉喬木。樹皮暗黑色，呈方塊狀深裂；幼枝深緑色，被短柔毛。

單葉互生，橢圓形至長圓形，上面深緑色，初時密生柔毛，後漸脱落，下面灰白色。花單性，雌雄异株，簇生於葉腋，淡黄至淡紅色；雌花短，近無柄。漿果近球形至橢圓形，初熟時淡黄色，後變藍黑色，被白蠟粉。我國主要分布於遼寧、河北、山東、山西、陜西、湖北及中南、西南各地。木材優良，可製傢具、舟車。幼樹可爲嫁接柿樹之砧木。果可生食、釀酒、製醋，亦可入藥。

我國君遷子栽培利用歷史悠久。魏晋時常供御用，亦有栽培。時稱“梬櫏”。後亦稱“君遷”。沿稱至今。《文選·左思〈吴都賦〉》：“平仲梬櫏，松梓古度。”唐李善注引劉成曰：“君遷之樹，子如瓠形。”南北朝時多栽培供嫁接良種柿。時亦稱“楝棗”。北魏賈思勰《齊民要術·種棗》：“種楝棗（君遷子）法：陰地種之，陽中則少食。足霜，色殷，然後乃收之。早收者澀，不任食之也。”又，“柿有小者，栽之；無者，取枝於棗根上插之”。又稱“㮕”。明李時珍《本草綱目·果二·君遷子》引陳藏器曰：“君遷子生海南。樹高丈餘。子中有汁，如乳汁甜美。”明徐光啓《農政全書》卷二九：“君遷子，一名㮕，又作軟棗。一名梬棗，一名牛奶柿，一名丁香柿，一名紅藍棗……種軟棗法：陰地種之，陽中則少實。足霜色殷，然後乃收之。早收者澀不任食之也。”《續通志·昆蟲草木略四·木類》：“軟柿，一名楝棗，一名梬棗，一名牛奶柿，一名丁香柿，一名紅藍棗，一名君遷子。生海南。樹高丈餘，子中有汁如乳，甘美。”

【梬櫏】

即君遷子。此稱晋代已行用。見該文。

【君遷】

即君遷子。唐代已行用此稱。見該文。

【㮕】[2]

即君遷子。此稱晋代已行用。見“君遷子”“牛奶柿”文。

【楝棗】

即君遷子。省稱“楝”。此稱晋代已行用，沿稱至今。北魏賈思勰《齊民要術·種柿》引晋郭義恭《廣志》曰：“楝棗，味如柿。晋陽楝，肌細而厚，以供御。”亦稱“小柿”。《文選·司馬相如〈子虛賦〉》：“楂梨梬栗。”李善注引《説文解字》曰：“梬棗，似柿而小，名曰楝。”唐段公路《北户録·食目》：“又有都念子，花似紫蜀葵，實如軟棗。”明李時珍《本草綱目·果二·君遷子》：“［集解］時珍曰：……《廣志》云，楝棗，小柿也。”《格致鏡原·果類二·柿》：“蘇頌《圖經》：一種小柿謂之軟棗。”見“君遷子”文。

【楝】

“楝棗”之省稱。此稱漢代已行用。見該文。

【小柿】

即楝棗。因果似柿而小，故名。此稱晋代已行用。見該文。

【牛奶柿】

即君遷子。此稱晋代已行用，沿稱於後世。明李時珍《本草綱目·果二·君遷子》：“［釋名］時珍曰：司馬光《名苑》云：君遷子似馬奶，即今牛奶柿也，以形得名。晋崔豹《古今注》云：牛奶柿即㮕。葉如柿，子亦如柿而小。”《廣群芳譜·果譜五·軟柿》：“一名牛奶柿，《古今注》云：牛奶柿即軟棗。”清何焯《義門讀書記·孟子下》：“羊棗非棗也，乃柿之小者。初生色黄，熟則黑，似羊矢。其樹再接即成柿矣。余乙亥客授臨沂始睹之，沂近魯地，可據也，今俗呼牛奶柿，一名樉棗。”清陳元龍《格致鏡原·果類二·柿》引宋蘇頌《本草圖經》：“一種小柿謂之軟棗，俗呼牛奶柿。”見“君遷子”文。

【丁香柿】

即君遷子。此稱宋代已行用。亦稱“牛乳柿”。《爾雅翼·釋木》：“梬，今之棗也，結實似柿而極小，其蒂四出，枝、葉、皮、核皆似柿。秋晚而紅，乾之則紫黑如蒲桃，其大小亦然，今人謂之丁香柿，又謂之牛乳柿。”明朱橚《救荒本草》卷七：“軟棗，一名丁香柿，又名牛乳柿，又呼羊矢棗。《爾雅》謂之梬。舊不載所出州土，今北土多有之。其樹枝葉條幹皆類柿，而結實甚小，乾熟則紫黑色。味甘，性温，一云微寒，無毒。”見“君遷子”文。

【牛乳柿】

即丁香柿。此稱宋代已行用。見該文。

【梬】

即君遷子。此稱多行用於漢代，沿稱於後世。亦稱“梬棗”“紅藍棗”。《説文·木部》：“梬，梬棗也。從柿而小，一曰樉。”《漢書·司馬相如列傳》：“樝梨梬栗，橘柚芬芳。”顔師古注：“張揖曰：梬，梬棗也；師古曰：樝，即今所謂樝子也；梬棗，即今之樉棗也。”《西京雜記》卷一：“初修上林苑，君臣遠方，各獻名果異樹……棗七：弱枝棗、玉門棗、棠棗、青華棗、梬棗、赤心棗、西王母棗（出昆侖山）。”明李時珍《本草綱目·果二·君遷子》：“[釋名]棗、梬棗、牛奶柹、丁香柹、紅藍棗。”參閲《廣群芳譜·果譜五·軟柿》《爾雅翼·釋木》。見“君遷子”文。

【梬棗】

即梬。此稱漢代已行用。見該文。

【紅藍棗】

即梬。此稱南北朝時期已行用。參閲北魏賈思勰《齊民要術》。見該文。

【羊棗】

即君遷子。此稱先秦時期已行用。亦稱“遵”“羊矢棗”。《孟子·盡心下》：“曾皙嗜羊棗，而曾子不忍食羊棗。”《爾雅·釋木》：“遵，羊棗。”晋郭璞注：“實小而員，紫黑色，今俗呼之爲羊矢棗。”《説文·木部》：“梬，梬棗也。”段玉裁注：“梬，即《釋木》之‘遵，羊棗也’。郭云：‘實小而圓，紫黑色，今俗之爲羊矢棗。’引《孟子》：‘曾皙嗜羊棗。’何氏焯曰：‘羊棗非棗也，乃柿之小者。’初生色黄，熟則黑，似羊矢；其樹再接即成柿矣。余客臨沂始睹之。亦呼牛奶，亦呼樉棗。此尤可證以柿得棗名。《孟子正義》不得其解。玉裁謂，凡物必得諸目驗而折衷古籍乃爲可信。”至明清時君遷子栽培、應用都已頗爲豐富。清蒲松齡《農桑經殘稿·五月》：“柿，以羊棗接之。”清吴其濬《植物名實圖考·果類·軟棗》：“軟棗即牛奶柿，《救荒本草》以爲即羊矢棗。段玉裁《説

羊　棗
（明盧和《食物本草》）

文》解從之。”按，嶺南有羊矢棗，《南越筆記》述之甚詳，然與本種實爲同名异物，應慎辨之。見“君遷子”文。

【遵】

即羊棗。此稱秦漢時期已行用。見該文。

【羊矢棗】

即羊棗。此稱晋代已行用。見該文。

【檽棗】

即君遷子。省稱“檽”。此稱宋代已行用。《集韻·平之》：“檽，木名。”唐孫光憲《北夢瑣言》卷三：“晋朝趙令公瑩庭有檽棗，婆娑異常，四遠俱見。”明楊慎《藝林伐山》卷五：“檽棗，俗作軟棗。”又《升菴集》卷八〇：“檽棗，俗作軟棗，一名牛奶柿，一名丁香柿，《文選·蜀都賦》所謂梬也。”明王世貞《弇州四部稿》卷一六九：“檽棗，軟棗也。一名丁香柿。”見“君遷子”文。

【檽】

“檽棗”之省稱。此稱宋代已行用。見該文。

【軟柿】

即君遷子。此稱多行用於明清時。《廣群芳譜·果譜五·軟柿》：“軟柿，一名楰棗，一名梬棗，一名牛奶柿，一名君遷子，一名丁香柿，一名紅藍棗。”《續通志·昆蟲草木略四·果類》：“軟柿一名楰棗，一名梬棗，一名牛奶柿，一名丁香柿，一名紅藍棗，一名君遷子。”見“君遷子”文。

【黑棗】

即君遷子。此稱清代已行用，今京、津、河北諸地仍沿稱。明徐光啓《農政全書》卷二九：“《荒政要覽》曰：三月間，秧黑棗，備接柿樹。”石聲漢校注：“黑棗，大致指楰棗。”《山西通志·物産·平定州》：“黑棗，州暨樂平産。較紅棗小而圓，即羊棗也。”干鐸等《中國林業技術史料初步研究》注云：“黑棗是君遷子的别名，又名軟棗。”見“君遷子”文。

【軟棗】

即君遷子。此稱漢代已行用。漢郭憲《洞冥記》卷一：“元光中帝起壽靈壇……壇傍草樹枝葉，或翻或動，歌之感也，四面列種軟棗，條如青桂，風至自拂堦上游塵。”唐段公路《北户録·食目》：“又有都念子，花似紫蜀葵，實如軟棗。”見“君遷子”文。

軟　棗
（明朱橚《救荒本草》）

【檡】

即君遷子。先秦時訛作“蘀”。《詩·小雅·鶴鳴》：“樂彼之園，爰有樹檀，其下維蘀。”袁梅譯注：“蘀，可能是‘檡’之訛。蘀，zhé（哲），又音tuó（駝），梬（yǐng影）棗。又名軟棗樹，類似柿，但果實小而長，乾熟則紫黑色，可食。聯繫下章來讀，從内容上，從句法上，都應認爲讀檡爲是。《經義述聞》云：蘀，疑當讀爲檡。《廣雅》，梬棗，檡也。……故借爲檡。蓋檀可以爲輪爲輻，檡亦可以爲决，穀亦可以爲布爲紙，皆適於用者也。”《玉篇·木部》：“檡，梬棗也。”《廣韻·入昔》：“檡，梬棗。”清王引之《經義述聞·毛詩中》：“〔鶴鳴〕二章：‘其下維穀。’〔毛〕傳曰：穀，惡木也。’則此蘀字亦當爲木名，非落葉之謂也。擇疑當讀爲檡。"見"君遷子"文。

【擇】

"檡"之訛字。此體先秦時期已行用，見王引之《經義述聞・毛詩中》。見該文。

油柿

習見漿果名。柿科，柿屬，油柿（*Diospyros oleifera* Cheng）。落葉喬木。枝幹灰白色；小枝密生茸毛。葉長卵形或長橢圓形，呈暗綠色，無光澤，兩面均生黄褐色茸毛。雌雄同株；花較小，子房具短柔毛。漿果圓或卵圓形，果疏生短茸毛，着色前表面分泌黏狀油脂物，成熟時呈暗黄色。我國主要分布於長江以南各地，江浙等地有栽培。果可食，亦供製柿漆。其苗木及幼樹可嫁接普通柿。

我國栽培利用油柿已逾一千五百餘年。晋代稱"烏椑"。《文選・潘岳〈閒居賦〉》："張公大谷之梨，梁侯烏椑之柿。"李善注："《廣志》曰：梁國侯家有烏椑，甚美，世罕得之。"南北朝時稱"椑柿"。南朝宋謝靈運《山居賦》："椹梅流芬於回巒，椑柿被實於長浦。"宋楊萬里《過長峰徑遇雨遣悶》詩之十："烏椑不熟還無事，小艇難乘莫再來。"元王禎《農書》卷九："又有椑柿，生江淮南，似柿而青黑，潘岳《閑居賦》曰：'梁侯烏椑之柿'是也。"明清時以椑柿製漆工藝記述甚詳，用亦頗廣。清陳淏子《花鏡》卷四："別有一種椑柿，葉上有毛，實皆青黑，最不堪食，止可收作柿漆。八月間用椑柿擣碎，每柿一升，用水半升，釀四五時，榨取漆令乾，添水再取，傘扇全賴此漆糊成也。"《浙江通志・物產一・杭州府》："［柿漆］有一種名油柿，浸得油名曰柿漆，用以油紙可隔水。柿漆杭人用以製扇，名蜀府扇，質粗耐久。近人又以柿漆漆紗，頗宜暑服。"清陳元龍《格致鏡原・果類二・柿》："《本草》：椑柿，柿之小而卑者。他柿熟則黄赤，唯此雖熟亦青黑色。"今多俗稱"油柿"，亦稱"方柿""白頭翁"。仍多野生，江浙等地栽培亦多用於製柿漆或作藥用。

椑　柿

（清吴其濬《植物名實圖考》）

【烏椑】

即油柿。此稱晋代已行用。見該文。

【椑柿】

即油柿。此稱南北朝時期已行用。見該文。

【方柿】

即油柿。今稱。見該文。

【白頭翁】[2]

即油柿。今稱。見該文。

【椑】[2]

即油柿。爲"椑柿"之省稱。此稱晋代已行用。《廣韻・平支》："椑，木名，似柿。《荆州記》曰：'宜都出大椑。'潘岳《閑居賦》云'烏椑之柿。'"清陳元龍《格致鏡原・果類二・柿》引《正字通》："椑，柿同類。柿赤而椑烏綠，故謂烏椑。"見"油柿"文。

【漆柿】

即油柿。其果可製柿漆，故名。五代時期已行用，語本《日華諸家本草》，沿稱於後世。明李時珍《本草綱目・果二・椑柿》："［椑柿］搗碎浸汁謂之柿漆，可以染罾、扇諸物，故有漆柿之名。”明徐光啓《農政全書》卷二九：“椑柿……一名漆柿……出宣、歙、荆、襄、閩、廣間。大如杏，惟堪生啖，不可爲乾也。”《續通志・昆蟲草木略四・果類》：“臣等謹按，鄭志載柿，衹云烏者謂之椑，椑即漆柿也。亦名青椑，柿類。”見“油柿”文。

【緑柿】

即油柿。其果青緑，故名。此稱元代已行用，名見元吴瑞《日用本草》，沿稱於後世。明李時珍《本草綱目・果二・椑柿》：“［釋名］漆柿、緑柿、青椑、烏椑、花椑。”《通雅・植物》：“椑柿，緑柿，即漆柿也。椑柿同類，柿（扗紙韻）實赤而椑烏緑，故謂烏椑（音疲），以染罾扇，曰柿漆。”明徐光啓《農政全書》卷二九：“椑柿，一名漆柿，一名緑柿。”《格致鏡原・果類二・柿》：“張爾公曰：椑即緑柿别名。搗汁染罾扇，曰柿漆。”見“油柿”文。

【青椑】

即油柿。此稱晋代已行用，始載《廣志》，沿稱於後世。亦稱“青柿”。明李時珍《本草綱目・果二・椑柿》：“［釋名］漆柿、緑柿、青椑、烏椑、花椑。”明徐光啓《農政全書》卷二九：“椑柿，一名漆柿，一名緑柿，一名青柿。”《廣群芳譜・果譜五・椑柿》：“椑柿，一名漆柿，一名緑柿，一名青椑。”《格致鏡原・果類二・柿》引《西京雜記》：“上林苑之椑三：青椑、赤棠椑、烏椑。”《陝西通志・物産一・果屬》：“椑柿，上林苑有青椑、赤棠椑、烏椑（《西京雜記》）。一名漆柿，一名花椑。乃柿之小而卑者（《廣群芳譜》）。”見“油柿”文。

【青柿】

即青椑。此稱明代已行用。見該文。

【花椑】

即油柿。此稱元代已行用，名見元吴瑞《日用本草》。亦稱“花柿”。明李時珍《本草綱目・果二・椑柿》：“［釋名］漆柿、緑柿、青椑、烏椑、花椑。”明徐光啓《農政全書》卷二九：“椑柿，一名漆柿……一名花柿。”清刊《授時通考・農餘門・果二》：“椑柿，一名漆柿，一名緑柿，一名青椑，一名烏椑，一名花椑，一名赤棠柿。乃柿之小而卑者，生江淮宣歙荆襄閩廣諸州。雖熟亦深緑色，大如杏，味甘，可生啖。搗碎浸汁謂之柿漆，可染罾扇諸物。”見“油柿”文。

【花柹】

即花椑。此稱明代已行用。見該文。

【赤棠椑】

即油柿。此稱漢代已行用。北魏賈思勰《齊民要術・五穀果蓏菜茹非中國物産者》：“椑，《西京雜記》曰：烏椑、青椑、赤棠椑、宜都出大椑。”明李時珍《本草綱目・果二・椑柹》：“［釋名］漆柿、緑柿、青椑、烏椑、花椑、赤棠椑。”明徐光啓《農政全書》卷二九：“椑柿，一名漆柿……一名赤棠椑。”見“油柿”文。

【赤棠柿】

即油柿。此稱清代已行用。清刊《授時通考・農餘門・果三》：“椑柿，一名漆柿，一名緑柿。一名青椑，一名烏椑，一名花椑，一名赤棠柿。”見“油柿”文。

【烏椑木】

即油柿。此稱漢代已行用。《文選・潘岳〈閑居賦〉》：“張公大谷之梨，梁侯烏椑之柿。”李善注引《西京雜記》曰：“上林苑有烏椑木。”

見“油柿”文。

【烏柿】

即油柿。此稱宋代已行用。《古今合璧事類備要别集・菓門》：“烏柿，梁侯烏椑之柿。”見“油柿”文。

柿

習見漿果名。柿科，柿屬，柿（*Diospyros kaki* Thunb.）。落葉喬木。樹冠圓頭狀。樹皮淺灰色，呈薄片狀剥落。小枝被褐色柔毛。葉橢圓形至倒卵形，葉面光滑，背面被短柔毛。花雜性；雄花爲小聚傘花序，有花三朵，花冠黄白色；雌花常單生。漿果卵圓形或扁球形，橙黄色或鮮黄色，花萼宿存。原産我國。分布極廣，各地都有栽培。果可食，亦供釀酒，或加工柿餅及柿漆等。柿霜、柿蒂、花、葉、樹皮、根等可入藥。

我國柿栽培利用歷史悠久。先秦時已行用此稱，沿稱至今。《禮記・内則》：“牛脩、鹿脯……芝、栭、菱、椇、棗、栗、榛、柿、瓜、桃、李、梅、杏、楂、梨、薑、桂。”鄭玄注：“自牛脩至此三十一物，皆人君燕食所加庶羞也。”已將柿作爲天子燕食之物。漢時柿已入林苑栽培。漢司馬相如《上林賦》：“於是乎盧橘夏熟，黄甘橙楱，枇杷橪柿，楟柰厚朴。”魏晋後栽培經驗已較豐富。北魏賈思勰《齊民要術・種柿》：“柿，有小者（柿苗），栽之；無者，取枝於棗根上插之，如插梨法。”柿之脱澀方法亦有創造。宋歐陽修《歸田録》卷下：“今唐、鄧間多大柿，其初生澀，堅實如石。几百十柿以一榠楂置其中（榲桲亦可），則紅爛如泥而可食。”柿之利用亦較全面，除食果、製柿餅及藥用外，其葉尚可供書。《全芳備祖後集・果部・柿》引《小説》：“鄭雯好書，苦無紙，慈恩寺貯柿葉數屋，雯日取隸書，歲久殆遍。”《爾雅翼・釋木》：“柿，於經乃復罕見，唯《内則》所加庶羞三十一物中有之。實黄而大，味甚甘，亦暴而食之。”柿經濟價值極高，可觀，可食，可救荒，可致富。明湛若水《格物通・勸課》：“《教民榜》：今天下太平，百姓除糧差之外，别無差遣。各宜用心生理以足衣食。如法栽種桑、麻、棗、柿、綿花。每歲養蠶所得絲綿可供衣服。棗柿豐年可以賣鈔，儉年可當糧食。里老常督，違者治罪。”清周召《雙橋隨筆》卷一：“司馬温公家訓云：吾記天聖中，先公爲郡牧判官，客至未嘗不置酒，或三行五行，多不過七行，酒酤於市，果止於梨、栗、棗、柿之類。”

柿

（清吴其濬《植物名實圖考》）

國人自古有植柿習俗。柿屬植物約二百五十餘種，我國産四十餘種，多屬野生或半野生狀態。其中有栽培意義的除本種外，尚有君遷子、油柿等。本種軟食品種有火晶柿、牛心柿、火罐柿、摘家烘等；硬食品種有大磨盤柿、黄柿、七月

柿　樹

（明朱橚《救荒本草》）

紅、鷄心柿、鐵子紅等；製餅品種有八月黄、水柿、灰柿等；兼用柿有鏡面柿、大二糙、大萼柿、橘蜜柿等。此外尚有不經脱澀即可生食之羅田甜柿，以及從日本引進之“富有”等品種，亦頗受人們所喜愛。

【凌霜侯】

“柿”之譽稱。昔傳此稱爲明太祖所封。亦號“凌霜長者”。明趙與時《賓退録》卷一：“太祖微時，至一村，人烟寥落，而行糧已絶。正徘徊間，見缺垣有柿樹，紅熟異常，因取食之。後拔采石，取太平，道經此村，而柿樹猶在，隨下馬，解赤袍以被之，曰：封爾爲‘凌霜侯’。”後世遂以凌霜侯爲柿之别稱，并將此傳爲佳話。清姚之駰《元明事類鈔·果木門·柿》：“凌霜侯：明張定《在田録》：高皇微時，過柴村，已二日不食。至一所，乃人家敗園，兵火之後惟一樹霜柿正熟，上取食之十枚便飽。後拔采石、取太平過此，因下馬以赤袍加之曰：封爾爲‘凌霜侯’。”《廣群芳譜·果譜五·柿》：“《在田録》：高皇微時，過剩柴村，已經二日不食矣。行漸伶仃，至一所，乃人家故園，垣缺樹凋，上悲嘆久之，緩步周視，東北隅有一樹，霜柿正熟，上取食之，食十枚便飽，又惆悵久之而去。乙未夏，上拔采石，取太平，道經於此，樹猶在，上指樹以前事語左右，因下馬以赤袍加之，曰：封爾爲‘凌霜長者’，或曰‘凌霜侯’。”見“柿”文。

【凌霜長者】

即凌霜侯。此稱明代已行用。見該文。

【鎮頭迦】

即“柿”古梵語（tinduka）音譯。明李時珍《本草綱目·果二·柿》：“〔柿，〕胡名鎮頭迦。”明顧起元《説略·冥契下》：“鎮頭迦，柿也。”一説爲佛語稱。明王世貞《弇州四部稿》卷一七三：“王荆公以誤解三昧字爲釋門所譏。余久不得頻婆末利花果二字義，近於宋板《翻譯名義集》考出，恍若獲真珠船者，因取佛書中有常用而不能解或此解而不知彼音者悉録之：多陀阿伽陀，如來也……播囉師，胡桃也；鎮頭迦，柿也。”見“柿”文。

【赬虬卵】

“柿”之别稱。其色赤，而形若虬卵，故名。此稱唐代已行用。唐韓愈《游青龍寺贈崔大補闕》詩：“然雲燒樹火（宋刻作大）實駢，金烏下啄赬虬卵。”元陰勁弦、陰復春《韻府群玉》卷一〇：“‘金烏［烏］下琢［啄］赬虬卵’，韓〔愈〕《咏柿》。”清陳元龍《格致鏡原·果類二·柿》：“韓昌黎詩：‘金烏下啄赬虬卵。’注謂柿也。”見“柿”文。

【柿樹】

即柿。此稱唐代已行用。唐段成式《酉陽雜俎·廣動植·木篇》：“柿俗謂柿樹，有七絶：一壽，二多陰，三無鳥巢，四無蟲，五霜葉可玩，六嘉實，七落葉肥大。”見“柿”文。

福州柿

習見橥果名。柿科，柿屬，福州柿〔*Diospyros cathayensis* Steward var. *foochowensis*（Metc. et Chen）S. Lee〕。常緑或半常緑小喬木或灌木。烏柿之變種一。樹似烏柿。枝直立，有棘刺，幼枝生短柔毛。葉較小，橢圓形、狹橢圓形至倒披針形，背面沿中脉常散生長柔毛。果球形，具短柔毛。我國主要分布於福建福州烏石山與鼓山。四川各地亦有分布。果可食，根可入藥。

我國早已栽培利用福州柿。清代稱“小油柿”“黑塔子”“野油柿子”“黑丁香”。清劉善述《草木便方·木部·黑塔子根》:“小油柿甘皮澀寒，水氣濕腫喘滿痊，瘰癘内傷解酒毒，臟熱消腫治不難。別名：野油柿子、黑丁香。”《草木便方》整理組以爲小油柿即福州柿。

【小油柿】

即福州柿。此稱清代已行用。見該文。

【黑塔子】

即福州市。此稱清代已行用,《草木便方》原稱“小油柿”，整理本改此稱。見該文。

【野油柿子】

即福州柿。此稱清代已行用，今四川各地仍行用此稱。見該文。

【黑丁香】

即福州柿。此稱清代已行用。今四川各地仍行用此稱。見該文。

臺灣柿

習見漿果名。柿科，柿屬，异色柿（*Diospyros discolor* Willd.）之別名。常緑喬木。小枝被紅褐色絨毛。單葉互生，革質，長橢圓形或披針形，全緣或微波狀緣，常反卷；葉背貼伏白色柔毛；葉柄粗厚，被柔毛。總狀花序生於葉腋，花萼四裂，花冠裂片反捲。柿果扁球形，深紫紅色，果面密被茸毛。原産我國臺灣。多生於熱帶叢林中。木材優良，可製器具。果可食。

因其果被毛，故名“毛柿”。昔傳出産西域，故又稱“番柿”。《福建通志·物産·果之屬》:“番柿，形似柿，皮有毛，俗呼爲毛柿。西域種。”清范成等《重修臺灣府志·物産·草木》:“番柿，形似柿，皮有毛，俗呼爲毛柿，西域種。”今通稱臺灣柿。參閱清高拱乾等《臺灣府志·風土·土産》。按，本種原産我國。菲律賓僅有少量分布，所謂“西域種”實誤。

【毛柿】

即臺灣柿。此稱清代臺灣各地已行用，亦今通稱一。見該文。

【番柿】

即臺灣柿。此稱清代臺灣各地已行用。見該文。

千瓣白榴

習見漿果名。石榴科，石榴屬，重瓣白花石榴（*Punica granatum* Multiplex Sweet）之別名。落葉灌木。石榴之變種一。葉似石榴。花重瓣，白色，故名。各地有栽培。果可食，亦供觀賞。

明代已行用此稱。亦稱“千葉白”“千瓣白”。明高濂《遵生八箋·起居安樂箋上》:“玄都異種未識，劉郎千瓣大紅、重臺石榴、千瓣白榴、千瓣粉紅榴、千瓣鵝黄榴、單瓣白粉、二色榴。西域別枝堪驚。”清陳淏子《花鏡》卷四:“石榴……花有數色，千葉大紅，千葉白，或黄或粉紅，又有並蒂花者。”《廣群芳譜·花譜七·石榴花》:“燕中有千瓣白、千瓣粉紅、千瓣黄、千瓣大紅、單瓣者，比別處不同。”今人陳植《觀賞樹木學》以爲“千瓣白”即此種，亦稱“重瓣白石榴”。“千瓣”者謂花冠重瓣也。又其單瓣者稱“白石榴”“銀榴花”，亦石榴之變種。

【千葉白】

即千瓣白榴。此稱清代已行用。見該文。

【千瓣白】

即千瓣白榴。此稱清代已行用。見該文。

【重瓣白石榴】

即重瓣白榴。今稱。見該文。

灰白毛莓

習見漿果名。薔薇科，懸鈎子屬，灰白毛莓（*Rubus tephrodes* Hance）。落葉灌木。莖攀援；小枝密被灰白色絨毛，雜有綫毛與小皮刺。單葉，互生，近圓形或寬卵形，先端尖，五至七淺裂。圓錐花序頂生；花瓣白色，八至十月開放；聚合果近球形，紫紅色。我國主要分布於江南各地，多見於山地灌叢及路旁。目前尚未見有人工栽培。根、葉、種子可入藥。

此果古時與高粱泡等同稱"蓬藟"。明清時尚沿用此稱，亦稱"割田藨"。明李時珍《本草綱目·草七·蓬藟》："一種藤蔓繁衍，莖有倒刺，逐節生葉，葉大如掌，狀類小葵葉，面青背白，厚而有毛，六七月開小白花，就蒂結實，三四十顆成簇，生則青黄，熟則紫黯，微有黑毛，狀如熟椹而扁，冬月苗葉不凋者，俗名割田藨，即本草所謂蓬蘽也。"明盧之頤《本草乘雅半偈·本經上品·蓬藟》："一種藤蔓繁衍，蔓有棘刺，逐節生葉，葉大如掌，狀類小葵，葉面青背白，厚而有毛。六七月白花碎小，就蒂結實，三四十粒而成簇。生時青黄，熟則黑黯，微有黑毛，狀如桑椹而扁。冬月蔓葉不凋者俗名割田藨，即本草所謂蓬藟者是也。"清王夫之《詩經稗疏·周南·葛藟》："又，蓬藟似覆盆子，蔓生繁衍，莖有刺，葉如小葵，面青背白有毛。六七月開小白花，就蒂結實如桑椹，熟則紫黯，有小黑毛，甘而可食，俗名割田藨（讀如抛）。"

按，古之蓬藟亦爲懸鈎子屬其他一些植物之泛稱，其中包括高粱泡、牛迭肚、灰白毛莓等。考《本草綱目》其文又核其圖，依《新華本草綱要·薔薇科·蓬藟》之釋文，定爲本種。

【蓬藟】[1]

即灰白毛莓。亦指高粱泡、牛迭肚等。古稱。見該文。

【割田藨】

即灰白毛莓。此稱明代已行用。見該文。

越橘

習見漿果名。杜鵑花科，越橘屬，越橘（*Vaccinium vitis-idaea* Linn.）。常緑矮小灌木，高約10厘米。莖直立，小枝細，灰褐色。單葉互生，革質，卵圓形或倒卵形，葉緣具睫狀細毛，上面暗緑色，下面淡緑色，有腺點。短總狀花序，生於去年生枝頂，稍下垂；花冠鐘狀，白色或水紅色。漿果球形，紅色。我國主要分布於新疆、内蒙古及東北各地。常見於亞寒帶針葉林下與灌木叢中。果可食，亦可入藥。葉入藥，又可代茶飲。

我國利用越橘歷史悠久，清代稱"温普"。今亦稱"熊果""紅豆""牙疙瘩"。《盛京通志·天章》："温普，《國語譯漢音書》之山中果也，形似樝味甘而酢，或借榅桲字書之。考《花木記》以榅桲爲梨別種，則徒取音近固不相類耳。"江蘇新醫學院《中藥大辭典·越橘葉》："[異名]熊果葉（《新疆中草藥手册》）。[基原]爲杜鵑花科植物越橘的葉。[原植物]越橘 *Vaccinium vitis-idaea* Linn.，又名：温普（《盛京通志》）、紅豆、牙疙瘩。"

按，芸香科有金橘亦名越橘，唐宋時已行用此稱。如宋梁克家《淳熙三山志·土俗類三·物産》："越橘，花如瑞香，葉幹如黄楊，實如朱櫻。"《福建通志・物産・花之屬》:"越橘，樹如黄楊，花如瑞香而白，實如朱櫻。"然此越橘與本越橘殊异，花、果雖相類，但産地却迥异，顯與《盛京通志》所云温普并非一物，宜辨之。

【温普】

即越橘。此稱清代已行用。見該文。

【熊果】

即越橘。名見《新疆中草藥手册》，今新疆各地多行用此稱。見該文。

【紅豆】[3]

即越橘。因其漿果色紅如豆，故名。今稱。見該文。

【牙疙瘩】

即越橘。今稱。見該文。

茅莓

習見漿果名。薔薇科，懸鈎子屬，茅莓（*Rubus parvifolius* Linn.）。落葉小灌木。高約 2 米，莖拱曲，小枝被柔毛、腺毛及小皮刺。奇數羽狀複葉，菱狀卵形至卵形。傘房花序或複聚傘花序，花粉紅或紫紅色，直立。聚合果，紅色。我國各地均有分布。果酸甜可食、亦可熬糖或釀酒。葉可提取栲膠。全株可入藥。

茅莓久爲人知。秦漢時始稱"藨""麃"。晋代江東各地稱"藨莓"。《爾雅・釋草》:"藨，麃。"晋郭璞注:"麃即莓也，今江東呼爲藨莓，子似覆盆而大，赤，酢甜可啖。"唐代已行用"茅莓"之稱。亦稱"薅田藨"。明李時珍《本草綱目・草七・蓬藟》:"一種蔓小於蓬藟，一枝三葉，葉面青，背淡白而微有毛，開小白花，四月實熟，其色紅如櫻桃者，俗名薅田藨。即《爾雅》所謂藨者也。"又，《本草綱目・草七・覆盆子》:"[集解]時珍曰：陳氏所謂以茅莓當覆盆者，蓋即此也。"清陳大章《詩傳名物集覽・草・蔹蔓於野》:"《通雅》云：古之藨，今之莓，覆盆子也……一枝三葉，實如櫻桃，曰薅田藨。即《爾雅》所謂：'藨，麃'，陳藏器所謂茅莓也。"《廣群芳譜・藥譜六・蓬藟》:"一種蔓小於蓬藟，一枝三葉，葉面青，背淡白而微有毛，開小白花，四月實熟，其色紅如櫻桃者，俗名薅田藨。即《爾雅》所謂藨者也。故郭璞注云藨即莓也。子似覆盆而大，赤色，酢甜可食，此種不入藥。"

按，江蘇新醫學院《中藥大辭典・薅田藨》以爲《爾雅》之"藨"即薅田藨，亦《本草拾遺》所謂茅莓。參閱鄭萬鈞《中國樹木志・薔薇科・茅莓》。今亦稱"婆婆頭""草楊梅子"。多野生於山丘地區向陽處，路邊、疏林、灌叢中常可見到。對此資源可先加以保護，待繁衍較多，形成大宗産品後，再加以開發利用。

【藨】

即茅莓。此稱秦漢時期已行用。見該文。

【麃】

即茅莓。此稱秦漢時期已行用。見該文。

【藨莓】

即茅莓。此稱晋代已行用。見該文。

【薅田藨】

即茅莓。此稱唐代已行用。見該文。

【婆婆頭】

即茅莓。今稱。見該文。

【草楊梅子】

即茅莓。今稱。見該文。

【紅梅消】

即茅梅。因其花色似紅梅，故名。此稱清

代已行用。亦稱“紅瑣梅”“過江龍”“倒築傘”。清吴其濬《植物名實圖考·蔓草類·紅梅消》：“紅梅消，江西、湖南河濱多有之。細莖多刺，初生似叢，漸引長蔓，可五六尺，一枝三葉，葉亦似藕［薅］田藨。初發面青，背白，漸長背即淡青。三月開小粉紅花，色似紅梅，不甚開放，下有緣蒂，就蒂結實，如覆盆子，色鮮紅，纍纍滿枝，味酢甜可食。按藨屬甚多，李時珍亦未盡考，故不云有紅花者。《辰溪縣志》：山泡有三月泡、大頭泡、田鷄泡、扒船泡。泡即藨，語音輕重耳；名隨地改，殆難全别……此草滇呼紅瑣梅，采作果食。湖南、北謂之過江龍，《簡易草藥》收之。其枝梢下垂，及地則生根，黔中謂之倒築傘。”江蘇新醫學院《中藥大辭典·薅田藨》以爲《圖考》之紅梅消即薅田藨。見“茅梅”文。

紅梅消
（清吴其濬《植物名實圖考》）

【紅瑣梅】

即紅梅消。此稱清代已行用。見該文。

【過江龍】

紅梅消。此稱清代已行用。見該文。

【倒築傘】

即紅梅消。此稱清代已行用。見該文。

【蛇泡簕】

即茅莓。此稱多行用於清代。亦稱“蛇抱簕”“黑龍骨”。清何克諫《生草藥性備要》上卷：“蛇抱簕，味劫（甘澀）、酸……有簕（即刺），子紅，可食。根浸酒，壯筋骨。一名黑龍骨。葉大的一名虎掌，一名山象皮。小葉的能開蛇口。”清趙其光《本草求原·隰草部·蛇泡簕》：“蛇泡簕，即黑龍骨。薳酸、澀、平。主牙痛吐血，殺蟲，洗疥癩、汗斑，疳瘡。”按，“味劫”，爲粵語方言，指藥性甘澀。“簕”廣人讀作nè，粵語指植物之刺。茅莓枝生有刺，故得此稱。參閱江蘇新醫學院《中藥大辭典·薅田藨》。見“茅莓”文。

【蛇抱簕】

同“蛇泡簕”。此稱清代已行用。見該文。

【黑龍骨】

即蛇泡簕。此稱清代已行用。見該文。

瑪瑙石榴

習見漿果名。石榴科，石榴屬，瑪瑙石榴（*Punica granatum 'legrellei'* Vanh.）。落葉灌木或小喬木。石榴之變種一。樹似石榴。花重瓣，有紅色及黄色白條紋。

此稱清代已行用。清吴其濬《植物名實圖考·果類·安石榴》：“安石榴，《别録》下品，實有甘、酸、紅、白、瑪瑙數種。”陳嶸《中國樹木分類學·石榴》、陳植《觀賞樹木學·石榴》俱以爲《圖考》之“瑪瑙”者即指瑪瑙石榴。參閱《中國樹木分類學·石榴》《觀賞樹木學·石榴》。

蓬藟[2]

習見漿果名。薔薇科，懸鈎子屬，高粱泡（*Rubus lambertianus* Ser.）之别名。半常緑灌木。枝細長具刺，有棱，褐色。幼枝被短柔毛。單葉，互生，卵形或長圓狀卵形。柄具刺。圓錐花序頂生或腋生，花白色，八九月開放。聚合果近球形，紅色。果味酸甜可食。原産我國，主要分布於中南部各地。目前尚未見有栽培。

我國采集利用蓬蘽至少已有二千餘年歷史。漢代始用此稱，魏晋時亦稱“陵蘽”“陰蘽”。《神農本草經・上品・蓬蘽》：“蓬蘽，味酸，平。主安五藏……生平澤。”孫星衍等注引南朝梁《名醫别録》曰：“一名陵蘽，一名陰蘽，生荆山及冤句。”亦稱“覆盆”“苺子”。宋唐慎微《證類本草・果部三・蓬蘽》：“蓬蘽，味酸，鹹，平，無毒。主安五藏，益精氣，長陰，令堅强，志倍力有子，又療暴中風，身熱大驚，久服輕身不老。一名覆盆，一名陵蘽，一名陰蘽。生荆山平澤及冤句。”明朱橚《普濟方》卷二六三：“[神仙服蓬蘽令人輕身健行不老方]蓬蘽，一名覆盆。江南謂之苺子，味甘，無毒。四月五日候其實熟采，曬乾搗細羅爲散，每服三錢，水調服之。安五臟，益精强志，倍力，輕身不老，服之易顔色也。”清吴其濬《植物名實圖考・蔓草類・蓬蘽》：“蓬蘽，《本經》上品。今廢圃籬落間極繁。”按，古人言蓬蘽者頗多，考其所述，似非指一物，如李時珍《本草綱目・草七・蓬蘽》云：“一種藤蔓繁衍，莖有倒刺，逐節生葉……即本草所謂蓬蘽也。”查其文，核其圖，當屬薔薇科，懸鈎子屬之灰白毛苺（*R. tephrodes* Hance）。陳嶸《樹木分類學》、曲澤洲等《果樹種類論》亦以蓬蘽爲薔薇科之牛迭肚。似此者不一而足，今從《新華本草綱要・薔薇科・蓬蘽》定爲本種，即今俗稱之“高粱泡”。此附供考。

【陵蘽】

即蓬蘽[2]。此稱南北朝時期已行用。見該文。

【陰蘽】

即蓬蘽[2]。此稱南北朝時期已行用。《證類本草》《本草綱目》作“陰蘽”。見該文。

【覆盆】

即蓬蘽[2]。此稱宋代已行用。見該文。

【苺子】

即蓬蘽[2]。此稱明代已行用。見該文。

【高粱泡】

即蓬蘽[2]。今之俗稱。見該文。

覆盆子

習見漿果名。薔薇科，懸鈎子屬，插田泡（*Rubus coreanus* Miq.）之别名。落葉灌木。莖紅褐色，具棱及扁平鈎刺。羽狀複葉，卵形、橢圓形或菱狀卵形。傘房花序，頂生或腋生，花多數，紅色。聚合果卵形，紅色。我國主要分布於甘南、豫、蘇、皖、浙、閩、贛、湘、鄂、川諸地。果可食。亦可釀酒、製糖。果、葉、根均可入藥。

覆盆子久爲人熟知。秦漢時始稱“茥”“蒛盆”。亦省稱“覆盆”。《爾雅・釋草》：“茥，蒛盆。”晋郭璞注：“覆盆也。實似苺而小，亦可食。”南北朝時已行用“覆盆子”之稱。南朝梁陶弘景《名醫别録・上品・覆盆子》：“味甘，平，無毒。主益氣輕身，令髮不白。五月采實。”依《新華本草綱要》，此覆盆子即今之“插田泡”。唐孟詵《食療本草》卷上：“然北地無懸鈎子，南方無覆盆子，蓋土地殊也。”宋唐慎微《證

覆盆子
（清吴其濬《植物名實圖考》）

類本草・果部三・覆盆子》："覆盆子，味甘，平，無毒。主益氣輕身，令髮不白。五月采。"明江瓘《名醫類案》卷七："潭州宗室趙太尉家，乳母苦爛緣風眼近二十年。有賣藥老媪過門云：此眼有蟲，其細如絲，色赤而長，久則滋生不已……復用前法滴上緣，又得蟲十數，家人大喜，後傳與醫者。上官彦誠遍呼鄰婦病此者驗試皆差，其藥乃覆盆子葉一味。"亦稱"馬瘻""陸荆""西國草""畢楞伽"。明代稱"大麥莓""插田藨""烏藨子""栽秧藨"。明李時珍《本草綱目・草七・覆盆子》："[釋名]茥、蒛盆、西國草、畢楞伽、大麥莓、插田藨、烏藨子。時珍曰：五月子熟，其色烏赤，故俗名烏藨、大麥莓、插田藨，亦曰栽秧藨。甄權《藥性本草》：一名馬瘻，一名陸荆，殊無意義。"清吴其濬《植物名實圖考・蔓草類・覆盆子》："覆盆子，《别録》上品。《爾雅》：茥，缺盆。注：覆盆也。"今多出山坡、谷地、溪邊、路旁、灌叢中。俗稱"倒生根""烏沙莓""刺桑椹"等。

【茥】

即覆盆子。此稱秦漢時期已行用。見該文。

【蒛盆】

即覆盆子。此稱秦漢時期已行用。見該文。

【馬瘻】

即覆盆子。此稱唐代已行用。見該文。

【陸荆】

即覆盆子。此稱唐代已行用。見該文。

【西國草】

即覆盆子。此稱宋代已行用，名見《本草圖經》。見該文。

【畢楞伽】

即覆盆子。此稱宋代已行用，名見《本草圖經》。見該文。

【大麥莓】

即覆盆子。因其實與大麥同熟，故名。此稱明代已行用。見該文。

【插田藨】

即覆盆子。因其實五月熟，恰值插秧，故名。此稱明代已行用。見該文。

【烏藨子】[2]

即覆盆子。因其子烏赤，故名。此稱明代已行用。見該文。

【栽秧藨】

即覆盆子。因其實栽秧時熟，故名。此稱明代已行用。見該文。

【倒生根】[2]

即覆盆子。今湖北各地多俗用此稱。見該文。

【烏沙莓】

即覆盆子。今湖北各地多俗用此稱。見該文。

【刺桑椹】

即覆盆子。今之俗稱。見該文。

【插田泡】

即覆盆子。今稱。見該文。

【插秧莓】

即覆盆子。因其實熟於插秧時，故名。此稱宋代已行用。清吴其濬《植物名實圖考・蔓草類・覆盆子》："考東坡《尺牘》，覆盆子，土人謂之插秧莓，三四月開花，五六月熟。"見"覆盆子"文。

懸鈎子

習見漿果名。薔薇科，懸鈎子屬，山莓（*Rubus corchorifolius* Linn.f.）之别名。落葉灌木。小枝紅褐色，幼枝被柔毛，雜有腺毛和皮刺。單葉互生，卵形至披針形。花單生或數朵簇生於小枝端，白色。聚合果球形，紅色。我國主要分布於秦嶺南坡及長江流域以南各地。果可食。未成熟果實、根、莖可入藥。根皮、莖皮、葉可提取栲膠。亦可栽培供觀賞。

懸鉤子
（清吴其濬《植物名實圖考》）

懸鉤子久爲人知。秦漢時始稱“葥”“山莓”。魏晋時稱“木莓”。《爾雅・釋草》：“葥，山莓。”晋郭璞注：“今之木莓也。實似藨莓而大，亦可食。”南北朝時已行用“懸鉤子”之稱。省稱“懸鉤”。北魏賈思勰《齊民要術・作菹藏生菜法》：“梅瓜法……内瓜訖，與石榴酸者、懸鉤子、廉薑屑。石榴、懸鉤，一杯可下十度。”亦稱“樹莓”“沿溝子”“藨子”。宋唐慎微《證類本草・果部三品・覆盆子》：“江東亦有名懸鉤子，大小形異，氣味功力同。”明李時珍《本草綱目・草七・懸鉤子》：“［釋名］沿鉤子、葥、山莓、木莓、樹莓。〔陳〕藏器曰：莖上有刺如懸鉤，故名。［集解］時珍曰：懸鉤樹生，高四五尺……四月開小白花。結實色紅，今人亦通呼爲藨子。”明盧之頤《本草乘雅半偈・本經上品・蓬虆》：“蓬虆……一種樹生者，樹高四五尺，葉似櫻桃葉而狹長。四月開小白花，結實如覆盆子，但色紅爲異，俗亦名藨，《爾雅》所謂山苺，陳藏器所謂懸鉤子者是也。”《通雅・植物》：“一種樹生藨，《爾雅》曰：‘葥，山莓。’陳藏器所謂懸鉤子，樹莓也。”清陳大章《詩傳名物集覽・草・蘞蔓於野》：“一種樹生者，葉似櫻桃而狹長。四月小白花，實如覆盆但色紅爲異，此《爾雅》所謂山莓，陳藏器所云懸鉤子者。”清代亦稱“野楊梅”。清吴其濬《植物名實圖考・蔓草類・懸鉤子》：“懸鉤子，《本草拾遺》始著録。李時珍以爲即《爾雅》：‘葥、山莓。’郭注：‘今之木莓也。’小樹高不盈丈，江南山中多有之，與楊梅同時熟，或亦呼爲野楊梅。”

【葥】

即懸鉤子。此稱秦漢時期已行用。見該文。

【山莓】

即懸鉤子。此稱秦漢時期已行用，并沿稱至今。見該文。

【木莓】

即懸鉤子。此稱晋代已行用。見該文。

【懸鉤】

“懸鉤子”之省稱。此稱南北朝時期已行用。見該文。

【樹莓】[1]

即懸鉤子。此稱明代已行用。見該文。

【沿鉤子】

即懸鉤子。此稱元代已行用。參閱元吴瑞《日用本草》。見“懸鉤子”“桑莓”文。

【藨子】

即懸鉤子。此稱明代已行用。見該文。

【野楊梅】

即懸鉤子。此稱清代已行用。見該文。

【三月泡】[2]

即懸鉤子。此稱清代已行用。清劉善述

《草木便方·草部·三月泡》:“三月泡根苦澀平，赤白帶痢膿血淋，子死腹痛胎即下，破血殺蟲固精靈。”今亦俗稱“對嘴泡”。見“懸鈎子”文。

【對嘴泡】

即三月泡。今川東地區多俗用此稱。見該文。

【桑莓】

即懸鈎子。此稱多行用於宋明時。亦沿稱於後世。《續通志·昆蟲草木略一·草類》:“葥，一名山莓，見《爾雅》郭璞注云:‘今之木莓也，實似藨莓而大，亦可食。’鄭樵補注云:‘樹生，其子可食，俗呼桑莓。’陳藏器謂之懸鈎子。大明謂之樹莓，吴瑞謂之沿鈎子。”見“懸鈎子”文。

【普盤】

即懸鈎子。此稱清代已行用。《康熙幾暇格物編·普盤》:“普盤，即木莓，一名懸鈎子。《爾雅》所謂葥［葥］也。按，《本草》云:懸鈎樹生，高四五尺，其莖白色，有倒刺。其葉有細齒，頗似櫻桃葉而狹長，又似地棠花葉。四月開小白花。結實色紅，味酸。美人可多食之。有以爲即覆盆，誤也。蓋莓有三種:藤生緣樹而起者大麥莓，乃入藥之覆盆也；樹本挺而叢生者，木莓，一名山莓，即普盤也；草本委地而生者地莓，亦名蛇莓，不可食，今江南人謂之蛇盤也。”《熱河志·物産二·果之屬》:“普盤，即木莓。一名懸鈎子，《爾雅》所謂葥也。按《本草》云:懸鈎，樹生，高四五尺，其莖白色有倒刺，其葉有細齒，頗似櫻桃葉而狹長，又似地棠花葉。四月開小白花，結實色紅，味酸，美人可多食之。有以爲即覆盆，誤也。”今俗稱“托盤”。見“懸鈎子”文。

【托盤】

即普盤。今之俗稱。見該文。

木通

習見漿果名。木通科，木通屬，木通〔*Akebia quinata*(Houtt.) Decne.〕。落葉或半常緑藤本。莖葉空。掌狀複葉，小葉五枚，卵形或卵狀矩圓形。花雌雄同株，總狀花序腋生。蓇葖果漿果狀，成熟時紫色。種子短圓形，暗紅色。花期3至4月，果期10至11月。我國主要分布於蘇、浙、贛、桂、粤、湘、鄂、川、黔、滇及晋、陝等地。可供觀賞。果實及嫩葉可食。蔓入藥。

先民應用木通療疾歷史悠久，漢代典籍已有記載，時稱“通草”“附支”。三國時亦稱“丁翁”“蓪草”。《神農本草經·中品·通草》:“通草，味辛，平。主去惡蟲，除脾胃寒熱，通利九竅血脉關節，令人不忘。一名附支，生山谷。”孫星衍等注引三國魏《吴普本草》:“蓪草，一名丁翁，一名附支。”明代已用“木通”之稱。亦稱“萬年藤”。明李時珍《本草綱目·草八·通草》:“［釋名］木通、附支、丁翁、萬年藤。子名燕覆。時珍曰:有細細孔，兩頭皆通，故名通草，即今所謂木通也。今之通草，乃古之通脱木也。”《通雅·植物》:“合溪曰其蔓即木通，

萬年藤

（清吴其濬《植物名實圖考》）

此正名通草。而俗所謂妝花之通草，乃通脱木也。”又，“智謂蒲萄藤本通氣，人以充木通，則此直是蒲萄别種耳。六月食之蘡也”。清吴其濬《植物名實圖考・蔓草類・通草》：“今木通，通草，《本經》中品。舊説皆云燕覆子。藤中空，一枝五葉，子如小木瓜，食之甘美。”

按，“木通”名“通草”，蓋以藤蔓中空，通利關竅故。然中藥所用者實非一種。尚含白木通、三葉木通等數種。清吴其濬《植物名實圖考》云：“今江浙所用，皆非結實者。《滇本草》以爲野葡萄藤。此藥習用，而異物非一種，蓋以藤中空，皆主通利關竅，故有效也。”此説頗是，故宜慎辨之。今所用“木通”主要有“關木通”“川木通”“淮通”“白木通”數種。又“通脱木”亦名“通草”，實非一物。參見本卷《習見木竹説・習見林木考》“通脱木”文。

【通草】[3]

即木通。此稱漢代已行用。見該文。

【附支】

即木通。此稱漢代已行用。見該文。

【蓪草】[2]

即木通。此稱三國時期已行用。見該文。

【丁翁】

即木通。此稱三國時期已行用。見該文。

【萬年藤】

即木通。此稱明代已行用。見該文。

木天蓼

習見果木名。獼猴桃科，獼猴桃屬，木天蓼〔*Actinidia polygama*（Sieb. et Zucc.）Maxim.〕。落葉纏繞藤本。枝細，中實，髓大，白色。單葉，互生；膜質，上半部或全部變白或黄色，或具白或淡黄斑。雌雄异株；花常單生或二三朵簇生，花冠白色。漿果卵圓形，黄色，成熟時爲橘紅色。種子多數，淡褐色。我國主要分布於東北及河北、山東、安徽、浙江、湖南、湖北、四川、陝西等地。其葉及果實色美可愛，可植於庭院供觀賞。果可食。果、根可入藥。嫩葉可食用。

木天蓼

（明鮑山《野菜博録》）

我國栽培利用木天蓼已有千餘年歷史。晋代時已行用此稱。晋葛洪《肘後備急方》卷三：“治風之有奇效，用木天蓼一斤，去皮，細剉，以生絹袋貯，好酒二斗浸之。”宋唐慎微《證類本草・木部・木天蓼》：“木天蓼，味辛，温，有小毒……生山谷中。”明李時珍《本草綱目・木三・木天蓼》［集解］引唐蘇恭曰：“木天蓼所在皆有，生山谷中。今安州、申州作藤蔓，葉似柘，花白，子如棗許，無定形，中瓤似茄子，味辛，啖之以當薑、蓼。”明王圻、王思義《三才圖會・草木・木天蓼》：“木天蓼味辛温，有小毒，主癥結積聚，風勞虚冷。生山谷中。木高二三丈，二月、四月開花如柘花，五月采子，子作球形，似檾；其球子可藏作果啖之，亦治諸冷氣。”清吴其濬《植物名實圖考・木類・木天蓼》：“木天蓼，《唐本草》始著録。生信陽。花似柘花，子作球形，似苘麻子，可藏作果食；又可爲燭，釀酒，治風。”省稱“木蓼”。清陳啓源《毛詩稽古編・附録・國風》：“《草木疏》釋秦風苞櫟言，河内人謂木萲爲櫟椒椴之屬也，其子房生。案《本草》：萲本謂之木天萲。宋《圖經》云今出信陽，木高一二丈，三月四月開華似柘華，五月采，子作球形似苘麻子，可藏作果實。近世李氏《綱目》云，其子可爲燭，其芽可食。”清陳大章《詩傳名物集覽・草・予又集於萲》：“又有木天萲，生天目四明山，樹似梔子，冬日不凋。”

植物名天萲者有數種。《續通志・昆蟲草木略三・木類》：“天萲有三種：木天萲出信陽，木高二三丈，子作球形，可藏作果食；又有小天萲，生天目、山四明山，樹如梔子，冬月不彫，野獸食之；又有藤天萲，生江南淮南山，子如棗。”

按，本種今通稱“葛棗獼猴桃”，亦俗稱“葛棗子”。另，木天萲有光葉變種〔var. *lecomtei*（Nakai）H. L. Li〕，主産於湖北、四川、陝西等省。參閱《廣群芳譜・藥譜八・木天萲》。

【木萲】

“木天萲”之省稱。此稱唐代已行用。見“木天萲”“藤天萲”文。

【葛棗獼猴桃】

即木天萲。今之通稱。見該文。

【葛棗子】

即木天萲。今之俗稱。見該文。

【藤天萲】

即木天萲。因其爲藤本，故名。此稱宋代已行用。省稱“藤萲”。宋唐慎微《證類本草・木部・小天萲》：“小天萲味甘温無毒……蘇注云：藤生，子辛，與木又異，應是復有藤天萲。”明李時珍《本草綱目・木三・木天萲》［集解］引陳藏器曰：“木萲，今時所用出山南、鳳州……藤萲生江南、淮南山中，藤著樹生，葉如梨，光而薄，子如棗，即蘇恭以爲木天萲者。”亦稱“天萲”。清陳淏子《花鏡》卷五：“天萲一名木萲，非草也。産於天目、四明二山，木與梔子相類。”今人伊欽恒校注以爲此即“木天萲”。見“木天萲”文。

【藤萲】

“藤天萲”之省稱。此稱唐代已行用。見該文。

【天萲】

即藤天萲。此稱清代已行用。見該文。

珍珠榕

習見漿果名。桑科，榕屬，珍珠榕〔*Ficus sarmentosa* var. *henryi*（King ex Oliv.）Corner〕。常緑攀援藤本。幼枝被褐色柔毛。單葉，互生，近革質，矩圓形或長卵形。花單性；隱頭花序，花托單一或成對腋生。瘦果較小。我國主要分布於江南各地。全藤可製繩索。莖皮纖維可製人造棉。瘦果可製粉食用。

崖石榴
（清吴其濬《植物名實圖考》）

珍珠榕久爲人知。清代稱“崖石榴”。清吴其濬《植物名實圖考・蔓草類・崖石榴》：“崖石榴盤生石上，即木蓮一類，而實大僅如龍眼。滇俗亦以爲粉。葉澀，亦微異。”依其圖形及用途當屬此種。因其果可製粉，故亦稱“冰粉樹”，又俗稱“小木蓮”“石彭彭”“崖荔枝”。通稱“珍珠蓮”。參閱江蘇新醫學院《中藥大辭典・石彭子》。

【崖石榴】

即珍珠榕。此稱清代已行用。見該文。

【冰粉樹】

即珍珠榕。今四川各地多行用此稱。見該文。

【小木蓮】

即珍珠榕。今浙江天目山地區多俗用此稱。見該文。

【石彭彭】

即珍珠榕。今江西各地多俗用此稱。見該文。

【崖荔枝】

即珍珠榕。今四川天全等地多俗用此稱。見該文。

【珍珠蓮】

即珍珠榕。今之通稱。見該文。

秋葡萄

習見漿果名。葡萄科，葡萄屬，秋葡萄（*Vitis romanetii* Roman. Caill.）。落葉藤本。莖粗壯，幼枝紫紅色，枝、葉柄密生銹色短柔毛及長剛腺毛。單葉互生，廣卵形或五角狀卵形，先端有不明顯三淺裂，葉緣有淺齒，背面密生淡銹色或灰色絨毛。圓錐花序，與葉對生，較葉爲長；花小，淡黄緑色。漿果球形，黑紫色。我國主要分布於河南、陝西、湖北、貴州、四川、江蘇等地。多見於山坡下部、溝谷兩岸濕潤處，常蔓延於鄰近灌木上。果可食或供釀酒。根可入藥。亦供低山、溝谷之緑化。

清代稱“野葡萄”。清佚名《分類草藥性》：“野葡萄根……治痔瘡，遺精白濁。”按，藥用野葡萄亦指刺葡萄（*V. davidii*），參閱江蘇新醫學院《中藥大辭典・野葡萄根》。

【野葡萄】[2]

即秋葡萄。此稱清代已行用。見該文。

軟棗獼猴桃

習見漿果名。獼猴桃科，獼猴桃屬，軟棗獼猴桃〔*Actinidia arguta*（Sieb. et Zucc.）Planch. ex Miq.〕。落葉大藤本，長可30米。小枝近無毛；髓白色至淡褐色，片層狀。單葉，互生，寬卵形或近圓形，先端驟短尖，基部圓形或心形，兩側不對稱，下面側脉腋具髯毛。聚傘花序，腋生或腋外生，有花三至六朵，花瓣五至六片，白緑色。漿果，緑黄色，球形或柱狀長圓形，光滑。我國主要分布於黑龍江、吉林、遼寧、山東、山西、河北、河南、安徽、浙江、雲南、廣西諸地。果可食。根、葉可入藥。也常栽植供觀賞。

軟棗獼猴桃開發利用歷史頗久。宋代始稱“獼猴梨”。并沿稱於後世。宋唐慎微《證類本草・果部・獼猴桃》：“獼猴桃，味酸，甘，寒，無毒……一名獼猴梨，生山谷。藤生著樹，葉圓有毛，其形似鷄卵大，其皮褐色，經霜始甘美可食。”明李時珍《本草綱目・果五・獼猴桃》：“［釋名］獼猴梨（開寶）。”又［集解］引宋馬志《開寶本草》：“〔獼猴梨〕生山谷中，藤著樹生。”鄭萬鈞等《中國樹木志・獼猴桃科・軟棗獼猴桃》以爲宋馬志《開寶本草》所謂獼猴梨即此種。按，《證類本草》《本草綱目》以爲獼猴梨即獼猴桃（*A. chinensis*），今附供考。又，軟棗猴猴桃今又稱“圓棗子”“藤瓜”“洋桃藤”。

【獼猴梨】

即軟棗獼猴桃。此稱宋代已行用。見該文。

【圓棗子】

即軟棗獼猴桃。今河南各地多行用此稱。見該文。

【藤瓜】

即軟棗獼猴桃。今河北各地多行用此稱。見該文。

【洋桃藤】

即軟棗獼猴桃。今福建各地多行用此稱。見該文。

葛藟

習見漿果名。葡萄科，葡萄屬，葛藟（*Vitis flexuosa* Thunb.）。落葉木質藤本。枝細長，幼時被銹色絨毛。單葉互生，闊卵形或三角狀卵形。圓錐花序細長，花小，五瓣，淡黄緑色。漿果球形，黑色。我國主要分布於江南及安徽、山東等地。根、莖、果實、果汁可入藥。果亦可生食或釀酒。種子可榨油。

葛藟應用歷史悠久。先秦時已行用此稱，沿稱至今。省稱“藟”。亦稱“巨荒”“巨瓜”。《詩·周南·樛木》：“南有樛木，葛藟纍之。”陸德明釋文：“［葛藟］《草木疏》云：一名巨荒，似燕薁亦連蔓，葉似艾，白色，其子赤，可食。”孔穎達疏：“陸璣云：藟，一名巨瓜。似燕薁，亦延蔓生。葉艾白色。其子赤，亦可食，酢而不美是也。”亦稱“千歲藟”“藟蕪”。南朝梁陶弘景《本草經集注·千歲藟》：“作藤生，樹如葡萄，葉如鬼桃，蔓延木上，汁白。”唐陳藏器《本草拾遺·草部·千歲藟》：“千歲藟，似葛蔓，葉下白，子赤，條中有白汁。此藤大者盤薄，故云千歲藟，生泰山川谷。”宋蘇頌《本草圖經·草部·千歲藟》：“千歲藟，生泰山川谷。作藤生，蔓延木上，葉如葡萄而小，四月摘其莖，汁白而甘，五月開花，七月結實，八月采子，青黑微赤。冬惟凋葉，此即《詩》云葛藟者也。”明李時珍《本草綱目·草七·千歲藟》：“［釋名］藟蕪、苣瓜。〔陳〕藏器曰：此藤冬只凋葉，大者盤薄，故名千歲藟。［集解］《别録》曰：千歲藟生太山川谷。〔陶〕弘景曰：藤生如葡萄，葉似鬼桃，蔓延木上，汁白。”清吴其濬《植物名實圖考·蔓草類·千歲藟》：“千歲藟，《别録》上品。陳藏器以爲即葛藟……今俚醫以爲治跌損要藥，其力極猛，不得過劑。”

千歲藟
（清吴其濬《植物名實圖考》）

按，《新華本草綱要·葛藟》以爲《詩》《本草經集注》《本草拾遺》等所云葛藟、千歲藟者當爲本種。甚是，今從其説。又俗稱“千歲木”“烏蛙子”“栽秧藤”“割藟鐮藤”。

【藟】

“葛藟”之省稱。此稱晋代已行用。見該文。

【巨荒】

即葛藟。此稱三國時期已行用。今人繆啓愉《齊民要術校釋》以爲“巨荒”即《詩》之葛藟，據已述形態當爲薔薇科之懸鈎子屬之蓬藟或蕣田藨之類。此附供考。見該文。

【巨瓜】

即葛藟。此稱三國時期已行用。按阮元《校勘記》以爲“瓜”爲“荒”之誤，此附。見該文。

【千歲虆】[2]

即葛虆。此稱南北朝時期已行用。見該文。

【虆蕪】

即葛虆。此稱明代已行用。見該文。

【千歲木】

即葛虆。今之俗稱。見該文。

【烏蛙子】

即葛虆。今之俗稱。見該文。

【栽秧藤】

即葛虆。今之俗稱。見該文。

【割虆鐮藤】

即葛虆。今之俗稱。見該文。

【椎虆】

即葛虆。亦作“蓷虆”“推虆”。此稱南北朝時期已行用。亦稱“苣荒”。北魏賈思勰《齊民要術・五穀果蓏菜茹非中國物産者》：“《詩義疏》曰：虆，苣荒也，似燕薁，連蔓生，葉白色，子赤可食，酢而不美。幽州謂之椎虆。”

按，今人繆啓愉校釋云：“‘椎虆’，明抄誤作‘稚虆’，據金抄、湖湘本改正。《周易》‘困卦’《經典釋文》引《草木疏》作‘蓷虆’，陸璣《毛詩草木鳥獸蟲魚疏》卷上作‘蓷虆’，都是同字異寫。”故後世有諸稱。陳藏器亦稱“推虆”。明李時珍《本草綱目・草七・千歲虆》引唐陳藏器曰：“蔓似葛，葉下白……幽州人謂之推虆。”見“葛虆”文。

【蓷虆】

即椎虆。此稱三國時期已行用，語本三國吴陸璣《毛詩草木鳥獸蟲魚疏》。見該文。

【苣荒】

即椎虆。此稱三國時期已行用。見該文。

【推虆】

即椎虆。此稱唐代已行用。見該文。

蒟醬

習見漿果名。胡椒科，胡椒屬，蒟醬（*Piper betle* Linn.）。常緑攀援藤本。單葉互生，革質，寬卵形或心形，基部常偏斜。花單性，雌雄异株，呈穗狀花序，無花被。漿果與花序軸合生成肉質果穗，黄緑色。我國主要分布於滇、桂、粵及臺灣諸地。藤、葉可入藥。葉可提取芳香油。果製醬可食。

我國栽培利用蒟醬歷史已逾二千餘年。漢代稱作“枸醬”。省作“枸”。《漢書・西域傳》：“感枸醬竹杖，則開牂柯越嶲。”《史記・西南夷列傳》：“南越食蒙蜀枸醬。”裴駰集解：“徐廣曰：‘枸，一作蒟，音窶。’〔裴〕駰案，《漢書音義》曰：枸，木似穀樹，其葉似桑葉，用其葉作醬酢美，蜀人以爲珍味。”晋代稱“辛蒟”，并行用“蒟醬”之稱。晋常璩《華陽國志・巴志》：“其果實之珍者，樹有荔枝，蔓有辛蒟。”晋左思《蜀都賦》：“卭杖傳節於大夏之邑，蒟醬流味於番禺之鄉。”亦稱“蒟子”“蒟”。北魏賈思勰《齊民要術・五穀果蓏菜茹非中國物産者》：“《廣志》曰：蒟子，蔓生，依樹。子似桑椹，長數寸，色黑，辛如薑。以鹽淹之，下氣、消穀。生南安。”宋蘇頌《本草圖經・草部・蒟醬》：“蒟醬，今夔州嶺南皆有之。劉淵林注《蜀都賦》云：蒟醬攀木而生，其子如桑椹，熟時正青，長二三寸，以蜜藏而食之，辛香，辛、調五藏。”清吴其濬《植物名實圖考・芳草類・蒟醬》對蒟醬考辨甚詳，文曰：“蒟醬，《唐本草》始著録。按《漢書・西南夷傳》：南粵食唐蒙蜀枸醬，蒙歸問蜀賈人，獨蜀出枸醬。顔師古注：子形如桑椹，緣木而生，味尤辛，今石渠則有之。此蜀枸醬見傳紀之始。《南方草木狀》則以生番國爲蓽茇，生番禺者謂之蒟，交趾，九真人家多種，蔓生，此交、滇之蒟見於記載者也。《齊民要術》引《廣志》、劉淵林《蜀都賦》注，皆與師古説同，而鄭樵《通志》乃云狀似蓽撥，故有土蓽撥之號。今嶺南人但取其葉食之，謂之蔞，而不用其實，此則以蒟子及蔞葉爲一物矣。考《齊民要術》扶留所引《吴録》《蜀記》《交州記》，皆無即蒟之語。唯《廣州記》云：‘扶留藤，緣樹生，其花實即蒟也，可以爲醬。’始以扶留爲蒟。但《交州記》扶留有三種，一名南扶留，葉青味辛，應即今之蔞葉。其二種穫扶留，根香美；曰扶留藤，味亦辛。《廣州記》所謂‘花實即蒟’者，不知其葉青味辛者耶？抑藤根香辛者耶？是蒟子即可名扶留，而與蔞葉一物與否，未可知也。”

蒟　醬
（清吴其濬《植物名實圖考》）

【枸】[1]

即蒟醬。此稱漢代已行用。見該文。

【枸醬】

同“蒟醬”。此體漢代已行用。見該文。

【辛蒟】

即蒟醬。因其果味辛，可製醬，故名。此稱晋代已行用。見該文。

【蒟子】

即蒟醬。此稱晋代已行用。見該文。

【蒟】

“蒟醬”之省稱。此稱晋代已行用。見該文。

【土蓽茇】

即蒟醬。亦作“土蓽撥”。此稱晋代已行用。唐孟詵《食療本草》卷上：“蒟醬，温。散結氣，治心腹中冷氣。亦名土蓽撥。嶺南蓽撥尤治胃氣疾。巴蜀有之。”明李時珍《本草綱目・草三・蒟醬》：“〔蒟醬〕乃蓽茇之類也。故孟詵《食療》謂之土蓽茇。”清吴其濬《植物名實圖考・芳草類・蒟醬》：“《齊民要術》引《廣志》、劉淵林《蜀都賦》注，皆與師古説同，而鄭樵《通志》乃云狀似蓽撥，故有土蓽撥之號。”見“蒟醬”文。

【土蓽撥】

“土蓽茇”之音訛稱。此稱唐代已行用。見該文。

【扶留藤】

即蒟醬。三國時已行用此稱，沿稱至今。省稱“扶留”。三國吴沈瑩《臨海水土異物志》：“扶留藤，似木防己。扶留、檳榔，所生相去甚遠，爲物甚異而相成。俗曰：‘檳榔扶留，可以忘憂。’”《文選・左思〈吴都賦〉》：“石帆水松，東風扶留。”李善注引劉逵曰：“扶留，藤也，緣木而生，味辛，可食。”南北朝時稱“檑”“扶檑”。《玉篇・木部》：“檑，扶檑，藤名。”亦稱“浮留藤”。省稱“浮留”。明李時珍《本草綱目・草三・蒟醬》：“［釋名］時珍曰：其蔓葉名扶留藤，一作扶檑，一作浮留……［集解］〔蘇〕恭曰：交州、愛州人家多種之，蔓生，其子長大，苗名浮留藤。”參閱清范咸等《重修臺灣府志》卷一六。見“蒟醬”文。

【扶留】

即扶留藤。此稱三國時期已行用。見該文。

【榴】

“扶榴藤”之省稱。即扶留藤。此稱南北朝時期已行用。見“扶留藤”文。

【扶榴】

“扶榴藤”之省稱。即扶留藤。此稱南北朝時期已行用。見“扶留藤”文。

【浮留藤】

即扶留藤。此稱唐代已行用。見該文。

【浮留】

“浮留藤”之省稱。即扶留藤。此稱明代已行用。見“扶留藤”文。

【蔞藤】

即蒟醬。此稱宋代已行用。亦稱“蔞葉藤”。蔞乃留之音訛。宋范成大《巴蜀人好食生蒜臭不可近頃在嶠南其人好食檳榔合蠣灰扶留藤一名蔞藤》詩:“南餐灰薦蠣，巴饌菜先葷。幸脱蔞藤醉，還遭胡蒜熏。”元陳孚《安南即事》詩:“龍蕊常穿壁，蔞藤不離盂。”《格致鏡原・草類二・附藤》:“《彙苑》:蔞葉藤，葉似葛，蔓延於樹，可爲醬，即《漢書》所謂蒟醬也。”清黄叔璥《臺海使槎録》卷三:“蔞藤，一作浮留藤。”清范咸等《重修臺灣府志・物産・草木》:“三物（檳榔、蠣灰、扶留藤）合唾，如膿血可厭。蔞藤，一作浮留藤。土人誤作爲荖字。”見“蒟醬”文。

【蔞葉藤】

即蔞藤。此稱宋代已行用。見該文。

【蔞葉】

即蒟醬。此稱明代已行用，亦今之通稱。明李時珍《本草綱目・草三・蒟醬》:“［釋名］蒟子、土蓽茇，苗名扶留藤、蔞葉。時珍曰:蔞則留字之訛也。”清吴其濬《植物名實圖考・芳草類・蔞葉》:“蔞葉生蜀、粤及滇之元江諸熱地。蔓生有節，葉圓長光厚，味辛香，翦以包檳榔食之……古有扶留藤，扶留急呼則爲蔞，殆一物也。醫書及傳紀，皆以爲即蒟，説見彼。”見“蒟醬”文。

【荖葉】

即蒟醬。閩、廣及臺海土人讀“蔞”爲“荖”。宋代已行用此稱。宋姚寬《西溪叢語》卷上:“閩、廣人食檳榔，每切作片，蘸蠣灰以荖葉裹嚼之。荖，音老，又音蒲口切。初食微覺似醉面赤，故東坡詩云:紅潮登頰醉檳榔。”清黄叔璥《臺海使槎録》卷三:“蔞藤，一作浮留藤，土人誤作爲‘荖’,《字釋》無荖字。”見“蔞葉”及“蒟醬”文。

【穫扶留】

即蒟醬。亦稱“南扶留”。此稱粤地常行用。清屈大均《廣東新語・草語》:“蔞以東安富霖所産爲上，其根香，其葉尖而柔，味甘多汁，名曰穫扶留。他産者色青味辣，名南扶留，殊不及。然番禺大塘、康樂、鷺岡、鳳岡頭諸村，及新興、陽春，所産亦美……凡食檳榔，必以蔞葉作佐，或霜雪盛，少蔞葉，亦必屑其根鬚，或以山蔞藤代之，而以蚌灰爲使，否則檳榔味澀不滑甘，難發津液，即發亦不紅。凡食檳榔，以汁紅爲尚，然汁不可吐，吐則無餘甘，先忍蔞葉之辣，乃得檳榔之甘，檳榔之甘，生於蔞葉之辣。諺曰:檳榔浮留，可以忘憂。言相須之切也。”見“蒟醬”文。

【南扶留】

即穫扶留。此稱清代已行用。見該文。

獼猴桃

習見漿果名。獼猴桃科，獼猴桃屬，中華獼猴桃（*Actinidia chinensis* Planch.）之别名。落葉藤本。幼枝與葉柄密生灰棕色柔毛，老枝光滑；髓大，白色，片狀。單葉互生，紙質，圓形、卵圓形或倒卵形，葉緣具刺毛狀齒，上面僅葉脉生疏毛，背面密被灰棕色星狀柔毛。花雜性，通常三至六朵成腋生聚傘花序，稀單生，初開時乳白色，漸變爲橙黄色，具芳香。漿果卵圓形或矩圓形，密被棕色長毛。八至十月成熟。我國主要分布於長江流域以南諸地，西北地方及河南、山東亦有栽培。果含大量糖分及微生素，爲著名果品，可生食，亦可製果醬、果脯及飲料。莖皮及髓含膠質，可供造紙膠料。花可提取芳香油。根、莖、葉可入藥。

我國獼猴桃栽培至少已有一千二百餘年歷史。唐代已行用此稱。并以棚架栽培。唐岑參《太白東溪張（一作李）老舍即事寄舍弟侄等》詩："中庭井欄上，一架獼猴桃。"亦稱"藤梨"。唐孟詵《食療本草》卷上："藤梨，寒，右主下丹石，利五藏（臟）。其熟時，收取瓤和蜜煎作煎。服之去煩熱，止消渴。"鄭金生等譯注："藤梨：又名羊桃、獼猴桃。爲獼猴桃科植物獼猴桃*Actinidia chinensis* Planch. 的果實。"亦稱"陽桃""羊桃"。并用於藥。明李時珍《本草綱目·果五·獼猴桃》："［釋名］獼猴梨、藤梨、陽桃、木子。時珍曰：其形如梨，其色如桃，而獼猴喜食，故有諸名。閩人呼爲陽桃。"亦作"獮猴桃"。清陳淏子《花鏡》卷四："獮猴桃一名陽桃，生山谷中。藤著樹而生，枝條柔弱，高二三尺。葉圓有毛，花小而淡紅，實形似鷄卵，十月爛熟，色緑而甘，獮猴喜食之，皮堪作紙，今陝西永興軍南山甚多。"清吴其濬《植物名實圖考·果類·獼猴桃》："獼猴桃，《開寶本草》始著録，《本草衍義》述形尤詳，今江西、湖廣、河南山中皆有之，鄉人或持入城市以售。《安徽志》：獼猴桃，黟縣出，一名陽桃，九十月間熟。李時珍解羊桃云，葉大如掌，上緑下白，有毛，似苧麻而團。此正是獼猴桃，非羊桃也。枝條有液，亦極黏。"

獼猴桃
（清吴其濬《植物名實圖考》）

獼猴桃原産我國，分布範圍廣，資源極豐富，果實含有多種營養物質，維生素C含量尤高；果實清香，風味獨特，爲航空、航海、高原、礦工等特種作業人員及老弱病人的特需營養品。今河南、陝西、湖北、湖南、江蘇、浙江、福建、廣東、四川等省廣泛開展資源清查及良種選育工作。河南、陝西、湖南、湖北等省還設有獼猴桃食品加工廠，其産品銷往國内外。我國現已發現獼猴桃屬有五十二種，分爲净果組、斑果組、糙毛組及星毛組等四組，生産中有經濟價值的主要有本種及"軟棗獼猴桃""葛棗獼猴桃""狗棗獼猴桃""毛花獼猴桃""四萼獼猴桃""硬齒獼猴桃""金花獼猴桃""闊葉獼猴桃""黑蕊獼猴桃"等。本種通稱"中華獼猴桃"。亦稱"綑梨""基維果"。

【藤梨】

即獼猴桃。此稱唐代已行用。見該文。

【陽桃】[1]

即獼猴桃。此稱明代已行用。見該文。

【羊桃】[2]

即獼猴桃。此稱晋代已行用，今江蘇、湖北、河南諸地仍行用此稱。見“獼猴桃”“萇楚”文。

【獼猴桃】

同“獼猴桃”。此體清代已行用。見該文。

【繩梨】

即獼猴桃。今浙江等地多行用此稱。見該文。

【基維果】

即獼猴桃。今稱。見該文。

【中華獼猴桃】

即獼猴桃。今之通稱。見該文。

【楊桃】[1]

即獼猴桃。此稱多行用於南北朝時，沿稱於後世。亦稱“木子”。省稱“楊”。南朝宋謝靈運《山居賦》：“楊勝所拮，秋冬穫。”自注：“楊，楊桃也，山間謂之木子。”按，楊桃科亦有楊桃（即五斂子），别是一種，宜辨之。見“獼猴桃”文。

【楊】

“楊桃”之省稱。即獼猴桃。此稱南北朝時期已行用。見“獼猴桃”文。

【木子】

即楊桃。此稱南北朝時期已行用。見該文。

【萇楚】

即獼猴桃。此稱先秦時期已行用。《詩・檜風・隰有萇楚》：“濕有萇楚，猗儺其枝。”亦作“長楚”。亦稱“銚芅”“鬼桃”。《爾雅・釋草》：“長楚，銚芅。”晋郭璞注：“今羊桃也，或曰鬼桃。葉似桃，華白，子如小麥亦似桃。”清代亦稱“業楚”。清陳淏子《花鏡》卷四：“萇楚，一名業楚，一名羊桃。葉如桃而光，尖長而狹。花紫赤色，其枝莖最弱，過一尺即引蔓於草上。多生平澤中，子細如棗核，亦似桃而味苦，不甚食。”按，辛樹幟《中國果樹史研究》以爲《花鏡》之萇楚即中華獼猴桃。伊欽恒《花鏡》校注云：“這種味苦不堪食的萇楚，可能是獼猴桃的另一野生種或由於生長環境惡劣，品質逐漸變壞而致味苦不堪食。”今附供考。見“獼猴桃”文。

【長楚】

同“萇楚”。此體秦漢時期已行用。見該文。

【銚芅】

即萇楚。此稱秦漢時期已行用。見該文。

【鬼桃】

即萇楚。此稱晋代已行用，今陝西等地仍沿用此稱。見該文。

【業楚】

即萇楚。此稱清代已行用。見該文。

蘡薁

習見漿果名。葡萄科，葡萄屬，蘡薁〔*Vitis thunbergii* var. adstricta（Hance）Gagnep.〕。落葉木質藤本。幼枝具棱，外被銹色絨毛。葉闊卵形，通常三至五裂。圓錐花序。漿果紫色。我國主要分布於蘇、魯、皖、浙、閩、臺、鄂、川等地。果可食，亦可釀製果酒。全株可入藥。藤蔓可代索或用於造紙。

蘡薁利用歷史悠久，先秦時稱“薁”。漢

代已行用“蘡薁”之稱，沿稱至今。《詩·豳風·七月》：“六月食鬱及薁。”毛傳：“薁，蘡薁也。”亦稱“燕薁”“嬰舌”“山葡萄”“野葡萄”。其藤蔓名“木龍”。北魏賈思勰《齊民要術·五穀果蓏菜茹非中國物産者》：“《廣雅》：燕薁，櫻薁也。”明李時珍《本草綱目·果五·蘡薁》：“［釋名］燕薁（《毛詩》）、嬰舌、山葡萄、野葡萄，藤名木龍。［集解］〔蘇〕恭曰：蘡薁蔓生，苗、葉與葡萄相似而小，亦有莖大如碗者。冬月惟葉凋而藤不死……時珍曰：蘡薁野生林墅間，亦可插植。蔓、葉、花、實，與葡萄無異。其實小而圓，色不甚紫也。《詩》云‘六月食薁’即此。”清陳淏子《花鏡》卷四：“蘡薁，多生林墅間，四散延蔓，其葉並花實，皆與葡萄無異。但實小而圓，色不甚紫，而味亦佳。”清吴其濬《植物名實圖考·果類·蘡薁》：“蘡薁即野葡萄，李時珍收入果部，以爲《詩》‘六月食薁’即此。舊附葡萄下，從之。雩婁農曰：江南少蒲萄，而蘡薁極賤。”

按，蘇恭以爲蘡薁即千歲藟，實誤。如陳藏器曰：“蘇恭注千歲藟即是蘡薁，妄言也。”李時珍亦正曰：“蘇恭所説蘡薁形狀甚是，但以爲千歲藟則非矣。”本種今亦俗稱“接骨藤”“平布藤”“酸古藤”“禾黄藤”“禾花子藤”“箣耳藤”“山苦瓜”“母猪藤”。多野生於山坡灌叢中。

【薁】[2]

即蘡薁。此稱先秦時期已行用。見該文。

【燕薁】

即蘡薁。此稱三國時期已行用。見該文。

【嬰舌】

“蘡薁”之别稱。此稱魏晋時期已行用。見該文。

【山葡萄】[2]

即蘡薁。因其藤、葉、花俱似葡萄，故名。此稱唐代已行用。見該文。

【野葡萄】[3]

即蘡薁。因樹似葡萄，生山野叢林中，故名。此稱明代已行用，今安徽、湖北、四川等地仍沿用。見“蘡薁”“烟黑”文。

【木龍】

即蘡薁。因其藤四散蔓延，故名。此稱明代已行用，名見《百一選方》。見該文。

【接骨藤】

即蘡薁。今貴州各地多俗用此稱。見該文。

【平布藤】

即蘡薁。今福建各地多俗用此稱。見該文。

【酸古藤】

即蘡薁。今之俗稱，名見《中醫藥研究》。見該文。

【禾黄藤】[2]

即蘡薁。今之俗稱，名見《中醫藥研究》。見該文。

【禾花子藤】

即蘡薁。今之俗稱，語本《江西民間草藥》。見該文。

【箣耳藤】

即蘡薁。今福建泉州等地多俗用此稱。見該文。

【山苦瓜】

即蘡薁。今福建泉州等地多俗用此稱。見該文。

【母猪藤】

即蘡薁。今福建泉州等地多俗用此稱。見

該文。

【山蒲桃】

即蘡薁。此稱唐代已行用。唐陳藏器《本草拾遺・果部・蘡薁》："蘡薁是山蒲桃，斫斷藤吹氣出一頭如通草。"見"蘡薁"文。

【烟黑】

"蘡薁"之别稱。此稱多行用於明代。明朱橚《救荒本草》卷七："野葡萄俗名烟黑。生荒野中，今處處有之。莖、葉及實，俱似家葡萄，但皆細小，實亦稀疏，味酸。救飢：采葡萄顆紫熟者，食之；亦中釀酒飲。"明鮑山《野菜博録》卷四："野葡萄俗名烟黑。生荒野中。莖、葉、實俱似家葡萄者，細小，實亦稀疏，味酸。"依《新華本草綱要・蘡薁》，此烟黑（野葡萄）即蘡薁。見"蘡薁"文。

【嬰薁】

同"蘡薁"。此體漢代已行用。亦作"櫻薁"。亦稱"車鞅藤"。《説文・艸部》："薁，嬰薁也。"北魏賈思勰《齊民要術・五穀果蓏菜茹非中國物産者》："《詩義疏》曰：櫻薁，實大如龍眼，黑色，今'車鞅藤實'是。《豳詩》曰：'六月食薁。'"見"蘡薁"文。

【櫻薁】

同"嬰薁"。此體三國時期已行用。見該文。

【車鞅藤】

即蘡薁。此稱三國時期已行用。見該文。

第四節　習見堅果考

植物學上的堅果是指果皮堅硬，由合生心皮的下位子房形成的乾果，通常被總苞所包被，如板栗、榛子等。果樹園藝中的堅果是指果實外面具有堅硬外殼，食用部分多屬植物的種子，其含水量較小，故通稱爲"乾果"。核桃在植物當中屬核果類，果樹園藝中常視爲堅果；銀杏與香榧屬裸子植物，它們僅有種子而非果實，從使用的（或食用的）角度也常將它們劃入堅果類。本卷依據俞德浚《中國果樹分類學》，將栗屬、榛屬、核桃屬、山核桃屬、銀杏屬、榧屬及阿月渾子等果實目之爲堅果予以考論。

堅果是植物學名稱，始用於近代。古代多稱作"乾果"，或作"乾食果"，如宋孟元老《東京夢華録・飲果子》："又有托小盤賣乾果子。"明代亦稱"殼果"，因其外有硬殼，故名。如王象晋《群芳譜》："棗杏之屬稱爲核果，梨柰之屬爲膚果，榛栗胡桃爲殼果。"

我國先民采集利用及栽培堅果的歷史頗久。早年出土的新石器時期文化遺址，如西安半坡遺址便有大量栗、榛的果殼，當時先民爲補耕稼及漁獵之不足，仍大量采食栗實。湖熟文化遺址中發掘有三千六百多年前先民冶鐵、製陶作爲燃料的栗炭，表明栗之用途不僅限於食用。至於堅果類之栽培，最早的當屬栗榛之類。《詩》中有多處此類記載，如

《詩·邶風·簡兮》:“山有榛。”《唐風·山有樞》:“山有漆，隰有栗。”《鄭風·東門之墠》:“東門之栗，有踐家室。”説明當時中原各地山上生有榛，低平之地分布有栗，人家院前已栽有栗樹。再如《鄘風·定之方中》:“樹之榛栗，椅桐梓漆，爰伐琴瑟。”鄭玄箋:“樹此六木於宫者，曰其長大可伐以爲琴瑟。”可見宫中亦栽培榛與栗樹，不僅采食其果，尚用其木製作琴瑟。故榛栗之栽培已有二千五百至三千餘年歷史。《禮記·曲禮下》載“婦人之摯，椇、榛、脯、脩、棗、栗。”表示周代婦女初會，饋贈榛栗之類，以示相敬之意。《周禮·天官·籩人》:“饋食之籩，其實棗、栗、桃、乾、榛實。”則表明周代常將栗榛之類果實用於祭禮或享賓待客。至秦漢時栽培已有相當大的規模。《史記·貨殖列傳》:“燕秦千樹栗……此其人皆與千户侯等。”《吕氏春秋》還載有“果之美者，有箕山之栗。”《西京雜記》載上林苑栗有四，即侯栗、榛栗、瑰栗、嶧陽栗（大如拳）。表明當時栗已選育出了優良品種。又《三秦記》載:“漢《朱子集傳》中記有:‘栗，周土所宜。’”范子亦云:“栗出三輔。”“三輔”即今關中地區。由此可見，栗最初以黄河流域之西北、華北栽培最廣，面積大，産量高，由此而致富者多。後隨經濟文化南移，漸擴及長江流域各地。南朝梁陶弘景《名醫别録》云:“今會稽諸暨栗，形大皮厚不美；剡及始豐栗，皮薄而甜，乃佳”（明李時珍《本草綱目·果一》）。此時之栽培技術亦較成熟。人們對栗之催芽、播種已極熟悉。如北魏賈思勰《齊民要術·種栗》:“栗，種而不栽。栗初熟出殼，即於屋裹埋著濕土中。至春二月，悉芽生，出而種之。”栗之采種、冬藏、催芽、播種述之如此簡明清晰，尤其是層積沙藏之法與今日通常之層積催芽方法幾無大异，足見當時栽栗技術已經臻於成熟。所不同者，今多不用此實生栗苗建園，而用嫁接苗建立栗園，以保持良種栗的優良特性，并提早結實。至於榛，則“栽種與栗同”。然古今栽培榛均不多見。

栗屬植物約十餘種，具栽培價值者有七種：即板栗、茅栗、錐栗、歐洲栗、美洲栗、日本栗及美洲矮栗。其中前三種原産我國。板栗之栽培品種有華北品種群的明栗、紅明栗、虎爪栗、猪腰栗、長豐栗、大葉青、燕山紅、燕豐、燕昌、紅栗、紅光栗、無花栗、宋家栗、金豐、萊陽大明栗、大紫栗、頭伏早、二伏早及山東烟青、烟泉等。西北品種群有長安明楝栗、鎮安油栗、鎮安大板栗、南昭大板栗、南昭大油栗、淺刺大板栗、深刺大板栗等。西南品種群有毛栗、畢節淺刺板栗、平頂大紅栗、興義薄殼板栗、南丹紫殼栗、中果黄皮栗等。東北品種群有黑油栗、紅皮油栗、油栗、猪腰栗及丹東栗等。長江流域品種群有葉裹藏、烏殼栗、九月栗、油板栗、大紅袍、新杭遲栗、重陽蒲、處暑紅、九家種、鐵粒頭、重陽栗、魁栗、曹苟栗、遲栗等。東南品種群有毛板栗、香栗、油光栗、大紅袍、貴溪重陽栗、崇仁油栗、紅色大油栗、早熟油毛栗及平南大新油栗等。

堅果之中銀杏爲裸子植物中獨特種，銀杏屬植物在一億七千萬年前的侏羅紀極爲繁盛，爲當時北半球森林植物中的重要組成樹種之一。一億四千萬年前的白垩紀，由於地質變遷及新生物種的演替，銀杏類植物開始衰退，及至三千萬年前地球變冷，高緯度地區多次發生冰川，銀杏在歐洲、北美逐漸絶迹，在亞洲大陸亦瀕臨滅絶。而我國受冰川影響不如歐洲及北美嚴重，局部未被冰川侵襲覆蓋地區，銀杏便幸免於難，成爲孑遺樹種被保存下來。目前地球上衹有我國浙江天目山一個狹小的深山區，殘存着爲數不多的野生種，而人們所見到的銀杏多數爲人工栽培保存下來的。我國銀杏栽培亦有數千年歷史。山東省莒縣浮萊山定林寺所存銀杏，據傳係春秋時魯隱公八年與莒子會盟處，迄今至少已有三千四百餘年。1995 年貴州黔南州古大珍稀樹種資源調查，發現福泉魚西存有四千四百餘年生的古銀杏樹，樹高 42 米，胸徑 4.79 米，依舊生機盎然。另外，各地寺院不少保存有千年以上古銀杏樹，表明銀杏頗受人們喜愛，栽培歷史極其久遠。

核桃本屬核果，因外殼堅硬，園藝果樹學將其歸入堅果。核桃亦稱“胡桃”，據晋人張華《博物志》載係漢代張騫出使西域時引入，此一傳説沿至今日。然《史記》《漢書》均無記載。據曲澤洲、孫雲蔚《果樹種類論》稱，考古研究表明地史時期的新生代第三紀（距今一千二百萬至七千萬年前）和第四紀（二百萬至一千二百萬年前）我國曾有六個核桃屬植物分布於西南與東北地區。其中山東臨朐山旺植物群中屬核桃科的植物有四屬，六種。其中山旺核桃與今時之普通核桃（*Juglans regia* Linn.）極其相似。另外，孢粉分析發現，江西清江地區始新世地層花粉譜中含核桃花粉。新疆準噶爾地區漸新世下緑岩組也曾見核桃花粉。由此可知，我國也應是核桃原産地之一。又據“張騫出使西域”之“西域”，通常有二説：一是指葱嶺以西、亞洲西部與歐洲東部；一是指玉門以西至葱嶺以東一帶。而張騫出使西域主要活動範圍是甘肅、青海、内蒙古、新疆一帶，故核桃即便是張騫引入，亦不過引自新疆、甘肅一帶。况且我國已發現新疆現仍生有普通核桃之野生林，所以我國也是核桃産地之一，至少是次生産地之一當是無疑的。

據《西京雜記》記述上林苑栽有胡桃，并云出自西域，説明我國栽培核桃至少始於漢代，以後漸由秦中傳入内地。目前我國核桃栽培甚廣，華北、西北、西南各地均有栽培，而以河北、山東、山西、河南、陝西、新疆、雲南、貴州等地栽培最多。主要栽培品種，河北有綿核桃、露仁核桃等；山東有青州小綿核桃、章丘薄皮核桃、白皮綿核桃、蒼山麻核桃等；河南有林縣綿核桃、西峽鷄爪綿核桃、欒川露仁核桃，山西有汾陽綿核桃，陝西有隔年核桃、永壽露仁核桃及鷄蛋皮核桃等，此外還有新疆薄皮核桃、雲南漾鼻核桃、貴州漏米核桃、大白米核桃等。

香榧，原産我國中南部，爲著名特産乾果之一。《爾雅·釋木》："柀，煔。"宋羅願《爾雅翼·釋木》："柀，似煔而異。杉以材稱，柀又有美實，而材尤文彩……其木自有牝牡，牡者華而牝者自實，理有相感，不可致詰。其實有皮殼，大小如棗而短，去皮殼，可生食，亦僬而收之，可以經久。"則知柀非杉而實榧，柀之種子即香榧，可食，用爲乾果，迄今已有千餘年歷史。榧共七種，我國産四種。香榧爲其中之一，亦唯一之栽培種，而其餘三種則仍呈原生狀態。香榧主要類型與變種有香榧（變種）、米榧、芝麻榧、茄榧、獠牙榧、寸金榧、旋紋榧等。香榧經嫁接後六至七年可結實，結果期可長達數百年，每畝成齡樹可産榧子 350~400 公斤，是極有開發價值的果木。

扁桃，亦作"偏桃"，亦稱"巴旦杏""婆淡樹"，是營養價值極高的乾果。原産土耳其、叙利亞、伊朗及中亞一帶，我國新疆亦有分布。據載我國扁桃引自西域，唐段成式《酉陽雜俎·廣動植·木篇》："偏桃，出波斯國，波斯國呼爲婆淡樹。長五六丈，圍四五尺，葉似桃而闊大，三月開花，白色。花落結實，狀如桃子而形偏，故謂之'偏桃'。其肉苦澀，不可啖。核中仁甘甜，西域諸國並珍之。"明李時珍《本草綱目》稱"其核如梅核，殼薄而仁甘美。點茶食之，味如榛子。"王象晋《群芳譜》亦稱"仁甘美，番人珍之"。由此可知我國栽培扁桃至少已有千餘年歷史，但迄今栽培仍然較少，尚無法形成大宗商品。扁桃主要栽培品種有葉城大巴旦、莎東薄皮巴旦、七〇一薄殼扁桃、南帕瑞兒、大扁桃及楚洋琴五十一號等。

阿月渾子是我國古代引種的又一堅果類果樹，其産地爲西亞地區，野生種見於叙利亞、土耳其、伊朗、阿富汗等國。我國大約於唐代引種，最早見於唐陳藏器《本草拾遺》，稱："阿月渾子，味辛、温、澀、無毒。主諸痢，去冷氣，令人肥健。生西國諸番，云與胡榛子同樹，一歲榛子、二歲渾子也。"（尚志鈞《本草拾遺》輯校本，油印）又據唐李珣《海藥本草》載："無名木生嶺南山谷。其實狀若榛子，號無名子，波斯家呼爲阿月渾子也。"由此可知我國引種阿月渾子至少已有一千二百餘年。但這一珍貴果樹在我國并未得到發展，僅新疆有零星栽培，其他地區極少。20 世紀 80 年代以來，陝、甘、内蒙古等地開始引種，逐步受到人們的重視。

堅果類果樹還有松子之類，因栽培松類多爲用材，故入林木考。至於山核桃、喙核桃、茅栗、錐栗等堅果，因栽培較少，有待於今後研究開發。

此處要説明的是，阿月渾子扁桃等因係古代引種樹木，故移至《引種木果説・古代引種木果考》加以考論，本節不再收録。本節共收入習見堅果十種。

山胡桃

習見堅果名。胡桃科，山核桃屬，山核桃（*Carya cathayensis* Sarg.）。落葉喬木。奇數羽狀複葉，小葉卵狀披針形至倒卵狀披針形。花單性，雌雄同株；雄花葇荑花序三條成一束；雌花序穗狀，直立。果實核果狀，倒卵形，幼時有四狹翅狀縱棱，成熟時不明顯，外果皮乾後革質；果核倒卵形或橢圓狀卵形，有時略扁。我國主要分布於浙江、安徽、貴州等省。果仁可食，多焙熟出售，亦供榨油。果殼可製活性炭。木材爲軍工用材。

山胡桃久爲人知。唐代已行用此稱，并沿稱至今。唐段公路《北户録・山胡桃》：“山胡桃，皮厚底平，狀如檳榔。其仁如扶容頭，味次。”《古今合璧事類備要别集》卷四五：“又一種皮厚而堅底，斧搥之方破，此山胡桃也。”明陸楫《古今説海》卷一三：“山胡桃，皮厚，底平，狀如檳榔。”亦稱“山核桃”。《續通志・昆蟲草木略四・果類》：“又有名山核桃者，底平如檳榔，皮厚而堅，多肉少仁，出南方。”《福建通志・物産・果之屬》：“山核桃，木高數丈，葉翠如梧桐，其實堅。《三輔黄圖》謂之萬歲子。”

按，本科核桃屬之野核桃亦俗稱山核桃，與此殊异，當辨之。又，明李時珍《本草綱目・果二・胡桃》：“［集解］案劉恂《嶺表録異》云：南方有山胡桃，底平如檳榔，皮厚而大堅，多肉少穰。其殼甚厚，須椎之方破。”查今本《嶺表録異》未見《綱目》之引文。另，明方以智《物理小識・草木類》：“胡桃，十月種。宜大石重壓其根，使實生。子不脱落。其核外肉最爛手皮，其核分二瓣者山核桃也。”此山核桃似非本種。還有《盛京通志・物産・果類》：“山核桃，生楸樹上，形似胡桃而長，殼堅厚，肉味頗勝。”此山核桃應是山胡桃，然并不生楸樹上。或以爲山胡桃樹形似楸樹，以致混淆。以上諸文俱附供詳考參證。

【山核桃】[1]

即山胡桃。此稱清代已行用，亦今之通稱。見該文。

石栗

習見堅果名。大戟科，石栗屬，石栗〔*Aleurites moluccana*（Linn.）Willd.〕。常緑喬木。幼枝及花序密被星狀毛。單葉互生，卵形至闊披針形或近圓形，全緣或三至五裂，兩面均被銹色星狀短柔毛。花單性，雌雄同株；圓錐花序頂生，花小，白色。核果卵形或球形，被銹色星狀毛。我國主要分布於廣東、廣西、雲南等地。木材可作板材亦可製器具。種子可榨油。樹皮可提取栲膠。種子、樹葉可入藥。

我國栽培利用石栗已逾一千五百餘年歷史。此稱晋代已行用，沿稱至今。晋嵇含《南方草木狀》卷下：“石栗，樹與栗同，但生於山石罅間。花開三年方結實，其殼厚而肉少，其味似胡桃仁，熟時或爲群鸚鵡至啄食略盡，故彼人極珍貴之，出日南。”唐劉恂《嶺表録異》卷中：“廣州無栗，唯勒（勤）州山中有石栗。一年方熟。皮厚而肉少，味似胡桃仁。熟時或爲群鸚鵡啄食略儘。只此石栗亦甚稀少。”宋明時人們對石栗觀察更細。亦稱“海胡桃”。宋范成大《桂海虞衡志·志果》：“石栗圓如彈子，每顆有梗抱附之類杓柄。肉黄白，甘韌似巴欖子，仁附肉，有白靨，不可食，發病，北人呼爲海胡桃。”宋周去非《嶺外代答》卷八：“石栗，殼厚硬，白褐色，圓形如橡子。”石栗海内外皆産。明張燮《東西洋考·交阯·物産》：“石栗，《草木狀》曰：石栗，生石罅間。殼厚肉少，味似胡桃，熟時爲鸚鵡啄食略盡，故彼人珍貴。出日南。”國内各地亦有較多記載。《廣東通志·物産志·果》：“石栗，樹與栗同，但生於石間。花開三年方結實，殼厚肉少，味似胡桃仁，熟時或爲群鸚鵡啄食略盡，故彼人多珍貴之，出日南……按《雜記》石栗，仁化縣丹霞山有之。樹如枇杷，葉亦相類，異果也。”《廣西通志·物産·慶遠府》：“石栗，各州縣出。案《南方草木狀》云：樹與栗同，但生於山之石罅間。殼厚而肉少，味類核桃仁。”參閱明李時珍《本草綱目·果一·栗》及清陳元龍《格致鏡原·果類一·石栗》。石栗爲用頗廣，今除采野果外，亦進行人工栽培。常俗稱“石梠”“油果”“檢果”“燭果樹”。

【海胡桃】

即石栗。此稱宋代已行用。見該文。

【石梠】

即石栗。今廣西各地多俗用此稱。見該文。

【油果】

即石栗。因其種子可榨油，故名。今廣西各地多俗用此稱。見該文。

【檢果】

即石栗。今廣西各地多俗用此稱。見該文。

【燭果樹】

即石栗。印其果可燃以代燭，故名。今之俗稱。見該文。

板栗

習見堅果名。殼斗科，栗屬，板栗（*Castanea mollissima* Bl.）。落葉喬木。小枝被短柔毛，新梢有時被長柔毛，常缺頂芽。單葉互生，長橢圓形至長圓狀披針形，粗鋸齒緣。花單性，雌雄同株，雄花淡黄褐色，多呈直立圓柱狀葇荑花序，着生於新枝下部葉腋；雌花着生於雄花基部，常三朵合生於有刺之總苞内。堅果大型，褐色，外被多刺之總苞，成熟時總苞二至四裂。我國主要分布於華北、華中及西南各地。果可食。根、樹皮、葉、花、外果皮、内果皮及總苞均可入藥。木材可製器具。

栗

（清吴其濬《植物名實圖考》）

板栗原産我國，爲栽培歷史最久的果

樹之一。遠在新生代前，本屬樹木已生存於我國南北各地。山東臨朐山旺村硅藻土植物化石中見有1200萬年前栗類化石。新石器時代的仰韶文化與龍山文化遺址中，曾發現栗之果殼，可見四五千年前先民常采栗實用以充饑。先秦時栗屬植物通稱“栗”。“栗”字初無定形，甲文作“前2.19”、金文作“古鈢”、石鼓文作“石鼓”、小篆作“《説文解字》”，俱爲象形文字，像栗實着生於枝端，其下有枝、葉及根柢，故《説文》謂其爲“栗木也”。亦即結栗實之木名。我國春秋戰國時或已有人工栽培，常植於庭除取食其果或伐木以爲琴瑟。《詩・鄘風・定之方中》：“樹之榛栗，椅桐梓漆，爰伐琴瑟。”鄭玄箋：“樹此六木於宫者，曰其長大可伐以爲琴瑟。”栽植栗樹，以山爲宜，漢代便已通曉。魏晋及南北朝時栽培經驗已頗豐富。播前種子處理方法，今仍可借鑒。北魏賈思勰《齊民要術・種栗》：“栗，種而不栽。栗初熟出殼，即於屋裏埋著濕土中。埋必須深，勿令凍徹，若路遠者，以韋囊盛之。停二日以上，及見風日者，則不復生矣。至春二月，悉芽生，出而種之。”至唐代已多用嫁接法以改良品質，提高產量。唐韓鄂《四時纂要・春令・正月》：“栗向櫟砧上，皆活，蓋是類也。”至元代時已行用“板栗”之稱。元王禎《農書》卷九：“栗，陸璣疏曰：五方皆有之，周秦吴揚特饒，惟濮陽及范陽生者味美，他方不及。《草木圖經》曰：兖州宣州者最勝。果中栗最有益治腰脚之疾，愚嘗見燕山栗小而味最甘。《蜀本圖經》曰：板栗、佳栗二木皆大。”明李時珍《本草綱目・果一・栗》[集解]：“〔韓〕保昇曰：‘板栗、錐栗二樹皆大。茅栗似板栗而細如橡子，其樹雖小，葉亦不殊，但春生夏花，秋實冬枯爲異耳。’時珍曰：‘栗之大者爲板栗，中心扁子爲栗楔。’”明代栽栗技術又有發展，實生苗經嫁接栽培已廣泛推廣。明鄺璠《便民圖纂》卷五：“栗，臘月或春初，將種埋濕土中，待長六尺餘移栽，二三月間，取別樹生子大者接之。”

栗　子

（《證類備急本草畫圖》）

栗屬樹木約十二種，我國有三種。板栗爲栽培價值最大者。據考證，我國以黄河流域栽培最早，後漸擴及長江流域。今冀、魯及江浙一帶栽培最盛，形成中國栗栽培之中心。今尚存有數百年生古栗樹。如陝西長安官栗園有五百年生古栗，高約11米，幹圍2.8米。又該地鴨池口存三百年生古栗，高11米，幹圍2.4米，今生長尚可。本種今亦稱“中國栗”“毛栗”“毛板栗”。俗稱“栗子”“瓦栗子樹”。

【栗】[1]

即板栗。亦栗類之總稱。此稱先秦時已行用。見該文。

【中國栗】

即板栗。今稱。見該文。

【毛栗】[1]

即板栗。今河南各地多行用此稱。見該文。

【毛板栗】

即板栗。今湖北各地多行用此稱。見該文。

【栗子】

即板栗。今河北各地多俗用此稱。見該文。

【瓦栗子樹】

即板栗。今湖北各地多俗用此稱。見該文。

【魁栗】

即板栗。此稱漢代已行用。今河北、浙江、杭州等地民間仍沿用此稱。魁栗原稱“瑰栗”。因其實大，奇异，故名。《西京雜記》卷一：“初修上林苑，群臣遠方，各獻名果異樹，亦有製爲美名，以標奇麗者：梨十……栗四：侯栗、榛栗、瑰栗、嶧陽栗（嶧陽都尉曹龍所獻，大如拳）。”《藝文類聚》卷八七引《西京雜記》：“上林苑有魁栗、雙栗、榧栗、榛栗。”參閱《新華本草綱要・殼斗科・板栗》。見“板栗”文。

【瑰栗】

即魁栗。此稱漢代已行用。見該文。

【大栗】

即板栗。此栗較錐栗、茅栗實大，故名。此稱三國時期已行用。《初學記》卷二八引辛氏《三秦記》：“漢武帝果園大栗十五枚爲一斗。”《通雅・植物》：“栗莫大于紹興諸暨，大有過于拳者。沈約傳言，豫州獻栗徑寸半，此猶小矣。六朝僑立豫州，不過在江北，江北今無此大栗。”明徐應秋《玉芝堂談薈》卷三五：“《地理志》：諸暨産如拳之栗。《四夷傳》：馬韓出大栗如梨。《魏志》：東夷魏國出大栗如梨。”清刊《淵鑑類函・果部》：“《魏志》曰：東夷韓國出大栗如梨。”今浙江、江蘇等地仍沿用此稱。參閱《新華本草綱要・殼斗科・板栗》。見“板栗”文。

胡桃

習見堅果名。胡桃科，胡桃屬，胡桃（*Juglans regia* Linn.）。落葉喬木。奇數羽狀複葉，小葉五至十一枚，橢圓狀卵形至長橢圓形。花單性，雌雄同株；雄花序葇荑下垂，雌花序簇狀，直立。果序短，俯垂，果實一至三枚，球形；外果皮肉質，不規則開裂，内果皮骨質，表面凹凸或皺折。主要分布於西北、華北各地，各地亦有栽培。木材堅硬，可製傢具、槍托。果可食，亦可榨油或入藥；果殼可製活性炭。外果皮及樹皮可提取鞣質。

我國爲胡桃原産地之一，栽培歷史悠久。漢代已行用此稱，沿稱至今。《文選・左思〈蜀都賦〉》：“蒲陶亂潰，若榴競裂。甘至自零，芬芬酷烈。”李善注引漢馬融《西第頌》：“胡桃自零。”舊傳胡桃自西域引入。舊題晋張華《博物志》卷六：“張騫使西域還，乃得胡桃種。”唐宋時胡桃栽培及收穫頗富經驗。唐韓鄂《四時纂要・秋令・八月》：“雜事：是月收薏苡……收胡桃、棗。”宋江休復《嘉祐雜志》：“余奉敕五龍廟謝晴，司天監擇日供神位……光禄供禮料：蓮子、鷄頭、胡桃、乾棗、饌鹽、笋俎、乾魚、玉鮍、鹿脯、薑、椒、橘、豉。”明清時栽培經驗已漸豐富，亦注意品種之選擇及控制苗根生長以利移栽等技術。清蒲松齡《農桑經殘稿・七月》：“胡桃：勿摘，俟其皮裂，自落。掘地二三寸，入糞一碗，鋪片瓦，納一枚，覆土踏實，水澆之。冬月凍裂，春自生。瓦隔根不入，栽之易活。”清吴其濬

胡　桃
（清吴其濬《植物名實圖考》）

《植物名實圖考・果類・胡桃》:“胡桃,《開寳本草》始著録,北方多有之,唯永平府所産皮薄,謂之露穰核桃。木堅,作器物良。”

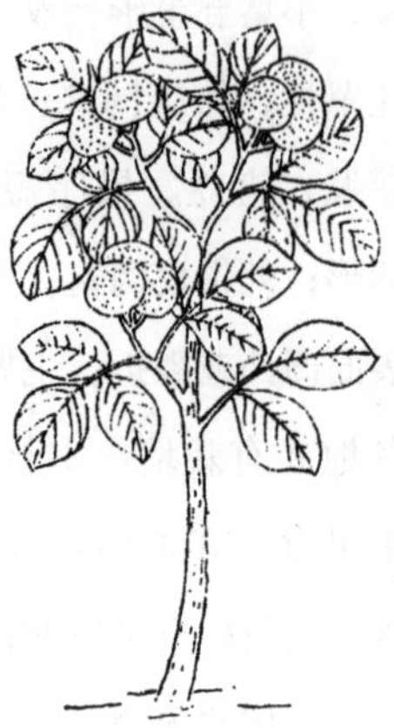

胡桃樹
(明朱橚《救荒本草》)

按,古稱胡桃來之於羌胡,又傳係張騫使西域引入。似我國并非胡桃之原産地。然“西域”一名始於前漢,其義有二:一指葱嶺以西、亞洲西部及歐洲等地;另又指玉門以西,葱嶺以東一帶。張騫出使西域最遠不過新疆,所謂出使西域顯爲後者。即使自西域引入,亦仍在玉門至葱嶺間。况“張騫使西域乃得胡桃種”事,《史記》《漢書》均無記載。加之考古、化石、孢粉研究,及新疆普通核桃野生林之發現,均可證明我國當爲胡桃原産地之一。漢代由新疆傳入陝西後,漸傳至西北及華北各地。又,胡桃屬植物有二十餘種,我國栽培有十二種,其中分布廣、栽培多者當屬普通核桃與鐵核桃,其品種與類型不下三四百種,成爲重要經濟林樹種。今胡桃之野生祖先——野生核桃是十分珍貴的第三紀殘遺植物,於1984年列爲國家二級保護植物。

【胡桃樹】

即胡桃。明朱橚《救荒本草》卷七:“胡桃樹……救飢:采核桃,漚去青皮,取瓤食之,令人肥健。”見“胡桃”文。

【核桃】

即胡桃。據河南《林縣志》稱:“核桃本名胡桃,晋石勒羯人諱胡,故更名爲核桃。”此説或是。故晋代已行用此稱,沿稱至今。宋孫奕《示兒編・雜記・因物得名》:“世有所出所嗜所作因以冠名者多矣。莫邪作寳劍,而名其劍曰莫邪……胡人常食核桃,而名胡桃。”明王圻、王思義《三才圖會・草木・胡桃》:“胡桃,一名核桃,其樹大株,葉厚而多陰,開花成穗,花色蒼黄。結實外有青皮包之,狀似梨大。熟時漚去青皮,取其核是爲胡桃。”《水滸傳》第一〇二回:“當下婦人扶王慶到床上睡了,敲了一碟核桃肉,旋了一壺熱酒,遞與王慶吃了。”明王世懋《學圃餘疏・果蔬・核桃》:“核桃北果,而宜山種,吾地絶少,然亦可種。”見“胡桃”文。

【羌桃】

即胡桃。昔傳此果出羌胡,故名。此稱明代已行用。亦作“羗桃”。古梵語作“播羅師”。明李時珍《本草綱目・果二・胡桃》:“[釋名]羌桃、核桃……時珍曰:此果外有青皮肉包之,其形如桃,胡桃乃其核也。羌音呼核如胡,名或以此。或作核桃。梵書名播羅師。”《明一統志・河南府・土産》:“羌桃,澠池縣出。”《畿輔通志・土産・果屬》:“羌桃,俗名核桃。《酉陽雜俎》:北方多種之,以殼薄仁肥者爲佳。《長安可游記》:王平口山坳多核桃。《遵化州志》:出陰平者佳。”《盤山志・物産・果木》:“羌桃,北方多種之。以殼薄仁肥爲佳,俗名核桃。”見“胡桃”文。

【播羅師】

即羌桃。梵語音譯。此稱明代已行用。見該文。

【萬歲子】

即胡桃。此稱清代已行用。清陳淏子《花鏡》卷四："胡桃，一名羌桃，一名萬歲子。樹高數丈，葉翠似梧桐，兩兩相對而長，且厚而多陰。三月開花如栗花，穗蒼黄色，實似青桃。"見"胡桃"文。

【油核桃】

即胡桃。此稱清代已行用。川東地區多用此稱。清劉善述《本草便方·木部·油核桃》："油核桃辛熱有毒，殺蟲攻毒癰腫塗，癘風疥癬禿楊梅，殼煆下血崩中服，好仁治疝心腹痛，血痢腸風補益速。"按江蘇新醫學院《中藥大辭典·油核桃》以爲油核桃是胡桃種仁返油所成之黑色物。原植物爲胡桃。油核桃"辛，熱，有毒"。用當慎之。見"胡桃"文。

核桃楸

習見堅果名。胡桃科，胡桃屬，核桃楸（*Juglans mandshurica* Maxim.）。落葉喬木。高可達 25 米。奇數羽狀複葉，小葉九至十七枚，矩圓形或橢圓狀矩圓形，細鋸齒緣。花單性。雄花葇荑下垂；雌花序穗狀，頂生。核果卵形至橢圓形。果核球形、卵形或長橢圓形，先端鋭尖，生八條縱棱，棱間不規則皺折及凹穴。我國主要分布於東北及華北北部地方。木材可製槍托、舟車、機械及高檔傢具及樂器等。果仁可食并可榨油供食用。葉、果皮及樹皮可爲土農藥。外種皮及樹皮可提取單寧。樹皮及果肉可提取栲膠，果殼可製活性炭。

核桃楸久爲人知。元代稱"山核桃"。元武漢臣《老生兒》第三折："這個是你的？山核桃差着一槅兒哩。"《金瓶梅詞話》第七回："如今他家裏只是姑娘大，雖是他娘舅張四，山核桃差着一槅兒哩。"清陳淏子《花鏡》卷四："［胡桃］有二種……殼堅厚，須重搥乃破者，名山核桃，産燕、齊。"參閲江蘇新醫學院《中藥大辭典·核桃楸仁》。

本種爲珍貴用材樹種，其果仁含油量很高，頗受世人喜愛。由於采伐過量，天然林已近滅絶，1984 年列爲國家三級保護植物。1992 年原林業部將其原生種列爲國家二級保護樹種。今亦稱"胡桃楸""楸子""楸樹""馬核果"。按，唐劉恂《嶺表録異》云："南方有山胡桃"，似非此稱。或以爲即胡桃科山核桃屬之山胡桃。見本卷《習見果木説·習見堅果考》"山胡桃"文。

【山核桃】 2

即核桃楸。此稱元代已行用。見該文。

【胡桃楸】

即核桃楸。今稱。見該文。

【楸子】

即核桃楸。今稱。見該文。

【楸樹】 2

即核桃楸。遼寧瀋陽等地曾行用此稱，今多不用。按，紫葳科有楸樹，爲同名异物。宜辨之。見該文。

【馬核果】

即核桃楸。今京郊山區多行用此稱。見該文。

榧樹

習見堅果名。紅豆杉科，榧屬，榧樹（*Torreya grandis* Fort. ex Lindl.）。常緑喬木。樹皮淺灰黄色、深灰色或灰褐色，不規則縱裂。葉條形，排成二列，葉面光緑色，背面淡緑色，氣孔帶常與中脉帶等寬。雄球花圓柱狀。種子橢圓形、卵圓形或長橢圓形，成熟時假種皮淡紫褐色，被白粉。花期4月，種子翌年10月成熟。爲我國特產樹種。主要分布於江蘇南部、浙江、福建北部、江西北部、安徽南部，向西至湖南西部及貴州松桃地區。以浙江爲栽培中心。木材供建築、造船、傢具等用材。種子名“香榧”，可食，爲乾果之珍品，亦可榨油。假種皮可提煉芳香油。

我國栽培利用榧樹歷史悠久。漢代稱“彼子”。晉時稱“棐”。《晋書・王羲之傳》：“嘗詣門生家，見棐几滑凈，因書之，真草相半。”因可製几，遂以棐名几。南北朝時稱“羆子”。《神農本草經・下品・彼子》：“彼子，味甘，温。主腹中邪氣，去三蟲，蛇螫、蠱毒……生山谷。”孫星衍等注：“案陶弘景云：方家從來無用此者，古今諸醫及藥家，了不復識，又一名羆子，不知其形何類也。掌禹錫云：樹似杉；子如檳榔。”唐代已行用“榧樹”之稱。省稱“榧”。唐李坤昭《南岳小録・王氏藥院》：“王氏藥院，咸通間有術士王生居之，有茂松修竹，流水周遶及多榧樹茶園，今基址存焉。”唐李德裕《平泉山居草木記》：“木之奇者，有天台之金松、琪樹，稽山之海棠、榧、檜。”《全芳備祖後集》卷八“榧”引宋梅堯臣《五言絶句》：“榧樹移皆活，風霜不變青。冢壇雖閑寂，田客每丁寧。”亦稱“赤果”“玉榧”。宋梅堯臣《寄馬遵》詩：“斷腸吴姬指如笋，欲剥玉榧將何從？”注：“《隱居詩話》：馬遵謫守宣州，及其去也，郡僚軍民争欲駐留，至以鐵鎖絶江，遵於餞筵倚醉令官妓剥榧實而食，眷眷若留連狀，又以所乘驄馬寄聖俞家，郡人皆不疑其去也。遵夜使人絶鎖解舟，以水沃櫓牙使之不鳴，逮曉舟去遠矣。”《續通志・昆蟲草木略四・果類》：“榧實，一名柀（音彼）子，一名赤果，一名玉榧，一名玉山果。生永昌，土人呼爲野杉。木柏形松理，細軟，可爲器用。實如棗核，大如橄欖，無棱。一樹不下數十斛。《爾雅》云：‘柀，煔（音杉）’即此。宋梅堯臣詩：榧樹移皆活，風霜不變青。”清陳淏子《花鏡》卷四：“榧一名柀子，一名玉榧，俗呼赤果。産自永昌、杭州者，不及信州、玉山之佳。葉似杉而異形，其材文彩而堅，本大連抱，高有數仞，古稱文木，堪爲器用。”

1927年胡先驌依種子形狀、大小將其分爲四個變種，二個變形。今除取果、用材之外，亦常栽植於庭園供觀賞。民間俗呼爲“圓榧”“芝麻榧”“欒泡榧”“細腰榧”“藥榧”等。

【彼子】[2]

即榧樹。此稱漢代已行用。見該文。

【棐】

即榧樹。此稱晋代已行用。見該文。

【羆子】[2]

即榧樹。此稱南北朝時期已行用。見該文。

【榧】

“榧樹”之省稱。此稱唐代已行用。見該文。

【赤果】[1]

即榧樹。此稱元代已行用，名見元吴瑞《日用本草》。見該文。

【玉榧】

即榧樹。此稱宋代已行用。見該文。

【圓榧】

即榧樹。今浙江各地多俗用此稱。見該文。

【芝麻榧】

即榧樹。今浙江各地多俗用此稱。見該文。

【欒泡榧】

即榧樹。今浙江各地多俗用此稱。見該文。

【細腰榧】

即榧樹。今浙江各地多俗用此稱。見該文。

【藥榧】

即榧樹。今安徽各地多俗用此稱。見該文。

【柀】[2]

即榧樹。此稱秦漢時期已行用。亦稱“柀子”。《爾雅》:“柀,煔。”《爾雅翼·釋木》:“柀,似煔而異。杉有材稱,柀又有美實,而材尤文彩……其實有皮殼,大小如棗而短,去皮殼,可生食,亦儦而收之可以經久。以小而心實者爲佳。本草木部有榧實,又有柀子,皆出永昌,而誤在蟲部。蓋彼字當從木,即是榧也。”清陳淏子《花鏡》卷四:“榧一名柀子,一名玉榧,俗稱赤果。”見“榧樹”文。

【柀子】[2]

即柀[2]。此稱宋代已行用。見該文。

【棑】

即榧樹。亦稱“野杉”“文木”。明李時珍《本草綱目·果三·榧實》:“榧亦作棑,其木名文木,斐然章采,故謂之榧。”又[集解]時珍曰:“榧生深山中,人呼爲野杉。按羅願《爾雅翼》云:柀似杉而異于杉。彼有美實而木有文采,其木似桐而葉似杉,絶難長。”見“榧樹”文。

【野杉】

即棑。此稱明代已行用,今江西、浙江等地仍行用此稱。見該文。

【文木】[2]

即棑。特指其木。此稱明代已行用。見該文。

【玉山果】

即榧樹。宋代已行用此稱,沿稱於後世。宋蘇軾《送鄭户曹賦席上果得榧子》詩:“彼美玉山果,粲爲金盤實。”宋胡仔《漁隱叢話後集》卷二七:”[東坡二]《藝苑雌黄》云:予與潘伯龍食榧子,乃言諸處榧皆不及玉山者,予方悟東坡詩有‘彼美玉山果,粲爲金盤實’之語。恐是上饒玉山縣,潘云玉山,地名在婺之東陽縣,所生榧子香脆過它處。”明李時珍《本草綱目·果三·榧實》:“[釋名]柀子、赤果、玉榧、玉山果。時珍曰:信州玉山者爲佳。故蘇東坡詩云:‘彼美玉山果,粲爲金盤實。’”清高士奇《北墅抱甕録·榧》:“榧木紋理細緻,製器極雅。其葉類杉,黄花紫實。逃禪閣檐廊之下偶得一本,結子甚多。舊有‘玉山果’之名,殆以堅潤之性比德於玉耶。”參閲《廣群芳譜·果譜六·榧》。見“榧樹”文。

銀杏

習見堅果名。銀杏科,銀杏屬,銀杏(*Ginkgo biloba* Linn.)。落葉喬木。高可達40米,胸徑可達4米。枝近輪生,斜上伸展,雌株較雄株開展。葉扇形,具長柄,淡緑色,無毛,具多數叉狀并列細脉,在短枝上常具波狀缺刻,長枝上常二裂,基部楔形。球花單性,雌雄异株,生於短枝頂端的鱗片狀葉腋,呈簇生狀;雄球花葇荑下垂;雌球花具長梗,梗端常分二叉。種子具長梗,下垂,橢圓形、卵圓形或近球形;外種皮肉質,熟時黄或橙黄色,被白粉,有臭味;中種皮白色,骨質,具二三條縱脊;内種皮膜質,淡紅褐色。銀杏爲中生代孑遺樹種,爲著名的植物活化石,在學術研究上有重要價值。銀杏係我國特産,原種僅分布於浙江天目山區排水良好的天然林中。因長期栽培馴化，今我國東北南部、西北東部、西南、華南、華東等地區均有分布。可栽植供觀賞。木材可製傢具、文具、工藝品等。種子可食。種子、葉、根可入藥。我國自古就珍重銀杏樹，廣爲栽培。各地庵、觀、寺、院及風景名勝區多有種植。全國五百年生以上古銀杏樹有一百八十餘株，千年以上古銀杏樹近百株。北京潭柘寺毗盧閣、河北遵化五峰山禪林寺、河南濟源紫微宫、江西廬山蓮花洞、浙江杭州五雲山、湖北通山、四川成都青城山、四川瀘定、重慶巫山、陝西周至樓觀臺等地，都有上千年古銀杏樹；安徽九華山、湖南桑植、四川貢嘎山分别存有商代所植銀杏，迄今至少已逾三千年。山東莒縣浮來山定林寺存一株銀杏樹，傳商代所植，魯公與莒子曾會盟樹下，今胸圍15.7米，樹高25.4米，依然生機盎然，年年結實。湖北洞口大屋一銀杏雌株，三千五百年生，樹高52米，胸徑1.83米，年産白果700~800公斤。河南濟源紫微宫一銀杏雌株，樹齡一千八百年，高45米，胸徑3.1米，樹冠投影面積1.4畝，年産白果250~300公斤。今蘇魯交界處及蘇、浙、豫、湘、鄂、桂及皖南、贛北等地尚有集中成片栽培之百餘年生銀杏林。

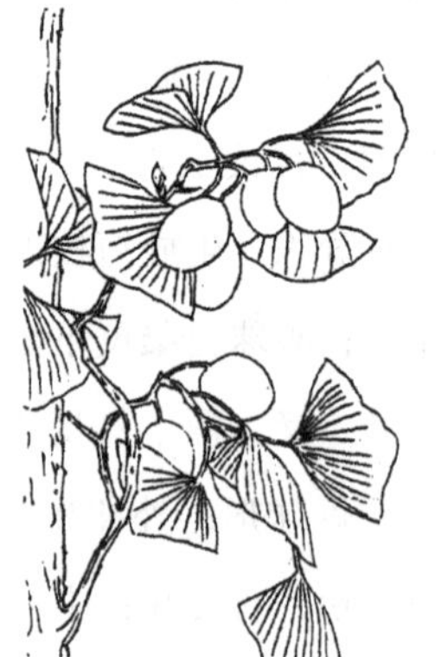
銀　杏
（清吴其濬《植物名實圖考》）

我國銀杏栽培，漢代江南較盛，宋代後黄河流域大量發展。唐宋時已經入貢，始用此稱，沿稱至今。宋計敏夫《唐詩紀事・李德裕》："德裕《述夢詩》記爲夢中賦詩耳。元微之和云：'聞有池塘什，還因夢寐遭。攀禾占類蔡，咏豆放過曹。莊蝶玄言秘，羅禽藻思高。'注云本篇稱六句，皆夢中作，故此三聯多證夢意。巳下皆言同在翰林及翰苑故事，若學士初入賜飛龍馬，故有借騎銀杏葉之句。"《全芳備祖後集》卷七"銀杏"引張芸叟《五言散句》："何人栽銀杏，青條數尺間。"宋代京城乾炒銀杏果實出售已成時尚。宋孟元老《東京夢華録・飲食果子》："又有托小盤賣乾果子，乃旋炒銀杏、栗子。"元王禎《農書》卷九："銀杏之得名，以其實之白；一名鴨脚，取其葉之似。其木多歷年歲，其大或至連抱，可作棟梁。"明清時種植經驗已頗豐富。明鄺璠《便民圖纂》卷五："銀杏，種有雌雄；雄者三棱，雌者二棱。春初種於肥地，候長成小樹，來春和土移栽。以生子樹枝接之，則實茂。"明李詡《戒庵老人漫筆・經山晋杏》："丹陽經山寺大銀杏，相傳晋物也，樹圍連抱七人，半枯中空，遺子所出小株，從中挺上，亦已盈斗矣。"清陳淏子《花鏡》卷四："銀杏一名鴨脚子，多生南浙。木最耐久，高十餘丈，大可數圍。其肌理甚細，可爲器具梁棟之用。"

國内銀杏開發迅速興起。山東郯城、江蘇泰興、浙江諸暨、河南光山、廣西興安等均有大面積栽植，各地均自稱"銀杏之鄉"。爲提早結實，高産穩産，各地還建有矮化密植及早實豐産園。栽培銀杏不僅采其果實，亦收集其葉片用於藥物，銀杏樹葉的開發在不斷深入發展。銀杏已成爲重要經濟樹種，受到多方重視。銀杏爲我國特有樹種，1999年其原種列爲國家一級重點保護野生植物。

【銀杏樹】

即銀杏。此稱宋代已行用。宋郭彖《睽車志》卷六：“上有銀杏樹，大數圍，枝幹尉茂，覆地甚廣。”見“銀杏”文。

【檘】

即銀杏。此稱漢代已行用，明清時仍沿用。亦作“枰”，亦稱“平仲木”“平仲”“檟”“枰仲木”“枰仲”“火櫜木”。《史記・司馬相如列傳》：“華氾檘櫨。”司馬貞索引：“檘，平仲木也。”《文選・左思〈吴都賦〉》：“平仲桾櫏，松梓古度。”李善注引劉成曰：“平仲之木，實白如銀。”《玉篇・木部》：“檟，枰仲木別名。”《集韻・平文》：“檟，木名。枰仲也。”又《平庚》篇：“枰，檘。枰仲木名。”《通雅・植物二》：“平仲，銀杏也。一名檘，一名火櫜木，白果，葉如鴨脚。”參閲清吴其濬《植物名實圖考・果類・銀杏》。見“銀杏”文。

【枰】

同“檘”。此體南北朝時期已行用。見該文。

【平仲木】

即檘。此稱唐代已行用。見該文。

【平仲】

即檘。此稱晋代已行用。見該文。

【檟】

即檘。此稱南北朝時期已行用。見該文。

【枰仲木】

即檘。此稱南北朝時期已行用。見該文。

【枰仲】

即檘。此稱宋代已行用。見該文。

【火櫜木】

即檘。此稱明代已行用。見該文。

【鴨脚樹】[2]

即銀杏。此稱宋代已行用。亦稱“鴨脚子”。省稱“鴨脚”。其葉形似鴨掌，故名。《古今合璧事類備要别集》卷四五引《格物總論》：“銀杏樹高大，葉薄有缺刻……一名鴨脚，因葉相似也，故云。”又引《事類》：“京師無鴨脚樹，駙馬王和父自南方移植於其第。”宋楊萬里《銀杏》詩：“未必鷄頭如鴨脚，不妨銀杏伴金桃。”宋梅堯臣《鴨脚子》詩：“神農本草闕，夏禹貢書無。”明文震亨《長物志・蔬果》：“銀杏，葉如鴨脚，故名鴨脚子。雄者三棱，雌者二棱，園圃間植之，雖所出不足充用，然新緑時，葉最可愛。吴中諸刹多有合抱者，扶疏喬挺，最稱佳樹。”清吴其濬《植物名實圖考・果類・銀杏》：“銀杏，《日用本草》始著録，即白果。一名鴨脚子。或云即平仲。木理堅重，製器不裂，匠人重之。”參閲《全芳備祖後集》卷七“銀杏”。見“銀杏”文。

【鴨脚子】

即鴨脚樹[2]。此稱宋代已行用。見該文。

【鴨脚】

即鴨脚樹[2]。此稱宋代已行用。見該文。

【公櫾】

即銀杏。省稱“櫾”。此稱宋代已行用。亦稱“公孫樹”。《集韻・平魂》：“櫾，公櫾，木名。”《格致鏡原》卷七六引《彙苑》：“銀杏，二更開花，三更結實，又名公孫樹。言其實久而後生，公種而孫方食。”清陳淏子《花鏡》卷四：“銀杏，一名鴨脚子，多生南浙……又名公孫樹，言公種而孫始得食也。”參閲《汝南圃史》。見“銀杏”文。

【㭶】

“公㭶”之省稱。此稱宋代已行用。見該文。

【公孫樹】

即公㭶。此稱清代已行用。見該文。

【白果】

即銀杏。此稱元代已行用，并沿稱至今。明李時珍《本草綱目・果二・銀杏》：“[釋名]白果（《日用》）、鴨脚子。時珍曰：原生江南，葉似鴨掌，因名鴨脚。宋初始入貢，改呼銀杏。因其形似小杏而核色白也。今名白果。”明徐光啓《農政全書》卷三〇：“銀杏，一名白果，一名鴨脚子……其木有雌雄之意：雄者不結實，雌者結實。其實亦有雌雄：雌者二棱，雄者三棱。須雌雄同種，其樹相望，乃結實。”清蒲松齡《農桑經殘稿・正月》：“白果：宜春分前移栽。樹有雌雄，經霜果熟。以竹篾箍樹。擊箍，果自落。”見“銀杏”文。

【𣑽】

即銀杏。此稱南北朝時期已行用。《玉篇・木部》：“𣑽，木名，色白。”《正字通・木部》：“𣑽，木名，色白。俗呼杏爲銀杏，銀旁加木，贅。”元姚燧《烏木杖賦》：“今夫中土之山，有衆其植，斧取覩之，内各異色……檀柏柘黄，蒲𣑽棫白。”見“銀杏”文。

【佛指甲】

即銀杏。果卵圓而扁，色白，如佛指，故名。清代已行用此稱。《浙江通志・物産一・杭州府》：“白果，舊《浙江通志》：銀杏，俗名佛指甲，又名白果。臨安産者特長大。”《事物異名録・果蓏・白果》：“《舊浙江通志》：銀杏俗名佛指甲。”見“銀杏”文。

【靈眼】

即銀杏。其果形似鳳目，故名。宋代已行用此稱。清厲荃《事物異名録・果蓏・白果》：“《瑣碎録》：北人稱爲白果，南人稱爲靈眼。宋初入貢，改爲銀杏。”清陳元龍《格致鏡原・果類三・銀杏》引宋温革《瑣碎録》：“銀杏有雌雄，雄者三棱，雌者兩棱，須雌雄同種方結實，或雌樹臨水種照影亦結，或將雌樹鑿一孔以雄木填之。北人稱爲白果，南人稱爲靈眼，宋初始入貢，改名銀杏。”見“銀杏”文。

【脚杏】

“銀杏”之譩稱。此稱唐代已行用。宋潘自牧《記纂淵海・果食部・銀杏》：“《傳記》：唐鄭光讌飲，把酒曰：某改令，身上取果子名云膔臍，薛保遜還令云：脚杏。滿座大笑（《盧氏雜説》）。”《廣群芳譜・果譜六・銀杏》：“《盧氏雜記》：唐鄭光讌飲把酒曰：‘某改令，身上取果子，名云膔臍。’薛保遜還令云：‘脚杏。’滿座大笑。”見“銀杏”文。

錐栗[2]

習見堅果名。殼斗科，栗屬，錐栗〔*Castanea henryi*（Skan）Rehd. et Wils.〕。落葉喬木。小枝無毛。葉長圓卵形至長圓披針形或披針形，葉緣具芒狀鋸齒。總苞多刺，具茸毛。堅果單生，果底圓形，先端圓尖而似錐，故名。原産我國，我國主要分布於浙、贛、閩、臺、粵、桂、黔、滇等地。樹幹高大，木材堅實，最宜建築、傢具、土木工程。果可食。

錐栗久爲人知。五代時已行用此稱，沿稱於後世。亦稱“旋栗”。宋范成大《桂海虞衡志・志果》：“槎擦子如錐栗，肉甘而微澀。”明方以智《物理小識・草木類》：“諸暨栗大如拳，必接乃大，茅栗錐栗皆可接也。”元王禎《農書》卷九：“《衍義》曰：有一種栗，頂圓末尖，謂之‘旋栗’。”明李時珍《本草綱目·果一·栗》[集解]引五代韓保昇曰：“板栗、錐栗二樹皆大。”清陳元龍《格致鏡原·果類一·栗》：“《本草衍義》：湖北路有一種栗，頂員末尖，謂之旋栗。”《續通志·昆蟲草木略四·果類》：“栗，《説文》作㮚。木高二三丈，葉類櫟，長條似核桃，房有刺如彙。大者若拳，小者若桃李……陸璣《詩疏》云：栗五方皆有，周秦吴揚特饒，惟濮陽及范陽生者甚美，味長，他方不及。其樹之大者曰板栗、錐栗。”《雲南通志·物産·果屬》：“梅……餘甘、錐栗、楊梅、鎖梅、多槭。”清吴其濬《植物名實圖考·果類·錐栗》：“錐栗，長沙山岡多有之。大樹，葉細而厚，面緑有光，背黄白而澀。結實作梂，數十梂攢聚一枝，一梂一實，似栗而圓大如芡實，内仁兩瓣，味淡微澀。”

今浙、閩、川等省錐栗有許多栽培品種，如“白露子”“黄榛”“油榛”“烏殼長毛”“遲治子”“大毛榛”“小毛榛”等。其適應性較强，多有栽培。錐栗今亦俗稱“珍珠栗”“尖栗”“桂林栗”“榛子”“箭栗”“甜櫧”。

【旋栗】

即錐栗[2]。此稱宋代已行用。見該文。

【珍珠栗】

即錐栗[2]。今之俗稱。見該文。

【尖栗】

即錐栗[2]。因其果先端尖，故名。今湖南長沙等地多俗用此稱。見該文。

【桂林栗】

即錐栗[2]。因産桂林，故名。今廣西各地多俗用此稱。見該文。

【榛子】

即錐栗[2]。今四川峨嵋山區多俗用此稱。見該文。

【箭栗】

即錐栗[2]。今湖南長沙等地多俗用此稱。見該文。

【甜櫧】[2]

即錐栗[2]。今浙江安吉、孝豐等地多俗用此稱。見該文。

茅栗

習見堅果名。殼斗科，栗屬，茅栗（*Castanea seguinii* Dode）。落葉灌木或小喬木。幼枝被短柔毛。葉長橢圓形或長圓狀倒卵形至披針狀長圓形，粗鋸齒緣，葉背緑色，具鱗片狀腺點。總苞直徑3~4厘米，疏生毛刺。堅果常三枚，罕五至七枚，其徑僅爲板栗之半。原産我國華東、華中地區。我國主要分布於豫、晋、陝、蘇、皖、贛、湘、雲、貴、川等省。果形小，味甜，可食。其樹可爲嫁接板栗之砧木。

我國茅栗栽培歷史悠久，先秦時與板栗、錐栗同稱作“栗”。至秦漢時名“栵”“栭”。晋代後行用“茅栗”之稱。《爾雅·釋木》：“栵，栭。”清郝懿行義疏：“實小細栗，即今茅栗。”三國吴陸璣《毛詩草木鳥獸蟲

茅　栗

（清吴其濬《植物名實圖考》）

魚疏・其灌其栵》："栵、栭子，江東人呼爲栭栗，今俗謂之茅栗，猴栗、柯栗，皆其類也。"宋沈括《夢溪筆談・辨證》："江南有小栗，謂之茅栗。"宋蘇轍《次韻王適食茅栗》："相從萬里試南餐，對案長思苜蓿盤。山栗滿籃兼白黑，村醪入口半甜酸。"明李時珍《本草綱目・果一・栗》引五代韓保昇曰："茅栗似板栗而細如橡子，其樹雖小，葉亦不殊，但春生夏花、秋實冬枯爲異耳。"《駢字類編・草木門・茅栗》："茅栗，陸璣《詩疏》、《爾雅》注云：栵，栭。茅栗也。《本草》茅栗似板栗而細，其樹雖小然葉與栗不殊。"《廣群芳譜・果譜六・栗》："《蜀本圖經》云：板栗、錐栗二樹皆大。茅栗似板栗而細如橡子。其樹雖小，葉亦不殊，但春生夏花秋實冬枯爲異。《綱目》云：即《爾雅》所謂栭栗也，一名栵栗。可炒食之。"

茅栗在貧瘠地多爲灌木，在森林地帶可長成喬木。南方仍有野生，亦有栽培。種皮易剥離，風味不減板栗，可炒食或釀酒。常做板栗之砧木，嫁接後抗逆性有提高。美國從我國引種後表現爲矮化、早實、豐產，用作砧木頗有前途。今亦稱"毛栗""毛凹栗子""野栗子""金栗"。

【栗】[2]

即茅栗。先秦時常與板栗、錐栗合稱，參見本卷《習見果木説・習見堅果考》"板栗"。見該文。

【栵】

即茅栗。此稱秦漢時期已行用。見該文。

【栭】

即茅栗。此稱秦漢時期已行用。見該文。

【毛栗】[2]

即茅栗。今湖南及江蘇南京等地多行用此稱。見該文。

【毛凹栗子】

即茅栗。今湖北興山地區多行用此稱。見該文。

【野栗子】

即茅栗。今江蘇、浙江等地多行用此稱。見該文。

【金栗】

即茅栗。今江西各地多行用此稱。見該文。

【栭栗】

即茅栗。此稱晋代已行用。亦稱"栭栵"。《爾雅・釋木》："栵，栭。"晋郭璞注："樹似檞而庳小，子如細栗可食，今江東亦呼爲栭栗。"宋程大昌《演繁露・栭栗》："吾鄉有小栗叢生，其外蓬中實，皆與栗同，但具體而微耳，故名栭栵。"亦稱"栵栗"。明李時珍《本草綱目・果一・栗》："小如指頂者爲茅栗，即《爾雅》所謂栭栗也，一名栵栗，可炒食之。"《廣群芳譜・果譜六・栗》："茅栗，似板栗而細如橡子，其樹雖小，葉亦不殊，但春生夏花、秋實冬枯爲異，《綱目》云即《爾雅》所謂栭栗也，一名栵栗，可炒食之。"見"茅栗"文。

【栭栵】

即茅栗。此稱宋代已行用。見該文。

【栵栗】

即茅栗。此稱明代已行用。見該文。

【猴栗】

即茅栗。此稱晋代已行用，沿稱於後世。亦作"猴栗"。《西京雜記》卷一："初修上林苑，群臣遠方，各獻名果異樹，亦有製爲美名，以標奇麗者……栗四：侯栗、榛栗、瑰栗、嶧陽栗。”南朝陳沈炯《十二屬》詩：“猴栗羞芳果，鷄跖引清杯。”唐段成式《酉陽雜俎續集·支植下》：“猴栗，李衛公一夕甘子園會客，盤中有猴栗，無味。陳堅處士云：虔州南有漸栗，形如素核。”清刊《淵鑑類函》卷四〇三：“《晋官閣名》曰：華林苑中栗一株，侯栗六株。”《佩文韻府·入栗》：“猴栗，陸璣《詩疏》：栵，栭子。江東人亦呼爲栭栗，今俗謂之茅栗，猴栗、柯栗，皆其類也。”見“茅栗”文。

【猴栗】

同“猴栗”。此體南北朝時期已行用。見該文。

【檵】

即茅栗。此稱明代已行用。亦稱“漸栗”。《通雅·植物》：“栵栭，小栗樹也。一曰檵……《韻書》：檵，茅栗也。趙魏間，栗小者曰檵。”明陳耀文《天中記·栗》：“猴栗，李德裕一夕柑子宴會客，盤中有猴栗，無味。陳堅處士云：虔州南有漸栗，形如棗核（《酉陽》）。”見“茅栗”文。

【漸栗】

即檵。此稱唐代已行用。見該文。

榛

習見堅果名。桦木科，榛屬，榛（*Corylus heterophylla* Fisch. ex Trautv.）。落葉灌木或小喬木。小枝及葉柄具腺毛。單葉互生，闊卵形至倒卵形，不規則重鋸齒緣。花單性，雌雄同株，先葉開放；雄花爲葇荑花序，圓柱形；雌花二至六枚簇生枝端。堅果近球形，頂端短，漸尖。我國主要分布於東北、華北、西北各地。木材可製手杖及傘柄。果實可食，亦供榨油或入藥。

榛
（清吴其濬《植物名實圖考》）

榛栽培利用歷史悠久。陕西西安半坡遺址中發現有已炭化之榛、栗，足見六千餘年前先民已采食榛果。至先秦時山地頗多野生，是時即行用此稱，沿稱至今。古亦作“亲”。其實多食用或供祭祀待客。《詩·邶風·簡兮》：“山有榛，隰有苓。”鄭玄箋：“榛本亦作亲……子可食。”孔穎達疏：“榛，木名。”《左傳·莊公二十四年》：“女贄，不過榛、棗、栗、脩，以告虔也。”魏晋及南北朝時已行人工栽培，并積纍了成功之經驗。北魏賈思勰《齊民要術·種栗》：“榛，栽種與栗同。種而不栽。”此果爲藥，唐宋時已有記載。明李時珍《本草綱目·果二·榛》[集解]引宋蘇頌曰：“桂陽有而叢生，實大如杏子中仁，皮子形色與栗無異，但小耳。……時珍曰：榛樹低小如荆，叢生。冬末開花如櫟花，成條下垂。”又，“仁，甘，平。無毒。益氣力，實腸胃，令人不飢，健行”。

今我國榛屬植物有榛、毛榛、華榛、藏榛數種。榛亦有二變種，即川榛、滇榛。榛之類型等尚待進一步研究。目前榛依然多用作食用、榨油或入藥。

【亲】

同“榛”。此體漢代已行用。見該文。

【槂】

同“榛”。此體晋代已行用。《文選·左

思〈蜀都賦〉》:“紫梨津潤，樼栗罅發。”李善注:“榛與樼同。”《通雅・植物》:“樼、梓，皆榛也。榛實當作亲。”《字彙・木部》:“樼，同榛”。見“榛”文。

【亲】

同“榛”。此體先秦時期已行用。《説文・木部》:“亲，从木，辛聲。實如小栗。《春秋傳》曰:‘女摯不過亲栗’。”《廣雅・釋木》:“亲，栗也。”王念孫疏證:“亲之言辛，物小之稱也。若《方言》蕪菁小者謂之辛芥矣。字通作榛。”明李時珍《本草綱目・果二・榛》:“[釋名]……時珍曰:〔榛〕古作亲，從辛，從木。”見“榛”文。

【梓】

同“榛”。此體宋代已行用。《集韻・平臻》:“亲，樼，梓。《説文》:‘果實如小栗。’引《春秋傳》，女摯不過亲栗。或從孱，亦作梓，通作榛。”《通雅・植物》:“樼、梓，皆榛也。”見“榛”文。

第五節　習見柑果考

柑果是指柑、橘、橙、柚之類的果實而言，凡此類樹木皆稱柑果。柑果果實是由複雌蕊發育而成，外果皮薄，中果皮與内果皮無明顯的分界，含揮發性油腺，内果皮分成若干瓣，其内壁生有許多肉質多汁的囊狀毛。從園藝學角度看，柑果都有較厚的外果皮，其内有多個肉質瓤瓣，瓤瓣内含有多個紡錘狀肉質汁胞，數量不一的種子生於其中。柑果類果木均爲芸香科樹木，多屬常緑樹種，主要分布於熱帶、亞熱帶及暖温帶地區。依照俞德浚《我國果樹分類學》，柑果類主要考論芸香科柑橘屬、金橘屬、枸橘屬之各種果樹。

柑橘類果樹分布於熱帶、亞熱帶與暖温帶地區。而以亞洲東部及其附近島嶼爲多，許多柑果類果樹原産於我國。我國至少已有三千餘年栽培歷史。《書・禹貢》:“淮海惟揚州……厥包橘柚錫貢。”可見夏商時橘柚已爲貢品經營。《周禮・考工記》:“橘逾淮而北爲枳。”周代似有橘引種之嘗試。《吕氏春秋》有“果之美者……江浦之橘。”秦時已培育出一些優良栽培品種。至漢代栽培有較大的發展。漢司馬相如《上林賦》:“於是乎盧橘夏熟，黄甘橙楱。”柑橘之類已入林苑栽培。《史記・貨殖列傳》:“蜀漢江陵千樹橘……此其人皆與千户侯等。”漢代蜀漢江陵等地柑橘栽培之盛，效益之佳可見一斑。《急就篇》:“木奴千，無凶年。”“木奴”乃橘之别名（一説指一切樹木），民間栽培規模之大及重要意義由此可見。

柑橘在我國分布極廣，主要産區在長江以南各地。我國早期之農書多不載柑橘之栽培。東晋以後我國經濟重心漸向南移，南方柑果類記述漸次增多。如《廣志》載四川南安“出好黄甘”。《荆州記》：“舊江北有甘園，名宜都甘。”周處《風土記》有“壺甘”，裴淵《廣州記》有雷柚“實大如升”等記述。至南宋時經濟中心轉至南方，此時南方柑橘生産已頗廣泛。宋韓彦直撰《橘録》三卷，爲我國最早的，也是世界上第一部完整的柑橘栽培學著作。其卷上記述温州地區柑類有真柑（乳柑）、生枝柑、海紅柑、洞庭柑、朱柑、金柑、木柑、甜柑八種及橙子一種，卷中記述橘有黄橘、塌橘、包橘、綿橘、沙橘、荔枝橘、軟條穿橘、油橘、緑橘、乳橘、金橘、自然橘、早黄橘、凍橘十四種；橙類有朱欒、香欒、香圓三種；另有枸橘一種。卷下記述當時主要栽培技術，如種治、始栽、培植、去病、澆灌、采摘、收藏、製治、入藥等類别。書中介紹了柑橘適合之土壤及其酸鹼度對柑橘的影響；“高畦壟栽”的經驗在當地一直沿襲至今。在施肥中强調冬夏兩季施肥，反映了常緑樹種栽培要求特點。特别是對柑橘嫁接技術的總結，如砧木培養、接穗的選擇、嫁接時間與方法，接後的培土、防雨等保護措施，以及修枝、斷根等修剪方法，都符合現代科學原理。表明當時我國柑橘栽培已發展到極高的水準。書中所談柑橘種類，都是當時著名的品種，有些今或存世。此書對後世柑橘栽培影響頗大。元王禎《農書》卷九總結以往之栽培經驗，認爲橘有數種，如緑橘、紅橘、蜜橘、金橘等；柑，乃橘之甘者也，著名品種有乳柑、生枝柑、郛柑、海紅柑、衢柑等。“種植之法：種子及栽皆可，枳樹截接或掇栽，尤易成。但宜於肥地種之。冬收實後，須以火糞培壅，則明年花實俱茂。乾旱時以米泔灌溉，則實不損落。”明徐光啓《農政全書》卷三〇重録王禎《農書》所記諸品外，又增黄橘、芳塌橘、包橘、綿橘、凍橘、穿心橘、沙橘、朱橘、荔枝橘、乳橘、油橘等，并記述親身種植與防寒等經驗：“須記南枝，掘深坑，糞河泥實底，方下樹，下鬆土滿半坑，築實，又下糞河泥，方下土平坑。又下糞河泥，又加築實，則旺。”對於防寒則云：“此樹極畏寒，宜於西北種竹，以蔽風寒，又需常年搭棚，以護霜雪。霜降搭棚，穀雨卸却。樹大不可搭棚，可用礱糠襯根，柴草裹其幹，或用蘆席寬裹根幹，礱糠實之。”明顧起元《説略》卷二七總結歷代典籍，薈萃柑橘名目、種類很有創建，其文曰：“柑橘之名：建春柑，見《神異經》；天寶柑，天寶宫中植，見《雜俎》；壺柑，見《古今注》；合歡柑，見《明皇遺事》；羅浮柑，見《國史補》；宜都柑，見《荆州記》；平蔕柑，見《廣志》；胡柑，見《風土記》；海紅柑、洞庭柑、朱柑、黄柑、枝柑、乳柑，又黄橘、塌橘、包橘、綿橘、沙橘、荔橘、油橘、綠橘、乳橘、東橘、金橘、自然橘、早黄橘、軟條穿橘，並見《事林廣記》。”清代《授時通考·農餘門·果三》載橘十五品：即蜜橘、黄橘、綠橘、朱橘、塌橘、包橘、綿橘、沙橘、凍橘、早黄橘、穿心橘、荔枝橘、乳橘、油橘、自然橘等；柑類有乳柑、海紅柑、洞庭柑、甜柑、饅頭柑、生枝柑、平蔕柑、朱柑、木柑及白柑、沙柑等；此外還有橙、香櫞、金橘、金豆、柚、枳諸類。不僅有形態描述、產地分布、加工利用，且栽培方法亦有提高。

我國栽培柑橘類果樹主要有八類，即枳類：僅一種，即枳殼（枸橘）；大翼橙類，如馬蜂柑、大翼厚皮橙、紅河橙等；宜昌橙類，如宜昌橙、香橙、香圓等；枸櫞類，如枸櫞及其變種佛手柑，還有檸檬、來檬等；柚類，如柚、葡萄柚等；橙類，如甜橙（含晚熟甜橙、臍橙、血橙等）及酸橙（含枸頭橙、小紅橙、香欒、朱欒等）；寬皮柑橘類，如土橘、年橘、朱橘、紅橘、椪橘、乳橘等，以及黄柑、温州蜜柑、河柑、甌柑、壽柑等；金柑類，如金柑、金豆、羅浮、長葉金柑、金彈及長壽金柑等。至於栽培品種又各有多種。

本節所收之柑果類果樹爲歷史上有記載的種或變種，計十九種。一些無法確定其今名者則不列條目考釋，而僅於本考中予以記述。

喬木類

化州柚

習見柑果名。芸香科，柑橘屬，化州柚（*Citrus maxima* ‘Tomentosa’）。常綠小喬木。爲柚之變種。高約3米許；枝粗壯斜生，幼枝密被柔毛，并有微刺。單葉互生，長橢圓形。花單生或腋生，花瓣白色，極芳香。柑果圓形或略扁，檸檬黄色，味極酸。我國主要分布於廣東化州，廣西玉林地區亦有栽培。花、果可入藥。

我國栽培化州柚歷史悠久，本名“化州仙橘”。常取其皮經炮製入藥，藥名橘紅，後世漸以藥名樹，稱之爲“橘紅”。而化州產者最佳，亦稱“化州橘紅”，省稱“化橘紅”。我國栽培化州柚以入藥醫病爲主，清代稱“化州仙橘”。清趙學敏《本草綱目拾遺·果部·化州橘紅》：“《嶺南雜記》：化州仙橘，相傳仙人羅辨種橘於石龍之腹，至今猶存，惟此一株，在蘇澤堂者爲最，清風樓次之，紅

橘紅
（清吴其濬《植物名實圖考》）

樹又次之。其實非橘，皮厚肉酸，不中食。”又引闕函《嶺南隨筆》：“化州署橘樹，一月生一子，以其皮入藥，痰立解……今稱化州橘紅者，皆以增坡香柚皮僞代之，能化物而不能自化。”又引《粤語》：“化州有橘一株，月生一子，以其皮爲橘紅，瀹湯飲之，痰立消……化州故多橘紅，售於嶺内，而産署中者獨異。”又引《識藥辨微》：“化橘紅近日廣中來者，皆單片成束……此種皆柚皮，亦能消痰。”《廣東通志・物産志・果》：“化州仙橘，相傳仙人羅辨種橘於石龍之腹，至今猶存，唯此一株。在蘇澤堂者爲最，清風樓次之，紅樹又次之。其實非橘，皮厚肉酸，不中食。”清吴綺《嶺南風物記》：“化州橘紅在州治中廳事前一株，有百餘顆，取以作藥。患痰傷食氣滯者，取少許泡湯，其效甚速，或云以治傷寒不汗者尤妙，或云州治外所産不堪入藥，土人饋遺皆贋物也。”《皇朝文獻通考・四裔考・安南》：“驩州演州屬乂安承政司……菓樹則檳榔、椰子、蕉子、菴羅菓、波羅蜜、甘蔗、石榴、小桃、柑、橘紅、柿。”《中國植物志・芸香科・橘紅》：“橘紅（《粤語》）、化州橘紅（《嶺南隨筆》）、化州仙橘（《嶺南雜志》），cv. *Tomentosa*橘紅的果皮是傳統中藥，以化州産的著稱，化州橘紅因而得名。”

本種名橘而實柚，今通稱“化州柚”，其皮爲“化橘紅”，爲橘紅之上品。清吴儀洛《本草從新・果部・橘皮》：“化州陳皮，消痰甚靈，然消伐太峻，不宜輕用。况此物真者絶少，無非柚皮而已。”參閲清屈大均《廣東新語・木語・橘柚》。

【化州橘紅】

即化州柚。此稱清代已行用，亦沿稱於今世。見該文。

【橘紅】

即化州柚。此稱清代已行用，亦沿稱於今世。見該文。

【化橘紅】

即化州柚。此稱清代已行用，亦沿稱於今世。見該文。

【化州仙橘】

即化州柚。此稱清代已行用。見該文。

朱橘

習見柑果名。芸香科，柑橘屬，朱橘（*Citrus reticulata*‘Zhuhong’）。常緑小喬木。徒長枝具刺。單葉互生，橢圓形。花腋生或簇生，多數五裂，白或淡紅色，芳香。果實扁圓形或圓形，頂端微凹，有乳頭狀突起，柑果，皮朱紅色，因此得名，果面粗糙有皺襞。果肉橙紅，多汁、味甜。我國主要分布於浙江、江西、福建、湖南、湖北、廣東等省，而以浙江黄岩、温州、塘栖等地爲多。果可食。果皮可入藥。

我國栽培利用朱橘歷史悠久。此稱唐代已行用，沿稱至今。唐陳藏器《本草拾遺・本草解紛・橘柚》：“柑類有朱柑、乳柑、黄柑、石柑、沙柑；橘有朱橘、乳橘、塌橘、山橘、黄淡子。此輩皮皆去氣調中，實俱堪食，就中以乳柑爲上也。”唐陸羽《茶經》卷下：“傅巽七誨：蒲桃，宛柰，齊柿，燕栗，峘陽黄梨，巫山朱橘，南中茶子，西極石蜜。”宋韓彦直《橘録》卷中：“陳藏器補本草，謂橘之類有朱橘、乳橘、塌橘、山橘、黄淡子。今類見之。”明徐光啓《農政全書》卷三〇：“橘有數種：有緑橘、有紅橘……又有沙橘、早黄橘、朱橘、荔枝橘、乳橘。"《廣群芳譜・果譜十一・橘》："橘……實小於柑，味甘微酸，種類不一。有蜜橘、黄橘、緑橘、朱橘（實小色赤如火）。"又，"《唐書・地理志》：蘇州、杭州、温州土貢柑橘，撫州土貢朱橘"。清刊《授時通考・農餘門・果三》："朱橘，實小，色赤如火。"今人陳嶸《中國樹木分類學・朱橘》："〔朱橘〕果實十月下旬成熟，多汁味甘，品質中等，《群芳譜》載：'朱橘實小，色赤如火。'即本種也。"今亦稱"朱砂橘""朱紅橘""遲紅""赤蜜柑""早衢橘"。亦通稱"朱紅"。

【朱砂橘】

即朱橘。今浙江各地多行用此稱。見該文。

【朱紅橘】

即朱橘。今浙江塘栖等地多行用此稱。見該文。

【遲紅】

即朱橘。今浙江温州、衢州及江西三湖，湖南長沙等地多行用此稱。見該文。

【赤蜜柑】

即朱橘。今之俗稱。見該文。

【早衢橘】

即朱橘。今稱。見該文。

【朱紅】[1]

即朱橘。今之通稱。見該文。

佛手柑

習見柑果名。芸香科，柑橘屬，佛手柑（*Citrus medica* 'Fingered'）。常緑喬木。枸櫞（香櫞）之變種。樹似枸櫞。然葉先端鈍，有時有凹缺；柑果，長形，唯有裂紋如拳或如張開之手掌爲异耳。其裂紋如拳，其名"拳佛手"；張開如指亦稱"開佛手"。我國南方各地有栽培。北方亦有栽於盆中觀玩者。果可熏香，亦可入藥。加工後尚可食用。

此稱明代已行用。亦稱"五指柑""十指柑""飛穰""香櫞"。省稱"佛手"。明何宇度《益部談資》卷下："夔之香櫞大而香，爲閩浙所無。亦有獅頭柑、佛手柑，皆可玩。"明徐光啓《農政全書》卷三〇："佛手柑，木似朱欒而葉尖長，枝間有刺，植之近水乃生。其實如人手，有指，有長尺餘者，皮皺而光澤，味不甚佳而清香襲人，置衣笥中雖形乾而香不歇。可糖煎蜜煎作果甚佳。搗蒜罨其蒂，香更充溢。浸汁洗葛紵，絶勝酸漿。"佛手柑煎湯飲之，清香色味近於旗槍名茶。清陸廷燦《續茶經・茶之飲》："北方柳芽初茁者，采之入湯，云其味勝茶；曲阜孔林楷木，其芽可以烹飲；閩中佛手柑、橄欖爲湯飲之，清香色味亦旗槍之亞也。"《續通志・昆蟲草木略四・果類》："又有名佛手柑者，一名飛穰。木似朱欒，枝間有刺，其實如人手有指，皮如橙柚厚皺光澤，熟黄色，其味雖不甚佳而清香不歇。"佛手柑分布頗廣，人們亦極珍愛。《浙江通志・物産・温州府》："佛手柑，《永嘉縣志》柑類不一，有佛手柑，陳邦屏《咏佛手柑》詩：玉液分仙品，金衣借佛尊。掌擎承露瓣，爪破落霜痕。色未空諸相，香猶滯六根。洞庭曾作釀，獨種給孤園。"臺灣各地亦有出産。清杜臻《粤閩巡視紀略・附紀彭湖臺灣》："臺灣，舊名東番……果有椰、蔗、毛柿、佛手柑。"取佛手柑釀酒，味香辣清醇。清吴應枚《滇南雜咏三十首》之五："碩果何曾墮雪霜，樹頭數載歷青黄。餉君佛手柑如斗，漉取珠槽半甕香。"自注："佛手柑有歷四五年者，取以釀酒，味香辣。”“飛穰”一名似出三國時期。《廣群芳譜·果譜十二·柑》：“《藝海洞酌》：佛手柑，一名飛穰。晋鈕滔母與吴國夫人書云：此中果有飛穰，出自南州。”清陳淏子《花鏡》卷四：“佛手柑，一名飛穰。產閩、廣間。樹似柑而葉尖長，枝間有刺，植之近水乃生。結實形如人手指。長有五六寸者。其皮生緑熟黄，色如橙而光澤，内肉白而無子，雖味短而香馥最久，置之屋内笥中，其香不散。南人以此雕鏤花鳥，作蜜煎果食甚佳。”清吴偉業《子夜歌》之五：“佛手慈悲樹，相牽話生死。”清屈大均《廣東新語·木語》：“香櫞，一曰枸櫞，以高要極林鄉爲上。其狀如人手，有五指者曰五指柑，有十指者曰十指柑，亦曰佛手柑。有單拳有合掌不一……一名飛穰。”清高士奇《北墅抱甕録·佛手柑》：“土人遺佛手柑二株並授培溉之法。枝葉茂密，三四月發花，紫白色，開落相繼，至十一月不斷。”清陳元龍《格致鏡原·果類二·柑》：“《事物原始》：‘近有佛手柑，形如佛手，其皮點茶甚香。’《藝海洞酌》：‘飛穰一名佛手柑。’”

【佛手】

“佛手柑”之省稱。今之通稱。見該文。

【五指柑】[2]

即佛手柑。因其果裂紋如五指，故名。此稱清代已行用。見該文。

【十指柑】

即佛手柑。因其果襲紋多，若十指伸出，故名。此稱清代已行用。見該文。

【飛穰】

即佛手柑。此稱三國時期已行用。見該文。

【香櫞】[1]

即佛手柑。佛手柑爲香櫞（即枸櫞）之變種，亦隨原種而稱。此稱明代已行用。見該文。

乳橘

習見柑果名。芸香科，柑橘屬，乳橘（*Citrus kinokuni* Tanaka）。常緑小喬木，分枝多。葉小，葉翼不明顯。花小，多腋生，花瓣不反捲，白色。柑果，扁圓形或近球形，蒂部有放射狀溝。味極甘芳。主要分布於江浙等地。

我國栽培利用乳橘歷史悠久，宋代已行用此稱。亦稱“漳橘”。宋韓彦直《橘録》卷中：“乳橘，狀似乳柑，且極甘芳得名。又名漳橘。其種自漳浦來，皮堅穰多，味絶酸，不與常橘齒。鄉人以其頗魁梧，時置之客間，堪與飣座梨相值耳。”《清一統志·温州府·土產》：“乳橘，液多而味甘。”《浙江通志·物產七·温州府》：“橘，《橘録》：產於温者其種十四，曰黄橘、塌橘、包橘、綿橘、沙橘、荔枝橘、軟條穿橘、油橘、緑橘、乳橘、金橘、自然橘、早黄橘、涷橘。”書注：“按東嘉之橘與浙西之蜜橘相似，其味甘美，以無核者爲上。《廣輿記》所云乳橘即此也。”

按，一説乳橘皮堅瓤多，味絶酸芳。如《廣群芳譜·果譜十一·橘》：“乳橘，狀似乳柑，皮堅瓤多，味絶酸芳。”清刊《授時通考·農餘門·果三》：“乳橘，狀似乳柑，皮堅瓤多，味絶酸芳。”未詳是否與韓彦直《橘録》所云乳橘爲同物。今俱附此供考。

【漳橘】[1]

即乳橘。因以此橘來自福建漳浦等地，故名。此稱宋代已行用，名見宋韓彦直《橘録》。見該文。

柚

習見柑果名。芸香科，柑橘屬，柚〔*Citrus maxima*（Burm.）Merr.〕。常緑喬木。幼枝具棱角，常被短柔毛，偶有軟棘刺。葉尖，卵形或橢圓狀卵形，葉脉下面有柔毛。花大，白色，簇生於葉腋及小枝頂端，呈總狀花序，稀單生。柑果大，球形、扁球形或梨形，果皮厚，熟時淡黄或橙色，難剥離；果味甜酸微苦。原産我國及東南亞。我國南方各地廣有栽培。果可生食或加工。果皮可製蜜餞。花、葉、果皮可提取芳香油。

柚
（《證類備急本草畫圖》）

我國柚栽培利用歷史悠久。先秦時已行用此稱，沿稱至今。《書·禹貢》："淮海惟揚州……厥包橘柚錫貢。"孔傳："小曰橘，大曰柚。"秦漢時亦稱"條"。《爾雅·釋木》："柚，條。"郭璞注："似橙，實酢，生江南。"各地分布較廣，栽植亦多。（舊題）晋張華《博物志》卷一："洞庭湖中有釣洲，昔范蠡乘扁舟至此，遇風止釣於洲上，刻石記焉……范蠡宅在湖中，多桑紵英果。有海杏（大如拳）、苦菜、甘、柚林。"《太平廣記》卷四〇六："〔庾〕信曰：乃園種户植，接蔭連架。〔陳〕昭曰：其味何如橘柚？信曰：津液勝奇，芬芳減之。"北魏賈思勰《齊民要術·五穀果蓏菜茹非中國物産者》引晋周處《風土記》曰："柚，大橘也，色黄而味酢。"唐釋道世《法苑珠林》卷五一："秦州麥積崖……山谷左側多有山果，橘柚楊梅之屬，列植相次。"宋趙彦衛《雲麓漫抄》卷二："永嘉人呼柑之大而可留過歲者曰海紅。按《古今注》：柑實形如石榴者，謂之壺柑。"柑類頗多，名亦繁夥。如明顧起元《説略》卷二七："柑橘之名：建春柑，見《神異經》；天寶柑，天寶宫中植，見《雜俎》；壺柑，見《古今注》；合歡柑，見《明皇遺事》；羅浮柑，見《國史補》；宜都柑，見《荆州記》；平蔕柑，見《廣志》；胡柑，見《風土記》；海紅柑、洞庭柑、朱柑、黄柑、枝柑、乳柑，又黄橘、塌橘、包橘、綿橘、沙橘、荔橘、油橘、緑橘、乳橘、東橘、金橘、自然橘、早黄橘、軟條穿橘，並見《事林廣記》。"亦稱"蜜筒""壺柑""壺甘""臭橙""朱欒"。明李時珍《本草綱目·果二·柚》："〔釋名〕柚、條、壺柑、臭橙、朱欒。時珍曰：柚色油然，其狀如卣，故名。壺亦象形。今人呼其黄而小者爲蜜筒，正此意也。其大者謂之朱欒，亦取團聚之象……《桂海志》謂之臭柚，皆一物。但以大小古今方言稱呼不同耳。"《廣群芳譜·果譜十二·柚》："柚，一名條，一名壺甘、一名臭橙。"按，清吴其濬《植物名實圖考·果類·柚》："李時珍以朱欒、蜜筒併爲一種，殊未的。"此説或是。朱欒一指酸橙之變種。參見本卷《習見果木説·習見柑果考》"朱欒[2]"文。

我國柚之種類頗多，以果形分爲球形柚與梨形柚。球形柚有福建之文旦柚，浙江之古礞紅柚、四季抛，四川之梁山柚；梨形柚有福建之坪山柚，廣西之沙田柚，臺灣之麻豆文旦。依果肉顔色可分爲白肉類，如沙田柚、文旦柚、四季抛、香柚等；紅肉類有古礞紅柚、石頭柚、江津紅心柚等。今亦稱“欒”。

【條】

即柚。此稱秦漢時期已行用。見該文。

【蜜筒】

即柚。特指其果小者。此稱明代已行用。見該文。

【壺柑】[1]

即柚。亦特指果形似石榴狀者。此稱晋代已行用。見該文。

【壺甘】

即柚。此稱明代已行用。見該文。

【臭橙】[1]

即柚。此稱唐代已行用，語本唐陳士良《食性本草》。見該文。

【朱欒】[1]

即柚。此稱明代已行用。見該文。

【欒】[2]

即柚。今福建漳州等地多行用此稱。見該文。

【香欒】[1]

即柚。此稱宋代已行用。宋韓彦直《橘録》卷中：“香欒，香欒大於朱欒，形圓色紅，芳馨可玩。”清刊《授時通考·農餘門·果三》：“柚實大而粗，三月開花，奇大，香甚馥鬱。實亦如橘，有甘有酸，皮厚而臭。樹葉皆類橙。實有大小二種，小者如柑如橙，俗呼爲蜜筒；大者如升如瓜，俗呼爲朱欒；有圍及尺餘者，俗呼爲香欒。閩中嶺外江南皆有之。南人種其核，云長成以接柑橘甚良。又有名文蛋，名仁崽者，亦柚類也。”《廣群芳譜·果譜十二·柚》：“有圍及尺餘者，俗呼爲香欒。閩中、嶺外、江南皆有之。”見“柚”文。

【拋】

“柚”之别稱。此稱多行用於明代。《格致鏡原·果類二·柚子》引明謝肇淛《五雜俎》：“今閩廣有一種如瓜者，方言謂之拋。蓋其蒂最牢，任風拋擲而不墜也。其色味彌劣矣。”今閩臺諸地仍沿用此稱，如“四季拋”等。見“柚”文。

【蜜團】

即柚。此稱明代已行用。清陳元龍《格致鏡原·果類二·柚子》引《原始》：“今江南産大橘，名曰柚，俗呼蜜團。”參閲《事物異名録·果蓏·柚》。見“柚”文。

【文蛋】

即柚。亦稱“仁崽”。此稱清代已行用。《廣群芳譜·果譜十二·柚》：“南人種其核，云長成以接柑橘甚良。又有名文蛋，名仁崽者，亦柚類也。”清刊《授時通考·農餘門·果三》：“柚實大而粗，三月開花……南人種其核，云長成以接柑橘甚良，又有名文蛋，名仁崽者，亦柚類也。”今福建仍行用此稱。亦稱“泡子”。楊蔭深《事物掌故叢談·柑橘橙柚》：“又柚古亦稱櫾，今福建漳州稱爲‘文蛋’，閩浙又稱爲‘泡子’。”參閲《閩産録異》。見“柚”文。

【仁崽】

即文蛋。此稱清代已行用。見該文。

【泡子】

即文蛋。今福建各地多行用此稱。見該文。

【櫾】

同“柚”。爲柚之假借字。此體先秦時期已行用。《山海經·中山經》：“東北百里曰荆山……其木多松柏；其草多竹；多橘櫾。”郭璞注：“櫾似橘而大也，皮厚味酸。”畢沅校注：

“《説文》：橘，柚字從由，此櫾字云昆侖河隅之長木也。古或假借爲之，非本字矣。”見“柚”文。

【櫓子】

即柚。爲四川方言。亦特指其果。此稱清代已行用。清劉善述《草木便方・木部・櫓子》：“櫓子酸寒去胃氣，癭瘤瘰癘結氣通，皮苦下氣消酒食，核治面夜塗工。”見“柚”文。

【柚子】

即柚。亦稱“臭柚”。此稱宋代已行用。宋范成大《桂海虞衡志・志果》：“柚子，南州名臭柚，大如瓜，人亦食之。皮甚厚，打碑者捲皮蘸墨以代氈刷。宜黑而不損紙，極便於用，此法可傳，但北州無許大柚耳。”見“柚”文。

【臭柚】

即柚子。此稱宋代已行用。見該文。

【苞】

即柚。此稱明代閩粤諸地已行用。明盧之頤《本草乘雅半偈・本經上品・橘柚》：“廣中柚子極大，可食，永嘉呼之爲苞。”見“柚”文。

枸櫞

習見柑果名。芸香科，柑橘屬，枸櫞（*Citrus medica* Linn.）。常緑小喬木或灌木。枝擴展，具硬枝刺。葉大，互生，革質，矩圓形或倒卵狀矩圓形。總狀花序，腋生，花白色，外面淡紫色。柑果長橢圓形或卵圓形，果頂有乳狀突起，成熟時檸檬黄色，果皮粗厚而富香氣。我國主要分布於長江流域及其以南地區。果味酸，不堪生食，常供觀賞。果實、根、葉可爲藥用。

枸櫞栽培歷史悠久。漢代已行用此稱，沿稱至今。北魏賈思勰《齊民要術・五穀果蓏菜茹非中國物産者》引裴淵《廣州記》曰：“枸櫞，樹似橘，實如柚大而倍長，味奇酢。皮以蜜煮爲糝。”又引漢楊孚《異物志》：“枸櫞，似橘，大如飯筥。皮有香，味不美。可以浣治葛、苧，若酸漿。”唐代稱“枸櫞子”。唐劉恂《嶺表録異》卷中：“枸櫞子，形如瓜，皮似橙而金色，故人重之。愛其香氣，京輦豪貴家飣盤筵，憐其遠方異果。肉甚厚，白如蘿蔔，南中女工競取其肉雕鏤花鳥。”宋潘自牧《記纂淵海・果食部・枸櫞》：“枸櫞，樹似橘，如柚大而頗長，味奇酢（《廣州記》）。枸櫞，大如飯筥，皮不香，味不美（《異物志》）。枸櫞子，形如瓜，皮似橙而金色，故人重之，愛其香氣，京輦豪貴家飣盤筵，憐其遠方異果，南中女工競取其肉雕鏤花鳥，浸蜂蜜點以胭脂，亦不讓湘中人鏤木瓜也（《嶺表録異》）。”明彭大翼《山堂肆考》卷二〇六：“香櫞，亦似柚而長倍之，味香美，故謂之香櫞，亦曰枸櫞。今南劍州産此取以供歲貢也。”明李時珍《本草綱目・果二・枸櫞》引“宋《圖經》，枸櫞‘音矩員’。”又［集解］引陳藏器曰：“枸櫞生嶺南，柑、橘之屬也。其葉大，其實大如盞，味辛酸。”清刊《授時通考・農餘門・果三》：“香櫞，一名枸櫞。柑橘之屬。嶺南閩廣江西皆有之。”清姚之駰《元明

枸　櫞

（清吴其濬《植物名實圖考》）

事類鈔・果木門・香櫞》："《群芳譜》：枸櫞，香芬大勝，置衣笥中經旬猶香。"今亦稱"香泡樹""香櫞柑"。

【枸櫞子】

即枸櫞。此稱唐代已行用。見該文。

【香泡樹】

即枸櫞。今四川等地多行用此稱。見該文。

【香櫞柑】

即枸櫞。今稱。見該文。

【枸緣子】

即枸櫞。此稱行用於晋代。晋嵇含《南方草木狀》卷下："枸緣子，形如瓜，皮似橙而金色。胡人重之，極芬香。"又作"鉤緣子"。疑爲枸字之形訛。明陶宗儀《説郛》卷一〇四下引晋嵇含《南方草木狀下》："鉤緣子，形如瓜，皮似橙而金色，北人重之。極芬香，肉甚厚，白如蘆菔。女工競雕鏤花鳥，漬以蜂蜜點燕檀，巧麗妙絶，無與爲比。太康五年大秦貢十缶，帝以三缶賜王愷，助其珍味，誇示于石崇。"參閱百川學海版《南方草木狀》。見"枸櫞"文。

【鉤緣子】

同"枸緣子[2]"。疑爲枸緣子之形訛。此體晋代已行用。見該文。

【香櫞】[2]

即枸櫞。此稱宋代已行用。《古今合璧事類備要别集》卷四六引《格物麓話》："枸櫞亦似柚大而長倍之，味奇酢，人愛其香氣，而謂之香櫞。今南劍州産此，取以供歲貢也。"亦作"香圓"，亦稱"香櫞子"。明李時珍《本草綱目・果二・枸櫞》："［釋名］香櫞、佛手柑。"又［集解］引宋蘇頌曰："今閩廣、江南皆有之，彼人呼爲香櫞子。"《廣群芳譜・果譜十二・香櫞》："香櫞一名枸櫞，柑橘之屬。嶺南、閩、廣、江西皆有之，實大如小瓜，皮若橙而光澤可愛。肉甚厚，白如蘿蔔而鬆虚，雖味短而香芬大勝……《學圃餘疏》：香櫞花酷烈甚於山礬。結實大而香，山亭前及廳事兩墀皆可植。"清陳淏子《花鏡》卷四："香櫞（俗作圓），一名枸櫞。本似橘而葉略尖長，枝間有刺，花之色與香亦類橘。其實正黄色。"今廣東等地仍行用此稱。見"枸櫞"文。

【香圓】

即香櫞[2]。此稱清代已行用，今浙江温州等地仍沿稱。見該文。

【香櫞子】

即香櫞[2]。此稱宋代已行用。見該文。

香橙

習見柑果名。芸香科，柑橘屬，香橙〔*Citrus* × *junos* Sieb. ex Tanaka〕。常緑喬木。枝細長，有棘刺。葉披針形或橢圓狀卵形。花單生葉腋；中大，微帶紫色。柑果扁圓形，兩端微凹入，果面粗糙，皮厚易剥離。我國主要分布於長江流域各省。果味美，可食。

元代已有記載，時稱"棖"。亦稱"金球""鵠縠"。元王伯成《貶夜郎》第三折："沾拈著不摘離，廝胡突不伶俐，盡壓著玉枝漿、白蓮釀、錦棖醅。"明徐光啓《農政全書》卷三〇："橙，《埤雅》曰，'橙，柚屬；可登而成。'故字從登。"自注："一名棖，一名金球，一名鵠縠。葉有兩刻缺者是也。"清代已行用"香橙"之稱。清陳淏子《花鏡》卷四："一種香橙，似蜜橙小，而皮薄味酸，花皆類橘。"今人伊欽恒校注以爲此即今之"香橙"。常見香橙栽培品種有羅漢橙及蟹橙等。

【棖】

即香橙。此稱元代已行用。見該文。

【金球】

即香橙。此稱明代已行用。見該文。

【鵠殼】

即香橙。此稱明代已行用。見該文。

【黄橙】

即香橙。此稱唐代已行用。元盛如梓《庶齋老學叢談》卷上："食飯秤斤賣，金銀用麥分……黄橙調蜜煎，白餅慘糖霜。"明宋詡《竹嶼山房雜部・養生部二・柳丁佛手柑》："新摘帶青黄柳丁，以利刀削去外粗薄皮，周界爲棱，每斤鹽一兩，同水漬一宿，味酸，再漬去核及水置日中曬稍乾，入銀錫器砂鑼中，注蜜隔湯煮。"《廣群芳譜・果譜十・二柑》："〔唐〕張籍：溪寺黄橙熟。"參閲江蘇新醫學院《中藥大辭典・橙子》。見"香橙"文。

【金橙】

即香橙。此稱隋代已行用。宋蘇軾《和文與可洋川園池三十首・金橙徑》詩："金橙縱復里人知，不見鱸魚價自低。須是松江烟雨裏，小船燒薤擣香虀。"《錦綉萬花谷前集》卷三六："[金虀玉鱠]南人魚鱠，以細縷金橙拌之，號爲金虀玉鱠。隋時吴郡獻松江鱠，煬帝曰：所謂金虀玉鱠，東南佳味也（《隋唐佳話》）。"參閲江蘇新醫學院《中藥大辭典・橙子》。見"香橙"文。

甜橙

習見柑果名。芸香科，柑橘屬，甜橙〔*Citrus sinensis* (Linn.) Osbeck〕。常緑小喬木。樹冠圓形，幼枝具棱，葉腋生細刺。葉長卵形，革質。總狀花序，或單生；花中大，白色。果近球形、卵形或扁球形，果皮薄而緊。我國主要分布於華南地區。爲橙類主栽種之一。果實品質佳，耐貯藏，可生食，亦供加工。果皮、種子可入藥。

甜橙爲人們喜愛的柑果。宋代稱"橙子"。亦稱"橙""蜜橙""黄果"。清代已行用"甜橙"之稱。宋韓彦直《橘録》卷上："橙子，木有刺，似朱欒而小。永嘉植之不若古栝之盛，比年始競有之。經霜早黄，膚澤可愛，狀微有似真柑，但圓正細，實非真柑。北人喜把玩之，香氣馥馥，可以熏袖，可以芼鮮，可以漬蜜，真嘉實也。"宋歐陽修《橙子》詩："嘉樹團團俯可攀，壓枝秋實漸斕斑。朱欄碧瓦清霜曉，粲粲繁星緑葉間。"清世宗《硃批諭旨》卷一二五之三："御書福字一幅，對聯一副，並蘋果、文旦、甜橙、廣橙、福橘三箱，哈密瓜二箇，鹿尾、鹿肉、樹鷄、關東魚四簍。"清王士禎《居易録》卷六："雲南産黄果，似海棠果而稍大，香如佛手甘。"清陳淏子《花鏡》卷四："橙，一名蜜橙……樹似橘而有刺，葉長有兩刻缺，如兩段者。實似橘而微大，經霜早黄。皮皺厚而甜，香氣馥鬱，但瓤稍酸，人多以糖製或蜜浸，其用甚廣，誠佳果也。"今人伊欽恒校注："按蜜橙係指甜橙。翼葉稍小，果實圓形或長圓形，皮稍厚，一般較光滑，肉味甜，商品價值高，栽培甚廣。"

我國甜橙栽培品種主要有兩類：即普通甜橙類，無臍，果肉爲橙色或黄色，如廣東新會橙、雪橙、香水橙、暗柳橙，福建的改良橙，四川的鵝蛋柑、廣柑，廣西的玉林橙等即其主栽良種。另爲臍橙類。果頂開孔，内有一小果瓤囊露出呈臍狀，如湖南辰溪金瓜果，江西的太極圖，四川的石棉臍橙等。又有血橙類，無臍，果肉赤紅如血，或橙色而帶有紅色斑條，故名。如湖南靖縣的血橙等。甜橙今又稱“廣柑”。參閲江蘇新醫學院《中藥大辭典·甜橙》。按，明方以智《物理小識·草木類》：“柑有香柑、甜柑、蜜曇柑、牛乳柑、波斯柑、青柑、廣柑、酒柑（若佛手柑）。”此“廣柑”未詳是否本種，此附供考。

【橙子】

即甜橙。此稱宋代已行用。見該文。

【橙】

即甜橙。此稱清代已行用。見該文。

【蜜橙】

即甜橙。因其果味甘，故名。此稱清代已行用。見該文。

【黄果】

即甜橙。此稱清代已行用。見該文。

【廣柑】

即甜橙。今稱。見該文。

【新會橙】

即甜橙。此稱清代已行用。清吴其濬《植物名實圖考·果類·新會橙》：“新會橙，廣東新會縣橙爲嶺南佳品，皮薄緊，味甜如蜜，走數千里不變形狀，與他亦稍異。”按，今人辛樹幟《中國果樹史研究》確定此新會橙即今之“甜橙”。見“甜橙”文。

新會橙
（清吴其濬《植物名實圖考》）

福橘

習見柑果名。芸香科，柑橘屬，福橘（*Citrus tangerina*‘Tangerina’）。常緑小喬木。樹形擴散，樹冠呈扁頭狀。單葉互生，葉片菱狀長橢圓形，葉柄細長，翼葉不甚明顯。花叢生或單生，花瓣五枚，黄白色。柑果扁圓形，橙紅色，表面光亮，果皮易剥離。我國主要分布於安徽、浙江、江西、湖北、四川、福建等地。果可食。根、果皮（外皮爲橘紅，内皮爲橘白，全皮名橘皮）、種子、橘餅（熟果糖漬而成）、橘絡均可入藥。

福橘久爲人知。宋代已有記載，時稱“緑橘”。宋范成大《吴郡志·土物下》：“緑橘，出洞庭東西山。比常橘特大，未霜深緑色，臍間一點先黄，味已全，可啖，故名緑橘。又有平橘，比緑橘差小。”明代已行用“福橘”之稱。明方以智《物理小識·草木類》：“[橘]沙橘，大，即福橘，衢皮薄。球橘最美，又有蜜橘、小橘、穿橘、太湖朱橘。小於福橘而甘同之。”清刊《月令輯要·十二月令》：“[緑橘][增]《橘録》：緑橘比他柑微小，色紺碧可愛，不待霜食之味已珍，留之枝間色不盡變，隆冬采之，生意如新。”清王士禎《居易録》卷一五：“地氣北寒南燠，亦不盡然。庚午冬，京師不甚寒，而江南自京口達杭州，裏河皆凍……江南柑橘，樹皆枯死。其明年京師柑橘不至，唯福橘間有至者，價數倍。”《江南通志·食貨志·物産》：“緑橘，出洞庭兩山，大而深緑色，未霜臍間一點先黄者佳。”今亦稱“紅橘”“紅柑”“珠砂柑”“潮州柑”“漳橘”。參閲江蘇新醫學院《中藥大辭典·橘》。

【緑橘】

即福橘。此稱宋代已行用。見該文。

【紅橘】

即福橘。因熟橘皮呈橙紅色，故名。今稱。見該文。

【紅柑】

即福橘。熟橘皮呈橙紅色，故名。今稱。見該文。

【珠砂柑】

即福橘。熟橘皮呈橙紅色，故名。今稱。見該文。

【潮州柑】

即福橘。因産潮州，故名。今廣東各地多行用此稱。見該文。

【漳橘】[2]

即福橘。因産漳州，故名。今福建各地多行用此稱。見該文。

酸橙

習見柑果名。芸香科，柑橘屬，酸橙（*Citrus* × *aurantium* Siebold & Zucc. ex Engl.）。常緑小喬木。樹冠圓形，幼枝具棱角，徒長枝多刺。單葉互生，卵形或倒卵形。花單生於葉腋，大形，芳香。柑果近球形，兩端稍平，果面粗糙，皮厚，熟時橙紅色，易剥離，具香氣；瓤囊多爲十至十二瓣，味酸多汁。種子多數。我國主要分布於長江流域以南諸地。果味酸微苦，多不生食，常爲藥用。幼樹可作柑橘之砧木。

清代稱“臭橙”。清陳淏子《花鏡》卷四：“一種蟹橙，即臭橙，比蜜橙皮松味辣，無所取用。”今人伊欽恒校注以爲：“臭橙即酸橙……果皮粗厚，肉味苦，不堪生食，間有蜜餞製成橘餅。我國主要品種有朱欒、枸頭橙、代代等。”

【臭橙】[2]

即酸橙。此稱清代已行用。見該文。

灌木類

山橘

習見柑果名。芸香科，金橘屬，山橘〔*Fortunella hindsii*（Champ. ex Benth.）Swingle〕。小灌木。高不過 3 米，多枝，具短刺。單小葉或偶有單葉，葉翼綫狀或明顯，小葉橢圓形或倒卵狀橢圓形。花單生或少數簇生於葉腋，花梗甚短。花瓣五片，白色。果圓球形或稍呈扁圓形，果皮橙黄或朱紅色，平滑；果肉味酸，種子 3~4 粒，闊卵形。我國主要分布於安徽、江西、福建、湖南、廣東、廣西等地。常見於低海拔疏林中。果味酸，常以蜜漬食之。根可入藥。

我國利用山橘歷史久遠。唐代始稱“山橘子”，亦行用此稱。唐段公路《北户録・山橘子》：“山橘子，冬熟，有大如土瓜者，次如彈丸者，皮薄下氣，普寧多之。南人以蜜漬和皮而食，作琥珀色，滋味絶佳。”唐劉恂《嶺表録異》卷上：“山橘子，大者冬熟，如土瓜，次者如彈子丸，其實金色，而葉緑，皮薄而味酸，偏能破氣，容廣之人帶枝葉藏之，入膾醋尤佳香美。”宋韓彦直《橘録》卷中：“〔唐〕陳藏器補本草謂橘之類有朱橘、乳橘、塌橘、山橘、黄淡子。今類見之。”亦稱“金橘”“金柑”“盧橘”“夏橘”“給客橙”“小木奴”。清刊《授時通考·農餘門·果三》:“金橘，一名金柑，《橘録》云：金柑在他柑特小，大者如錢，小者如龍目，色似金；一名盧橘，《本草》云：此橘生時青盧色，黄熟則如金，故有金橘、盧橘之名，盧黑色也；一名夏橘，《本草》云：此橘冬夏相繼，《廣州志》謂之夏橘；一名山橘，《嶺表録》云：山橘子，大如土瓜，次如彈丸，金色，薄皮而味酸；一名給客橙，《本草》云：香芬如橙，可供給客也，《魏王花木志》云：蜀有給客橙，似橘而非，若柚而香，亦名盧橘；一名小木奴，見元稹詩。生吴越江浙川廣間，出營道者爲冠，江浙者皮甘肉酸次之。樹似橘，不甚高大。五月開白花結實，秋冬黄熟，大者徑寸，小者如指頭，形長而皮堅，肌理細潤，生則深緑，熟乃黄如金，味酸甘而芳香可愛，糖造蜜煎皆佳。廣人連枝藏之，入膾醋，尤香美。《便民纂要》：金橘，將枳棘接之，八月移栽肥地，灌以糞水。”清趙其光《本草求原·山草部·山橘葉》:“山橘葉辛、温。祛風散瘀生新，敷跌打，止燥嗽。根，去風濕及酒風。”今亦稱“山金橘”“山金豆”“香港金橘”。參閱《中國植物志·芸香科·山橘》。

金　橘
（清吴其濬《植物名實圖考》）

【山橘子】[2]

即山橘。亦指其果。此稱唐代已行用。多花山竹子亦名山橘子。參見本卷《習見果木説·習見雜果考》“多花山竹子”文。見該文。

【金橘】[1]

即山橘。此稱宋代已行用，名見《橘録》。見該文。

【金柑】[1]

即山橘。此稱宋代已行用，名見宋韓彦直《橘録》。見該文。

【盧橘】[1]

即山橘。此稱漢代已行用，名見《上林賦》。見該文。

【夏橘】

即山橘。此稱明清時期已行用，名見《廣州志》。見該文。

【給客橙】

即山橘。此稱唐代已行用，名見《嶺表録異》。見該文。

【小木奴】[1]

即山橘。此稱南北朝時期已行用，名見《魏王花木志》。見該文。

【山金橘】[1]

即山橘。今廣西各地多行用此稱。見該文。

【山金豆】

即山橘。今廣東各地多行用此稱。見該文。

【香港金橘】

即山橘。本種係美國人施文格（Swingle）首先在香港發現，故名。今稱。見該文。

朱欒[2]

習見柑果名。芸香科，柑橘屬，朱欒（*Citrus reticulata*‘Nobilis’）。常緑灌木。爲酸橙之變種。果實扁圓形，皮橙紅色，肉淡黄色。種子甚多，可達三四十枚。主要産於浙江、江蘇兩省。果肉味酸，不堪食，唯供嫁接良種橘之砧木。

此稱宋代已行用，沿稱於後世。亦稱“沙柑”。宋韓彦直《橘録》卷上：“朱欒，顆圓實，皮粗，瓣堅，味酸惡不可食。其大有至尺三四寸圍者。摘之置几案間，久則其臭如蘭。是品雖不足珍，然作花絶香，鄉人拾其英烝香，取其核爲種，析其皮入藥，最有補於時。”宋陳耆卿《赤城志・風土門一・菓之屬》：“朱欒，實大如甌，理粗而皮厚，其瓣堅酢不可食，俗呼沙柑。”明李時珍《本草綱目・果二・柚》：“大者如瓜如升，有圍及尺餘者，亦橙之類也。今人呼爲朱欒，形色圓正，都類柑、橙。”清吴其濬《植物名實圖考・果類・柚》：“李時珍以朱欒、蜜筩併爲一種，殊未的。”今亦稱“酸欒”“香欒”。

【沙柑】

即朱欒 2。此稱宋代已行用。見該文。

【酸欒】

即朱欒 2。今江浙等地多行用此稱。見該文。

【香欒】2

即朱欒 2。今江浙等地多行用此稱。見該文。

金豆

習見柑果名。芸香科，金橘屬，山金橘〔*Fortunella venosa*（Champ. ex Benth.）Huang〕之别名。常緑小灌木。高不過 1 米。多棘刺，枝纖細，幼時具棱角。葉卵狀橢圓形。花短闊，白色，腋生。果小如櫻桃，球形，成熟時橙紅色。果肉味酸。主要分布於浙江、福建、廣東、廣西等地。栽培供觀賞。果經加工後可食用。

此稱明代已行用。亦稱“山金柑”“山金橘”。明李時珍《本草綱目・果二・金橘》：“又有山金柑，一名山金橘，俗名金豆。木高尺許，實如櫻桃，内止一核。俱可蜜漬，香味清美。”明徐光啓《農政全書》卷三〇：“金豆，一名山金柑，一名山金橘。木高尺許，實如櫻桃，生青熟黄，形圓而光溜。皮甜可食，味清而香美，可蜜漬。”《廣群芳譜・果譜十二・金豆》：“金豆，一名山金柑，一名山金橘。”清吴其濬《植物名實圖考・果類・金橘》：“又一種小者爲金豆，味烈，贛南糖煎之。《本草綱目》收入果部。”按，美國人施文格（Swingle）以爲是橘家種馴化的變异體，但山橘爲四倍體，而本種爲二倍體，是一個野生種，亦本屬植物之原始種。

【山金柑】

即金豆。此稱明代已行用。見該文。

【山金橘】2

即金豆。此稱明代已行用。見該文。

金柑 2

習見果木名。芸香科，金橘屬，金柑〔*Fortunella japonica*（Thunb.）Swingle〕。常緑灌木或小喬木。無棘刺或具短棘針。葉厚，披針形或卵狀披針形。果實橢圓形或近球形，皮厚，味甜而香。我國主要産於浙江温州、寧波及廣西融安等地。果可生食或製蜜餞。亦可植於盆中供觀玩，尤其廣州春節間迎春花市展銷頗多，深受青睞。

本種栽培歷史較早。宋代已行用此稱。宋張世南《游宦紀聞》卷二：“金橘産於江西諸郡。有所謂金柑，差大而味甜。”宋韓彦直《橘録》卷上：“金柑在他柑特小，其大者如錢，小者如龍目。色似金，肌理細瑩。圓丹可翫。噉者不削去金衣，若用以漬蜜尤佳……都人初不甚貴，其後因温成皇后好食之，由是價重京師。”今亦稱“羅紋”“圓金柑”“圓金橘”。《中國植物志·芸香科·金柑》：“金柑（《游宦紀聞》）、羅紋（浙江）、圓金柑、圓金橘……鮮果可食，風味略勝金橘，但次於金彈。其盆栽品是廣州居民在春節期間的點綴品，也是廣州地區迎春花市的展銷品之一。”

【羅紋】

即金柑[2]。今浙江各地多行用此稱。見該文。

【圓金柑】

即金柑[2]。因其果形圓，故名。今稱。見該文。

【圓金橘】

即金柑[2]。今稱。見該文。

金彈

習見柑果名。芸香科，金橘屬，金彈（*Fortunella crassifolia* Swingle）。常緑灌木。高2米許，具短棘，偶具棘針。小枝細長。單葉互生，稍革質，長橢圓形至卵形，先端突尖，葉柄短，具狹翼。花單生或二三朵簇生新枝葉腋，白色。柑果倒卵形，基部圓形，頂端不凹入，成熟時橙黄色，皮薄味甜，果肉亦甜，其風味爲本屬各種之冠。我國主要分布於浙江、廣東、江西等地。果可食，亦可入藥。金彈爲金橘經人工選育的變异型。

宋代與“金橘”共名。亦行用此稱。宋范成大《桂海虞衡志·志果》：“金橘，出營道者爲天下冠；出江浙者皮甘肉酸不逮也。”《廣西通志·藝文》引宋袁袠《自柳至平樂書所見五首》詩之二：“邕管真堪賦，江南恐不知。橘奴金彈密，荔子水晶虚。”亦稱“金彈橘”“金蛋”。明高濂《遵生八箋·燕閑清賞箋下》：“金彈橘，橘種子生若彈丸而色紅，冬殘收以充供。”《中國植物志·芸香科·金彈》以爲“宋范成大《桂海虞衡志》（1175年）中所述營道之金橘想必是本種，而出浙江（應爲江浙）者皮甘肉酸一句所指的諒係金柑。”清王士雄《隨息居飲食譜》：“金橘……黄巖所産形大而圓，皮肉皆甘，而少核者勝。一名金蛋，亦可糖腌壓餅。”江蘇新醫學院《中藥大辭典·金橘》：“金彈（《温州志》）、金彈橘（《遵生八箋》）、金蛋（《隨息居飲食譜》）。”

金彈之品素來較多，如融安金柑（亦稱長安金柑）、寧波金柑（又名寧波金彈）、藍山金柑、遂川金柑、明知金柑等，俱有較高的栽培價值。

【金橘】[2]

即金彈。此稱宋代已行用。見該文。

【金彈橘】

即金彈。此稱明代已行用。見該文。

【金蛋】

即金彈。此稱清代已行用。見該文。

金橘[3]

習見柑果名。芸香科，金橘屬，金橘〔*Fortunella margarita*（Lonr.）Swingle〕。常緑灌木。枝有刺。單葉互生，披針形至矩圓形。花兩性，白色，芳香，常單花或二三朵集生於葉腋。柑果矩圓形或卵狀橢圓形，橙黄色至橙紅色；果皮厚，平滑，密生油點，味甜，有香氣。果肉味酸。種子卵球形。原産我國，我國主要分布於浙江、江蘇、江西、廣東、廣西、臺灣等地。北方各地亦有盆栽。葉青翠，果金黄，頗能入目，常供觀賞。爲廣州春節迎春花市常見觀果花卉。果可生食或製蜜餞，亦可入藥。

我國栽培利用金橘歷史悠久。此稱宋代已行用。亦稱“牛奶橘”。宋歐陽修《歸田録》卷下：“金橘産於江西，以遠難致，都人初不識。”宋梅堯臣《劉元忠遺金橘》詩：“南方生美果，具體橘包微。”可用枳嫁接繁殖。明鄺璠《便民圖纂》卷五：“金橘：三月將枳棘接之，至八月移栽肥地。灌以糞水。”金橘可做盆景，亦可蜜食，生食則可帶皮同食。明高濂《遵生八箋・起居安樂箋上》：“高子曰：盆景之尚，天下有五地最盛：南都蘇松二郡，浙之杭州，福之浦城，人多愛之……牛奶橘，冬時纍纍朱實，至春不凋。”又，“牛奶橘，生子儼同牛奶。秋時結實，看至明年三月，子尚垂金不落，收入蜜食，生可食皮”。《浙江通志・物産四・紹興府》：“《嵊縣志》：橘種有小如彈丸者，名金橘，如棗者名金棗，如豆者名金豆。”清吴其濬《植物名實圖考・果類・金橘》：“《歸田録》云：産於江西。今江南亦多有之。唯寧都産者甒甜如柑。冬時色黄，經春復青……《本草綱目》收入果部。《辰溪志》，橘小而長者爲牛奶橘，四季可花，隨花隨實，皮甘可食，即此。”參閱明李時珍《本草綱目・果二・金橘》。

【牛奶橘】

即金橘[3]。此稱明代已行用。見該文。

【公孫橘】

即金橘[3]。其花果層次駢綴，自下而上依次成熟，故名。此稱清代已行用。清吴其濬《植物名實圖考・果類・公孫橘》：“公孫橘産粤東，樹高丈餘，枝葉繁茂，花果層次駢綴，自下熟上，由紅至青。尖頂尚花，下已紅熟，香甜適口，味帶微酸，皮可化痰，經冬不凋。辰州諸屬，橘類有公引孫，即此。”見“金橘[3]”文。

【金丸】[1]

即金橘[3]。謂其果金黄，而形如彈丸。亦稱“小木奴”。此稱宋代已行用。《古今合璧事類備要别集》卷四七“金橘”引《詩集》：“金丸，小木奴。”見“金橘[3]”文。

【小木奴】[2]

即金丸[2]。因橘號木奴，金橘如橘而小，故名。此稱宋代已行用。見該文。

【金彈子】[1]

即金橘[3]。此稱唐宋時已行用。亦稱“黄金丸”“黄金彈”。蓋因其果金黄如彈丸，故名。《古今合璧事類備要别集》卷四七引宋楊萬里《蜜金橘》詩：“仙谷偶遺金彈子，蜂王撚作菊花鈿。”又《同諸弟訪叔祖於蓬萊摘金橘小酌》詩：“偶看山中雙團欒，碧琉璃樹黄金丸。”又引黄庭堅《寄歐陽從道》詩：“霜枝遥落黄金彈，許送筠籠殊未來。”見“金橘[3]”文。

【黄金丸】[1]

即金彈子[1]。此稱宋代已行用。見該文。

【黄金彈】[1]

即金彈子[1]。此稱宋代已行用。見該文。

枸橘

習見柑果名。芸香科，枳屬，枸橘〔*Poncirus trifoliata*（Linn.）Raf.〕。常緑灌木或小喬木。枝棱狀，密生，緑色，具棘刺。複葉，小葉三枚，橢圓形或倒卵形，薄革質，有透明油腺點。花單生或對生，白色，芳香濃鬱。果實圓球形，成熟時橙紅色，果肉少而苦酸。葉、花、果、果皮、種子可入藥。供觀賞。營造藩籬或用作嫁接柑橘之砧木。

宋代已行用此稱。枸橘入藥歷史頗久。宋韓彦直《橘録》卷中：“枸橘色青氣烈，小者似枳實，大者似枳殻。能治逆氣，心痺痛、中風、便血，醫家多用之。”明李時珍《本草綱目・木三・枸橘》：“枸橘處處有之。樹、葉並與橘同，但幹多刺。二［三］月開白花，青蕊不香。結實大如彈丸，形如枳實而殻薄，不香。人家多收種爲藩籬。”作爲砧木，可嫁接多種柑橘類果木。明方以智《物理小識・草木類》：“有香柑、甜柑、蜜罍柑、牛乳柑、波斯柑、青柑、廣柑、酒柑。若佛手柑，則香橼、香橘一類也。皆以四月前（嫁）接，接宜枸橘。”明宋詡《竹嶼山房雜部・樹類・接木》：“橘種多，名之著者沙橘、衢橘、早黃、蜜橘、小橘、穿橘、塘南橘、匾橘、緑橘、金橘。三月後四月前接，接宜枸橘體。”清刊《授時通考・農餘門・果三》：“枸橘，處處有之。樹葉並與橘同，但幹多刺。三月開白花，青蕊，不香。結實大如彈丸，形如枳實而殻薄，不香。”種爲藩籬亦成習慣，故亦稱“鐵籬寨。”《畿輔通志・土産・木屬》：“枸橘，一名鐵籬寨。”今俗稱“臭棘子”“銅楂子”“枸橘梨”“楊橘”“槿槿圓枳”“青皮”“臭鷄蛋”“野橙子”。

【鐵籬寨】

即枸橘。因常植爲藩籬，故名。此稱清代已行用。見該文。

【臭棘子】

即枸橘。今江蘇各地多俗用此稱。見該文。

【銅楂子】

即枸橘。今江蘇各地多俗用此稱。見該文。

【枸橘梨】

即枸橘。今江蘇各地多俗用此稱。見該文。

【楊橘】

即枸橘。今江蘇各地多俗用此稱。見該文。

【槿槿圓枳】

即枸橘。今四川各地多俗用此稱。見該文。

【青皮】[2]

即枸橘。今湖北、山東等地多俗用此稱。見該文。

【臭鷄蛋】

即枸橘。今河南各地多俗用此稱。見該文。

【野橙子】

即枸橘。今廣西各地多俗用此稱。見該文。

【枳】

即枸橘。先秦時已行用此稱。《周禮・考工記序》：“橘逾淮而北爲枳。”南北朝時稱“枳棘”。北魏賈思勰《齊民要術・園籬》：“枳棘之籬，‘折柳樊圃’，斯其義也。”唐白居易《有木》詩之三：“上受顧盼恩，下勤澆溉力，實成乃是枳，臭苦不堪食。”亦稱“枳殻”。唐韓鄂《四時纂要・春令・二月》：“《山居要術》用枳殻，今謂之臭橘也，人家不宜此物爲籬。”唐朱慶餘《商州王中丞留吃枳殻》詩：“方物就中名最遠，只應愈疾味偏佳。若教盡乞人人與，采盡商山枳殻花。”見“枸橘”文。

【枳棘】

即枳。因枝具刺，故名。此稱南北朝時期已行用。見該文。

【枳殻】

即枳。因其皮入藥名枳殻，木以藥稱，故名。此稱唐代已行用。見該文。

【臭橘】

即枸橘。因其皮肉味臭，故名。此稱唐代已行用。唐韓鄂《四時纂要・春令・二月》：“《山居要術》用枳殻，今謂之臭橘也。”《續通志・昆蟲草木略四・果類》：“枸橘，一名臭橘。

樹葉並與橘同，而實如彈丸，不香。”見“枸橘”文。

黎檬

習見柑果名。芸香科，柑橘屬，黎檬（*Citrus limonia* Osbeck）。常緑灌木或小喬木。樹皮灰色，枝具硬刺。葉小，矩圓形至橢圓狀矩圓形，鈍鋸齒緣；葉柄短，具狹翅，頂端有節，花單生或簇生於葉腋，花瓣内白色，外淡紫色。柑果近圓形，頂端爲不發達乳頭狀突起，黄色至朱紅色。原産我國華南及越南、印度等地。我國南方各地多有栽培。果味酸，芳香，可食，亦供製飲料。種仁可榨油。果皮能提取芳香油。

我國栽培利用黎檬約有千年歷史。宋代稱“黎朦子”，并沿稱於後世。亦作“黎穛子”。宋人常用其果以調羹。宋周去非《嶺外代答》卷三：“黎朦子……番禺人多不用醯，專以此物調羹。”宋范成大《桂海虞衡志・果志》：“黎朦子，如大梅，復似小橘，味極酸。”宋蘇軾《東坡志林》卷六：“吾故人黎錞，字希聲，治《春秋》，有家法，歐陽文惠公喜之。然爲人質木遲緩，劉貢父戲之爲‘黎穛子’，以謂指其德，不知果木中真有是也。一日聯騎出，聞市人有唱是果鬻之者，大笑幾落馬。”明徐應秋《玉芝堂談薈》卷三六：“《臨海異物志》：黎朦子，如大梅，復似小橘，味極酸。”清代亦稱“黎檬子”。清李調元《南越筆記・黎檬子》：“黎檬子，一名宜母子，似橙而小，二三月熟，黄色，味極酸。孕婦肝虚，嗜之，故曰宜母。”

黎檬今主要用作製飲料或鹽醃曬乾供食用。主要品種有紅黎檬、白黎檬、香黎檬數種。紅黎檬在廣東常用作嫁接蕉柑、椪柑及甜橙之砧木。今亦稱“廣東黎檬”“紅檸檬”“檸檬”“檸果”。按，今之“洋檸檬”，亦稱“檸檬”〔*Citrus* × *limon*（Linn.）Osbeck〕。爲多刺小喬木。主要産於意大利西西里島及美國加利福尼亞州南部。與黎檬同種而异名。“來檬〔*Citrus* × *aurantifolia*（Christm）Swingle〕”亦稱“賴母”“來母”“酸檸檬”，常緑小喬木。原産印尼、越南。我國廣東、海南等地有栽培。亦與黎檬同種而异名。

【黎朦子】

即黎檬。此稱宋代已行用。見該文。

【黎穛子】

即黎檬。此稱宋代已行用。見該文。

【黎檬子】

即黎檬。此稱清代已行用。見該文。

【廣東黎檬】

即黎檬。今廣東各地多行用此稱。見該文。

【紅檸檬】

即黎檬。今廣東各地多行用此稱。見該文。

【檸檬】

即黎檬。今廣東新會等地多行用此俗稱。見該文。

【檸果】

即黎檬。今廣西各地多行用此稱。見該文。

【宜母子】

即黎檬。此稱宋代已行用，并沿稱於清代。以其味酸，妊婦食之有益母子，故名。宋周密《武林舊事》卷九：“時新果子一行：金橘、葴楊梅、新羅葛、切蜜蕈、切脆橙、榆柑子、新椰子、切宜母子、甘蔗柰香、梨五花兒、藕鋌兒、新柑子。”《明一統志・廣州府・土産》：“宜母子，狀如柑橘，味酸。”明顧起元《説略》

卷二七：“南果之佳者，曰百韻勝、曰勝番糖、曰菩提果、曰金甘子、曰蜜出律、曰勝花……曰宜母子、曰嘉慶子、曰波羅蜜。”清吴綺《嶺南風物記》：“宜母子，出廣州，狀如柑。”清吴其濬《植物名實圖考·果類·黎檬子》：“黎檬子詳《嶺外代答》，一名宜母子。味酸，婦子懷妊食之良，故名。又名宜濛子。”見“黎檬”文。

【宜母果】

即黎檬。此稱清代已行用。清吴震方《嶺南雜記》卷下：“宜母果，似橘而酸，醃食甚下氣和胃，婦人懷妊不安，食之良，故有宜母之名。又名宜濛子。製以爲漿甘酸辟暑，名解渴水。”見“黎檬”文。

【藥果】

即黎檬。此稱清代已行用。亦稱“里木樹”，省作“里木”。清屈大均《廣東新語·木語》：“宜母子，似橙而小，二三月熟。黄色，味極酸，孕婦肝虚嗜之，故曰宜母。元時，於廣州荔枝灣作御果園，栽種里木樹，大小八百株，以作渴水，里木即宜母子也。一名黎檬子……宜母子以鹽醃之，歲久色黑，可治傷寒痰水，一名藥果。”見“黎檬”文。

【里木樹】

即藥果。爲“黎檬”之音訛稱。此稱清代廣州等地已行用。見該文。

【里木】

即藥果。此稱清代已行用。見該文。

【宜濛子】

即黎檬。此稱元代已行用，沿稱於後世。元吴萊《嶺南宜濛子解渴水歌》：“廣州園官進渴水，天風夏熟宜濛子。”《廣東通志·物産志·果》：“宜母果，似橘而酸。婦人懷妊不安，食之良，故有宜母之名，又名宜濛子。製以爲漿，甘酸辟暑，名渴水。元吴萊有《宜濛熟水歌》(《雜記》)。”參見本卷《習見果木説·習見柑果考》“藥果”文。見“黎檬”文。

甌柑

習見果木名。芸香科，柑橘屬，甌柑(*Citrus suavissima* Tanaka)。常緑灌木或小喬木。枝疏，擴張，無刺。葉橢圓形。花小，白色。柑果扁圓形或長圓形，果皮粗而皺襞，橙黄色，油腺多，果皮易剥離。我國主要分布於浙江等地。果可食。葉、果皮、種子可入藥。

唐代栽培較多，時稱“乳柑”。唐陳藏器《本草拾遺·果部。乳柑》：“柑類有朱柑、乳柑、黄柑、石柑、沙柑……此輩皮皆去氣調中，實總堪食，就中以乳柑爲上。”宋代已行用“甌柑”之稱。宋方夔《世之咏物者采春花而落秋實余欲矯其失作冬果十咏·柑》：“果緑景初好，花開日正寒。嚼香流玉瀣，分熟剪金丸。淮枳標殊性，甌柑並二難。無人徵包貢，蓬殿淚闌干。”亦稱“真柑”。宋韓彦直《橘録》卷上：“真柑在品類中最貴可珍，其柯木與花實皆異凡木。木多婆娑，葉則纖長茂密，濃陰滿地。花時韻特清遠。逮結實，顆皆圓正，膚理如澤蠟，始霜之旦，園丁采以獻，風味照座，擘之則香霧噀人。北人未之識者，一見而知其爲真柑矣。一名乳柑，謂其味之似乳酪。”宋范成大《吴郡志·土物下》：“真柑，出洞庭東西山。柑雖橘類，而其品特高，芳香超勝，爲天下第一。浙東江西及蜀果州皆有柑，香氣標格悉出洞庭下，土人亦甚珍貴之，其木畏霜雪，又不宜旱，故不能多植。”宋祝穆《古今事文類聚後集·果實部》："柑，真柑，一名乳柑。惟泥山爲最，地不彌一里，所産柑其大六七寸圍，皮薄而味珍，脉不粘瓣，食不留滓，一顆之核纔一二，間有全無者。"明彭大翼《山堂肆考》卷二〇六："柑子，《格物麤話》：柑者橘之屬，有黄者，有赬者。赬者形如石榴謂之壺柑，亦曰乳柑。惟温州泥山爲最，皮厚味珍，食不留滓，一顆中核纔一二，間有全無者。"明徐光啓《農政全書》卷三〇引《農桑通訣》："柑，甘也；橘之甘者也。莖葉無異於橘，但無刺爲異耳。生江、漢、唐、鄧間。而泥山者，名乳柑，地不彌一里所，其柑大倍常，皮薄味珍，脉不粘瓣，食不留滓，一顆之核一二，間有全無者。"《廣群芳譜·果譜十二·柑》："乳柑，出温州，泥山爲最。其味似乳酪故名……爲柑中絶品。"亦稱"壺柑"。清陳元龍《格致鏡原·果類二·柑》引《風土記》："有黄者，有赬者，赬者謂之壺柑，即乳柑。"按，今通稱爲"温州蜜橘"。

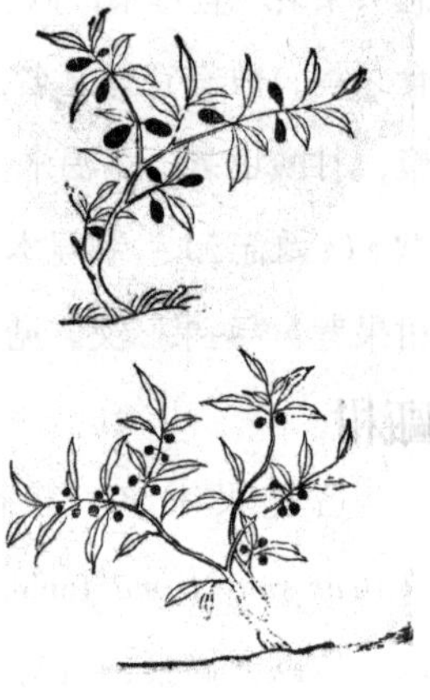

乳　柑
（明王圻等《三才圖會》）

【乳柑】

即甌柑。此稱唐代已行用。見該文。

【真柑】

即甌柑。此稱宋代已行用。見該文。

【壺柑】[2]

即甌柑。此稱晋代已行用。見該文。

【温州蜜橘】

即甌柑。今之通稱。見該文。

第六節　習見雜果考

雜果在園藝果樹學中，特指那些不屬核果、仁果、漿果、堅果、柑果之類的其他果樹。包括俞德浚《中國果樹種類論》中的"其他亞熱帶和熱帶果樹類"列入雜果類加以考論。其中包括：楊梅屬、枇杷屬、油橄欖屬、荔枝屬、龍眼屬、橄欖屬、芒果屬、腰果屬、鱷梨屬、木菠蘿屬、榴蓮屬、黄皮屬、羅望子屬、楊桃屬、人心果屬、番石榴屬、番荔枝屬、番木瓜屬、油瓜屬、椰子屬、海棗屬。此外還包括果實或種子中含有油脂、糖份、澱粉等可供使用或通過加工可供食用的其他果樹，如人面子屬、韶子屬、山竹子屬、四照花屬、莽吉柿等果樹皆列入本考加以考論。這些樹木可能尚未列入果樹範疇，但其具有潛在優勢，有望開發成爲新興果樹，滿足人們更加廣泛的需要。

雜果類果樹種類極多，經濟價值頗高，有些種類栽培歷史也很久。如枳椇早在二三千年前已被先民采集利用，并予記載。《詩·小雅·南山有台》："南山有枸，北山有楰。"此處之枸，意指枳椇。《禮記·内則》："牛脩、鹿脯……芝、栭、蓤、椇、棗、栗、榛、柿、瓜、桃、李、梅、杏、楂、梨、薑、桂。"同書《曲禮下》："婦人之摯，椇、榛、脯、脩、棗、栗。"此"椇"亦即枳椇，周代人君燕食所加庶羞及婦人用以相互饋贈禮物均有枳椇，然當時是否已有栽培不得而知。現存之古農書中多無栽培之記載，至今我國栽培者亦屬零星分散，尚有待研究開發。龍眼、荔枝、橄欖、餘甘、枇杷、椰、楊梅等漢代已有栽培。司馬相如《上林賦》："枇杷橪柿，楟柰厚朴。樗棗楊梅，櫻桃蒲陶。"晋左思《蜀都賦》："旁挺龍目，側生荔枝。""其園則有林檎枇杷、橙柿梬楟。"《吴都賦》："其果則丹橘餘甘，荔枝之林。檳榔無柯，椰葉無陰。龍眼橄欖，棎榴禦霜。"張崇根輯三國吴沈瑩《臨海水土異物志》載夷洲（今臺灣省）亦有上述果木，如楊桃、楊梅、餘甘子、楊搖子等，可見不光大陸，即是臺島先民於漢時亦始采栽楊桃、楊梅、餘甘等果木。晋嵇含《南方草木狀》載檳榔、荔枝、椰樹、楊梅、橄欖、龍眼、五斂子等雜果。至唐代人們對雜果更爲熟悉，不少著作中多有提及，如唐段公路《北户録》記有甘欖、羊梅、都念子、無核荔枝、龍眼、楊梅、波羅蜜等雜果。劉恂《嶺表録異》亦載有荔枝、橄欖、椰子、龍眼等種，尤以唐玄宗時楊貴妃嗜荔枝，故栽荔枝日盛，不少詩歌大家賦詩唱咏，如白居易《荔枝樓對酒》詩："荔枝新熟鷄冠色，燒酒初開琥珀香，欲滴一枝傾一盞，西樓無客共誰嘗。"至宋代荔枝栽培更盛，著述亦豐。宋初，鄭熊曾著《廣中荔枝譜》，已佚。其後蔡襄撰《荔枝譜》，是我國現存最早的果樹專著。此書有七篇，分别介紹了福建荔枝主産區福、泉等地的荔枝起源、歷史、生物學特性及作者家鄉福建仙游荔枝優良品種，其中"陳紫"品質極佳，"其樹晚熟，其實上廣而圓下，大可徑寸有五分，香氣清遠，色澤鮮紫，殼薄而平，瓤厚而瑩，膜如桃花紅，核如丁香母"。該品種今仍存世，依然是上好品種之一。此外，還介紹了其他三十二個品種，即江緑、方家紅、游家紫、小陳紫、宋公荔、藍家紅、周家紅、何家紅、法石白、緑核、圓丁香、虎皮、牛心、玳瑁紅、硫黄、朱柿、蒲桃荔枝、蚶殼、龍牙、水荔枝、蜜荔枝、丁香、大丁香、雙髻、真珠、十八娘、將軍荔、釵頭、粉紅、中元紅、火山等。還記述了當時荔枝生長與隔年結果習性、加工方法以及遠銷情况："水浮陸轉，以入京師，外至北戎西夏，其東南舟行新羅、日本、琉球、大食之屬，莫不愛好，重利以之。"這也反映出荔枝商品生産已達相當規模。此後又有明徐𤊹《荔枝譜》，記福州、興化、泉州、漳州荔枝品種近百種；宋珏《荔枝譜》、曹蕃《荔枝譜》、鄧道協《荔枝譜》、吴載鰲《記荔枝》、屠本畯《閩中荔枝譜》、鄧慶寀《閩中荔枝通譜》；清吴應逵《嶺南荔枝譜》等。其中《嶺南荔枝譜》卷之一爲總論，記述荔枝特性、得名、分布與產地、栽培歷史、栽培技術、嫁接等繁殖方法，食用及醫藥價值等諸多内容。卷之二爲種植。卷之三爲節候。卷之四爲品類，記述各地荔枝品種約百種。卷之五、六述雜事。不論是栽培歷史、栽培技術，以至於栽培品種，均較以上諸譜大有增廣，是一部難得的荔枝專著。

其他諸果雖無專著，然不少農書及雜著中多有涉及，除以上《北户録》《嶺表録異》等外，宋陳景沂《全芳備祖》中就有關於龍眼、荔枝、橄欖、餘甘、楊梅、枇杷等果木記述。元王禎《農書》中亦有荔枝、龍眼、橄欖等栽培方法的介紹，明徐光啓《農政全書》涉及之雜果有荔枝、龍眼、龍荔、橄欖、楊梅、枇杷等多種。清代官修《授時通考》亦載有以上諸雜果。

上述雜果，除食用外，尚可入藥，故各代之本草學著作中亦廣爲臚列，如唐孟詵《食療本草》有枳椇、枇杷、荔枝、羊梅、橄棪（橄欖）等雜果之食療作用。明李時珍《本草綱目・果三（夷果類）》中記述雜果有枇杷、楊梅、荔枝、龍眼、龍荔、橄欖、五斂子、檳榔、椰子、無漏子、桄榔子、波羅蜜、都念子、韶子、馬檳榔、枳椇等。在"釋名"中介紹各種异名及得名由來。在"集解"中介紹了歷代諸家論述、產地、特徵等，其中不少爲目見親驗，較以往著述更爲詳盡。此外，大多數雜果樹美、花艷、果佳，都具有一定觀賞價值，故諸多花卉典籍中往往收列。如前述《全芳備祖》即是一例。此外，明王象晋《群芳譜》、清汪灝等《廣群芳譜》、陳淏子《花鏡》、吴其濬《植物名實圖考》等均有專章收列果類，其中不少雜果列於其中。另有一些書如《三才圖會》《淵鑑類函》《格致鏡原》《廣東新語》等亦有此類之考釋與記述。

古籍中有"百二十子"之説，是南方所產一百二十種可食用的果實之總稱，如《桂海虞衡志》《嶺外代答》等均有此説，後世之《廣群芳譜》大多收於書中，其中有些今人可識，有些則不詳爲何物，此中有不少也屬此類雜果，但限於資料過簡，或多爲口述轉録，或方言俚稱，有些難免錯記訛傳，故難以確指者尚屬多數，本節將酌情收録一些有據可考者，計三十二種。

人面子

習見雜果名。漆樹科，人面子屬，人面子（*Dracontomelon duperreanum* Pierre）。常緑大喬木。高達20米。小枝具棱，被灰色茸毛。奇數羽狀複葉，互生；小葉十一至十七枚，互生，近革質，全緣。圓錐花序頂生或腋生，有柔毛；花小，兩性，青白色。核果肉質，扁球形，黄色。我國主要分布於廣東、廣西等地。果肉可食。種子可榨油。木材供建築。果及根可入藥。

人面子
（清吴其濬《植物名實圖考》）

此稱晋代已行用，沿稱至今。晋嵇含《南方草木狀》卷下："人面子，樹似含桃。結子如桃實，無味。其核正如人面，故以爲名。以蜜漬之，稍可食。以其核可玩，於席間飣餖禦客。出南海。"宋孟元老《東京夢華録·飲食果子》："又有托小盤賣乾果子……芭蕉乾、人面子、巴覽子、榛子、榧子、蝦具之類。"宋范成大《桂海虞衡志·志果》："人面子，如大梅李，核如人面，兩目鼻口皆具，肉甘酸，宜蜜煎。"人們愛其核，常把玩，亦多歌咏之。宋楊萬里《人面子》詩："喜時能笑醉能歌，眉映青山眼映波。舊日美如潘騎省，只今瘦似病維摩。"明李時珍《本草綱目·果五·附録諸果》："［人面子］《草木狀》云：出南海。樹似含桃。子如桃實，無味，以蜜漬可食。其核正如人面，可玩。祝穆《方輿勝覽》云：出廣中。大如梅李。春花，夏實，秋熟。蜜煎甘酸可食。其核兩邊似人面，口、目、鼻皆具。"清陳淏子《花鏡》卷四："人面子出自粤中。樹似梅李，春花秋熟。子如桃實而少味，須蜜漬可食。其核兩邊如人面，耳目口鼻，無不具足，人皆取以爲玩。"今亦稱"銀棯"。

【銀棯】

即人面子。今廣東各地多行用此稱。見該文。

【人面木】

即人面子。此稱宋代已行用。亦稱"人面子樹"。明陳耀文《天中記·雜果·人面子樹》："人面子樹似含桃，結子如桃實，核正如人面，故以爲名。以蜜漬之稍可食，其核可玩。"《廣群芳譜·果譜十四·人面子》："《寰宇記》：人面木，春花，夏實，秋熟。皮味甘酸。實有核，如胡桃，兩邊似人面。"見"人面子"文。

【人面子樹】

即人面木。此稱明代已行用。見該文。

山韶子

習見雜果名。無患子科，韶子屬，海南韶子〔*Nephelium topengii*（Merr.）H. S. Lo〕之别名。常緑喬木。爲韶子之變種。樹與韶子相似，但其果味甚甜，堪與荔枝媲美。軟刺短而鈍，假種皮易與種子分離。我國多分布於嶺南各地。果供食用。

宋代已行用此稱。宋范成大《桂海虞衡志·志果》："山韶子，色紅，肉如荔枝。"宋周去非《嶺外代答》卷八："山韶子，色紅，有刺，肉如荔枝。"明李時珍《本草綱目·果三·韶子》："按范成大《虞衡志》云：廣南有山韶子，夏熟，色紅，肉如荔枝。"清代亦稱"毛荔枝""毛琲子"。清屈大均《廣東新語·木語》:“廣中山果……曰山韶子，類荔枝而鮮麗過之，微有小毫，一名毛荔枝，亦曰毛珧子。肉薄而酸澀，著核不離，蓋荔枝之變者。”清吴其濬《植物名實圖考・果類・韶子》:“韶子,《本草拾遺》始著録,《虞衡志》謂之山韶子。俗呼毛荔支，謂荔支變種。味酸。”清陳淏子《花鏡》卷四:“又有山韶子，夏熟，色正紅，肉如荔枝。”今人伊欽恒校注《花鏡》以爲范成大《桂海虞衡志》及《花鏡》所云“山韶子”即本種。學名爲*N. mutabile* Bl.，俞德浚《中國果樹分類學・附録・無患子科》稱其爲“葡萄丹”,“原産馬來西亞，海南試種，一名金毛丹”。顯然本種并非同物，伊注似誤，此附供考。今通稱“海南韶子”。

【毛荔枝】

即山韶子。此稱清代已行用。見該文。

【毛珧子】

即山韶子。此稱清代已行用。見該文。

【海南韶子】

即山韶子。今之通稱。見該文。

【毛韶】

即山韶子。此稱明清時已行用。清汪森《粵西叢載》卷二〇:“毛韶，俗曰毛荔枝，味酸，肉粘核(《南寧府志》)。”見“山韶子”文。

木竹子[2]

習見雜果名。藤黄科，藤黄屬，嶺南山竹子(*Garcinia oblongifolia* Champ. ex Benth.)之别名。常緑喬木。單葉對生具短柄葉呈薄革質，矩圓形、倒卵形至倒披針形。花單性，橙色或橘黄色，頂生或腋生。漿果，近球形，黄緑色，味酸。花期5月，果期10月。主要分布於廣東、廣西等地。果可食。果實、果核、種仁可入藥。

此稱宋代已行用，沿稱於後世。宋范成大《桂海虞衡志・志果》:“木竹子，皮色形狀全似大枇杷，肉甘美，秋冬間實。”明李時珍《本草綱目・附録諸果・木竹子》:“木竹子,《桂海志》云：皮色形狀全似大枇杷，肉味甘美，秋冬實熟，出廣西。”明陶宗儀《説郛》卷六二上:“木竹子，皮色形狀全似大枇杷，肉甘美，秋冬間實。”清陳淏子《花鏡》卷四:“木竹子出自廣西。皮色形狀全似大枇杷，而肉味甘美過之，但實熟在秋冬。”伊欽恒校注以爲即本種。今亦稱“木竹果”“冬竹子”“龍檬果”“羅棟子”“黄牙果”“染牙果”“竹橘”“山橘子”“倒穗子”，通稱“嶺南山竹子”。

【木竹果】

即木竹子[2]。今廣西各地多行用此稱。見該文。

【冬竹子】

即木竹子[2]。因冬月果熟，故名。今廣西各地多行用此稱。見該文。

【龍檬果】

即木竹子[2]。今廣西各地多行用此稱。見該文。

【羅棟子】

即木竹子[2]。今廣西各地多行用此稱。見該文。

【黄牙果】

即木竹子[2]。今廣西各地多行用此稱。見該文。

【染牙果】

即木竹子[2]。今廣西各地多行用此稱。見該文。

【竹橘】

即木竹子[2]。今稱，語本《陸川本草》。見該文。

【山橘子】[3]

即木竹子[2]。今廣西各地多行用此稱。見該文。

【倒穗子】

即木竹子[2]。今稱。見該文。

【嶺南山竹子】

即木竹子[2]。今之通稱。見該文。

王壇子

習見雜果名。芸香科，黄皮屬，黄皮〔*Clausena lansium*（Lour.）Skeels〕之古名。常緑小喬木或灌木。樹冠開展，樹皮灰色。樹幹及枝密生瘤狀突起；小枝幼時被短柔毛，花枝、花軸及葉軸集生叢狀毛。奇數羽狀複葉互生，小葉五至十一枚，頂端葉最大，向下漸次變小；卵形或卵狀長圓形，波狀緣或微具細齒。圓錐花序頂生或腋生，花白色，芳香。漿果球形，淡黄或黄褐色，果皮具腺體，有柔毛。種子扁圓形至圓球形，綠色。我國主要分布於粤、桂、閩、滇、黔、川等地。果供食用。根、葉、果皮可入藥。

我國王壇子栽培歷史悠久。漢及三國時已行用此稱。省稱"王壇"。三國吴沈瑩《臨海水土異物志》："王壇子，如棗大，其味甘。出侯官。越王祭太一壇邊有此果，無知其名，因見生處，遂名王壇。"北魏賈思勰《齊民要術·五穀果蓏菜茹非中國物產者》："王壇子，如棗大，其味甘。出侯官，越王祭太一壇邊有此果。無知其名，因見生處，遂名'王壇'。其形小於龍眼，有似木瓜。"《太平御覽》卷九四引晋庾闡《楊都賦》："龍目荔枝，王壇丹橘。"宋梁克家《淳熙三山志·土俗類三·物產》："王壇子，《臨海異物志》：'王壇子，如棗大，晋安侯官越王祭壇邊有此果，無知其名，以其生處遂名王壇。形小如龍眼。'王彪之《閩中賦》：'王壇假栗。'《楊都賦》曰：'果則龍目荔支，王壇丹橘。'舊記又云：相傳生於王霸壇側。"清代亦稱"黄彈"。清吴震方《嶺南雜記》卷下："黄皮果，大如龍眼，又名黄彈。皮黄白有微毛，瓤白如猪肪，有青核數枚，酸澀不成味，久之少甘……樹似橄欖，綠條開小花，夏末結實，小兒嗜之。"清吴其濬《植物名實圖考·果類·黄皮果》："黄皮果，詳《嶺外代答》。能消食，桂林以爲醬，其漿酸甘似葡萄。食荔支饜飫，以此解之。諺曰：'飢食荔支，飽食黄支。'"

今廣東潮汕及仁化、連平、樂昌、廣州等地爲主產區。其栽培品種頗多：早熟品種如大圓頭、崛篤甜皮；中熟品種如大甜皮、獨核黄皮；晚熟品種如鷄心、細鷄心、鷄子皮等。福建則以福州、羅源、同安、永春、雲霄等地爲主產區。主栽良種有章奎種、鷄心種、小鷄心種、赤金種、黄皮大王等。今亦俗稱"黄枇""黄彈子"。

【王壇】

即王壇子。此稱三國時期已行用。見該文。

【黄彈】

即王壇子。此稱清代已行用，南人語王壇音訛附會而成。見該文。

【黄皮】

即王壇子。宋代已行用此稱，沿稱至今，爲今王壇子之通稱。見該文。

【黄枇】

即王壇子。今之俗稱。見該文。

【黄澹子】

即王壇子。省稱“黄澹”。此稱宋代已行用。疑即王壇子之音訛。宋張世南《游宦紀聞》卷五：“又有黄澹子、金斗子、菩堤果、羊桃，皆他處所無。黄澹，大如小橘，色褐，味微酸而甜。《本草》載於橘柚條，豈橘中别有名黄澹者，《長樂志》曰：王壇子。舊記又云相傳生於王霸壇側。”見“王壇子”文。

【黄澹】

“黄澹子”之省稱。此稱宋代已行用。見該文。

【黄皮子】

即王壇子。因果皮色黄，故名。此稱宋代已行用。宋范成大《桂海虞衡志・志果》：“黄皮子，如小棗。”宋周去非《嶺外代答》卷八：“黄皮子，如小棗，甘酸佳味。稍耐久，可致遠。”《廣東通志・物産志・果》：“黄皮子，如小棗（同上）。按黄皮果大如龍眼，又名黄彈子，皮黄白，有微毛，瓤白如肪，有青核數枚，甚酸澀，食荔枝太多以黄皮解之。”見“王壇子”文。

【黄彈子】

即王壇子。南人呼王爲黄，故名。此稱明代已行用。亦今俗稱。明顧起元《説略》卷二十七：“南果之佳者，曰百韻勝，曰勝番糖，曰菩提果，曰金甘子，曰蜜出律，曰勝花，曰小剥，曰苄，曰黄彈子。”《福建通志・物産・福州府》：“［果之屬］黄彈子者，《祥符圖經》云黄檀子。《海物異名記》云黄彈子，實如彈丸，葉如山桂而香。又云本出越王祭壇之側，曰王壇子。楊郁賦曰：‘果則龍目荔枝，王壇丹橘。’”清郭柏蒼《閩産録異》卷二：“黄彈子，其色黄，大如彈，或呼黄皮果。”見“王壇子”文。

【黄皮果】

即王壇子。此稱晋代已行用，并沿稱於後世。明李時珍《本草綱目・果六・黄皮果》：“黄皮果，《海槎録》云：出廣西横州。狀如楝子及小棗而味酸。”清趙學敏《本草綱目拾遺・果部・黄皮部》：“《廣志》：黄皮果狀如金彈，六月熟，其漿酸甘，似葡萄，與荔枝並進……《廣東通志》：黄皮果大如龍眼，又名黄彈子，皮黄白，有微毛，瓤白如肪，有青核數枚，甚酸澀。食荔枝太多，用黄皮解之。”清李調元《南越筆記・廣東諸果》：“黄皮果，狀如金彈，六月熟。其漿酸甘似葡萄，可消食，順氣除暑熱，與荔枝並進。荔支饜飫，以黄皮解之。諺曰：‘飢食荔支，飽食黄皮’。”清吴綺《嶺南風物記》：“黄皮果，出廣州。狀如金菊，漿似葡萄，但微酸耳。核青色，形如瓠，種多寡不一。土人云此果消食，更能順氣。”清汪森《粤西叢載》卷二〇：“黄皮果，出廣西横州。狀如楝子及小棗而味酸（《海槎録》）。”見“王壇子”文。

【金彈子】[2]

即王壇子。清代廣東各地多行用此稱。清趙其光《本草求原・果部・黄皮果》：“黄皮果，即金彈子。酸甘，寒，無毒。”見“王壇子”文。

水翁

習見雜果名。桃金娘科，水翁屬，水翁〔*Cleistocalyx operculatus*（Roxb.）Merr.et

Perry〕。喬木。小枝略呈四棱狀。單葉對生，近革質，卵狀矩圓形或狹橢圓形。圓錐花序側生，花白緑色。漿果球形，黑紫色。我國主要分布於廣東及廣西南部地區。本種喜濕，常生水旁，爲固堤護岸優良樹種。廣州市郊村落不時可見。果味酸甜可食。花、樹皮、葉可入藥。

我國開發利用水翁歷史悠久。宋代已有記載，時稱"水翁子"。宋周去非《嶺外代答》卷八："水翁子，生水濱。大木，葉似枇杷，〔果〕大如指，面色紅而甘。"其花與皮可入藥。清何克諫《生草藥性備要》卷下："水翁皮，味微酸，性温。洗癩，殺蟲。其子紅黑者宜食，行氣。煲水染布過泥似真烏色。"清趙其光《本草求原・喬木部・水翁樹皮》："水翁樹皮，酸，平。殺蟲，洗癬癩、爛脚，浸疳瘡。煎水染布，過泥則烏。"侯寬昭等《廣州植物志・水翁》引清末蕭步丹《嶺南采藥録》："水翁花味苦，性寒，清熱，散毒，消食滯；其樹皮及葉洗疥癩殺蟲，能行氣；煎水染布，再以泥漿塗之，即烏色；凡患囊癰，取其皮之二層，煎水洗之，十餘次即愈，其葉苦澀，搗爛敷乳瘡。"

按，本屬由Blume氏於1849年創立，後被歸入番櫻桃屬或蒲桃屬，1937年再由Merr.氏恢復原稱，今從此説。今亦稱"水榕"。又，本種原多入木部，因其果熟時黑色，味甜可食，俞德浚《中國果樹分類學》歸入果類，今從其説，收入本考。

【水翁子】

即水翁。此稱宋代已行用。見該文。

【水榕】

即水翁。今稱。見該文。

四照花

習見雜果名。山茱萸科，山茱萸屬，四照花〔*Cornus kousa* Subsp. *chinensis*（Osborn）Q. Y. Xiang〕。落葉小喬木。東瀛四照花之變種，樹似東瀛四照花。高可達8米。嫩枝被白色柔毛。葉對生，紙質，卵形或卵狀橢圓形，葉面疏被白柔毛。頭狀花序近球形，具四枚白色花瓣狀總苞片，花瓣四枚，黄色。果序球形，橙紅或紫紅色。我國主要分布於陝、甘、晋、豫、蘇、皖、浙、贛、閩、湘、鄂、川、滇及臺灣諸地。供觀賞。果名"鷄素果"，可食，亦可釀酒。

此稱宋代已行用。省稱"四照"。宋葉廷珪《海録碎事・雜花門》："四照花，《山海經》：招摇山有木，狀如穀而黑理，其花四照。"宋宋祁《游白兆山寺》詩："地枕層岑面勢斜，蔽虧原隰在烟霞。璇題銜目三休閣，寶樹沿雲四照花。"《廣群芳譜・花譜三十二・四照花》："《黄山志》：四照花，樹高大而葉沈碧，盛夏作花，四出而鋭，其末玉色微酣，碧蕊緑跗浮葉上，光彩照耀岩谷，故名四照。"清王士禛《分甘餘話》卷四："《廣群芳譜》所載異花凡一百一十六種，今略録數十種於左：萬年花、金蓮、茈碧、九花樹……四照花、覆杯花、查葡花、山釵花、鵝群花、海瓊花、寶網花、長樂花。"

按，本種爲"東瀛四照花"之變種。今人夏緯瑛《植物名釋札記・四照花》以爲其名緣於花有四片白色之總苞，若四片花瓣，故取四照，然"四照"一語則出自《山海經》。夏云："《山海經・南山經》曰：招摇之山'有木焉，其狀如穀而黑理，其華四照'，郭璞《注》曰：'言有光焰也。'又《贊》曰：'爰有嘉樹，産自招摇，厥華流光，上映垂霄。'‘四照’之意，謂花之光明四射耳。”此説或是。參閲《古今圖書集成・草木典》。又，四照花常與其他常緑樹木群植或混栽，其花黄白相間，若星光點布於濃緑之間，頗爲美觀。今亦稱“青皮樹”“石渣子樹”“凉子”“小車軸”“石棗子”“羊婆奶”“小六角”。

【四照】

“四照花”之省稱。此稱先秦時期已行用，并沿稱至今。見該文。

【青皮樹】[3]

即四照花。今湖北宜昌等地多行用此稱。見該文。

【石渣子樹】

即四照花。今湖北宜昌等地多行用此稱。見該文。

【凉子】[2]

即四照花。今河南各地多行用此稱。見該文。

【小車軸】

即四照花。今河南各地多行用此稱。見該文。

【石棗子】

即四照花。今河南各地多行用此稱。見該文。

【羊婆奶】

即四照花。今湖北、四川等地多行用此稱。見該文。

【小六角】

即四照花。今四川各地多行用此稱。見該文。

枇杷

習見雜果名。薔薇科，枇杷屬，枇杷〔*Eriobotrya japonica*（Thunb.）Lindl.〕。常緑小喬木。小枝粗壯，被銹色絨毛。單葉互生，革質，長橢圓形至倒卵狀披針形，近全緣或邊緣具鋸齒。花兩性，圓錐花序頂生，常被茸毛，花白色。漿果狀梨果，圓形或近圓形，黄或橙黄色。我國主要分布於長江以南及西南各地，陝、甘、豫、皖亦有分布。可栽於庭園供觀賞。果可食，亦可加工罐頭、果酒、果膏、果醬等。其根、木白皮、葉、果、種子均可入藥。

我國枇杷栽培可追溯到周代以前，迄今至少已逾二千五百餘年。漢代已行用此稱。其葉形似琵琶，故名。《周禮・地官・場人》：“場人掌國之場圃，而樹之果蓏珍異之物，以時斂而藏之。”漢鄭玄注：“果，棗李之屬；蓏，瓜瓠之屬；珍異，蒲桃、枇杷之屬。”漢司馬相如《上林賦》：“於是乎盧橘夏熟，黄甘橙榛。枇杷橪柿，楟柰厚朴。”北魏賈思勰《齊民要術・五穀果蓏菜茹非中國物産者》引晋郭義恭《廣志》曰：“枇杷，冬花。實黄，大如鷄子，小者如杏，味甜酢。四月熟。出南安、犍爲、宜都。”至唐代栽培已較普遍，詩詞唱咏，頗多聞見。唐白居易《七言絶句》：“淮山側畔楚江陰，五月枇杷正滿林。”宋梅堯臣《隱静遺枇杷》詩：“五月枇杷實，青青味尚酸。獼猴定撩亂，欲待熟時難。”明王圻、王思義《三才圖會・草木・枇杷》：“枇杷，各處有之。木高丈餘，葉作驢耳形，皆有毛。其本陰密，婆娑可愛，四時不凋。”明徐光啓《農政全書》卷三七：“種枇杷易成。冬月開花，花藥材，幹葉俱青。”清刊《授時通考・農餘門・果一》：“枇杷，樹高丈餘，易種，肥枝長，葉微似栗，大如驢耳，背有黄毛，形如枇杷，故名。陰密，婆娑可愛，四時不凋。冬開白花，三四月成實，簇結有毛，大者如鷄子，小者如龍眼，味甘而酢。白者爲上，黄者次之。”

枇　杷
（清吴其濬《植物名實圖考》）

按，國外園藝家及植物分類學家以爲枇杷原産日本，故其種加詞取“japonica”，似不甚確。據今人曲澤洲等《果樹種類論・枇杷》稱，我國四川、湖北等地已發現大面積枇杷原始林，證明長江中下游爲枇杷之原産地。日本所植枇杷大約係唐代由中國傳入，其所用名稱亦我國枇杷之音譯。且我國周代已有栽培枇杷之記載，曲澤洲文所云頗是。又，據俞德浚《中國果樹分類學・枇杷屬》稱，枇杷屬目前已知有二十餘種，多分布於亞洲暖温帶及亞熱帶地區，我國約有十一種，即枇杷、麻栗坡枇杷、櫟葉枇杷、騰越枇杷、怒江枇杷、南亞枇杷、香花枇杷、大花枇杷、臺灣枇杷、狹葉枇杷及小葉枇杷。我國枇杷品種頗多，僅據浙江餘杭塘栖、江蘇蘇州洞庭山及福建莆田三處調查已近百種。枇杷品種依生態條件被劃分爲熱帶品種，如白梨、梅花霞等；温帶品種，如大紅袍、光榮等。依果肉色澤與果形劃分，有紅肉種，如茂木、田中、瑞穗等，古時傳入日本者多爲此種；白肉種有軟條白沙、白玉、白梨等種。

【蠟兄】

“枇杷”之别稱。亦稱“蠟兒”。此稱宋代已行用。宋陶穀《清異録・蜜父蠟兄》：“建業野人種梨者，詫其味，曰蜜父；種枇杷者恃其色，曰蠟兄。”宋張端義《貴耳集》卷中：“建業間，園丁種梨曰蜜父，種枇杷曰蠟兒。”清孫道乾《小螺庵病榻憶語》：“又問盧橘究是枇杷否，琵琶何以本作枇杷……余慮其殫神，止之曰：‘兒絮絮不絶，欲爲蠟兄作譜乎？’”見“枇杷”文。

【蠟兒】

即蠟兄。此稱宋代已行用。見該文。

【盧橘】[2]

“枇杷”之别稱。此稱宋代已行用。宋蘇軾《與劉景文同往賞枇杷》詩：“魏花非老伴，盧橘是鄉人。”王十朋集注引師尹曰：“盧橘，枇杷也。”清陳淏子《花鏡》卷四：“枇杷一名盧橘。樹高一二丈，葉似枇杷，又如驢耳，背有淡黄毛。枝葉婆娑，凌冬不凋。”清刊《淵鑑類函》卷四〇三增引《格物論》曰：“枇杷高丈餘，枝肥葉大而有毛，作驢耳形。冬開白花，三四月成實，一名盧橘。”

按，“盧橘”亦金橘之别稱。明李時珍《本草綱目・果二・枇杷》：“[集解]注《文選》者以枇杷爲盧橘，誤矣。”明陶宗儀《輟耕録・盧橘》亦有此説：“世人多用盧橘以稱枇杷。按司馬相如《游獵賦》云：盧橘夏熟，黄柑橙榛，枇杷橪柿。夫盧橘與枇杷並列，則盧橘非枇杷明矣。”此説似欠妥。今粤地亦有稱枇杷爲盧橘者是證。參閲鄭萬鈞等《中國樹木志・薔薇科・枇杷》。見“枇杷”文。

【焦子】

即枇杷。特指其果無核者。此稱晋代已行用。《格致鏡原・果類二・枇杷》引晋郭義恭《廣志》:“枇杷無核者曰焦子。”清刊《授時通考・農餘門・果一》:“《廣志》云:〔枇杷〕無核者名焦子。出廣州，味甘，酸，平，無毒。止渴，下氣。利肺氣，止吐。”見“枇杷”文。

【黄金丸】[2]

“枇杷”之别稱。亦特指其實，因其果熟時呈金黄色，形如彈丸，故名。此稱宋代已行用。省稱“金丸”。亦稱“黄金彈”。宋宋祁《枇杷》詩:“有果産西蜀，作花凌早寒。樹繁碧玉葉，柯叠黄金丸。”宋陸游《山園屢種楊梅皆不成枇杷一株獨結實可愛戲作長句》詩:“難學權門堆火齊，且從公子拾金丸。”宋范成大《兩木・手植枇杷》詩:“去年小試花，瓏瓏犯冰寒。化成黄金彈，同登桃李盤。”枇杷實多且黄，亦名“百顆黄”。明李東陽《賜枇杷》詩:“尚方珍果賜新嘗，分得江南百顆黄。”見“枇杷”文。

【金丸】[2]

“黄金丸[2]”之省稱。此稱宋代已行用。見該文。

【黄金彈】[2]

即黄金丸[2]。謂其果色黄似彈，故名。此稱宋代已行用。見該文。

【百顆黄】

即黄金丸[2]。此稱明代已行用。見該文。

【炎果】

即枇杷。亦特指其果。此稱南北朝時已行用。南朝宋謝瞻《安成郡庭枇杷樹賦》:“肇寒葩於結霜，承炎果於纖露。”見“枇杷”文。

【粗客】

“枇杷”之别稱。此稱元代已行用。元程棨《三柳軒雜識・花客》:“枇杷爲粗客。”《廣群芳譜・果譜三・枇杷》:“《三柳軒記》:枇杷爲粗客。”見“枇杷”文。

枳椇

習見雜果名。鼠李科，枳椇屬，北枳椇(*Hovenia dulcis* Thunb.)之别名。落葉喬木。葉互生，廣卵形。聚傘花序腋生或頂生，花雜性，淡黄緑色。果實圓形或廣橢圓形，灰褐色;果梗肉質肥大，紅褐色，多屈曲分枝，成熟後味甘。種子扁圓形，紅褐色。原産於我國。主要分布於華北、華東、中南、西北、西南各地。果甘，可生食或釀酒。木材供建築、傢具。樹皮、木汁、樹液、果實均可入藥。

我國栽培利用枳椇至少已逾二千年。因其果梗肉質、扭曲、甘甜如飴，故名稱頗多。先秦時始稱“枸”。因“柜”“椇”同“枸”，均喻其果梗屈曲或枝多曲橈，故秦漢後亦稱“椇”“枳枸”“枳柜”。晋已行用“枳椇”之稱。《詩・小雅・南山有臺》:“南山有枸，北山有楰。”漢毛公傳:“枸，枳枸。”《禮記・明堂位》:“俎，有虞氏以梡，夏后氏以嶡，殷以椇。”唐孔穎達疏:“云椇之言枳椇也，謂曲撓之也者，枳椇之樹，其枝多曲橈。”魏晋時已廣爲利用，亦稱“枳椇子”“樹蜜”“木

枳　椇

(清吴其濬《植物名實圖考》)

餳”“白石”“白實”“木石”“木實”。晉崔豹《古今注·草木》:“枳椇子，一名樹蜜，一名木餳，實形拳曲，核在實外，味甜美如餳蜜。一名白石，一名白實，一名木石，一名木實，一名枳椇。”北魏賈思勰《齊民要術·五穀果蓏菜茹非中國物産者》引晉郭義恭《廣志》:“枳柜，葉似蒲柳，子似珊瑚，其味如蜜。十月熟，樹乾者美。”枳椇，果味甘，形曲。亦稱“蜜檐橔”“蜜屈律”“木珊瑚”“鷄距子”“鷄爪子”“枳椇木”。明李時珍《本草綱目·果三·枳椇》:“[釋名]蜜檐橔、蜜屈律、木蜜、木餳、木珊瑚、鷄距子、鷄爪子。木名白石木、金鈎木、枅栱、交加枝。”明方以智《物理小識·草木類》:“木蜜，名枳椇木。”清吴其濬《植物名實圖考·果類·枳椇》:“枳椇,《唐本草》始著録，即枸也，詳《詩疏》。能敗酒。俗呼鷄距，亦名拐棗。”

按，枳椇屬尚有“枳椇”“毛枳椇”，亦屬此類，古稱或與此同，然醫家多指此種，餘不另附。又，枳椇利用價值頗高，然目前多爲野生狀態，或分散零星栽植。我國除西北、東北邊遠地區外，均宜大力發展。今亦俗稱“鷄爪樹”“甜半夜”。

【枸】[2]

即枳椇。此稱先秦時期已行用。見該文。

【椇】

“枳椇”之省稱。此稱漢代已行用。見該文。

【枳枸】

同“枳椇”。因其枝曲橈，故名。此體漢代已行用。見該文。

【枳柜】

同“枳椇”。此體晉代已行用。見該文。

【枳椇子】

即枳椇。此稱晉代已行用。見該文。

【樹蜜】

即枳椇。因其實味甘如蜜，故名。此稱晉代已行用。見該文。

【木餳】

即枳椇。因其實味甘如飴，故名。此稱晉代已行用。見該文。

【白石】

即枳椇。此指其木。此稱晉代已行用。見該文。

【白實】

即枳椇。此稱晉代已行用。見該文。

【木石】

即枳椇。此稱晉代已行用。見該文。

【木實】

即枳椇。此稱晉代已行用。見該文。

【蜜檐橔】

即枳椇。檐與枳同，橔謂枝曲。此樹多枝而曲，果拳曲不直，故名。此稱漢代已行用。見該文。

【蜜屈律】

即枳椇。此稱魏晉時期已行用。見該文。

【木珊瑚】

即枳椇。因果形似珊瑚，故名。此稱魏晉時期已行用。見該文。

【鷄距子】

即枳椇。因其果拳曲，故名。此稱多唐代已行用。見該文。

【鷄爪子】

即枳椇。因果形似鷄爪，故名。此稱元明時期已行用，常爲俚人俗稱。見該文。

【枳椇木】

即枳椇。此稱明代已行用。見該文。

【鷄爪樹】

即枳椇。今之俗稱。見該文。

【甜半夜】

即枳椇。今之俗稱。見該文。

【北枳椇】

即枳椇。今之通稱。見該文。

【木蜜】[3]

即枳椇。此稱晋代已行用。晋崔豹《古今注・草木》:“木蜜生南方,合體皆甜,嫩枝及葉皆可生啖,味如蜜,解悶止渴,其老枝及根幹堅不可食。”明方以智《物理小識・草木類》“木蜜,名枳椇木……中州呼拐棗。”見“枳椇”文。

【蜜枳繳】

即枳椇。此稱南北朝時期已行用。亦稱“交加枝”。南朝宋雷斅《雷公炮炙論・序》:“弊箄淡鹵,如酒霑交。”書注:“今蜜枳繳枝,又云交加枝。”《廣群芳譜・果譜四・枳椇》:“《本草》:枳椇……一名枅栱,一名交加枝,言其紐屈也。”參閲明李時珍《本草綱目・果三・枳椇》。見“枳椇”文。

【交加枝】

即蜜枳繳。此稱南北朝時期已行用。見該文。

【曲枝果】

即枳椇。此稱宋代已行用。其枝曲屈,故名。《通雅・飲食》:“[止酒之程也]《通釋》云稽𥝩者,詘曲不伸之意。《字書》曰曲枝果也。枳椇,枝上作房,似珊瑚,核在其端,曰木蜜。其木近酒能薄酒味,蓋象枳椇之詘曲。”《格致鏡原・果類三・諸果》:“《韻學集成》云:榿橵之果,其狀詰屈。按《本草》:樹徑尺,葉似桑柘,子作房似珊瑚枝,在其端,即榿橵也。《廣韻》謂之曲枝果。”見“枳椇”文。

【金鈎木】

即枳椇。此稱多行用於元明時。亦稱“枅栱”“桔枸”“棘枸”“鷄橘子”“結留子”。明李時珍《本草綱目・果三・枳椇》:“[釋名]蜜榿橵、蜜屈律、木蜜、木餳、木珊瑚、鷄距子、鷄爪子。木名白石木、金鈎木、枅栱、交加枝。”參閲《廣群芳譜・果譜四・枳椇》文。見“枳椇”文。

【枅栱】

即金鈎木。因其子横折岐出,狀若枅栱,故名。此稱明代已行用。見該文。

【桔枸】

即金鈎木。此稱明代已行用。見該文。

【棘枸】

即金鈎木。此稱明代已行用。見該文。

【鷄橘子】

即金鈎木。此稱明代已行用。見該文。

【結留子】

即金鈎木。此稱明代已行用。見該文。

【拐棗】

“枳椇”之别稱。此稱明代已行用,沿稱至今。明朱橚《救荒本草》卷六:“拐棗,生密縣梁家衝山谷中。葉似楮葉,而無花叉,却更尖艄,面多紋脉,邊有細鋸齒。開淡黄花。結實狀似生薑,拐叉而細短,深茶褐色,故名拐棗,味甜。”拐棗可入饌、救饑。明鮑山《野菜博録》卷四:“拐棗,生密縣梁家衝山谷中。葉似楮葉,無花叉却更尖,而面多紋脉,邊有細鋸齒。開淡黄花。結實狀似生薑，有叉，細短，深茶褐色，故名拐棗。味甜。食法：采取拐棗成熟者食之。”明檀萃《滇海虞衡志》：“枳椇子，滇人呼爲拐棗。”亦稱“天藤”“還陽藤”。明蘭茂《滇南本草·拐棗》：“拐棗，一名天藤，一名還陽藤。味甘、微温、無毒。”見“枳椇”文。

拐　棗
（明朱橚《救荒本草》）

【天藤】

即拐棗。此稱明代已行用。見該文。

【還陽藤】

即拐棗。此稱明代已行用。見該文。

【槺構】

即枳椇。槺本義爲“户”（見《説文·木部》），亦作“牖傍柱也”解（《廣韻·上講》）。構有“屋架”義（見《玉篇》）。槺構有屋架與户牖交積之義。枳椇之果果梗多屈曲分枝，似有槺構意，因名。此稱明代已行用。亦稱“厲漢指頭”。明方以智《物理小識·草木類》：“木蜜，名枳椇木。不宜近酒室，使酒味薄。材作枕，醉者易醒。語曰厲漢指頭，中州呼拐棗，一名槺構。”見“枳椇”文。

【厲漢指頭】

即槺構。因其實多屈曲，故名。此稱明代已行用。見該文。

【卍果】

即枳椇。枳椇之果果梗多屈曲分枝，形如卍字，因名。亦稱“蓬陰子”。此稱清代已行用。清屈大均《廣東新語·木語》：“廣中山果……曰卍果，果作卍字形，畫甚方正，蔕在字中不可見，生食香甘，一名蓬鬆子。”清李調元《南越筆記·廣東諸果》：“卍果，果作卍字形，畫甚方正，蒂在字中不可見，生食香甘，一名蓬鬆子。”今俗稱“萬字果”。見“枳椇”文。

【蓬鬆子】

即卍果。此稱清代已行用。見該文。

【萬字果】

即卍果。今之俗稱。見該文。

【拐爪木】

即枳椇。其果屈曲如拐爪，因名。清代川東各地多行用此稱。清劉善述《草木便方·木部·拐爪木》：“拐爪木皮澀温甘，調和五瘖五臟安，爪甘消渴除煩熱，能解酒果毒熱遷。”趙素雲等整理本作“枳椇子”，原圖名“木蜜”。見“枳椇”文。

桂木[3]

習見雜果名。桑科，波羅蜜屬，桂木（Artocarpus *parvus* Gagnep.）。常緑喬木。高達15米，具乳汁。單葉互生，革質，橢圓形或倒卵狀橢圓形，全緣。花單性，雌雄同株；雄花序單生葉腋；雌花序近球形，單生於葉腋，其花被管狀，下部埋藏於花序托内。聚花果近球形，肉質，黄色或紅色。我國主要分布於廣東、廣西、海南等地。果味酸甜可口，可生食或糖漬，亦可用爲調料。木材供建築。果、根可入藥。

我國栽培利用桂木至少有一千五百年歷史。晉代稱“鬼目”“鬼目樹”。北魏賈思勰《齊民要術・五穀果蓏菜茹非中國物産者》:“《廣志》曰:‘鬼目似梅,南人以飲酒。’《南方草物狀》曰:‘鬼目樹,大者如李,小者如鴨子。二月花色,仍連著實。七八月熟。其色黄,味酸;以蜜煮之,滋味柔嘉。交阯、武平、興古、九真有之也。’”宋洪邁《容齋續筆・苦藚菜》:“《南方草木狀》曰:鬼目樹大者如木子,小者如鴨子,七月八月熟,色黄味酸,以蜜煮之滋味柔嘉。交趾諸郡有之,《交州記》曰:高大如木瓜而小傾邪,不周正。《本草》曰:鬼目,一名東方宿,一名連蟲,亦名羊蹄。”按,文中“東方宿”“連蟲”“羊蹄”未詳是否指桂木。古人將植物名鬼目者有數種,惟《廣志》、嵇含所言鬼目爲本種。如《通雅・植物》:“[鬼目非一]郭璞《爾雅》苻注:江東有鬼目草,莖似葛葉,圓而毛,如耳璫,赤色,叢生;《廣志》曰:鬼目似梅,南人以下酒;嵇含曰:鬼目樹,大者如木腰子,小者如鴨子,七月八月熟,色黄味酸,以蜜煮之,交趾諸郡有之。”清亦稱“鬼目子”“麂木”。清屈大均《廣東新語・木語》:“廣中山果……曰鬼目子,大如梅李,皮黄肉紅,味甚酸,人以爲蔬。以皮上有目名鬼目,一曰麂木,麂者鬼之訛也。”

按,今人辛樹幟《中國果樹史研究》以爲鬼木即桂木:“桂木(*Artocarpus lingnanensis* Merr.),《齊民要術》似‘鬼目’著録,已列前表。本種係喬木,高十餘米……假果單生於腋間,略爲球狀,幼時被銹色小柔毛,熟時幾禿净,黄色或紅色。”又,《山海經・西山經》:“皋塗之山……其陽多丹粟,其陰多銀、黄金,其上多桂木。”未言其是否有果,此桂木似非本種。另明彭大翼《山堂肆考》卷一九八《花品・桂花》有“皋塗成柱”説:“《山海經》:皋塗山有桂木八樹,在賁禺東。‘八樹成柱’,言其大也。賁禺即番禺也。”亦難言其爲本種。今俱附以供詳考。今亦通稱“紅桂木”。俗稱“大葉胭脂”。參閱辛樹幟《中國果樹史研究・概述歷史文獻中分屬各科的果樹・桑科》“桂木”文。

【鬼目】[3]

即桂木[3]。此稱晋代已行用。見該文。

【鬼目樹】

即桂木[3]。此稱晋代已行用。見該文。

【鬼目子】

即桂木[3]。此稱清代已行用。見該文。

【麂木】

即桂木[3]。此稱清代已行用。見該文。

【紅桂木】

即桂木[3]。今廣東各地多行用此稱,亦今之通稱。見該文。

【大葉胭脂】

即桂木[3]。今廣東各地多俗用此稱。見該文。

荔枝

習見雜果名。無患子科,荔枝屬,荔枝(*Litchi chinensis* Sonn.)。常緑喬木。樹冠廣闊,枝多彎垂。羽狀複葉,互生,小葉短披針形,革質。圓錐花序頂生,花小,雜性,缺花瓣。核果球形或卵形。外果皮革質,赤色,有瘤狀突起。假種皮白色,半透明,肉質多汁,味甜,芳香,可食。種子矩圓形,褐色,光亮。我國主要分布於廣東、海南、福建、廣西、臺灣、四川、雲南等地。荔枝用途頗廣,樹供觀賞,亦可固堤護岸。木材堅實,可製傢具。果可食。根、葉、外果皮、種子可入藥。果殼、根、莖可提取單寧。

荔　枝
(《證類備急本草畫圖》)

我國荔枝栽培歷史至少已有二千二百餘年。公元前206年漢高祖時，嶺南荔枝始爲貢品。漢武帝元鼎六年（前116）破南越，起扶荔宫，宫以荔枝得名。荔枝引種多次，因南北异宜，歲時多枯瘁，引種無成。由於宫廷重荔枝，促進南方荔枝發展。至唐代楊貴妃嗜荔，荔枝栽培更廣。我國歷代荔枝著述頗多，自唐至清荔枝之著作多達十四種，而以宋蔡襄《荔枝譜》及清吴應逵《嶺南荔枝譜》最著名。其名稱亦有多種。漢代始稱“離支”，其木結實時枝弱而蔕牢，需以刀劙其果枝，方可得。劙音“利”，義爲“解”，故名。亦稱“荔支”，并行用“荔枝”之稱，沿稱至今。《後漢書·和帝紀》：“舊南海獻龍眼、荔支，十里一置，五里一候，奔騰阻險，死者繼路。”《文選·司馬相如〈上林賦〉》：“隱夫薁棣，荅遝離支。羅乎後宫，列乎北園。”李善注引晋灼曰：“離支，大如鷄子，皮粗，剥去皮，肌如鷄子中黄，味甘多酢少。”《東觀漢記·匈奴南單于》：“南單于來朝，賜御食及橙橘、龍眼、荔枝。”北魏賈思勰《齊民要術·五穀果蓏菜茹非中國物産者》引《廣志》：“荔支，樹高五六丈，如桂樹，緑葉蓬蓬，冬夏鬱茂。青華朱實，實大如鷄子，核黄黑，似熟蓮子，實白如肪，甘而多汁，似安石榴，有甜酢者。夏至日將已時，翕然俱赤，則可食也。一樹下子百斛。”唐白居易《荔枝圖序》：“荔枝生巴峽間，樹影團團如帷蓋，葉如桂冬青，花如橘春榮，實如丹夏熟。朵如葡萄，核如枇杷，殻如紅繒，膜如紫綃，瓤肉潔白，如冰雪漿液，甘如醴酪。……其實若離本枝，一日而色變，二日而香變，三日而味變，四五日外色香味盡去矣。”明代稱“離枝”。明李時珍《本草綱目·果三·荔枝》：“[釋名]離枝、丹荔。〔蘇〕頌曰：按朱應《扶南記》云：此木結實時，枝弱而蔕牢，不可摘取，必以刀斧劙取其枝，故以爲名。劙（音利）與劦同。”

按，荔枝屬僅二種。一産我國，一産菲律賓。我國則以廣東、廣西分布最廣，番禺、增城、新會、從化又爲重點産區，其次則爲東莞、寶安、南海、茂名、新興、靈山、防城港、瓊山、揭陽、饒平、普寧等地。福建荔枝分布僅次於兩廣，主要産區爲莆田、漳蒲、晋江、福清、閩侯、永春、龍海等地，再次則爲四川。各地栽培品種頗多，廣東有三月紅、玉荷包、妃子笑、挂緑、香荔等；福建有狀元紅、陳紫、早紅、元香；廣西有丁香、禾荔、古風、黑葉等；四川則有大紅袍、楠木葉、青皮、絳紗囊等。今亦稱“勒荔”“大荔”“荔錦”。依蔡襄《荔枝譜》載：荔枝之於天下，惟閩、粤、南粤、巴、蜀皆有之，栽培品種多至三十三個。當時，已有商賈水浮陸轉鬻入京師。且外銷至北戎、西夏；向東南舟行新羅、日本、琉球、大食之屬。足見我國荔枝早已聞名於世。

【離支】

即荔枝。此稱漢代已行用。見該文。

【荔支】

即荔枝。此稱漢代已行用。見該文。

【離枝】

即荔枝。此稱明代已行用。見該文。

【勒荔】

即荔枝。今廣西各地多行用此稱。參閱《新華本草綱要・荔枝》。見該文。

【大荔】

即荔枝。今稱，語本《新華本草綱要》。見該文。

【荔錦】

即荔枝。今稱，語本《新華本草綱要》。見該文。

【荔枝樹】

即荔枝。此稱晋代已行用。晋嵇含《南方草木狀》卷下："荔枝樹，高五六丈，餘如桂樹，緑葉蓬蓬，冬夏榮茂，青華朱實。"明代省稱"荔樹""荔"。《廣群芳譜・果譜十・荔支四》："〔明〕鄧慶宷《荔枝譜》：荔子原無用核種者，皆用好枝刮去外皮，以土包裹待生白根如毛，再用土覆一過，以臘月鋸下，至春遂生新葉。他木栽時皆去枝葉，獨荔樹要留宿葉承露，若葉去，露槁則無生機。"又，"〔明〕徐𤊹《荔枝譜》：荔性宜熱，最畏高寒。古樹歷數百年者枝柯詰屈，根幹盤旋，其陰可蔽數畝。此歲久根深，縱霜霰侵壓，不過葉悴，可無損於樹，當春仍發新葉開花結實。至於新種不歷十數年者，樹稚根淺，一遇霜霰，隨即枯萎，明年不復花實"。見"荔枝"文。

【荔樹】

"荔枝樹"之省稱。此稱明代已行用。見該文。

【荔】

"荔枝樹"之省稱。此稱明代已行用。見該文。

【丹荔】

即荔枝。此稱唐代已行用。沿稱於後世。唐戴叔倫《春日早朝應制》詩："丹荔來金闕，朱櫻貢玉盤。"宋陸游《南窗擘黄柑獨酌有感》詩："何限人間堪恨事，黄柑丹荔不同時。"元王禎《農書》卷九："荔枝一名丹荔。《嶺南記》云，此木以'荔枝'爲名者，以其結實時枝弱而蔕牢，不可摘取，以刀斧劙去其枝，故以爲名。生嶺南、巴中、泉、福、漳、興、嘉、蜀、渝、涪及二廣州郡皆有之。其品閩爲最，蜀川次之，嶺南爲下。"明徐光啓《農政全書》卷三〇"荔枝"書注："一名丹荔，一名飣坐真人。其類有三四十種，以狀元香爲最。"清陳淏子《花鏡》卷四："荔枝，一名丹荔，一名離枝，爲南方珍果。嶺南、蜀中俱産，惟閩中爲第一。"見"荔枝"文。

【欐枝】

即荔枝。此稱漢代已行用。亦沿稱於後世。唐段公路《北户録》卷三："〔無核荔枝〕南方果之美者有荔枝，衛洪《七開》曰：'蒲桃龍目，椰子欐支。'欐同荔……又《西京雜記》曰：'尉佗獻高祖鮫魚欐枝，高祖報以蒲桃錦四匹。'"宋顧文薦《負暄雜録》："欐枝……衛洪《七開》曰：蒲桃、龍眼、椰子，荔枝却書此字。"清代亦作"麗枝"。清趙學敏《本草綱目拾遺・果部下・諸荔》："《粵語》：南方離火之所出，荔枝得離火多，故一名離枝，亦曰麗枝。麗，離也。文從兩日，天地之數，水一而火二，故麗從兩日。日爲五行之華，月爲六氣之精，日麗乎支，猶之乎日出於扶桑也。麗枝乃震木之大者，震木以扶桑爲宗子，而麗支其支子，故曰麗支。”見“荔枝”文。

【麗枝】

即欐枝。此稱清代已行用。見該文。

【荔子】

即荔枝。此稱唐代已行用。唐韓愈《柳州羅池廟碑》：“荔子丹兮蕉黄，雜肴蔬兮進侯堂。”宋朱翌《猗覺寮雜記》卷上：“荔子，漢和帝時取之南海，唐天寶時取之涪，元和中取之荆南……鮑防《雜感》詩云：五月荔子初破顏，朝離象郡夕函關。雁飛不到桂陽嶺，馬度皆從林邑山。”宋張世南《游宧紀聞》卷五：“三山荔子丹時最可觀，四月味成曰火山，實小而酸；五月味成曰中冠；最後曰常熟。中冠品佳者不減莆中。”明王叔承《荆溪游櫻桃園》詩：“珠林光萬點，紅亂野園芳。艷奪桃花彩，甘驕荔子漿。”清刊《授時通考·農餘門·果三》：“鄧慶寀《荔支譜》：荔子原無用核種者，皆用好枝刮去外皮以土包裹，待生白根如毛，再用土覆一過，以臘月鋸下，至春隨生新葉。”參閱宋孫奕《示兒編·春猿秋鶴》。見“荔枝”文。

【飣坐真人】

“荔枝”之别稱。亦稱“壓枝天子”。此稱宋代已行用。宋陶穀《清異録·果》：“閩士赴科，臨川人赴調，會京師旗亭，各舉鄉産，閩士曰：我土荔枝真壓枝天子、飣坐真人，天下安有並駕者。”《廣群芳譜·果譜七·荔支》：“荔支，一名丹荔，一名離支，一名飣坐真人。樹高數丈，自徑尺至於合抱，形團圞如帷蓋。葉如冬青，緑色蓬蓬，四時常茂。花青白，開於二三月，狀如橘，又若冠之蕤緌。五六月結實，喜雙，狀如初生松球，核如熟蓮子，殼有皺紋如羅，生青熟紅，肉淡白如肪玉，味甘，多汁。”後世遂以“壓枝天子”“飣坐真人”呼荔枝。見“荔枝”文。

【壓枝天子】

即飣坐真人。此稱宋代已行用。見該文。

【側生】

“荔枝”之别稱。此稱唐代已行用。晋左思《蜀都賦》有“旁挺龍目，側生荔枝”句，謂荔枝着生旁枝，後文人騷客用爲荔枝之别稱。宋唐庚《和程大夫荔枝》詩：“側生流落今千載，入貢稱珍彼一時。”又荔枝果實外紅似火，形若鳳冠，而肉如脂，形類蠶繭，故亦稱“火鳳冠”“冰蠶繭”。宋陶弼《荔枝》詩：“一簇冰蠶繭，千苞火鳳冠。”明楊慎《丹鉛餘録》卷三：“左思《蜀都賦》：‘旁挺龍目，側生荔枝。’故張九齡賦荔枝云：‘雖觀上國之光，而被側生之誚。’杜子美絶句云：‘側生野岸及江蒲，不熟丹宫滿玉壺。’諱荔支爲側生，雖本之左思、張九齡，然以時事不欲直道也。黄山谷題楊妃病齒云：多食側生損其左車（指左齒），則特好奇爾。”見“荔枝”文。

【火鳳冠】

即側生。特指其實。此稱宋代已行用。見該文。

【冰蠶繭】

即側生。此稱宋代已行用。見該文。

【紅雲】

“荔枝”之别稱。因其果皮色紅，果熟時紅實滿枝，璨若紅雲，故名。此稱清代已行用。亦稱“晚紅”。清梁章鉅《歸田瑣記·北東園日記詩附逢辰和韻》：“冰桃雪藕凉如許，忽捧紅雲喜欲狂。”自注：“中伏日，適壽研二妹，由福州寄到新荔，大人別有詩紀之。"《事物異名録・果蓏荔枝》："陸游詩：'北嶺空思劈晚紅。'按，謂荔枝也。"見"荔枝"文。

【晚紅】

即紅雲。此稱宋代已行用。見該文。

【輕紅】

"荔枝"之别稱。荔枝果核淡紅，故以借稱。亦名"頳虯珠"。此稱宋代已行用。常見於詩詞中。宋黄庭堅《浪淘沙・荔枝》詞："憶昔謫巴蠻，荔子親攀，冰肌照映柘枝冠。日擘輕紅三百顆，一味甘寒。"宋蘇軾《四月十一日初食荔支》詩："先生洗盞酌桂醑，冰盤薦此頳虯珠。"明謝肇淛《五月十日初嘗火山荔枝》詩："五月猶未半，輕紅已出市。磊磊朱蕨蕤，乍疑晨星墜。"見"荔枝"文。

【頳虯珠】

即輕紅。此稱宋代已行用。見該文。

【皺皮】

即荔枝。其果實外果皮有瘤狀突起，粗皺若皺，故名。此稱宋代已行用。宋蘇軾《廉州龍眼質味殊絶可敵荔支》詩："獨使皺皮生，弄色映琱俎。"王文誥輯注引邵長蘅曰："皺皮，指荔支。"亦稱"皺玉星球"。清戴名世《徐文虎稿序》："閩之南有荔枝者，丹囊絳膜，有皺玉星球之稱。"見"荔枝"文。

【皺玉星球】

即皺皮。此稱清代已行用。見該文。

【丁香子】

"荔枝"之别稱。特指其核小者。此稱行用於唐代。《古今合璧事類備要別集》卷四一引《開元遺事》曰："明皇命方士以藥傅荔枝根，得核小，宫人呼爲丁香子。"見"荔枝"文。

【將軍樹】

"荔枝"之別稱。此稱多行用於宋代。語本宋蘇軾《食荔支二首・引》："惠州太守東堂祠，故相陳文惠公堂下有公手植荔支一株，郡人謂之將軍樹。今歲大熟，嘗啖之，餘下逮吏卒，其高不可致者，縱猿取之。"後世遂以將軍樹謂荔枝。參閱宋祝穆《方輿勝覽・蘇子瞻將軍樹荔支》。見"荔枝"文。

烏欖

習見雜果名。橄欖科，橄欖屬，烏欖（*Canarium pimela* K. D. Koenig）。常緑喬木。有膠黏性芳香樹脂。奇數羽狀複葉，互生；小葉對生，具短柄，長圓形至卵狀橢圓形，革質，全緣。花兩性，或單性花與兩性花共存，成複總狀花序，頂生或腋生。核果較大，卵形至橢圓形，成熟時黑紫色；果核木質，兩端鈍，内含種子一至三枚。我國主要分布於廣東、廣西、福建、雲南等地。常栽植於路邊，供緑化觀賞。果實不堪生食，常用於製欖豉。種子可榨油或製糖果，果核可製活性炭，木材可製木屐。

我國烏欖栽培利用歷史較久。晋代稱"木威"。北魏賈思勰《齊民要術・五穀果蓏菜茹非中國物産者》引晋顧微《廣州記》："木威，樹高大，子如橄欖而堅，削去皮，以爲粽。"繆啓愉校釋："木威是橄欖科的*Canarium pimela* Koenig，也叫烏欖，和橄欖同屬。"宋代已行用"烏欖"之稱。《全芳備祖後集・果部・烏欖》："廣州有烏欖，色黑，澀酢，人不食。"宋范成大《桂海虞衡志・志果》："烏欖，如橄欖，青黑色，肉爛而甘。"明李時珍《本草綱目・果三・橄欖》："烏欖，色青黑，肉爛而甘。"明宋詡《竹嶼山房雜部・養生部二・蜜煎制》："閩廣中所産者：荔枝、龍眼、餘甘子、人面果、烏欖、椰子、波羅蜜、草果、豆蔻皮、縮砂仁、蔞藤葉、檳榔之類，常潤蜜遇晏温即暴之。”清刊《授時通考·農餘門·果三》：“烏欖，色青黑，肉爛而甘，取肉搥碎，乾自有霜如白鹽，謂之欖醬。仁最肥大，有紋，層疊如海螵蛸，色白，外有黑皮，最甘嫩。”亦稱“木威子”。清吴震方《嶺南雜記》卷下：“烏欖，一名木威子……土人取其肉醃爲葅，名曰欖豉，色如玫瑰，味頗雋。又可榨油，調食點燈。其仁則爲佳果以致遠，然不善收藏，輒油不可食。”清李調元《南越筆記》卷一三：“番禺大石頭村婦女，多以斫烏欖爲業，其核以炊，仁以油及爲禮果。”清屈大均《廣東新語·木語》：“橄欖，有青、烏二種。閩人以白者爲青果，粤中止名白欖，不曰青果也。白欖利微，人少種，種者多是烏欖。下番禺諸鄉爲多，種至兩歲，烏欖秧長八九尺，必抯之乃子，抯至三年而子小收，十年而大收矣。”

烏　欖
（清吴其濬《植物名實圖考》）

烏欖爲重要的木本油料樹，其栽培品種有“立秋烏欖”“黄莊烏欖”“油烏欖”“左尾烏欖”及“鼻烏欖”等。今亦俗稱“黑欖”。參閲辛樹幟《中國果樹史研究·概述歷史文獻中分屬各科的果樹·橄欖科》“橄欖”文。

【木威】

即烏欖。此稱晋代已行用。見該文。

【木威子】

即烏欖。此稱清代已行用。見該文。

【黑欖】

即烏欖。今之俗稱。見該文。

【烏橄欖】

即烏橄。此稱明代已行用。《格致鏡原·果類三·橄欖》引明顧岕《海槎餘録》：“青橄欖無仁，烏橄欖有仁，外肉取來杵碎乾放，則自有霜堆起如白鹽，名曰欖醬。”見“烏橄”文。

倒捻子

習見雜果名。藤黄科，藤黄屬，莽吉柿（*Garcinia mangostana* Linn.）之别名。常緑喬木。葉對生，厚革質，長橢圓形，先端漸尖，全緣。花雜性，同株；兩性花，單生或成對生枝端，花瓣肉質，粉紅色。果實球形，紅紫色，有宿存大型革質萼片；果殼厚且韌，内含五至七粒種子。種子薄而小，外被白色多汁假種皮。我國廣東、臺灣有栽培。

倒捻子久爲人知。隋代稱“都念子”。隋杜寶《大業拾遺録》：“都念子，生嶺南。隋煬帝時進百株，植於西苑，樹高丈餘，葉如白楊，枝柯細長。花心黄色，花赤如蜀葵而大，子如小棗，蜜漬食之，甘美溢人。”唐代已行用“倒捻子”之稱。唐劉恂《嶺表録異》卷中：“倒捻子，窠叢不大……有子如軟柿，頭上有四葉如柿蔕。食者必撚其蒂［蒂］，故謂之倒捻子，或呼謂都念子。蓋語訛也。”明李時珍《本草綱目·果三·都念子》：“［釋名］倒捻子。［集解］〔陳〕藏器曰：杜寶《拾遺録》云：都念子生嶺南。隋煬帝時進百株植於西苑。樹高丈餘，葉如白楊，枝柯長細，花心金色，花赤如蜀葵而大。子如小棗，蜜漬食之甘美益人。時珍曰：

按劉恂《嶺表録》云：倒捻子，窠叢不大，葉如苦李，花似蜀葵，小而深紫，南中婦女多用染色。子如軟柹，外紫内赤，無核，頭上有四葉如柹蔕。食之必捻其蔕，故謂之倒捻子，訛而爲都念子也。味甚甘軟。”省稱“都念”。清陳淏子《花鏡》卷四：“都念生嶺南。樹高丈餘，株柯長而細，葉如苦李。花紫赤如蜀葵，心金色，南中婦女多用染色。子如小軟柿，外紫内赤，無核。頭上有四葉如柿蒂，食必捻其蒂，故又名倒捻子。味甚甘美。”伊欽恒校注：“〔都念子〕現名山竹子，爲藤黄科常緑小喬木。别名‘莽吉柿’‘倒捻子’。學名*Garcinia mangostana* Linn.。”今亦名“莽吉柿”“山竹子”“羅漢果”。目前多用種子繁殖，亦可用嫁接或扦插繁殖。

【都念子】

即倒捻子。此稱隋代已行用。見該文。

【都念】

即倒捻子。此稱清代已行用。見該文。

【莽吉柿】

即倒捻子。今稱。今本《漢拉英中國木本植物名録》作“奔吉柿”，此附。見該文。

【山竹子】

即倒捻子。今稱。見該文。

【羅漢果】

即倒捻子。葫蘆科有藤本植物“羅漢果”，與此殊异，宜辨之。今稱。見該文。

【石都念子】

即倒捻子。此稱唐代已行用，沿稱於後世。亦稱“海漆”“胭脂子”。宋唐慎微《證類本草・果部・石都念子》：“石都念子，味酸，小温，無毒。主痰嗽噦氣。生嶺南，樹高丈餘，葉如白楊，花如蜀葵正赤，子如小棗，蜜漬爲粉，甘美益人。隋朝植於西苑也。”明徐應秋《玉芝堂談薈》卷三六：“《酉陽雜俎》：石都念子，味酸。生嶺南，樹高丈餘，葉如白楊，花如蜀葵正赤，子如小棗，蜜漬爲粉，甘美益人。隋時植於西苑。”清吴其濬《植物名實圖考・果類・石都念子》：“石都念子，《本草拾遺》始著録，即倒捻子。東坡名爲海漆，亦名胭脂子。”見“倒捻子”文。

石都念子
（清吴其濬《植物名實圖考》）

【海漆】

即石都念子。此稱宋代已行用。見該文。

【胭脂子】

即石都念子。因舊時南方婦女以其染色，故名。此稱宋代已行用。見該文。

【倒黏子】

即倒捻子。此稱宋代多行用於南地。亦作“倒粘子”。宋朱弁《曲洧舊聞》卷五：“東坡至儋耳，見野花夾道如芍藥而小，紅鮮可愛，樸樕叢生，土人云倒黏子花也。結子如馬乳，爛紫可食，殊甘美，中有細核，並嚼之瑟瑟有聲，亦頗澀，童兒食之或大便難……吾久苦小便白濁，近又大腑滑，百藥不差。取倒黏子嫩葉蒸之焙燥爲末，以酒糊九日吞百餘，二腑皆平復，然後知其奇藥也。”清陳大章《詩傳名物集覽・木・椅桐梓漆》：“又《廣輿記》：瓊州有海漆，出海上，花似芍藥，曰倒黏子。浸爲膏可代柿漆。”清吴綺《嶺南風物記》：“海上有花如芍藥，曰倒粘子，漬以爲膠，可代柿漆。”參閲《廣群芳譜·果譜十四·都念子》。見“倒捻子”文。

【倒粘子】

同“倒黏子”。此稱清代已行用。見該文。

【撚子】

“倒捻子”之音訛稱。此稱宋代已行用。宋朱翌《猗覺寮雜記》卷下：“嶺外有果名撚子，三月開花如芍藥，七八月成實，可食。結腸胃，小兒食多則大便難。東坡改名海漆，言搗其葉可代柿漆用。《嶺表録異》云：倒捻子，窠叢生，葉如苦李，花似蜀葵，小而深紫，南方婦女多以染色。子如軟柿，上有四葉如柿蔕，食者必捻其蔕，故謂倒捻子，或呼爲都念子，語訛也。其子外紫内赤，無核，食之甜美，暖臟益肌肉，古訛捻爲念，今又訛念爲撚。《大業拾遺記》：南海送都念子樹一百株，付西苑十六院種，即此花也。”見“倒捻子”文。

【冬年】

即倒捻子。此稱清代已行用。亦稱“逃軍糧”“丹黏子”。清汪森《粤西叢載》卷二〇：“逃軍糧，一名倒粘子，以軍逃山食之（《南寧府志》）。”清郭柏蒼《閩産録異》卷二：“〔冬年〕即逃軍糧。産漳州、泉州、龍巖。以其可以度年，故名冬年。花淡紅。結子如婦人乳頭，倒黏於樹，未熟色赤味澀，既熟色紫味甘。按《齊民要術》曰：‘多南子……出晋安。’即此果也。興化呼丹黏子，又名倒黏子。粤東亦産，取以釀酒，名稔酒。”見“倒捻子”文。

【逃軍糧】

即冬年。此稱清代已行用。見該文。

【丹黏子】

即冬年。此稱清代已行用。見該文。

【多南子】

即倒捻子。此稱三國時期已行用，亦沿稱於後世。三國吴沈瑩《臨海水土異物志》：“多南子，如指大，其色紫，味甘與梅子相似。出晋安。”《太平御覽》卷九七四引《臨海異物志》：“多南子，如指頭大，其色紫，味甘，與梅子相似，晋安侯官界中有之。”明董斯張《廣博物志·草木下》：“多南子，如指大，其色紫味甘，與梅子相似，出晋安。”按，石聲漢《齊民要術今釋》以爲“倒念子”“都念子”“多南子”爲一物，即桃金娘科“桃金娘”。今人張崇根輯校《臨海水土異物志》則以爲石説有誤：“案：《英拉漢植物學辭典》（試行本），倒念子學名爲 *Garcinia mangostana*，則爲藤黄科植物，而不屬桃金娘科，疑石説誤。”見“倒捻子”文。

唐棣 2

習見雜果名。薔薇科，唐棣屬，唐棣〔*Amelanchier sinica*（Schneid.）Chun〕。落葉小喬木。單葉互生，葉卵形或長橢圓形，葉緣中部以上具細齒亦或全緣。總狀花序，有花十餘朵，花五瓣，白色。梨果近球形或扁球形，藍黑色。我國主要分布於陝西秦嶺、甘南、晋、豫、鄂、川等地。花美果密，可供觀賞。果味甜汁多，可生食、製果醬或釀酒。

我國栽培利用唐棣歷史悠久。先秦時已行用此稱。秦漢時亦稱“移”。魏晋時稱“夫移”“移楊”“高飛”“獨摇”“白移”。唐代稱“栿移”。《詩·召南·何彼襛矣》：“何彼襛矣，唐棣之華。”漢毛公傳：“唐棣，移也。”《爾雅・釋木》:“唐棣，移。”晋郭璞注:“似白楊，江東呼夫移。”晋崔豹《古今注・草木》:“移楊，葉圓弱蔕，微風大摇，一名高飛，一名獨摇。”北魏賈思勰《齊民要術・五穀果蓏菜茹非中國物産者》:“夫移，《爾雅》曰:‘唐棣，移。’注云:‘白移，似白楊。江東呼夫移。’《詩》云:‘何彼襛矣，唐棣之華。’毛云:‘唐棣，移也。’疏云:‘實大如小李，子正赤，有甜有酢，率多澀，少有美者。’”按，晋郭璞注《爾雅》無“白移”二字。明李時珍《本草綱目・木二・扶移》:“[釋名] 移楊、唐棣、高飛、獨摇。時珍曰:移乃白楊同類;故得楊名。……崔豹曰:移楊，江東呼爲夫移。圓葉弱蒂，微風則大摇，故名高飛，又曰獨摇。”

按，鄭萬鈞《中國樹木志・唐棣》以爲《爾雅》之唐棣，即此種;《新華本草綱要・唐棣》又以爲《本草綱目》之“扶移”亦本種。另，一説唐棣即今之郁李。如宋朱子《二程遺書》卷一八:“唐棣，乃今郁李。看此便可以見詩人興兄弟之意。”《孝經衍義》卷一一:“唐棣，一曰移也，似白楊。一云即薁李。”此俱附供考。今亦俗稱“紅栒子”。

【移】

即唐棣[2]。此稱秦漢時期已行用。見該文。

【夫移】

即唐棣[2]。此稱晋代已行用。見該文。

【移楊】

即唐棣[2]。此稱晋代已行用。見該文。

【高飛】

即唐棣[2]。因其葉隨微風飄然若飛，故名。此稱晋代已行用。見該文。

【獨摇】

即唐棣[2]。因其葉微風時即大摇，故名。此稱晋代已行用。見該文。

【白移】

即唐棣[2]。此稱南北朝時期已行用。見該文。

【扶移】

同“夫移”。即唐棣[2]。此體唐代已行用，名見唐陳藏器《本草拾遺》。見該文。

【紅栒子】

即唐棣[2]。今陝西太白山地區多俗用此稱。見該文。

【移柳】

即唐棣[2]。亦稱“蒲移”。此稱晋代已行用。晋崔豹《古今注・草木》:“移楊亦曰移柳，亦曰蒲移。”《爾雅翼・釋木》:“移:‘唐棣，移。’郭璞注:‘似白楊，江東呼夫移。’……崔豹《古今注》曰:‘移楊，葉圓弱蔕，微風大摇。一名高飛，一名獨摇，又曰移楊，一曰移柳，亦曰蒲柳。’”見“唐棣[2]”文。

【蒲移】

即移柳。此稱晋代已行用。見該文。

椰子

習見雜果名。棕櫚科，椰子屬，椰子(*Cocos nucifera* Linn.)。常緑喬木。幹直立，不分枝，具輪狀葉痕。羽狀複葉，常二十至三十片叢生莖頂，葉長 3~7 米，小葉片綫形，革質。花單性，雌雄同株，花序生於葉腋，雄花細小而多，生於花序上部，雌花較大而少，多生於花序下部，或雌雄花混生。核果橢圓形或卵狀橢圓形，而略呈三稜，成熟時暗棕褐色;外果皮較薄，中果皮爲厚纖維層，内果皮角質，極堅硬，内含大量漿液及胚子。我國主要分布於臺灣、海南、廣東等及雲南南部地區。樹可供觀賞。胚乳（即椰肉）可食。椰汁可生飲或製飲料。椰殼、椰油、椰汁均可入藥。

椰　子
（清吴其濬《植物名實圖考》）

我國栽培利用椰子已逾一千五百餘年。晉代已行用此稱。省稱“椰”。亦稱“椰樹”。沿稱至今。晉張協《七命》：“析龍眼之房，剖椰子之殼。”《文選·左思〈吴都賦〉》：“檳榔無柯，椰葉無陰。”李善注引晉劉逵曰：“椰樹似檳榔無枝條，高十餘尋，葉在其末，如束蒲，實大如瓠，繫在樹頭，如掛物也。”椰子可種植供觀賞，亦可取果汁作酒飲，尚可取皮中殼作盛器。北魏賈思勰《齊民要術五·穀果蓏菜茹非中國物産者》：“《交州記》曰：椰子有漿，截花以竹筒承其汁作酒飲之，亦醉也。”宋黄震《黄氏日抄》卷六七：“椰子，葉類棕櫚，子上其間，如五升器，皮中殼可爲器，殼中瓤如牛乳，瓤中酒新極清芳，久則濁。”椰樹其用甚多，效亦頗著，明清時栽植較廣，經驗亦較成功。明徐光啓《農政全書》卷三八：“玄扈先生曰：椰用甚多，南中人樹之者，資生之類，大率在焉。”清陳淏子《花鏡》卷四：“椰出海南，今嶺南亦有之。葉如棕櫚，樹高六七丈餘，亦無枝條。葉在木末如束蒲。實生葉間，一穗數枝，大如寒瓜。皮中子殼，可爲飲器。”清屈大均《廣東新語·木語》：“椰，産瓊州。栽時以鹽置根下則易發。樹高六七丈，直竦無枝，至木末乃有葉如束蒲，長二三尺。花如千葉芙蓉，白色，終歲不絶。葉間生實如瓠繫，房房連纍，一房二十七八實，或三十實。”

【椰】

“椰子”之省稱。此稱晉代已行用。見該文。

【椰樹】

即椰子。此稱漢代已行用。見“椰子”“越王頭”文。

【椰木】

即椰子。亦稱“無葉”“倚驕”。此稱晉代前已行用。北魏賈思勰《齊民要術·五穀果蓏菜茹非中國物産者》引《神異經》曰：“東方荒中，有椰木，高三二丈，圍丈餘，其枝不橋。二百歲，葉盡落而生華，華如甘瓜。華盡落而生萼，萼下生子，三歲而熟。熟後不長不減，形如寒瓜，長七八寸，徑四五寸，萼覆其頂。此實不取，萬世如故……木高，凡人不能得；唯木下有多羅樹，人能緣得之。一名曰無葉，一名倚驕。張茂先注曰：驕，直上不可那也。”《爾雅翼·釋木》：“椰木，似檳榔，無枝條，高十餘尋，葉在其末，如束蒲，實大如瓠，繫在樹頭。實外有皮如胡桃。核裏有膚白如雪，厚半寸，如猪膏，味美如胡桃。膚裏有汁升餘，清如水，美如蜜，飲之可以愈渴。核作飲器。”見“椰子”文。

【無葉】

即椰木。此稱晉代已行用。見該文。

【倚驕】

即椰木。此稱晉代已行用。見該文。

【楈枒】

即椰子。省稱“楈”“楈木”“枒”“枒木”。

此稱多行用於漢代。《説文・木部》:“楈,楈木也。”又,“枒,枒木也”。《文選・張衡〈南都賦〉》:“楈枒栟櫚,栚柘檍檀。”李善注引郭璞《上林賦》注曰:“楈枒似栟櫚,皮可作索。”晉左思《蜀都賦》:“其樹則有木蘭梫桂,杞櫹椅桐,椶枒楔樅。”亦稱“茮”“梛子”“梛”。唐玄應《一切經音義》卷一六:“梛子,《聲類》作茮。《異物志》云:梛高十尋,葉居其末,果名也。”《集韻・平麻》:“枒、梛、椰,木名,出交趾。高數十丈,葉在其末,或从邪、从耶。”見“椰子”文。

【楈】

即楈枒。此稱漢代已行用。見該文。

【楈木】

即楈枒。此稱漢代已行用。見該文。

【枒】

即楈枒。此稱漢代已行用。見該文。

【枒木】

即楈枒。此稱漢代已行用。見該文。

【茮】

即楈枒。此稱三國時期已行用。見該文。

【梛子】

即楈枒。此稱唐代已行用。見該文。

【梛】

即楈枒。此稱漢代已行用。見該文。

【胥邪】

即椰子。此稱多行用於漢代。亦稱“胥餘”“胥耶”。《史記・司馬相如列傳》:“留落胥餘,仁頻並閭。”《文選・司馬相如〈上林賦〉》:“留落胥邪,仁頻並閭。”李善注引郭璞曰:“胥邪,似並閭,皮可作索。”明李時珍《本草綱目・果三・椰子》:“[釋名]越王頭、胥餘。時珍曰:相如《上林賦》作胥餘,或作胥耶。”參閱《廣群芳譜・果譜十四・椰子》。見“椰子”文。

【胥餘】

即胥邪。此稱漢代已行用。見該文。

【胥耶】

即胥邪。此稱漢代已行用,沿稱於後世。見該文。

【越王頭】

“椰子”之别稱。昔傳其果爲越王首級所變,故名。此稱漢代已行用,沿稱於後世。漢楊孚《異物志》:“椰樹高六七丈,無枝葉,如束蒲在其上,實如瓠……食其膚,可以不饑,食其汁,則愈渴。又有如兩眼處,俗人謂之越王頭。”晉嵇含《南方草木狀》卷下:“椰樹,葉如栟櫚,高六七丈,無枝條,其實大如寒瓜……俗謂之越王頭云。昔林邑王與越王有故怨,遣俠客刺得其首,懸之於樹,俄化爲椰子,林邑王憤之,命剖以爲飲器,南人至今效之。當刺時,越王大醉,故其漿猶如酒云。”宋梅堯臣《李獻甫於南海魏侍郎得椰子見遺》詩:“魏公番禺歸,逢子蕪江口。贈以越王頭,還同月支首。割解爲飲器,津漿若美酒。”《廣群芳譜・果譜十四・椰子》:“《本草》:椰子,一名胥餘,一名越王頭。”書注:“其核有兩眼,故俗謂之越王頭。”按,其實椰名“越王頭”之説乃無稽訛傳,恰如《本草綱目》云:“此説雖謬,而俗傳以爲口實。”故此稱雖訛然却傳於後世。見“椰子”文。

楊梅

習見雜果名。楊梅科,楊梅屬,楊梅〔*Myrica rubra*(Lour.)Sieb. et Zucc.〕。常緑喬

木。樹冠球形。幼枝無毛，質脆，節間短，分枝呈傘狀。單葉互生，革質，長橢圓形或倒披針形，全緣或先端少有鈍鋸齒。雌雄异株，間或雌花序下偶生雄花之雌雄同穗花，花序腋生；雄花序圓柱狀，爲複葇荑花序；雌花序穗狀，較雄花序短小。核果球形，外果皮暗紅色，由多數囊狀體密生而成，内果皮堅硬，木質，内含種子一枚。四月開花，初夏果熟。我國主要分布於江南各省，而以浙江、江蘇、福建、廣東等沿海諸省最多，臺灣、江西、安徽、湖南、廣西、雲南、貴州亦有分布。果可食，爲我國名果之一。根、樹皮、果實、種仁均可入藥。

我國楊梅栽培歷史已逾二千年。湖南長沙馬王堆西漢古墓及廣西貴港泊灣西漢古墓中均發現有保存完好的楊梅果核。漢代已行用此稱。并入林苑栽培。此稱沿用至今。《文選・司馬相如〈上林賦〉》："樗棗楊梅，櫻桃蒲桃。"李善注引張揖曰："楊梅，其實似穀而有核，其味酸，出江南也。"三國吴沈瑩《臨海水土異物志》："楊梅，其子大如彈子，正赤，五月熟。似梅，味甜酸。"楊梅唐宋時入藥療疾，亦稱"羊梅"。唐孟詵《食療本草》卷上："羊梅，温，右主〔和〕藏腑，調腹胃，除煩憒，消惡氣，去痰食。"明清時栽培經驗已頗豐富。明王圻、王思義《三才圖會・草木・楊梅》："楊梅生江南、嶺南山谷。樹若荔枝樹，而葉細陰青，其形如水楊，子生青熟紅，肉在核上。"《廣群芳譜・果譜三・楊梅》："種植：性宜山地，核投糞池中浸六月，取出收潤土中，二月鋤地種之。待長尺許，次年移栽。三四年後，以生子枝接之，次年仍移栽山地，多留宿土。臘月内，離根四五尺於高處開溝，灰糞壅之，不宜著根。每遇雨，肥水滲下，則結子大而肥。"

楊　梅
（清吴其濬《植物名實圖考》）

我國至遲漢代已有栽培楊梅。魏晋時，江浙及廣東等地已普遍栽培。《吴興記》有"故鄣縣北石郭山生楊梅，常以貢御"之説，當時之浙江故鄣縣（今安吉西北），盛産楊梅，且作爲珍品進貢。至宋代各地普遍栽培，選育良種頗多，明代已應用嫁接繁殖，改良品質。楊梅屬植物我國有四種，除本種外，尚有"毛楊梅""青楊梅"及"矮楊梅"。另，本種有六個變種，即"野楊梅""紅楊梅""烏楊梅""白楊梅""旱楊梅"及"楊平梅"。今亦俗稱"朱紅""珠蓉""樹莓""山楊梅"。

【羊梅】

即楊梅。此稱唐代已行用。見該文。

【朱紅】[2]

即楊梅。今福建各地多俗用此稱。見該文。

【珠蓉】

即楊梅。今福建各地多俗用此稱。見該文。

【樹莓】[2]

即楊梅。今臺灣各地多俗用此稱。見該文。

【山楊梅】

即楊梅。今浙江各地多俗用此稱。見該文。

【杭】[2]

即楊梅。此稱多行用於唐代，沿稱於後世。唐段公路《北户録・白楊梅》："楊梅葉如龍眼樹，冬青，一名杭。"明代亦稱"杭子"。明李時珍《本草綱目・果二・楊梅》:“[釋名]杭子。時珍曰:其形如水楊子而味似梅,故名。”《廣群芳譜・果譜三・楊梅》:“楊梅,一名杭子,生江南嶺南山谷間。會稽産者爲天下冠,吴中楊梅種類甚多,名大葉者最早熟,味甚佳;次則下山,本出苕溪,移植光福山中尤勝;又次爲青蔕、白蔕及大小松子,此外味皆不及。”清陳淏子《花鏡》卷四:“楊梅,一名杭,爲吴、越佳果。樹若荔枝而小,葉細陰厚,至冬不凋。隔年開花,結實如穀樹子,而有核與仁。生青熟紅,如鶴頂狀,亦有紫、白色者。肉在核上,無皮殼而有仁可食。大略生太湖、杭、紹諸山者,實大肉鬆,核小而味甘美;餘雖有,實小而酢,止堪鹽淹蜜漬火薰而已。”見“楊梅”文。

【杭子】[2]

即杭[2]。此稱明代已行用。按,山楂亦名“杭子”,别爲一物,當辨之。見該文。

【吴梅】

即楊梅。因古吴地盛産,故名。此稱多行用於唐代。唐沈亞之《劉巖夫哀文》:“赫來圖兮,鼎設海陸;備肴葅兮,吴梅狄酪。”宋代又譽稱“吴郡星郎”。宋張端義《貴耳集》卷中:“閩士赴科,吴人赴調,各以鄉産自誇;閩曰荔支,吴曰楊梅。有題壁曰:‘閩鄉玉女含冰雪,吴郡星郎駕火雲。’”遂以“吴郡星郎”謂楊梅。見“楊梅”文。

【吴郡星郎】

“吴梅”之美稱。此稱宋代已行用。見該文。

【梅】[3]

“楊梅”之省稱。此稱宋代已行用。宋陸游《項里觀楊梅》詩之一:“山中户户作梅忙,火齊驪珠入帝鄉。細織筠籠相映發,華清虚説荔枝筐。”自注:“鄉俗謂楊梅止曰梅。”《廣群芳譜・果譜三・楊梅》:“《劍南詩注》:項里鄉俗謂楊梅止曰‘梅’,謂選擇楊梅曰‘作梅’。”參閲《格致鏡原・果類二・楊梅》條。見“楊梅”文。

【楞梅】

“楊梅”之别稱。宋代越州人多行用此稱。宋吴曾《能改齋漫録・方物》:“越州楊梅最佳,土人謂之楞梅。”宋吴正中《咏楮子》:“五月霏霏雨不開,若耶溪畔摘楞梅。”清潘永因《宋稗類鈔・草木》:“京師中,太乙宫道士房有楮,結子如楊梅。徽宗車駕臨觀之,題擬梅軒。李似矩、吴正仲皆有詩。正仲詩云:‘陰陰緑葉不勝垂,著子全多欲壓枝。却得君王留一顧,故應雨露亦饒滋。五月霏霏雨不開,若耶溪畔摘楞梅。朱凡忽向靈窗見,疑是雲根越嶺來。’……越中楊梅最佳,土人謂之楞梅。”見“楊梅”文。

【驪珠】[1]

“楊梅”之喻稱。楊梅果實紅如瑪瑙,晶瑩如珠,故喻“驪龍之珠”。省作“驪珠”。此稱宋代已行用。宋陸游《六峰項里看采楊梅連日留山中》詩:“緑陰翳翳連山市,丹實纍纍照路隅。未愛滿盤堆火齊,先驚探頷得驪珠。”宋方岳《效茶山咏楊梅》:“五月梅晴暑正袢,楊家亦有果堪攀。雪融火齊驪珠冷,粟起丹砂鶴頂殷。”《事物異名録・果蓏、楊梅》:“陸游詩:‘未愛滿盤堆火齊,先驚探頷得驪珠。’按,謂楊梅也。”見“楊梅”文。

【日精】

“楊梅”之别稱。其實赤紅如火,故名。此

稱唐代已行用。唐馮贄《雲仙雜記・日精》引常奉真《湘潭記》："陸展郎中見楊梅，嘆曰：'此果恐是日精。'"亦稱"火實"。《事物異名録・果蓏、楊梅》："《廣事類賦》：楊梅一名火實，一名杌子。"《格致鏡原・果類二・楊梅》："《湘潭記》：陸展郎中見楊梅，歎曰，此果恐是日精。然若無蜂兒采香，誰勝難和之味，即以竹絲籃貯千枚並茶花蜜，送衡山道士。"見"楊梅"文。

【火實】

即日精。此稱清代已行用。見該文。

【君家果】

"楊梅"之別稱。此稱南北朝時已行用。南朝宋劉義慶《世説新語・言語》："梁國楊氏子九歲，甚聰惠。孔君平詣其父，父不在，乃呼兒出爲設果。果有楊梅，孔指以示兒曰：'此是君家果。'兒應聲答曰：'未聞孔雀是夫子家禽。'"後世遂以"君家果"謂楊梅。元朱晞顔《楊梅和蔣遠静來韻》詩："才疏羞對君家果，還有當年捷對無？"參閲《初潭集》《廣群芳譜》《格致鏡原》。見"楊梅"文。

【聖僧梅】

"楊梅"之別稱。亦特指白色之楊梅。此稱宋代已行用。省稱"聖僧"。宋蘇軾《聞辯才法師復歸上天竺以詩戲問》："此語竟非是，且食白楊梅。"王十朋注引宋曾公袞曰："按《杭州圖經》云，楊梅塢在南山近瑞峰，楊梅尤盛，有紅白二種，今杭人呼白者爲聖僧梅。"《廣群芳譜・果譜三・楊梅》："《東坡詩注》：杭州人呼白楊梅爲聖僧。"見"楊梅"文。

【聖僧】

"聖僧梅"之省稱。此稱清代已行用。見該文。

蒲桃[1]

習見雜果名。桃金娘科，蒲桃屬，蒲桃〔*Syzygium jambos* (Linn.) Alston〕。常綠小喬木。樹冠球形。單葉對生，長披針形，革質，全緣。總狀花序，頂生，花白色。漿果球形或卵形，淡黄或淡緑色，果皮薄，果肉稍硬，芳香，味甜。原産我國海南島及印尼、馬來諸島。我國主要分布於廣東、海南、廣西、雲南、福建、臺灣等地。海南今仍有野生者。可植於堤岸，以防風固堤。果可生食或製蜜餞，亦可釀酒、製飲料。

蒲桃爲古老栽培果樹，我國栽培亦有數百年歷史。明清時已行用此稱。亦稱"蒲桃樹"。清趙學敏《本草綱目拾遺・果部・蒲桃樹》："（明陳槤）《羅浮志》：蒲桃樹高二三丈，其葉如桂，四時有花，叢鬚無瓣，如剪出絲球，長寸許，色兼黄緑；結實如蘋果，殼厚半指，絶香甜；核與殼不相連屬，揺之作響。羅浮澗中多有之，猿鳥含啄之，餘隨流而出，山人阻水取之，動盈數斛。以之釀酒曰蒲桃春，經歲香不減，作膏猶美。"清屈大均《廣東新語・木語》："蒲桃，樹高二三丈。其葉如桂花。開自春至冬，叢鬚無瓣，如剪黄緑絲球，長寸許。廣中兒童，多爲十穗髻象之。予詩：'十穗蒲桃髻。'其實如蘋果，色亦黄緑，而香甜在殼。殼厚半指，核小如彈子，與殼不相連屬，揺之作響。羅浮澗中多甚。"清吴方震《嶺南雜記》卷下："蒲桃形色蠟丸，大如桃，高丈餘，花開一簇如針，長寸許，五月熟，色青黄，中虚，有核如彈丸，揺之有聲，肉鬆而甘。"

按，清陳淏子《花鏡》卷四有"菩提子

（蒲桃）”條，文曰：“菩提子，一名無患子，産自南海，今武當山亦有之。花如冠蕤，葉似冬青，而稍尖長。實似枇杷稍長大，味甘，色青而香。核堅黑，可爛食……前朝皇太后，曾種二株於宫内。”依其所記花、果形態當屬本種。亦見明清時蒲桃已有人工栽培。然“菩提子”應爲桑科，無花果屬樹木；“無患子”則屬無患子科植物，將此三種混爲一談，恐謬矣。又，“蒲桃”亦葡萄之古稱。如（舊題）晋張華《博物志》有“張騫使西域還，得安石榴、胡桃、蒲桃”之説，又唐李頎《古從軍行》：“年年戰骨埋荒外，空見蒲桃入漢家。”與蒲桃諧音、形似之名尚有蒲陶、蒲萄，亦時見於古籍，盡皆指葡萄，須予分辨。蒲桃果實具薔薇香味，營養豐富，臺灣有零星栽培，但隨着人們對果品種類及風味之要求日益增多，蒲桃有望成爲重要的經濟果樹得到大力發展。蒲桃今亦稱“水葡桃”“香果”“風鼓”“南蕉”。

【蒲桃樹】

即蒲桃[1]。此稱明代已行用。見該文。

【水葡桃】

即蒲桃[1]。今廣東各地多行用此稱。見該文。

【香果】

即蒲桃[1]。因其果實具薔薇香味，故名。今廣東各地多行用此稱。見該文。

【風鼓】

即蒲桃[1]。因其果中空，内含一至二枚種子，風吹果摇而有聲，故名。今臺灣各地多行用此稱。見該文。

【南蕉】

即蒲桃[1]。今稱。見該文。

韶子[1]

習見雜果名。無患子科，韶子屬，韶子（*Nephelium chryseum* Blume）。常緑喬木。幼枝被銹色柔毛，後漸脱落。偶數羽狀複葉，互生；小葉一至四對，橢圓形至長橢圓形，全緣，近革質。圓錐花序腋生或頂生，花小，無瓣。核果橢圓形，密被軟刺，成熟時黄或紅色，乾後黑褐色。假種皮半透明狀，多汁，味酸甜。我國主要分布於兩廣及雲南等地。果可食，亦入藥或釀酒。種子可榨油。樹皮可製栲膠。木材耐水濕，爲造船、建築用材。

我國栽培利用韶子已有千餘年歷史。晋代稱“韶”。北魏賈思勰《齊民要術・五穀果蓏菜茹非中國物産者》引晋裴淵《廣州記》：“韶，似栗。赤色，子大如栗，散有棘刺。破其外皮，内白如脂肪，著核不離，味甜酢。核似荔支。”宋唐慎微《證類本草・果部・韶子》：“韶子，味甘，温，無毒。主暴痢心腹冷。生嶺南。子如栗，皮肉核如荔枝。《廣志》云：韶葉似栗，有刺，斫皮内白脂如猪，味甘酸。亦云核如荔枝也。”明李時珍《本草綱目・果三・韶子》引唐陳藏器：“韶子，生嶺南。按裴淵《廣州志》云：‘韶葉如栗，赤色，子大如栗，有棘刺，破其皮内有肉如猪肪，著核不離，味甘酢，核如荔枝。’”清陳淏子《花鏡》卷四：“韶子生嶺南。葉如栗，赤色。子亦如栗，苞有棘刺。破其苞，内有肉如猪肪，著核不離，味甘

韶　子
（清吴其濬《植物名實圖考》）

而酢，核如荔枝。”伊欽恒校注：“按裴淵《廣州記》云：‘韶葉如栗，赤色，子大如栗，有棘刺，破其皮，内有肉，如猪肪……’此果現名紅毛丹，别名毛荔枝，山荔枝（海南）係無患子科大喬木。學名*Nephelium lappaceum* Linn.。”繆啓愉《齊民要術校釋》亦如是説。今亦稱“紅毛丹”。别稱“毛荔支”“山荔枝”。又《新華本草綱要·韶子》以爲藥用之“韶子”即“海南韶子〔*N. lappaceum* Linn. var. *topengii*（Merr.）How et Ho〕”，實爲“韶子”之變種。見本考“山韶子”文。另有刺韶子，即榴槤，屬木棉科植物。亦可食，然與韶子殊异。此附供考。

【韶】

即韶子[1]。此稱晋代已行用。見該文。

【紅毛丹】

即韶子[1]。今稱。見該文。

【毛荔支】

即韶子[1]。今稱。見該文。

【山荔枝】

即韶子[1]。今稱。見該文。

餘甘

習見雜果名。葉下珠科，葉下珠屬，餘甘（*Phyllanthus emblica* Linn.）。落葉小喬木或灌木。老枝灰褐色，小枝纖細，被銹色短柔毛。單葉互生，條狀矩圓形，二裂頗似羽狀複葉。花單性，同株，黄色，多生於小枝中下部葉腋。蒴果，扁球形，呈不明顯六棱狀，黄緑色；果皮肉質，表面光澤；内果皮硬骨質，含種子六枚，褐色。我國主要分布於川、滇、黔、桂、粤、閩等地。樹皮、葉可製栲膠。種子可榨油。果可生食或漬製，亦供藥用。

我國采食餘甘歷史頗久。其果始嚼酸澀，久含或飲水則甘，故名。此稱三國時已行用，并沿稱至今。亦稱“餘甘子”。時人常誤與橄欖爲同物。三國吴沈瑩《臨海水土異物志》：“餘甘子，如梭形。初入口苦澀，後飲水更甘。大如梅實，核兩頭鋭。東岳呼爲餘甘、橄欖，同一果耳。”晋左思《吴都賦》：“其果則丹橘餘甘，荔枝之林。”北魏賈思勰《齊民要術·五穀果蓏菜茹非中國物産者》：“《異物志》曰：餘甘，大小如彈丸，視之理如定陶瓜。初入口，苦澀；咽之，口中乃更甜美足味。鹽蒸之，尤美，可多食。”宋代已有餘甘之經營活動。宋范成大《桂海虞衡志·志果》：“餘甘子多販入北州，人皆識之，其木可以製器。”宋黄震《黄氏日抄》卷六七：“餘甘子，風味過橄欖，雖腐爛猶堅脆。”元王禎《農書》卷九：“餘甘惟泉州有之，乃深山窮谷自生之物，非人家所種。其樹稍高，其子梭形，又如梅實，兩頭鋭。始嚼味酸澀，飲水乃甘。九月采。比之橄欖，酷相似。以蜜藏之亦佳。劉彦衝詩云：‘炎方橄欖佳，餘甘豈苗裔？風姿雖小殊，氣韻乃酷似。騂顔澀吻餘，仿佛清甘至。侯門收寸長，粉骨成珍劑。’誠哉言也！”清刊《授時通考·農餘門·果三》：“餘甘子，兩廣諸郡，閩之泉州及西川戎瀘蠻界山谷，皆有之。”清吴其濬《植物名實圖考·果類·菴摩勒》：“菴摩勒，《唐本附》即餘甘子。生閩南及四川。”

今我國南方餘甘野生頗多，品種亦較豐富，如福建有粉甘、棗甘、六月白、人仔面、算盤子等種。作爲營養食品其維生素C較獼猴桃高數倍，其他營養亦極豐富，應大力發展及開發利用。今亦稱“滇橄欖”“圓橄欖”“油柑”。

【餘甘子】

即餘甘。此稱三國時期已行用。見該文。

【滇橄欖】

即餘甘。今雲南各地多行用此稱。見該文。

【圓橄欖】

即餘甘。今四川各地多行用此稱。見該文。

【油柑】

即餘甘。今閩臺等地多行用此稱。見該文。

【菴羅】

“餘甘”之古梵語amola，音譯爲菴羅、菴摩勒。南北朝時期已行用此稱。由音譯轉訛之稱頗多。亦稱“菴摩勒”“菴摩洛迦果”“菴没羅果”“摩勒落迦果”。南朝宋謝靈運《山居賦》：“羡靈鷲之名山，企堅固之貞林，希菴羅之芳園。”唐玄奘《大唐西域記・三國》：“風壤即别，地剥亦殊，花草果木，雜種異名。所謂菴没羅果，菴弭羅果……凡厥此類，難以備載，見珍人世者，略舉言焉。”唐蘇鶚《杜陽雜編》卷上：“而更鏤金玉水晶爲幡，蓋流蘇、菴羅、薝蔔等樹。”宋黄庭堅《更漏子・咏餘甘湯》詞：“菴摩勒，西土果，霜後明珠顆顆。”《全芳備祖後集》卷四：“菴摩勒，餘甘子也。又名菴摩洛迦果。”宋唐慎微《證類本草・木部・菴摩勒》：“菴摩勒，味苦，甘，寒，無毒。主風虚熱氣。一名餘甘，生嶺南交、廣、愛等州。《唐本》注云：樹葉細似合歡，花黄，子似李柰，青黄色，核圓，作六七棱，其中人亦入藥用。”又引《圖經》曰：“菴摩勒，餘甘子也。生嶺南交、廣、愛等州。今二廣諸郡及西川蠻界山谷中皆有之。木高一二丈，枝條甚軟，葉青細密，朝開暮斂如夜合，而葉微小，春生冬凋。三月有花，著條而生，如粟粒微黄，隨即結實作莢，每條三兩子，至冬而熟，如李子狀，青白色，連核作五六瓣，乾即並核皆裂，其俗亦作果子啖之。初覺味苦，良久更甘，故以名也。”明李時珍《本草綱目・果三・菴摩勒》：“［釋名］餘甘子（《唐本》），菴摩落迦果（藏器曰：梵書名菴摩勒，又名摩勒落迦果。其味初食苦澀，良久更甘，故曰餘甘）。”《廣群芳譜・果譜四・餘甘子》：“餘甘子，一名菴摩勒。”自注：“見《梵書》，又名摩勒落迦果。”

菴摩勒
（明鮑山《野菜博録》）

按，菴摩勒，菴羅均餘甘果實之梵文名，即“amola”“āmalakī”之音譯。見“餘甘”文。

【菴摩勒】

即菴羅。此稱宋代已行用。見該文。

【菴摩洛迦果】

即菴羅。此稱宋代已行用。見該文。

【菴没羅果】

即菴羅。此稱唐代已行用。見該文。

【菴弭羅果】

即菴羅。此稱唐代已行用。見該文。

【摩勒落迦果】

即菴羅。此稱唐代已行用。見該文。

【諫果】[1]

即餘甘。其果初食味酸澀，後漸轉甘美，寓意爲諫言，故名。此稱宋代已行用，亦稱“味諫”。或作“味諫果”。宋楊伯嵒《六帖補・果》:“味諫果，餘甘子也。戎州蔡次律家軒外有餘甘。山谷名曰味諫果。”《通雅・植物》:“《吴録・地里志》: 高凉安寧縣，餘甘初苦後甘，山谷詩注：餘甘，一名味諫，今稱諫果。”見“餘甘”文。

【味諫】[1]

即諫果[1]。此稱明代已行用。見該文。

【味諫果】

即諫果[1]。此稱宋代已行用。見該文。

橄欖

習見雜果名。橄欖科，橄欖屬，橄欖〔*Canarium album*（Lour.）D.C.〕。常緑喬木。奇數羽狀複葉，互生；小葉對生，矩圓狀披針形。花兩性或雜性，圓錐花序；花小，白色，芳香。核果卵形，初時黄緑色，後變黄白色，有皺紋；果核兩端鋭尖而堅硬，内含種子一至二粒。我國主要分布於廣東、廣西、雲南、四川、福建、海南、臺灣等地。果可生食，亦可加工。根、果實、果核、種仁可入藥。

我國橄欖栽培已有二千餘年歷史。漢代已行用此稱，沿稱至今。《三輔黄圖・右北宫》:“漢武帝元鼎六年，破南越，起扶荔宫，以植所得奇草異木……龍眼、荔枝、檳榔、橄欖、千歲子、甘橘皆百餘本。”《文選・左思〈吴都賦〉》:“其果則丹橘餘甘……龍眼橄欖，棎榴禦霜。”李善注引劉逵曰：“橄欖，生山中，實如鷄子，正青，甘美，味成時食之益善。始興以南皆有之，南海常獻之。”唐劉恂《嶺表録異》卷中：“橄欖，樹身聳枝，皆高數尺，其子深秋方熟，閩中尤重此味。云咀之香口勝含鷄舌香，飲悉解酒毒。有野生者，子繁樹峻，不可梯緣，但刻其根下方寸許，納鹽於其中，一夕，子皆自落。”宋張世南《游宦紀聞》卷五：“世南游蜀道，遍歷四路數十郡，周旋凡二十餘年，風俗方物靡不質究，所謂龍目未嘗見之。間有自南中携到者，蜀人皆以爲奇果。此外如荔枝、橄欖、餘甘、榕木，蜀皆有之。”元王禎《農書》卷九：“橄欖生嶺南及閩、廣州郡，性畏寒，江浙難種。樹大數圍，實長寸許，形如訶子而無棱瓣。其子先生者向下，後生者漸高。”明方以智《物理小識・草木類》:“橄欖，青橄欖無仁，烏欖外肉杵碎乾放，則自有霜堆起如白鹽，曰欖醬。取時開孔納鹽則欖自落。魚最畏之。”清吴其濬《植物名實圖考・果類・橄欖》:“橄欖，《開寶本草》始著録。湖南及江西建昌府亦間有之，有尖、圓各種。”

橄　欖
（清吴其濬《植物名實圖考》）

橄欖屬植物約有百種，多産於熱帶亞洲及非洲。我國有七種，作爲果樹栽培者僅白欖與烏欖二種，餘皆爲野生。白欖即本種，其品種主要有廣東的茶滘欖、猪腰欖、汕頭白欖、三稔欖；福建的檀香欖、惠圓欖、公本欖及臺灣的紅心、青心等。今亦稱“黄榔果”“山欖”。

【黄榔果】

即橄欖。今稱。見該文。

【山欖】

即橄欖。今稱。見該文。

【橄棪】

即橄欖。此稱唐代已行用。唐孟詵《食療本草》卷上："橄棪，主魚毒，煮汁服之。中此魚肝、子毒，人立死，惟此木能解。出嶺南山谷。樹大闊數圍，實長寸許。其子先生者向下，後生者漸高。八月熟，蜜藏極甜。"見"橄欖"文。

【欖】

"橄欖"之省稱。此稱宋代已行用。《集韻・去闞》："欖，橄欖，果也。"清康有爲《大同書》甲部第一章："吾外太祖父陳于剛秀才，操行孤介，日食一欖，朝飲其湯，而暮咀其肉焉。"見"橄欖"文。

【白欖】

即橄欖。此稱清代已行用，今廣東亦沿用此稱。清屈大均《廣東新語・木語》："橄欖，有青、烏二種。閩人以白者爲青果，粵中止名白欖，不曰青果也。白欖利微，人少種，種者多是烏欖。"清趙學敏《本草綱目拾遺・果部・烏欖仁》："按，《粵志・木語》：橄欖有青、烏二種，閩人以白者名青果，粵中止名白欖，不曰青果也……總二橄論之，白欖雄而烏欖雌。"見"橄欖"文。

【黄欖】

即橄欖。亦稱"青欖"。特指其果。初時青，熟時黄，故得此稱。清代嶺南諸地常行用此稱。清趙其光《本草求原・果部・橄欖》："橄欖，生者青欖、白欖，熟者名黄欖。鹽醃，名鹹欖，氣平，味甘澀，無毒。皆生津、止渴、開胃、止嗽、止血、消痰、解醒。"見"橄欖"文。

【青欖】

即黄欖。因此果初生色青，故名。此稱清代已行用。見該文。

【青果】

即橄欖。亦特指其果實。果熟後多變色，唯橄欖色青無變，故名。此稱明代已行用，沿稱至今。亦稱"青子""諫果""忠果"。宋蘇軾《橄欖》詩："紛紛青子落紅鹽，正味森森苦且嚴。"元王禎《農書》卷九："此果南人尤重之，可作茶果。其味苦酸而澀，食久，味方回甘，故昔人名爲'諫果'。"明徐光啓《農政全書》卷三〇："橄欖，一名青果，一名忠果，一名諫果。生嶺南及閩、廣州郡。性畏寒，江浙難種。"明李時珍《本草綱目・果三・橄欖》："此果雖熟，其色亦青，故俗呼青果。"見"橄欖"文。

【青子】[2]

即青果。此稱宋代已行用。見該文。

【諫果】[2]

即青果。此稱元代已行用。見該文。

【忠果】

即青果。此稱明代已行用。見該文。

【來子】

"橄欖"之别稱。此稱元代已行用。元郝經《橄欖》詩："半青來子味難誇，宜著山僧點蠟茶。"見"橄欖"文。

【欖公】

即橄欖。特指橄欖之雄株。此稱清代多行用於嶺南各地。清屈大均《廣東新語・木語》："橄欖……有雌有雄，雌子而雄花。雄者俗曰欖公。欖公不實，以雌者扦之，使雌雄相合乃實。雄爲主，雌爲客，猶婦之歸於夫也。"見"橄欖"文。

【格覽】

即橄欖。此稱元代已行用。元郝經《橄欖》詩題注："〔橄欖〕南人謂之格覽。"《韻府拾遺·上欖》："格欖，《陵川詩注》：橄欖，南人謂之格欖。"參閱《廣群芳譜·果譜四·橄欖》。見"橄欖"文。

【南威】

"橄欖"之别稱。此稱宋代已行用。宋孫奕《示兒編·雜記·人物異名》："橄欖，曰南威（《太平廣記》）。"《通雅·植物》："南威、味諫皆橄欖名。吴曾言有五種，羅晃、餘甘則其似者也。"明陶宗儀《輟耕録·事物異名》："南威，橄欖也。"清代亦稱"味諫"。清陳淏子《花鏡》卷四："橄欖一名南威，一名味諫，俗呼青果。生嶺南及閩、廣諸州郡。"清屈大均《廣東新語·木語》："白欖以白露後食不病瘧。其性熱，食時須去兩端，初嚼苦澀，久乃回味而甘，故一名味諫。粤人有欲效其友忠告者，輒先贈是果。"見"橄欖"文。

【味諫】 2

即南威。此稱清代已行用。見該文。

龍眼

習見雜果名。無患子科，龍眼屬，龍眼（*Dimocarpus longan* Lour.）。常緑喬木。幼枝被銹色柔毛。偶數羽狀複葉，互生；小葉二至六對，橢圓形至卵狀披針形，革質，全緣。花雜性，圓錐花序頂生和腋生，花小，黄白色。果球形，核果狀，不開裂，外皮黄褐色，粗糙；假種皮白色，肉質脆甜。種子圓形，棕黑色。我國主要分布於中部及東南部，臺灣、福建、廣東、廣西、四川廣有栽培。果可鮮食，亦可加工。果核、果皮、根、葉、花均可入藥。木材優良，爲細木工及舟車用材。

龍　眼
（清吴其濬《植物名實圖考》）

我國栽培龍眼已有二千餘年歷史。據載，公元前200年，南越趙陀以龍眼爲貢品，進獻漢高祖，南方各地遂廣種龍眼，成爲華南重要果樹之一。其實，早在秦漢時龍眼已入藥療疾，民間已行用此稱。亦名"益智"。《神農本草經·中品·龍眼》："龍眼，味甘，平。主五臧邪氣，安志厭食，久服强魂聰明，輕身，不老，通神明。一名益智，生山谷。"《文選·左思〈吴都賦〉》："其果則丹橘餘甘……龍眼橄欖。"李善注引劉逵曰："龍眼，如荔枝而小，圓如彈丸，味甘勝荔枝，蒼梧、交趾、南海、合浦皆獻之，山中人家亦種之。"北魏賈思勰《齊民要術·五穀果蓏菜茹非中國物産者》："龍眼，《廣雅》曰：益智，龍眼也。《廣志》曰：龍眼，樹葉似荔支，蔓延緣木生，子如酸棗，色黑，純甜無酸，七月熟。"宋蘇軾《廉州龍眼質味殊絶可敵荔支》詩："龍眼與荔支，異出同父祖。端如柑與橘，未易相可否。異哉西海濱，琪樹羅玄圃。"元王禎《農書》卷九："龍眼，花與荔枝同開，樹亦如荔枝，但枝葉稍小。殼青黄色，形如彈丸。核如木梡子而不堅。肉白而帶漿，其甘如蜜。熟於八月，白露後，方可采摘。"明徐光啓《農政全書》卷三〇："龍眼，《廣雅》曰：'益智，龍眼也。'一名驪珠，一名龍目，一名比目，一名圓眼，一名蜜脾，一名燕卵，一名綉水團，一名海珠藂，一名川彈子，一名亞荔枝，一名荔枝奴。龍眼花與荔枝同，開謝亦如荔枝，但枝葉稍小。殼青黄色，形如彈丸，核如木梡子而不堅，肉白而帶漿，其甘如蜜，熟於八月，白露後方可采摘。一朵五六十顆作一穗，荔枝過即龍眼熟，故謂之荔枝奴。福州、興化、泉州有之。比荔枝特罕，木性畏寒，北方亦無此種，今充歲貢焉。”清刊《授時通考・農餘門・果三》：“龍眼，一名益智……性甘，平，無毒。安志健脾，補虚開胃，除蠱毒去三蟲，久服輕身不老，裨益聰明，故又名益智。非今醫家所用之益智子，食品以荔支爲貴而資益，則龍眼爲良，蓋荔支性熱而龍眼平和也。”

我國龍眼産區主要有福建之寧德至詔安沿海一帶，而以莆田最多，主要栽培品種有開陽、普明庵、霞露冷、紅孩子、油潭本、烏殼本、青皮、秋分本等；廣東各地均有栽培，而以南海、廣州、潮安、廉江爲主産區。栽培品種主要有石硤、烏圓、鷄公子、草鋪種等。廣西有十餘縣分布，而以桂平最多。四川以川南爲盛。

【益智】

即龍眼。此稱漢代已行用。見該文。

【龍目】

即龍眼。晋代已行用此稱。晋左思《蜀都賦》：“於是乎邛竹緣嶺，菌桂臨崖。旁挺龍目，側生荔枝。”宋范成大《荔枝賦》：“覺龍目之么麽，哈蒲萄之甘酸。”參閲明徐光啓《農政全書》卷三〇“龍眼”文。見“龍眼”文。

【比目】

即龍眼。三國時期已行用此稱。北魏賈思勰《齊民要術・五穀果蓏菜茹非中國物産者》：“《吴氏本草》曰：‘龍眼，一名益智，一名比目。’”清陳淏子《花鏡》卷四：“龍眼，一名益智，一名比目……樹似荔枝而葉幹差小，凌冬不凋。”見“龍眼”文。

【荔枝奴】

“龍眼”之别稱。此稱晋代已行用。晋嵇含《南方草木狀》卷下：“龍眼，樹如荔枝，但枝葉稍小，殼青黄色……荔枝過即龍眼熟，故謂之荔枝奴，言常隨其後也。”唐劉恂《嶺表録異》卷中：“荔枝方過，龍眼即熟，南人謂之荔枝奴，以其常隨後也。”亦省稱“荔奴”。清陳淏子《花鏡》卷四：“龍眼……其性畏寒，白露後方可摘，荔枝有後方熟，故俗呼爲荔奴。又因其色香味，皆不及荔枝，故稱爲奴。”清屈大均《廣東新語・木語》：“荔支與龍眼皆成於火，而荔支先熟，龍眼繼之，故廣人名曰荔奴。”見“龍眼”文。

【荔奴】

“荔枝奴”之省稱。此稱多行用於清代。見該文。

【綉水團】

即龍眼。亦稱“川彈子”。宋代已行用此稱。宋陶穀《清異録・果》：“龍眼金。余但知其名綉水團、川彈子而已。按《本草》，一號荔枝奴。”見“龍眼”文。

【川彈子】

即綉水團。此稱宋代已行用。見該文。

【亞荔枝】

即龍眼。宋代已行用此稱。亦作“亞荔支”。亦稱“圓眼”“驪珠”“燕卵”“蜜脾”“鮫淚”“木彈”。明李時珍《本草綱目・果三・龍眼》：“[釋名] 龍目、圓眼、益智、亞荔枝、荔枝奴、驪珠、燕卵、蜜脾、鮫淚、川彈子。時珍曰：龍眼、龍目，象形也……〔蘇〕頌曰：荔枝纔過，龍眼即熟，故南人目爲荔枝奴。又名木彈。曬乾寄遠，北人以爲佳果，目爲亞荔枝。”清刊《授時通考·農餘門·果三》：“龍眼，一名益智。《廣雅》云：‘益智，龍眼也。’一名比目，一名圓眼，一名蜜脾，一名燕卵，一名綉水團，一名海珠叢，一名川彈子，一名亞荔支，一名荔支奴。閩廣蜀道出荔支處皆有之。樹似荔支，高一二丈，枝葉微小，葉似林檎，凌冬不凋。春末夏初開細白花，七月實熟，大如彈丸，肉薄於荔支，白而有漿，甘如蜜質，味殊絶純，甜無酸。實極繁，作穗如葡萄，每穗五六十顆，殼青黄色，性畏寒，白露後方可采摘。”見“龍眼”文。

【亞荔支】

同“亞荔枝”。此體清代已行用。見該文。

【圓眼】

即亞荔枝。此稱明代已行用。見該文。

【驪珠】[2]

即亞荔枝。按楊梅亦稱“驪珠”，與龍眼殊异，宜辨之。此稱明代已行用。見該文。

【燕卵】

即亞荔枝。此稱明代已行用。見該文。

【蜜脾】

即亞荔枝。此稱明代已行用。見該文。

【鮫淚】

即亞荔枝。此稱明代已行用。見該文。

【木彈】

即亞荔枝。此稱宋代已行用。見該文。

【海珠叢】

即龍眼。明代已行用此稱。明徐光啓《農政全書》卷三〇：“龍眼，《廣雅》曰：‘益智，龍眼也。’一名驪珠，一名龍目，一名比目，一名圓眼，一名蜜脾，一名燕卵，一名綉水團，一名海珠叢，一名川彈子，一名亞荔枝，一名荔枝奴。”清代亦作“海珠藂”。清陳淏子《花鏡》卷四：“龍眼一名益智，一名比目，一名海珠藂。樹似荔枝而葉幹差小，凌冬不凋。”見“龍眼”文。

【海珠藂】

同“海珠叢”。此體清代已行用。見該文。

羅晃子

習見雜果名。豆科，酸豆屬，羅晃子（*Tamarindus indica* Linn.）。常緑喬木。偶數羽狀複葉，小葉十四至四十枚，矩圓形或長橢圓形。腋生總狀花序或頂生圓錐花序，花冠黄色，生紫紅色條紋。莢果圓筒形，長3~6厘米，肥厚，深褐色。我國主要分布於兩廣、閩、臺及滇南諸地。木材供建築、車輛用材。嫩葉及莢果可食，亦供清製飲料及藥用。

我國栽培利用羅晃子已有千餘年歷史。宋代已行用此稱。亦稱“羅望子”。宋范成大《桂海虞衡志·志果》：“羅晃子，如橄欖，其皮七重。”宋周去非《嶺外代答》卷八：“羅晃子，殼長數寸，如肥皂。內有二三實，如皂子，亦如橄欖。皮有七重，煨食甘美，類熟栗。亦曰羅望子。”明李時珍《本草綱目·果三·阿勒勃》：“〔附録〕羅望子。時珍曰：按《桂海志》云：〔羅望子〕出廣西。殼長數寸，如肥皂及刀豆，色正丹，内有二三子，煨食甘美。”清代稱“九層皮果”，省稱“九層皮”。清趙學敏《本草綱目拾遺·果部·羅晃子》：“出廣西。夏熟。味如栗，狀如橄欖，其皮七層，出横州者皮九層，剥至九層方見肉，故又名九層皮果。《思恩府志》：羅晃子俗名九層皮，形類蠶豆，可茹，味如煨栗，外有黑殼，連肉有皮九層，故名。產於山樹中。味甘性温，治臟腑生蟲，及小兒食泥土腹痛，癖痞積硬。”今羅晃子多有栽培，亦常逸爲野生。俗稱作“酸豆”“酸梅”。參閱清汪灝等《廣群芳譜·果譜十四·羅晃子》《格致鏡原·果類三·羅晃子》。

按，賈祖璋等《中國植物圖鑒·豆科》以爲《本草綱目》之“羅望子”即本種。今從其説。參閱俞德浚《中國果樹分類學》第十二章“羅望子屬”。又，羅望子屬今改酸豆屬。

【羅望子】

即羅晃子。此稱宋代已行用，今臺灣等地仍沿用。參閱《臺灣有用樹木志·羅望子》。見該文。

【九層皮果】

即羅晃子。因其果皮九層，故名。此稱清代已行用。見該文。

【九層皮】

即羅晃子。此稱清代已行用。見該文。

【酸豆】

即羅晃子。今海南各地多俗用此稱。見該文。

【酸梅】

即羅晃子。今海南各地多俗用此稱。見該文。

【酸角】

即羅晃子。其莢果形似牙皂，味甘酸，故名。此稱明代已行用。明李時珍《本草綱目·果四·鹽麩子》：“［附録］酸角，雲南臨安諸處有之。狀如猪牙皂莢，浸水和羮，酸美如醋。”《雲南通志·物産·武定府》：“酸角，形似牙皂，味甘酸。”《廣群芳譜·藥譜八·酸角》：“《雲南志》：臨安府出酸角，如皂角而小，味酸。”見“羅晃子”文。

蘋婆 2

習見雜果名。錦葵科，蘋婆屬，蘋婆（*Sterculia nobilis* Smith）。落葉喬木。幼枝疏生星狀柔毛。單葉互生，矩圓狀橢圓形。圓錐花序，下垂，花雜性，無花冠，萼粉紅色。蓇葖果，木質，卵形，暗紅色，被短絨毛。種子橢圓狀球形，暗栗色。原産我國廣東省，廣東、廣西、貴州及臺灣等地有栽培。果供藥用。種子炒後食用，風味如栗，食之頗佳。亦可供觀賞。

我國古人常采食蘋婆。宋代已行用此稱，并沿稱於後世。亦稱“頻婆果”“鳳眼果”“蘋婆果”“叢林”。宋周去非《嶺外代答》卷八：“頻婆果，極鮮紅可愛，佛書所謂唇色赤好如頻婆果是也。”清吴其濬《植物名實圖考·果類·蘋婆》：“蘋婆，詳《嶺外代答》。如皂莢子，皮黑肉白，味如栗，俗呼鳳眼果。”清屈大均《廣東新語·木語》：“蘋婆果……樹極高，葉大而光潤，莢如皂角而大，長二三寸，子生莢兩旁，或四或六，子老則莢迸開，内深紅色，子皮黑肉黄，熟食味甘。蓋罂栗也。相傳三藏法師，從西域携至，與訶梨勒、菩提雜植虞翻苑中，今遍粤中有之，梵語曰蘋婆，以其葉盛成叢，又曰叢林。”

蘋婆屬計六十餘種，我國約産七種。具有栽培價值者除本種外，尚有“紅頭蘋婆”，原産於我國臺灣省紅頭嶼、火燒島等地及菲律賓。這兩種蘋婆今仍以野生爲主而少有栽培。若能通過良種選育、栽培馴化，擴大繁殖，有望培育成經濟價值較高之優良果樹。今亦稱“七姐果”“富貴果”。

【頻婆果】[2]

即蘋婆[2]。此稱宋代已行用。見該文。

【鳳眼果】

即蘋婆[2]。此稱清代已行用。見該文。

【蘋婆果】

即蘋婆[2]。此稱清代已行用。見該文。

【叢林】

即蘋婆[2]。此稱清代已行用。見該文。

【七姐果】

即蘋婆[2]。今廣東廣州多行用此稱。見該文。

【富貴果】

即蘋婆[2]。今廣東廣州多行用此稱。見該文。

【潘安果】

即蘋婆[2]。此稱清代已行用。清何克諫《生草藥性備要》下卷：“潘安果，味甘，性平。治小兒天婆究，存性，開油搽。消熱氣，煲肉食。一名鳳眼果。”亦稱“貧婆果”。疑爲蘋婆之音訛稱。清趙其光《本草求原·果部·貧婆果》：“貧婆果，甘，温。治小兒填婆疚。煎肉食，並存性，開油搽。解熱毒。”按，天婆究、填婆究，又作顛婆疚，皆粵東方言，指小兒頸部膿、皰、瘡、癤、腫一類化膿性感染性疾病。以蘋婆果開油搽之可癒此疾。見“蘋婆[2]”文。

【貧婆果】

即潘安果。疑爲蘋婆果之音訛稱。此稱清代已行用。見該文。

【槇婆】

即蘋婆[2]。亦稱“頻婆子”。此稱明代已行用。《正字通·木部》：“槇，槇婆，果名。《嶺表》：頻婆子實紅色，似肥皂，核如栗，煨熟味與栗同。”見“蘋婆[2]”文。

【頻婆子】

即槇婆。此稱明代已行用。見該文。

【海梧子】

即蘋婆[2]。此稱晋代已行用。晋嵇含《南方草木狀》卷下：“海梧子，樹似梧桐，色白，葉似青桐，有子如大栗，肥甘可食。出林邑。”辛樹幟《中國果樹史研究》中《關於嵇含〈南方草木狀〉一書的時代問題》認爲此海梧子即今之蘋婆。見“蘋婆[2]”文。

火棘

習見雜果名。薔薇科，火棘屬，火棘〔*Pyracantha fortuneana*（Maxim.）Li〕。常緑灌木。幼枝被銹色柔毛，具枝刺。單葉互生，倒卵形或倒卵狀長圓形。複傘房花序，花白色。梨果近球形，橘紅或深紅色。我國主要分布於雲、貴、川、桂、湘、鄂、浙、贛、蘇、豫、皖、陜、甘等地。可栽爲籬垣，亦可供觀賞。果可食或釀酒、作飼料。根、葉、果實可入藥。

我國栽培利用火棘已有數百年史。明代稱“赤陽子”“救軍糧”“赤果”“純陽子”“火把果”。明蘭茂《滇南本草·赤陽子》：“赤陽子，一名救軍糧，一名赤果，一名純陽子，一名火把果。味甘、酸。”又湯溪范行准收藏明范洪《滇南本草圖説》：“赤陽子，生文川平野間，墳園多以爲墻，今處處有之。枝大有刺，結細子，色赤甚繁。一名救軍糧，一名火把果。”《雲南通志·物産·果屬》：“救軍糧，山野彌望，緑葉白花，紅子極繁。五六月熟，酸甘可食。”《四川通志·物産志·龍安府》：“救軍糧，小木本，實硃紅色，纍纍如珊瑚，味甘可食。昔有軍糧不足以此充食，故名。”

火棘今亦常野生於海拔2800米以下之山地、溪畔、松櫟林内及灌叢中，俗稱“救命糧”“水沙子”。

【赤陽子】

即火棘。此稱明代已行用。見該文。

【救軍糧】

即火棘。因傳武侯南征，軍士采食以救飢，故名。此稱明代已行用，今滇、川、貴、鄂各地仍沿用。見該文。

【赤果】[2]

即火棘。此稱明代已行用。見該文。

【純陽子】

即火棘。此稱明代已行用。見該文。

【火把果】

即火棘。此稱明代已行用，今雲南各地仍沿用。見該文。

【救命糧】

即火棘。因其果甘酸可食，能以救饑，故名。今之俗稱。見該文。

【水沙子】

即火棘。今四川各地多俗用此稱。見該文。

牛奶子[2]

習見雜果名。胡頹子科，胡頹子屬，牛奶子（*Elaeagnus umbellata* Thunb.）。落葉灌木。枝具針刺，小枝黄褐色，或部分被銀白色鱗片。葉互生，紙質，橢圓形至倒卵狀披針形，幼時上面被銀白色鱗片或星狀毛，老時脱落，下面有銀白色或雜有褐色鱗片。花腋生，黄白色，有香氣。核果球形，被銀白色鱗片，成熟時紅色。我國主要分布於長江流域及其以北地區。果可食，亦可釀酒。根、葉、果實可入藥。

牛奶子久爲人知。其葉似棠且色白，明代稱“白棠子樹”。亦稱“沙棠梨兒”“羊嬭子樹”“剪子果”。明朱橚《救荒本草》卷六：“白棠子樹，一名沙棠梨兒，一名羊奶子樹，又名剪子果。生荒野中。枝梗似棠梨樹枝而細；其色微白。葉似棠葉而窄小，色亦頗白；又似女兒茶葉却大，而背白。結子如豌豆大，味酸甜。”明鮑山《野菜博録》卷四：“白棠子樹，一名沙棠梨兒。生荒野中。枝梗似棠梨樹微小，葉似棠梨葉窄小，白色，結子如豌豆大，味酸甜。”清代稱“羊奶子”“羊春子”“陽春子”。清吴其濬《植物名實圖考・木類・羊奶子》：“羊奶子，湖南山阜多有之。《辰溪縣志》：羊奶子莖有小葉如桂而刺小，上青下白，開小白花，實如羊奶，味甘可食。又羊春子，同類異種。按《救荒本草》，白棠子樹亦名羊奶子樹，形狀略同。”又，“陽春子，湖南處處有之，叢生，赭莖有硬刺，長葉如橘葉而不尖，面緑背白”。參閲江蘇新醫學院《中藥大辭典・牛奶子》。

羊嬭子

（清吴其濬《植物名實圖考》）

白棠子樹

（明朱橚《救荒本草》）

今亦呼爲“傘花胡頹子”。太行、吕

梁、中條、伏牛、大別及燕山等山地向陽疏林、河灘沙地、渤海鹽鹼灘地常有野生。民間取以作蜜餞、果漿或爲藥用。

【白棠子樹】

即牛奶子[2]。此稱明代已行用。見該文。

【沙棠梨兒】

即牛奶子[2]。此稱明代已行用。見該文。

【羊嬭子樹】

即牛奶子[2]。因其果形似羊奶，故名。此稱明代已行用。見該文。

【剪子果】

即牛奶子[2]。此稱明代已行用。見該文。

【羊奶子】

即牛奶子[2]。此稱清代已行用。見該文。

【羊春子】

即牛奶子[2]。清吴其濬《植物名實圖考》以爲同類异種，或誤。此稱清代已行用。見該文。

【陽春子】

即牛奶子[2]。江蘇新醫學院《中藥大辭典》以爲此即牛奶子。見該文。

【傘花胡頽子】

即牛奶子[2]。今稱。見該文。

文冠果

習見雜果名。無患子科，文冠果屬，文冠果（*Xanthoceras sorbifolium* Bunge）。落葉灌木或小喬木。樹皮灰色，小枝有短柔毛。奇數羽狀複葉，小葉九至十九枚，膜質。圓錐花序，花雜性，白色，基部紅色或黄色。蒴果，三裂，果皮厚木栓質。我國主要分布於東北、華北及陝、甘、寧、内蒙古等地。種子嫩時白色，可食，成熟後可榨油，供食用或製肥皂。

文冠果早爲人知。明代已有記載，時稱“文冠花”“崖木瓜”“文光果”“文官果”。明徐光啓《農政全書》卷五六引《救荒本草》：“文冠花，生鄭州南荒野間，陝西人呼爲崖木瓜。”石聲漢校注引王作賓所訂學名，當即此種。明王象晋《群芳譜·果譜·文光果》：“文光果，形如無花果，肉味如栗，五月成熟，出景州。”明代已行用“文官果”之稱。明謝肇淛《滇略·産略》：“馬金囊，其味似文官果而非，文官果樹生，而此蔓生也。”清刊《授時通考·農餘門·果三》：“文官果：樹高丈餘，皮粗多礧砢，木理甚細，堪作器物。葉似榆而尖長，周圍鉅齒紋深。春開小白花成穗，花五瓣，每瓣當中微凹，有紅筋貫之，蔕下有小青托。花落結實，大者如拳，一實中數隔，間以白膜；仁如馬檳榔無二，裹以白軟皮，大如指頂，去白皮，食其仁甚美。”清陳淏子《花鏡》卷四：“文官果産於北地。樹高丈餘，皮粗多礫砢，木理甚細。葉似榆而尖長，周圍鋸齒紋深。春間小白花，成穗，每瓣中微凹，有細紅筋貫之。蒂下有小青托，花落結實，大者如拳。一實中數隔，間以白膜。仁與馬檳榔無二，裹以白軟皮，大如指頂，去皮而食其仁，甚清美。”清吴其濬《植物名實圖考·果類·文冠果》：“《救荒本草》：文冠果，生鄭州南荒野間……開花彷彿似藤花而色白，穗長四五寸，結實狀似枳殻而三瓣，中有子二十餘顆，如肥皂角

文冠果
（清吴其濬《植物名實圖考》）

子。子中瓤如栗子，味微淡，又似米麵，味甘可食。其花味甜，其葉味苦。”

文冠果種子含油率高達30%~36%。可廣泛用爲食品、醫藥、化工原料。亦可供食用。按，舊時文冠果被視爲“孝樹”“絶後樹”，資源多遭破壞，至20世紀60年代始有較大發展。

【文冠花】

即文冠果。此稱明代已行用。見該文。

【崖木瓜】

即文冠果。因其果如瓜，果皮厚硬，故名。此稱明代陝西等地已行用。見該文。

【文光果】

即文冠果。此稱明代已行用。見該文。

【文官果】[1]

即文冠果。此稱明代已行用。今人夏緯英《植物名釋劄記・文官果》稱此名係“崖木瓜”“瘟瓜”訛轉而成。今附供考。見“文冠果”文。

米飯花[2]

習見雜果名。杜鵑花科，越橘屬，米飯花〔*Vaccinium sprengelii*（G.Don）Sleum.〕。常緑灌木。葉互生，厚革質，卵狀橢圓形或倒卵狀披針形。總狀花序腋生，花冠筒狀，水紅至白色，下垂。漿果球形，紅色，漸變爲深紫色。我國主要分布於長江流域及西南各地。果可入藥。

初春，花自梢端開放，花繁映日生光，下垂如貫珠狀，又似糯米飯，故名。此稱清代已行用。亦稱“珍珠花”。清吴其濬《植物名實圖考・木類・珍珠花》：“珍珠花，一名米飯花，生雲南山坡。叢生，高三二尺，長葉攢莖勁垂，無偏反之態。春初梢端白筒子花，本大末收，一一下懸，儼如貫珠，又似糯米。一條百數，映日生光。土人折賣，擔頭千琲，可稱富潔。此樹大致如南燭，而花極繁，葉少光潤。”今俗稱“夏菠”“羊豆飯”“小三條筋子樹”“香白珠”。

【珍珠花】[3]

即米飯花[2]。此稱清代已行用。見該文。

【夏菠】

即米飯花[2]。今福建各地多俗用此稱。見該文。

【羊豆飯】

即米飯花[2]。今湖南各地多俗用此稱。

【小三條筋子樹】

即米飯花[2]。今湖北興山等地多俗用此稱。見該文。

【香白珠】

即米飯花[2]。今雲南景東等地多多俗用此稱。見該文。

金櫻子

習見雜果名。薔薇科，薔薇屬，金櫻子（*Rosa laevigata* Michx.）。常緑攀援灌木。高可達5米，莖被鈎刺及刺毛。奇數羽狀複葉，小葉三至五枚，近卵形。花白色，芳香。薔薇果近球形，果梗被刺毛。我國主要分布於華中、華東、華南、西南及陝西諸地。果富含糖分及氨基酸、維生素等，可飴糖，亦可釀酒。根、根皮、葉、花、果實可入藥。

我國開發利用金櫻子歷史頗久。南北朝時期已行用此稱。唐宋時稱“刺榆子”“刺梨子”“山石榴”“山鷄頭子”。南朝宋雷斆《雷公炮炙論》上卷：“雷公云：林檎、向里子，名金櫻子，與此同名而已。醫方中亦用林檎子者。”宋唐慎微《證類本草・本草上品・金櫻子》：

金樱子
（清吴其濬《植物名實圖考》）

"金櫻子，味酸澀，平温，無毒。療脾，洩下痢，止小便，利澀精氣，久服令人耐老輕身。方術多用。云是今之刺梨子，形似榅桲而小，色黄有刺，花白。在處有之。"明李時珍《本草綱目・木三・金櫻子》："[釋名] 刺梨子、山石榴、山鷄頭子。時珍曰：金櫻當作金罌，謂其子形如黄罌也。石榴、鷄頭皆象形。又杜鵑花、小蘗並名山石榴，非一物也。〔雷〕斆曰：林檎、向里子亦曰金櫻子，與此同名而異物。"金櫻子葉、果皆可食以度荒。明鮑山《野菜博録》卷四："金櫻子，處處有之。葉枝叢生，似薔薇有刺。開白花，夏結實，實上亦有小刺，黄赤色，似小石榴形，味酸澀，性平，無毒。食法：采其嫩葉，油鹽調食；子熟摘。"亦稱"棠球子""刺梨"。清吴其濬《植物名實圖考・木類・金櫻子》："併入《圖經》棠球子。金櫻子，《嘉祐本草》始著録。一名刺梨，生黔中者可充果實。饒州呼爲棠球子。字或作餹。即《圖經》滁州棠球子也。"

按，《新華本草綱要・金櫻子》以爲《植物名實圖考》之金櫻子即指本種。今亦稱"蜂糖罐""白玉帶""螳螂果""紅根""刺橄欖""大活血""倒挂金鉤"。又本屬中尚有"美薔薇""扁刺薔薇""大葉青薇"亦常代金櫻子入藥，其效頗類，然實非一物。

【刺榆子】

即金櫻子。此稱唐代已行用，名見《蜀本草》。見該文。

【刺梨子】

即金櫻子。此稱宋代已行用。見該文。

【山石榴】[4]

即金櫻子。其果形似石榴，故名。杜鵑、小蘗與此同名，然非一物，宜辨之。此稱明代已行用。見該文。

【山鷄頭子】

即金櫻子。因其果形似鷄頭，故名。此稱明代已行用。見該文。

【棠球子】

即金櫻子。此稱宋代已行用，名見《嘉祐補注神農本草》。見該文。

【刺梨】[1]

"刺梨子"之省稱。即金櫻子。此稱宋代已行用。見"金櫻子"文。

【蜂糖罐】

即金櫻子。因此果含糖較高，形似罐，故名。今稱。見該文。

【白玉帶】

即金櫻子。因其花色白，故名。今稱。見該文。

【螳螂果】

即金櫻子。今廣西各地多行用此稱。見該文。

【紅根】

即金櫻子。今湖北各地多行用此稱。見該文。

【刺橄欖】

即金櫻子。因其枝具鉤刺，故名。今福建

各地多行用此稱。見該文。

【大活血】[2]

即金櫻子。今浙江各地多行用此稱。見該文。

【倒挂金鈎】[2]

即金櫻子。因枝多倒鈎刺，故名。今江西各地多行用此稱。見該文。

【金罌】[1]

即金櫻子。其子如黄罌，故名。此稱宋代已行用。亦稱“金罌子”“鷄頭罌”。宋沈括《夢溪筆談・藥議》:“金櫻子，止遺洩，取其温且澀也，世之用金罌者，待其紅熟時，取汁熬膏用之，大誤也。紅則味甘，熬膏則全斷澀味，都失本性。今當取半黄時采，乾搗末用之。”明朱橚《普濟方》卷一二〇:“金罌煎（出《衛生家寶方》): 治男子氣弱，丹田冷痛，臟腑泄瀉；婦人血海冷疾，一切病並皆治之。冬月采金罌子，俗名鷄頭罌。未十分熟者，不拘多少，新蘿中擦去刺，以竹刀或銅刀破開，刮去穰净洗曬略乾，擣碎，甆鍋中用水煎四五十沸，濾去滓熬汁，候濃如水糖，用鷄頭肉爲細末，同熬成膏，每服一匙頭許。”參閱李時珍《本草綱目・木三・金櫻子》。見“金櫻子”文。

【鷄頭罌】

即金罌[1]。此稱明代已行用。見該文。

【金罌子】

即金罌子[1]。此稱明代已行用。見該文。

【糖鶯子】

即金櫻子。此稱清代已行用。亦爲今稱。亦稱“金櫻蘁”“脱骨丹”。清何克諫《生草藥性備要》上卷:“金櫻蘁，味甘，性温。正蘁旺血，理痰火……老年跌傷，用大金櫻。又名糖鶯子，又名脱骨丹。”見“金櫻子”文。

【金櫻蘁】

即糖鶯子。此稱清代已行用。見該文。

【脱骨丹】

即糖鶯子。此稱清代已行用。見該文。

【糖果】

即金櫻子。此稱清代多行用於四川各地。清劉善述《草木便方・木部・糖果》:“糖果根皮酸澀平，糯米煮粥瀉蟲靈，崩帶滑痢化骨哽，葉號軍中一撚金，癰腫金瘡止血痛，花治瀉痢蛔蟲行。”見“金櫻子”文。

胡頹子

習見雜果名。胡頹子科，胡頹子屬，胡頹子（*Elaeagnus pungens* Thunb.）。常緑灌木。小枝褐色，常有刺，被鱗片。葉橢圓形至矩圓形，背面有銀白色或褐色鱗片。花銀白色，一至三朵腋生，下垂，有芳香。堅果呈核果狀，橢圓形，灰色或蝎、銹色，成熟時紅色。我國主要分布於長江流域以南諸地。果可食。種子、根、葉亦入藥。

胡頹子栽培利用歷史悠久，采集野生樹根、葉、果實療疾已逾一千五百年。南北朝時稱“雀兒蘇”。南朝宋雷斅《雷公包炙論》中卷:“山茱萸，雷公云：凡使，勿用雀兒蘇，真似山茱萸，只是核八棱，不入藥用。”隋唐時已行用“胡頹子”之稱，沿稱至今。亦稱“蒲頹子”“盧都子”“半含春”“黄婆奶”。明李時珍《本草綱目・木三・胡頹子》:“［釋名］蒲頹子、盧都子、雀兒酥、半含春、黄婆奶。時珍曰：陶弘景注山茱萸及櫻桃皆言似胡頹子（凌冬不凋，亦應益人），陳藏器又於山茱萸下詳著之，别無識者。今考訪之，即雷斅《炮炙論》

所謂雀兒酥也，雀兒喜食之。越人呼爲蒲頽子。南人呼爲盧都子。吴人呼爲半含春，言早熟也。襄漢人呼爲黄婆奶，象乳頭也。劉［鎦］績《霏雪録》言安南有小果，紅色，名盧都子，則盧都乃蠻語也。"《通雅·植物》："胡頽子，雷斅所云雀兒酥，襄漢呼黄婆奶，劉［鎦］績《霏雪録》言安南之盧都子是也。此物止痢最驗，同伴病痢者皆食此而愈，後隱昭州平西山，山中有此，而圓絶似棠梨，痢者食之亦愈。"《廣群芳譜·果譜十四·胡頽子》："胡頽子，一名雀兒酥，雀兒喜食之也。越人呼爲蒲頽子，南人呼爲盧都子，吴人呼爲半含春，言早熟也。"《佩文韻府·上酥》："雀兒酥，《本草》：胡頽子，一名雀兒酥。"清代亦稱"甜棒槌""半春子"。清吴其濬《植物名實圖考·木類·胡頽子》："胡頽子，陶隱居、陳藏器注山茱萸，皆著之。《本草綱目》形狀、功用尤爲詳晰。湖北俗呼甜棒槌。湖南地暖，秋末著花，葉長而厚，俗呼半春子。"

胡頽子古多野生，今常栽培以爲藥用。其變種有"金邊胡頽子""玉邊胡頽子""金心胡頽子"等，亦常用於觀賞。同屬之"狹葉胡頽子"分布於東北、華北及西北各地，是營造"三北"防護林之優良樹種。亦稱"羊奶奶""咸匏頭""柹蒲""田蒲""麥欖""鷄卵子""斑楂""潘桑果""蒲栗子"。

【雀兒蘇】

即胡頽子。因雀兒喜食，故名。此稱南北朝時期已行用，語本《雷公炮炙論》。見該文。

【蒲頽子】

即胡頽子。此稱明代已行用。見該文。

【盧都子】

即胡頽子。此稱明代已行用。見該文。

【半含春】

即胡頽子。因此果早熟，故名。此稱明代已行用。見該文。

【黄婆奶】

即胡頽子。因果實似乳頭，故名。此稱明代已行用。見該文。

【甜棒槌】

即胡頽子。此稱清代已行用。見該文。

【半春子】

即胡頽子。此稱清代已行用。見該文。

【羊奶奶】

即胡頽子。今貴州各地多行用此稱。見該文。

【咸匏頭】

即胡頽子。今福建各地多行用此稱。見該文。

【柹蒲】

即胡頽子。今福建泉州地區多行用此稱。見該文。

【田蒲】

即胡頽子。今閩東地區多行用此稱。見該文。

【麥欖】

即胡頽子。今浙江各地多行用此稱。見該文。

【鷄卵子】

即胡頽子。今江西各地多行用此稱。見該文。

【斑楂】

即胡頽子。今浙江金華各地多行用此稱。見該文。

【潘桑果】

即胡頽子。今上海各地多行用此稱。見該文。

【蒲栗子】

即胡頽子。今江蘇各地多行用此稱。見該文。

【胡頹樹】

即胡頹子。此稱南北朝時期已行用。亦稱“禾蕈樹”。《宋書・五行志》:“廢帝昇明元年，吴興、餘杭、舍亭禾蕈樹生李實。禾蕈樹，民間所謂胡頹樹。”按，此或以爲即“胡頹子”。此附供考。見“胡頹子”文。

【禾蕈樹】

即胡頹樹。此稱南北朝時期已行用。見該文。

馬檳榔

習見雜果名。山柑科，山柑屬，馬檳榔(*Capparis masaikai* Lévl.)。攀援灌木。老枝褐色，幼枝密被褐色毛。葉革質，橢圓形，全緣。近傘形花序，花瓣小，白色或粉紅。漿果卵形或近球形，有不規則棱及短粗之棘狀突起。種子灰褐色或黑褐色。我國主要分布於雲南、貴州、廣東、廣西等地。果可食。種子供藥用。

我國利用馬檳榔已有數百年史。此稱明代已行用。亦稱“馬金囊”“馬金南”“紫檳榔”。明李時珍《本草綱目・果三・馬檳榔》:“[釋名]馬金囊、馬金南、紫檳榔。[集解]時珍曰：馬檳榔生滇南金齒、沅江諸夷地，蔓生。結實大如葡萄，紫色味甘。内有核，頗似大風子而殼稍薄，團長斜扁不等。核内有仁，亦甜。”明吴寬《馬檳榔》詩:“有樹吾不識，人云馬檳榔。檳榔産南海，結實因瘴鄉。平生冒其名，豈亦如丁香。白花細而密，實甘翻可嘗。其葉與麻同，沃若澤且光。麻馬音或訛，欲問郭駝亡。”明徐霞客《徐霞客游記・粵西游日記三》:“余按一統土物志：粵西有馬檳榔。不知爲何物，至是見州人俱切爲片和蔞葉以敬客，代檳榔焉，呼爲馬檳榔，不知爲何首烏也。”馬檳榔可止痢，亦可除熱治瘡毒，食之甚香，嚼之飲水味甘，且津溢齒頰。明宋詡《竹嶼山房雜部・樹畜部一》:“馬金囊，實似松子而殼薄，肉皆細條而盤結，食之甚香，甘津溢齒頰。又曰馬檳榔。”明謝肇淛《滇略・産略》:“馬金囊，其味似文官果而非，文官果樹生，而此蔓生也。咀之飲水，留甘不散，一云傅惡瘡良。”《明一統志・永昌軍民府・土産》:“馬金囊。狀類白荳蔻，嚼塗惡瘡甚效，或食一枚飲冷水即無所傷。”《清一統志・開化府・土産》:“馬金囊，府境出，味甘，除熱，可治瘡毒。”《廣群芳譜・藥譜七・馬檳榔》:“馬檳榔俗訛爲馬金囊。一名馬金南，一名紫檳榔。結實紫色，内有核而殼薄，去殼，其仁色白，盤轉與北方文官果無異，第文官果乾久，食之刺喉，馬檳榔雖乾，嚼之軟美，嚼完以新汲水送下，其清甜香美，凡果無與爲比。”

按，馬檳榔多生山谷密林中，很少有栽培，通常於冬季采收果實，破殼取出種子，曬乾即可收藏備用。今亦稱“屈頭鷄”。又，藥用馬檳榔亦可以水檳榔代之。參閲清陳淏子《花鏡》卷五“馬檳榔”文。

【馬金囊】

即馬檳榔。此稱明代已行用。見該文。

【馬金南】[1]

即馬檳榔。此稱明代已行用。見該文。

【紫檳榔】

即馬檳榔。此稱明代已行用。見該文。

【屈頭鷄】[2]

即馬檳榔。今廣西各地多行用此稱。見該文。

楊桃[2]

習見雜果名。酢漿草科，楊桃屬，楊桃（*Averrhoa carambola* Linn.）。常緑灌木或小喬木。羽狀複葉，葉柄及總軸被柔毛；小葉卵形至橢圓形。總狀花序腋生，花近鐘形，白至淡紫色。漿果卵狀或橢圓狀，三至五棱，緑或黄緑色。我國主要分布於廣東、廣西、福建、臺灣等地。果可食。

我國楊桃栽培約有一千五百年歷史。此稱漢代已行用，沿稱於後世。《淮南子·墬形訓》："昆侖華丘在其東南方，爰有遺玉、青馬、視肉、楊桃、甘樝、甘華，百果所生。"三國吴沈瑩《臨海水土異物志》："楊桃，似橄欖，其味甜，五月、十月熟。諺曰：'楊桃無蹙，一歲三熟。'其色青黄，核如棗核。"亦稱"三蒹""五斂子"。晋郭義恭《廣志》曰："三蒹，似翦羽，長三四寸，皮肥細，緗色。以蜜藏之，味甜酸，可以爲酒啖。出交州。正月中熟。"晋嵇含《南方草木狀》卷下："五斂子，大如木瓜，黄色，皮肉脆軟，味極酸，上有五棱，如刻出，南人呼棱爲斂，故以爲名。以蜜漬之，甘酢而美。出南海。"亦作"五棱子""羊桃"，亦行用於後世。宋范成大《桂海虞衡志·志果》："五棱子，形甚詭異，瓣五出，如田家碌碡狀。味酸，久則微甘，閩中謂之羊桃。"亦省稱"五棱"，言可以消猪肉毒。清吴其濬《植物名實圖考·果類·五斂子》："五斂子即楊桃，詳《草木狀》。《本草綱目》始收入果部。能消猪肉毒，其味酸淡，或謂以糯米澆之則甜；又可以蜜漬之，蘇長公詩'恣傾白蜜收五棱'是也。"

昔傳我國楊桃自馬來亞、印尼及越南引入。主産地爲廣東，其次爲臺灣。廣東省除粤北樂昌外，各地都有分布。廣州市起初在花地普遍栽培，素有"花地楊桃"之盛名。繼而廣州市郊及其附近珠江口岸廣泛栽培。花地楊桃園已拓爲市區，廣州楊桃栽培遂由花地擴展到珠江兩岸，其面積、産量均列爲廣州六大水果之一。福建漳州、厦門、龍溪、漳浦、雲霄、詔安，廣西南寧、桂平、玉林、平南、蒼梧等地均有較多栽培及優良品種。又，楊桃原屬酢漿草科，今分出爲楊桃科。該屬作爲果樹者有兩種，一名多葉酸楊桃，又名黄瓜樹；另，本種即普通楊桃。楊桃品種又以風味之异分爲酸楊桃類及甜楊桃類兩品種群。廣東主要栽培品種有"崛督楊桃""尖督楊桃"；福建栽培品種主要有"廣東蜜楊桃""赤口楊桃""白楊桃""鈎楊桃""酸楊桃""紫楊桃"；臺灣栽培品種主要有"歪尾種""白絲飽念""五汴頭種""青嵹滿念""青嵹仔""廣東厚念"等。按，獼猴桃科獼猴桃亦稱"楊桃""羊桃"，爲落葉藤本，與此迥异。參見本卷《習見果木説·習見漿果考》"獼猴桃"文。

【楊桃子】

即楊桃[2]。此稱晋代已行用。見該文。

【三蒹】

即楊桃[2]。此稱晋代已行用。見該文。

【五斂子】

即楊桃[2]。此稱晋代已行用。見該文。

【五棱子】

即楊桃[2]。此稱宋代已行用。見該文。

【五棱】

即楊桃[2]。此稱宋代已行用。見該文。

【羊桃】[3]

即楊桃[2]。此稱宋代多行用於閩地，沿稱至今。見該文。

【陽桃】[2]

即楊桃[2]。此稱明代已行用。明李時珍《本草綱目・果三・五斂子》:“［釋名］五棱子、陽桃。時珍曰：按嵇含《草木狀》云：南人呼棱爲斂，故以爲名。［集解］時珍曰：五斂子出嶺南及閩中，閩人呼爲陽桃。其大如拳，其色青黄潤緑，形甚詭異，狀如田家碌碡，上有五棱如刻起，作劍脊形。”《通雅・植物》:“五棱，亦作五斂。嵇含曰：南人呼棱爲斂，其狀如爪椎，五棱而凹甚深棱甚狹，色青。閩廣蜜之爲珍果。范至能作五棱子。注詩者北人豈得知之，今或書作陽桃，又有三廉子，廉亦棱也。”《格致鏡原》卷七四引《海槎餘録》:“土果曰陽桃，大如拳，緑色，明潤，五棱並起劍脊，中核如花紅子，味帶酸，宜於酒後咀嚼之。”見“楊桃[2]”文。

【洋桃】

即楊桃[2]。此稱清代已行用。亦稱“三斂子”“山斂”“五斂”“糯米斂”。清屈大均《廣東新語・木語》:“羊桃，其種自大洋來，一曰洋桃。樹高五六丈，大者數圍。花紅色，一蔕數子，七八月間熟，色如蠟。一名三斂子，亦曰山斂。斂，棱也。俗語訛棱爲斂也。亦以其味酸能斂顔色也。有五棱者名五斂，以糯米水澆則甜，名糯羊桃。廣人以爲蔬，能辟嵐瘴之毒。”清趙學敏《本草綱目拾遺・果部・羊桃》:“《粤語》：其種來自大洋，一曰洋桃，高五六丈，大者數圍，花紅色，一蒂數子，七八月間熟，色如蠟。一名三斂子，亦曰山斂，斂，棱也，俗語誤棱爲斂也。亦以其味酸能斂顔色也。有五棱者，名五斂。以糯米水澆則甜，名糯米斂，廣人以爲蔬。”見“楊桃[2]”文。

【三斂子】

即洋桃。此稱清代已行用。參閲明李時珍《本草綱目・果三・五斂子》。見該文。

【山斂】

即洋桃。此稱清代已行用。見該文。

【五斂】

即洋桃。因漿果卵狀而具五棱。故名。此稱清代已行用。見該文。

【糯米斂】

即洋桃。因洋桃味酸，粤地俗傳以糯米水澆之則甜，故名。此稱清代已行用。見該文。

【揚摇子】

即楊桃[2]。此稱三國時已行用。《廣群芳譜・果譜十四・揚摇子》引三國吴沈瑩《臨海異物志》:“揚摇有七脊，子生樹皮中，其體雖異，味則無奇，長四五寸，色青黄，味甘。”清陳淏子《花鏡》卷四：“揚摇子産自閩、粤。其子生樹皮内，身體有脊，而形甚異，味甘無核，長五寸而色青。”伊欽恒校注曰：“與楊桃子音相近似。按此描述形態、産地，亦係指楊桃而言。楊桃又名五斂子，原産廣東、福建……學名*Averrhoa carambola* L.。”清趙學敏《本草綱目拾遺・果部・揚摇子》:“揚摇子，生閩越，其子生樹皮中，體有脊形甚異，長四五寸，味甘無毒。通百脉，强筋骨，和中益氣，潤肌膚，好顔色。《花鏡》：此果長五寸，色青無核。《臨海異物志》：揚摇有七脊，子生樹皮中，其體雖異，味則無奇，長四五寸，色青黄，味甘。”見“楊桃[2]”文。

【三棯】

即楊桃[2]。清代廣人多行用此稱。清何克諫《生草藥性備要》下卷："楊桃葉，味劫（澀），性寒。利小水，治撞紅，用大頭魚，勿放油、鹽煮湯食，候小便太急大放，其毒隨小便而出，即效。用楊桃更妙。一名三棯。"見"楊桃[2]"文。

繅絲花

習見雜果名。薔薇科，薔薇屬，繅絲花（*Rosa roxburghii* Tratt.）。落葉或半常緑灌木。羽狀複葉，小葉橢圓形或橢圓狀長圓形，細鋭鋸齒緣。花一至二朵生於短枝上，淡粉紅色，具微香。薔薇果扁球形，紅色，密生刺毛。我國主要分布於江蘇、浙江、江西、湖北、四川、貴州、雲南、廣東等地。其花每至煮繭繅絲時盛開，因名。常植之庭院供觀賞。果味甜，可食，亦供藥用或釀酒。種子可榨油。葉能代茶。根皮及莖皮可提取栲膠。根亦入藥。

繅絲花早爲人知。明代已行用此稱。亦稱"刺蘼"。明高濂《遵生八箋·起居安樂箋上》："下乘具品如金絲桃、鼓子花、秋牡丹、纏枝牡丹、四季小白花（又名接骨草）、史君子花、金豈花、金錢花、紅白郁李花、繅絲花、萵苣花。"清王士禎《分甘餘話》卷四："《廣群芳譜》所載異花，凡一百一十六種，今略録數十種於左：萬年花、金蓮、此碧、九花樹……繅絲花、笑靨花、紅麥花、龍女花、會城娑羅花、優曇花、金縷梅、瓔珞花。"清陳淏子《花鏡》卷五："繅絲花一名刺蘼。葉圓細而青，花儼如玫瑰，色淺紫而無香，枝萼皆有刺針。每逢煮繭繅絲時，花始開放，故有此名。二月中根可分栽。"《廣群芳譜·花譜三十二·繅絲花》："《草花譜》：繅絲花，葉儼如玫瑰，而色淺紫無香，枝生刺針。時至煮繭，花盡開放，故名。種從根分。"

繅絲花
（清吴其濬《植物名實圖考》）

繅絲花在南方常生於山地、溪邊、灌叢中。另有重瓣、單瓣、毛葉等變種。參閲清吴其濬《植物名實圖考·蔓草類·繅絲花》。

【刺蘼】

即繅絲花。此稱清代已行用。見該文。

【刺梨】[2]

即繅絲花。亦稱"送春歸"。此稱行用於清代。清趙學敏《本草綱目拾遺·果部·刺梨》："《宦游筆記》：刺梨形如棠梨，多芒刺不可觸，味苦而酸澀，漬其汁同蜜煎之，可作膏，正不减於楂梨也。花於夏，實於秋。蓊有單瓣、重臺之别，名爲送春歸，密萼繁英，紅紫相間，植之園林，可供玩賞。"清劉善述《草木便方·木部·刺梨》："刺梨甘酸澀止痛，根治牙痛崩帶易，紅花甘平泄痢止，葉療疥癰金瘡利。"

按，原書諸本均作"茨梨"。《草木便方》整理本改"刺梨"。今從之。見"繅絲花"文。

【茨梨】

即刺梨[2]。此稱清代已行用。見該文。

【送春歸】

即刺梨[2]。此稱清代已行用。見該文。

露兜樹

習見雜果名。露兜樹科，露兜樹屬，露兜樹（*Pandanus tectorius* Parkinson）。常緑灌木或小喬木。莖直立，分枝多，具氣生支柱根。葉綫狀披針形，革質，多聚生於枝頂，葉緣與葉背中肋具鋭刺，刺端向前。雌雄异株，花密集呈肉穗狀花序，頂生，白色，無花被。聚花果橢圓形或球狀橢圓形，長20厘米，由多數核果組成，核果成熟時黄色。我國主要分布於廣東、廣西、雲南等地。果微甘，可食。葉纖維發達，可編織網袋、席、刷子、笠帽，或用以造紙。花可提取芳香油。果核、根、葉芽、花等可入藥。

我國栽培利用露兜樹已有近千年的歷史。宋代稱“櫓罟子”。宋范成大《桂海虞衡志・志果》：“櫓罟子，大如半升碗，諦視之，數十房攢聚成球，每房有縫。冬生青，至夏紅，破其瓣，食之微甘。”宋周去非《嶺外代答》卷八：“櫓罟子，大如半升碗……苗叢高丈許，即成幹，葉長如菱蘆，刺生兩旁，土人密植以爲藩籬，或乾其葉，去刺以織席，卧之摵摵有聲。”清代稱“路兜簕”“露兜簕”“龍船簕”“郎古”。清何克諫《生草藥性備要》上卷：“路兜簕，味香、甜，性寒。消風，散熱毒瘡，止血生肌，用白豆搥爛敷患處。”清趙其光《本草求原・隰草部・露兜簕》：“露兜簕即龍船簕，俗名朗古。甘、平，微寒。取心用，製血、止血、生肌。”參閲明李時珍《本草綱目・果六・櫓罟子》、清陳元龍《格致鏡原・果類三・櫓罟子》。亦稱“蘆劍”“榮蘭”“林投”“林荼”“竻魯”。

【櫓罟子】

即露兜樹。此稱宋代已行用。見該文。

【路兜簕】

即露兜樹。此稱清代已行用。見該文。

【露兜簕】

即露兜樹。此稱清代已行用。見該文。

【龍船簕】

即露兜樹。此稱清代已行用。見該文。

【朗古】

即露兜樹。此稱清代已行用。見該文。

【蘆劍】

即露兜樹。此稱清末民初已行用，名見清末蕭步丹《嶺南采藥録》。見該文。

【榮蘭】

即露兜樹。此稱清末民初已行用，名見清末蕭步丹《嶺南采藥録》。見該文。

【林投】

即露兜樹。今嶺南地區多行用此稱。見該文。

【林荼】

即露兜樹。今嶺南地區多行用此稱。見該文。

【竻魯】

即露兜樹。今嶺南地區多行用此稱。見該文。

第四章　引種木果説

第一節　古代引種木果考

樹木引種，是指從他地或外域引進一個本地或本國所没有的樹種，經過試驗，選擇或馴化培育，使其成爲本地或本國的栽培樹種的過程。樹木引種是豐富本地樹種資源，獲得更多、更好産品以爲人們利用的最好最簡捷的辦法。所以歷來被人們所重視。

引進樹種能够適應引入地區的環境，可自然繁衍傳播或經人工繁殖亦能够正常生長，穩定收穫經濟産物（木材、薪材、果品、種實、藥物等），甚至實現“鄉土化”，這説明此項引種是成功的。而有時雖然將外地樹種引入本地，但因種種原因，引入樹種無法自行繁衍傳播或經人工繁殖亦不可能正常生長，或不能獲取穩定經濟産物，這一過程便不能算是成功的。因此樹木之引種必須注意引種地與本地的地域特徵。因地制宜，先經少量試驗，再行區域栽培擴大試驗，待有把握後再擴大栽培面積。

我國樹木引種歷史，一般均以爲始於漢代，諸多典籍介紹過張騫出使西域引進胡桃、葡萄及安石榴事。如《漢書·西域傳》：“漢使采蒲陶、目宿種歸，天子以天馬多，又外國使來衆，益種蒲陶、目宿，離宫館旁極望焉。”顔師古注：“今北道諸州，舊安定北地之境，往往有目宿者，皆漢時所種也。”舊題晋張華《博物志》：“張騫使西域，得塗林安石國榴種以歸，故名‘安石榴’。”榲桲原産伊朗，漢時經今新疆引入長安，後漸推廣至中原，《晋宫闕記》：“華林苑有林檎十二株，榲桲六株”（《太平御覽》卷九七一），又《西京雜記》：“初修上林苑，群臣遠方，各獻名果異樹，亦有製爲美名，以標奇麗者：梨十……楂三：蠻楂、羌楂、猴楂。”此蠻楂即榲桲，其引種當在漢代無疑。

其實我國木果之引種時期似乎更早。據載，春秋戰國時，晏子使楚，曾有“橘生淮南則爲橘，生於淮北則爲枳”之記載（《晏子春秋・内篇雜下》），《周禮・考工記》亦有“橘逾淮而北爲枳”之説。此處之橘，當爲芸香科之柑橘（*Citrus reticulata* Blanco），而枳則應爲枳殼或名枸橘〔*Poncirus trifoliata*（Linn.）Raf.〕，橘、枳原本同科之二種，橘逾江淮之北并不會成枳，有可能不實或實小而已。古人以爲成枳實衹是一種誤解。但此事説明至少春秋戰國時，我國早已有不同地域引種之嘗試。另，孔子故後，其弟子各獻奇珍之木植於孔子冢前（即今之孔林），此事古籍多有記載，如《史記・孔子世家》：“孔子葬魯城北泗上。”裴駰集解：“駰按《皇覽》曰：孔子冢去城一里……冢塋中樹以百數，皆異種，魯人世世無能名其樹者，民傳言孔子弟子異國人，各持其方樹來種之，其樹柞、枌、雒離、安貴、五味、毚檀之樹。”亦説明我國境内不同地域木果之引種遠較張騫從西域引種葡萄、石榴等爲早。秦始皇“起雲明臺，窮四方之珍木、天下巧工，南得烟丘碧樹，酈水燃沙，賁都朱泥，雲岡素竹；東得葱巒錦柏，縹檖龍杉，寒河星柘，岏山雲梓……北得冥阜乾漆，陰坂文梓，褰流黑魄，暗海香瓊，珍異是集。”（《太平廣記》卷二二五引晋王嘉《拾遺記》）據《三輔黄圖》載：“漢武帝元狩六年（前117）破南越起扶荔宫，以植所得奇草異木，有密香百株。”此處之南越古置桂林，即今越南之順化，此域外引種，亦或早於張騫使西域引入葡萄、石榴等。此外榲桲引種，大約亦在此時。

嗣後，隨着社會進步，經濟發展，以及友好交往的增加，木果引種種類、數量逐步增多。“訶子”亦稱“訶黎勒”，原産亞熱帶地區，據廣東省林業科學研究所考證，係1700年前引入廣州的。廣州《光孝寺志》載：“昔所植者寺内最多，歷代僧亦有增植，明季尚餘五六十株。”晋嵇含《南方草木狀》卷中：“訶黎勒樹似木梡。花白，子形如橄欖……出九真。”（九真即今越南河内以南，順化以北，清華、又安等地）唐蘇恭以爲“訶黎勒生交州、愛州”。宋蘇頌亦稱：“今嶺南皆有之，而廣州最勝。”所謂交州者，即今越南北部。千餘年前廣州已普遍栽植。净土樹即今通稱之法國梧桐（俗作法桐），據傳係鳩摩羅什法師於公元 401 年引入長安，迄今已有一千五百餘年。菩提樹，佛家稱爲“覺樹”“佛樹”，相傳爲佛祖釋迦牟尼於此樹下修道成佛，備受佛門弟子之崇奉，故名。依廣州《光孝寺志》記載：“梁武帝天監元年（502），梵僧智藥三藏自西天竺國持菩提樹一株，航海而來，携植於壇前。”菩提樹引種當有一千五百多年歷史。公元 7 世紀，我國進入盛唐時期，溝通西域的“絲綢之路”暢通無阻，中西文化交流與商賈往來已極頻繁，一些外域名木珍果、奇花异卉相繼引入我國。唐段成式《酉陽雜俎》及其《續集》介紹多種引入樹種，如貝多（思維樹）、龍腦香、阿魏、安息香、婆那娑樹（波羅蜜）、波斯棗、偏桃、齊暾樹（油橄欖）、胡椒、蓽撥、波斯皂莢、野悉蜜（即茉莉）、阿驛（無花果）、阿月渾子（胡榛子）等，這些木果多來自古天竺（印度）、古波斯（伊朗）。此後還有八角茴香、日本柳杉、肉豆蔻、秘魯香膠樹、緬茄、臘腸樹、鷹爪豆、鷄蛋花、杧果、番木爪、檳榔等（部分果樹引種已在本卷《習見果木説》中簡介，此不贅述）。這些木果大都在我國“安家落户”，有些已成爲我國的“鄉土樹種”。如胡桃今北方各地均有載培，成爲群衆喜愛的乾果及木本油料。石榴不僅各地有栽培，且在常期栽培中形成了新疆葉城、山東嶧城、陝西臨潼、安徽懷遠等栽培中心，并培育出許多栽培品種，成爲我國人民十分喜愛的果品及觀賞花木。無花果（阿驛）從地中海傳入我國，遠離其冬暖故鄉。正常生長於我中土各地，今新疆疏附仍保留有百年生古樹多株，山東膠東半島、上海成爲其沿海栽培中心。栽培利用早已超出了食果、觀賞的範疇，全株利用，保健醫療，防癌、醫治心血管病的作用受到人們的重視。

我國不同地區的林木引種馴化，如前所述始自先秦，沿於後世，從未間斷。如馬尾松、杉木、油松、側柏、油茶、油桐、烏桕、白臘、漆樹、核桃、板栗及竹類，地區間引種始終未中斷。

古代木果引種雖然非常成功，然規模、數量尚不理想。真正大宗的引種實則始於 19 世紀中葉以後，其中多數是由華僑、留學生、外國傳教士、各國使節及洋商帶入中土。特别是清末，隨着封建鎖國政策的瓦解及外强入侵，國門大開，林木大宗引種纔成爲可能。據吴中倫《我國樹木引種馴化的進展》稱：“從十八世紀到二十世紀期間，引進的國外樹種已達百種。”比如刺槐（*Robinia pseudoacacia* Linn.）昔稱“洋槐”，原産北美阿帕拉契亞山區，1601 年傳入法國，1640 年引入英國，不久傳入德國。我國引種始於清光緒三、四年間（1877—1878），由清駐日副使張斯桂將種子帶回，先植於南京作庭園觀賞。光緒二十三年（1897），德人强占山東膠州灣，迫使清廷簽訂中德《膠澳租界條約》後，設立青島山林場，德人方大量引種，并於青島市區及膠濟鐵路沿綫栽植。現在刺槐已成爲我國北方地區之“鄉土樹種”，其栽培面積之大在我國早已名列人工造林之前茅，同時還選育出一大批優良無性系，在生産中廣泛應用，是林木引種極其成功之一例。但應看到，我國古代木果引種多數是個人無計劃地、分散進行的。真正有計劃的引種則是近現代的事。

與引種外域木果之同時，中土諸多樹種亦相繼傳入他國。如日本許多果樹源於中國，公元前 1 世紀“代代花”（酸橙之變種）已傳入日本，隋唐至宋元時柑橘、葡萄、棗、杏、中國樱桃、桃、梅、枇杷、核桃、石榴等相繼傳入日本。甜橙則是 14 至 15 世紀由葡萄牙人傳入葡萄牙、西班牙等國，再由哥倫布携至巴西及南美各地，1565 年傳入美國佛羅里達。柚（文旦）則是在九百年前傳入地中海沿岸各國，此後又傳至南美及北美，成爲當地重要栽培果樹，被視爲中華民族與世界各族人民友好往來的象徵。

本節所收樹種均係民國前自外域引入中土之樹木，計六十三種，分屬三十四科五十六屬，含木、果、藤各種樹木。國内南北互引者均不入此列。一些古籍資料中未見記載者，亦不再立目專考。引種樹木的排列仍以木、花、果分類，各類中再以喬木、灌木、藤木分類排序，各列中仍以樹種名稱首字筆畫多少爲序。

丁香[2]

古代引種林木名。桃金娘科，蒲桃屬，丁香〔*Syzygium aromaticum*（Linn.）Merr. et L.M. Perry〕。常緑喬木。單葉對生，長方狀卵形，全緣。聚傘狀圓錐花序頂生；花冠白色，稍帶淡紫色。漿果，紅棕色，長方橢圓形。種子長方形。分布於亞洲熱帶地區。我國主要産於廣東、廣西等地。根、皮、枝、花可提取芳香油，名“丁香油”，可入藥。

我國引種栽培應用丁香歷史已逾二千年。漢代稱“鷄舌香”，沿稱於後世。漢應劭《漢官儀》卷上：“尚書郎含鷄舌香，伏其下，奏事。”晋嵇含《南方草木狀》卷中：“交趾有蜜香樹，幹似柜柳，其花白而繁，其葉如橘。欲取香，伐之經年……其花不香，成實乃香，爲鷄舌香，珍異之木也。”南北朝時稱“丁子香”。種植及合香方法日臻成熟。北魏賈思勰《齊民要術・種紅藍花梔子》：“合香澤法：好清酒以浸香：鷄舌香、藿香、苜蓿、澤蘭香，凡四種，以新綿裹而浸之。用胡麻油兩分，猪脂一分，内銅鐺中，即以浸香酒和之，煎數沸後，便緩火微煎，然後下所浸香煎。緩火至暮，水盡沸定，乃熟。”書注：“〔鷄舌香〕俗人以其似丁子，故爲丁子香也。”唐代已行用“丁香”之稱，沿稱於後世。而丁香、丁子香、鷄舌香同乳香之名，時有混淆。自宋沈括《夢溪筆談》後，不斷有人考釋，以求明晰。宋沈括《夢溪筆談·藥議》："予集《靈苑方》論鷄舌香，以爲丁香母，蓋出陳氏《拾遺》。今細考之，尚未然。按《齊民要術》云鷄舌香，世以其似丁子，故一名丁子香，即今丁香是也。《日華子》云鷄舌香治口氣，所以三省故事，郎官日含鷄舌香，欲其奏事對答其氣芬芳，此正謂丁香治口氣，至今方書爲然。又古方五香連翹湯用鷄舌香，千金五香連翹湯無鷄舌香却有丁香，此最爲明驗。新補本草又出丁香一條，蓋不曾深考也。今世所用鷄舌香，乳香中得之，大如山茱萸，剉開中如柿核，略無氣味，以治疾，殊極乖謬。"宋陳敬《陳氏香譜》卷一："丁香，《山海經》云生東海及昆侖國，二三月開花，七月方結實。《開寶本草》注云，生廣州，樹高丈餘，凌冬不凋，葉似櫟。而花圓細色黄。子如丁，長四五分，紫色，中有粗大長寸許者，俗呼爲母丁香。擊之則順理而折。味辛，主風毒諸腫，能發諸香及止心疼、霍亂、嘔吐，甚驗。葉庭珪云，丁香一名丁子香，以其形似丁子也。鷄舌香，丁香之大者，今所謂丁香母是也。《日華子》云，鷄舌香治口氣，所以三省故事，郎官含鷄舌香，欲其奏事對答，其氣芬芳，至今方書爲然。出大食國。"明李時珍《本草綱目·木一·丁香》："［釋名］丁子香、鷄舌香。〔陳〕藏器曰：鷄舌香與丁香同種，花實叢生，其中心最大者爲鷄舌。擊破有順理而解爲兩向，如鷄舌，故名。乃是母丁香也。"又［集解］引李珣曰："丁香生東海及昆侖國。二三月花開，紫白色。至七月方始成實，小者爲丁香，大者如巴豆，爲母丁香。"明王圻、王思義《三才圖會·草木·丁香》："丁香出交廣南蕃，今惟廣州有之。木類桂，高丈餘，葉似櫟，凌冬不凋，花圓細，黄色。其子出枝蘂上，如釘子，長三四分，紫色。"

按，丁香之原產地説法不一，有人以爲原產印尼的馬魯古群島北部，有人以爲原產菲律賓或伊朗。1970 年哈威特傑傑（Hadiwidjaja）經論證認爲新幾内亞是丁香原產地，1972 年皮來復認爲其原產地仍爲馬魯古群島，其確切產地尚待進一步研究。

【鷄舌香】

即丁香[2]。此稱漢代已行用。見該文。

【丁子香】

即丁香[2]。此稱南北朝時期已行用。見該文。

【支解香】

即丁香[2]。亦稱"丁皮"。此稱明代已行用。明顧起元《説略》卷二四："支解香，丁香。"明陶宗儀《輟耕録·藥譜》："苾蒭清本良於醫，藥數百品，各以角貼，所題名字詭異。余大駭，究其源底，答言天成中，進士侯寧極戲造藥譜一卷，盡出新意，改立别名，因時多艱，不傳於世，余以禮求假一通，用娛閒暇：假君子，牽牛；昌明童子，川烏頭；淡伯，厚朴……支解香，丁皮。"清汪灝等《廣群芳譜·藥譜八·丁香》："《藥譜》：丁香，異名支解香。"見"丁香[2]"文。

【丁皮】

即支解香。此稱明代已行用。見該文。

【公丁香】

即丁香[2]。此稱清代已行用。清吴謙等《御纂醫宗金鑑》卷四八："[丁香豆蔻散]公丁香、白豆蔻仁、伏龍肝各等分。右爲末，生薑湯點服。"參見《本草原始》。《本草蒙筌》作"雄丁香"。此附，供考。見"丁香[2]"文。

八角茴香

古代引種林木名。五味子科，八角屬，八角茴香（*Illicium verum* Hook.f.）。常緑喬木。單葉互生，革質，橢圓形至橢圓狀披針形，全緣，葉背疏生柔毛。花圓球形，單生於葉腋，花被内數片呈覆瓦狀排列，内輪粉紅至深紅色。蓇葖果成星芒狀八角形，幼時緑色，成熟時紅棕色。種子扁卵形，棕色，有光澤。我國主要分布於兩廣、雲、貴、閩及臺灣等地。木材堅韌緻密，可爲細木工用材。果實與葉可提取芳香油。果實供調料或入藥。種子可榨油。

宋代前我國已引種，宋代已行用此稱。宋范成大《桂海虞衡志・志果》："八角茴香，北人得之以薦酒，少許咀嚼甚芳香。出左右江州洞中。"其果實八角，故亦稱"八角珠""八角"。其味香，北人訛茴爲蘹，稱"蘹香"。因自外番舶來，故亦稱"舶茴香"。省稱"茴香"。明李時珍《本草綱目・菜一・蘹香》："[釋名]茴香、八角珠。"又，"[集解]自番舶來者，實大如柏實，裂成八瓣，一瓣一核，大如豆，黄褐色，有仁。味更甜，俗呼舶茴香，又曰八角茴香，廣西左右江峒中亦有之，形色與中國茴香迥别，但氣味同爾。北人得之，咀嚼薦酒"。明劉文泰等《本草品彙精要・草部・八角茴香》："〔八角茴香〕主一切冷氣及諸疝痛。"清刊《授時通考・農餘門・蔬四》："[八角茴香]茴香自番舶來者，實大如柏實，裂成八瓣，一瓣一核，大如豆，黄褐色，有仁味更甜，俗呼舶茴香，又曰八角茴香。廣西左右江峒中亦有之，形色與中國茴香迥别，但氣味同耳。"《廣群芳譜・蔬譜一・八角茴香》："《桂海果志》：八角茴香，北人得之以薦酒，少許咀嚼甚芳香。"清趙其光《本草求原・菜部・大茴香》："大茴香，古作蘹香，俗名八角。辛，熱。入心、腎、小腸、膀胱。暖丹田，補命門，散一切寒結。"

八角茴香已經成爲我國重要經濟林樹種之一。八角及茴香油亦成爲我國特産，主産區爲廣西上思、龍津、德保、百色、蒼梧。今廣東及雲南、貴州亦有較大發展。各地通稱"八角"。按，茴香菜，爲傘形花科多年生草本，雖亦稱"茴香"，然與本種殊异。

【八角珠】

即八角茴香。此稱明代已行用。原作"八月珠"，今本《本草綱目》改用此稱。見該文。

【蘹香】

即八角茴香。此稱唐代已行用，名見《唐本草》。見該文。

【舶茴香】

即八角茴香。此稱明代已行用。見該文。

【茴香】

即八角茴香。此稱明代已行用。見該文。

【八角】

即八角茴香。此稱清代已行用。見該文。

【大茴香】

即八角茴香。此稱明代已行用，沿稱至今。亦稱"八角香""八角大茴"。明高濂《遵生八箋・靈秘丹藥箋下》："烏須髮内補人仁丸：人參五錢，砂仁、沉香、木香、槐角子、生地（酒洗）、桑椹、熟地各五錢，山藥去皮，茯苓，川椒去日，大茴香酒洗，枸杞子、旱蓮草、甘草、蒼术各一兩，米泔水浸二日去皮，鹽炒用。”清黄宫綉《本草求真·散劑·大茴香》：“實八瓣者，名八角香……較之吴茱萸、艾葉等更屬不同，若似八角大茴甘多之味，而謂能除沉寒痼冷，似於理屬有礙。”見“八角茴香”文。

茴　香
（明朱橚《救荒本草》）

【八角香】

即大茴香。此稱清代已行用。見該文。

【八角大茴】

即大茴香。此稱清代已行用。見該文。

吉貝

古代引種林木名。錦葵科，吉貝屬，吉貝〔*Ceiba pentandra*（Linn.）Gaertn.〕。落葉喬木。六枝輪生，平展。掌狀複葉，小葉五至九枚，長圓狀披針形，長5~16厘米，先端漸尖，基部楔形，全緣或先端具疏齒，下面被白霜。花多數簇生葉腋，稀單生，花瓣淡紅或黄白色，密被白色長柔毛。蒴果長圓形，長7.5~15厘米，果瓣内壁密被綿毛。原産熱帶美洲，世界熱帶地區普遍種植。我國雲南南部、廣西南部及海南等地有少量栽培。木材輕軟，可供箱板、火柴、玩具等用材。果皮綿毛富光澤，具彈性，比重輕，含油脂，可供紡織天鵝絨、運動衣，或製床墊、枕芯、救生圈及飛機隔音、保温與冷凍間隔熱材料。種子可榨油製皂。樹脂、根可入藥。

引種時期已無從考稽。南北朝時已行用此稱。《梁書·諸夷傳·林邑國》：“吉貝者，樹名也。其華成時如鵝毳，抽其緒紡之以作布，潔白與紵布不殊。亦染成五色織爲斑布也。”《通志·四夷傳五》：“林邑本漢日南郡象林縣古越裳界也……吉貝者，樹名也。其華成時如鵝毳，抽其緒紡之以作布。”宋趙汝適《諸番志·交趾國》：“土産沉香，蓬萊香……木棉、吉貝之屬。”

按，《南史·夷貊上·林邑國》字作“古貝”。又，古籍中吉貝兼指木棉、棉花（草棉），而此處之吉貝，實指“爪哇木棉”。參閲吴中倫等《國外樹種引種概論·木棉科·吉貝（爪哇木棉）》。此附供考。參見本卷《引種木果説·古代引種木果考》“木棉”文。

肉豆蔻

古代引種林木名。肉豆蔻科，肉豆蔻屬，肉豆蔻（*Myristica fragrans* Houtt.）。常緑喬木。高可達20米。單葉互生；橢圓狀披針形或長圓狀披針形，革質，全緣，葉面淡黄棕色，背面色較深，并具紅棕色葉脉。花單性，雌雄异株；雄花成總狀花序，花疏生，黄白色，長圓形或壺形。肉質核果梨形或近圓球形，懸垂，淡紅或黄色，成熟後縱裂成兩瓣，露出緋紅色假種皮。種子長球形，紅褐色，木質。原産熱帶地區，主要分布於馬來西亞、印尼及巴西等國。

南北朝前已舶來入藥，南北朝時稱“豆蔻”。嶺南已有栽培。南朝宋雷斅《雷公炮炙論》中卷：“雷公曰：凡使，須以糯米作粉，使熱湯搜裹豆蔻，於糖灰中炮，待米團子蕉黄熟，然後出，去米，其中有子，取用。”肉豆蔻，辛，温，無毒。入脾及大腸諸經。可醫多種疾病，歷代醫家時常使用。唐代已行用“肉豆蔻”之稱。唐王燾《外臺秘要方》卷一五：“療頭面熱風，頭旋，眼澁，項筋急强，心悶，腰脚疼痛，上熱下冷，健忘方：肉豆蔻十顆去皮，人參、犀角〔屑〕、枳實〔炙〕各六分，黄連、白朮、大黄各八分，甘草炙，苦參、旋復花各四分，檳榔仁十顆。右十一味擣篩，蜜和丸如梧子，以酒飲服。”宋王衮《博濟方》卷三：“〔丁香散〕治脾泄瀉：厚朴半兩去皮，用生薑汁塗炙令香黄；檳榔一個，火煨過；肉豆蔻二箇，去皮麵裹煨；丁香二錢，焙過。右四味同杵爲末，每服二錢，用粥飲煎三二沸，温湯服，以少許清粥飲衝下。”元王好古《湯液本草・草部・肉豆蔻》：“肉豆蔻，氣温，味辛。無毒。入手陽明經。”番語音譯名爲“迦拘勒”。明代亦稱“肉果”。明李時珍《本草綱目・草三・肉豆蔻》：“〔釋名〕肉果、迦拘勒……時珍曰：花實皆似豆蔻而無核，故名。〔集解〕〔陳〕藏器曰：肉豆蔻生胡國，胡名迦拘勒。大舶來即有，中國無之……〔蘇〕頌曰：今嶺南人家亦種之。”清趙其光《本草求原・芳草部・肉豆蔻》：“肉豆蔻，即肉果……出嶺南，似草豆蔻，外有皺紋，內有斑紋，如檳榔。”清吳其濬《植物名實圖考・芳草類・肉豆蔻》：“肉豆蔻，《開寶本草》始著録。今爲治瀉泄要藥。李時珍云：花實如豆蔻而無核，故名。”

豆蔻
（明盧和《食物本草》）

按，據文獻稱肉豆蔻於公元540年前傳入印度，至12世紀肉豆蔻仁和種皮廣爲歐洲人所知，1512年葡萄牙人抵印尼馬魯群島，成爲肉豆蔻及其種皮之經營壟斷者，此後各國競相引種，現已遍及氣温適宜之各熱帶國家。我國藥用之肉豆蔻多爲舶來之藥品，尚未見古有栽培之記載。現代引種則始於1970年，先在海南萬寧、儋州，廣東廣州、湛江及福建廈門，雲南西雙版納等地試種。因露地栽培冬季有凍害，唯海南萬寧引種成功，生長良好，結實多年。參閱潘志剛等《中國外來樹種引種栽培》、《廣群芳譜・藥譜三・肉豆蔻》。

【豆蔻】

即肉豆蔻。此稱南北朝時期已行用。見該文。

【迦拘勒】

即肉豆蔻。爲梵語或阿拉伯語qāqulah，kākulah音譯。此稱唐代已行用。見該文。

【肉果】

即肉豆蔻。此稱明代已行用。見該文。

安息香

古代引種林木名。安息香科，安息香屬，安息香（*Styrax benzoin* Dryand）。落葉喬木。樹皮茶褐色，小枝密生褐色柔毛。單葉互生，長卵形，葉背密生白色短星狀毛。花兩性，有香氣，呈總狀或圓錐狀花序，腋生及頂生。核果扁球形，灰棕色。種子堅果狀，紅棕色。唐代前由東南亞傳入我國，今雲南、廣西等地有栽培。樹幹斫傷後分泌出樹脂，稱“安息香”，可入藥或製香料，云能安息諸邪，樹以藥稱，故名。或云出安息國得名。

唐代已行用此稱，沿稱至今。亦稱“安息香樹”“辟邪樹”。省稱“安息”。唐段成式《酉陽雜俎·廣動植·木篇》：“安息香樹，出波斯國，波斯呼爲辟邪樹。長三丈，皮色黄黑，葉有四角，經寒不凋，二月開花，黄色，花心微碧，不結實。刻其樹皮，其膠如飴，名安息香，六七月堅凝乃取之。燒，通神明，避衆惡。”宋葉廷珪《名香譜·安息香》：“安息香，出三佛齊國。”明李時珍《本草綱目·木一·安息香》：“《一統志》云：樹如苦楝，大而且直。葉似羊桃而長。木心有脂作香。”明周嘉胄《香乘》卷二引《本草》：“安息出西戎，樹形類松柏，脂黄黑色，爲塊，新者柔靭。”民間多以此入藥或爲熏香。《醒世恒言·賣油郎獨占花魁》：“〔秦重〕回到家中，把衣服洗漿得乾乾净净，買幾根安息香熏了又熏。”參閲《廣群芳譜·木譜十三·安息香樹》。

【安息香樹】

即安息香。此稱唐代已行用。見該文。

【安息】

“安息香”之省稱。此稱明代已行用。見該文。

【辟邪樹】

即安息香。此稱唐代已行用。見該文。

赤檀[1]

古代引種林木名。豆科，紫檀屬，檀香紫檀（*Pterocarpus santalinus* Linn.f.）之别名。常緑喬木。樹幹通直，樹皮黑褐色，深裂成長方形薄片；樹液深紅色。小枝被灰色柔毛。奇數羽狀複葉，小葉三至五（六至七）枚，卵形或近圓形，下面密被細毛。圓錐花序，花帶黄色或具黄色條紋。莢果圓形。原産印度、泰國、馬來西亞及越南等地。我國臺灣、廣東有栽培。木材堅重，抗蟲耐腐，可爲高級傢具、樂器、柄把、車軸及細木工用材。

我國引種開發赤檀歷史悠久，多用以製香或入藥。因其芯材紫紅或紫紅黑色，故名。此稱南北朝時已行用。亦稱“紫檀”“紫榆”“勝沉香”。《北史·西域列傳》：“南天竺國，去代三萬一千五百里。有伏醜城，周匝十里，城中出摩尼珠珊瑚。城東三百里有拔賴城，城中出黄金、白真檀、赤檀、石蜜。”《通雅·植物》：“紫檀即赤檀……紫檀皆出嶺南，來自外舶。檀香爲旃檀，番曰真檀，真紫檀出盤盤國，雲南人呼爲勝沈香，即赤檀也。”明李時珍《本草綱目·木一·檀香》：“雲南人呼紫檀爲勝沉香，即紫檀也。”清屈大均《廣東新語·木語》：“紫檀一名紫榆，來自番舶，以輕重爲價，粤人以作小器具，售於天下。”今亦俗稱“酸枝樹”。參閲鄭萬鈞《中國樹木志·蝶形花科》。

【檀香紫檀】

即赤檀[1]。今之通稱。見該文。

【紫檀】[1]

即赤檀[1]。此稱明代已行用。見該文。

【紫榆】

即赤檀[1]。此稱清代已行用。見該文。

【勝沉香】

即赤檀[1]。此稱明代已行用。見該文。

【酸枝樹】

即赤檀[1]。今廣東各地多俗用此稱。見該文。

刺桐[2]

古代引種林木名。豆科，刺桐屬，刺桐

(*Erythrina variegata* L.)。落葉喬木。分枝粗壯，有皮刺。三出複葉互生，小葉闊卵形至斜方狀卵形。總狀花序，花冠蝶形，大紅色。莢果念珠狀。種子球形，暗紅色。原産熱帶亞洲印度、馬來西亞等地。我國粤、桂、川、黔及海南、臺灣諸地均有栽培。木材可製器具。樹皮供藥用。莖皮可爲索。

該種何時引進我國已難稽考。晋代即行用此稱，沿用至今。晋嵇含《南方草木狀》卷中："刺桐，其木爲材。三月三時，布葉繁密。後有花，赤色，間生葉間，旁照他物，皆朱殷然。三五房凋，則三五復發，如是者竟歲。九真有之。"唐陳陶《泉州刺桐花咏兼呈趙使君》五首之一："海曲春深滿郡霞，越人多種刺桐花。可憐虎竹西樓色，錦帳三千阿母家。"宋丁謂《刺桐花》詩："聞説鄉人説刺桐，花如後發始年豐。我今到此憂民切，只愛青青不愛紅。"宋趙希鵠《洞天清録・古琴辨》："桐木多等：有梧桐，生子如簸箕；有花桐，春來開花如玉簪而微紅，號折桐花；青櫻桐，其實頗堪以醡油；有刺桐，其木身皆生刺，大如釘鋸（音斟）。"宋江少虞《事實類苑》卷三六："刺桐花深紅色，一枝數十蘤，而葉頗大，類桐，故謂之刺桐，惟閩中有之。"宋明時亦稱"海桐"。明李時珍《本草綱目・木二・海桐》[集解]引宋蘇頌曰："海桐生南海及雷州，近海州郡亦有之。"明徐𤊹《徐氏筆精》卷八："刺桐，《嶺南異物志》曰：刺桐，南海至福州皆有之，叢生，繁茂。唐陳去疾家于閩郡，因言方物云：'刺桐葉緑花紅，今泉州名刺桐城，問之泉人，亦云不識此樹何狀，福州蓋未之見矣。'"《通雅・植物》："唐詩'刺桐花下莫淹留'，嶺外多生，自外國來者，曰海桐，與刺桐相似。"明方以智《物理小識・草木類》："南方有赬桐、刺桐，泉州號刺桐城。"《廣群芳譜・木譜六・刺桐》："刺桐葉如梧桐，其花附幹而生，側敷如掌形，若金鳳，枝幹有刺，花色深紅。"

今亦稱"廣東象牙紅""木本象牙紅""鷄公樹""山芙蓉"。參閱陳俊愉等《中國花經・刺桐》、鄭萬鈞《中國樹木志・刺桐》。

【海桐】[3]

即刺桐[2]。其樹似桐，舶自海外，故名。此稱宋代已行用。見該文。

【廣東象牙紅】

即刺桐[2]。今廣東各地多行用此稱。見該文。

【木本象牙紅】

即刺桐[2]。今廣東各地多行用此稱。見該文。

【鷄公樹】

即刺桐[2]。今海南各地多行用此稱。見該文。

【山芙蓉】

即刺桐[2]。今臺灣各地多行用此稱。見該文。

刺槐

古代引種林木名。豆科，刺槐屬，刺槐(*Robinia pseudoacacia* Linn.)。落葉喬木。高可達25米，胸徑近1米。奇數羽狀複葉，小葉卵形或長圓形。總狀花序，花冠蝶形，白色，芳香。莢果條狀長圓形。原産北美洲，廣布於阿帕拉契亞山脉。原爲天然林樹種，經人工馴化，成爲美國、加拿大東半部廣爲栽培的樹種。刺槐生長快，耐瘠薄，是營造用材林、水土保持林、薪炭林及四旁造林之優良樹種。木材可供樁柱、坑木、枕木、車輛、箱盒、農具用材。花爲優良蜜源，亦可食以當蔬。葉可作飼料。

刺槐在世界之傳播極爲迅速，1600年法國宫廷園藝師魯賓（Jean Robin）引入法國，1636年定植於宫苑，即今之巴黎植物園。1640年英皇查理一世之宫廷技師約翰垂德遜把刺槐引入英國。17世紀，意大利、德國、匈牙利及非洲大陸諸國相繼引種，不久刺槐栽植已遍及歐洲各國及非洲各地。1868年日本開始引種。1876年日人津田自澳大利亞萬國博覽會把刺槐種子帶回日本，用於營造水土保持林與薪炭林。我國引種刺槐始於清光緒三、四年間（1877—1878），清廷駐日副使張斯桂携“明石屋樹”刺槐種子回國，首先植於南京，以爲庭園觀賞。大量引種則是清光緒二十三年（1897）德國人强占山東膠州灣，迫使清廷簽訂中德《膠澳租界條約》後，設立青島山林場，始於青島市區及膠濟鐵路沿綫大量栽植。1905—1907年間沿綫各地栽植刺槐約6000餘畝（400公頃）。刺槐屬名“*Robinia*魯賓尼亞”，係林奈爲紀念魯賓逝世百周年而以其名命名。引入我國後，初以日文音譯“明石屋樹”相稱，德人引入青島後，以其拉丁學名（*R. pseudoacacia*）字尾（-cacia）冠以“洋”字稱“洋卡期”。其枝葉似槐，故又稱“洋槐”，以别於中國之槐樹。又因刺槐多由德人引進，且幼枝生刺，故亦稱“德國槐”“棘子槐”“德國棘子槐”。青島原亦稱琴島，而我國大量引種始於青島，故刺槐亦稱“琴樹”，今魯北一些地區仍稱之爲琴樹。20世紀60年代後，爲避崇洋之嫌，弃去“洋槐”之名，通稱“刺槐”，謂其似槐，然有刺耳。《膠澳志》云：“洋槐不擇土，亦易植難枯，成材較速。昔德人所植，五齡之樹，已堪作礦山支柱之用，又可作燒柴，其葉可飼牛羊，其花可代茶葉，爲用甚大。”又民國八年（1919）《山東各縣鄉土調查録・歷城縣》：“前德人在膠濟路附近栽植琴樹（原注：俗名洋槐），今已成林，唯區域不大。城西北林家橋附近，沿小清河上游，土人種植琴樹，亦多成行。”民國九年（1902），《臨淄縣志》云：“琴樹俗名洋槐，又名德國槐，近頗繁殖。”

刺槐經栽培馴化，今已成爲我國北方主要造林樹種之一，通過林業工作者不懈努力，已選育出一大批優良無性系，并在生産中廣泛應用。刺槐亦成爲世界闊葉樹中僅次於桉樹而栽培面積最廣之樹種之一。本屬中傘刺槐、無刺槐、紅花刺槐、毛刺槐等我國亦有引種，多用於庭園觀賞及行道樹栽培。

【洋卡期】

即刺槐。爲其拉丁學名字尾音譯，冠“洋”字合稱。此稱民國初年已行用。見該文。

【洋槐】

即刺槐。以其枝葉似槐，自西洋舶來，故名。民國初年至20世紀60年代行用此稱，後避崇洋之嫌漸廢。見該文。

【德國槐】

即刺槐。山東青島之刺槐係德人引入，故名。此稱民國初年已行用。今青島民間仍沿稱。見該文。

【棘子槐】

即刺槐。因枝葉似槐，然枝生棘刺，故名。此稱民國初年已行用。見該文。

【德國棘子樹】

即刺槐。此稱民國初年已行用。見該文。

【琴樹】

即刺槐。因德人較先將刺槐引入青島，而青島原稱琴島，樹以地名，故名。此稱民國初年已行用，今魯北地區仍有沿用此稱者。見該文。

【明石屋樹】

即刺槐。爲日文音譯。此稱多行用於清代。清左宗棠《美樹軒記》："張魯生星使，自日本歸，寄我美利國蔬果各種子。有樹名'明石屋樹'者，䰅盈咫耳，余以貽慰農山長，種之龍蟠里薛籚，未期年而已壯如兒臂，高出檐上矣；因名樹旁小齋，曰'美樹軒'。"按張魯生者，即張斯桂，爲清光緒二年（1876）奉派駐日本國副使。龍蟠里地在南京市。此爲我國引種刺槐之最早者。參閱干鐸等《中國林業技術史料初步研究》。見"刺槐"文。

兒茶

古代引種林木名。豆科，相思樹屬，兒茶〔*Acacia catechu*（L. f.）Willd.〕。落葉喬木。小枝細弱，托葉下具一對扁平鈎刺。二回羽狀複葉，疏被柔毛，小葉條形，排列緊密。穗狀花序呈圓柱狀，花淡黄或白色，被柔毛。莢果薄袋狀，紫褐色。原産印度及非洲東部。我國雲南西雙版納，廣西南寧、桂林，廣東湛江，浙江平陽及海南、臺灣諸地有栽培。爲珍貴用材樹。木材可供車輛、油榨、斧柄及運動器材用材。其枝幹可熬膏入藥或鞣革、染色。

我國栽培利用兒茶已有數百年史。明代稱"烏爹泥""烏壘泥""孩兒茶""烏丁泥"。"兒茶"本爲兒茶樹之樹幹所製之膏，可入藥，後以藥名樹，故有如上諸稱。今通稱"兒茶"。古人著述常將其收入土部或玉石部、金石部。如明李時珍《本草綱目・土一・烏爹泥》："［釋名］烏疊泥、孩兒茶。時珍曰：烏爹或作烏丁。皆番語，無正字。［集解］時珍曰：烏爹泥，出南番爪哇、暹羅、老撾諸國，今雲南等地造之。云是細茶末入竹筒中，堅塞兩頭，埋污泥溝中，日久取出，搗汁熬製而成。"明繆希雍《神農本草經疏・補遺・玉石部》："烏爹泥，味苦，澀，平，無毒。清上膈熱，化痰生津，塗金瘡，一切諸瘡生肌定痛止血收濕。一名孩兒茶，出南番、爪哇、暹羅諸國。今雲南、老撾暮雲場地方造之。云是細茶末入竹筒中，堅塞兩頭埋烏泥溝中，日久取出搗汁熬製而成。其塊小而潤澤者爲上，大而焦枯者次之。"《通雅・金石》："烏丁泥，孫兒茶也。一作烏叠，一作烏爹。出爪哇、暹羅諸國。今雲南老撾暮雲場造之。"明謝肇淛《五雜俎・物部三》："藥中有孩兒茶，醫者盡用之……俗因治小兒諸瘡，故名孩兒茶也。"明陸楫《古今説海・説選十九・小葛蘭國》："小葛蘭國，山連赤土，地與柯枝國接境，日中爲市，西洋諸國之馬頭也……其木香、乳香、真珠、珊瑚、酥油、孩兒茶、梔子花，皆自他國來也。"參閱鄭萬鈞《中國樹木志・兒茶》。

【烏爹泥】

即兒茶。爲番語音譯。此稱明代已行用。見該文。

【烏壘泥】

即兒茶。爲番語音譯。此稱明代已行用。見該文。

【孩兒茶】

即兒茶。此稱明代已行用。見該文。

【烏丁泥】

即兒茶。此稱明代已行用。見該文。

金合歡

古代引種林木名。豆科，相思樹屬，金合

歡〔*Acacia farnesiana*(Linn.)Willd.〕。小喬木。高可達9米，但常呈灌木狀。樹皮青灰而粗糙。小枝呈之字形，密生皮孔，具托葉刺。二回羽狀複葉，羽片四至八對，小葉十至三十（四十）對，條狀長圓形，革質。頭狀花序一至三簇生於葉腋，花橙黄色，具香氣。莢果近圓柱形，暗褐色，密生斜紋，秃净無毛。原産熱帶美洲地區，宜在該區稀樹草原乾熱氣候條件下生長。我國臺灣等地至少在清代已引種栽培。今廣東、福建、廣西、四川、海南有栽培；雲南沅江、瀾滄江、怒江流域及四川雅礱江、金沙江流域，已有野化。木材可製傢具。樹膠可代阿拉伯膠。果、莖皮可提栲膠。木材還可製兒茶。花可提芳香油。

清代稱“刺球”。亦稱“刺球花”“番蘇木”“消息花”“牛角花”。俱沿稱至今。清范咸等《重修臺灣府志·物産·草木》：“梅、桂、海棠……刺球。”附考引《臺海采風圖》：“刺球花，本高數尺，有刺，土人植以爲籬。秋冬開黄花，如小鈴，細攢如絨，每露氣晨流芬香襲人，結子似豆筴（莢），其葉秀整相次。根可染絳，一名番蘇木。”又引《諸羅志》：“刺球，身多刺，花黄色，似菊而小，臺謂之消息花，又名牛角花，以其刺相偶如牛角也。”再引《赤嵌集》：“消息花，色黄，形如治耳器。孫元衡《九日》詩云：‘黄菊難尋處士家，也無楓葉受霜華。海東秋思知多少，爲問墻邊消息花。’”今亦稱“鴨皂樹”。參閲鄭萬鈞等《中國樹木志·含羞草科·金合歡》。

【刺球】[2]

即金合歡。因其枝具刺，其花序頭狀如球，故名。此稱清代已行用。見該文。

【刺球花】

即金合歡。此稱清代已行用。見該文。

【番蘇木】

即金合歡。因金合歡根如蘇木，可以染黄，而此樹又自外番舶來。故名。此稱清代已行用。見該文。

【消息花】

即金合歡。此稱清代已行用。見該文。

【牛角花】

即金合歡。因其刺相偶如牛角，故名。此稱清代已行用。見該文。

【鴨皂樹】

即金合歡。今稱。見該文。

法桐

古代引種林木名。懸鈴木科，懸鈴木屬，三球懸鈴木（*Platanus orientalis* Linn.）之别名。落葉大喬木。樹皮深灰色，薄片狀剥落。嫩枝被黄褐色星狀絨毛。單葉互生，掌狀深裂。花單性，雌雄同株。小堅果窄長倒圓錐形。總果序成三球形。原産於歐洲東南部、亞洲西部、印度及喜馬拉雅山區。我國華北及中原各地有栽培。宜植庭園、道旁以供觀賞、納凉。木材可供建築及細木工用材。

我國引進法桐極早。明代稱“净土樹”。“净土”乃佛學語，指無塵世污濁垢染之清净世界，或曰佛所居住之地。鳩摩羅什爲後秦高僧，原籍天竺，生於西域龜兹國（今新疆庫車）。與真諦、玄奘并稱爲中國佛教三大翻譯家。此樹由他携至，植於佛門净土鳩摩羅什廟，故得此稱。明徐應秋《玉芝堂談薈》卷三五：“高陵縣南八里，有净土樹，俗傳西域鳩摩羅什憩此覆其履土，遂生此樹。二月開如楊花，八月結實狀如小栗，殼中皆黄土。”明彭大翼《山堂肆考》卷二三六：“［覆屧生］鄠南有净土樹，三月開花如桃花，八月結實如小栗，殼中皆黄土。相傳鳩摩羅什覆屧於土中所生，故名净土。”明董斯張《廣博物志・草木下》：“西安府鄠縣有净土樹，俗傳西域鳩摩羅什憩此，覆其屧土中生兹樹。二月開花如桃花。”《廣群芳譜・木譜十四・净土樹》：“《一統志》：净土樹在鄠縣南八里。三月開花如桃花，八月結實狀如小栗，殼中皆黄土。俗傳鳩摩羅什憩此覆其屧土中所生。”亦稱“鳩摩羅什樹”。今陝西西安鳩摩羅什廟尚存直徑爲3米之古樹。吴中倫《國外樹種引種概論・懸鈴木科》：“三球懸鈴木（法國梧桐、裂葉懸鈴木、鳩摩羅什樹）……據傳我國早在公元401年已由鳩摩羅什法師（344—401）引栽於西安。今陝西户縣存有古樹。”亦傳爲晋代引入，當地民間俗稱“祛汗樹”。我國北方各地宜廣爲栽植。

法桐今通稱“三球懸鈴木”“法國梧桐”。又，二球懸鈴木本稱“英桐”，今人亦習稱法桐，當辨之。參閲陳嶸《中國樹木分類學》、潘志剛等《中國外來樹種引種栽培》。

【净土樹】

即法桐。此稱明代已行用。見該文。

【鳩摩羅什樹】

即法桐。據傳此樹鳩摩羅什自外引入，故名。今稱。見該文。

【祛汗樹】

即法桐。今陝西西安等地多俗用此稱。見該文。

【三球懸鈴木】

即法桐。因其總柄具三個球形果序，故名。今之通稱。見該文。

【法國梧桐】

即法桐。今之通稱。見該文。

思維樹

古代引種林木名。桑科，榕屬，思維樹（*Ficus religiosa* Linn.）。常緑大喬木。單葉互生，近革質，卵狀三角形。隱花果，無梗，成對腋生。我國主要分布於廣東、雲南等地。供觀賞。木材可製器具。樹脂可製膠。樹皮之汁及花可入藥。原産印度、緬甸、越南、斯里蘭卡等地。

據傳我國漢代已引種栽培。南北朝時作“思惟樹”。亦稱“菩提”“菩提樹”。梵語音譯“畢鉢羅樹”，其義爲“道”“覺”。意謂釋迦牟尼在此樹下悟道成佛，故名。北魏楊衒之《洛陽伽藍記・凝圓寺》：“在塔西北一百步，掘地埋之，上種樹，樹名菩提，枝條四布，密葉，蔽天。”北魏賈思勰《齊民要術・五穀果蓏菜茹非中國物産者》：“《嵩山記》曰：‘嵩寺中忽有思惟樹，即貝多也。有人坐貝多樹下思惟，因以名焉。漢道士從外國來，將子於山西脚下種，極高大。’”唐玄奘《大唐西域記・摩揭陀國上》：“金剛座上菩提樹者，即畢鉢羅之樹也……莖幹黄白，枝葉青翠，冬夏不凋，光鮮不變。”唐代已行用“思維樹”之稱。唐段成式《酉陽雜俎・廣動植・木篇》：“菩提樹，出摩迦陀國，在摩訶菩提

菩提樹
（清吴其濬《植物名實圖考》）

寺，蓋釋迦如來成道時樹，一名思維樹。”唐宋時天竺國多以此菩提樹朝貢我國。宋王欽若等《册府元龜·外臣部·朝貢三》：“是年，天竺國王尸羅逸多遣使朝貢，帝復遣李義報使其王，復遣使獻大珠及郁金香、菩提樹。”明徐應秋《玉芝堂談薈》卷三六：“畢羅鉢樹即菩提樹，出摩伽陀國，在摩訶菩提寺，蓋釋迦如來成道時樹。一名思維樹，莖幹黄白，枝葉青翠，經冬不凋。”菩堤樹枝葉青翠，冬夏不凋，頗受時人喜愛。明陳耀文《天中記·佛》：“摩竭陀中印度大國也，周萬餘里，中有菩提樹，即畢鉢羅樹也。昔佛在世，高數百尺，屢經殘伐，猶高四五丈，佛坐其下成等正覺，因而謂之菩堤［提］樹焉。莖幹黄白，枝葉青翠，冬夏不凋，光鮮無變。每至涅槃之日，葉皆凋落，頃之復故（《西域記》）。”當時多植宫闕、寺院及民宅庭除。明陶宗儀《説郛》卷六七上：“南越王弟建德，故宅在西城内，吴虞翻移交州時有園池，唐六祖慧能剃髮受戒，寺有壇，壇有菩提樹。”清姚之駰《元明事類鈔·材木門·群木》：“菩提樹，《天啓宫詞》注：英華殿前菩提樹二株，子不從花，結與花併發，而附於葉背，可作佛珠。此樹爲李太后手植，即所稱九蓮菩薩也。”清孫承澤《春明夢餘録·宫闕》：“配殿左曰春仁，右曰秋義，再西北曰英華殿，有菩提樹二株。”《廣群芳譜·木譜十四·菩提樹》：“《廣東志》：菩提樹種出西域，大可數圍。風摇其葉若雨驟至，梁天監元年，僧智藥三藏自天竺國持菩提一株航海而來，植於廣州光孝寺戒壇之前，至今千餘年，茂盛不改。”清吴其濬《植物名實圖考·木類·菩提樹》：“菩提樹産粵東莞縣，只一株。樹身數圍，形狀如桑，葉蓊翳似蓋，色青，采葉用水浸數日，去青成紗，畫工取之繪佛像……《廣州志》云：訶林有菩提樹，梁智藥三藏携種。樹大十餘圍，根株無數。《通志》謂葉似桑，寺僧采之，浸以寒泉，歷四旬浣去渣滓，惟餘細筋如絲，可作燈帷、笠帽。”

按，思維樹因釋迦如來於樹下悟道成佛而名“菩提樹”，我國栽培菩提樹已有千餘年歷史。廣州光孝寺尚存一菩提古樹，本南朝梁智藥三藏携來栽植，樹大十餘圍，根株無數。後據《光孝寺志》載，此菩提樹於清嘉慶二年（1797）六月廿五日爲颶風吹倒，後於嘉慶七年（1802）重新補植。今存之樹高約 22 米，胸徑達 1.32 米。未詳其何時所種。今亦稱“印度菩提樹”“印度波樹”。又椴樹科之南京椴亦名“菩提樹”，與此殊异，宜辨之。

【菩提】

即思維樹。梵語“bodhi”之音譯。此稱南北朝時期已行用。見該文。

【菩提樹】

即思維樹。此稱唐代已行用。見該文。

【思惟樹】

同“思維樹”。此體南北朝時期已行用。見該文。

【畢鉢羅樹】

即思維樹。爲梵語音譯。此稱唐代已行用。見該文。

【印度菩提樹】

即思維樹。因原産印度，故名，亦示與椴樹科之菩提樹有別。今稱。見該文。

【印度波樹】

即思維樹。今稱。見該文。

【波羅葉】

即思維樹。此稱宋代已行用。宋王欽若等《册府元龜・外臣部・朝貢三》："三月，帝以遠夷各貢方物珍果咸至，其草木雜物有異於常者，詔皆使詳録焉。葉護獻馬乳蒲桃一房，長二丈餘，子亦稍大，其色紫。摩伽陀國獻菩提樹，一名波羅葉。"見"思維樹"文。

【阿沛多羅】

即思維樹。梵語音譯。此稱宋明時已行用。明陳耀文《天中記・佛》："《法苑》云：釋迦道樹，名阿沛多羅。"見"思維樹"文。

【佛樹】

即思維樹。昔傳釋迦牟尼坐其樹下修成正覺，故名。三國時期已行用此稱。亦稱"覺樹"。《無量壽經》卷上："哀受施草，敷佛樹下，加趺而坐……得微妙法，成最正覺。"唐釋貫休《問岳禪師疾》詩："覺樹垂實，魔輩刺疾，病也不問，終不皴膝。"見"思維樹"文。

【覺樹】

即佛樹。此稱唐代已行用。見該文。

【貝多】

即思維樹。梵語"pattra"之音譯。晋代已行用此稱。《齊民要術・五穀果蓏菜茹非中國物産者》"槃多"繆啓愉校釋曰："'貝多'，據顧微《廣州記》所描述，是枝上垂生氣根，應是無花果屬的菩提樹（*Ficus religiosa* L.），又名'思維樹'。"唐段成式《酉陽雜俎・廣動植・木篇》："貝多出摩伽陀國，長六七丈，經冬不凋。"《太平御覽》卷九六〇引《魏王花木志》："思維樹，漢時有道人自西域持貝多植於嵩之西峰下，後極高大。"《格致鏡原・木類三・諸木》引《嵩山記》："嵩高寺中有思惟樹，即貝多也。如來坐貝多下思惟，因以名焉。"按，一説貝多爲棕櫚科雙籽棕屬之糖椰子，原産熱帶亞洲各地，我國海南有栽培。用途頗廣。此附供考。見"思維樹"文。

【賓撥梨娑力義】

即思維樹。梵語音譯。此稱唐代已行用。亦稱"阿濕曷咃娑力義"，別稱"菩提娑力義"。其漢義爲"道樹"。唐段成式《酉陽雜俎・廣動植・木篇》："菩提樹出摩伽陀國，在摩柯菩提寺，蓋釋迦如來成道時樹，一名思維樹……此樹梵名有二：一曰賓撥梨（一曰梨娑）力義，二曰阿濕曷咃娑（一曰娑）力義。《西域記》謂之畢鉢羅。以佛于其下成道，即以道爲稱，故號菩提娑（一曰娑）力義，漢翻爲道樹。"參閱《格致鏡原・木類三》。見"思維樹"文。

【阿濕曷咃娑力義】

即賓撥梨娑力義。梵語"aśvattha-vṛkṣa"之音譯。此稱唐代已行用。見該文。

【菩提娑力義】

即賓撥梨娑力義。此稱唐代已行用。見該文。

【道樹】

即賓撥梨娑力義。因釋迦如來於此樹下成道，故名。此稱唐代已行用。見該文。

胖大海

古代引種林木名。錦葵科，蘋婆屬，胖大海〔*Scaphium wallichii*（Wall. ex G. Don）Schott & Endl.〕。落葉喬木。葉互生，革質，卵形或橢圓狀披針形，全緣。花雜性，同株，頂生或腋生圓錐狀花序。蓇葖果一至五枚，着生於果梗，呈船形，成熟前開裂，初被疏柔毛，旋即脱落。種子菱形或倒卵形，深黑褐色，表面具皺紋。原産於亞洲熱帶地區。

我國粵、桂等地有栽培。種子可入藥。清代始行用此稱。亦稱“安南子”“大洞果”。清趙學敏《本草綱目拾遺·果部·胖大海》:“胖大海，出安南大洞山，産至陰之地，其性純陰，故能治六經之火。土人名曰安南子，又名大洞果。”參閱江蘇新醫學院《中藥大辭典·胖大海》。

按，胖大海主産亞洲熱帶地區，以越南、印度、緬甸、馬來西亞、蘇門答臘爲主産區。我國何時引種未見記載，據今人吴中倫《國外樹種引種概論》稱:“南寧、廣州等地有栽培。華南植物園於1972年引種，生長緩慢，露地加以保護可以越冬。”今亦稱“胡大海”“大發”。

【安南子】

即胖大海。因産安南者爲佳，故名。此稱清代已行用。見該文。

【大洞果】

即胖大海。因産安南大洞山，故名。此稱清代已行用。見該文。

【胡大海】

即胖大海。今稱。見該文。

【大發】

即胖大海。今稱。見該文。

紅雀珊瑚

古代引種林木名。大戟科，紅雀珊瑚屬，紅雀珊瑚〔*Pedilanthus tithymaloides*（Linn.）Poit.〕。半直立亞灌木，高60~100厘米。莖肉質，深緑色，圓柱形，常作波狀彎曲，具乳汁。單葉互生；卵形或卵狀矩圓形，短尖，基部稍狹而作不規則向後反捲，中脉於葉背隆起。杯狀聚傘花序成密集頂生聚傘花序；總苞鮮紅色或紫色。蒴果。原産熱帶美洲。廣州、南寧等地有栽培。其莖彎曲呈Z字形，總苞艷麗，常盆栽以供觀賞。全株可入藥。

珊瑚枝
（清吴其濬《植物名實圖考》）

我國於明清時已引入廣州等地，清代稱“珊湖枝”。清末蕭步丹《嶺南采藥録·珊瑚枝》:“珊瑚枝，形如珊瑚，枝青色，有小葉綴枝端。少人服劑。”清何克諫《生草藥性備要》下卷:“珊瑚枝，不入服。敷大瘡，殺癍癩，取蕊點;搽癬。”其總苞狀如拖鞋，故又稱“拖鞋花”;因自外域泊來，又名“洋珊瑚”;枝扭曲，故又名“扭曲草”;又稱“百足草”“止血草”。參閱侯昭寬《廣州植物志·大戟科·紅雀珊瑚》。

【珊瑚枝】

即紅雀珊瑚。此稱清代已行用。見該文。

【拖鞋花】

即紅雀珊瑚。今廣東各地多行用此稱。見該文。

【洋珊瑚】

即紅雀珊瑚。今廣東廣州地區多行用此稱。見該文。

【扭曲草】

即紅雀珊瑚。今廣西南寧地區多行用此稱。見該文。

【百足草】

即紅雀珊瑚。今廣西南寧地區多行用此稱。見該文。

【止血草】[2]

即紅雀珊瑚。因此草可清熱止血，故名。今廣西各地多行用此稱。見該文。

馬錢子

古代引種林木名。馬錢科，馬錢屬，馬錢子（*Strychnos nux-vomica* Linn.）。常綠喬木。葉革質，廣卵形或近圓形，全緣。聚傘花序，花白色。漿果，球形，成熟時橙色，表面光滑。種子大，扁平，表面灰黄色，密被銀色茸毛。原産亞洲南部熱帶地區，分布於印度、越南、緬甸、泰國、斯里蘭卡等地。我國廣東、海南有栽培。其種子可入藥。

此稱明代已行用，沿稱至今。亦稱“番木鱉”“苦實把豆”“火失刻把都”。明李時珍《本草綱目・草七・番木鱉》：“[釋名]馬錢子、苦實把豆、火失刻把都。時珍曰：狀似馬之連錢，故名馬錢。[集解]時珍曰：番木鱉生回回國，今西土邛州諸處皆有之。蔓生，夏開黄花。”明方以智《物理小識・醫藥類》：“馬觀《瀛涯勝覽》曰：古俚國木鱉子樹，高十餘丈，緑囊如柿，三四十枚，其力更倍，孟熙所載是也。”參閱《廣群芳譜・藥譜六・番木鱉》。馬錢屬有六十餘種，我國産“密花馬錢子”“海南馬錢子”“雲南馬錢子”等。我國藥用歷來多靠進口，近年發現馬錢藤，其種子與馬錢子相近，功用亦近，可代馬錢子入藥。李時珍所云“蔓生，夏開黄花”者或即此種。故入“草部”。

【番木鱉】

即馬錢子。此稱明代已行用。見該文。

【苦實把豆】

即馬錢子。爲番語音譯。此稱明代已行用。見該文。

【火失刻把都】

即馬錢子。爲番語音譯。此稱明代已行用。見該文。

【火失剌把都】

即馬錢子。此稱明代已行用。明陶宗儀《輟耕録・火失剌把都》：“火失剌把都者，回回地所産藥也。其形如木鱉子而小，可治一百二十種證。每證有湯引。”明王世貞《弇州四部稿》卷一五六：“陶宗儀載，回回地産藥有名火失剌把都者，類木鱉子而小，可治一百二十種證，每證有湯引。”《子史精華・動植部八・草木下》：“火失剌把都，陶宗儀《輟耕録》：火失剌把都者，回回田地所産藥也。其形如木鱉子而小，可治一百二十種證，每證有湯引。”按“火失剌把都”者，乃波斯“kučla”“kučula”之音譯名。故亦稱“火失剌”。“剌”有時誤作“刺”。參閱劉正埮等《漢語外來語詞典・火失剌》。見“馬錢子”文。

【馬前】

即馬錢子。亦稱“牛銀”。此稱多行用於清代。清趙其光《本草求原・蔓草部》：“番木鱉，又名牛銀。無殼，苦，寒，大毒……又名馬前，色白，能毒犬。”見“馬錢子”文。

【牛銀】

即馬前。此稱清代已行用。見該文。

秘魯香膠樹

古代引種林木名。豆科，香脂豆屬，秘魯香膠樹〔*Myroxylon balsamum* var. *pereirae* (Royle) Harms〕。喬木。奇數羽狀複葉，小葉九至十三枚，橢圓形，全緣。總狀花序腋生，花白色。莢果，金黄色。其樹脂可入藥。原産拉丁美洲太平洋沿岸地帶。尤以亞馬遜河雨林中分布較多，西非、斯里蘭卡、印度有栽培。

我國應用其樹脂爲藥，由來已久。明清時稱“拔爾撒摩”。爲“香膠”之英語（balsam）音譯稱。明艾儒略《職方外紀·南亞墨利加·孛露》:“南亞墨利亞之西曰孛露（秘魯）……有樹生脂膏，極香烈，名拔爾撒摩，傅諸傷損一晝一夜肌肉復合如故，塗痘不瘢，以塗屍千萬年不朽壞。”明方以智《物理小識·人身類》:“孛露國有一拔爾撒摩樹脂，塗屍千年不朽壞。”清趙學敏《本草綱目拾遺·木部·拔爾撒摩》:“《坤輿圖説》: 木名，出白露國，此樹生脂膏極香烈，可入藥。”

按，孛露、白露，即秘魯國名（Peru）之古音譯名。謂此樹引自秘魯，故名。古代何時引入或是否有栽植未見有記録。我國近代引種栽培始於1961年，以海南引種較早，樹木生長良好，那大華南熱帶作物研究院所植九株，十三年生，平均胸徑15.6厘米，已開花結實，并已割膠。廣州華南植物園引種後則生長緩慢。參閱吴中倫等《國外樹種引種概論》。亦稱“百露拔爾撒摩”“秘魯香”。

【拔爾撒摩】

即秘魯香膠樹。爲香膠音譯。此稱明代已行用。見該文。

【百露拔爾撒摩】

即秘魯香膠樹。英語名稱（balsam of Peru）之音譯。今稱。見該文。

【秘魯香】

即秘魯香膠樹。今稱。見該文。

莎樹

古代引種林木名。棕櫚科，西穀椰屬，西穀椰（*Metroxylon sagu* Rottb.）之别名。常緑喬木。樹幹高可達10~20米。由幹基部生多數萌芽。包圍葉柄之葉鞘幼時生有硬刺，亦有漸次生而復失者，故常見“有刺”“無刺”二種。葉羽狀，似椰。圓錐花叢，花梗頗大，着生多數淡紅色花，爲黄褐色光澤之鱗被包裹。果實大如李子。其莖髓之澱粉馬來西亞、印尼等地稱爲“sago”，即“西穀（米）”，可食，亦入藥。

此木喜濕熱，多生熱帶地區，南洋群島栽培較多，我國栽植較少，然記述頗多。晉代已行用此稱。北魏賈思勰《齊民要術·五穀果蓏菜茹非中國物産者》引晉郭義恭《廣志》曰:“莎樹多枝葉，葉兩邊行列，若飛鳥之翼。其麵色白。樹收麵不過一斛。”又引《蜀志記》曰:“莎樹出麵，一樹出一石。正白而味似桄榔。出興古。”亦稱“葰木”“莎木”。唐段公路《北户録》卷三:“桄榔……其木如莎樹，皮穰木皮出麵可食。”《太平御覽》卷九六〇:“《南中八郡志》曰: 莎樹，大四五圍，長十餘丈，樹皮能出麵，大者百斛，色黄。鳩民部落而就食之。”明陸楫《古今説海·説選十三·〈北户録〉》:“桄榔，莖葉與波斯棗、古散（古散堪爲拄杖）椰子、檳榔小異，其木如莎樹，皮穰木皮出麵可食。《洛陽伽藍記》云: 昭儀寺有酒樹麵木，得非桄榔乎。其心爲炙，滋腴極美。”明董斯張《廣博物志》卷四三:“莎樹出麵，一樹出一石，正白而味似桄榔，出興古。”明李

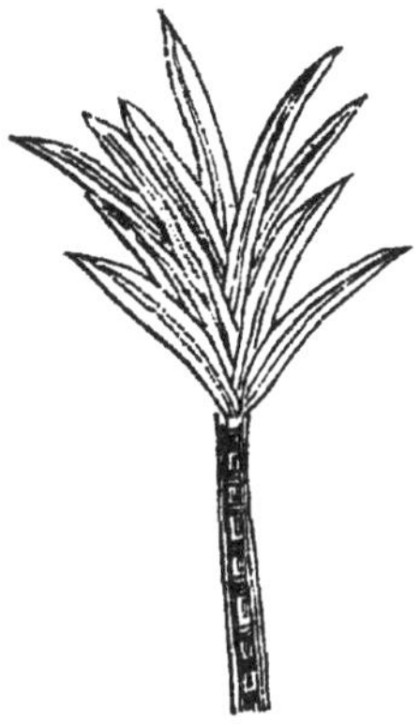

莎　木
（清吴其濬《植物名實圖考》）

時珍《本草綱目·果三·木麵》:“[釋名]樓木。時珍曰:䅮字韻書不載,惟孫愐《唐韻》莎字注云:樹似桄榔。則字當作莎衣之莎。其葉離披如莎衣之狀,故謂之莎也。張勃《吴録·地理志》言:交趾欀木,皮中有白粉如米屑,乾之擣末,以水淋過,似麵可作餅食者,即此木也。後人訛欀爲莎,音相近耳。”

按,繆啓愉《齊民要術校釋》以爲《廣志》莎木與清李調元《南越筆記》卷一六之“南椰”爲一物,似此西穀椰。但疑《蜀志記》之莎樹似不可能在當時生於興古,今附供考。又,莎樹今通稱“西穀椰”。

【莎木】

即莎樹。此稱唐代已行用。見該文。

【䅮木】

即莎樹。此稱唐代已行用。見該文。

【西穀米】

即莎樹。爲番語“Sago”之音譯。今稱。見該文。

【西穀椰子】

即莎樹。今之通稱。見該文。

【南椰】

即莎樹。此稱清代已行用。清李調元《南越筆記》卷一六:“瓊州以南椰粉爲飯,曰椰霜飯。南椰與椰子樹不同。其精液、形色、氣味,皆類藕、蕨之粉,故曰‘南椰粉’。性温熱補中。《本草》以爲莎木麵也。”亦或作“南梛”。清吴其濬《植物名實圖考·木類·莎木》:“莎木,《本草拾遺》始著録……今瓊州謂之南梛。”見“莎樹”文。

【南梛】

即南椰。或以爲梛乃椰之訛字。此稱清代已行用。見該文。

【欀木】

即莎樹。此稱晋代已行用。省稱“欀”。《文選·左思〈吴都賦〉》:“綿杬杶櫨,文欀楨橿。”李善注引晋劉淵林曰:“欀木,樹皮中有如白米屑者,乾擣之,以水淋之,可作餅,似麵。交趾盧亭有之。”北魏賈思勰《齊民要術·五穀果蓏菜茹非中國物産者》引晋張勃《吴録·地理志》:“交阯有欀木。其皮中有如白米屑者,乾擣之,以水淋之,似麵,可作餅。”唐虞世南撰、明陳禹謨補注《北堂書鈔》卷一四四:“[欀木之餅]《吴録》曰:交趾有欀木,其内有白米屑,就水淋之如麵,可作餅。”《通雅·植物》:“欀木有麵,如桄榔麵,其皮理亦肖之,如椶竹斑,升庵謂欀即桄榔,非也。”清吴其濬《植物名實圖考·木類·莎木》:“莎木……李時珍據《唐韻》作莎,以爲即欀木。又以《交州記》都句樹出屑如桄榔麵,可作餅餌,恐即此。欀木,今瓊州謂之南梛。”見“莎樹”文。

【欀】

“欀木”之省稱。此稱晋代已行用。見該文。

【穰木】

即莎樹。或以爲即“欀木”之訛稱。宋代已行用此稱。宋曾慥《類説·北户録》:“桄榔木,木如莎,皮如穰木皮,出麵可食。木理有文,堪爲棋局。”明徐應秋《玉芝堂談薈》卷三五:“《蜀志》:莎樹出麵,一樹出一石,正白而味似桄榔,出興古。又,交趾有穰木,其皮中有如白米屑者,乾擣之,以水淋之,似麵,可作餅。”見“莎樹”文。

陰香

古代引種林木名。樟科,樟屬,陰香

〔*Cinnamomum burmannii*（Nees & T. Nees）Bl.〕。常緑喬木。高可達20米。小枝赤褐色，具肉桂香氣。單葉，不規則對生或散生，革質，卵形或長橢圓形。圓錐花序頂生或腋生，花小，緑白色。漿果核果狀，卵形。原産印尼爪哇。蘇門答臘亦有栽培。木材可供建築及細木工等用。樹皮、葉可提取芳香油。莖皮可入藥。我國引種已久。兩廣、浙、贛、閩、臺均有栽培，并常采以爲藥。

清末蕭步丹《嶺南采藥録・陰香》云："味辛，氣香，取葉煎水，婦人洗頭，能袪風；洗身，能消散皮膚風熱。煎根服，止心氣痛。"今亦稱"山肉桂""膠桂""假桂枝""鴨母桂"。

【山肉桂】

即陰香。此稱清代已行用，今廣東各地仍行用此稱。見該文。

【膠桂】

即陰香。今嶺南地區多行用此稱。見該文。

【假桂枝】

即陰香。今嶺南地區多行用此稱。見該文。

【鴨母桂】

即陰香。今嶺南地區多行用此稱。見該文。

【坎香草】

即陰香。此稱清代多行用於嶺南各地。清何克諫《生草藥性備要》上卷："坎香草，能發散。其皮即香膠。婦人煎水洗頭，去穢風。又名陰香。"見"陰香"文。

紫檀 2

古代引種林木名。豆科，紫檀屬，紫檀（*Pterocarpus indicus* Willd.）常緑大喬木。樹皮淺褐色，粗糙，具板根。單數羽狀複葉，小葉七至九枚，長圓形或長圓狀倒卵形。圓錐花序腋生，蝶形花，花冠黄色，花瓣緣有皺折。莢果圓形，偏斜，扁平，具寬翅。原産南亞等地。我國主要分布於廣東、雲南南部地區。木材堅硬，花紋美觀，供製高級傢具、雕刻、室内裝修、樂器及繪圖儀之木構部分。樹脂及芯材供藥用。

晋代即行用此稱。亦稱"紫旃木"。晋崔豹《古今注・草木》："紫旃木，出扶南，色紫，亦謂之紫檀。"唐王建《宮詞一百首》之九十七："黄金捍撥紫檀槽，弦索初張調更高。"唐代亦稱"紫真檀"。明李時珍《本草綱目・木一・檀香》引唐蘇恭曰："紫真檀出崑崙盤盤國。雖不生中華，人間遍有之。"又引葉廷珪《香譜》云："皮實而色黄者爲黄檀，皮潔而色白者爲白檀，皮腐而色紫者爲紫檀。"清陳元龍《格致鏡原・木類二・檀》引《格古要論》："紫檀木出交阯、廣西、湖廣。"今亦稱"紅木"。

按，紫檀與黄檀等，古均稱"檀"。爲珍貴用材樹，其材堅重，紫紅，色濃，備受世人看重。我國分布面積小，由於采伐過量，數量鋭減，除保護野生資源外，還應多用播種或扦插等方法繁殖，擴大栽培。臺灣及福州、廣州、廣西南寧、雲南河口等地已有人工栽培，生長良好。又，紫檀亦有"花櫚木""花櫚"之稱，然與本科紅豆樹屬之花櫚木非爲同種。參見本卷《習見林木考》"花櫚木"文。

【紫旃木】

即紫檀 2。此稱晋代已行用。見該文。

【紫真檀】

即紫檀 2。此稱唐代已行用。見該文。

【勝沉檀】

即紫檀 2。此稱明代已行用。見該文。

【紅木】[3]

即紫檀[2]。亦指其木材。今浙江各地多行用此稱。見該文。

【赤檀】[2]

即紫檀[2]。其木紫赤，因名。此稱南北朝時已行用。《太平御覽》卷七九二“天竺”引《北史》曰：“天竺國去代三萬一千五百里，有伏醜城，周匝十里，城中出摩尼珠、珊瑚；城東三百里有稽賴城，城中出黄金、白真檀、赤檀、石蜜。”《通雅・植物》：“紫檀，即赤檀。”又，“真紫檀出盤盤國，雲南人呼爲勝沈香，即赤檀也。兩廣西溪峒亦生之”。見“紫檀[2]”文。

短青

古代引種林木名。羅漢松科，羅漢松屬，短葉羅漢松〔*Podocarpus macrophyllus*(Thunb.) D.Don var. *maki*(Sieb.) Endl.〕之别名。常緑小喬木或灌木。爲羅漢松之變種。樹似羅漢松，但枝向上升，葉密而短且直立，狹披針形，先端短尖或鈍圓，上面光緑，下面青白。雄花爲柔荑花序。種子卵形，淡緑色或淡紫色；花托淡紫色。原産日本。

我國至少在清代已引種，長江流域以南至華南、西南都有栽培，多植於庭園供觀賞。果、根葉可入藥。時已行用此稱。亦稱“羅漢松”。清趙學敏《本草綱目拾遺・木部・羅漢松實》：“永寧僧云：羅漢松，葉長者名長青，能結實，葉短者名短青，不結實。其結實儼如佛，大者如鷄子，小者如豆，味甘可食。”

按，短葉羅漢松并非不結實，衹不過種子較小而已。又，羅漢松科原作“竹柏科”，今依鄭萬鈞《中國樹木志》改。本種今亦稱“短葉土杉”“小羅漢松”“小葉羅漢松”。通稱“短葉羅漢松”。

【羅漢松】[2]

即短青。此稱清代已行用。見該文。

【短葉土杉】

即短青。今稱，名見《中國高等植物圖鑒》。見該文。

【小羅漢松】

即短青。較正種羅漢松樹小，故名。今稱，名見《中國樹木分類學》。見該文。

【小葉羅漢松】

即短青。因其葉較正種短小，故名。今稱。見該文。

【短葉羅漢松】

即短青。今之通稱。見該文。

緬茄

古代引種林木名。豆科，緬茄屬，緬茄〔*Afzelia xylocarpa*(Kurz) Craib〕。常緑喬木。高可達40米；樹皮灰褐色，有灰白色斑點，粗糙。小枝被白粉。偶數羽狀複葉，小葉二至四對，廣橢圓形，葉背微被白粉。圓錐花序頂生，花淡紫色。莢果長圓形，厚木質，棕褐色。種子黑褐色，具角質種柄。木材供建築、傢具用材。種子可入藥。亦可栽於庭園供觀賞。原産緬甸、泰國。

我國明代已有引種。兩廣、海南、雲南有栽培。今廣東高州尚存明代引種之古樹。據傳樹齡達350年生左右。又雲南勐臘勐滿亦存一古樹。此稱宋代已行用，亦作“沔茄”“木茄”。緬茄結實似荔枝核而有蔕，土人雕刻其上而繫之，玲瓏可愛，世以爲珍，或投遠客，或拭眼去翳，或解瘡毒。明謝肇淛《滇略・産略》卷三：“緬茄，枝葉皆類家茄，結實似荔枝核而有蔕，土人雕刻其上而繫之。拭眼去翳，亦解瘡毒。”《續通志・昆蟲草木略四・蔬類》：“緬茄，出緬甸。《滇南雜記》云：大而色紫，蔕圓整，蠟色者佳。今會城多以小者於蒂上刻人物鳥獸之形。宋劉子翬詩云：緬茄實如瓜，垂金粲秋色。誰刻紫瓊瑶，玲瓏投遠客。”清趙學敏《本草綱目拾遺・諸蔬部・緬茄》：“〔明〕高濂《珍異藥品》云：緬茄，一作沔茄，形如大栗，上有罩帽，如畫皮様，出滇南緬甸地方，堅如石……《滇南雜記》：緬茄出緬甸，大而色紫，蒂圓整，蠟色者佳。《粤志》：廣東高州府出木茄，上有方蒂，拭眼去昏障，即緬茄也。”清光緒十五年（1889）《高州府志》：“緬茄來自緬甸。明太僕卿寺邦直自雲南携歸，築室觀山下，失落於此，發芽成樹。樹高五六丈，大可蔽牛。三百年來，中土無雙。”

【沔茄】

同“緬茄”。此體明代已行用。見該文。

【木茄】

即緬茄。此稱明清時期已行用。見該文。

橡皮樹

古代引種林木名。桑科，榕屬，橡皮樹（*Ficus elastica* Roxb. ex Hornem.）。常緑喬木。樹冠開展，全株光滑；有乳汁。幼芽紅色，具苞片。單葉互生，厚革質，有光澤，具長柄，長橢圓形或矩圓形，全緣；托葉單生，披針形，淡紅色。夏日，枝梢葉腋開花，雄花、癭花及雌花生於同一花序托中。隱花果長橢圓形，成熟時黄緑色。原産印度、馬來西亞。

我國引種至少已有150年歷史，南方可植於露地，北方諸地有盆栽。主要供觀賞。清代稱“緬樹”，省稱“緬”，亦稱“紅優曇”。清吴其濬《植物名實圖考・木類・緬樹》：“緬樹生昆明人家。樹高逾人，春時發葉，先茁紅苞長數寸，苞坼葉見，俱似優曇。苞不遽脱，婀娜紛披，如曳丹羽，遥望者皆誤認朱英倒垂也。此樹未訪得真名，滇人以物之罕鮮者，皆呼曰緬，言其來從異域耳。有采藥者曰此紅優曇也。”

緬　樹
（清吴其濬《植物名實圖考》）

按，今人陳植《觀賞樹木學・印度橡皮樹》以爲《圖考》之緬樹當即橡皮樹。今亦稱“印度橡皮樹”“印度榕”“印度膠樹”。又，本種葉大光亮，四季長青，爲名貴觀葉樹種。其栽培變種較多，常見的有“金邊橡皮樹”“黄邊葉橡皮樹”“青緑葉橡皮樹”及“狹葉白斑橡皮樹”等。

【緬樹】

即橡皮樹。此稱清代已行用。見該文。

【緬】

“緬樹”之省稱。即橡皮樹。此稱清代已行用。見“橡皮樹”文。

【紅優曇】

即橡皮樹。此稱清代已行用。見該文。

【印度橡皮樹】

即橡皮樹。今稱。見該文。

【印度榕】

即橡皮樹。今稱。見該文。

【印度膠樹】

即橡皮樹。今稱。見該文。

【紅優曇花】

即橡皮樹。省稱“優曇”。此稱清代已行用。《雲南通志・藝文》之《紅優曇花記》:“余既睹花之奇，又備覽篇章之盛，因不自揣，爰爲之記：原夫滇南土候，無嚴寒酷暑，四時皆有春意，花木之得所天也宜也。其最著者茶則七十二種，鄧渼稱其十德爲天下第一，扶桑則五色爛熳，杜鵑則百本爭妍，其餘水陸草木與中州互有異同，而優曇之奇逸又異於諸品，爲天下所無……世之慕紅優曇花，而不得一見者，讀公與諸君子之詩，當亦恍然如坐香國中已。”見“橡皮樹”文。

【優曇】

“紅優曇花”之省稱。此稱清代已行用。見該文。

檀香

古代引種林木名。檀香科，檀香屬，檀香（*Santalum album* Linn.）。常緑小喬木。樹皮灰褐色，粗糙或有縱裂；多分枝，幼枝光滑無毛。單葉對生，革質，全緣，橢圓狀卵形或卵狀披針形。三歧式聚傘狀圓錐花序，腋生或頂生；花多數，小形，初爲淡黄色，後變爲深銹紫色。核果球形，成熟時黑色，肉質多汁，内果皮堅硬。種子圓形，光滑無毛。原産印度尼西亞爪哇東部，經小巽他群島到帝汶島一帶。在西里伯斯、帝汶島及松巴島等地海拔1000米地帶有野生檀香林。何時引入我國，已無從稽考。今臺灣、廣東、廣西、雲南、貴州等地均有栽培。

古人多以藥、香、器物引入供應用。南北朝時已行用此稱。省稱“檀”。南朝梁沈約《瑞石像銘》:“莫若圖竗像於檀香，寫遺影於祇樹。”南朝梁簡文帝《謝賚扇啓》:“文均析縷，香發海檀。”宋洪芻《香譜・香之事》:“《天寶遺事》云：楊國忠嘗用沉香爲閣，檀香爲欄檻……聚賓於此閣上賞花焉。”元周達觀《真臘風土記・人物》:“男女身上常塗香藥，以檀麝等香合成。”明周嘉冑《香乘・香品・檀香》:“檀香，嶺南諸地亦皆有之，樹葉皆似荔枝，皮青色而滑澤。”明李時珍《本草綱目・木一・檀香》:“按《大明一統志》云：檀香出廣東、雲南及占城、真臘、爪哇、渤尼、暹羅、三佛齊、回回等國，今嶺南諸地亦皆有之。樹、葉皆似荔枝，皮青色而滑澤。”清吴其濬《植物名實圖考・木類・檀香》:“檀香，《别録》下品。《廣西通志》考據明晰。嶺南有之。”按，檀香原産印尼爪哇島等地，一説印度亦爲原産地之一。據吴中倫等《國外樹種引種概論》，20世紀50年代前我國僅臺灣有少量引種。1962年華南植物園引進十二粒檀香種子，其中五粒種子成苗，至1966年首次開花結實。嗣後粵西、海南、廣西、雲南、四川、貴州、福建、浙江等地相繼引種。又，檀香屬寄生性樹木，常以吸器寄生於其他樹木之根上生長。主要寄主有南洋楹、紫珠、毛羊角拗、長春花等。從栽培定植到成材結香，一般需要三十餘年。在我國南亞熱帶，最低温度高於0℃的低山丘陵或平原之適宜地區均可試種栽培推廣。參閱吴中倫《國外樹種引種概論》。

【檀】[3]

即檀香。此稱南北朝時期已行用。見該文。

【旃檀】[2]

即檀香。梵語音譯。此稱南北朝時期已行用，沿稱於後世。亦訛作“真檀”。北魏酈道元《水經注・河水一》:“在宫北，以旃檀木爲薪。”唐玄奘《大唐西域記·賅賞彌國》:“親覲妙相，雕刻旃檀如來自天宫還也。”元湯式《天香引·題舜江寺》曲:“風蕩幢旛，烟散旃檀。地僻塵稀，天上人間。”明李時珍《本草綱目·木一·檀香》:“[釋名]檀、真檀。時珍曰:旃檀，善木也，故字從亶。亶，善也。釋氏呼爲旃檀，以爲湯沐，猶言離垢也。番人訛爲真檀。”按，旃檀乃“旃檀那”(candana)之省文。又，一説“旃檀”亦指山茶科紫莖屬植物，此附供考。見“檀香”文。

【真檀】

即旃檀。此稱明代已行用。見該文。

【白檀】

即檀香。此稱唐代已行用。《舊唐書·南蠻西南蠻傳·墮婆登國》:“貞觀二十一年，其王遣使獻古貝、象牙、白檀。”亦稱“白檀香”。唐段成式《酉陽雜俎·貝編》:“玄宗又嘗召術士羅公遠，與不空同祈雨互校功力。上倶召問之，不空曰:臣昨焚白檀香龍，上令左右掬庭水嗅之，果有檀香氣。”宋周密《癸辛雜識續集·光禄寺御醴》:“達卿嘗爲光禄寺令史，掌醴事，云炊米之器皆以温石爲大釜(温石即菜石)，甑以白檀香，若甕盎之類皆銀爲之，極其侈靡，前代之所無也。”宋洪芻《香譜·香之品》:“白檀香，陳藏器《本草拾遺》曰:樹如檀，出海南。”明代稱“㲲檀”。《通雅·植物》:“㲲檀即白檀……亦檀香類，但不香耳。”清代稱“白旃檀”。清屈大均《廣東新語·香語》:“嶺南亦産檀香……然羅浮亦有白檀。竺法真謂:元嘉末，有人於羅浮山見一樹，大三丈余圍，辛芳酷烈，其間枯條數尺，援而刃之，乃白旃檀也。”見“檀香”文。

【白檀香】

即白檀。此稱唐代已行用。見該文。

【㲲檀】

即白檀。此稱明代已行用。見該文。

【白旃檀】

即白檀。此稱清代已行用。見該文。

鷄納樹

古代引種林木名。茜草科，金鷄納屬，鷄納樹(*Cinchona succirubra* Pav. ex Klotzsch)。常緑喬木。樹皮赤褐。葉對生，廣橢圓形至卵形，全緣，葉大，約30厘米。頂生圓錐花序，花淡紅色。蒴果長橢圓形至長卵形。種子具翅。原産南美洲，以秘魯及其周圍地區爲多。我國雲南、臺灣、廣東、廣西有栽培。樹皮、枝皮及根皮可入藥。

我國栽培鷄納樹歷史較短。清代始引種栽培，時稱“金鷄勒”。清趙學敏《本草綱目拾遺·木部·金鷄勒》:“查慎行《人海記》:西洋有一種樹皮，名金鷄勒，以治瘧，一服即愈。嘉慶五年，予宗人晋齋自粤東歸，帶得此物，出以相示，細枝中空，儼如去骨遠志，味微辛，云能走達營衛，大約性熱，專捷行氣血也。”本屬約四十種，我國栽培較多者爲本種。俗稱“鷄那樹”“規那樹”“紅色金鷄納樹”“紅色奎寧樹”。

【金鷄勒】

即鷄納樹。此稱清代已行用。見該文。

【鷄那樹】

即鷄納樹。爲“Quina”之音譯。今之俗稱。見該文。

【規那樹】

即鷄納樹。爲“Quina”之音譯。今之俗稱。

見該文。

【紅色金鷄納樹】

即鷄納樹。今稱。見該文。

【紅色奎寧樹】

即鷄納樹。今稱。見該文。

藤黄

古代引種林木名。藤黄科，藤黄屬，藤黄（*Garcinia hanburyi* Hook. f.）。常緑喬木。小枝四棱形。單葉對生，薄革質，橢圓狀卵形或卵狀披針形。花單性，腋生，四瓣，黄色，十一月開。漿果近球形，翌年二至三月熟。原産印度及泰國等地。樹皮刀傷後所溢樹脂名藤黄，可入藥，亦供繪畫染色，此樹亦因以爲名。

我國魏晋時已舶來利用。晋代稱“海藤”。宋代已行用“藤黄”之稱。宋唐慎微《證類本草・木部・藤黄》：“藤黄，謹按《廣志》云：出鄂岳等州諸山崖，其樹名海藤，花有蕊，散落石上，彼人收之，謂沙黄。就樹采者輕妙，謂之臈草。酸澀有毒，主蚛牙蛀齒，點之便落。據今所呼銅黄，謬矣，蓋以銅藤語訛也。按此與石淚采無異也，畫家及丹竈家並時用之。”《通雅・植物》：“海藤花，曰藤黄。”明李時珍《本草綱目・草七・藤黄》：“［釋名］樹名海藤……時珍曰：今畫家所用藤黄，皆經煎煉成者，舐之麻人。按周達觀《真臘記》云：國有畫黄乃樹脂，番人以刀斫樹枝滴下，次年收之。”按，“藤黄”實爲樹脂，可入藥或作畫，樹以藥名，故有是稱。古人以爲“藤黄”屬藤類，如《百草鏡》云：“藤黄出外洋及粤中，乃藤脂也。”李時珍《本草綱目》亦從木中移入藤類，實誤。本種乃常緑喬木，樹高者近 20 米。參閲清張璐《本經逢源・蔓草類・藤黄》。

【海藤】

即藤黄。此稱晋代已行用。見該文。

臘腸樹

古代引種林木名。豆科，臘腸樹屬，臘腸樹（*Cassia fistula* Linn.）。落葉喬木。樹皮灰白，小枝較少。偶數羽狀複葉，小葉四至八對，近卵形。總狀花序腋生，花淡黄色，成串下垂。莢果革質，黑褐色，長達 30~70 厘米。種子卵形，扁平，黄褐色。臘腸樹 5 至 8 月開花，滿樹金黄，可供觀賞。其木材堅重，光澤耐腐，可爲橋梁、車輛、傢具、農具等用材。根、樹皮、果肉可入藥。亦爲烟草賦香劑。樹皮可提取栲膠或染紅。種子味甜可食。原産熱帶亞洲，印度、緬甸、斯里蘭卡等國半乾旱地區皆有分布。今我國臺灣、福建、廣東、海南、廣西、雲南之西南部俱有栽培。

我國引種栽培始於何時已無從稽考。唐代已引爲藥用。時稱“波斯皂莢”“忽野檐默”“阿梨去伐樹”“阿勒勃”“婆羅門皂莢”。唐段成式《酉陽雜俎・廣動植・木篇》：“波斯皂莢出波斯國，呼爲忽野檐默。拂林呼爲阿梨去伐樹，長三四丈，圍四五尺，葉似枸緣而短小，經寒不凋，不花而實，其莢長二尺，中有隔，隔内各有一子，大如指頭，赤色，至堅硬，中黑如墨，甜如飴，可啖，亦入藥用。”宋唐慎微《證類本草・二十六種陳藏器餘・阿勒勃》：“阿勒勃，味苦，大寒。無毒。主心膈間熱風，心黄骨蒸，寒熱，殺三蟲。生佛逝國。似皂莢，圓長，味甜好吃，一名婆羅門皂莢也。”明李時珍《本草綱目・果三・阿勒勃》：“［釋名］婆羅門皂莢、波斯皂莢。［集解］〔陳〕藏器曰：阿勒勃生拂林國。狀似皂莢而圓長，味甜好吃。時珍曰：此即波斯皂莢也。"《太平廣記》卷四〇六："波斯皂莢，出波斯國，呼爲忽野詹默，拂林呼爲阿梨去伐。樹長三四丈，圍五六尺。葉似构綠而短小，經寒不凋。不花而實，其莢長二尺，中有隔，隔内各有一子，大如指，赤色，至堅硬，中黑如墨，甜如飴，可啖，亦宜藥用。"

按，"阿勒勃"實謂其種子外附黑褐色肉質；婆羅門、波斯等均以産地而名。今通稱"臘腸樹"，因其果似臘腸。華南不少地區都有栽培，廣州華南農學院、海南那大熱帶作物研究院及廣西省林業科學研究所等地，栽培之臘腸樹均已開花結實，栽培範圍正在逐步擴大。今亦稱"牛角樹""長果子樹"。參閲吴中倫等《國外樹種引種概論》。

【波斯皂莢】

即臘腸樹。因産古波斯，故名。此稱唐代已行用。見該文。

【忽野檐默】

即臘腸樹。爲古波斯語"xaryadžambax"之音譯。此稱唐代已行用。見該文。

【阿梨去伐樹】

即臘腸樹。爲古拂林國語音譯。此稱唐代已行用。見該文。

【阿勒勃】

即臘腸樹。此稱唐代已行用。見該文。

【婆羅門皂莢】

即臘腸樹。此稱唐代已行用。見該文。

【牛角樹】

即臘腸樹。今廣東廣州等地多行用此稱。見該文。

【長果子樹】

即臘腸樹。今稱。見該文。

【阿黎】

即臘腸樹。爲"阿梨去伐"之省稱。此稱明代已行用。明湯顯祖《紫簫記·皈依》："眼看見愁來至，憔悴了生花鐵樹，迤逗了落葉阿黎。"見"臘腸樹"文。

蘇合香

古代引種林木名。蕈樹科，楓香樹屬，蘇合香（*Liquidambar orientalis* Mill.）。落葉喬木。葉互生，具長柄，葉片掌狀五裂，稀三或七裂，裂片卵形或長方形，鋸齒緣。花單性，雌雄同株，多數成頭狀花序，花小，黄綠色。果序圓球形，聚生多數蒴果，有宿存刺狀花柱，蒴果先端喙狀，成熟時頂端開裂。種子狹長圓形，扁平，頂端具翅。原産小亞細亞，我國廣西等地有栽培。木材可用於建築及製傢具。

其樹脂名蘇合香，供藥用。樹以藥名，故名。晋代已行用此稱，沿稱至今。南朝梁陶弘景《名醫别録·上品·蘇合香》："蘇合香……出中臺川谷。"蘇合香本是樹脂，引入時人多不識，有人誤作獅子屎。多用於合香，亦用來入藥。唐釋道世《法苑珠林·華香篇·感應緣》："蘇合香，《續漢書》曰：大秦國合諸香，煎其汁謂之蘇合。《廣志》曰：蘇合香，出大秦國。"宋唐慎微《證類本草·本草上品·蘇合香》："蘇合香，味甘，温，無毒。主辟惡……久服通神明，輕身長年，生中臺川谷。陶隱居俗傳云是獅子屎，外國説不爾。今皆從西域來，真者雖别亦不復入藥，惟供合好香爾。"（舊題）金李杲《珍珠囊補遺藥性賦》卷四："蘇合香，味甘，温，無毒……久服令人不生夢。"明李時珍《本草綱目·木一·蘇合香》："按郭義恭《廣志》云：此香出蘇合國，因以名之。梵書謂之咄魯瑟劍。”又［集解］：“〔蘇〕頌曰：今廣州雖有蘇合香，但類蘇木，無香氣……時珍曰：按《寰宇志》云：蘇合油出安南、三佛齊諸國。樹生膏，可爲藥，以濃而無渣者爲上。”明周嘉胄《香乘・香品・蘇合香》：“〔蘇合〕香本一樹，建論互殊，其云類紫真檀，是樹枝節，如膏油者，即樹脂膏。蘇合香、蘇合油，一樹兩品。”

按，蘇合香樹脂稱蘇合香。樹名由此而得。蘇合香可提製蘇合香油，用作香精之定香劑，亦可入藥。參閲《格致鏡原・燕賞器物類一》。

【蘇合】

“蘇合香”之省稱。此稱晋代已行用。《太平御覽》卷九八二引晋郭義恭《廣志》：“蘇合出大秦，或云蘇合國。人采之，笮［窄］其汁以爲香膏，賣滓與賈客。或云合諸香草煎爲蘇合，非自然一種也。”見“蘇合香”文。

含羞草

古代引種林木名。豆科，含羞草屬，含羞草（*Mimosa pudica* Linn.）。直立或蔓生或攀援狀半灌木。高達1米。莖疏生鈎刺或倒生剛毛。二回偶數羽狀複葉，掌狀排列，小葉（七）十至二十（或二十五）對，條狀長圓形，疏被剛毛；托葉披針形，亦被剛毛。頭狀花序，矩圓形，二至三十六個生於葉腋；花淡紅色；蕚鐘狀。莢果，扁平，莢節三至五。原産熱帶美洲，現廣布於全球各熱帶地區。我國臺灣、廣東、海南、廣西、雲南、福建、江西等地早已引種馴化，各地温室亦有盆栽觀賞者。

此稱清代已行用。因其葉觸之則垂如含羞狀，故名。省稱“羞草”。清范咸等《重修臺灣府志・物産・草木》：“含羞草，高約四五寸，葉似槐，爪之則下垂。”附考引《赤嵌集》：“羞草葉生細齒，撓之則垂如含羞狀，故名。孫元衡有詩曰：草木多情似有之，葉憎人觸避人嗤。也知指佞曾無補，試問含羞却爲誰。”亦稱“喝呼草”“懼内草”“知羞草”。清吴其濬《植物名實圖考・群芳類・喝呼草》：“喝呼草，《廣西通志》，喝呼草小而直上，高可四五寸，頂上生梢，横列如傘蓋，葉細生梢，兩旁有花盤上。每逢人大聲喝之，則旁葉下翕，故曰喝呼草。然隨翕隨開，或以指點之亦翕，前翕後開，草木中之靈異者也。俗名懼内草。《南越筆記》，知羞草葉似豆瓣相向，人以口吹之其葉自合，名知羞草。按此草生於兩粤，今好事者携至中原，種子皆生。秋開花茸茸成團，大如牽牛子，粉紅嬌嫩，宛如小兒帽上所飾絨球。結小角成簇，大約與夜合花性形俱肖，但草本細小，高不數尺。手拂氣嘘，皆似知覺；大聲呵喝，即時俯伏。草木無知，觀此莫測。唐階指佞，應非誣言；蜀州舞草，或與同彙。彼占閏傾陽，轉爲數見。”

按，含羞草原産熱帶美洲，何時引入我國已難稽考。由於其葉觸之即合如人之含羞狀，故頗受人們喜愛，因而栽種觀賞者日衆，南方各地遂漸散逸田野，已經野化；而北方人愛其奇异，亦廣爲種植，深爲園藝家看重。今亦

喝呼草
（清吴其濬《植物名實圖考》）

稱“望江南”。參閲鄭萬鈞等《中國樹木志·含羞草科·含羞草》及賈祖璋等《中國植物圖鑒·豆科·含羞草》。

【羞草】

“含羞草”之省稱。此稱清代已行用。見該文。

【喝呼草】

即含羞草。此稱清代已行用，名見《廣西通志》。見該文。

【懼内草】

即含羞草。此稱清代已行用，名見《廣西通志》。見該文。

【知羞草】

即含羞草。因其葉觸之即合，若人之羞狀，故名。此稱清代已行用，名見清李調元《南越筆記》。見該文。

【望江南】

即含羞草。今廣西各地多行用此稱，名見《南寧市藥物志》。見該文。

【怕羞草】

即含羞草。亦稱“喝妖草”。此稱清代已行用。清何克諫《生草藥性備要》下卷：“怕羞草，味甘，性寒。止痛消腫。風手擘之則合。一名喝妖草。”清趙其光《本草求原·隰草部·怕羞草》：“怕羞草，以手掃之則合，喝之亦合，如畏羞然。甘、寒。止痛、消腫，敷瘡妙。”參閲江蘇新醫學院《中藥大辭典·含羞草》。見“含羞草”文。

【喝妖草】

即怕羞草。此稱清代已行用。見該文。

没藥樹

古代引種林木名。橄欖科，没藥樹屬，没藥樹〔*Commiphora myrrha*（T. Nees）Engl.〕。低矮灌木或小喬木。樹幹粗，具多數不規則尖刺狀粗枝。單葉或三出複葉，散生或成叢生狀，小葉倒卵形或倒披針形。花小，叢生於短枝上，花冠白色，四瓣。核果卵形，棕色，尖頭，外果皮革質或肉質。原産於非洲及亞洲西部地區。其樹脂名没藥，可入藥，樹亦以藥名。

我國典籍早有記載。晋代稱没藥，爲阿拉伯語“murr”（意爲苦澀）、“mursāf”之音譯。亦稱“末藥”。晋葛洪《肘後備急方》卷三：“又主風攣拘急偏枯血氣不通利：……没藥半兩研，虎腦骨三兩塗酥炙黄色，先搗，羅爲散，與没藥同研令細，温酒調二錢，日三服，大佳。”舊題唐孫思邈《銀海精微》卷上：“没藥散：治心脾胃得熱致胞肉生瘡宜服。”宋唐慎微《證類本草·木部中品·没藥》：“没藥，味苦，平，無毒。主破血，止痛，療金瘡杖瘡諸惡瘡，痔漏卒下血，目中瞖暈痛，膚赤。生波斯國，似安息香，其塊大小不定，黑色。”注引《本草圖經》曰：“没藥，生波斯國。今海南諸國及廣州或有之。木之根株皆如橄欖，葉青而密，歲久者則有膏。”金李杲《珍珠補遺藥性賦》卷四：“烏藥主寬膨順氣，没藥主跌撲金瘡。”書注：“没藥，味苦，平，無毒。按徐表《南州記》，生波斯國，是彼處松脂也。”明代已行用“没藥樹”之稱。明李時珍《本草綱目·木一·没藥》：

没藥樹
（明鮑山《野菜博録》）

“［釋名］末藥。時珍曰：没、末皆梵言。［集解］〔馬〕志曰：没藥生波斯國……時珍曰：按《一統志》云：没藥樹高大如松，皮厚一二寸。采時掘樹下爲坎，用斧伐其皮，脂流於坎，旬餘方取之。”没藥樹嫩葉煠熟水浸去苦味後可食，舊時常用於救饑。明鮑山《野菜博録》卷三：“没藥樹，生深山谷中。其樹頗極高大，葉似楓樹葉，味苦，性平，無毒。食法：采嫩葉煠熟，水浸去苦味，油鹽調食。”明方以智《物理小識・醫藥類》：“劉珣曰：乳香、没藥皆波斯松脂也，將以白黑分之耶。葉廷珪曰：乳香出大食國，其樹類松。”清汪昂《本草備要・木部・没藥》：“没藥，宣，散瘀，定痛……出諸南番。”

按，没藥何時引入我國，尚無確考。據蘇頌稱：“海南諸省及廣州或有之。”知至遲宋代已引爲藥用。明鮑山《野菜博録》曰：“采嫩葉煠熟，水浸去苦味，油鹽調食。”并有没藥樹附圖。《廣群芳譜》亦云：“廣州或有之。”依此説則知我國古代似有没藥樹存世，然確切引入時間尚待考證。今附此以備詳考時參證。又，《南州記》《物理小識》等以爲没藥係松脂，顯係妄斷。

【没藥】

“没藥樹”之省稱。梵語音譯。此稱晋代已行用。見該文。

【末藥】

同“没藥”。即没藥樹。梵語音譯稱。此體明代已行用。見“没藥樹”文。

乳香

古代引種林木名。橄欖科，乳香樹屬，阿拉伯乳香樹（*Boswellia serrata* Roxb）之别名。灌木或小喬木。樹幹粗壯，樹皮光滑，淡棕色。奇數羽狀複葉，互生，密集或於上部疏生；小葉常卵形，緣具不規則鋸齒或全緣。總狀花序，花冠五瓣，淡黄色。核果倒卵形，果皮肉質，肥厚。原産紅海沿岸。未詳我國是否有栽培。

古代乳香多舶來以爲藥用。晋代稱“熏陸香”。後世亦稱“馬尾香”“天澤香”“摩勒香”“多伽羅香”“杜嚕香”。晋嵇含《南方草木狀》卷中：“熏陸香，出大秦。在海邊有大樹，枝葉正如古松，生於沙中，盛夏，樹膠流出沙上，方采之。”宋時已行用此稱。沿稱至今。宋洪芻《香譜・香之品・乳香》：“《廣志》云即南海波斯國松樹脂有紫赤櫻桃者，名乳香，蓋熏陸之類也。”宋周去非《嶺外代答》卷三：“大食者，諸國之總名也……廣州自中冬以後發船乘北風，去約四十日到地名藍里博。買蘇木、白錫、長白藤。住至次冬再乘東北風，六十日順風方到此國。産乳香、龍涎、真珠、琉璃、犀角、象牙、珊瑚、木香、没藥、血竭、阿魏、蘇合油、没石子、薔薇水等貨。”明李時珍《本草綱目・木一・熏陸香（乳香）》：“［釋名］馬尾香（《海藥》）、天澤香（《内典》）、摩勒香（《綱目》）、多伽羅香。……時珍曰：佛書謂之天澤香，言其潤澤也；又謂之多伽羅香；又曰杜嚕香。”明方以智《物理小識・醫藥類》：“劉珣曰：乳香、没藥皆波斯松脂也，將以白黑分之耶，葉廷珪曰：乳香出大食國，其樹類松。”明周嘉冑《香乘・香品・熏陸香（即乳香）》：“熏陸香即乳香，爲比垂滴如乳頭也。”

按，乳香本此樹莖部浸出之樹脂，名作“乳香”，樹亦以藥名，故有是稱。又，劉恂等以爲乳香乃松脂，實誤。參閲夏緯英《植物名釋劄記·乳香》。

【熏陸香】

即乳香。此稱晋代已行用。見該文。

【馬尾香】

即乳香。此稱五代時期已行用，名見《海藥本草》。見該文。

【天澤香】

即乳香。名見《内典》。見該文。

【摩勒香】

即乳香。此稱明代已行用。見該文。

【多伽羅香】

即乳香。此稱明代已行用。見該文。

【杜嚕香】

即乳香。此稱明代已行用。見該文。

【塌香】

即乳香。本指乳香樹脂，亦代稱其樹。此稱宋代已行用。宋沈括《夢溪筆談·藥議》："薰陸即乳香也。本名薰陸，以其滴下如乳頭者謂之乳頭香，鎔塌在地上者謂之塌香，如臘茶之有滴乳白乳之品，豈可各是一物。"明方以智《物理小識·醫藥類》："寇宗奭曰：薰陸木葉類棠梨。鎔塌在地曰塌香。"見"乳香"文。

金剛纂

古代引種林木名。大戟科，大戟屬，金剛纂（*Euphorbia neriifolia* L.）。肉質灌木。高1~3米，富含白色乳液。小枝緑色，扁平或有三至五條肥厚翅狀棱，棱狀凹陷處有一對鋭刺。葉倒卵形、卵狀長圓形或匙形，無毛，托葉刺狀，宿存。杯狀聚傘花序，單生或三枚簇生，花單性，無花被。蒴果球狀，紅色。種子灰白色，具黑色斑點。原産印度。我國至少在明清時已引種。我國主要分布於四川、雲南、貴州、廣西、廣東、福建、臺灣等地。用作緑籬或盆栽供觀賞，全株具毒莖、葉、花可供藥用，具消腫、通便、殺蟲等功效。

金剛纂引入較早。此稱明代已行用。亦稱"霸王鞭""火殃簕"。《明一統志·景東府》："土産：垂絲竹，其枝葉軟弱皆下垂；金剛纂，其色青，狀如刺桐，性最毒。"明謝肇淛《滇略·産略》："金剛纂，木也。出僰夷中，北勝州亦有之。青色，狀如刺桐，最毒。土人種以編籬，人莫敢觸。《滇程記》云'碧幹而蝟芒，孔雀食之，其漿殺人'是已。然以爲草，誤也。"明方以智《物理小識·草木類》："又有霸王鞭刺作籬，斷汁甚濃，猶澤漆。"金剛纂雖爲小木，南方各地多有分布。如《浙江通志·物産二·湖州府》："金剛纂，《（嘉靖）安吉州志》：出天目，其樹長不滿三四尺，多屈曲，春夏亦無葉，每觸其枝曳裾不前。相傳剉其末漬水，水必毒，曰人瘴。"清趙學敏《本草綱目拾遺·木部·金剛纂》："《涌幢小品》：金剛纂生天目，其樹長不滿三四尺，多屈曲，雖春夏亦無葉，每觸其枝，曳裾不前，夷緬國有是種，相傳銼其末漬水，水必毒，飲者立死，曰人瘴，又能借之爲誘淫之法……《滇記》云：金剛纂碧幹而蝟芒，孔雀食之，其漿殺人，以爲草者誤，今曲江、建水、石屏處處有之。"清吴其濬《植物名實圖考·毒草類·金剛纂》："金剛纂，《雲南通志》：

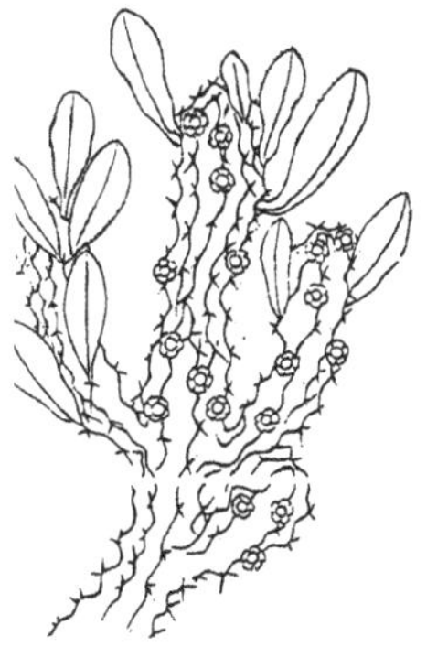

金剛纂
（清吴其濬《植物名實圖考》）

花黄而細，土人種以爲籬；又一種形類鷄冠。《談叢》：滇中有草名金剛纂，其幹如珊瑚，多刺，色深碧，小民多樹之門屏障。此草性甚毒，犯之或致殺人……嶺南附海舶致京師，植以爲玩，不知其毒，呼曰霸王鞭。”侯寬昭等《廣州植物志·大戟科·火秧竻》引清末蕭步丹《嶺南采藥録》：“〔火殃簕〕治無名腫毒大瘡，以莖剖成兩片，向火焙熱貼之，瘡毒自消；折之有白汁，亦能解毒，但不可入目；葉能治泄瀉，跌打因積瘀而大小便不通，取葉切細，和生米炒，至米黄色爲度，隨下酒蒸之，飲酒即下瘀血，有起死回生之功。”

【霸王鞭】

即金剛纂。此稱明代已行用。見該文。

【火殃簕】

即金剛纂。此稱清代已行用，今廣東各地多行用。見該文。

【火秧簕】

即金剛纂。此稱清代已行用。清何克諫《生草藥性備要》上卷：“火秧簕，味苦難食。治無名腫毒、大瘡，割開兩邊，用火焙熱貼之，其瘡毒自消。”參閲清趙其光《本草求原·隰草部·火秧簕》。見“金剛纂”文。

迷迭香

古代引種林木名。唇形科，迷迭香屬，迷迭香（*Rosmarinus officinalis* Linn.）。常緑小灌木。高1~2米。枝纖弱，灰白色。葉對生，無柄，綫形，革質，背面灰色，被毛茸，具鱗腺，葉緣反轉。花唇形，紫紅色，輪生於葉腋。小堅果，球形。原産南歐各國。

我國漢代似已引種，稱“迷迭”。三國時期已行用“迷迭香”之稱。因其全株有香氣，時人佩之用以香衣，或燃之以驅蚊蚋，避邪氣，亦有以提取芳氣油者。漢應瑒《竦迷迭賦》：“列中堂之嚴宇，跨階序而駢羅。建茂莖以竦立，擢修幹而承阿……振纖枝之翠粲，動綵葉之莓莓。舒芳香之酷烈，乘清風以徘徊。”《樂府詩集·雜曲歌辭十七·古辭》：“行胡從何方，列國持何來？氍毹㲪㲣五木香，迷迭艾蒳及都梁。”三國魏曹丕《迷迭香賦序》：“余種迷迭於中庭，嘉其揚條吐香，馥有令芳。”宋唐慎微《證類本草·草部中品·迷迭香》：“迷迭香，味辛，温，無毒。主惡氣，令人衣香，燒之去鬼。《魏略》云出大秦國。《廣志》云出西海。”宋陳敬《陳氏香譜》卷一：“迷迭香，《廣志》云出西域。魏文侯有賦，亦嘗用。《本草拾遺》云味辛，温，無毒。主惡氣。今人衣香，燒之去臭。”明周嘉胄《香乘》卷四：“迷迭香，《廣志》云出西域。《魏略》云出大秦國。可佩服，令人衣香，燒之拒鬼。魏文帝時自西域移植庭中，帝曰：余植迷迭於中庭，喜其揚條吐秀，馥鬱芬芳。”清汪開沃《虞美人》詞：“緑楊枝外沉沉漏，迷迭消金獸。”

【迷迭】

“迷迭香”之省稱。此稱漢代已行用。見該文。

細葉冬青

古代引種林木名。木樨科，女貞屬，日本女貞（*Ligustrum japonicum* Thunb.）之别名。常緑、秃净灌木或喬木。高可3米以上。葉稍厚，圓卵形至卵狀矩圓形，較女貞葉細而短。圓錐花序，直立，花白色，具短柄。原産日本、韓國及我國臺灣。

我國大陸至遲於清代已有引種。各地有栽

培。此稱清代已行用。清陳淏子《花鏡》卷三："冬青：細葉冬青、水冬青……一種細葉冬青，枝條細軟，乘小時種旁籬邊用以密編，可蔽籬眼，堅久如壁。"伊欽恒校注："〔細葉冬青〕樹較前種小（指女貞），高不過五六尺。學名*L. japonicum*，Thunb.，供觀賞，常栽作籬笆。"此説或是。今通稱"日本女貞"。亦稱"東女貞"。

【日本女貞】

即細葉冬青。今之通稱。見該文。

【東女貞】

即細葉女貞。今稱，名見《江蘇植物名録》。見該文。

龍脷葉

古代引種林木名。葉下珠科，守宮木屬，龍脷葉（*Sauropus spatulifolius* Beille）。小灌木。小枝呈蜿蜒狀，具微毛。單葉互生，二列，近披針形。花單性，雌雄同株；花小，暗紫色，叢生於葉腋或呈極短之總狀花序。蒴果，形如豌豆，具短柄，幾爲增長之宿萼所包被。原産蘇門答臘，我國清代已引種。廣州等地園圃有栽植。可用爲觀賞，亦可入藥。

清代稱"龍利葉"。清末蕭步丹《嶺南采藥録・龍利葉》載："治痰火咳嗽，以其葉煮猪肉湯食之。"按，本屬約三十種，多分布於南亞及東南亞各地，我國僅此一種，亦僅見廣州等地栽培，且多數不能結實。參閲侯寬昭等《廣州植物志・龍利葉》。

【龍利葉】

同"龍脷葉"。此體清代已行用。見該文。

吕宋豆

古代引種林木名。馬錢科，馬錢屬，吕宋豆（*Strychnos ignatii* Berg.）。大型木質藤本。葉對生，革質，矩圓形或橢圓形。花白色，多生於上部葉腋。果實圓形，成熟時褐色。種子卵形或三角形，略扁，被銀白色伏貼毛茸。原産於東南亞諸國。

我國藥用引進。清代稱"吕宋果""加挖弄""寶豆"。清趙學敏《本草綱目拾遺・果部・吕宋果》："《本草補》：吕宋島中産一果，名加挖弄，外肉而内核，味苦不堪食。其初惟有一處深山峻嶺生此樹，甚高大，土人多不識，旅人至島百年後，始知其中果可用，近三十年頗悉其療治各病，極有奇驗，遂携至中國，若果之皮肉，其效尤捷，有呼爲寶豆者。豆，言果之形狀；寶，言其貴重也。"今亦稱"苦果"。未詳是否有栽培者。參閲江蘇新醫學院《中藥大辭典・吕宋果》。

【吕宋果】

即吕宋豆。此稱清代已行用。見該文。

【加挖弄】

即吕宋豆。吕宋島俚稱。此稱清代已行用。見該文。

【寶豆】

即吕宋豆。此稱清代已行用。見該文。

【苦果】[2]

即吕宋豆。今稱。見該文。

胡椒

古代引種林木名。胡椒科，胡椒屬，胡椒（*Piper nigrum* Linn.）。常緑藤本。莖長達5米。葉互生，革質，全緣，闊卵形或卵狀長橢圓形。花單性，雌雄异株，穗狀花序側生莖節上。漿果球形，熟時紅黄色，乾燥後種皮皺縮。原産熱帶及亞熱帶地區，以印度西海岸馬拉巴省

（Malaba）高止山脉（Khats）西麓爲多。

我國晋代前似已引種，唐代前或有栽培，今華南及西南各地均有分布。其乾縮果實名黑胡椒，去皮後名白胡椒。供調料，亦入藥。魏晋時已行用此稱。晋葛洪《肘後備急方》卷一：

胡　椒

（明盧和《食物本草》）

"孫真人治霍亂，以胡椒三四十粒以飲吞之。"北魏賈思勰《齊民要術・笨曲餅酒》引晋張華《博物志》："胡椒酒法：以好春酒五升，乾薑一兩，胡椒七十枚，皆擣末。好美安石榴五枚押取汁。皆以薑、椒末及安石榴汁悉内著酒中，火煖取温，亦可冷飲，亦可熱飲之……此胡人所謂蓽撥酒也。"昔傳出摩伽陀國，亦呼爲"昧履支"。唐段成式《酉陽雜俎・木篇》："胡椒，出摩伽陀國。呼爲昧履支。"宋唐慎微《證類本草・木部下品・胡椒》："胡椒，味辛，大温，無毒。主下氣温中，去痰除藏腑中風冷，生西戎。形如鼠李子。調食用之味，甚辛辣。《唐本》先附，臣禹錫等謹按，《日華子》云：調五藏，止霍亂，心腹冷痛，壯腎氣，及主冷痢，殺一切魚肉鱉蕈毒。"明李時珍《本草綱目・果四・胡椒》："［釋名］昧履支。時珍曰：胡椒，因其辛辣似椒，故得椒名。實非椒也。"清刊《授時通考・農餘門・蔬四》："《本草》：胡椒，一名昧履支，向陰生者名澄茄，向陽生者名胡椒。"《格致鏡原・木類二・椒》："《真臘風土記》胡椒纏藤而生，纍纍若緑草子，其生而青者尤辣。"

【昧履支】

即胡椒。此稱唐代已行用。見該文。

畢澄茄

古代引種林木名。胡椒科，胡椒屬，畢澄茄（*Piper cubeba* Linn.f.）。常緑藤本。單葉互生，平滑無毛，橢圓狀卵形。穗狀花序。漿果近圓形，黑褐色。原産東印度，我國廣東、海南諸地有分布。果實爲香料與染料，亦可入藥。

畢澄茄引種較早。晋代稱作"澄茄"。後多行用"畢澄茄"。亦作"蓽澄茄"。亦稱"毗陵茄子"。《通志・昆蟲草木略二・木類》："蓽澄茄，亦曰毘陵茄子。"畢澄茄主要供藥用。宋唐慎微《證類本草・草部中品・蓽澄茄》："蓽澄茄，味辛，温，無毒。主下氣消食，皮膚風，心腹間氣脹，令人能食，療鬼氣，能染髮及香身。生佛誓國，似梧桐子及蔓荆子微大。"亦名毗陵茄子，明李時珍《本草綱目・果四・畢澄茄》："［釋名］毗陵茄子。時珍曰：皆番語也。"［集解］引李珣曰："按顧微《廣州志》云：澄茄生諸海國，乃嫩胡椒也。青時就樹采摘，柄粗而蒂圓。"《通雅・植物》："《異域志》：入不國出胡椒。段柯古云胡椒蔓生，兩兩相對，畢澄茄其類也。"畢澄茄主要供調味用，或用於養生等。明高濂《遵生八箋・飲饌服食箋下》："香橙餅子：用黄香橙皮四兩，加木香檀香各三錢，白荳仁一兩，沉香一錢，蓽澄茄一錢，冰片五分，共搗爲末，甘草膏和成餅子入供。"明宋詡《竹嶼山房雜部・尊生部・食藥制》："丁沉煎丸：白豆蔻五分，砂仁，畢澄茄，木香，檀香，薄荷葉，甘松凈，陳皮，桂花各半兩，丁香沉香各五分，白茯苓二兩，百藥煎一兩。

右爲末，用甘草膏和勾，丸如緑豆大，常服能消酒化食，若臨用時入龍腦香麝香硼砂少許尤妙。”明清時周邊屬國以畢澄茄爲貢品進獻朝廷。明徐應秋《玉芝堂談薈》卷二六：“爪哇貢火鷄、鸚鵡、孔雀、孔雀尾、翠毛……番木鼈子、蓽澄茄。”清吴其濬《植物名實圖考·芳草類·畢澄茄》：“畢澄茄，《開寶本草》始著録。《圖經》云：廣東亦有之。葉青滑，子似梧桐子，《海藥》以爲即胡椒之嫩者。《廣西志》有山胡椒，或謂即畢澄茄也。”

按，舊説畢澄茄乃胡椒之嫩者，誤矣。其實二者乃同屬之兩種植物。如李時珍所云：“海南諸番皆有之。蔓生，春開白花，夏結黑實，與胡椒一類二種，正如大腹之與檳榔相近耳。”又，畢澄茄之原産地，古人記述頗詳。如宋趙汝适《諸蕃志·志物·蓽澄茄》：“蓽澄茄，樹藤蔓衍，春花夏實，類牽牛子，花白而實黑，曬乾入包。出闍婆之蘇吉丹。”明張燮《東西洋考·西洋列國考·占城》：“物産：蓽澄茄，《本草經》曰生佛誓國，似梧桐子及蔓荆子，微大，亦名毗陵茄子。按《宋史》占城王爲交州所攻，奔於佛逝，即占城屬國也。”文中之“闍（音shé）婆之蘇吉丹”，即今之蘇門答臘；“佛誓國”乃“Srividjaja”之音譯，亦古國名，在今之西爪哇、馬來半島及加里曼丹；占城，亦南海古國名，古稱林邑，唐元和後更名環玉，故地在今越南南部。我國古代藥用畢澄茄，大多來自上述諸地。參閲陳嶸《中國樹木分類學·蓽澄茄》。

【澄茄】

即畢澄茄。此稱晋代已行用。見該文。

【毗陵茄子】

即畢澄茄。番語音譯。此稱宋代已行用。見該文。

【蓽澄茄】

同“畢澄茄”。此體宋代已行用。見該文。

騏驎竭

古代引種林木名。棕櫚科，省藤屬，麒麟血藤（*Calamus draco* Willd.）之别名。常緑藤本。羽狀複葉，小葉互生，綫狀披針形；葉柄及葉軸具鋭刺。雌雄异株，肉穗花序。果實卵狀球形，赤褐色，被黄色鱗片，内含種子一枚。原産印尼、馬來西亞、伊朗等地。我國廣東、海南、臺灣有種植。果實内含深紅色液狀樹脂，常由鱗片下滲出，此即“血竭”，爲和血之要藥，樹以藥名。

我國應用騏驎竭爲藥歷史悠久。南北朝時行用此稱。亦作“麒麟竭”。亦稱“渴留”“血竭”。南朝宋雷斅《雷公炮炙論》中卷：“雷公云：騏驎竭，凡使，勿用海母血，真似騏驎竭，只是味鹹並腥氣。”《宋史·外國列傳·層檀》：“層檀國在南海，傍城距海二十里。熙寧四年始入貢……藥有木香、血竭、没藥、鵬砂、阿魏。”宋周去非《嶺外代答》卷三：“[大食諸國]大食者，諸國之總名也，有國千餘，所知名者特數國耳。有麻離拔國……此國産乳香、龍涎、真珠、琉璃、犀角、象牙、珊瑚、木香、没藥、血竭、阿魏、蘇合油、没石子、薔薇水等貨。”（舊題）金李杲《珍珠囊補遺藥性賦》卷四：“止痛生肌麒麟竭。舒筋展痹五加皮。”書注：“麒麟竭，一名血竭。”明李時珍《本草綱目·木一·騏驎竭》引宋蘇恭曰：“騏驎竭，樹名渴留。紫鉚，樹名渴廩。二物大同小異。”

明王圻、王思義《三才圖會・草木・騏驎竭》："騏驎竭出南番諸國及廣州。木高數丈，葉似櫻桃而有三角，其脂液從木中流出滴下如膠飴狀，久而堅凝乃成竭，赤作血色，故亦謂之血竭。"《續通志・昆蟲草木略四・木類》："騏驎竭，一名血竭。樹略如没藥，其肌赤色，采法亦與没藥同。"清吴其濬《植物名實圖考・木類・騏驎竭》："騏驎竭，《唐本草》始著録。生南越、廣州。主治血痛，爲和血聖藥。"

舊時有人以爲騏驎竭乃紫鉚樹之脂，如清屈大均《廣東新語・貨語・騏驎竭》："騏驎竭，紫鉚樹之脂也，以嚼之不爛如蠟者，拍之可透脂甲者，燒之有赤汗出而灰不變者爲上。"此説誤矣，騏驎竭與紫鉚樹乃不同之二物。本種今亦通稱"麒麟血藤"。參閱《廣群芳譜・藥譜八・騏驎竭》。

【麒麟竭】

同"騏驎竭"。此體金代已行用。見該文。

【渴留】

即騏驎竭。此稱宋代已行用。見該文。

【血竭】

即騏驎竭。此稱宋代已行用。見該文。

【麒麟血藤】

即騏驎竭。今之通稱。見該文。

黄蘭

古代引種花木名。木蘭科，含笑屬，黄蘭（*Michelia champaca* Linn.）。常緑喬木。幼枝、嫩葉、葉柄均被淡黄色平伏柔毛。單葉互生，薄革質，披針狀卵形或披針狀橢圓形，全緣。花單生於葉腋，橙黄色，極芳香。穗狀聚合果，蓇葖倒卵狀短矩圓形，種子二至四枚，具皺紋。原産印度、緬甸、斯里蘭卡之熱帶、亞熱帶氣候區。我國早有引種，主要分布於西藏東南部、雲南南部及西南部，長江以南各地有栽培。木材優良，可供造船及其他器具用材。花供觀賞。花、葉可提取芳香油。因其花色橙黄，故名"黄蘭"。

此稱清代已行用，沿稱至今。清吴其濬《植物名實圖考・群芳類・黄蘭》："黄蘭産廣東，或云洋種，今遍有之。叢生硬莖，葉似茉莉。花如蘭而黄，極芳烈。"按，侯寬昭等《廣州植物志・黄蘭》云："原産地或爲印度，現廣植於亞洲熱帶地。"此説與《植物名實圖考》"或云洋種"相合。然何時引入我國尚不詳。本種頗似白蘭，而其栽培不如白蘭爲廣，但花橙黄或黄褐色，香氣盛於白蘭，爲二者之區别。廣州等地夏月常有黄蘭花上市，供婦女簪髮髻以爲飾物，此俗今尚沿襲。民衆呼爲"黄玉蘭"。參閱吴中倫《國外樹種引種概論・黄蘭》。

【黄玉蘭】

即黄蘭。因樹似玉蘭，花帶黄色，故名。今廣東各地多行用於此稱。見該文。

鳳凰木

古代引種花木名。豆科，鳳凰木屬，鳳凰木〔*Delonix regia*（Boj.）Raf.〕。落葉喬木。高可達 20 米，胸徑約 1 米。樹皮灰褐色，粗糙。小枝稍被毛。二回偶數羽狀複葉，羽片對生，十至二十三對，小葉二十至四十對；小葉長圓形，先端鈍圓，兩面被柔毛。總狀花序傘房狀；花具柄，鮮紅色。莢果長帶狀，長 25~60 厘米，黑褐色。種子多數，長圓形。原産馬達加斯加島及熱帶非洲，現廣布於各熱帶地區。我國至少在清代已引種。現臺灣，福建泉州以南，廣東，海南，廣西梧州、南寧、百色、龍州、寧明，貴州興義，雲南西雙版納、金平、河口等地栽培。

清代始稱“鳳凰花”“金鳳花”。清吴其濬《植物名實圖考・群芳類・鳳皇花》：“鳳皇花，樹葉似槐，生於澳門之鳳凰山，開黄花，經年不歇，與葉相埒。深冬换葉時，花少减，結角子如蝱豆，今園林多植之，或云洋種也。按《嶺南雜記》，金鳳花色如鳳，心吐黄絲，葉類槐。余在七星巖見之，從僧乞歸其子，種之不生。”依吴中倫《國外樹種引種概論》，最初傳入我國可能先引種到澳門的鳳凰山，故名鳳凰木。澳門於1553年爲葡萄牙所占，傳入當在16世紀。今亦稱“紅花楹”“金鳳樹”“火樹”。參閱鄭萬鈞等《中國樹木志・蘇木科・鳳凰木》。

【鳳凰花】

即鳳凰木。此稱清代已行用。見該文。

【金鳳花】

即鳳凰木。此稱清代已行用。見該文。

【紅花楹】

即鳳凰木。今廣東各地多行用此稱。見該文。

【金鳳樹】

即鳳凰木。今廣東各地多行用此稱。見該文。

【火樹】

即鳳凰木。因其花紅似火，故名。今廣州及厦門多行用此稱。見該文。

夾竹桃

古代引種花木名。夾竹桃科，夾竹桃屬，夾竹桃（*Nerium oleander* L.）。常緑灌木或小喬木。單葉對生或三四枚輪生，革質，光亮，綫狀披針形。聚傘花序頂生，夏季開花，桃紅或白色，芳香。蓇葖果，長角形。原産印度、伊朗。

我國至遲在唐代已有引種。今各地有栽培。主要供栽培觀賞。葉、樹皮可入藥。宋代已行用此稱。宋李覯《弋陽縣學北堂見夾竹桃花有感而書》詩：“暖碧覆晴殷，依依近水欄，異類偶相合，勁節何能安。”明夏旦《藥圃同春・五月》：“夾竹桃，色淡，花紅，極森秀且耐久。無香。”明王世懋《咏夾竹桃》：“寂寞誰相問，清齋隔市囂。忽遺芳樹至，應識雅情高。布葉疏疑竹，分花嫩似桃。野人看不厭，常此對村醪。”《廣群芳譜・花譜五・夾竹桃》：“夾竹桃，花五瓣，長筒，瓣微尖，淡紅，嬌艷類桃花，葉狹長類竹，故名夾竹桃。自春及秋逐旋繼開，嫵媚堪賞。”清代亦稱“柳葉桃”，其葉似柳花如桃，故名。清蒲松齡《農桑經殘稿・諸花譜・夾竹桃》：“夾竹桃，一名柳葉桃。根旁小條可以移栽。又四月中，以大竹管分兩瓣，合嫩枝，實以肥泥，朝夕灌水，一月後，便生白根，兩月便可剪栽。初時枝柔，以竹扶之。”清陳元龍《格致鏡原・花類一・夾竹桃》引《花譜》：“[夾竹桃]花五瓣，長筒……何無咎云：温臺有叢生者，一本至二百餘幹，晨起，掃落花如斗，最爲奇品。”

夾竹桃
（清吴其濬《植物名實圖考》）

夾竹桃屬植物僅二三種。本種常見栽

培變種有“白花夾竹桃”“重瓣夾竹桃”。碧葉如柳似竹，紅花灼灼似桃，常植於公園、緑地、宅旁及院内，或栽於盆中供觀賞。然全株有劇毒，農家栽植選地宜慎重。

【柳葉桃】

即夾竹桃。因葉形如柳，花艷若桃，故名。此稱清代已行用，今山東各地仍沿用此稱。見該文。

【俱那衛】

即夾竹桃。梵語音譯。此稱唐代已行用。亦稱“枸那花”“拘那夷”“拘拏兒”“枸那”“俱那異”。皆梵語音譯訛稱。唐段成式《酉陽雜俎續集・支植上》:“俱那衛，葉如竹，三莖一層，莖端分條，如貞桐花，小類木槲，出桂州。”宋范成大《桂海虞衡志・志花》:“枸那花，葉瘦長，略似楊柳，夏開淡紅花，一朵數十萼，至秋深猶有之。”元李衎《竹譜詳録・竹品譜・有名而非竹品》:“夾竹桃自南方來，名拘那夷，又名拘拏兒，花紅類桃，其根葉似竹而不勁足，供盆檻之玩。”明徐𤊹秋《玉芝堂談薈》卷三六:“《閩書》:俱那衛，一作俱那異。高七八尺，其枝脆弱，葉狹而長，花紅色，似玉簪花而小。曾師建《閩中記》:南方花有北地所無者，闍提茉莉、俱那異，皆出西域，盛傳閩中，即夾竹桃也。”清陳淏子《花鏡》卷三:“夾竹桃木名枸那，自嶺南來，夏間開淡紅花，五瓣，長筒，微尖，一朵約數十萼，至秋深猶有之。因其花似桃，葉似竹，故得是名，非真桃也。”清周亮工《閩小記・夾竹桃》:“曾師建《閩中記》:‘南方花，有北地所無者:闍提、茉莉、俱那異，皆出西域。’盛傳閩中俱那衛即俱那異，夾竹桃也。”參閱清吴其濬《植物名實圖考・群芳類・夾竹桃》。見“夾竹桃”文。

【枸那花】[2]

即俱那衛。此稱宋代已行用。見該文。

【拘那夷】

即俱那衛。此稱元代已行用。見該文。

【拘拏兒】

即俱那衛。此稱元代已行用。見該文。

【枸那】

即俱那衛。此稱清代已行用。見該文。

【俱那異】

即俱那衛。此稱宋代已行用。見該文。

【渠那異】

即夾竹桃。宋代已行用此稱。宋陳善《捫蝨新語・南中花卉》:“南中花木，有北地所無者，茉藜花、含笑花、闍提花、渠那異花之類。”夾竹桃花有毒，宋明時人們已有所察覺。今人亦以爲不宜室内養植。明陶宗儀《説郛》卷一五下:“凌霄花、金錢花、渠那異花皆有毒，不可近眼。有人仰視凌霄花，露滴眼中，後遂失明。”見“夾竹桃”文。

【桃柳】

即夾竹桃。此稱清代已行用。其葉似柳，故名。亦稱“地開桃”。清屈大均《廣東新語・木語》:“夾竹桃，一名桃柳，葉如柳，花如絳桃，故曰桃柳。枝幹如緑竹而促節，故曰夾竹。本桃類，而其質得竹之三柳之七，柳多而竹少，故不曰夾柳桃。終歲有花，其落以花不以瓣，落至二三日，猶嫣紅鮮好，得水蕩漾，朵朵不分。開與衆花同，而落與衆花異，蓋花之善落者也，故又曰地開桃。似落於地而始開然。”見“夾竹桃”文。

【地開桃】

即桃柳。此稱清代已行用。見該文。

【生花竹】

即夾竹桃。此稱清代已行用。清李漁《閑情偶寄·種植·木本》:“夾竹桃一種，花則可取，而命名不善。以竹乃有道之士，桃則佳麗之人，道不同不相爲謀，合而一之，殊覺矛盾。請易其名爲生花竹，去一桃字，便覺相安。且松、竹、梅素稱三友，松有花，梅有花，惟竹無花，可稱缺典。得此補之，豈不天然湊合?亦女媧氏之五色石也。”見“夾竹桃”文。

珊瑚櫻

古代引種花木名。茄科，茄屬，珊瑚櫻(*Solanum pseudocapsicum* Linn.)。常綠灌木。葉互生，狹矩圓形或披針形。花常單生，偶呈蠍尾狀花序，腋外生或近腋外生，花白色。漿果橙紅色。種子扁平，呈盤狀。原産南美洲。我國安徽、江西、廣東、廣西、雲南等地有栽培，或逸爲野生。可供觀賞。

清代稱“玉簇”“玉簇花”。清陳淏子《花鏡》卷五:“玉簇，玉簇花產於閩中，花發於秋冬之交。性最畏寒，遇冰則花葉俱萎。植之者必十月中，藏向陽室内。如土乾，將殘茶略潤。至二月中，方可取出。”其變種名“珊瑚豆〔var. *diflorum*(Vell.) Bitter〕”，生黄河流域以南各地，北方亦多盆栽以供觀賞。江蘇新醫學院《中藥大辭典·珊瑚根》:“基源:茄科植物珊瑚櫻的根。原植物珊瑚櫻*Solanum pseudocapsicum* linn.，又名珊瑚子，冬珊瑚。”

【玉簇】

即珊瑚櫻。此稱清代已行用。見該文。

【玉簇花】

即珊瑚櫻。此稱清代已行用。見該文。

茉莉

古代引種花木名。木樨科，素馨屬，茉莉〔*Jasminum sambac*(Linn.) Ait.〕。常綠灌木。枝細長，略呈藤狀。單葉對生，橢圓形或廣卵形，聚傘花序頂生或腋生;小花白色，極芳香。通常不結實。原産印度。似由亞洲西部傳入我國，各地均有栽培，主要供觀賞，或用其花窨茶。而尤以蘇、浙、閩、臺、粵、川、黔諸地栽培較多。花多用作熏茶。根、葉、花可入藥。

茉莉引入我國較早。晋代稱“末利”。晋嵇含《南方草木狀》卷上:“末利，花似薔薇之白者，香愈於耶悉茗。”又，“耶悉茗花、末利花，皆胡人自西國移植於南海，南人憐其芳香，競植之”。宋代已行用此稱，沿稱至今。宋李格非《洛陽名園記·李氏仁豐園》:“而又遠方奇卉，如紫蘭、茉莉、瓊花、山茶之儔，號爲難植，獨植之洛陽，輒與其土産無異。”明皇甫汸《題茉莉二首》之一:“萼密聊承葉，藤輕易邐枝。素華堪飾鬘，争趁晚妝時。”明清時栽培經驗已頗豐富。明夏旦《藥圃同春·五月》:“茉莉，色白。畏霜。每年二月二日，盡去其舊葉，將鷄糞並肥泥覆之。盛開，清香可愛。”清陳淏子《花鏡》卷五:“茉莉……葉似茶而微大，花有單瓣、重瓣之異。一種寶珠茉莉，花似小荷而品最

茉　莉
(明王圻等《三才圖會》)

貴，初蕊時如珠，每至暮始放，則香滿一室，清麗可人，摘去嫩枝，使之再發，則枝繁花密。以米泔水澆，則花開不絶。”

末　利
（清吴其濬《植物名實圖考》）

茉莉，花色潔白，香氣濃鬱，今各地多有盆栽，點綴居室，清雅宜人。南方茶區亦有露地栽培，以采花窨茶，或取爲藥用。關於茉莉之産地，有人以爲我國亦其原産地（見陳俊愉等《中國花經》），而多數學者以爲原産地爲印度及阿拉伯間（陳嶸《中國樹木分類學》、陳植《觀賞樹木學》）。晋嵇含《南方草木狀》雖有記載，但多數農學家以爲茉莉自宋代引入我國較爲實際。參閲潘志剛等《中國主要外來樹種引種栽培》。另，茉莉又有末利、末麗、没利、抹厲、抹麗、抹利諸名，皆梵語“mallikā”或叙利亞語“molo”之音譯。

【末利】

即茉莉。此稱晋代已行用。見該文。

【末麗】

即茉莉。此稱宋代已行用。亦作“没利”“抹厲”，皆爲茉莉之音訛或原文音譯會意名。明李時珍《本草綱目・草三・茉莉》：“嵇含《草木狀》作末利，《洛陽名園記》作抹厲，佛經作抹利，《王龜齡集》作没利，《洪邁集》作末麗，蓋末利本胡語，無正字，隨人會意而已。”《廣群芳譜・花譜二十二・茉莉》：“茉莉，一名抹厲，一名没利，一名末利，一名末麗，一名抹麗……原出波斯，移植南海。”清陳元龍《格致鏡原・花類三・茉莉花》：“《洛陽名園記》作抹厲；王十朋作抹利；洪景盧作末麗，皆以己意名之。”今本《洛陽名園記》未見“抹厲”名，或以爲轉抄之訛。見“茉莉”文。

【没利】

即末麗。此稱明代已行用。見該文。

【抹厲】

即末麗。此稱宋代已行用。見該文。

【抹麗】

即茉莉。謂能掩抹衆花。此稱宋代已行用。宋張邦基《墨莊漫録》卷七：“閩廣多異花，悉清芬郁烈，而末利花爲衆花之冠，嶺外人或云抹麗，謂能掩衆花也。”亦作“抹利”，或以爲茉莉之音訛。宋張世南《游宦紀聞》卷五：“有一種柑，曰回青，實大，凌冬不凋，滿樹垂金；至春復回青，再黄始摘，味不甚佳，花極香，與抹利相頡頏。”清陳淏子《花鏡》卷五：“茉莉，一名抹利。”見“茉莉”文。

【抹利】

即抹麗。此稱宋代已行用。見該文。

【鬘華】

“茉莉”之别稱。茉莉花可串作纓絡以爲飾物，西域、印度多行此風，故佛書稱茉莉爲“鬘華”。亦作“鬘花”。宋代多行用此稱。宋法雲《翻譯名義集・百花篇》：“末利，又名鬘華。”茉莉一名原於梵文“mallikā”或叙利亞語“molo”，明楊慎考釋甚詳，“鬘華”則有另義。明楊慎《丹鉛續録・末利》：“［末利］茉莉花，見於嵇含《南方草木狀》。稱其芳香酷烈，此花嶺外海濱物，自宣和中名著艮岳，列芳草八，此居一焉。八芳者，金蛾、玉蟬、虎耳、鳳尾、素馨、渠那、茉莉、含笑也。《洛陽名園記》云，遠芳奇卉，如紫蘭，抹厲。王梅溪集作没利，又作抹利。陳止齋集亦作没利，朱文公集作末利，洪景盧集作末麗，佛書《翻譯名義》云，末利曰鬘華，堪以飾鬘，此土云柰。《晋書》：都人簪柰花，云爲織女帶孝是也。則此花入中國久矣。”又楊慎《升庵集》卷七九：“［鬘花鬟嬌］末利花，一名鬘華，見《佛經》。”《廣群芳譜・花譜二十二・茉莉》：“茉莉……佛書名鬘華，謂堪以飾鬘。”清陳淏子《花鏡》卷五：“茉莉一名抹利。東坡名曰暗麝，釋名鬘華。”清陳元龍《格致鏡原・花類三・茉莉花》：“《類林佛書翻譯集》云：末利曰鬘華，堪以飾鬘。”見“茉莉”文。

【鬘花】

同“鬘華”。此體明代已行用。特指開黄白花的茉莉，又作須曼那、蘇摩那、蘇蔓那、修摩那，皆由茉莉之梵語 sumanā 音譯而來，今附此供考。見該文。

【柰花】

“茉莉”之别稱。佛經中有柰氏樹園，簡稱柰園，後因稱寺院爲柰園或柰苑。昔傳茉莉來自佛國印度，故名“柰花”。古時常以此爲喪葬時之插花。唐竇叔向《貞懿皇后挽歌》之二：“命婦羞蘋葉，都人插柰花。”宋洪邁《容齋四筆・用柰花事》：“竇叔向所用柰花事，出《晋史》，云成帝時，三吴女子相與簪白花，望之如素柰，傳信天公織女死，爲之著服。”省稱“柰”。宋宋庠《莊獻太后挽詞》：“災生織女柰，魂斷濯龍車。”明代稱“柰子花”。明楊慎《升庵集》卷七九：“茉莉花見於嵇含《南方草木狀》，稱其芳香酷烈……北土云柰，《晋書》：都人簪柰花，云爲織女帶孝是也。則此花入中國久矣。”明袁宏道《顯靈宫柏》：“余嘗謂戒壇老松，城外柰子花，顯靈柏，可稱卉木中三絶。”清陳淏子《花鏡》卷五：“茉莉一名抹利……釋名鬘華，原出波斯國，今多生於南方暖地，北土名柰。”《格致鏡原・花類三・茉莉花》：“《丹鉛録》：《晋書》，都人簪柰花爲織女帶孝，即今茉莉。佛書茉莉花言柰花也。”見“茉莉”文。

【柰】[2]

“柰花”之省稱。此稱宋代已行用。見該文。

【柰子花】

即柰花。此稱明代已行用。見該文。

【小南强】

“茉莉”之别稱。此稱始用於五代時期。五代時，南漢爲嶺南小國，常自詡本國强大無比。周世宗遣使至南漢，南漢主劉晟贈使者茉莉花，美其名曰“小南强”，借喻其國强大，遂以“小南强”稱茉莉。宋陶穀《清異録・花》：“南漢地狹力貧，不自揣度，有欺四方傲中國之志。每見北人盛誇嶺海之强。世宗遣使入嶺館，接者遺茉莉，文其名曰小南强。”清吴寶芝《花木鳥獸集類》卷上：“《清異録》：南漢地狹力貧，不自揣度。有欺四方，傲中國之志。每見北人，盛誇嶺海之强。世宗遣使入嶺館，接者遺以茉莉，其名曰小南强。”參閲《廣群芳譜・花譜二十二・茉莉》。見“茉莉”文。

【暗麝】

“茉莉”之别稱。此稱宋代已行用。宋陳善《捫蝨新話・南中花木》：“閩廣市中婦女喜簪茉莉，東坡所謂暗麝著人者也。”《全芳備祖前集・花部・茉莉花》：“東坡謫儋耳，見黎女簪茉莉，戲云暗麝，著人簪茉莉。”元陰勁弦、陰幼遇《韻府群玉・去舍》：“暗麝，東坡謂茉莉爲暗麝。”《山堂肆考》卷一九九：“茉莉花，

《格物叢話》：茉莉花，葉面微皺，無刻缺。性喜地暖，南人畦蒔之。開時在夏秋間，六七月始盛。今人多采以熏茶，或蒸取其液以代薔薇露。東坡目爲暗麝，可謂善平章者矣。"清陳淏子《花鏡》卷五："茉莉一名抹利。東坡名曰暗麝，釋名鬘華。"《廣群芳譜・花譜二十二・茉莉》："《東坡集》東坡謫儋耳，見黎女競簪茉莉，含檳榔。戲書几間云：'暗麝著人簪茉莉，紅潮登頰醉檳榔。'"清陳元龍《格致鏡原・花類三・茉莉花》："《格物叢話》：茉莉花性喜地暖，南人畦蒔之，六七月盛開，今人多采之以熏茶或蒸取其液，以代薔薇，或搗爲末以和麵藥，其香可寶，坡公目爲暗麝。"見"茉莉"文。

【萼緑君】

"茉莉"之别稱。此稱宋代已行用。宋張邦基《墨莊漫録》卷七："閩廣多異花，悉清芳郁烈，而末利花爲衆芳之冠……顏博文持約謫官嶺表，愛而賦詩云：'竹稍脱青錦，榕葉隨黄雲。嶺頭暑正煩，見此萼緑君。'"清潘永因《宋稗類鈔・草木》："閩廣多異花，悉清芬郁烈，而末利花爲衆花之冠。嶺外人或云抹麗，謂能掩衆花也……顏博文持約謫官嶺表，愛而賦詩云：'竹梢脱青錦，榕葉隨黄雲。嶺頭暑正煩，見此蕚緑君。欲言嬌不吐，藏意久未分。最憐月初上，濃香夢中聞。'"因其花萼翠緑，故稱之。見"茉莉"文。

【遠客】

"茉莉"之别稱。此稱多行用於宋代。亦稱"狎客""雅友"。宋龔明之《中吴紀聞・花客詩》："張敏叔嘗以牡丹爲貴客，梅爲清客……茉莉爲遠客，芍藥爲近客，各賦一詩，吴中至今傳播。"明李時珍《本草綱目・草三・茉莉》："韋君呼爲狎客，張敏叔呼爲遠客。楊慎《丹鉛録》云：'《晋書》都人簪奈花'，即今末利花也。"《廣群芳譜・花譜二十二・茉莉》："《三柳軒雜識》：茉莉爲狎客。《三餘贅筆》：曾端伯以茉莉爲雅友，張敏叔以茉莉爲遠客。"清陳元龍《格致鏡原・花類三・茉莉花》："《花木考》茉莉以淅米漿日溉之，則作花不絶，可耐一夏，花亦大且多，六月六日又以魚腥水一溉益佳。宋張景修以茉莉爲遠客。"見"茉莉"文。

【狎客】

即遠客。此稱宋代已行用。見該文。

【雅友】

即遠客。此稱宋代已行用。見該文。

素馨[2]

古代引種花木名。木樨科，茉莉屬，素馨（*Jasminum grandiflorum* L.）。常緑灌木。爲素方花之變種。枝下垂，有角棱。奇數羽狀複葉對生，小葉五至七枚，橢圓形或卵形。花單生或數朵成聚傘花序，頂生，白色，有芳香。我國主要分布於滇、桂、粤、閩等地。供觀賞。亦可提取香精。晋代稱"耶悉茗花"，乃阿拉伯語"yās(a)mīn"或古波斯語"yāsamīn"之音譯。

古人以爲此花引自古拂林國，或波斯國。晋嵇含《南方草木狀》卷上："耶悉茗花、末利花，皆胡人自西國移植於南海，南人憐其芳香，競植之。"唐代稱"野悉蜜"。唐段成式《酉陽雜俎・廣動植・木篇》："野悉蜜，出拂林國，亦出波斯國。苗長七八尺，葉似梅葉，四時敷榮，其花五出，白色，不結子，花若開時，遍野皆香。"宋代已行用"素馨"之稱，亦稱"素馨花""那悉茗"，沿稱於今世。一説因劉王侍女而得名。《全芳備祖前集》卷二五“素馨花”引《霤山志》：“素馨舊名那悉茗，昔劉王有侍女名素馨，其冢上生此花，因以得名。”一説因花白且香而得名。宋吴曾《能改齋漫録·方物》：“素馨花，嶺外素馨花，本名耶悉茗花，叢脞么麽，似不足貴，唯花潔白，南人極重之，以白而香，故易其名。”明陳獻章《素馨説》：“草木之精氣，下發於上爲英華，率謂之花，然水陸所産妍媸高下美惡不等，蓋萬不齊焉，而人於其中擇而愛之，凡欲其有益於事，非愛之而溺焉者也。産於此邦曰素馨者，香清而體白，郁郁盈盈，可掬可佩，貫四時而不凋，供一賞而有餘，亦花之佳者也。”《續通志·昆蟲草木略四·草類》：“素馨，西域謂之耶悉茗花，即段成式所云野悉蜜花也。有黄白二色。”亦稱“那悉茗花”“野愁密花”，省稱“那悉”。《廣群芳譜·花譜二十二·素馨》：“素馨一名那悉茗花，一名野悉密花。來自西域，枝幹嫋娜，似茉莉而小，葉纖而緑，花四瓣，細瘦，有黄白二色，須屏架扶起，不然不克自豎，雨中嫵態，亦自媚人。”素馨花香特甚，南中女子以彩絲穿花心繞髻爲飾，往昔已成時尚。亦有製爲素馨球，挂於帳中，以便盛夏除炎生凉。素馨花商品生産與交易，盛極一時。明清時廣東珠江南岸廣種素馨花，莊頭村村民以此爲業，花農采以出售，買者上萬家，竟以斗量，栽培之盛，實屬空前。清屈大均《廣東新語·草語》：“素馨：珠江南岸，有村曰莊頭，周里許，悉種素馨，亦曰花田。婦女率以昧爽往摘。以天未明，見花而不見葉，其稍白者，則是其日當開者也，既摘，覆以濕布，毋使見日，其已開者則置之。花客涉江買以歸，列於九門。一時穿燈者、作串與瓔珞者數百人。城内外買者萬家，富者以斗斛，貧者以升，其量花若量珠然……素馨本名那悉，亦名那悉茗。《志》稱：陸大夫得種西域，因説尉佗移至廣南。”清吴其濬《植物名實圖考·群芳類·素馨》：“《南方草木狀》，耶悉茗花、末利花皆胡人自西國移植於南海，南人愛其芳香，競競植之。”

素馨爲暖温帶樹種，喜暖濕氣候及深厚肥沃、排水良好的土壤，今多用扦插、壓條、分株等方法繁殖。亦俗稱“大花茉莉”“素馨針”。

【耶悉茗花】

即素馨[2]。爲阿拉伯語或波斯語音譯。此稱晋代已行用。今人陳嶸《中國樹木分類學》以爲此即“素方花”，似誤，此附供考。見該文。

【野悉蜜】

即素馨[2]。亦阿拉伯語或波斯語音譯。此稱唐代已行用。按，中古波斯語“yāsmīr”，中譯爲“野悉蜜”或作“耶悉彌”，實爲茉莉花名，古人訛爲“耶悉茗”以代素馨。後以訛傳訛，沿於後世。見該文。

【素馨花】[2]

即素馨[2]。此稱宋代已行用，并沿稱於今世。見該文。

【那悉茗】

即素馨[2]。爲阿拉伯語或波斯語音譯。此稱宋代已行用。見該文。

【那悉茗花】

即素馨[2]。此稱清代已行用。見該文。

【野悉密花】

即素馨[2]。此稱清代已行用。見該文。

【那悉】

即素馨[2]。此稱清代已行用。見該文。

【大花茉莉】

即素馨²。今之俗稱。見該文。

【素馨針】

即素馨²。今廣東各地多俗用此稱。見該文。

【玉芙蓉】

即素馨²。此稱清代已行用。清陳淏子《花鏡》卷六："素馨花一名那悉茗花，俗名玉芙蓉。本高二三尺，葉大於桑而微臭，蟻喜居其上。花似郁李而香艷過之，秋花之最美者。"見"素馨²"文。

玉芙蓉
（清吴其濬《植物名實圖考》）

【河南花】

"素馨²"之俚稱。以其生於珠江南岸河南村，故名。清時廣東東莞等地行用此稱。清屈大均《廣東新語・草語》："東莞稱素馨爲河南花，以其生在珠江南岸之河南村也。"見"素馨²"文。

【花嬖倖】

"素馨²"之别稱。嬖倖意爲寵愛，謂素馨爲備受寵愛之花，故名。此稱宋代已行用，清厲荃《事物異名録・花卉・素馨》引宋丘浚《牡丹榮辱志》："茉莉、素馨爲花嬖倖。"參閲《格致鏡原・花類三・素馨花》。見"素馨²"文。

【韻客】

"素馨²"之别稱。此稱宋代已行用。宋姚寬《西溪叢語》卷上："昔張敏叔有十客圖，忘其名，予長兄伯聲嘗得三十客，牡丹爲貴客，梅爲清客，蘭爲幽客……素馨爲韻客。"見"素馨²"文。

【那素茗】

即素馨²。爲阿拉伯語或波斯語音譯。此稱清代已行用。清王用臣《幼學歌續編・物類門・花小名》："那素茗兮是素馨。"見"素馨²"文。

【裨茗】

即素馨²。此稱清代已行用。清陳廷燦《續茶經》卷下之三："素馨花曰裨茗。陳白沙《素馨記》，以其能少裨於茗耳，一名那悉茗花。"見"素馨²"文。

馬纓丹

古代引種花木名。馬鞭草科，馬纓丹屬，馬纓丹（*Lantana camara* Linn.）。直立或半藤狀灌木。高 1~2 米，若藤狀時，高長倍之；莖四方，偶具下彎鈎刺，有糙毛，味臭。單葉對生，卵形或矩圓狀卵形，葉緣有鋸齒，兩面被糙毛。頭狀花序腋生；花冠粉紅色、紅色、黄色或橙紅色，長約 1 厘米。核果球形，肉質，成熟時紫黑色，有骨質小堅果二枚。原産熱帶美洲，我國清代前似已引種，現廣東、廣西、福建、江西、湖南都有分布，各地亦廣爲栽培。花色多樣，可供觀賞。根、枝、葉、花皆可入藥。

清代始行用此稱。亦稱"山大丹""大紅綉球""珊瑚球""臭金鳳""如意花""昏花""龍船花"。清李調元《南越筆記・馬纓丹》："馬纓丹，一名山大

馬纓丹
（清吴其濬《植物名實圖考》）

丹。花大如盤，蕊時凡數十百朵。每朵攢集成球，與白綉球相類……又名珊瑚球。名大紅綉球者，以開時也；言珊瑚球者，以落時者也。”清末蕭步丹《嶺南采藥録·臭金鳳》：“臭金鳳，别名如意花、昏花。梗方有刺，葉有鋸齒，葉面有小毛。花作紅黄兩色，有奇臭。”清吴其濬《植物名實圖考·群芳類·馬纓丹》：“《南越筆記》：馬纓丹一名山大丹，花大如盤，蕊時凡數十百朵，每朵攢集成球，與白綉球花相類。首夏時開，初黄色，蕊如丹砂，將落復黄，黄紅相間，光艷炫目，開最盛、最久，八月又開。有以大紅綉球名之者。又以其瓣落而枝矗起槎枒，甚與珊瑚柯條相似，又名珊瑚球。言大紅綉球者，以開時也；言珊瑚球者，以落時也。按馬纓丹又名龍船花，以花盛開時值競渡，故名。”清吴綺《嶺南風物記》：“馬纓丹，出廣州府。花如江南綉球花，四出但不圓耳。色大紅，鮮妍可愛。即將衰卸，垂垂亦如珊瑚，家制府異其名曰珊瑚球。殊爲雅稱矣。”清黄叔璥《臺海使槎録》卷三：“志載藥品有内地所不經見者，如斑節草、柏、菰、菻茶……黄金子、龍船花。”

按，馬纓丹原産熱帶美洲，何時引入我國已無從考稽。在我國先行人工栽培，後逸至户外，今兩廣、閩、贛、湘等地多有野生者。又，茜草科亦有龍船花，爲常緑灌木，葉全緣，聚傘花序頂生，花紅、黄，果爲漿果。與此殊异，當辨之。亦稱“七變花”“五色梅”“五彩花”。參閲江蘇新醫學院《中藥大辭典》。

【山大丹】

即馬纓丹。此稱清代已行用。見該文。

【大紅綉球】

即馬纓丹。因此花開時大如綉球，故名。此稱清代已行用。見該文。

【珊瑚球】

即馬纓丹。此稱清代已行用。見該文。

【臭金鳳】

即馬纓丹。此稱清代已行用。見該文。

【如意花】

即馬纓丹。此稱清代已行用。見該文。

【昏花】

即馬纓丹。此稱清代已行用。見該文。

【龍船花】[3]

即馬纓丹。因此花盛開，恰值龍舟競渡，故名。此稱清代已行用。見該文。

【七變花】

即馬纓丹。因其花色多變，故名。今華北地區多行用此稱。見該文。

【五色梅】

即馬纓丹。因其花五色，故名。今稱。見該文。

【五彩花】

即馬纓丹。因其花五彩，故名。今福建各地多行用此稱。見該文。

黄馨

古代引種花木名。木樨科，茉莉屬，黄馨（*Jasminum odoratissimum* Linn.）。常緑灌木，高約2米，枝緑色，呈蔓狀，能緣物而生。羽狀複葉，互生，小葉三至五片；葉卵形，全緣。5至6月開花，花呈盆狀，合瓣花冠，五瓣，黄色，芳香。原産馬達衣拉。

元明時南方各地有栽培，常植籬落間供觀賞。明代已行用此稱。亦稱“黄茉莉”。《分類字錦・花卉》:“黄馨,《廣東志》:雷瓊二州有緑茉莉,本如蔦蘿。有黄茉莉,名黄馨。”清鄒一桂《小山畫譜》卷上:“黄馨,花小,葉尖細有柄,瓣五出,色黄。枝葉破節,夏初開,宜植籬落。”清姚之駰《元明事類鈔・花草門二》:“黄馨,《廣東志》:雷、瓊二州有緑茉莉,本如蔦蘿;又有黄茉莉,名黄馨。”清陳元龍《格致鏡原・花類三・茉莉花》:“黄馨,[明謝肇淛]《五雜組》:茉莉,在三吴一本千錢,入齊輒三倍酬直,而閩廣家家植地,編籬與木槿不殊。”參閲《廣群芳譜・花譜二十二・茉莉》。

按,元明時南方各地盛行黄馨,常植籬落間供觀賞,亦植於盆中觀玩。頗受時人喜愛。今世則極少見報導。今附此供考。

【黄茉莉】

即黄馨。此稱元明時期已行用。見該文。

散沫花

古代引種花木名。千屈菜科,散沫花屬,散沫花(*Lawsonia inermis* Linn.)。落葉灌木。小枝呈四棱形。單葉對生,狹橢圓形或倒卵形。圓錐花序頂生,花冠白色,極芳香。蒴果球形。種子近圓錐形。原産非洲及亞洲熱帶地區,我國廣東、廣西、福建、臺灣等地有栽培。可栽植供觀賞。葉可染紅,亦可入藥。

我國栽培利用散沫花歷史已逾二千餘年。晋時已行用此稱。亦稱“指甲花”。晋嵇含《南方草木狀》卷中:“指甲花,其樹高五六尺,枝條柔弱,葉如嫩榆,與耶悉茗、末利花皆雪白,而香不相上下,亦胡人自大秦國移植於南海。而此花極繁細,纔如半米粒許,彼人多折置襟袖間,蓋資其芬馥爾。一名散沫花。”唐段公路《北户録・指甲花》:“指甲花,細,白色,絶芳香,今蕃人重之,但未詳其名義。”宋鄭剛中《題異香花俗呼指甲花》詩:“小比木犀無醖藉,輕黄碎蕊亂交加。邦人不解聽誰説,一地稱爲指甲花。”《廣群芳譜・花譜二十二・指甲花》:“指甲花夏月開,香似木樨,可染指甲,過於鳳仙花。有黄白二色。”清屈大均《廣東新語・木語・散沫花》:“散沫花,一名指甲花。樹高五六尺,枝條柔弱,花繁細如半米粒許。廣人多使丐者著敝垢衣種之,花香尤烈。其葉以染指甲,故名指甲花。”

按,散沫花引種似始於漢代,大約在漢武帝元鼎六年(前111)破南越後,武帝在上林苑中起扶荔宫,以植所得奇草异木,其中便有指甲花。此事記於《三輔黄圖》,或可證。如《廣東通志・物産志・花》:“指甲花,其樹高五六尺,枝條柔弱,葉如嫩榆,與耶悉茗、茉莉皆雪白,而香不相上下,亦番人自大秦國移植於南海。而此花極繁細,纔如半米粒許,彼人多折置襟袖間,蓋資其芬馥爾,一名散沫花(《草木狀》)。按,《三輔黄圖》:扶荔宫在上林苑中,武帝元鼎六年破南越,起扶荔宫,以植所得奇草異木:菖蒲百本,山薑十本,甘蕉十一本,白木十本,桂百本,蜜香、指甲花百本,龍眼、荔枝、檳榔、橄欖、千歲子、甘橘皆十本,土木南北異宜,時歲多枯瘁,歲貢郵傳,疲斃於道,其後乃罷之。”又,散沫,源於阿拉伯語“zanbaq”,意爲“茉莉”。此花與耶悉茗(素馨)、茉莉之花皆雪白,而香不相上下,故常渾言之,因有此名。今附於此,供詳考者參證。今亦俗稱“番桂”“染指甲”。

【指甲花】

即散沫花。此稱晋代已行用。見該文。

【番桂】

即散沫花。今福建興化等地多俗用此稱。見該文。

【染指甲】

即散沫花。今臺灣各地多俗用此稱。見該文。

【水木樨】

即散沫花。此稱清代已行用。亦省稱“指甲”。清陳淏子《花鏡》卷五:“水木樨一名指甲。枝軟葉細,五六月開細黄花,頗類木樨。中多鬚蘂,香亦微似。其本叢生,仲春分種。”清陳元龍《格致鏡原·花類四·諸花》:“《草木狀》有花名指甲,胡人自大秦國移植南海。五六月開花。細而正黄,頗類木樨,中多須菂,香亦絶似。其葉可染指甲,其紅過於鳳仙,故名。彼中亦貴之。”清范咸《重修臺灣府志·物産·草木》:“指甲,木本,色碧而花細,搗其葉染指甲同鳳仙。”參閲清吴其濬《植物名實圖考·群芳類·水木樨》。見“散沫花”文。

水木樨
(清吴其濬《植物名實圖考》)

【指甲】

即水木樨。亦“指甲花”之省稱。此稱清代已行用。見該文。

番茉莉

古代引種花木名。茄科,鴛鴦茉莉屬,番茉莉〔*Brunfelsia brasiliensis*(Spreng.)L.B. Sm. & Downs〕。常緑灌木。高約1米左右,基部分枝,單葉互生,長橢圓形,全緣,平滑,背面濃緑色,中脉隆起特甚。花小,單生或二朵并生枝頂,花冠始爲深紫色,漸次退爲白色,芳香。無實。原産巴西、西印度群島等熱帶美洲地區。我國臺灣、廣東等地有栽培。主要供觀賞。

我國何時引種尚無確論。此種引自外番,故得此名。清代已行用此稱。又因其花常成二三朵并生若友,故亦稱“三友花”。清蔣毓英《臺灣府志·物産·花之屬》:“三友花,俗呼番茉莉。樹高,葉似枇杷差厚。蕊生枝杪,有五瓣,色白,瓣外微紅,内淡黄,味香。”清高拱乾等《臺灣府志·風土志·土産》:“三友花,俗呼番茉莉。”清范咸等《重修臺灣府志·物産·草木》:“番茉莉,一花千瓣,望之似菊。既放,可得三日觀,不似内地茉莉暮開晨落,然香亦少遜焉。”今亦稱“鴛鴦茉莉”“二色茉莉”。參閲陳植《觀賞樹木學·番茉莉》、陳俊愉等《中國花經·二色茉莉》。

【三友花】

即番茉莉。此稱清代已行用。見該文。

【鴛鴦茉莉】

即番茉莉。今稱。見該文。

【二色茉莉】

即番茉莉。因其花初呈深紫,漸次退白,故名。今稱。見該文。

【番梔子】

即番茉莉。亦稱“葉上花”。此稱清代已行用。清范咸等《重修臺灣府志·物産·草木》:“三友花,土稱番茉莉,又稱番梔子,或稱葉上花。孫元衡有詩云:争迎春色耐秋寒,開向人間歲月寬。嫩蕊澹烟籠木筆(蕊似木筆而小),細香清露滴金盤。綉成翠葉爲紋巧(葉有紋如綉），蒂並叢花當友看（一枝必三四朵若相友云）。日日呼童階下掃，濃陰恰覆曲欄杆。”見“番茉莉”文。

【葉上花】

即番梔子。因其花常開枝頂，故名。此稱清代已行用。見該文。

鷄蛋花

古代引種花木名。夾竹桃科，鷄蛋花屬，鷄蛋花（*Plumeria rubra* Linn.）。落葉灌木至小喬木。樹似紅鷄蛋花。有乳汁。小枝肥厚肉質。葉互生，厚紙質，矩圓狀橢圓形或矩圓狀倒卵形。聚傘花序頂生，花萼五裂，花冠白色，略帶淡紅，中心鮮黄色。極芳香。蓇葖果雙生，長圓形。原産美洲熱帶地區，我國清代已引種，粵、瓊、滇、臺等地有栽培。鷄蛋花夏季開放，清香優雅，可植庭院或盆栽供觀賞。花可提取香料。樹皮、花亦可入藥。

緬梔子
（清吴其濬《植物名實圖考》）

我國栽培鷄蛋花歷史至少有數百年，清代已行用此稱。亦稱“緬梔子”。清蕭步丹《嶺南采藥録・鷄蛋花》：“木本。治溼熱下痢，裏急後重，又能潤肺解毒。”清吴其濬《植物名實圖考・群芳類・緬梔子》：“緬梔子，臨安有之。綠幹如桐，葉如瑞香葉，凸脉勁峭，矗生幹上。葉脱處有痕，斑斑如蘚紋。”今俗稱“蛋黄花”“擂捶花”“大季花”。參閲江蘇新醫學院《中藥大辭典・鷄蛋花》。

【緬梔子】

即鷄蛋花。此稱清代已行用。見該文。

【蛋黄花】

即鷄蛋花。今廣東各地多俗用此稱。見該文。

【擂捶花】

即鷄蛋花。今廣東各地多俗用此稱。見該文。

【大季花】

即鷄蛋花。今廣西各地多俗用此稱。見該文。

鷹爪豆

古代引種花木名。豆科，鷹爪豆屬，鷹爪豆（*Spartium junceum* Linn.）。落葉灌木。枝細長，有縱棱。單葉疏生或無葉；葉倒披針形或條形。總狀花序頂生，花蝶形，鮮黄色，芳香。莢果條形，黑褐色，被柔毛。種子紅褐色。原産地中海及大洋洲加羅林群島等地。

我國陝西、河南、江蘇、浙江、上海等地有栽培。主要供觀賞。宋代稱“鷹爪花”。省稱“鷹爪”。宋王十朋《鷹爪花》詩：“誰把名鷹爪，天然狀不殊。無心事搏擊，中有鳥相呼。”參閲《廣群芳譜・花譜三十二・鷹爪花》。“鷹爪豆”爲今之通稱。其花色艷美，花期較長（5至9月），常植庭院以供觀賞。今亦稱“無葉豆”“鶯織柳”。

按，侯寬昭等《廣州植物志・番荔枝科・鷹爪花》以爲《廣群芳譜》之鷹爪花（即王十朋詩中所云者）是番荔枝科鷹爪屬植物，今附供考。

【鷹爪花】

即鷹爪豆。此稱宋代已行用。見該文。

【鷹爪】

即鷹爪豆。此稱宋代已行用。見該文。

【無葉豆】

即鷹爪豆。因此木葉疏生或無，故名。今稱。見該文。

【鶯織柳】

即鷹爪豆。今稱，語本《灌園草本識》。見該文。

扁桃

古代引種果木名。薔薇科，李屬，扁桃〔*Prunus dulcis*（Mill.）D.A.Webb〕。落葉喬木或灌木。枝直立或平展，具多數短枝。葉披針形或橢圓狀披針形，緣具淺鈍鋸齒。花單生，着生於短枝或一年生枝上，先葉開放；花瓣白至粉紅色。核果斜卵形或長卵形，扁平，果肉薄，成熟時開裂；核卵形、寬橢圓形或短長圓形，殼硬，黄白至褐色。花期3至4月，果期7至8月。扁桃原産中亞各地，東起我國新疆西部，西至地中海沿岸到北非，北自哈薩克斯坦經伊朗至巴基斯坦爲其分布區。現主産區仍以地中海沿岸爲中心。意大利西西里島及突尼斯最爲集中。顯然我國新疆亦爲扁桃之原産地之一，但栽培種是由外域引入。我國有記載的引種始於唐代，迄今已有一千三百餘年，係沿古絲綢之路引入關中的。今新疆、甘肅、陝西、寧夏均曾有栽培，後因戰亂及内地濕度過大，雨型與原産地不同而漸絶迹，故我國引種雖久，但真正栽培者僅新疆的喀什、英吉沙、莎車等地，且多零星分散於四旁、地邊等處。陝、甘等地亦有少量分布，但未形成規模商品生産。已引種近30個品種，有些已開始結實。扁桃抗旱性强，可爲嫁接桃、杏之砧木。木材可製傢具及鏇工用具。種仁可製糖果、糕點及化妝品，亦可入藥。種核可製着色劑及活性炭。

我國唐代已有引種栽培，時稱“偏桃”“婆淡樹”。唐段成式《酉陽雜俎·廣動植·木篇》：“偏桃，出波斯國，波斯國呼爲婆淡樹，長五六丈，圍四五尺。葉似桃而闊大，三月開花，白色，花落結實，狀如桃子而形偏，故謂之偏桃，其肉苦澀，不可啖，核中仁甘甜，西域諸國並珍之。”宋代多行用“巴覽杏”“巴欖”諸稱。宋孟元老《東京夢華録·飲食果子》：“又有托小盤賣乾果子，乃旋炒銀杏、栗子……人面子、巴覽子、榛子、榧子、蝦具之類。”宋張鎡《睡起述興》詩：“大於榿樹夜合樹，肥似桃花巴欖花。”明清時稱“八達杏”。《通雅·植物》：“《長安客話》：‘杏仁皆苦味，有一種甘者，謂之八達杏。’”明彭大翼《山堂肆考》卷二〇四：“《南蠻志》：波斯國有波淡樹，長五六丈，圍四五尺。三月開花，色白。結實狀如桃子而形偏，故謂之偏桃。其肉苦澀不堪食，核中仁子甘美，西域諸國共珍之。”清刊《月令輯要·三月令》：“偏桃，《酉陽雜俎》：‘偏桃，出波斯國，呼爲婆淡樹，長五六丈，圍四五尺，葉似桃而闊大。三月開花，白色，花落結實，狀如桃子而形偏，其肉苦澀，不可啖。核中仁甘甜，西域諸國並珍之。’”清刊《授時通考·農餘門·果一》：“扁桃，出波斯國。形扁肉澀，不堪食。核狀如盒。高五六丈，圍四五尺，葉似桃而闊大。三月開白花，花落結實如桃。彼地名波淡樹。仁甘美，番人珍之。《北户録》云：形如半月狀，出占卑國。”清潘榮陛《帝京歲時紀勝·五月·端陽》：“家堂奉祀，蔬供米粽之外，果品則紅櫻桃、黑桑椹、文官果、八達杏。”

按，婆淡、巴覽、巴欖、八達諸稱，皆爲外來語音譯名。其中婆淡、八達（巴丹、巴擔、把膽、叭噠）等名源自波斯語“bādām”，意思是扁桃。而巴覽、巴欖（芭欖、杷欖）諸名則源於叙利亞語“palam”或“param”“faram”，“fram”“spram”，亦皆指扁桃。今人陳嶸1937年始收録，定名爲“扁桃”。由於長期栽培和人工選擇，扁桃變種極爲豐富。依種仁味之甘苦分爲：苦味扁桃、粉紅扁桃、紫花扁桃、垂枝扁桃、彩葉偏桃諸品。

【偏桃】

即扁桃。此稱唐代已行用。見該文。

【婆淡樹】

即扁桃。因原産西亞，舊傳由波斯引入，波斯原名“bdm”音譯得名。此稱唐代已行用。見該文。

【巴覽杏】

即扁桃。此稱宋代已行用。見該文。

【巴欖】

即扁桃。此稱宋代已行用。見該文。

【八達杏】

即扁桃。此稱明代已行用，語本明蔣一葵《長安客話》。見該文。

【巴旦杏】

即扁桃。爲古波斯語bādām音譯。此稱明代已行用。省稱“巴旦”，亦稱“八擔杏”“忽鹿麻”。《駢雅・釋木》：“巴旦，北杏也。”明李時珍《本草綱目・果一・巴旦杏》：“［釋名］八擔杏、忽鹿麻。［集解］時珍曰：巴旦杏，出回回舊地，今關西諸土亦有。樹如杏而葉差小，實亦尖小而肉薄。其核如梅核，殼薄而仁甘美。點茶之食，味如榛子。西人以充方物。”巴旦杏仁甘鮮脆美，堪稱乾果之佳品，可以佐蔬，亦可用以食療養生。各地常充作貢物。《通雅・植物》：“巴旦杏不堪食，而仁甘於榛，鬆於榧。”又，“杏仁曰巴旦，乃大宛種也。今京師稱巴旦杏仁而不知其故，按荅烈古大宛也，有蒲萄、巴旦杏。永樂七年麽賚等朝貢”。明宋詡《竹嶼山房雜部六・養生部・雜造制》：“凡食油酪物必用烹茶飲之，食鹽物必用温酒飲之，食葷必用北棗食之。遠方一時難製之物：巴旦杏、粢棠果、八檐仁、餘甘子、必思荅……”清王士禎《香祖筆記》卷一：“《異物彙苑》：巴旦杏出哈烈國，今北方皆有之，京師者實大而甘，山東者實小肉薄少津液，土人賤之不食，獨其仁甘可以佐蔬。”清刊《授時通考・農餘門・果一》：“巴旦杏，一名八擔杏，出回回地，今關西諸處皆有。葉差小，實小而肉薄，核如梅，皮薄而仁清甘，鮮者尤脆美，稱果之佳者。”舊時“巴旦杏”常列杏類，今山東等地民間亦沿用此稱，或將杏仁可食之甜杏呼爲“巴旦杏”，當別之。見“扁桃”文。

【巴旦】

“巴旦杏”之省稱。此稱明代已行用。見該文。

【八擔杏】

即巴旦杏。此稱明代已行用。見該文。

【忽鹿麻】

即巴旦杏。此稱明代已行用。見該文。

【八丹杏】

即扁桃。此稱明代已行用。《格致鏡原・果類一・杏子》：“《果譜》：巴旦杏，一名八丹杏，出回回地。今諸處皆有，樹如杏而葉差小，實小而肉薄，核如梅，皮薄而仁清，甘鮮者尤脆美，稱果之佳者。”見“扁桃”文。

【巴旦桃】

即扁桃。此稱明代已行用。明顧起元《説略》卷二七:“《酉陽雜俎》云，偏桃出波斯國，波斯呼爲婆淡樹……胡侍《墅談》云，關中有一種桃，正如《雜俎》所説，俗謂之巴旦桃，其仁極甘美，遠勝巴旦杏仁，恐即偏桃也。”按，顧起元稱偏桃爲巴旦桃，又言其仁極甘美，遠勝巴旦杏仁，顯將巴旦桃與巴旦杏視爲二物，似誤。見“扁桃”文。

榲桲

古代引種果木名。薔薇科，榲桲屬，榲桲（*Cydonia oblonga* Miller）。落葉灌木或小喬木。枝多而叢生，小枝具絨毛，稍扭轉。葉闊卵形至長圓形，全緣，葉背密生絨毛。花單生枝頂，與葉同時開放，五瓣，白或淡紅色。梨果，其形多種；黄色，芳香，外被絨毛。榲桲爲世界栽培歷史悠久果樹之一。原産於中亞細亞、伊朗、高加索等地。約於6世紀前後傳入我國。我國今主要分布於新疆、陝西、雲南、貴州、江蘇、山東、河北、陝西、湖北及福建等地。果可生食，亦宜加工成果醬、果凍、果脯及罐頭食品，尚供藥用。種子可榨油。幼樹可爲嫁接西洋梨之中間砧或作生籬及緑化觀賞用。

南北朝時已行用此稱。省稱“榲”，沿稱至今。亦稱“香楂”。《玉篇·木部》:“榲，榲桲，木名。”《廣韻·入没》:“榲，榲桲，果似楂也。”宋無名氏《咏榲桲》:“秦中物專靈，榲桲爲佳果。”唐宋以前榲桲多爲藥用，亦常作果食。宋孟元老《東京夢華録·飲食果子》:“又有托小盤賣乾果子，乃旋炒銀杏、栗子，河北鵝梨、梨條、梨乾……鎮府濁梨，河陰石榴，河陽查子、查條，沙苑榲桲。”宋梁克家《淳熙三山志·土俗類三·物産》:“榲桲，味酸甘，似橙而大。舊生北土，今亦有之。”宋羅願《新安志·叙物産·木果》:“香楂甚小，所謂榲桲也。”明曹學佺《蜀中廣記·方物記第三·木》:“張世南《游宦紀聞》:榲桲，大者如梨，味甜而香，用刀切則味損而黑。凡食時，先以巾拭去毛，以巾包，於柱上擊碎，其味甚佳。蜀中有之。”明李時珍《本草綱目·果二·榲桲》:“榲桲性温而氣馞，故名。馞，音孛，香氣也。”《廣群芳譜·果譜二·榲桲》:“榲桲出關陝，沙苑者更佳，似楂子而小，氣香，辟衣魚。樹如林檎，花白緑色。味甘，食之宜凈洗去毛，恐損肺。”又引南朝梁任昉《述異記》曰:“江淮南人至北，見榲桲以爲楂子。”榲桲之食用方法亦頗講究。清陳啓源《毛詩稽古編·木瓜》:“又有榲桲，生於北地，蓋楔楂之類。”《陝西通志·物産一·果屬》:“榲桲，微大而狀醜有毛，其味香，關輔乃有（《述征記》)。生關陝，沙苑出者更佳。其實大抵類楂子，但膚慢而多毛，味尤甘，其氣芬馥，置衣笥中亦香（《圖經草本》)。‘秦中物專靈，榲桲爲佳果’（宋無名氏詩）。”榲桲還常用於防蟲、熏衣及鼻烟。清吴其濬《植物名實圖考·果類·榲桲》:“榲桲，《開寶本草》始著録。今唯産陝西。形似木瓜又似梨，多以飣盤。有携至京師者，取其香氣至盤笥中，以熏鼻烟，不復供食。”今亦稱“木梨”“土木瓜”。

榲　桲
（明王圻等《三才圖會》）

【榅】

即榅桲。此稱南北朝時期已行用。見該文。

【香榅】

即榅桲。此稱宋代已行用。見該文。

【木梨】

即榅桲。今河南各地多行用此稱。見該文。

【土木瓜】

即榅桲。今河南各地多行用此稱。見該文。

【榲桲】

同“榅桲”。此體宋代已行用。《集韻·入没》:“榅,榅桲,果名。或從烏。”清代亦稱“温樸”,或即榅桲之音訛。清富察敦崇《燕京歲時記·温樸》:“温樸形如櫻桃而堅實,以蜜漬之,既酸且甜,頗能下酒。”見“榅桲”文。

【温樸】

即榲桲。此稱清代已行用。見該文。

【榠楂】

即榅桲。此稱元代多行用,今亦沿稱。元王禎《農書》卷九:“又有榠楂,大而黄,可進酒去痰。”明李時珍《本草綱目·果二·榅桲》:“榅桲蓋榠楂之類生於北土者,故其形狀功用皆相仿佛。”按,《本草綱目》將榅桲與榠楂并列,并言,“榠楂乃木瓜之大而黄無重蒂者也。楂子乃木瓜之短小而味酢澀者也。榅桲則楂類之生於北土者也。三物與木瓜皆是一類各種,故其形狀功用不甚相遠,但木瓜得木之正氣爲可貴耳”。由此可知,榠楂即是榅桲,故曲澤洲等《果樹種類論》、俞德俊《中國果樹分類學》俱以爲榠楂即榅桲。李時珍將此分列顯然不妥。木瓜亦名榠楂,然與此殊别。見“榅桲”文。

【木李】

“榅桲”之别稱。此稱明清時行用,今河南等地亦沿稱。清陳淏子《花鏡》卷四:“有鼻者木瓜,無鼻而澀者木李。”伊欽恒校注:“木李即榠楂(《本草圖經》)或名榅桲(《開寶本草》)。”參閲明李時珍《本草綱目·果二·榅桲》。見“榅桲”文。

石榴

古代引種果木名。千屈菜科,石榴屬,石榴(*Punica granatum* Linn.)。落葉灌木或小喬木,熱帶地區則爲常緑樹。葉長披針形,先端圓鈍微尖,質厚,全緣;着生於長枝爲對生,生於短枝近簇生。花兩性,有單瓣與重瓣之分;花多紅色,亦有白、黄、粉諸色。果實球狀,果皮厚,内有多室,各室生有多數小漿果,成熟時外種皮呈鮮紅、淡紅或白色,多汁,味酸甜,可食。亦供觀賞。石榴原産於伊朗、阿富汗等中亞地區。今伊朗、阿富汗、阿塞拜疆及格魯吉亞等國仍有大片野生石榴林。伊朗在史前期已開始栽植石榴,我國約在漢代進行栽培。舊傳係張騫出使西域引進。然典籍未得證實。漢張衡《南都賦》有“楟棗若留”句,辛樹幟以爲若留即石榴,而《南都賦》約成於公元1世紀末。今人馬繼興據出土帛書《雜療方》確認張騫出使西域前我國已栽種石榴。又據段成烺等1983年對西藏三江流

石　榴
(明盧和《食物本草》)

域調查發現，該地區海拔 700~3000 米河谷、山麓有石榴野生片林，其中不乏樹齡逾二百年之老樹，而此地交通不便，亦不見居民，人工栽植實難想像，又史無記載，或以爲此地亦應爲石榴原産地之一。栽培石榴引入我國，初由新疆至陝西關中，後漸傳至全國各地。至唐宋時海上“絲綢之路”已開通，又從印度傳至廣東、福建。至明清兩季，西迄川、滇、黔，北自黄河流域，南達兩廣均有石榴栽培。

漢時始名“若留”。亦稱“安石榴”，省作“榴”，亦稱“石留”“若榴”，均沿稱於後世。繼以“丹若”“金龐”等相稱。《文選·張衡〈南都賦〉》：“樗棗若留，穰橙鄧橘。”李善注引《廣雅》：“石留，若榴也。”晋潘岳《安石榴賦》：“丹葩結秀，朱實星懸，接翠萼於緑葉，冒紅芽於丹頂。千房同膜，十籽如一。”《新唐書·西域傳下·波斯》：“在大雪山勃律河北，地寒，有五穀、蒲陶、若榴。”唐代已行用“石榴”之稱。唐李商隱《石榴》詩：“榴枝婀娜榴實繁，榴膜輕明榴子鮮。可羡瑶池碧桃樹，碧桃紅頰一千年。”明徐光啓《農政全書》卷二九：“安石榴，《博物志》曰：張騫出使西域，得塗林安石國榴種以歸，故名安石榴。”書注：“一名若榴，一名丹若，一名金罌，一名金龐，一名天漿。”

按，安石榴一名源於依蘭語“arsak”，一説源於粟特語“anār-āka”或波斯語“anār”，皆古西域石榴一名之音譯。又，我國石榴栽培歷史悠久，始於漢代，興於唐宋，綿延於明清，盛於今世。不少地區仍保留有石榴古樹。如山東烟臺毓璜頂公園曾存六百年生古樹，今雖本枯，但新發諸枝生長良好。又山東嶧城新建萬畝石榴園，其中原存二百年生古石榴樹比比皆是，依然丹葩結秀，朱實星懸。石榴經數千年栽培馴化，發展成爲果石榴與花石榴兩類。果石榴以食果爲主，兼作賞花。其花分紅、白二色，果有酸、甜兩類，果皮分紅、青及白諸樣，籽粒色澤有白、紅、淡紅數種。我國果石榴栽培已形成五大栽培中心，栽培歷史多在二千年以上，品種不計其數。如新疆葉城有“大籽甜”“小籽甜”“大籽酸”“小籽酸”；陝西西安臨潼有“白花石榴”“大紅蛋”“粉皮甜”“大紅甜”“大紅酸”，而以“大紅皮甜”“净皮甜”“三白甜”爲最好；雲南巧家有“銅殼石榴”“青殼石榴”“紅殼石榴”；山東嶧城石榴 20 多個品種中較佳者有“大青皮甜”“大馬牙甜”“青皮酸”“馬牙酸”“紅皮甜”“白皮甜”；安徽懷遠有十餘個地方品種，如“美人蕉”“青粉皮”“大葫蘆”“玉石籽”“瑪瑙籽”等。另外河南滎陽栽培歷史亦有二千餘年，品種也很豐富。花石榴類，以觀花爲主而兼食果，可分爲普通石榴、矮石榴二類，各又分爲數種。

安石榴

（清吴其濬《植物名實圖考》）

【若留】

即石榴。此稱漢代已行用。見該文。

【安石榴】

即石榴。因産古安石國，故名。此稱晋代已行用。見該文。

【榴】

“石榴”之省稱。此稱唐代已行用。見該文。

【石留】

同“石榴”。此體三國時期已行用。見該文。

【若榴】

即石榴。此稱三國時期已行用。見該文。

【丹若】

即石榴。此稱唐代已行用。見“石榴”“天漿”文。

【金龎】

即石榴。此稱明代已行用。《群芳譜》亦作“金庬”。見該文。

【塗林】

“石榴”之別稱。昔傳石榴種爲張騫使西域由塗林國携歸，故名。一説從北方陸路引入者名安石榴，自南方水路輸入者稱塗林。此稱南北朝時已行用。南朝梁元帝《咏石榴》詩：“塗林未應發，春暮轉相催。”宋方廣德《石榴》詩：“塗林疏樹自離離，入眼紅膚總不遺。”按，塗林一名源於梵語“dādima”“dādīmba”“dālima”或波斯語“dulim”“ulima”“urima”之音譯。字又作“荼林”，均指石榴。此附。見“石榴”文。

【安榴】

即石榴。此稱南北朝時期已行用。南朝梁簡文帝《大同八年秋九月》詩：“長樂含初紫，安榴拆晚紅。”宋盧祖皋《水龍吟·淮西重午》詞：“流光又是，宫衣初試，安榴半吐。”《廣群芳譜·果譜六·安石榴》引陸游《七言絶句》：“露重榴房初拆罅，風拆安榴子滿房。”見“石榴”文。

【海榴】

即石榴。因自海外舶來，故名。隋唐時已行用，并沿稱於後世。亦稱“海石榴”。詩詞中多指石榴花。隋江總《山庭春日》詩：“岸綠開河柳，池紅照海榴。”唐韋應物《答僴奴重陽二甥》詩：“山藥經雨碧，海榴凌霜翻。”唐方干《海石榴》詩：“亭際夭妍日日看，每朝顔色一般般。滿枝猶待春風力，數朵先欺臘雪寒。”元張可久《一隻花·夏景》套曲：“海榴濃噴火，萱草淡堆金。”參閲《廣群芳譜·果譜六·安石榴》。見“石榴”文。

【海石榴】

即海榴。此稱唐代已行用。見該文。

【天漿】

即石榴。特指甜石榴。唐代已行用此稱。唐段成式《酉陽雜俎·廣動植·木篇》：“石榴，一名丹若。梁大同中，東州後堂石榴皆生雙子。南詔石榴子大，皮薄如藤紙，味絶於洛中。石榴甜者謂之天漿，能已乳石毒。”見“石榴”文。

【石榴花】

即石榴。省稱“榴花”，亦稱“安石榴花”。特指石榴花或開花供觀賞之石榴。此稱唐代已行用。石榴花丹葩悦目，可供觀賞，亦可用於胭脂。唐段公路《北户録·山花燕支》：“又鄭公虔云：石榴花堪作燕支。”唐韓愈《榴花》詩：“五月榴花照眼明，枝間時見子初成。可憐此地無車馬，顛倒青苔落絳英。”《全芳備祖前集·花部·石榴花》引晋張華《博物志》：“漢張騫奉使西域還，得安石榴花，係出塗林種。”宋張孝祥《蝶戀花·送劉恭父》詞：“安石榴花，影落紅欄小。”元張昱《題鸚鵡仕女圖》

詩："只有舊時鸚鵡見，春衫曾似石榴花。"清高士奇《北墅抱甕録・石榴》："當仲夏之時，新緑初齊，遠近一碧，惟榴花烘晴映日，灼灼欲然，可謂絢爛矣。"見"石榴"文。

【榴花】

即石榴花。此稱唐代已行用。見該文。

【安石榴花】

即石榴花。此稱宋代已行用。見該文。

【血珠】

即石榴。因其紅如血，纍纍如珠，故名。此稱唐代已行用。常見諸詩詞中。唐白居易《山石榴寄元九》詩："日射血珠將滴地，風翻火焰欲燒人。"見"石榴"文。

【紅玉珠】

即石榴。此稱宋代已行用。宋鄭獬《石榴》詩："試剖紫金碗，滿堆紅玉珠。"見"石榴"文。

【丹砂粒】

即石榴。此稱宋代已行用。宋梅堯臣《陽武王安之寄石榴》詩："安榴若拳石，中藴丹砂粒。"見"石榴"文。

【丹砂】

即石榴。"丹砂粒"之省稱。此稱宋代已行用。宋梅堯臣《咏石榴》詩："秋雷石罌破，曉日丹砂爛。"見"石榴"文。

【石醋醋】

"石榴"之喻稱。亦作"石醋"。因其果酢，故名。此稱唐代已行用。《古今合璧事類備要别集》卷三四引《博異記》："崔元徽遇數美人，李氏、陶氏，又緋衣少女石醋醋……崔方悟衆花之精，封家姨乃風神也，石醋醋乃石榴也。"明蕭良有《龍文鞭影・石醋求幡》："唐天寶中，崔元徽春日遇數美人（諸花），一李氏，一楊氏，一陶氏，又一緋衣少女，姓石名醋……其日立幡，風大作，苑中花不動，乃悟十八姨，風神；石醋，石榴也。"見"石榴"文。

【石醋】

即石醋醋。此稱唐代已行用。見該文。

【金櫻】

"石榴"之别稱。此稱五代已行用。亦稱"石罌"。宋吴處厚《青箱雜記》卷二："錢武肅王諱鏐，至今吴越間謂石榴爲金櫻。"宋梅堯臣《咏石榴》："榴枝苦多雨，過熟拆已半。秋雷石罌破，曉日丹砂爛。"明代作"金罌"，以其籽形似黄罌故名。明李時珍《本草綱目・果二・安石榴》："五代吴越王錢鏐，改榴爲金罌。"見"石榴"文。

【石罌】

即金櫻。此稱宋代已行用。見該文。

【金罌】[2]

同"金櫻"。此體明代已行用。見該文。

【三屍酒】

即石榴。爲道家語。此稱明代已行用。明李時珍《本草綱目・果二・安石榴》："道家書謂榴爲三屍酒，言三屍蟲得此果則醉也。"見"石榴"文。

無花果

古代引種果木名。桑科，榕屬，無花果（*Ficus carica* Linn.）。落葉灌木或小喬木。具乳汁，多分枝，小枝粗壯，褐色，被稀短毛。葉互生，厚革質，倒卵形或近圓形，三至五裂，上面深緑色，粗糙，下面有毛。隱頭花序；花單性同株；小花白色，極多數，着生於總花柱之内壁；花托單生於葉腋，梨形，成熟時黑紫色，光滑，肉質而肥厚。原産地中海及西南亞。我國主要分布於長江流域以南。今各地均有栽培。花托甜美，可生食、釀酒。乾燥花托、根、葉可入藥。種子可榨油。

無花果
（明朱橚《救荒本草》）

漢代我國新疆已有栽培，唐代漸傳入甘陝等地，時稱“阿驛”“阿馹”“底珍”。唐段成式《酉陽雜俎・廣動植・木篇》：“阿驛，波斯國呼爲阿馹，拂林呼爲底珍。樹長四五丈，枝葉繁茂。葉有五出，似椑麻。無花而實，實赤色，類椑子，味似甘柿，一月一熟。”宋代始行用“無花果”之稱，沿稱至今。宋江少虞《事實類苑》卷六二：“木饅頭，京師亦有之，謂之無花果。狀類小梨，中空既熟，色微紅，味頗甘酸，食之大發瘴。嶺南尤多，州郡待客多取爲茶床。”明陳耀文《天中記・雜果》：“木饅頭，無花果也（《倦游録》）。”明章潢《圖書編・貢物總叙・南京》：“揚州府：瓊花、芍藥、莞蓆、無花果、銅鏡、鶴、鰾膠。”亦稱“底欄”。欄，乃稱之俗字。明徐應秋《玉芝堂談薈》卷三五：“阿羅，椶葉而橘華，産波斯國。底欄，阿驛也。無華而實，産拂林國。”又卷三六：“底珍樹子，波斯國呼爲阿驛。色赤類椑子，味似乾柿，一月一熟，見《酉陽雜俎》。”明朱橚《救荒本草》卷六：“無花果，生山野中，今人家園圃中亦栽。葉形如葡萄葉頗長，硬而厚，稍作三叉。枝葉間生果，初則青小，熟大狀如李子，色似紫茄色，味甜。”至清代無花果種植日多，民傳有“七利”之説。栽植經驗亦頗豐富。亦稱“映日果”“蜜果”。明李時珍《本草綱目・果三・無花果》：“時珍曰：無花果凡數種，此乃映日果也。”清陳淏子《花鏡》卷四：“無花果一名優曇鉢，一名映日果，一名蜜果……植之其利有七：一、味甘可口，老人小兒食之，有益無害；二、曝乾與柿餅無異，可供籩食；三、立秋至霜降，取次成熟，可爲三月之需；四、種樹取效最速，桃李亦需三四年後結實，此果截取大枝扦插，本年即可結實，次年便能成樹；五、葉爲醫痔勝藥；六、霜降後，如有未成熟者，可收作糖蜜煎果；七、得土即活，隨地廣植，多貯其實，以備歉歲。”

按，此果始載唐段成式《酉陽雜俎》。據研究漢代新疆已開始栽培，至唐代引入甘、陝，後漸傳入内地，明代栽培較盛，且列爲救荒樹種，始行用此稱。今新疆栽培較多，陝西、江蘇、上海、山東膠東地區栽培亦頗盛。無花果屬（或榕樹屬）植物約六百餘種，作爲果樹栽培者僅此一種。今無花果又分四個類群：即普通無花果、野生無花果、斯米爾無花果、中間型無花果四類。我國栽培品種以新疆最好。主要有早熟、白種、脆熟等品種。本屬亦稱“榕屬”。

【阿驛】

即無花果。波斯語音譯。此稱唐代已行用。見該文。

【阿馹】

即無花果。馹疑爲驲之訛字。此稱唐代已行用。見該文。

【底珍】

即無花果。古拂林語音譯。此稱唐代多行用。見該文。

【底檷】

即無花果。檷，乃稱之俗字。故又作“底稱”。此稱明代已行用。見該文。

【映日果】

即無花果。此稱明代已行用。見該文。

【蜜果】[2]

即無花果。因其花托味甘如蜜，故名。此稱清代已行用。見該文。

【優曇鉢】

即無花果。梵語音譯。此稱南北朝時已行用。《南齊書·竟陵文宣王子良傳》：“子良啓進沙門於殿户前誦經，世祖爲感，夢見優曇鉢花。”宋桑世昌《蘭亭博議·臨摹》：“逸少筆迹如優曇鉢花，近世罕見。”明李時珍《本草綱目·果三·無花果》：“［釋名］映日果、優曇鉢、阿馹。時珍曰：無花果凡數種，此乃映日果也。即廣中所謂優曇鉢。”明方以智《物理小識·草木類》：“肇慶優曇鉢，似枇杷，無花而實。”清汪森《粵西叢載》卷二〇：“優曇鉢，一名無花果。廣西優曇鉢不花而實，狀如枇杷（《方輿志》）。”清高士奇《天祿識餘·優曇鉢》：“今廣東新興縣有優曇鉢，似枇杷，無花而實，即所謂無花果也。”《廣群芳譜·果譜十四·優曇鉢》：“《一統志》：優曇鉢出肇慶府，似琵琶，無花而實。”見“無花果”文。

【木饅頭】[2]

即無花果。此稱宋代已行用。宋張師正《倦游雜録·無花果》：“木饅頭爲無花果，味甘酸，食之發瘴。嶺南尤多，州郡多取爲茶床高飣，故云公筵多飣木饅頭。”宋江少虞《事實類苑》卷六二：“木饅頭，京師亦有之，謂之無花果。狀類小梨，中空既熟，色微紅，味頗甘酸。食之大發瘴，嶺南尤多。”參閲《廣群芳譜·果譜十四·無花果》。見“無花果”文。

【阿馹】

即無花果。爲波斯語音譯。亦稱“底珍樹”。此稱唐代已行用。明李時珍《本草綱目·果三·無花果》：“無花果凡數種，此乃映日果也。即廣中所謂優曇鉢，乃波斯所謂阿馹也。”又［集解］：“段成式《酉陽雜俎》云：阿馹出波斯。拂林人呼爲底珍樹。”清陳元龍《格致鏡原·果類三·諸果》：“《庶物異名疏》：映日果即廣中所謂優曇鉢及波斯所謂阿馹也。”見“無花果”文。

【底珍樹】

即阿馹。此稱唐代已行用。見該文。

【天生子】

即無花果。此稱明代已行用。明蘭茂《滇南本草·無花果》：“無花果，味甘，性平。無毒。主治開胃健脾，止泄痢疾，亦治喉痛。”又，“天生子……此果處處皆有，鐵梗，緑子，無花，一名天生子”。江蘇新醫學院《中藥大辭典·無花果》：以爲此“天生子”即無花果，此附。見“無花果”文。

葡萄

古代引種果木名。葡萄科，葡萄屬，葡萄（*Vitis vinifera* Linn.）。落葉藤本。樹皮暗棕紅色，片狀剥落。枝蔓具卷鬚，與葉對生。葉大，圓卵形，三至五淺裂。圓錐花序，亦與葉對生；花小，黄緑色。漿果圓形或橢圓形，下垂，緑、紅、紫或黄色不一，表面被白粉。原產西亞。今我國各地均有栽培。果可食或釀酒。果、根、藤可入藥。

葡　萄
（明朱橚《救荒本草》）

我國西部地區爲歐亞葡萄野生種産地之一，但栽培種係西漢時張騫出使西域引入我國西部地區，後繼續東傳至西北、華北一帶，并逐漸遍及各地。漢代始稱"蒲陶"。亦作"蒲萄"。《史記・大宛列傳》："則離宫别觀旁，盡種蒲萄、苜蓿，極望。"《漢書・西域傳》："南至小宛，可三日行，有蒲陶諸果。"漢司馬相如《上林賦》："梬棗楊梅，櫻桃蒲陶。"南北朝時栽培技術日臻成熟。北魏賈思勰《齊民要術・種桃柰》："蒲萄，蔓延，性緣不能自舉，作架以承之。葉密陰厚，可以避熱。"其書附有扦插法、摘葡萄法、作乾葡萄及藏葡萄法等。唐代已行用"葡萄"之稱。唐王翰《凉州詞》二首之一："葡萄美酒夜光杯，欲飲琵琶馬上催。"宋唐慎微《證類本草・果部・葡萄》："葡萄，味甘，平，無毒。主筋骨濕痹，益氣，倍力，强志，令人肥健耐飢，忍風寒，久食輕身不老延年。可作酒，逐水，利小便。生隴西五原、燉煌山谷。陶隱居云，魏國使人多賫來，狀如五味子而甘美，可作酒。"金張完素《素問病机气宜保命集》卷下："治水腫：螻蛄去頭尾，與葡萄心同研，露七日曝乾爲細末，淡酒調下，暑月濕用尤佳。"明清時栽培遍及江北各地，亦稱作"賜紫櫻桃"。明朱橚《救荒本草》卷七："葡萄，生隴西五原、敦煌山谷及河東。舊云漢張騫使西域得其種還而種之，中國始有。蓋北果之最珍者。今處處有之，苗作藤蔓而極長大，盛者一二本綿被山谷。葉類絲瓜葉頗壯，而邊多花義。開花極細而黄白色。其實有紫白二色，形之圓鋭亦二種。又有無核者，味甘，性平，無毒。"清刊《授時通考・農餘門・果一》："葡萄，古作蒲桃，又作蒲陶。苗作藤蔓而極長大，盛者一二本綿被山谷間。三月間開小花成穗，黄白色，旋著實。七八月熟，可生食。"《廣群芳譜・果譜四・葡萄》："葡萄（古作蒲桃，又作蒲陶），一名賜紫櫻桃，生隴西五原、敦煌山谷，今河東及江北皆有之，而平陽尤盛。"

在漫長的栽培歷史中，經長期風土馴化，我國現有葡萄栽培品種達五百餘種，以歐洲品種爲主。主要有龍眼、無核白、玫瑰香、牛奶等。此外還有馬乳、瑣瑣、哈密紅、哈密公領孫、瑪瑙、伏地黑等葡萄良種。按，《神農本草經・上品》有"蒲萄"，書曰："味甘，平。主筋骨溼痹，益氣，倍力，强志，令人肥健，耐饑，忍風寒。久服輕身，不老延年。可作酒。生山谷。"是書産生於秦漢時期，收録蒲萄可能是後人補入，亦可能指我國原産之葡萄野生種，今附供考。

【蒲陶】

即葡萄。此稱漢代已行用。見該文。

【蒲萄】

即葡萄。此稱漢代已行用。見該文。

【賜紫櫻桃】

即葡萄。此稱清代已行用。見該文。

【蒲桃】[2]

即葡萄。此稱漢代已始用，而多行用於隋唐時。北魏賈思勰《齊民要術・五穀果蓏菜茹非中國物産者》:“《博物志》曰：張騫使西域還，得安石榴、胡桃、蒲桃。”唐李頎《古從軍行》:“年年戰骨埋荒外，空見蒲桃入漢家。”明李時珍《本草綱目·果五·葡萄》:“葡萄，《漢書》作蒲桃，可以造酒，入酺飲之，則酶然而醉，故有是名。”見“葡萄”文。

【草龍珠】

即葡萄。此稱多行用於唐代。唐段成式《酉陽雜俎·廣動植》有“草龍珠帳”之説：“貝丘之南有蒲萄谷，谷中蒲萄可就其所食之，或有取歸者即失道，世言王母蒲萄也。天寶中，沙門曇霄因游諸岳至此谷，得蒲萄食之。又見枯蔓堪爲杖，大如指，五尺餘，持還本寺植之，遂活。長高數仞，蔭地幅員十丈，仰觀若帷蓋焉。其房實磊落，紫瑩如墜，時人號爲草龍珠帳。”後世遂以草龍珠謂葡萄。明李時珍《本草綱目·果五·葡萄》:“[釋名]蒲桃、草龍珠。時珍曰：葡萄，《漢書》作蒲桃，可以造酒，入酺飲之，則酶然而醉，故有是名……《漢書》言張騫使西域還，始得此種，而《神農本草》已有葡萄，則漢前隴西舊有，但未入關耳。”見“葡萄”文。

【月支藤】

“葡萄”之别稱。月支，亦作月氏（zhī），古族名，曾於西域建月氏國。昔傳葡萄原産歐洲及亞洲西部，後經西域傳入中原，先民以爲葡萄來自古月氏國，因得此名。明時已行用此稱。明陶望齡《過何泰華園分韻》:“今日何園句，能無憶少陵。迷人寄生酒，匝地月支藤。”明徐渭《理葡萄》詩：“園有月支藤，盤屈四五咫。結實苦不多，一斛有餘委。”見“葡萄”文。

【冰丸】

“葡萄”之别稱。特指其果。此稱清代已行用。清厲荃《事物異名録·果蓏·葡萄》:“古詩：‘酒酣試取冰丸嚼，不説天南有荔枝。’按：謂葡萄也。”見“葡萄”文。

【金琅璫】

“葡萄”之别稱。特指其果。謂葡萄成串，形如金鏈。此稱唐代已行用。常見諸詩詞中。唐唐彦謙《咏葡萄》:“滿架高撑紫絡索，一枝斜嚲金琅璫。”見“葡萄”文。

【紫水精】

“葡萄”之别稱。特指其果，色紫多汁。此稱宋代已行用。“精”亦作“晶”，故又作“紫水晶”。亦稱“甘露乳”“黑水精”“黑水晶”。宋楊萬里《初食太原生葡萄時十二月二日》詩：“太原清霜熬絳餳，甘露冰作紫水精。”又楊萬里《葡萄》詩：“纔喜盤藤卷葉生，又驚壓架暗陰成。夏褰凉潤青油幕，秋摘甘寒黑水晶。”元吴澄《跋牧樵子葡萄》詩：“見此西凉甘露乳，冷熱齒頰出寒酥。”《事物異名録·果蓏·葡萄》:“《本草》葡萄一名黑水精。”見“葡萄”文。

【紫水晶】

同“紫水精”。此體宋明時期已行用。見該文。

【甘露乳】

即紫水精。此稱元代已行用。見該文。

【黑水精】

即紫水精。此稱清代已行用。見該文。

【黑水晶】

即紫水精。此稱宋代已行用。見該文。

【孛桃】

即葡萄。希臘語“Botrus”之譯音。此稱行用於清代。清陳淏子《花鏡》卷四：“葡萄俗名孛桃。張騫從大宛移來，近日隨地俱有，然味不如北地所産之大而甘。”見“葡萄”文。

阿月渾子

古代引種果木名。漆樹科，黄連木屬，阿月渾子（*Pistacia vera* Linn.）。落葉小喬木。枝開張成圓狀樹冠，偶成灌木狀。樹皮暗灰色，粗糙。小枝光滑，紅褐色。奇數羽狀複葉，小葉三至五（十一）枚，卵形，革質，全緣。雌雄异株；總狀或圓錐花序腋生。核果卵形或長圓形，具柄，淡黄或紫紅色，有皺紋。種子淡緑或乳黄色，富油脂，風味佳。原産中亞地區，我國新疆有栽培。阿月渾子爲重要木本油料植物。果可鮮食、烤炸、鹽醃、糖漬或榨油。果實、樹皮可入藥。蚜蟲蟲癭可提取鞣料及染料。

據考證我國自唐代已引爲藥用，并行用此稱。省稱“阿月”“渾子”。唐陳藏器《本草拾遺·木部·阿月渾子》：“阿月渾子，味温澀無毒，主治諸痢，去冷氣，令人肥健。生西國諸番。”唐段成式《酉陽雜俎續集·支植下》：“阿月生西園，蕃人言與胡榛子同樹，一年榛子，二年阿月。”宋唐慎微《證類本草·本草上品·阿月渾子》：“阿月渾子，味辛，温，澀，無毒。主諸痢，去冷氣，令人肥健。生西國諸蕃。云與胡榛子同樹，一歲榛子，二歲渾子也。”《廣群芳譜·果譜六·胡榛子》：“胡榛子，《本草》：一名阿月渾子，一名無名子，生西國諸番……《南州記》無名木，生嶺南山谷。其實狀如榛子，波斯呼爲阿月渾子。”《續通志·昆蟲草木略四·果類》：“無名子，生嶺南山谷。其實狀如榛子，波斯呼爲阿月渾子。”

按，阿月渾子之名源於古依蘭語“agwīz”，“agwōz”“agōz”之音譯。又，我國唐代已引爲藥用，然引種栽培則是19世紀始於新疆，且僅限於喀什地區。1959年與1963年中國科學院植物研究所先後由蘇聯塔什干及我國新疆喀什引入種子試栽，幼苗生長良好，但入夏後受高濕天氣影響而生長不良，至20世紀70年代初引種試驗失敗。70年代伊朗王國首相曾贈我國帶土二年生苗十株，栽植後復因夏雨高温染病而枯死。陝西西安植物園20世紀60年代從新疆引種者，至今尚不能推廣。一説古代已引種栽培，事見《南州記》，參閱《廣群芳譜·果譜六·胡榛子》。

【阿月】

“阿月渾子”之省稱。此稱唐代已行用。見該文。

【渾子】

“阿月渾子”之省稱。此稱宋代已行用。見該文。

【胡榛子】

即阿月渾子。此稱唐代已行用。沿稱於後世。亦稱“無名子”“無名木”。唐段成式《酉陽雜俎續集·支植下》：“胡榛子，阿月。生西園。蕃人言與胡榛子同樹。”明李時珍《本草綱目·果二·阿月渾子》：“［釋名］胡榛子、無名子。”《廣群芳譜·果譜六·胡榛子》：“《本草》：一名阿月渾子，一名無名子，生西國諸番……《南州記》：無名木生嶺南山谷，其實狀如榛子，波斯呼爲阿月渾子。”按，毛榛，亦名胡榛子，爲榛科（原樺木科）榛屬之落葉灌木。《本草拾遺》稱“〔阿月〕諸番云與榛子同樹，一歲榛子，二歲阿月。”《酉陽雜俎》亦稱“一年胡榛，二年阿月”。將胡榛子與阿月渾子視爲一物，據理而推，胡榛子與阿月渾子不可能同生一樹，亦不可能由胡榛子變爲阿月渾子。且阿月渾子最忌高温高濕，亦不可能見於嶺南。《南州記》所云無名木亦不可能是阿月渾子。陳、段之説似爲訛傳。後世以訛傳訛，遂將胡榛子作爲阿月渾子别名相沿於後世，如《本草綱目》等。今隨俗亦列爲别稱供研究者參考。見“阿月渾子”文。

【無名子】

即胡榛子。此稱唐代已行用。見該文。

【無名木】

即胡榛子。此稱至遲唐代前已行用。見該文。

杧果

古代引種果木名。漆樹科，杧果屬，杧果（*Mangifera indica* Linn.）。常緑喬木。枝開張，樹冠圓頭形。單葉互生，革質，幼時紫紅色，老則變緑，常簇生於枝頂，長圓形或長圓狀披針形。花雜性，同株，集成頂生圓錐花序；花小而多，淡黄色。核果，不整狀長圓形，成熟時黄色。杧果爲著名熱帶水果，原産亞洲南部熱帶地區，我國臺灣、廣東、海南、福建、廣西南部及雲南西部有分布。木材爲建築、舟車、器具用材。果實、樹皮膠質可入藥。葉與樹皮可染黄。

杧果爲人類最早認識的果樹之一。四千年前古印度已有栽培。我國唐玄奘去印度取經時引入，至16世紀葡萄牙人從南洋將杧果良種引入臺灣。近年我國又從印度、菲律賓及泰國等地引入優良品種，經馴化培育，又選出一些優良品系，豐富了杧果品種資源。宋代稱“菴羅果”。明代稱“香蓋”“菴摩羅迦果”。《通志·昆蟲草木略二·果類》：“菴羅果若林檎而極大，佛書多言之。”《太平寰宇記·四夷十·判汗國》：“土俗物産：土有波羅林，下有球場，又有野鼠滿山谷，偏宜葡萄、菴羅果、香囊、桃、李。”《明一統志·安南》：“菴羅果，俗名香蓋，乃果中極品，或謂種出西域，實似北梨，四五月間熟，多食無害。”明李時珍《本草綱目·果二·菴羅果》：“［釋名］菴摩羅迦果（出佛書）、香蓋。時珍曰：菴羅，梵音二合者也。菴摩羅，梵音三合者也。華言清浄是也。”又［集解］寇宗奭曰：“西洛甚多，梨之類也。其狀亦梨，先諸梨熟，七夕前後已堪啖。色黄如鵝梨，才熟便鬆軟，入藥亦稀。”清代已行用“杧果”之稱，亦作“檨果”，亦稱“檨”。《清一統志·臺灣府》：“檨，紅毛（指荷蘭人）從日本移來之種，實如猪腰，五六月盛熟。有香檨、木檨、肉檨三種。”《福建通志·臺灣府·果之屬》：“檨，紅毛從日本國移來之種，實如猪腰狀，五六月盛熟，有香檨、木檨、肉檨三種。即外國所載南方有果，其味甘，其色黄，其根在核是也。”清吴其濬《植物名實圖考·果類·檨果》：“果生廣東，與蜜羅同而皮有黑斑，不光潤。此果花多實少，《方言》謂誑爲檨，言少實也，猶北地謂瓜花不結實者曰謊花耳。核最大，五月熟，色黄，味亦甜。”按，菴羅果、菴摩羅加果，爲梵語“āmra”“āmalaka”之音譯。杧果則由泰米爾語“mān-kāy”演變爲馬來語“manga”，又經葡萄牙文“manga”，再轉譯成英語“mango”，然後音譯成中文“杧果”。

又，杧果屬植物共四十一種，其中作爲果樹栽培或野生者有二十八種，本種因其豐富的營養及風味，被譽爲“果中之王”。其品種多達三千餘個，其中食用價值較高、商品性較好者不下七十餘種。我國著名品種廣東有廣州市郊的“夏茅香杧”、高州的“仙桃杧”“金錢杧”“仁而杧”，海南的“青皮杧”“黄皮杧”，廣西的“冬杧果”“扁桃苦杧”，雲南的“蝶杧”“大杧”“硬坤帥杧”“大頭杧”，福建的“椰香杧”“白花杧”“紅花杧”“香杧”及臺灣的“柴檨”“香檨”“柿果檨”等。據調查，我國雲南、廣西有許多野生杧果，特别是冬杧（*M. hiemalis*）爲我國所獨有，或以爲我國亦杧果之原産地之一。然目前商業性栽培杧果則多由國外引入。

【菴羅果】

即杧果。爲梵語音譯。此稱宋代已行用。見該文。

【香蓋】

即杧果。此稱明代已行用。見該文。

【菴摩羅迦果】

即杧果。梵語音譯。此稱明代已行用。見該文。

【樠果】

即杧果。此稱清代已行用。見該文。

【檨】

即杧果。此稱清代已行用。見該文。

【檬果】

即杧果。今廣東各地多行用此稱。見該文。

【芒果】

即杧果。今廣東各地多行用此稱。見該文。

【檨仔】

即杧果。今臺灣各地多行用此稱。見該文。

【蜜望】

即杧果。蜜蜂喜其花，故名。此稱清代已行用。其果味酢，可止船暈，乘舟者盼望得之，故亦稱“望果”“莽果”“蜜望子”。清屈大均《廣東新語・木語》：“蜜望，樹高數丈，花開繁盛，蜜蜂望而喜之，故曰蜜望。花以二月，子熟以五月，色黄味甜酸，能止船暈，飄洋者兼金購之，一名望果……故廣人貴望果賤夭桃。貴之故望之，蜜望其花，人望其果也。”《廣東通志・物産志・果》：“蜜望樹高數大（丈），花開極繁，蜜蜂望之而喜，故名。其實黄，味酸甜，能止船暈，海船兼金購之。有夭桃者，子大如木瓜，渡海者食之不嘔，然不宜於歲事。諺云：米價高，食夭桃。按，《肇慶志》：蜜望子，一名莽果。”參閲曲澤洲等《果樹種類論・杧果》。見“杧果”文。

【望果】

即蜜望。此稱清代已行用。見該文。

【莽果】

即蜜望。此稱明清時期已行用。見該文。

【蜜望子】

即蜜望。此稱明清時期已行用。見該文。

【沙果梨】

即杧果。此稱清代已行用。清吴其濬《植物名實圖考・果類・庵羅果》：“菴羅果，《開寶本草》始草録，蓋即今之沙果梨，色黄如梨，味如頻果而酥，爲果中佳品。”參閲江蘇新醫學院《中藥大辭典・杧果》。見“杧果”文。

【番檨】

即杧果。亦稱“羡子”“番蒜”。清代臺灣各地已行用此稱。清黄叔璥《臺海使槎録》卷四：“不是哀梨不是樝，酸香滋味似甜瓜；枇杷不是黄金果，番樣何勞向客誇。”清范咸《重修臺灣府志·物産·草木》：“樣，紅毛人從日本國移來。樹高多陰，實如猪腰，盛夏大熟。”附考引《臺灣志略》：“番樣肉與核粘，味甘，色黄，盛夏大熟。”又引清孫元衡《赤嵌集》：“羨子，俗稱番蒜，或作樣，其種云自佛國傳來。孫元衡詩云：‘千章夏木佈濃陰，望裏纍纍樣子林。莫當黄柑持抵鵲，來時佛國重如金。’”見“杧果”文。

【羨子】

即番樣。亦稱“樣子”。清代臺灣諸地多行用此稱。見該文。

【番蒜】

即番樣。此稱清代已行用。見該文。

波羅蜜

古代引種果木名。桑科，波羅蜜屬，波羅蜜（*Artocarpus heterophyllus* Lam.）。常緑喬木。全樹具乳汁。葉互生，厚革質，橢圓形至倒卵形，全緣。花單性，雌雄同株；雄花序頂生或腋生，圓柱形；雌花序矩圓形，生樹幹及主枝上，故果實自樹幹及枝均有。聚花果，碩大，成熟時長25~60厘米，重達20公斤，外皮具六角形瘤狀突起。原産印度、馬來半島等熱帶地區，我國海南、臺灣、廣東、廣西、雲南東部有栽培。果可生食。種子可炒食。木材堅硬，可製傢具，亦可染黄。樹液與葉、種仁可入藥。

波羅蜜
（清吴其濬《植物名實圖考》）

“波羅蜜”爲梵語名。此稱宋代已行用，沿稱至今。宋范成大《桂海虞衡志·志果》：“波羅蜜大如冬瓜，外膚礧砢如佛髻，削其皮食之，味極甘。”宋黄震《黄氏日抄》卷六七：“波羅蜜，大如冬瓜，削其膚食之極甘。子練悉如冬瓜，生木上，秋熟。”常果多生樹枝，此果過大，亦結於樹幹，惟此方可承重。宋陳叔方《潁川語小》卷下：“果有實於幹者，南海之波羅蜜也。迸出自幹，狀如大瓠，膚若佛髻，而肉厚白，漬以蜜始可食。腹中子類芋栗，此果中之豪也。”明周祈《名義考·物部·崖蜜石蜜木蜜竹蜜波羅蜜》：“《一統志》：安南有波羅蜜，大如冬瓜，皮有軟刺，五六月熟，味最甜香，食能飽人。”波羅蜜多産南邦諸國，其稱亦隨産地而异，常稱“曩伽結”“婆那娑”“阿薩嚲”“樹波羅”。明李時珍《本草綱目·果三·波羅蜜》：“［釋名］曩伽結。時珍曰：波羅蜜，梵語也。因此果味甘，故借名之。安南人名曩伽結，波斯人名婆那娑，拂林人名阿薩嚲，皆一物也。”《廣群芳譜·果譜十四·波羅蜜》：“《桂海虞衡志》：波羅蜜，大如冬瓜，外膚礧砢如佛髻，削皮食之，味極甘。《本草》：安南人名曩伽結，波斯人名婆那娑，拂林人名阿薩嚲，生交趾南番諸國。今嶺南、滇南亦有之。樹高五六尺，樹類冬青而黑潤倍之。葉極光净，冬夏不凋，樹至斗大方結實。不花而實，出於枝間，多者十數枚，少者五六枚，大如冬瓜，外有厚皮裹之，若栗球上有軟刺。五六月熟時，顆重五六觔，剥去外皮，殼内肉層疊如橘囊，食之味至甜美如蜜，香氣滿室。一實凡數百核，核大如棗，其中仁如栗黄，煮炒食之甚佳，果中之大者惟此與椰子而已。”清陳淏子《花鏡》卷三：“波羅蜜產自海南。樹如荔枝差大，皮厚葉圓，有橫紋，小枝附樹本而生，一枝含數實。花落實出，其大如斗。皮亦似荔枝，有刺類佛首螺髻之狀。肉若蜂房，近子處可食，與熟瓜無異，而豐韻過之。子如肥皂核大，亦可爓食，味似豆。春生秋熟，粵人珍之，其甘如蜜。”

按，曩伽結、婆那娑、阿薩嚲，皆外語音譯名。“曩伽結”係馬來語“nangca”“nangka”音譯名，原意是波羅蜜或波羅樹；“婆那娑”，又作半娜娑、半橠娑、般裹娑、般捺娑、波那娑、婆那娑，省作“半那”，皆爲古梵語“paṇasa”之音譯名。波羅蜜爲熱帶重要果樹，印度栽培歷史最久。據曲澤洲等《果樹種類論・木菠羅》稱：我國大約於公元6世紀自西域達奚司空引進。又潘志剛等《中國主要外來樹種引種栽培・木菠羅》稱：“《廣東通志》和《瓊州府志》（明正德六年）記述：肅［蕭］梁時，西域達美［奚］司空携種子播於南海者……他處皆自此分布。”由此可見我國至少在南北朝時已引種栽培。本屬植物有五十種以上，作爲果樹栽培者有四種，即波羅蜜、麵包果、桂木及白桂木。波羅蜜又分爲二種。今亦稱“木菠蘿”“樹鳳梨”“牛肚子果”“木粁欏”“長傍果”“賽蜜”等。

【曩伽結】

即波羅蜜。古安南語音譯。此稱明代已行用。見該文。

【婆那娑】

即波羅蜜。古波斯語音譯。此稱明代已行用。見該文。

【阿薩嚲】

即波羅蜜。古拂林語音譯。此稱明代已行用。見該文。

【樹波羅】

即波羅蜜。此稱清代已行用，今廣東各地仍行用此稱。見該文。

【木菠蘿】

即波羅蜜。今稱。見該文。

【樹鳳梨】

即波羅蜜。今稱。見該文。

【牛肚子果】

即波羅蜜。今稱。參閱《中國高等植物圖鑒》。見該文。

【木粁欏】

即波羅蜜。今稱。見該文。

【長傍果】

即波羅蜜。今雲南各地多行用此稱。見該文。

【賽蜜】

即波羅蜜。今海南各地多行用此稱。見該文。

【波羅樹】[2]

即波羅蜜。此稱清代已行用。亦稱“優鉢曇”“刀生果”。清屈大均《廣東新語・木語》：“波羅樹，即佛氏所稱波羅蜜，亦曰優鉢曇……每樹多至數十實，自根而幹而枝條皆有實，纍纍疣贅。若不實，則以刀斫樹皮，有白乳涌出，凝而不流則實。一斫一實，十斫十實，故一名刀生果。”見“波羅蜜”文。

【優鉢曇】

即波羅樹。此稱清代已行用。見該文。

【刀生果】

即波羅樹。此稱清代已行用。見該文。

【婆那娑樹】

即波羅蜜。亦稱“阿蔀譂”。此稱唐代已行用。唐段成式《酉陽雜俎·廣動植·木篇》：“婆那娑樹出波斯國，亦出拂林，呼爲阿蔀譂。樹長五六丈，皮色青緑，葉極光净，冬夏不凋，無花結實。其實從樹莖出，大如冬瓜，有殼裹之，殼上有刺。瓤至甘甜可食。核大如棗，一實有數百枚，核中仁如栗黄，炒食甚美。”見“波羅蜜”文。

【阿蔀譂】

即婆那娑樹。此稱唐代已行用。見該文。

【天波羅】

即波羅蜜。此稱清代臺灣各地已行用。亦沿稱於後世。清范咸《重修臺灣府志·物産·草木》“波羅蜜”附考引《赤嵌筆談》(1736年)：“粤西以波羅蜜爲天波羅，黄梨爲地波羅。”見“波羅蜜”文。

油橄欖

古代引種果木名。木樨科，木樨欖屬，油橄欖（*Olea europaea* Linn.）。常緑小喬木。樹皮灰色。單葉對生，披針形，革質，葉背生銀色鱗片。圓錐花序，腋生；花小，白色。核果長橢圓形，成熟時黑色。原産歐洲地中海地區及北非撒哈拉沙漠地帶。我國唐代前已著録此樹種，明代已引爲藥用，古代是否引種或何時引種栽培，尚未見確切資料證明。20世紀中葉以後始大量引種。今臺灣及南方各地有栽培。油橄欖爲世界栽培最多的油料果樹，其果實之中果皮含油豐富，可食用。其樹皮、葉、果可分離出洋橄欖内酯等成分，能入藥。

唐代稱“齊暾樹”“齊虛”。唐段成式《酉陽雜俎·廣動植·木篇》：“齊暾樹出波斯國，亦出拂林國，拂林呼爲齊虛（音陽兮反），樹長二三丈，皮青白，花似柚，極芳香，子似楊桃，五月熟。西域人壓爲油以煮餅果，如中國之用巨勝也。”明代稱“齊墩果”“德慶果”，亦作“齊墩樹”。明李時珍《本草綱目·果三·摩厨子》：“又有齊墩果、德慶果，亦其類也，今附于左。［附録］齊墩果，《酉陽雜俎》云：齊墩樹生波斯及拂林國，高二三丈，皮青白，花似柚極香。子似楊桃，五月熟，西域人壓爲油以煎餅果，如中國之用巨勝也。”清代省稱“齊暾”。《廣群芳譜·果譜十四·齊暾》：“甜瓜、西瓜……齊暾、那核婆、猪肉子。”

按，俞德浚《中國果樹分類學》、曲澤洲等《果樹種類論》以爲“齊暾果”“齊暾樹”即今之油橄欖。油橄欖屬約四十餘種，其中作爲果樹栽培者有九種。本種約有四十餘個品種，依其用途可分爲二類：一是製罐頭用品種，如佛奥、萊星、希臘油橄欖、愛爾巴桑、貝拉特、松球橄欖等；二是油用品種，如卡林尼奥、米德札、白橄欖等。另尚有兩用品種若干。我國於20世紀50年代大量引種，有十餘個省、自治區有栽培，并培育出一些優良單株。油橄欖今亦稱“洋橄欖”“木樨欖”“棕欖樹”。

【齊暾樹】

即油橄欖。古波斯閃米特語“zeitun”之音譯。此稱唐代已行用。見該文。

【齊虛】

即油橄欖。此稱唐代已行用。見該文。

【齊墩果】

即油橄欖。此稱明代已行用。見該文。

【德慶果】

即油橄欖。此稱明代已行用。見該文。

【齊墩樹】

同“齊暾樹”。即油橄欖。亦古波斯語“zeitun”之音譯。此稱明代已行用。見“油橄欖”文。

【齊暾】

即油橄欖。此稱清代已行用。見該文。

【洋橄欖】

即油橄欖。今南方各地多俗用此稱。見該文。

【木樨欖】

即油橄欖。今稱。見該文。

【棕欖樹】

即油橄欖。今稱。見該文。

海棗

古代引種果木名。棕櫚科，海棗屬，海棗（*Phoenix dactylifera* Linn.）。常緑大喬木。幹直立，不分枝；基部常分蘖，成叢生狀。大型羽狀複葉，堅硬，上彎，多着生於樹幹頂端，羽片全緣。花單性，雌雄异株，外生長大肥壯之佛焰苞；雄花具短梗，成圓錐花序；雌花球形，成穗狀花序，生於葉腋間。核果圓筒形，成熟後金黄色或紅色。海棗原産西亞與北非。

海棗引入我國較早。一説西漢時沿“絲綢之路”引入我國，迄今已有二千餘年史。（見明陶宗儀《輟耕録・金果》、曲澤洲等《果樹種類論・棗椰子》）晋代已行用此稱。晋嵇含《南方草木狀》卷下：“海棗樹，身無閑枝，直聳三四十丈（尺），樹頂四面共生十餘枝，葉如栟櫚，五年一實。實甚大，如杯碗，核兩頭不尖，雙卷而圓，其味極甘美。”一説盛唐時中西交往頻繁，自西域傳入我國。因其來自波斯，故名“波斯棗”。唐劉恂《嶺表録異》卷中：“波斯棗，廣州郭内見其樹，樹身無閑枝，直聳三四十尺，及樹頂四向共生十餘枝……廣州所種者，或三五年一番結子，亦似北中青棗，但小耳。自青及黄，葉已盡，朵朵著子……其核與北中棗殊異，兩頭不尖，雙卷而圓，如小塊紫礦。”宋唐慎微《證類本草・果部三・無漏子》：“無漏子，味甘，温，無毒……補虚損，好顔色，令人肥健。生波斯國。如棗，一云波斯棗。”《通雅・植物》：“海棗，一名無漏子……嵇含云交阯多，所謂安期斗棗。按泰康五年，林邑獻海棗，《雜俎》言波斯棗如蕉是也。”《廣群芳譜・果譜五・波斯棗》：“《酉陽雜俎》：波斯棗出波斯國，波斯國呼爲窟莽。樹長三四丈，圍五六尺。葉如土藤。不凋。二月生花，狀如蕉，花有兩甲，漸漸開罅，中有十餘房，子長二寸，黄白色，有核，熟則紫黑，狀類乾棗，味甘如餳，可食。”近代通稱“棗椰子”。亦稱“苦魯携”“戰捷木”“賜福果”。俗稱“伊拉克蜜棗”。

【波斯棗】

即海棗。因傳此果産波斯，故名。此稱唐代已行用。見該文。

【棗椰子】

即海棗。此稱近代已行用。見該文。

【苦魯携】

即海棗。爲番語音譯。此稱明代前已行用，亦爲今稱。見該文。

【戰捷木】

即海棗。今稱。見該文。

【賜福果】

即海棗。今稱。見該文。

【伊拉克蜜棗】

即海棗。此稱近代已俗用。見該文。

【海棕】

即海棗。此稱唐代已行用。唐杜甫《海棕行》:“左綿公館清江濆，海棕一株高入雲。”宋宋祁《益部方物略記·海棕》:“棕皆褫皮，此獨自幹，攢葉于顛，纛首披散，秋華而實，其值則罕。”書注:“海棕，大抵棕類，然不皮而幹，葉叢于杪，至秋乃實，似楝子。”亦稱“海棕木”。明李時珍《本草綱目·果三·無漏子》引宋蘇頌曰:“按劉恂《嶺表録異》云:廣州有一種波斯棗……彼土人呼爲海棕木。”《續通志·昆蟲草木略四·果類》:“波斯棗，一名無漏子，一名海棗，一名金果，一名海棕，一名鳳尾蕉。生波斯國。狀如棗，樹若栗，其實若橡子，有三角。”清姚炳《詩識名解·木部·棗》:“波斯棗，産廣州，别有萬歲棗（一名千歲棗），木名海棕。其種類同異之不可勝紀如此。”清趙學敏《本草綱目拾遺·果部·無漏果》:“〔無漏果〕此即海棕，乃鳳尾蕉之子，或稱爲棗，實非棗也。”見“海棗”文。

【海棕木】

即海棕[2]。此稱唐代已行用。見該文。

【番棗】

即海棗。因來自番國，故名。此稱明代已行用。明李時珍《本草綱目·果三·無漏子》:“〔釋名〕千年棗、萬歲棗、海棗、波斯棗、番棗、金果……時珍曰:曰海，曰波斯，曰番，言其種自外國來也。”見“海棗”文。

【千年棗】

即海棗。此稱南北朝時期已行用。亦稱“萬歲棗”。《周書·異域傳下·波斯》:“安息國在葱嶺之西……又出白象、師子、大鳥卵……千牛［年］棗、香附子。”宋唐慎微《證類本草·果部三·大棗》:“又有千年棗，生波斯國。亦稍温補，非此之儔也。”宋王欽若等《册府元龜·外臣部·朝貢第四》:“閏十月，陁拔斯單國王忽魯汗，遣使獻千年棗。”明李時珍《本草綱目·果三·無漏子》:“〔釋名〕千年棗、萬歲棗……時珍曰:千年、萬歲，言其樹性耐久也。”又［集解］時珍曰:“千年棗雖有棗名，别是一物，南番諸國皆有之，即杜甫所賦海棕也。”《廣群芳譜·果譜五·千年棗》:“《一統志》:千年棗出拂菻國，萬歲棗生大食諸番及三佛齊國。”見“海棗”文。

【萬歲棗】

即千年棗。此稱明代已行用。見該文。

【無漏子】

即海棗。此稱唐代已行用。宋唐慎微《證類本草·果部三·無漏子》:“無漏子，味甘，温，無毒。主温中益氣……生波斯國，如棗，一云波斯棗。”清陳大章《詩傳名物集覽·木·八月剥棗》:“《齊民要術》:旱澇之地，不任稼穡，種棗則任矣。《本草》無漏子，即波斯棗，番人名其木曰窟莽，名其實曰苦

無漏子
（清吴其濬《植物名實圖考》）

魯麻棗。杜甫海棕即此樹。”明李時珍《本草綱目·果三·無漏子》[集解]引唐陳藏器曰:“無漏子即波斯棗,生波斯國,狀如棗。”清吴其濬《植物名實圖考·果類·無漏子》:“無漏子,《本草拾遺》始著録,即海棗也,廣中有之。”亦稱“無漏果”。清趙學敏《本草綱目拾遺·果部·無漏果》:“此即海棕,乃鳳尾蕉之子,或稱爲棗,實非棗也。以刀剥去青皮,石灰湯瀹之,蜜浸瓶封,可久藏寄遠不壞。味甘美,性温,消食寬中,除痰止嗽,益氣潤顔,久食令人肥美。”見“海棗”文。

【無漏果】

即無漏子。此稱清代已行用。見該文。

【窟莽】

“海棗”之别稱,此稱唐代已行用。亦稱“苦麻”“骨莽”“鶻莽”。皆爲番語音譯稱。唐段成式《酉陽雜俎·廣動植·木篇》:“波斯棗,出波斯國。波斯國呼爲窟莽。樹長三四丈,圍五六尺,葉似土藤不凋。二月生花,狀如蕉花,有兩甲,漸漸開。罅中有十餘房,子長二寸,黄白色,有核,熟則子黑,狀類乾棗,味甘如飴,可食。”宋樂史《太平寰宇記·西戎·大秦國》:“其人黑俗獷。少米麥,無木草,馬食乾魚,人食骨莽,即波斯棗也。”明李時珍《本草綱目·果三·無漏子》:“番人名其木曰窟莽,名其實曰苦魯麻棗。苦麻、窟莽,皆番音相近也。”清徐文靖《管城碩記》卷一七引《唐書·拂菻傳》:“自拂菻西南行二千里,有國曰磨鄰,曰老勃薩。無草木五穀,飼馬以槁魚,人食鶻莽。鶻莽,波斯棗也。”見“海棗”文。

【苦麻】

即窟莽。此稱明代已行用。見該文。

【骨莽】

即窟莽。爲古波斯語“gurman”之音譯。此稱宋代已行用。見該文。

【鶻莽】

即窟莽。爲古波斯語“gurman”之音譯。此稱唐代已行用。見該文。

【鳳尾蕉】[2]

“海棗”之别稱。其葉似鳳尾,故名。此稱明代已行用。明陶宗儀《輟耕録·金果》:“成都府江瀆廟前有樹六株,世傳自漢唐以來即有之。其樹高可五六十丈,圍約三四尋,挺直如矢,無他柯幹,頂上纔生枝葉,若棕櫚狀,皮如龍鱗,葉如鳳尾,實如棗而加大。每歲仲冬有司具牲饌祭畢,然後采摘。金鼓儀衛迎入公廨,差點醫工以刀逐個劙去青皮,石灰湯焯過,入熬熟冷蜜浸五七日,漉起控乾再换熟蜜,如此三四次,却入瓶缶封貯進獻。不如此修製則生澀不可食。泉州萬年棗三株,識者謂即四川金果也。番中名爲苦魯麻棗,蓋鳳尾蕉也。”明李時珍《本草綱目·果三·無漏子》:“[釋名]千年棗、萬歲棗、海棗、波斯棗、番棗、金果。木名海棕、鳳尾蕉。時珍曰:無漏名義未詳。千年、萬歲言其樹性耐久也;曰海、曰波斯、曰番,言其種自外國來也;金果,貴之也;曰棕、曰蕉,象其幹葉之形也;番人名其木曰窟莽;名其實曰苦魯麻棗。苦麻、窟莽皆番音相近也。”按,蘇鐵科亦有鳳尾蕉,常栽爲觀賞植物,其種子藥名亦作無漏子。該種與海棗殊异,當辨之。見“海棗”文。

【金果】

“海棗”之别稱。其果實成熟時色黄如金,亦言其貴,故名。此稱明代已行用。亦稱“苦魯麻棗”。明陶宗儀《輟耕録・金果》：“成都府江瀆廟前，有樹六株。世傳自漢唐以來即有之。其樹高可五六十丈，圍約三四尋，挺直如矢，無他柯幹，頂上纔生枝葉，若棡狀……識者謂即四川金果也。番中名爲苦魯麻棗，蓋鳳尾蕉也。”參閲明李時珍《本草綱目・果三・無漏子》。見“海棗”文。

【苦魯麻棗】

即金果。此稱明代已行用。見該文。

【紫京】

“海棗”之别稱。此稱清代已行用。清屈大均《廣東新語・木語》：“海棗，俗名紫京。堅重過鐵力木。鐵力木不甚宜水，此則入水及風雨不朽。以作屋，嫌小皺裂，故不貴。”《廣東通志・物産志・果》：“海棗樹，身無閑枝，直聳三四十丈，樹頂四面共生十餘枝，葉如栟櫚。五年一實，實甚大如杯碗，核兩頭不尖，雙卷而圓，其味極甘美。安邑御棗無以加也。按《廣州志》：海棗樹，俗名紫京，堅重過鐵力木，入水經風雨不朽，微有皴裂，故不貴。”見“海棗”文。

【夫編樹】

即“海棗”。此稱晋代已行用。亦稱“夫漏樹”“夫編子”。北魏賈思勰《齊民要術・五穀果蓏菜茹非中國物産者》：“《南方草物狀》云：夫編樹，野生。三月花色，仍連著食。五六月成子，及握。煮投下魚、鷄、鴨羹中，好。亦中鹽藏。出交阯、武平。”《太平御覽》卷九六〇引《南方記》曰：“夫漏樹，野生。三月華，五六月成子……亦中鹽藏。”清趙學敏《本草綱目拾遺・果部・夫編子》：“《南方草木狀》：出交趾武平山谷中，三月開花，連著子，五六月熟。入鷄、魚、猪、鴨羹中，味最美，亦可鹽食。味甘性平，主寧心志，養血脉，解暑渴，利水道，生津液，止逆氣喘急，除煩清熱，潤肺，滋命門，益元氣。”繆啓愉《齊民要術校釋》以爲此夫漏樹即“無漏子”。通稱爲“海棗”。見“海棗”文。

【夫漏樹】

即夫編樹。此稱宋代已行用。見該文。

【夫編子】

即夫編樹。此稱清代已行用。見該文。

番木瓜

古代引種果木名。番木瓜科，番木瓜屬，番木瓜（*Carica papaya* Linn.）常緑木質小喬木。單幹或有時分爲數個直立莖幹，無分枝，有乳汁。葉大，簇生於莖端，七至九掌狀深裂，裂片羽狀分裂，葉背淡緑或帶白霜；葉柄中空。花單性，雌雄异株；雄花排列成長達1米之圓錐花序，下垂，青黄色；雌花單生或數朵排成傘房花序，花淡黄或黄白色。漿果，肉質，矩圓形或近球形，成熟時黄或橙黄色；果肉黄色，厚而多汁，味香甜。種子圓形，有皺紋，黑色，被膠狀假種皮。原産美洲熱帶地區。我國粤、桂、閩、臺、黔諸地有栽培，然何時引進尚待詳考。果可提取木瓜素。果、葉可入藥。種子能榨油。

我國引種栽培番木瓜至少已有數百年史。宋明時稱“石瓜”。亦稱“蓬生果”“乳瓜”“木瓜”“番瓜”“冬瓜樹”“萬壽果”。宋宋祁《益部方物略記・石瓜》：“修幹澤葉，結實如綴，膚解核零，可用治瘅。”注曰：“右石瓜，生峨眉山中，樹端挺葉，肥滑如冬青，甚似桑；花色淺黄，實長不圓，殼解而子見。以其形似瓜，里人名之，煮爲液黄，善能治痺。”明李時珍《本草綱目·木二·石瓜》：“石瓜出四川峨眉山中及芒部地方。其樹修幹，樹端挺葉，肥滑如冬青，狀佀桑。其花淡黄色，結實如綴，長而不圓，殼裂則子見，其形似瓜，其堅如石，煮液黄色。”明曹學佺《蜀中廣記·方物記·藥石》：“《方物略》：石瓜生峨眉山，樹端挺葉，肥滑如冬青，椹似桑，花色淺黄，實長不圓，殼解而子始見，以其形似瓜故名。”《廣東通志·物産志·果》：“萬壽果，樹高如桐，實在樹間，如柚，味香甜。”又，“蓬生果，名乳瓜，土人又名木瓜。樹高一二丈，如棕櫚，葉如蒲葵，近頂節節生葉，葉生瓜，大類木瓜而青色，嫩皮微有楞，肉白多脂而無核，掐之乳隨指出，醬食甚脆，子如蠶矢。二月下種，一年即高大，數年果少則伐之。其樹皮可食，嫩如蘿葡，亦可醬食。肇慶有之（《嶺南雜記》）”。《廣群芳譜·果譜十四·石瓜》：“烏徹軍民府土産石瓜，樹生，堅如石，善治心痛。”清吴其濬《植物名實圖考·木類·番瓜》：“番瓜産粤東，海南家園種植。樹直高二三丈，枝直上，葉柄旁出，花黄。果生如木瓜大，生青熟黄，中空有子，黑如椒粒，經冬不凋，無毒，香甜可食……又《羅江縣志》：石瓜一名冬瓜樹，可治心痛云。”清末蕭步丹《嶺南采藥録·萬壽果》：“萬壽果花，味甘，性平，治内傷痛，與猪肉煎湯服。”今通稱“番木瓜”。亦俗稱“廣西木瓜”“木冬瓜”。參閲吴中倫等《國外樹種引種概論》。

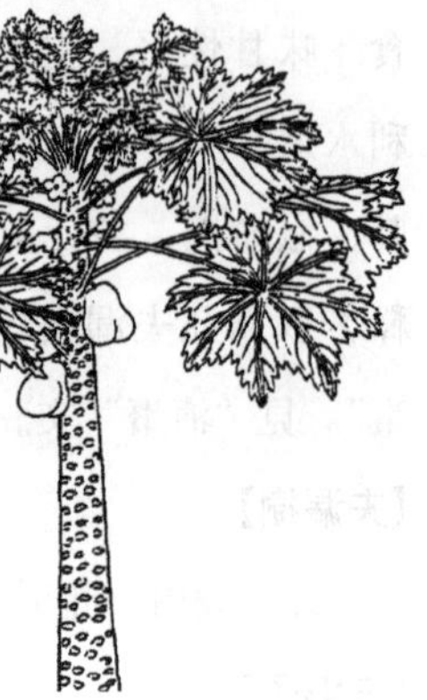

番　瓜
（清吴其濬《植物名實圖考》）

【石瓜】

即番木瓜。此稱宋代已行用。見該文。

【番瓜】

即番木瓜。此稱清代已行用。見該文。

【冬瓜樹】[2]

即番木瓜。此稱清代已行用。見該文。

【萬壽果】

即番木瓜。此稱清代已行用。見該文。

【廣西木瓜】

即番木瓜。今之俗稱，語本《陸川本草》。見該文。

【木冬瓜】

即番木瓜。今之俗稱，語本《陸川本草》。見該文。

【蓬生果】

即番木瓜。此稱清代已行用。參閲清吴方震《嶺南雜記》。見該文。

【乳瓜】

即番木瓜。此稱清代已行用。參閲清吴方震《嶺南雜記》。見該文。

【木瓜】[2]

“番木瓜”之省稱。清代臺灣等地多行用此稱，亦沿稱至今。清范咸等《重修臺灣府志·物産·草木》：“木瓜，臺産迥異内地。木本，一幹直上，旁無枝，實生幹上，四面旋繞，皮色深青，土人醃醬以爲菜，甚佳，能療足疾。”附考引《臺灣志略》：“番木瓜直上而無枝，高可一二丈，葉生樹杪，結實靠幹，墜於葉下。或醃或蜜皆可食，樹本去皮醃食更佳。”

此木瓜與薔薇科之木瓜名雖同而實非一物，對此臺島先民亦甚明確。該附考又引《赤嵌筆談》云："木瓜樹幹亭亭，色青如桐，每一枝一葉，葉似萆麻……居民用鹽漬以充蔬，《諸羅縣》謂《毛詩》'投我以木瓜'即此，殊非。"并稱"此地所產與内地木瓜絶不類，豈可以稱謂偶同遂妄爲引據乎？"見"番木瓜"文。

檳榔

古代引種果木名。棕櫚科，檳榔屬，檳榔（*Areca catechu* Linn.）。常緑喬木。幹聳直，圓筒形，具環紋，不分枝。羽狀複葉，簇生頂端；小枝披針狀綫形或綫形。花單性，雌雄同株；肉穗花多分枝，具芳香；雌花大而少數，着生於花序軸或分枝基部，雄花序小而多數，着生於頂端。堅果卵圓形或長圓形，成熟時紅色。每年3至8月開花兩次，冬花不育。原産印度、馬來西亞。我國主要分布於廣西、雲南、福建、臺灣、廣東、海南等地，然何時引進尚待詳考。常植於庭園，以供觀賞。木材外堅内軟，可爲屋柱及隔板。果可食。雄花蕾、未成熟之果實、果皮可入藥。

檳　榔

（清吴其濬《植物名實圖考》）

我國栽培利用檳榔已有二千餘年歷史。漢代已入林苑栽培。時稱"仁頻"。《文選·司馬相如〈上林賦〉》："留落胥邪，仁頻並閭。"李善注："《仙藥録》曰：檳榔，一名椶，然仁頻即檳榔也。"晋代已行用此稱。對檳榔之瞭解已頗深入。晋左思《吴都賦》："檳榔無柯，椰葉無陰。"檳榔樹幹挺拔，皮似青桐，森秀無柯，極其可愛。晋嵇含《南方草木狀》卷下："檳榔，樹高十餘丈，皮似青桐，節如桂竹，下本不大，上枝不小，調直亭亭，千萬若一，森秀無柯，端頂有葉，葉似甘蕉。"北魏賈思勰《齊民要術·五穀果蓏茹非中國物産者》引俞益期《與韓康伯箋》曰："檳榔，信南游之可觀：子既非常，木亦特奇，大者三圍，高者九丈。葉聚樹端，房構葉下，華秀房中，子結房外。其擢穗似黍，其綴實似穀。其皮似桐而厚，其節似竹而穊。其内空，其外勁，其屈如覆虹，其申如縋繩。本不大，末不小；上不傾，下不斜：調直亭亭，千百若一。"我國南方自古即有食檳榔之習俗。亦常取之入藥。宋周去非《嶺外代答》卷八："檳榔生海南黎峒，亦産交阯。木如棕櫚，結子葉間如柳條，顆顆叢綴其上。春取之爲軟檳榔，極可口；夏秋采而乾之，爲米檳榔；漬之以鹽，爲鹽檳榔；小而尖者爲鷄心檳榔；大而匾者爲大腹子，悉下氣藥也。"宋姚寬《西溪叢語》卷上："閩廣人食檳榔，每切作片，蘸蠣灰以荖葉裹嚼之。荖音老，又音蒲口切，初食微覺似醉面赤，故東坡詩云：紅潮登頰醉檳榔。"先民對檳榔原産地亦頗熟悉。元汪大淵《島夷志略·羅斛》："羅斛山形如城……此地産羅斛香，味極清遠，亞於沉香。次蘇木、犀角、象牙、翠羽、黄蠟、貨用青器、花印布、金、錫、海南檳榔。"明黄衷《海語》卷上："暹羅國乃暹與羅斛二國，在占城南……其産多蘇方木、檳榔、椰子、波羅蜜、片腦諸香、雜果、象齒、犀角、金寶、玳瑁之屬。"清黄叔璥《臺海使槎録》卷三："［南路鳳山琅嶠］居處：築厝於岩洞，以石爲垣，以木爲粱，蓋薄石板於厝上，厝名打包。前後栽植檳榔、蔞藤。”

按，檳榔一名源於馬來或印尼語“pinang”之音譯。賓郎、賓桹、賓門等，皆源於此。又，今檳榔仍以藥用爲主，南方仍有食檳榔之習慣。廣東、海南農村不僅四旁隙地多有栽植，亦有集中成片造林。亦俗稱“青仔”。參閲清屈大均《廣東新語・木語》、吴中倫等《國外樹種引種概論》。

【仁頻】

即檳榔。此稱漢代已行用。見該文。

【青仔】

即檳榔。今臺灣各地多俗用此稱。見該文。

【賓郎】

同“檳榔”。亦馬來或印尼語“pinang”之音譯。《正字通・木部》：“榔，俗作桹字。凡賓桹，桄桹，皆從良，或單作郎。梆、榔，俗增也。”此體南北朝時期已行用。《北史・王昕傳》：“僞賞賓郎之味，好咏輕薄之篇。”唐代亦作“賓桹”。《漢書・司馬相如傳上》：“仁頻並閭。”唐顔師古注：“仁頻即賓桹也。頻字或作賓。”宋黄庭堅《戲咏猩猩毛筆》詩之一：“桄榔葉暗賓郎紅，朋友相呼墮酒中。”見“檳榔”文。

【賓桹】

即賓郎。此稱唐代已行用。見該文。

【檳門】

即檳榔。亦作“賓門”。此稱三國時期已行用。《藝文類聚》卷八七引三國魏李當之《藥録》曰：“檳榔一名檳門。”明代亦稱“洗瘴丹”“橄欖子”。明李時珍《本草綱目・果三・檳榔》：“［釋名］賓門、仁頻、洗瘴丹。時珍曰：賓與郎皆貴客之稱。嵇含《南方草木狀》言：交廣人凡貴勝族客，必先呈此果。若邂逅不設，用相嫌恨。則檳榔名義，蓋取于此……〔孟〕詵曰：閩中呼爲橄欖子。”《續通志・昆蟲草木略四・果類》：“檳榔，一名賓門，尖長有紫文者爲檳，圓而矮者爲榔。又名螺果，一名仁頻。高十餘丈，皮似青桐，節如桂竹，葉似甘蕉，實大如桃李。以扶留藤古賁灰並食則滑美。”清屈大均《廣東新語・木語》：“越謡云：一檳一榔，無蔞亦香。扶留似妾，賓門如郎。賓門即檳榔也。”《格致鏡原・果類三・檳榔》引《吴普本草》：“檳榔，一名賓門。”今廣東省仍行用此稱。見“檳榔”文。

【賓門】

即檳門。此稱明代已行用。見該文。

【洗瘴丹】

即檳門。此稱明代已行用。見該文。

【橄欖子】

即檳門。此稱唐代已行用，今福建各地仍沿用此稱。見該文。

【梹】

即檳榔。此稱漢代已行用。《説文・木部》：“梹，木也。”朱駿聲通訓定聲：“字亦作檳，今檳榔樹也。”見“檳榔”文。

【梹榔】

即檳榔。此稱南北朝時期已行用。北魏楊衒之《洛陽伽藍記・永明寺》：“南夷之國，最爲强大。民户殷多，出明珠金玉及水晶珍異，饒梹榔。”見“檳榔”文。

【螺果】

“檳榔”之别稱。此稱晋代已行用。《事物異名録·藥材·檳榔》：“《吴普本草》：檳榔，一名螺果。”《廣群芳譜·藥譜七·檳榔》：“《本草注》：檳榔一名仁頻，一名洗瘴丹，一名螺果。”清陳元龍《格致鏡原·果類三·檳榔》：“《吴普本草》：檳榔，一名賓門……又名螺果。”見“檳榔”文。

【馬金南】[2]

即檳榔。此稱清代已行用。清陳淏子《花鏡》卷三：“檳榔，一名馬金南，生南海，今嶺外皆有。木大如桄榔，高五七丈，初生若竹竿，積硬引莖直上，有節而無旁枝，柯條從心生，端頂有葉似芭蕉，條脉開破，風至則如羽扇……五月成熟，剥去其皮，煮肉曝乾，交廣人邂逅，設此代茶，食必以扶留藤、牡礪灰同咀嚼之，吐出紅水一口，則柔滑甘美不澀。”按，白花菜科山柑屬之馬檳榔亦稱“馬金南”，二種同名而异物，宜辨之。參見本卷《習見果木説·習見雜果考》“馬檳榔”文。見“檳榔”文。

【賓門藥餞】

“檳榔”之别稱。此稱晋代已行用。晋嵇含《南方草木狀》卷下：“檳榔，樹高十餘丈，皮似青桐，節如桂竹……一名賓門藥餞。”見“檳榔”文。

【文官果】[2]

“檳榔”之别稱。此稱多行用於明代。明蔣一葵《長安客話·皇都雜記》：“文官果即檳榔果也。肉旋如螺，實初成甘香，久則微苦。”按，無患子科亦有木名“文官果”，爲我國北部所産之木本油料樹種，與此殊异。參見本卷《習見果木説·習見雜果考》“文冠果”文。見“檳榔”文。

番石榴

古代引種果木名。桃金娘科，番石榴屬，番石榴（*Psidium guajava* Linn.）。常緑灌木或小喬木。樹皮淡緑褐色，呈片狀剥落。小枝幼時四棱形，老時圓柱形。單葉對生，長圓形至橢圓形，革質，全緣。花單生或二三朵簇生於一總花梗上，白色，芳香。漿果球形或卵形，淡黄緑色。原産西印度群島、墨西哥至秘魯。我國廣東、海南、廣西、雲南、四川、福建、臺灣等地有栽培。果可食。葉可提取芳香油。根皮、樹皮及葉可入藥。

番石榴引入較早。宋代稱“黄肚子”。清代已行用“番石榴”之稱。亦稱“鷄矢果”“秋果”。宋范成大《桂海虞衡志·志果》：“黄肚子如小石榴。”宋周去非《嶺外代答》卷八：“黄肚子，如小石榴，皮乾硬如没石子。枯莖如棘，其上點綴布生。不甚堪食。”清吴其濬《植物名實圖考·果類·鷄矢果》：“鷄矢果産廣東，葉似女貞葉而有鋸齒，果如小石榴，一名番石榴。味香甜，極賤，故以鷄矢名之。按《南越筆記》：‘番石榴又名秋果。’《嶺外代答》：‘黄肚子如小石榴。皮乾硬如没石子，枯莖如棘，其上點綴布生，不甚堪食。’當即此。樹小花黄白，果如梨大，生青熟黄，連皮食香

雞矢果
（清吴其濬《植物名實圖考》）

甜，六月熟。”亦稱“梨仔茇”“莉仔茇”。《福建通志・物産・臺灣府》：“果之屬：檨……柚、桃、梅子、石榴、番石榴，即梨仔茇。”清黄叔璥《臺海使槎録》卷三：“臺地夏無他果，惟番檨、蕉子、黄梨視爲珍品。春夏有菩提果，一名香果，芳馨極似玫瑰果，當以此爲第一。土人酷嗜梨仔茇，一名番石榴，肩挑擔負，一錢可五六枚。”

按，番石榴原産熱帶美洲，自墨西哥至秘魯皆有分布。後傳至熱帶、亞熱帶地區。哥倫布發現美洲大陸後，遂由西班牙傳向各地。據《臺灣府志》稱，14至15世紀，臺灣已有栽培，且輸入數種。清范咸等《重修臺灣府志・物産・草木》：“番石榴，俗名莉仔茇。郊野遍生。花白，頗香，實稍似榴。雖非佳品，臺人亦食之。味臭且澀，而社番則皆酷嗜（《臺灣志略》）。”今亦稱“芭樂”“拔子”“拔仔”“挪拔”“那拔”“林拔”“木八仔”。今廣東省新會等地農田樹林常植此樹。參閲《臺灣府志》。

【秋果】

即番石榴。此稱清代已行用。見該文。

【黄肚子】

即番石榴。此稱宋代已行用。見該文。

【鷄矢果】

即番石榴。此稱清代已行用。見該文。

【梨仔茇】

即番石榴。此稱清代已行用。見該文。

【莉仔茇】

即番石榴。此稱清代已行用。見該文。

【芭樂】

即番石榴。今稱。見該文。

【拔子】

即番石榴。今臺、粵等地多行用此稱。見該文。

【拔仔】

即番石榴。今廣東、臺灣等地多行用此稱。見該文。

【挪拔】

即番石榴。今臺灣各地多行用此稱。見該文。

【那拔】

即番石榴。今臺灣各地多行用此稱。見該文。

【林拔】

亦稱“藍拔”。即番石榴。今福建晋江山區多行用此稱。見“番石榴”文。

【木八仔】

即番石榴。今臺灣各地多行用此稱。見該文。

第二節　近現代引種木果考

我國近現代林木引種工作，始於20世紀初。起初多由海外華人、駐外使節、外國傳教士及洋商等携種引入國内。引進樹種多爲果木、花木及藥用樹木和優良用材樹種之類。

引種地域大多爲沿海城市，且常用於園林、住宅庭院及街道緑化以供觀賞。當時的一些教會學校，往往都是國外樹木引種的標本園。而真正自覺主動引種的則是我國早年培養或留學歸國的一大批現代植物學、林學、園藝學先驅。是他們按照我國自然條件的可能性，木果生産的迫切性，有計劃地開展引種工作的。總的看，當時南方引種工作好於北方，華南的廣州、厦門等地開展較早，引種的樹種主要有桉樹、木麻黄、桃花心木、石栗、鳳凰木、南洋杉、銀樺、紫檀、欖仁樹、貝殻杉等；長江流域引種有雪松、日本黑松、日本赤松、日本柳杉、日本扁柏、日本花柏、日本五針松、北美圓柏（鉛筆柏）、池杉、落羽杉及廣玉蘭、薄殼山核桃、複葉槭、懸鈴木、大葉黄楊（正木）、日本紅楓等，此外還有咖啡、巴西橡膠、兒茶、可可等經濟樹種及蘋果、西洋梨、人心果等果樹。華北各地引種的樹種較少，以刺槐、加拿大楊、紫穗槐、蘋果、桃、西洋梨等較多；而東北各地以松、櫟類樹木爲主，如遼寧熊岳樹木園尚存有美國白松、美國黄松及生産中常用的日本落葉松。

樹木引種工作應有一定程式，要在選好引種樹木後，經初選試驗、區域栽培試驗、生産性試驗以及評審鑒定之後，方能在生産中大面積推廣應用。爲了加强引種與植物學研究工作，我國先後建立了一大批植物園、樹木園，有計劃地開展引種試驗工作。其中 20 世紀 50 年代前建立的有臺灣恒春熱帶植物園（1906 年）、遼寧熊岳樹木園（1915 年）、南京中山植物園（1929 年）、江西廬山植物園（1934 年）、昆明植物園（1938 年）、昆明園林植物園（1938 年）、四川藥用植物園（1947 年）。此外一些農業高等院校也建立了植物園，如浙江農業大學植物園（1927 年）、武漢大學植物園（1933 年）。這些植物園、樹木園大都引入許多國外有價值的植物，尤以木果爲多。50 年代之後，大江南北、長城内外、瀕海島嶼及大漠高原相繼建立起七十多處植物園、樹木園，爲引種開闢了難得的試驗場所。這些植物園與樹木園成爲國外樹種試驗和示範基地，許多生産中推廣應用的優良樹種，都是從這裏推廣出去的。

我國木果引種的組織工作，分别從屬於林業、農業、園藝、城建園林等部門及中國科學院、有關大專院校。其中林業系統林木引種的組織工作隸屬於各級林業主管部門，包括林業學術團體組織、研究機構和各地樹木園。原林業部設林木種苗司，下有種子公司經營樹木的引種，各省、市、自治區林業廳、局，均設林木種苗站分管此項工作，地市及縣亦有相應機構配合工作。中國林學會設有林木育種專業委員會，依托於中國林業科學院林業研究所，共同開展林木引種的學術活動與科學研究工作，并引進大量優良用材樹種及防護林、薪炭林等良種。農業系統之園藝部門大致與此相似，引入很多果樹優良品種。中國科學院系統從事木果引種工作的組織機構包括中國科學院植物研究所、中國植物學會下設的植物引種馴化協會和植物園協會，以及中國科學院下屬的各植物園。它們引入許多林木、果木及藥用、觀賞樹木。城建園林系統在一些大城市都設有植物園，在觀賞植物引種馴化及科普方面做了大量工作。

20世紀80年代以來，隨着改革開放步伐加大，木果引種工作亦飛速發展，達到前所未有的水準。截至20世紀末，我國先後從國外引種的林木達八十三科、七百五十餘種。它們分別是：南洋杉科之白貝殼杉、南洋杉等六種；松科之歐洲銀冷杉、雪松、日本落葉松、美洲雲杉、班克松、加勒比松、濕地松、火炬松、日本黑松、花旗松等五十六種；杉科的日本柳杉、美國紅杉樹、池杉等八種；柏科的香肖楠、灑金雲片柏、鉛筆柏、美國香柏等三十種；紅豆杉科之歐洲紫杉等三種；木麻黄科之木麻黄等五種；胡椒科之胡椒等二種；楊柳科之美洲黑楊、沙蘭楊等十一種；胡桃科之薄殼山核桃等三種；樺木科之歐榛等四種；殼斗科之大果櫟、歐洲栓皮櫟等八種；榆科之美國榆等五種；桑科之無花果、菩提樹等九種；山龍眼科之銀樺等三種；檀香科僅檀香一種；蓼科之珊瑚藤等三種；紫茉莉科之九重葛等三種；木蘭科之美國鵝掌楸、廣玉蘭等九種；蠟梅科僅美國蠟梅一種；番荔枝科之牛心果、番荔枝等七種；肉豆蔻科僅肉豆蔻一種；樟科之油梨等五種；辣木科僅辣木一種；虎耳草科之伯力木等二種；金縷梅科之膠皮糖香樹等二種；懸鈴木科之二球懸鈴木等三種；薔薇科之扁桃、蘋果、西洋山楂、日本櫻花等二十四種；含羞草科之大葉相思、黑荆、南洋楹、銀合歡、雨樹等十九種；蘇木科之蘇木、鐵刀木、美國肥皂莢、緬茄、巴西豆等三十五種；蝶形花科之紫穗槐、印度黄檀、圓果象耳豆、秘魯香、刺槐等二十八種；古柯科之古柯等二種；蒺藜科之愈瘡木等二種；芸香科僅歐洲紅木一種；橄欖科僅吕宋橄欖一種；楝科之墨西哥椿、大葉桃花心木等六種；金虎尾科僅光果櫻一種；大戟科之紅桑、橡膠樹、木薯等十五種；漆樹科之腰果、阿月渾子等六種；冬青科僅聖誕樹一種；衛矛科之巧茶等三種；槭樹科之複葉槭、糖槭等七種；七葉樹科之歐洲七葉樹等二種；無患子科之久樹等四種；杜英科之文丁果等二種；椴樹科之南洋椴等二種；錦葵科之吊燈花等四種；木棉科之猴麵包樹、輕木等七種；梧桐科之胖大海、可哥等八種；錫葉藤科之菲律賓五椏果等二種；山竹子科僅牛油果一種；龍腦香科之龍腦香等三種；半日花科僅嚴薔薇一種；紅木科僅紅木一種；大風子科之泰國大風子等五種；西番蓮科僅鷄蛋果一種；番木瓜科僅番木瓜一種；仙人掌科之曇花等五種；千屈菜科之大葉紫薇等三種；安石榴科僅石榴一種；使君子科之阿珍欖仁、訶子等九種；桃金娘科之柳香桃、檸檬桉、白皮桉、窿緣桉、藍桉、斑皮桉、蜜味桉、小帽桉、細葉桉、大葉丁香、全香樹、番石榴等八十六種；五加科之圓葉南洋森等五種；山茱萸科僅葡萄梾木一種；杜鵑花科之烟斗木等三種；山欖科之人心果、黄面果等數十種；柿科之毛柿等四種；野茉莉科僅東京安息香一種；木樨科之美國白臘、金茉莉、茉莉花、日本女貞、油橄欖等二十餘種；馬錢科僅馬錢子一種；夾竹桃科夾竹桃、鷄蛋花等十三種；馬鞭草科之柚木等四種；唇形科僅熏衣草一種；茄科之鴛鴦茉莉等四種；紫葳科之黄金樹、硬骨凌霄等十五種；苦檻藍科僅假瑞香一種；茜草科之咖啡等五種；忍冬科之西洋接骨木等二種；菊科僅樹菊一種；棕櫚科之檳榔、伊拉克棗等二十二種；天南星科之緑蘿等二種；百合科之絲蘭等三種；龍舌蘭科之龍舌蘭等四種；芭蕉科僅旅人蕉一種；蘭科僅香草蘭一種。其中諸多樹種在生産上已廣泛應用，取得極好的效果。如日本落葉松〔*Larix kaempferi*（Lamb.）Carrière〕，爲日本温帶亞高山地帶特有樹種，僅見於日本本州中部。由於生長迅速，適應性强，世界各地廣爲引種。據稱我國於 1884 年由日本引進，植於青島嶗山北九水（此林今不復存在），1906 年又從法國轉引到山東費縣塔山林場，成活百餘株，歷經破壞已成殘林。現全國已有十四省市引種栽培，其中最適宜地區爲東北各省及山東膠東半島與魯中山地。其生長量優於長白落葉松與歐洲落葉松，是引種成功的一例。

楊樹是平原地區引種最多的樹種。19 世紀開始引種，至 20 世紀 70 年代以來，我國先後從意大利引進數百個黑楊派良種無性系，其中栽培最成功并取得顯著效益者有沙蘭楊（*Populus* × *Canadensis* ‘Sacrau 79’），意大利 -214 楊（*Populus* ×*canadensis* ‘I-214’）、72 楊（*P.* × *eur.* cv. ‘I-72/58’）、69 楊（*P.* × *del.* cv. ‘I-69/55’）、63 楊（*P.* × *del.* cv. ‘I-63/51’）等五個無性系。其中 69 楊、63 楊、72 楊初期生長極快，超過原先栽植的所有楊樹，已成爲華中、華東平原地區主要造林樹種，遍布於江漢平原、江淮平原、太湖平原等地，僅湘、鄂、皖及魯中各地栽培面積已達十幾萬公頃。意大利 -214 楊與沙蘭楊在我國華北、東北、西北、中原及江漢平原都有廣泛栽植，最適宜江北及黄河以南平原地區，成爲平原農田防護林網、速生用材林基地及四旁植樹的主要樹種，爲緩解上述平原地區缺林少材的矛盾起了重要作用。

桉樹原産澳大利亞及其鄰近島嶼。以樹形美觀、可供觀賞及生長特别快、經濟開發潛力大受到人們青睞。早在18至19世紀各國已開始引種。目前已成爲世界引種最廣、推廣面積最大的速生樹種。我國引種桉樹已有百年歷史，據傳最早於1894—1896年間，駐意大利公使吴宗濂曾編《桉譜》一書。1896—1900年，英國海關人員植藍桉於公路、河渠兩側，1912年厦門鼓浪嶼引種赤桉，1915年粤漢鐵路於廣州至韶關沿綫栽桉樹以護路。栽植桉樹面積逐漸擴大。1933年陳嶸《造林學各論》收十一種桉樹。20世紀50年代初，廣東湛江始建桉樹林場（即今雷州林業局），開展大面積造林。現南方十六省、市、自治區的六百多個縣已有桉樹人工林，栽培面積154.7萬公頃，木材蓄積量已達六千多萬立方米，成爲南方主要造林樹種之一。

木麻黄是南方沿海地區引種成功的樹種之一。原産馬來西亞、菲律賓、泰國及澳大利亞等地。該樹種爲非豆科固氮樹種，可吸收、固定空氣中游離氮素，故具有耐脊薄、耐鹽碱、抗風沙能力。在瀕海沙地引種試驗證明，是營造沿海防護林的優良樹種。廣東、廣西、福建、浙江南部沿海及臺灣、海南島沿海各地到處可見木麻黄林帶，對保護海岸帶起了極大作用。

北方沿海各地之日本黑松海防林，是於20世紀初引入山東青島嶗山及費縣塔山林場的。經試驗，不僅魯中山地、膠東丘陵適合日本黑松生長，且在瀕海沙地上亦能良好發育。現已成爲蘇北至遼東半島沙質岸段主要造林樹種，特别是膠東半島沙質海岸綿長的黑松林已有效地防止了風沙、海霧的侵襲，形成蔚爲壯觀的緑色屏障。

此外，池杉、落羽杉、日本花柏、鉛筆柏、馬占相思、大葉相思、黑荆、銀樺、黄槐、鳳凰木、紫穗槐、橡膠樹、複葉槭等林木，西洋蘋果、西洋梨、歐洲甜櫻桃、歐榛、薄殼山核桃、扁桃、腰果、杧果、可可、欖仁樹、檳榔等果木，以及南洋杉、雪松、廣玉蘭、白蘭花、懸鈴木、日本櫻花、山櫻、櫻花、黄槐、紅花槐、一品紅、大葉黄楊、懸鈴花、大王椰子等觀賞樹木，已成爲南方各地栽培極廣的外來樹種。都産生了極好的經濟、生態效益，受到各地人們的喜愛。

國内樹種的栽培馴化與异地引種，亦取得一定進展。如廣西壯族自治區已成功地馴化鄉土樹種米老排（*Mytilaria laosensis* Lecomte）、火力楠（*Michelia macclurei* Dandy）、蝴蝶果〔*Cleidiocarpon cavaleriei* (H. Lév.) Airy Shaw〕等樹木；兩廣山地還用木荷構成馬尾松林的防火帶；福建馴化培育了福建柏〔*Fokienia hodginsii* (Dunn) Henry et Thomas〕、青鉤栲（Castanopsis kawakamii Hay.）等樹種，豐富了栽培林木種質資源。再如原産於東北大興安嶺及呼侖貝爾盟紅花爾基的樟子松，在遼寧章古臺等地馴化成功，并已引入黑龍江東部、吉林、遼寧西部、河北北部的壩上地區、山西北部、内蒙古的包頭、呼和浩特、伊克昭盟、陝北榆林以及新疆等地，可望成爲我國“三北”防護林重要樹種而被廣泛用於沙地造林。水杉爲我國珍稀樹種，自然分布僅限於川東、鄂西、湘西交界處極狹小的範圍，今已推廣至國内十數個省、自治區，成爲城鎮園林緑化、水網區防護林及四旁植樹重要樹種。杉木原屬閩浙主要造林樹種，今已推廣至長江流域，成爲該地區荒山造林主要樹種。此外，南茶北引，已達山東臨沂、日照等地；竹類引種馴化，各地也做了不少工作；海南及臺灣一些珍稀樹種也在大陸引種試驗，有些有望成爲大陸栽培樹種。

本考收録近現代直到20世紀末從國外引種成功或有望成功的樹種三十九種，每種均介紹其形態特徵、産地、用途、引種概况及其在我國栽培利用現狀。有些正在引種試驗的樹種，未列入主條目考證，僅於列爲主條的同屬樹木中簡要説明，以便讀者參考。條目排列仍以首字筆畫、筆順爲序。需要説明的是，國内樹種不同地域間的互引馴化不在本考之列。

大果櫟

近現代引種林木名。殻斗科，櫟屬，大果櫟（*Quercus macrocarpa* Michx.）。喬木。原産北美洲。立地條件較好時高可達50米，胸徑約2米，樹幹通直圓滿；條件較差時則呈灌木狀。爲美國中西部之特徵樹。木材可供枕木、地板、室内裝修及結構用材。亦可植於城市爲緑化樹種。我國遼寧、山東在20世紀前葉已引種，生長良好，早已結實。另本屬中尚有“水櫟”“沼生櫟”“紅櫟”“歐洲栓皮櫟”等亦有引種，有的已初見成熟。

大王椰

近現代引種林木名。棕櫚科，大王椰屬，大王椰〔*Roystonea regia*（Kunth）O.F.Cook〕。常緑喬木。高近20米。高聳壯偉，幹灰色；莖幼時基部稍膨大，老時中段微膨大。葉聚生莖端，羽狀全裂，長可達4~5米，裂片條狀披針形。花單性，雌雄同株。肉穗花序，分枝多，排成圓錐狀，生於葉鞘束下，花小，白色。果近球形，紅褐色至淡紫色。種子一粒，卵形，壓扁狀。原産美國佛羅里達南部至古巴。熱帶美洲及其他熱帶地區廣泛栽培。樹姿挺拔優美。羽葉婆娑可愛，爲著名庭園觀賞與行道樹。種子可爲鴿飼料。果實含油，可爲猪飼料。葉鞘可製墊坐、掃把等。葉柄可製牙籤。樹幹邊材寬大，可加工器具或工藝品。我國早在20世紀30年代就由古巴引種至厦門，主要用作觀賞，老樹至今生長良好。今廣東、廣西、海南、福建、臺灣等地有引種，亦多用以觀賞與行道樹。氣温低於5℃時有寒害。該種造林地宜選河谷兩側、山腹中部以下深厚、肥沃、濕潤的酸性沙壤土，冲積土或填方土尤宜栽植。人工栽植後一般需撫育四至五年，五至八年即開始結實。

大葉南洋杉

近現代引種林木名。南洋杉科，南洋杉屬，大葉南洋杉（*Araucaria bidwillii* Hook.）。常綠喬木。原産地樹高達 50 米，胸徑逾 1 米，大枝平展，樹冠塔形；側生小枝密集而下垂。葉卵狀披針形或披針形。球果近球形或寬橢圓形。種子長卵形，無翅。原産澳大利亞昆士蘭州東南沿海一帶。木材可用於建築、室内裝飾、地板、模具等。種子可食。亦屬優良觀賞樹種，我國於 19 世紀末引入厦門鼓浪嶼庭院栽培，隨後福州、厦門、廣州、海南之那大與尖峰嶺等地有引種。其中福州引種已有多年，已開花結實。另福州倉山有七株約百齡大樹，生長良好。今亦稱“洋刺杉”“澳洲南洋杉”“披針葉南洋杉”。

【洋刺杉】

即大葉南洋杉。今福州各地多行用此稱。見該文。

【澳洲南洋杉】

即大葉南洋杉。因産澳洲，故名。今稱。見該文。

【披針葉南洋杉】

即大葉南洋杉。因其葉爲披針形，故名。見該文。

日本冷杉

近現代引種林木名。松科，冷杉屬，日本冷杉（*Abies firma* Sieb. et Zucc.）。常綠喬木。原産地樹高可達 50 米，胸徑約 2 米。大枝平展，樹冠塔形。球果圓柱形，成熟時淡褐色。種子具長翅。原産日本國本州，北起山形、岩手，南迄九州屋久島均有分布。爲優良用材與觀賞樹種。木材可供建築、傢具、箱板等用材，亦可爲造紙原料。我國引種日本冷杉已有近百年史。浙江莫干山引種最早，海拔 600 米處，日本冷杉生長良好。江西廬山植物園及南京有引種。另旅順、青島、杭州等地亦曾引種。據廬山植物園觀察，本種抗雪壓、風折及病蟲害。二十五年生可結實，天然更新良好，可在江西、浙江、安徽等地海拔 400~1000 米之深厚酸性或中性土地帶造林或用於園林緑化。此外，本屬尚有“歐洲銀冷杉”“希臘冷杉”“小亞細亞冷杉”“黑海冷杉”“北海道冷杉”等，我國亦相繼引種試驗，生長情況正在觀察中。

日本柳杉

近現代引種林木名。柏科，柳杉屬，日本柳杉〔*Gryptomeria japonica*（Thunb. ex Linn.f.）D.Don.〕。常緑喬木。原産地樹高 40~60 米，胸徑達 2~5 厘米。小枝下垂。葉錐形，直伸或微内彎。花單性，雌雄同株；雄珠花橢圓形，雌球花圓球形。球果扁球形。種子橢圓形或不規則多角形。原産日本，爲日本重要造林樹種。1914 年引入我國，1918 年植於江西廬山，1935 年引入廬山植物園，定植後生長優良。林緣木及路邊植樹自然更新良好，表明引種是成功的。自 20 世紀 50 年代後，全國各地相繼由廬山植物園引種試驗，江西、福建、浙江、湖北、貴州、廣西、雲南等地已引種成功。

日本黑松

近現代引種林木名。松科，松屬，日本黑松（*Pinus thunbergii* Parl.）。常緑喬木。原産地樹高達 30 米，胸徑 2 米。枝擴展，樹冠廣圓形或傘形。冬芽圓柱形，銀白色。葉二針一束，剛硬，深緑。球果圓錐狀卵形或圓卵形，成熟時褐色。種子倒卵狀橢圓形，具種翅。原産日本本州、四國、九州沿海及朝鮮南部沿海地區。木材堅韌，可供建築、礦柱、薪炭用材。我國引種黑松有百餘年史，山東青島於20世紀初引種栽培，遼寧旅大，江蘇雲臺山、南京及上海，武漢、杭州、臺灣等地遂相繼引種。山東費縣塔山林場有逾百年生之黑松林，生長良好。生長量高於當地之赤松與油松。今山東半島沿海防護林多爲黑松，已形成强大緑色屏障，蔚爲壯觀。多年引種證明，黑松可爲我國東部低山丘陵及遼東半島、山東半島、江蘇雲臺山瀕海沙地之造林樹種。另外，黑松樹姿雄偉，并有單葉黑松、白髮黑松、蛇紋黑松、虎斑黑松、萬代黑松、旋毛黑松、垂直黑松、一面黑松、黄金黑松、多果黑松、錦松等多種栽培品種，均具觀賞價值，可植於較開闊之庭園或天然公園内供觀賞。本種通稱“黑松”，亦稱“白芽松”“海風松”“雄松”。

【黑松】

即日本黑松。今之通稱。見該文。

【白芽松】

即日本黑松。因其冬芽銀白色，故名。今山東各地多行用此稱。見該文。

【海風松】

即日本黑松。因本種適生瀕海沙地，能抗海風，故名。今稱。見該文。

【雄松】

即日本黑松。日本國行用此稱，今我國亦偶用。見該文。

日本落葉松

近現代引種林木名。松科，落葉松屬，日本落葉松〔*Larix kaempferi*（Lamb.）Carr.〕。落葉喬木。高可達30米，胸徑近1米。枝平展，樹冠塔形。葉倒披針狀條形，葉面稍平，葉背中脉微隆。球花單性，雌雄同株；雄球花卵圓形，淡褐黄色，雌球花紫紅色。球果卵圓形，成熟時黄褐色。種子倒卵圓形，具翅。原産日本，天然分布僅見於本州西部海拔900~2800米地區。木材堅實耐用，可供建築、船舶、枕木、樁木等用材。據傳我國引種日本落葉松始於1884年，由日本引入青島嶗山，該林今不存世。後於1906年由法國引入山東費縣塔山林場，當時成活約百株，歷經破壞，已成殘林。50年代後各地相繼引種，今遼、吉、黑、冀、魯、豫、鄂、川、陝、京、津及新疆等地都有引種，其中引種主要集中在山東省嶗山、崑嵛山等地。山東尚有不少成片造林，并建有日本落葉松母樹林及種子園，以供采種和繁育造林。各地試驗證明：日本落葉松適應性較强，在我國北緯29°　35′～45°　15′，東經102°　20′～103°　05′範圍内均可引種成功。但以氣候凉爽、濕潤，降水較多，土層深厚肥沃處生長較快。另本屬中“歐洲落葉松”我國亦有引種。江西廬山、南京、遼寧熊岳等地之林木生長一般。

火炬松

近現代引種林木名。松科，松屬，火炬松（*Pinus taeda* Linn.）。常緑喬木。原産地樹高達60米，胸徑近2米。葉三針一束，偶有二針或四針一束者。球果卵狀長圓形或圓錐狀卵形，翌年成熟，成熟時暗紅褐色。種子卵圓形，栗褐色，具種翅。原産美國東南部及南部，爲美國東南部主要商品松類，其蓄積量占南方松之半。木材可供建築、細木工、船舶、紙漿原料等。其枝每年可生數輪，樹冠寬卵形，樹姿高峻雄偉，亦爲優美觀賞樹木。其樹富含松脂，可燃，故得此稱。我國引種已有數十年史。廣州自1933年引種，福建閩侯1934年引種，江蘇南京1930年引種，安徽馬鞍山、涇縣，湖北武昌，湖南長沙，廣西柳州、桂林，浙江吉安等地於1947年間始引種。各地試驗表明，火炬松普遍生長良好，并已開花結實。福建閩侯火炬松生長量較當地馬尾松高。福建、安徽營造之第二代火炬松生長優於第一代。火炬松在我國長江以南一些地區之低山丘陵大面積造林，已逐步成爲江南山丘造林之主要樹種之一。而且北方一些地區，如山東臨沂、日照等地亦在引種試驗，費縣塔山林場二十年生火炬松生長量超過當地赤松、黑松，未見有凍害發生，似可選速生、抗寒、抗病種源逐步栽培馴化，使之擴大栽培。亦稱“火把松”“太德松”“臺大松”。

【火把松】

即火炬松。今稱。見該文。

【太德松】

即火炬松。爲拉丁語學名音譯。義爲含松脂的松樹。今稱。見該文。

【臺大松】

即火炬松。爲拉丁語音譯。義爲含松脂的松樹。今稱。見該文。

北美鵝掌楸

近現代引種林木名。木蘭科，鵝掌楸屬，北美鵝掌楸（*Liriodendron tulipifera* Linn.）。落葉大喬木。原産地樹高達60米，胸徑3.5米。葉似鵝掌，故名。花單生枝端，形似郁金香。聚合果紡錘形；小堅果具翅，先端尖。原産北美洲東南部。木材可製傢具、箱盒、樂器；亦可爲船舶、膠合板、室内裝修及細木工等用材。其樹高聳通直，樹姿婆娑，花形優美，可爲行道及庭園緑化樹種。我國引種已有百餘年歷史。山東省青島於1890年引進，原有成片大樹，現多破壞。今杭州、南京、青島、昆明、廬山等地有栽培。本種較我國馬褂木生長快。北美鵝掌楸在我國亞熱帶地區可作爲用材及庭園緑化樹種推廣發展。本種今亦稱“美國鵝掌楸”。

【美國鵝掌楸】

即北美鵝掌楸。因多産於美國，故名。今稱。見該文。

貝殻杉

近現代引種林木名。南洋杉科，貝殻杉屬，貝殻杉〔*Agathis dammara*（Lamb.）Rich. & A. Rich.〕。常緑喬木。原産地樹高達40米。樹幹通直，樹冠圓錐形，枝條微下垂。葉矩圓狀披針形或橢圓形，革質，深緑色。球果近圓球形或廣卵圓形。種子倒卵圓形，一側具種翅。原産馬來半島及菲律賓。木材可供建築、傢具、樂器用材或爲造紙原料。我國引種已有百餘年史，19世紀末福州、厦門等地曾植於庭園作觀賞樹種。福州倉山仍存百年生大樹，高33米，胸徑約1米，生長旺盛，未見有凍害發生，故本種可在東南沿海各地推廣應用。

柚木

近現代引種林木名。唇形科，柚木屬，柚木（*Tectona grandis* L. f.）。落葉喬木。枝方形，淡灰色或淡褐色。單葉對生，廣卵形或倒卵狀橢圓形，葉背密生黄棕色毛。圓錐花序頂生，花冠白色，具芳香。核果，外果皮茶褐色。原産印度、緬甸、泰國、老撾、印度尼西亞等熱帶季風氣候區。原爲野生，1873 年印度尼西亞始行人工栽培，後與銀合歡混交栽培，繼而發展爲與糧食作物間作。爲世界著名用材樹種之一。可供傢具、雕刻、各種木器、鑲貼板、貼面板用材，亦可用於營建海港、橋梁及軍需航海事業。我國引種柚木已有百餘年歷史，以雲南南部各地較早，1900 年始由毗鄰之緬甸引入，今西雙版納大勐龍尚存百餘年生之大樹，其胸徑已逾 1.2 米。臺灣高雄於 1901 年引種，迄今已近百餘年。福建厦門 1920 年引種。海南於 1938 年引種，生長均屬良好。海南尖峰嶺較大面積柚木林，其生長量已達到原産地印度與緬甸水準。20 世紀 50 年代後，先後從多種渠道道引種，并在瓊、粵、滇、桂、川、贛、浙南等地廣泛試種，除浙、贛因有凍害失敗外，餘均生長正常。六十多個縣，近百個試點引種均成功。60 年代始柚木栽培列入國家重點研究計劃，柚木引種栽培取得較大進展。我國臺灣省柚木引種亦有較大成績，至 1965 年，柚木造林面積達 5700 公頃，生長亦良好。我國柚木栽培面積有所擴大，可望在熱帶及南亞熱帶地區適宜之地得到發展。

南洋杉

近現代引種林木名。南洋杉科，南洋杉屬，南洋杉（*Araucaria cunninghamii* Mudie）。常緑喬木。原産地樹高達 70 米，胸徑過 1 米。幼樹樹冠呈塔形，大樹呈平頂狀。大枝平伸或斜展，側生小枝常密集而下垂。葉多錐形、針形、鐮形或三角形。球果卵圓形或橢圓形。種子橢圓形，兩側具結合而生之薄翅。原産大洋洲東南沿海地區。木材可供建築、傢具及其他器具等用材。亦可栽於庭園供觀賞。我國廣東、海南、福建已引種栽培。生長較快，已開花結實。長江以北亦有以盆栽觀賞者，然須在温室内方能安全越冬。

美國榆

近現代引種林木名。榆科，榆屬，美國榆（*Ulmus americana* Linn.）。落葉喬木。單葉互生，卵狀長橢圓形。花常十餘朵簇生新枝基部。翅果橢圓形，兩邊偏斜，果翅邊緣密生睫狀毛。原産北美洲，多見於河畔及低山丘陵，適生於濕潤、排水良好之沙壤土或地下水位較高之石質山地。樹高可達 40 米，胸徑近 2 米。木材可供建築、舟車等用材。亦可作爲防護林及行道樹種。我國引種已有近百年史。北京、遼寧、青島、南京等地引種生長良好。本種在原産地常受荷蘭榆病危害，在我國則少見此病；而我國之榆樹蟲害極嚴重，美國榆蟲害則較少見，故美國榆似可在我國華北、中原等地試種推廣。另本屬中“歐洲白榆”“紅榆”我國亦有引種。

紅杉

近現代引種林木名。柏科，紅杉屬，北美紅杉（*Larix potaninii* Batalin）。常緑大喬木。樹皮赤褐色，厚而縱裂。枝平展，樹冠圓錐形。葉二型，主枝之鱗葉卵狀矩圓形；側枝之葉條形。球果褐色，卵狀橢圓形。種子長圓形。原産美國太平洋沿岸。從俄勒岡州南部至加利福尼亞中部之海拔 1000 米處均有分布。本種爲世界巨木之一，樹高可達 110 米，胸徑近 8 米，其壽命很長，四百至五百年生成熟，長壽者已逾二千二百餘年。木材芯材紅色，用途頗廣，可作傢具、細木工、鑲板、枕木等用材，亦可作電杆、管道、箱板、樁柱等用材。20 世紀初我國杭州、上海、南京等地已引種。1972 年美國前總統尼克松贈送一株紅杉植於杭州植物園，至1979年樹高4.64米，胸徑8.53厘米，并結三個球果，以其種子育出十四株幼苗，生長良好。杭州植物園還試用扦插、嫁接、分植等方法繁殖，均獲成功。其中用水杉爲砧木嫁接最好，當年生長高達50~70厘米。南方十餘個省、自治區已引種栽培。本種今通稱“北美紅杉”，亦稱“長葉世界爺”。謂其樹體高大而長壽。

【北美紅杉】

即紅杉。今之通稱。見該文。

【長葉世界爺】

即紅杉。今稱。見該文。

桃花心木

近現代引種林木名。楝科，桃花心木屬，桃花心木〔*Swietenia mahagoni*（Linn.）Jacq.〕。常緑喬木。高可達30米，胸徑可1.5米。偶數羽狀複葉，小葉四至六對，卵形或卵狀披針形，革質。圓錐花序腋生，花五瓣，白色。蒴果卵形，木質。種子多數，具翅。原産拉丁美洲。以古巴、牙買加、海地、多米尼加、巴哈馬群島較多。亞馬遜河上游有天然分布。桃花心木以木材色美聞名於世，爲用頗廣，可製高級傢具、箱盒、木器，亦爲建築、室内裝修之珍貴用材。我國兩廣、海南等地有引種栽培。其生長好於其他珍貴用材樹種。然偶有輕微凍害。故我國宜在熱帶及南亞熱帶地區推廣發展。又，本屬中大葉桃花心木，我國引種已近百年，生長良好，可在兩廣、滇、閩、瓊、臺等地適宜地區推廣。

黄金樹

近現代引種林木名。紫葳科，梓屬，黄金樹〔*Catalpa speciosa*（Warder ex Barney）Engelmann〕。落葉喬木。單葉對生，寬卵形，背面蜜生彎柔毛。圓錐花序頂生，花冠白色，内生二黄色條紋及淡紫色斑點。蒴果角狀，長近40厘米。種子長鋸形，先端絲裂。原産美國中部。樹姿優美，可用於庭園緑化及行道樹。木材可作畫架、柄把及室内裝修。我國引種已有百年歷史，20世紀20年代引入上海等地，30年代曾廣泛引種。北京、南京、上海、青島等城市行道、公園曾多處栽植，盛極一時。浙江定海寺廟亦曾栽植。

异葉南洋杉

近現代引種林木名。南洋杉科，南洋杉屬，异葉南洋杉〔*Araucaria heterophylla*（Salisb.）Franco〕。常緑喬木。原産地樹高可達60米，胸徑1.5~2米。樹幹通直，樹冠塔形。葉二型：幼樹與側生小枝之葉鑽形，向上彎曲，光緑色；大樹或花果枝之葉卵形或寬三角形，稍彎曲。球果近圓球形。種子橢圓形，稍扁，兩側具結合生長之翅。原産地僅澳大利亞諾和克島。爲著名庭園觀賞樹木，世界各地多有引種栽培。我國引種已有百餘年史。東部沿海之福州、厦門、汕頭、廣州、湛江以及南寧等地有零星栽植，亦多爲庭園觀賞。其中福州倉前山兩株年逾百齡之大樹，生長良好。本種可在福建、兩廣等地作庭園觀賞樹種種植。向北則因露地栽培易受凍害，推廣時宜慎重。盆栽觀賞亦需温室保護方能安全越冬。

黑荆

近現代引種林木名。豆科，相思樹屬，黑荆（*Acacia mearnsii* De Wilde）。常緑喬木。高達18米。幼樹皮緑色，光滑，漸爲棕褐色，具裂紋，内皮紅色。二回羽狀複葉，羽葉八至二十對，小葉三十至六十對，條形，暗緑色，葉背被毛。頭狀花序組成腋生複總狀花序，花淡黄色。莢果長帶狀，種子間有縊縮，暗褐色，密被絨毛。原産澳大利亞熱帶與亞熱帶地區。主要分布於塔斯馬尼亞州、維多利亞州、昆士蘭州、新南威爾士州等地。爲世界著名鞣料樹種，樹皮含鞣質達百分之四十六，可提製優良栲膠。木材堅硬，不易變形，可供枕木、電桿、舟車、傢具、建築、造紙等用材。亦可植爲水土保持林及風景樹、蜜源樹。我國臺灣、四川引種較早，20世紀50年代初，我國華僑便將黑荆引入國内，50年代末、60年代初，我國從澳大利亞、日本、荷蘭引入部分種子，在閩、浙、兩廣等地擴大試種，現兩廣、滇、浙、閩、贛等地都有栽培，其中僅福建就有數千畝，生長良好，可以利用。今亦稱“澳洲金合歡”“栲皮樹”“黑兒茶”“黑栲皮樹”。另，本屬中阿拉伯膠、大葉相思、白萊金合歡、兒茶、銀荆、悉尼黑荆、高相思樹、金合歡、黑木荆、澳荆等我國亦有引種。

【澳洲金合歡】

即黑荆。因産澳洲，花黄，樹似合歡，故名。今稱。見該文。

【栲皮樹】

即黑荆。因其皮可提栲膠，故名。今臺灣各地多行用此稱。見該文。

【黑兒茶】

即黑荆。今稱。見該文。

【黑栲皮樹】

即黑荆。今稱。見該文。

落羽杉

近現代引種林木名。柏科，落羽杉屬，落羽杉〔*Taxodium distichum*(Linn.)Rich.〕。落葉喬木。原産地樹高達50米，胸徑約2米。樹幹尖削，幹基膨大，具呼吸根，其狀如膝。枝條平展，樹冠呈圓錐形。條形葉，排成羽狀二列，冬季連同小枝脱落。球果淡褐黄色，被白粉。原産北美東南部，美國北起馬里蘭州，南至佛羅里達州，西到德克薩斯州的南大西洋與墨西哥瀕海地帶均有分布。喜生於亞熱帶排水良好之沼澤區。密西西比河沿岸便有廣袤之落羽杉林。木材可製傢具、模型、門窗、箱盒，亦可作建築、枕木、橋梁、車輛、電秆等用材。我國於20世紀初開始引種，1917年引種到南京，1921年引至河南鷄公山林場，現湖北、湖南、江蘇、浙江、廣東、廣西俱已引種栽培，生長良好。在我國江南低濕水網地區可用爲營造用材林及庭園觀賞樹種，有廣闊的發展前景。本種亦稱“落羽松”。另本屬中尚有“墨西哥落羽杉”“池杉”，我國亦有引種，生長良好，均適合於在長江中下游水網區之低濕地推廣應用。

【落羽松】

即落羽杉。今稱。參閱陳嶸《中國樹木分類學·落羽松》。見該文。

圓果象耳豆

近現代引種林木名。豆科，象耳豆屬，圓果象耳豆〔*Enterolobium cyclocarpum*(Jacq.)Grieseb.〕。落葉喬木。高約20米。樹皮棕色，粗糙。二回偶數羽狀複葉，羽片及小葉多對，小葉長圓狀披針形。花兩性，頭狀花序，花冠白色。莢果暗紅褐色，彎曲成環狀，故名。原産南美洲委内瑞拉、中美墨西哥及西印度群島等地。現世界各地已廣爲栽培。木材不翹曲，易加工，可旋切單板；亦可製造傢具、包裝箱、游艇、水槽或供室内裝修及造紙用材。嫩果、種子可食。果與樹皮可製栲膠。樹膠可入藥。亦可供四旁緑化或放養紫膠蟲。我國20世紀50年代前已引入廣州；1962年複由古巴引入華南各地，海南島多數縣都有栽培，生長良好，已正常開花結實。本種宜在我國熱帶、南亞熱帶地區推廣應用。亦稱“紅皮象耳豆”。

【紅皮象耳豆】

即圓果象耳豆。今稱。見該文。

鉛筆柏

近現代引種林木名。柏科，圓柏屬，鉛筆柏〔*Sabina virginiana*（Linn.）Ant.〕。常緑喬木。原産地樹高達30米，胸徑1.2米。樹冠圓錐形或柱狀圓錐形。葉二型，針葉與鱗葉并存。球果卵圓形，成熟時藍緑色，被白粉。種子卵圓形，具樹脂槽。原産北美洲東部及中部，分布極廣泛。爲美國大平原防護林主要樹種及分布最廣的針葉樹種。在海拔1500~2000米高山形成廣袤的森林。其木輕軟，具香氣。用途頗廣，因常用製鉛筆杆，故得此名。我國於20世紀初開始引種。南京明孝陵今存逾百年生大樹三株，南京大學現存逾百年生大樹，江蘇植物園亦存1934年引種之大樹，均生長良好。此外浙江、杭州、上海、山東泰安等地引種的鉛筆柏，生長亦良好，并已結實。成爲上述各地園林緑化之優良樹種。亦可用於長江中下游低山丘陵土層深厚處造林。本種尚有小枝下垂之垂枝鉛筆柏，樹冠如柱形之柱形鉛筆柏，樹冠近圓球形之球形鉛筆柏，枝葉黄緑之金枝鉛筆柏，枝葉粉白之銀枝鉛筆柏，小枝細長之綫形鉛筆柏，樹冠圓錐狀，形似尖塔之塔形鉛筆柏等多種變種，均具較高之觀賞價值，可酌選栽植觀賞。本種今通稱“北美圓柏”。

【北美圓柏】

即鉛筆柏。今之通稱。見該文。

銀樺

近現代引種林木名。山龍眼科，銀樺屬，銀樺（*Grevillea robusta* A. Cunn. ex R. Br）。常緑喬木。原産地樹高達36米，胸徑近1米；樹冠塔形，主幹通直高大。單葉互生，呈二回羽狀深裂，葉背密生棕色絨毛與銀灰色絹狀毛。花兩性，總狀花序；總花瓣、萼片呈花瓣狀，四片，橙黄色。蓇葖果卵狀矩圓形，稍扁。原産大洋洲。以澳大利亞新南威爾士州及昆士蘭州爲多，今南亞熱帶地區已廣爲種植。木材花紋美麗，有“絲絹木”之稱，可爲傢具、箱盒、室内裝修、地板、枕木等用材。樹姿優美挺拔，爲優良緑化樹種。樹葉可作緑肥。我國引種已有百年史。廣東、廣西、福建、臺灣、雲南、四川、湖南、江西、浙江南部、貴州西南部等地已廣泛引種，多數地區用作行道樹，生長良好。立地條件較好地區還可做到早期速生豐産。然銀樺畏寒怕風，宜在我國亞熱帶南部無風害地區推廣發展。本種亦稱“櫻槐”“絹柏”“銀橡樹”。

【櫻槐】

即銀樺。今廣東廣州地區多行用此稱。見該文。

【絹柏】

即銀樺。因其葉背密生銀色絹毛，故名。今廣東各地多行用此稱。見該文。

【銀橡樹】

即銀樺。今海南各地多行用此稱。見該文。

橡膠樹

近現代引種林木名。大戟科，橡膠樹屬，橡膠樹〔*Hevea brasiliensis*（Willd. ex A. Juss.）Müll. Arg.〕。常緑喬木。具乳汁。三出複葉，小葉橢圓形至橢圓狀披針形。花單性，雌雄同株；圓錐花序，密被白色茸毛，花小，無瓣。蒴果球形。種子長圓形，具斑紋。原産巴西，亞馬遜河泛濫平原熱帶雨林中廣有分布，并常與棕櫚科植物相伴生。其乳汁爲世界天然橡膠之主要來源。1900年前爲野生樹木，20世紀初期引入東南亞地區後，纔得到普遍重視。我國1904年開始引種，最初是由雲南德宏土司刀印生留學日本回國，途經新加坡購得八千株橡膠苗，帶回雲南盈江，在新城鳳凰山試種成功，至1950年尚存二株，今僅存一株。同年，我國臺灣亦始引種，植於嘉義與恒春（後者未成活）。1906年海南島何麟書先生從馬來西亞購得橡膠種子，植於樂會（今屬瓊海）崇文口灣，開創瓊州膠園。1907年廣東省南海縣佛山鎮區慕頤、何子春二人從馬來西亞引進橡膠種子植於海南那大茶山鄉西分村，建立僑興膠園。嗣後，又有多人從事此項引種工作。至1950年，全國植膠面積達2800公頃，年産乾膠約200噸。經數十年不懈努力，海南、廣東、廣西、雲南、臺灣、福建等地均有栽培。我國植膠面積居世界第四位，乾膠産量列第六位。僅海南膠林近20萬公頃。不僅創造了獨具特色的栽培與製膠技術，還選育了一批抗風、耐寒、高産的優良橡膠樹品種。

歐洲雲杉

近現代引種林木名。松科，雲杉屬，歐洲雲杉〔*Picea abies*（Linn.）H. Karst.〕。常緑喬木。原産地樹高達60米，胸徑1.5~2米。枝輪生，樹冠塔形。球果圓柱形，成熟時褐色。原産歐洲中部及北部。廣布於比利牛斯山、阿爾卑斯山、巴爾幹半島、東歐及北歐各地。木材輕軟，可供傢具、樂器、箱匣及室内裝修用材。我國引種已有七十餘年歷史。遼寧熊岳、山東青島、江西廬山、江蘇南京、浙江杭州及上海等地都有栽培。遼寧熊岳樹木園之歐洲雲杉生長良好。本種宜在我國東北、華北及華東某些中、高山地進行區域栽培試驗，然後酌情推廣造林。另本屬中“美洲雲杉”“美國黑雲杉”“日本雲杉”“虎皮雲杉”“錫加雲杉”，我國亦有引種。

濕地松

近現代引種林木名。松科，松屬，濕地松（*Pinus elliottii* Engelm.）。常緑喬木。原産地樹高達40米，胸徑近1米。爲美國南方松中生長最快者。樹幹通直，樹冠卵狀圓錐形，枝每年生二至數論，小枝粗狀。葉二針與三針一束并存。球果常二至四個聚生，圓錐狀卵形，翌年九月成熟。原産北美南部亞熱帶低海拔潮濕地帶，美國從南卡羅來納州到佛羅里達州，西至路易斯安納州，以及東南部瀕海平原地區均有分布。因耐水濕，故得此稱。木材硬重，强度較大，宜爲橋梁、船舶、建築等用材。我國廣東臺山於1933年開始引種，隨後福建閩侯，江蘇南京、江浦，安徽涇縣、馬鞍山，江西吉安、蓮塘，浙江安吉，湖南長沙，廣西桂林、柳州及四川等地亦相繼引種，普遍生長良好。各地引種試驗均證明其生長量高於當地鄉土樹種馬尾松。濕地松在我國十年生開始結實，二十年生即進入盛果期。江蘇、福建已建有二代濕地松林，生長良好。不少地區還建有母樹林與種子園，廣東臺山1964年新建之紅嶺種子園已大量結實，并用於育苗造林。1973年後濕地松在我國南方十餘省市迅速推廣。造林面積不斷擴大。另本屬中尚有斑克松、加那利松、加勒比松、小幹松、千枝松、短葉松、恩氏松、光松、阿勒頗松、約弗松、平滑葉松、琉球松、麥根松、西部白松、歐洲山松、粗糙松、歐洲黑松、奥地利黑松、卵果松、長葉松、日本五針松、展松、海岸松、意大利松、美國黄松、輻射松、剛松、野松、沙濱松、晚松、美國白松、歐洲赤松、陶松、熱帶松、矮松、花旗松等我國亦有引種，生長表現不盡一致，有待進一步試驗、選擇。

檸檬桉

近現代引種林木名。桃金娘科，桉屬，檸檬桉（*Eucalyptus citriodora* Hook.f.）。常綠喬木。樹皮灰白或紅灰色，片狀剥落。單葉互生，狹披針形，具强烈檸檬香味，故名。其花三至五朵成傘形花序，再排列成圓錐花序。蒴果卵狀壺形。原産大洋洲。主要分布於澳大利亞昆士蘭州中部及東北部沿海地區。爲優質速生用材樹。木材硬重强韌，易加工，爲一級鋸材。可供建築、坑木、造船等用。葉可提取桉油，可供食品、化工、醫藥等原料。我國引種檸檬桉已逾百年歷史。初爲庭園觀賞樹木，近年作爲用材樹廣泛栽培。今兩廣、閩、川、滇等地栽培面積已逾7萬公頃，生長良好。我國引種桉屬植物，始於清末，1894年至1896年駐意大利領事館最先引入華南地區，植於廣州、福州供觀賞。1890年前後引入廣西龍州，1898年植於原嶺南大學，1917年引入廣西北海等地。1896—1900年英國海關人員於雲南公路及海渠栽植桉樹。1912年厦門鼓浪嶼引進桉樹，1920年推廣至廣東汕頭及韓江流域，1926年於廣東英德與湖南衡陽苗圃培育桉樹苗木，1927年於雷州半島種植桉樹。1933年陳嶸《造林學各論》著録十一種，1937年又於《中國樹木分類學》收録十二種；1954年侯寬昭《中國栽培的桉樹》記述桉樹學名二十六種；1956年陳焕鏞《廣州植物志》載廣州栽培桉樹計四種。據1978年廣東雷州林業局編《桉樹栽培與利用》載：我國引種桉樹約300餘種，現栽培者有200餘種。并附名録211種。桉樹已成爲華南各地栽培最多的闊葉用材樹種。爲大力發展桉樹栽培與全面開發利用桉樹資源，“六五”“七五”期間桉樹良種選育正式列入國家攻關課題，此間中國林業科學研究院與澳大利亞國際農業研究中心（ACIAR）開展國際合作研究項目，國家林業部成立了桉樹研究中心，完成了一些重要桉樹的種源試驗工作，提出了尾葉桉、細葉桉、赤桉、藍桉、巨桉、直幹藍桉的“適地、適樹、適種源”技術，同時選育出了一批有希望的育種材料。隨着引種工作的不斷發展，桉樹在我國的栽培面積將不斷擴大，引種的種類、家系、無性系也將不斷豐富。

鐵刀木

近現代引種林木名。豆科，臘腸樹屬，鐵刀木〔*Senna siamea*（Lam.）H. S. Irwin & Barneby〕。常綠喬木。高達20米，胸徑約40厘米。偶數羽狀複葉，小葉六至十二對，橢圓形。圓錐花序頂生，花大，黄色。莢果扁平，紫褐色，被褐色細毛，開裂。種子扁圓，黑褐色。原産印度南部、緬甸、泰國、越南、斯里蘭卡、菲律賓等國。鐵刀木花大且美，可植爲行道樹或防護林。亦可飼養紫膠蟲。木材栗褐色或黑褐色，甚堅硬，强度大，可製高級傢具、樂器、舟車或供室内裝修、橋梁、地板、雕刻用材。亦可用爲薪炭。我國引種鐵刀木以雲南較早，西雙版納傣族同胞早已栽植以爲薪柴。海南、廣西、福建、臺灣等地亦有引種栽培。本種可用頭木作業經營薪炭林，每三五年采伐一次，可連續應用數十年不衰。培育用材林五十年高 20 米，胸徑可達 1 米。可在我國華南南部、雲南南部擴大栽培。向北擴展則需預防冬季凍害。另，本屬植物約六百種，多分布於熱帶與亞熱帶地區。除本種外我國還引種“波斯皂莢”“有翅决明”“大葉决明”“爪哇决明”“密葉决明”“美麗决明”“紅花扁豆樹”及“黄槐”等。大多作爲觀賞樹木或特用經濟植物栽培，生長尚好。

火炬樹

近現代引種林木名。漆樹科，鹽膚木屬，火炬樹（*Rhus typhina* Linn.）。落葉灌木或小喬木。奇數羽狀複葉，互生，小葉十一至十三枚，長圓形至披針形，上面深緑色，背面蒼白色，均被茸毛。花單性，雌雄异株；直立圓錐花序頂生，花小，密生，淡緑色；雌花花柱具紅色刺毛。小核果扁球形，被紅色短刺毛，聚生爲緊密之火炬狀果穗，種子扁圓形，黑褐色，光澤。原産北美洲，廣布於加拿大東南之魁北克、安大略省及美國中部之佐治亞、印第安納、衣阿華等州。果實味酸，可製“印第安檸檬汁”飲料。樹皮及葉含鞣質。根皮、樹皮可入藥。種子含油蠟，可爲工業原料。根部萌蘖力極强，爲優良水土保持及薪炭林樹種。其果穗如鮮紅形火炬，故得是名，又秋葉鮮紅，可爲風景區之觀賞樹木。我國於 1959 年由中國科學院植物研究所北京植物園開始引種，1974 年以後向全國各地推廣，目前黄河流域各省區廣有栽培，主要用於荒山緑化兼作鹽碱荒地風景林樹種。今北京、山東、山西、陜西、寧夏等二十餘省、市、自治區有栽培，大部生長良好，可逐步推廣并大力開發利用。亦稱“加拿大鹽膚木”。

【加拿大鹽膚木】

即火炬樹。今稱。見該文。

紫穗槐

近現代引種林木名。豆科，紫穗槐屬，紫穗槐（*Amorpha fruticosa* Linn.）。落葉灌木。幼枝密被柔毛。奇數羽狀複葉，小葉十一至二十五枚，窄橢圓形或橢圓形。穗狀花序集生於枝條上部，花冠濃紫色。莢果長圓形，彎曲、下垂，棕褐色。具瘤狀腺點。原産北美洲。從加拿大南部至美國佛羅里達州及墨西哥均有分布。紫穗槐雖屬灌木，然用途頗廣：枝條爲良好編織材料；嫩枝葉可作緑肥及飼料；花爲優良蜜源；種子可榨油；其根具根瘤菌，爲改良土壤、保持水土、護坡、護路之優良灌木樹種。我國自 20 世紀初開始引種，初爲公園觀賞樹。50 年代後，自東北南部、華北、西北東南部以南至華中、長江流域及華東等地廣泛栽植，成爲營造喬灌木混交林、土壤改良林、水土保持林、薪炭林之重要樹種。今俗稱“棉槐”“椒條”“穗花槐”“紫翠槐”“苕條”“紫花槐”。

【棉槐】

即紫穗槐。因其枝綿軟柔韌，可用爲編織，

故名。今東北、華北、華東等地多俗用此稱。見該文。

【椒條】

即紫穗槐。今東北各地多俗用此稱。見該文。

【穗花槐】

即紫穗槐。因其花序穗狀，故名。今内蒙古、山西、山東等地多俗用此稱。見該文。

【紫翠槐】

即紫穗槐。今内蒙古、山西等地多俗用此稱。見該文。

【苕條】

即紫穗槐。今吉林各地多俗用此稱。見該文。

【紫花槐】[2]

即紫穗槐。其花色紫，故名。今河南、山東等地多俗用此稱。見該文。

銀合歡

近現代引種花木名。豆科，銀合歡屬，銀合歡〔*Leucaena leucocephala* (Lam.) de Wit〕。常緑小喬木，或呈灌木狀。二回偶數羽狀複葉，羽片五至十七對；小葉十至十五對，條狀橢圓形。頭狀花序，一至三枚腋生，花白色，微香。莢果薄帶狀。原産美洲熱帶地區。銀合歡生長迅速，二年生粗達9厘米，五年生高達15~20米，每公頃生産乾物質20~30噸，是良好紙漿原料及薪炭材。嫩莢及種子可食。葉可作飼料或漚製緑肥。樹皮可提取栲膠。亦可供觀賞。早在19世紀我國臺灣地區已引種栽培，内地引種銀合歡至少亦有百餘年歷史。廣東、海南、廣西、雲南、四川、福建、臺灣等地都有栽培。本屬約四十種，我國引入數種，其中最早引入者爲夏威夷型；引種較多者除此種之外，還有薩爾瓦多型，即新銀合歡。生長均較好，可作爲荒山造林、土壤改良、水土保持及薪炭林樹種廣爲推廣。本種亦稱"白合歡"。

【白合歡】

即銀合歡。今稱。見該文。

廣玉蘭

近現代引種花木名。木蘭科，北美木蘭屬，廣玉蘭（*Magnolia grandiflora* Linn.）。常緑喬木。原産地高可達30米。胸徑1.5米。單葉互生，厚革質，橢圓形。花單生枝頂，狀似荷花，大形，白色，具芳香。聚合果圓柱狀，密被銹色絨毛，蓇葖卵圓形。原産北美洲東南部，主要分布於美國北卡羅來納州東南部至密西西比州、路易斯安娜州、德克薩斯州東部及佛羅里達半島等地。本種被譽爲"美國森林中最華麗的觀賞樹木"。可植於庭院緑化觀賞。木材不翹不裂，可供百葉窗、傢具、箱盒、室内裝修等用材。花可入藥，亦可提取芳香油。我國引種至少已有百年歷史。今黄河以南各地廣玉蘭生長良好，其中不少是以紫玉蘭（*M. liliflora* Desr.）爲砧木嫁接而成，其樹幹較矮，樹姿優美，更宜於觀賞。今亦稱"洋玉蘭""荷花玉蘭"。

【洋玉蘭】

即廣玉蘭。因引自西洋，故名。今江蘇南京等地多行用此稱。見該文。

【荷花玉蘭】

即廣玉蘭。因其花形似荷花，故名。今稱。見該文。

一品紅

近現代引種花木名。大戟科，大戟屬，一品紅（*Euphorbia pulcherrima* Willd. ex

Klotzsch)。常緑灌木。莖光滑，具乳汁。單葉互生，卵狀橢圓形至披針形；生於下部之葉緑色，全緣或淺波狀或淺裂，葉背生柔毛；生於枝端之葉較狹，常全緣，開花時朱紅色。杯狀花序多數，頂生，總苞淡緑色；花叢生，紅色。原産墨西哥及中美洲。我國於20世紀初已由華僑引入，植於廣州及厦門等地。20世紀30年代，在京、津、青島、濟南、鄭州、西安及長江流域各大城市便有温室盆栽。60年代又擴及中小城市，栽培更爲普遍，80年代又引入矮化品種，各地居室多有栽培，唯北方多行盆栽，冬季需保温方能越冬。因花開於冬季，故亦稱“老來嬌”“聖誕樹”；其花及近頂葉朱紅色，又名“猩猩木”。按本植物近枝頂之數葉常於開花時變爲朱紅色，與下部緑葉相映成趣，十分美觀，然其爲葉，形似苞片，實非花之苞片。

【老來嬌】

即一品紅。因其花冬開，頂葉朱紅，如人之老而彌嬌，故名。今廣東廣州等地多行用此稱。見該文。

【聖誕樹】

即一品紅。因其花冬開，適逢西方之聖誕節，故名。今廣東廣州等地多行用此稱。見該文。

【猩猩木】

即一品紅。因其花及頂葉於花放時呈猩紅色，故名。今稱。見該文。

歐榛

近現代引種堅果名。樺木科，榛屬，歐榛(*Corylus avellana* Linn.)。落葉灌木，偶呈喬木狀。樹高4~8米。枝多直立，幼枝被短絨毛。單葉互生，卵形至長圓形。花單性，雌雄同株，葇荑花序，雄花無花被。堅果，卵形或近圓形，褐色，果苞包被。原産歐洲及亞洲西部之黎巴嫩、叙利亞、伊朗等地。本種爲榛屬中分布最廣、價值最高之栽培種。種仁可生食或炒食，亦可榨油以爲食用或作香料、製皂、繪畫及工業原料。木材微紅，可製柄把、飛機部件。葉可爲烟葉之代用品。本種有紫榛、黄葉榛等變種。我國陝西、河北、遼寧、北京等地有引種。1972年遼寧大連經濟林研究所從意大利、保加利亞及阿爾巴尼亞引進之歐榛不同栽培種，播種後當年高達65厘米，定植三四年即形成樹冠，并可開花。倘能克服冬季抽乾現象，本種有望成爲我國重要經濟樹種。

人心果

近現代引種雜果名。山欖科，人心果屬，人心果〔*Manikara zapota* (Linn.) van Royen〕。常緑喬木。單葉互生，卵狀橢圓形至橢圓狀披針形。花單生葉腋，花冠罌狀，白色。漿果卵球形或圓錐形，外果皮具紅褐色毛，果肉黄褐色，半透明，肉質多汁。種子倒卵形，亮黑色。原産墨西哥南部、中美洲及西印度群島。今世界熱帶地區各地多有栽培。果可生食，亦可加工飲料。枝幹及未成熟果實富含單寧與膠乳，可爲粘着劑及口香糖原料。木材堅重耐用，可供建築、地板、橋梁、枕木、柄把、滚軸用材。我國廣東、海南、廣西、福建有引種，適生於熱帶低海拔平原及瀕海沙壤土地區。可選避風温暖處推廣栽培。今別稱“赤鐵果”“芝果”。

【赤鐵果】

即人心果。今稱。見該文。

【芝果】

即人心果。今稱。見該文。

腰果

近現代引種雜果名。漆樹科，腰果屬，腰果（*Anacardium occidentale* Linn.）。常緑喬木。高10餘米，樹冠開張；具乳汁。單葉互生，革質，長圓形或倒卵形。花雜性，雄花與兩性花同株，呈頂生圓錐花序，花小，芳香。堅果腎形或心形。原產西印度群島及中美洲。巴西、秘魯、墨西哥等國熱帶雨林中有分布。腰果爲著名熱帶乾果，種仁含油率高達百分之四十，炒食味如花生，亦可加工硬化巧克力、高級點心及油炸鹽漬食品。果殼亦可榨油供防腐劑、防水劑、油漆、絶緣材料及藥用。花托形成之假果可生食，或加工、釀酒，亦可入藥。樹皮可提製鞣質與染料。樹皮與根可入藥。木材可用於造船。腰果於16世紀由巴西傳入南歐及馬達加斯加島，遂傳入印度與東南亞，漸廣植於世界熱帶地區。我國於20世紀30年代從東南亞引入，先植於海南島與臺灣島。現海南、臺灣、福建、廣東、廣西、雲南等地都有栽培，而以海南及雲南之西雙版納種植較多，生長良好，亦可正常開花結實。可在上述地區進一步擴大栽培。本種亦稱“鷄腰果”“檟如樹”。

【鷄腰果】

即腰果。因其果似鷄腎，故名。今稱。見該文。

【檟如樹】

即腰果。今稱。見該文。

榴槤

近現代引種雜果名。錦葵科，榴槤屬，榴槤（*Durio zibethinus* Rumph. ex Murray）。常緑喬木。高達20~30米。單葉互生，長橢圓形，革質。花大，鐘形，下垂，白色或黄白色。果實卵形、球形或橢圓形，成熟時黄色，表面具多數粗大木質刺。種子如栗，外被乳白色肉質假種皮，可食。一般認爲原產於印度、馬來半島一帶。馬來西亞、菲律賓、印尼、緬甸、斯里蘭卡、泰國、越南等地有栽培。果實可生食，亦可作果醬、飲料或加工成菜肴與調料。木材極堅硬，應用頗廣，1925年傳入歐洲，繼之又傳入美洲，1932年日本東京首次上市。我國在廣東、廣西、雲南、臺灣及海南等地引種栽培。本種亦作“留連”。亦稱“韶子”“麝香猫果”。

【留連】

同“榴槤”。爲馬來語（Durio）稱，謂其果具刺。今稱。見該文。

【韶子】[2]

即榴槤。今稱。見該文。

【麝香猫果】

即榴槤。今稱。見該文。

麵包樹

近現代引種雜果名。桑科，波羅蜜屬，麵包樹〔*Artocarpus* altilis（Parkinson）Fosberg〕。喬木。原產地樹高10~15米。爲著名熱帶果樹。果直徑1~15厘米，無種子。切片後油炸或火烤，味香似麵包，故名。原產馬來群島及太平洋熱帶島嶼，常見於高温高濕之沿海地區。果可食以當蔬或煮粥，俚民常用以度荒。我國海南島有引種，南部生長尚好，北部則因寒冷不能越冬。

蘆甘果

近現代引種雜果名。楊柳科，刺籬木屬，蘆甘果（*Flacourtia rukam* Zoll.et Mor.）。小喬木。單葉互生，卵狀矩圓形。核果漿果狀，近球形，成熟時暗紅色，頂端有宿存花柱。原產馬來西亞與非律賓。果酸甜多汁可食。幼果汁及根、葉可入藥。我國粵、臺等地有引種。1962年海南島引種生長良好。亦稱“大葉刺籬木”“羅庚梅”。

【大葉刺籬木】

即蘆甘果。今稱。見該文。

【羅庚梅】

即蘆甘果。羅庚（Rukam），即本種定名人，以其名名果，故名。今稱。見該文。

鱷梨

近現代引種雜果名。樟科，鱷梨屬，鱷梨（*Persea americana* Mill.）。常緑喬木。單葉互生，革質，矩圓形、卵形至倒卵形。圓錐花序頂生，花小，多數，密集，淡緑色。果實爲大型肉質核果，黄緑色或紅棕色，其形卵狀或球形，然多爲梨形，故名。單果重達500克。原産熱帶美洲，其天然分布北自北美洲南部，南達秘魯、巴西。此外，西印度群島、夏威夷群島、印度、馬達加斯加、澳大利亞之昆士蘭州、地中海地區及日本南部都有栽培。果實爲營養價值極高之熱帶水果，可鮮食，亦可涼拌當蔬佐餐。果肉可提取不乾性油供食用或醫用。我國臺灣省自1918—1931年先後多次引種，今兩廣南部、閩、浙及海南等地有引種栽培。各地均已開花結實。其中海南那大十年生鱷梨胸徑達20厘米。引種試驗證明，可在上述地區推廣發展。今亦稱“油梨”“牛油果”。

【油梨】

即鱷梨。因果肉可提取油脂，故名。今稱。見該文。

【牛油果】

即鱷梨。今稱。見該文。

第五章　珍稀瀕危木果説

第一節　珍稀木果考

珍稀木果是指特别珍貴而又稀有的樹木。我國古代將此類樹木稱爲“珍木”，如《文選·劉楨〈公讌詩〉》：“月出照園中，珍木鬱蒼蒼。”李善注引《新語》：“楩梓豫章，立則爲衆木之珍。”晋王嘉《拾遺記·秦始皇》：“始皇起明雲臺，窮四方之珍木，搜天下之巧工。”珍木亦稱作“珍林”。漢馬融《廣成頌》：“珍林嘉樹，建木叢生。”其中珍稀之果又稱“珍果”。《後漢書·東平憲王蒼傳》：“帝以蒼冒涉寒露，遣謁者賜貂裘，及大官食物珍果。”金元好問《臨錦堂記》：“嘉花珍果，靈峰玉湖，往往而在焉。”顯然，上述之“珍木”“珍林”“珍果”，是指珍貴的樹木、林木或果品（果木）。

本節所言之珍稀木果，與上述珍木含義有所不同。從保護自然資源的意義上講，是指我國特有、分布區域狹窄、生存環境比較獨特、居群不多、植株稀少、或分布區域雖廣但零星分散的木本植物。這些樹木多爲單種屬或寡種屬植物，特别稀少而珍貴，衹要致危因素發生影響，極易形成漸危或瀕危的物種。

植物的繁衍發展與大自然和人類的活動密切相關。人們知道，地球上生物發展至少已歷三十多億年，在史前期主要受自然因素的影響。此間經歷了無數次地史與氣候變遷，逐漸由低等生物演變爲高等生物。至新生代（距今約六千萬年），生物進化進入關鍵時期，中新世（距今約一千八百萬年），古生物開始向現代生物演變，逐漸形成現代植物類群。當今地球上的多數生物種類那時多已出現。但是到第四紀（距今約二百萬年），地球上温度普遍降低，屢次出現大範圍的冰川，極度嚴寒使衆多的生物種類慘遭滅絶之灾，植物界受害尤重。冰川過後，劫後餘生的各種生物再度繁衍昌盛，自然植被的分布與各地區主要植物種類，奠定了與今日基本相似的面貌。此後，距今大約六七千年乃至近萬年内，地球再未遭受類似的灾害，那時所形成的植被分布與植物種群特徵，一直延續到今天。

人類登上歷史舞臺後，其生存發展無不與森林植被密切相關。如第一章《總論》所述，自然植被與天然木果資源，首先成爲人類賴以生存、禦敵、生息發展的物質條件。人類在開發利用這些植物資源中得到發展。其後，又爲了自身的需要，先是有限地采集利用，逐漸發展到無節制地開發這些資源，再加兵燹、田獵、大興土木、外强擄掠等，致使森林植被遭到破壞以致毀滅。進入20世紀以來，由於人口劇增，農業、工業、交通、城鎮建設和社會消費的增加，人類向大自然索取的植物資源（森林、藥物、觀賞等）與日俱增，甚至達到掠奪式的利用，以致使森林面積鋭減，植被破壞，導致許多植物失去賴以生存的自然環境而處於極其稀少甚至瀕臨絶滅的境地。

在與森林樹木長期相依共存的過程中，人們逐漸認識到植物是人類生命的源泉，保護植物即是保護人類自己。我國古代，先民早已認識到“構木爲居，焚林而田，竭澤而漁”是使萬物不繁的主要原因；“焚林而獵”“燒燎大木”勢必影響到一個國家的興衰存亡。（見《淮南子・主術訓》等）反之，“草木疇生，禽獸群焉”（《荀子・勸學》），維持生物的多樣性，是人類生存發展的必要條件。因此，我國歷代都很重視保護林木和植被，發展林業生産。周代曾設山虞、林衡、封人、掌固、職方氏及載師、閭師、山師等以掌管山林政令，此後各代均有相應的機構和職官管理山林資源的開發利用。春秋戰國時期，人們已意識到森林的鋭減所造成的危害，指出“山林雖廣，草木雖美，禁發必有時”（《管子・八觀》），并强調防止火灾保護林木，如《管子・立政》所言“君之所務者五，一曰山澤不救於火，草木不植成，國之貧也……故曰山澤救於火，草木植成，國之富也”，等等。從生産實踐上看，也有值得稱道的舉措。如歷代封建王朝都建有規模可觀的林苑，苑中廣攬博收，彙集有各地的珍稀木果。漢代以後宗教興起，南北朝時漸至興盛，隨着佛道文化的發展，寺院經濟亦趨繁榮，寺院道觀占地陡增，一大批珍稀樹木被視爲“禪林”而免於斧斤，被完好地保存。再者，地主莊園經濟在我國歷史上占有相當重要的地位，總論中對此已作了較充分的論述。各時期的地主莊園都搜集有多種珍稀樹木，所有這些，客觀上都起到了保護珍稀樹木的作用，特别是寺院禪林從不動用斧斤，成爲歷史上最早的“植物保護區”，搜集保護了一大批珍稀木果資源。今時人們所能見到的諸多古樹名木、奇樹异果，大都保存於寺院宫觀之中。

然而，真正認識并從實際上認真加以保護植物，則是近年的事。這是由於人們越來越清楚地認識到，人類要生存下去，必須走可持續發展的道路，處理好人口、資源、環境和可持續發展的關係，合理地控制人口，采取合理利用、保護和發展相結合的方針，開發自然資源，保護好人類生存環境，維持自然界的生態平衡，纔能確保人類的繁榮昌盛。要保護環境，維持生態平衡，合理利用自然資源爲人類的生産、生活服務，就必須重視生物多樣性，保護各種生物種質資源，特别是珍稀瀕危植物種類，這些已被世界上許多國家的政府、學術團體和機構以及科學家所普遍重視，并采取了一系列行之有效的措施。我國自1977年以來，先後加入了一些自然保護國際組織，在政府和有關單位設立了相應的組織，建立、健全了機構，頒布或草擬了一些相關法令。進入20世紀90年代以後，我國野生植物保護工作取得了長足發展，基本形成了具有一定規模、覆蓋相當面積的自然保護網，使一大批有代表性的生物物種和生態系統得以完好地保存，有效地保護了衆多珍稀野生植物資源。1984年公布了我國第一批珍稀瀕危保護植物名録（即國家重點保護植物名録）。1982年7月，在國務院原環境保護委員會領導小組辦公室和中國科學院植物研究所主持下，編寫了《中國植物紅皮書》，收列珍稀瀕危保護植物三百八十八種（含變種），其中定爲瀕危者一百二十一種，漸危植物一百五十七種，稀有植物一百一十種。爲一大批珍稀植物得到有效保護打下良好基礎。其中包括我國特有而又屬古老孑遺樹種，如水杉、銀杏、羊角槭、傘花木、杜仲、銀鵲樹、觀光木、連香樹；古老、稀有珍貴、分布狹窄、用途極廣的貢山三尖杉、土沉香、見血封喉、海南龍血樹、巴戟天；我國獨有、極其稀少、具有極高觀賞價值、深受世人喜愛的珙桐（鴿子樹）、金花茶、大樹杜鵑、猬實、廟台槭、香木蓮、華蓋木等。

木節所收珍稀樹木六十八種，俱爲國家公布之珍稀瀕危保護植物名録所列種類。所有樹種均以筆畫爲序排列。每種主要介紹其類屬、通用名、拉丁學名、形態特徵，産地分布、用途等。然後考釋其起源、現狀、列入保護植物的原因、保護級别與措施。但各類不再逐一標示林木、花木、核果、仁果等，以及喬、灌、藤類。因篇幅所限，上述内容僅作簡要説明，不盡之處請參閲《中國植物紅皮書》(科學出版社 1991 年版)、宋朝樞等《中國珍稀瀕危保護植物》(林業出版社 1989 年版)。另，本考主要在於考釋樹種的生存及保護狀況，各樹種的异名、别稱衹在釋文中略予提示，不再另列附條詳述。

十齒花

珍稀林木名。十齒花科，十齒花屬，十齒花(*Dipentodon sinicus* Dunn)。落葉小喬木。小枝具棱。葉互生，長卵圓形或披針形。傘形花序，腋生，花小，白色。蒴果革質，略呈橢圓形，被灰褐色長柔毛。種子紡錘形，黑褐色。我國主要分布於滇、黔、桂、藏諸地，多見於山坡疏林中。本種爲單種屬植物，其花萼與花冠近同形，二輪緊密排列爲十齒狀，故名。在植物分類學上占有一定地位，目前森林遭破壞，資源漸減，且無人工繁殖，故 1984 年列爲國家二級保護植物。

三棱櫟

珍稀林木名。殼斗科，三棱櫟屬，三棱櫟〔*Trigonobalanus doichangensis* (A. Camus) Nixon & Crepet〕。常緑喬木。幼枝被銹色柔毛。單葉互生，橢圓形，革質；托葉三角形。花單性，雌雄同株，雄花序曲折，單生葉腋；雌花序生於雄花序上方。瘦果具三翅，寬卵圓形，殼斗内密被銹色絨毛。我國僅散生於滇南瀾滄、孟連、西盟、勐臘等地之海拔 1000~1900 米處。本種爲殼斗科較原始類型。這一新種的發現，對研究殼斗科植物的演進具有學術價值，受到植物學界高度重視。由於分布狹窄，數量極少，已處瀕危狀態。1984 年列爲國家二級保護植物。

大果青扦

珍稀林木名。松科，雲杉屬，大果青扦(*Picea neoveitchii* Mast.)。常緑喬木。樹皮灰色，呈鱗狀塊片脱落。葉四棱狀條形或近方形，常彎曲。球果爲國内同屬中最大者，近圓柱形，兩端常窄縮，成熟時淡褐或褐色，稀帶黄緑色。種子倒卵圓形，種翅寬大，倒卵狀。我國主要分布於鄂西北、陝西、甘肅天水及白龍江流域海拔 1300~2000 米地帶。木材供建築、電杆、傢具、土木工程及木纖維原料。爲我國特産珍稀高山造林樹種，其數量極其稀少，1984 年列爲國家二級保護植物，1992 年林業部列爲國家二級保護樹種。按，該種曾被誤認與青扦同種，然球果形狀、大小均不盡相同，産地亦有差异，今分爲二種。亦作“大果青杆”。亦稱“青扦杉”“紫樹”“瓜松”“大果雲杉”。

山紅樹

珍稀林木名。紅樹科，山紅樹屬，山紅樹(*Pellacalyx yunnanensis* Hu)。常緑喬木。高可達 30 米，小枝粗狀，有條紋。單葉對生，披針形。花白色，單生或叢生葉腋。果單生，暗黄色。果柄較長。種子小，多數，矩圓形，黑褐色。我國僅分布於滇南勐臘縣。木材可供一般建築、農具等用材。樹皮可提取栲膠。本種爲我國特有樹種，對研究植物區系分布具重要意義。因種子細小，天然更新能力極差，加之分布區狹窄，數量極少，1984年列爲國家三級保護植物。

水杉[2]

珍稀林木名。柏科，水杉屬，水杉（*Metasequoia glyptostroboides* Hu et W. C. Cheng）。落葉喬木。高可達35米，樹幹基部常膨大；大枝斜展，樹冠呈圓錐形。葉條形，無柄，交叉對生，在側枝上排成羽狀二列，冬季與側生無葉短枝同時脱落。花單性，雌雄同株；雄球花單生枝頂或葉腋，多數組成總狀或圓錐狀球花序；雌球花單生去年枝頂或近頂處。球果下垂，當年成熟。種子扁平，具翅。水杉原産我國，僅分布於川東、鄂西南及湘西北山區。其樹姿優美，生長迅速，爲園林緑化及南方水網區重要造林樹種。木材可供建築、傢具、船舶用材及造紙原料。水杉爲中生代白堊紀及新生代孑遺樹種，曾廣布於歐亞及北美大陸，經第四紀冰川後大部已滅絶，僅少量殘存於我國。20世紀40年代初，我國植物學家干鐸、王戰先後於重慶謀道溪等地發現，樹齡約四百餘年生。嗣後又有多位植物采集家在湖北利川之紅板演、汪家營、老屋基、水杉壩、岡寶石等地相繼發現。其蠟葉標本初經鄭萬鈞鑒定爲松柏科之新屬，後經胡先驌研究以爲與日人三木茂於1941年新發表古植物新屬“變形世界爺”爲同屬，遂予定名。又經美國加州大學古生物學家錢耐調查考證，以爲本種亦曾生於北美，然於冰川期後盡皆絶迹。水杉在中國發現，全球生物學界爲之震動，認爲此乃生物學界20世紀最重大之發現。水杉亦被譽爲“植物活化石”。對研究古植物、古氣候、古地理和地質學及裸子植物系統發育均具重要意義。自1984年以來，國内各地相繼引種，栽培區域逐步擴大，現北起長城、遼寧南部，南至兩廣、雲貴高原，東臨黄海、東海之濱及臺灣省，西至四川盆地均有栽培。80年代後，引種遍及亞、非、歐、美等五十多個國家地區，多數引種成功，生長良好。1984年其原種被列爲國家一級保護植物，1992林業部列爲國家一級保護樹種。

水青樹

珍稀林木名。昆欄樹科，水青樹屬，水青樹（*Tetracentron sinense* Oliv.）。落葉喬木。高可達40米。單葉互生，紙質，心形至寬卵形。穗狀花序，生於短枝端部，常下垂，花被緑色或黄緑色，多四朵爲一簇，互生於花序軸上。四蓇葖輪生，長橢圓形，棕色，腹縫開裂。我國主要分布於陜、甘、川、鄂、湘、雲、貴及藏南諸地，多見於海拔1100~3500米之山地。其材質堅，結構密，紋理美，可供傢具、造紙與農具等用材。樹形美麗，亦可供觀賞。本種爲古老孑遺植物，我國特有，爲單科單屬植物，素稱“冰川元老”，在植物學研究中具有重要價值，1984年列爲國家二級保護植物，1992年林業部列爲國家二級保護樹種。按，本種原屬木蘭科，今已單列爲水青樹科。參閱鄭萬鈞《中國樹木志・水青樹科》“水青樹”文。

四數木

珍稀林木名。四數木科，四數木屬，四數木（*Tetrameles undiflora* R.Br.）。落葉大喬木。高可達45米。樹幹粗，基部具板根；枝粗狀，葉痕大而圓。單葉互生，寬卵形，紙質，早落。

花單性，雌雄异株，先葉開放，雄花爲頂生圓錐花序，雌花序穗狀單生枝頂。蒴果卵形，具四條綫，黄褐色。種子細小，多數，微扁。我國僅分布於雲南西雙版納。木材是製造舢板的理想用材，亦可供臨時建築及輕箱板用材。本種爲東南亞熱帶雨林之典型上層落葉喬木，我國爲其分布北限，可見於海拔 500~700 米石灰岩山地雨林中。在植物分類學研究中具一定價值。目前其數量稀少，加之雌雄异株，天然授粉結實困難，資源日漸减少。1984 年列爲國家二級保護植物，1992 年林業部列爲國家二級保護樹種。

白菊木

珍稀林木名。菊科，白菊木屬，白菊木（*Leucomeris decora* Kurz）。落葉小喬木。高達 4 米。幼枝被白色絨毛。單葉互生，橢圓形至矩圓狀披針形，全緣或具疏鋸齒，背面生白色柔毛。頭狀花序於枝頂排列成傘房花序，有小花四至六朵，花冠筒狀，白色。瘦果，長圓形，被淡紅色冠毛。我國僅分布於雲南南部和西部山地。樹皮供藥用。本種爲寡種屬，我國所特有，亦菊科少有之木本植物，在菊科植物分類學上占有一定地位。1984 年列爲國家三級保護植物。

西藏長葉松

珍稀林木名。松科，松屬，西藏長葉松（*Pinus roxburghii* Sarg.）。常緑喬木。高可達 50 餘米，胸徑逾 1 米。大枝斜展，小枝粗壯。葉三針一束，纖細而光緑，長且下垂。球果長卵圓形，下垂。種子較大，與種翅合生。我國主要分布於喜馬拉雅山南坡，藏南地區爲其自然分布之北限，常見於海拔 1800~2400 米山地。木材可供建築、傢具用材。樹皮、枝、葉可提取栲膠、松節油和割取松脂。本種爲國産松樹中針葉最長者，可達 20~35 厘米。爲稀有樹種，具有較高之生産及科學研究價值。1984 年列爲國家三級保護植物，1992 年林業部列爲國家二級保護樹種。今亦稱“喜馬拉雅長葉松”。

任木

珍稀林木名。豆科，任豆屬，任木（*Zenia insignis* Chun）。常緑喬木。奇數羽狀複葉，互生。小葉長圓狀披針形，葉背密被白柔毛。花兩性，聚傘狀圓錐花序，頂生，花瓣紅色。莢果褐色，長圓形，不開裂。種子扁圓形，茶褐色，平滑，光亮。我國主要分布於滇、黔、桂、粵、湘諸地。本種抗逆性强，能耐高温、乾旱及土壤貧瘠，爲瘠薄山地、乾旱河谷、火燒迹地營造用材林、薪炭林之理想樹種。木材可爲傢具及民用建築良材。葉可作肥料。枝幹可放養紫膠蟲。任木爲我國特有單種屬植物，對蘇木科和蝶形花科之間的演化具有重要研究價值。目前因過度濫伐，野生資源日漸稀少，1984 年列爲國家三級保護植物。本種亦稱“翅莢木”“任豆”“米杠”“科尚”。

多果欖仁

珍稀林木名。使君子科，欖仁屬，多果欖仁（*Terminalia myriocarpa* Huerck et M.-A.）。常緑或半常緑大喬木。高可達 45 米，胸徑近 2 米。具大板根。單葉對生，厚紙質。總狀花序，花紅色。瘦果細小，紅色，具三膜質翅。我國主要分布於雲南西雙版納、臨滄地區熱帶林中，廣西南部、西藏墨脱亦有分布。木材可供建築、舟車、傢具等用材。本種天然分布區狹小，資源數量甚微，1984 年列爲國家三級保護植物。

今亦稱“千果欖仁”。

舟山新木薑子

珍稀林木名。樟科，新木薑子屬，舟山新木薑子〔*Neolitsea sericea*（Blume）Koidz.〕。常緑喬木。嫩枝與幼葉兩面均密被金黄色毛。單葉互生，革質，矩圓形，常聚生枝梢。花單性，雌雄异株，傘形花序簇生於枝端葉腋。漿果狀核果，鮮紅色，具光澤。我國僅分布於浙江舟山群島。上海崇明一帶曾有記載。樹皮可入藥。種子能榨油。亦爲優美之觀賞樹木。對研究植物區系及保存種質資源具一定價值。由於分布區極狹窄，數量稀少，1984 年列爲國家二級保護植物。今亦稱“五爪楠”。

見血封喉

珍稀林木名。桑科，見血封喉屬，見血封喉（Antiaris toxicaria Lesch.）。落葉大喬木。高可達 40 米，胸徑達 1.5 米。莖部有板根；小枝粗糙具節疣，有乳汁。單葉互生，長圓形，兩面較粗糙。花單性，雌雄同株。果卵形，肉質，紅色。種子卵形，微扁。我國主要分布於海南、雲南、廣西、廣東熱帶雨林中。廣西合浦南康現存一株古樹，高約 27 米，樹齡約三百餘年。此樹之乳汁有劇毒，古人多用塗箭頭以攻戰或射獵，可使傷者血凝致死，故名。亦稱“箭毒木”“藥樹”。樹皮纖維細長柔韌，易脱膠，可代麻類。亦爲人造纖維原料。本種爲目前已知毒性最大之植物，對研究當地植物起源及進化歷史有特殊意義，亦可爲研究古地理、古植物之重要資料，其特有毒性對藥用植物研究開發具有很大價值，1984 年列爲國家三級保護植物，1992 年林業部列爲國家二級保護樹種。

秃杉

珍稀林木名。柏科，臺灣杉屬，秃杉（*Taiwania flousiana* Gaussen）。常緑喬木。高可達 75 米，胸徑 2 米以上。樹冠圓錐形，大枝平展，小枝細長。大樹之葉細棱狀鑽形，四面俱有氣孔綫。球果圓柱形或長橢圓形，成熟時褐色。種子長橢圓形或倒卵形，兩側具翅。我國分布於雲南西部之怒江及瀾滄江流域；貴州雷公山、湖北利川星斗山及重慶酉陽等地。材質優良，可供上等傢具、建築、橋梁、電杆、枕木用材。秃杉爲我國珍貴樹種，亦世界聞名之巨樹，樹齡可逾千年，其高、徑均不多見，享有“萬木之王”美譽。因分布範圍小，目前剛行人工栽培。秃杉爲古老孑遺植物，在學術研究中有重要價值。1984 年列爲國家一級保護植物，1992 年林業部列爲國家一級保護樹種。今亦稱“土杉”“杉”“西南臺杉”。

青鈎栲

珍稀林木名。殻斗科，錐屬，青鈎栲（*Castanopsis kawakamii* Hayata）。常緑喬木。高可達 30 米以上，樹皮縱裂。葉互生，長卵形，革質，全緣。殻斗球形，内生堅果一枚，全包；堅果扁圓錐形，密被黄棕色絨毛。我國主要分布於臺灣、福建、廣東、廣西、江西等地。樹形優美，可植庭園供觀賞。木材堅實、耐水、耐腐，爲造船、橋梁、樁柱、枕木、建築之良材。種子含澱粉，可食。殻斗、樹皮可提取栲膠。青鈎栲爲珍貴用材樹種。全球所存數量有限，多數産我國，福建三明市小湖地區有成片青鈎栲林，樹齡平均百年以上，數量之多，從未斧斤，森翠蓊鬱，爲世所罕見。青鈎栲爲第三紀孑遺植物，在植物學及其分類研究中具一定科學價值。1984年列爲國家三級保護植物，後於三明市莘口設立國家自然保護區。今亦稱“格氏栲”“蓑衣”“紅栲”“赤栲”“青鈎錐栗”“吊皮栲”“吊皮錐”。又本屬中又有“華南栲”亦稱“華南錐”，也屬我國特有樹種，目前資源數量極少，亦於1984年列爲國家三級保護植物，1992年林業部列爲國家二級保護樹種。

長葉雲杉

珍稀林木名。松科，雲杉屬，長葉雲杉〔*Picea smithiana*（Wall.）Boiss.〕。常綠喬木。樹冠窄，大枝平展，小枝下垂。葉輻射狀斜上伸展，四棱狀條形，細長。球果粗大，圓柱形，下垂，兩端稍窄，成熟時褐色，有光澤。種子深褐色，具膜質翅。我國僅分布於西藏南部吉隆。長葉雲杉壽命長，樹高可達60米，幹通直，小枝細若垂柳，可植庭園觀賞，亦爲藏南山地造林樹種。木材可供建築、橋梁、傢具及木纖維原料。長葉雲杉爲我國近期發現之新種，在植物學及其分類研究中具一定價值。1984年列爲國家三級保護植物，1992年林業部列爲國家二級保護樹種。其生長地已劃爲特有樹種自然保護區。今俗稱“長葉杉”。

東京桐

珍稀林木名。大戟科，東京桐屬，東京桐（*Deutzianthus tonkinensis* Gagnep.）。常綠小喬木。高8~14米。單葉互生枝頂，卵狀菱形，紙質，葉柄頂端有二盤狀腺體。花單性，雌雄异株，圓錐花序。蒴果橢圓形，具三棱，密被絨毛，頂端具凸尖。種子橢圓形，種皮光亮。我國主要分布於桂西南及滇東南等地。本種爲重要油料植物，其種仁含油率高達49.6%，爲半乾性油。因資源甚少，且本屬僅此一種，在學術研究中具一定價值。1984年列爲國家二級保護植物，1992年林業部列爲國家二級保護樹種。

昆欄樹

珍稀林木名。昆欄樹科，昆欄樹屬，昆欄樹（*Trochodendron aralioides* Sieb. et Zucc.）。常綠喬木。高可達20米，胸徑達4米。葉互生，常密集枝頂，革質，寬卵形或菱狀倒卵形。花兩性，總狀花序頂生，直立，無花被。蓇葖果，褐色。種子黑色，細長。我國僅分布於臺灣省。木材可製傢具。樹皮可製黏膠。樹姿優雅，可供觀賞。本種爲保存在亞洲大陸東部之第三紀孑遺植物，又爲東亞特有之單種屬植物，在學術研究中有重要價值。1984年列爲國家二級保護植物。

版納青梅

珍稀林木名。龍腦香科，青梅屬，版納青梅（*Vatica guangxiensis* S. L. Mo）。常綠喬木。高約40米。樹皮灰白至灰黑色。單葉互生，近革質，矩圓狀披針形。圓錐花序，密被黄色星狀短柔毛；花五瓣，白色或微紅色。果實近球形；宿存五萼片，其中兩片增大呈翅狀。我國主要分布於雲南勐臘。本種爲我國近年發現的特有珍稀樹種，在學術研究中有一定價值。材質好，爲優良用材樹種。分布區狹窄，數量稀少，1984年列爲國家二級保護植物，1992年林業部列爲國家二級保護樹種。又本屬另有“廣西青梅”亦列爲二級保護植物。

金錢槭

珍稀林木名。無患子科，金錢槭屬，金錢槭（*Dipteronia sinensis* Oliv.）。落葉小喬木。

高 10~15 米。奇數羽狀複葉，對生；小葉七至十一枚，長卵形或矩圓狀披針形。圓錐花序腋生或頂生，花雜性，白色。翅果常二枚并生一果枝上，近圓形，成熟時黃色，其中心爲圓盤形種子，頗似兩個串起之金錢，故名。我國主要分布於豫、陜及甘南、鄂西與川、黔東北部，多見於海拔 1000~2000 米之山地常緑闊葉疏林中。爲優美之觀賞樹木。木材可製傢具及其他器具。種子可榨油。本種爲我國特産珍稀植物，分布雖廣，但較零散，天然更新能力較弱，數量頗少，且在學術研究上有重要價值。1984 年列爲國家三級保護植物。

南方紅豆杉

珍稀林木名。紅豆杉科，紅豆杉屬，南方紅豆杉〔*Taxus wallichiana* var. *mairei*（Lemée & H. Lév.）L.K. Fu & Nan Li〕。常緑喬木。小枝互生。葉條形，微彎曲，螺旋狀着生成二列。花單性，雌雄异株；球花單生葉腋。種子倒卵形或寬卵形，微扁。我國主要分布於浙、臺、閩、皖、贛、湘、鄂、滇、黔、川、桂、粵諸地。木材可製農具等。種子可榨油。樹皮可製栲膠。本種爲我國珍稀樹種，分布雖廣，但零星分散，數量有限，資源瀕危。1992 年林業部列爲國家一級保護樹種。今亦稱“美麗紅豆杉”“杉公子”“海羅松”。

香果樹

珍稀林木名。茜草科，香果樹屬，香果樹（*Emmenopterys henryi* Oliv.）。落葉大喬木。葉對生，具長柄，寬橢圓形至寬卵形。聚傘花序排列成頂生大型圓錐花序，花大，白色至淡黃色，花冠漏斗狀，被絨毛。蒴果近紡錘狀，有直綫棱，成熟時紅色，種子多數。我國主要分布於西南地區與長江流域各地。香果樹生長迅速，材質優良，爲雕刻、圖板、樂器、傢具及建築之良材。本種爲我國特有孑遺植物。樹姿挺拔，葉色翠緑，花大且美，是優良用材兼觀賞樹木。香果樹萌芽能力極强，靠根蘖可“獨木成林”，爲難得的珍貴樹種。在學術研究上有一定價值。1984 年列爲國家二級保護植物，1992 年林業部列爲國家一級保護樹種。舊時常以香果木雕刻神像，故亦俗稱“神木”。

紅檜

珍稀林木名。柏科，扁柏屬，紅檜（*Chamaecyparis formosensis* Matsum.）。常緑大喬木。高近 60 米，胸徑達 6.5 米。樹皮淡紅色。生鱗葉之小枝扁平，排成一平面，鱗葉菱形，先端鋭尖。雌雄同株。球果矩圓形或矩圓狀卵圓形，當年成熟。種子卵圓形，稍扁，紅褐色，具光澤，兩側有翅。我國僅分布於臺灣地區，生於臺灣中央山脉、阿里山、北插天山等地。木材供建築、橋梁、舟車、傢具等用材。本種爲我國臺灣特有珍貴用材樹種，亦亞洲最大的樹木，被譽爲“臺灣神木”。在植物學研究中具一定科學價值。臺灣現存 1303 株，阿里山有兩株大樹，其中一株高 57 米，胸徑 6.5 米，單株材積達 504 立方米，樹齡約二千七百年生；又臺中和平拉拉山復興一號神木高 49 米，胸徑 4 米；苗栗泰安拉拉山復興二號神木高 55 米，近地面幹圍 22.7 米，樹齡均在一千五百至二千五百年生，依然枝葉葱蘢，生機蓬勃。紅檜珍貴而稀少，1984 年其原種被列爲國家二級保護植物。1992 年林業部列爲國家二級保護樹種。

連香樹

珍稀林木名。連香樹科，連香樹屬，連香

樹（*Cercidiphyllum japonicum* Sieb. et Zucc.）。落葉大喬木。最高可達40米，胸徑1米餘。單葉對生，寬卵形或近圓形，邊緣鋸齒具腺，脉上略有柔毛。花單性，雌雄异株，無花被。蓇葖果二至六枚，黑色或褐色，微彎曲。種子卵形，褐色，頂端具透明翅。我國主要分布於晋、豫、皖、陝、甘、浙、贛、川、鄂諸地。木材可供建築、傢具、舟車、文體用品及雕刻用材。葉、果可入藥。樹體高大挺拔，可作園林緑化樹種。本種爲白堊紀孑遺樹種，對科學研究與經濟建設均有重要意義。由於過度砍伐，天然更新困難，資源漸減，1984年列爲國家二級保護植物，1992年林業部列爲國家二級保護樹種。今亦稱“五君樹”“山白果”。

馬尾樹

珍稀林木名。胡桃科，馬尾樹屬，馬尾樹（*Rhoiptelea chiliantha* Diels et Hand.-Mazz.）。落葉喬木。高達20米，樹皮灰色或灰褐色。小枝幼時具棱，密被淺黄色皮孔與盾狀鱗片。奇數羽狀複葉，互生，小葉九至十七枚，披針形或長圓狀披針形。花三朵族生，中間爲兩性花，兩側爲不孕雌花；穗狀花序集生成圓錐狀，下垂，宛如拂塵。小堅果圓形或卵圓形，微扁，周圍具膜質薄翅。我國主要分布於廣西北部、貴州南部及雲南東南部局部山地。木材可製傢具、農具，尚可供室内裝修、膠合板、包裝箱等用材，亦可培養香菇。樹皮、葉、果可製栲膠。本種爲單種屬植物，馬尾樹科僅此一種，爲第三紀孑遺植物。因其果穗狀如拂塵又似馬尾，故名。在植物學研究中具有重要地位。1984年列爲國家二級保護植物，1992年林業部列爲國家二級保護樹種。亦稱“穗果木”。

盈江龍腦香

珍稀林木名。龍腦香科，龍腦香屬，盈江龍腦香（*Dipterocarpus retusus* Bl.）。常緑大喬木。高可達45米，胸徑約1.5米。樹幹通直。單葉互生，葉大，長圓形，革質，全緣。花兩性，白或粉紅色，大型，排成總狀花序。果實圓形或卵圓形，密被絨毛，具二枚長大果翅。木材優良，宜爲橋梁、車船、地板、膠合板、傢具、室内裝修用材。樹幹可提取樹酯，具芳香。本種爲東南亞熱帶雨林之代表種，廣布於亞洲熱帶雨林中。我國僅見於滇南盈江及滇東南河口、緑春、江城、屏邊、馬興、金平等地，該地爲本種分布之北限，本種亦爲我國之新紀録種，對研究植物區系及物種資源保存有重要科學價值。由於環境惡化，其生存受到嚴重威脅，目前數量甚少，1984年列爲國家三級保護植物。

海南龍血樹

珍稀林木名。天門冬科，龍血樹屬，海南龍血樹（*Dracaena cambodiana* Pierre ex Gagnep.）。常緑小喬木。具氣根。樹幹短而粗，灰白色。葉扁平，革質，呈劍形。花兩性，橘紅色。漿果橘紅色。僅分布於海南山崖上。本種爲珍貴藥源植物，20世紀70年代發現。其傷流樹脂染成之紫紅色壞死木質，爲“血竭”原料。本種爲目前已知壽命最長的樹種。最長可活八千餘年。此樹現頗爲少見。1984年列爲國家三級保護植物。本種亦稱“雲南波羅雙”。參閲鄭萬鈞等《中國樹木志·龍腦香科·雲南波羅雙》。

琅玡榆

珍稀林木名。榆科，榆屬，琅玡榆（*Ulmus*

chenmoui W. C. Cheng）。落葉喬木。樹體高大，枝下高可達十數米。單葉互生，有托葉。翅果大。我國主要分布於安徽琅玡山地區，江蘇華寶山亦有少量分布。木材可供建築、舟車、傢具等用。樹皮可製宣紙。本種爲我國特有樹種，數量極少，分布零星，1984 年列爲國家三級保護植物。

頂果木

珍稀林木名。豆科，頂果木屬，頂果木（*Acrocarpus fraxinifolius* Wight ex Arn.）。落葉大喬木。高可達 40 米，胸徑逾 1 米。樹幹直，冠圓形，具板根。二回偶數羽狀複葉，小葉四至八對，對生，橢圓狀卵形。總狀花序，腋生，花淡紫紅色。莢果帶狀，黑褐色，兩端漸窄，沿腹縫綫一側具狹翅。種子卵圓形，微扁，黑褐色。我國主要分布於雲南及廣西之亞熱帶地區。生於海拔 200~1500 米常緑闊葉林中。本種爲優良速生用材樹種。木材可製傢具或用於建築。亦可供觀賞。頂果木爲該屬在我國分布之新紀録，在植物分類及科學研究中具重要價值。産區分布零散，砍伐過度，大樹已極少見。1984 年列爲國家三級保護植物。各地俗稱“泡椿”“梣葉豆”“格郎央”“咪央”。

乾果木

珍稀林木名。無患子科，乾果木屬，乾果木〔*Xerospermum bonii*（Lec.）Radlk.〕。常緑喬木。高約 8 米。偶數羽狀複葉，小葉二對，對生，紙質，卵狀披針形。圓錐花序頂生，花小，花瓣四枚。果卵圓形，具瘤狀突起，假種皮黄色。種子紅褐色。我國主要分布於雲南西雙版納，元江、金平等地。目前僅元江乾熱河谷有少量分布。本種對研究植物區系具有重要意義。由於分布區極狹窄，人爲破壞嚴重，天然更新極差，有滅絶的危險。1984 年列爲國家三級保護植物。

望天樹

珍稀林木名。龍腦香科，柳桉屬，望天樹（*Parashorea chinensis* Wang Hsie）。常緑大喬木。最高可達 80 米，胸徑 1.5~3 米。樹幹通直，具板根。單葉互生，革質，橢圓形或披針狀橢圓形。花小，黄白色。堅果，卵狀橢圓形，被絹毛。僅分布於我國雲南南部、東南部及廣西西南部之局部地區。多見於海拔 350~1100 米之石灰岩山地熱帶雨林中。木材堅硬，適宜橋梁、建築、車輛、船舶、傢具、室内裝修等用材，尤宜爲膠合板用材。本種爲亞洲樹木中最高者之一，故亦名“擎天樹”，該林地爲我國林業科技工作者於 1975 年發現，是當今現存面積最大，發育最好，最典型之熱帶濕性季雨林。對研究熱帶植物區系有一定價值。1984 年列爲國家一級保護植物，1992 年林業部列爲國家一級保護樹種。亦稱“傘樹”“麥浪昂”“硬多波”“五多阿樸”“咪勞”。

婆羅雙

珍稀林木名。龍腦香科，婆羅雙屬，婆羅雙（*Shorea assamica* Dyer）。常緑喬木。樹幹通直，高可達 40~50 米，胸徑達 1.8 米。單葉互生，革質，具羽狀脉。花兩性，五瓣，白色，芳香。堅果，具宿存之萼片。我國僅分布於雲南盈江、羯羊河及南滚河河谷地帶。木材可爲旋切工業、建築、傢具、室内裝修等用材。繼發現望天樹後，本種爲雲南發現之又一龍腦香科植物新種，屬稀有、珍貴新樹種。因其分布區狹窄，資源甚少，1984 年列爲國家二級保護植物。

雲南梧桐

珍稀林木名。錦葵科，梧桐屬，雲南梧桐〔*Firmiana major*（W. W. Smith）Hand.-Mazz.〕。落葉喬木。小枝粗壯。葉大型，掌狀分裂。圓錐花序頂生，花小，薔薇色，無花瓣。蒴果，果皮膜質，開裂。種子圓球形，黄褐色。我國主要分布於雲南中部及西部各地。木材可製傢具、樂器等物。樹皮纖維可爲人造棉及造紙原料。種子可榨油。種子、花、根可供藥用。樹形優美，粗枝大葉，可爲庭園緑化或行道樹樹種。本種爲用頗廣，由於采伐過量，野生資源已難尋覓，目前僅在海拔1700~2500米之村旁和寺廟中可見到人工栽培的植株。如昆明黑龍潭公園有一株，安寧曹溪寺有八株，大理下關李公祠（即將軍廟）有二株。亟待保護。1984年列爲國家二級保護植物。

雲南金錢槭

珍稀林木名。無患子科，金錢槭屬，雲南金錢槭（*Dipteronia dyeriana* Henry）。落葉小喬木。奇數羽狀複葉，小葉卵狀披針形，紙質。圓錐花序頂生，花雜性，白色。每果梗生二扁平小堅果，圓形果翅環繞其周，成熟時淡黄色，易隨風飄落。我國僅分布於雲南東南部。樹姿優美，可用於園林緑化。本種爲我國特有植物，在學術研究與園林觀賞上均有一定價值。1984年列爲國家二級保護植物。

紫杉

珍稀林木名。紅豆杉科，紅豆杉屬，紫杉（*Taxus cuspidata* Sieb.et Zucc.）。常緑喬木。樹皮紅褐色，小枝互生，斜展。葉條形，具光澤，呈不規則二列。雌雄异株，球花單生葉腋。種子卵形，成熟時紫褐色，有光澤。我國主要分布於黑龍江、吉林、遼寧等地。木材供傢具、美工、細木工及建築用材。芯材紅褐色，可提取紅色染料。種子可榨油。木材、枝葉、根、樹皮可提取紫杉素，以爲藥用。本種經濟價值較高，目前資源稀少，1992年林業部列爲國家二級保護樹種。本種今亦稱“東北紅豆杉”“赤柏松”“米樹”“寬葉紫杉”。

紫荆木

珍稀林木名。山欖科，紫荆木屬，紫荆木〔*Madhuca pasquieri*（Dubard）H. J. Lam〕。常緑喬木。高約30米。具黄白色乳汁。單葉互生，倒卵形。花單生或簇生葉腋，花冠白色或淡黄色。漿果近卵狀，具長柄。我國主要分布於廣西南部、廣東西南部及雲南東南部。木材堅重，爲廣西鐵木之一。木材耐水濕，花紋美，可製高級傢具、舟車、運動器材，亦供建築、橋梁等用材。種仁含油率達45%，似花生油，故又名“滇木花生”，是材油兼用珍貴樹種。因分布區狹窄，連年過度采伐，加之林地環境惡化，目前大樹已不多見，資源近於枯竭。1984年列爲國家二級保護植物，1992年林業部列爲國家二級保護樹種。今亦稱“山樹榕”。又本屬中“海南紫荆木”因分布區狹小，生長緩慢，天然更新不良，加之過量采伐，資源已瀕危，1984年列爲國家三級保護植物。

掌葉木

珍稀林木名。無患子科，掌葉木屬，掌葉木〔*Handeliodendron bodinieri*（H. Lévl.）Rehd.〕。落葉喬木。高13~15米。小枝黄褐色，具散生圓形皮孔。掌狀複葉，對生，小葉四至五枚，橢圓形。花兩性，圓錐花序頂生，花小，黄色至白色。蒴果梨形，紅褐色，具長柄。種子卵圓形，黑色，有光澤。我國主要分布於廣西、貴州。掌葉木根系發達，極耐乾旱，可生於石灰岩山隙，爲石質山地優良緑化樹種。種仁可榨油，出油率達50%以上，具有多種用途。本種爲殘遺於我國的單種屬植物，在植物分類學上具有重要價值。1984年列爲國家二級保護植物。今亦稱“平舟木”“鴨脚板”。

傘花木

珍稀林木名。無患子科，傘花木屬，傘花木〔*Eurycorymbus cavaleriei*（Lévl.）Rehd. et Hand.-Mazz.〕。落葉喬木。小枝、葉柄及葉軸均被絹毛。偶數羽狀複葉，互生，小葉八至二十枚，近對生，長橢圓形。花單性，雌雄异株，頂生傘房花序。蒴果球形，深三裂，通常僅一分果發育。種子球形，黑色，具光澤。我國主要分布於西南、華南及臺灣諸地。木材可供建築、傢具用材。種子可榨油。本種爲我國特有單種屬樹種，屬第三紀孑遺植物，在植物學研究中具重要價值。亦木本油料之新種。雖分布較廣，然資源甚少，已瀕危。1984年列爲國家二級保護植物。

圓籽荷

珍稀林木名。山茶科，圓籽荷屬，圓籽荷（*Apterosperma oblata* H.T. Chang）。常緑小喬木。葉革質，窄長圓形，鈍鋸齒緣。花兩性，總狀花序，頂生；花小，五瓣，淺黄色。單生於葉腋。蒴果扁球形，種子腎形。我國目前僅見於廣東陽春、信宜及廣西桂平之常緑闊葉林中。本種爲近幾十年發現之新種。在山茶科植物分類學中占有一定地位。其分布範圍狹窄，資源數量極少，1984年列爲國家二級保護植物。

新疆冷杉

珍稀林木名。松科，冷杉屬，新疆冷杉（*Abies sibirica* Ledeb.）。常緑喬木。葉窄條形，斜向上伸展，稀成兩列狀。球果圓柱形，無或近無梗，成熟時褐色。種子倒三角狀，微扁；種翅上部淺藍色，楔形。花期5月，10至11月果熟。我國主要分布於新疆阿爾泰山西北部之布林津河上游、卡納河及霍姆河流域。木材輕軟，紋理直，結構細，易加工，爲建築、傢具及木纖維工業原料。樹皮可製栲膠。1937年陳嶸收録於《中國樹木分類學》、1961年鄭萬鈞載入《中國樹木學》。因分布狹窄，資源稀少，1984年列爲國家三級保護植物，1992年林業部列爲國家二級保護樹種。今亦通稱“西伯利亞冷杉”。又本屬中“長苞冷杉”“秦嶺冷杉”亦我國特有珍貴用材樹種。皆於1984年列爲國家三級保護植物，林業部又於1992年列爲國家二級保護樹種。

新疆雲杉

珍稀林木名。松科，雲杉屬，新疆雲杉（*Picea obovata* Ledeb.）。常緑喬木。樹冠塔形。樹皮深灰色，裂成不規則塊片。葉四棱狀條形，稍彎曲。球果卵狀圓柱形或圓柱狀矩圓形，成熟時褐色。種子褐色，倒三角狀卵圓形，種翅褐色，倒卵狀矩圓形。我國主要分布於新疆阿爾泰山區西北部及東部海拔1200~1800米平坦河谷兩岸。木材供建築、土木工程、細木工及木纖維原料。樹皮可提製栲膠。新疆雲杉爲我國稀有樹種，以其高大雄偉、樹形美觀而聞名，爲北疆山地優良用材樹種。1984年列爲國家三級保護植物，1992年林業部列爲國家二級保護樹種。亦稱爲“西伯利亞雲杉”。

新疆五針松

珍稀林木名。松科，松屬，新疆五針松〔*Pinus sibirica*（Ledeb.）Turcz.〕。常緑喬木。樹皮灰褐色；樹冠尖塔形。針葉粗硬而微彎曲，五針一束。球果直立，圓錐狀卵圓形，成熟後種鱗不開張或微開張。種子黄褐色，倒卵圓形，微具脊棱，無翅。我國主要分布於新疆阿爾泰山西部，内蒙古大興安嶺西部，常見於海拔1600~3300米之山地陰坡。木材堅硬緻密，可供建築、造船、傢具、車輪等用材。種子可食，亦可榨油。樹脂可製松香及松節油。新疆五針松分布區狹窄，資源稀少珍貴。1984年列爲國家三級保護植物，1992年林業部列爲國家二級保護樹種。今亦稱“西伯利亞紅松”。

臺灣杉

珍稀林木名。柏科，臺灣杉屬，臺灣杉（*Taiwania cryptomerioides* Hayata）。常緑喬木。高可達60米，胸徑近3米。枝平展，冠廣卵形。大樹之葉鑽形。球果卵圓形或短圓柱形。種子長橢圓形或長橢圓狀倒卵形。我國僅分布於臺灣中央山脉海拔1600~2600米地帶。爲臺灣主要用材樹種之一。木材可供建築、橋梁、電杆、傢具、板材、舟車用材，亦爲造紙原料。臺灣杉爲我國獨有珍貴用材樹種。可與紅檜相媲美，爲杉類之佼佼者。1912年收入《臺灣植物圖譜》，1917年金平亮三録入《臺灣植物志》，1937年陳嶸收入《中國樹木分類學》，1947年郝洪景載入《中國裸子植物志》，1961年鄭萬鈞收入《中國樹木學》。由於砍伐過量，天然資源漸少，1984年列爲國家二級保護植物。今亦稱“臺灣松”“臺杉”。

蒜頭果

珍稀林木名。海檀木科，蒜頭果屬，蒜頭果（*Malania oleifera* Chun et S. K. Lee）。常緑喬木。高可達25米。樹幹通直。單葉互生，長圓形至長圓狀披針形。花兩性，四瓣。漿果狀核果，扁球形，如蒜頭，故名。種子球形。我國主要分布於滇東南及桂西山地。木材可製傢具、農具或爲建築材料，種子榨油可食用或作潤滑油、製皂。本種特産我國，在植物分類學上有重要價值，爲珍稀植物。1984年列爲國家二級保護植物。今亦稱“馬蘭後”。

蝴蝶果

珍稀林木名。大戟科，蝴蝶果屬，蝴蝶果〔*Cleidiocarpon cavaleriei*（Lévl.）Airy shaw〕。常緑喬木。高10~15米，最高可達30米，樹幹通直。單葉互生，全緣，有光澤。花單性，雌雄同株，同序，圓錐花序頂生，花黄色。果實核果狀，近桃形，黄緑色。種子近球形，灰褐色，子葉二枚，似蝴蝶狀，故名。我國主要分布於廣西西部、貴州南部及雲南東南部，多見於海拔300~1070米丘陵低山地區。樹形美觀，可爲園林緑化樹種。木材可爲農具、民間建築用材。種子含油百分之三十三至百分之三十九，澱粉百分之二十一至百分之四十，有一定經濟價值。目前資源稀少，大樹已難尋覓。1984年列爲國家三級保護植物。亦稱“山板栗”。

隱翼木

珍稀林木名。隱翼木科，隱翼木屬，隱翼木（*Crypteronia paniculata* Bl.）。常緑喬木。高可達30米。枝扁圓或四棱形。單葉對生，寬卵圓形至披針形，全緣，有光澤。花雜性异株，排列爲長總狀花序，腋生，花極小，緑白色，極芳香。蒴果扁球形，淡緑色。種子微小，多數，扁球形，具翅。我國主要分布於雲南滄源、勐臘、景洪等地。本種於20世紀50年代初期發現，因其分布狹窄，種子微小，天然更新能力弱，故數量稀少，雖用途不大，然屬單型科，單種屬稀有植物，我國亦其分布北限，在植物分類學與生態學研究中具有一定意義。1984年列爲國家三級保護植物。

鵝掌楸

珍稀林木名。木蘭科，鵝掌楸屬，鵝掌楸〔*Liriodendron chinense*（Hemsl.）Sarg.〕。落葉喬木。高可達40米，胸徑近1米。葉具長柄，形若馬褂。花兩性，單生枝頂，杯狀，花被外緑色而内黄色。聚合果紡錘狀，黄褐色，由具翅小堅果組成。我國主要分布於長江以南各地。其葉形奇特，常植庭院供觀賞。樹皮可入藥。木材可爲建築、造船、傢具及膠合板用材。本種爲第四紀冰川後殘存之植物種，野生大樹已極少見，1984年列爲國家二級保護植物，1992年林業部列爲國家二級保護樹種。今亦俗稱“馬褂木”。

囊瓣木

珍稀林木名。番荔枝科，囊瓣木屬，囊瓣木〔*Miliusa horsfieldii*（Benn.）Pierre〕。常緑喬木。單葉互生，紙質，橢圓形至矩圓形。花單生或二至三朵簇生葉腋，暗紅色。果卵形或近球形，成熟時暗紅色。種子腎形。我國主要分布於海南省。木材可爲車輛、農具、建築用材。本種在植物分類學上占有重要地位，目前分布區狹窄，僅見於海南省東方、白沙、保亭、三亞、陵水、瓊中等地。在學術研究上有一定價值。由於常年砍伐，資源鋭減，1984年列爲國家二級保護植物。其樹皮淡黄色，韌皮黄褐色，略有腥味，亦稱“黄皮椿”“黄皮藤椿”。

觀光木

珍稀林木名。木蘭科，觀光木屬，觀光木〔*Michelia odora*（Chun）Noot. et B. L. Chen〕。常緑喬木。粗大挺拔，高可達30米，胸徑約1.5米。單葉互生，全緣，長卵形。花兩性，單生葉腋，淡紫紅色。聚合果，紅色，下垂，形似仙桃。我國主要分布於兩廣及閩、贛諸地。多散生於海拔1300米以上之山地闊葉林中。觀光木樹形優美，可供觀賞。木材暗黑色，少開裂，易加工，可供高級傢具、細木工、工藝品、板料等用材。花可提取芳香油。種子亦供榨油。本種爲我國特有古老孑遺植物，對植物學分類的研究有一定科學價值。觀光木首先由鍾觀光教授發現采集，後經陳焕鏞教授鑒定并以鍾觀光教授之名而命名。由於其天然更新能力弱，分布範圍漸小，已瀕危境地。1984年列爲國家二級保護植物，1992年林業部列爲國家二級保護樹種。今亦稱“香花木”。

鑽天柳

珍稀林木名。楊柳科，鑽天柳屬，鑽天柳〔*Chosenia arbutifolia*（Pall.）A.Skv.〕。落葉喬木。高可達35米，胸徑1米餘，樹冠圓柱形，小枝黄紅或紫紅色，被白粉。葉長圓狀披針形或披針形。花先葉開放；雌雄异株，葇荑花序，雄花序下垂，雌花序直立或斜展。蒴果二裂。種子長橢圓形。我國主要分布於東北大興安嶺、小興安嶺、吉林長白山、遼寧及内蒙古東部。木材供建築、傢具、礦柱、造紙用材。樹姿優美，可供觀賞。亦可爲河流、溝谷護岸林樹種。

本種爲楊柳科中獨種屬之珍稀植物，對植物分類學有一定研究價值。其原種於1984年列爲國家三級保護植物，1992年林業部列爲國家二級保護樹種。亦稱“朝鮮柳”“順河柳”。

四合木

珍稀林木名。蒺藜科，四合木屬，四合木（*Tetraena mongolica* Maxim.）。落葉小灌木。高不足半米，小枝密被白色丁字毛。偶數羽狀複葉，小葉二枚，肉質，對生。花小，白色，常一至二朵生於短枝上。蒴果，成熟時分裂爲四分果，每分果内含種子一粒，故名四合木。分果成牛角狀，形成四翅。僅分布於我國内蒙古伊克昭盟鄂爾多斯草原及巴彦淖爾盟。多見於有表層覆沙地段。本種爲我國特有樹種，在植物分類學上有重要地位，同時爲防風固沙、改良土壤之優良樹種。亦可作飼料及燃料，因新鮮時亦極易燃燒，故俗稱“油柴”。在風沙土地區人民生産、生活中具有重要意義。由於樵采過度，資源鋭減，已處瀕危狀態。1984年列爲國家二級保護植物。今亦稱“蒙古四合木”。

白豆杉

珍稀林木名。紅豆杉科，白豆杉屬，白豆杉〔*Pseudotaxus chienii*（W. C. Cheng）W. C. Cheng〕。常緑灌木。條形葉，排成兩列。雌雄异株，球花單生葉腋。種子卵圓形，上部微扁，成熟時肉質杯狀假種皮白色。我國主要分布於浙江、江西、湖南、廣西、廣東等地。木質細，可爲雕刻及器具用材。種子成熟時如白珍珠，可植庭園緑化觀賞。本屬僅一種，屬第三紀殘遺植物，爲我國特有，在植物分類學上具有重要地位。其分布雖廣，然不連續，且數量極少，又未行人工繁殖，已瀕危，1984年列爲國家二級保護植物。1992年林業部列爲國家二級保護樹種。亦稱“短水松”。

半日花

珍稀林木名。半日花科，半日花屬，半日花（*Helianthemum songoaicum* Schrenk ex Fisch. & C.A. Mey.）。落葉矮小灌木。呈墊狀叢生，高不足20厘米。全株被星狀毛。分枝多，小枝對生。單葉，革質，全緣，兩面均被白色柔毛。花單生枝端，萼片背面密生短毛，花冠五瓣，黄色。蒴果卵形，有短柔毛。種子卵圓形。我國主要分布於内蒙古西部伊克昭盟、甘肅東部及新疆等地。半日花地上部分含紅色物質，可染紅。本種爲一古老植物，在植物分類學上占有重要地位；另其花果期甚短，僅一二個月即可完成開花結果，遇有降水，種子成熟落地即可生根發芽，發育爲新植株，對乾旱沙礫或風沙土地造林緑化具有重要意義。由於破壞嚴重，資源漸減，1984年列爲國家二級保護植物。

永瓣藤

珍稀林木名。衛矛科，永瓣藤屬，永瓣藤（*Monimopetalum chinense* Rehd.）。落葉藤狀灌木。高約6米；小枝節部常有多數宿存之卵錐形芽鱗。葉薄，卵形或橢圓形。聚傘花序側生於去年枝上，花三至數朵，白緑色。蒴果，四深裂，常僅一二裂瓣成熟；每瓣有一粒種子，黑褐色。果熟時其花瓣宿存而不凋落，故名永瓣藤。主要分布於皖南及贛西北之雜木林中。本種爲我國特有之單種屬植物，在植物分類學上具一定科學價值，目前數量甚少，1984年列爲國家二級保護植物。

金蓮木

珍稀林木名。金蓮木科，合柱金蓮木屬，

合柱金蓮木（*Sinia rhodoleuca* Diels）。落葉小灌木。單葉互生，紙質，狹披針形。花兩性，小型，白色，呈總狀花序，具短柄。蒴果卵球形。種子小，橢圓形。本種爲我國特産，僅見兩廣有少量分布，常生於山坡灌叢或林下。根莖可入藥。本種爲單種屬植物，在植物分類學上具有重要地位，由於根莖采挖過度，資源日減。1984年列爲國家二級保護植物。今通稱"合柱金蓮木""辛木"。

錐頭麻

珍稀林木名。蕁麻科，錐頭麻屬，錐頭麻〔*Poikilospermum suaveolens*（Bl.）Merr.〕。攀援灌木。單葉互生，長卵圓形。花單性，雌雄异株，頭狀花序，腋生。瘦果卵狀。我國僅見於雲南山坡灌叢中。莖皮纖維可爲人造棉原料。在植物分類學上具一定學術價值。又其分布範圍狹窄，數量稀少，1984年列爲國家三級保護植物。

櫨菊木

珍稀林木名。菊科，櫨菊木屬，櫨菊木（*Nouelia insignis* Franch.）。落葉灌木或小喬木。高3~5米。枝常扭轉，有條紋。單葉互生，橢圓形或矩圓狀披針形，背面具灰白色絨毛，全緣。頭狀花序，單生枝頂，花兩性，白色。瘦果長橢圓形，有縱肋，被白色絲毛。我國僅分布於雲南、四川。本種爲我國特有植物，爲菊科植物中少有的木本植物之一，故亦稱"樹菊""馬舌樹"。在植物分類學及進化系統研究上具有科學價值。1984年列爲國家二級保護植物。

岩高蘭

珍稀林木名。杜鵑花科，岩高蘭屬，岩高蘭（*Empetrum nigrum* Linn.）。常綠小灌木。莖多匍匐，高約20~50厘米。枝多且密，紅褐色。單葉互生，密集，條形，革質。花單性，雌雄异株或同株，常一至三朵生於枝上部葉腋，花小。漿果狀核果，球形，暗紫色，内有種子一粒。僅分布於東北大興安嶺山頂，長白山曾有記載。果味甜可食。亦可入藥。其枝葉常緑，錯落有致，爲珍貴盆景材料，亦爲難得之高山常緑灌木，分布區狹窄，數量稀少，且我國僅此一屬一種。1984年列爲國家二級保護植物。

多室八角金盤

珍稀花木名。五加科，八角金盤屬，多室八角金盤（*Fatsia polycarpa* Hayata）。常緑小喬木。幼枝被棕色長絨毛。葉叢生枝頂，圓形，掌狀五至七深裂，裂片間呈圓凹形。傘形花序，有花約二十朵，開花時向外反捲，花盤隆起。漿果球形。我國主要分布於臺灣省，生於阿里山、新高山、太平山等海拔1800~2800米山地陰濕闊葉林中。本種樹姿優美，花多，花期長，爲優良觀賞樹木，并在植物分類學上占重要地位。目前數量有限，1984年列爲國家三級保護植物。

金花茶

珍稀花木名。山茶科，山茶屬，金花茶〔*Camellia chrysantha*（Hu）Tuyama〕。常緑小喬木或灌木。高可達6米。單葉互生，革質。花兩性，金黄色。蒴果，扁球形，上部開裂，黄緑或淡紫色。種子球形，淡黑褐色。我國主要分布於廣西南部局部地區之低山丘陵地帶，以南寧、邕寧、東興、龍州、崇左、大新等地爲多。常多見於亞熱帶常緑闊葉林中。山茶花色多樣，唯此爲金黄色而艷壓群芳，有極高的觀賞價值。葉可製茶。種子可榨油。木材可供雕刻與細木工用。本種爲我國稀有之珍貴花木。由於人爲破壞，致使生境惡化，野生資源大大減少。1984年列爲國家一級保護植物。另本屬中尚有“平果金花茶”“東興金花茶”“顯脉金花茶”“雲南山茶”“大苞白山茶”“毛瓣金花茶”“長瓣短柱茶”“紅皮糙果茶”等，亦多爲我國稀有珍貴樹種，但分布區較小，目前資源稀少，爲保護與發展這些資源，均列爲國家二級保護植物。

珙桐

珍稀花木名。藍果樹科，珙桐屬，珙桐（*Davidia involucrata* Baillon）。落葉喬木。高約20米；樹皮深灰褐色。單葉互生，紙質，寬卵形，幼葉上面被長柔毛，背面密生淡黄色粗毛。花雜性，由多數雄花與一株雌花組成頂生頭狀花序，着生於幼枝頂端，紫紅色，花序下生二白色大苞片。核果長卵形，紫緑色，具黄色斑點。我國主要分布於湖北、湖南、四川、雲南、貴州部分山區。本種爲我國獨有的第四紀冰川孑遺植物。其花序下面白色苞片若白鴿展翅，楚楚動人，被譽爲“中國鴿子樹”，屬植物寶庫中之瑰寶。20世紀初，自珙桐被發現以來，歐美植物學家與園藝家常深入我國川鄂等地求種之，珙桐已在許多國家引種成功，成爲世界著名觀賞樹種。1954年周恩來總理在日内瓦見到此樹，得悉珙桐引自中國，備受歐美人士贊賞，遂要求林業工作者重視珙桐之研究與發展。目前已在湘、鄂、川、黔諸省繁殖成功。1984年列爲國家一級保護植物，1992年林業部列爲國家一級保護樹種。亦稱“水梨子”“水冬果”。又本屬中有“光葉珙桐”，亦爲我國名貴觀賞樹木，1984年列爲國家一級保護植物，1992年林業部列爲國家一級保護樹種。參閲《中國農業百科全書》林業卷（上）。

雲南石梓

珍稀花木名。唇形科，石梓屬，雲南石梓（Gmelina arborea Roxb.）。落葉喬木。高15米，胸徑約0.5米。單葉對生，廣卵形，紙質。聚傘圓錐花序，頂生，花大，黄色。核果橢圓形，黄色，乾後呈黑色。我國主要分布於雲南西雙版納、思茅、臨滄、德宏等地。材質優良，供高級傢具、室内裝修、雕刻及船舶、橋梁、軍工等用材。花大且美，爲珍貴觀賞樹種，深受傣族人民喜愛，每逢潑水節做粑粑，必以此花做配料。因分布區狹小，采伐過量，資源已臨枯竭。故1984年列爲國家二級保護植物。1992年林業部列爲國家二級保護樹種。

華蓋木

珍稀花木名。木蘭科，厚壁木屬，華蓋木〔*Pachy larnax sinica*（Law）N. H. Xia et C. Y. Wu〕。常緑大喬木。樹高達40米，胸徑約1.2米。樹冠開展，枝繁葉茂，形若華蓋，故名。其葉革質，長圓狀倒卵形或長圓狀橢圓形。花大潔白，芳香。聚合果卵圓形。種子具鮮紅色假種皮，可與相思豆媲美。本種爲1976年於雲南西疇發現之新屬、新種。其木材花紋美麗，切面具絲絹光澤，故當地俗稱“緞子緑豆樹”。且抗腐抗蟲，爲優良用材樹種。花大、艷麗、芳香，可供觀賞。華蓋木爲我國特有單種屬植物，在學術研究中具有一定價值，因其材質優良，砍伐利用過度，目前西疇僅存大樹七株，加之天然更新能力弱，野生資源甚爲罕見，已瀕臨滅絶。1984年列爲國家二級保護植物，1992年林業部列爲國家二級保護樹種。

猬實

珍稀花木名。忍冬科，猬實屬，猬實

（*Kolkwitzia amabilis* Graebn.）。落葉喬木或灌木。幼枝被糙毛及柔毛。單葉對生，橢圓形。由雙花組成傘房複花序，頂生，花冠粉紅色。堅果，卵形，密被刺毛，形似刺猬，故名。我國主要分布於山西、河南、陝西、甘肅、湖北等地。本種花、葉、果實俱有較高觀賞價值，爲世界觀賞植物之珍品，亦我國特有之單種屬植物，在植物分類學上具有一定價值。1984 年列爲國家三級保護植物。

銀鵲樹

珍稀花木名。省沽油科，癭椒樹屬，銀鵲樹（*Tapiscia sinensis* Oliv.）。落葉喬木。奇數羽狀複葉，小葉五至九枚，卵形。圓錐花序腋生，花小，黄色，有香氣。核果近球形。我國主要分布於長江中下游及其以南各地。多見於海拔 1800 米以下闊葉林地帶。木材白色，可供傢具、鉛筆杆、牙籤、膠合板及造紙等用材。其樹姿優美，婆娑可愛，花亦芬芳，可植於庭園供觀賞。本種爲我國特有孑遺植物。在植物分類學上具一定地位。1984 年列爲國家三級保護植物。

銀鐘花

珍稀花木名。安息香科，北美銀鐘花屬，銀鐘花（*Halesia macgregorii* Chun）。落葉喬木。樹幹通直，樹皮灰白色。單葉互生，橢圓形，細鋸齒緣。五至六朵花排成短總狀花序，簇生於去年生小枝葉腋内，花冠寬鐘狀，白色，下垂如銀鐘，故名。核果，橢圓形，具四寬翅，頂端有宿存之花柱。我國主要分布於浙江、福建、江西、湖南、廣東、廣西等地。木材可供傢具、工具等用材。花形美麗，白如銀鐘，且有清香，具有較高觀賞價值。本種爲我國特有珍貴樹種，在學術研究中具有一定價值，目前尚未開發利用，常誤當雜木砍伐。1984 年列爲國家三級保護植物。

領春木

珍稀花木名。領春木科，領春木屬，領春木（*Euptelea pleiospermum* Hook.f. et Thoms.）。落葉喬木。樹皮紫黑色或棕灰色。單葉互生，卵形或橢圓形。花兩性，常六至十二朵簇生，先葉開放。翅果棕色，内有黑色卵形種子一至三粒。我國主要分布於晋、冀、豫、甘、陝、雲、貴、川、鄂、贛諸省。多見於海拔 900~3600 米山坡雜木林中。其花早春先葉開放，因得是名。樹形優美，可供觀賞。木材可製傢具等器物。樹皮可提取單寧，是經濟價值較高的植物。本種亦屬古老樹種，在植物分類學上佔有獨特位置，故 1984 年列爲國家三級保護植物。亦稱“多子領春木”。

喙核桃

珍稀果木名。胡桃科，喙核桃屬，喙核桃〔*Annamocarya sinensis*（Dode）Leroy〕。落葉喬木。奇數羽狀複葉，小葉七至九枚，長橢圓形。花單性同株，雄花序葇荑下垂，雌花序穗狀直立，頂生。堅果球形或卵狀橢圓形，外果皮厚，木質，四至七裂，不脱落；内果皮頂端有長喙，常六至九瓣開裂。我國主要分布於黔南、桂西及滇東南等地。木材堅硬、耐腐、耐磨，常爲軍工用材。種仁可食。并在植物分類學上具有一定學術研究價值。因人爲破壞嚴重，天然更新困難，目前資源甚少，又未開展人工繁殖，爲保護此珍稀樹種，1984 年列爲國家二級保護植物，1992 年林業部列爲二級保護樹種。

第二節　瀕危木果考

所謂瀕危，即臨近滅亡或滅絶之意。生物在自然界漫長的發展過程中，物種的形成、發展、衰落以致滅絶，是一種自然規律。正是這種自然選擇，使無數植物種滅絶而被新物種所代替，植物界纔不斷豐富與發展。

導致植物滅絶的因素很多。如此類樹木與其他生物之競争失利，不能適應生態環境的變化，無法抗禦病蟲侵害，以及自然繁殖困難等等。但是，這種以自然選擇爲動力的物種演替，其進展速度是極其緩慢的。自人類有史以來，植物種類滅絶大多與人類不合理活動有關，如無節制開發、火林、畋獵、兵燹，以及近代隨着人口增加、城市發展、工業進步等所造成的環境污染，都加劇了樹木賴以生存環境的破壞，使一些適應性較差的樹木難以生存和發展，數量急劇減少，有些已經滅絶或瀕臨滅絶，其演替速度之快令世人咋舌。據統計，全世界處於瀕危狀態的物種約二萬餘種，温帶地區八萬五千多種植物中大約有二分之一以上正在受到滅絶的威脅。聯合國環境規劃委員會估計，目前全世界約有一千萬個物種，有許多正在以驚人的速度從地球上消失。僅熱帶地區，每天至少滅絶一個物種，其中不少屬珍稀動植物。

物種的滅絶是其種的絶對消滅，意味着這一物種在地球上再也不復存在。有人估計，一個物種滅絶後，還將伴有十至三十個其他物種隨之滅絶，這是一個無可挽回的損失。因此，保護與我們生息緊密相關的植物資源，是一項有利經濟社會持續發展，又關涉子孫後代與民族昌盛的大事。爲此 1984 年國務院環境保護委員會公布了我國第一批《珍稀瀕危保護植物名録》，試圖挽救這些即將消失的物種。此中共有三百五十四種，隸屬九十一科，二百二十九屬。其中一級重點保護植物八種，二級重點保護植物一百四十三種，三級重點保護植物三百零四種。木果之中有許多也在其列，故 1992 年原國家林業部公布了《關於保護珍稀瀕危樹種的通知》，將一百三十二種樹木列入重點保護名録。其中一級重點保護樹種三十七種，二級重點保護樹種九十五種，以重申并强調保護這些樹種的重要意義。

樹木保護等級之劃分主要是依據該樹種的珍稀與瀕危程度而定。而樹木的瀕危度則主要依據國際自然及自然資源保護同盟（IUCN）擬訂的瀕危種等級，并結合我國具體情況來制訂。國際同盟“瀕危”種共分七級，即滅絶、瀕危、易危（或稱漸危）、稀有、未定、脱危及不詳。我國劃分爲瀕危、易危（漸危）、珍稀三類。本節收録者是以國務院環境保護委員會所公布之名録爲據加以考證，其中“瀕危”是指物種數量已下降到即將成爲滅絕種的臨界水準，或生境遭到劇烈破壞，在致危因素繼續作用下有立即滅絕危險者；“易危種”即漸危種，係指目前尚未處於瀕危狀態，但其數量在減少，或已看到衰落迹象，植株發育不完整，成熟植株及幼樹數量明顯減少，在致危因素作用下，近期可能進入瀕危狀態的物種。

本考共收一百四十八種，每種均記其類屬、科屬名稱，通用名、拉丁學名，形態特徵、産地分布、特點、用途以及目前狀況，瀕危等級及保護級别與措施等。限於篇幅，每科屬中不一定將全部保護種類列爲主條，有時將其有代表性者列爲主條目加以考釋，而將本科或本屬之其他瀕危種於主條目後略作説明。如大樹杜鵑後列硫黄杜鵑、藍果杜鵑、棕背杜鵑、似血杜鵑、大王杜鵑、牛皮杜鵑、苞葉杜鵑、和藹杜鵑；大别山五針松後列毛枝五針松；百山祖冷杉後列元寶山冷杉、梵净山冷杉、資源冷杉；香籽含笑後列峨眉含笑；景東翅子樹後列猛侖翅子樹；羽葉丁香後列賀蘭山丁香等。參見本章第一節《珍稀木果考》。

各條目的排列順序仍以木、果分二類；林木中又分林木、花木二子類，各子類中又分喬木、灌木、藤木，各條目名均以筆畫爲序排列。果木則仍分核果、仁果、漿果、堅果、柑果、雜果等類，每類中又依筆畫多少排列。但各類不再逐一標示林木、花木、核果、仁果等，以及喬、灌、藤類。另，本考主要在於考釋樹種的生存及保護狀況，各樹種的异名别稱衹在釋文中略予提示，不再另列附條詳述。

大葉柳[2]

瀕危林木名。楊柳科，柳屬，大葉柳（*Salix magnifica* Hemsl.）。落葉小喬木或呈灌木狀。小枝粗，幼時被白粉。葉大，近革質，橢圓形，全緣，葉柄長達4.5厘米。雄花序長10厘米，雌花序長20厘米，爲柳屬所罕見。我國主要分布於四川西部邛崍山。生於海拔2600~3000米山地。樹姿優美，可作行道樹或植於庭園供觀賞。本種爲我國特有，形態特殊，在學術研究上有一定價值，其分布區狹窄，數量稀少，已邇瀕危狀態。1984年被列爲國家三級保護植物。

大果青岡

瀕危林木名。殼斗科，青岡屬，大果青岡〔*Cyclobalanopsis rex*（Hemsl.）Schott.〕。常緑喬木。幼枝被黄絨毛。葉常聚生枝頂，倒卵形至倒卵狀披針形。殼斗盤形，包裹近半；堅果扁球形，幼時被灰黄色絨毛，成熟時僅兩端有毛。我國主要分布於雲南南部勐臘和西南部騰衝。木材堅重、耐腐，爲舟車、橋梁、枕木、椿柱等優良用材。種子可供飼料或用以釀酒。本種爲我國稀有樹種，在殼斗科植物分類中具一定地位，目前天然資源已甚少，已處瀕危狀態。1984年列爲國家三級保護植物。今亦稱“大果青桐”。

大别山五針松

瀕危林木名。松科，松屬，大别山五針松（*Pinus dabeshanensis* C. Y. Cheng et Y. W. Law）。常緑喬木。枝開展，樹冠尖塔形。針葉五針一束。球果圓柱狀橢圓形，成熟時種鱗開張。種子倒卵狀橢圓形，深褐色，上部邊緣具極短之木翅。我國主要分布於安徽西南部之岳西及湖北大别山區，因此得名。爲大别山區重要造林樹種。木材可供建築、板料、細木工、膠合板及造紙原料。樹皮可製栲膠。樹葉可提取芳香油。種子可食用或提取油脂。本種爲我國特有樹種。對研究松屬之系統發育有一定科學價值。今多散生於海拔600~1400米之懸崖石隙間，偶或與黄山松混生，數量極少，已瀕臨滅絶。1984年列爲國家二級保護植物，1992年林業部列爲國家二級保護樹種。亦稱“安徽五針松”。又本屬中有“毛枝五針松”亦爲我國珍稀樹種，别稱“雲南五針松”“滇南松”，因資源稀少，1984年列爲國家二級保護植物，1992年林業部列爲國家二級保護樹種。

天目鐵木

瀕危林木名。樺木科，鐵木屬，天目鐵木（*Ostrya rehderiana* Chun）。落葉喬木。樹幹通直，樹皮深灰色，粗糙。葉長橢圓形或卵狀橢圓形，葉緣重鋸齒具鋭尖頭或刺狀毛。雄花序單生葉腋或二至三個集生枝頂，下垂；雌花序多直立。小堅果紅褐色，卵狀矩圓形。僅分布於浙江天目山。本種爲我國特有樹種，對研究植物區系及分類有重要意義。據傅立國等《中國植物紅皮書》載，浙江天目山區僅存五株，其中大樹一株，胸徑1米，但主幹頂梢已斷，其餘四株較小，高18~21米，且損傷嚴重，更新能力極弱。爲搶救此獨有樹種，1984年列爲國家二級保護植物。今亦稱“小葉穗子榆”。

太白紅杉

瀕危林木名。松科，落葉松屬，太白紅杉（*Larix chinensis* Beissn.）。落葉喬木。小枝下垂，當年生枝帶黄色，二年生枝轉灰色。葉倒披針狀條形。雌雄同株。球果卵狀矩圓形。種子斜三角狀卵圓形，種翅淡褐色。我國主要分布於陝西太白山，故得此稱。漢中玉皇山、佛坪及西安等地亦有分布。爲優良用材與觀賞樹種。木材可供建築、橋梁、傢具及木纖維用材。本種爲我國特産，僅秦嶺各地獨有，多生於海拔3000~3500米之山地，爲太白山區分布最高之喬木樹種，具有較高的學術研究價值，故1984年列爲國家二級保護植物。1992年林業部列爲國家二級保護樹種。今亦稱“太白落葉松”“落葉松”。

水曲柳

瀕危林木名。木樨科，梣屬，水曲柳（*Fraxinus mandschurica* Rupr.）。落葉喬木。樹幹通直圓滿，高可達30米，胸徑近1米。奇數羽狀複葉，小葉七至十一枚，卵狀矩圓形至橢圓狀披針形。花單性，雌雄异株；圓錐花序生於去年生小枝上，無花冠。翅果扭曲，矩圓狀披針形。我國主要分布於東北及華北各地。木材花紋美觀，爲馳名三大硬闊葉用材之最。爲人們最喜愛的傢具用材之一。水曲柳爲古老殘遺植物，對研究第三紀植物區系及第四紀冰川期氣候具有科學價值。由於采伐過量，大樹已難尋覓。1984 年列爲國家三級保護植物，1992 年林業部將其原種列爲國家二級保護樹種。

爪耳木

瀕危林木名。無患子科，爪耳木屬，爪耳木（*Lepisanthes unilocularis* Leenh.）。常緑小喬木。奇數羽狀複葉，小葉十二至二十四對，堅紙質。圓錐花序頂生，具垂直分枝。漿果橢圓形，紅色。我國僅見於海南，於 1935 年在樂東佛羅發現。本種適生於低海拔沙質土壤，極耐乾旱瘠薄，是熱帶瀕海沙生植被中極少見的喬木樹種之一。對研究植物區系有重要意義，目前可能或接近於滅絶。1984 年列爲國家三級保護植物。今亦稱“雲南藍果樹”。

毛葉紫樹

瀕危林木名。藍果樹科，藍果樹屬，毛葉紫樹（*Nyssa yunnanensis* W.C.Yin）。落葉喬木。高可達 30 米。樹皮灰白至紅褐色。單葉互生，廣卵形，紙質，初爲深緑色，入秋後轉暗紫色；密被黄銹色絨毛。雌雄异株，頭狀傘形花序。核果卵圓形。目前僅見於雲南景洪海拔 540~850 米之溝谷、凹地、河岸階地之密林中。木材紅色，花紋美觀，可製傢具或作裝修材料。本種爲我國特有，分布區極窄，資源稀少，破壞嚴重，目前已處瀕臨滅絶之境地。1984 年列爲國家三級保護植物。

火麻樹

瀕危林木名。蕁麻科，翅艾麻屬，火麻樹〔*Dendrocnide urentissima*（Gagnep.）Chew〕。常緑喬木。樹皮灰白色。單葉互生，常聚生枝端，心形，厚紙質。聚傘花序近圓錐狀，腋生，被毛。瘦果，近圓形。我國主要分布於雲南南部、廣西西部海拔 700~1000 米之石灰岩山地。其枝、葉、花序之刺毛有毒，可致兒童死命。火麻樹生長快，冠幅大，可作爲改善裸露石灰岩山地小環境之造林樹種。本種爲我國稀有珍貴植物，在植物分類學上有一定價值。1984 年列爲國家三級保護植物。

巨柏

瀕危林木名。柏科，柏木屬，巨柏（*Cupressus gigantea* W. C. Cheng et L.K.Fu）。常緑喬木。高可達 40 餘米，胸徑可達 2~3 米，最粗可達 6 米。生鱗葉之枝緊密、粗壯、呈四棱形，被白粉。兩年生枝近紫褐色，老枝灰黑色，枝皮裂爲鱗片狀。球果矩圓狀球形。種子兩側具翅。我國主要分布於西藏雅魯藏布江與尼洋河匯合處之林芝、米林、郎縣等地。多見於海拔 3000~3400 米之沿江河漫灘與有石灰岩露頭之階地陽坡中下部。木材優良巨大，可供建築、舟車、橋梁、傢具等用材。尤爲藏廟之主要建築用材。樹皮、枝葉可製焚香。本種爲我國特有珍稀樹種，其壽命頗長，最長者已三千三百餘年生，對研究西藏高原的氣候變遷、植物區系、古地理、古水文及地質等有重要意義。目前此種所存數量極少，1984 年列爲國家二級保護植物，1992 年林業部列爲國家一級保護樹種。亦稱“雅魯藏布江柏木”，藏民俗稱“香柏”。

四川紅杉

瀕危林木名。松科，落葉松屬，四川紅杉（*Larix mastersiana* Reha. et E. H. Wils.）。落葉喬木。因主產四川而得名。枝平展，小枝下垂。葉倒披針狀窄條形，嫩葉邊緣具疏毛。雌球花及小球果淡紅紫色；球果成熟時褐色，近圓柱狀。種子斜倒卵狀，灰白色。本種爲我國特産樹種，我國主要分布於四川岷江及大渡河流域、青衣江及涪江上游諸地。因其極耐嚴寒，抗風雪，適應性强，生長快，可生於海拔2000~3500米山地，故爲高山地區主要用材樹種。木材爲建築、橋梁、造船、傢具及木纖維上等原料。對研究落葉松屬分類有科學價值。因過度采伐，現存資源稀少，已處瀕危狀態。1984年被列爲國家二級保護植物。1992年林業部列爲國家二級保護樹種。陳嶸於1937年將本種收入《中國樹木分類學》，時稱“四川落葉松”。

田林細子龍

瀕危林木名。無患子科，細子龍屬，田林細子龍〔*Amesiodendron chinense*（Merr.）Hu〕。常緑喬木。偶數羽狀複葉，小葉三至六對，長橢圓形。花單性，呈圓錐花序，花冠白色。蒴果近球形。我國主要分布於廣西、貴州。木材可供建築、橋梁、舟車、傢具及雕刻用。種子富含澱粉，可作飼料或用以釀酒。種仁可榨油。本種爲石質山地特有植物，并具有一定經濟與學術價值。其分布狹窄，數量極少，已處瀕危狀態。1984年列爲國家三級保護植物。

白皮雲杉

瀕危林木名。松科，雲杉屬，白皮雲杉（*Picea aurantiaca* Mast.）。常緑喬木。樹皮淡灰或白色。不規則矩圓形塊片剥落。葉四棱狀條形，生於主枝者輻射伸展，下面葉排成兩列。球果，成熟時褐色或淡紫褐色，長橢圓狀圓柱形。種子倒卵圓形，種翅淡褐色。我國主要分布於四川西部康定及附近之榆林宫、折多山、中谷等地。樹姿優美，可供觀賞。亦爲四川西部高原造林樹種。木材供建築及木纖維工業用原料。爲我國特産珍稀樹種。對研究植物演化及區系發育具重要價值。由於分布區極狹窄，天然數量小，已處漸危狀態。1984年列爲國家二級保護植物，1992年林業部列爲國家一級保護樹種。

灰胡楊

瀕危林木名。楊柳科，楊屬，灰胡楊（*Populus pruinosa* Schrenk）。落葉小喬木。樹皮淡灰黄色。萌枝、小枝及葉均密被灰絨毛。雌雄异株。蒴果、序軸、果柄亦被絨毛。我國主要分布於新疆塔里木盆地西南部各河流沿岸。常與胡楊混生，爲沙漠緑洲中少有之喬木樹種。其用途與胡楊略似。爲荒漠地區較古老之落葉闊葉樹種。在學術研究中具重要價值。灰胡楊數量極少，已處漸危狀態。1984年列爲國家三級保護植物，亟待加以保護。今亦省稱“灰楊”。

西藏紅豆杉

瀕危林木名。紅豆杉科，紅豆杉屬，西藏紅豆杉（*Taxus wallichiana* Zucc.）。常緑小喬木或灌木。條形葉常排列成不規則二列。雌雄异株，球花單生葉腋。種子當年成熟，柱狀矩圓形，着生於紅色杯狀肉質假種皮内。我國僅見於西藏南部海拔2500~3000米山谷疏林及灌叢中。木材可供建築、車輛、傢具、文具及室内裝修等用。莖皮、嫩枝、葉含雙萜類化合物，爲抗腫瘤及多種疾病之藥物。其種子成熟時，色紅如珠，爲優良觀賞樹種。木種爲古老孑遺植物，具有較高經濟及學術價值，1984年列爲國家三級保護植物，1992年林業部列爲國家一級保護樹種。亦通稱“喜馬拉雅紅豆杉”。

百山祖冷杉

瀕危林木名。松科，冷杉屬，百山祖冷杉（*Abies beshanzuensis* M.H.Wu）。常緑喬木。樹皮灰白色，常不規則裂。大枝平展，小枝對生。葉條形，在側枝上排成二列狀。球果圓柱形，成熟時淺褐黄色或淡褐色。種子倒三角形，具膜翅，與種子等長而寬大。我國主要分布於浙江南部慶元百山祖南坡海拔1700米以上半陰坡地帶。1976年《植物分類學報》始著録。百山祖冷杉爲我國特有古老殘遺植物，對研究植物區系及氣候變遷具有重要學術價值。我國僅見大樹五株，最大一株高11米，胸徑40厘米，且結果數量少，間隔期長。已瀕於滅絶。1984年列爲國家二級保護植物，1992年林業部列爲國家一級保護樹種。又本屬中“元寶山冷杉”“梵净山冷杉”“資源冷杉”等，俱以産地爲名，均爲我國珍稀樹種，其分布區俱狹窄，資源數量稀少，1984年皆被列爲國家二級保護植物，1992年林業部均列爲國家一級保護樹種。

光葉天料木

瀕危林木名。楊柳科，天料木屬，光葉天料木（*Homalium laoticum* Gagnep. var.glabratum C.Y.Wu）。常緑大喬木。爲老撾天料木之變種。高可達30餘米，胸徑近1米，樹幹通直圓滿。單葉互生，橢圓形。總狀花序穗狀，花小，淡黄色，極芳香，盛花時常下垂。蒴果。僅分布於雲南西雙版納與紅河下游，生於海拔700~1000米間之熱帶雨林中。木材硬重，强度大，耐腐、抗蟲，宜爲橋梁、碼頭、建築、水下工程、舟車、地板、機座、工具台等用材。本種屬古老樹種，爲我國所稀有，天然更新能力弱，目前野生資源甚少，已近瀕危狀態。1984年列爲國家三級保護植物。

合果木

瀕危林木名。木蘭科，合果木屬，合果木〔*Michelia baillonii*（Pierre）Finet et Gagnep.〕。常緑喬木。高可達50米，胸徑逾1米。幹通直。單葉互生，卵狀橢圓形或卵狀披針形。花兩性，單生葉腋，黄白色，芳香。聚合果肉質，種子被紅色假種皮。我國主要分布於滇南西雙版納、思茅、瀾滄、普洱一帶，見於海拔500~1500米山地之常緑闊葉林中。木材用途頗廣，可供建築、橋梁、傢具、室内裝修等用材。本種花香似緬桂，故亦名“山緬桂”；花小似桂花，又稱“山桂花”。群衆俗呼“黑心樹”。在植物分類研究中具一定價值。目前因濫伐嚴重，野生大樹已極罕見，已近瀕危狀態。1984年列爲國家三級保護植物。今人工繁殖栽培已獲成功，合果木有望再度發展。

羊角槭

瀕危林木名。無患子科，槭屬，羊角槭（*Acer yangjuechi* Fang et P.L.Chiu）。落葉喬木。單葉，掌狀分裂。果序較短，翅果較大，似羊角狀，故名。僅見於浙江臨安西天目山，生於海拔750~900米之山林中。葉形奇特，秋季金黄，爲優良緑化樹種。本種屬我國古老孑遺植物，於1979年發現。在植物學研究中具有一定價值，其分布範圍狹窄，原産地天然野生大樹僅存二株，且破壞嚴重，天然更新能力又弱，已處瀕危狀態。1984年列爲國家三級保護植物，1992年林業部列爲國家二級保護樹種。

旱地油杉

瀕危林木名。松科，油杉屬，旱地油杉（*Keteleeria xerophila* J. R. Xue et S.H.Hao）。常

綠喬木。幹高大，枝稀疏。葉條形，質薄。球果圓柱形。種子與種翅近等長或稍長。旱地油杉爲近年發現之新種，我國僅分布於雲南新平水塘、者龍、老廠一帶，多見於海拔 800~1000 米乾熱河谷地帶，故名“旱地油杉”。乾熱河谷生態環境嚴酷，其他樹種難以生長，唯此種可以成材，故爲該類地區的難得珍貴造林樹種。由於分布極狹窄，破壞嚴重，目前已處瀕危狀態。1984 年列爲國家三級保護植物，亟待加以保護。

沙生檉柳

瀕危林木名。檉柳科，檉柳屬，沙生檉柳（*Tamarix taklamakanensis* M.T.Liu）。落葉小喬木。莖稀疏，幹細直。葉退化爲鞘狀，抱莖。花小，白或淡紅色。蒴果，雨季成熟。我國僅分布於新疆塔里木盆地乾旱沙地。其枝可編筐簍。嫩枝可爲飼料。葉可入藥。花爲蜜源。本種爲我國特有樹種，極耐乾旱，既抗風蝕，又耐沙埋，沙埋後枝條可迅速生長不定根，是固定流沙之優良樹種。在植物學研究中有一定價值。目前數量極少，生長較差，已近瀕危狀態。1984 年列爲國家三級保護植物。

青梅

瀕危林木名。龍腦香科，青梅屬，青梅（*Vatica mangachapoi* Blanco）。常綠喬木。樹皮青灰色，有淡綠色斑塊。小枝、葉柄、花序均密被星狀毛。單葉互生，革質，矩圓形至矩圓狀披針形。圓錐花序頂生或腋生，花白色。蒴果球形，下托以增大之宿萼。我國分布僅見於海南。木材爲造船、橋梁、水下工程、建築及傢具良材。本種爲我國特有珍貴硬用材樹種。在植物學研究上有一定價值。海南萬寧海岸帶有長 25 公里，寬 400 米海灘青梅林，爲極珍貴之自然遺産，已遭破壞，數量鋭減，已近瀕危狀態。1984 年列爲國家三級保護植物，1992 年林業部列爲國家二級保護樹種。亦稱“青皮”“海梅”。

坡壘

瀕危林木名。龍腦香科，坡壘屬，坡壘（*Hopea hainanensis* Merr. et Chun）。常綠喬木。小枝與花序密生星狀微毛。單葉互生，革質，橢圓形。圓錐花序頂生或腋生。堅果卵形，具宿存之萼裂片，其中二片常增大爲翅狀。我國主要分布於海南西南部山區，多見於土層較厚之山地雨林中。木材堅重，埋之地下數十年乃至數百年不腐，故有“萬年木”之稱。可供高級傢具、建築、造船、軍事工業或特種工業用材。樹膠可爲噴漆工業原料。樹汁可提煉中藥“冰片”。本種爲我國珍貴用材樹種。因過量砍伐，大樹僅存數百株，資源日益減少，1984 年列爲國家二級保護植物，1992 年林業部列爲國家一級保護樹種。又，本屬中尚有“毛葉坡壘”“狹葉坡壘”，皆爲我國珍貴用材樹種，資源頗少，已處瀕危狀態，1984 年俱列爲國家二級保護植物，1992 年林業部列爲國家一級保護樹種。

長白松

瀕危林木名。松科，松屬，長白松〔*Pinus sylvestris* Linn. var. sylvestriformis（Takenouchi）Cheng et C.D.Chu〕。常綠喬木。爲歐洲赤松之變種。樹幹高大，聳直平滑，基部稍粗糙，中下部以上樹皮棕黄色至金黄色。葉二針一束，較粗硬。球果卵狀圓錐形。種子長卵圓形或三角狀卵圓形，種翅淡褐色，有條紋。我國主要分布於吉林長白山北坡。長白松樹姿秀美，被譽爲“美人松”，爲優良用材與緑化觀賞樹種。其木材較硬且耐腐蝕，爲建築及舟車良材。本種爲歐洲赤松之地理變種。1941 年日人竹内亮拾得長白松球果，以爲即赤松之變型，1943 年復考，以爲即歐洲赤松。後鄭萬鈞等確定爲本種。1984 年列爲國家三級保護植物，1992 年林業部列爲國家二級保護樹種。今亦稱“長白赤松”“長果赤松”。

長序榆

瀕危林木名。榆科，榆屬，長序榆（*Ulmus elongata* L.K.Fu et C.S.Ding）。落葉喬木。高可達 30 米。小枝周圍具膨大之木栓層。單葉互生，橢圓形，葉緣重鋸齒深且大。總狀聚傘花序，下垂。翅果狹長。零星分布於浙江、安徽、江西、福建等地。生長迅速，爲優良用材樹種。木材可供建築、傢具、車輪、農具等用。樹皮纖維堅韌，可代繩索或編織麻袋。本種爲我國發現之新種，爲稀有孑遺植物，是研究東亞與北美植物區系之珍貴植物材料。資源分散，數量稀少，1984 年列爲國家三級保護植物。

長葉榧

瀕危林木名。紅豆杉科，榧屬，長葉榧（*Torreya jackii* Chun）。常緑喬木。高可達 25 米；小枝平展或下垂。葉條狀披針形，上部微上彎，鐮狀，呈二列。種子倒卵圓形，肉質假種皮被白粉。我國主要分布於浙江南部及福建泰寧等地。木材可製工藝品、農具及其他器具。種子可食，亦可入藥。樹姿優美，尚可供庭園緑化。本種爲我國特有珍稀古老殘存樹種，過去以爲僅分布於浙南，1978 年於福建泰寧發現上萬株長葉榧。因分布區狹窄，資源稀少，樵采破壞嚴重，已趨瀕危，1984 年列爲國家二級保護植物，1992 年林業部列爲國家二級保護樹種。亦稱“浙榧”。

長苞鐵杉

瀕危林木名。松科，鐵杉屬，長苞鐵杉（*Tsuga longibracteata* Cheng）。常緑喬木。樹皮暗緑色，縱裂。葉條形，輻射伸展。球果圓柱形，直立。種子三角狀扁卵圓形，種翅較種子長。我國主要分布於貴州東北部、湖南南部、江西南部、廣東北部、廣西東北部及福建南部山區。爲重要荒山造林樹種。木材供建築、傢具、造船、樁木、板材及木纖維工業等用。1931 年鄭萬鈞將此種歸入鐵杉屬，於《科學社生物所論文集》收録，1933 年陳焕鏞收入《中山大學農林植物所專刊》，1937 年陳嶸録入《中國樹木分類學》。長苞鐵杉是我國特有古老樹種，爲第四紀冰川期遺留樹種，天然更新困難，目前資源甚少，1984 年列爲國家三級保護植物，1992 年林業部列爲國家二級保護樹種。亦稱“鐵油杉”“貴州杉”。又本屬中“南方鐵杉”“麗江鐵杉”亦爲我國特有珍貴用材樹種，1984 年俱列爲國家三級保護植物。

長葉竹柏

瀕危林木名。羅漢松科，羅漢松屬，長葉竹柏（*Podocarpus fleuryi* Hickel）。常緑喬木。樹幹似柏。葉寬披針形如竹葉，故名。雄球花穗腋生；雌球花有梗，單生葉腋。種子圓球形，成熟時假種皮藍紫色。我國主要分布於雲南、廣東、廣西、海南等地。樹冠搭形。枝葉濃緑而光澤，爲名貴觀賞樹木。木材爲高級傢具、箱板、器具用材。葉可入藥。種子含不乾性油百分之三十。長葉竹柏爲古老而珍稀樹種，

1984 年列爲國家三級保護植物。今亦稱“桐木樹”。

長果秤錘樹

瀕危林木名。安息香科，秤錘樹屬，長果秤錘樹〔*Sinojackia dolichocarpa*（C. J. Qi）Tao Chen bis〕。落葉喬木。小枝紅褐色，有縱條紋。單葉互生，卵狀矩圓形或矩圓形。傘形總狀花序，黄白色，側生於二年生枝上。果實倒圓錐形，具八條縱脊，有喙，并密被灰褐色長柔毛。種子條狀矩圓形。爲我國特有寡種屬樹種，僅見於湖南石門壺瓶山及桑植縣龍潭坪鄉。其花色鮮艷，果形獨特，可爲觀賞樹種，在學術研究上具重要價值。因森林破壞，幸存植株數量甚少，已處瀕危狀態。1984 年列爲國家二級保護植物。

肥牛樹

瀕危林木名。大戟科，肥牛樹屬，肥牛樹〔*Cephalomappa sinensis*（Chun et F. C. How）Kosterm.〕。常緑喬木。單葉互生，革質，長卵形，嫩葉略帶紫紅色。穗狀花序，雌雄同株。蒴果近球形。我國天然分布僅見於廣西西南部，尤以大新較多。其木材可製農具、傢具等。種子可榨油。鮮葉富含蛋白質與脂肪，爲珍貴之飼料，可使牛羊膘肥體壯，故得此稱。本種分布區狹窄，且不斷遭砍伐，大樹已瀕滅絶。1984 年列爲國家三級保護植物。

岷江柏木

瀕危林木名。柏科，柏木屬，岷江柏木（*Cupressus chengiana* S.Y.Hu）。常緑喬木。高可達 30 米，胸徑約 1 米。枝葉濃密，鱗葉斜方形，交叉對生。球果近球形，種子多數，扁圓形或倒卵狀圓形，兩側種翅較寬。我國主要分布於四川岷江上游、大渡河上游及甘南白龍江諸河上游等地。木材緻密、抗腐，爲名貴用材。本種爲我國特有珍貴樹種。耐乾旱、瘠薄，是西南亞高山區難得的造林樹種。由於過度砍伐，目前天然資源日漸減少，1984 年列爲國家二級保護植物，1992 年林業部列爲國家二級保護樹種。

金絲李

瀕危林木名。藤黄科，藤黄屬，金絲李（*Garcinia paucinervis* Chun et F. C. How）。常緑喬木。高可達 30 米，胸徑逾 1 米。單葉對生，革質，長圓形。聚傘花序。漿果橢圓形，成熟時黄色而略帶紅色。每年 3、7、11 月果熟，而以 7 月爲多。我國主要分布於桂西南及滇東南，常見於海拔 200~600 米石質溝谷及山地雜木林中。木材堅重，係廣西四大鐵木之一。爲建築、橋梁、舟車、輪軸、傢具等用材。果似李，可食。其枝葉濃緑，樹幹挺拔，可爲庭園及行道緑化樹種。由於過度砍伐，天然更新困難，1984 年列爲國家二級保護植物，1992 年林業部列爲國家一級保護樹種。

版納黄檀

瀕危林木名。豆科，黄檀屬，版納黄檀（*Dalbergia fusca var. enneandra* S. Q. Zou et J. H. Liu）。半常緑喬木。爲黑黄檀之變種。樹高達 25 米。奇數羽狀複葉，小葉互生。花小，多數，黄色。莢果扁平，矩圓形。我國主要分布於雲南南部及西雙版納諸地。木材極堅硬，可製作高級傢具、樂器、工藝品及機械附件。本種野生資源甚少，加之過度斧斤，已處漸危狀態。1984 年列爲國家三級保護植物，1992 年林業部列爲國家二級保護樹種。亦稱“版納黑檀”。

油朴

瀕危林木名。大麻科，朴屬，油朴（*Celtis wightii* Planch.）。常緑喬木。具發達板根。單葉互生，革質，長圓形。圓錐花序腋生。果較大，果肉味甜，可食。我國僅分布於雲南東南部至西南部之石灰岩山地常緑闊葉季雨林中。木材可用於製造高强度構件、文體用品、模具、地板等。亦爲珍貴木本油料植物。果含油率高達百分之六十八，味似花生，可食。能適應高温、乾旱、瘠薄之環境，實爲熱帶山地造林難得之樹種。由於砍伐過量，目前天然資源稀少，1984 年列爲國家三級保護植物。群衆俗呼爲“油渣果”。

油杉

瀕危林木名。松科，油杉屬，油杉〔*Keteleeria fortunei*（A. Murr. bis）Carr.〕。常緑喬木。高可達 30 米。枝開展，樹冠塔形。葉條形，在側枝上排成二列。球果圓柱形，微有白粉，成熟時淡褐色或淡栗色。種子大，三角狀卵形，中上部較寬。我國主要分布於浙江南部、福建、廣東、廣西沿海山地。是東南沿海各地酸性土壤荒山造林樹種。木材優良，爲造船、傢具、橋梁之良材。油杉係較原始之松科植物種類，一千萬年前曾廣布於地球上，第四紀冰川期遭滅頂之灾，我國之油杉幸免於難。在學術研究上具有一定價值。1927 年胡先驌、陳焕鏞載《中國植物圖譜》，1933 年鄭萬鈞録於《科學社生物所論文集》，1937 年陳嶸收入《中國樹木分類學》。由於采伐過量，所存數量漸少，有漸危之勢。1984 年列爲國家二級保護植物。今亦稱“杜松”“松梧”“海羅松”。

苦梓

瀕危林木名。唇形科，石梓屬，苦梓（*Gmelina hainanensis* Oliv.）。半落葉喬木。單葉對生，寬卵形至卵狀橢圓形，葉背爲灰白色。聚傘花序或圓錐花序，頂生，花冠外面白色，内面淡黄色或淡紫色。肉質核果，倒卵形，成熟時灰緑色。主要分布於海南。僅偶見於尖峰嶺、壩王嶺等林區。苦梓爲速生用材樹種，木材爲世界名材“柚木”之代用品，爲製造車輛、傢具及橋梁之良材，有廣闊之發展前景。目前砍伐過量，野生大樹已難尋覓。1984 年列爲國家三級保護植物。

思茅木薑子

瀕危林木名。樟科，木薑子屬，思茅木薑子〔*Litsea szemaois*（H. Liu）J. Li & H. W. Li〕。常緑喬木。爲越南木薑子之變種。單葉互生，革質，具光澤。傘形花序三至五個形成總狀花序。核果近球形，果托杯狀。僅分布於雲南思茅及西雙版納。木材可製機模，亦爲包裝板、膠合板材。種子可榨油。因砍伐過度，生境破壞，天然資源鋭減，1984 年列爲國家三級保護植物，1992 年林業部列爲國家二級保護樹種。

思茅豆腐柴

瀕危林木名。唇形科，豆腐柴屬，思茅豆腐柴（*Premna szemaoensis* C. Pei）。喬木。高可達 15 米。老枝灰褐色，全株被黄褐色茸毛。單葉對生，寬卵形或卵狀橢圓形。傘房狀聚傘花序，頂生，花淡黄色或白色。核果球形至倒卵形。我國僅分布於雲南南部，見於海拔 1000~1600 米熱帶疏林中。根、莖可入藥。本種爲我國特有珍稀樹種，分布雖廣，但不集中，野生資源甚少，加之過量挖掘，破壞嚴重，天然更新較差，資源鋭減。1984 年列爲國家三級保護植物。今亦稱“接骨樹”。

紅椿[3]

瀕危林木名。楝科，香椿屬，紅椿（*Toona ciliata* M. Roem.）。落葉喬木。高可達 40 米，胸徑約 1 米。羽狀複葉，互生。花兩性，白色圓錐花序頂生或腋生，具香氣。蒴果，長橢圓形。種子兩端具膜質翅。我國主要分布於熱帶或亞熱帶地區，見於滇、黔、桂、粵、川、閩、瓊等地之山地溝谷常緑闊葉林中。其木材紅色，花紋明顯，被譽爲“中國桃花心木”，是製造上等傢具、舟車之良材。亦用於細木工、樂器與雕刻。按，本種與香椿頗似，然葉有小毒，不可食。明謝肇淛《五雜俎》載南方有紅椿，云“南人有食而吐者”，或即謂本種。已遭過度濫伐，資源鋭減，大樹已難尋覓。1984 年列爲國家三級保護植物，1992 年林業部列爲國家二級保護樹種。

紅欖李

瀕危林木名。使君子科，欖李屬，紅欖李〔*Lumnitzera littorea*（Jack）Voigt〕。常緑喬木。高約 25 米。樹皮灰黑色。枝開展。單葉互生，常集於枝端，肉質，倒卵形或倒披針形。總狀花序頂生；花多數，五瓣，深紅色，花絲長於花瓣二倍。果紡錘狀，黑褐色。我國僅見於海南陵水、三亞海灘紅樹林内。本種爲我國新發現樹種。分布區狹窄，天然更新不良，又屢遭破壞，數量極少。1984 年列爲國家二級保護植物。

降香黄檀

瀕危林木名。豆科，黄檀屬，降香黄檀（*Dalbergia odorifera* T. C. Chen）。半落葉喬木。奇數羽狀複葉，小葉九至十三枚，卵形或寬卵形。複聚傘花序腋生，花冠淡黄或白色。莢果帶狀，長橢圓形，内含種子一粒，稀二粒，腎形。我國主要分布於海南，廣東廣州、廣西南寧及福建厦門等地有栽培。木材硬重且具香氣，是製造高級傢具、樂器、算盤及雕刻工藝品之良材。其芯材可代降香，亦可蒸餾降香油。因此木珍貴馳名，屢遭砍伐，資源已近枯竭，直徑超過 20 厘米之樹木已難尋覓。1984 年列爲國家二級保護植物。1992 年林業部列爲國家一級保護樹種。俗稱“降香檀”“花梨母”“花梨”“降香”。

格木

瀕危林木名。豆科，格木屬，格木（*Erythrophleum fordii* Oliver）。常緑大喬木。高可達 30 米，胸徑近 1 米。二回羽狀複葉，對生，小葉互生，革質，卵形或卵狀橢圓形。總狀花序，花小，淡黄緑色。莢果長圓形，扁平，黑褐色。種子扁橢圓形，黑色，堅硬。我國主要分布於廣西、廣東、福建等地，臺灣省亦有少量分布。格木爲世界十大硬木之一，其堅似鐵，故亦稱“鐵木”。爲特殊建築、造船、橋梁、水工閘門及機械用材。亦可作高級傢具及棟柱。由於過度采伐，目前本種天然資源已瀕危，1984 年列爲國家二級保護植物，1992 年林業部列爲國家一級保護樹種。

翅果油樹

瀕危林木名。胡頹子科，胡頹子屬，翅果油樹（*Elaeagnus mollis* Diels）。落葉喬木。高約 10 米，枝無刺。單葉互生，卵狀披針形。花黄色，簇生。核果，有八條綿翅棱。我國主要分布於山西吕梁山南端及中條山林區，陝西秦嶺亦有少量分布。爲我國特有樹種。木材堅硬，可製傢具、農具或供建築用材。種子富含油脂，可榨油供食用。花爲優良蜜源。根系發達，具根瘤，可改良土壤。本種爲西北地方石質山地與黄土丘陵經濟價值較高之樹種，既能緑化荒山，保持水土，又可獲得油料，具有廣闊之開發利用前景。河北、河南、山東、新疆等地已經引種。由於破壞嚴重，天然資源日漸減少，1984 年列爲國家二級保護植物。

貢山三尖杉

瀕危林木名。三尖杉科，三尖杉屬，貢山三尖杉（*Cephalotaxus lanceolata* K.M.Feng ex W. C. Cheng & L. K. Fu）。常緑喬木。樹皮紫色，平滑，枝下垂。葉披針形，薄革質，排成兩列。種子倒卵狀橢圓形，假種皮成熟時緑褐色。我國零星分布於亞熱帶低山至中山地帶，常見於海拔 300~1000 米林地中。木材可供建築、橋梁、舟車、農具、傢具等用材。根、枝、葉、種子可提取生物鹼以供藥用。種仁可榨油。本種爲古老孑遺植物，千百年來生於荒山，少有利用，至 20 世紀 70 年代，發現其根、莖能提取三尖杉酯碱，用以醫治白血病，緩解率達百分之七十，遂爲人所識，以致濫伐，破壞嚴重，資源鋭減。1984 年列爲國家二級保護植物。

馬蹄參

瀕危林木名。藍果樹科，馬蹄參屬，馬蹄參（*Diplopanax stachyanthus* Hand.-Mazz.）。常緑喬木。單葉互生，革質，倒卵狀橢圓形至倒卵狀披針形。圓錐花序上部穗狀，花單生，下部由三至五花組成小傘形花序，花淡黄色。果長卵圓形，乾時堅硬。種子一粒，側扁而彎，横斷面呈馬蹄形，故名。我國主要分布於雲南、廣西、貴州、湖南、廣東等地海拔 1300~1900 米熱帶常緑苔蘚林中。木材可供傢具、農具、手工藝品用材。本種爲孑遺植物，是主産於我國的單種屬，在植物分類學上具重要意義。1984 年列爲國家二級保護植物。

海南油杉

瀕危林木名。松科，油杉屬，海南油杉（*Keteleeria hainanensis* Chun et Tsiang）。常緑喬木。樹皮淡灰色至褐色，粗糙，不規則縱裂。葉條狀披針形或近條形，兩端漸窄，微彎。雄球花五至八個簇生枝頂或葉腋。球果圓柱形。種子近三角狀橢圓形，種翅三角狀半圓形。本種係我國特有樹種，爲建築、傢具、船舶之巨木良材。分布範圍極狹窄，目前僅見於海南壩王嶺海拔 1000~1300 米山地。天然更新不良，極易滅絶。對研究植物區系及地理分布有一定價值。1984 年列爲國家二級保護植物，1992 年林業部列爲國家一級保護樹種。又，本屬中尚有“黄枝油杉”“柔毛油杉”亦屬我國珍貴瀕危樹種，1984 年俱列爲國家三級保護植物，1992 年林業部列爲國家二級保護樹種。此附供考。

海南海桑

瀕危林木名。千屈菜科，海桑屬，海南海桑（*Sonneratia* × *hainanensis* W. C. Ko & al.）。常緑喬木。高 4~8 米。樹幹基部具放射狀木栓質笋狀根。單葉對生，革質，廣橢圓形或近圓形。花大，常三朵簇生於枝頂，花梗粗壯，花瓣六枚，白色。漿果扁球形。種子多數，細小。我國僅分布於海南文昌。其木材可供建築及裝飾用材，其笋狀根可作木栓之代用品。海南海桑爲我國發現之特有珍稀樹種，其分布區極狹窄。1984 年列爲國家二級保護植物。

海南粗榧

瀕危林木名。三尖杉科，三尖杉屬，海南粗榧（*Cephalotaxus hainanensis* H. L. Li）。常緑喬木。葉條形，成二列，微向上彎。雌雄同株，偶异株。種子近倒卵形，微扁，成熟時假種皮呈紅色。我國主要分布於海南五指山、尖峰嶺、黎母嶺及雲南、廣東、廣西、西藏等地。木材宜爲建築、傢具等用材。種子可榨油。本種在分布區爲散生狀，常不爲重視，其樹皮及枝葉中含三尖杉酯碱，有特殊醫藥價值，遂遭濫伐，以致分布範圍漸縮，部分地區已經絶迹。爲保護與發展此重要樹種資源，1984 年列爲國家二級保護植物，1992 年林業部列爲國家一級保護樹種。今亦稱“紅殼松”“薄葉篦子杉”。按鄭萬鈞等《中國樹木志》此種應稱“西雙版納粗榧”。“海南粗榧”學名當爲“*Cephalotaxus hainanensis* H.L.Li”。此附供考。

海南大風子

瀕危林木名。青鐘麻科，大風子屬，海南大風子〔*Hydnocarpus hainanensis*（Merr.）Sleum.〕。常緑喬木。單葉互生，矩圓形。花單性，雌雄异株，總狀花序腋生。漿果球形，種子多數。我國主要分布於海南常緑闊葉林中，廣西亦有零星分布。木材堅重緻密、耐腐、耐磨，爲建築、船舶及傢具良材。種子可榨油以爲藥用。本種爲材藥兼用珍貴樹種，由於人爲破壞嚴重，天然更新不良，目前野生資源日趨枯竭，大樹已難尋覓。1984 年列爲國家三級保護植物。

海南假韶子

瀕危林木名。無患子科，假韶子屬，海南假韶子（*Paranephelium hainanensis* H.S.Lo）。常緑小喬木。幼枝被銹色柔毛。奇數羽狀複葉互生，小葉多爲三至七枚，近革質，橢圓形。圓錐花序，被銹色小柔毛，花小。蒴果近球形，黄色或紅色。果刺木質，種子一粒。我國僅分布於海南三亞的崖城北嶺、落筆洞等地。木材堅重，耐腐、抗蟲，供建築及精工用材。樹皮及果皮可提取栲膠。果可供食用或釀酒。種子可榨油。本種爲我國特有樹種，對研究熱帶植物區系有一定價值。分布範圍狹窄，又遭嚴重破壞，數量稀少。1984 年列爲國家二級保護植物。

海南羅漢松

瀕危林木名。羅漢松科，羅漢松屬，海南羅漢松（*Podocarpus annamiensis* N.E.Gray）。常緑喬木。樹皮灰褐色。葉條形或條狀披針形，厚革質，常螺旋狀着生於枝頂。雌雄异株，雄球花穗狀，單生或二至三個簇生葉腋，雌球花單生葉腋。種子卵圓形，成熟時紅色或紫紅色。我國僅零星分布於海南南部，爲海南特有，在學術研究中有一定價值。材質好，宜作文具、樂器及雕刻用材。樹姿秀麗，可爲庭院觀賞樹種。因分布區狹小，加之長期開發利用，現存資源數量甚少，1984 年列爲國家三級保護植物，1992 年林業部列爲國家二級保護樹種。

梓葉槭

瀕危林木名。無患子科，槭屬，梓葉槭（*Acer catalpifolium* Rehd.）。落葉喬木。單葉互生，紙質，卵形或長卵形。傘房花序，頂生，花雜色。小堅果扁平，成熟時淡黄色。梓葉槭爲我國特有珍稀樹種。僅分布於四川西部及成都平原一帶。木材可供建築、傢具、農具等用材。其樹冠傘形，秋季果熟時，果展二翅頗似飛蛾戲樹，故亦可用於行道或庭園緑化。本種爲槭屬中較爲原始之種類，對研究該科之系統演化及地理分布有重要價值。由於分布區狹窄，屢遭濫伐，數量稀少，1984年列爲國家三級保護植物。

麥吊雲杉

瀕危林木名。松科，雲杉屬，麥吊雲杉〔*Picea brachytyla*（Franch.）Pritz.〕。常緑喬木。大枝平展，樹冠塔形；側枝細而下垂。小枝上面之葉覆瓦狀向前伸展，兩側及下面之葉排列爲兩行，條形，扁平。雌雄同株，球果近圓柱形，下垂，成熟後褐色或微帶紫色。種子具翅。我國主要分布於豫西南、鄂西、陝南、川東北及甘南等地。爲重要荒山造林樹種。木材堅韌，可供飛機、機械、車輛、建築、傢具及木纖維工業等用材。1927年胡先驌等録入《中國植物圖譜》，1937年陳嶸收入《中國樹木分類學》，1945年郝景盛載《中國裸子植物志》。本種爲我國特有，不僅材質優良，用途廣泛，且其林地常爲我國珍稀動物大熊猫、金絲猴之栖息場所。由於大量采伐，天然更新困難，資源鋭減，1984年列爲國家三級保護植物，1992年林業部列爲國家二級保護樹種。今亦稱“麥吊杉”“川雲杉”“垂直雲杉”“密蒼杉”“菱鱗雲杉”。

崖柏

瀕危林木名。柏科，崖柏屬，崖柏（*Thuja sutchuenensis* Franch.）。常緑小喬木。枝條密，生鱗葉小枝略扁。葉鱗形。小球果橢圓形。種子扁平，兩側具翅。我國僅見於四川城口海拔1400米左右之石灰岩山地，散生於陽坡陡崖及石隙。1892年4月R.P.Farges於今重慶城口采得此種標本，1899年Franch.定名。目前本種生長環境較差，天然更新困難，資源稀少，産地很難找到，已處瀕危狀態，1984年列爲國家二級保護植物。亦稱“四川側柏”。又本屬中“朝鮮崖柏”俗名“長白側柏”“朝鮮柏”，在我國僅見於長白山區，目前資源甚少，1984年亦列爲國家三級保護植物。

黄杉

瀕危林木名。松科，黄杉屬，黄杉（*Pseudotsuga sinensis* Dode）。常緑喬木。樹體高大，粗壯。幼樹皮淡灰色，老則灰或深灰色，不規則斑塊狀裂。一年生枝淡黄緑色。葉條形，排列成兩列，上面緑或淡緑色，下面有兩條白色氣孔帶。球果卵圓形或橢圓狀卵圓形，成熟前微被白粉。種子短於種翅。我國主要分布於川、黔、貴、鄂、湘等省區海拔800~2600米暖濕山區。木材可供建築、橋梁、傢具、板料及人造纖維原料。本種爲我國特有優良用材樹種。在學術研究上有一定價值。1927年胡先驌、陳焕鏞録於《中國植物圖譜》，1937年陳嶸收録於《中國樹木分類學》。1984年列爲國家三級保護植物。1992年林業部列爲國家二級保護樹種。亦稱“短葉花旗松”“羅漢松”“天樅樹”。又本屬中“短葉黄杉”“瀾滄黄杉”俱爲我國珍貴樹種，亦於1984年列爲國家二級保護植物。

康定雲杉

瀕危林木名。松科，雲杉屬，康定雲杉（*Picea montigena* Mast.）。常緑喬木。爲麗江雲杉之變種。樹似麗江雲杉，而小枝被密毛，葉下每邊生一至四條氣孔綫。球果成熟前種鱗露出部分背部緑色，上部邊緣紅色或紫紅色。我國主要分布於康定折多山海拔3100~3300米以上地帶。爲我國特有珍稀樹種，目前僅存一株高20米大樹，已臨滅絶。1984年列爲國家二級保護植物，1992 年林業部列爲國家一級保護樹種。亦稱“瘦葉杉”“高山雲杉”。

粗齒梭羅

瀕危林木名。錦葵科，梭羅樹屬，粗齒梭羅（*Reevesia rotundifolia* Chun）。常綠喬木。樹皮灰色。單葉互生，革質，近圓形。聚傘狀傘房花序，花五瓣，白色，具爪。蒴果橢圓狀梨形，有棱，木質。種子棕色，卵狀長圓形，具膜質翅。個僅見於廣西南部十萬大山密林中。木材可製傢具、膠合板，亦可用以造紙。樹皮纖維可代繩索。種子可榨油。本種爲我國特有，分布區狹窄，原産地之森林屢遭砍伐，生境惡化，已瀕臨滅絶狀態。1984 年列爲國家三級保護植物。

陸均松

瀕危林木名。羅漢松科，陸均松屬，陸均松（*Dacrydium pierrei* Hickel）。常緑喬木。樹幹通直，大枝輪生，小枝翠緑下垂。葉二型，螺旋狀排列，微具四棱。雌雄异株，雄球花穗狀，生於上部葉腋，雌球花無梗，單生枝頂。種子卵圓形，橫生於杯狀肉質假種皮中，成熟時紅色或褐紅色。我國僅分布於海南中部以南海拔 500~1600 米地帶。樹姿優美，可爲園林緑化樹種。亦用作山地防護林造林樹種。木材堅重，可供建築、橋梁、舟車、傢具及細木工等用材。1937 年陳嶸録入《中國樹木分類學》，1961 年鄭萬鈞載《中國樹木學》，本種在科學研究中具一定價值。1984 年列爲國家三級保護植物，1992 年林業部列爲國家二級保護樹種。今亦稱“泪柏”“卧子松”“黄液松”。

雅加松

瀕危林木名。松科，松屬，雅加松（*Pinus massoniana* Lamb. var. *hainanensis* Cheng et L.K.Fu）。常緑喬木。馬尾松之變種。樹似馬尾松，高達 30 米，胸徑 0.5~1 米。樹姿雄偉，樹幹圓滿通直。唯其樹皮爲紅褐色，裂成不規則薄片剥落；枝平展，小枝斜上伸展；球果卵狀圓柱形等與馬尾松爲异。本種爲 1975 年命名之新種，爲我國特産，我國僅見於海南西部之雅加大嶺，故得此名。因分布區極狹窄，資源甚少，極爲珍稀，且其木材性質與馬尾松相近，爲用甚廣，加之耐瘠薄，耐短期乾旱，喜温暖濕潤及多雲霧環境，可在高海拔山地營造防護林，又具較高的科學研究價值，故 1984 年列爲國家二級保護植物，1992 年林業部列爲國家二級保護樹種。

雲南榧樹

瀕危林木名。紅豆杉科，榧屬，雲南榧樹（*Torreya yunnanensis* W.C.Cheng et L.K.Fu）。常緑喬木。樹高可達 20 米。葉條形，端部微上彎呈鐮狀，基部扭轉，排成二列。雌雄异株，雄球花單生葉腋，雌球花成對生於葉腋。種子近球形，假種皮肉質。我國主要分布於雲南西北部之麗江、維西、貢山、中甸等地海拔 2000~3400 米高山森林中。木材耐水濕，不開裂，可供建築、橋梁、傢具、農具用材。種子可榨油。因喜温凉氣候，亦耐瘠薄，故可爲滇西北森林更新與荒山造林樹種。雲南榧樹爲我國特有，由於天然更新不良，資源甚少，1984 年列爲國家三級保護植物。亦稱“杉松果”。

雲南七葉樹

瀕危林木名。七葉樹科，七葉樹屬，雲南七葉樹（*Aesculus wangii* Hu）。落葉喬木。掌狀複葉對生，小葉五至七枚，紙質，披針形或倒披針形。圓錐花序頂生，有黄色微柔毛，花白色。蒴果扁球形，果殼薄，具疣狀突起。種子近球形，種臍約爲種子之半。我國僅産於滇東南之金平、西疇、富寧諸縣，見於海拔900~1800米之山林中。木材可供板材、細木工及造紙等用材。種子可入藥。本種爲我國特有之孑遺樹種，亦爲世界著名觀賞樹木。常植於寺廟，至今多處廟宇存有百年以上大樹。由於生境惡化，天然更新困難，其原種已處漸危狀態。1984年列爲國家三級保護植物。今亦稱“婆羅樹”。

雲南肉豆蔻

瀕危林木名。肉豆蔻科，肉豆蔻屬，雲南肉豆蔻（*Myristica yunnanensis* Y.H.Li）。常緑喬木。高可達30米，樹幹基部具氣根。單葉互生，堅紙質，全緣。花小，單性，雌雄异株，暗紫色。漿果橢圓形，果皮厚，假種皮深紅色。我國主要分布於雲南省。種子及假種皮可入藥。種子亦可榨油。本種於1976年發現，爲我國特有珍稀樹種與藥用植物。對學術研究有重要意義。其分布區狹窄，目前僅零散存有大小二十餘株，且生長不良，已處瀕危狀態。1984年列爲國家三級保護植物，1992年林業部列爲國家二級保護樹種。

雲南穗花杉

瀕危林木名。紅豆杉科，穗花杉屬，雲南穗花杉（*Amentotaxus yunnanensis* H.L.Li）。常緑小喬木。高約15米，樹冠廣卵形。葉條形，呈二列。雌雄同株，雄球花穗狀。種子橢圓形，成熟時假種皮紅紫色，微被白粉。我國主要分布於雲南東南部及貴州西南部。木材可供建築、傢具、農具及雕刻用材。亦可作觀賞緑化樹種。因資源稀少，并在學術研究上有一定價值，1984年列爲國家二級保護植物，1992年林業部列爲國家二級保護樹種。

華東黄杉

瀕危林木名。松科，黄杉屬，華東黄杉（*Pseudotsuga gaussenii* Flous）。常緑喬木。樹皮深灰色，常裂爲不規則片塊。葉條形，排成二列或於主枝上近輻射伸展；葉面深緑，有光澤，葉背具二列白色氣孔帶。球果下垂，圓錐狀卵圓形或卵圓形，微具白粉。種子三角狀卵圓形，微扁，上面密生褐色毛，下面具不規則褐色斑紋；種子與種翅近等長。我國主要分布於安徽東南部、浙江西北部及南部，福建建寧曾有記載。木材供建築、傢具用。亦可植於庭園觀賞。爲我國華東地區特有珍貴樹種，在學術研究上具一定價值，1984年被列爲國家二級保護植物。亦稱“浙皖黄杉”“狗尾樹”。

華南五針松

瀕危林木名。松科，松屬，華南五針松（*Pinus kwangtungensis* Chun ex Tsiang）。常緑喬木。高約30米，胸徑達1.5米。葉五針一束。球果常單生，柱狀矩圓形或圓柱狀卵形，下垂，成熟時淡紅褐色。種子橢圓形或倒卵形，具翅。我國主要分布於湖南、貴州、廣西、廣東及海南諸地。木材輕軟細緻，可供建築、枕木、電杆、礦柱、車輛及傢具用材。亦可提取樹指。樹姿古雅遒勁，可爲城鎮緑化樹種。本種爲我國特有樹種，在植物分類及分布之研究中具一定價值。1948年始以此稱録於《中山大學農林植物所專刊》，1964年陳焕鏞載《海南植物志》。近幾十年因采伐過量，資源鋭減，1984年列爲國家二級保護植物。亦稱“廣東松”。

景東翅子樹

瀕危林木名。錦葵科，翅子樹屬，景東翅子樹（*Pterospermum kingtungense* C.Y.Wu ex Hsue）。常緑喬木。最高可達 25 米，樹皮褐色。單葉互生，革質，倒梯形。花單生，白色，大型。蒴果具柄，革質或木質，碩大。種子頂端具長翅。我國僅分布於雲南景東，故得此稱。木材微紅，宜作傢具、膠合板、建築、室内裝修及造紙原料。樹皮纖維可代繩索。根皮入藥。種子可榨油。亦可作緑化觀賞樹種。本種爲我國特有樹種，於景東發現。其分布區極小，資源數量有限，1984 年列爲國家三級保護植物。其葉背多黄白色星狀毛，亦稱“翻白葉樹”。另，本屬尚有“猛侖翅子樹”“雲南翅子樹”，均爲我國特有樹種，亦列爲國家三級保護植物。

普陀鵝耳櫪

瀕危林木名。樺木科，鵝耳櫪屬，普陀鵝耳櫪〔*Carpinus putoensis* Cheng〕。落葉喬木。單葉互生，厚紙質，橢圓形至卵狀橢圓形，葉脉疏被簇生毛，葉緣重鋸齒，具刺尖。雄花序爲鱗芽包被，雌花序生於枝端。小堅果着生於葉狀果苞基部，疏被毛。爲我國特有珍稀樹種。僅産於浙江舟山群島普陀山林中，因以得名。本種在植物分類學研究中具一定價值。由於海島特殊環境，其繁殖與擴散受阻，僅存一株大樹，結實率低，更新能力弱，已處瀕危狀態。1984 年列爲國家二級保護植物。杭州植物園引種試驗已初獲成功，爲繁衍此瀕危樹種提供了保障。

絨毛皂莢

瀕危林木名。豆科，皂莢屬，絨毛皂莢（*Gleditsia vestita* Chun et F.C.How ex B. G. Li）。落葉喬木。高可達 20 米。疏生扁刺。偶數羽狀複葉簇生，小葉五至九對，近對生，長卵形或橢圓狀卵形。花單性，近無柄。莢果帶狀，彎曲，密被黄緑色絨毛。可供觀賞。木材亦可製傢具或爲建材。本種爲我國特有珍稀樹種，僅在湖南南岳衡山廣濟寺附近天然次生林中發現二株大樹，其中一株已衰老心腐，天然更新能力極弱，資源已瀕滅絶。1984 年列爲國家三級保護植物。至 1989 年南岳與長沙兩地共繁殖 11 株幼樹，其中已有 3 株開花結實，爲絨毛皂莢之繁衍帶來希望。1992 年林業部列爲國家一級保護樹種。因其莢果密被金色絨毛，亦稱“絨果皂莢”“毛果皂莢”。

絨毛番龍眼

瀕危林木名。無患子科，番龍眼屬，絨毛番龍眼〔*Pometia tomentosa*（Blume）Teijsm. & Binn.〕。常緑大喬木。高可達 45 米，胸徑 1 米許。具板根。枝彎曲。偶數羽狀複葉，幾無柄。花單性，圓錐花序，花極少。主要分布於亞洲熱帶地區，我國僅見於滇南。木材可製傢具，亦供建築、室内裝修、膠合板用材。本種爲我國珍貴樹種，又爲雲南熱帶季雨林之特殊樹種。其枝虬曲蜿蜒，形若龍蛇，可供觀賞。具有一定的科學研究及經濟價值。1984 年列爲國家三級保護植物。

榆緑木

瀕危林木名。使君子科，榆緑木屬，榆緑木〔*Anogeissus acuminata*（Roxb. ex DC.）Guill.et Perr. var. *lanceolata* Wall.ex Clarke〕。常緑喬木。高可達 20 米。枝纖細。單葉對生或近對生。花兩性，球形穗狀花序。假翅果組成頭狀果序，翅果狀假瘦果，翅近方形。我國主要分布於雲南西雙版納之猛養林區内。木材緻密，宜爲建築、室内裝修用材。本種爲典型熱帶樹種，主産非洲及亞洲熱帶地區。我國發現此種對研究熱帶植物區系提供了材料，亦爲熱帶石灰岩山地造林增加了新樹種。1984年列爲國家三級保護植物，1992年林業部列爲國家二級保護樹種。

滇桐

瀕危林木名。錦葵科，滇桐屬，滇桐（*Craigia yunnanensis* W.W.Smith et W.E.Evans）。小喬木。高約10米。單葉互生，廣卵形。花兩性，無花瓣。蒴果紅色，具五個薄紙質翅，扁平。種子紡錘形，黑色。我國主要分布於雲南、廣西及貴州。木材可製傢具、樂器等。種子可榨油。樹皮纖維可代索或造紙。根、葉、果可入藥。由於分布區狹窄，又爲零星分散狀態，數量極少，且尚未開展人工繁殖，已處瀕危狀態，1984年列爲國家二級保護植物，1992年林業部列爲國家二級保護樹種。

滇南風吹楠

瀕危林木名。肉豆蔻科，風吹楠屬，滇南風吹楠（*Horsfieldia tetratepala* C.Y.Wu）。常綠喬木。樹幹挺拔，高約30米，胸徑可達1米。葉厚紙質。花小，單性，雌雄异株。果實卵形或球形，外果皮稍木質化，成熟時開裂。我國主要分布於雲南南部熱帶溝谷及坡地密林中，以勐臘、河口等地較多。木材色澤美麗，可製箱盒與傢具。種子含油百分之三十四點零六，係含以C14爲主的固體油。是軍事、航空、機械工業必需之原料。本種爲我國特有珍貴油料樹種，天然更新能力差，且分布區狹窄，資源稀少，尚未人工栽培，1984年列爲國家三級保護植物。又，本屬中尚有“海南風吹楠”，我國僅見於海南及廣西龍州海拔約500米之山谷丘陵、陰濕密林中。其分布區極窄，數量有限，1984年亦列爲國家三級保護植物。

福建柏

瀕危木名。柏科，福建柏屬，福建柏〔*Fokienia hodginsii*（Dunn）A.Henry et H.H.Thomas〕。常綠喬木。高約20米。樹皮紫褐色，平滑。鱗葉二對交叉對生，成節狀；營養枝之葉較大，結果枝之葉較小，排列如羽狀。雌雄同株，球果近球形，成熟時褐色。種子卵形，頂端微尖，有三至四棱，兩側種翅不等。我國主要分布於福建、浙江、江西、湖南、廣東、廣西、貴州、四川、雲南等地。可植於園林供綠化觀賞。木材爲建築、橋梁、傢具良材。本種爲我國古老孑遺樹種，在學術研究上有一定價值。1984年列爲國家二級保護植物，1992年林業部列爲國家二級保護樹種。今亦稱“建柏”“滇柏”“廣柏”“滇福建柏”，多以産地爲名。

槿棕

瀕危林木名。棕櫚科，魚尾葵屬，槿棕（*Caryota urens* Linn.）。常綠喬木。高10~20米。羽狀複葉集生於幹頂，小葉半菱形，若魚尾狀。佛焰花序有多數懸垂之分枝。果實紅色，念珠狀。主要分布於東南亞熱帶地區，我國雲南西部有少量分布。樹幹聳直，可爲電杆或民居建築用材。樹皮纖維可代繩索。其樹幹中段含大量澱粉，味似馬鈴薯，可供十數人食用數日。故亦稱“獵人樹”“西米樹”。亦可作綠化觀賞樹種。本種爲我國稀有樹種，滇西南爲其分布之北限，由於采伐過度，生境破壞，1984年列爲國家二級保護植物。

臺灣黄杉

瀕危林木名。松科，黄杉屬，臺灣黄杉（*Pseudotsuga wilsoniana* Hayata）。常緑喬木。樹幹高大通直，大枝平展，不規則輪生，樹冠塔形。葉條形，排成二列，葉面光緑色，背面氣孔帶灰緑或灰白色。球果卵圓或橢圓狀卵圓形。種子三角狀卵圓形，微扁；種翅與種子等長。我國主要分布於臺灣中央山脉。木材供建築、傢具用材。1915 年 Hayata《臺灣植物圖譜》始著録。1961 年鄭萬鈞收録於《中國樹木學》。臺灣黄杉爲我國特有樹種，分布區狹窄，資源甚少，且對生境要求較嚴，數量有漸减之勢，故 1984 年列爲國家三級保護植物。

臺灣水青岡

瀕危林木名。殼斗科，水青岡屬，臺灣水青岡（*Fagus hayatae* Palib. ex Hayata）。落葉喬木。樹冠傘形。枝茂密，幼枝被絹狀柔毛。葉卵形，緣具齒，幼葉背面被銹色粉狀毛。殼斗四裂，堅果伸出，具三棱翅。我國主要分布於臺灣省。近年在安徽、浙江亦有零星發現。木材可供建築、傢具、車輛及工藝品用。堅果可榨油，以供食用或工業用。本種爲我國臺灣特有樹種，因其自然授粉率低，不易繁殖，數量漸少，1984 年列爲國家三級保護植物，1992 年林業部列爲國家二級保護樹種。

臺灣穗花杉

瀕危林木名。紅豆杉科，穗花杉屬，臺灣穗花杉（*Amentotaxus formosana* H.L.Li）。常緑小喬木。大枝稀疏，小枝斜展。葉披針形或條狀披針形，成二列。雄球花穗狀，雌球花近圓球形。種子倒卵狀橢圓形或橢圓形，成熟時假種皮深紅色。僅分布於臺灣南部山區。可植於庭園供觀賞。木材可爲傢具、農具、器具及工藝品用材。本種爲我國特産稀有珍貴樹種，分布區狹窄，數量稀少，1984 年列爲國家二級保護植物，1992 年林業部列爲國家二級保護樹種。

銀杉

瀕危林木名。松科，銀杉屬，銀杉（*Cathaya argyrophylla* Chun et Kuang）。常緑喬木。葉條形，螺旋狀着生成輻射伸展，枝頂葉呈簇生狀，葉緣微反捲，上面緑色被柔毛，背面沿中脉具明顯粉白色氣孔帶。雄球花長橢圓狀卵形，雌球花卵圓形或長橢圓狀卵圓形。球果卵圓形至長橢圓形，成熟時栗色至暗褐色。種子斜倒卵圓形，略扁，墨緑色。我國主要分布於廣西龍勝及重慶金佛山等地。木材供建築、傢具用材。20 世紀 50 年代鍾濟新首先於廣西花坪發現，後經陳焕鏞、匡可任鑑定爲新屬新種，此後相繼於重慶金佛山、貴州道真、湖南新寧等地發現。學術界以爲此乃繼發現水杉“活化石”之後的重大發現，被譽爲“植物中的大熊猫”“林海珍珠”。銀杉在一千萬年前曾廣布歐亞大陸，第三紀晚期幾遭滅絶，唯我國獨存。故屬我國特有樹種。在植物學及冰川氣候等研究中具較重要價值。因其生境要求嚴苛，結實少，天然更新能力差，繁殖困難，資源稀少，1984 年列爲國家一級保護植物，1992 年林業部列爲國家一級保護樹種。亦名“杉公子”。

廣西青梅

瀕危林木名。龍腦香科，青梅屬，廣西青梅（*Vatica guangxiensis* S.L.Mo）。常緑大喬木。樹高達 35 米。單葉互生，革質，深緑色，具光澤。蒴果革質。我國僅見於廣西那坡百合，生長在北熱帶溝谷雨林中。材質重硬，耐腐，宜爲造船、車輛、傢具、橋梁、建築用材。本種爲我國特有樹種，亦係該屬植物在亞洲大陸之新紀録，對研究熱帶植物區系與野生資源開發均具重要意義。其分布極狹窄，資源甚少，目前僅存一株母樹，1984 年列爲國家二級保護植物，1992 年林業部列爲國家二級保護樹種。

翠柏

瀕危林木名。柏科，翠柏屬，翠柏（*Calocedrus macrolepis* Kurz）。常緑喬木。高可達 35 米，胸徑逾 1 米。幼樹冠尖塔形，老樹冠呈廣圓形。小枝互生，兩列狀；生鱗葉之小枝直展，扁平。鱗葉二型，交叉對生，呈明顯節狀。雌雄同株。球果矩圓形或長圓形，成熟時紅褐色。種子近卵圓形或橢圓形，微扁，暗褐色，具一長一短之種翅。我國主要分布於雲南、貴州、廣西及海南諸省區。爲古老殘遺種，在學術研究上有一定價值。本種葉翠緑，冠形美，爲優良緑化觀賞樹種。其木材供建築、傢具、細木工用材。種子可榨油。鋸屑可製“净香”與“綫香”。由於分布區狹窄，尚未開展人工造林，資源趨於減少，1984 列爲國家三級保護植物。亦稱“大鱗肖楠”“長柄翠柏”。

樟子松

瀕危林木名。松科，松屬，樟子松（*Pinus sylvestris* Linn. var. *mongolica* Litv.）。常緑喬木。爲歐洲赤松之變種。高近 30 米，胸徑可達 1 米。幼時冠爲尖塔形，老則爲平頂狀。枝斜展或平伸。葉爲二針一束，硬直，常扭曲。球果卵圓形或長卵圓形，成熟時淡灰褐色，易脱落。種子黑褐色，長卵圓形或倒卵圓形，微扁。我國主要分布於黑龍江大興安嶺及海拉爾西南一帶沙地，其中最大的一片在内蒙古呼倫貝爾盟紅花爾基沙地草原上。樟子松耐乾旱瘠薄，可在風積沙地上生長，被譽爲防風固沙之“先鋒樹種”。木材可供建築、電杆、舟車、橋梁、傢具良材及木纖維原料。本種爲歐洲赤松之變種。1953 年陳嶸收録於《中國樹木分類學・補編》。1984 年其原種列爲國家三級保護植物，1992 年林業部列爲國家二級保護樹種。亦稱“海拉爾松”。

猪血木

瀕危林木名。五列木科，猪血木屬，猪血木（*Euryodendron excelsum* H.T.Chang）。常緑大喬木。單葉互生，長橢圓形，葉緣鋸齒較規則。花兩性，具短梗。漿果圓球形，紫黑色，無宿存之花萼。種子腎形，褐色。我國主要分布於廣東陽春及廣西平南等地。其木材色紅如猪血，故名。材質較硬，宜爲傢具、建築用材。本種爲我國稀有樹種，爲單種屬植物，在植物學分類中有一定研究價值。資源甚少，目前僅存二株，已處瀕危狀態。1984 年列爲國家二級保護植物。

膝柄木

瀕危林木名。安神木科，膝柄木屬，膝柄木〔*Bhesa robusta*（Roxb.）Ding Hou〕。半常緑喬木。具板根。樹皮黄褐色。葉近革質，長圓形或長圓狀披針形，全緣、深緑，具光澤。花兩性，總狀花序，花小，白色。蒴果長卵圓形，假種皮紅色，種子黑褐色。本種爲我國在廣西北海近海丘陵坡地上發現之樹種。僅見此一株大樹，其高 13 米，胸徑 60 厘米，結實少，已處瀕危狀態。本屬植物均産熱帶地區，廣西發現此樹對研究該地植物區系、地植物及生態學均有極高科學價值。1984 年列爲國家二級保護植物，1992年林業部列爲國家一級保護樹種。

蝴蝶樹 2

瀕危林木名。錦葵科，銀葉樹屬，蝴蝶樹（*Heritiera parvifolia* Merr.）。常緑喬木。高可達35米。具板根；幹通直，小枝被皮屑狀鱗片。單葉互生，橢圓狀披針形，葉背面密被銀白色或褐色皮屑狀鱗片。圓錐花序腋生，花單性，白色，較小。果具長翅，翅魚尾狀。兩果并生如蝶，故名。我國僅見於海南南部山地林區。爲優良用材樹種。木材可供舟車、橋梁、椿木及傢具用材。種子含澱粉，可作飼料。樹皮纖維可代繩索或編織原料。葉銀灰色，果翅如蝶，樹冠濃緑，秀美可愛，可爲庭院緑化樹種。其分布區狹窄，數量極少，1984年列爲國家三級保護植物，1992年林業部列爲國家二級保護樹種。亦稱“小葉銀葉樹”。

德昌杉木

瀕危林木名。柏科，杉木屬，德昌杉木（*Cunninghamia unicanaliculata* D.Y.Wang et H.L.Liu）。常緑喬木。高約50米，胸徑可達3米。葉披針形，厚革質。球果卵圓形，單生枝頂。種子扁平，兩側具窄翅。僅分布於四川西南部局部地區。木材高大通直，爲重要商品材。本種爲杉木屬之新見種，因主産於四川德昌，故名。因資源極少，目前尚未大量人工栽培，1984年列爲國家三級保護植物。

廟臺槭

瀕危林木名。無患子科，槭屬，廟臺槭（*Acer miaotaiense* P.C.Tsoong）。落葉喬木。高20~25米。樹皮深灰色，當年枝紫褐色。葉紙質。小堅果扁平，被黄絨毛；翅長圓形，張開幾成直綫形。我國主要分布於陜西西南部及甘肅東南部，生於海拔1300~1600米山地闊葉林中。本種首先於陜西西留壩廟臺子留侯廟發現，故得此稱。爲我國特有種。其果形獨特，在植物分類學上占有一定地位，目前數量甚少，1984年列爲國家三級保護植物。

緣毛紅豆

瀕危林木名。豆科，紅豆樹屬，緣毛紅豆（*Ormosia howii* Merr. et Chun et Merr. ex L.Chen）。常緑喬木。高約10米；嫩枝密被短柔毛。奇數羽狀複葉，小葉五至七枚，長圓形，革質。圓錐花序，頂生，密被銹色柔毛。莢果橢圓形或卵狀菱形，扁平，邊緣偶生長緣毛，故名。種子近圓形，稍扁，暗紅色，有光澤。我國主要分布於海南保亭山及廣東陽春河尾山熱帶林中。木材可製高級傢具或供雕刻、鑲嵌及美術工藝品用材。本種爲我國特有珍貴樹種，在學術研究上有一定價值。目前分布區狹窄，已處瀕危狀態，1984年列爲國家三級保護植物。亦稱“侯氏紅豆”。

蕉木

瀕危林木名。番荔枝科，蕉木屬，蕉木〔*Oncodostigma hainanense*（Merr.）Tsiang et P.T.Li〕。常緑喬木。單葉互生，矩圓形或矩圓狀披針形。花兩性，一至二朵腋生或腋外生，黄緑色。果矩圓筒形或倒卵形，種子間有縊紋。種子黄棕色。主産於海南，廣西合浦亦有少量分布，常生山谷密林中。木材可供建築、農具等用材。本種爲我國特有珍貴樹種。在學術研究上有重要價值。因分布區狹小，野生資源數量稀少，1984年列爲國家二級保護植物。亦稱“山蕉”。

興凱湖松

瀕危林木名。松科，松屬，興凱湖松（*Pinus takahasii* Nakai）。常緑喬木。樹皮紅褐色或黄褐色，一年生枝被白粉。葉二針一束，葉長5~10厘米。球果長卵圓形，成熟時淡黄褐色或淡褐色，具短梗，下彎。種子倒卵形，微扁，淡褐色，有黑色斑紋。我國主要分布於黑龍江東南部之興凱湖及密山、鷄東、鷄西、穆陵等地。木材輕軟，易加工，耐腐蝕，爲建築、枕木、傢具、車輛之良材。本種形態介於赤松與樟子松間，或以爲即二松之自然雜交種。在松屬植物分類上有一定研究價值。該種極耐嚴寒，又耐乾旱，沙丘及山地石礫土均能生長良好，爲優良防護及用材樹種。由於資源日漸枯竭，1984年列爲國家三級保護植物，1992年林業部列爲國家二級保護樹種。亦稱“與凱松”“與凱赤松”“黑河赤松”。

鋸葉竹節樹

瀕危林木名。紅樹科，竹節樹屬，鋸葉竹節樹〔*Carallia diplopetala* Hand.-Mazz.〕。常緑小喬木或灌木。高10餘米。分枝具膨大之節如竹，故名。單葉對生，紙質，狹矩圓形，邊緣有梳狀細鋸齒。聚傘花序腋生，花六至七瓣，白色或淡紅色。果球形。僅産於廣西南部十萬大山。本材堅硬，徑面具花紋，爲建築、傢具、貼面板等用材。根、葉可入藥。本種爲我國特有珍稀植物，已趨瀕危狀態。1984年列爲國家三級保護植物，1992年林業部列爲國家二級保護樹種。

鷄毛松

瀕危林木名。羅漢松科，羅漢松屬，鷄毛松（*Podocarpus imbricatus* Gibbs）。常緑喬木。樹幹通直，小枝密生，纖細下垂。葉异型，扁平排列似鷄羽狀，故名。雌雄异株，雄球花穗狀，生於小枝頂端；雌球花單生或成對生於枝端。種子卵圓形，無梗，光澤，成熟時肉質假種皮紅色。我國主要分布於海南五指山、尖峰山、吊羅山等地，廣西金秀及雲南西雙版納亦有零星分布。本種可爲分布地區森林更新及荒山造林樹種。在植物學研究中有一定價值。木材供建築、橋梁、造船、傢具等用材。因資源日趨減少，分布範圍不斷縮小，已成漸危之勢，1984年列爲國家三級保護植物。今亦稱“嶺南羅漢松”“爪哇松”“异葉羅漢松”“竹葉松”“假柏木”。

櫶木

瀕危林木名。錦葵科，柄翅果屬，櫶木（*Burretiodendron hsienmu* Chun et F.C.How）。常緑喬木。單葉互生，革質，卵形或寬卵形。花單性，雌雄异株，聚傘花序腋生，雄花白色。蒴果狹橢圓形，有五縱翅。我國主要分布於桂南及滇東南等地。木材極堅重緻密，韌性强，耐腐蝕，係世界高品質、高硬度著名用材之一。爲重工業、國防工業、航海業重要用材。櫶木菜板爲廣西龍州之特産。櫶木常生石灰岩山區之岩隙間，根系發育受影響，常偏向一側，年輪亦朝一側偏斜，頗似海中蜆殼紋狀，故又名“蜆木”。本種爲我國特有珍貴樹種，資源已極少，已近瀕危，1984年列爲國家二級保護植物。

小勾兒茶

瀕危林木名。鼠李科，小勾兒茶屬，小勾兒茶〔*Berchemiella wilsonii*（Schneid.）Nakai〕。落葉藤狀灌木。單葉互生，紙質，橢圓形。聚傘花序頂生，花淡緑色。僅見於我國湖北西部及安徽南部，生於海拔 900~1200 米闊葉林中。根可入藥。爲東南亞植物區系特有植物，亦我國特有樹種。在植物學研究中有一定科學價值，且天然更新不良，野生資源日漸減少，人工繁殖尚未開展，資源已處瀕危狀態。1984 年列爲國家二級保護植物。

水椰

瀕危林木名。棕櫚科，水椰屬，水椰（*Nypa fruticans* Wurmb.）。常緑叢生灌木。無直立樹幹，具匍匐狀根莖。葉自根莖生長，羽狀全裂，長達 4~7 米；裂片狹長披針形。花單性，雌雄同株，肉穗花序長達 1 米。聚花果，成熟心皮核果狀，倒卵狀，具六棱，褐色而光亮。我國僅分布於海南東南部海灣泥沼地帶。因其形似椰樹，又生水中，故名。常用爲海岸帶防潮、固堤、緑化樹種。其肉穗花序枝葉可製糖、醋或釀酒。果仁味似椰子可食用。葉可用於民室建築或編織工藝品。本種爲古老孑遺植物，在植物分類、地植物學及古植物學研究方面有一定意義。1984 年列爲國家三級保護植物。

白紙寶

瀕危林木名。茜草科，玉葉金花屬，白紙寶（*Mussaenda anomala* Li）。攀援灌木。單葉對生，薄紙質，卵形。三歧聚傘花序，苞片葉狀，白色，張開時其大如掌，花蕊金黄色，故有“玉葉金花”之稱。漿果，種子小，多數。僅分布於我國廣西大瑶山。其藤、根可入藥。亦可供觀賞。自 1936 年首次采得標本後，至今再未采到，已處瀕危狀態。1984 年列爲國家二級保護植物。今通稱“异形玉葉金花”。

白梭梭

瀕危林木名。莧科，梭梭屬，白梭梭（*Haloxylon persicum* Bunge ex Boiss. et Buhse）。落葉灌木或小喬木。單葉對生，退化爲鱗狀三角形，平伏於枝上。花對生。胞果淡黄褐色。我國主要分布於新疆北部准葛爾盆地沙漠。本種極耐乾旱，抗風沙，爲風沙區難得之珍貴樹種。可作燃料，有“荒漠活煤”之稱號。嫩枝可爲飼料。由於資源鋭減，已近漸危狀態，1984 年列爲國家三級保護植物。

地楓皮

瀕危林木名。五味子科，八角屬，地楓皮（*Illicium difengpi* K.I.B. et K.I.M. ex B.N.Chang）。常緑灌木。高不足 3 米，樹皮有縱紋。單葉互生，革質，倒長卵形，常聚生於枝端。花兩性，腋生，紅色，花被片肉質。聚合果，蓇葖九至十二個。我國主要分布於廣西西部地區，常見於海拔 200~1200 米石灰岩山地。樹皮、枝可入藥。由於資源日竭，1984 年列爲國家三級保護植物。今亦稱“鑽地楓”“楓榔”。

沙冬青

瀕危林木名。豆科，沙冬青屬，沙冬青〔*Ammopiptanthus mongolicus*（Maxim. ex Kom.）Cheng f.〕。常緑灌木。高約 2 米，樹皮黄色，小枝被白色短毛。三出複葉，稀單葉，小葉菱狀橢圓形或窄倒卵形。總狀花序頂生，被白色柔毛，花金黄色。莢果，扁平，長圓形，具喙。種子圓腎形。我國主要分布於内蒙古、甘肅、寧夏、新疆等地。枝、葉可入藥。爲沙漠地區難得之常緑固沙樹種。沙冬青爲第三紀殘遺植物，在學術研究上有重要價值。資源日趨減少。1984 年列爲國家三級保護植物。今亦稱“蒙古黄花木”“蒙古沙冬青”。

刺參

瀕危林木名。五加科，刺人參屬，刺參（*Oplopanax elatus* Nakai）。落葉灌木。莖具刺。單葉互生，掌狀三至五裂。花白緑色，集成許多小傘形花序，成總狀排列於總軸上。漿果狀核果，扁球形，紅色。我國主要分布於吉林長白山，遼東山地亦有少量分布。本種爲我國珍貴藥用植物，其根粗大，呈棒狀，功效類人參。由於資源銳減，加之分布區域狹窄，已處瀕危狀態。1984 年列爲國家二級保護植物。

刺五加

瀕危林木名。五加科，五加屬，刺五加〔*Acanthopanax senticosus*（Rupr. et Maxim.）Harms.〕。落葉灌木。小枝常密被下彎狀刺。掌狀複葉，五小葉，紙質，橢圓狀倒卵形或長圓形。傘形花序單生枝頂或二至六朵簇生，花五瓣，紫黃色。果卵狀球形，具五棱。我國主要分布於遼、吉、黑、晋、冀諸省。根皮與莖皮爲名貴補藥。種子可榨油。本種經濟價值頗高。由於數量銳減，1984 年列爲國家三級保護植物。

長白柳

瀕危林木名。楊柳科，柳屬，長白柳〔*Salix polyadenia* Hand.-Mazz. var. *tschanbaischanica*（Y.L.Chou et Y.L.Chang）Y.L.Chou〕。匍匐狀小灌木。多腺柳之變種。枝細長，葉革質，全緣，葉背及苞片均生絹毛。葇荑花序。蒴果二裂。僅分布於我國長白山區。其樹雖小，然根系發達，對高山苔原土壤有特殊保護作用。目前數量極少，1984 年列爲國家三級保護植物。

海南巴豆

瀕危林木名。大戟科，巴豆屬，海南巴豆（*Croton laui* Merr. et Metc.）。落葉或半落葉灌木。單葉互生，倒卵形至倒披針形，紙質。花單性，雌雄同株，總狀花序，花單生。蒴果卵形，白色；内含種子二粒，橢圓形。我國主要分布於海南省。木材無大用，僅可製一般農具、像具等什物，然其種子爲新藥源，可提取巴豆油及蛋白脂生物鹼。因資源銳減，1984 年列爲國家三級保護植物。

矮瓊棕

瀕危林木名。棕櫚科，瓊棕屬，矮瓊棕〔*Chuniophoenix humilis* C.Z.Tang et T.L.Wu〕。常緑灌木。高約 1.5~2 米。莖叢生，多節，圓柱形，紫褐色。葉密集頂生，扇狀半圓形，掌狀深裂。肉穗花序呈圓錐狀，花兩性，淡黃色。核果扁球形，熟時鮮紅色。種子一粒，淡棕色。我國主要分布於海南陵水、吊羅山等地。因分布區狹窄，砍伐利用過度，數量稀少，已處瀕危狀態。1984 年列爲國家二級保護植物。

矮沙冬青

瀕危林木名。豆科，沙冬青屬，矮沙冬青〔*Ammopiptanthus nanus*（M.Pop.）Cheng f.〕。常緑小灌木。小枝密被柔毛。單葉，稀三出複葉；小葉廣卵圓形或近卵形，兩面密被柔毛。總狀花序頂生，花黃色。莢果長圓形，稍腫脹。僅見於新疆塔里木盆地邊緣之喀什地區。爲我國沙漠地帶少有的常緑樹種，對改造沙漠具有重要意義，在學術研究中亦有重要價值。1984 年列爲國家二級保護植物。亦稱“小沙冬青”“新疆沙冬青”。

劍葉龍血樹

瀕危林木名。天門冬科，龍血樹屬，劍葉龍血樹〔*Dracaena cochinchinensis*（Lour.）S.C.Chen〕。常緑灌木。葉劍形，薄革質，集生於莖端。圓錐花序，大型，花白色，芳香。漿果球形。主要分布於廣西西南部及雲南西南部。本種極耐乾旱，可爲石灰岩山地緑化樹種。其樹幹受傷後分泌紅色樹脂，可提取“血竭”，爲珍貴藥材，由於長期采脂利用，野生資源日漸減少，已成漸危之勢，1984 年列爲國家三級保護植物。

篦子三尖杉

瀕危林木名。三尖杉科，三尖杉屬，篦子三尖杉（*Cephalotaxus oliveri* Mast.）。常緑灌木。高約 4 米，樹皮灰褐色。條形葉，平展，呈梳狀二列。雌雄异株。種子卵圓形或近球形。主要分布於長江流域及其以南山區。木材可供建築，亦可爲藥用，其提取物三尖杉酯堿，可抑制某些癌細胞生長。本種爲我國特有之古老孑遺植物，多散生於海拔 400~800 米山地針闊混交林中，長勢緩慢，天然更新能力差，大樹不多。已有漸危之勢，1984 年列爲國家二級保護植物，1992 年林業部列爲國家二級保護樹種。亦稱“阿裹杉”“梳葉圓頭杉”“花枝杉”。

龍棕

瀕危林木名。棕櫚科，棕櫚屬，龍棕（*Trachycarpus nana* Becc.）。常緑小灌木。高約 1 米。無地上莖。葉掌狀深裂。肉穗花序腋生，排列成圓錐花序式；雌雄异株，雄花黄色，雌花淡緑色。核果腎形，藍黑色。我國僅分布於雲南。樹姿優美，爲珍稀園林緑化樹種。本種爲棕櫚類之矮化類型，對生態學、遺傳學研究均具較高價值。1984 年列爲國家二級保護植物。

黏木

瀕危林木名。黏木科，黏木屬，黏木（*Ixonanthes chinensis* Champ.）。常緑灌木或小喬木。高 4~20 米。樹皮灰色。單葉互生，橢圓形至矩圓形。二歧聚傘花序，生於近枝端之葉腋；花小，白色。蒴果卵狀橢圓形，果皮革質，黑褐色。種子上端具翅。我國主要分布於兩廣及雲、貴等地。木材可製傢具、農具，亦可供民用建築用材。樹皮可提取栲膠。黏木屬在我國爲寡種屬，在植物分類學上占有一定地位。1984 年列爲國家三級保護植物。

穗花杉

瀕危林木名。紅豆杉科，穗花杉屬，穗花杉〔*Amentotaxus argotaenia*（Hance）Pilger〕。常緑灌木或小喬木。高達 7 米，小枝多斜展。葉條狀披針形，基部扭轉排爲二列。雄花序穗狀，故得此名。種子橢圓形，成熟時假種皮鮮紅色。我國主要分布於浙江、福建、江西、湖北、湖南、四川、甘肅、貴州、西藏、廣西、廣東等地。木材可供雕刻、細木工及器具用材。其種子假種皮鮮紅色，成熟時襯以緑葉，頗具觀賞價值，可爲庭園緑化樹種。本種爲我國特有古老珍稀樹種，對研究植物區系和分類有一定價值。穗花杉分布雖廣，但星散稀少，又經濫伐，已瀕危。1984 年列爲國家三級保護植物。亦稱“華西穗花杉”。

瓊棕

瀕危林木名。棕櫚科，瓊棕屬，瓊棕（*Chuniophoenix hainanensis* Burret）。常緑叢生灌木至小喬木。高 3~8 米。葉掌狀深裂，裂片條形。肉穗花序腋生，多分枝；花兩性，紫紅色，花萼筒狀。漿果球形，外果皮革質，中果皮肉質。種子球形，灰白色。我國僅分布於海南省，成片生於山林内或散生於常緑闊葉林中。莖稈堅韌，可代藤用。樹姿優美，可植於庭園供觀賞。本種爲我國海南特産。該種係德國棕欄分類專家Burret爲紀念我國植物分類學家陳焕鏞而命名。由於近年砍伐過量，資源鋭減，已瀕危，1984年列爲國家二級保護植物。

鹽樺

瀕危林木名。樺木科，樺木屬，鹽樺（*Betula halophila* Ching ex P.C.Li）。落葉灌木。高2~3米。樹皮灰褐色。小枝密被白色短柔毛及樹脂腺。單葉互生，卵形，鋸齒緣。果序圓柱形，單生，下垂。小堅果卵形，具寬闊之膜質翅。我國僅産新疆北部的巴里巴蓋，極爲稀有。本種爲我國植物學家秦昌仁教授在新疆阿勒泰境内克朗河北岸巴里巴蓋發現并定名之新種，係樺木屬植物中最矮小之一種。極耐乾旱，耐鹽碱，是在河谷沿岸鹽碱沼澤地上唯一能生長之樺樹，爲難得的、抗逆性强的優良種質資源，具有較高的學術研究價值。該種僅殘存一株伐樁，但尚能萌生嫩枝，已處瀕危狀態。1984年列爲國家二級保護植物。

萼翅藤

瀕危林木名。使君子科，萼翅藤屬，萼翅藤〔*Calycopteris floribunda*（Roxb.）Lam.〕。常緑蔓生藤本。葉對生，革質，卵形。花單性，雌雄同株，總狀花序，萼片五枚，無花瓣。果實橢圓形，具五棱，有宿存之增大萼裂片，翅狀，故得此稱。我國僅分布於雲南盈江一帶常緑林中。葉和果可入藥。本種爲我國近年發現之稀有新樹種。爲單種屬，果實具宿存萼裂片，在植物分類學研究中有一定價值。1984年列爲國家二級保護植物。

藤棗

瀕危林木名。防已科，藤棗屬，藤棗〔*Eleutharrhena macrocarpa*（Diels）Forman〕。木質藤本。單葉互生，卵形，革質。雄花序有花一至三朵。核果形狀若棗，黄色或紅色，味苦，故亦稱“苦棗”。我國爲其分布北界，僅見於滇南有零星分布。根莖可入藥。本種爲稀有植物，在分類學上具有一定價值，且目前數量甚少，已瀕危，1984年列爲國家二級保護植物。

七子花

瀕危花木名。忍冬科，七子花屬，七子花（*Heptacodium miconioides* Rehd.）。落葉小喬木。高5~7米，枝皮灰白色，小枝四棱形。單葉對生，卵形或卵狀長圓形。頂生圓錐花序，由七花組成，故名。花冠白色，芳香。我國主要分布於浙江西部、湖北興山及安徽涇縣、宣城等地。本種爲我國特有之優良觀賞樹木，是單種屬植物，對研究忍冬科之系統發育有重要價值，1984年列爲國家二級保護植物。

大果木蓮

瀕危花木名。木蘭科，木蓮屬，大果木蓮（*Manglietia grandis* Hu et Cheng）。常緑小喬木。高10餘米。葉革質，橢圓狀長圓形至倒卵狀長圓形。花大，淡紅色，芳香。聚合果，長圓狀卵圓形，多垂於枝端。我國僅見於滇東南，生於海拔1200米之山谷密林中。材質優，爲建築及傢具之上等用材，花大且艷，供觀賞，爲我國特有珍稀樹種。本種分布範圍狹窄，資源甚少且多爲野生而無人工繁殖。已處漸危之勢，1984年列爲國家三級保護植物，1992年林業部列爲國家二級保護樹種。

大葉木蓮

瀕危花木名。木蘭科，木蓮屬，大葉木蓮（*Manglietia megaphylla* Hu et Cheng）。常緑喬木。高可達25米，胸徑可達70厘米。單葉互生，聚生枝頂，葉長達25~50厘米，深緑色，革質。花大，紅色，形似荷花，具芳香，單生枝端。聚合蓇葖果，形似鳳梨，成熟時紅色。我國僅見於雲南東南部之西疇、麻栗坡等地，廣西西南部亦有少量分布。生於海拔1300~1500米山地闊葉林中。木材可供傢具、室内裝修、建築用材。本種葉花之美爲木蓮屬之首，係雲南珍貴觀賞、用材樹種。其分布區狹窄，資源甚少，大樹已難尋覓，已處瀕危之勢，1984年列爲國家三級保護植物，1992年林業部列爲國家二級保護樹種。

大葉木蘭

瀕危花木名。木蘭科，北美木蘭屬，大葉木蘭（*Magnolia henryi* Dunn）。常緑喬木。樹幹通直，高約20米。單葉互生，革質，濃緑，大型，長20~65厘米，寬7~20餘厘米。花乳白帶緑色。聚合果。種子粉紅色。我國目前僅見於雲南南部及西雙版納與南部思茅地區。花大，芳香，供觀賞。材質好，爲優良用材。在植物學研究中有一定價值。1984年列爲國家三級保護植物。今亦稱“思茅玉蘭”。

大樹杜鵑

瀕危花木名。杜鵑花科，杜鵑花屬，大樹杜鵑（*Rhododendron giganteum* Forrest et Tagg）。常緑大喬木。樹幹粗且直。單葉互生，橢圓形或倒披針形。頂生總狀花序，有花二十至三十五朵，花冠鐘形，薔薇色略帶紫色。蒴果矩圓形，微彎，有銹毛。僅分布於雲南西部。本種爲我國植物工作者於1919年首次發現，此後極少見到，後於1981年在高黎貢山原始林區發現數十株，樹齡約在五百年生，樹高達20米以上，根徑約3米，爲杜鵑花之王中王。其花序大，可形成直徑爲25厘米之花團，鮮艷奪目。本種爲杜鵑花屬中常緑喬木，分布極狹窄，騰冲高黎貢山西坡海拔2100~2400米地段爲地球上唯一生存大樹杜鵑之地方。已近瀕危之勢，1984年列爲國家二級保護植物，1992年林業部列爲國家一級保護樹種。又本屬中尚有“硫磺杜鵑”“藍果杜鵑”“棕背杜鵑”“似血杜鵑”“大王杜鵑”“牛皮杜鵑”“苞葉杜鵑”“和藹杜鵑”等，亦於1984年列爲國家三級保護植物。

小花木蘭[2]

瀕危花木名。木蘭科，北美木蘭屬，小花木蘭（*Magnolia sieboldii* K.Koch）。落葉小喬木。單葉互生，寬倒卵形，膜質，全緣。花單生枝頂，大型，杯狀，外輪三瓣淡粉紅色，餘爲白色，花藥與花絲紫紅色。聚合果窄橢圓形，蓇葖卵形，先端尖。我國主要分布於吉林、遼寧、安徽、江西、浙江、廣西北部。木材可製農具。花可入藥。葉能提取芳香油。本種爲著名觀賞花木，其分布雖廣，但斷續、跳躍，加之人爲破壞，天然更新能力差，資源日漸減少，而近於瀕危，1984年列爲國家三級保護植物。今亦稱“天女花[2]”。

木瓜紅

瀕危花木名。安息香科，木瓜紅屬，木瓜紅（*Rehderodendron macrocarpum* Hu）。落葉喬木。樹皮褐色。單葉互生，長矩圓形。花白色，具芳香。核果矩圓形，紅褐色。我國主要分布於四川盆地南緣及峨眉山，貴州、雲南、廣西亦有零星分布。爲我國特有樹種，木材宜作傢具、細木工用材。花潔白芳香，果紅褐色，形如木瓜，可爲庭園觀賞樹木。因分布區狹窄，資源稀少，1984年列爲國家二級保護植物。

天目木蘭

瀕危花木名。木蘭科，北美木蘭屬，天目木蘭（*Magnolia amoena* Cheng）。落葉喬木。樹皮灰或灰白色，小枝略紫色。單葉互生，膜質，矩圓形。花單生枝頂，杯狀，粉紅色或淡粉紅色，花絲紫紅色。聚合果圓筒形，蓇葖木質，有瘤狀點，種子黑色。僅分布於浙江天目山及蘇皖南部山區。可供觀賞。花蕾亦可入藥。本種爲我國特有珍稀樹種，目前所存數量稀少。1984 年列爲國家三級保護植物。

天目木薑子

瀕危花木名。樟科，木薑子屬，天目木薑子（*Litsea auriculata* Chien et Cheng）。落葉喬木。樹皮灰色或灰白色。單葉互生，紙質，近心形或倒卵形。花單性，雌雄异株，傘形花序，雄花先葉開放，雌花與葉同放，花冠黄色。漿果狀核果，卵形，黑色，果托杯狀。我國主要分布於浙江天目山、天台山及安徽南部歙縣及大别山區。木材可供建築、傢具用材。根、葉、果可入藥。亦爲優美之觀賞樹木。本種爲我國華東地區特有樹種，數量稀少。1984 年列爲國家三級保護植物。

巴東木蓮

瀕危花木名。木蘭科，木蓮屬，巴東木蓮（*Manglietia patungensis* Hu）。常緑小喬木。葉互生，革質，具光澤。花單生，白色，不甚香。聚合果，蓇葖紫紅色。我國主要分布於鄂西、川東等地。因首見於湖北巴東而得名。爲我國特有，對研究植物分類有一定價值。其木材可供建築與傢具用材，花可供觀賞。本種分布區狹窄，資源稀少，1984 年列爲國家二級保護植物，1992 年林業部列爲國家二級保護樹種。

凹葉厚朴

瀕危花木名。木蘭科，北美木蘭屬，凹葉厚朴（*Magnolia officinalis* Rehder & E. H. Wilson）。落葉喬木。樹幹端直，高達 15 米。單葉互生，常聚生枝梢，革質，狹倒卵形，先端凹缺爲鈍圓淺裂片。花單生枝端，白色，具芳香，與葉同放。聚合果圓柱狀卵形，蓇葖木質；種子倒卵形。我國主要分布於閩、浙、皖、贛、鄂、湘諸省。本種枝疏葉大，葉形奇特，春開白花，秋結紅實，係珍貴園林緑化及特用經濟樹種。樹皮與花可入藥。已瀕危，野生資源已難尋覓，1984 年列爲國家三級保護植物。

西康玉蘭

瀕危花木名。木蘭科，北美木蘭屬，西康玉蘭〔*Magnolia wilsonii*（Finet et Gognep.）Rehd.〕。落葉小喬木。高可達 8 米。單葉互生，紙質。花單生，白色，具芳香，花梗細，花微彎而下垂，雌蕊群緑色，雄蕊紫紅色。聚合果下垂。我國主要分布於四川、雲南及貴州等地，多見於海拔 1900~3300 米山林間。樹皮可代厚朴入藥。花極俏麗，爲觀賞花木，國外競相引種栽培。由於人爲破壞嚴重，天然更新能力弱，野生資源甚稀少，1984 年列爲國家三級保護植物。

羽葉丁香

瀕危花木名。木樨科，丁香屬，羽葉丁香（*Syringa pinnatifolia* Hemsl.）。1984 年列爲國家三級保護植物。又本屬“賀蘭山丁香”亦因采藥過量，資源稀少，被列爲國家三級保護植物。

長喙厚朴

瀕危花木名。木蘭科，北美木蘭屬，長喙厚朴（*Magnolia rostrata* W.W.Smith）。落葉喬木。高可達 24 米。葉極大，長 20~50 厘米，其寬約 20 餘厘米，互生，常五至七枚集生枝端，花單生，大型，似蓮花；外輪緑中透紅，内輪白色，直立；具芳香，先葉開放。聚合果圓柱形，蓇葖具長喙，故名。我國主要分布於滇西及滇西北，多見於海拔 2400~2800 米山地闊葉林中。木材可供建築、傢具、纖維工業用材。樹皮可入藥。花能提取香料。花大且美，亦爲名貴觀賞樹木。在植物分類之研究中有一定價值。由於利用過度，資源漸減，1984 年列爲國家三級保護植物，1992 年林業部列爲國家二級保護樹種。亦稱“大葉木蘭 2”。

長蕊木蘭

瀕危花木名。木蘭科，長蕊木蘭屬，長蕊木蘭〔*Alcimandra cathcartii*（Hook.f. et Thoms.）Dandy〕。常緑喬木。高可達 25 米，胸徑約 50 厘米。單葉互生，革質，長卵形或長橢圓狀披針形，全緣。花兩性，單生枝頂，花冠白色，雄蕊長 4 厘米，雌蕊長 2 厘米，開放時花蕊突出於花瓣之上。聚合果圓柱形，常彎曲。我國主要分布於西藏東南及滇東南與西南各地，生於海拔 1800~2700 米山地。本種爲優良觀賞樹木，其雄蕊是木蘭科植物中最長者，顯示出生物進化之特徵，故從木蘭屬中獨立出來而立新屬。對研究植物區系及分類有一定價值。因其分布範圍狹窄，砍伐利用過度，資源數量鋭减，漸趨瀕危，1984 年列爲國家二級保護植物。

香木蓮

瀕危花木名。木蘭科，木蓮屬，香木蓮（*Manglietia aromatica* Dandy）。常緑喬木。高約 20 米，樹幹通直，樹皮灰色而光滑。單葉互生，長橢圓形，厚革質，全緣。花單生枝頂，花冠白色，大可達 15 厘米。果實球形或卵形，紫色，成熟時呈木質，背部開裂。種子球形，稍扁平，表面被紅色薄皮。我國零星分布於雲南東南部之廣南、西疇、馬關及廣西百色等地。全株芳香，各部均可提取香木蓮浸膏及香木蓮葉油。木材宜製傢具、箱盒。其花大且香美，是珍貴的香料、用材、觀賞兼優樹種。資源瀕於枯竭，且尚未開展人工繁殖。1984 年列爲國家二級保護植物，1992 年林業部列爲國家二級保護樹種。

香籽含笑

瀕危花木名。木蘭科，含笑屬，香籽含笑（*Michelia hedyosperma* Y.W.Law）。常緑喬木。高 30~40 米，胸徑近 1 米。單葉互生，薄革質，揉碎後有八角氣味。花兩性，單生葉腋，黄白色，芳香。聚合果，果瓣厚，熟時向外反捲。我國主要分布於海南、廣西西南部及雲南南部。垂直分布於 300~800 米地帶。樹姿秀麗，花期較長，爲珍貴觀賞樹木。花可提取芳香油。木材可供舟車、橋梁、傢具用材。種子可作調味品，亦供藥用。本種爲我國特有樹種，天然分布甚少，又加過度砍伐，已處瀕危狀態。1984 年列爲國家三級保護植物，1992 年林業部列爲國家二級保護樹種。今亦稱“香子楠”“黑枝苦梓”。又，本屬中有“峨眉含笑”，分布於四川峨眉山區，滇、鄂等地亦少有分布，因分布區狹小，現存數量極少，1984 年列爲國家二級保護植物。

紅花木蓮

瀕危花木名。木蘭科，木蓮屬，紅花木蓮〔*Manglietia insignis*（Wall.）Bl.〕。常緑喬木。樹幹通直圓滿，高可達30米。單葉互生，革質，光亮。花單生，花被九至十二片，外輪三片腹面紅色，中輪六至九片白而略帶乳黄色。我國主要分布於雲南，廣西、貴州、湖南諸地亦見有少量分布。本種花美、材優，目前資源破壞嚴重，分布雖廣，但數量稀少。1984年列爲國家三級保護植物。

秤錘樹

瀕危花木名。安息香科，秤錘樹屬，秤錘樹（*Sinojackia xylocarpa* Hu）。落葉小喬木。單葉互生，橢圓形至橢圓狀卵形。總狀花序腋生，花冠鐘形，白色，具長梗。堅果木質，不開裂，具圓錐狀喙，形狀頗似秤錘，故名。我國僅分布於江蘇南部丘陵山地。本種爲我國特有樹種，花色潔白，果形奇特，可供觀賞。且對安息香科之系統發育的研究有一定價值，目前資源稀少，已處瀕危狀態。1984年列爲國家二級保護植物。

黄山木蘭

瀕危花木名。木蘭科，北美木蘭屬，黄山木蘭（*Magnolia cylindrica* Wils.）。落葉喬木。單葉互生，紙質。花單生枝頂，其上部潔白，中下部絳紫色，有芳香。聚合果紫紅色。我國主要分布於安徽南部、浙江西部、江西與福建北部。黄山木蘭爲我國特有珍貴觀賞樹木。木材可製傢具。花蕾可爲藥用。資源稀少，1984年列爲國家三級保護植物。

雲南紫薇

瀕危花木名。千屈菜科，紫薇屬，雲南紫薇（*Lagerstroemia intermedia* Koehne）。常緑喬木。花兩性，圓錐花序頂生，花藍紫色，花瓣六片。蒴果木質。種子多數，頂端具翅。主要分布於雲南西雙版納、思茅、瀾滄、耿馬、滄源等地。爲優良觀賞植物，因分布區較狹窄，資源有限，1984年列爲國家三級保護植物。

圓葉玉蘭

瀕危花木名。木蘭科，北美木蘭屬，圓葉玉蘭〔*Magnolia sinensis*（Rehd. et Wils.）Stapf〕。落葉小喬木。高達5米。單葉互生，紙質，倒卵形或倒卵狀橢圓形。花單生，白色，杯狀，下垂，具芳香。聚合果，矩圓狀圓柱形，蓇葖具外彎形喙，背縫開裂。主要分布於四川天全、蘆山、汶川等地，散生於海拔2000~2500米山地林中。本種花葉同時開放，可供觀賞。樹皮可代厚朴作藥用。因其分布區狹窄，破壞嚴重，資源較少，1984年列爲國家三級保護植物。

瑞麗山龍眼

瀕危花木名。山龍眼科，山龍眼屬，瑞麗山龍眼（*Helicia shweliensis* W.W.Smith）。常緑喬木或灌木。樹皮黑褐色。單葉互生，倒卵狀長圓形至倒披針形。總狀花序生於小枝已落葉腋部，花淡黄色。堅果倒卵形或近球形，有細皺紋。主要分布於雲南景東、龍陵、瑞麗至騰冲一帶。本種爲我國稀有樹種，因産瑞麗而得名。其花艷麗優雅，可供觀賞。種子可榨油。在熱帶或亞熱帶季雨林中可用以營造防火林帶。已處瀕危狀態，1984年列爲國家三級保護植物。今俗稱“羅羅李”“老母猪果”。

寶華玉蘭

瀕危花木名。木蘭科，北美木蘭屬，寶華玉蘭（*Magnolia zenii* Cheng）。落葉小喬木。單葉互生，矩圓狀倒卵形或矩圓形，膜質。花生枝頂，先葉開放，初爲紫紅色，及盛時上部爲白色，中下部爲淡紫色；雄蕊多數，花絲紅色。聚合果圓筒形，蓇葖木質，有小瘤。本種分布區極狹小，我國僅見於江蘇南部句容寶華山，僅殘存十八株，最大植株高 11 米，胸徑 30 厘米。寶華玉蘭爲我國珍稀玉蘭資源，對研究植物分類有一定價值，由於生存環境不斷破壞，現已處瀕危狀態。1984 年列爲國家三級保護植物。

四川牡丹

瀕危花木名。芍藥科，芍藥屬，四川牡丹（*Paeonia szechuanica* Fang）。落葉灌木。高 1~2 米。二回或三回羽狀複葉，頂生小葉較小，爲卵形或卵狀菱形。花單生枝頂，花瓣九至十二枚，淡紫色或粉紅色，雄蕊多數，花藥黄色。我國僅分布於四川馬耳康與金川一帶，多見於海拔 2600~3100 米之山坡、河畔、灌叢中。其花大色艷，爲優良之觀賞樹種。根皮可入藥。本種爲珍貴種質資源，在植物學研究中占有重要地位。因分布區極狹窄，1984 年列爲國家二級保護植物。

松毛翠

瀕危花木名。杜鵑花科，松毛翠屬，松毛翠〔*Phyllodoce caerulea*（Linn.）Babingt.〕。常緑小灌木。地上直立枝高 10~30 厘米，分枝多。單葉互生，硬革質，條形，細鋸齒緣。花單生或二至五朵生於枝頂，花冠壺形，紫紅色，具綫毛。蒴果近球形，直立，頂端五瓣裂。我國主要分布於東北各地及新疆阿爾泰山。1984 年列爲國家三級保護植物。

夏蠟梅

瀕危花木名。蠟梅科，夏蠟梅屬，夏蠟梅（*Calycanthus chinensis* Cheng et S.Y.Chang）。落葉灌木。葉對生，寬卵形至倒卵形。花單生於當年枝頂，白色，形似水仙花，無香氣。瘦果矩圓形，褐色，疏被白絹毛。我國主要分布於浙江。於 20 世紀 60 年代初發現，在植物區系研究中有一定價值。根、花可入藥。本種花開於夏季，爲我國特有觀賞樹種。分布區狹窄，僅見於天目山、大明山、順溪塢及天台等地，人工栽培較少，處於自生自滅狀態。1984 年列爲國家二級保護植物。

黄牡丹

瀕危花木名。芍藥科，芍藥屬，黄牡丹〔*Paeonia delavayi* Franch. var. *lutea*（Delavay ex Franch.）Finet. et Gagnep.〕。落葉亞灌木。紫牡丹之變種。高 1 米許。葉羽狀分裂，裂片近披針形。花通常單生，黄色，邊緣偶有紅色或基部具紫色斑塊。我國主要分布於雲南、川西及藏南諸地，常見於海拔 2500~3500 米之山地林緣。根皮可入藥。本種爲重要野生花卉資源植物，可用以培育“緑牡丹”。因采挖過度，資源漸減。1984 年列爲國家三級保護植物。

紫斑牡丹

瀕危花木名。芍藥科，芍藥屬，紫斑牡丹〔*Paeonia rockii*（S.G.Haw et L.A.Lauener）T.Hong et J.J.Li ex D.Y.Hong〕。落葉小灌木。牡丹之變種。最高可逾 2 米。二回羽狀複葉，小葉狹卵形或橢圓形，不分裂。花頂生，白色，近基部有一紅紫色斑點，因此得名。我國主要分布於陝西、甘肅、河南等地。本種爲我國特有花卉，樹高、花大、芳香，著花量二百至三百朵，且壽命長，可達數百年。其根皮可入藥。在學術研究中具有一定價值。由於采掘過度，野生資源不斷減少，已處瀕危狀態。1984 年列爲國家三級保護植物。按，一説本種爲牡丹之變種〔*Paeonia suffruticosa* Andr. var. *papaveracea*（Andr.）Kerner〕。此附。

矮牡丹

瀕危花木名。芍藥科，芍藥屬，矮牡丹（*Paeonia suffruticosa* Andr. var. spontanea Rehd.）。落葉小灌木。牡丹之變種。二回三出複葉，葉背、葉軸及葉柄均被短柔毛，中央小葉寬橢圓形或近圓形，三深裂至中部，裂片再淺裂。花單生枝頂，多瓣，白色或淡紅色，基部無紫色斑點。蓇葖果卵形。本種爲栽培牡丹之祖先，爲珍貴種質資源。我國僅産陝西延安地區及山西吕梁山南部，野生於山坡疏林中。其根、葉可入藥。分布區狹窄，資源甚少，加之連年采根，已處瀕危狀態。1984 年列爲國家三級保護植物。

華榛

瀕危果木名。樺木科，榛屬，華榛（*Corylus chinensis* Franch.）。落葉喬木。高可達 20 米。單葉互生，近卵形或卵狀橢圓形。堅果近球形，二至八枚簇生，包藏於管狀總苞内。我國主要分布於河南、陝西、湖北、湖南、四川、雲南等地。種仁味美可食。木材可供建築、傢具、枕木、膠合板等用。本種爲榛屬中僅見之喬木樹種。爲我國特有。因過度濫伐與大量采食果實，其資源漸減，1984 年列爲國家三級保護植物。亦稱“榛樹”。俗稱“山白果”“鷄栗子”。

白桂木

瀕危果木名。桑科，波羅蜜屬，白桂木（*Artocarpus hypargyreus* Hance）。常緑喬木。高約 10 米，具乳汁；幼枝與葉柄被銹色短柔毛。單葉互生，革質，橢圓形或倒卵狀矩圓形。花單性，雌雄同株。聚合果球形，外被褐色短柔毛。我國零星分布於雲南、廣東、廣西、福建、江西、湖南等地。木材可供建築、傢具等用材。果可生食或糖漬，亦可作調料。根可入藥。其乳汁可提製硬橡膠。本種經濟價值較高，資源甚少，1984 年列爲國家三級保護植物。現廣東已有人工栽培。

林生杧果

瀕危果木名。漆樹科，杧果屬，林生杧果（*Mangifera sylvatica* Roxb.）。常緑喬木。單葉互生，革質。圓錐花序頂生，花白色。核果斜長卵形，頂端伸長成彎曲之喙。我國主要分布於滇南海拔 400~1900 米之山坡或溝谷林中。其果實冬季成熟，故又稱“冬杧”。本種爲栽培杧果始祖之一，是研究栽培植物起源與培育新品種之原始種質材料，1984 年列爲國家三級保護植物。亦作“林生芒果”。

假山龍眼

瀕危果木名。山龍眼科，假山龍眼屬，假山龍眼〔*Heliciopsis terminalis*（Kurz）Sleum.〕。常緑喬木。單葉互生，倒披針形或長圓形，薄革質。花單生，常排列成總狀花序，多着生於小枝已落葉腋部，偶亦生於短側枝，花白色或淡黄色。核果橢圓狀，外果皮革質，黄褐色，中果皮肉質，乾後呈海綿狀纖維質，内果皮木質。我國主要分布於雲南、廣西及海南等地。果可食。樹皮及葉可入藥。其花大而美，可供觀賞。在學術研究中占一定位置。由於過度砍伐，加之天然更新困難，野生資源日漸減少。

已瀕危，1984 年列爲國家三級保護植物。

滇波羅蜜

瀕危果木名。桑科，波羅蜜屬，滇波羅蜜（*Artocarpus lakoocha* Wall. ex Roxb.）。常緑喬木。樹高 10 米。單葉互生，長橢圓形，厚革質，全緣。花單性，雌雄同株，雌花生樹幹或主枝上。聚合果球形。我國多野生於雲南，故名。其木材可製傢具。果與枝葉可入藥。果味酸。由於過度砍伐，加之天然更新困難，野生資源日漸減少。1984 年列爲國家三級保護植物。

索　引

索引凡例

一、本索引爲詞條索引，凡正文詞條欄目出現的主詞條均用“*”標示，副詞條則無特殊標識。

二、本索引諸詞條收録順序以漢語拼音音序爲基礎，兼顧古音、方言等差异，然爲方便檢索，又與音序排列法則有异，原則如下：

首先，以詞條首字所對應的拼音字母爲序排列，詞條首字相同（讀音亦同）者爲同一單元；詞條首字不同但讀音相同的各個單元，一般按照各單元詞條首字的筆畫，由簡至繁依次排列。例如以huáng爲首字的詞條，則按首字筆畫依次分作“皇”“黄”等不同單元；又如以diāo爲首字的詞條，則按首字筆畫依次分作“蛁”“蛁”“貂”等不同單元。此外，爲方便查閲和比較，在對幾個同音且各衹有一個詞條的單元排序時，一般將兩個或幾個含義相同或相近的單元鄰近排列。如“埋頭蛇”“貍蟲”“薶頭蛇”都屬於mái爲首字的單元，且“埋頭蛇”與“薶頭蛇”含義相同，因此這三個單元的排列順序是“貍蟲”“埋頭蛇”“薶頭蛇”。

其次，同一單元内按各詞條第二字讀音之音序排列，第二字讀音相同者則按第三字讀音之音序排列，以此類推。例如以“皇”爲首字的單元各詞條的排列依次爲“皇㞺、皇帝鹵簿金節……皇貴妃儀仗金節……皇史宬……皇太后儀駕卧瓜……皇庭”。

三、本索引中詞條右側的數字爲該詞條在正文位置的起始頁碼。

四、本索引所收詞條僅限於正文、附録中明確按主、副詞條格式撰寫的詞條，而在其他行文中涉及的詞條不收録。

五、多音字、古音字或方言字詞條按其讀音分屬相應的序列或單元，如“大常”古音爲tàicháng，因此歸入音序T序列；又如“葛上亭長”，“葛”是多音字，此處讀gé，因此歸入音序G序列之ge的二聲單元；互爲通假的詞條，字雖异然而讀音同者，如“解食”“解倉”皆爲芍藥别稱，因“食”與“倉”通，故“解食”讀音與“解倉”同；等等。

六、某些詞條多次出現，在正文中以詞條右上標記數字爲標志，如“朝[1]”“朝[2]”“百足[1]”“百足[2]”等，索引中亦按照其右上標記數字的順序排列。詞條相同但讀音不同的則按照其讀音分屬相應的音序序列和單元。如“蟒[1]”（měng）、“蟒[2]”（mǎng），“蟒[1]”歸入音序M序列之meng的三聲單元，“蟒[2]”則歸入音序M序列之mang的三聲單元。

七、某些特殊詞條，如數字詞條、外文字母詞條等，則收入《索引附録》。

A

B

C

D

F

G

H

J

K

L

M

N

O

P

Q

R

S

T

W

X

Y

Z